U0743717

国家社会科学基金重大项目“古代埃及新王国时期
行政文献整理研究”（编号：18ZDA206）成果

埃及学系列·卷I

EGYPTOLOGY VOLUME I

古代埃及新王国时期经济文献译注

BUSINESS RECORDS OF NEW KINGDOM
WITH TRANSLITERATIONS,
CHINESE TRANSLATIONS AND ANNOTATIONS

郭丹彤　主编

郭丹彤　杨熹　梁姗　译著

（上）

象形文字编

中西書局

图书在版编目（CIP）数据

古代埃及新王国时期经济文献译注 / 郭丹彤主编；郭丹彤，杨熹，梁姗译著．— 上海：中西书局，2021
ISBN 978-7-5475-1787-1

Ⅰ．①古… Ⅱ．①郭…②杨…③梁… Ⅲ．①经济—文献—埃及—古代 Ⅳ．① F094.11

中国版本图书馆 CIP 数据核字 (2020) 第 235881 号

GUDAI AIJI XINWANGGUO SHIQI JINGJI WENXIAN YIZHU

古代埃及新王国时期经济文献译注

郭丹彤 主编

郭丹彤 杨 熹 梁 姗 译著

埃及象形文字处理	李 阳 潘佳熙
责任编辑	王宇海
装帧设计	黄 骏
责任印制	朱人杰
特约校对	李 阳 潘佳熙
出版发行	上海世纪出版集团 中西書局（www.zxpress.com.cn）
地 址	上海市陕西北路 457 号（邮政编码：200040）
印 刷	上海中华印刷有限公司
开 本	889 × 1194 毫米 1/16
印 张	55 插页 48
字 数	1 058 000
版 次	2021 年 10 月第 1 版 2021 年 10 月第 1 次印刷
书 号	ISBN 978 - 7 - 5475 - 1787 - 1 / F · 030
定 价	980.00 元

本书如有质量问题，请与承印厂联系。电话：021−69213456

图版 I.　　1. 韦伯纸草（A 面节选）

※ 图片来源：美国布鲁克林博物馆

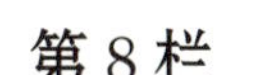

第 9 栏　　第 8 栏　　第 7 栏　　第 2 栏　　第 2A 栏

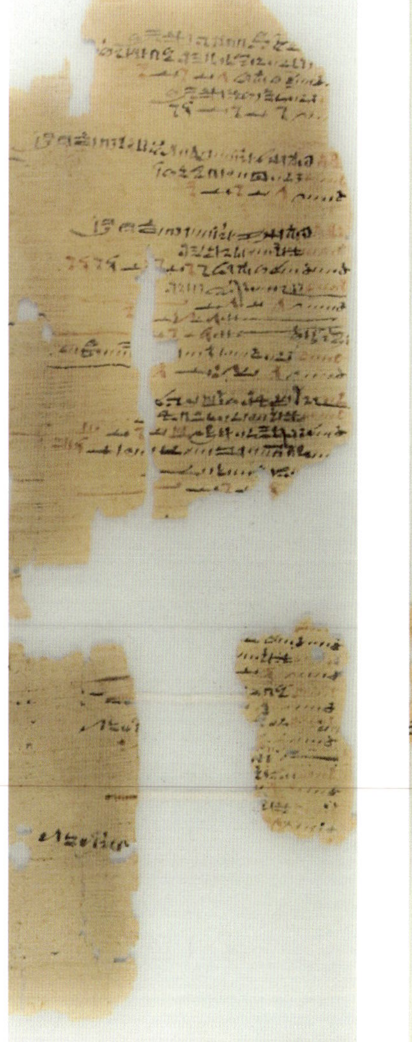

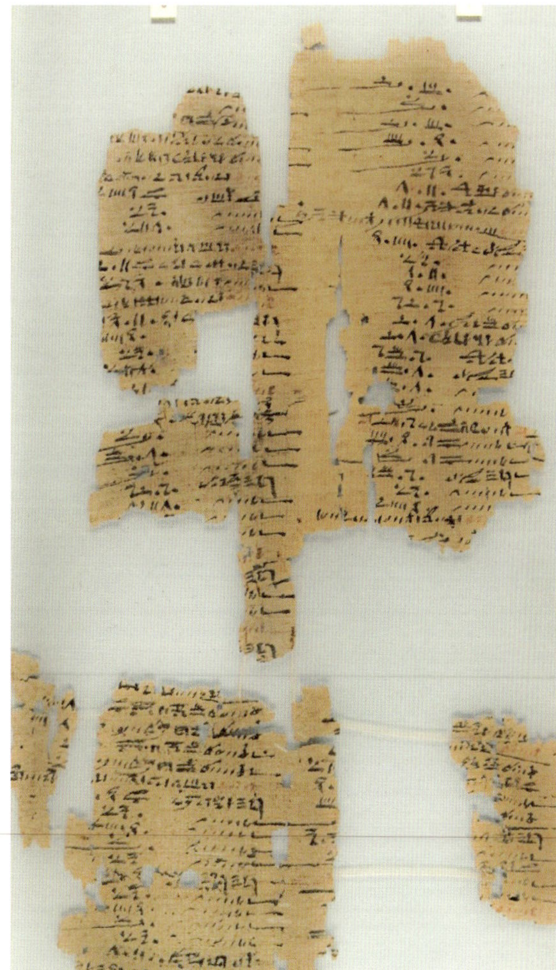

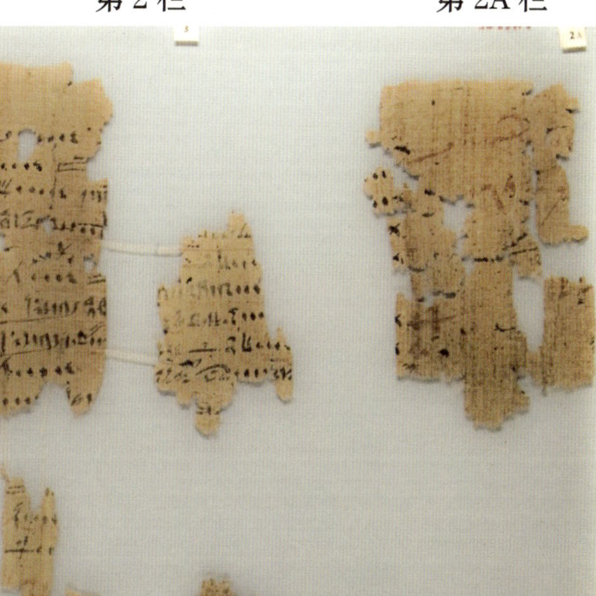

第 18 栏

第 15 栏

第 14 栏

第 11 栏

第 10 栏

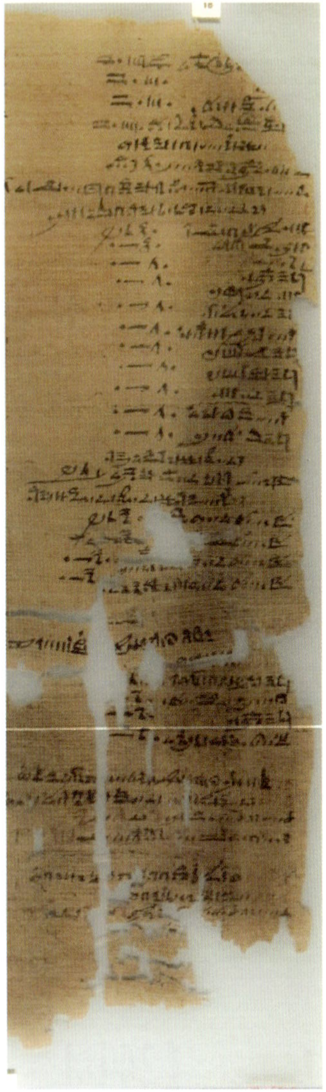

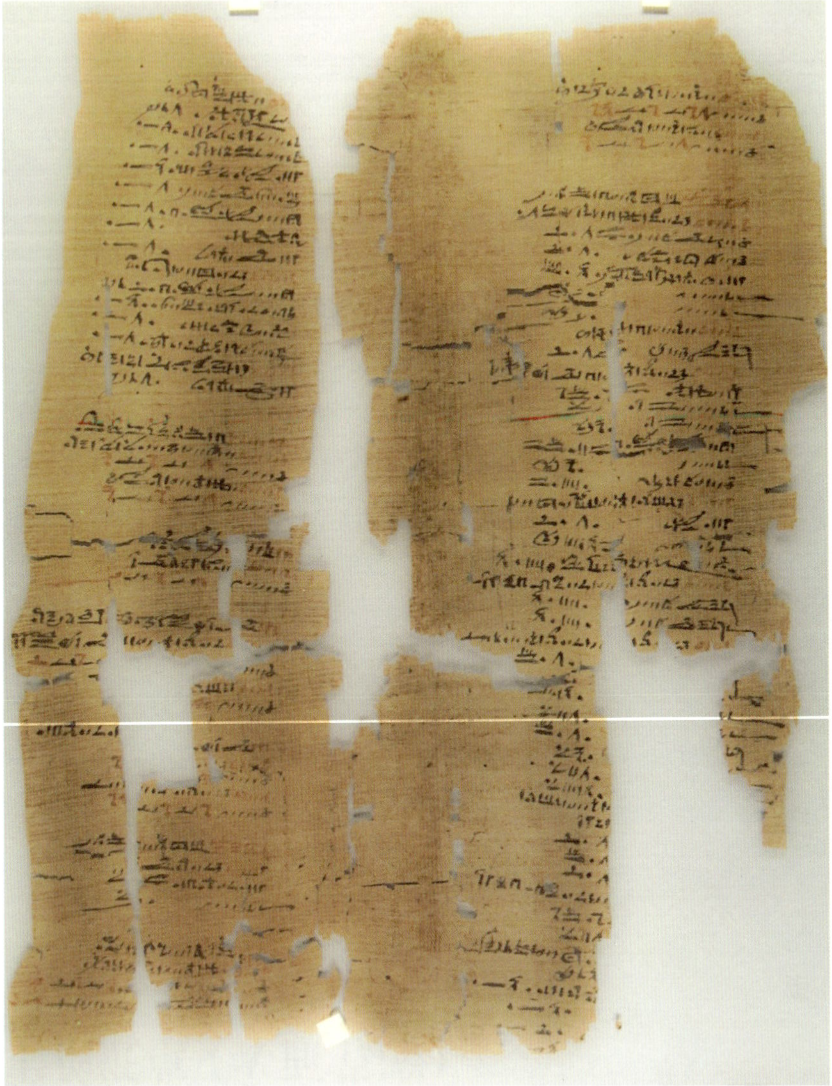

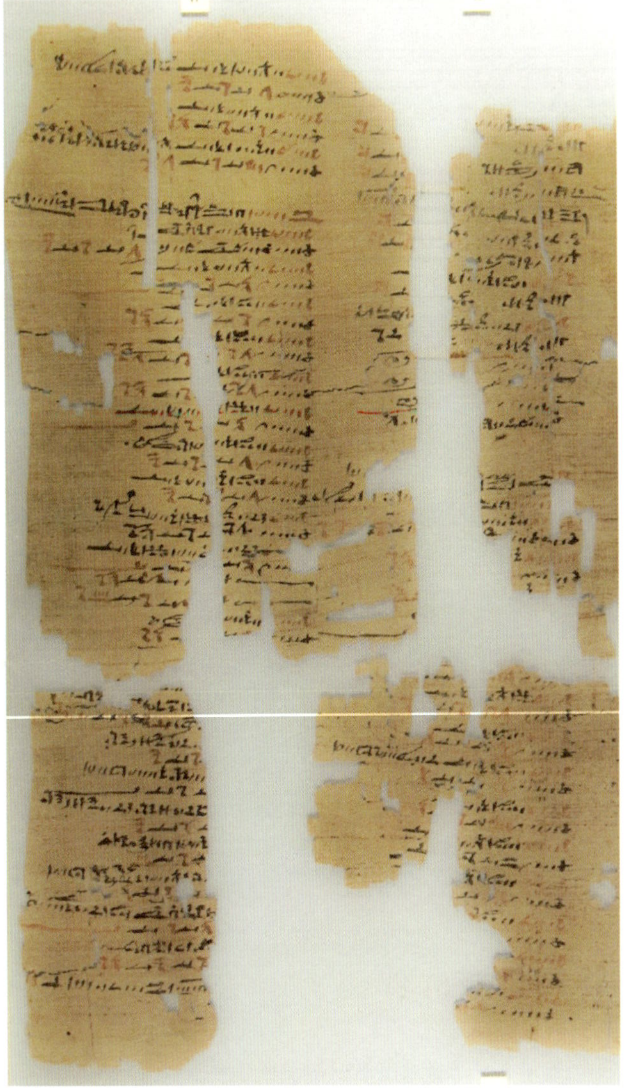

第23栏　第22栏　第21栏　第20栏 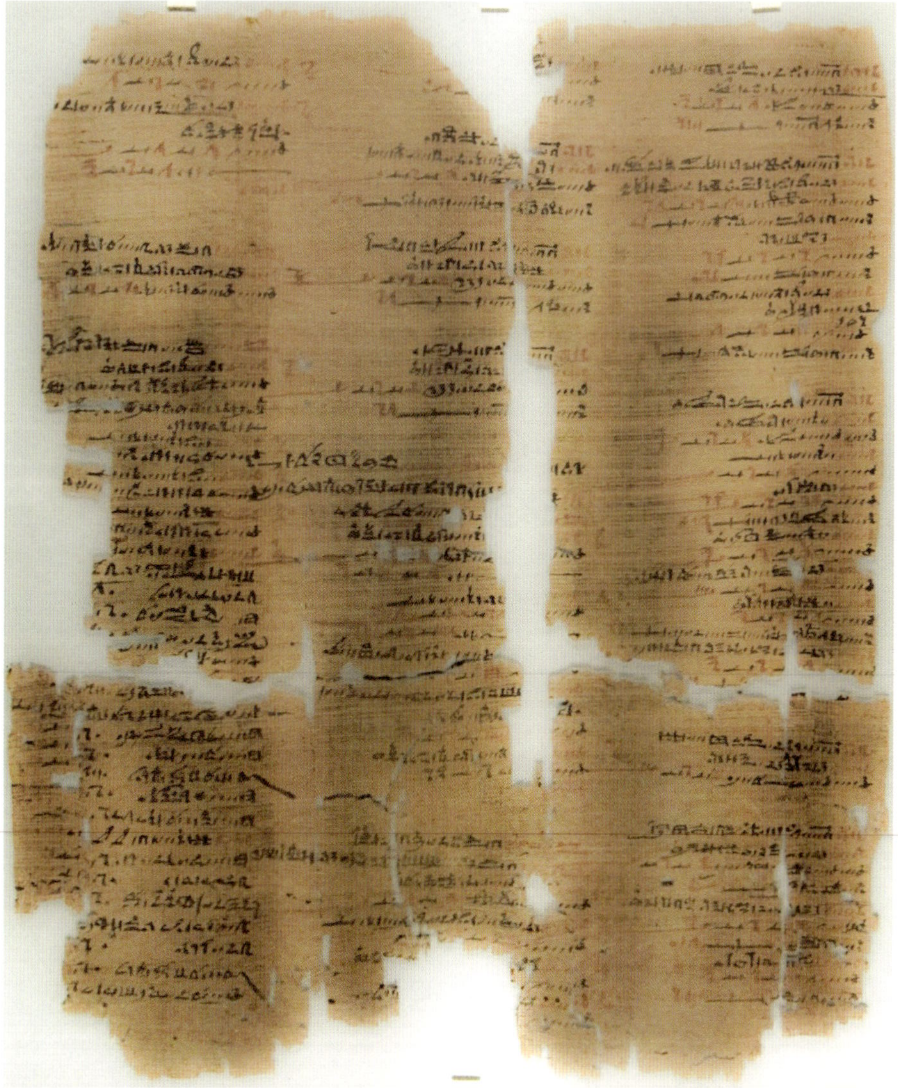　第19栏

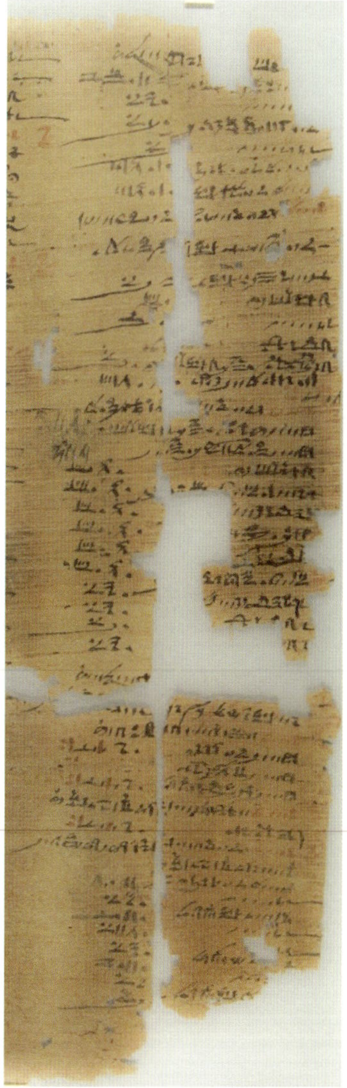

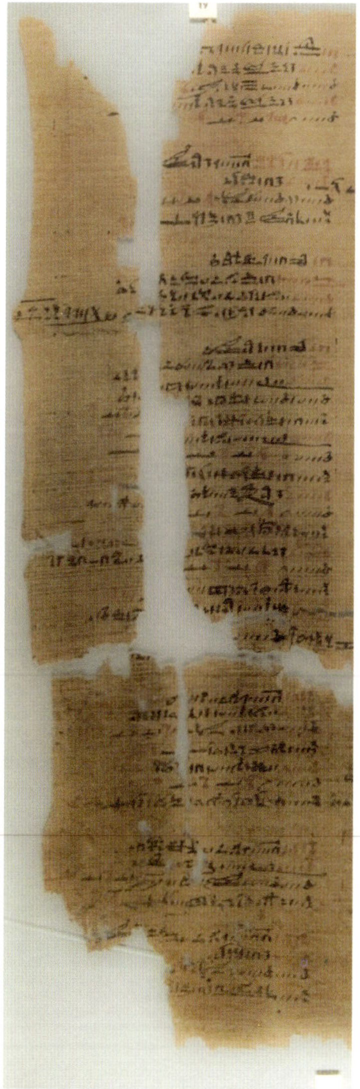

第 28 栏　　第 27 栏　　第 26 栏　　第 25 栏 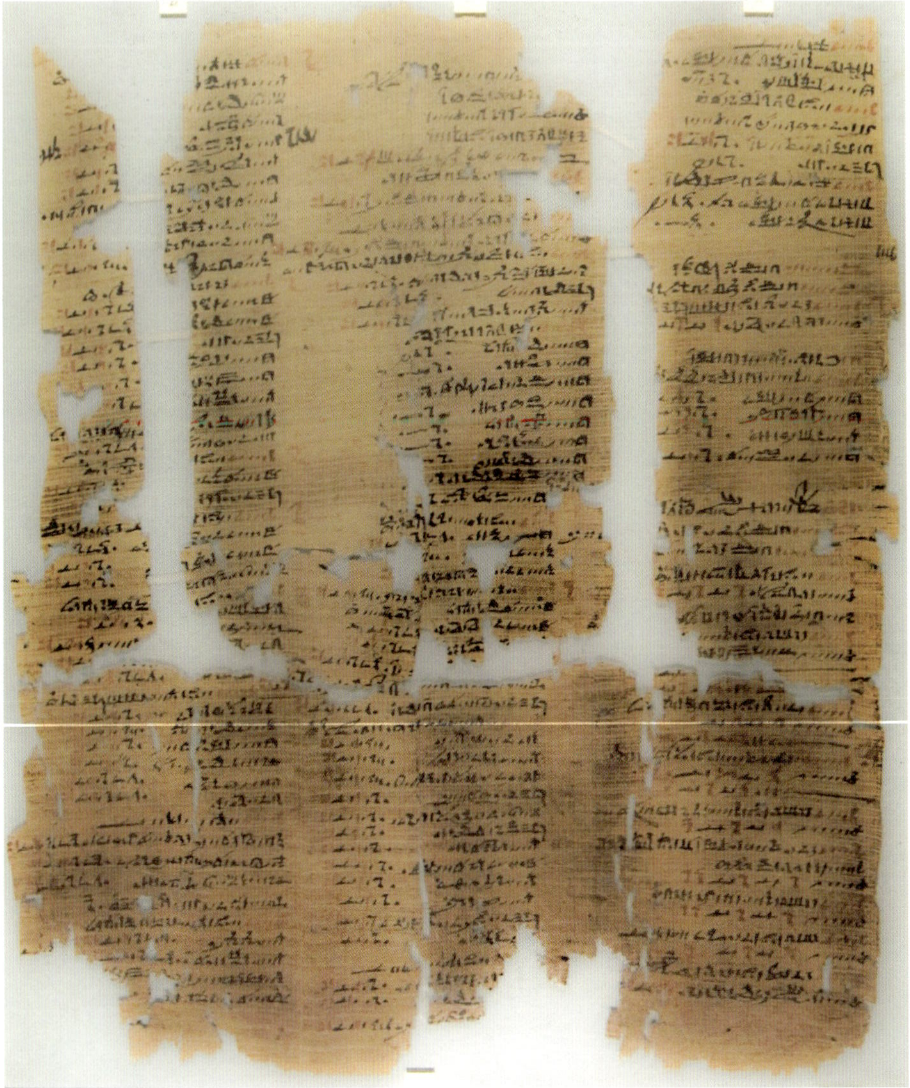　　第 24 栏

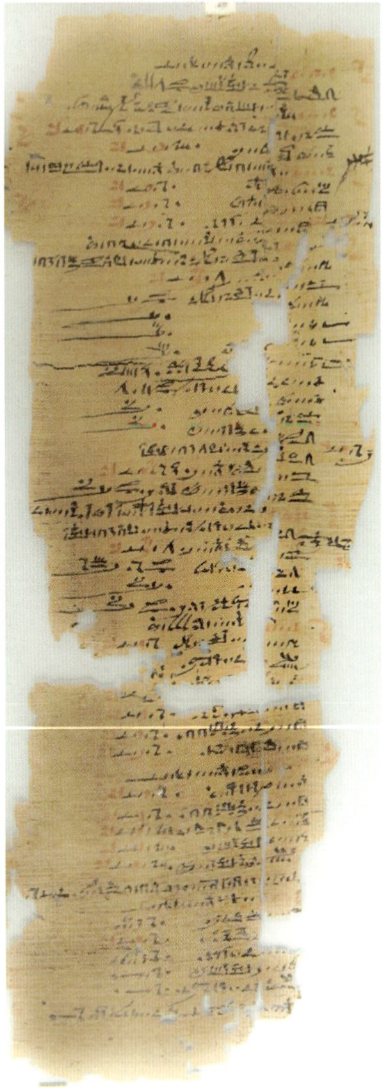

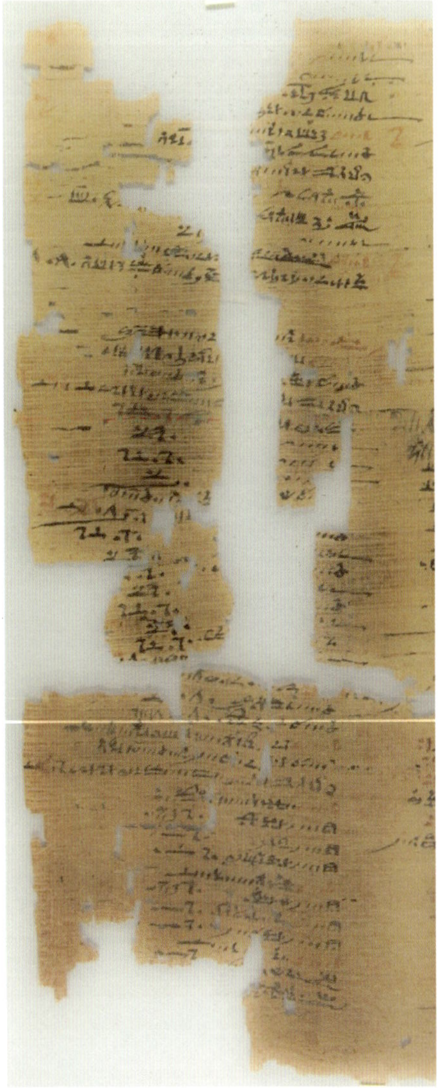

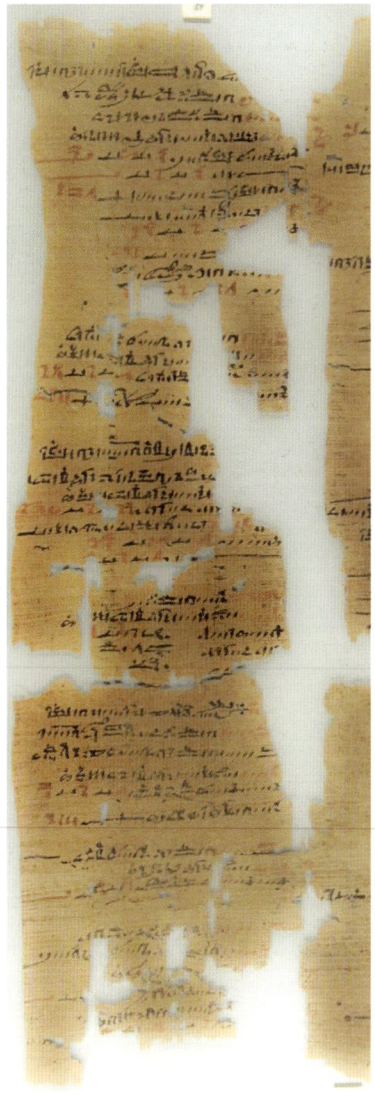

第33栏 第32栏 第31栏 第30栏 第29栏

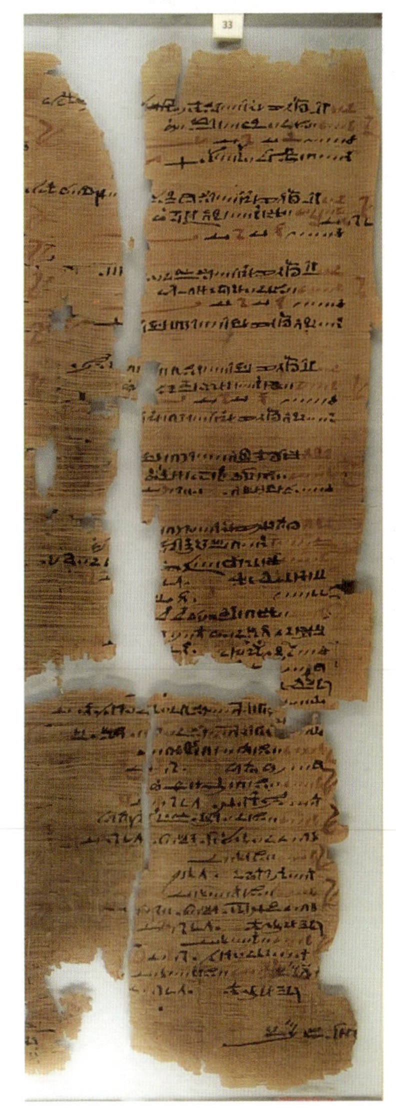

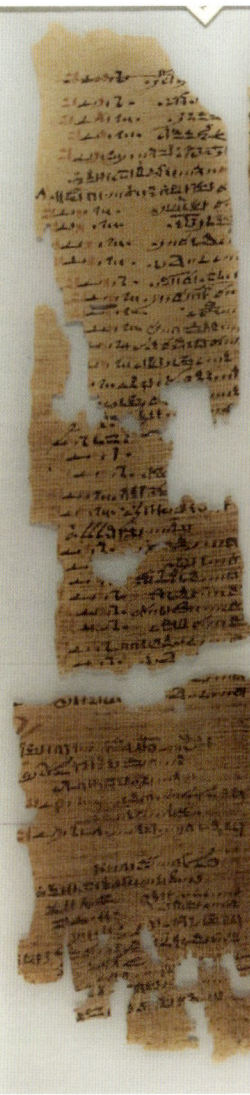

第 39 栏 第 38 栏 第 37 栏 第 36 栏 第 35 栏 第 34 栏

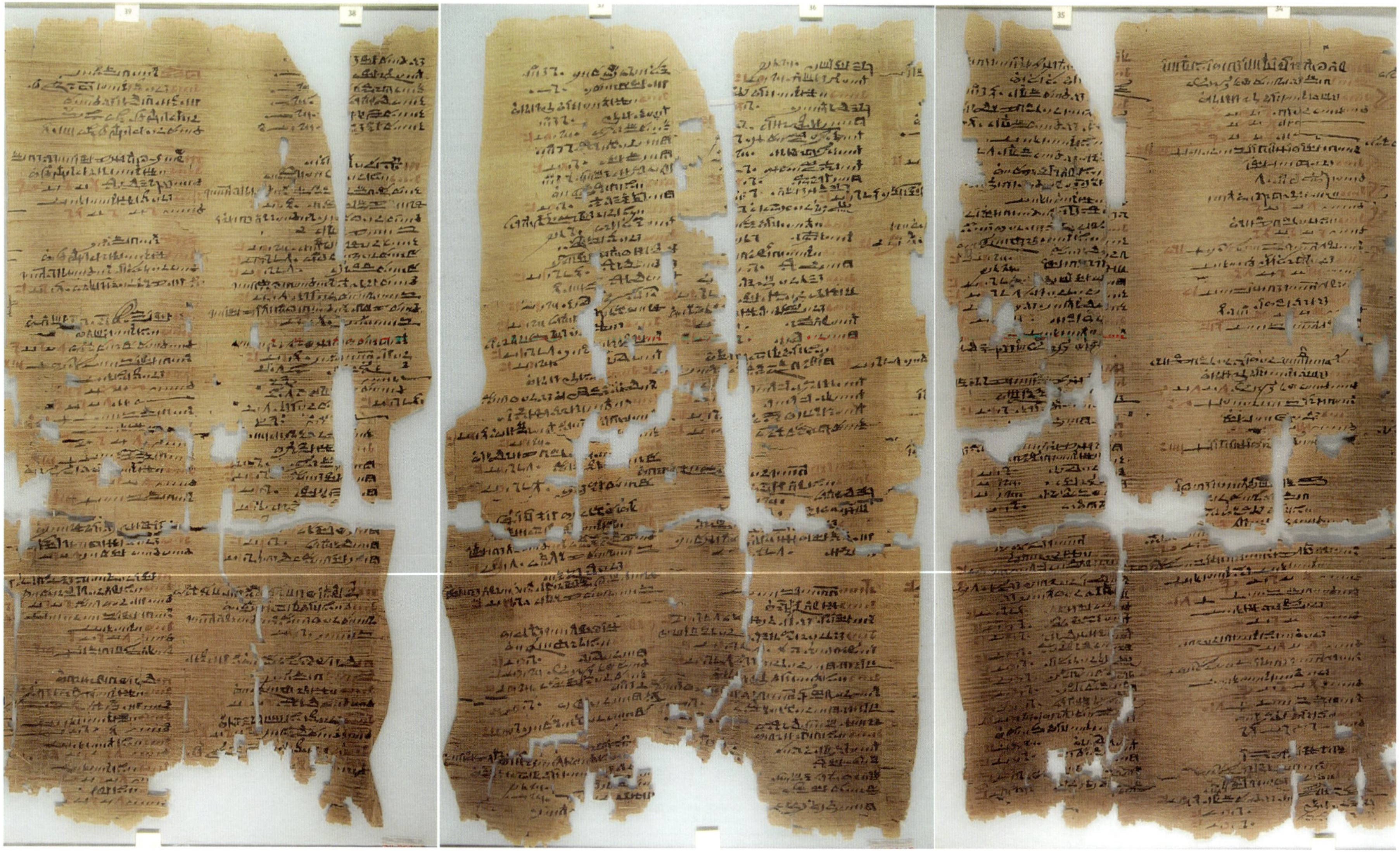

第44栏

第43栏 第42栏 第41栏

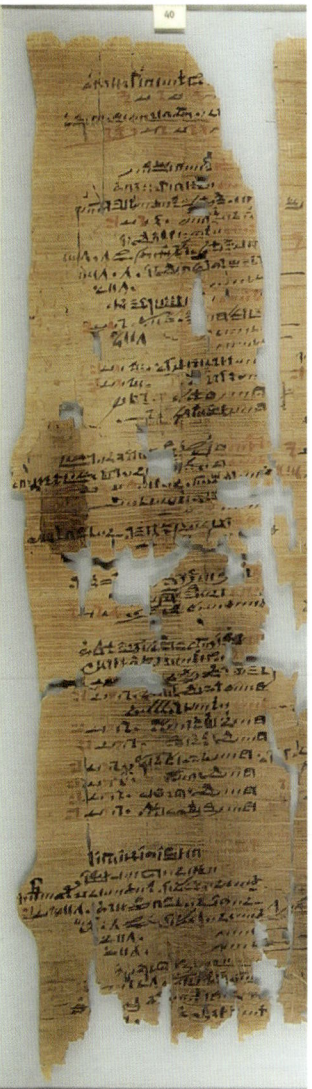

第40栏

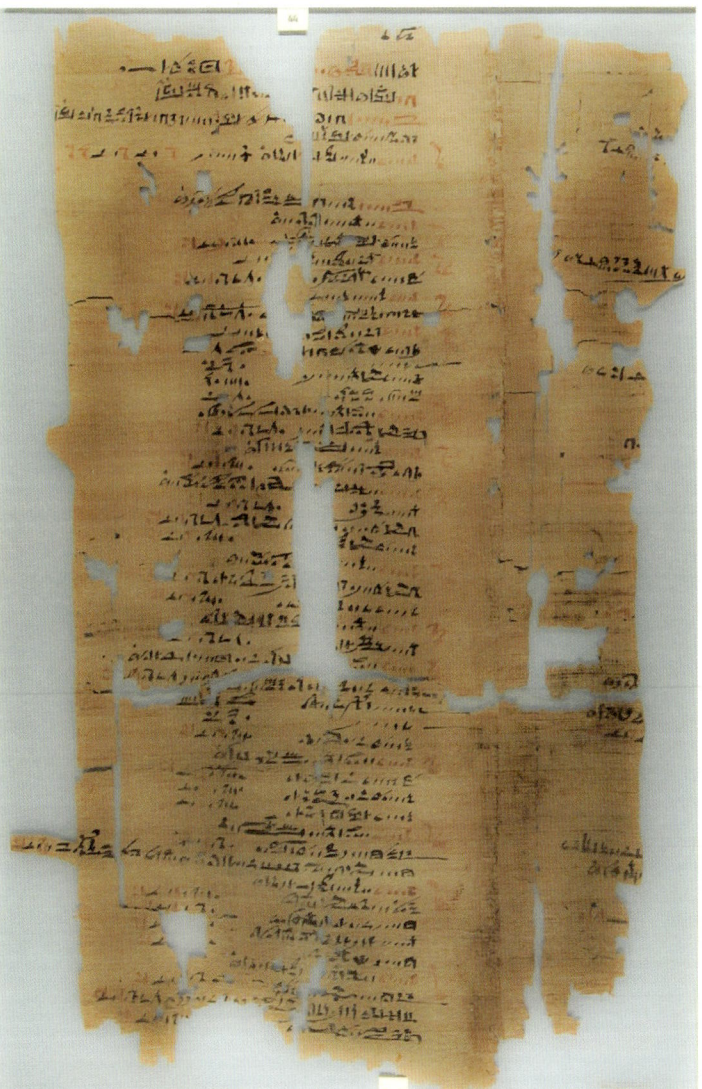

第 49 栏　　第 48 栏　　第 47 栏　　第 46 栏　　第 45 栏

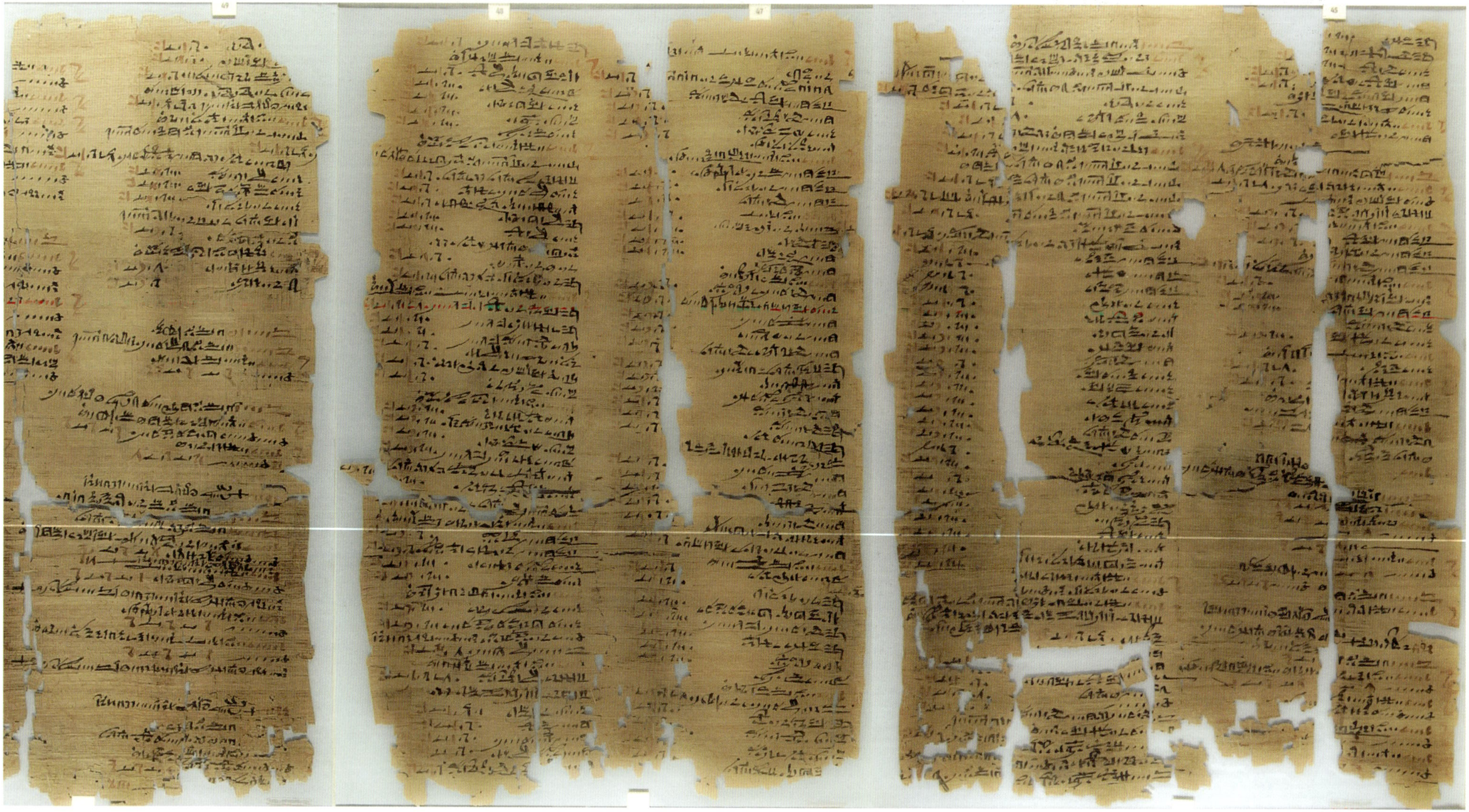

第54栏 第53栏 第52栏 第51栏 第50栏

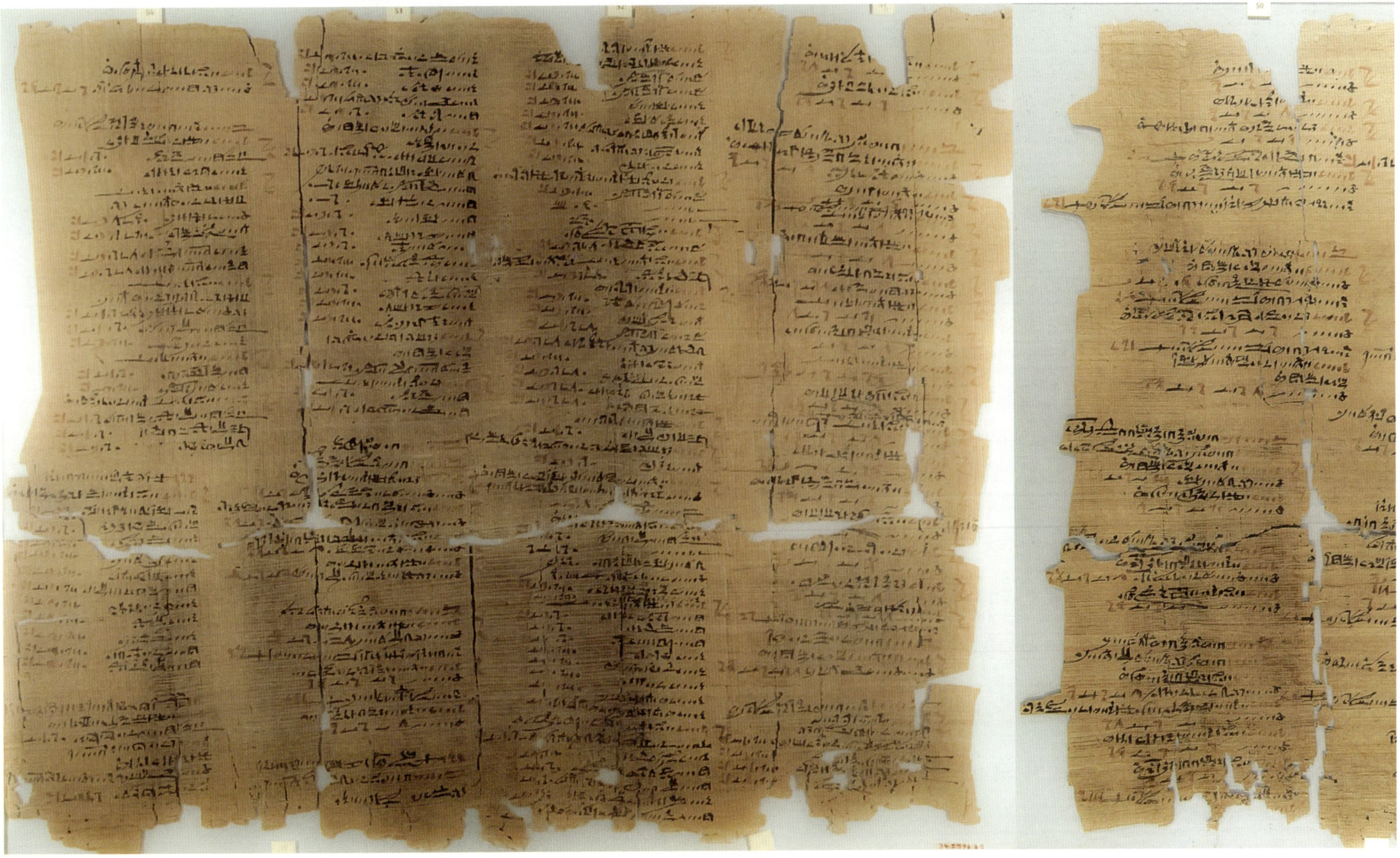

第59栏 第58栏 第57栏 第56栏 第55栏

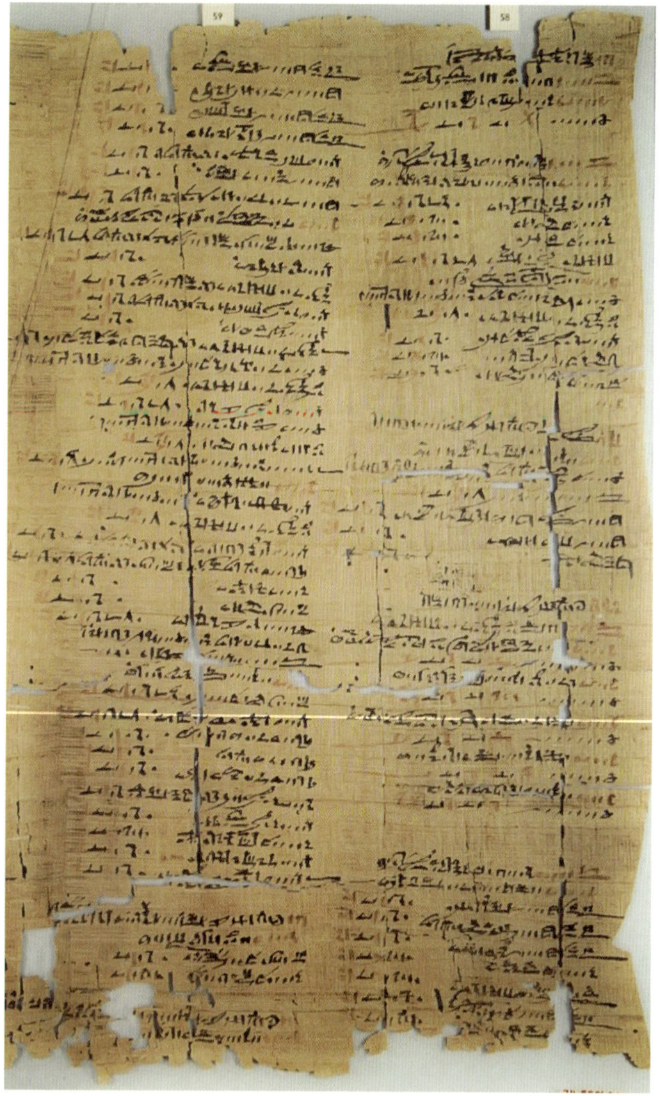

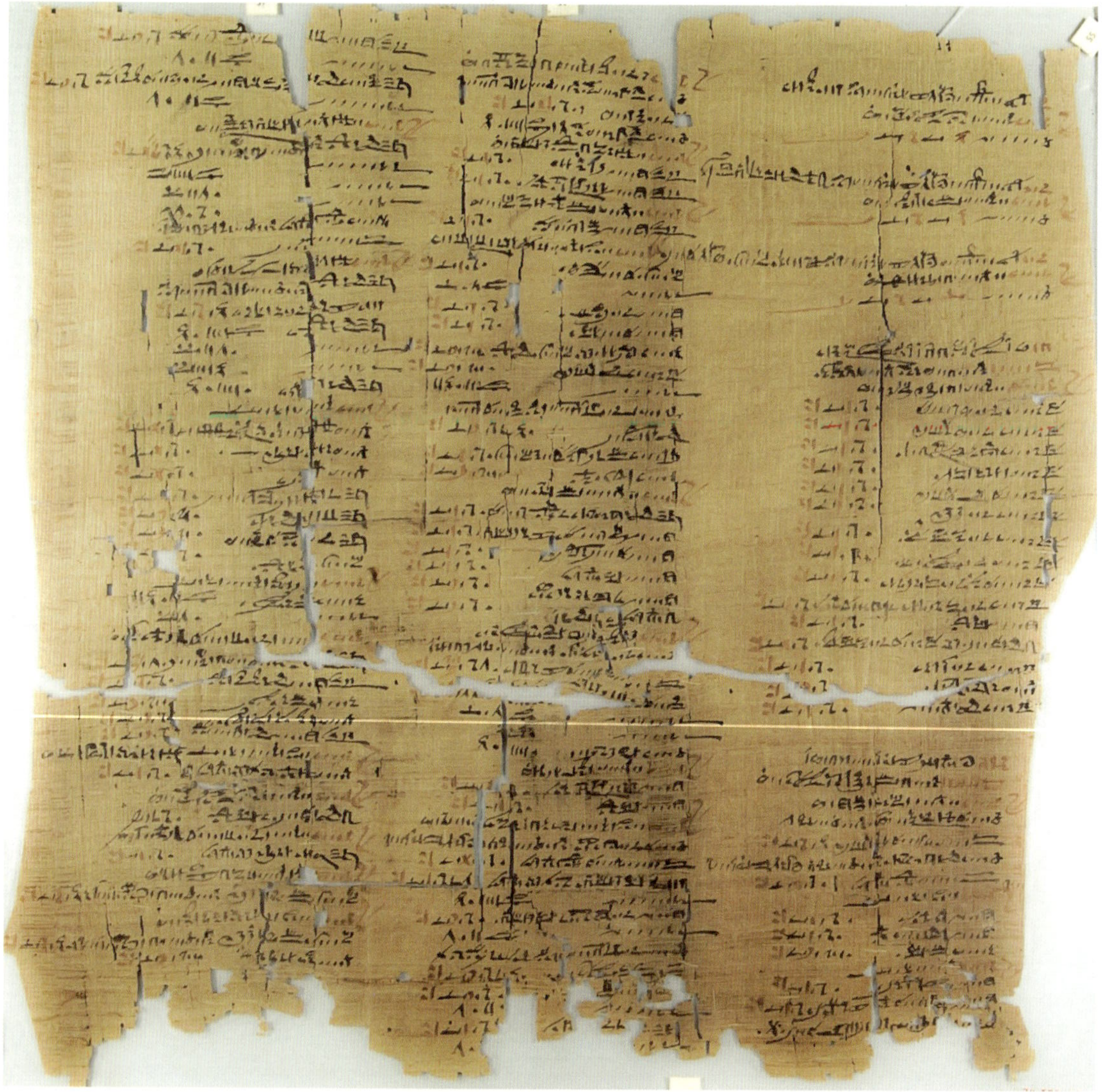

第 62 栏

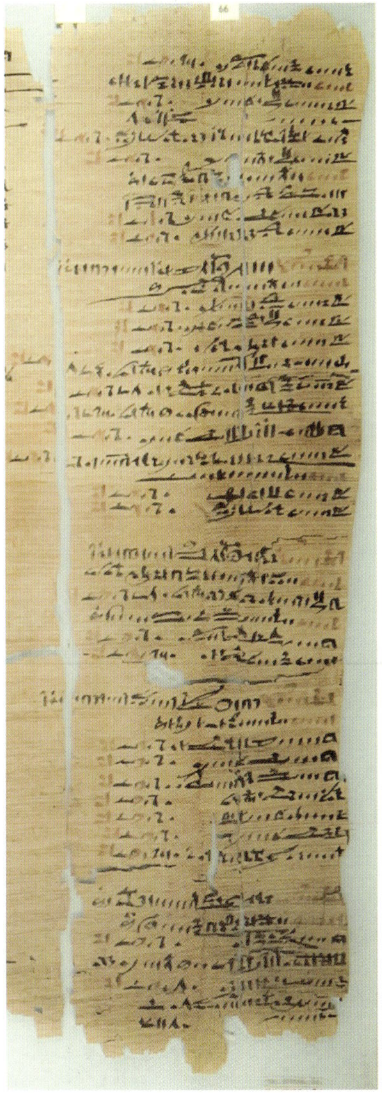

第 63 栏

第 64 栏

第 65 栏

第 66 栏

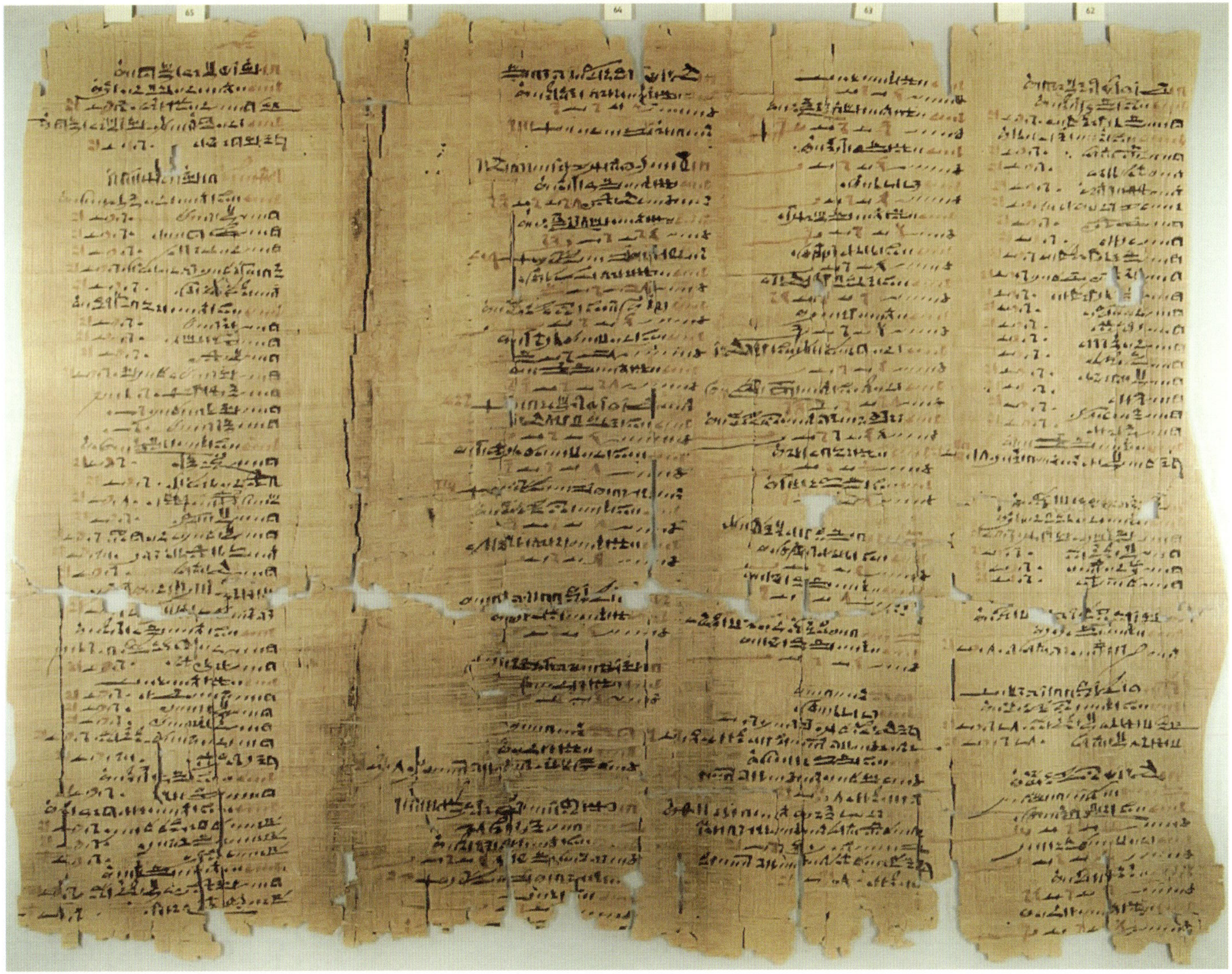

图版 II.　　2. 大英博物馆 10447 号纸草

※ 图片来源：大英博物馆

正面

背面

图版 III.　 3. 古拉布纸草残片

正面

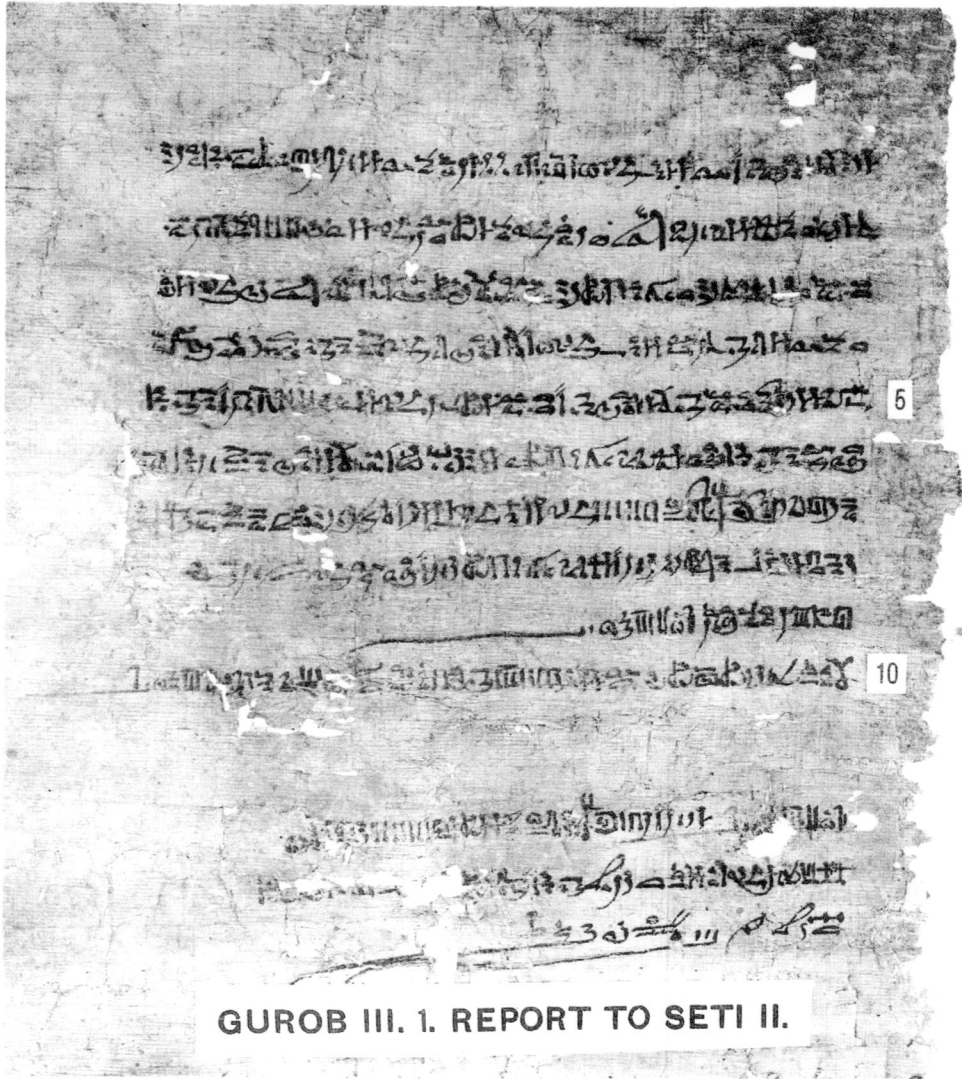

GUROB III. 1. REPORT TO SETI II.

背面

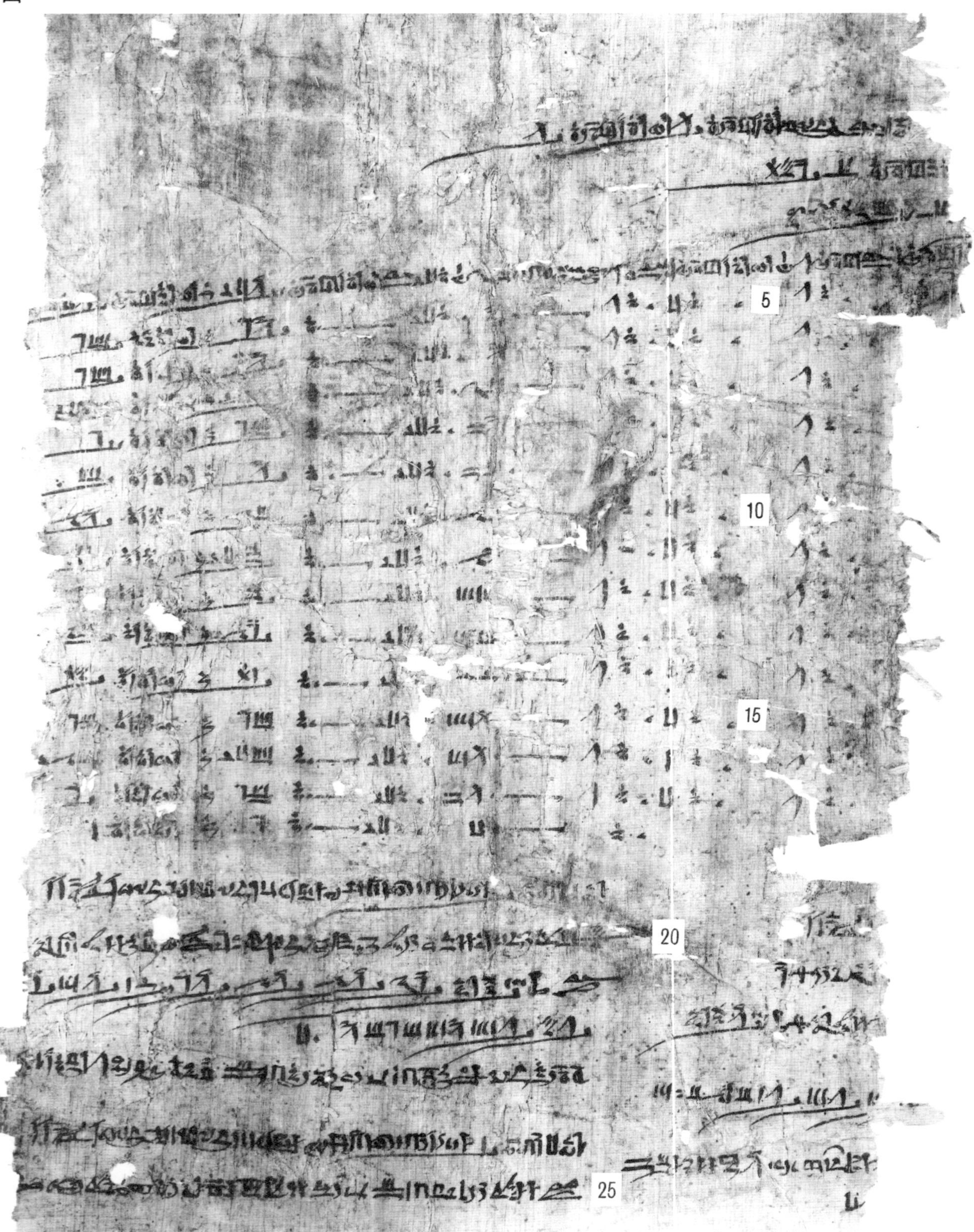

※ 图片来源：F. Ll. Griffith, *Hieratic Papyri from Kahun and Gurob*, London: Quaritch, 1898

图版 IV.　6. 毕尔盖石碑

背面线描图

※ 图片来源：A. H. Gardiner, “The Stele of Bilgai,” *ZÄE* 50 (1912)

图版 V.　8. 哈里斯 1 号纸草

※ 图片来源：§2、§24、§43 出自大英博物馆，其余出自 S. Birch, *Facsimile of an Egyptian Hieratic papyrus of the reign of Ramses III, now in the British Museum,* London, 1876

哈里斯 1 号纸草 §1

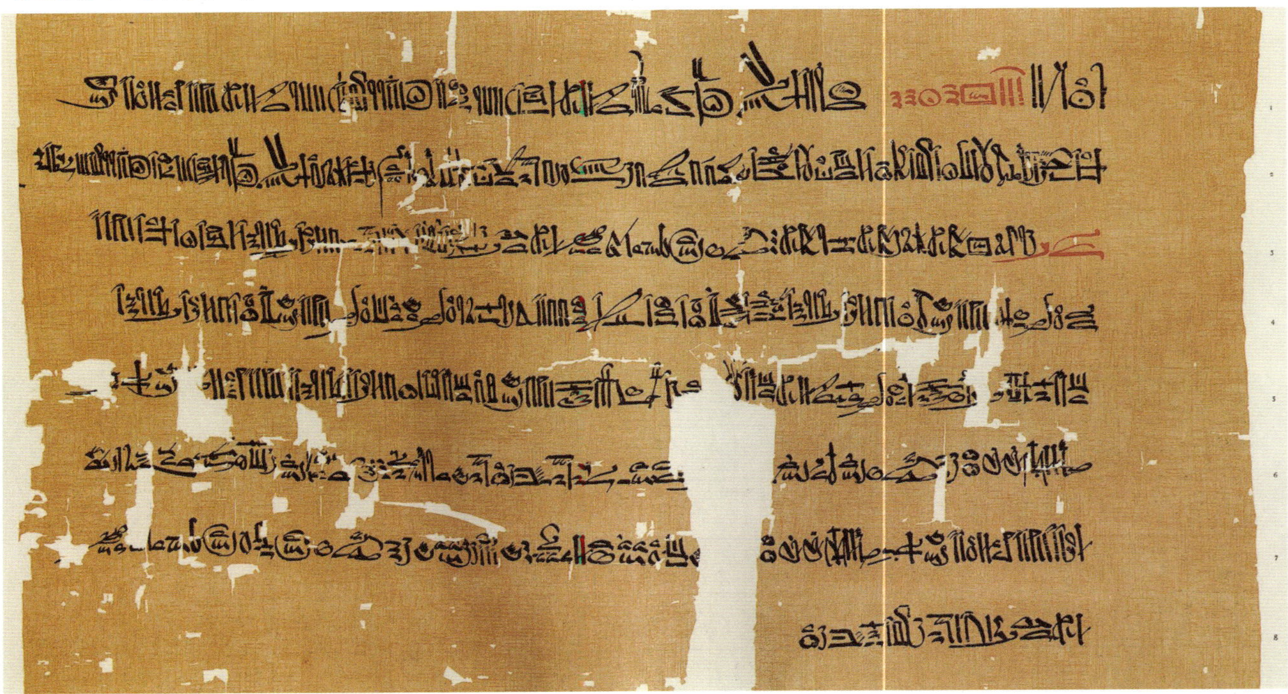

哈里斯 1 号纸草 §2

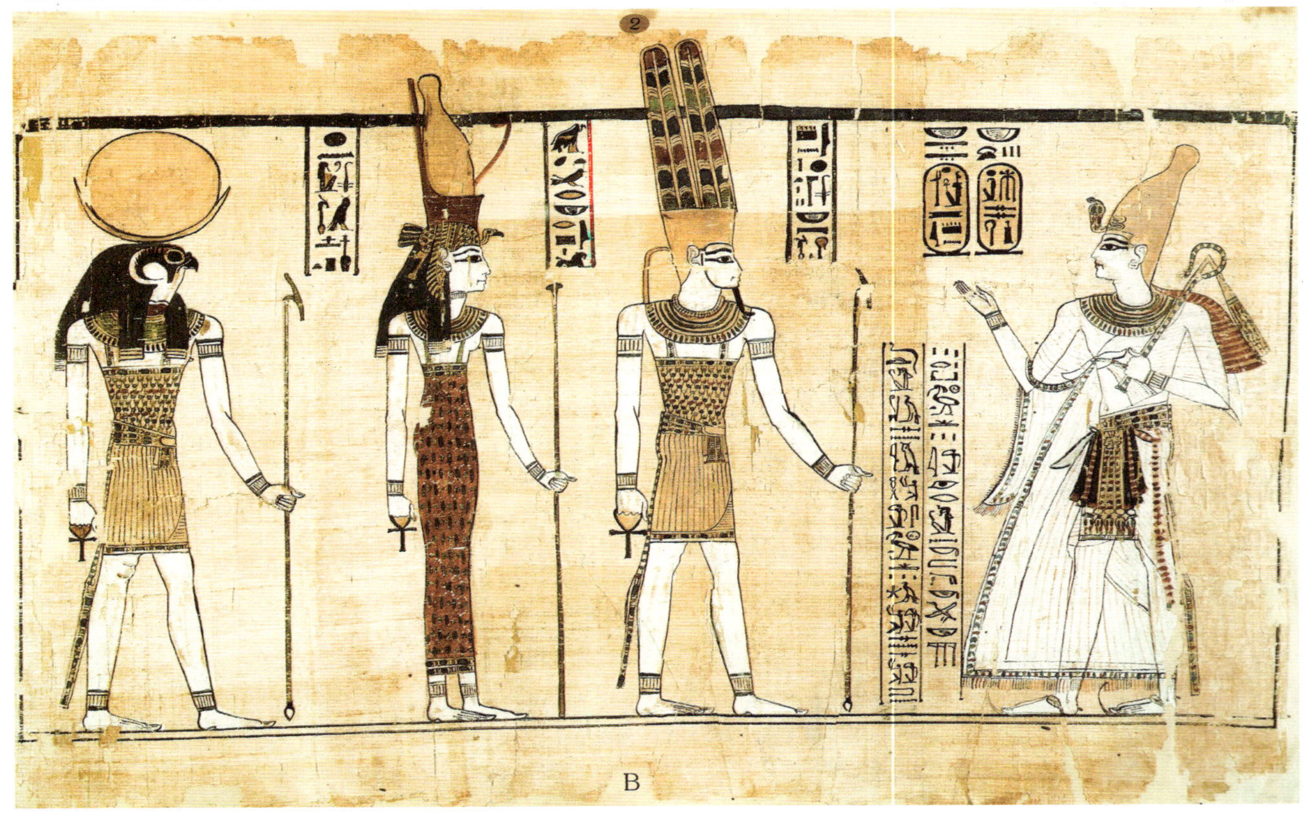

哈里斯1号纸草 §4

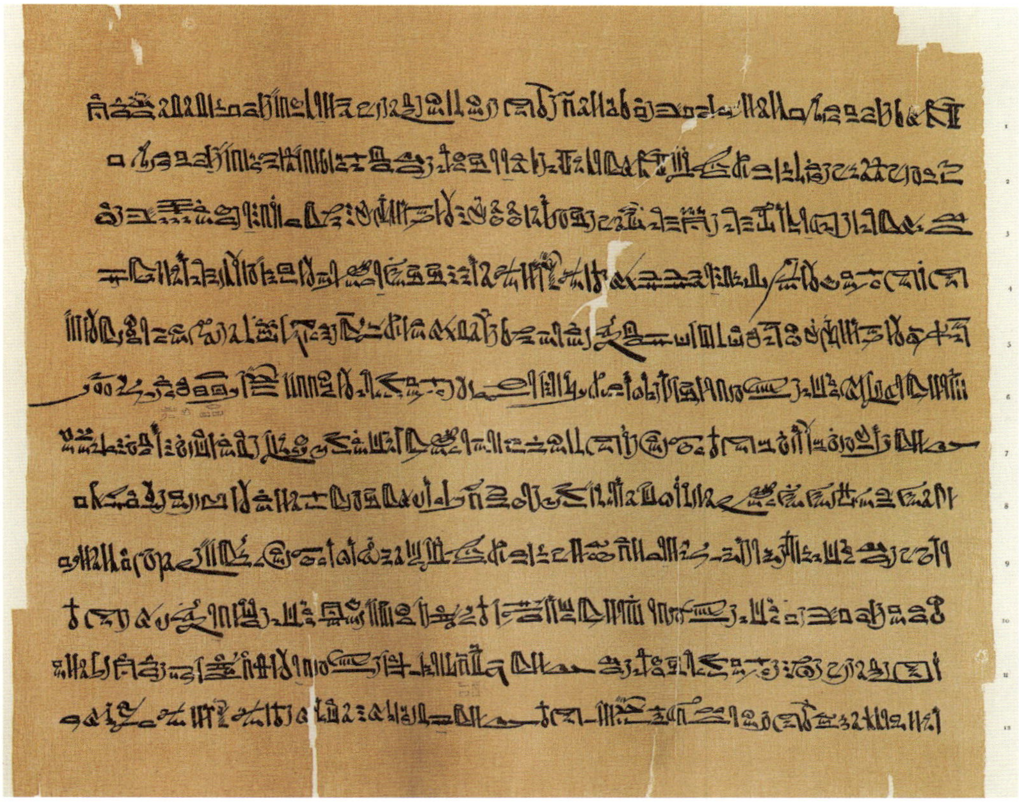

哈里斯1号纸草 §7

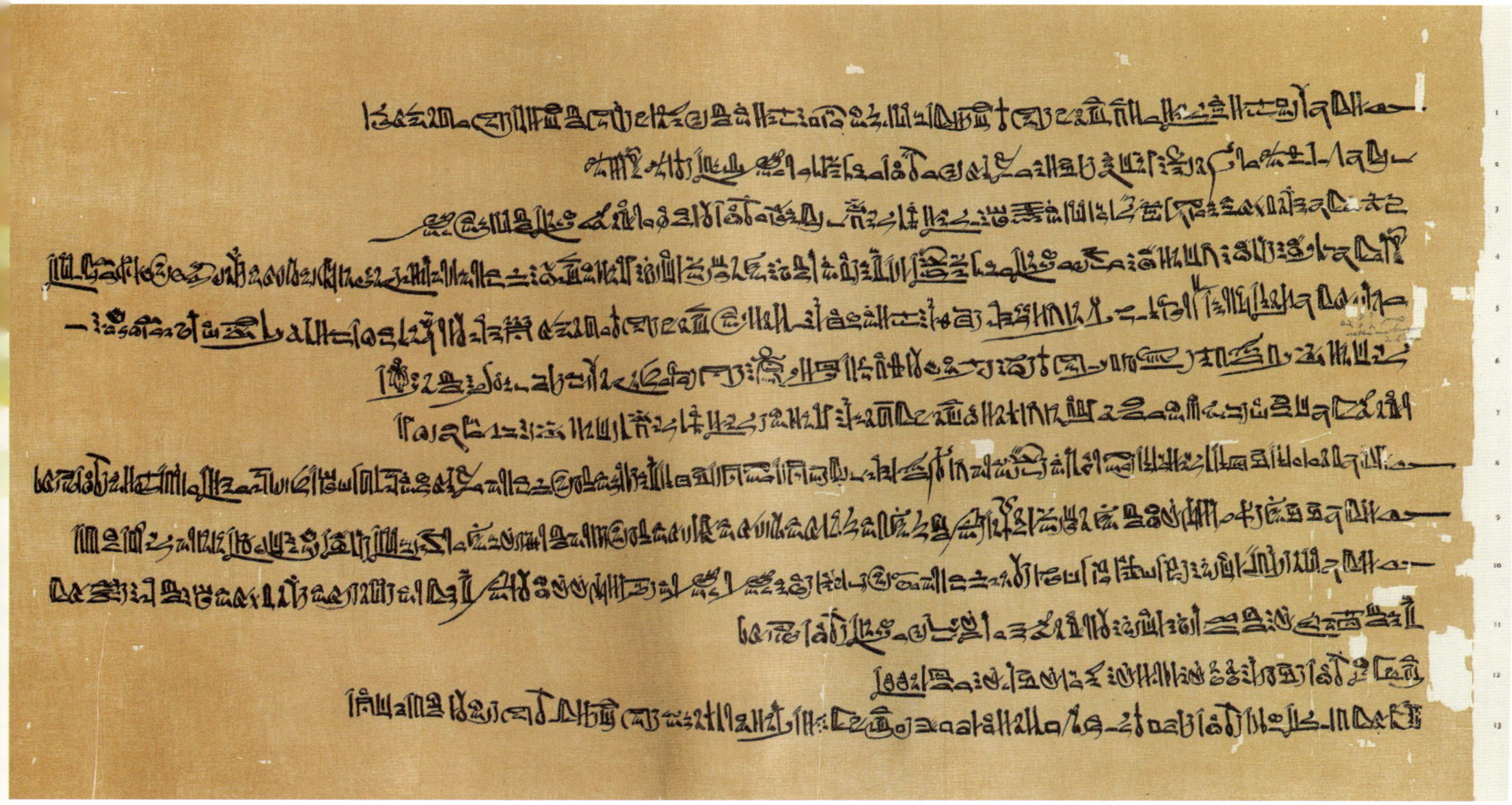

哈里斯 1 号纸草 §9

哈里斯 1 号纸草 §11

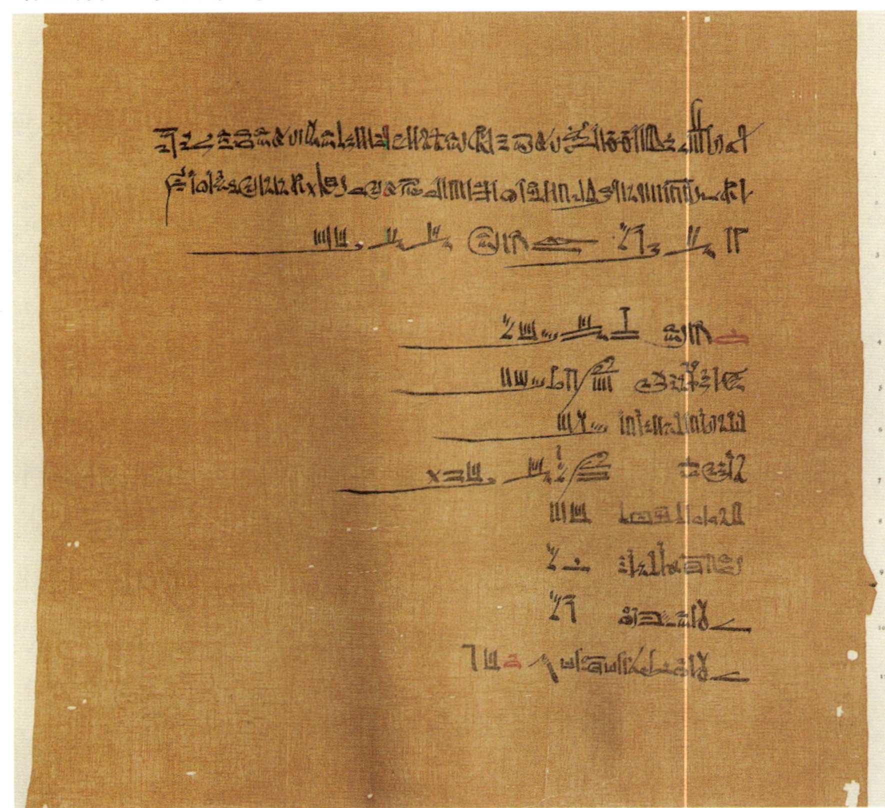

哈里斯 1 号纸草 §12　　b　　a

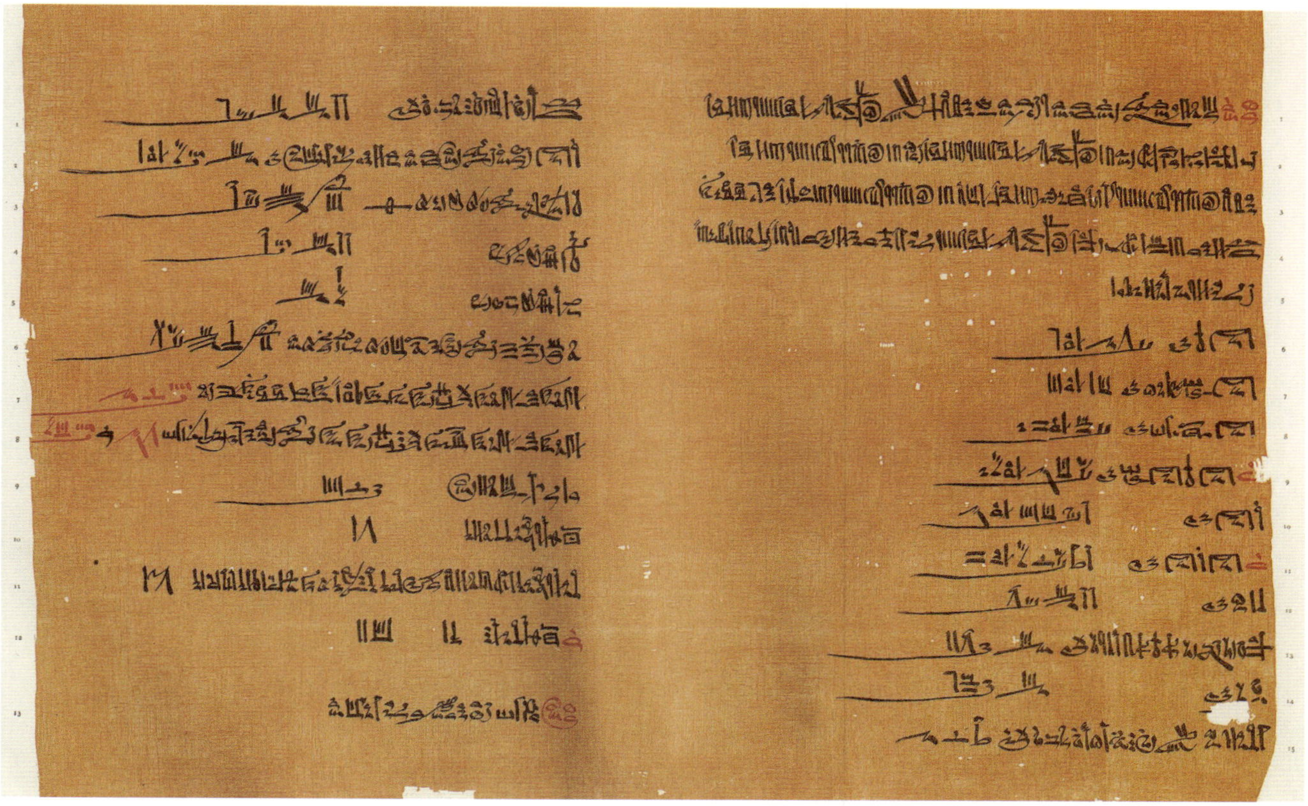

哈里斯 1 号纸草 §13　　b　　a

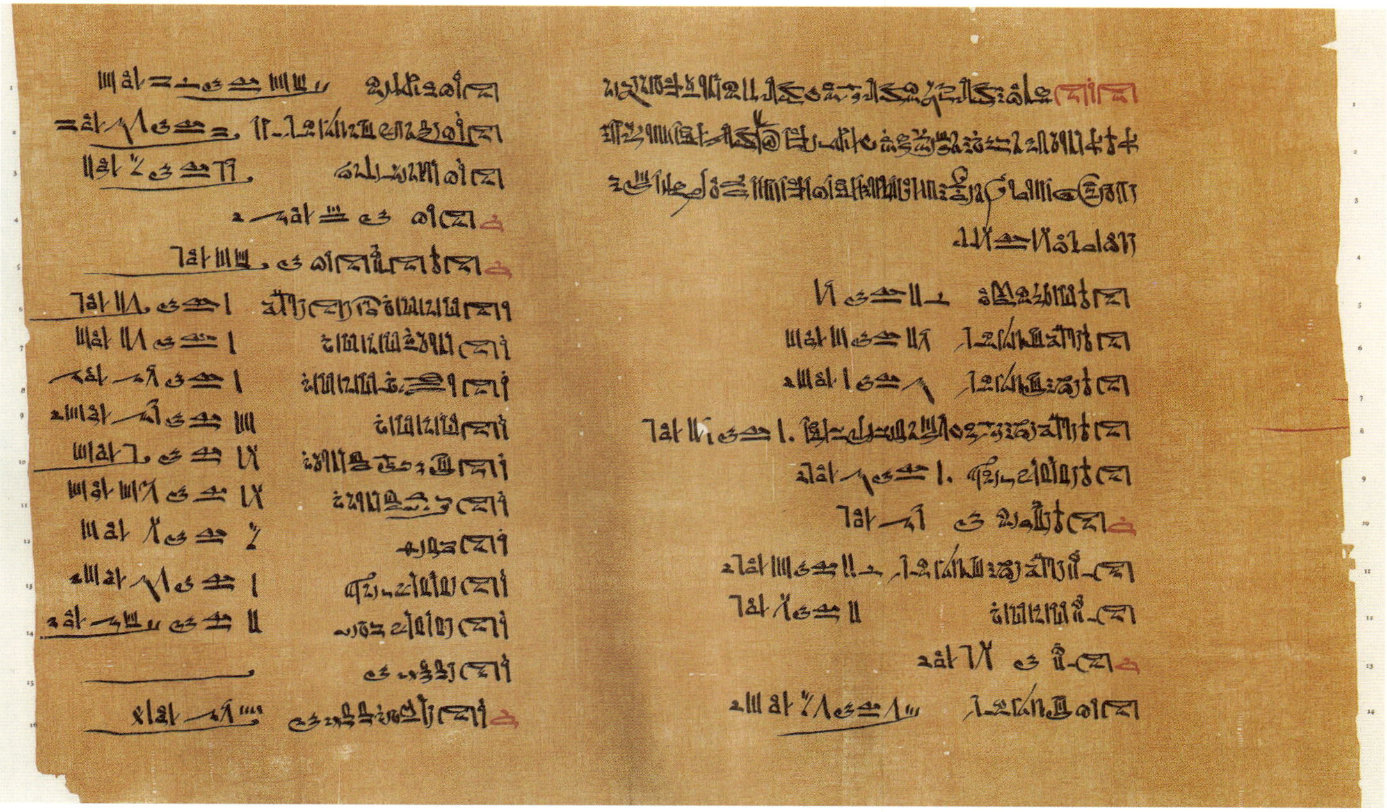

哈里斯 1 号纸草 § 14 b a

哈里斯 1 号纸草 § 15 b a

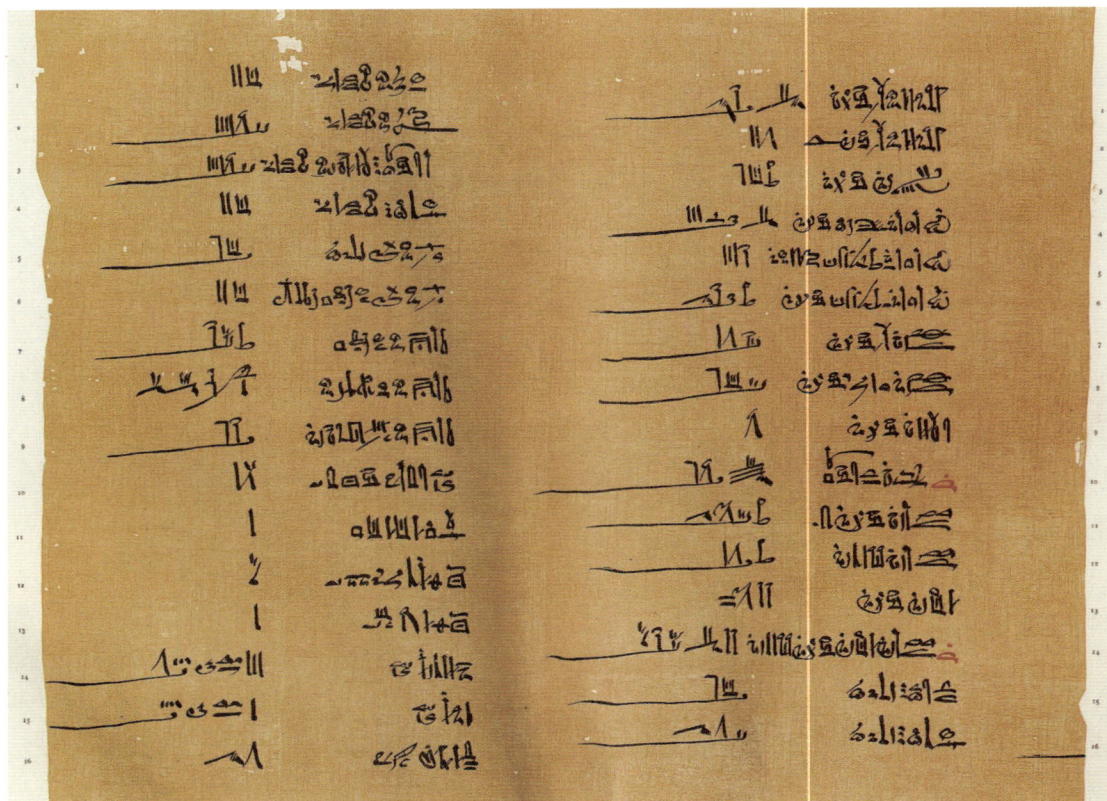

哈里斯 1 号纸草 § 16　　b　　a

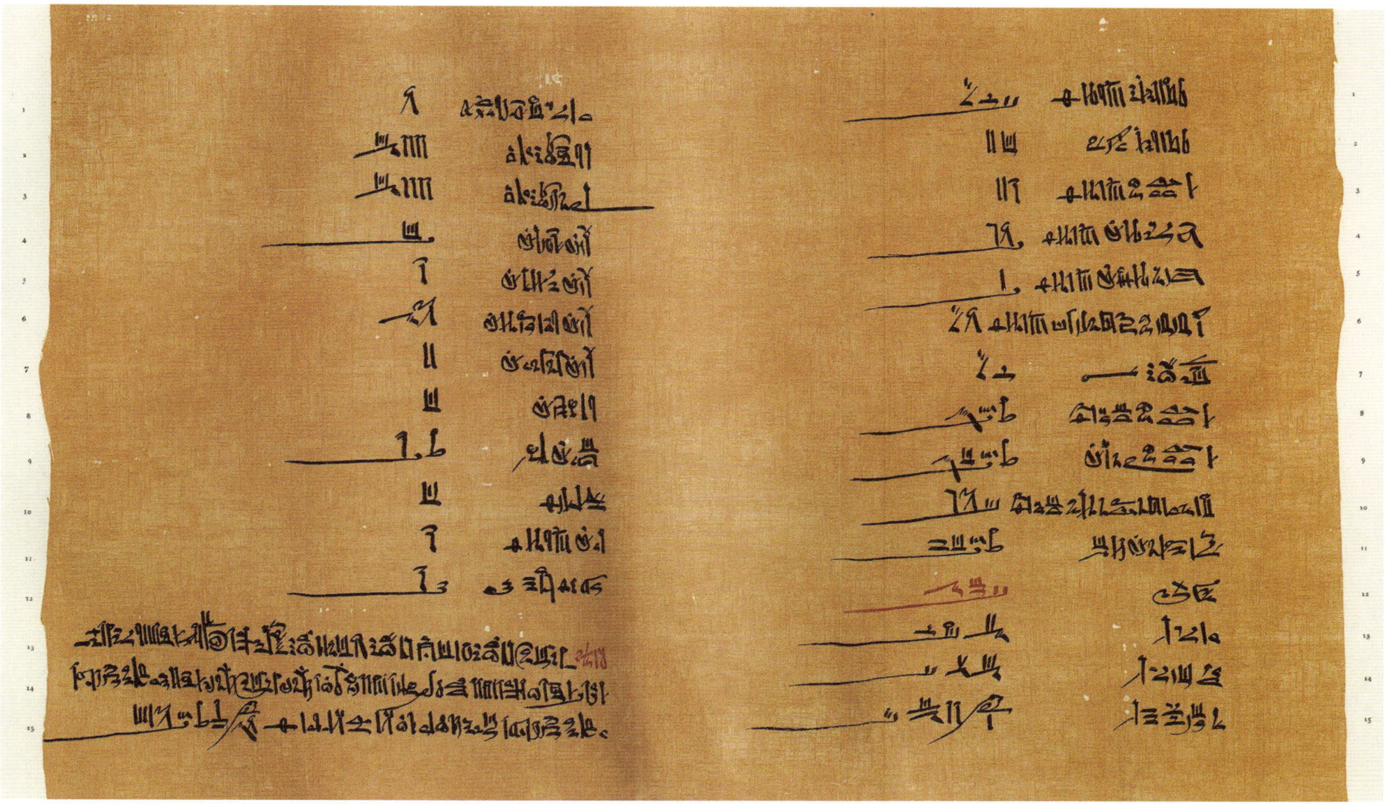

哈里斯 1 号纸草 § 17　　b　　a

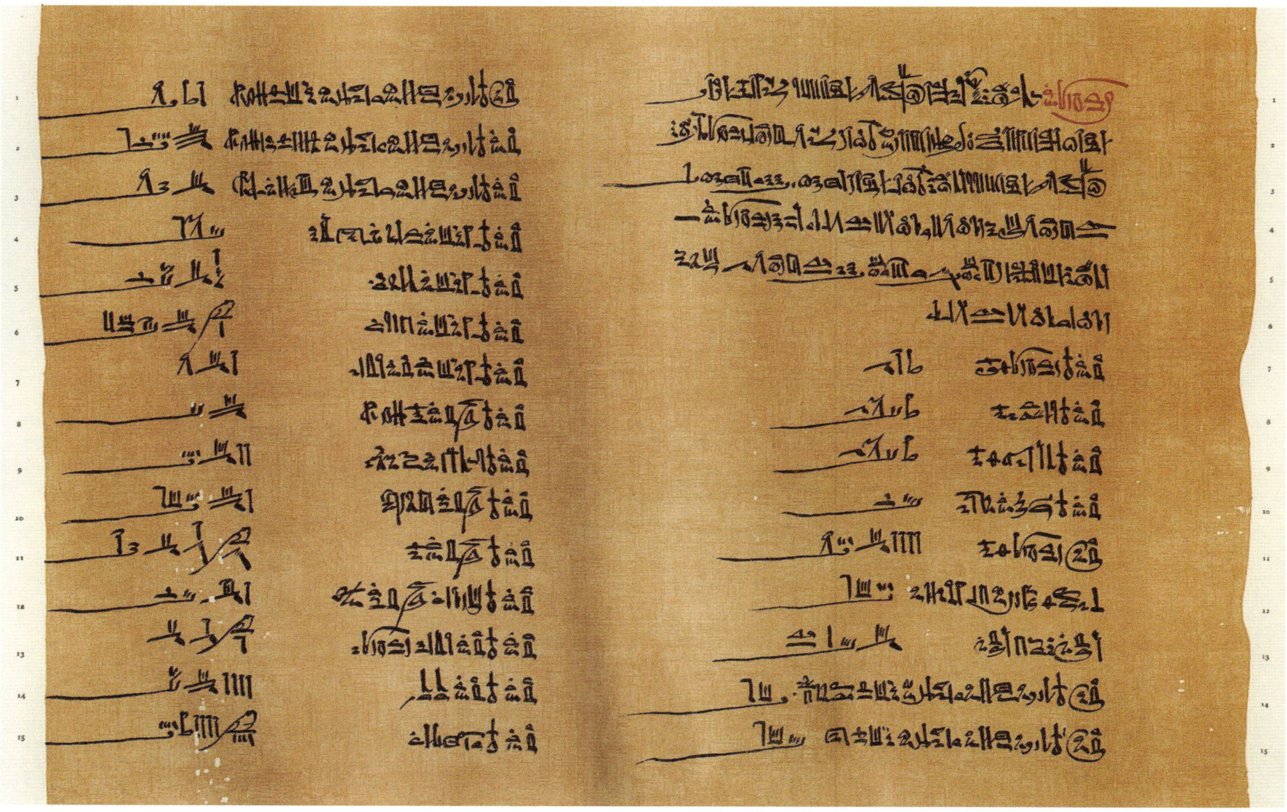

哈里斯 1 号纸草 §18 b a

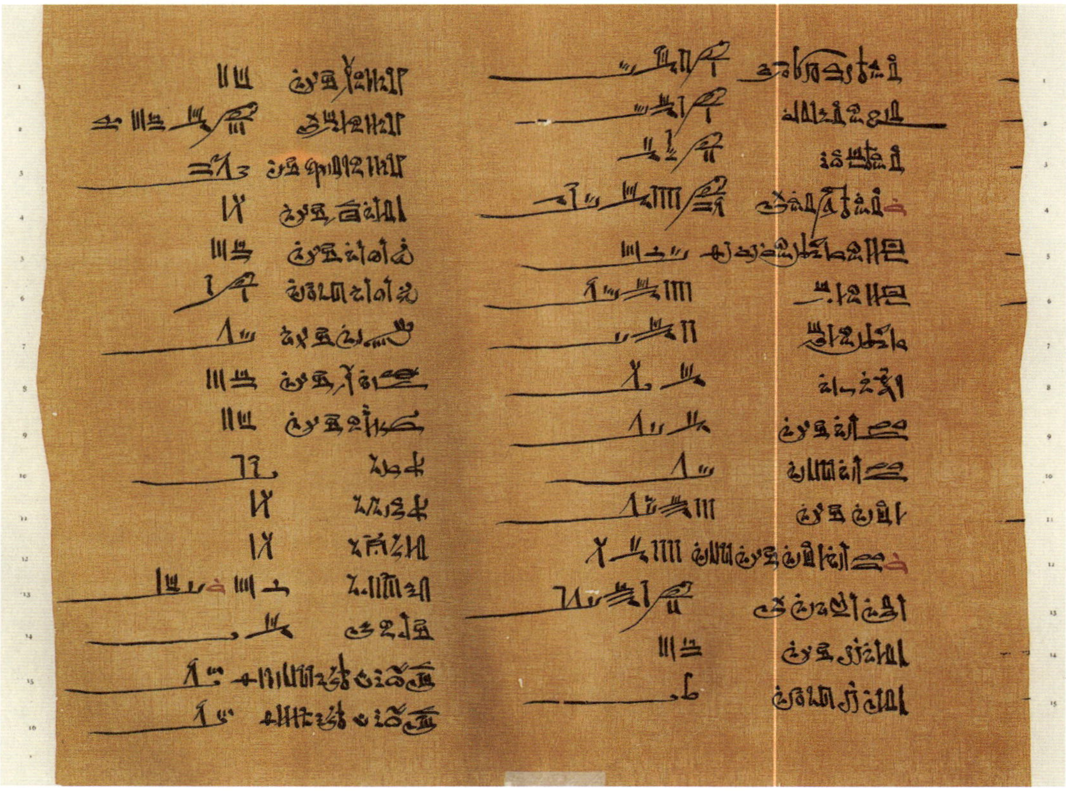

哈里斯 1 号纸草 §19 b a

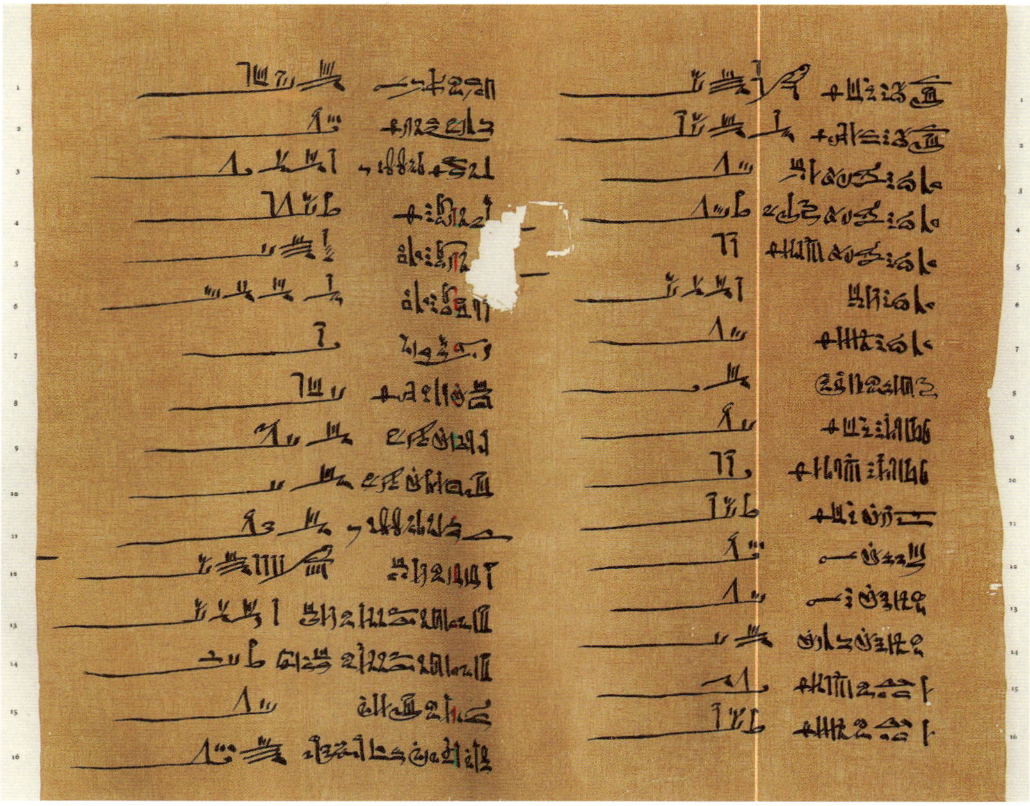

哈里斯 1 号纸草 §20　　b　　a

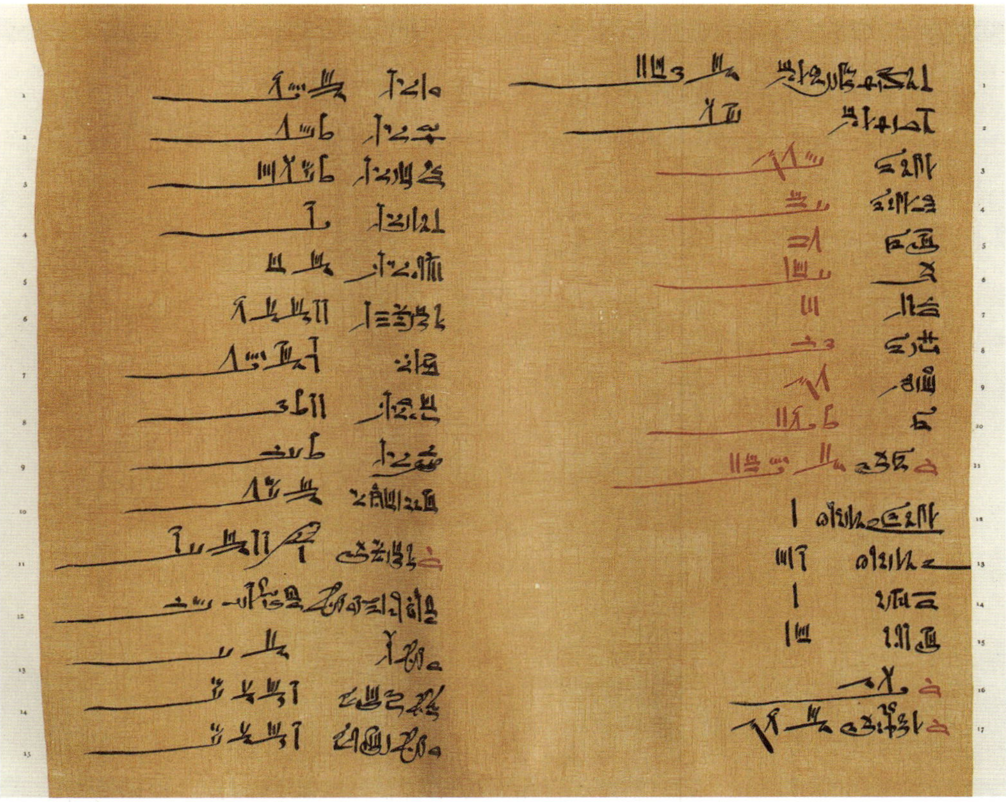

哈里斯 1 号纸草 §21　　b　　a

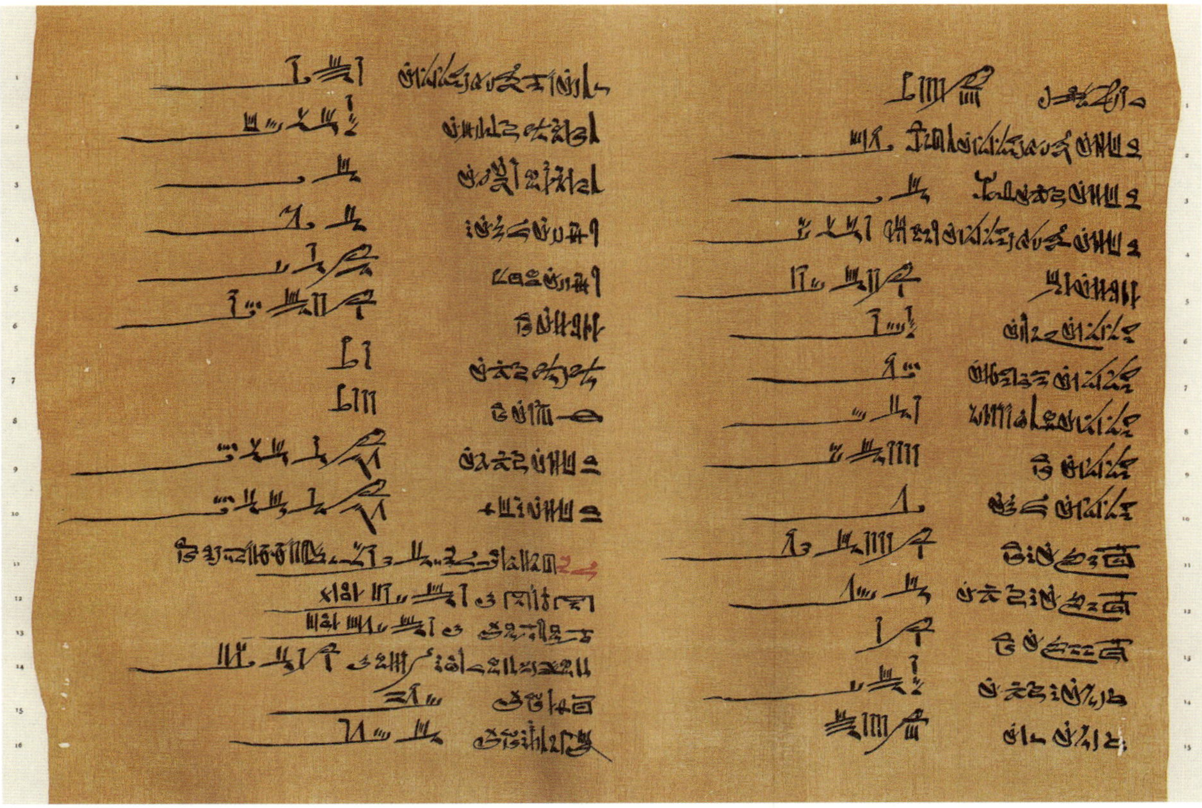

哈里斯 1 号纸草 §24

哈里斯 1 号纸草 §27

哈里斯 1 号纸草 § 28

哈里斯 1 号纸草 § 32　　b　　　　　　　　a

哈里斯 1 号纸草 §43

哈里斯 1 号纸草 §48

哈里斯 1 号纸草 §51　　b　　a

哈里斯 1 号纸草 §52　　b　　a

哈里斯 1 号纸草 §68　　　　b　　　　　　　　a

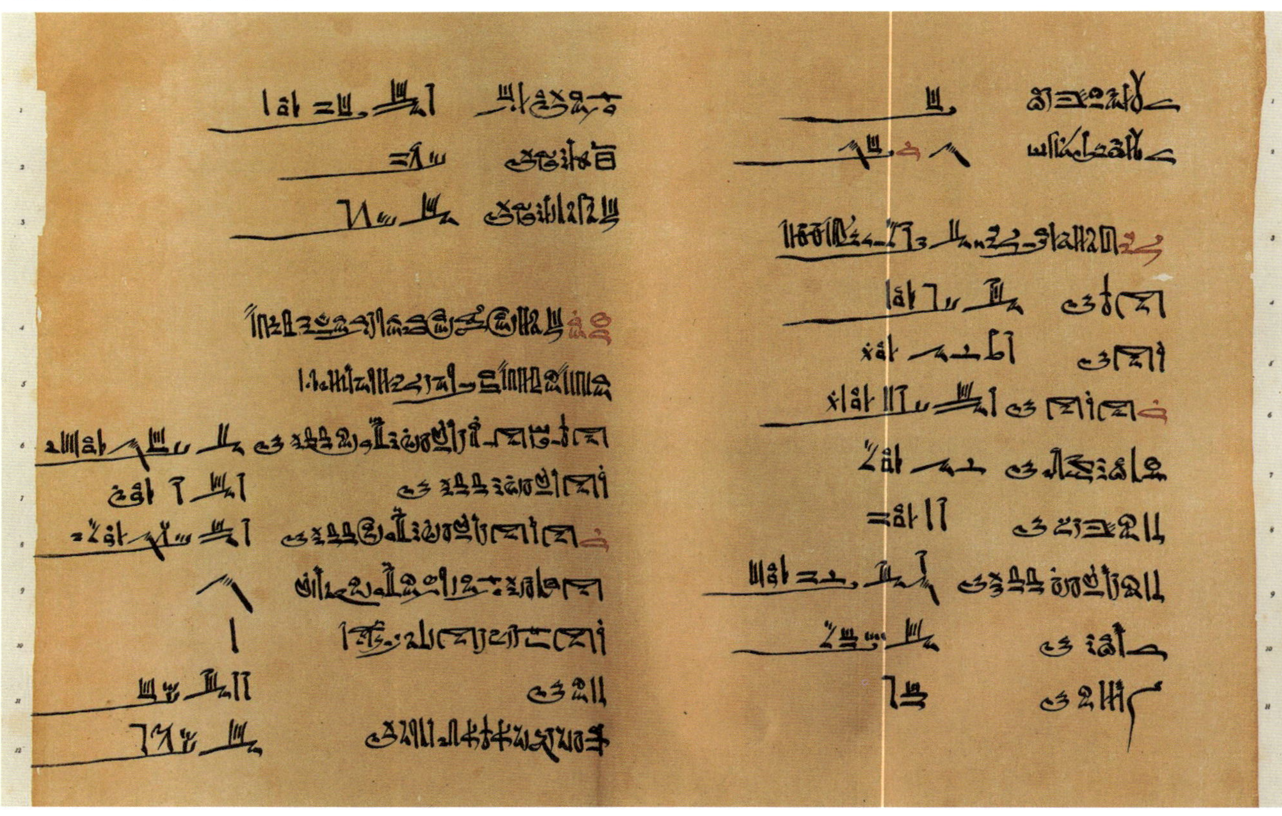

哈里斯 1 号纸草 §69

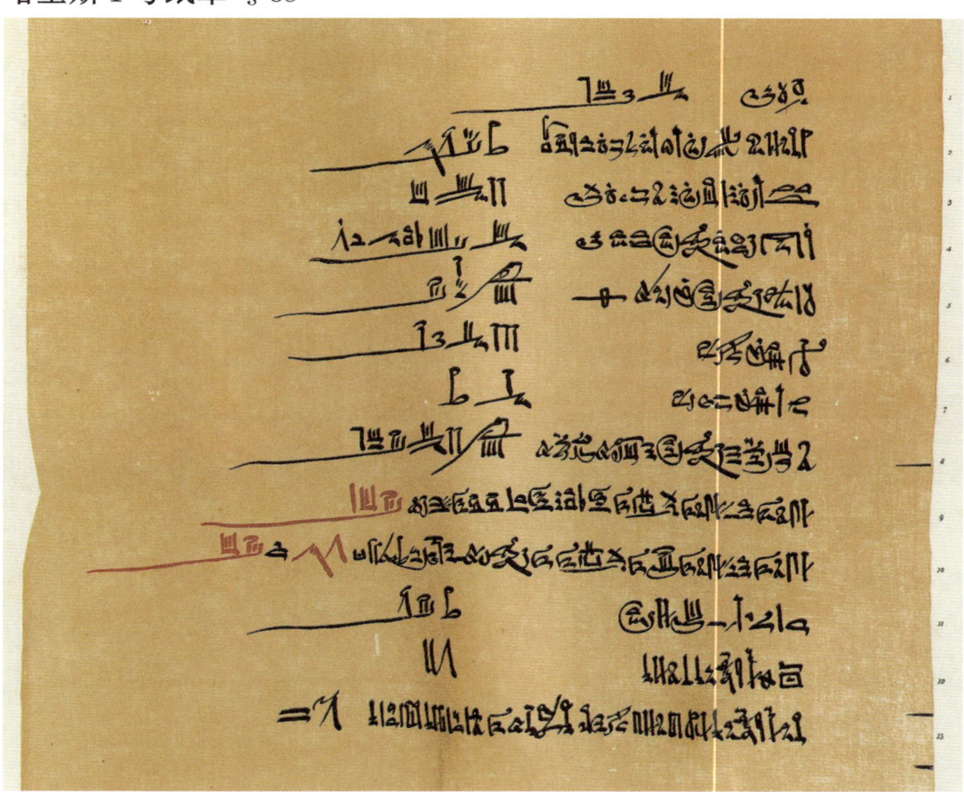

哈里斯 1 号纸草 §70　　b　　a

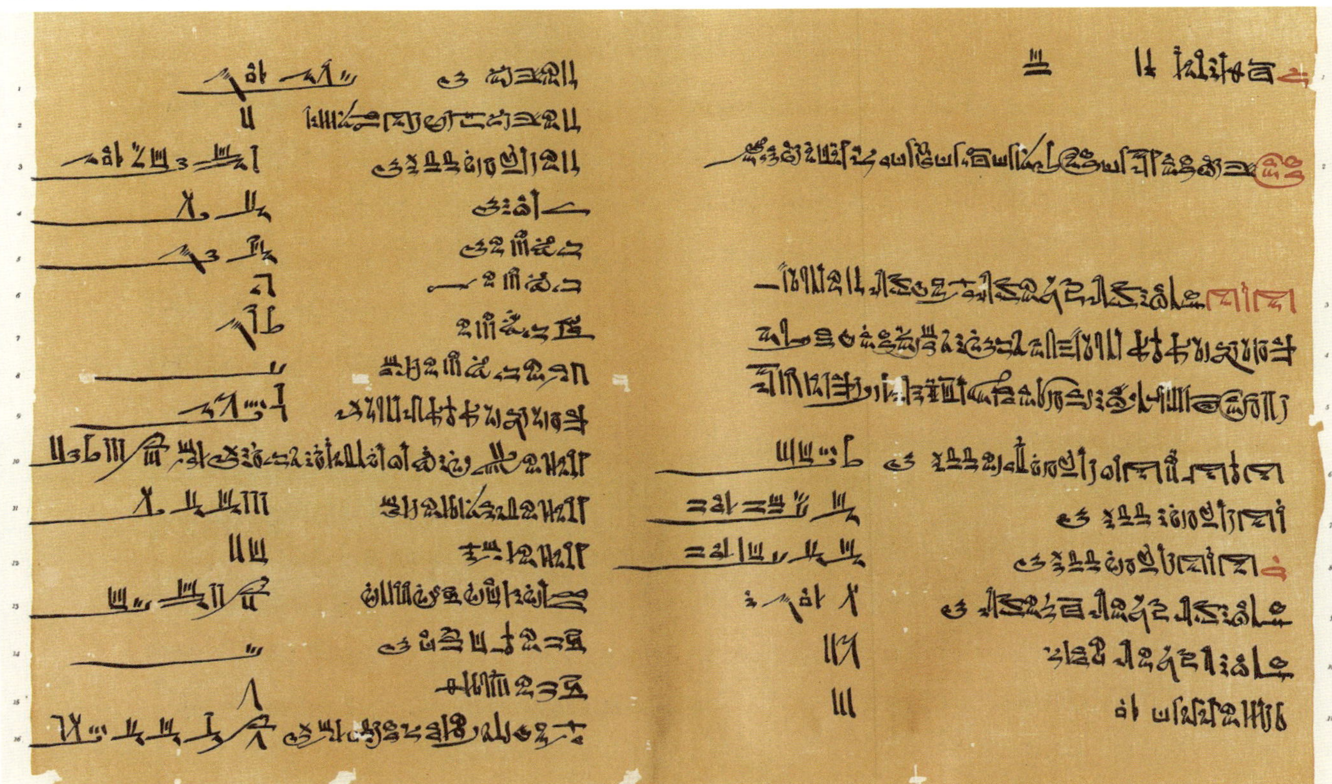

哈里斯 1 号纸草 §76

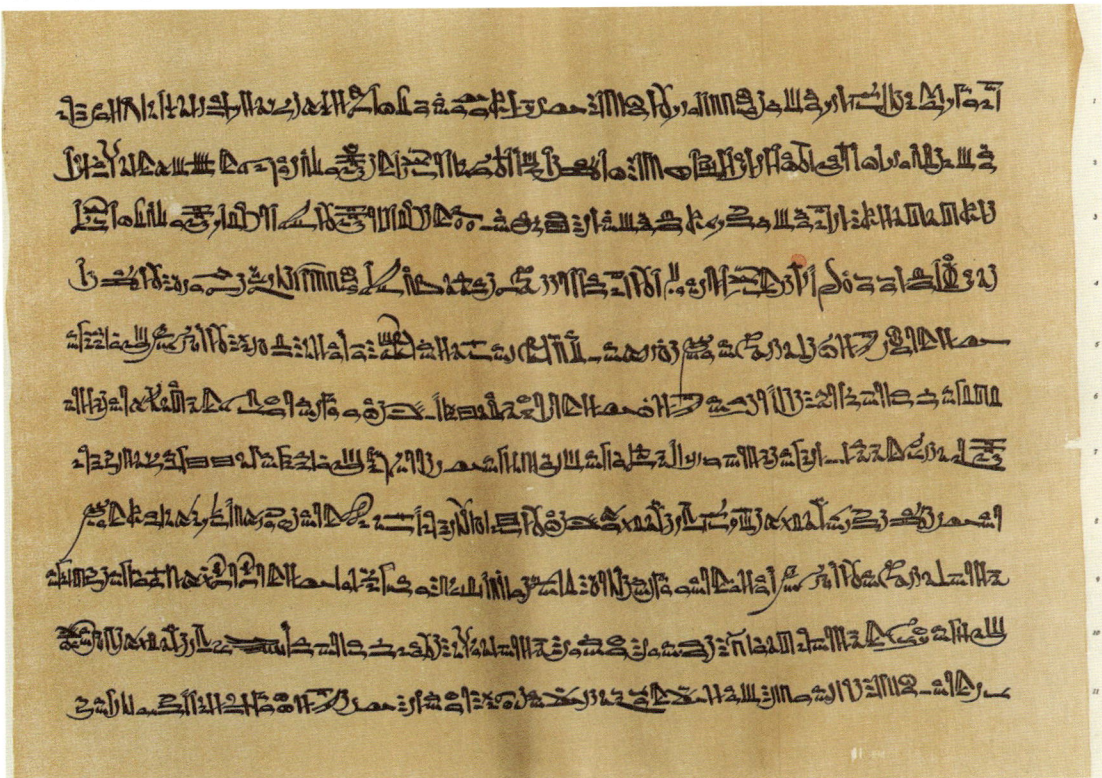

哈里斯 1 号纸草 §77

哈里斯 1 号纸草 §78

图版 VI.　9. 卢浮宫 27151 号纸草

正面

反面

※ 图片来源：法国卢浮宫博物馆

图版 VII. 11. 都灵 2009+1999 号纸草

正面

图版 VIII. 12. 都灵税表

※ 图片来源：意大利都灵博物馆

背面

※ 图片来源：意大利都灵博物馆

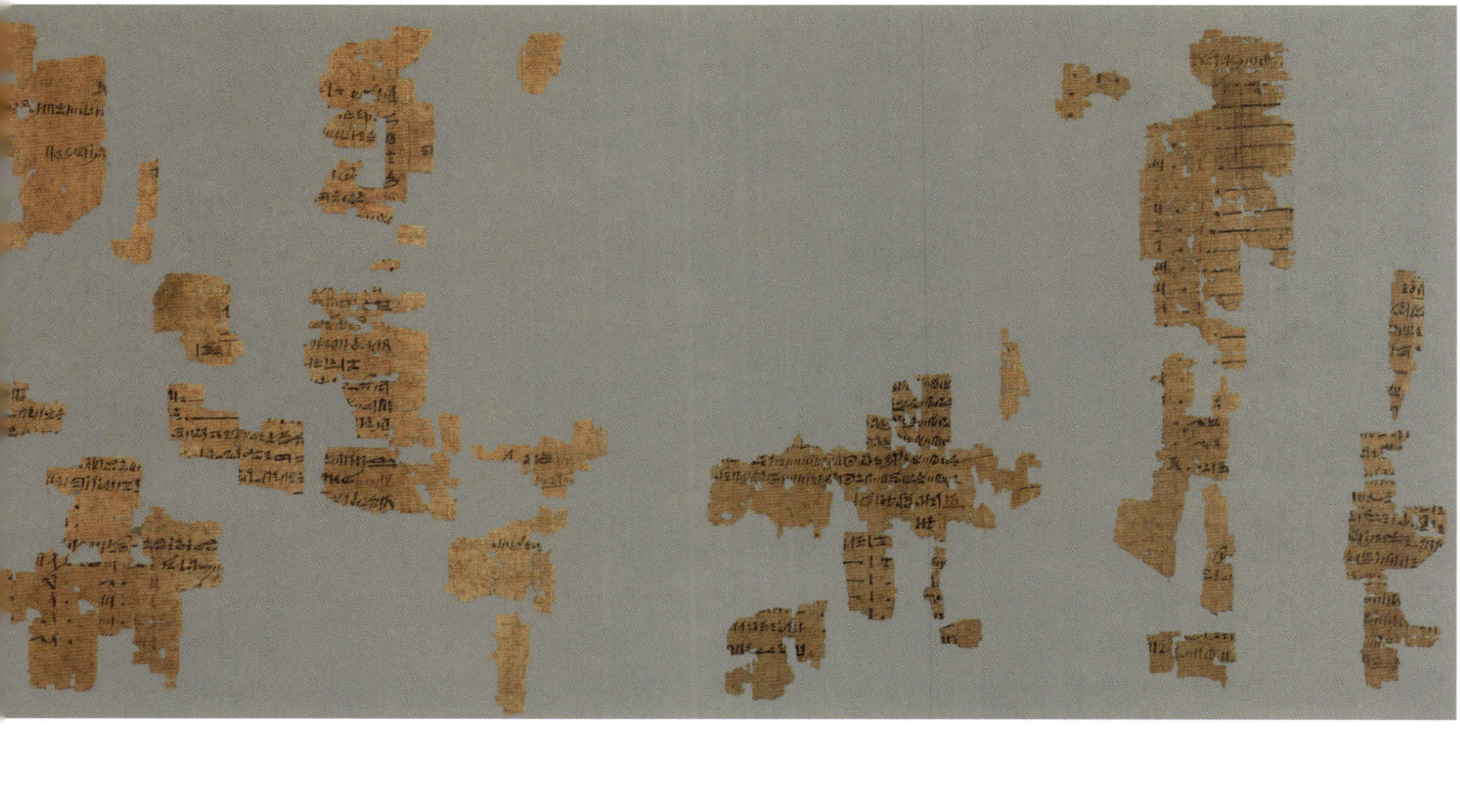

图版 IX.　13. 都灵税收纸草

正面

背面

※ 图片来源：意大利都灵博物馆

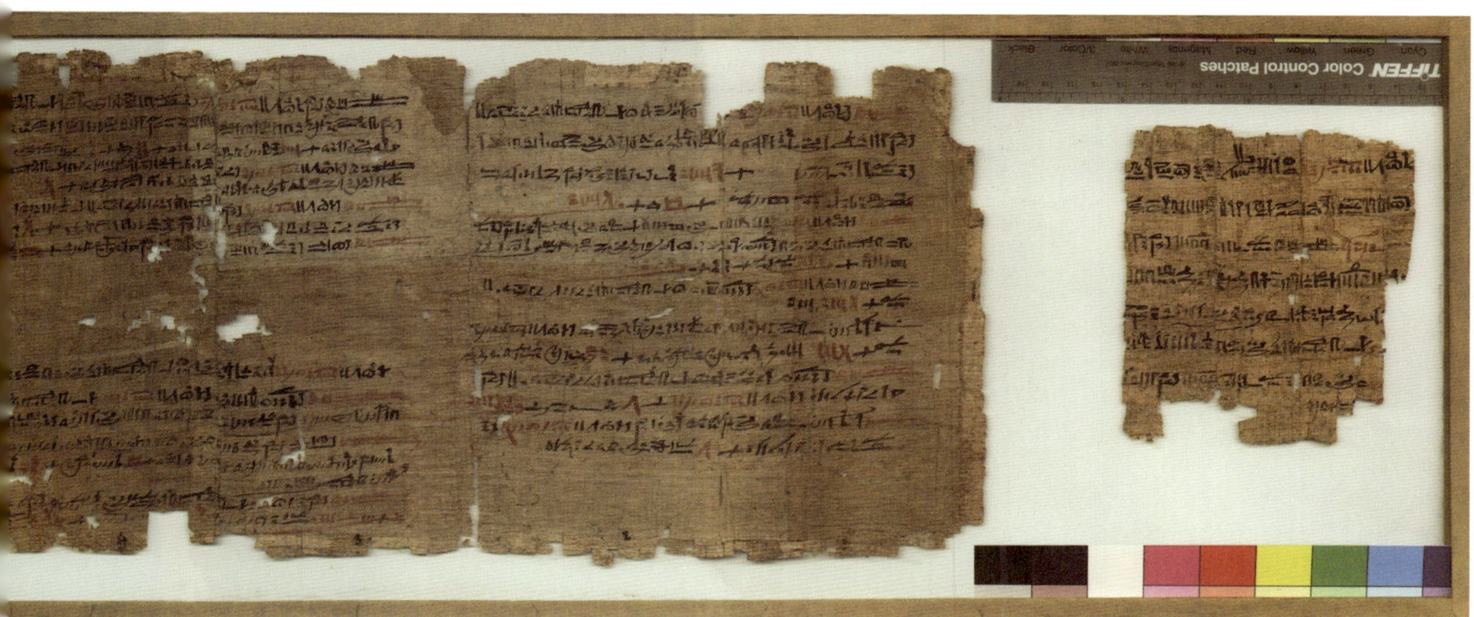

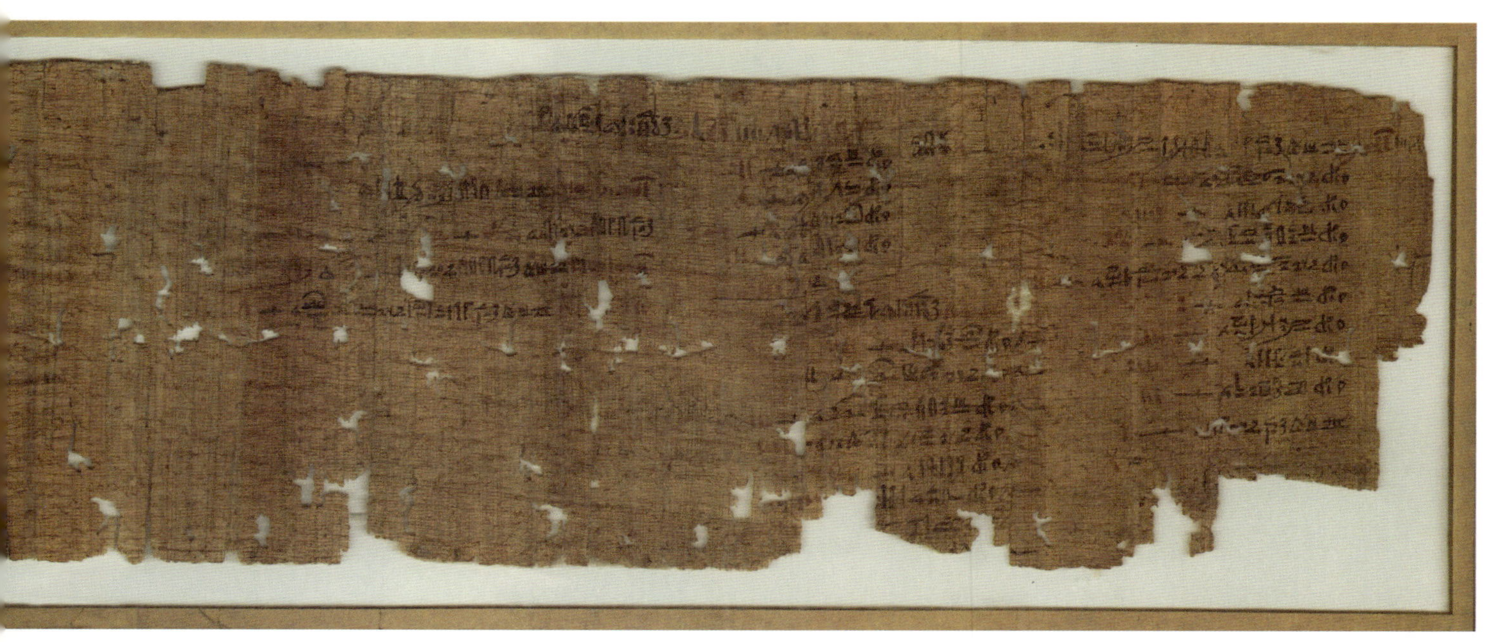

图版 X.　　61. 卢浮宫 13156 号陶石片

正　面

图版 XI.　　63. 瑙奈赫特的遗嘱（文件 I 正面）

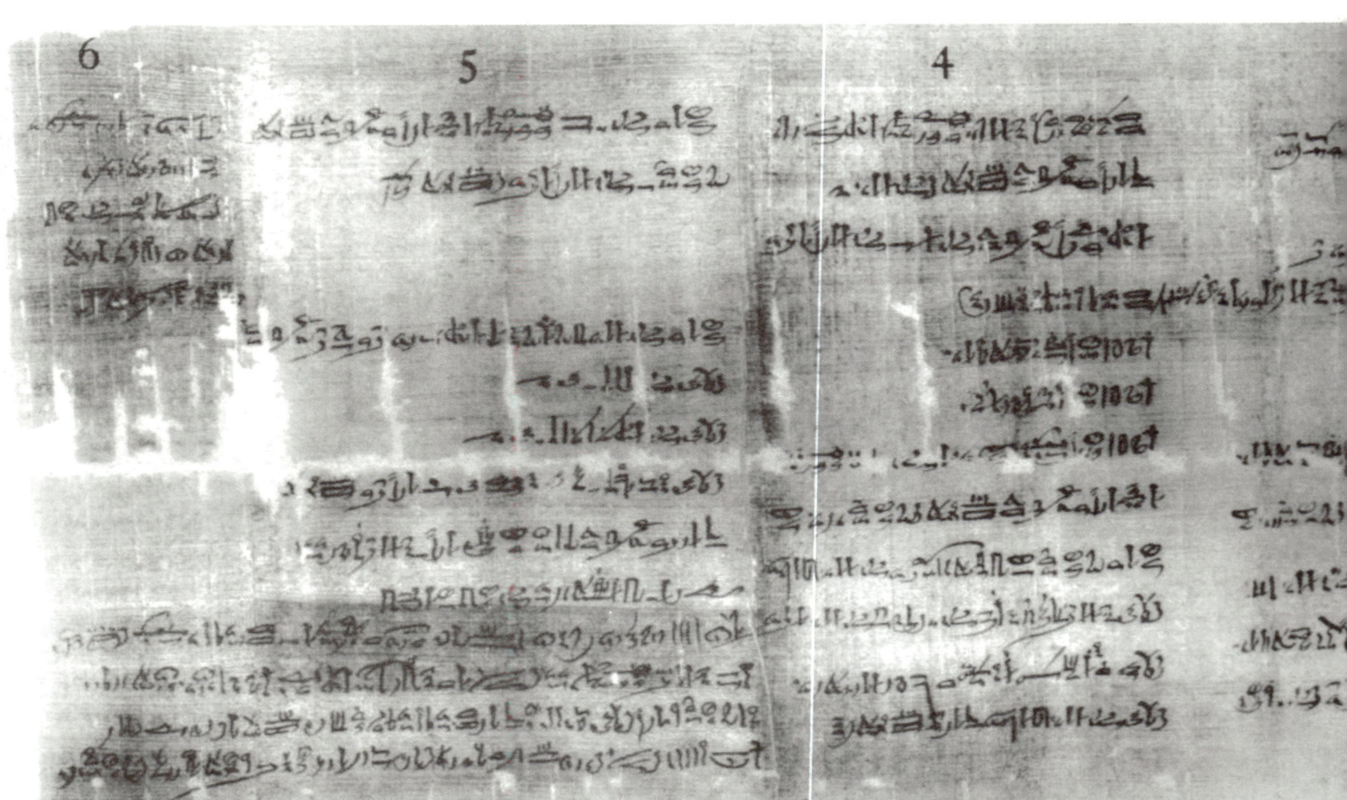

※ 图片来源：法国卢浮宫博物馆

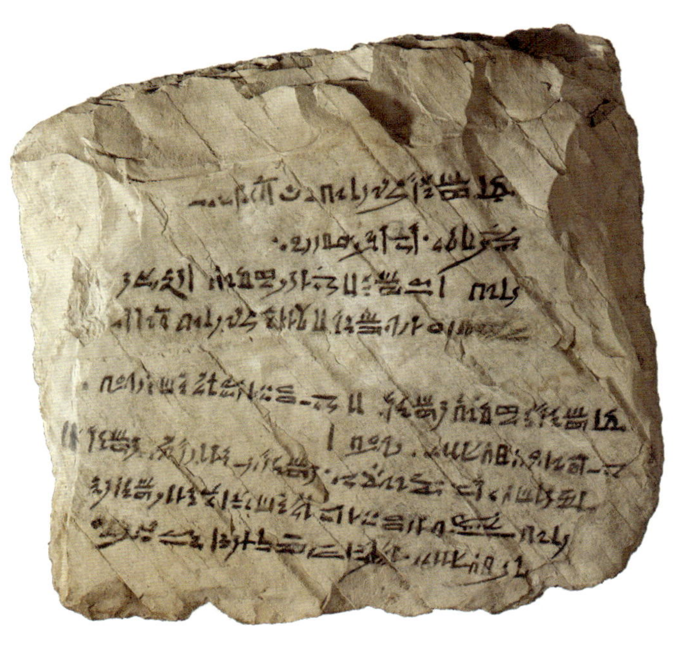

背　面

※ 图片来源：J. Černý, “The Will of Naunakhte and the Related Documents,” *JEA* 31 (1945)

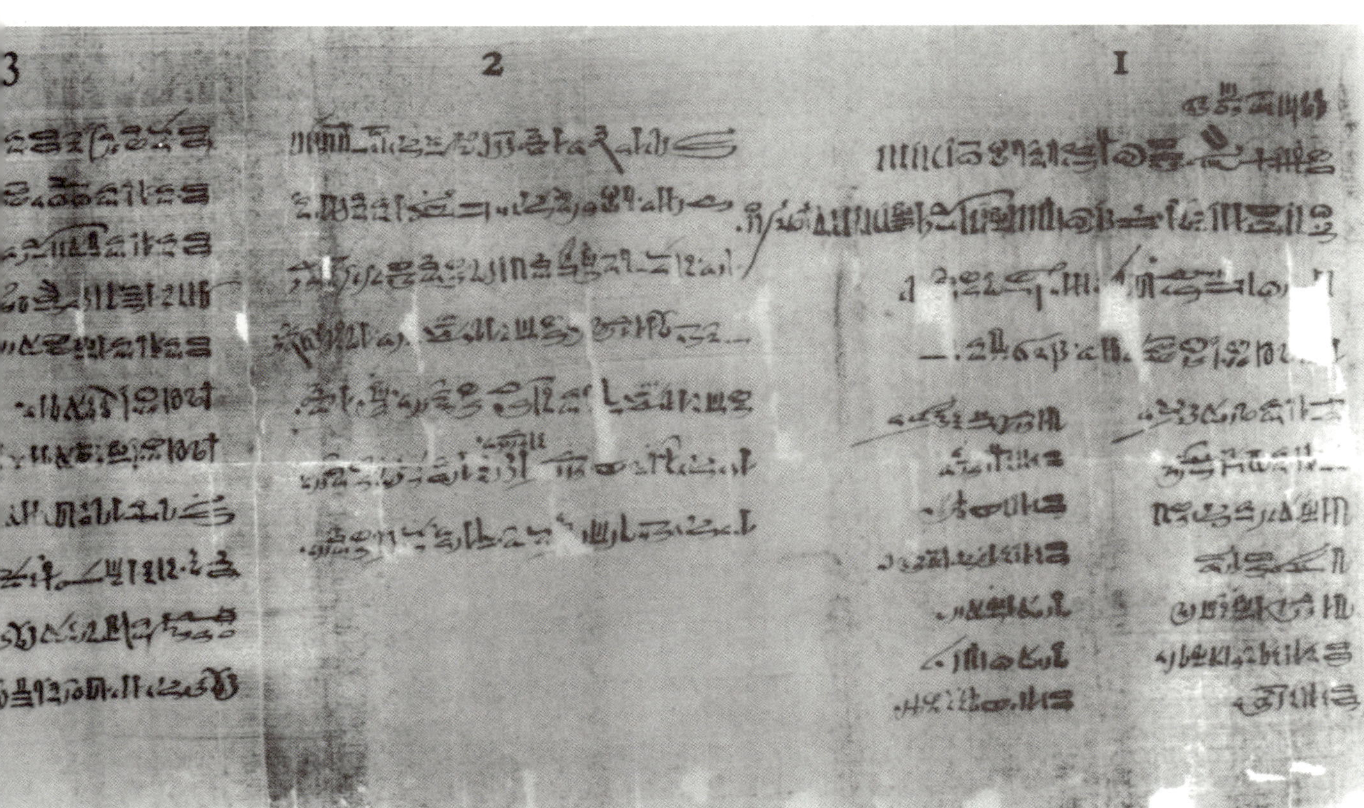

图版 XII.　64. 都灵 2021 号纸草

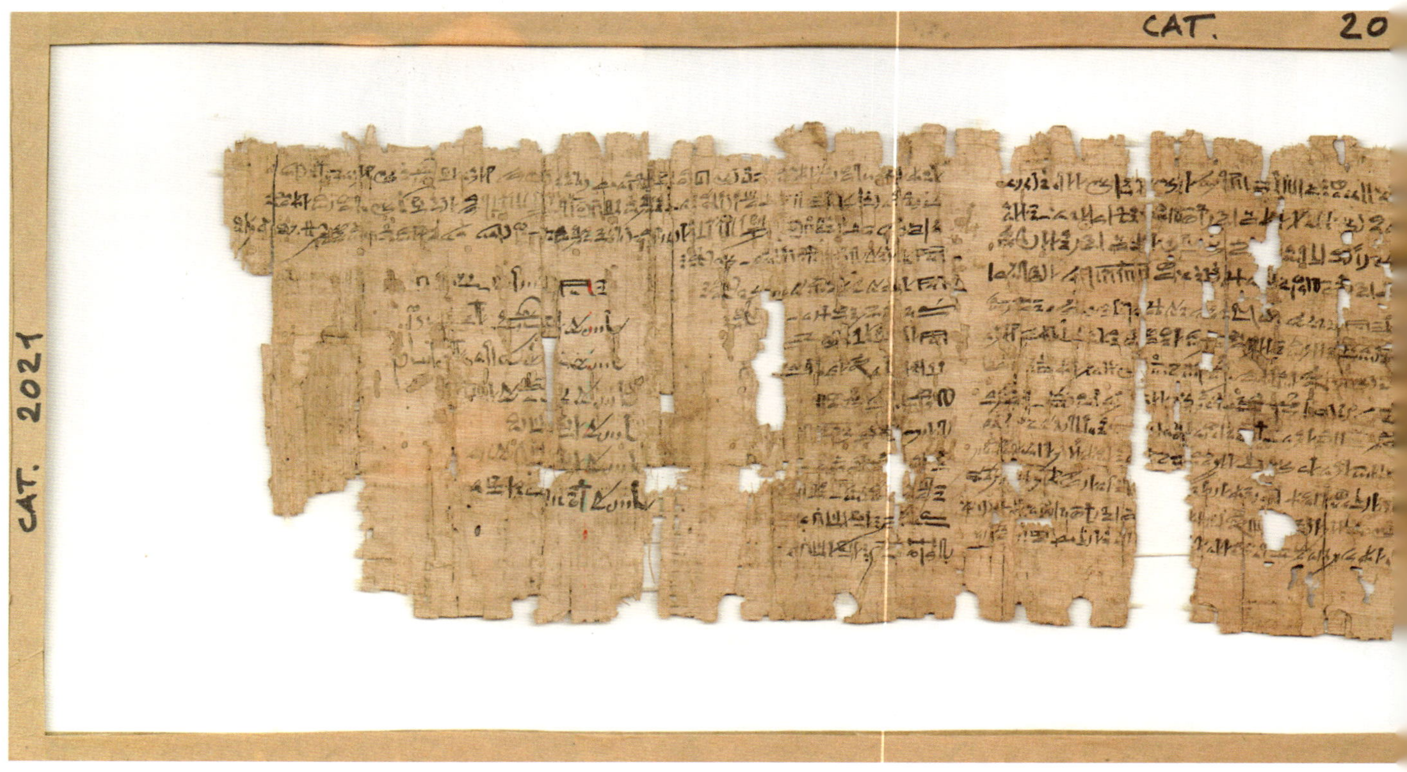

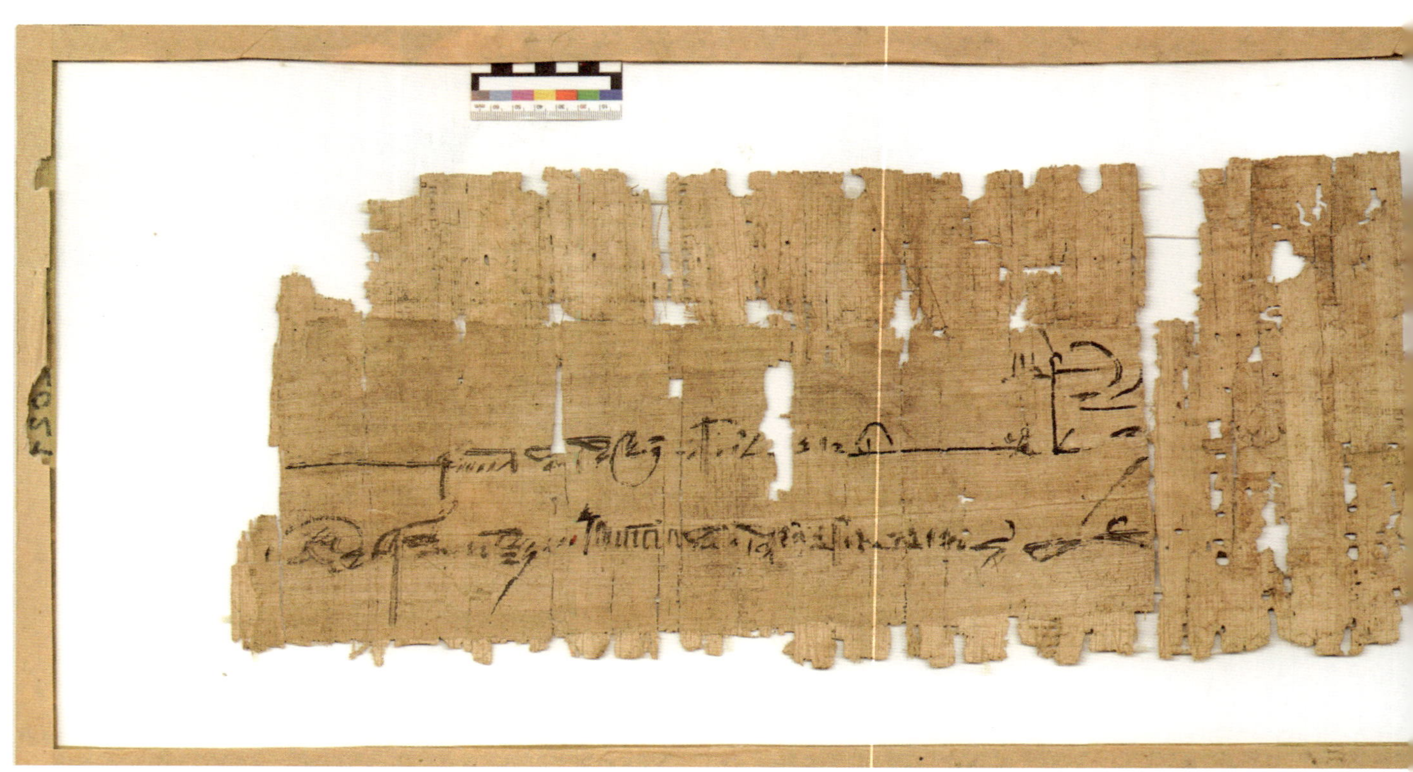

※ 图片来源：意大利都灵博物馆

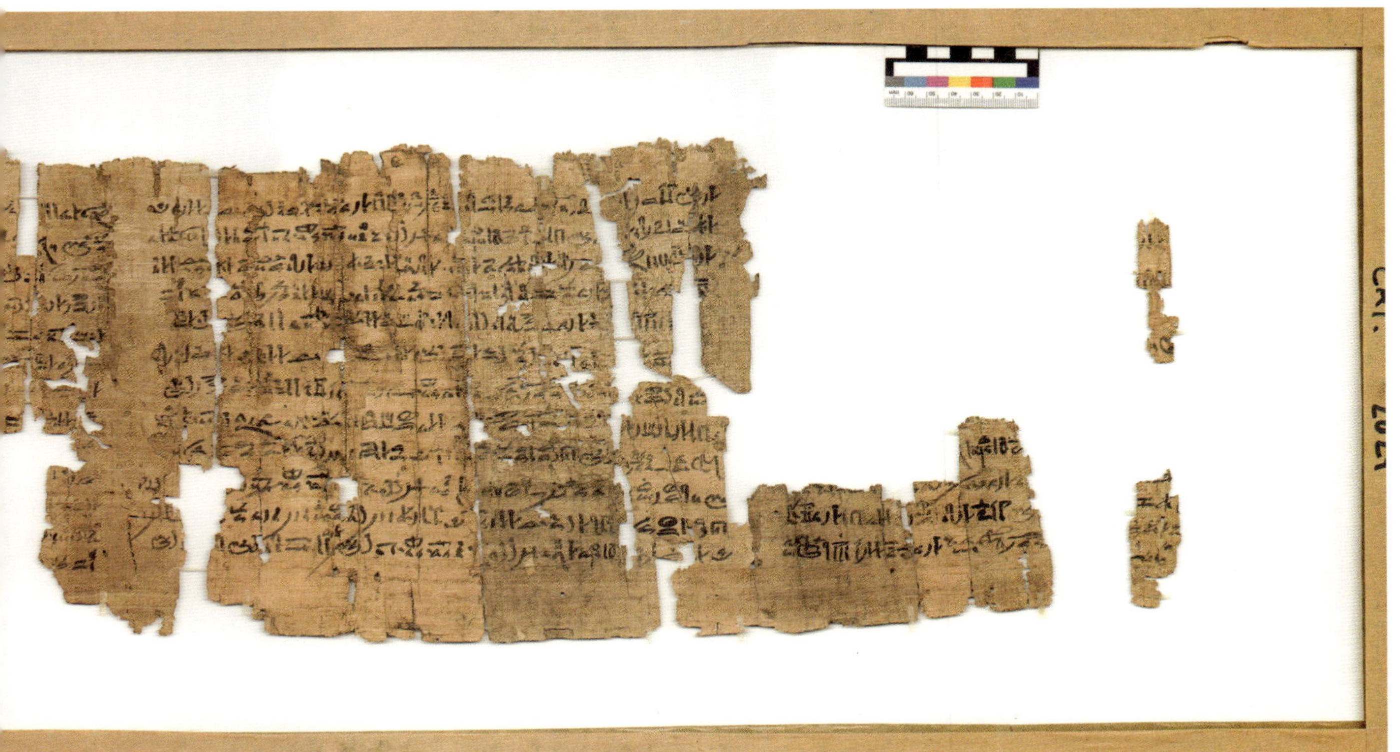

图版 XIII. 68. 都灵 1885 号纸草（背面）

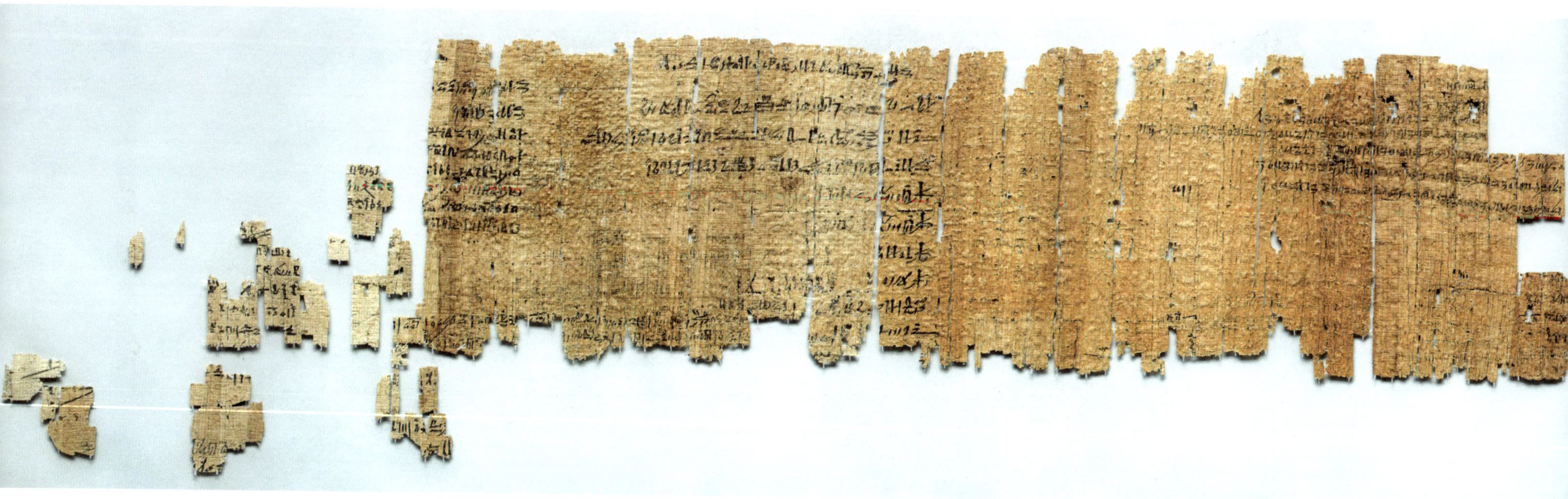

※ 图片来源：意大利都灵博物馆

图版 XIV. 69. 都灵 2070 号纸草（节选）

※ 图片来源：意大利都灵博物馆

图版 XV.　73. 收养纸草

正面

背面

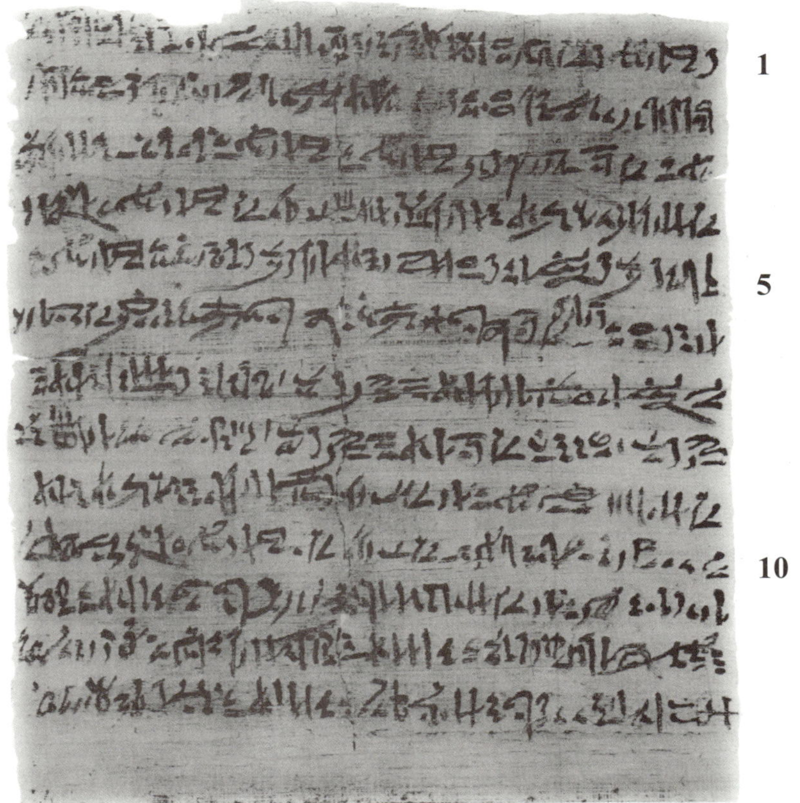

※ 图片来源：A. H. Gardiner,“Adoption Extraordinary,”*JEA* 26 (1941)

图版 XVI. 75. 卢浮宫 3171 号纸草

第 3 栏　　第 2 栏　　第 1 栏

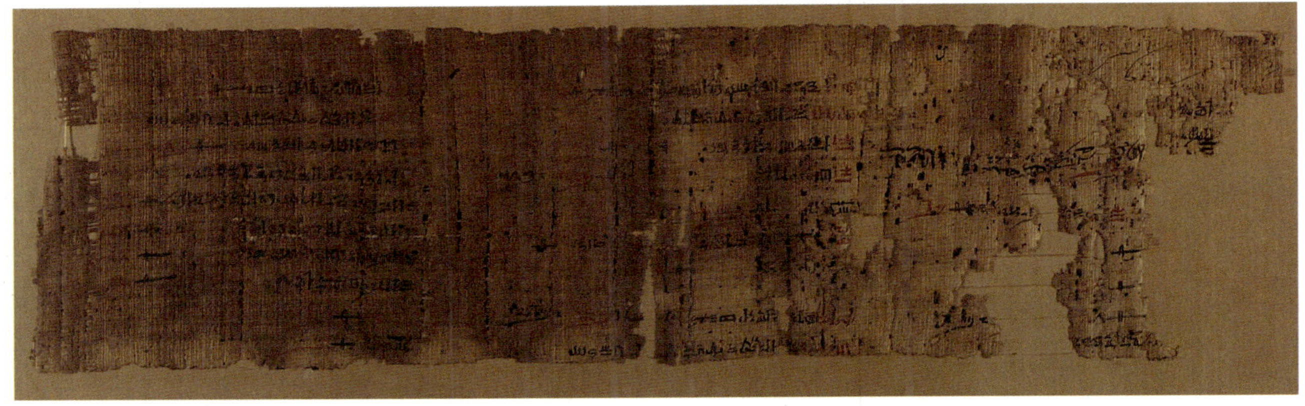

※ 图片来源：法国卢浮宫博物馆

图版 XVII. 76. 撒利尔纸草（第四卷）背面（节选）

第 9 部分（左半叶）

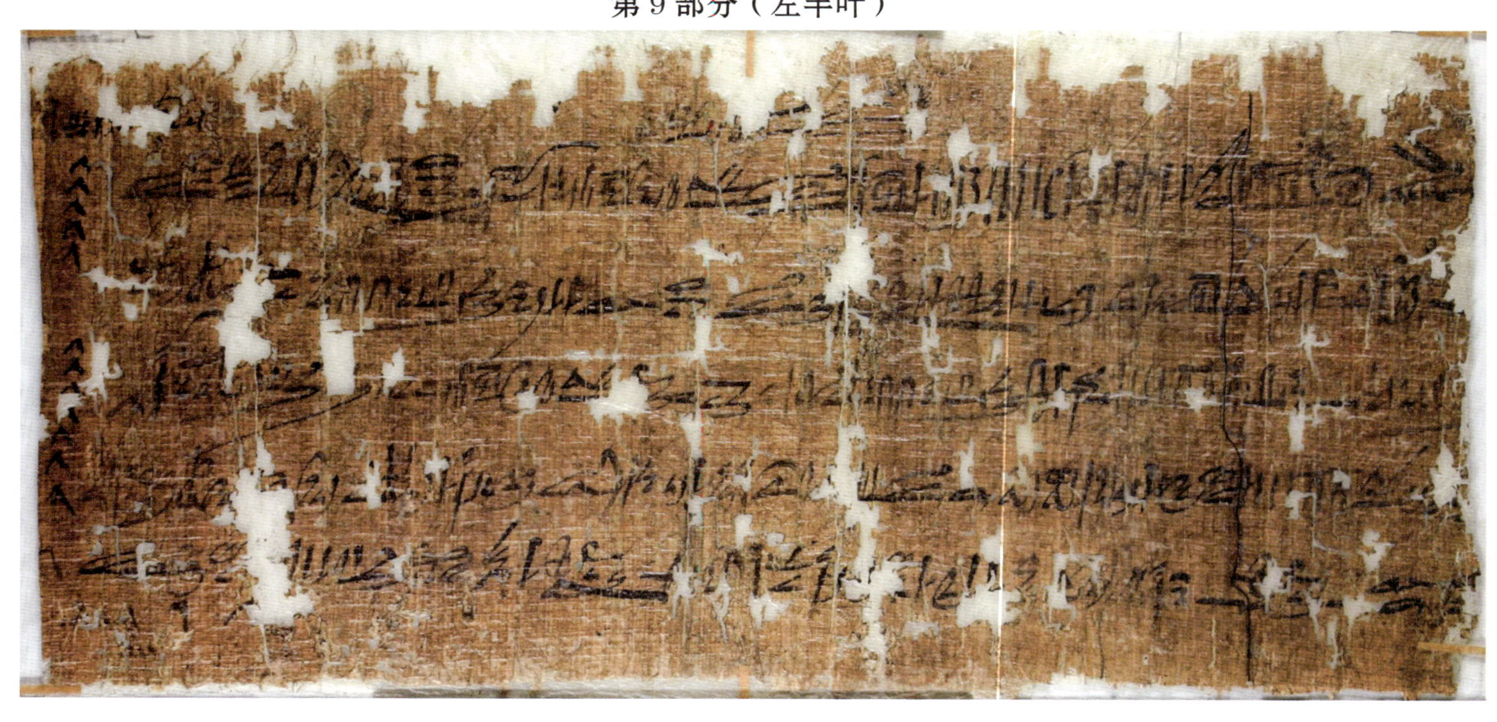

第 11 部分

※ 图片来源：大英博物馆

第9部分（右半叶）

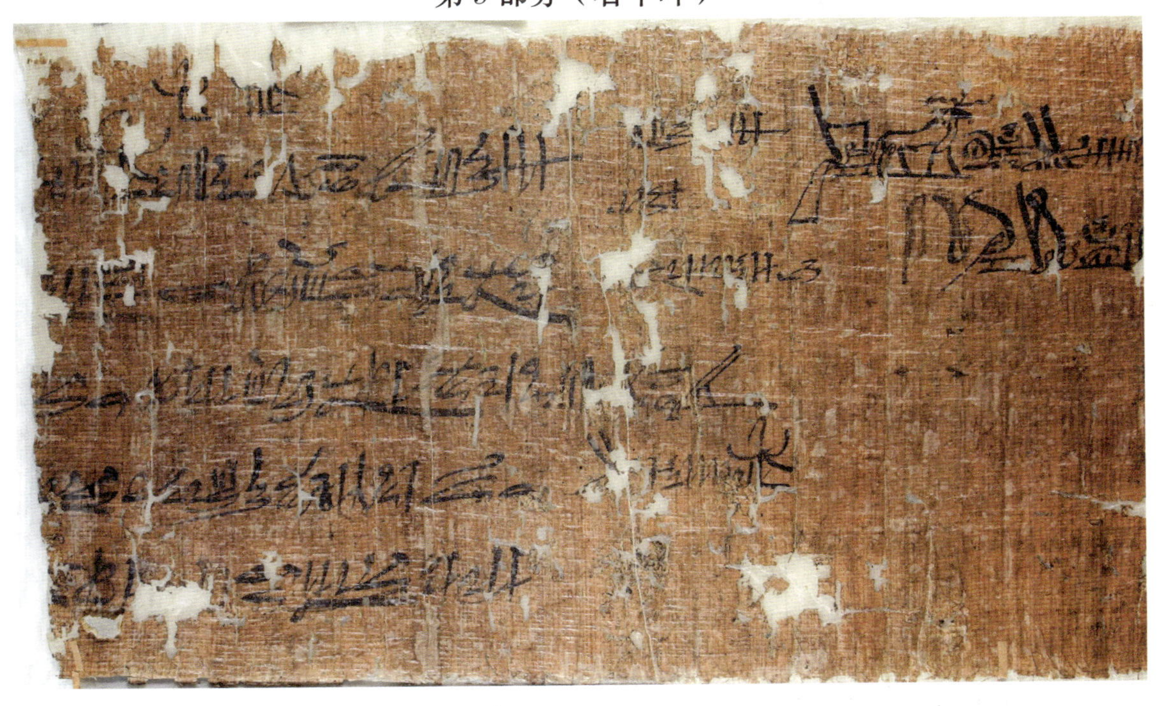

第10部分

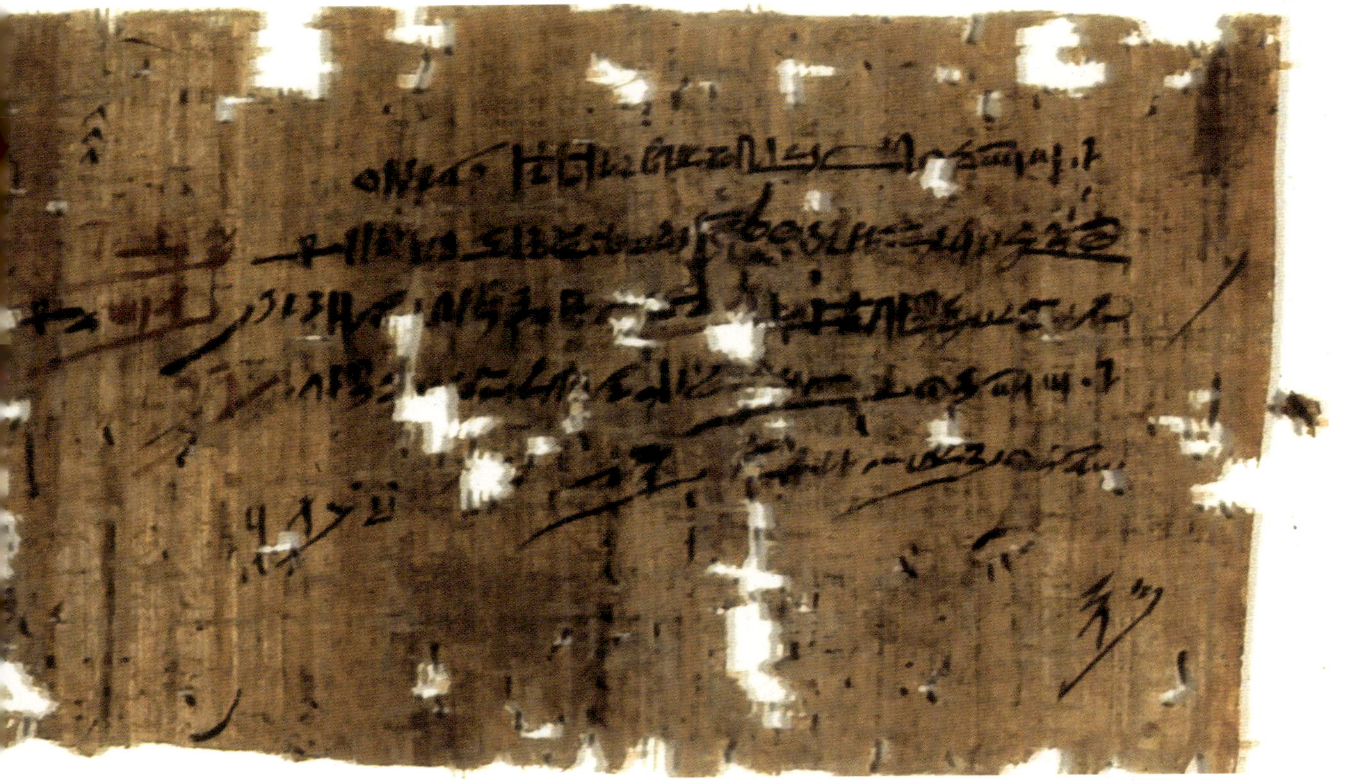

图版 XVIII.　79. 都灵罢工纸草（节选）

※ 图片来源：意大利都灵博物馆

目　　录

凡　例

一、文献分类

本书所指“经济文献”，是那些含有一定经济信息并用古代埃及象形文字书写而成的原始文档资料。就文献生成时间而言，即指古代埃及新王国时期（约公元前1550—前1069年）这样一个时间段。新王国时期是古代埃及文明的鼎盛期，在此期间，古埃及经济管理体系日臻成熟。存世文献中，这一时期留存下来的经济文献类型庞杂、数量众多。经过筛选，本书共收入79篇或最富代表性或最具研究价值的经济文献，按其记述内容分成以下五类：

（一）土地清册文献

1篇，即韦伯纸草。韦伯纸草详细记载了埃及中部某地区土地占有和土地税收的情况，结合新王国时期以南部底比斯地区为埃及政治经济中心的背景，韦伯纸草是研究古代埃及土地制度必不可少的文献资料。

（二）税收文献

13篇，其中以哈里斯纸草和都灵税收纸草为主。哈里斯纸草是新王国末期祭司集团经济力量崛起的有力证据，同时也是研究埃及神庙经济的首选文献资料。

（三）财产交易文献

此类文献多为契约，具有数量多、篇幅短的特点。本书所选37篇典型文献中，有12篇买卖契约，8篇租赁契约，以及17篇兼及买卖与租赁的契约。

（四）财产继承和转让文献

23篇，以瑙奈赫特遗嘱和收养纸草为代表。

（五）社会经济状况文献

5篇。这类文献反映新王国时期的经济运行情况（包括经济崩溃的现象），以亚眠纸草和都灵罢工纸草为代表。

上述文献总计 79 篇，每篇前依次冠以 1~79 的序号，以便查询。除第（一）类土地清册文献外，其余四类中多篇文献均按其成文先后顺序排列。

入选文献体裁不一、篇幅长短各异，其中篇幅最长的韦伯纸草，仅正面就有 5200 余行 103 列之多，而短的如麦地那 425 号陶石片则只有半行。为方便读者使用，本书整理时又将韦伯纸草等篇幅较长的文献分为若干部分，具体分部依据与标志方法将在该文献正文中说明。

二、整理方式

转录、转写、译注为本书主要整理方式。“转录”，是指将存世原始文献上的各种象形文字统一转录为铭刻体，冠以行号、段号，此部分内容自成一编，即上编“象形文字编”。“转写”“译注”，则分别指将文献转译为拉丁化文字与汉语文字，一则便于发音，一则便于识义。音义合编，即下编“转写译注编”。各编之中，仍按前述五大类依次编排文献，一篇一号，同一篇目，上下两编同号。以下分门说明整理体例。

转录

1. 转录时一般不改变左右书写方向，一仍原文献，行首冠以行号（由右向左书写者，行号在右）。除韦伯纸草行首有标记而特殊处理外，行号与首字之间一般空一格。单行文字较多、不能尽录时，采用转行接录，换行后同样首空一格，与上文首字对齐，但前无行号。韦伯纸草之特例，于上编该篇正文前说明。

2. 行号之外，又有分段号（韦伯纸草中为分节号）。凡行号、段号（节号），均为学界通行之分段、分行方法，分别冠以“L”“§”并标示于句首或段首。如需特殊说明，则在正文中指出。

3. 凡残缺之处，以斜线表示。原文献中提行、错行、红色部分，转录时尽量依照底本复原。

4. 转录采用 JSesh 字体及其软件。

转写

1. 转写之书写方向统一为从左至右。

2. 行号、段号（节号）均从转录文字。

2. 转写中以 [ ] 表示残缺部分，[…] 表示阙文无法辨认，以 < > 表示整理该版本文献的学者根据上下文的联系自行添加上的。

4. 古埃及象形文字数量众多，转录时依照学界现有通行规范，其转录与转写的一般规则可参见《象形文字转写简表》。

译注

1. 译文中行号、段号（节号）之体例大体皆依照转录与转写部分。为方便读者理解，某些译文中，整理者将若干行文字合为一段，而将行号标于每行句首。

2. 方括号“[ ]”中的文字是对转写中的缉补部分的翻译，[……] 表示原文缺失，两者并铺以灰底以示区别；圆括号“( )”中的文字是译者为了帮助读者理解和阅读，在联系上下文的基础上进行添加的，括号内文字并以略小于正文字体加以区分；尖括号“< >”则是整理该版本文献的学者根据上下文的联系自行添加上的部分。

3. 上标六角方括号“〔 〕”中的数字为注释的标号，每页单独编号。

4. 凡遇有释义不明或存有疑问处，在该词首次出现时括注问号“(?)”，并以小于正文字体以别于正文。

5. 韦伯纸草的译文中，根据原文结构补入说明文字，均以浅红色字体标示。

6. 译文中，一般常用单位，例如金银单位“德本”、土地单位“阿鲁拉”等，均用小于正文字体形式作特殊处理，以清眉目。

7. 凡可以明确其性质的专有名词（人名、王名、神名、地名等）均施以不同形式的转名线，例如：“胡伊”“拉美西斯”“索白克”“奈弗如斯”等。

8. 原文献中有红色书写部分，译文中尽量依照其原本而标以红色。

9. 古埃及语中常见之“𓋹𓍑𓋴”，在原文献中多有略写，今译文中亦从简处理，不作一一译出或复原，相关内容读者可参见转录与转写部分。

10. 古埃及语中的分数在记录时并不约分，本书转写与译注时，一般亦不进行约分处理，一仍其旧，以示原貌。

11. 数字部分遇有缺损时，译文中以“+”表示，如“𓍢”前遇有缺损，转写时作“[…]100”，译文作“100+”。

三、其他

常见参考文献均用缩略语表示，其全称如下：

JAOS: Journal of the American Oriental Society

JEA: The Journal of Egyptian Archaeology

JESHO: Journal of the Economic and Social History of the Orient

JNES: Journal of Near Eastern Studies

KRI: Ramesside Inscription: Historical and Biographical

KRIT: Ramesside Inscriptions: Translated & Annotated Notes: Translations

MDAIK：Mitteilungen des Deutschen Archäologischen Instituts, Abteilung Kairo

RdE: Revue d'égyptologie,

RIDA: Revue international des droits de l'antiquité 3éme série

Wb: Wörterbuch der Aegyptischen Sprache

Urk: Urkunden der 18 Dynastie

ZÄS: Zeitschrift für Ägyptische Sprache und Altertumskunde

本书下编另附有书中所收常用专有名词中英对译表与人名、王名、神名、地名（含土地类型、地点）、职官（含头衔、身份）以及其他关键词的索引。古埃及文献的整理工作涉及诸多专名，许多译名学界尚无定论，亟待规范。本书所采用的译法是笔者在整理过程中不断修改而成，其中定有不妥之处，然而考虑到使用之便利，故附之于书后，以求方家指正。

象形文字转写简表

单字母

ꜣ	*ỉ*	*ỉ / y*	*y*	*ꜥ*	*w*	*w*	*b*	*p*	*f*	*m*	*n*
r	*h*	*ḥ*	*ḫ*	*ẖ*	*s*	*s*	*š*	*š*	*š*	*ḳ*	*k*
g	*t*	*ṯ*	*d*	*ḏ*	*m*						

双字母

双字母

（续表）

ꜣb ꜣḫ ꜣḫ ꜣs ỉw ỉw ỉw ỉb ỉb ỉm ỉm ỉn
ỉn ỉn ỉn ỉr ỉs ỉṯ ỉḥ ꜥb ꜥḳ ꜥḏ
ꜥḏ wp wn wn wr wḏ wr ws
bḥ pr pḥ pḏ mw mn mn mr mr mr
mr mḥ ms mt mt md nw nw nb nm
nm nn nḥ ns nḏ rw rs rd hb
ḥr ḥw ḥp ḥm ḥm ḥn ḥn ḥn ḥr ḥr ḥs
ḥḏ ḥb ḫw ḫm ḫt ẖn ẖn ẖr
ḥḥ sp sr sw sn sk st st sṯ sḏ / wp

双字母

（续表）

sš		*šw*	*šm*	*šn*	*šn*	*šs*	*šd*		*ḳn*	*ḳs*	*ḳd*
kp	*km*		*gb*	*gm*	*gs*			*tp*	*tp*	*tm*	
ṯs		*ḏw*	*ḏb*	*ḏr*	*ḏd*						

三字母

i͗ꜣb	*i͗wn*	*i͗mꜣ*	*i͗sw*	*i͗dn*	*i͗ry*	*i͗ꜣw / i͗kw*	*i͗db / wḏb*			*ꜥwt*	*ꜥbꜣ*
ꜥpr	*ꜥnḫ*	*ꜥḥꜥ*	*ꜥšꜣ*		*ꜣḫt*			*wꜥb*	*wꜣḥ*	*wꜣs / wꜣb*	*wꜣs*
wꜣḏ	*wꜣt*	*wbn*	*wḥꜣ*	*wḥꜥ*	*wḥm*	*wsr*	*wsḫ*		*bꜣs*	*bꜣḥ*	
pꜣḳ		*psḏ*			*mꜣꜥ*	*mwt*		*msn*	*mḏḥ*	*mḏḥ*	*mšꜥ*
nfr	*nḫb*	*nṯr*	*nḏm*	*nbw*		*rwḏ*		*ḥꜣt*	*ḥnw*	*ḥḳꜣ*	*ḥtp*

三字母

（续表）

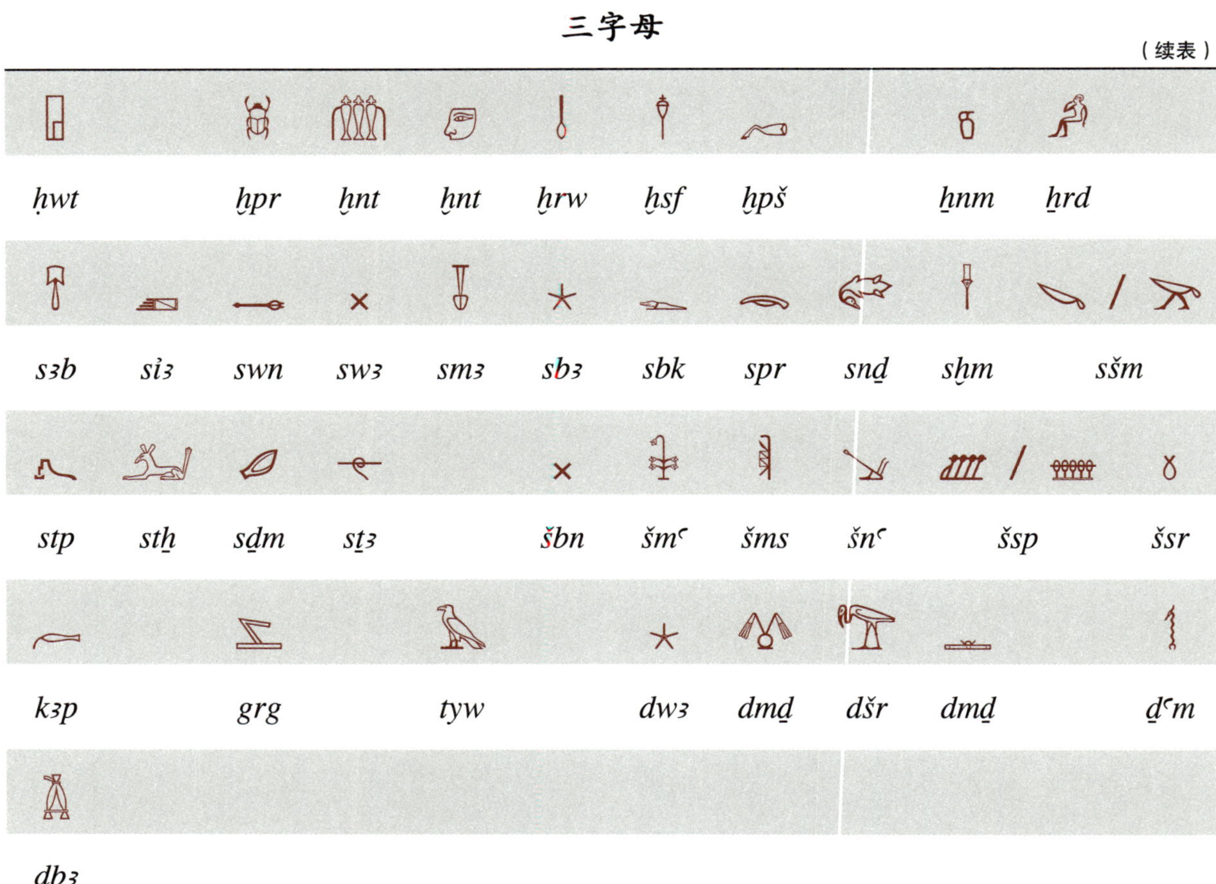

ḥwt
ḫpr
ḫnt
ḫnt
ḫrw
ḫsf
ḫpš
ẖnm
ẖrd
sꜣb
siꜣ
swn
swꜣ
smꜣ
sbꜣ
sbk
spr
snḏ
sḫm
sšm
stp
stẖ
sḏm
sṯꜣ
šbn
šmꜥ
šms
šnꜥ
šsp
šsr
kꜣp
grg
tyw
dwꜣ
dmḏ
dšr
dmḏ
ḏꜥm
ḏbꜣ

参考资料：J. Allen, *Middle Egyptian: An Introduction to the Language and Culture of Hieroglyphs*, Cambridge: Cambridge University Press, 2010, pp. 14, 25—30.

一

土地清册文献

所谓“土地清册”，是指详细登记土地的面积、归属权等各个必要项目的册子，是国家征收土地税的依据。新王国时期，能够完全符合土地清册这一内涵的文献只有韦伯纸草。

埃及土地主要由王室、贵族官僚、神庙和个体平民所占有。根据韦伯纸草记载，新王国时期小土地占有者的构成非常庞杂，有 53 种之多。按照职业划分，他们可以分为军人、自由职业者、饲养员、神职人员、公职人员、手工业者和其他职业者等几大类。其中马夫长、士兵、瓦布祭司、女性自由民、农夫等五种土地占有者不仅数量多，而且所占土地也多，他们持有的土地比率分别为：马夫长 22.3%、士兵 12.0%、瓦布祭司 11.8%、女性自由民 10.8%、耕种者 9.7%。按照职业的划分，马夫长和士兵皆属军人，他们占有的土地总和有 34.3% 之多。这是因为新王国时期对外战争频仍，导致军人数量剧增。战争结束后，他们因军功获赐的土地越来越多，从而使他们成为新王国时期个体土地的主要占有者。占土地总数 11.8% 的瓦布祭司在神职人员中的级别较低，由于瓦布（*wʿb*）一词有“清洁、洁净”的含义，瓦布祭司又被称为“洁净祭司”。在这五类主要土地占有者中女性自由民尤其引人注意，女性自由民，其埃及语形式为 *ʿnḥ-n-nỉwt*，指育有子女的成年自由女性。尽管她们的社会地位较低，但她们却拥有支配自己财产的权利。至于农夫，其埃及语形式是 *ỉhwty*，即有人身自由的耕作者。尽管上述五种小土地占有者身份各异，但他们却有一个共性，即都是普通的小土地占有者。

上述所有小土地占有者耕作的土地都被称为“摊派性农田”，它们位于管理机构的指定区域，其大小通常在 3 到 5 阿鲁拉。在古代埃及，一般情况下，5 阿鲁拉的土地就可以养活一个八口之家。这些位于指定区域的小块土地可以被继承和转让，同时这些小土地占有者也需要为他们的土地缴纳一定量的税额。但是这些小土地占有者经常放弃他们对土地的占有权，并将其转让给王室，从而使自己成为耕种王室地产的依附民。

1. 韦伯纸草

英语名：*WILBOUR PAPYRUS*

圣书体：A. H. Gardiner, *The Wilbour Papyrus*, Vol. I, plates 1–73

英译本：A. H. Gardiner, *The Wilbour Papyrus*, Vol. IV, pp. 1–133

韦伯纸草（Wilbour Papyrus），现藏于美国布鲁克林博物馆（馆藏编号: 34.5596）。该纸草由 43 片纸草相连而成，总长超过 10 米。纸草有部分残缺，现存每片长约 42 厘米，宽约 26 厘米，共计 102 列，5200 余行。韦伯纸草由两名书吏用祭司体埃及语书写。1944 年，加德纳（A. H. Gardiner）在《韦伯纸草》一书中登出所有纸草图版，同时将其上祭司体文字转录为铭刻体，并给出英语译文，从而首次完整地向学界揭示了该文献的具体内容：纸草按照土地由南到北的方位为序，记录了第二十王朝国王拉美西斯五世统治时期（第 4 年泛滥季第 2 月第 15 日到第 3 月第 1 日）埃及中部的土地税收情况，是研究古代埃及经济体系，特别是土地所有制和税收体系的首选文献资料。

韦伯纸草的内容在结构上可分为 A、B 两部分。A 部分书写于纸草正面，主要记录了北起鳄鱼州南至提哈那区域的 2800 余块农田持有机构、土地持有者身份、土地面积、预期产量及预期税额。B 部分书写于背面，记录了“卡塔法老地”（曾出现于 A 部分中）在中部埃及的地理方位，并列出这些土地的管理者。

加德纳将 A 部分内容分为 279 节，按照每节开头所记录内容的属性不同，又分为三种：分配段落、非分配段落和后宫段落。

1. 分配段落（共 116 节）。节首记录耕地的位置，然后是小土地持有者的职业、耕地面积、课税面积以及课税税率（表现形式为每阿鲁拉土地需上缴的谷物袋数）。文献中规定，每阿鲁拉土地上缴谷物 1¾ 袋，这个数额并不因为持有者所持有土地面积的大小而发生变化。据此可折算出当时上缴谷物的税率为 30%。有一些小面积的地块的丈量单位是土地肘尺，此类土地往往没有估税，可能原因是课税面积过小。

2. 非分配段落（共 156 节）。节首记录负责耕种土地的神庙和行政机构。这些土地由特定人员代表持有土地的神庙或者行政机构监管，而在实际生产中，耕种者在收获后要将所产谷物全部上缴。非分配段落中的数字，一般由红色墨水书写，分别表示地块大小、单位土地预估产量以及由前两项相乘得出的预计产量。

3. 后宫段落（共 7 节）。其内容多是国王嫔妃们所持有的土地。事实上，古埃及的后宫是一个半独立性机构，部分王室日常开销即来源于后宫。

分配段落、非分配段落以及后宫段落，三者通过行文格式和内容即可区分开来。其中，非分配段落记录的是产自国有土地且由国家雇员耕种的土地，而分配段落记录的则是小土地持有者耕种的土地及需要缴纳的税收。因此，韦伯纸草可被视为行政机构官方文件，而非神庙记录。

1 韦伯纸草 A 面

第 1 栏 第 x+0—18 行

x+0 §1

x+01

x+02

x+03

x+04 §2

x+05

x+06

x+07 §3

x+08

x+09

x+10

x+11

x+12

x+13

x+14

x+15

x+16

x+17

x+18

第 2 栏 第 x+0—4 行

x+0

x+01

x+02

x+03

x+04

1 韦伯纸草 A 面

第 2 栏 第 x+5—15 行

x+05

x+06

x+07

x+08

x+09

x+10

x+11

x+12

x+13

x+14

x+15

第 3 栏 第 x+0—12 行

x+0

x+01

x+02

x+03

x+04

x+05

x+06

x+07

x+08

x+09

x+10

x+11

x+12

1 韦伯纸草 A 面

第 3 栏　第 x+13—17 行

x+13

x+14

x+15

x+16

x+17

第 4 栏　第 x+0—4，y+1—14 行

x+0

x+01

x+02

x+03

x+04

y+01 §4

y+02

y+03

y+04

y+05

y+06

y+07

y+08

y+09

y+10

y+11

y+12

y+13

y+14

1 韦伯纸草 A 面

第 5 栏　第 1—22，x+1—5 行

01
02
03
04
05
06
07
08
09
10
11
12
13
14
15
16
17
18
19
20
21
22
x+01
x+02
x+03
x+04
x+05

1 韦伯纸草 A 面

第 5 栏　第 x+6—16 行

x+06

x+07

x+08

x+09

x+10 §5

x+11

x+12

x+13

x+14

x+15

x+16

第 6 栏　第 1—13 行

01

02

03

04

05

06

07 §6

08

09

10

11

12

13

1 韦伯纸草 A 面　　第 6 栏　第 14—30，x+0—7 行

14

15

16

17

18

19

20

21

22

23

24

25

26

27

28

29

30

x+0

x+01

x+02

x+03

x+04

x+05

x+06

x+07

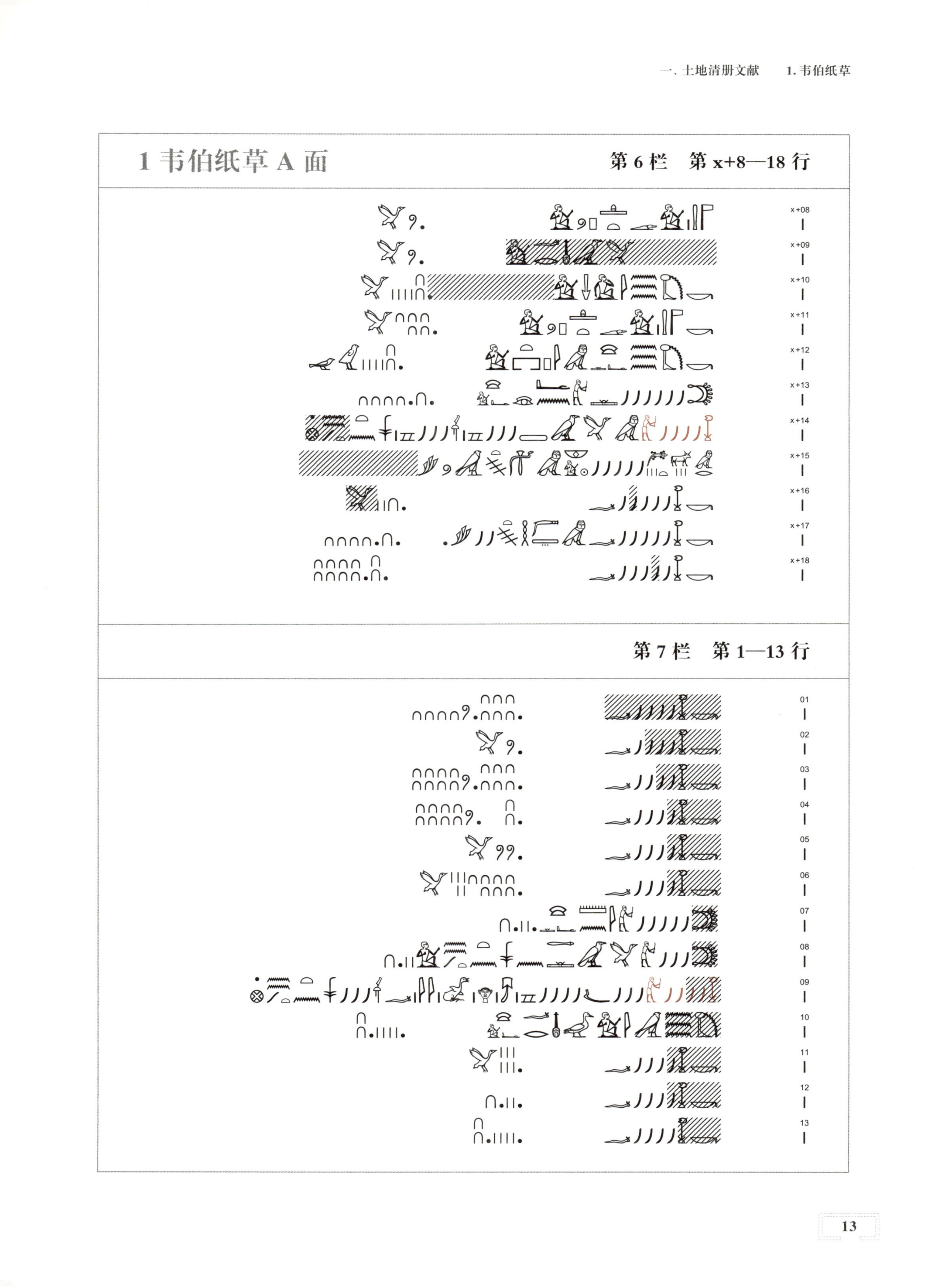

1 韦伯纸草 A 面

第 6 栏　第 x+8—18 行

x+08

x+09

x+10

x+11

x+12

x+13

x+14

x+15

x+16

x+17

x+18

第 7 栏　第 1—13 行

01

02

03

04

05

06

07

08

09

10

11

12

13

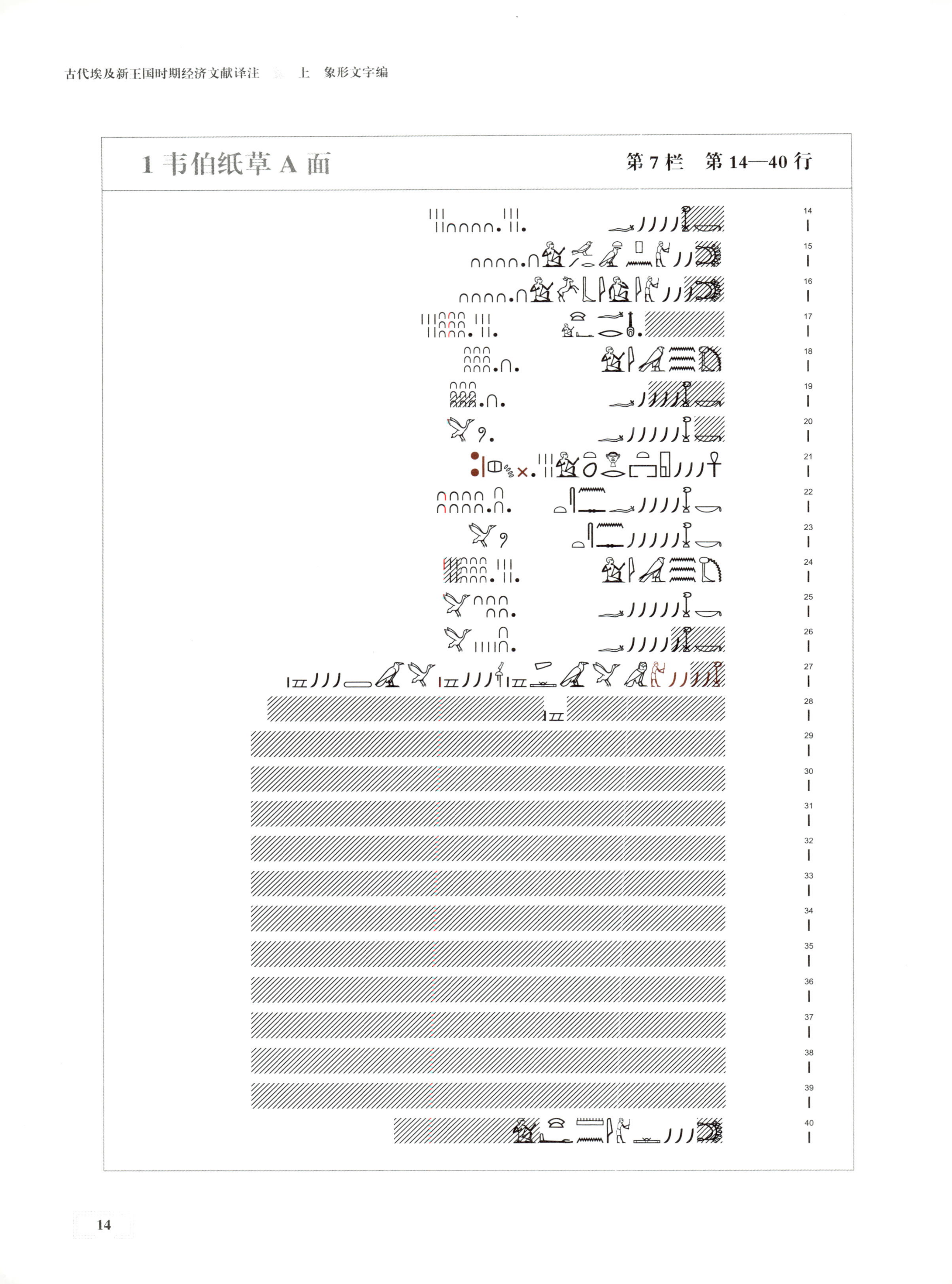

1 韦伯纸草 A 面　　第 7 栏　第 14—40 行

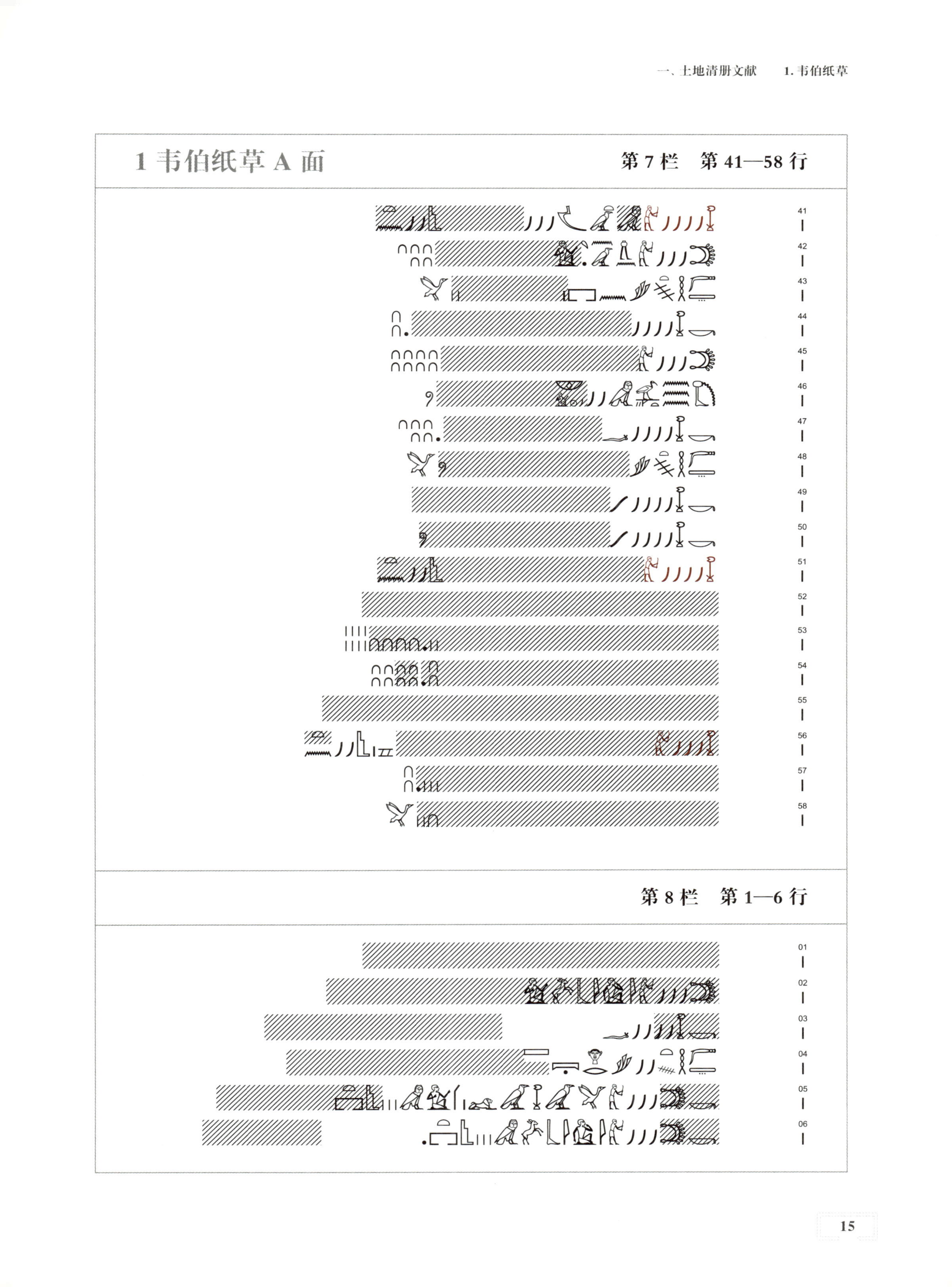

1 韦伯纸草 A 面

第 7 栏　第 41—58 行

41
42
43
44
45
46
47
48
49
50
51
52
53
54
55
56
57
58

第 8 栏　第 1—6 行

01
02
03
04
05
06

1 韦伯纸草 A 面

第 8 栏 第 7—33 行

07

08

09

10

11

12

13

14

15

16

17

18

19

20

21

22

23

24

25

26

27

28

29

30

31

32

33

1 韦伯纸草 A 面

第 8 栏　第 34—53 行

34

35

36

37

38

39

40

41

42

43

44

45

46

47

48

49

50

51

52

53

第 9 栏　第 1—4 行

01 §7

02

03

04

1 韦伯纸草 A 面

第 9 栏　第 5—30 行

§8

§9

§10

1 韦伯纸草 A 面

第 9 栏　第 31—51 行

31
32
33
34
35
36
37
38
39
40
41
42
43
44
45
46 §11
47
48
49
50
51

第 10 栏　第 1—3 行

01
02
03

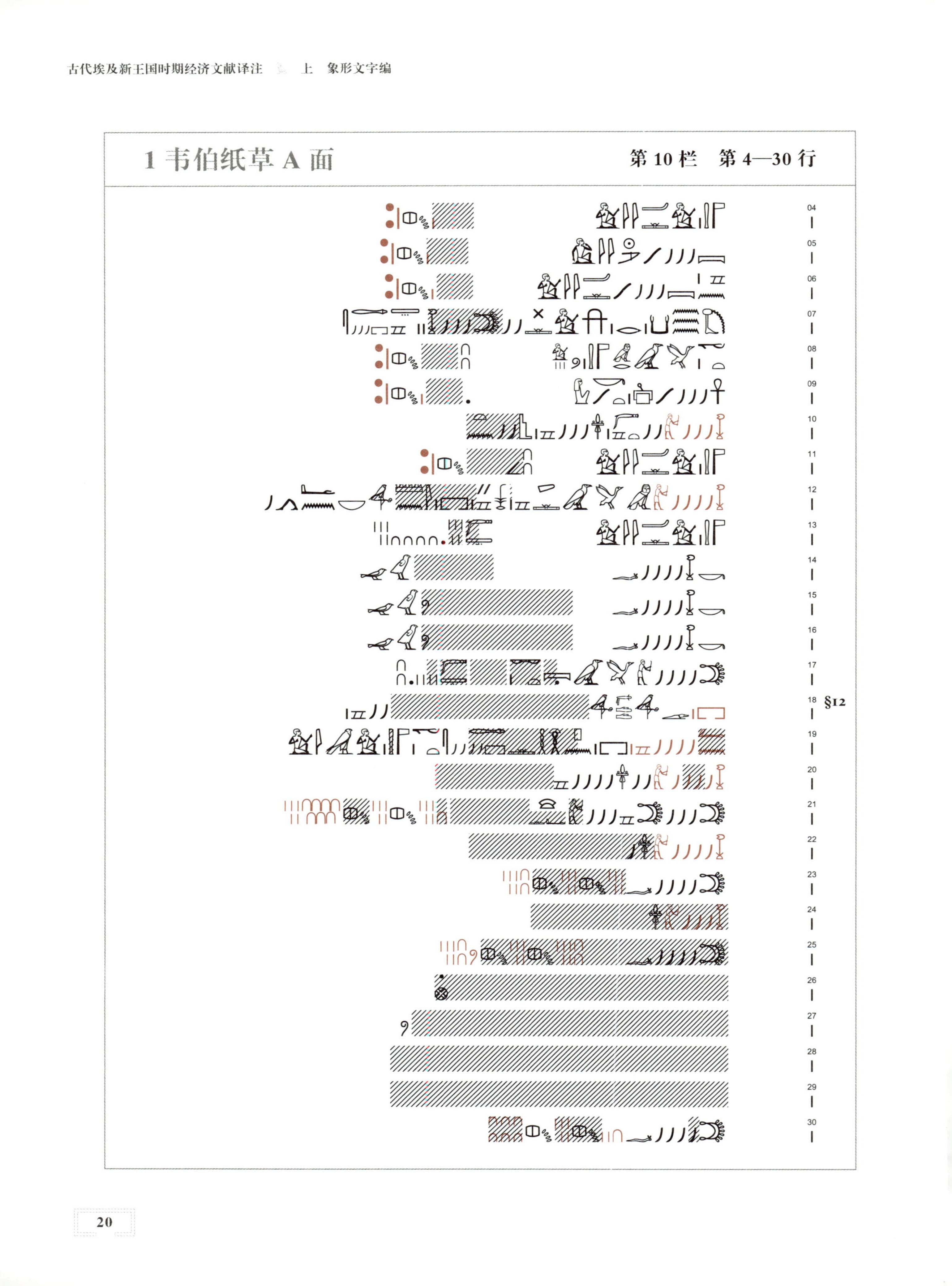

1 韦伯纸草A面

第10栏 第4—30行

§12

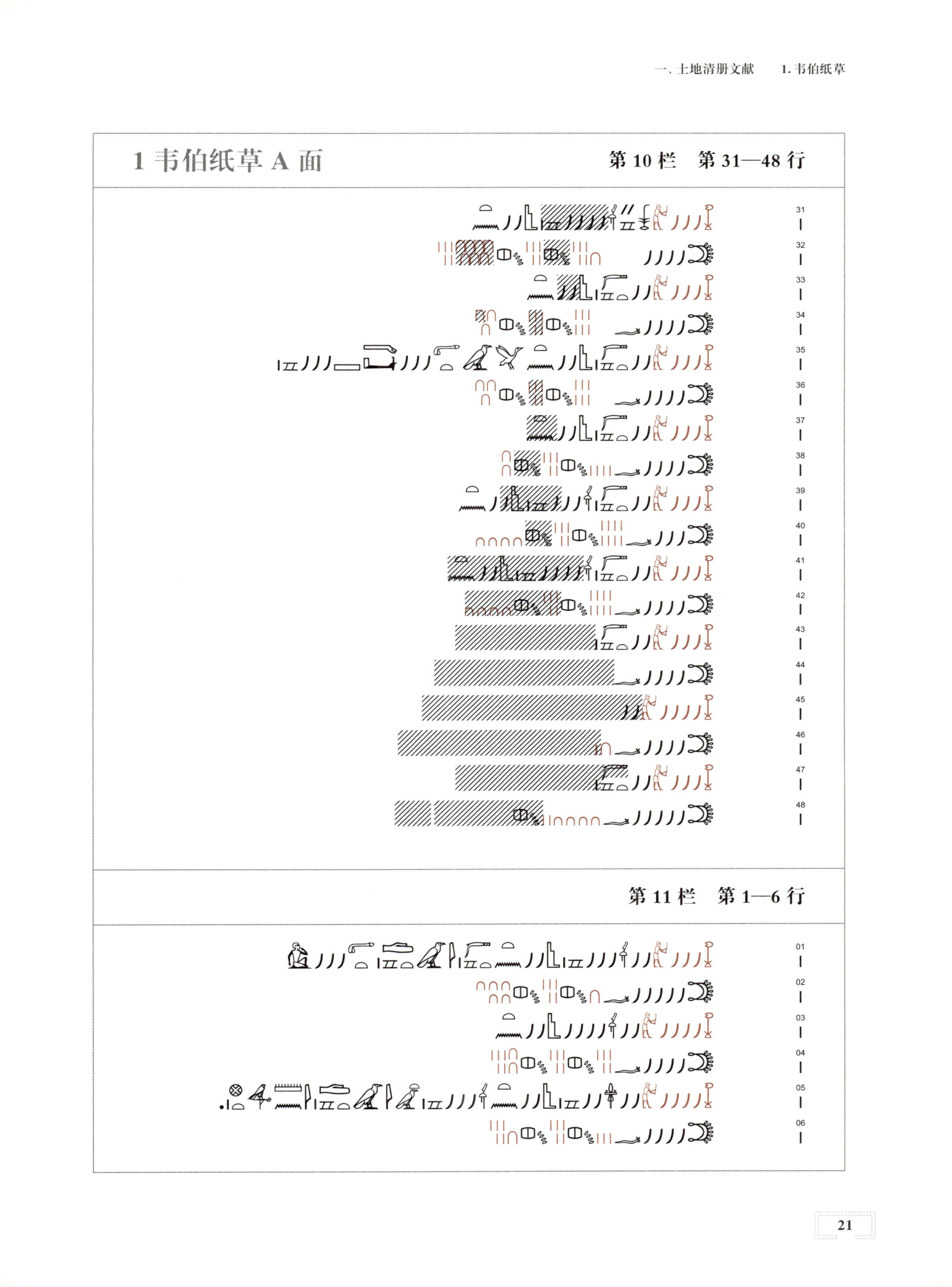

1 韦伯纸草 A 面

第 10 栏　第 31—48 行

31

32

33

34

35

36

37

38

39

40

41

42

43

44

45

46

47

48

第 11 栏　第 1—6 行

01

02

03

04

05

06

1 韦伯纸草 A 面　　第 11 栏　第 7—32 行

07 §13

08

09

10

11

12

13

14

15

16

17

18

19

20

21

22

23

24

25

26

27

28

29

30

31

32

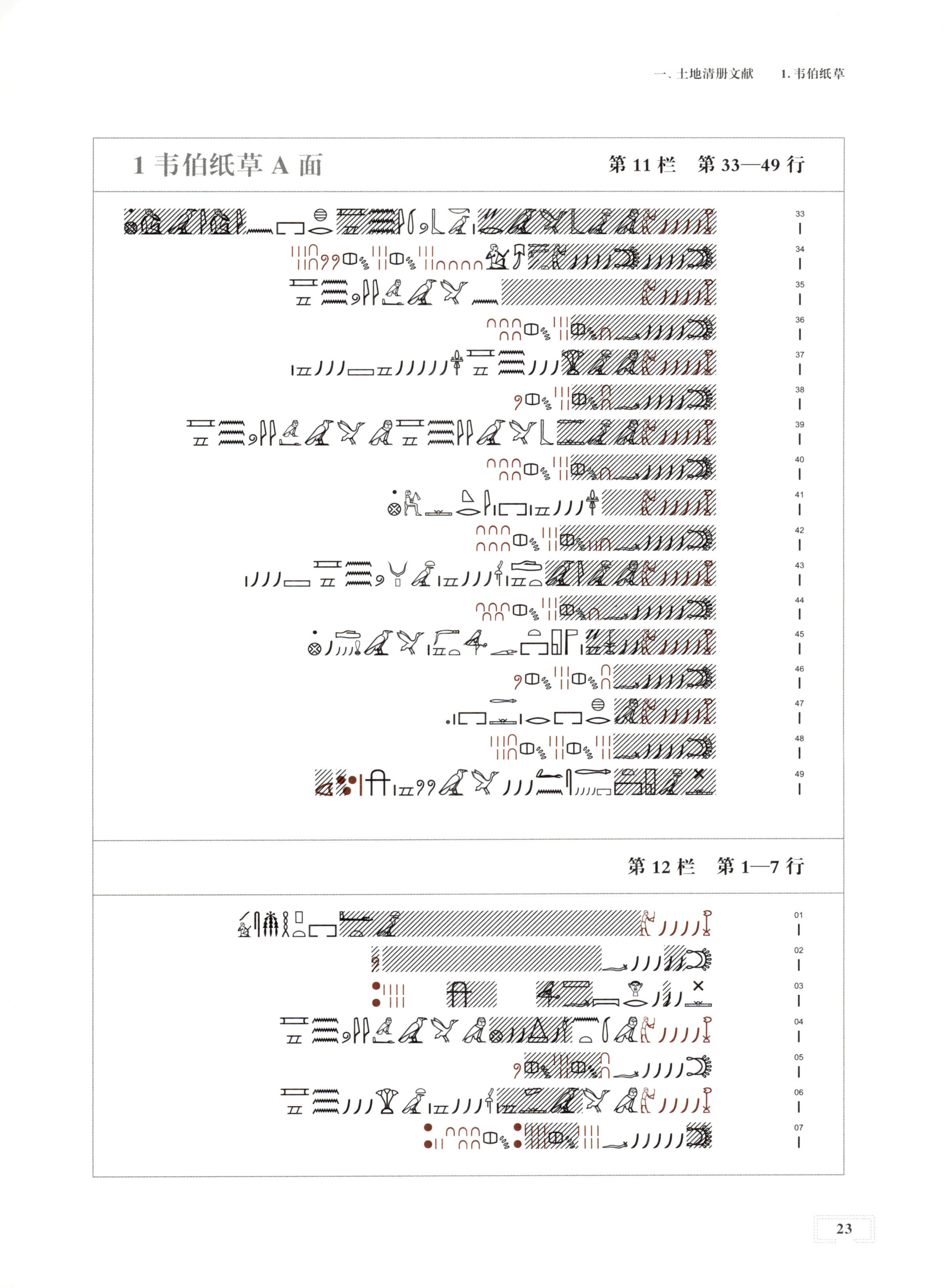

1 韦伯纸草 A 面

第 11 栏　第 33—49 行

33

34

35

36

37

38

39

40

41

42

43

44

45

46

47

48

49

第 12 栏　第 1—7 行

01

02

03

04

05

06

07

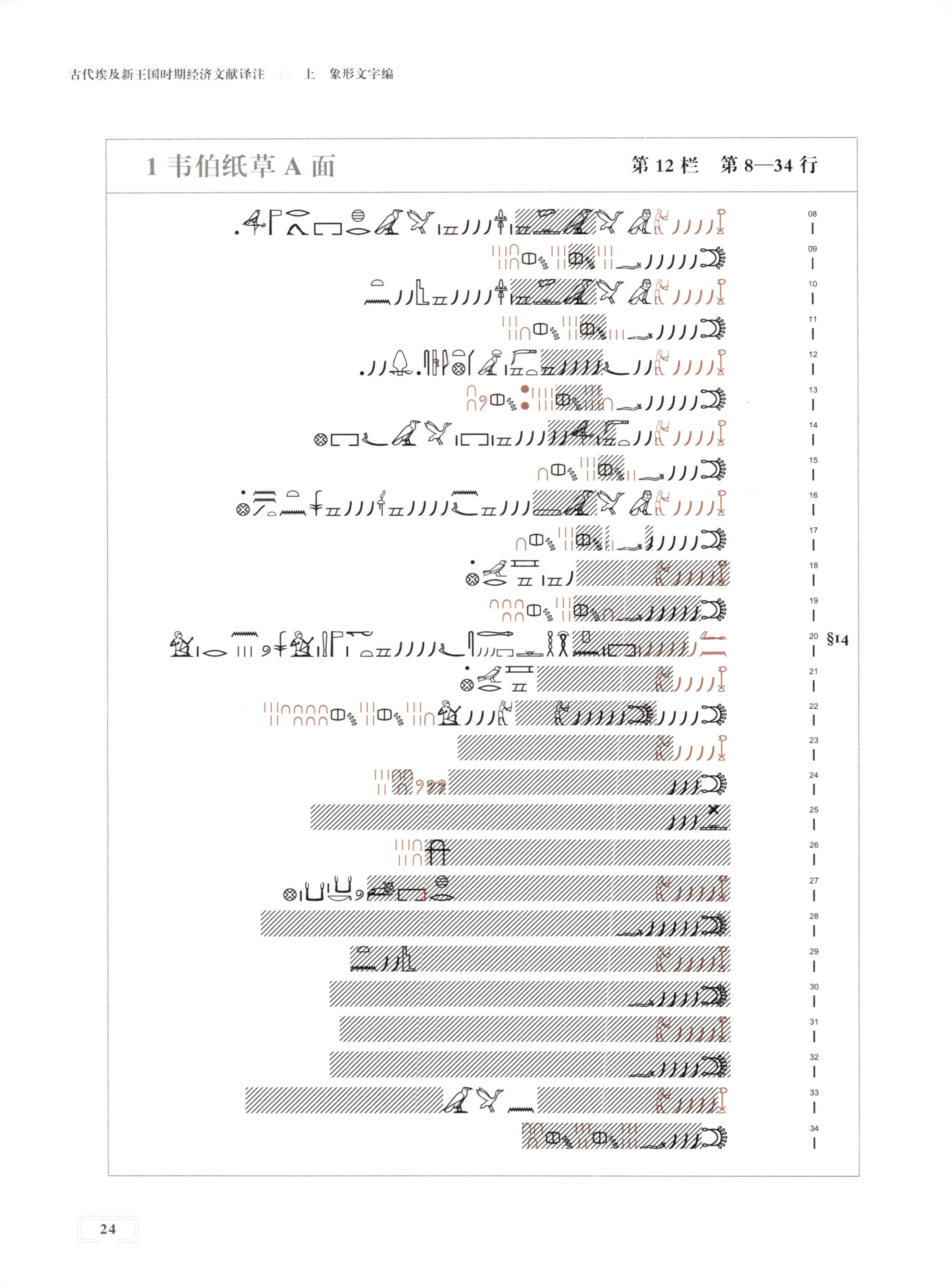

1 韦伯纸草 A 面

第 12 栏 第 8—34 行

08

09

10

11

12

13

14

15

16

17

18

19

20 §14

21

22

23

24

25

26

27

28

29

30

31

32

33

34

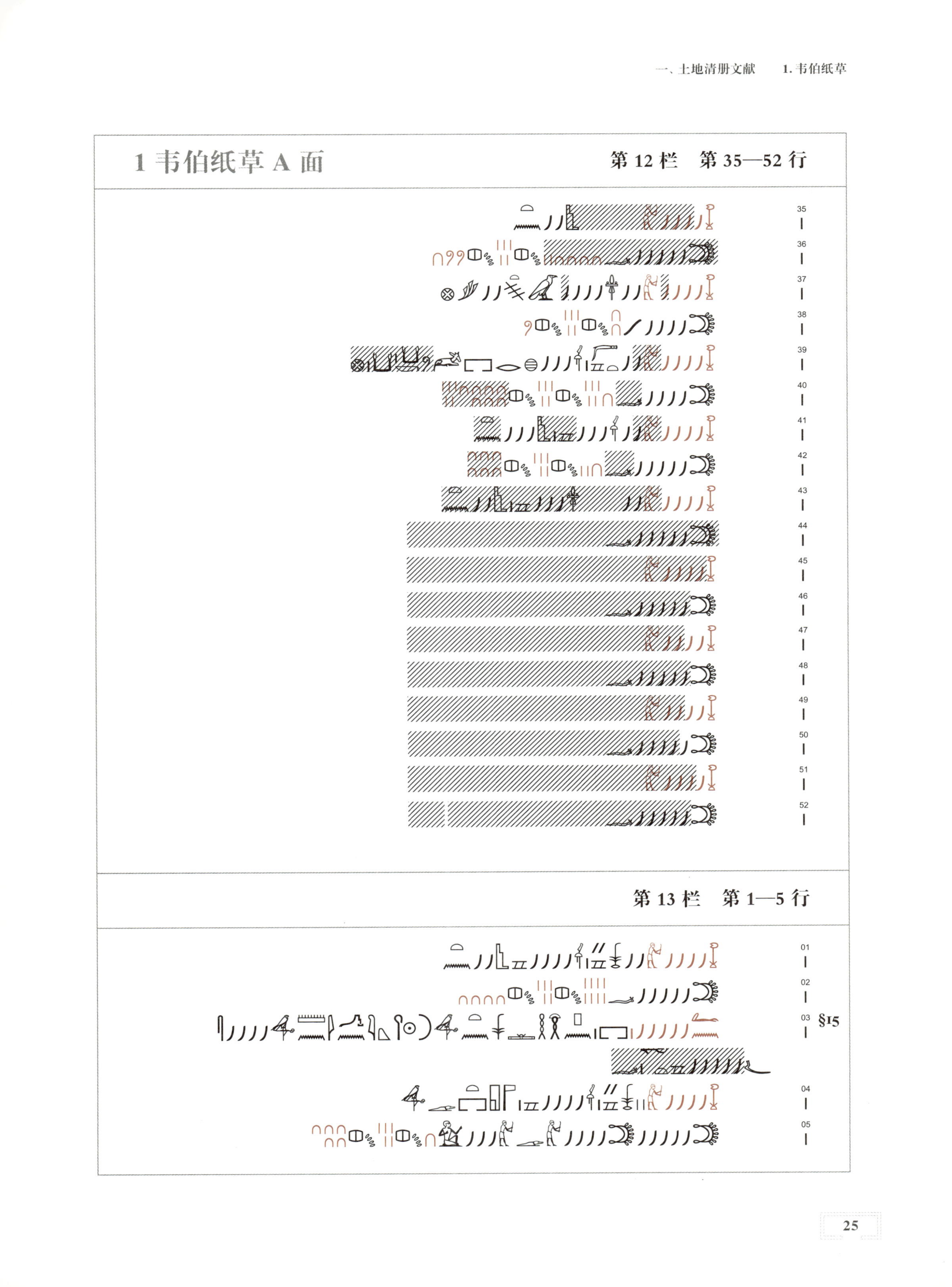

1 韦伯纸草 A 面

第 12 栏　第 35—52 行

第 13 栏　第 1—5 行

§15

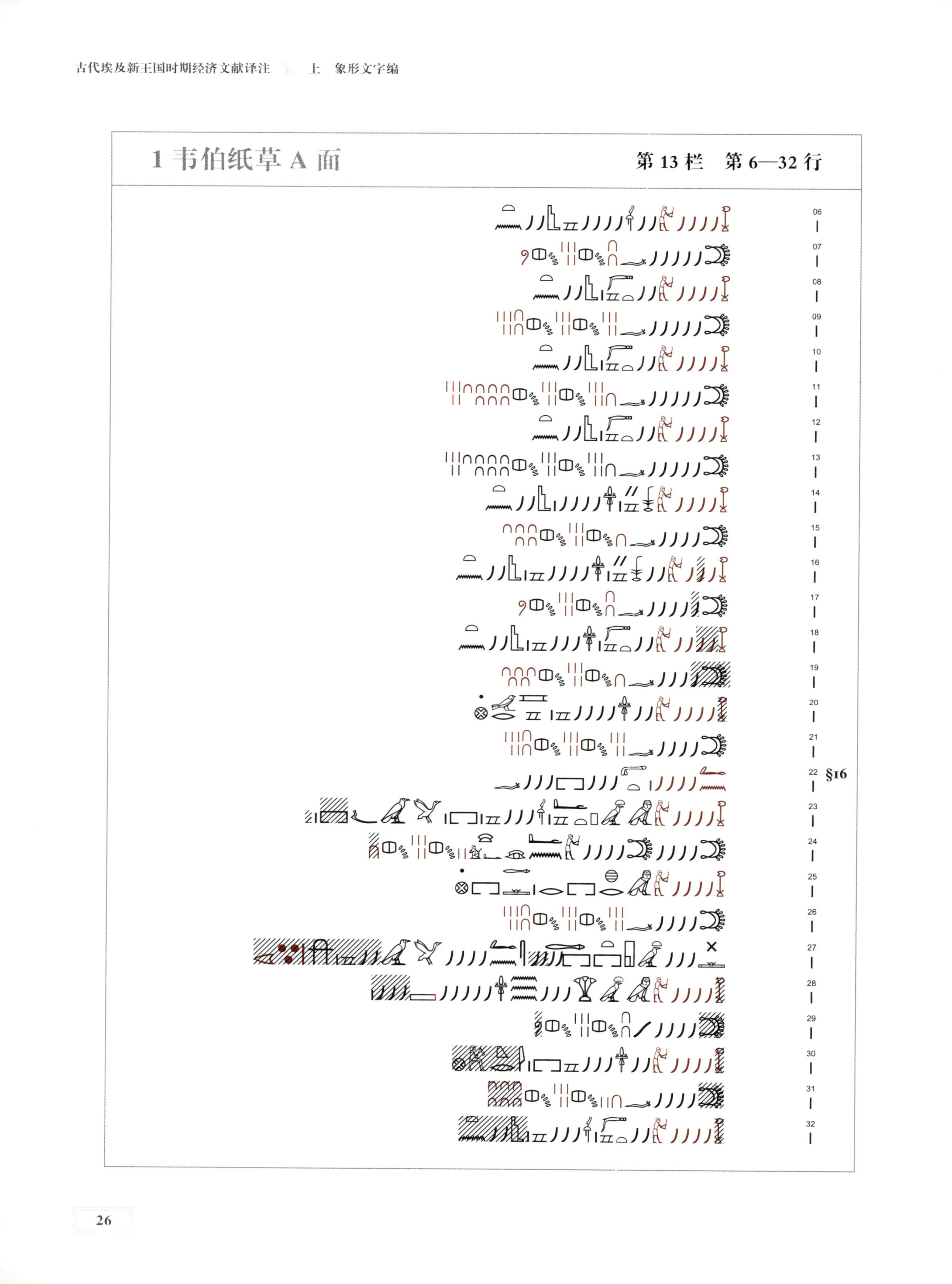

1 韦伯纸草 A 面

第 13 栏 第 6—32 行

§16

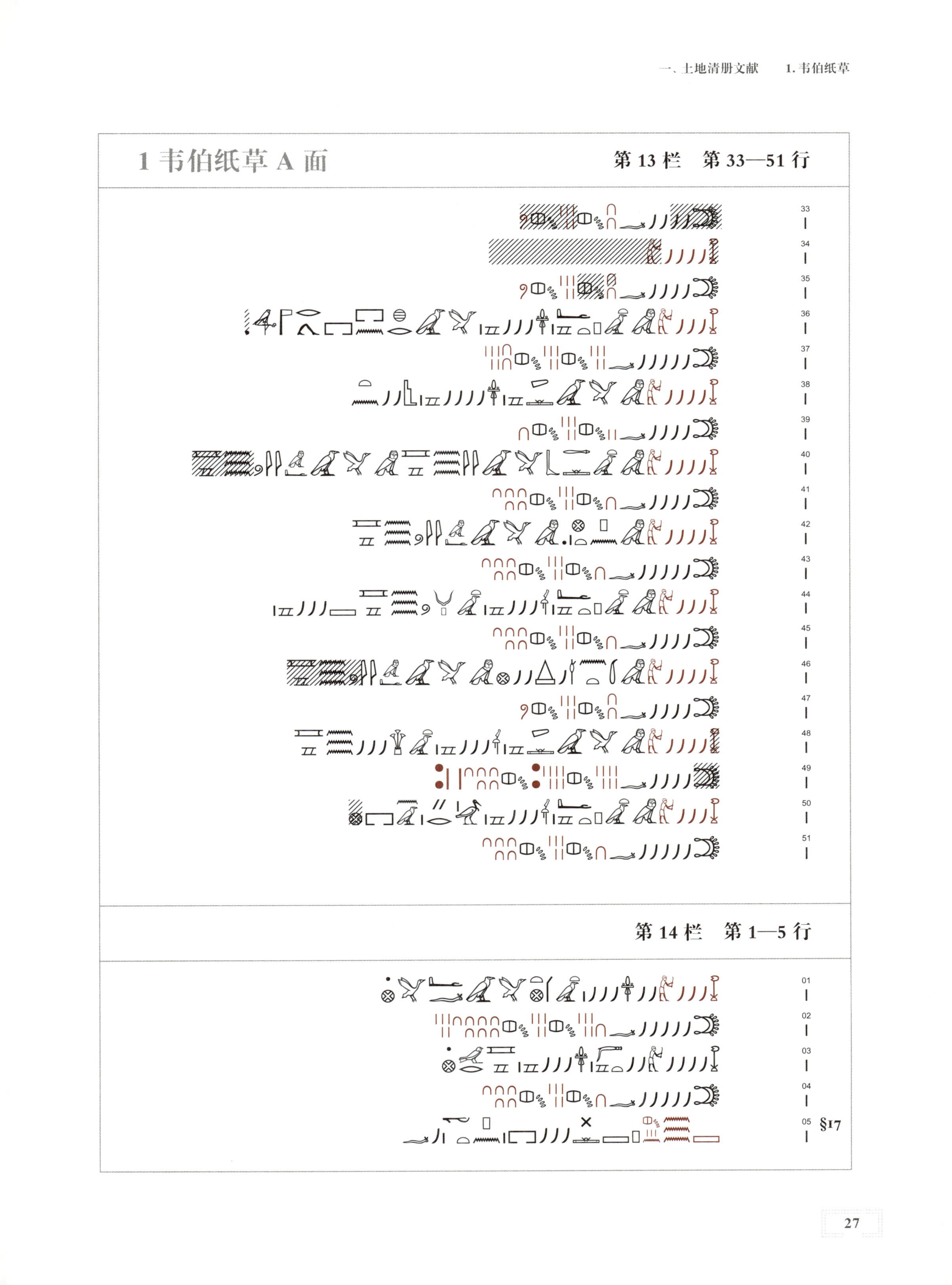

1 韦伯纸草 A 面

第 13 栏　第 33—51 行

33
34
35
36
37
38
39
40
41
42
43
44
45
46
47
48
49
50
51

第 14 栏　第 1—5 行

01
02
03
04
05 §17

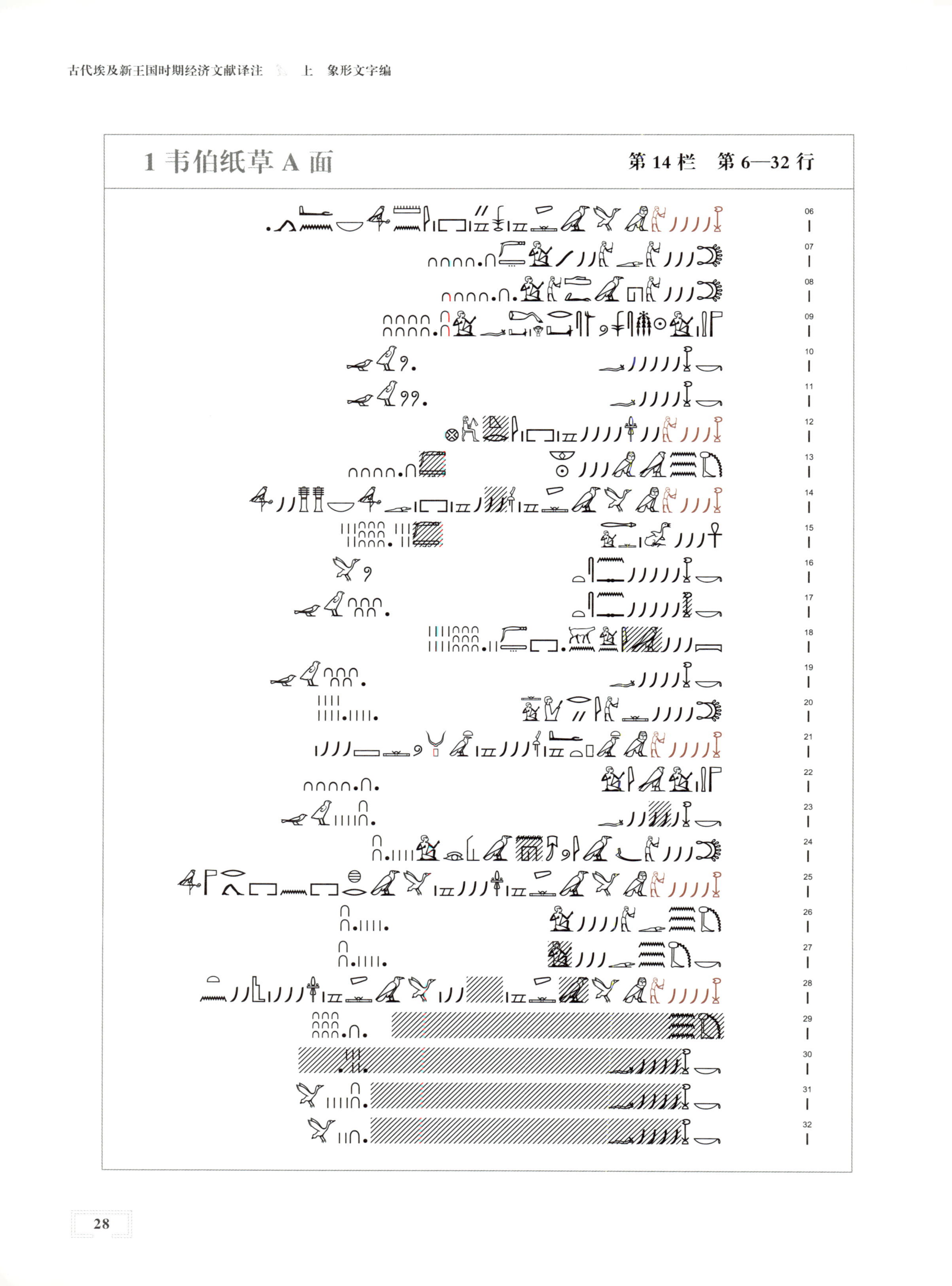

1 韦伯纸草 A 面　　第 14 栏　第 6—32 行

06
07
08
09
10
11
12
13
14
15
16
17
18
19
20
21
22
23
24
25
26
27
28
29
30
31
32

1 韦伯纸草 A 面

第 14 栏　第 33—50 行

33

34

35

36

37

38

39

40

41

42

43

44

45

46

47

48

49

50

第 15 栏　第 1—6 行

01

02

03

04

05

06

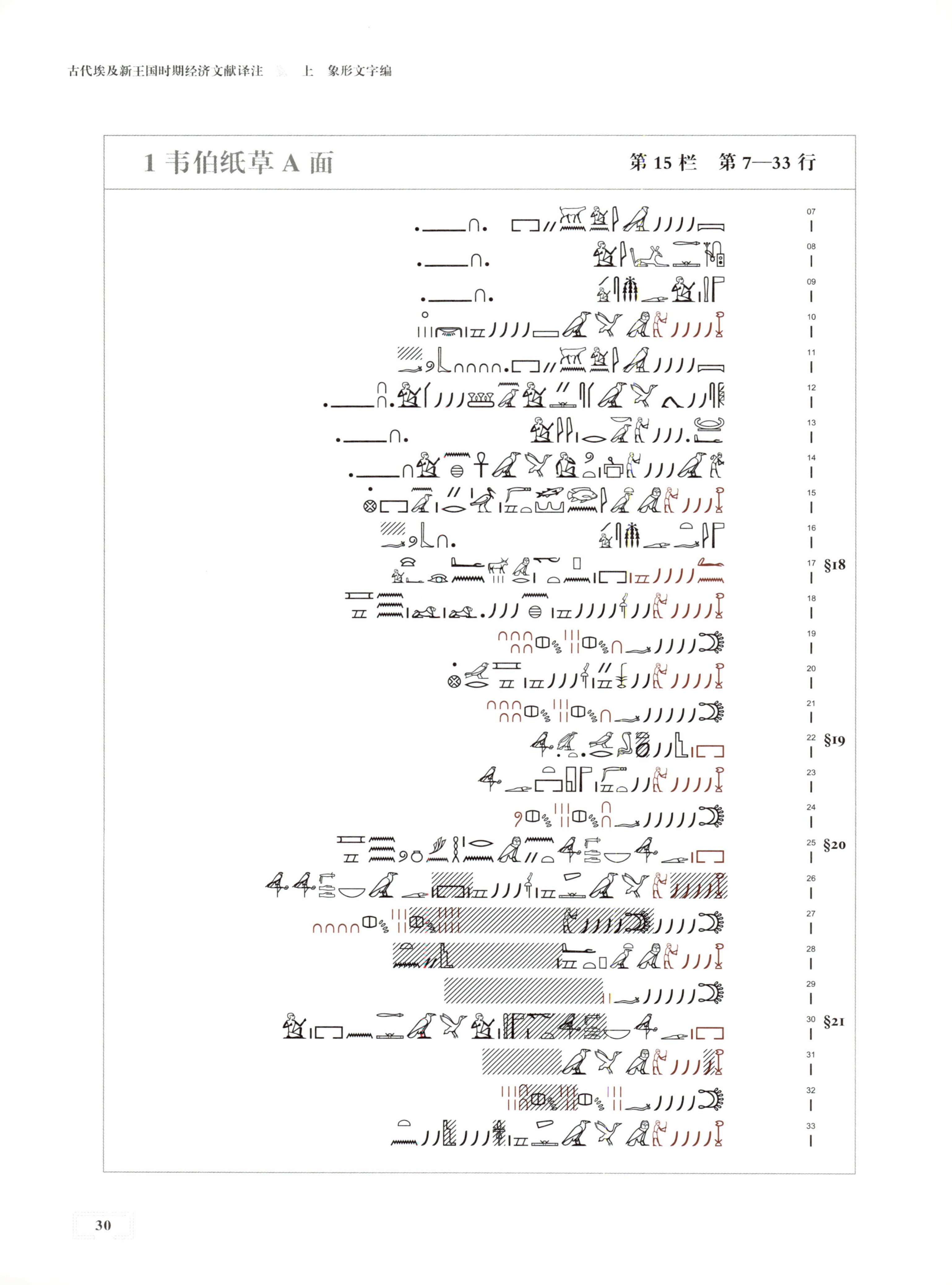

1 韦伯纸草A面

第15栏 第7—33行

07
08
09
10
11
12
13
14
15
16
17 §18
18
19
20
21
22 §19
23
24
25 §20
26
27
28
29
30 §21
31
32
33

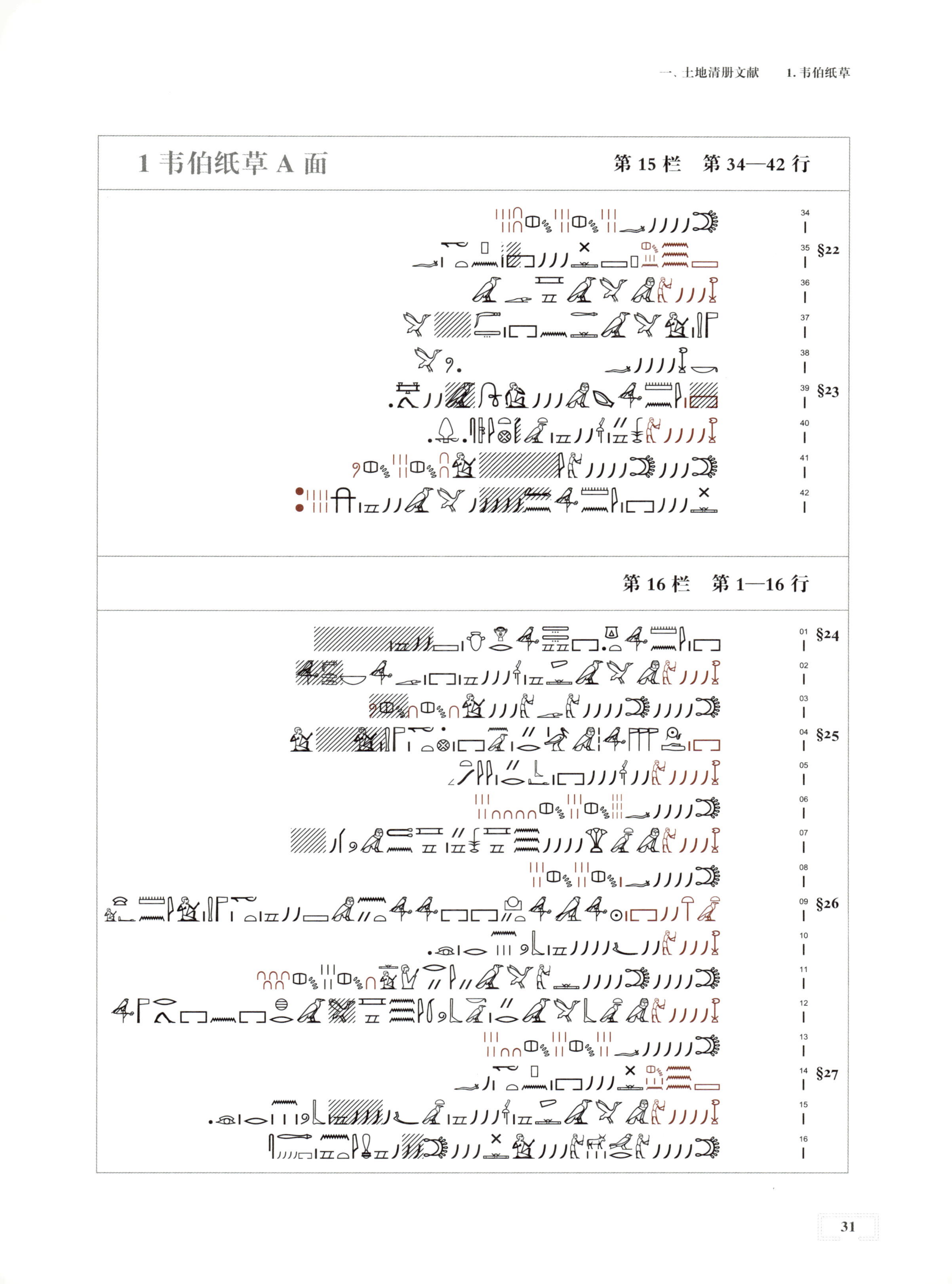

1 韦伯纸草 A 面

第 15 栏　第 34—42 行

34
35 §22
36
37
38
39 §23
40
41
42

第 16 栏　第 1—16 行

01 §24
02
03
04 §25
05
06
07
08
09 §26
10
11
12
13
14 §27
15
16

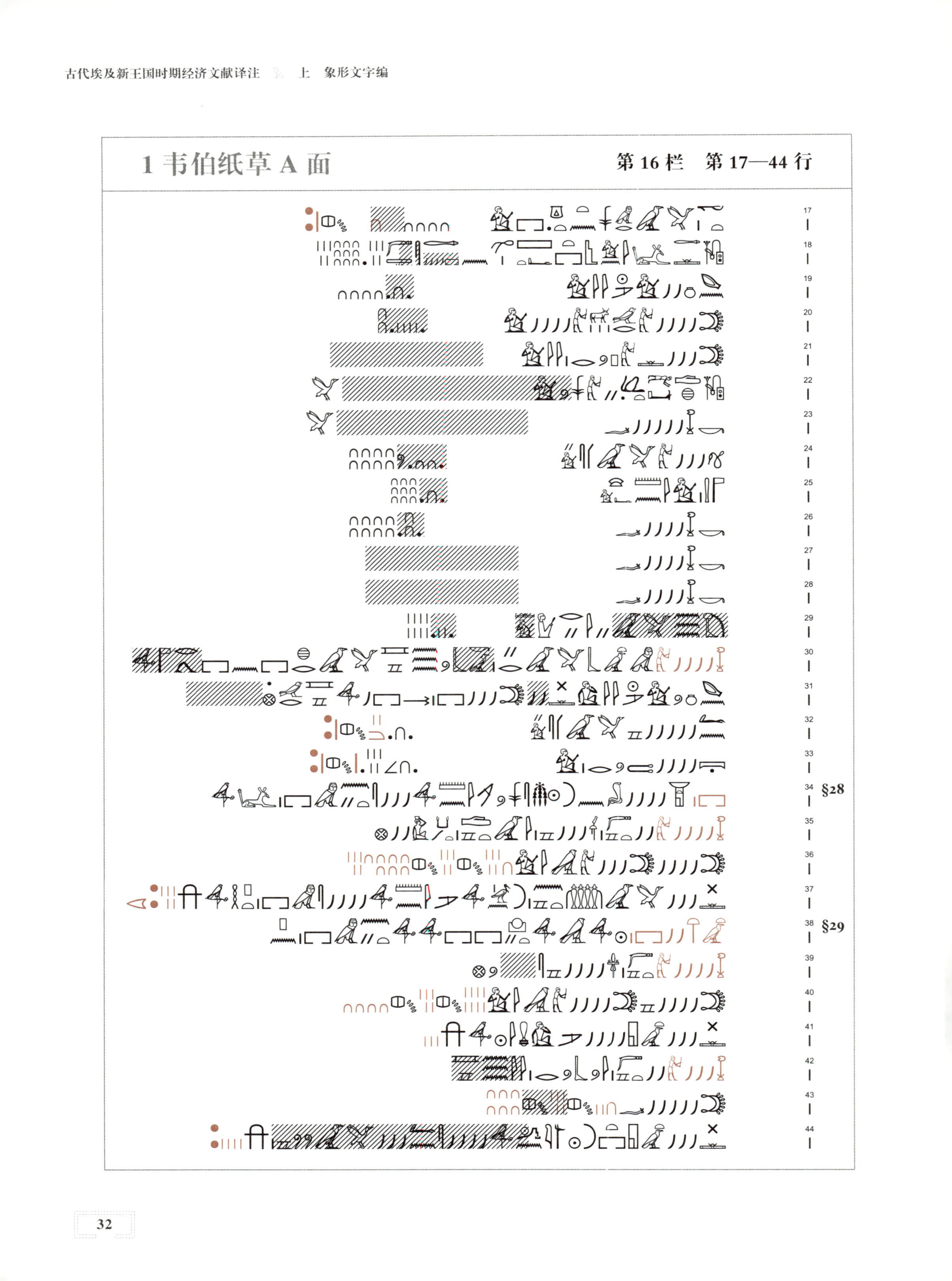

1 韦伯纸草 A 面

第 16 栏 第 17—44 行

§28

§29

1 韦伯纸草 A 面

第 17 栏　第 1—26 行

01 §30

02

03

04

05

06

07 §31

08

09

10

11

12

13

14

15

16

17

18 §32

19

20

21

22

23

24

25

26

1 韦伯纸草 A 面

第 17 栏 第 27—47 行

27
28
29
30
31
32
33
34
35
36
37
38
39
40
41
42
43
44
45
46
47

第 18 栏 第 1—3 行

01
02
03

1 韦伯纸草 A 面

第 18 栏　第 4—30 行

§33

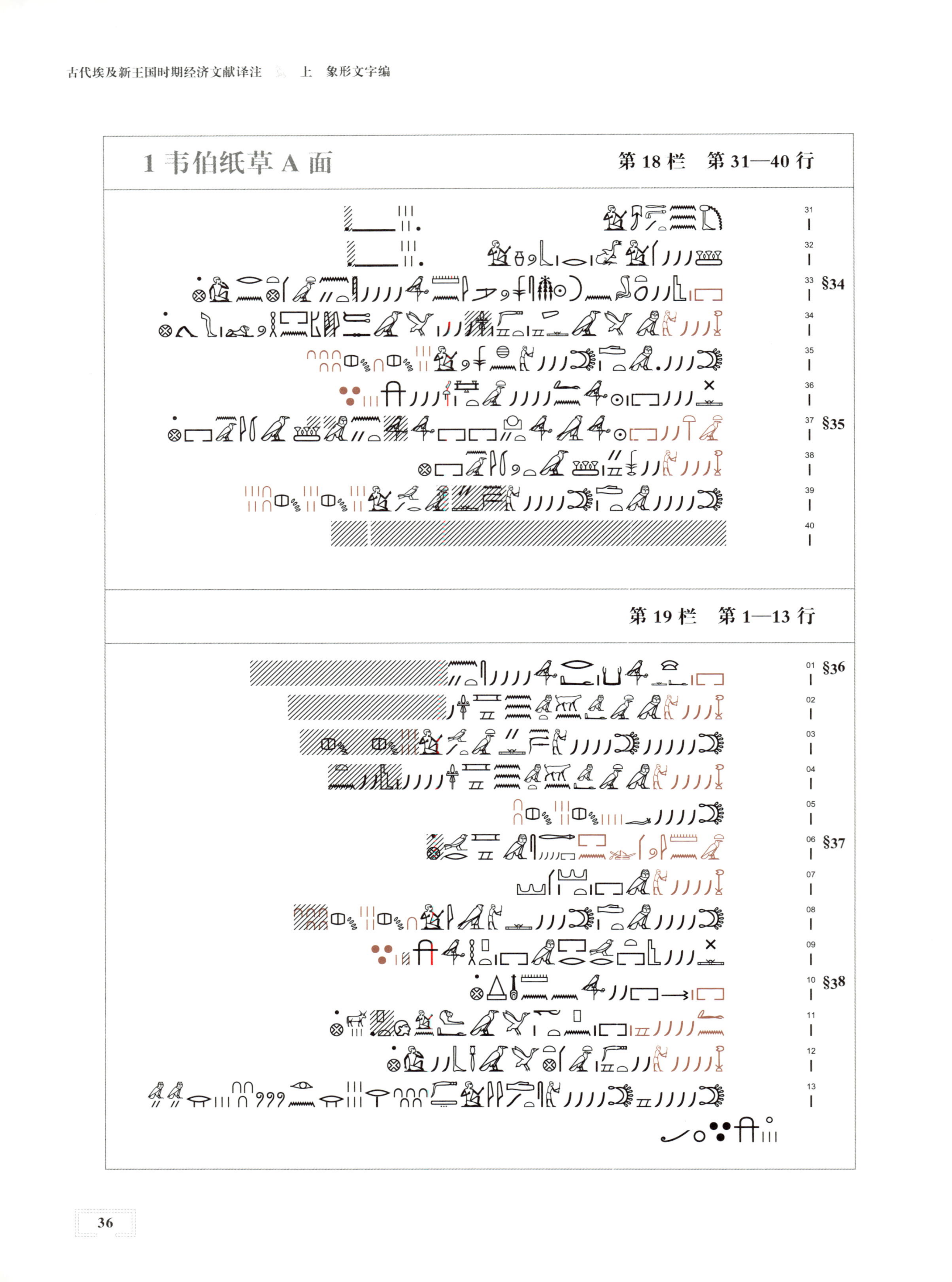

1 韦伯纸草 A 面

第 18 栏 第 31—40 行

31

32

33 §34

34

35

36

37 §35

38

39

40

第 19 栏 第 1—13 行

01 §36

02

03

04

05

06 §37

07

08

09

10 §38

11

12

13

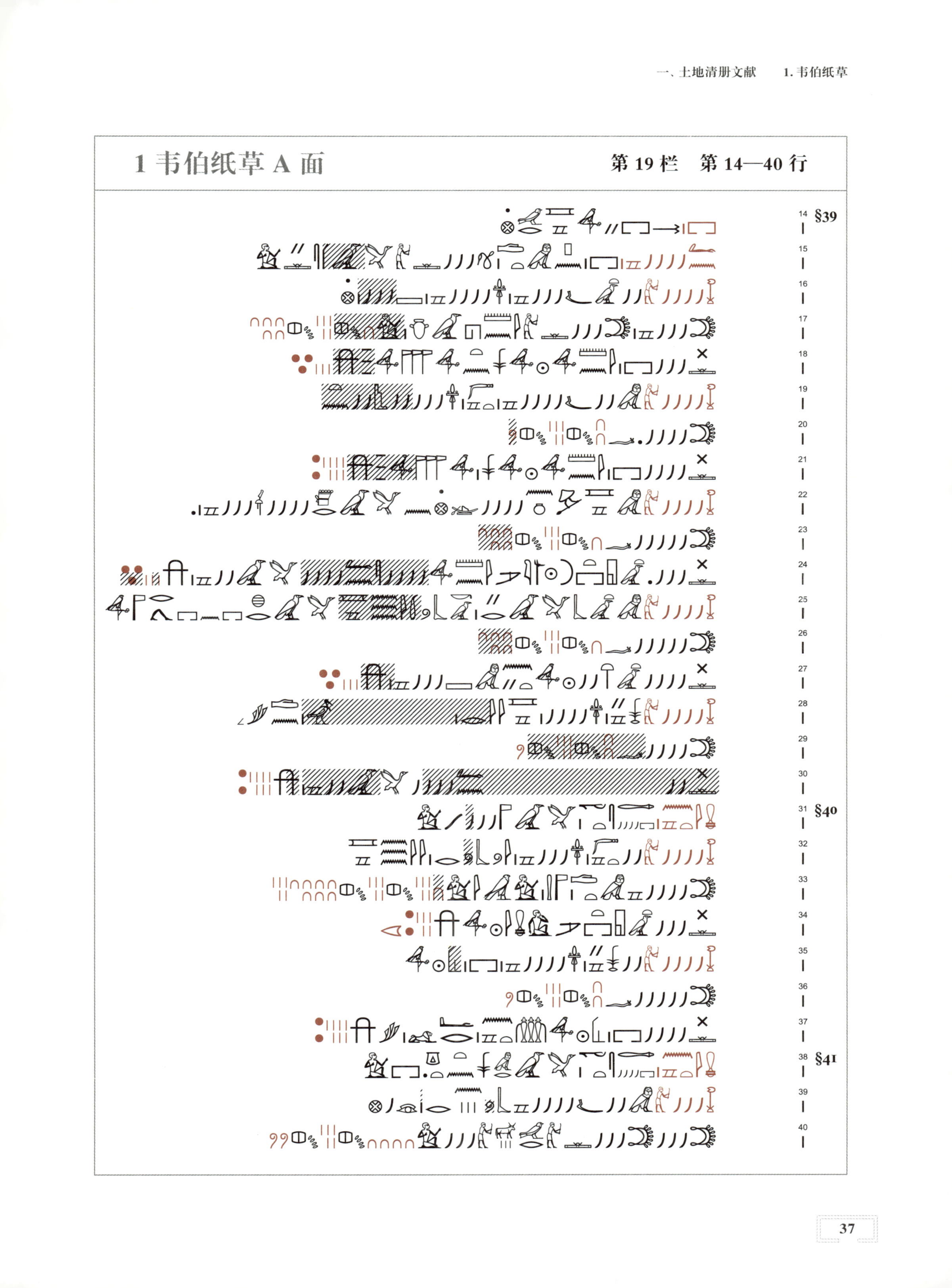

1 韦伯纸草 A 面　第 19 栏　第 14—40 行

§39

§40

§41

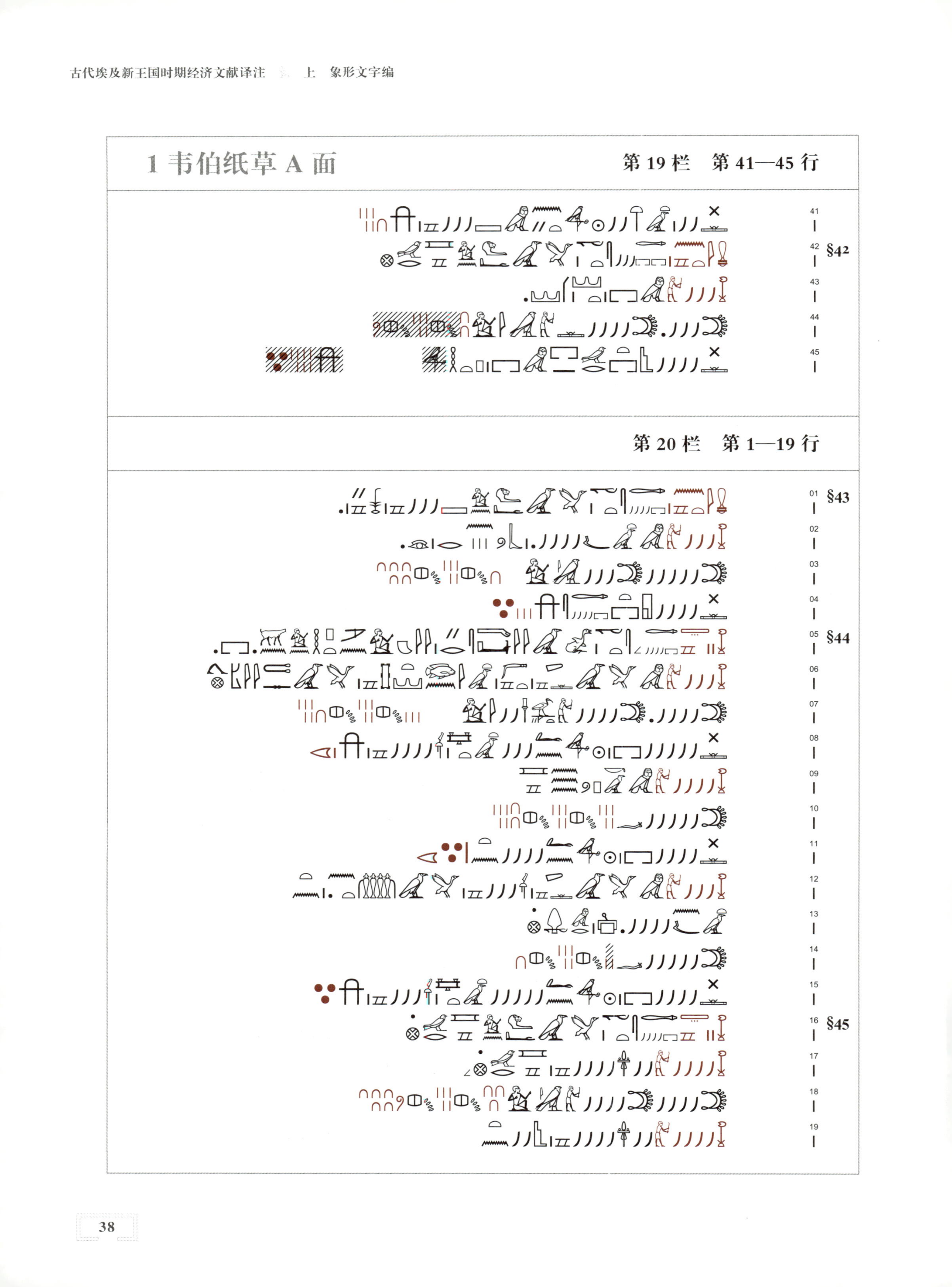

1 韦伯纸草 A 面

第 19 栏 第 41—45 行

41

42 §42

43

44

45

第 20 栏 第 1—19 行

01 §43

02

03

04

05 §44

06

07

08

09

10

11

12

13

14

15

16 §45

17

18

19

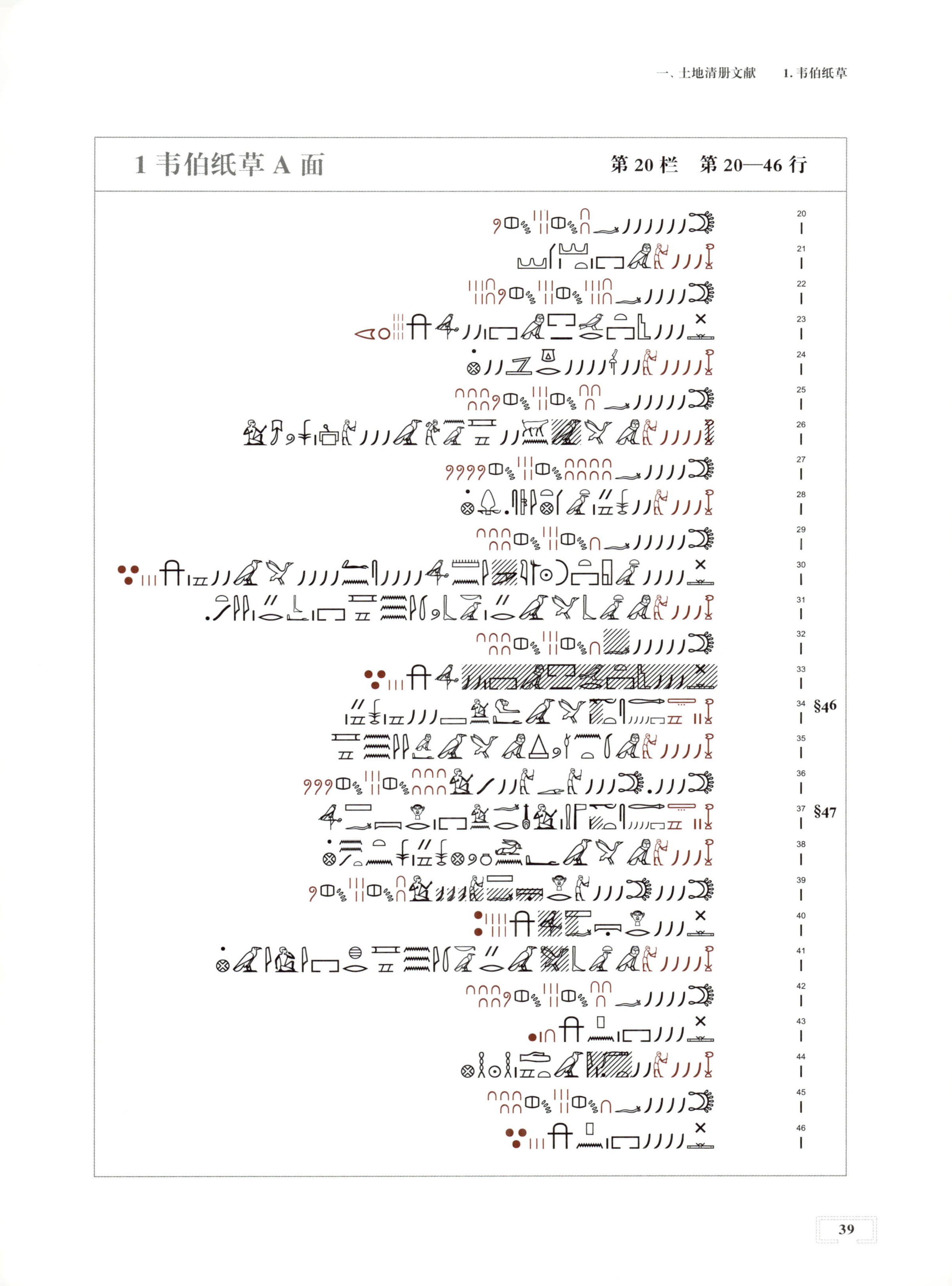

1 韦伯纸草 A 面

第 20 栏　第 20—46 行

20
21
22
23
24
25
26
27
28
29
30
31
32
33
34 §46
35
36
37 §47
38
39
40
41
42
43
44
45
46

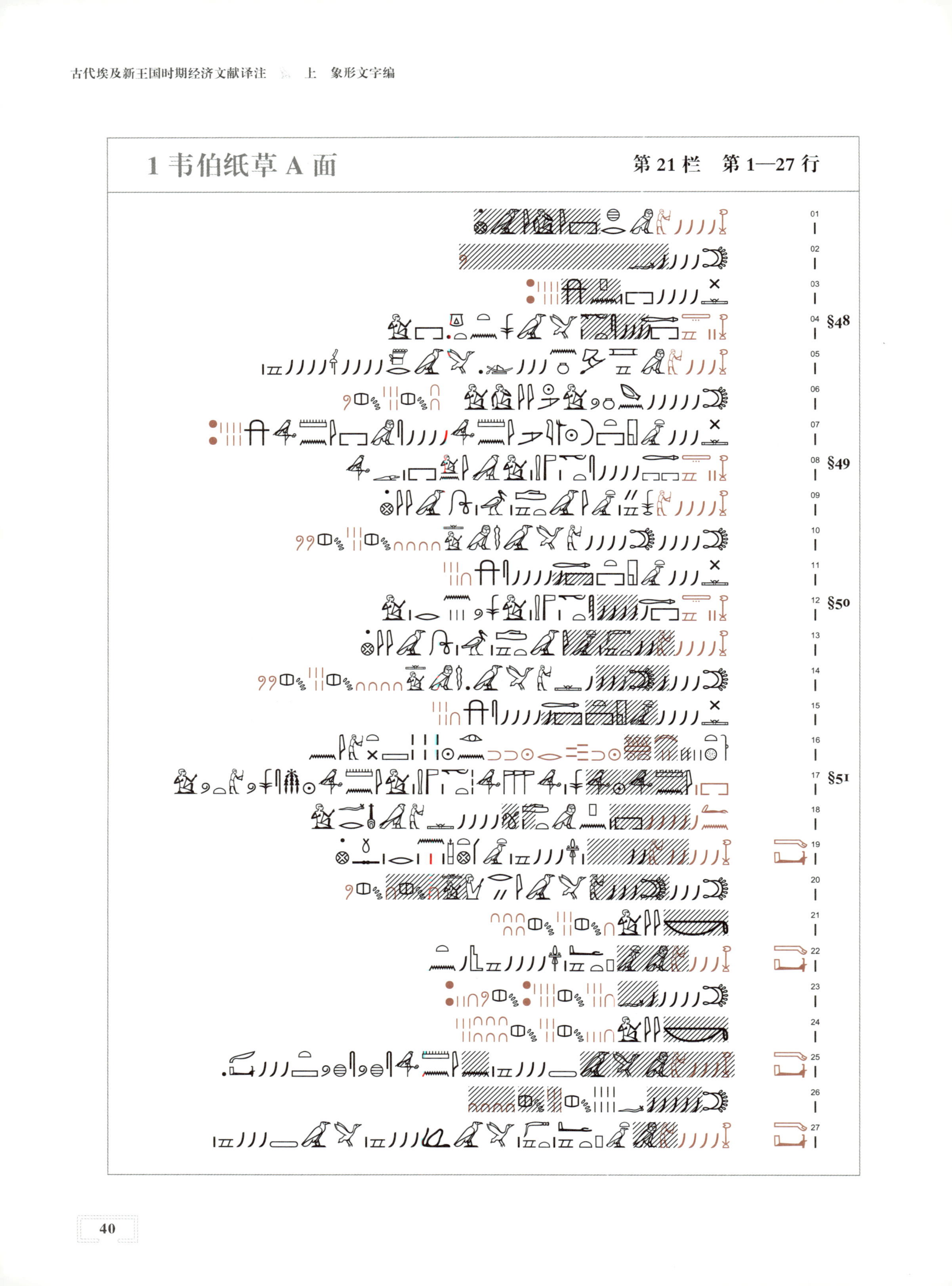

1 韦伯纸草 A 面

第 21 栏 第 1—27 行

01
02
03
04 §48
05
06
07
08 §49
09
10
11
12 §50
13
14
15
16
17 §51
18
19
20
21
22
23
24
25
26
27

1 韦伯纸草 A 面

第 21 栏　第 28—42 行

28

29

30

31

32

33 §52

34

35

36

37

38

39

40

41

42

第 22 栏　第 1—9 行

01

02

03

04

05

06

07

08 §53

09

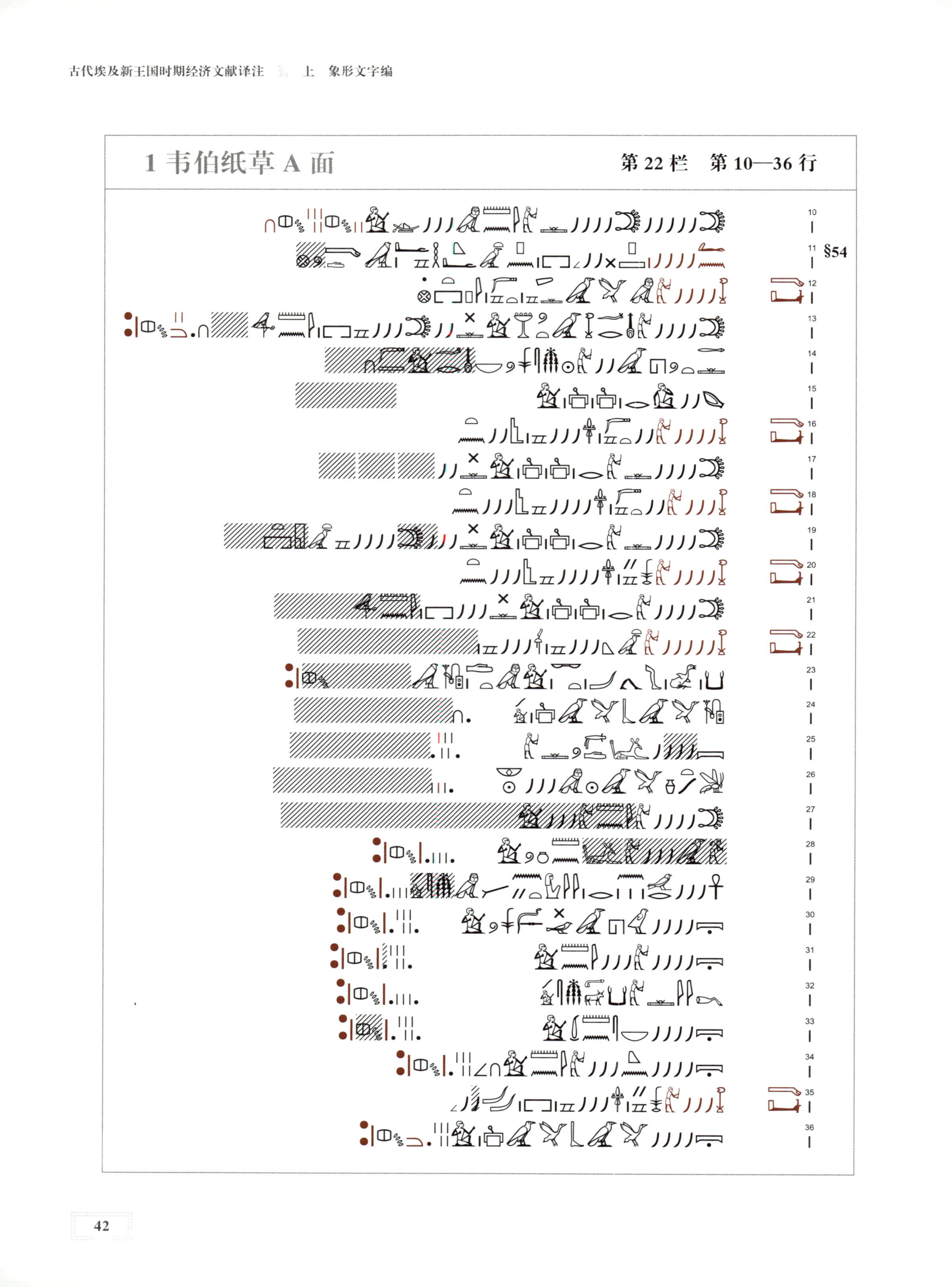

1 韦伯纸草 A 面

第 22 栏　第 10—36 行

10

11 §54

12

13

14

15

16

17

18

19

20

21

22

23

24

25

26

27

28

29

30

31

32

33

34

35

36

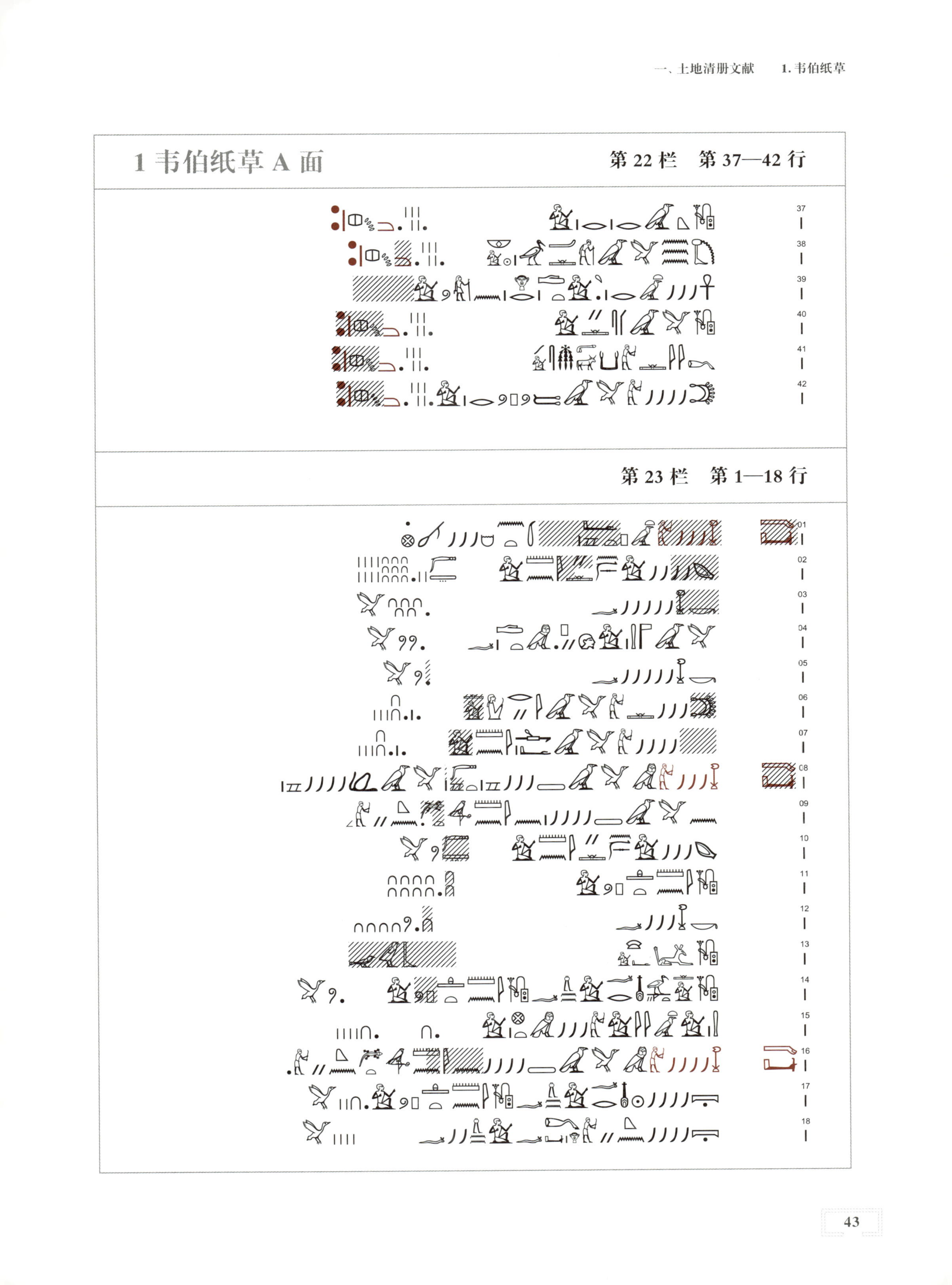

1 韦伯纸草 A 面

第 22 栏　第 37—42 行

37
38
39
40
41
42

第 23 栏　第 1—18 行

01
02
03
04
05
06
07
08
09
10
11
12
13
14
15
16
17
18

1 韦伯纸草 A 面

第 23 栏 第 19—45 行

19

20

21

22

23

24

25

26

27

28

29

30

31

32

33

34

35

36

37

38

39

40

41

42

43

44

45

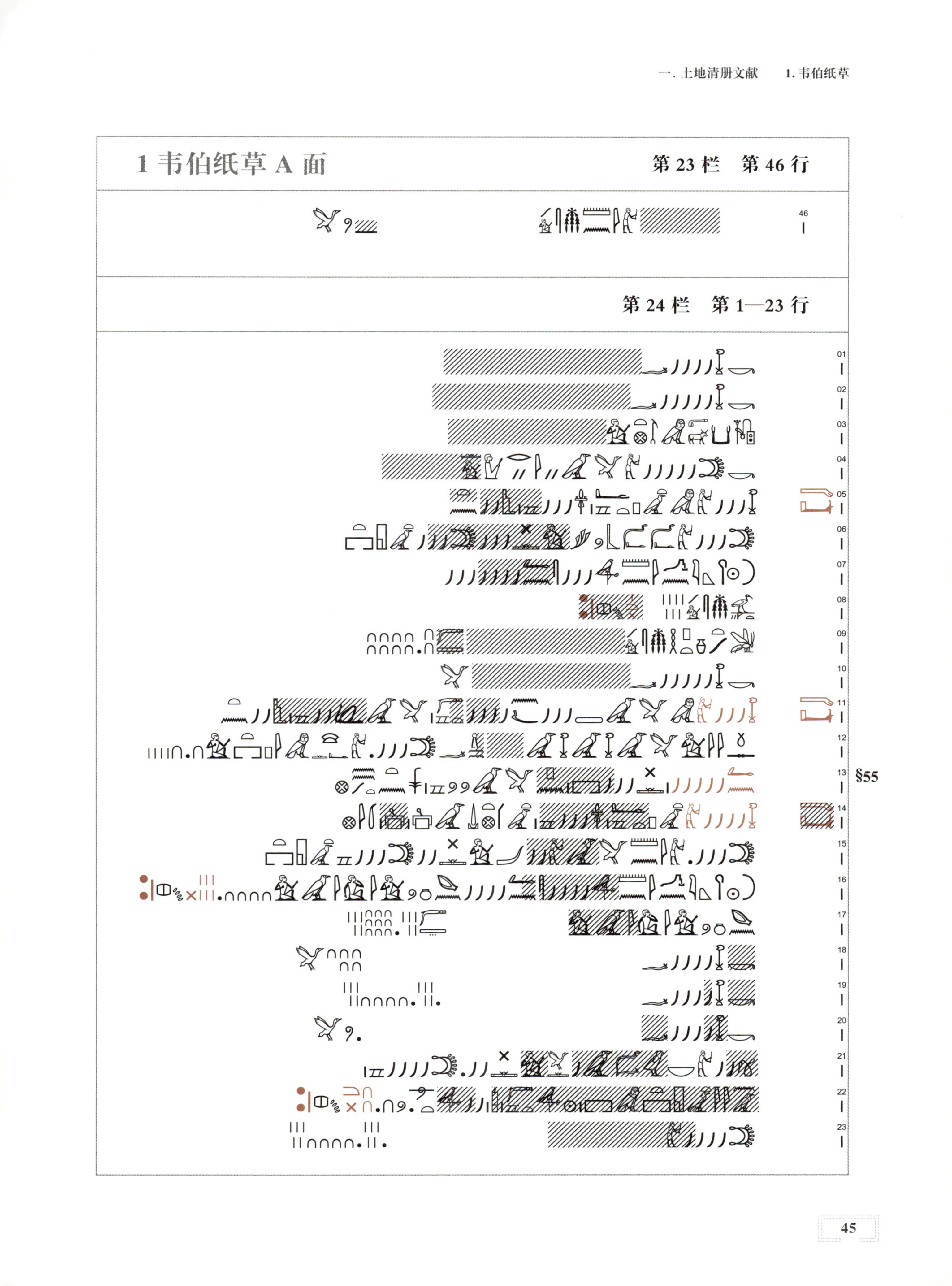

1 韦伯纸草 A 面

第 23 栏　第 46 行

46

第 24 栏　第 1—23 行

01

02

03

04

05

06

07

08

09

10

11

12

13 §55

14

15

16

17

18

19

20

21

22

23

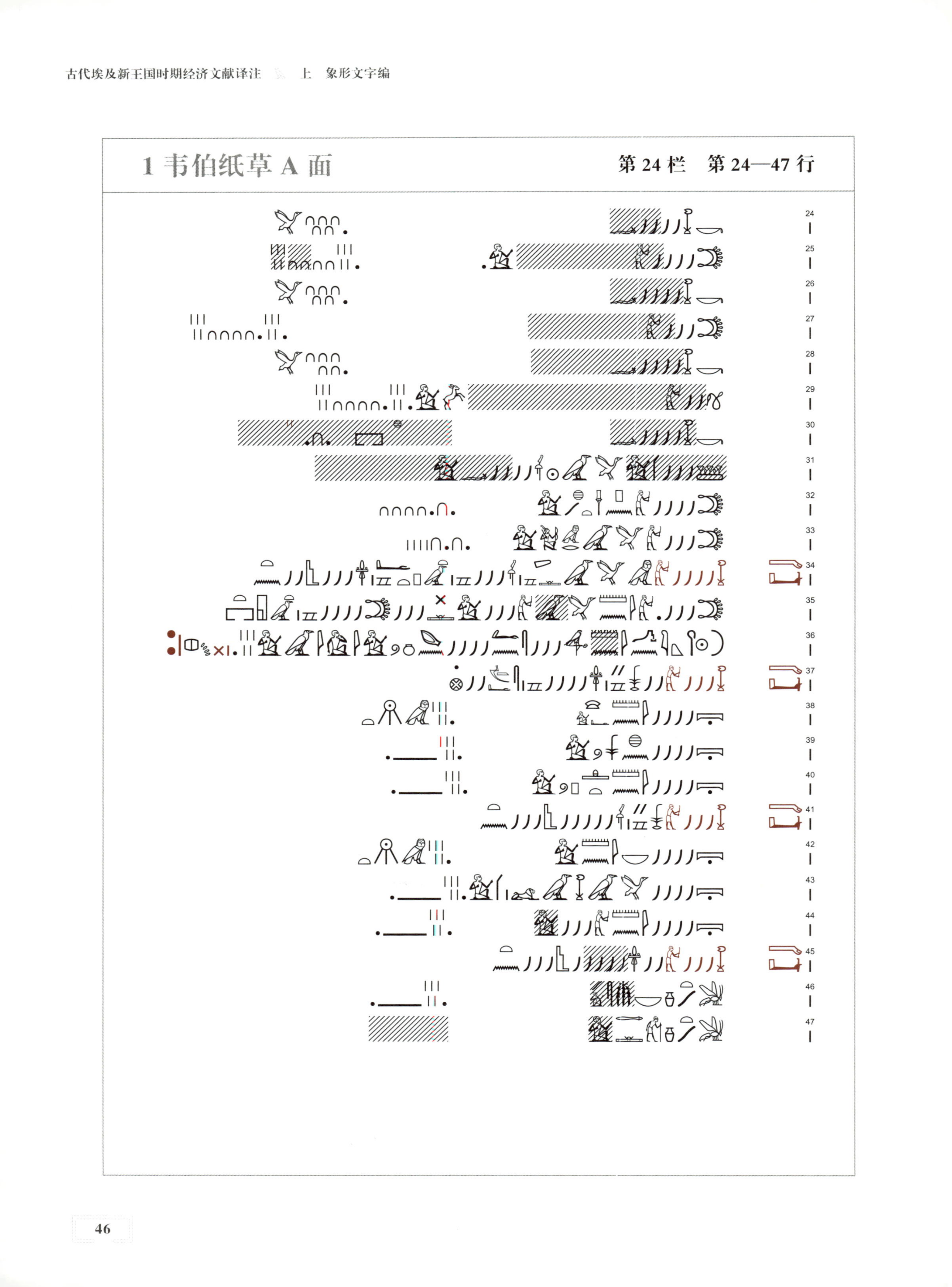

1 韦伯纸草 A 面

第 24 栏 第 24—47 行

24

25

26

27

28

29

30

31

32

33

34

35

36

37

38

39

40

41

42

43

44

45

46

47

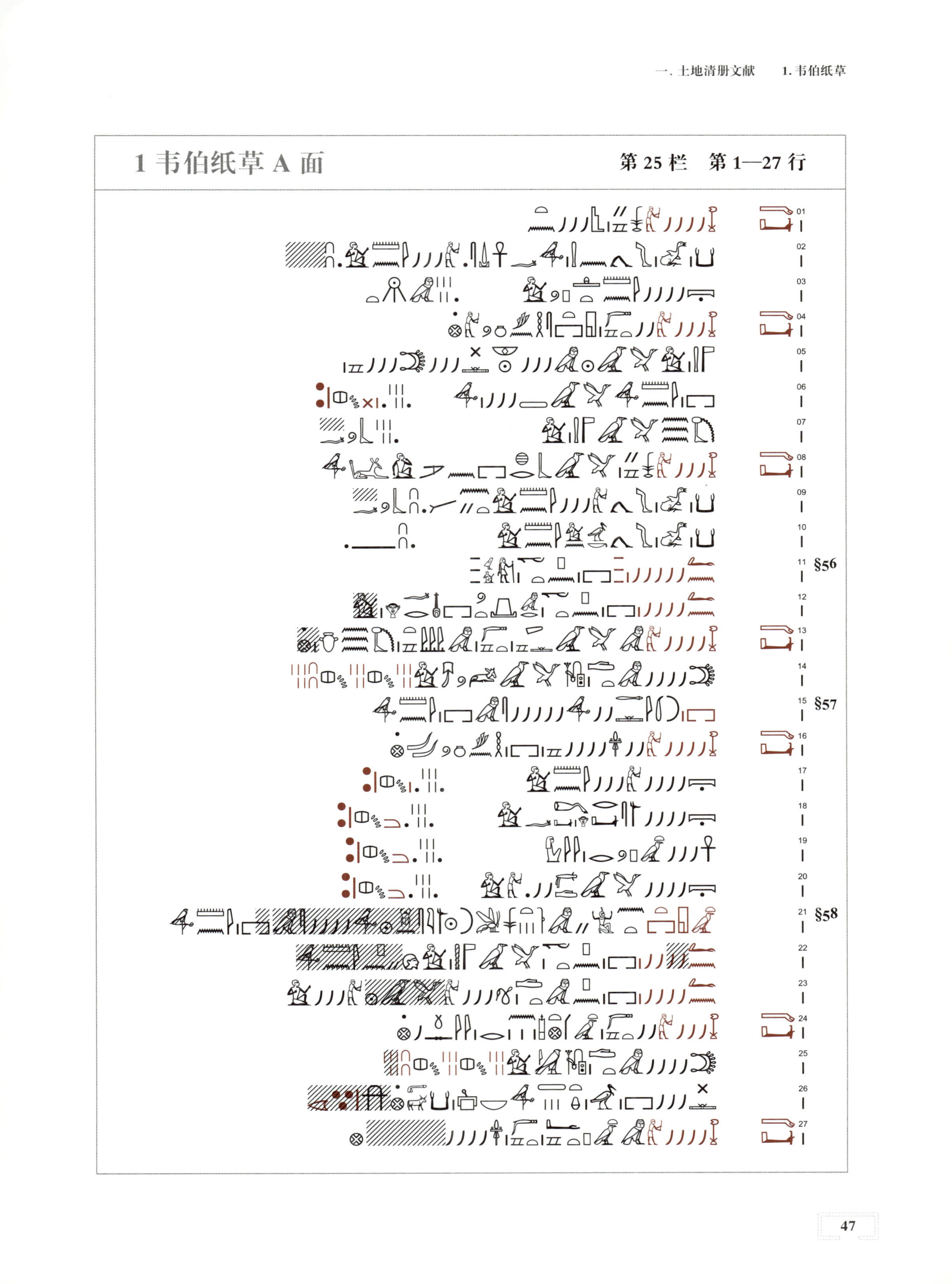

1 韦伯纸草 A 面

第 25 栏　第 1—27 行

01
02
03
04
05
06
07
08
09
10
11 §56
12
13
14
15 §57
16
17
18
19
20
21 §58
22
23
24
25
26
27

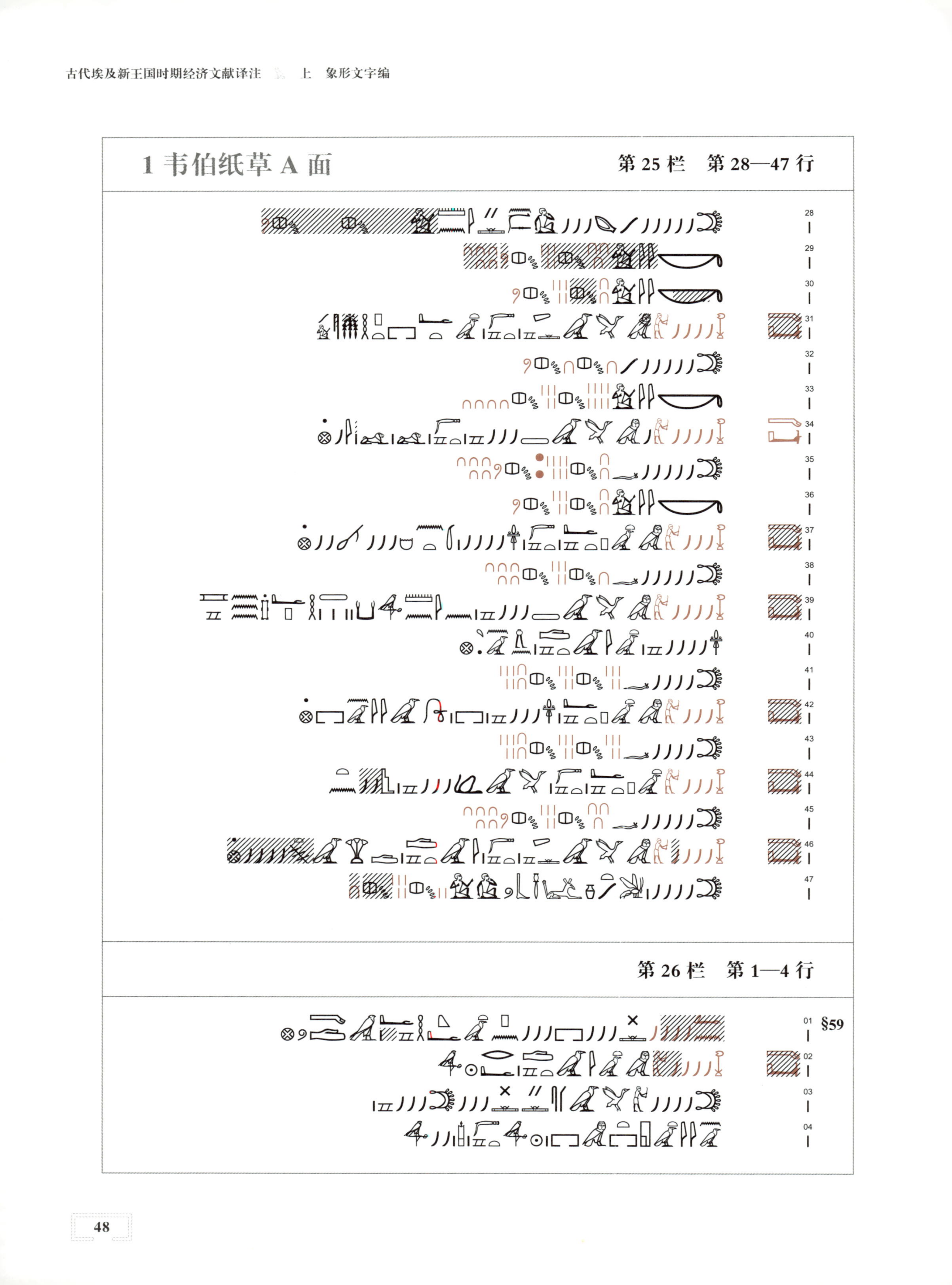

1 韦伯纸草 A 面

第 25 栏 第 28—47 行

28
29
30
31
32
33
34
35
36
37
38
39
40
41
42
43
44
45
46
47

第 26 栏 第 1—4 行

01 §59
02
03
04

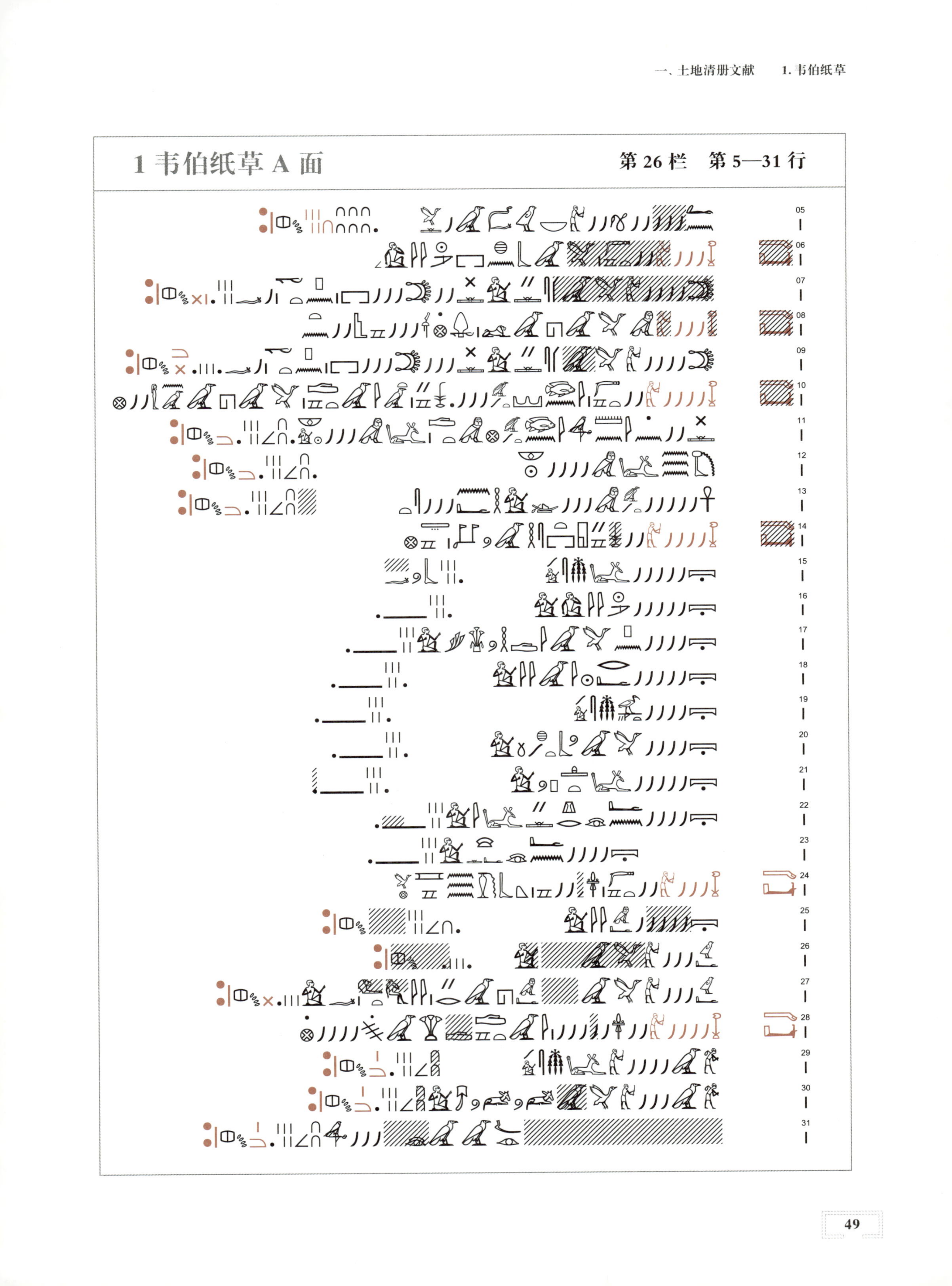

1 韦伯纸草 A 面　　第 26 栏　第 5—31 行

05
06
07
08
09
10
11
12
13
14
15
16
17
18
19
20
21
22
23
24
25
26
27
28
29
30
31

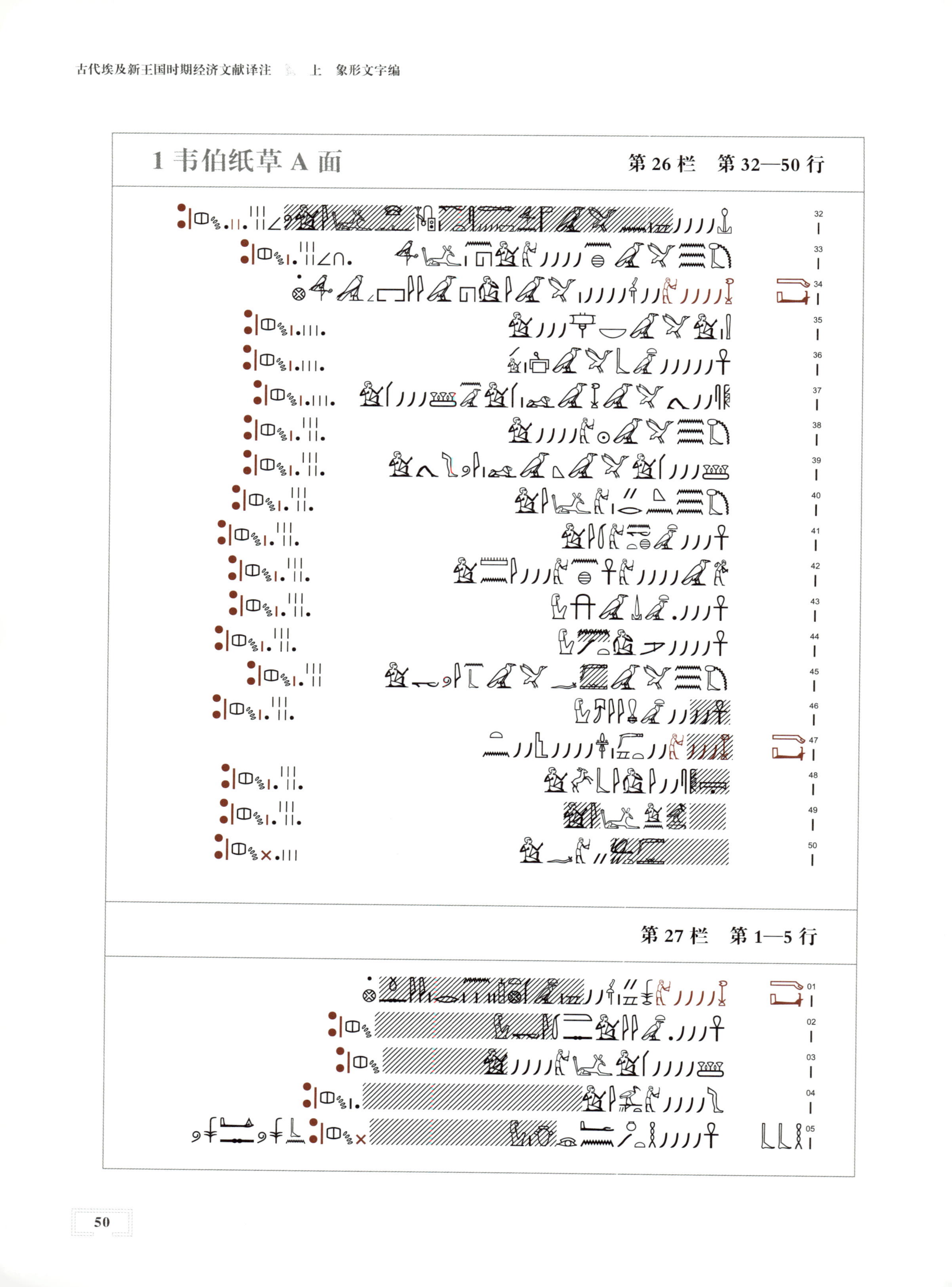

1 韦伯纸草 A 面

第 26 栏　第 32—50 行

32
33
34
35
36
37
38
39
40
41
42
43
44
45
46
47
48
49
50

第 27 栏　第 1—5 行

01
02
03
04
05

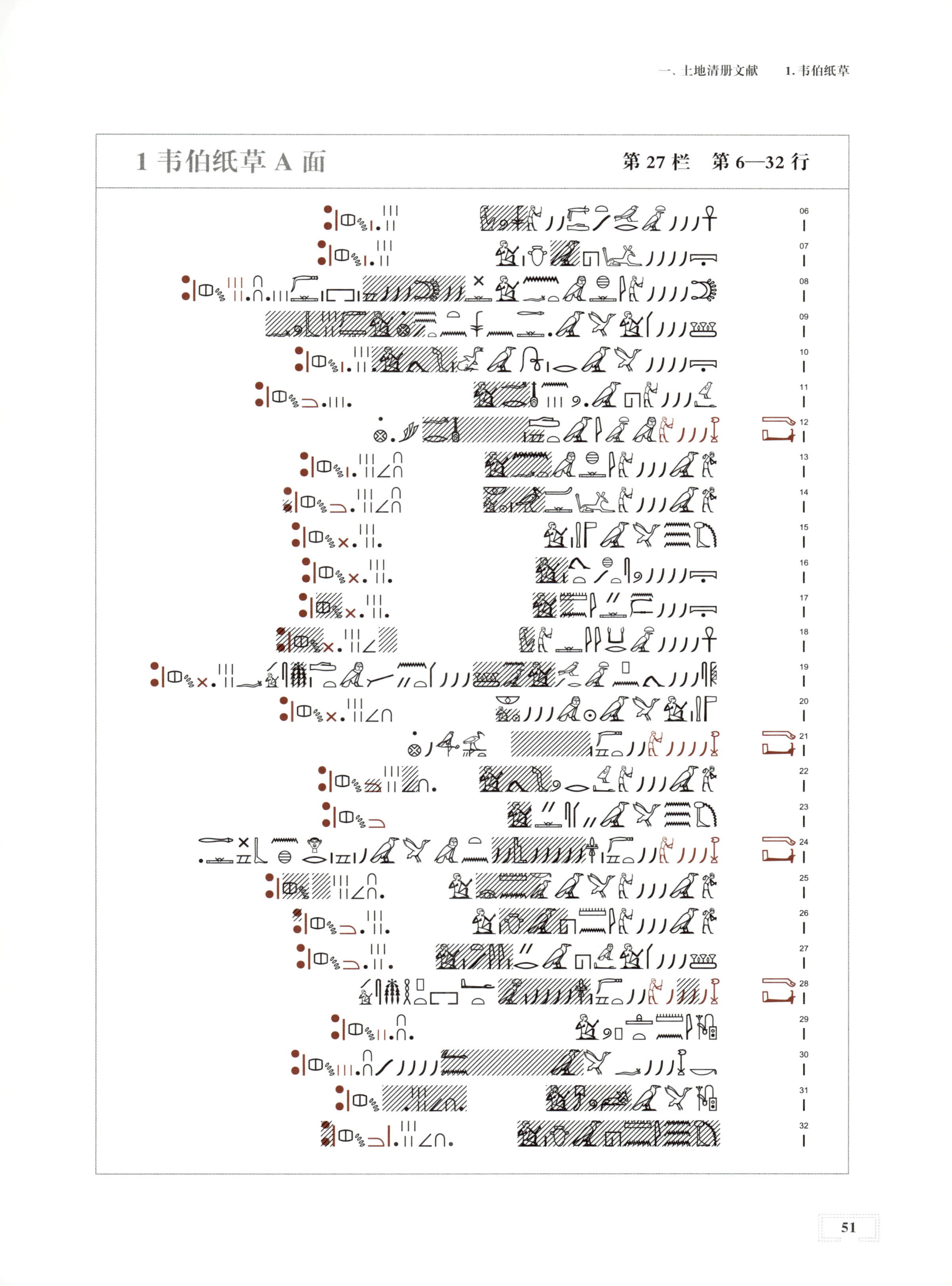

1 韦伯纸草 A 面

第 27 栏　第 6—32 行

06
07
08
09
10
11
12
13
14
15
16
17
18
19
20
21
22
23
24
25
26
27
28
29
30
31
32

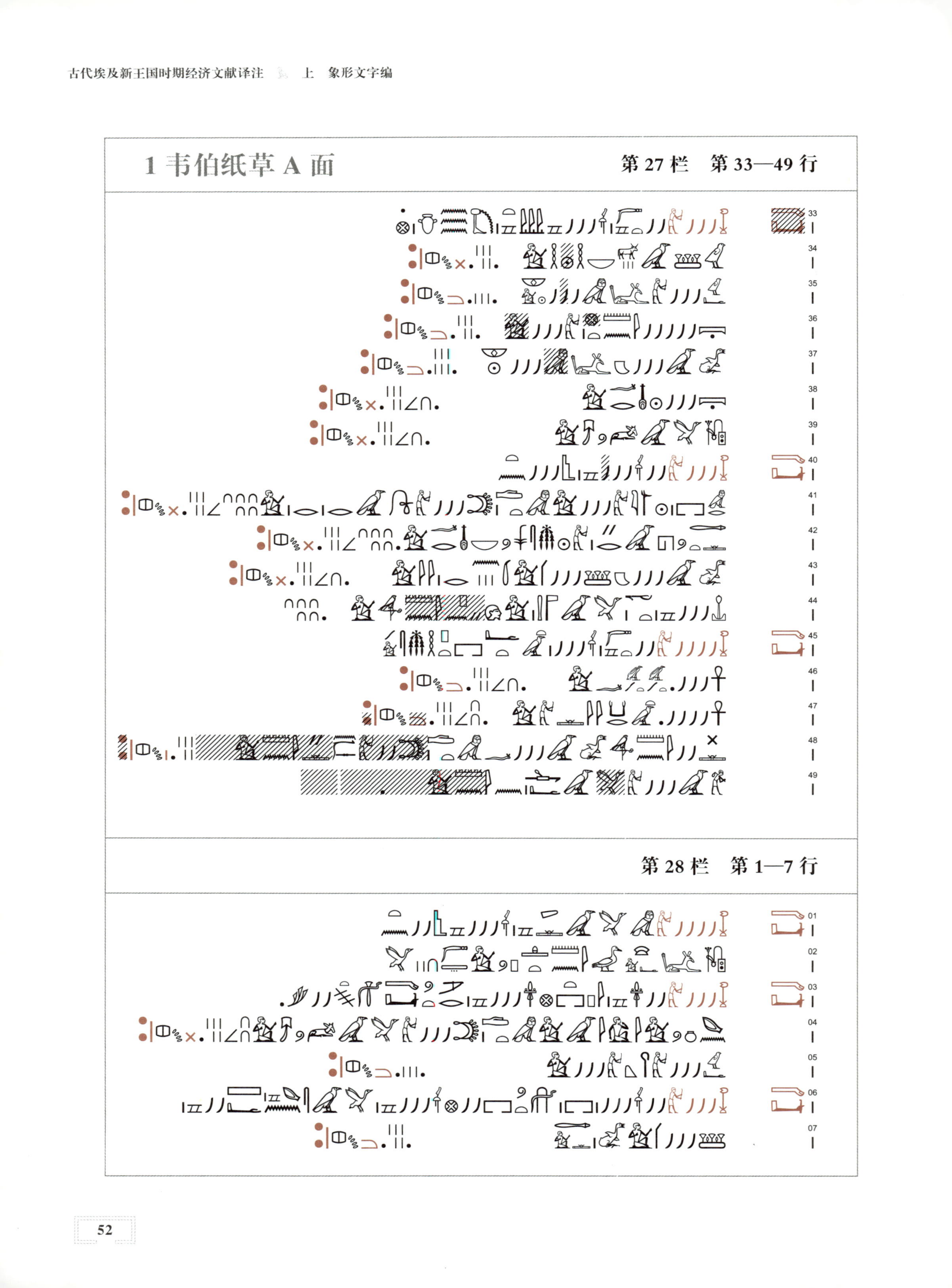

1 韦伯纸草 A 面

第 27 栏 第 33—49 行

33

34

35

36

37

38

39

40

41

42

43

44

45

46

47

48

49

第 28 栏 第 1—7 行

01

02

03

04

05

06

07

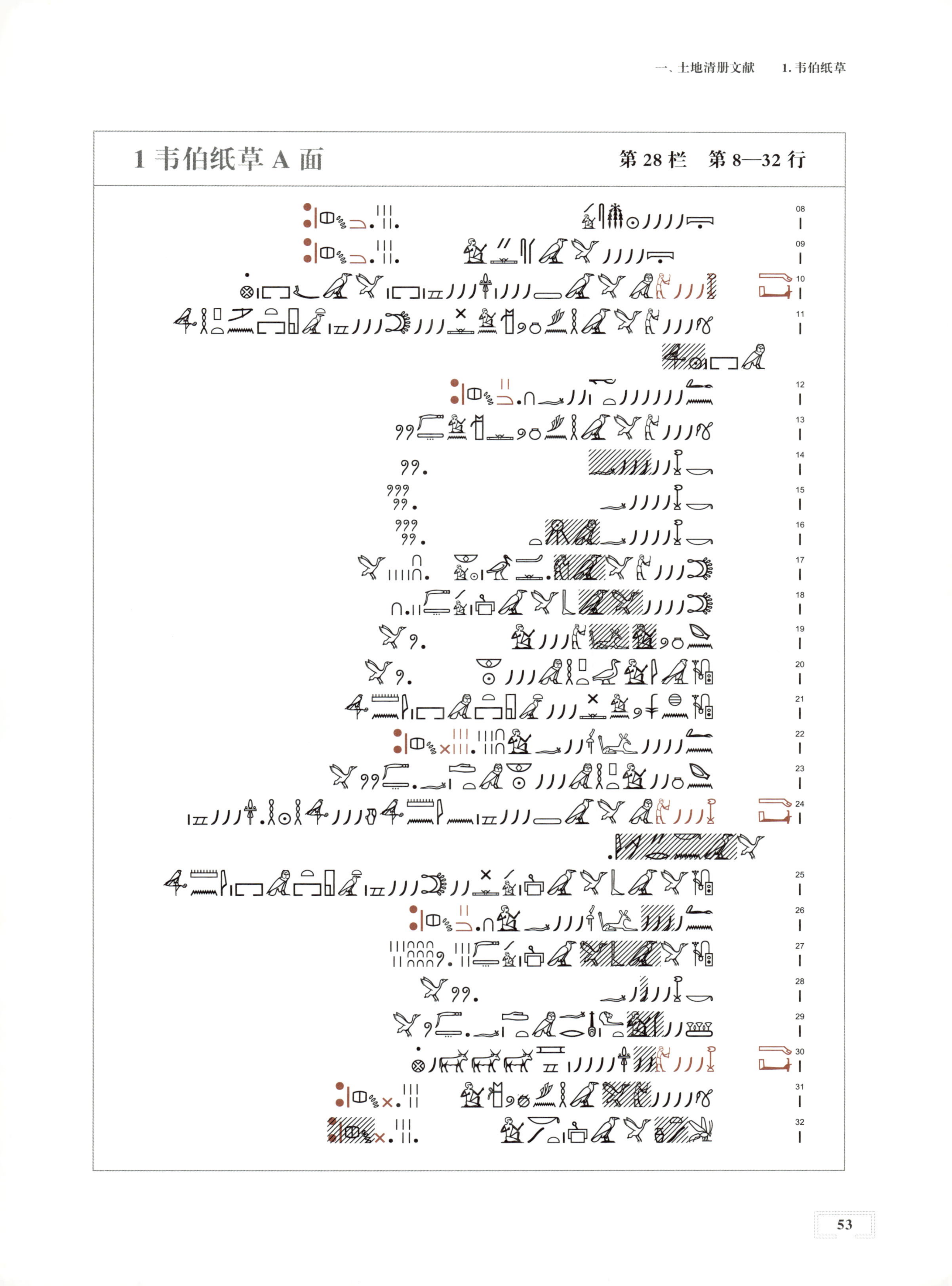

1 韦伯纸草 A 面　　第 28 栏　第 8—32 行

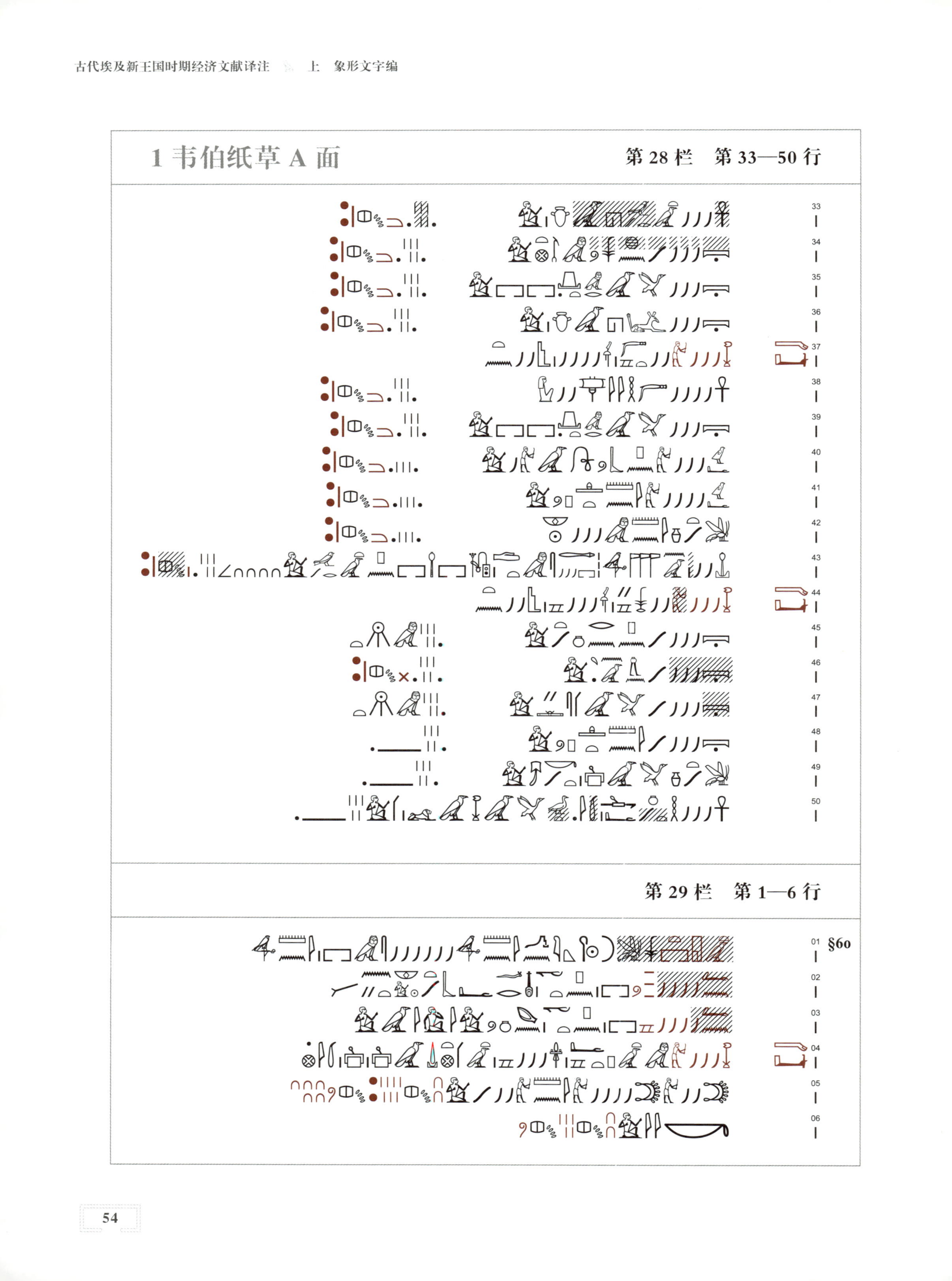

1 韦伯纸草 A 面

第 28 栏 第 33—50 行

33

34

35

36

37

38

39

40

41

42

43

44

45

46

47

48

49

50

第 29 栏 第 1—6 行

01 §60

02

03

04

05

06

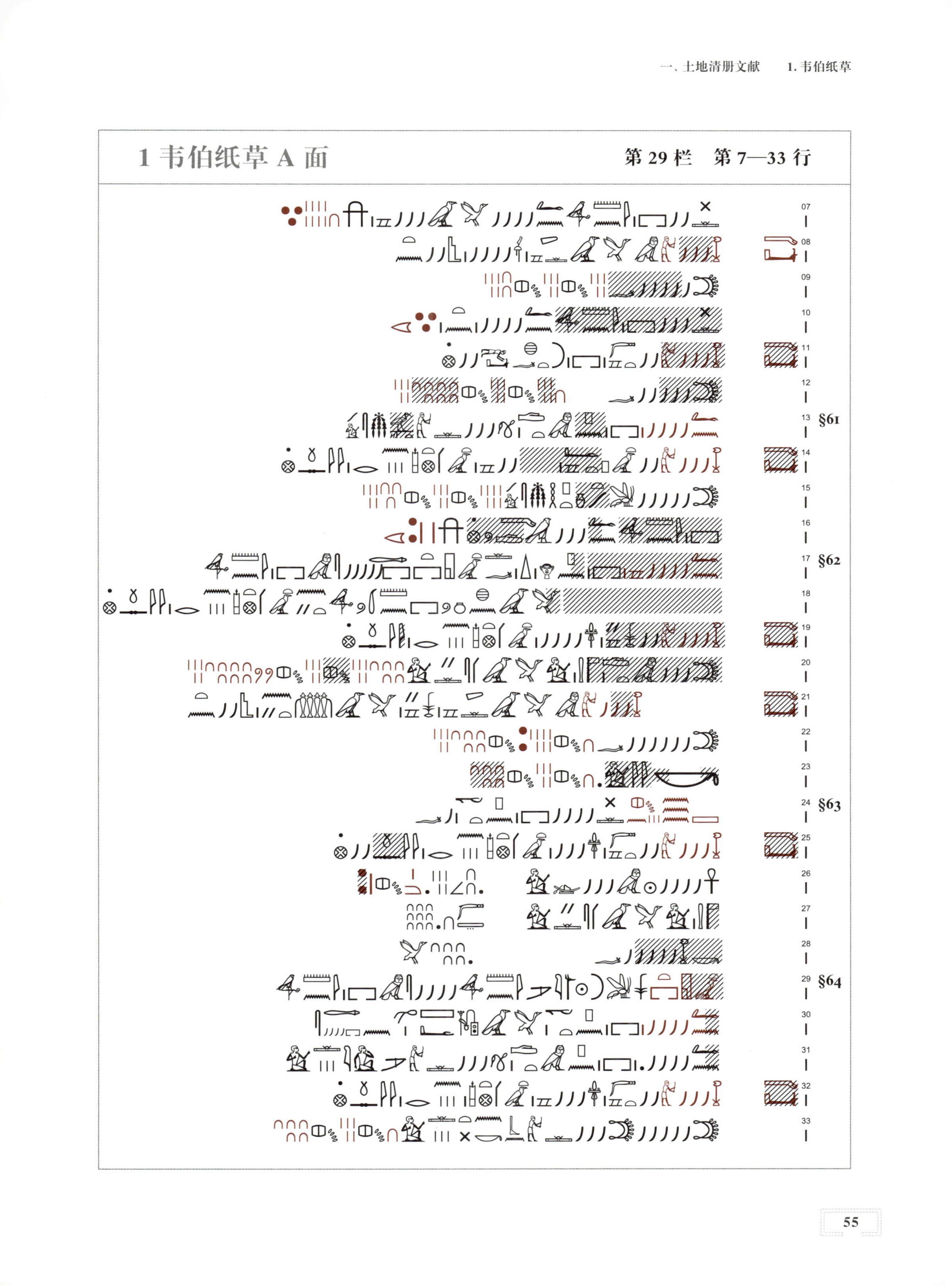

1 韦伯纸草 A 面

第 29 栏　第 7—33 行

07
08
09
10
11
12
13 §61
14
15
16
17 §62
18
19
20
21
22
23
24 §63
25
26
27
28
29 §64
30
31
32
33

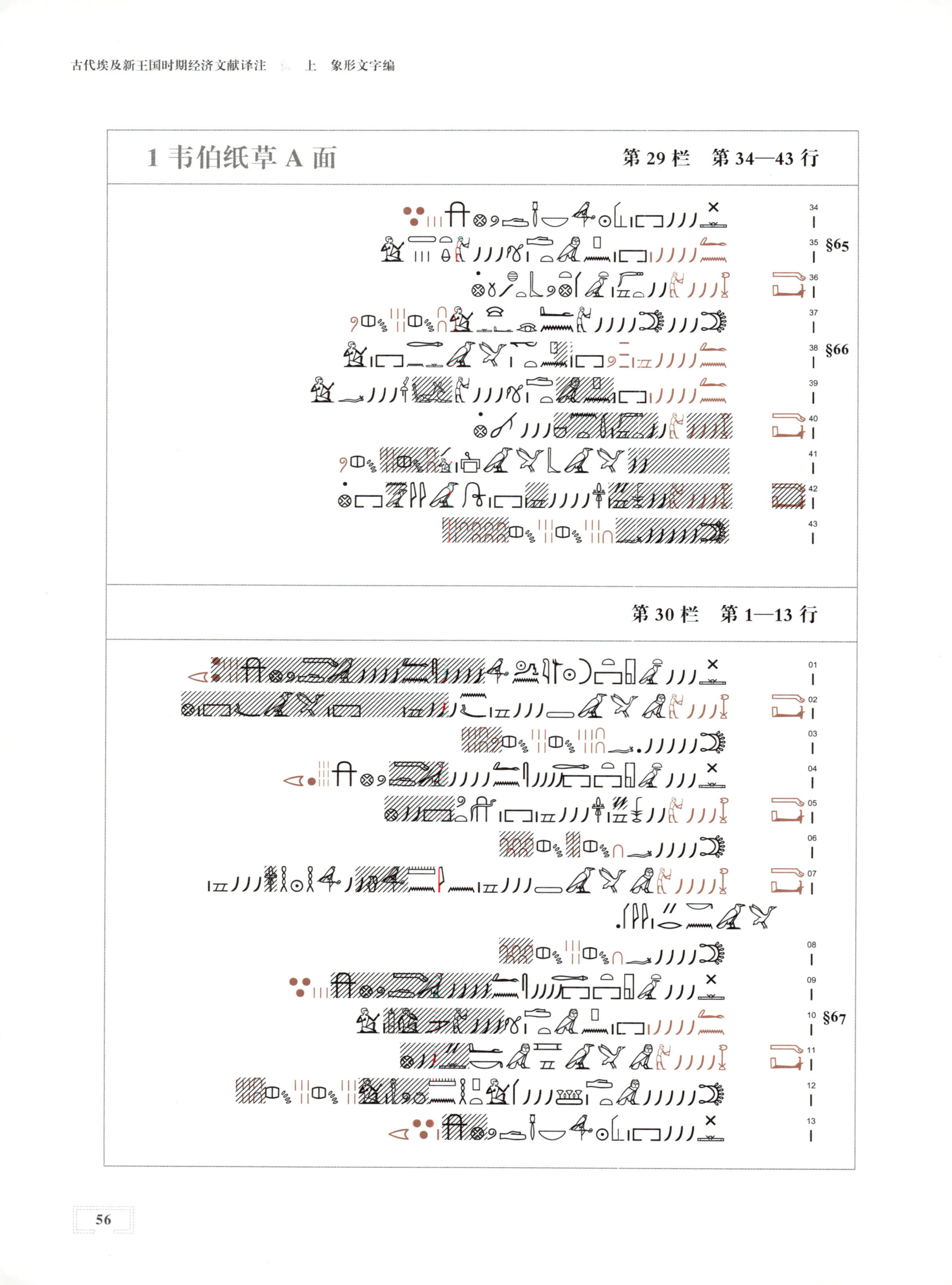

1 韦伯纸草 A 面

第 29 栏 第 34—43 行

34

35 §65

36

37

38 §66

39

40

41

42

43

第 30 栏 第 1—13 行

01

02

03

04

05

06

07

08

09

10 §67

11

12

13

1 韦伯纸草 A 面　　第 30 栏　第 14—40 行

14
15
16 §68
17
18
19
20
21
22
23
24
25
26
27
28
29
30
31
32
33
34
35
36
37
38
39
40

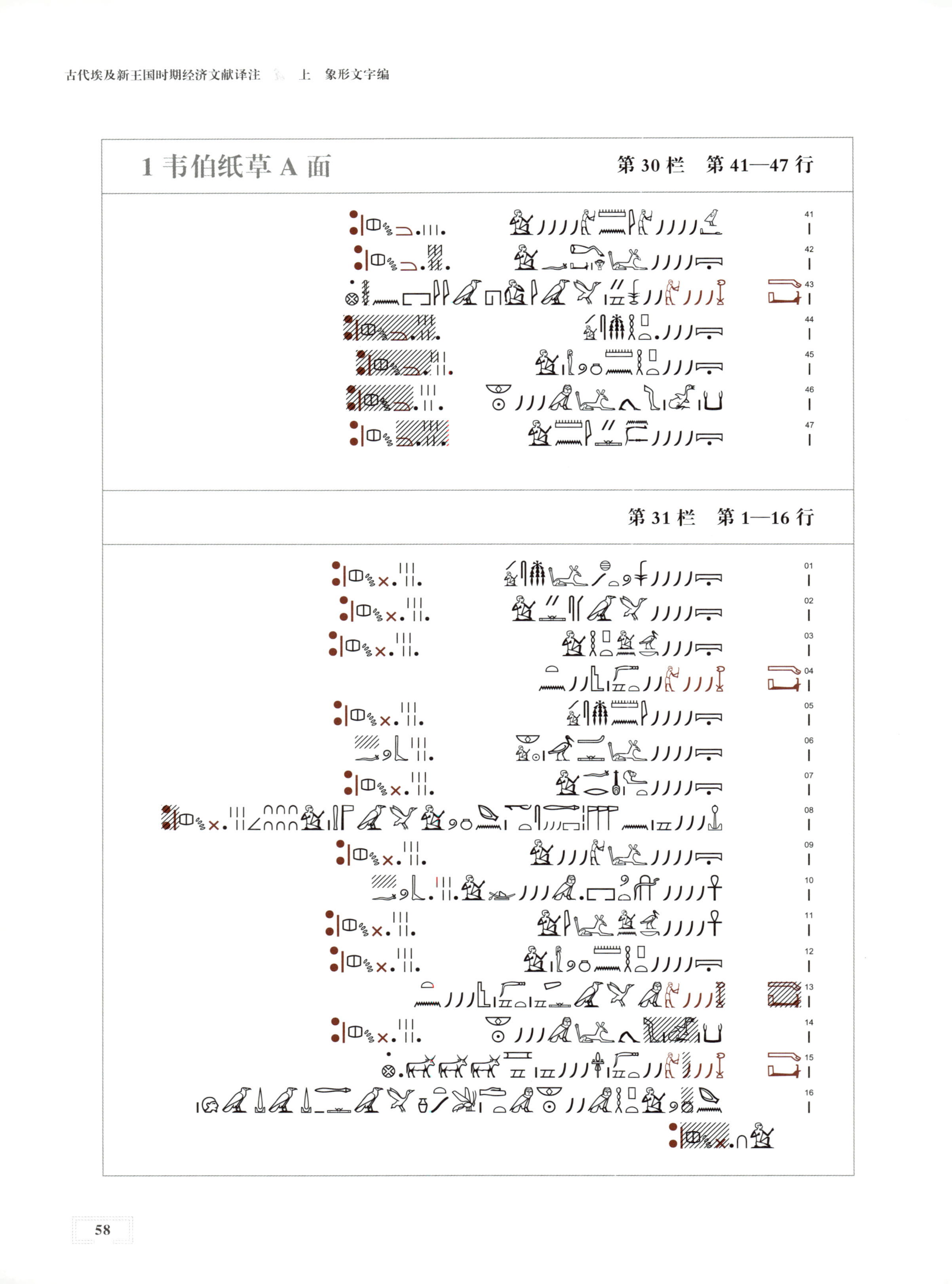

1 韦伯纸草 A 面

第 30 栏　第 41—47 行

41

42

43

44

45

46

47

第 31 栏　第 1—16 行

01

02

03

04

05

06

07

08

09

10

11

12

13

14

15

16

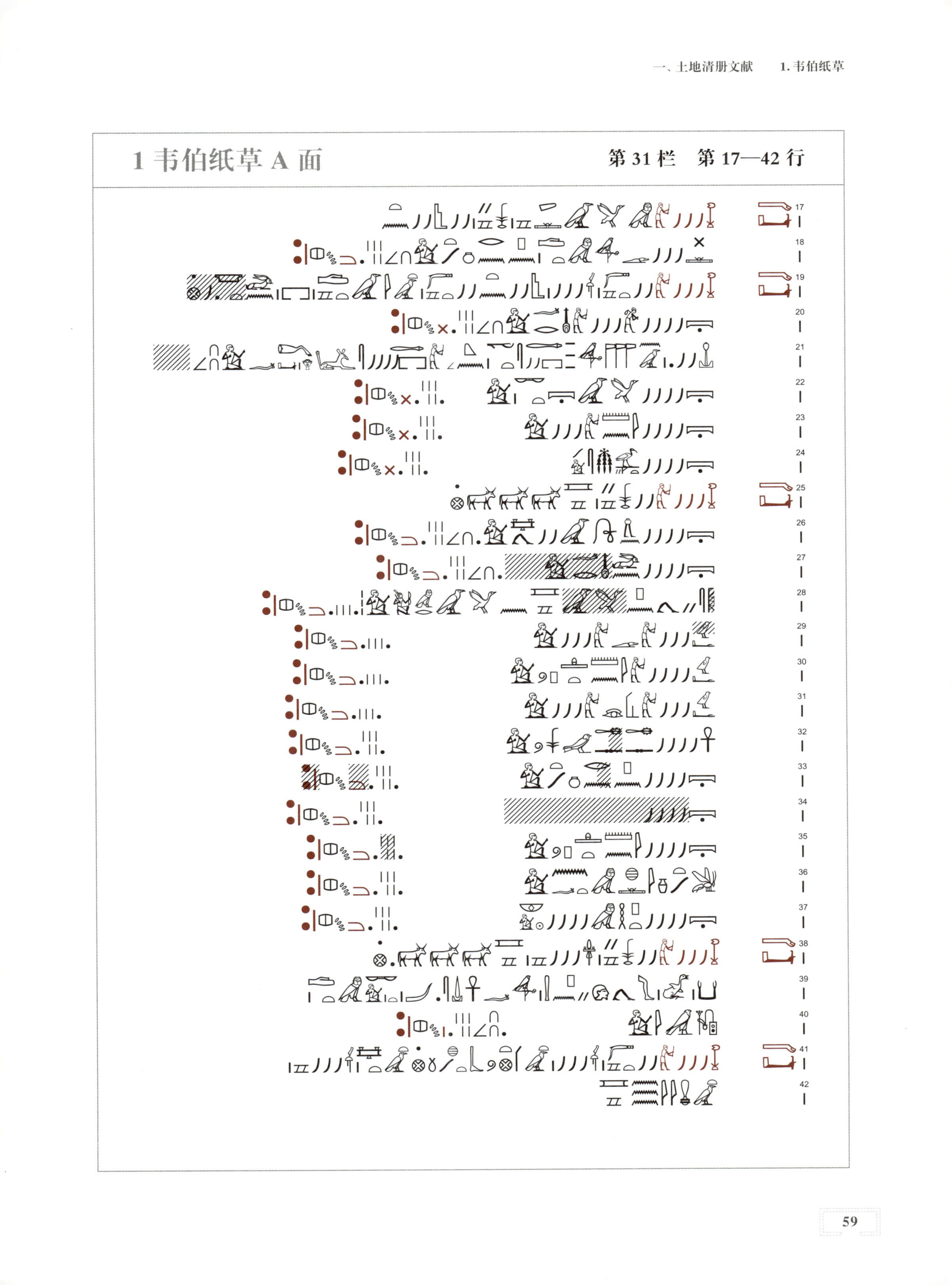

1 韦伯纸草 A 面　　第 31 栏　第 17—42 行

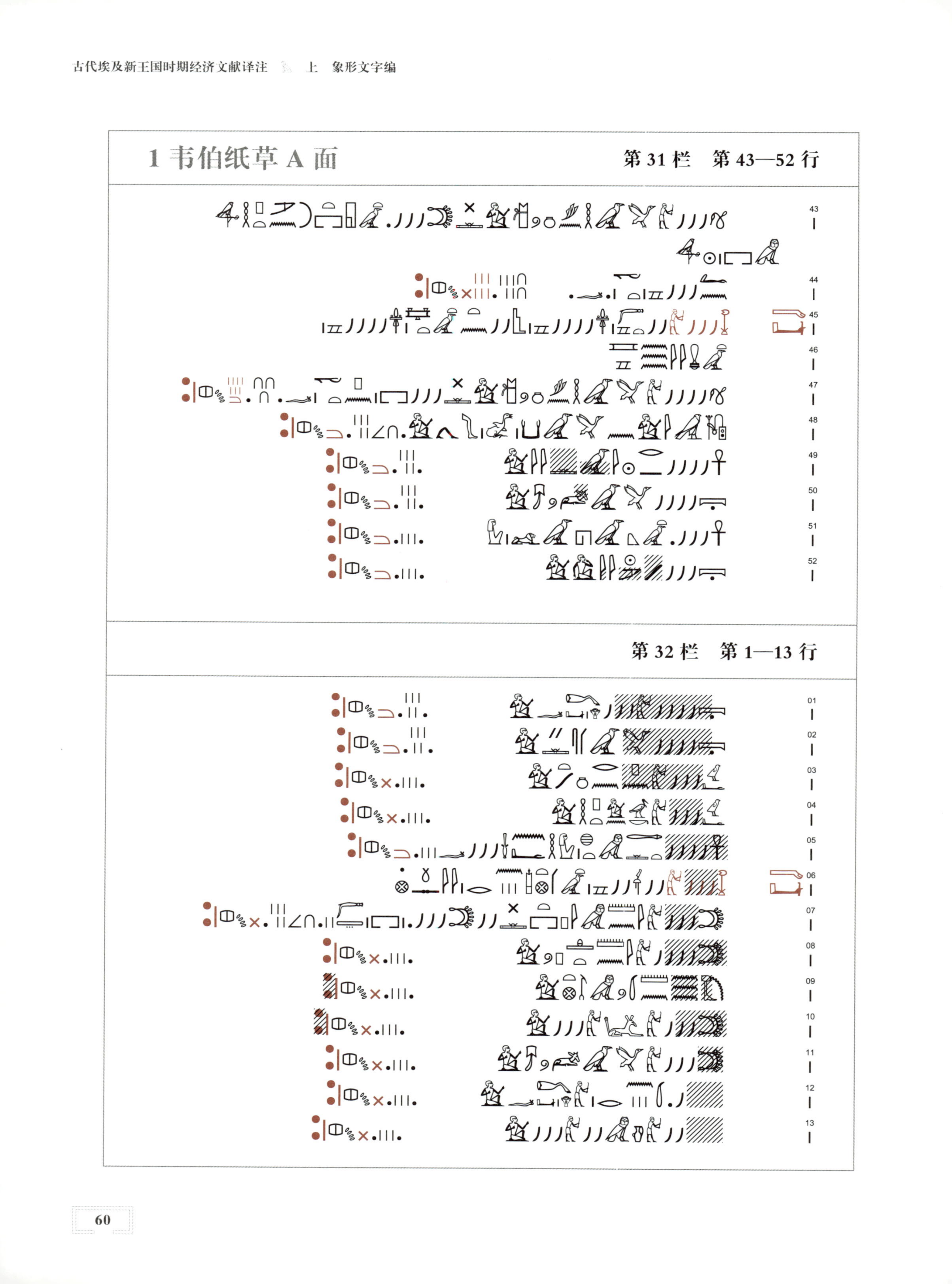

1 韦伯纸草 A 面

第 31 栏　第 43—52 行

43

44

45

46

47

48

49

50

51

52

第 32 栏　第 1—13 行

01

02

03

04

05

06

07

08

09

10

11

12

13

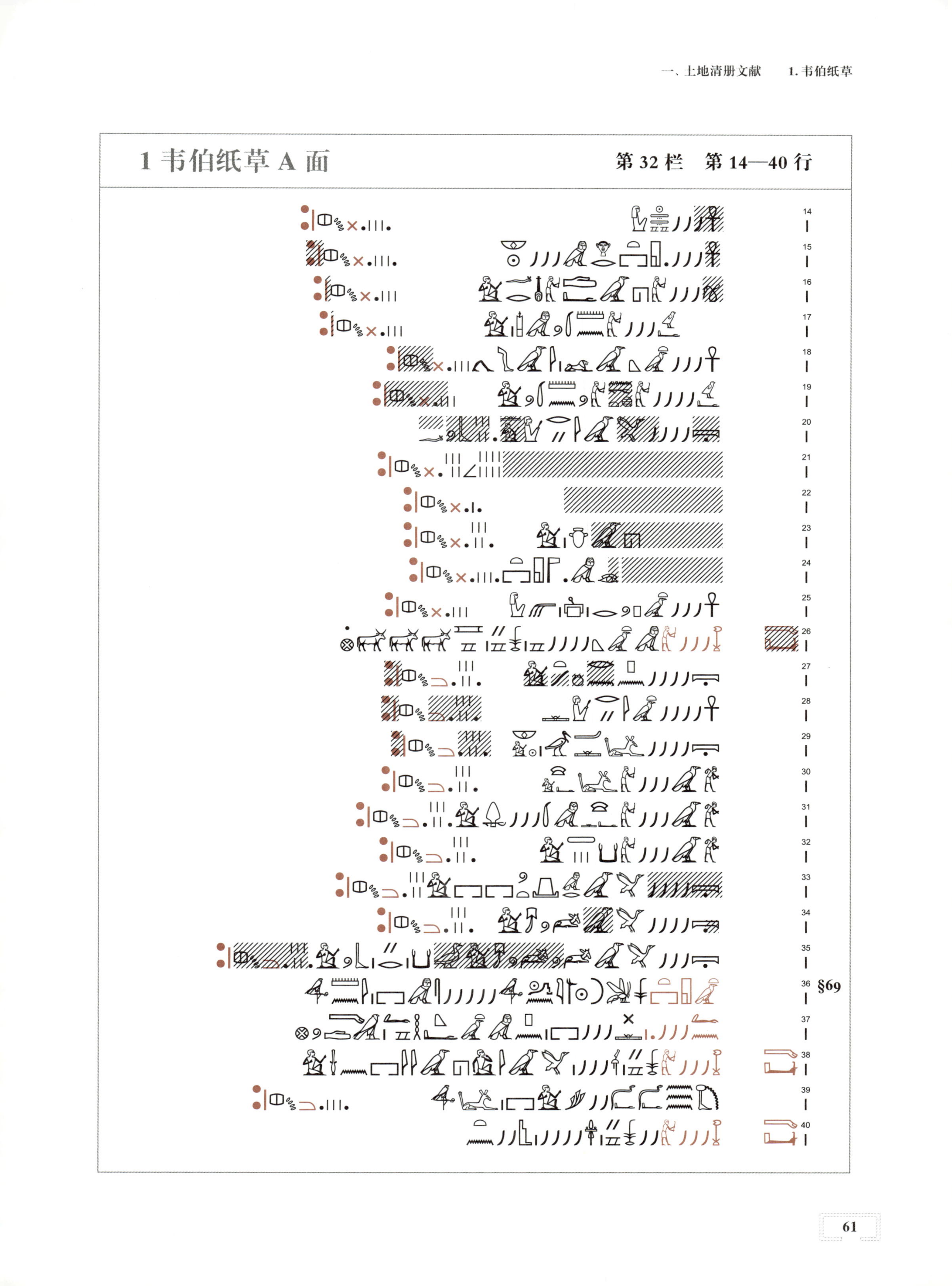

1 韦伯纸草 A 面　　　第 32 栏　第 14—40 行

§69

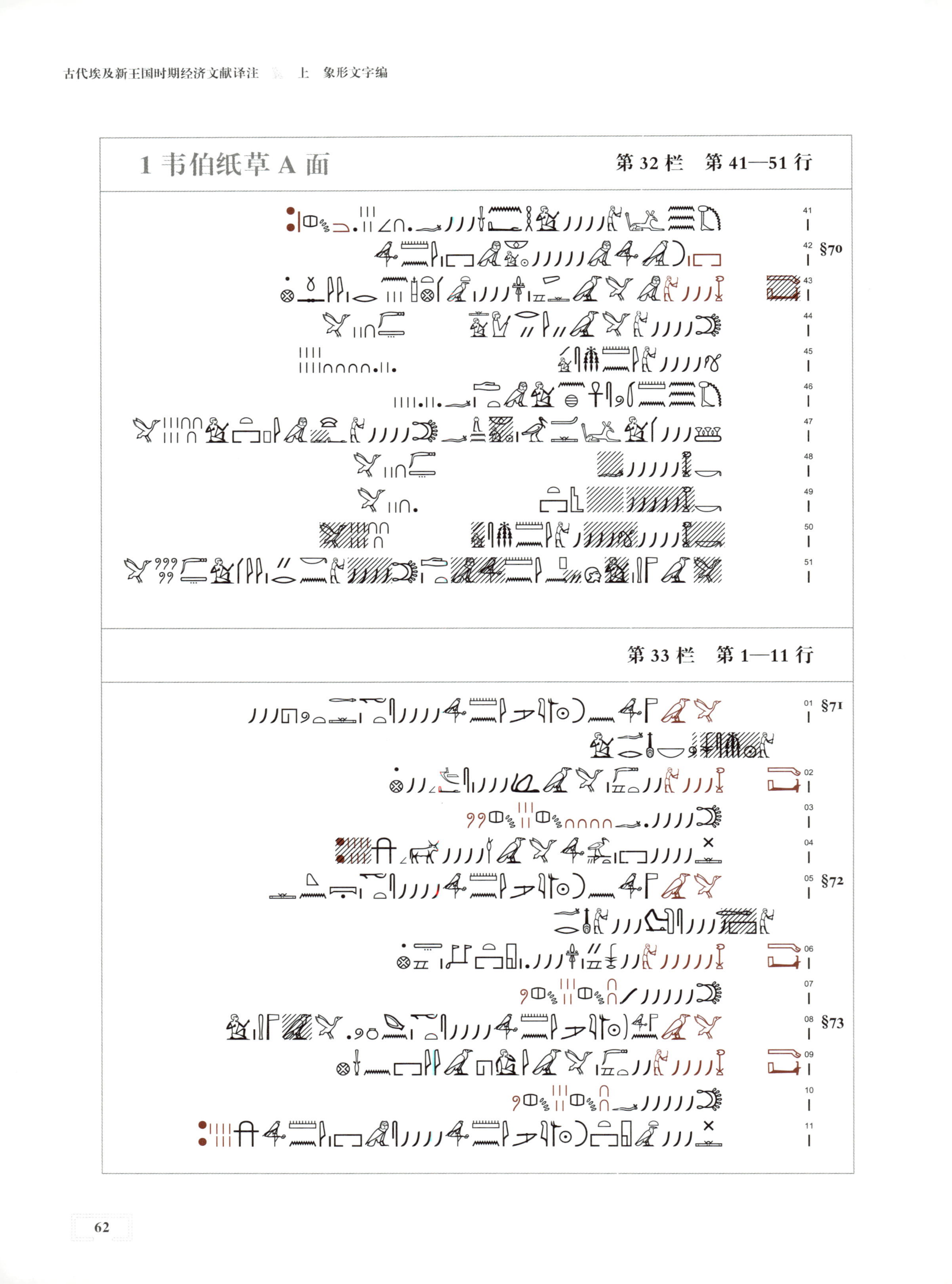

1 韦伯纸草 A 面

第 32 栏　第 41—51 行

41

42 §70

43

44

45

46

47

48

49

50

51

第 33 栏　第 1—11 行

01 §71

02

03

04

05 §72

06

07

08 §73

09

10

11

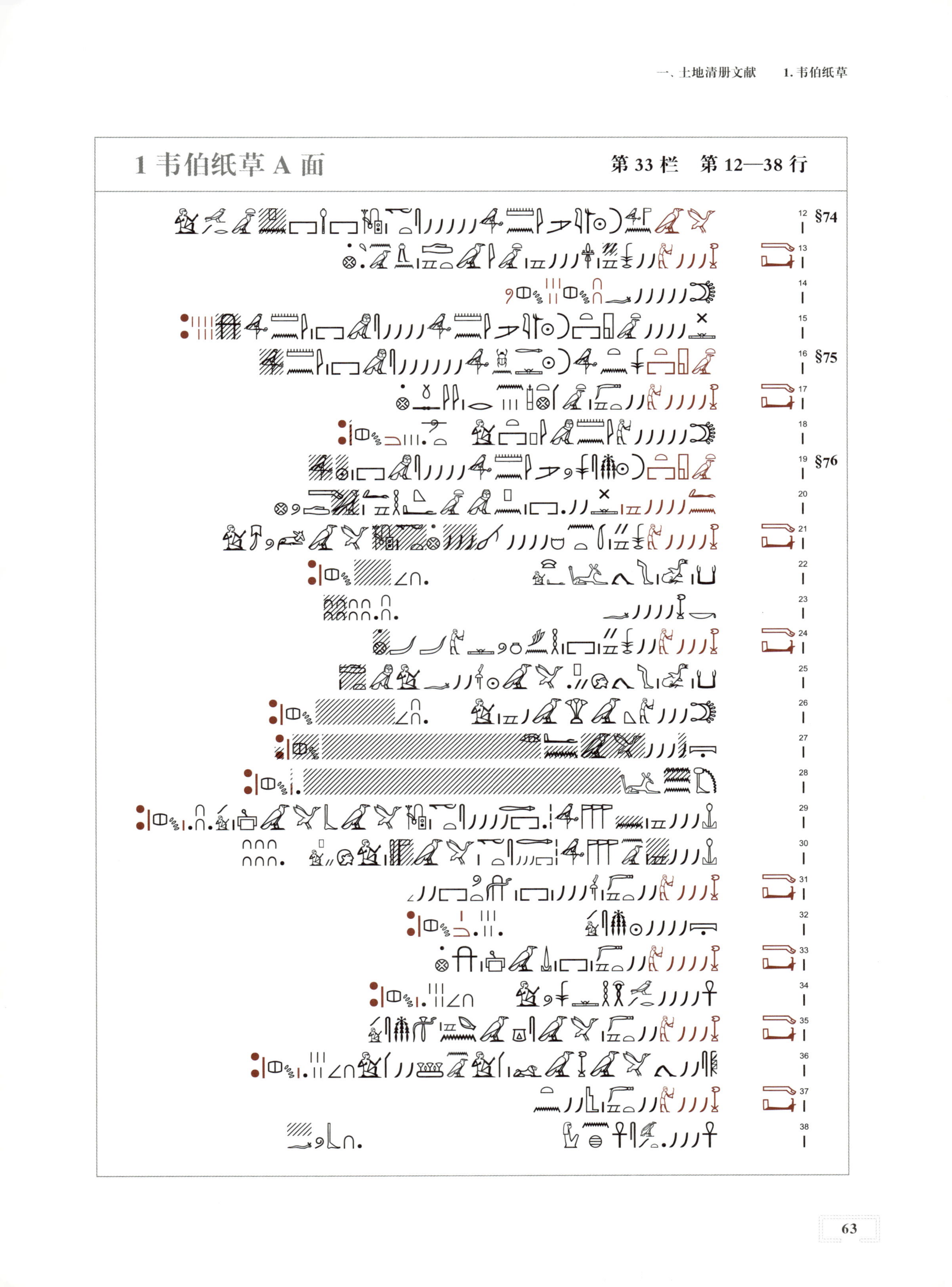

1 韦伯纸草 A 面

第 33 栏 第 12—38 行

12 §74
13
14
15
16 §75
17
18
19 §76
20
21
22
23
24
25
26
27
28
29
30
31
32
33
34
35
36
37
38

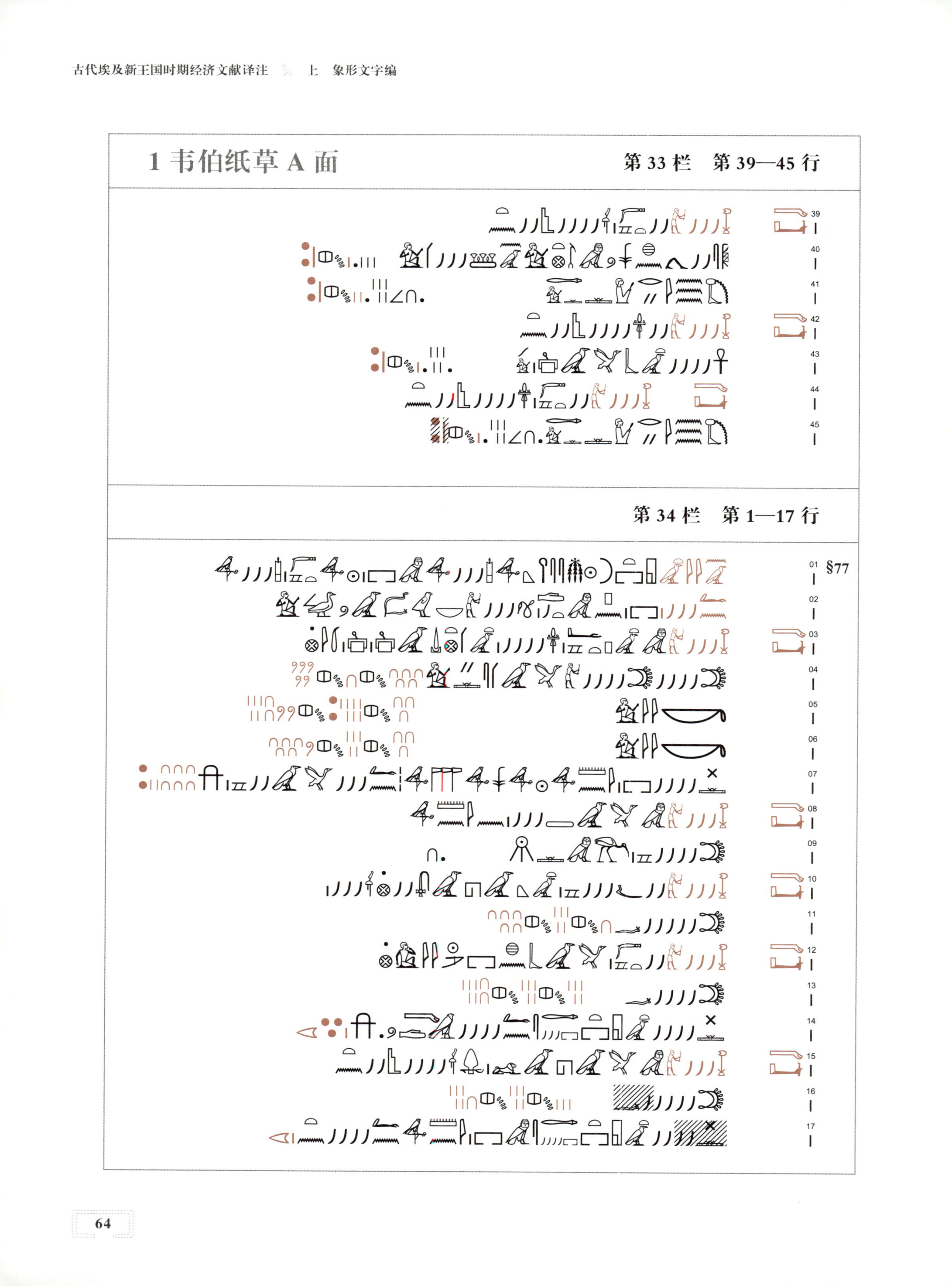

1 韦伯纸草 A 面

第 33 栏 第 39—45 行

39

40

41

42

43

44

45

第 34 栏 第 1—17 行

01 §77

02

03

04

05

06

07

08

09

10

11

12

13

14

15

16

17

1 韦伯纸草 A 面

第 34 栏　第 18—42 行

18

19

20

21 §78

22

23

24

25

26

27

28 §79

29

30

31

32

33

34

35

36

37

38

39

40

41

42

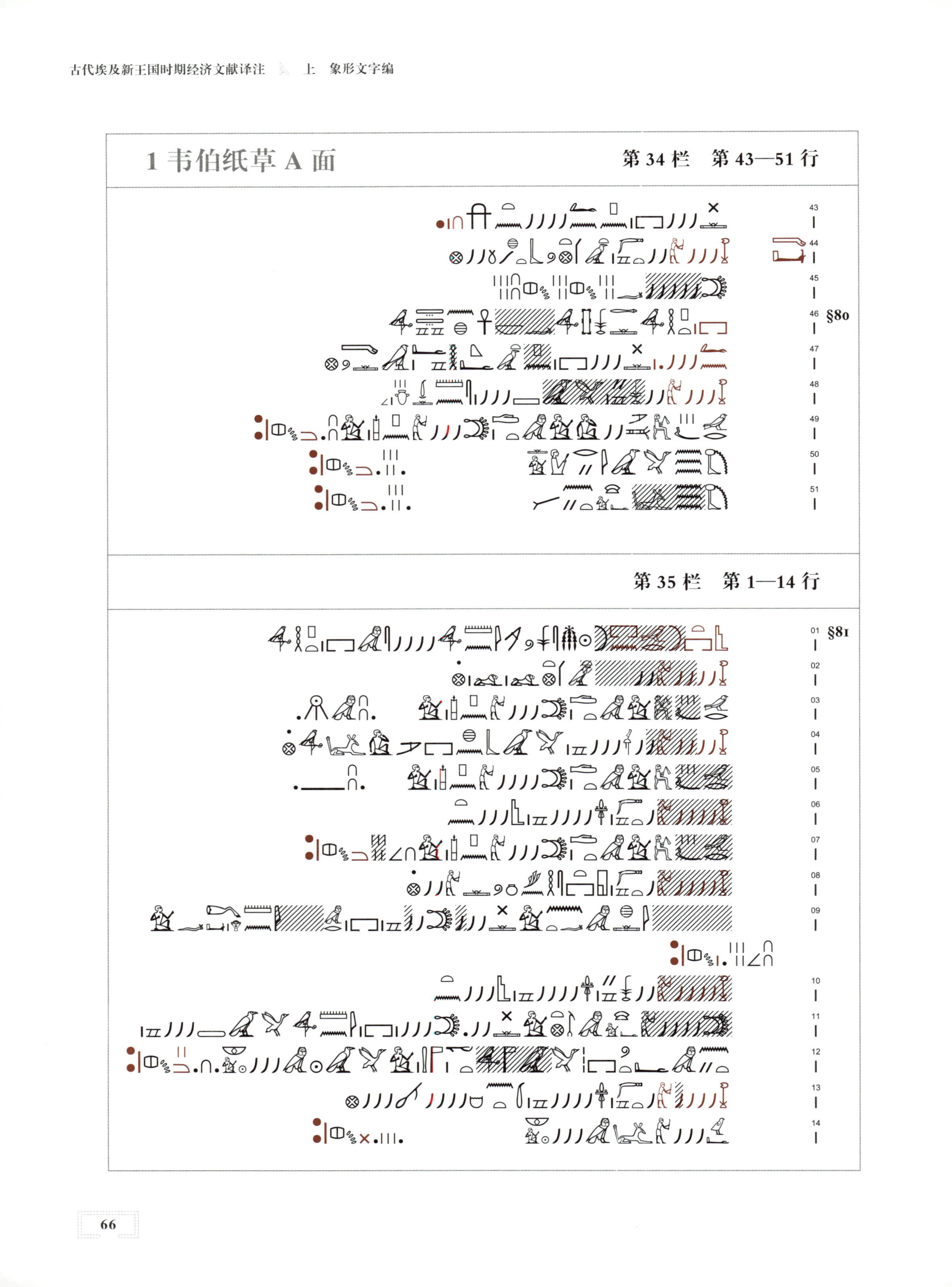

1 韦伯纸草 A 面

第 34 栏　第 43—51 行

43

44

45

46 §80

47

48

49

50

51

第 35 栏　第 1—14 行

01 §81

02

03

04

05

06

07

08

09

10

11

12

13

14

1 韦伯纸草 A 面　　第 35 栏　第 15—40 行

§82

§83

§84

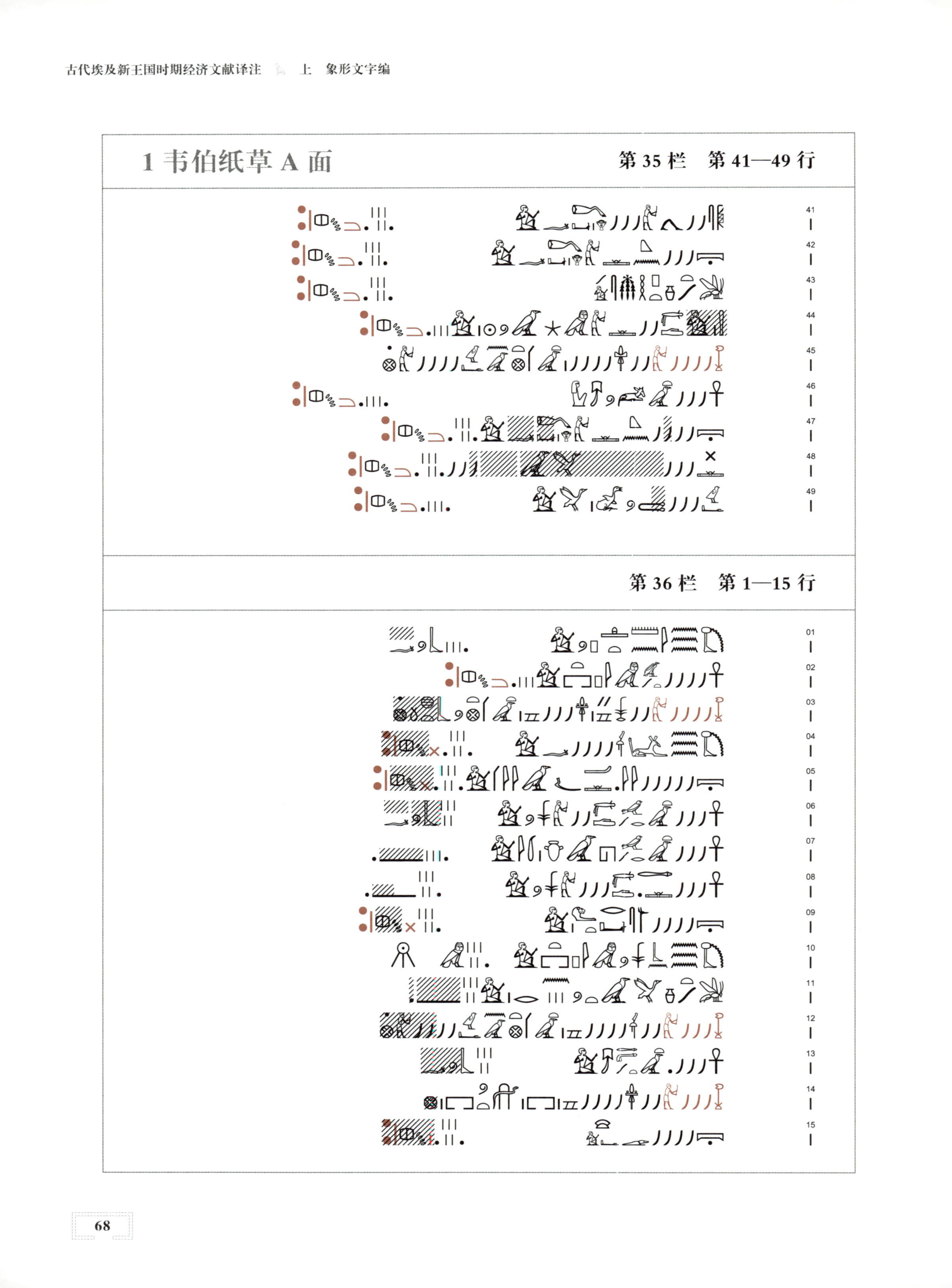

1 韦伯纸草 A 面

第 35 栏 第 41—49 行

41
42
43
44
45
46
47
48
49

第 36 栏 第 1—15 行

01
02
03
04
05
06
07
08
09
10
11
12
13
14
15

1 韦伯纸草 A 面

第 36 栏 第 16—41 行

16
17
18
19
20
21
22
23
24
25
26
27 §85
28
29
30
31
32
33
34 §86
35
36
37
38
39
40
41

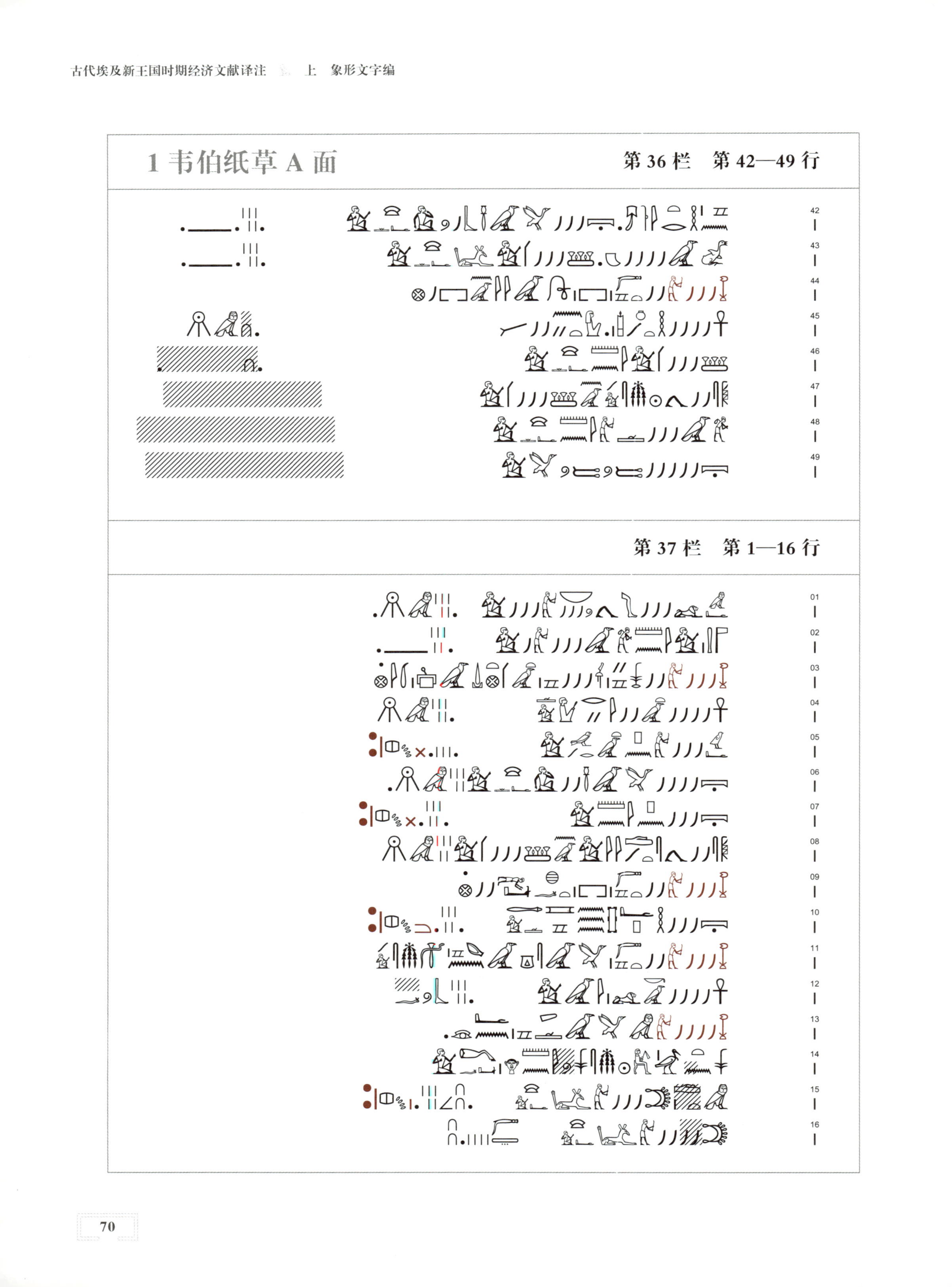

1 韦伯纸草 A 面

第 36 栏　第 42—49 行

第 37 栏　第 1—16 行

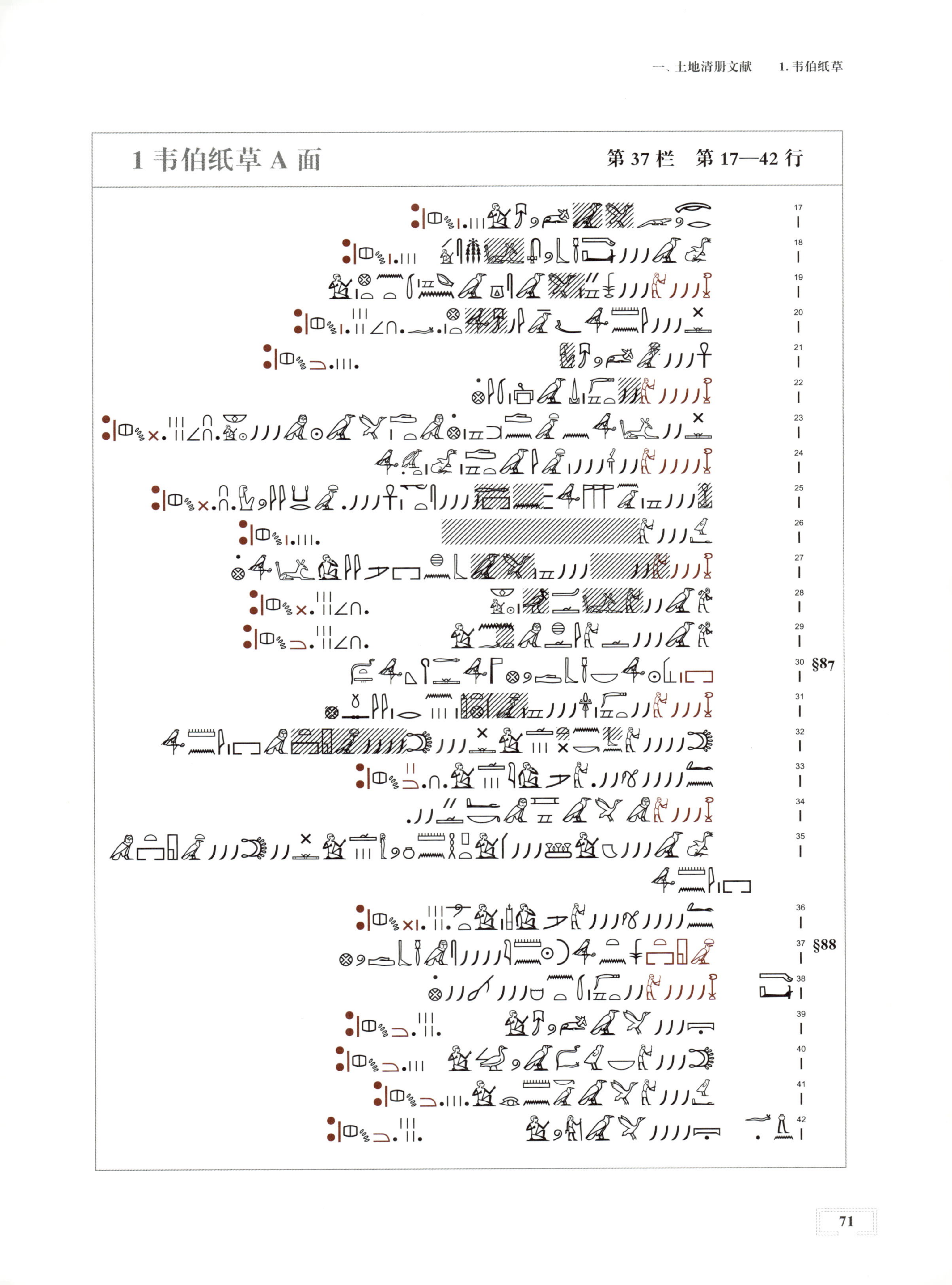

1 韦伯纸草 A 面

第 37 栏　第 17—42 行

17
18
19
20
21
22
23
24
25
26
27
28
29
30 §87
31
32
33
34
35
36
37 §88
38
39
40
41
42

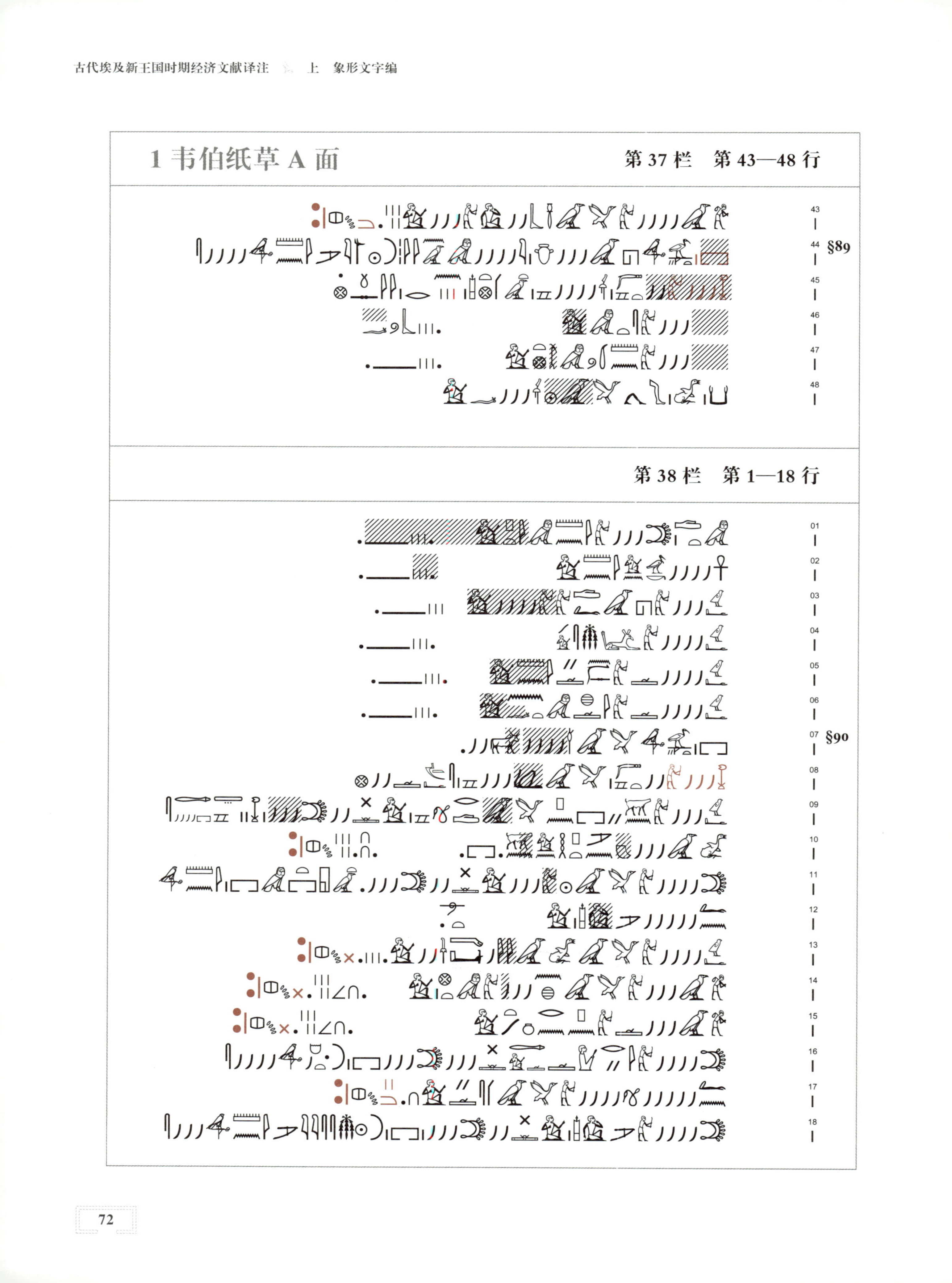

1 韦伯纸草 A 面

第 37 栏　第 43—48 行

43
44 §89
45
46
47
48

第 38 栏　第 1—18 行

01
02
03
04
05
06
07 §90
08
09
10
11
12
13
14
15
16
17
18

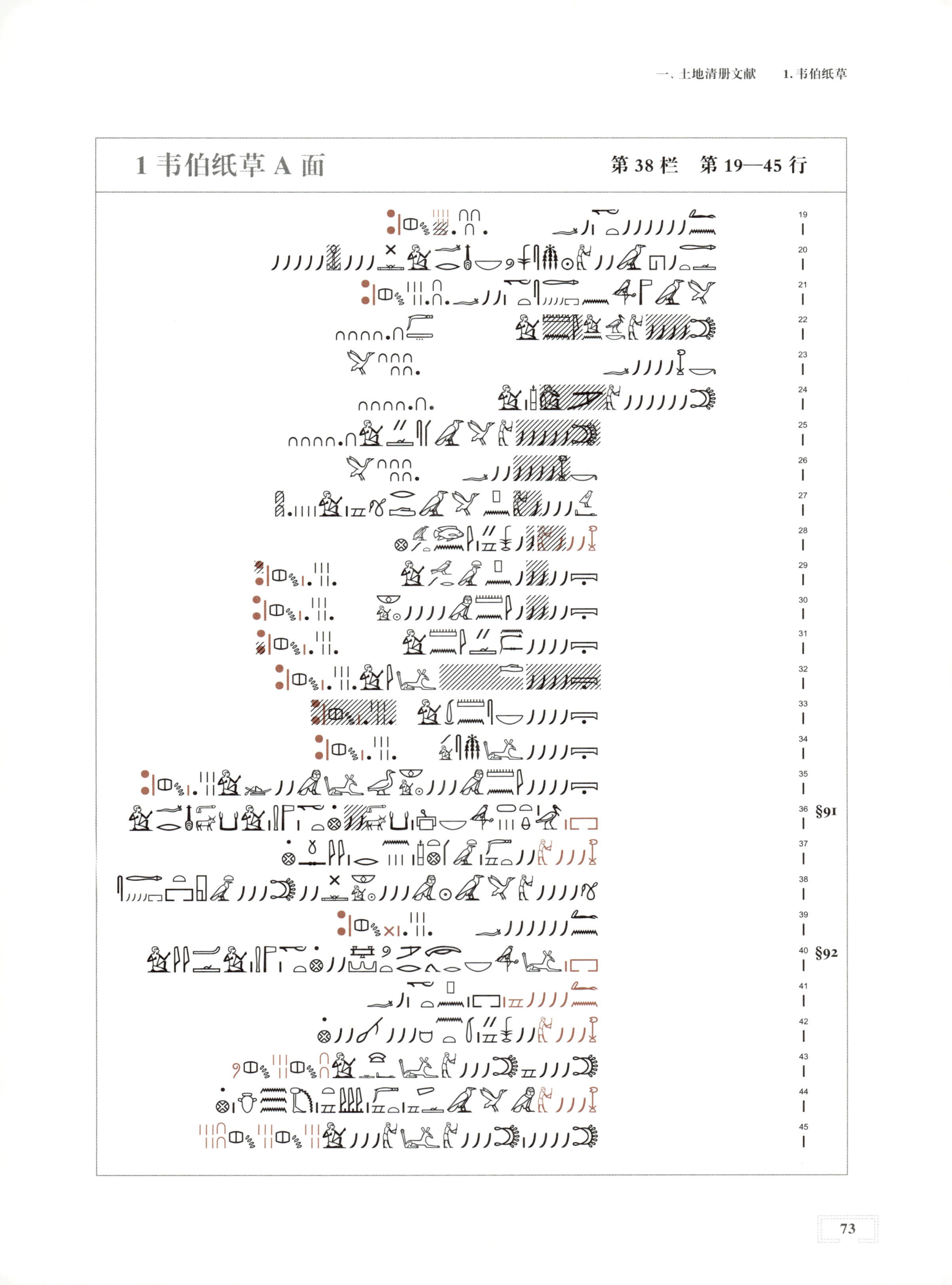

1 韦伯纸草 A 面　　第 38 栏　第 19—45 行

19
20
21
22
23
24
25
26
27
28
29
30
31
32
33
34
35
36 §91
37
38
39
40 §92
41
42
43
44
45

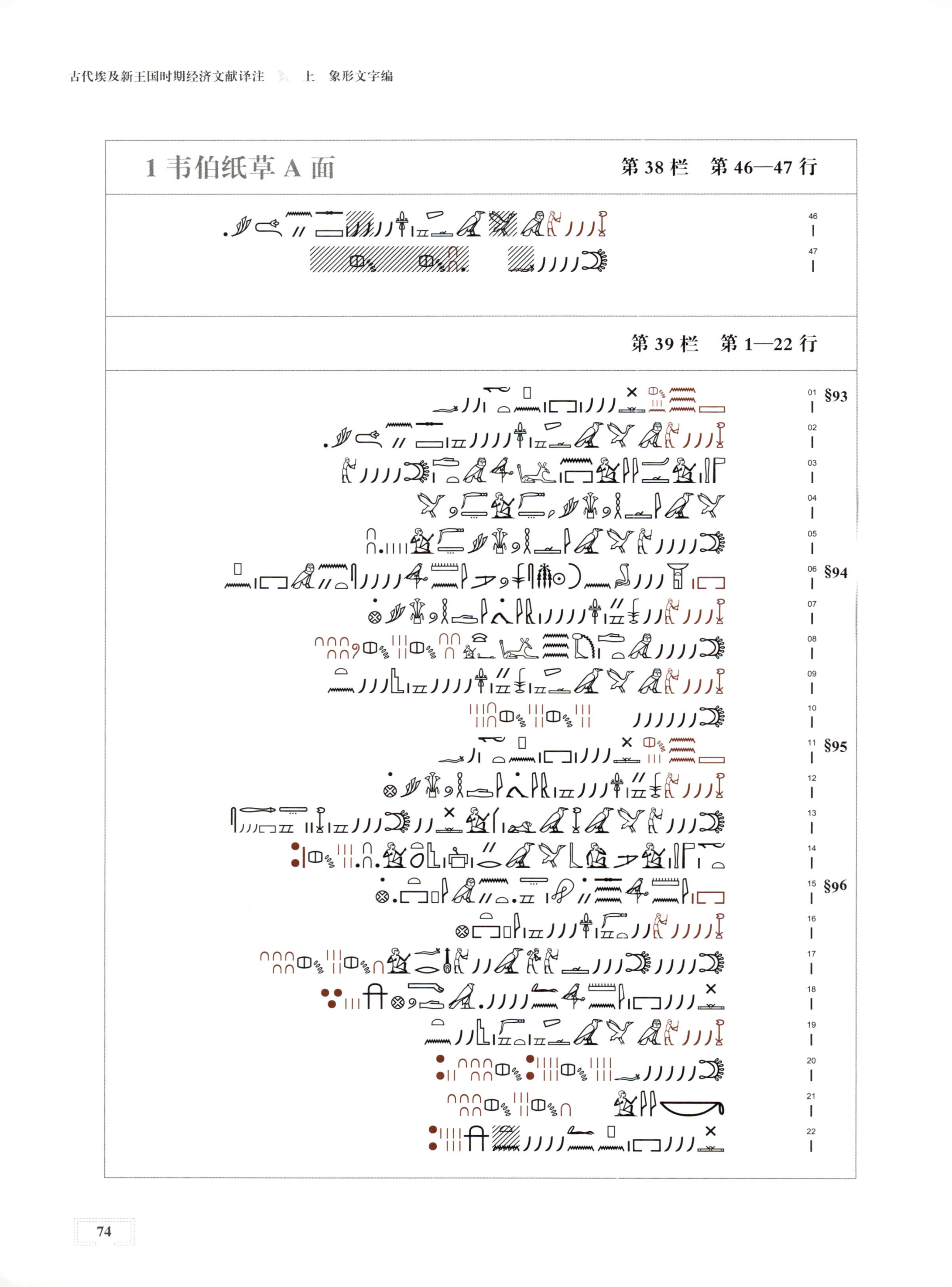

1 韦伯纸草A面

第38栏 第46—47行

46

47

第39栏 第1—22行

01 §93

02

03

04

05

06 §94

07

08

09

10

11 §95

12

13

14

15 §96

16

17

18

19

20

21

22

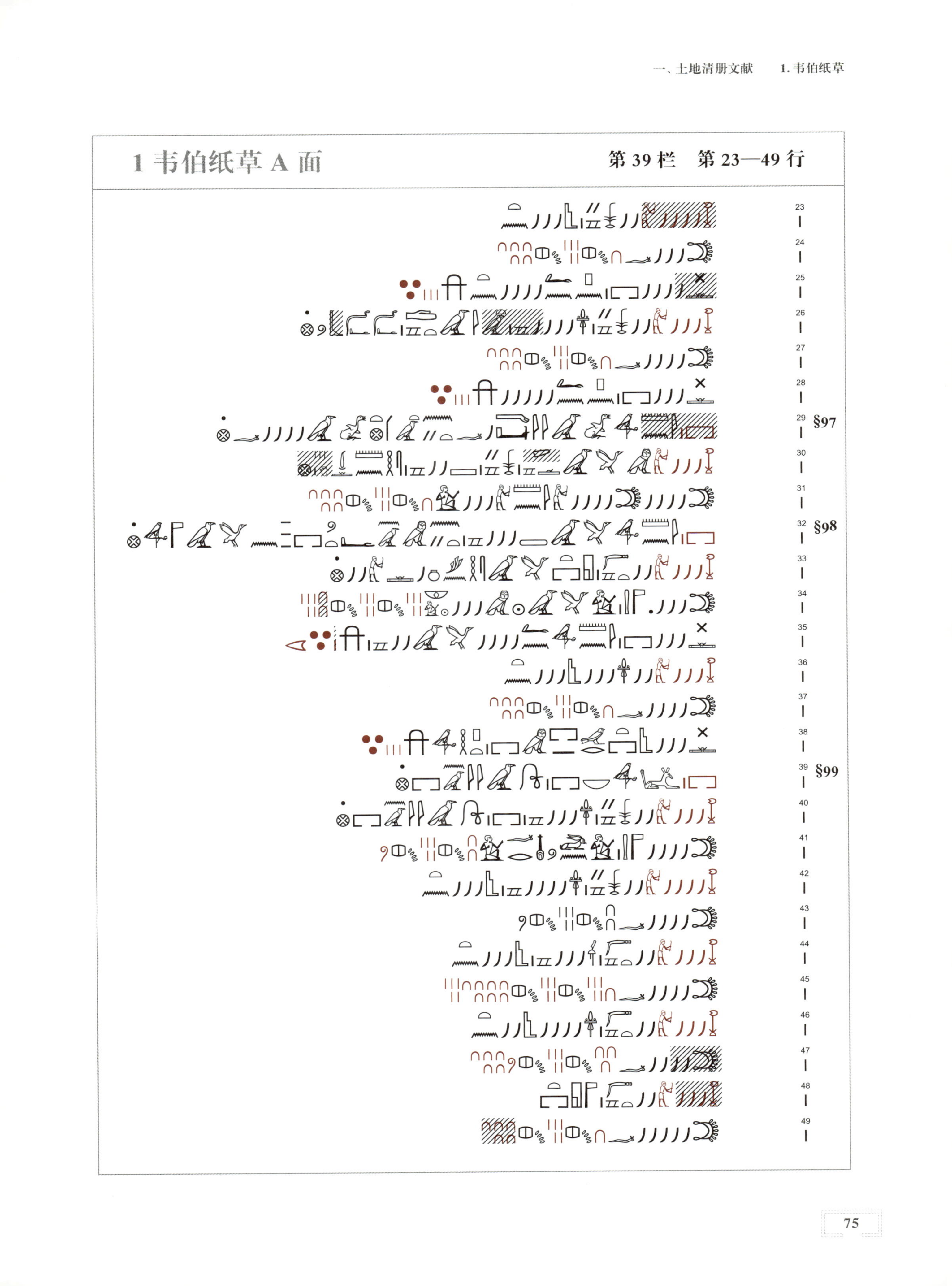

1 韦伯纸草 A 面

第 39 栏　第 23—49 行

§97

§98

§99

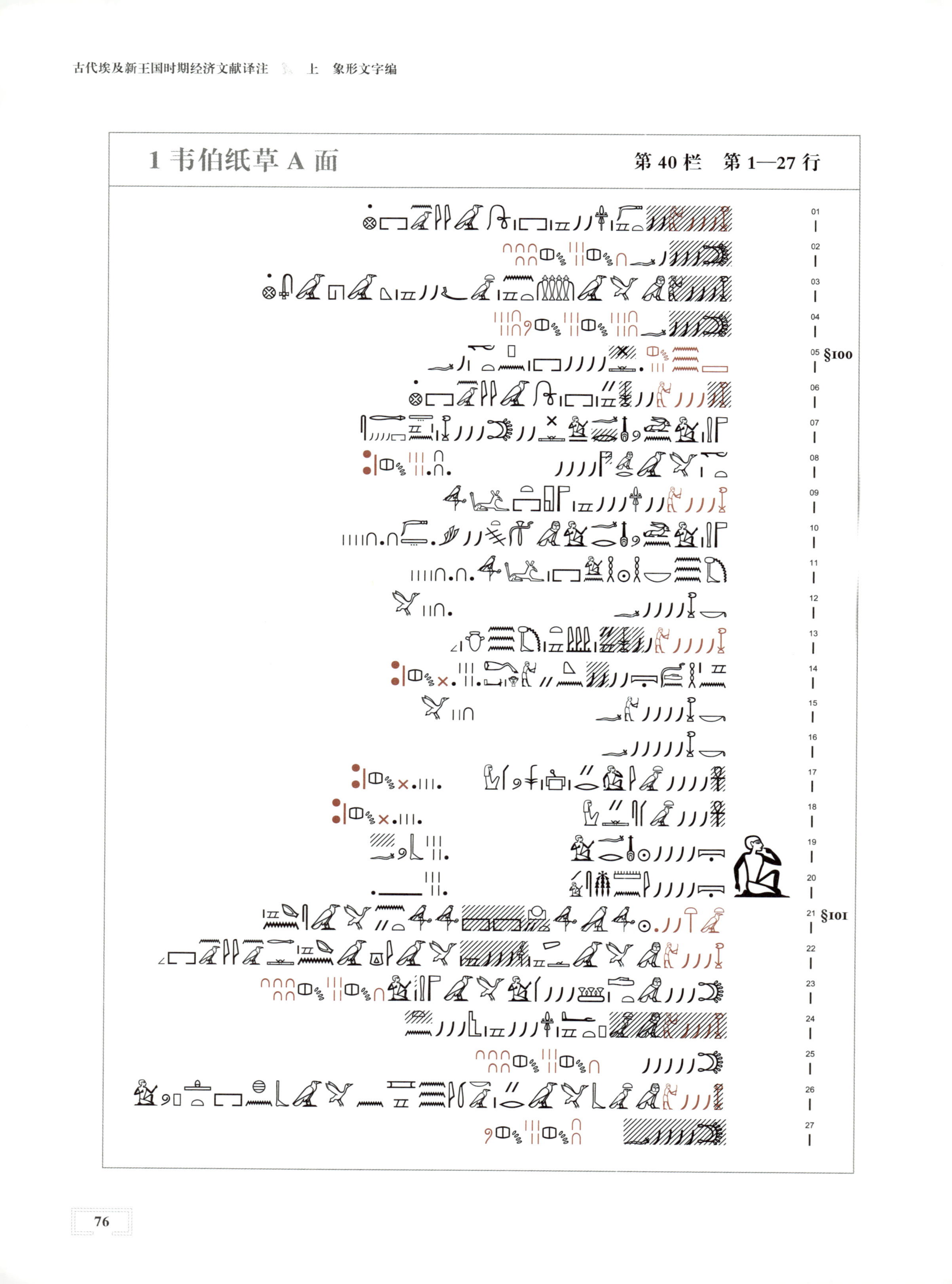

1 韦伯纸草 A 面　　第 40 栏　第 1—27 行

§100

§101

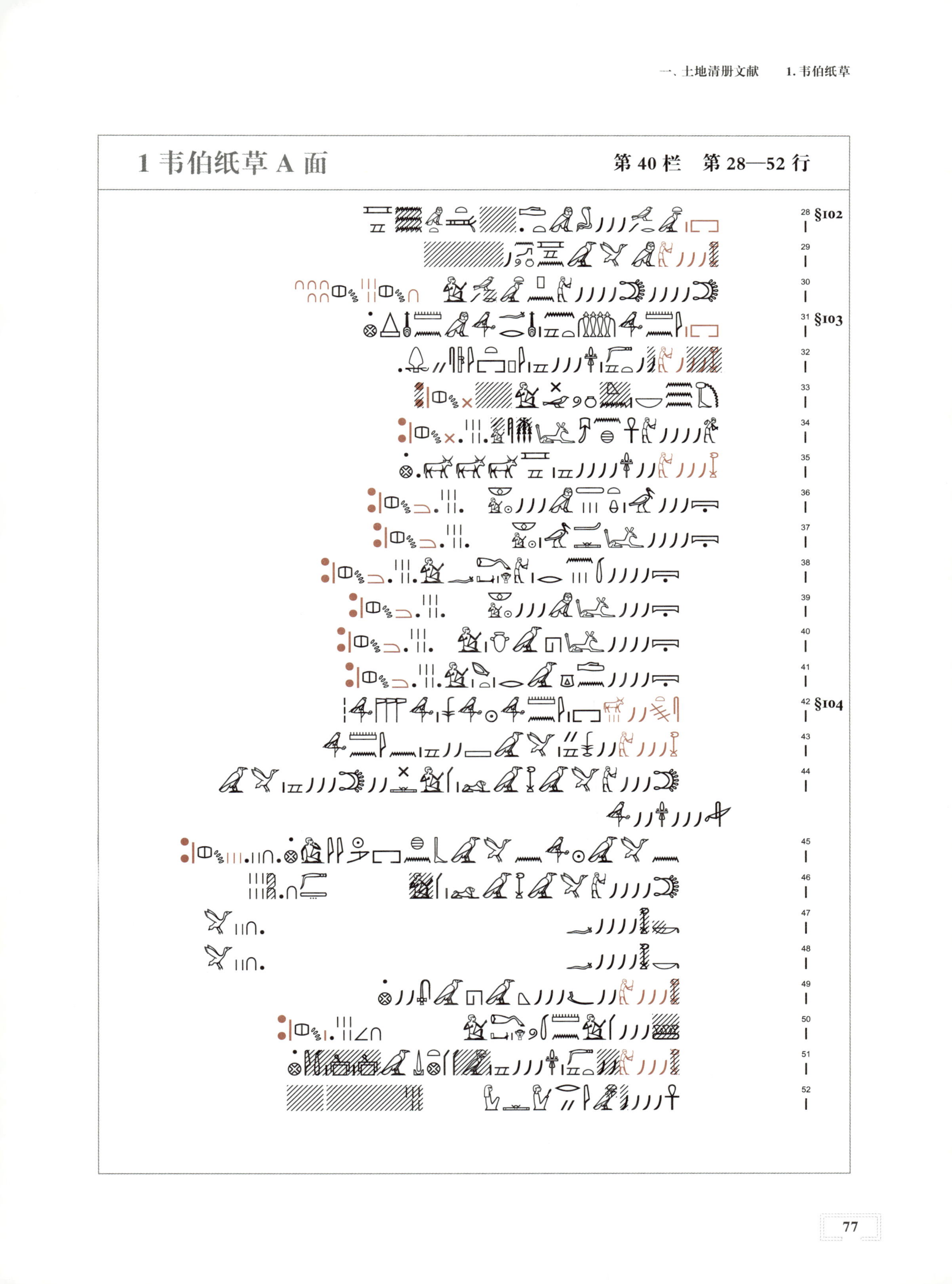

1 韦伯纸草 A 面　　第 40 栏　第 28—52 行

28 §102
29
30
31 §103
32
33
34
35
36
37
38
39
40
41
42 §104
43
44
45
46
47
48
49
50
51
52

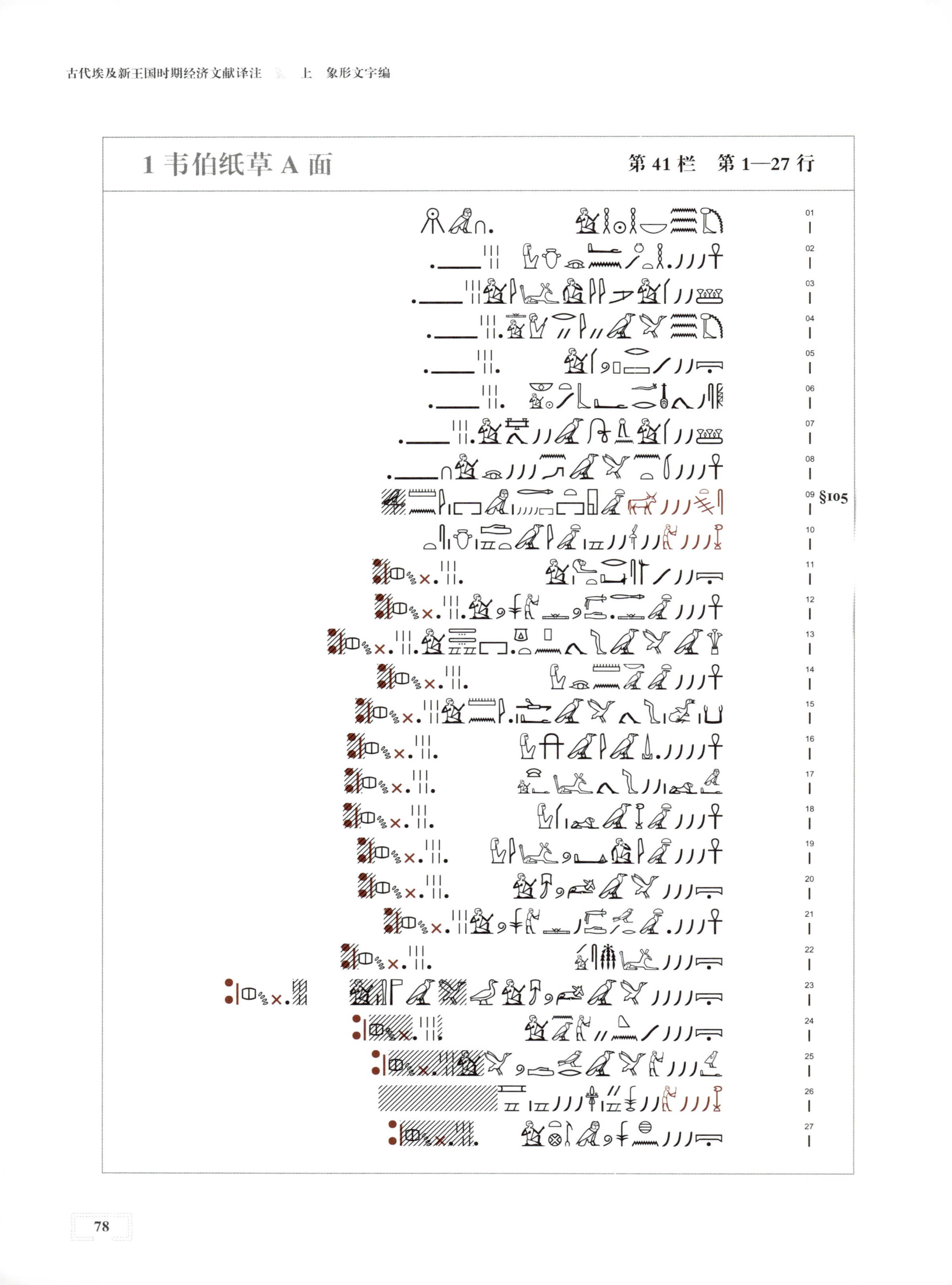

1 韦伯纸草 A 面

第 41 栏　第 1—27 行

01
02
03
04
05
06
07
08
09 §105
10
11
12
13
14
15
16
17
18
19
20
21
22
23
24
25
26
27

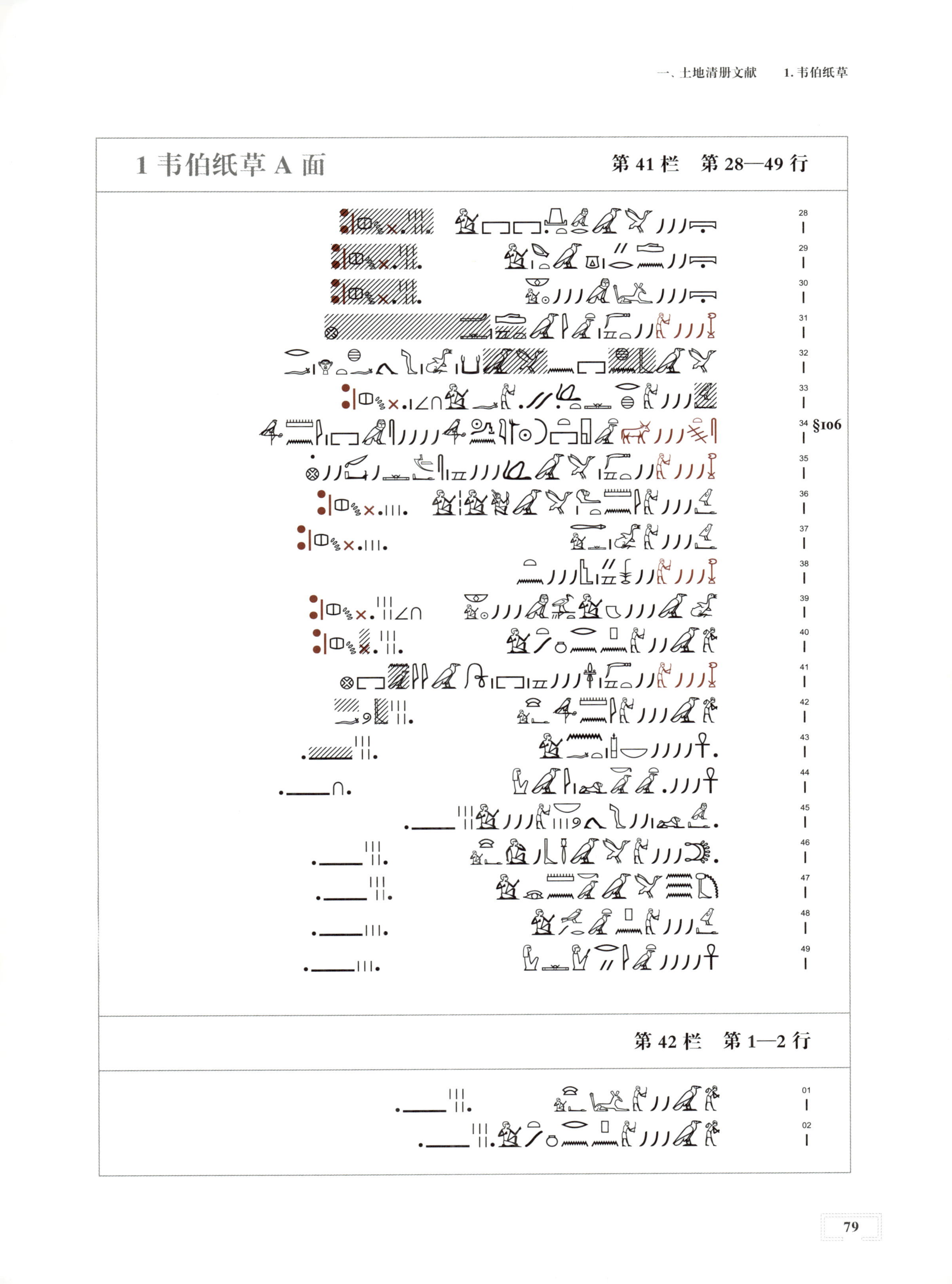

1 韦伯纸草 A 面

第 41 栏　第 28—49 行

28

29

30

31

32

33

34 §106

35

36

37

38

39

40

41

42

43

44

45

46

47

48

49

第 42 栏　第 1—2 行

01

02

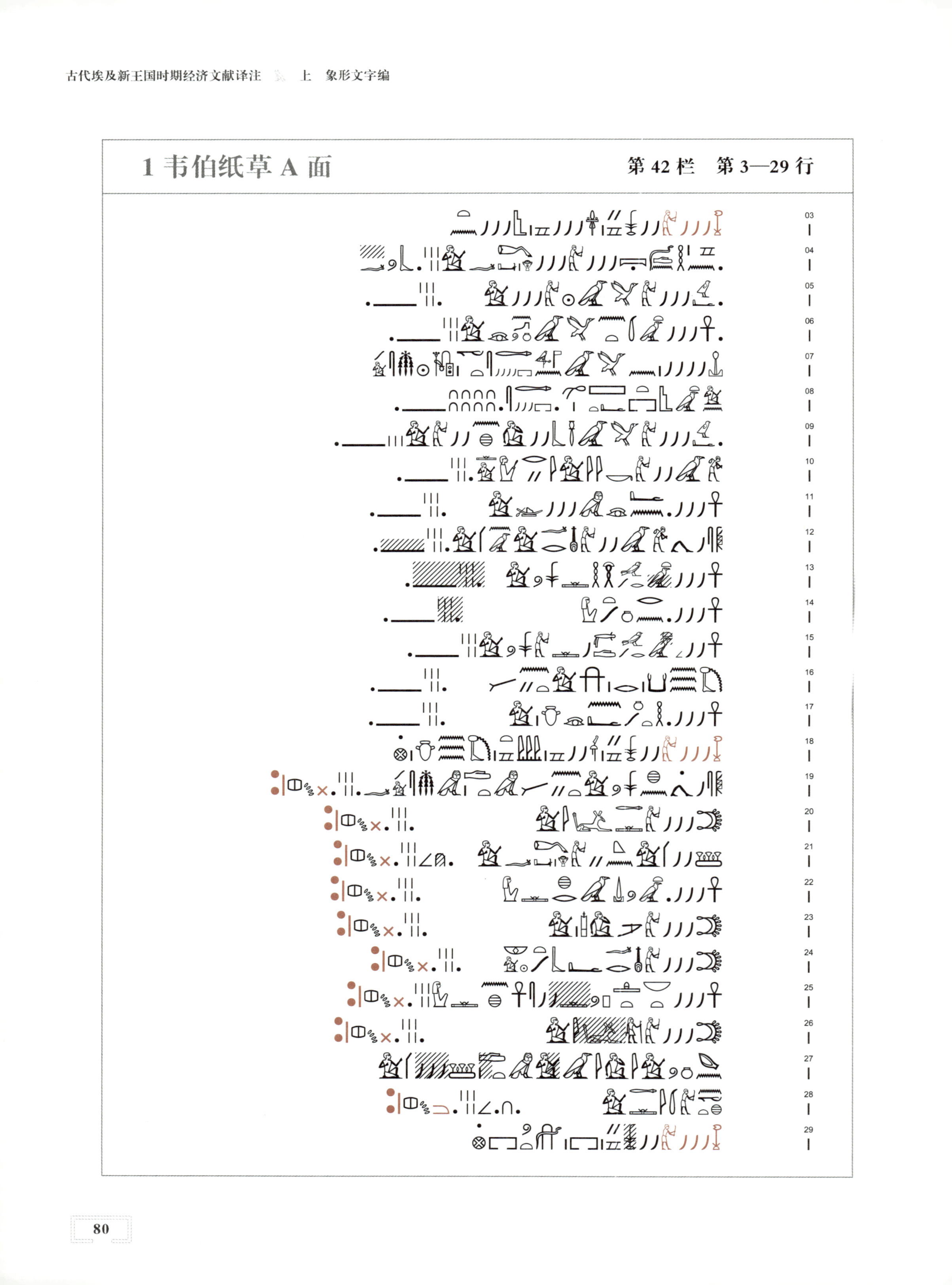

1 韦伯纸草 A 面　　第 42 栏　第 3—29 行

03

04

05

06

07

08

09

10

11

12

13

14

15

16

17

18

19

20

21

22

23

24

25

26

27

28

29

1 韦伯纸草 A 面

第 42 栏　第 30—43 行

30

31 §107

32

33

34

35

36 §108

37

38

39

40 §109

41

42

43

第 43 栏　第 1—8 行

01 §110

02

03

04

05 §111

06

07

08

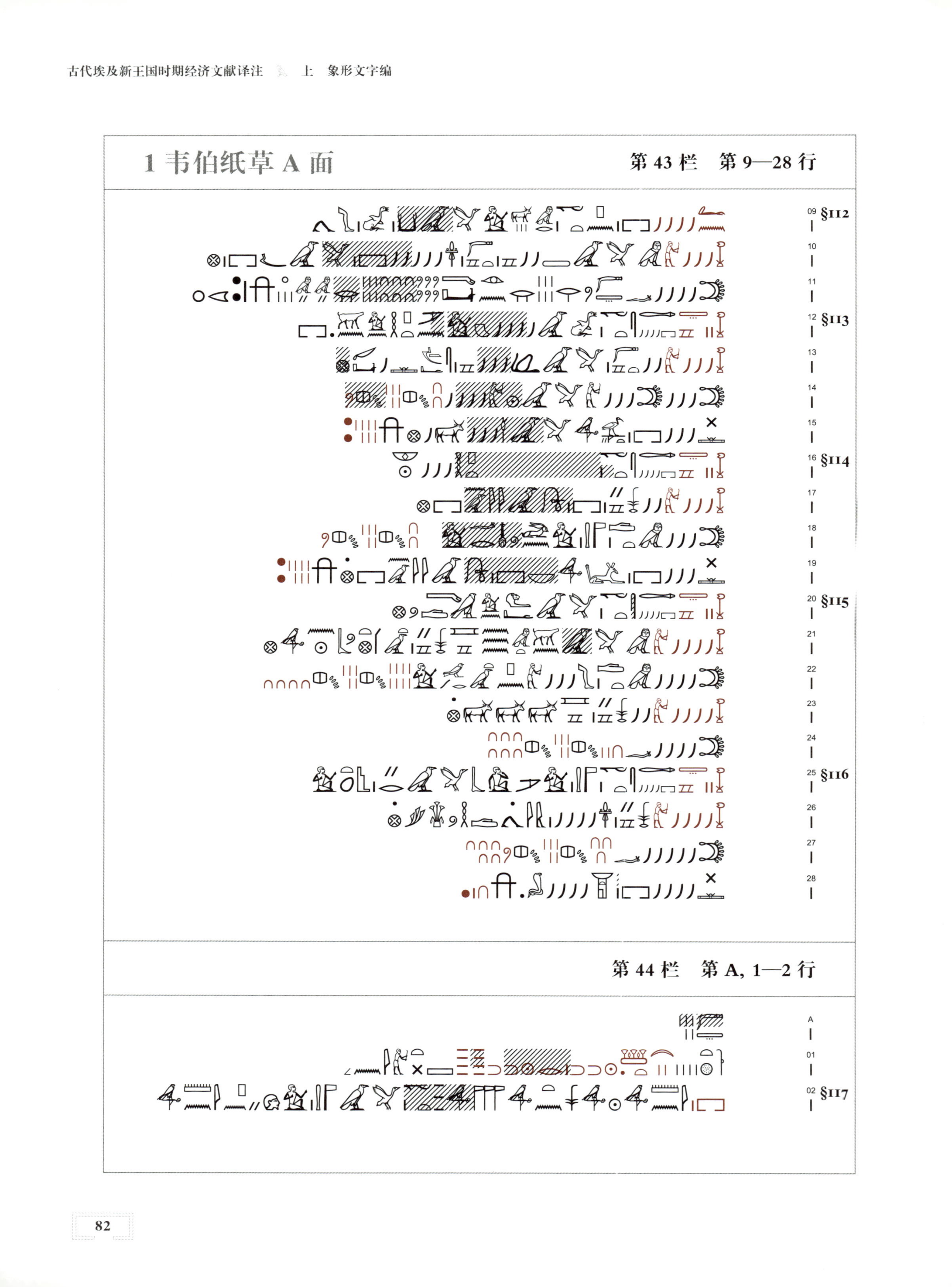

1 韦伯纸草 A 面

第 43 栏 第 9—28 行

09 §112

10

11

12 §113

13

14

15

16 §114

17

18

19

20 §115

21

22

23

24

25 §116

26

27

28

第 44 栏 第 A, 1—2 行

A

01

02 §117

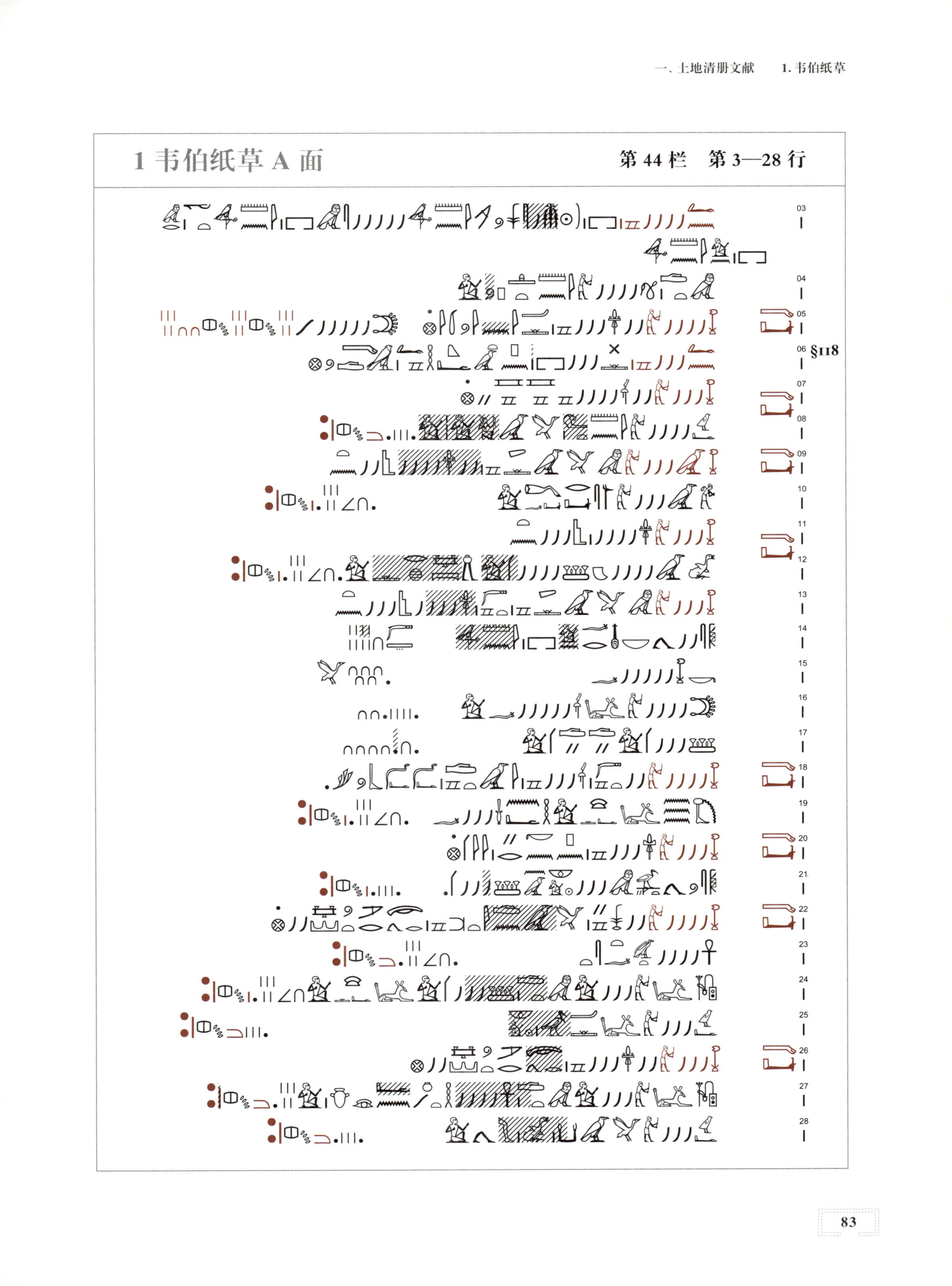

1 韦伯纸草 A 面

第 44 栏 第 3—28 行

§118

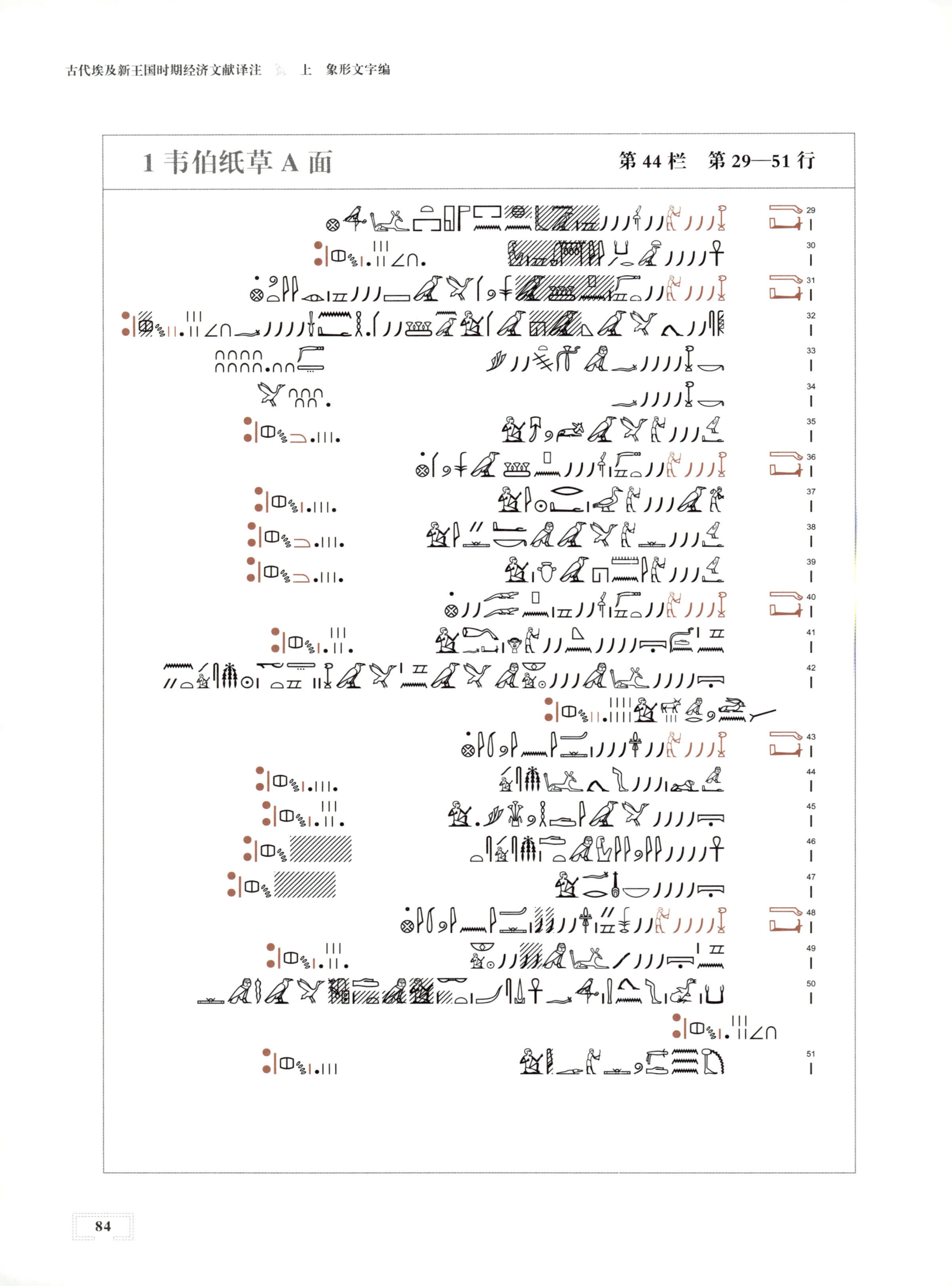

1 韦伯纸草 A 面

第 44 栏 第 29—51 行

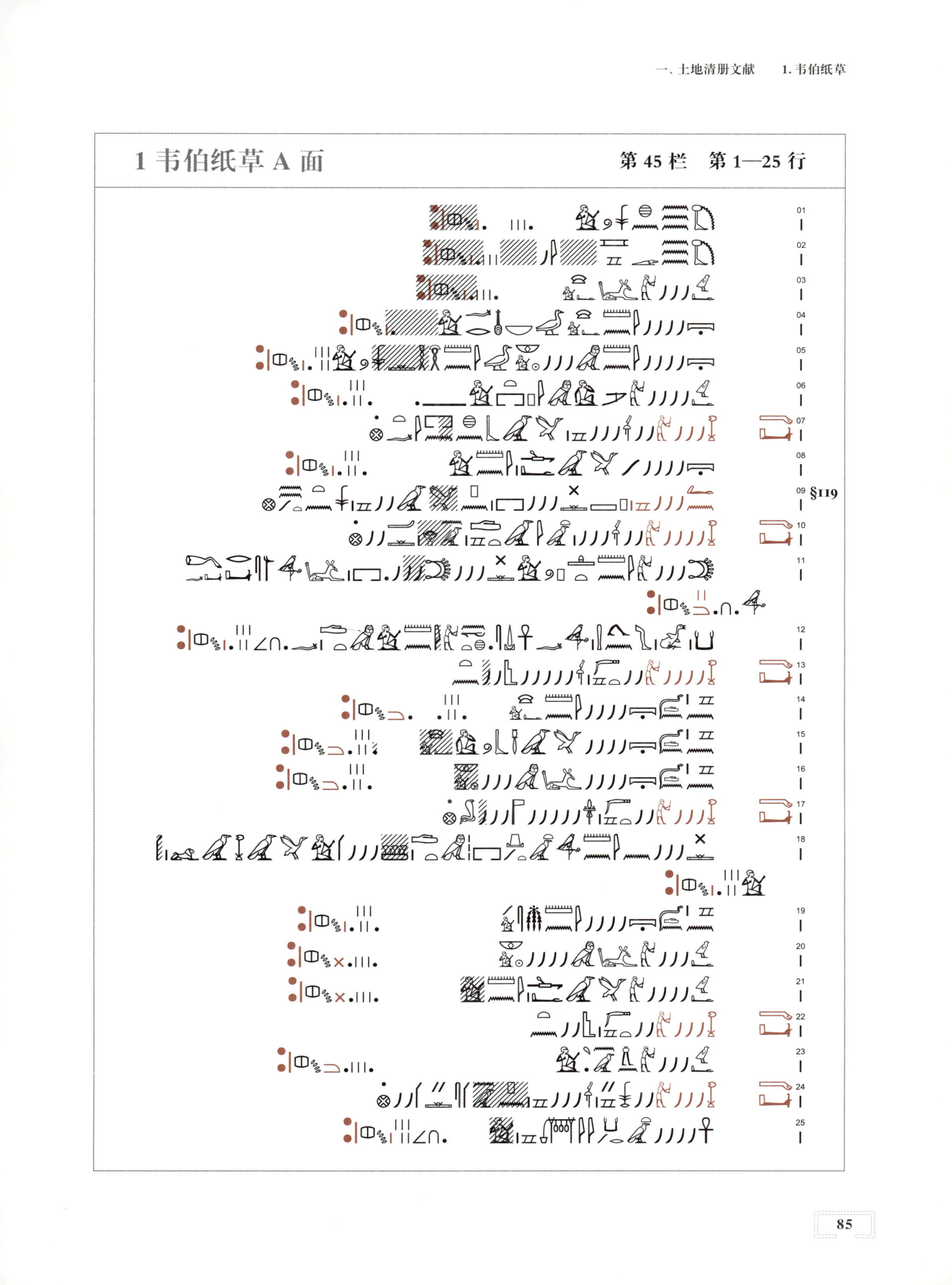

1 韦伯纸草 A 面

第 45 栏　第 1—25 行

01
02
03
04
05
06
07
08
09 §119
10
11
12
13
14
15
16
17
18
19
20
21
22
23
24
25

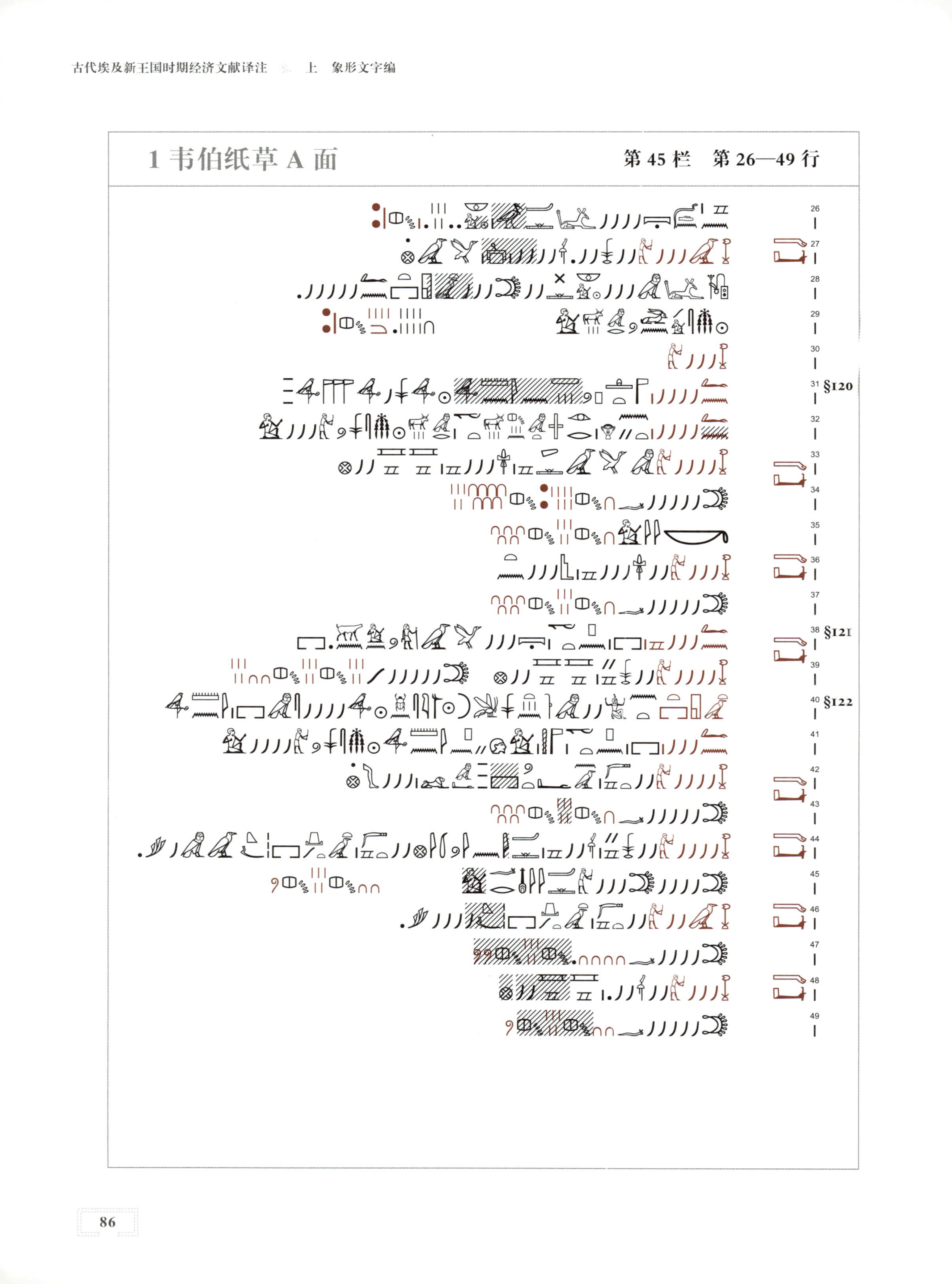

1 韦伯纸草 A 面

第 45 栏　第 26—49 行

26

27

28

29

30

31 §120

32

33

34

35

36

37

38 §121

39

40 §122

41

42

43

44

45

46

47

48

49

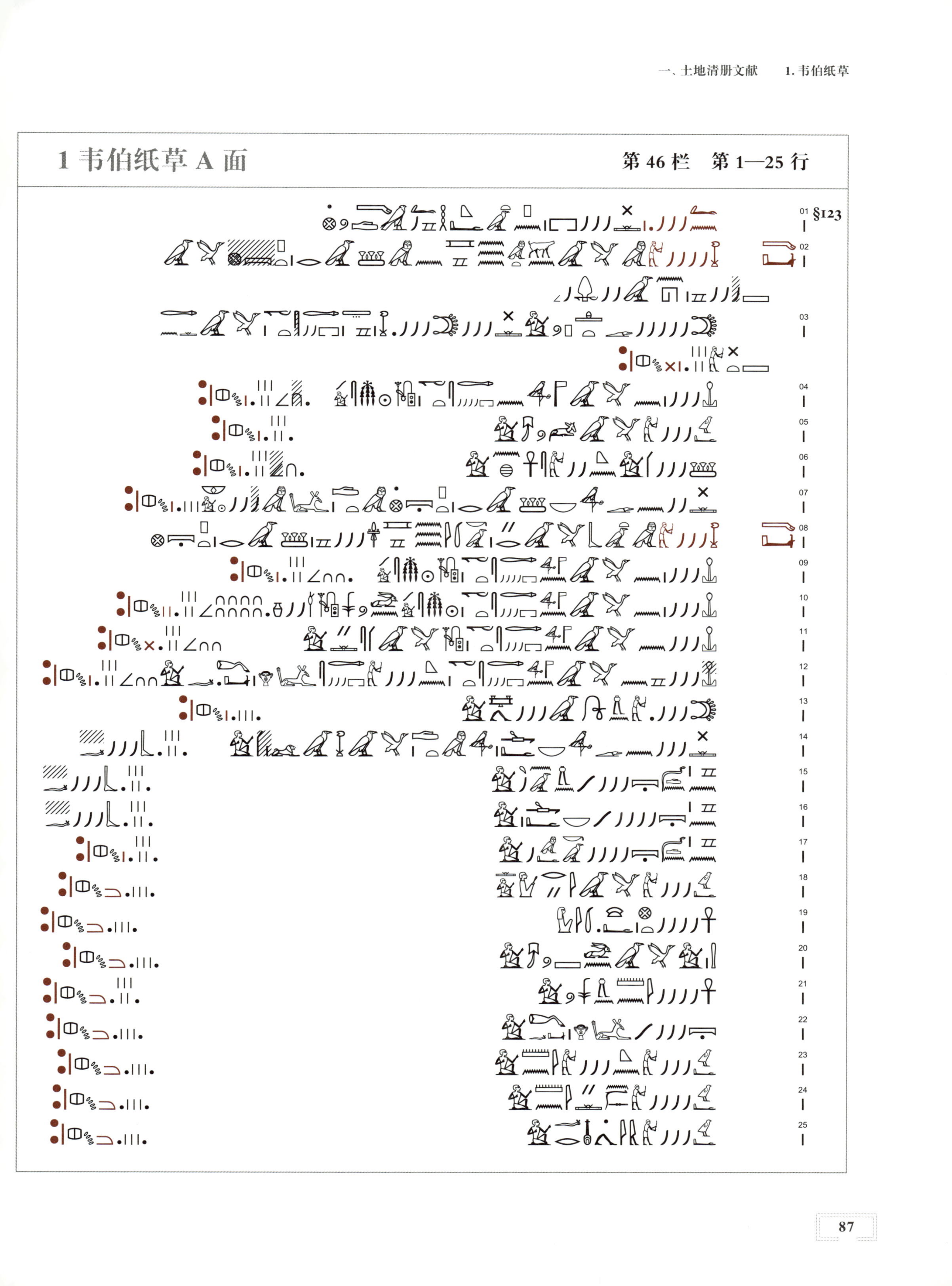

1 韦伯纸草 A 面　　第 46 栏　第 1—25 行

§123

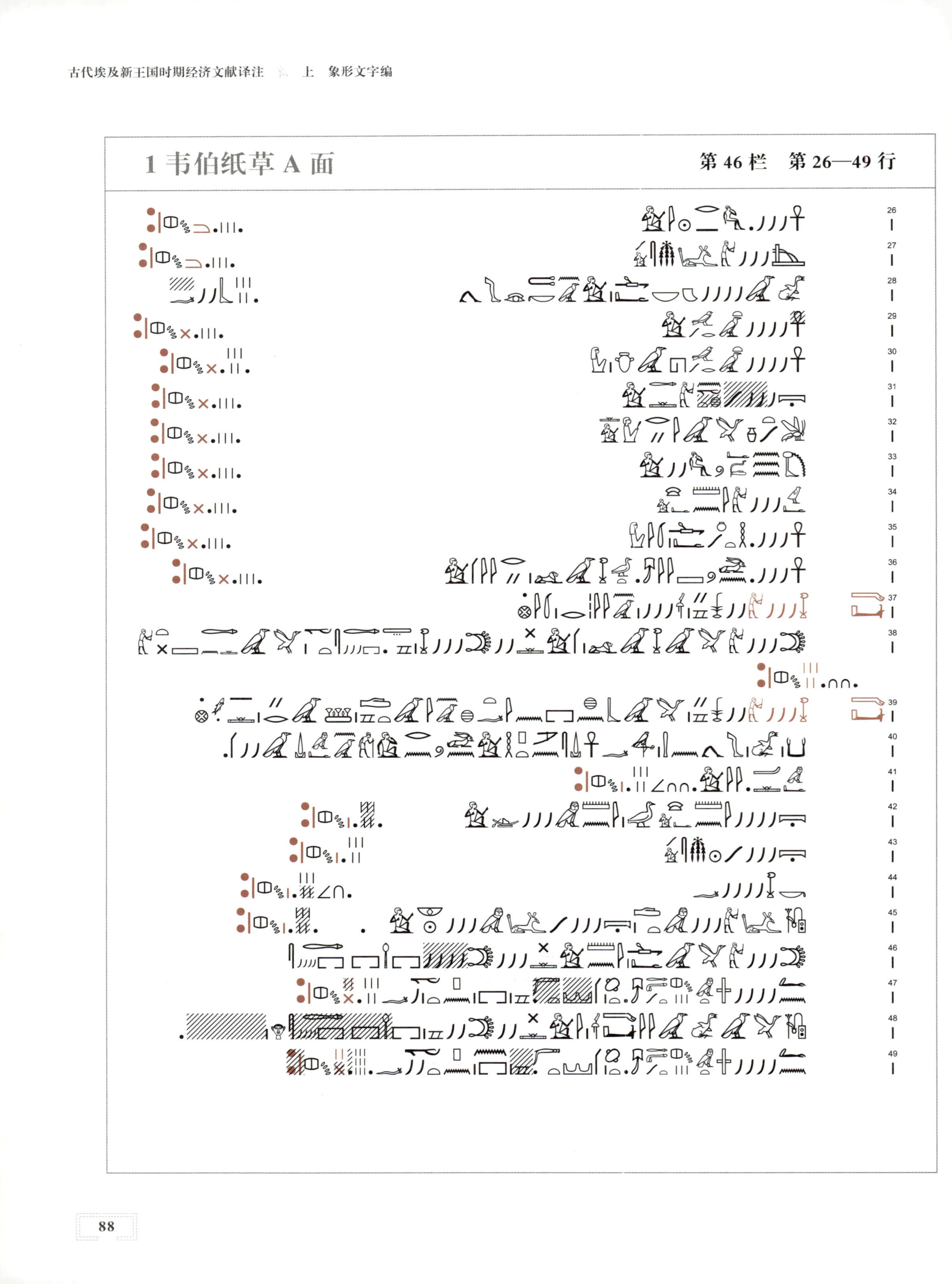

1 韦伯纸草 A 面　　第 46 栏　第 26—49 行

26
27
28
29
30
31
32
33
34
35
36
37
38
39
40
41
42
43
44
45
46
47
48
49

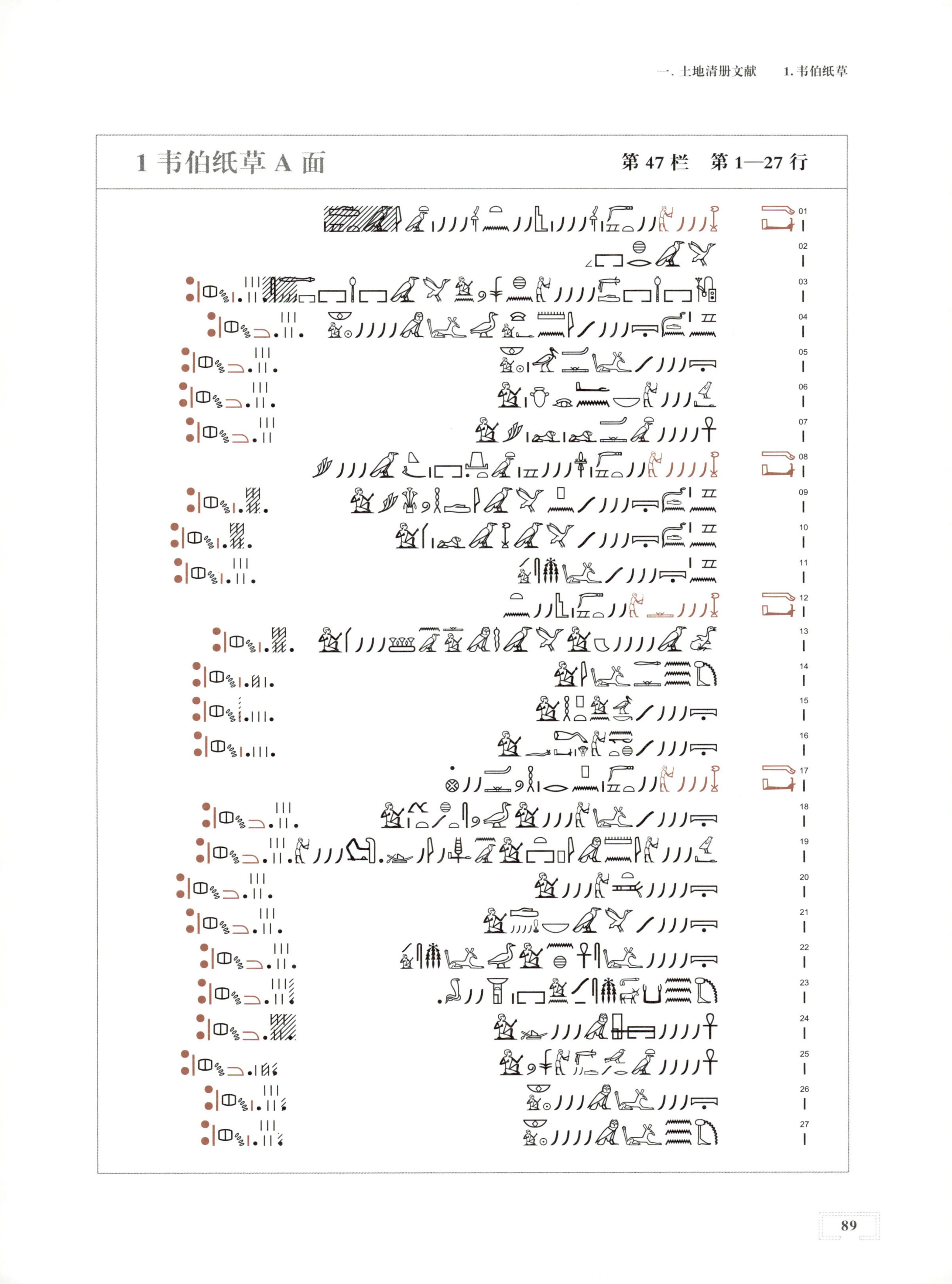

1 韦伯纸草 A 面

第 47 栏　第 1—27 行

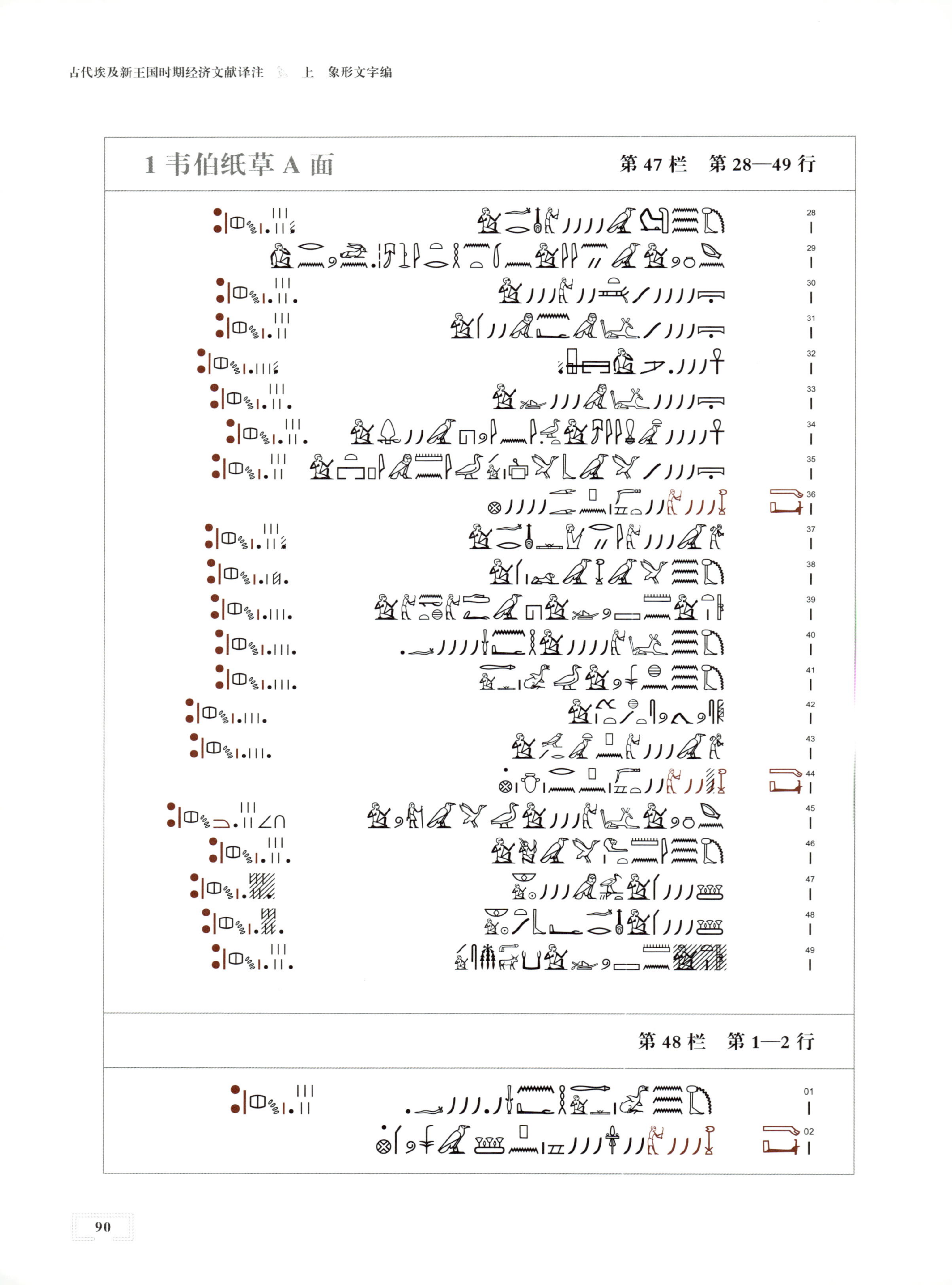

1 韦伯纸草 A 面

第 47 栏 第 28—49 行

28
29
30
31
32
33
34
35
36
37
38
39
40
41
42
43
44
45
46
47
48
49

第 48 栏 第 1—2 行

01
02

1 韦伯纸草 A 面

第 48 栏　第 3—28 行

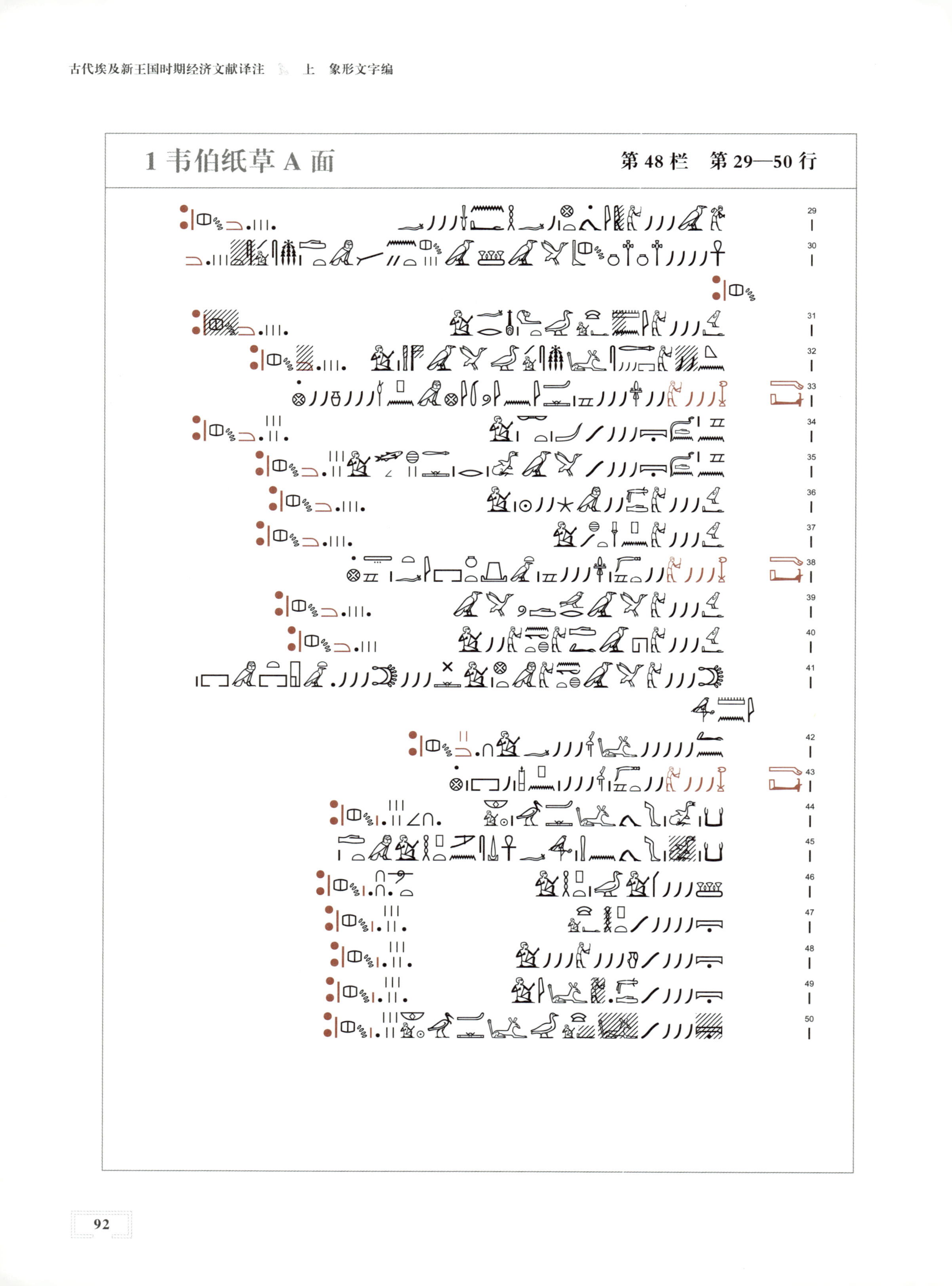

1 韦伯纸草 A 面

第 48 栏 第 29—50 行

29
30
31
32
33
34
35
36
37
38
39
40
41
42
43
44
45
46
47
48
49
50

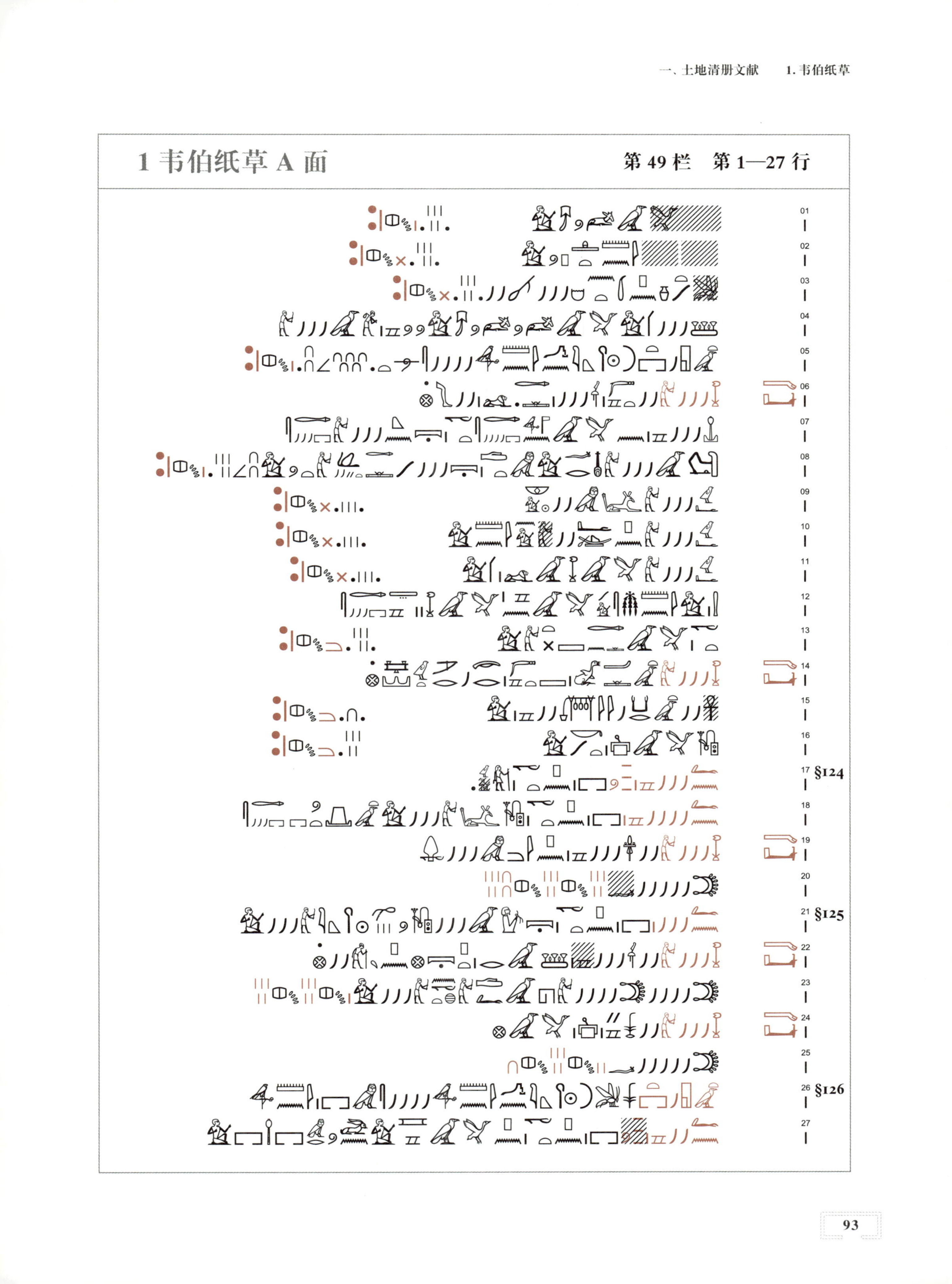

1 韦伯纸草 A 面

第 49 栏　第 1—27 行

01

02

03

04

05

06

07

08

09

10

11

12

13

14

15

16

17 §124

18

19

20

21 §125

22

23

24

25

26 §126

27

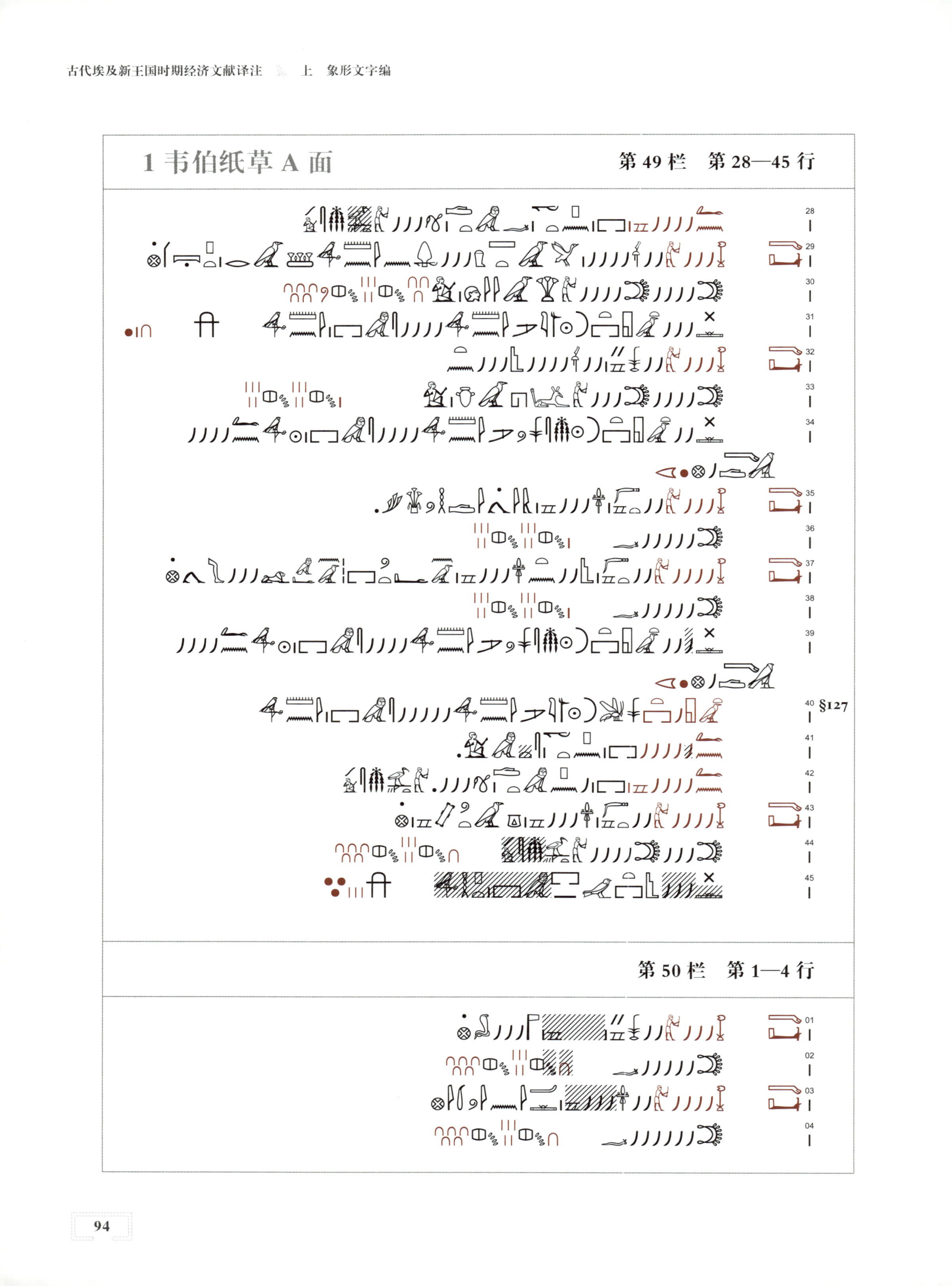

1 韦伯纸草 A 面

第 49 栏 第 28—45 行

28
29
30
31
32
33
34
35
36
37
38
39
40 §127
41
42
43
44
45

第 50 栏 第 1—4 行

01
02
03
04

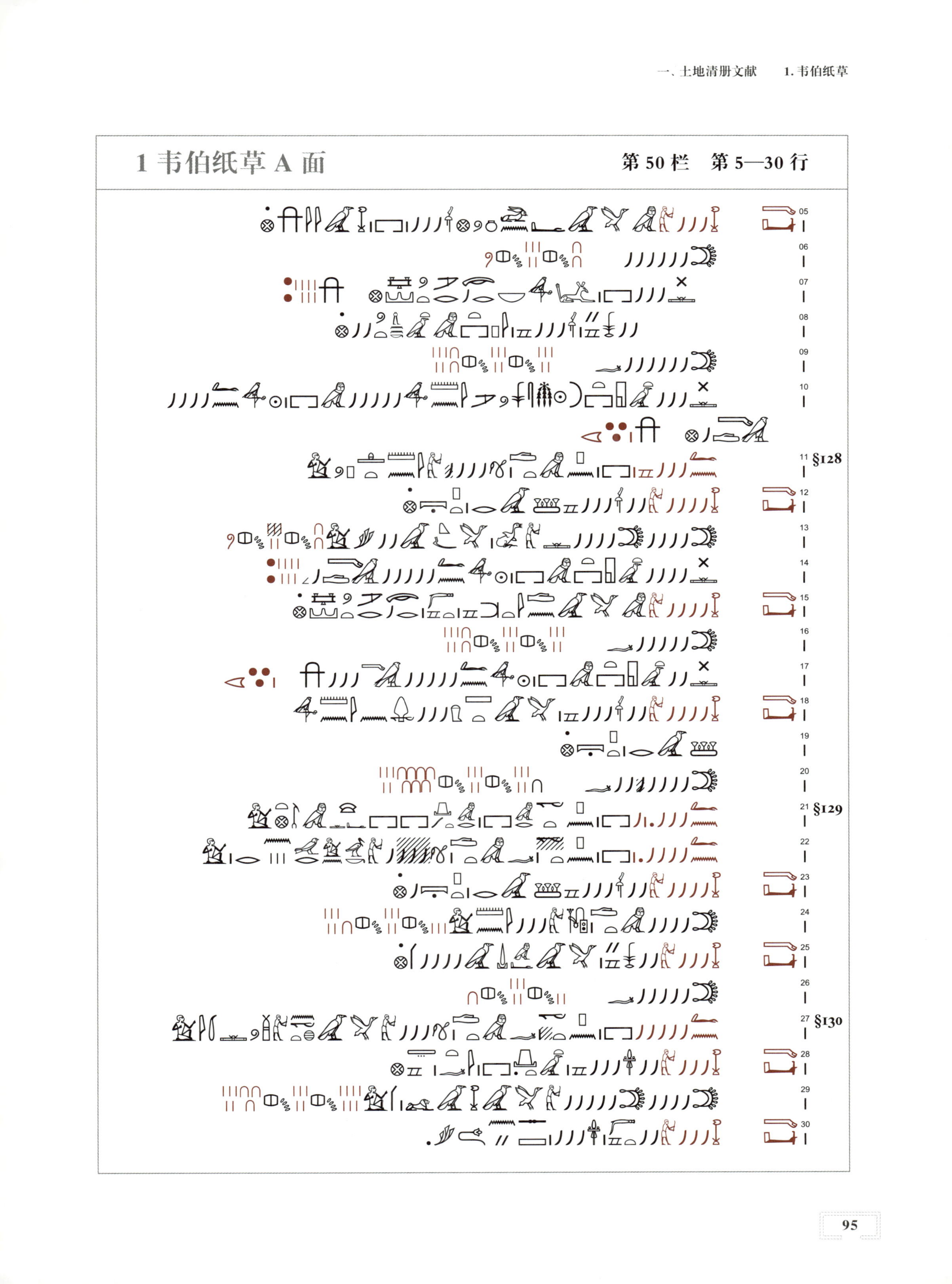

1 韦伯纸草 A 面　　第 50 栏　第 5—30 行

05

06

07

08

09

10

11 §128

12

13

14

15

16

17

18

19

20

21 §129

22

23

24

25

26

27 §130

28

29

30

1 韦伯纸草 A 面

第 50 栏 第 31—43 行

31

32 §131

33

34

35

36

37

38

39

40

41

42

43

第 51 栏 第 1—11 行

01

02

03

04

05

06 §132

07

08

09

10

11

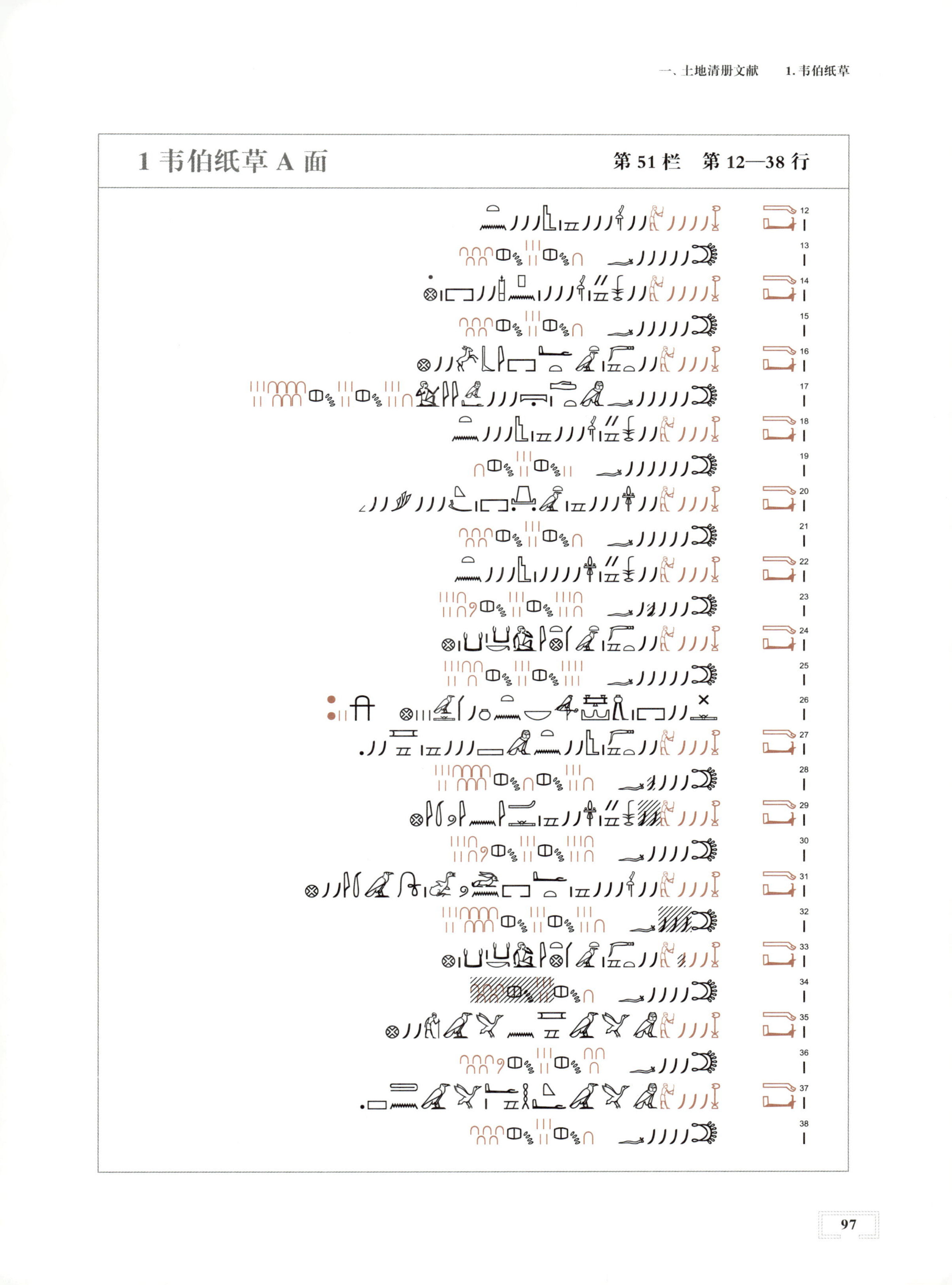

1 韦伯纸草 A 面　　第 51 栏　第 12—38 行

12
13
14
15
16
17
18
19
20
21
22
23
24
25
26
27
28
29
30
31
32
33
34
35
36
37
38

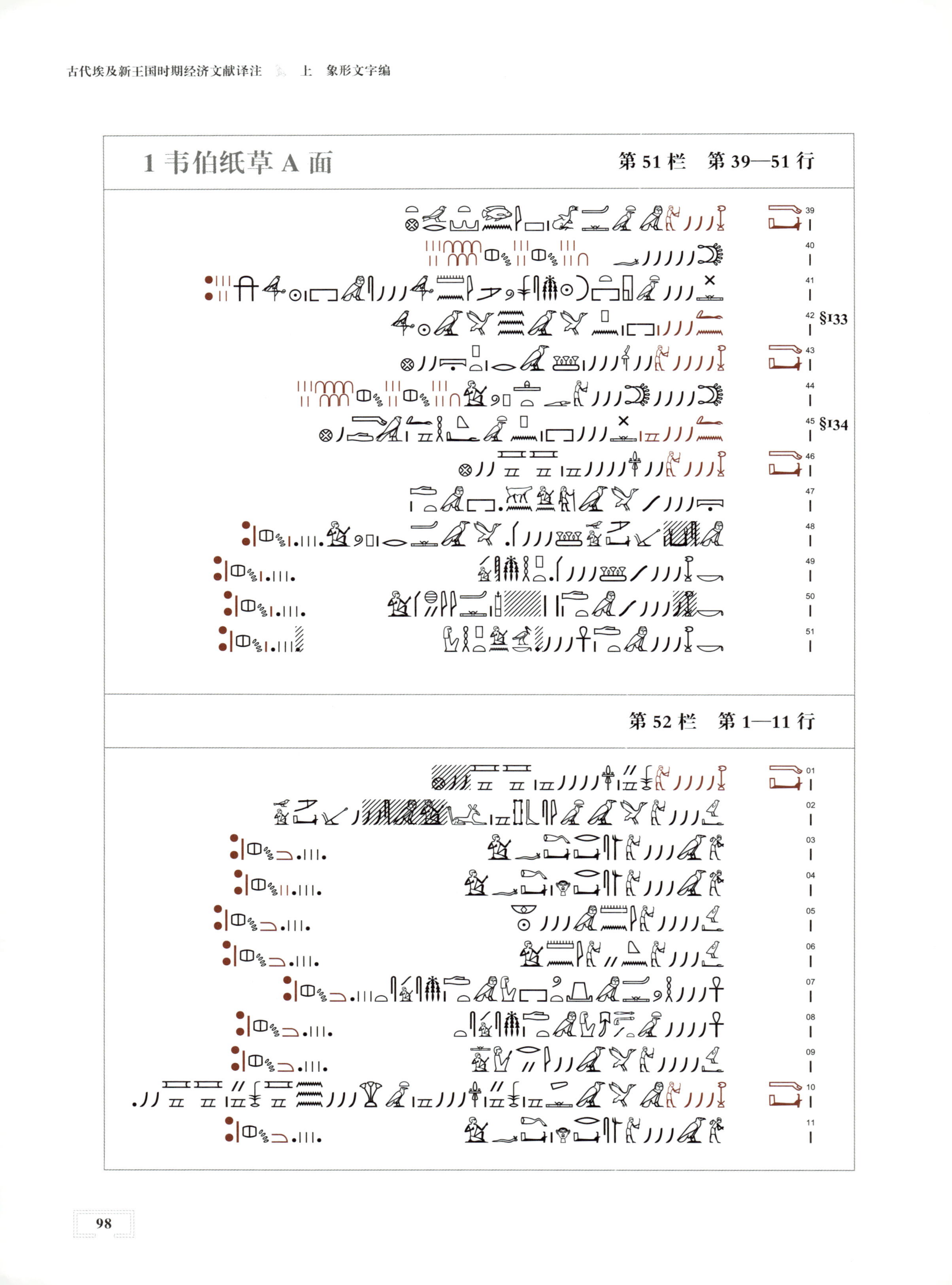

1 韦伯纸草 A 面

第 51 栏 第 39—51 行

39
40
41
42 §133
43
44
45 §134
46
47
48
49
50
51

第 52 栏 第 1—11 行

01
02
03
04
05
06
07
08
09
10
11

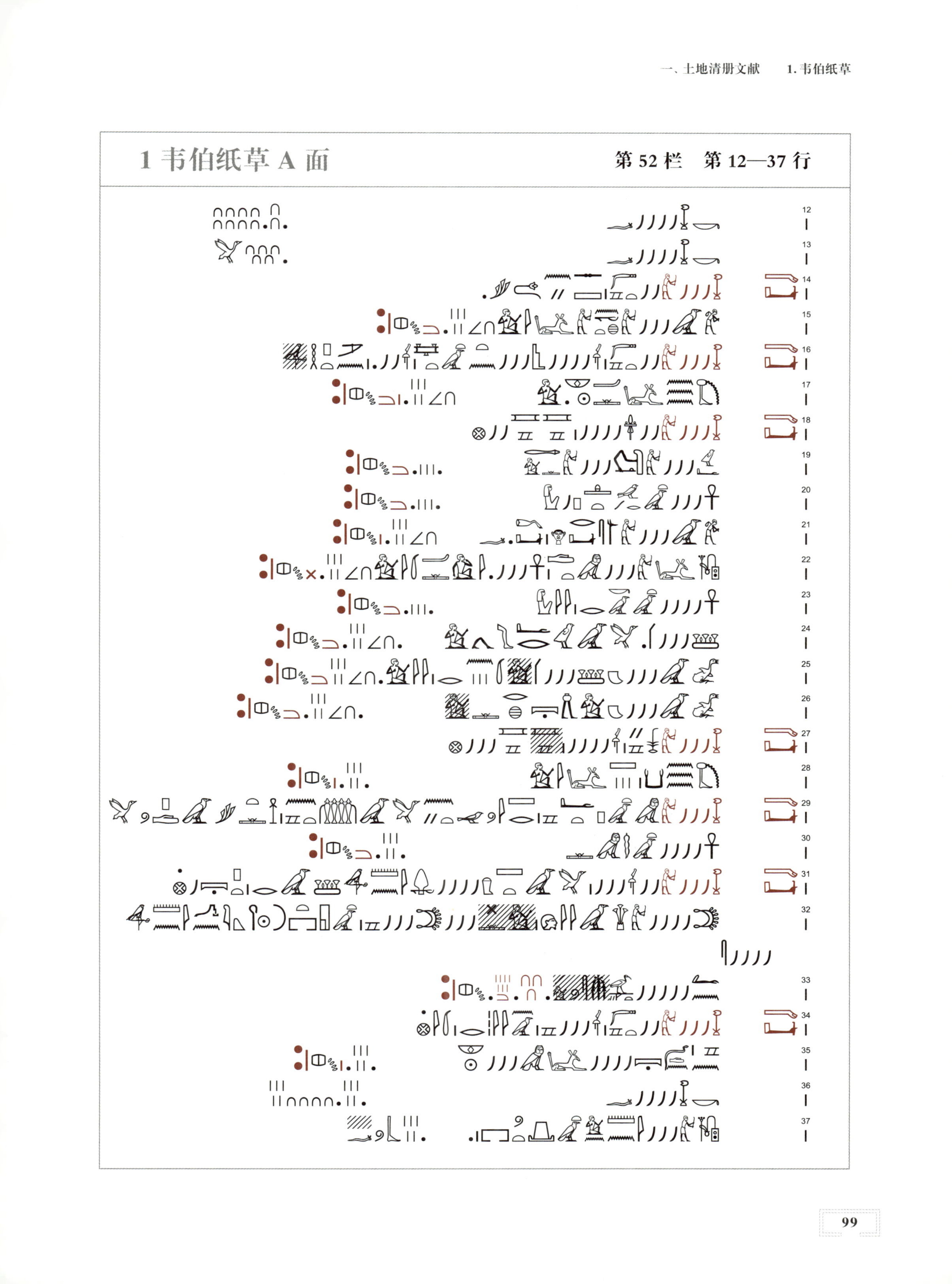

1 韦伯纸草 A 面

第 52 栏　第 12—37 行

12

13

14

15

16

17

18

19

20

21

22

23

24

25

26

27

28

29

30

31

32

33

34

35

36

37

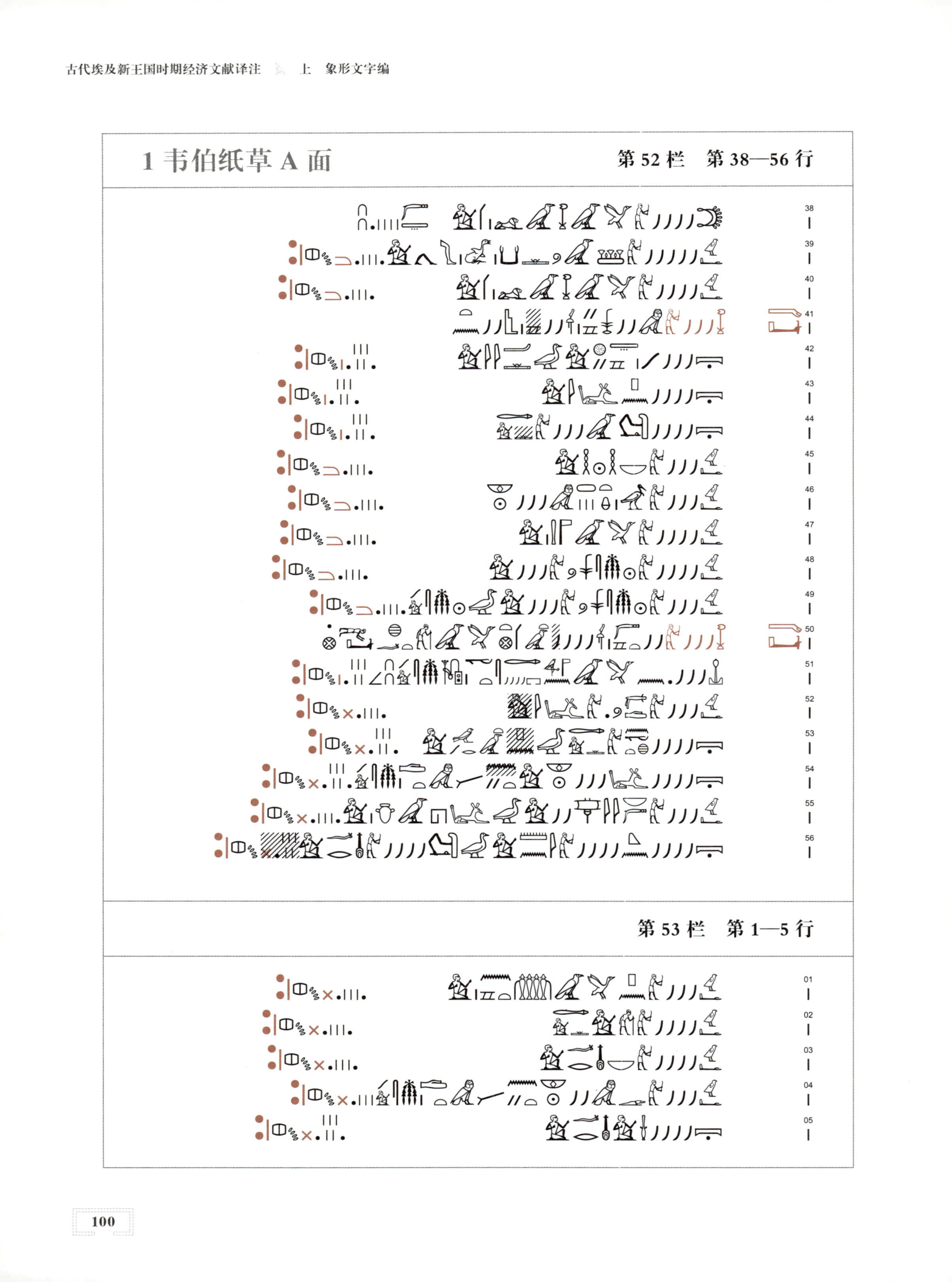

1 韦伯纸草 A 面

第 52 栏 第 38—56 行

38

39

40

41

42

43

44

45

46

47

48

49

50

51

52

53

54

55

56

第 53 栏 第 1—5 行

01

02

03

04

05

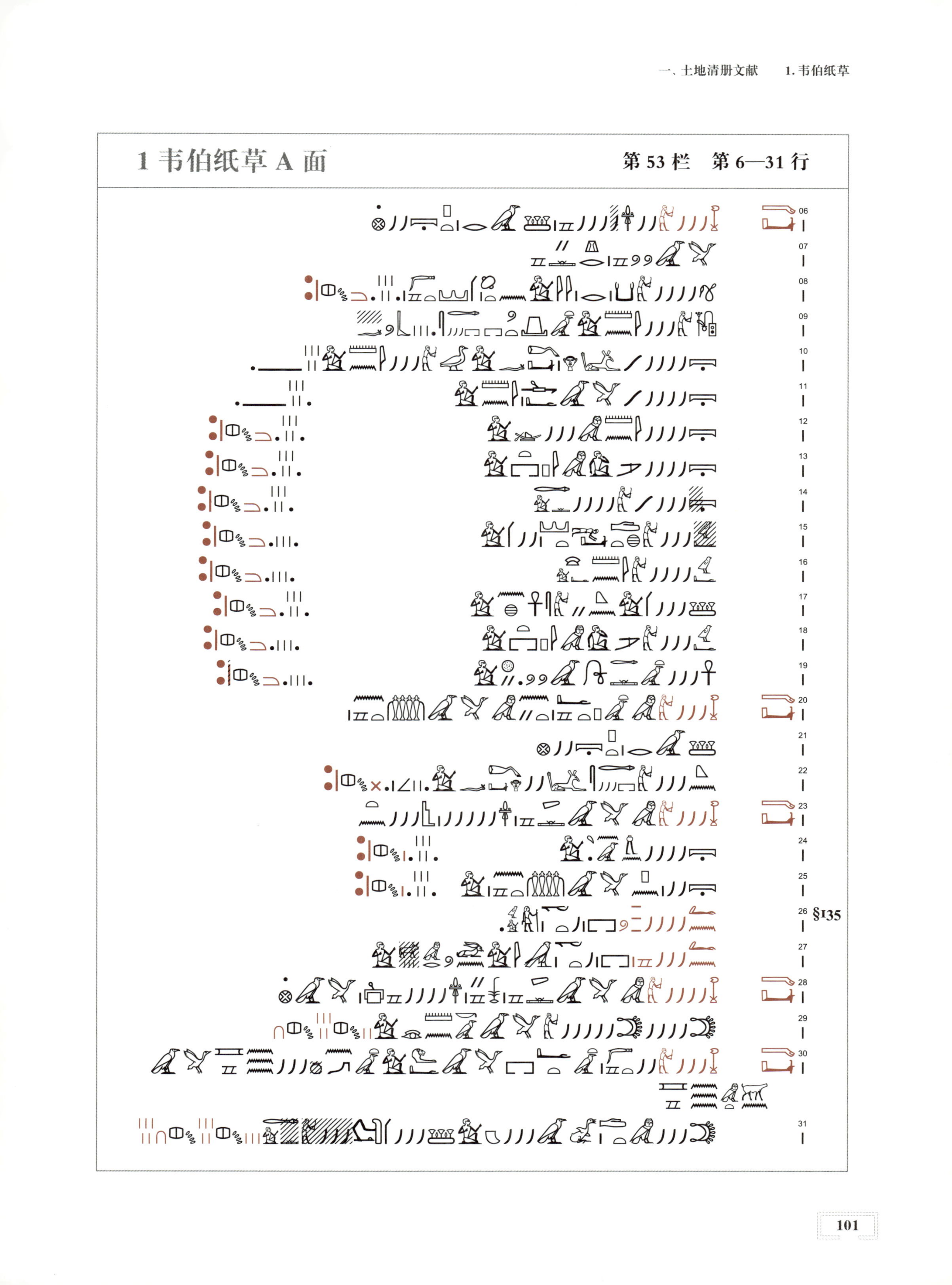

1 韦伯纸草 A 面

第 53 栏　第 6—31 行

06

07

08

09

10

11

12

13

14

15

16

17

18

19

20

21

22

23

24

25

26 §135

27

28

29

30

31

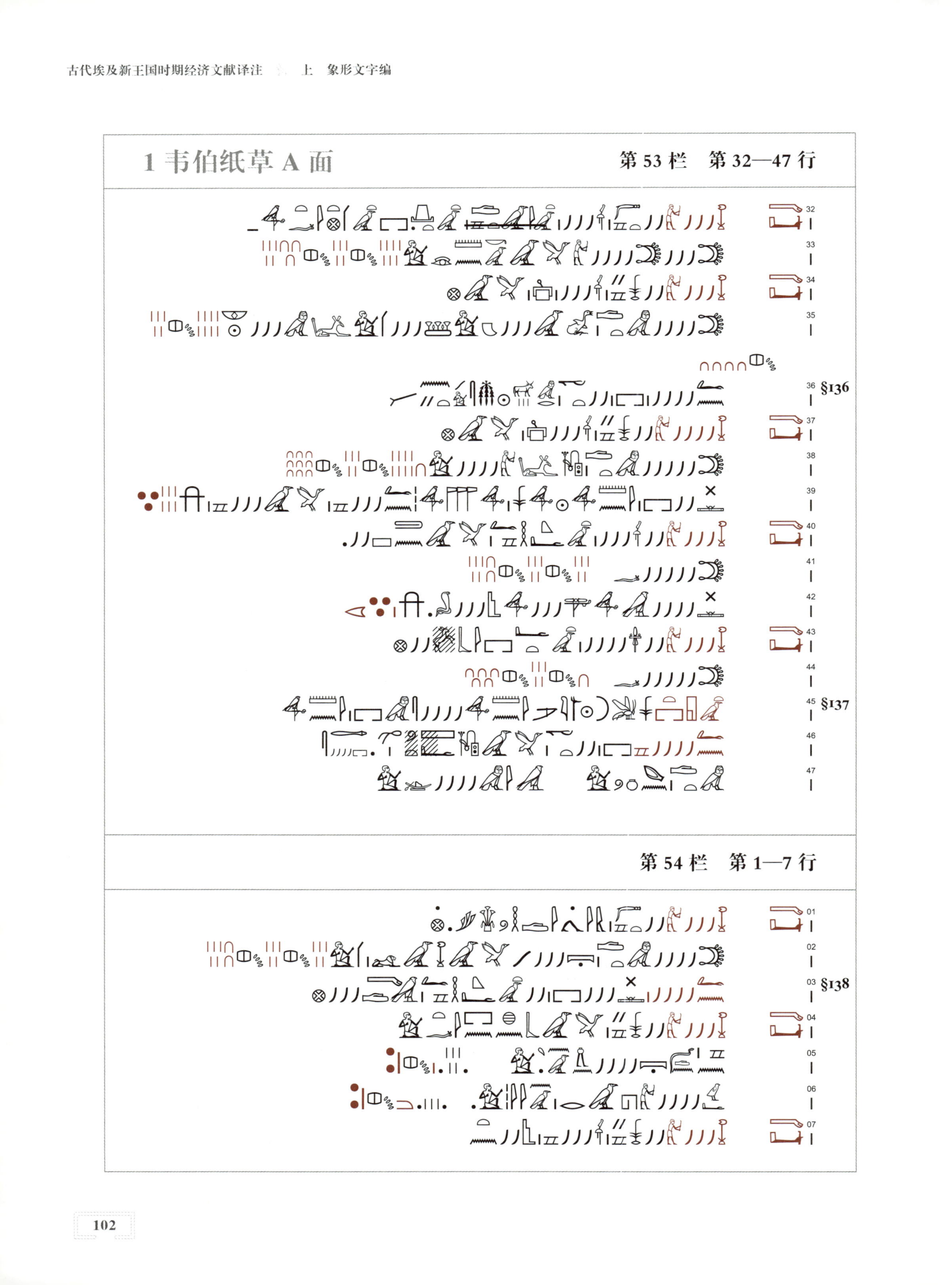

1 韦伯纸草A面

第53栏 第32—47行

32

33

34

35

36 §136

37

38

39

40

41

42

43

44

45 §137

46

47

第54栏 第1—7行

01

02

03 §138

04

05

06

07

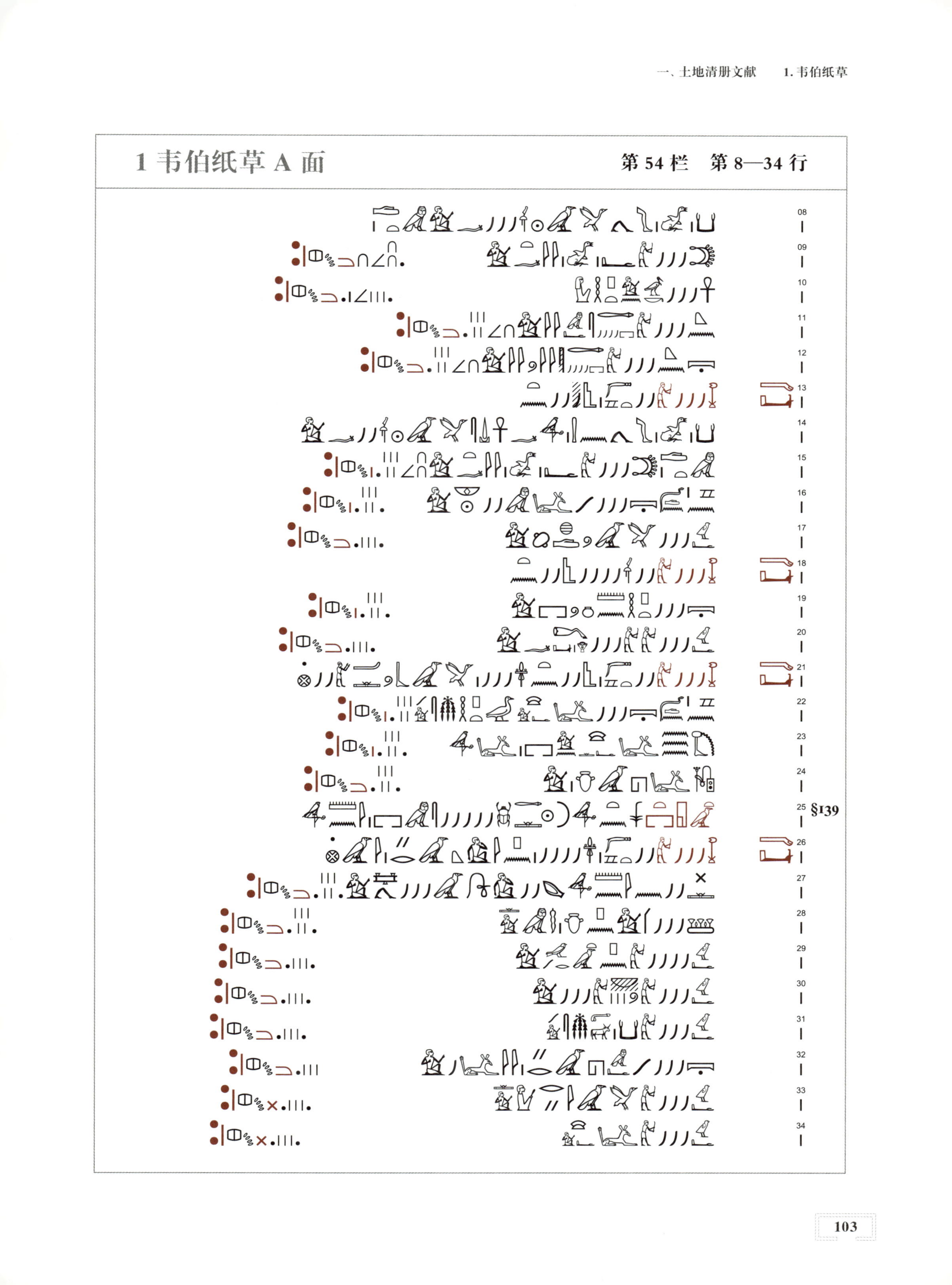

1 韦伯纸草 A 面

第 54 栏　第 8—34 行

08
09
10
11
12
13
14
15
16
17
18
19
20
21
22
23
24
25 §139
26
27
28
29
30
31
32
33
34

1 韦伯纸草 A 面

第 54 栏 第 35—44 行

35
36
37
38 §140
39
40
41
42
43
44

第 55 栏 第 1—12 行

01 §141
02
03
04 §142
05
06
07 §143
08
09
10 §144
11
12

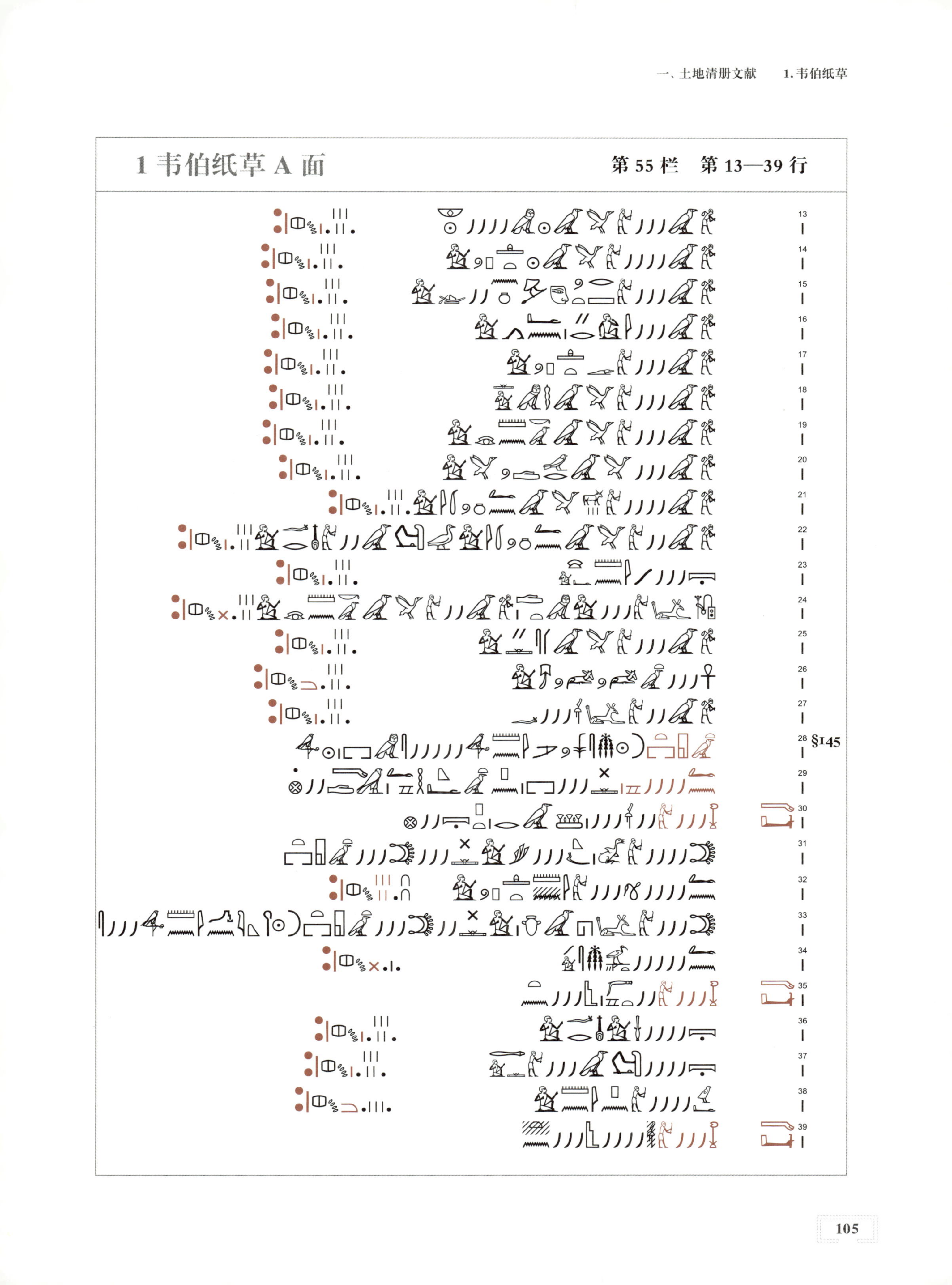

1 韦伯纸草 A 面　　第 55 栏　第 13—39 行

13
14
15
16
17
18
19
20
21
22
23
24
25
26
27
28 §145
29
30
31
32
33
34
35
36
37
38
39

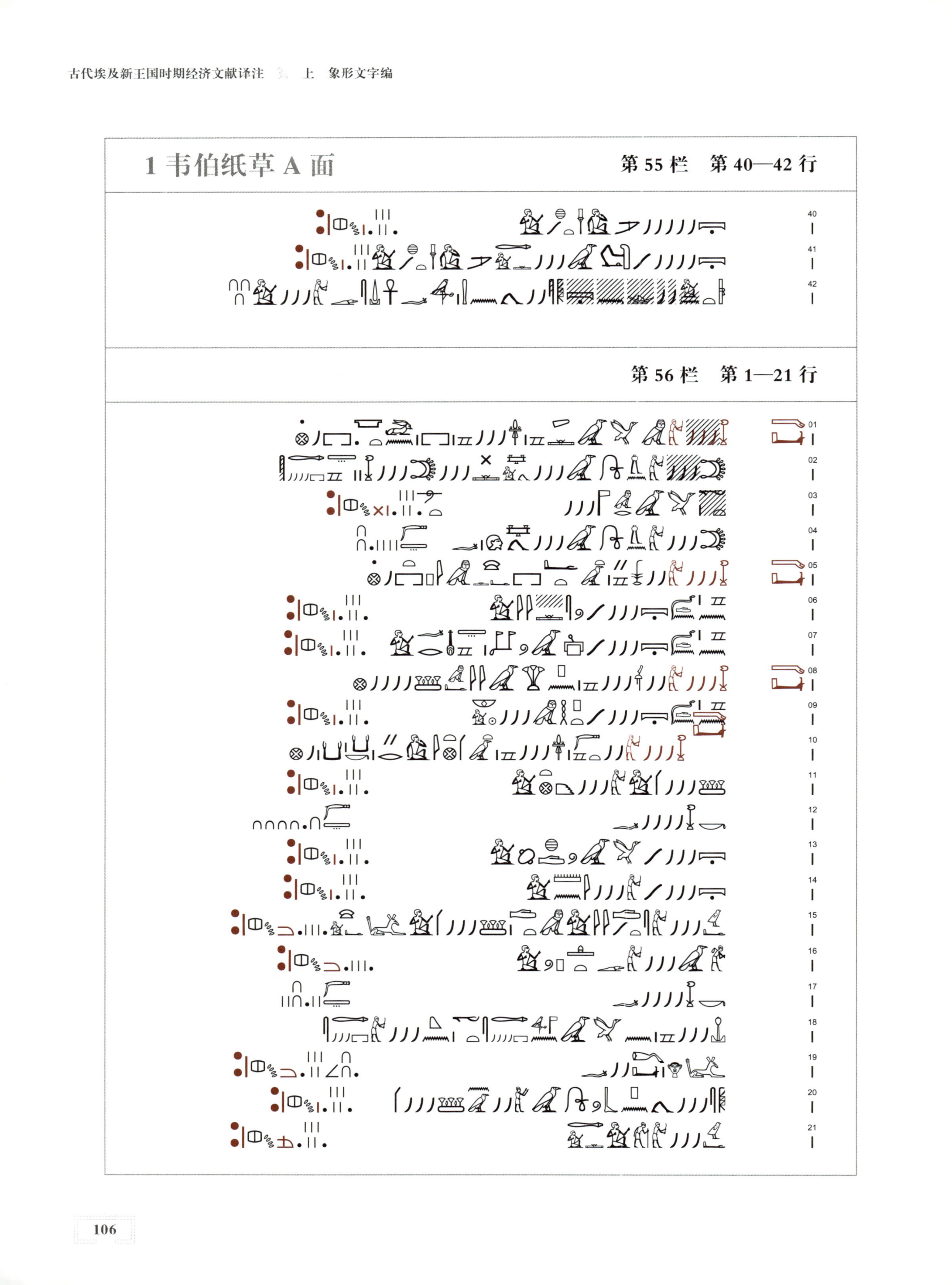

1 韦伯纸草 A 面

第 55 栏 第 40—42 行

40

41

42

第 56 栏 第 1—21 行

01

02

03

04

05

06

07

08

09

10

11

12

13

14

15

16

17

18

19

20

21

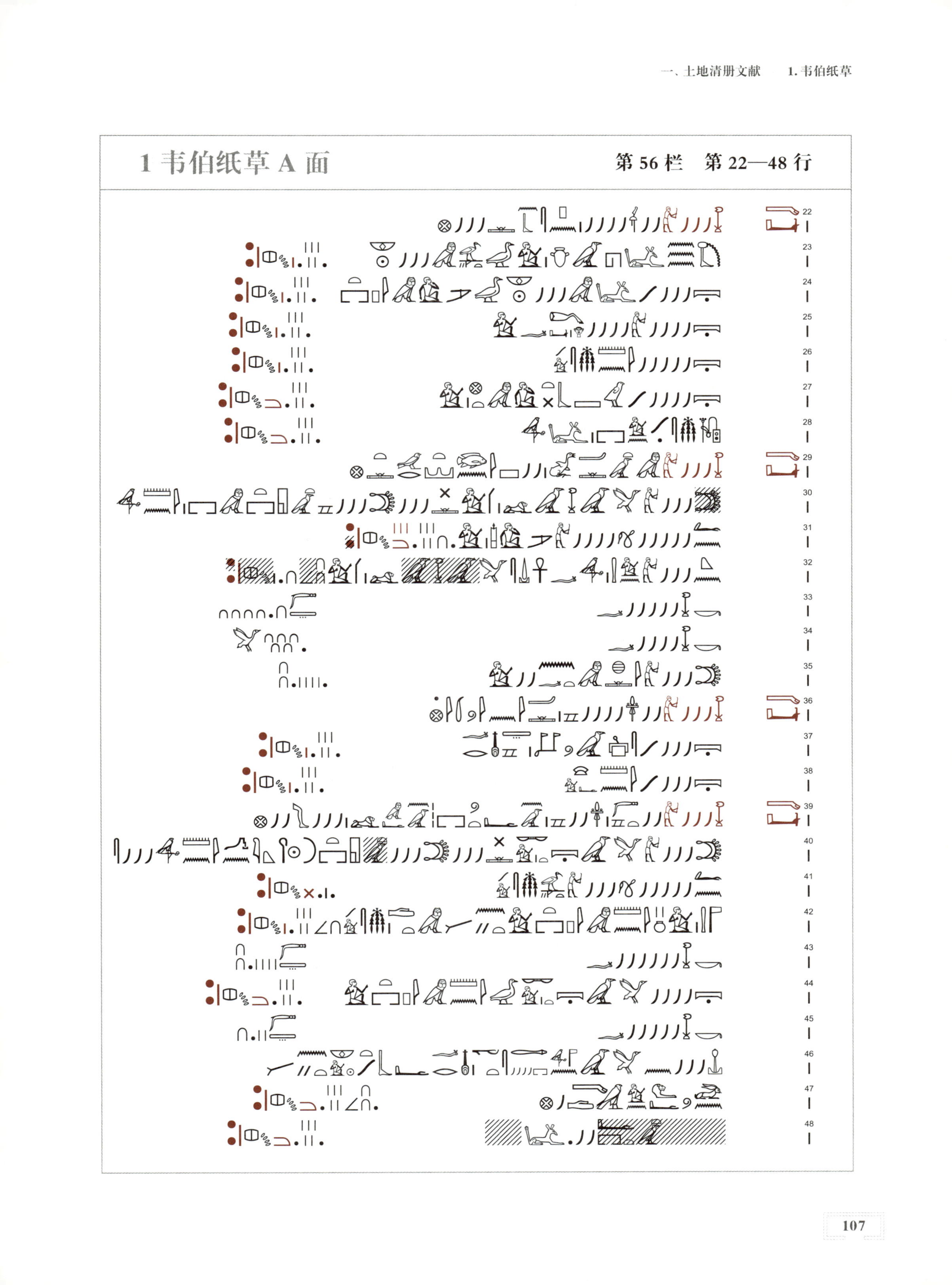

1 韦伯纸草 A 面

第 56 栏　第 22—48 行

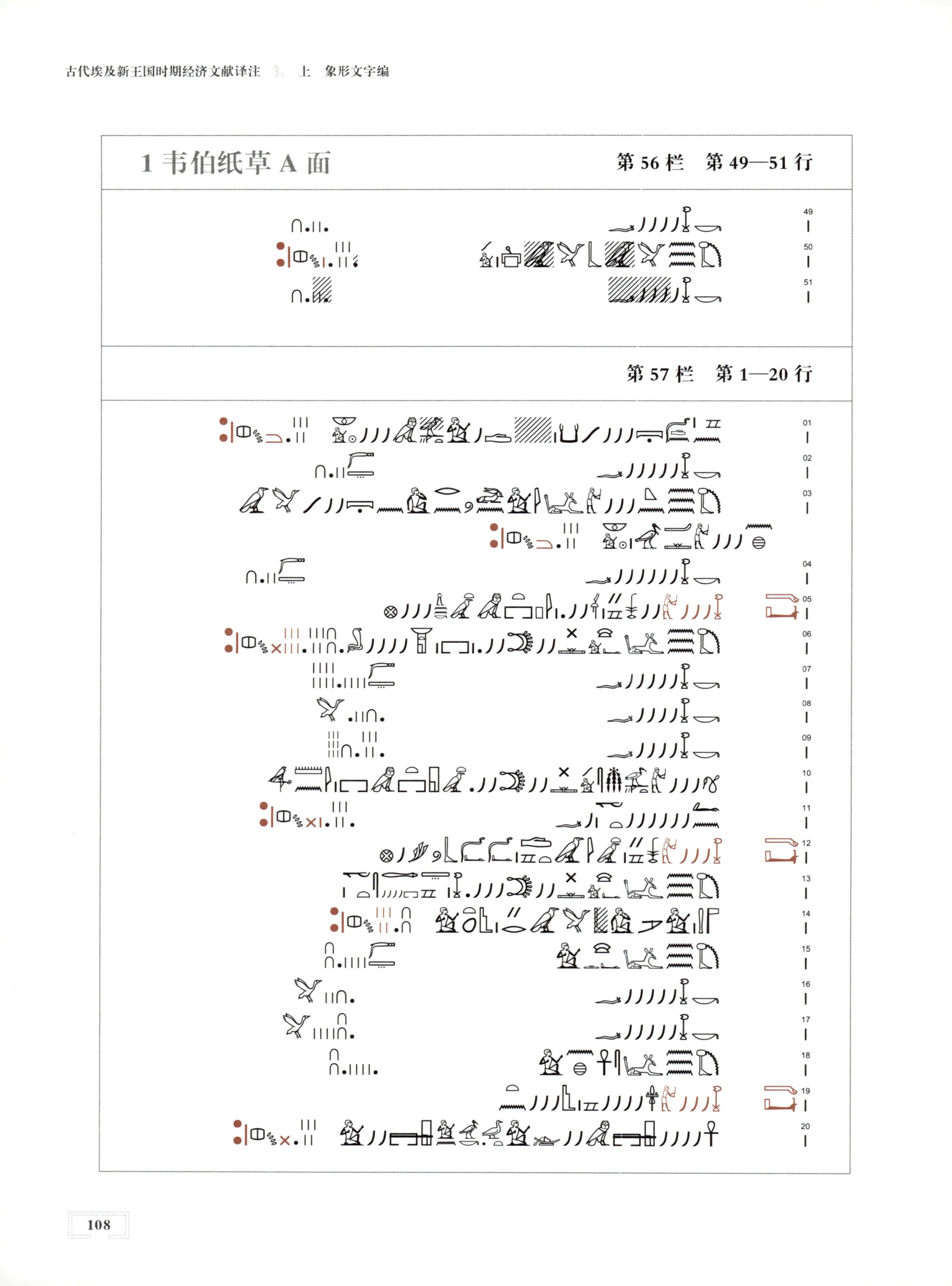

1 韦伯纸草 A 面

第 56 栏 第 49—51 行

49

50

51

第 57 栏 第 1—20 行

01

02

03

04

05

06

07

08

09

10

11

12

13

14

15

16

17

18

19

20

1 韦伯纸草 A 面

第 57 栏　第 21—46 行

21
22
23
24
25
26
27
28
29
30
31
32
33
34
35
36
37
38
39
40
41
42
43
44
45
46

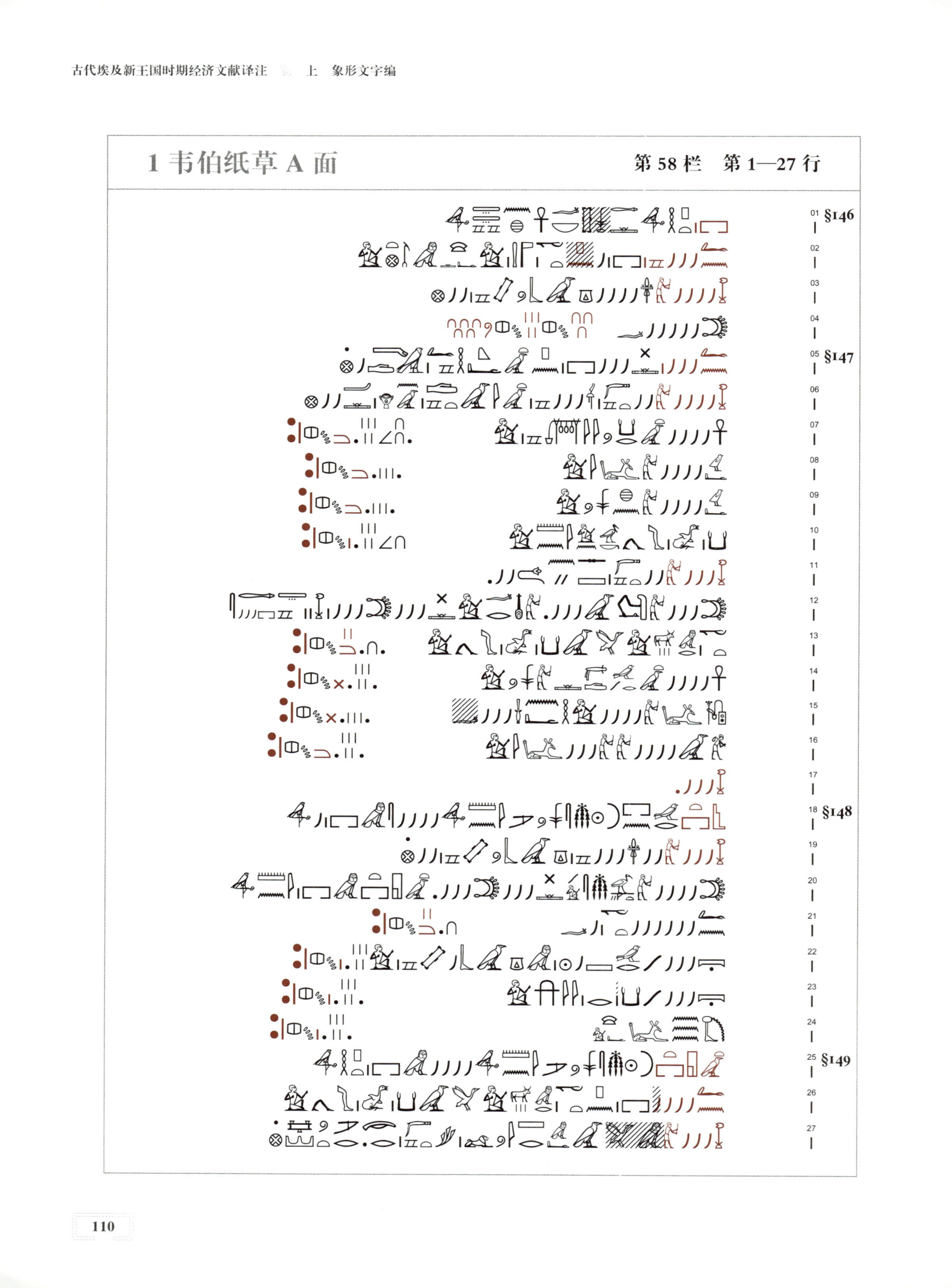

1 韦伯纸草 A 面　　第 58 栏　第 1—27 行

01 §146
02
03
04
05 §147
06
07
08
09
10
11
12
13
14
15
16
17
18 §148
19
20
21
22
23
24
25 §149
26
27

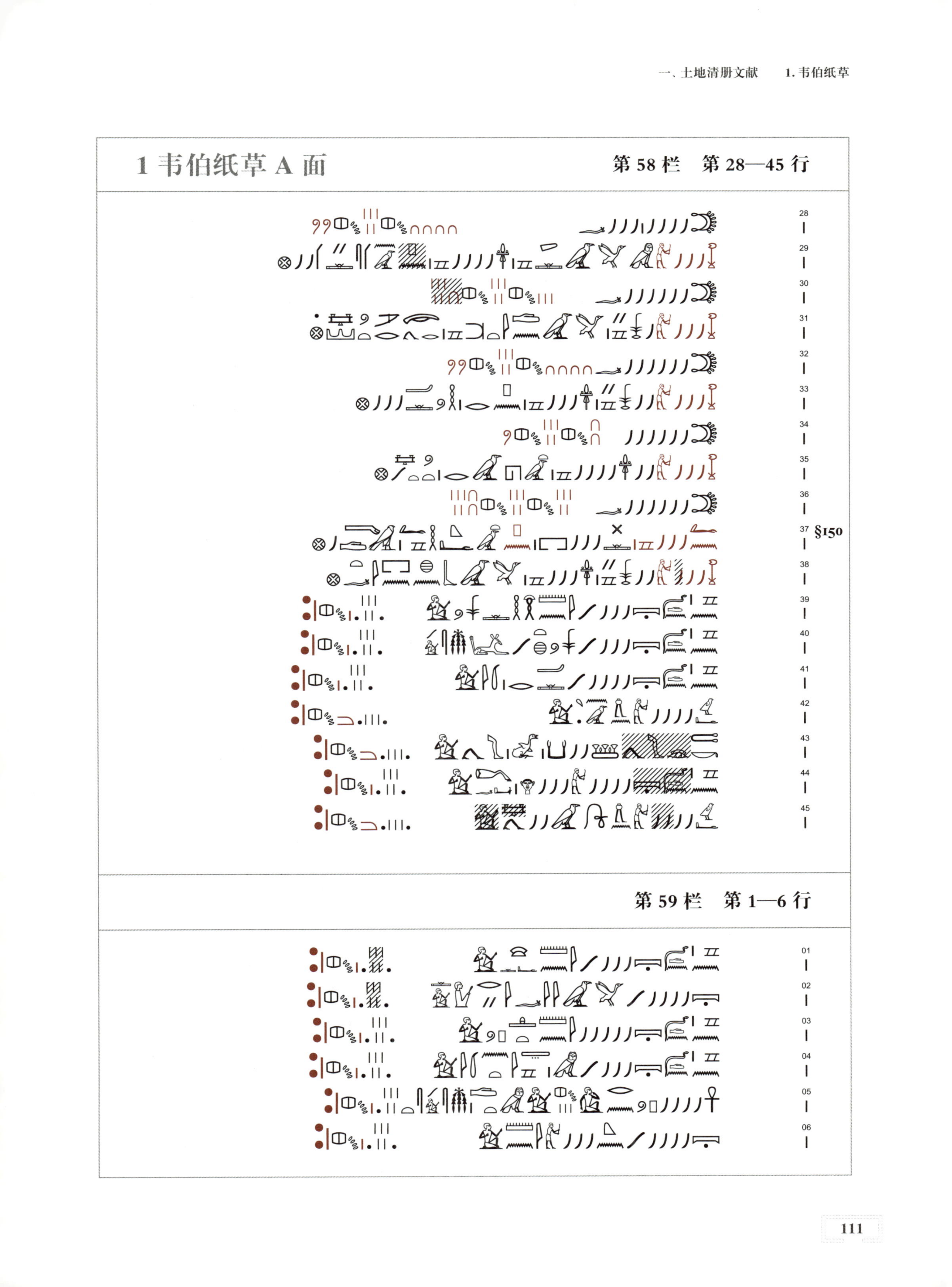

1 韦伯纸草 A 面

第 58 栏　第 28—45 行

§150

第 59 栏　第 1—6 行

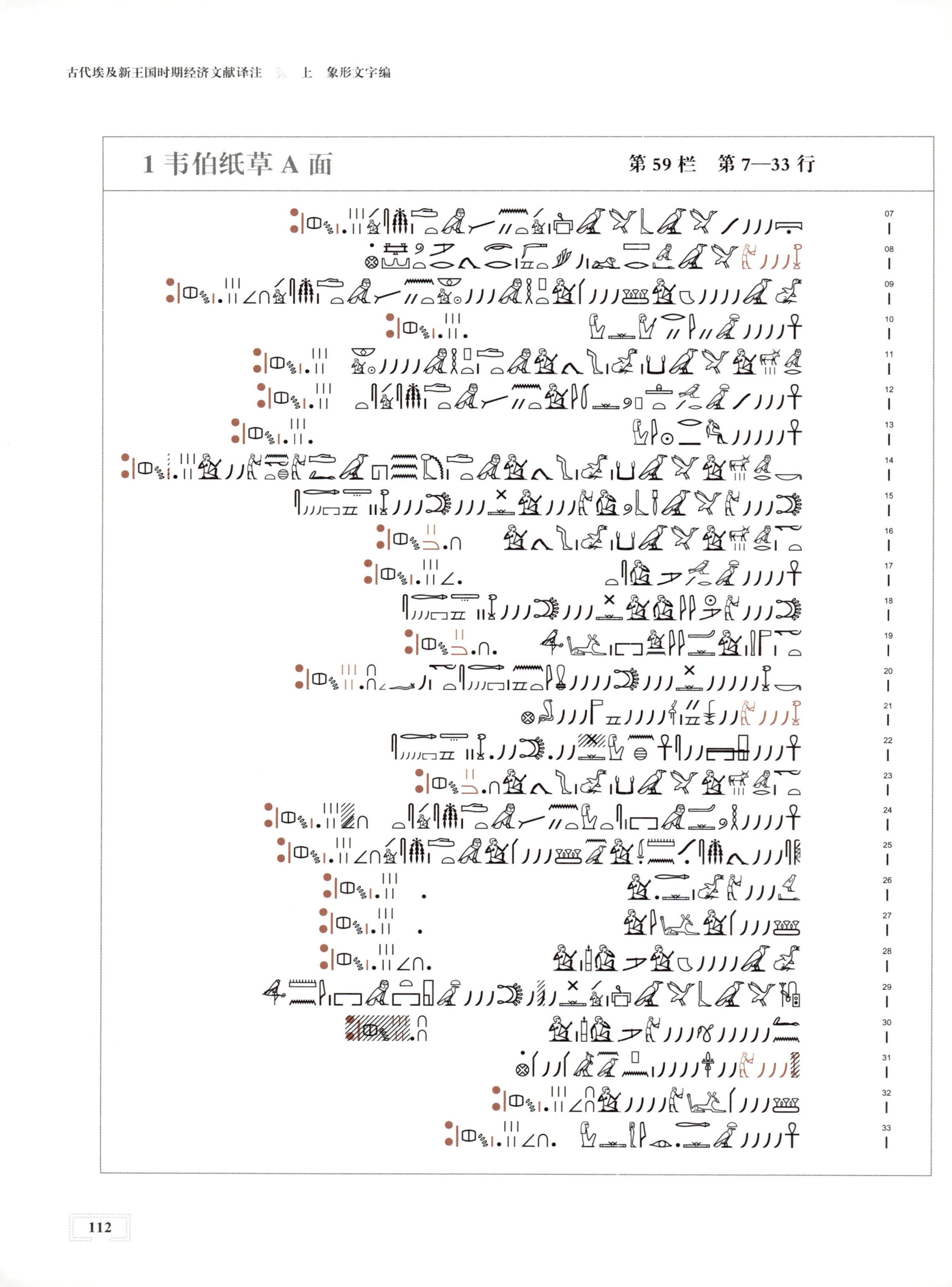

1 韦伯纸草 A 面

第 59 栏　第 7—33 行

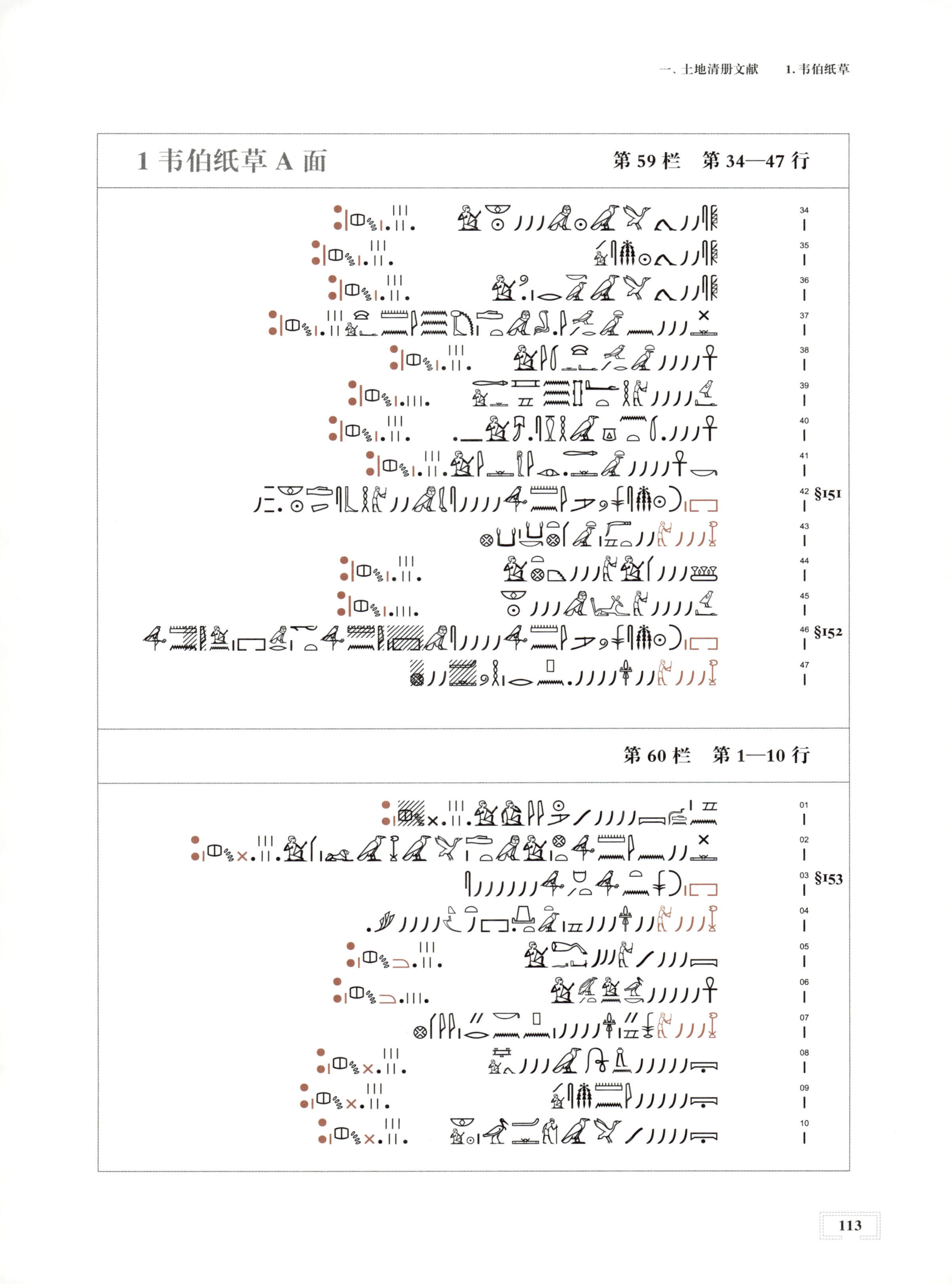

1 韦伯纸草 A 面

第 59 栏　第 34—47 行

§151

§152

第 60 栏　第 1—10 行

§153

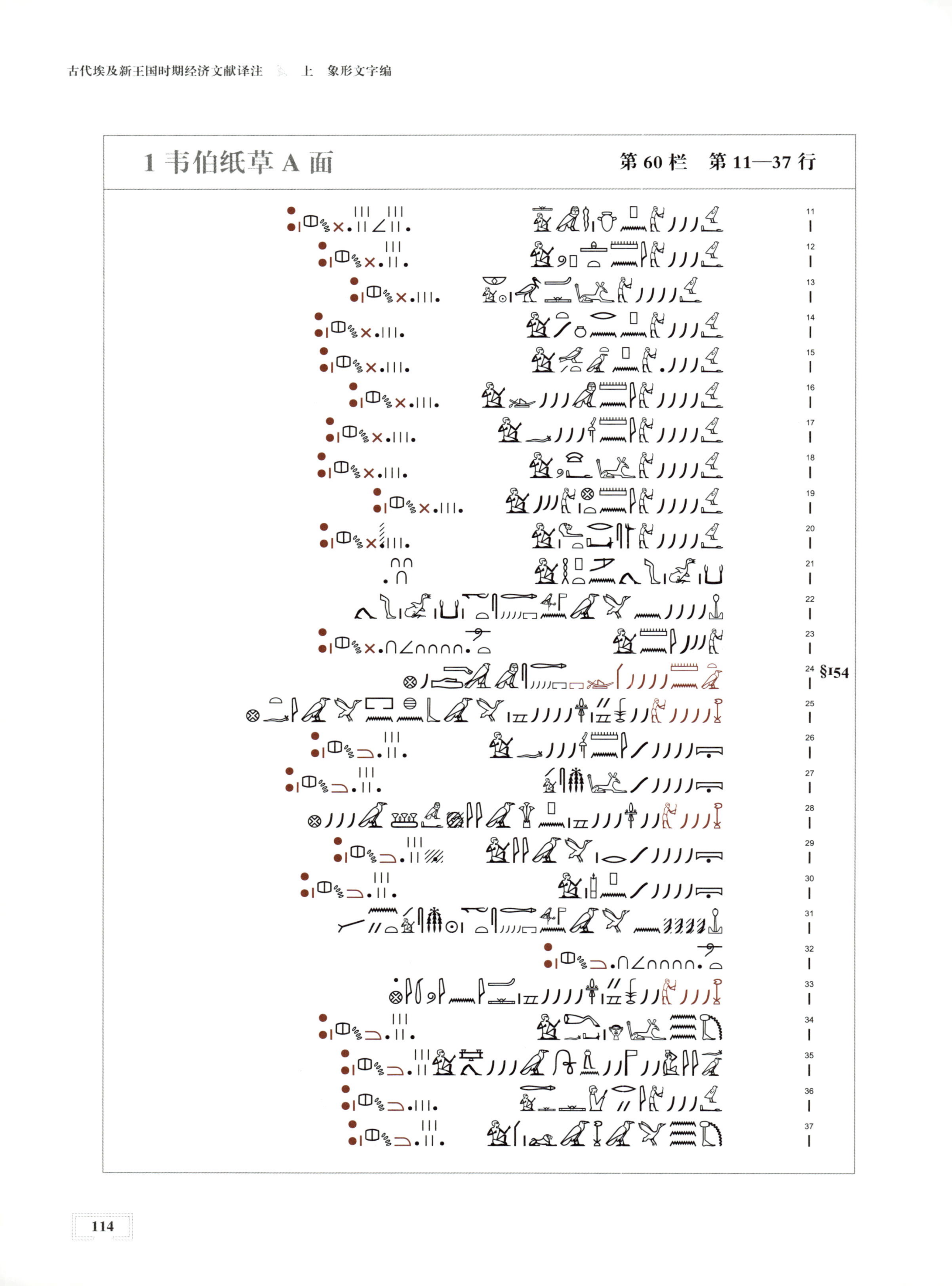

1 韦伯纸草 A 面　　第 60 栏　第 11—37 行

11

12

13

14

15

16

17

18

19

20

21

22

23

24 §154

25

26

27

28

29

30

31

32

33

34

35

36

37

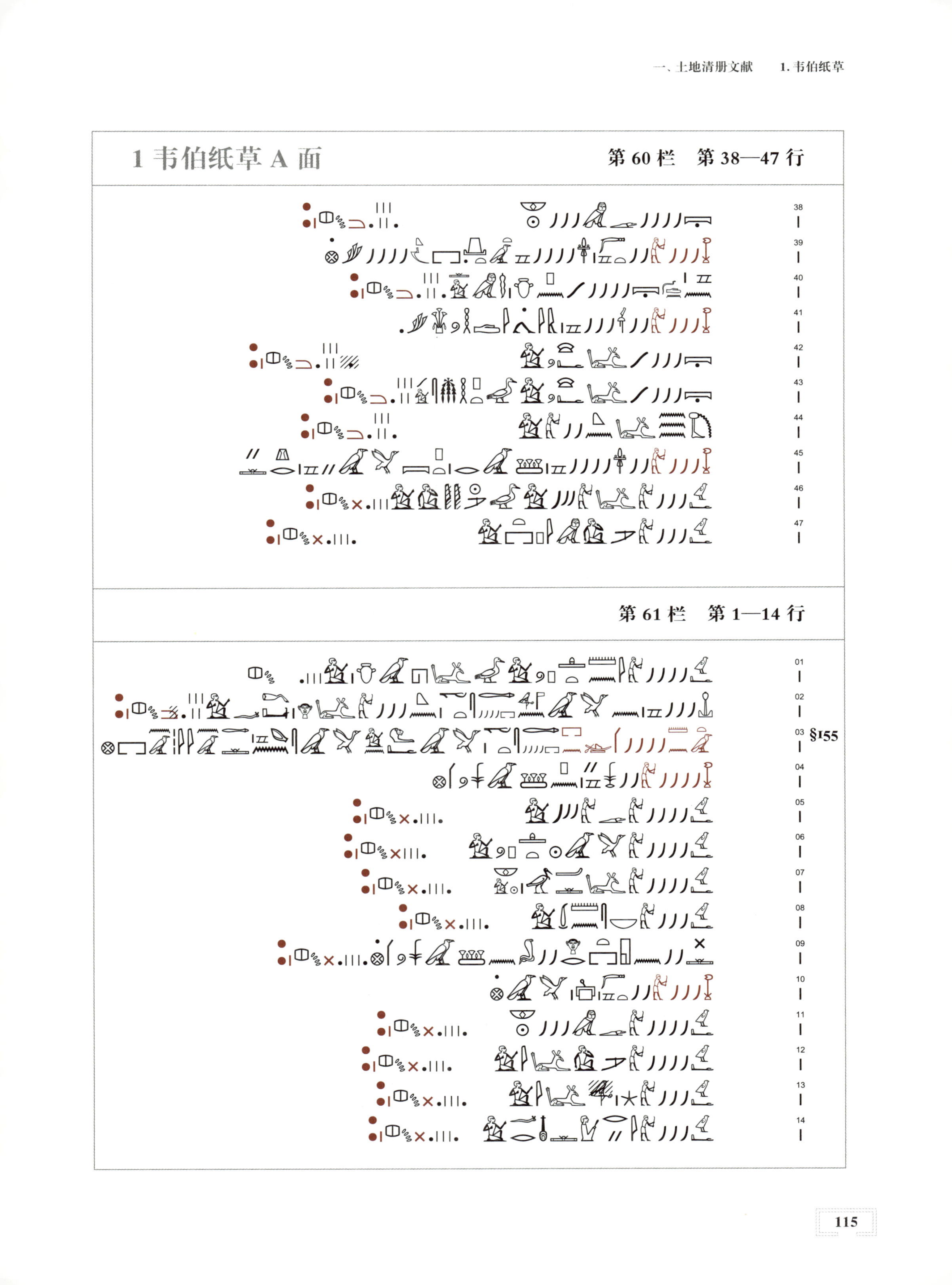

1 韦伯纸草 A 面

第 60 栏　第 38—47 行

38

39

40

41

42

43

44

45

46

47

第 61 栏　第 1—14 行

01

02

03 §155

04

05

06

07

08

09

10

11

12

13

14

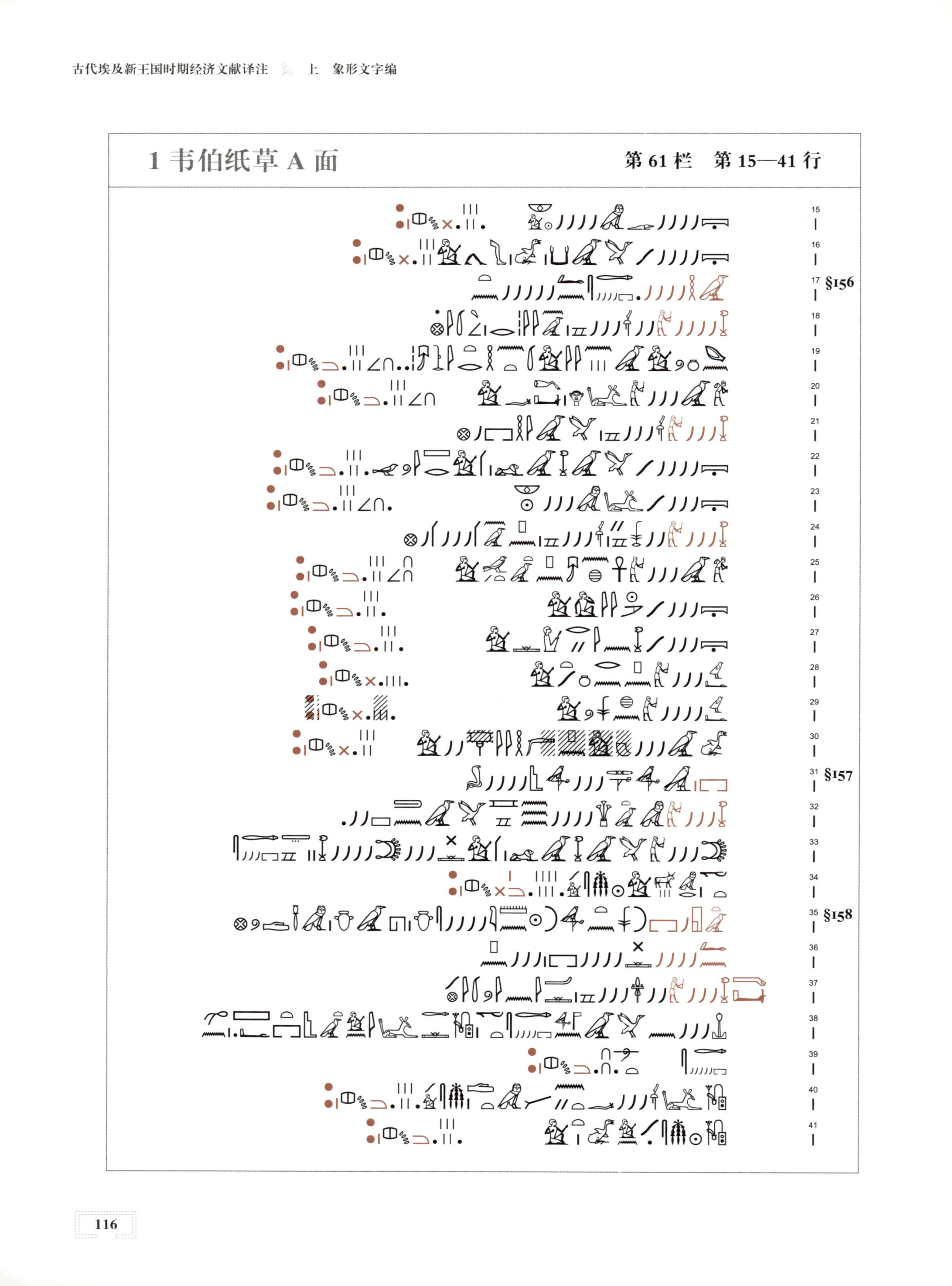

1 韦伯纸草 A 面

第 61 栏　第 15—41 行

§156

§157

§158

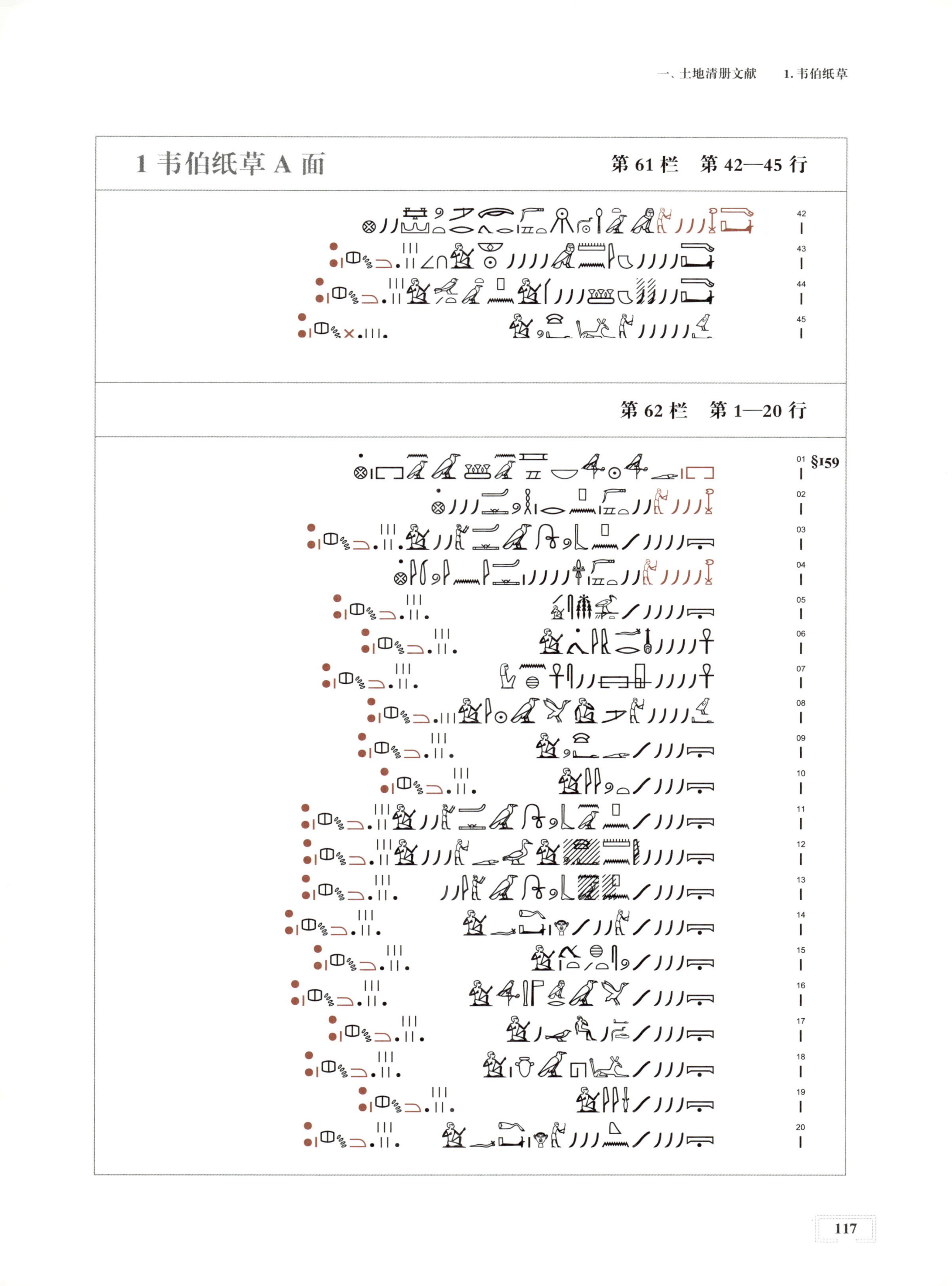

1 韦伯纸草 A 面

第 61 栏　第 42—45 行

42

43

44

45

第 62 栏　第 1—20 行

01 §159

02

03

04

05

06

07

08

09

10

11

12

13

14

15

16

17

18

19

20

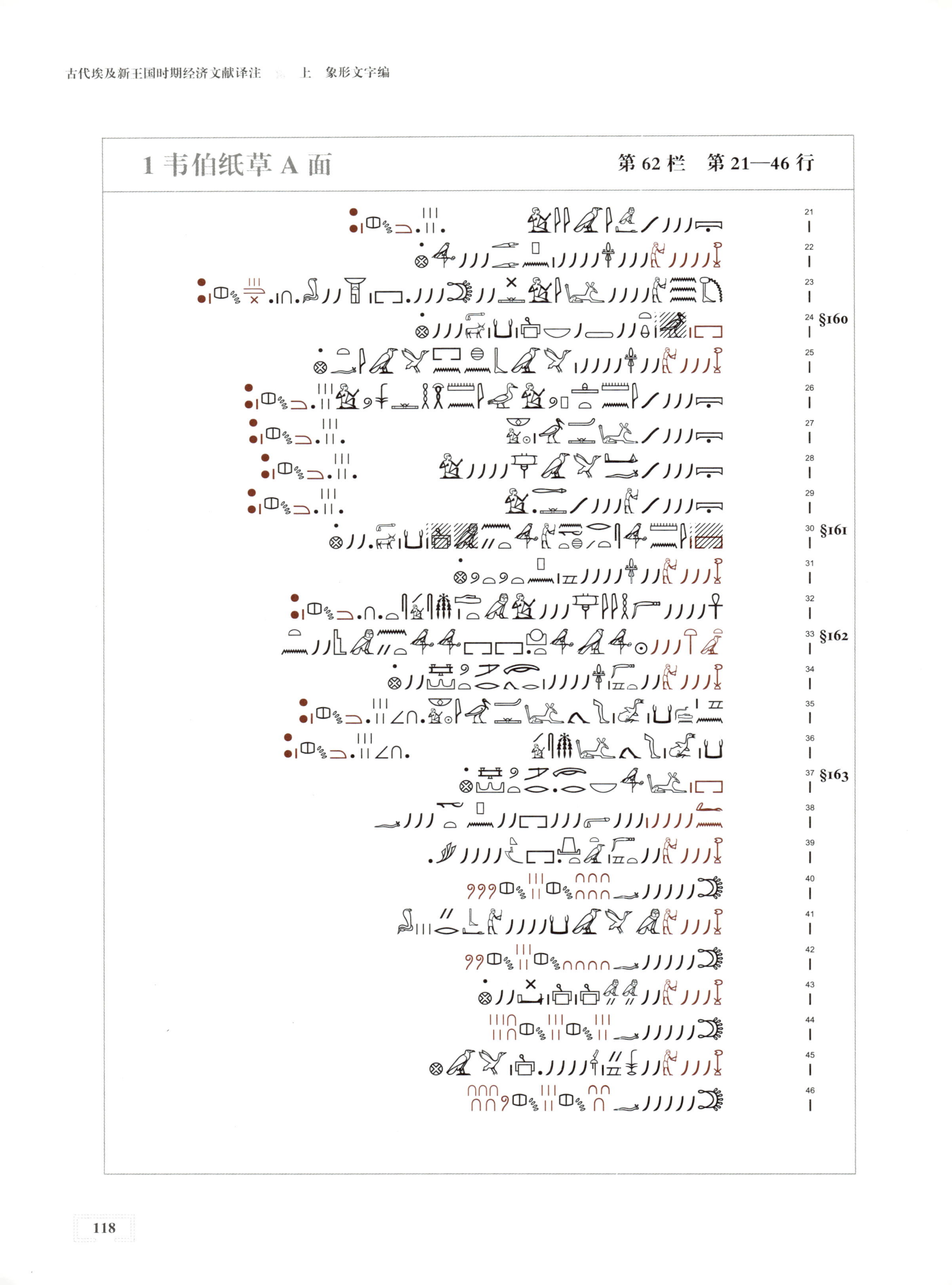

1 韦伯纸草 A 面　　第 62 栏　第 21—46 行

21
22
23
24 §160
25
26
27
28
29
30 §161
31
32
33 §162
34
35
36
37 §163
38
39
40
41
42
43
44
45
46

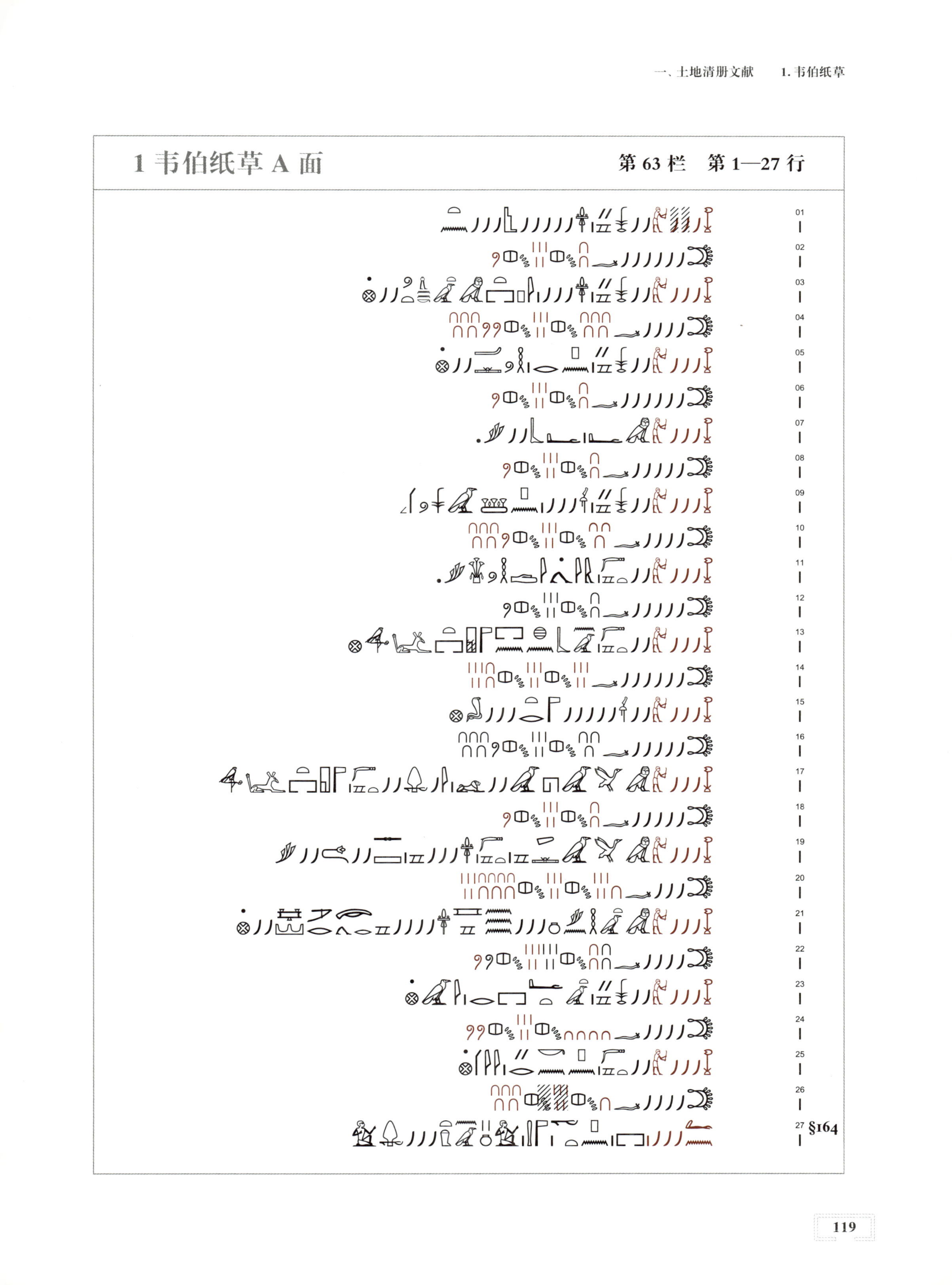

1 韦伯纸草 A 面

第 63 栏 第 1—27 行

01
02
03
04
05
06
07
08
09
10
11
12
13
14
15
16
17
18
19
20
21
22
23
24
25
26
27 §164

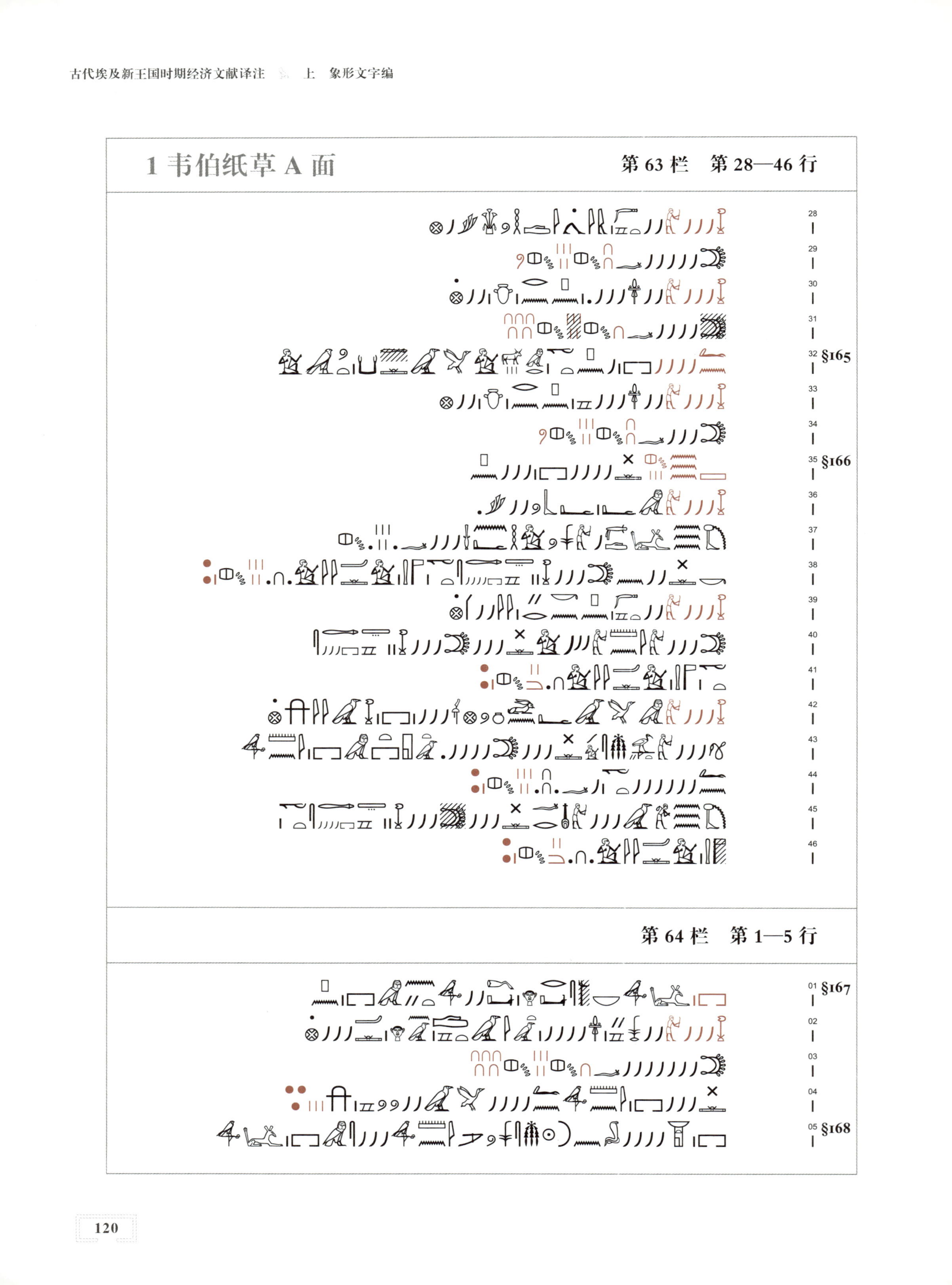

1 韦伯纸草 A 面

第 63 栏 第 28—46 行

28
29
30
31
32 §165
33
34
35 §166
36
37
38
39
40
41
42
43
44
45
46

第 64 栏 第 1—5 行

01 §167
02
03
04
05 §168

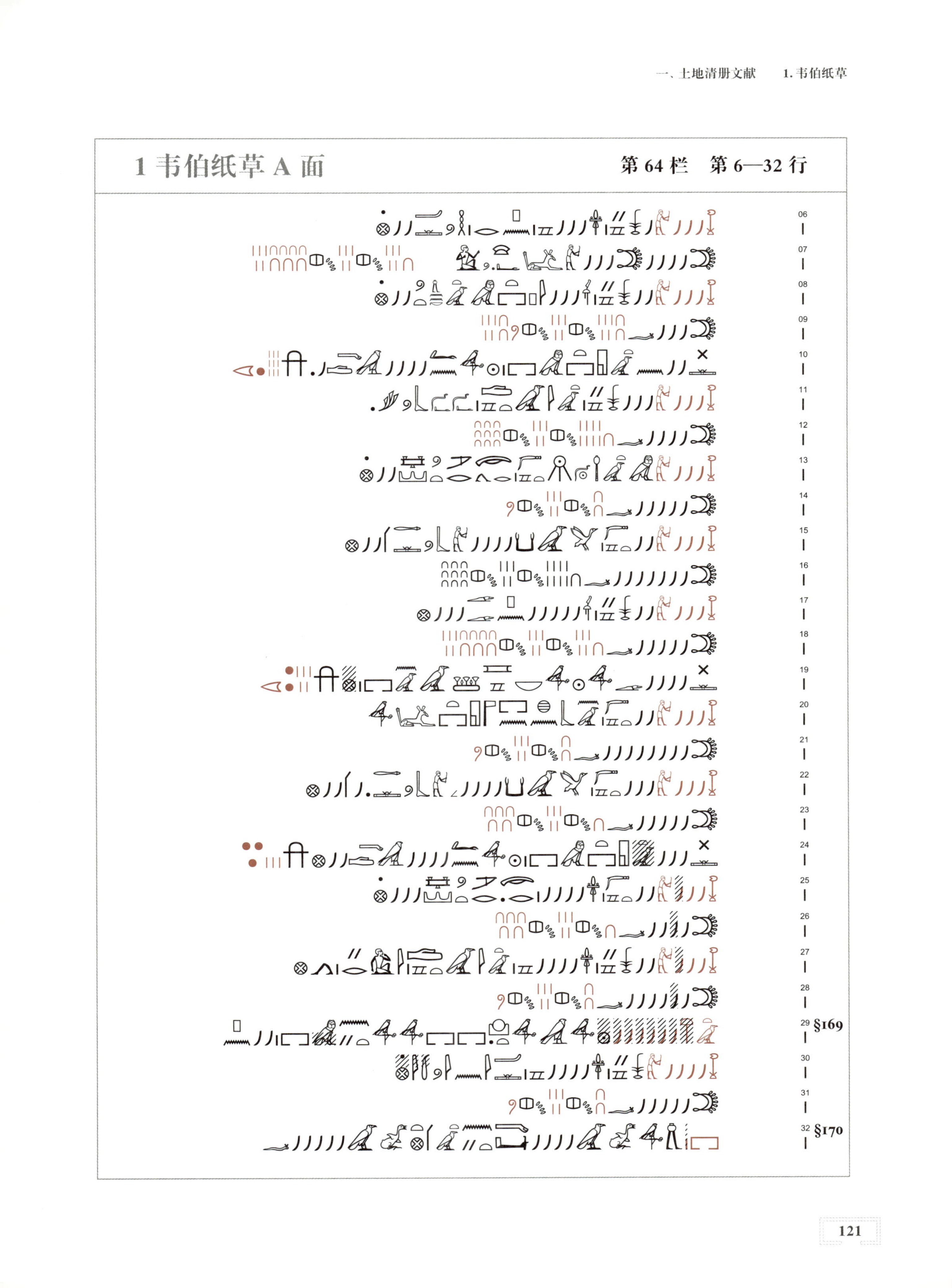

1 韦伯纸草 A 面

第 64 栏　第 6—32 行

06
07
08
09
10
11
12
13
14
15
16
17
18
19
20
21
22
23
24
25
26
27
28
29 §169
30
31
32 §170

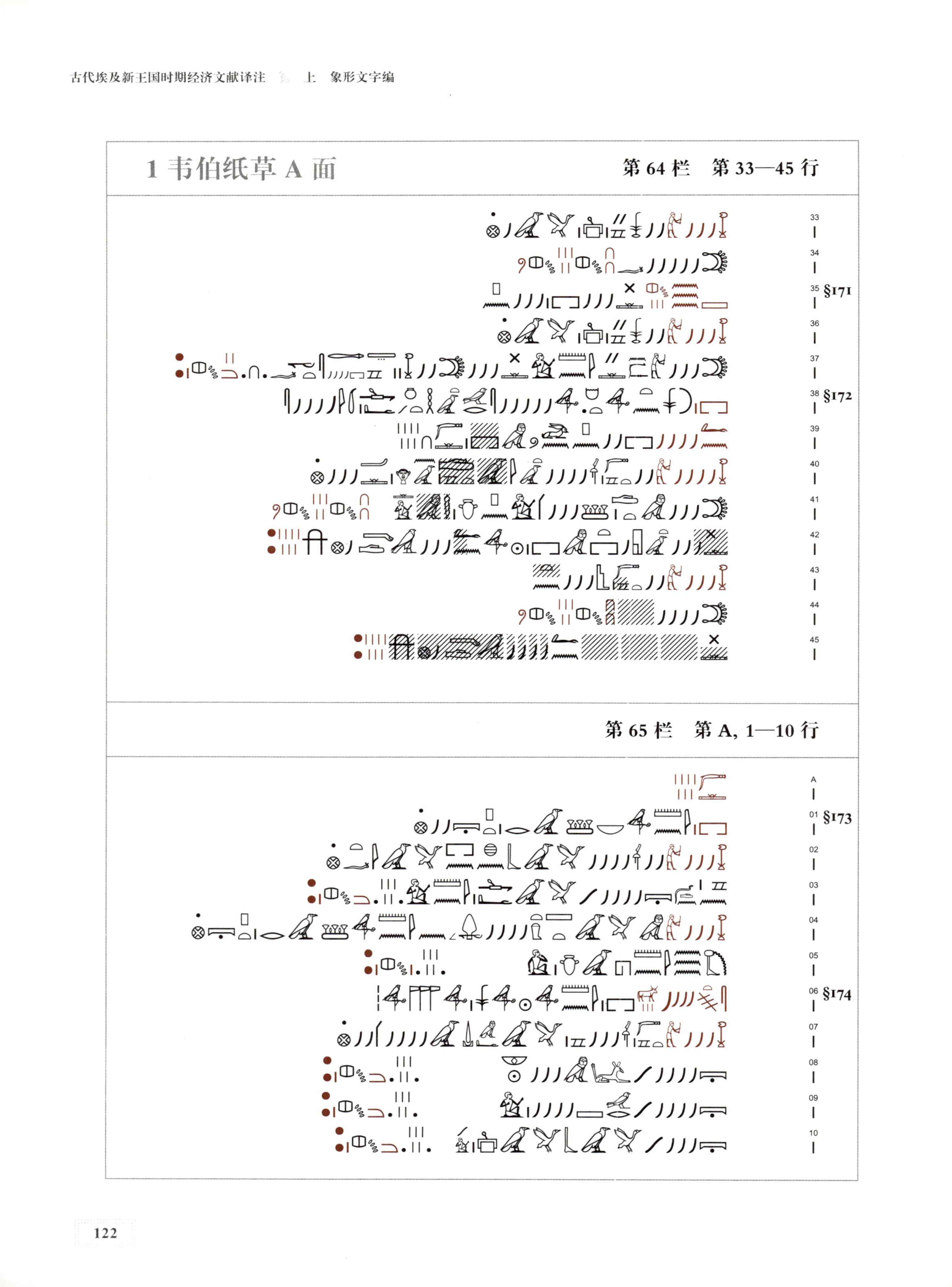

1 韦伯纸草 A 面

第 64 栏 第 33—45 行

33

34

35 §171

36

37

38 §172

39

40

41

42

43

44

45

第 65 栏 第 A, 1—10 行

A

01 §173

02

03

04

05

06 §174

07

08

09

10

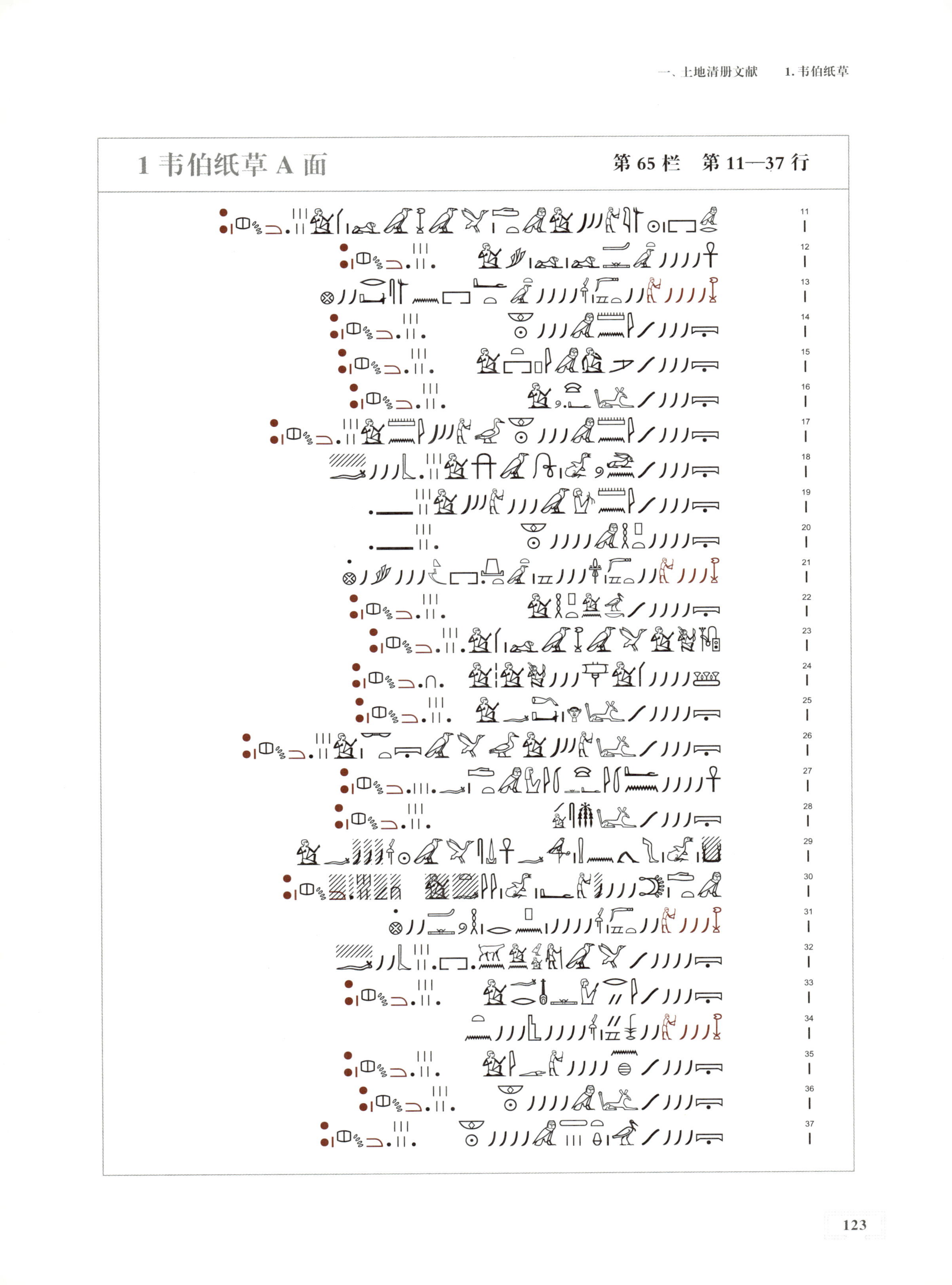

1 韦伯纸草 A 面

第 65 栏 第 11—37 行

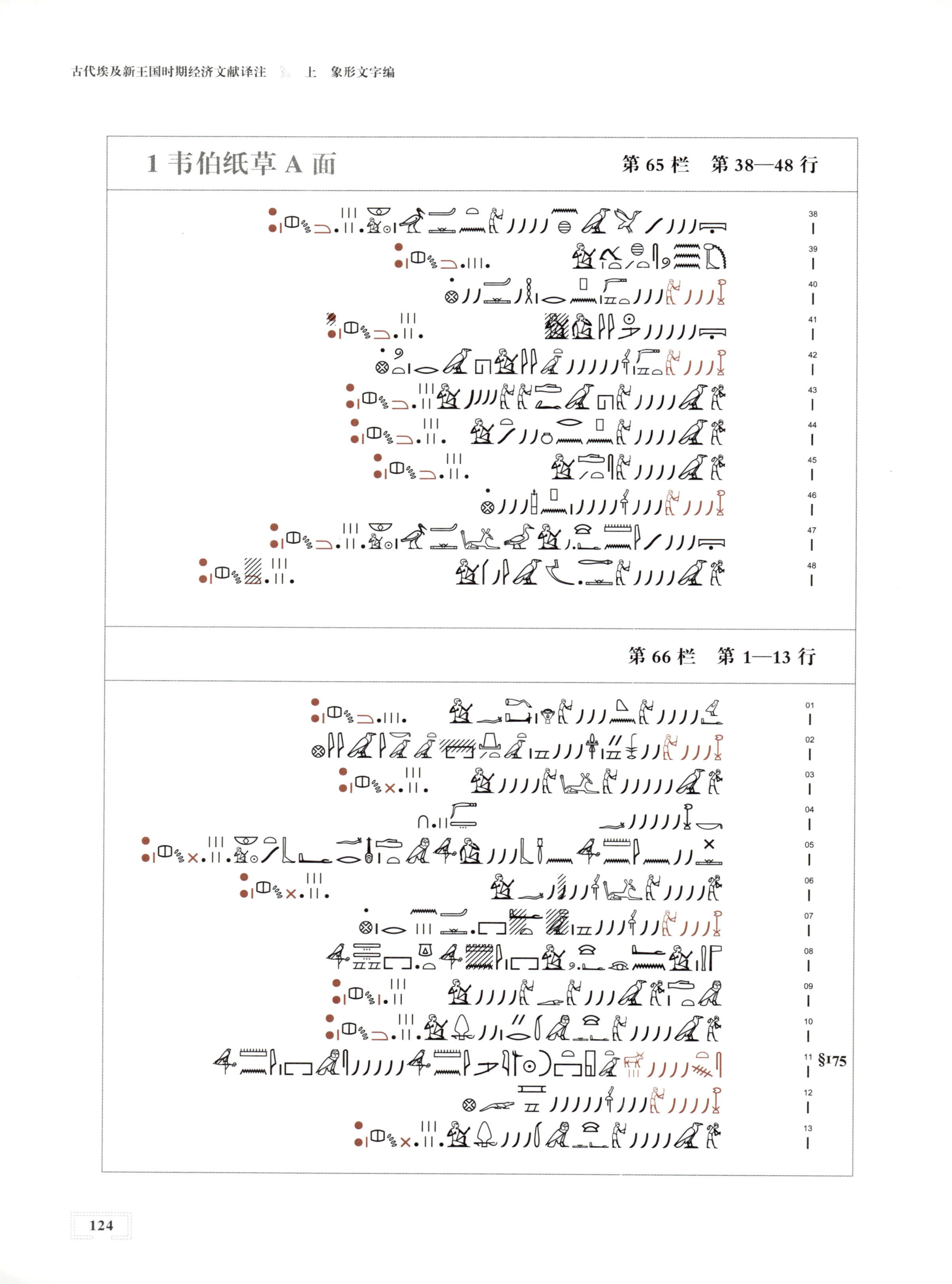

1 韦伯纸草 A 面

第 65 栏 第 38—48 行

38

39

40

41

42

43

44

45

46

47

48

第 66 栏 第 1—13 行

01

02

03

04

05

06

07

08

09

10

11 §175

12

13

1 韦伯纸草 A 面

第 66 栏　第 14—40 行

§176

§177

§178

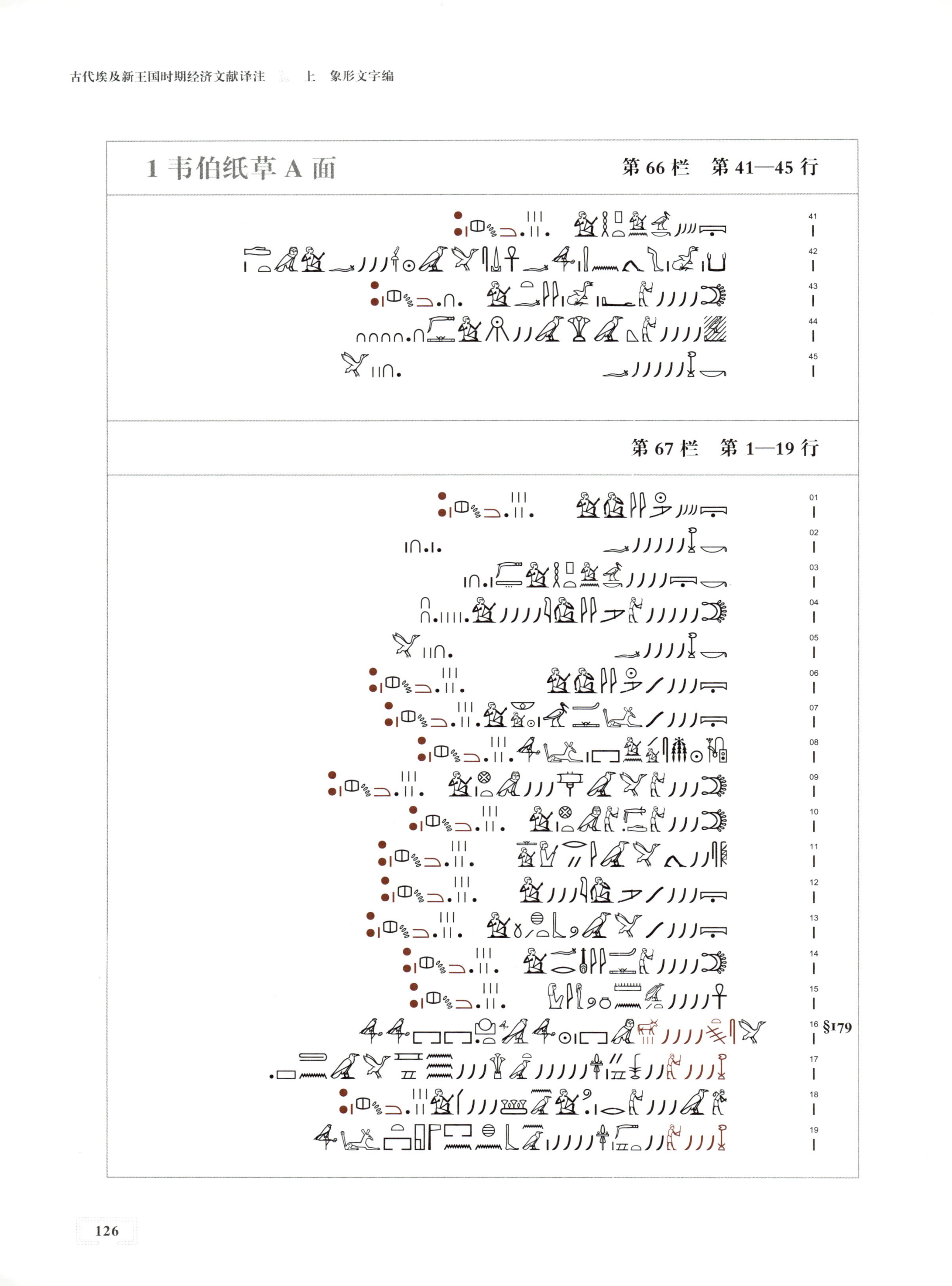

1 韦伯纸草 A 面

第 66 栏　第 41—45 行

41

42

43

44

45

第 67 栏　第 1—19 行

01

02

03

04

05

06

07

08

09

10

11

12

13

14

15

16 §179

17

18

19

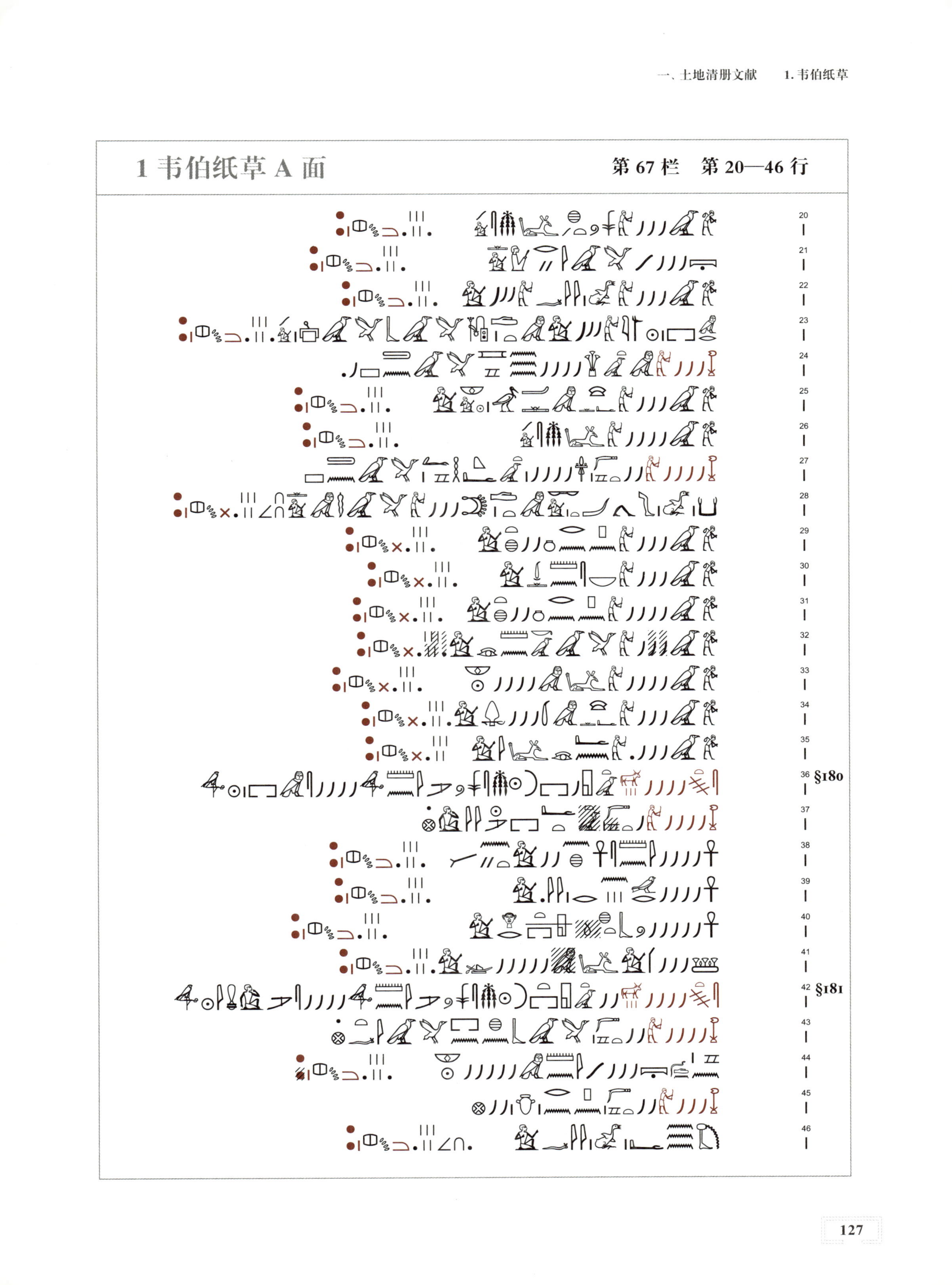

1 韦伯纸草 A 面

第 67 栏　第 20—46 行

20

21

22

23

24

25

26

27

28

29

30

31

32

33

34

35

36 §180

37

38

39

40

41

42 §181

43

44

45

46

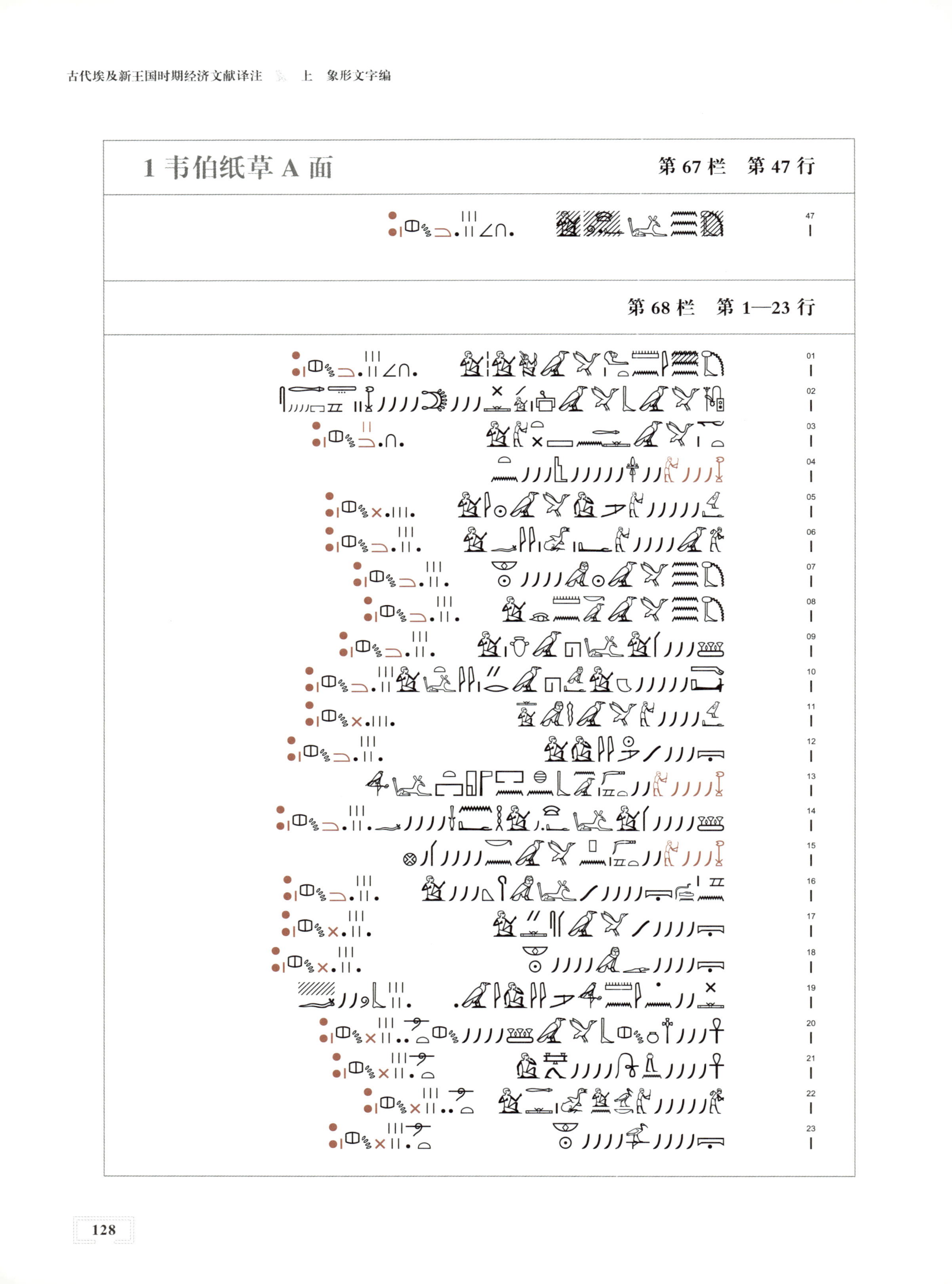

1 韦伯纸草 A 面

第 67 栏　第 47 行

47

第 68 栏　第 1—23 行

01

02

03

04

05

06

07

08

09

10

11

12

13

14

15

16

17

18

19

20

21

22

23

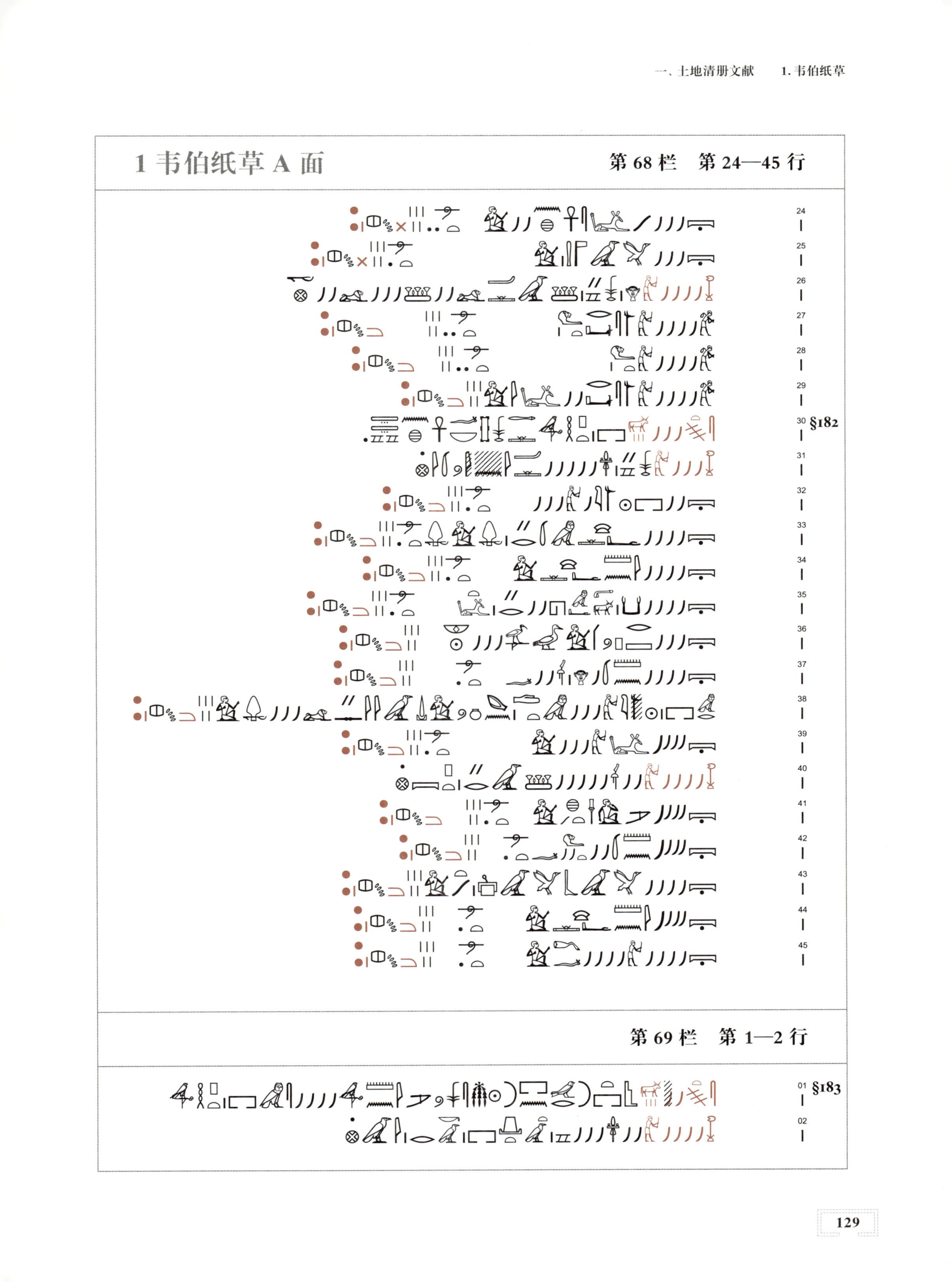

1 韦伯纸草 A 面

第 68 栏　第 24—45 行

24

25

26

27

28

29

30 §182

31

32

33

34

35

36

37

38

39

40

41

42

43

44

45

第 69 栏　第 1—2 行

01 §183

02

1 韦伯纸草A面

第69栏 第3—29行

03

04

05

06

07

08

09

10

11

12

13

14 §184

15

16

17

18

19

20

21

22

23

24

25

26

27

28

29

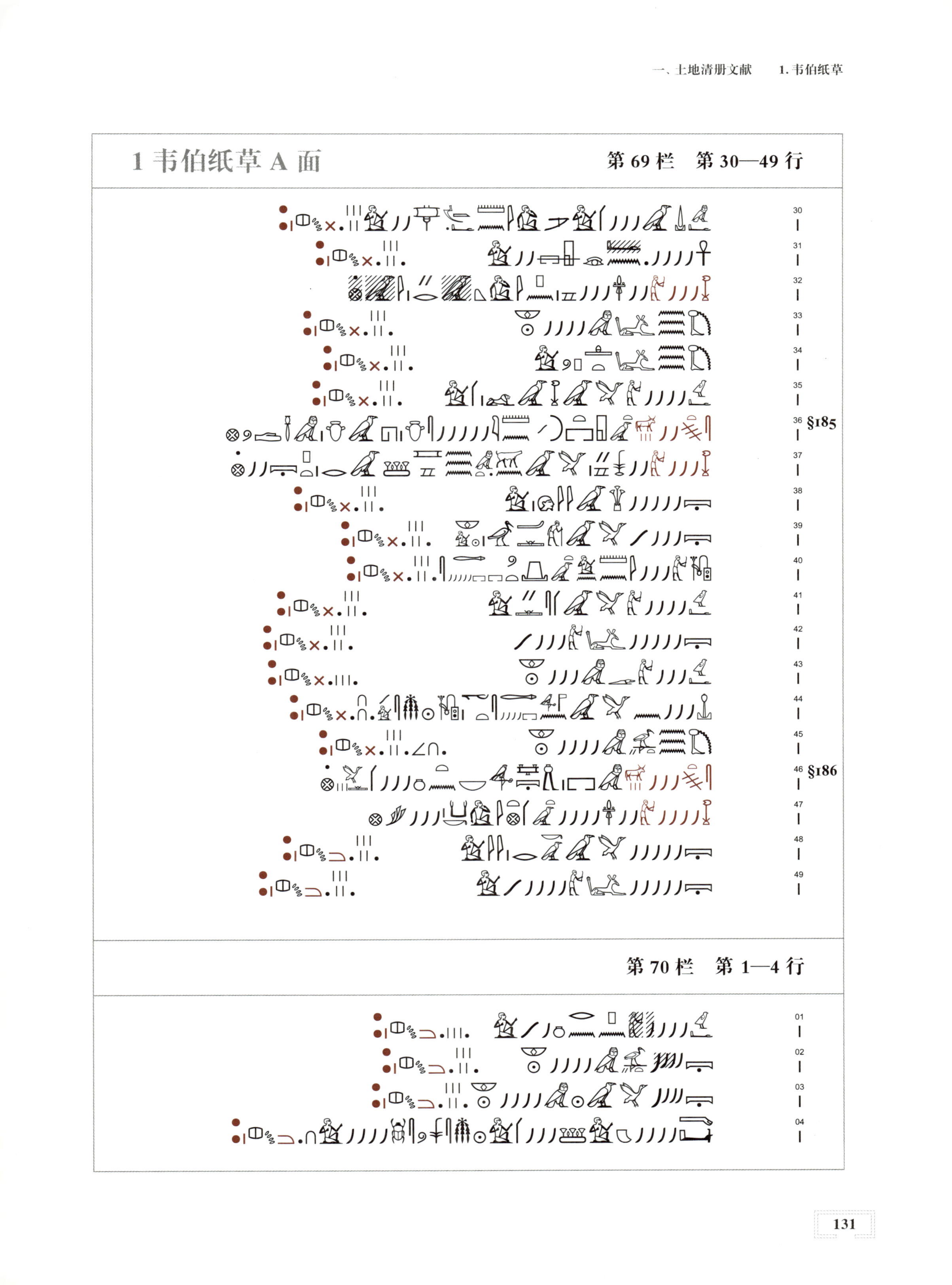

1 韦伯纸草 A 面

第 69 栏　第 30—49 行

30
31
32
33
34
35
36 §185
37
38
39
40
41
42
43
44
45
46 §186
47
48
49

第 70 栏　第 1—4 行

01
02
03
04

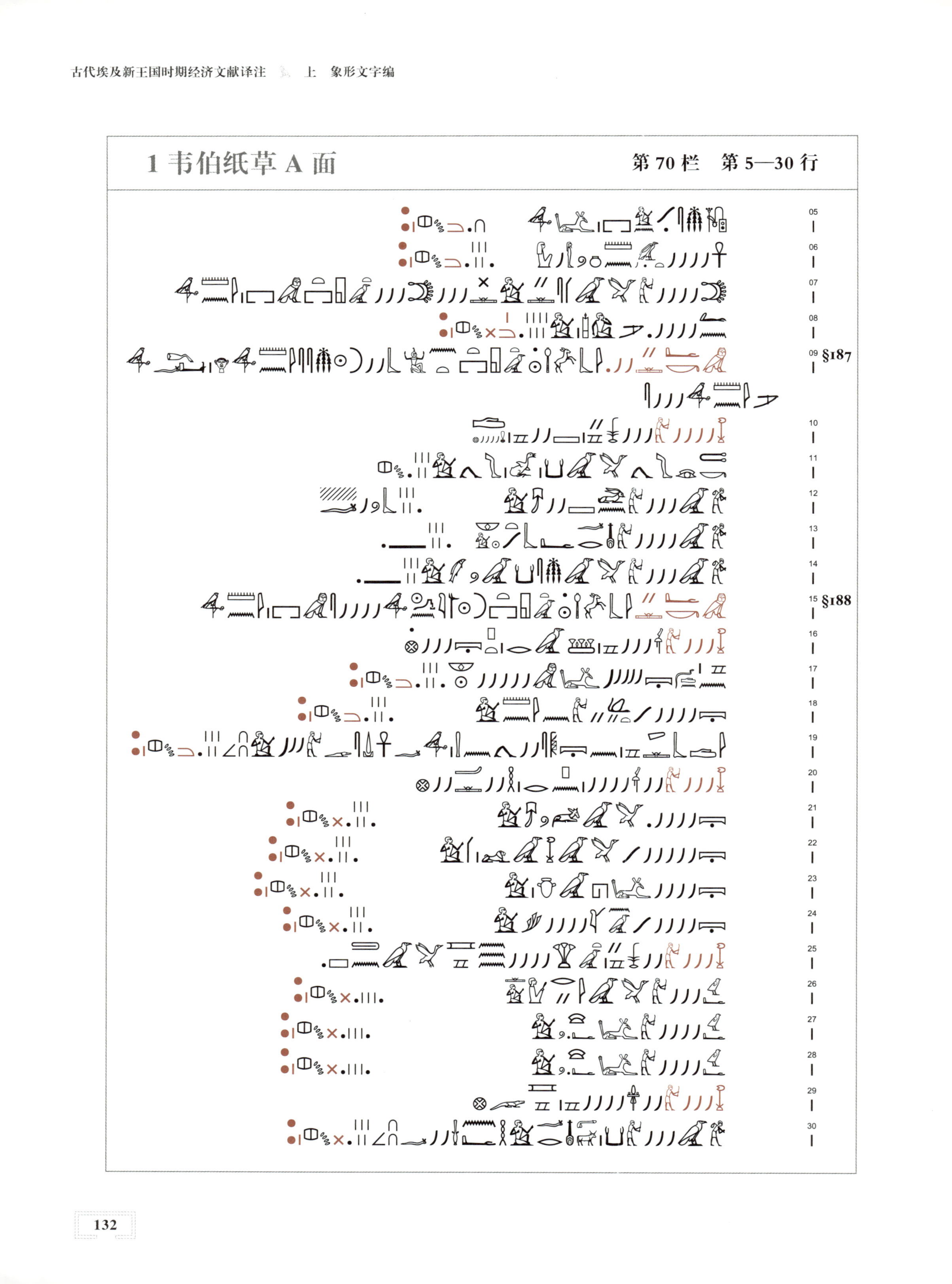

1 韦伯纸草 A 面 第 70 栏 第 5—30 行

§187

§188

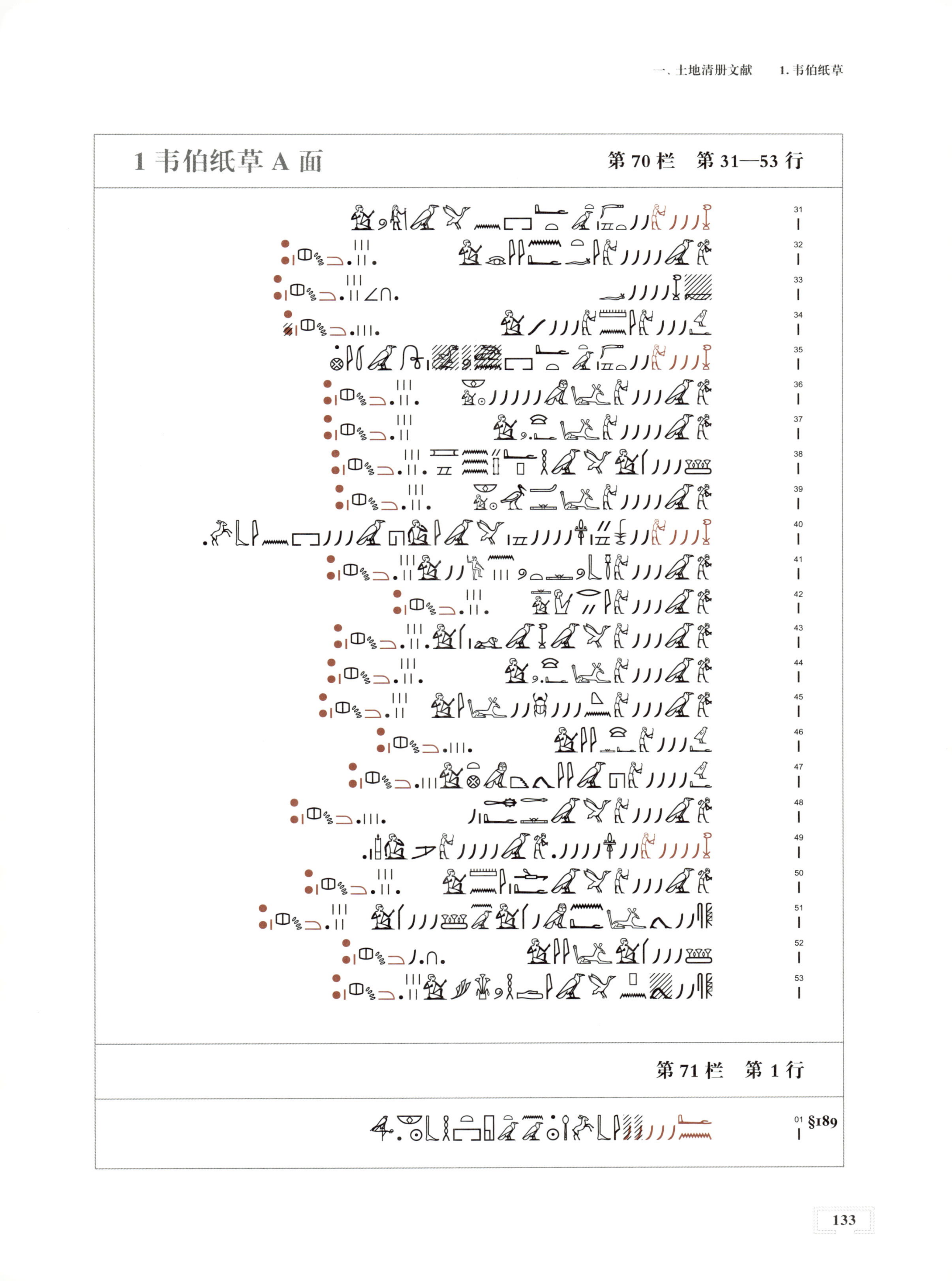

1 韦伯纸草 A 面

第 70 栏　第 31—53 行

31
32
33
34
35
36
37
38
39
40
41
42
43
44
45
46
47
48
49
50
51
52
53

第 71 栏　第 1 行

01 §189

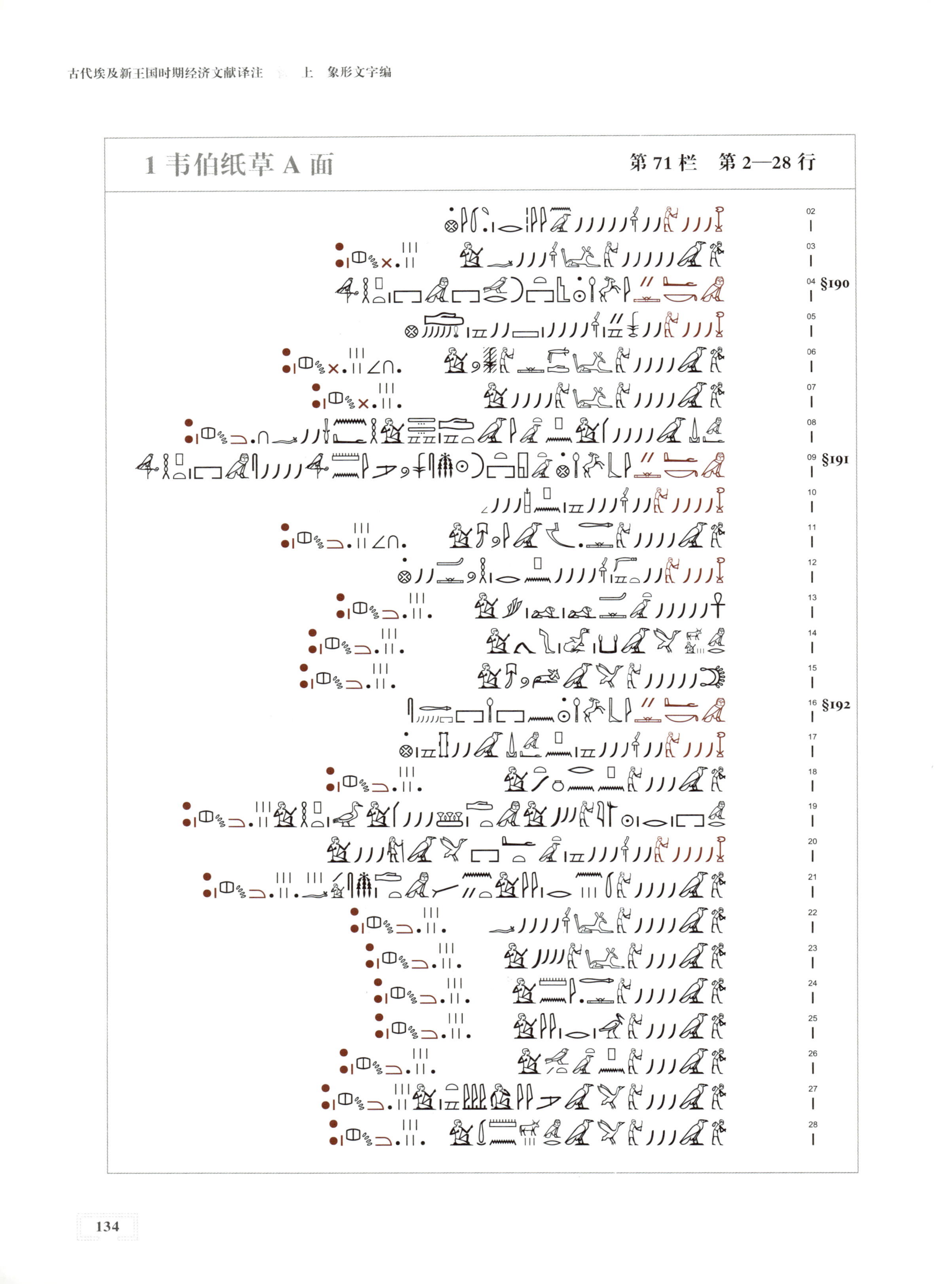

1 韦伯纸草 A 面

第 71 栏 第 2—28 行

02
03
04 §190
05
06
07
08
09 §191
10
11
12
13
14
15
16 §192
17
18
19
20
21
22
23
24
25
26
27
28

1 韦伯纸草 A 面

第 71 栏　第 29—48 行

29

30

31

32

33

34

35

36 §193

37

38

39

40 §194

41

42

43

44

45

46

47 §195

48

第 72 栏　第 1—4 行

01

02

03

04

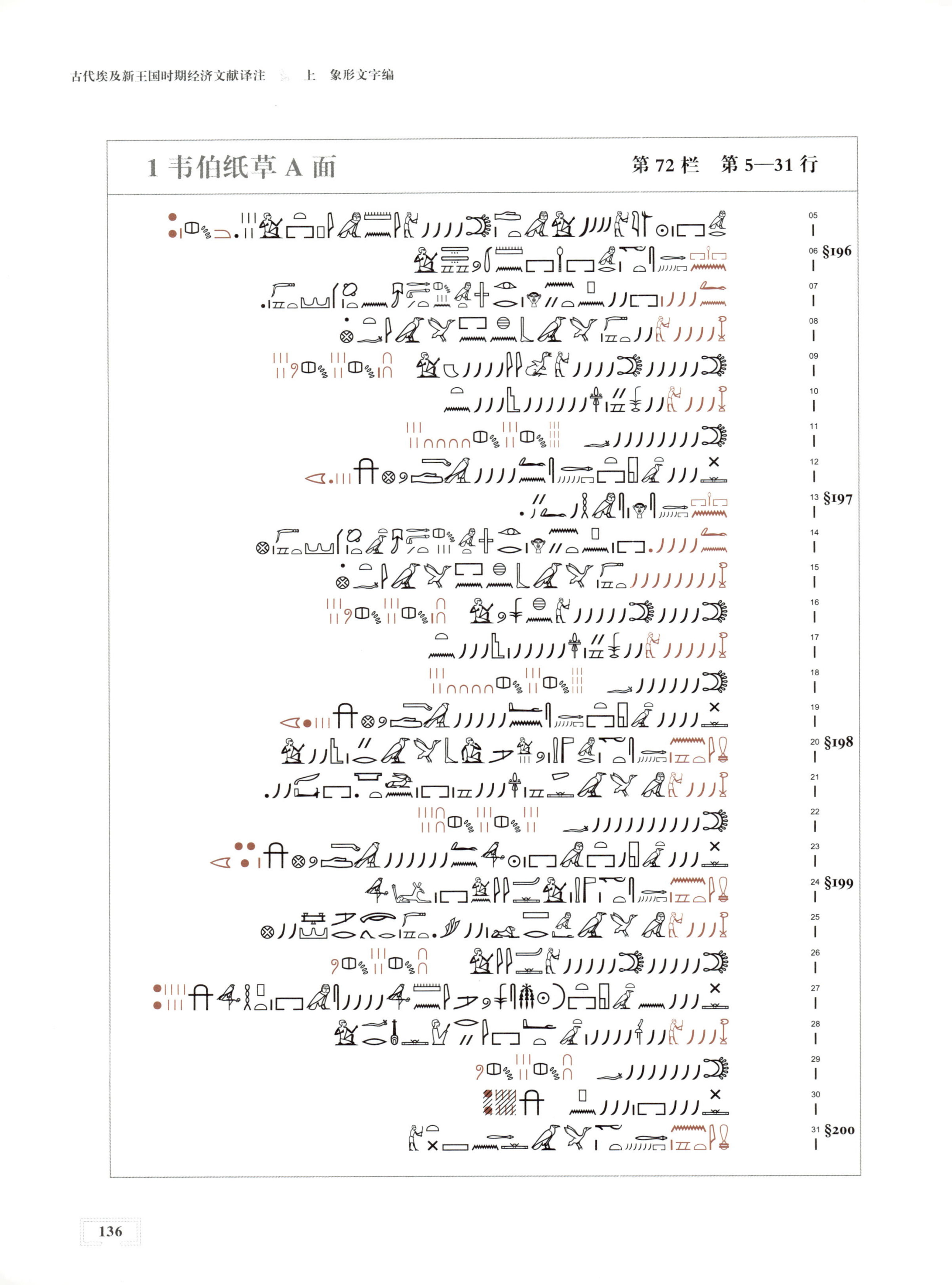

1 韦伯纸草 A 面

第 72 栏 第 5—31 行

05

06 §196

07

08

09

10

11

12

13 §197

14

15

16

17

18

19

20 §198

21

22

23

24 §199

25

26

27

28

29

30

31 §200

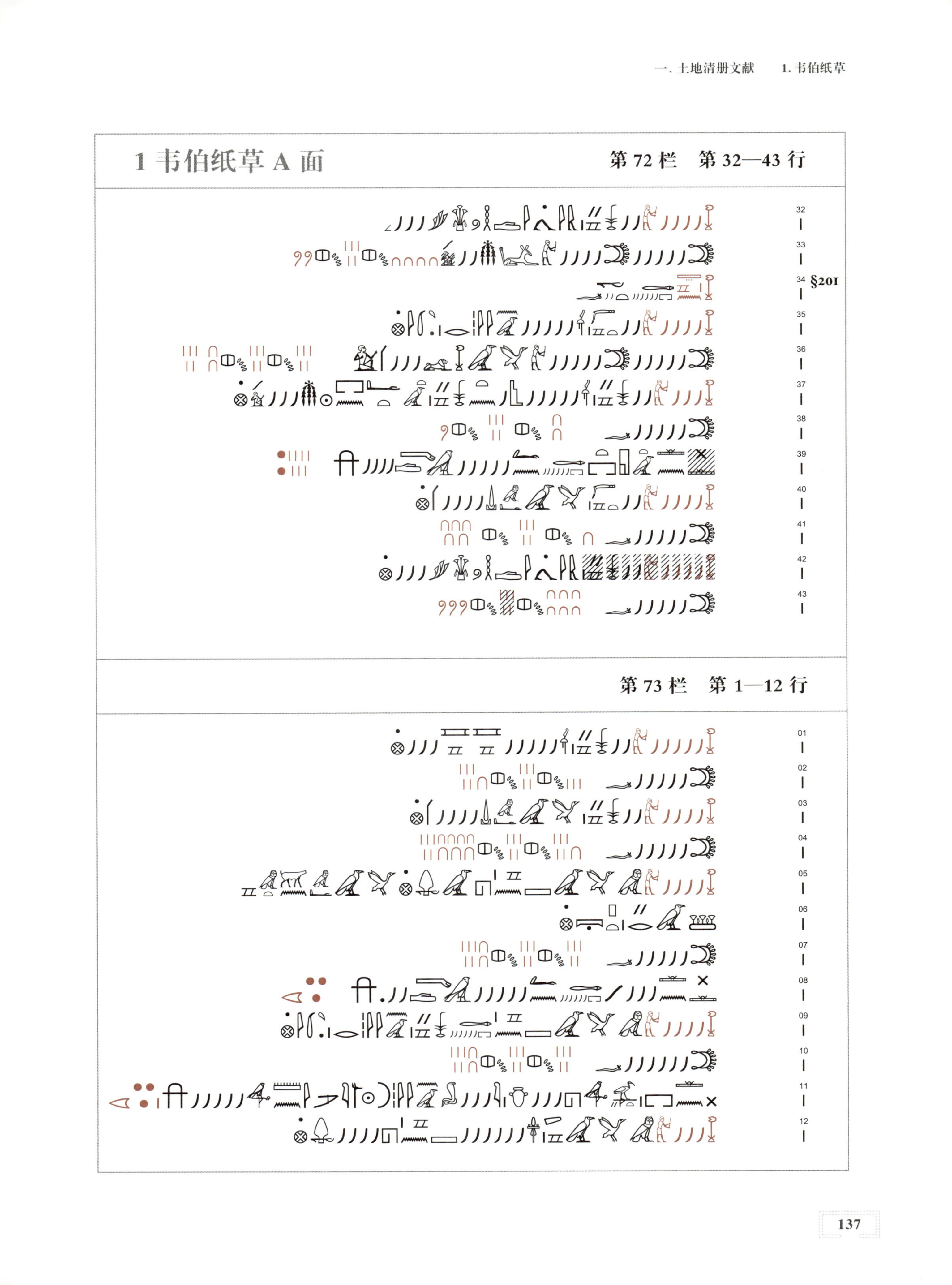

1 韦伯纸草 A 面

第 72 栏　第 32—43 行

32

33

34 §201

35

36

37

38

39

40

41

42

43

第 73 栏　第 1—12 行

01

02

03

04

05

06

07

08

09

10

11

12

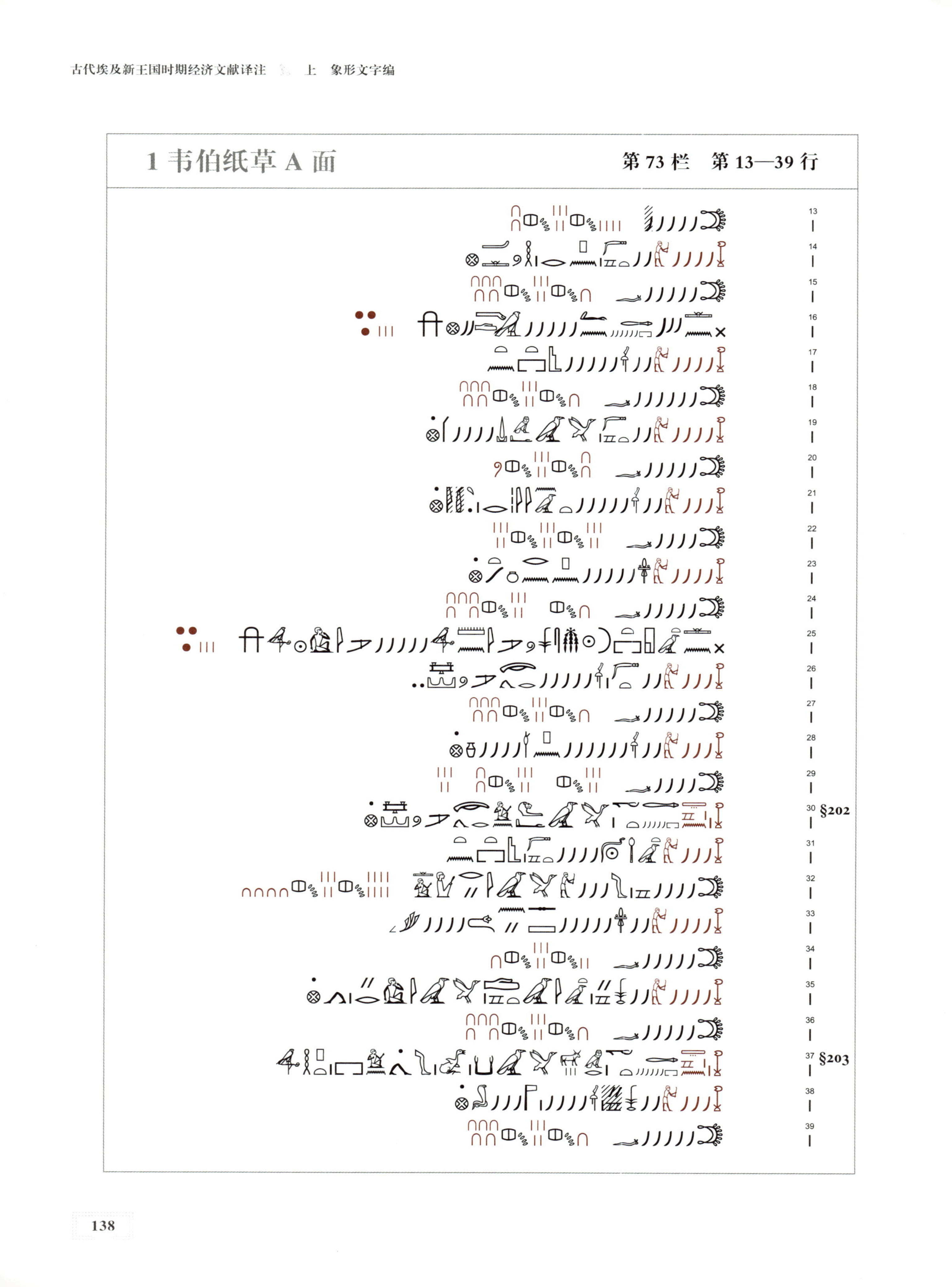

1 韦伯纸草A面

第73栏 第13—39行

13

14

15

16

17

18

19

20

21

22

23

24

25

26

27

28

29

30 §202

31

32

33

34

35

36

37 §203

38

39

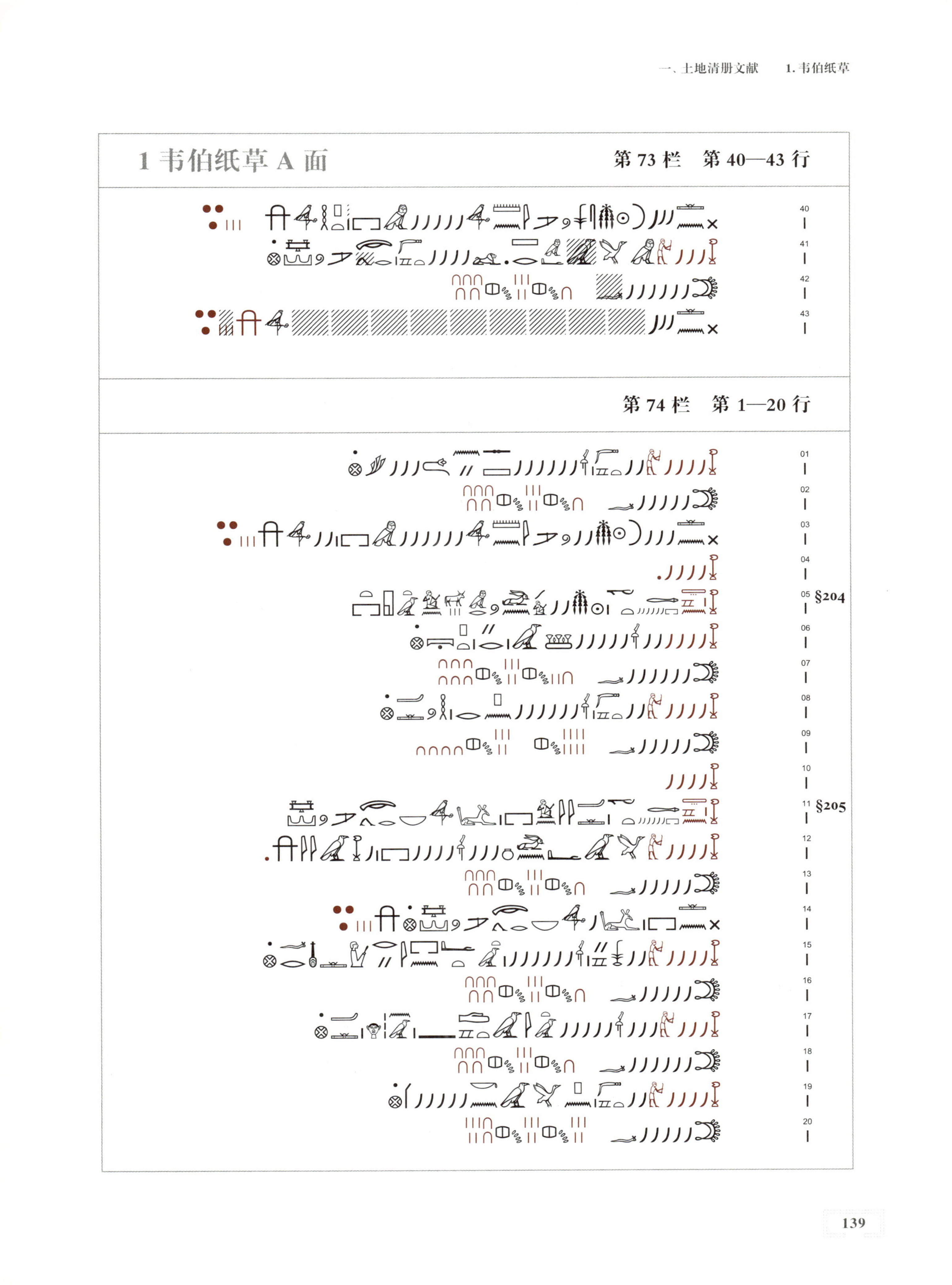

1 韦伯纸草 A 面

第 73 栏　第 40—43 行

40

41

42

43

第 74 栏　第 1—20 行

01

02

03

04

05 §204

06

07

08

09

10

11 §205

12

13

14

15

16

17

18

19

20

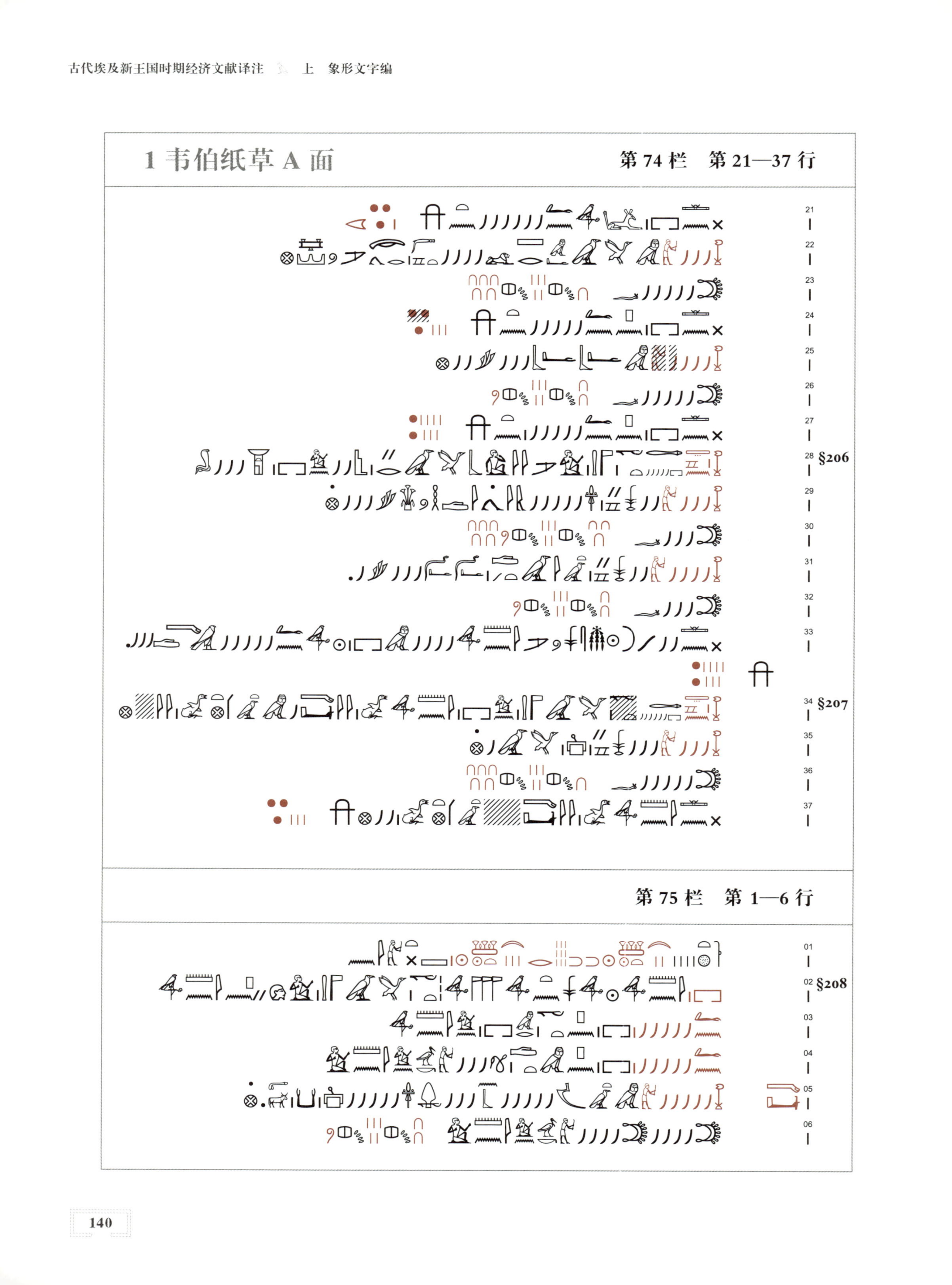

1 韦伯纸草A面

第74栏 第21—37行

21

22

23

24

25

26

27

28 §206

29

30

31

32

33

34 §207

35

36

37

第75栏 第1—6行

01

02 §208

03

04

05

06

1 韦伯纸草 A 面

第 75 栏　第 7—32 行

07 §209

08

09

10

11 §210

12

13

14

15

16

17

18 §211

19

20

21

22

23

24

25

26

27

28

29

30

31

32

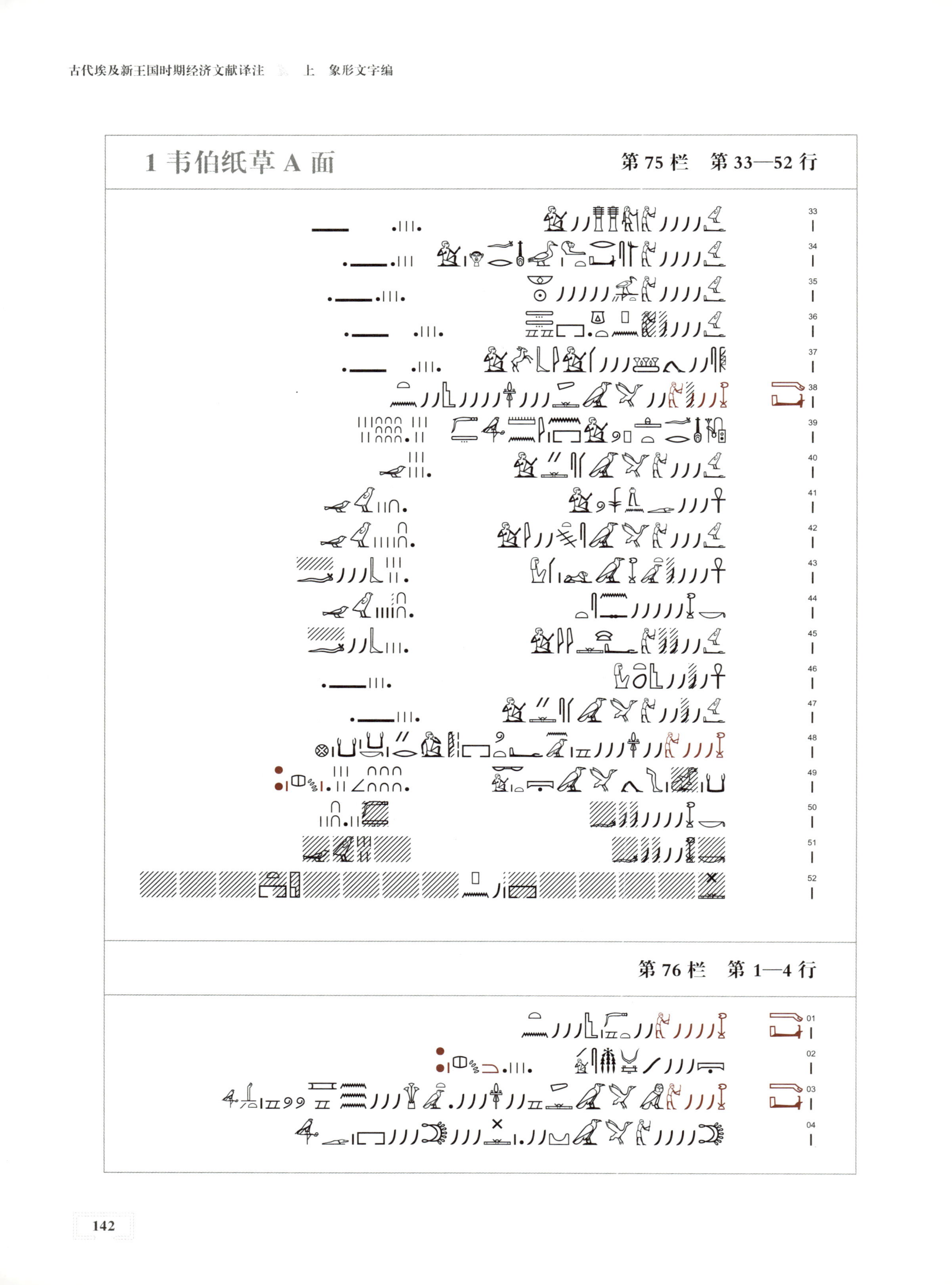

1 韦伯纸草 A 面

第 75 栏 第 33—52 行

第 76 栏 第 1—4 行

1 韦伯纸草 A 面

第 76 栏　第 5—29 行

§212

§213

§214

1 韦伯纸草 A 面

第 76 栏 第 30—51 行

30

31

32

33

34

35

36

37

38

39

40 §215

41

42

43

44 §216

45

46

47 §217

48

49

50

51

第 77 栏 第 1 行

01 §218

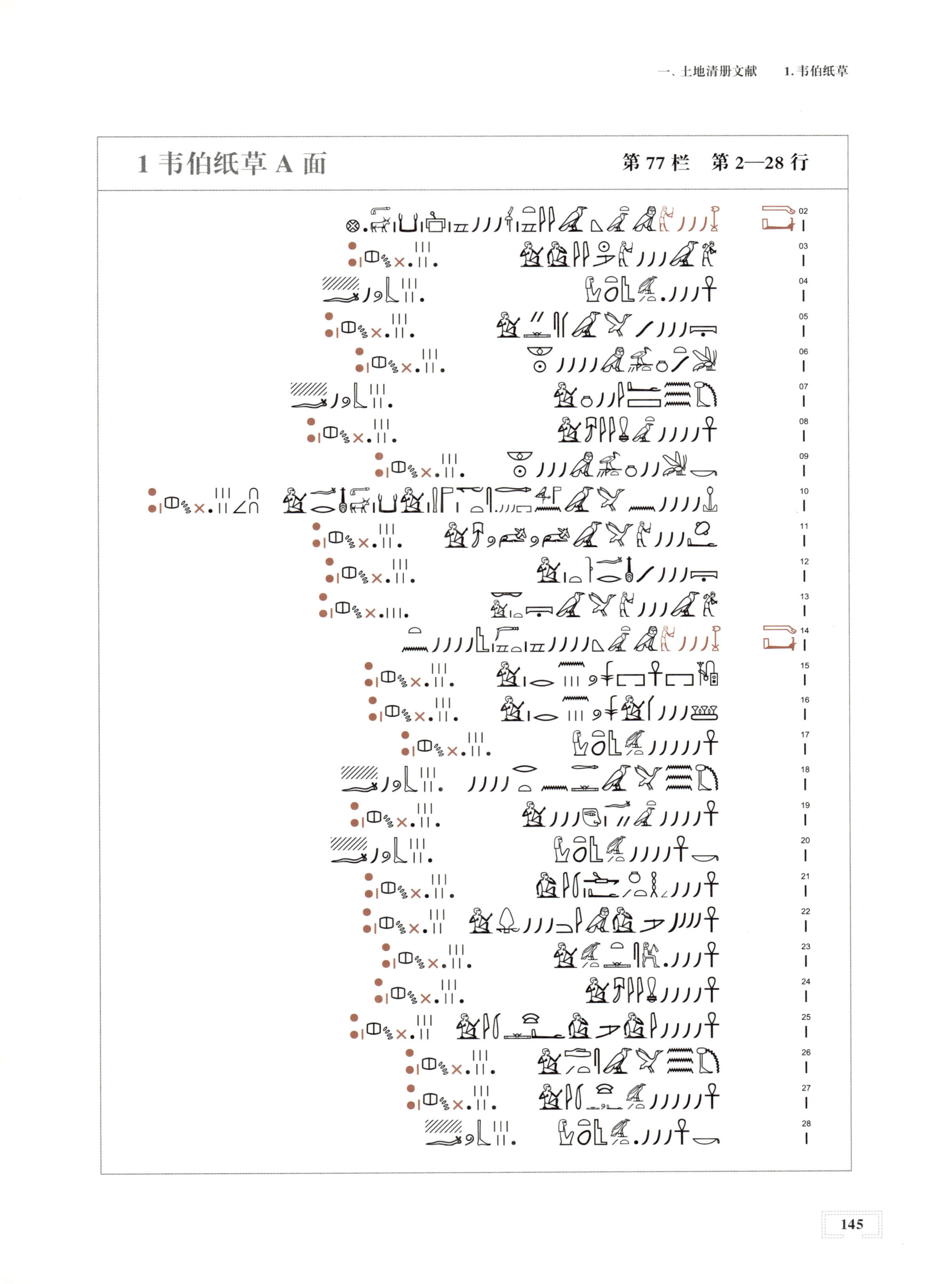

1 韦伯纸草 A 面

第 77 栏　第 2—28 行

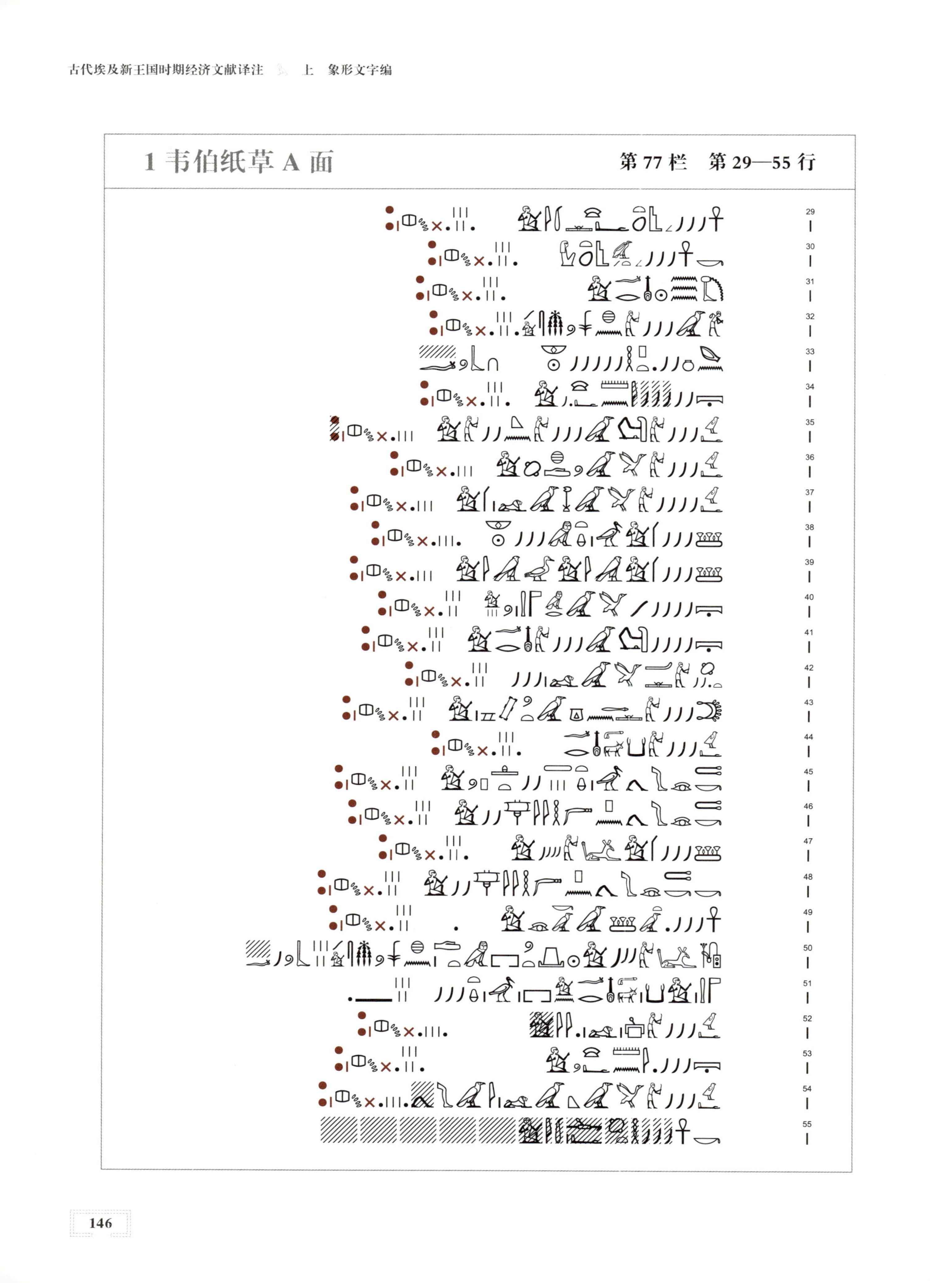

1 韦伯纸草 A 面　　第 77 栏　第 29—55 行

1 韦伯纸草 A 面

第 77 栏　第 56 行

56

第 78 栏　第 1—23 行

01
02
03
04
05
06
07
08
09
10
11
12
13
14
15
16
17
18
19
20
21
22
23

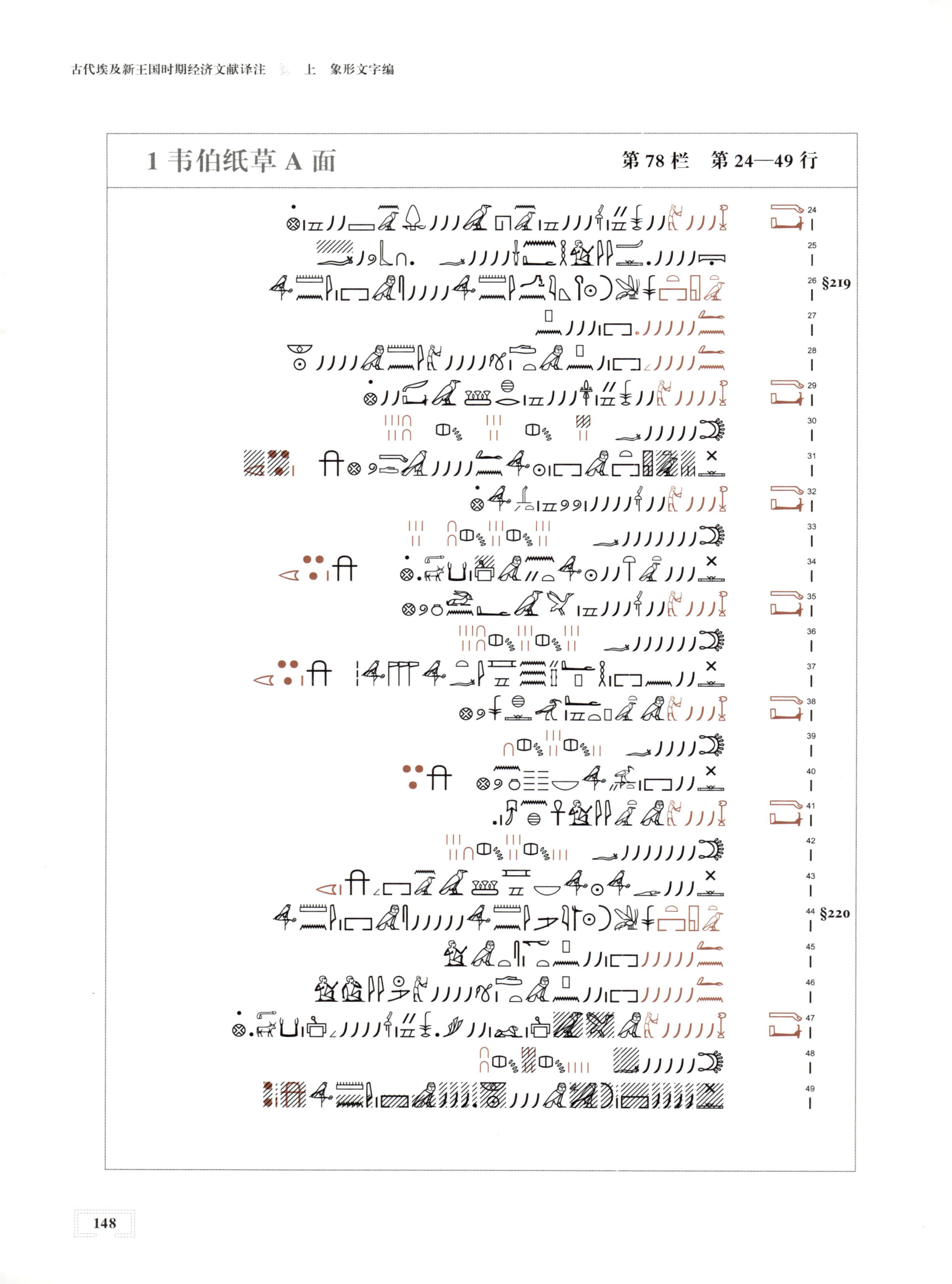

1 韦伯纸草 A 面　　第 78 栏　第 24—49 行

§219

§220

1 韦伯纸草 A 面　　第 79 栏　第 1—27 行

01

02

03 §221

04

05

06

07

08

09

10

11 §222

12

13

14 §223

15

16

17

18

19

20

21

22

23

24

25

26

27

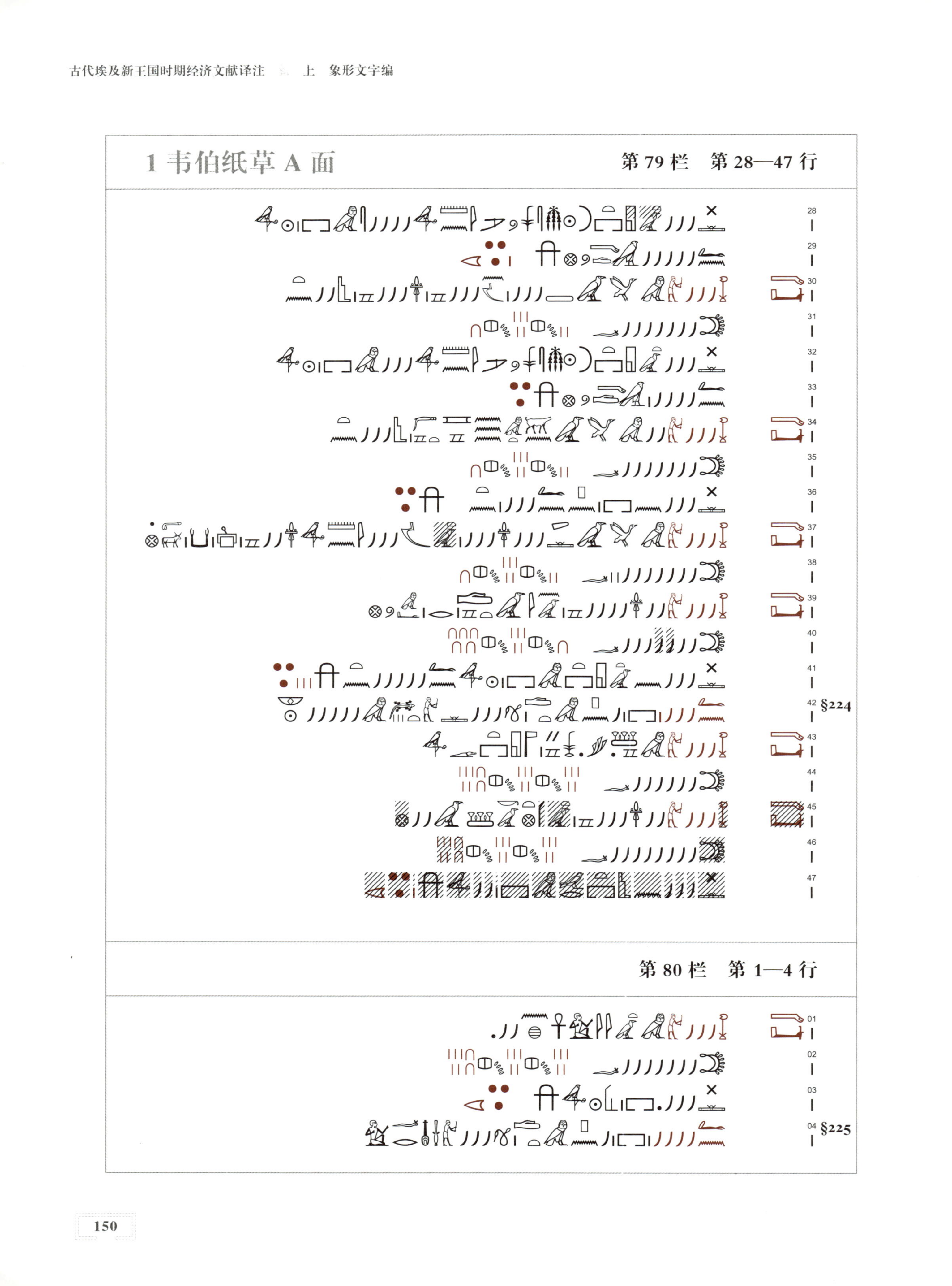

1 韦伯纸草 A 面

第 79 栏 第 28—47 行

28

29

30

31

32

33

34

35

36

37

38

39

40

41

42 §224

43

44

45

46

47

第 80 栏 第 1—4 行

01

02

03

04 §225

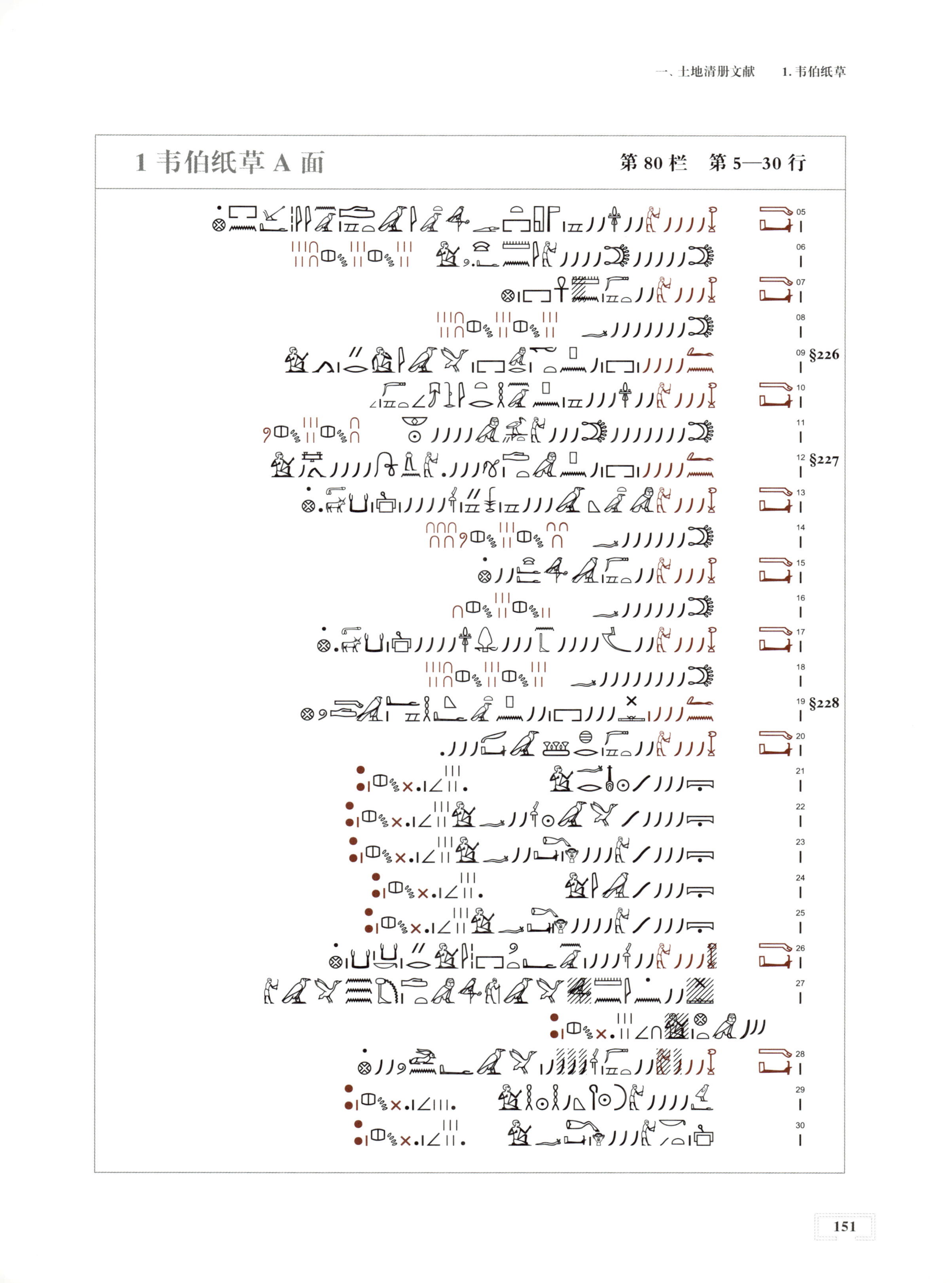

1 韦伯纸草 A 面

第 80 栏　第 5—30 行

05

06

07

08

09 §226

10

11

12 §227

13

14

15

16

17

18

19 §228

20

21

22

23

24

25

26

27

28

29

30

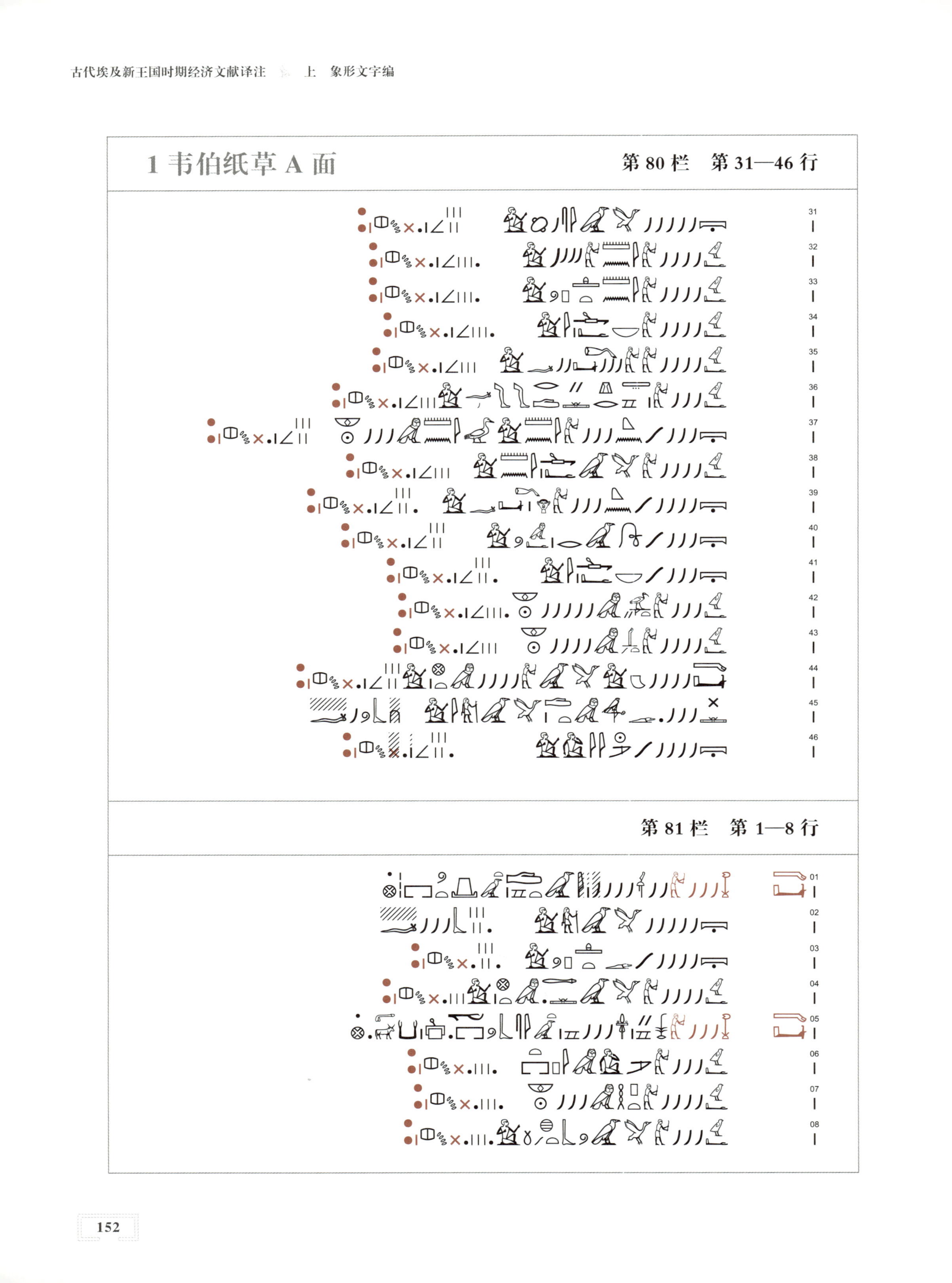

1 韦伯纸草 A 面

第 80 栏 第 31—46 行

31
32
33
34
35
36
37
38
39
40
41
42
43
44
45
46

第 81 栏 第 1—8 行

01
02
03
04
05
06
07
08

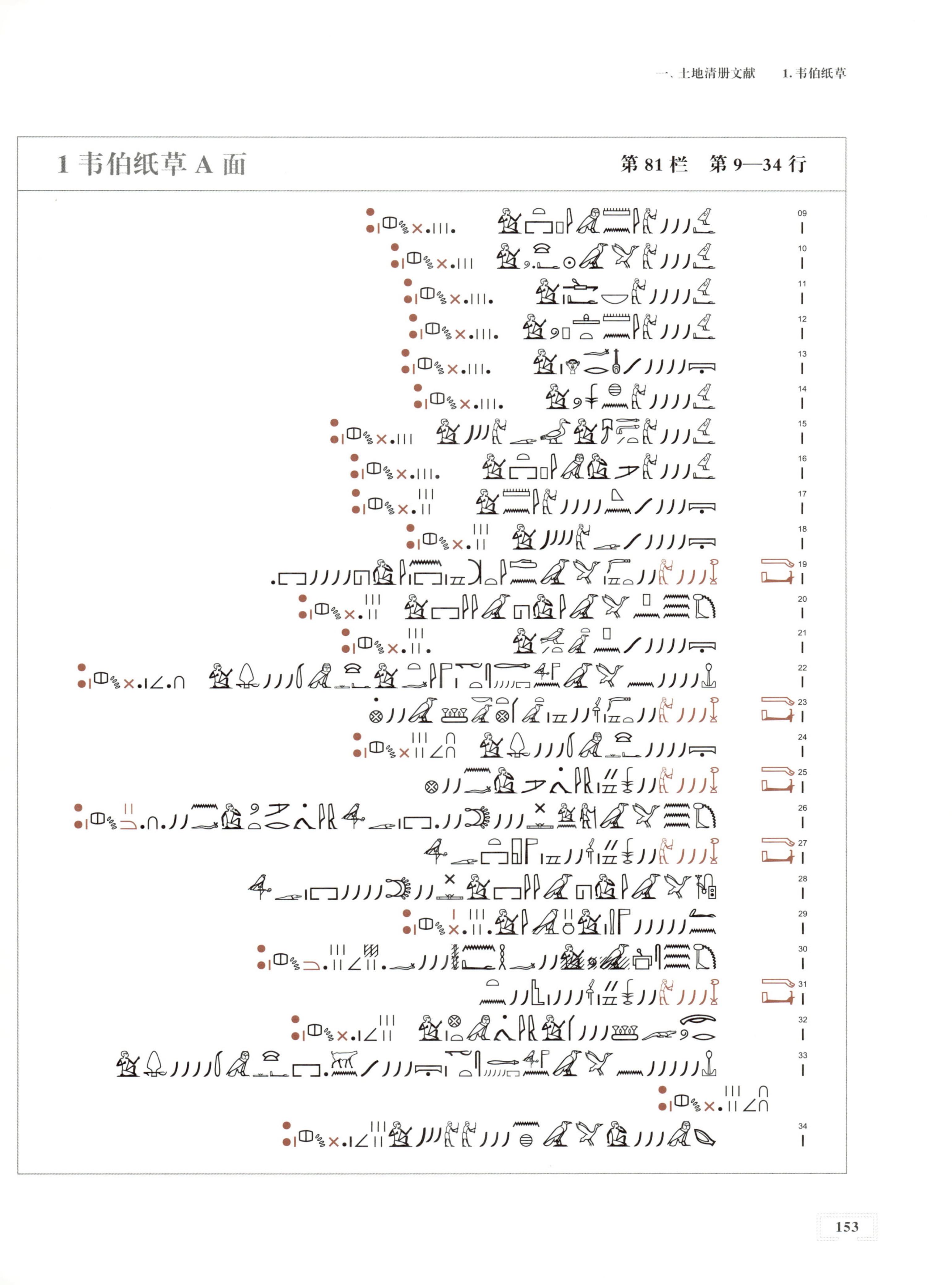

1 韦伯纸草 A 面

第 81 栏　第 9—34 行

09

10

11

12

13

14

15

16

17

18

19

20

21

22

23

24

25

26

27

28

29

30

31

32

33

34

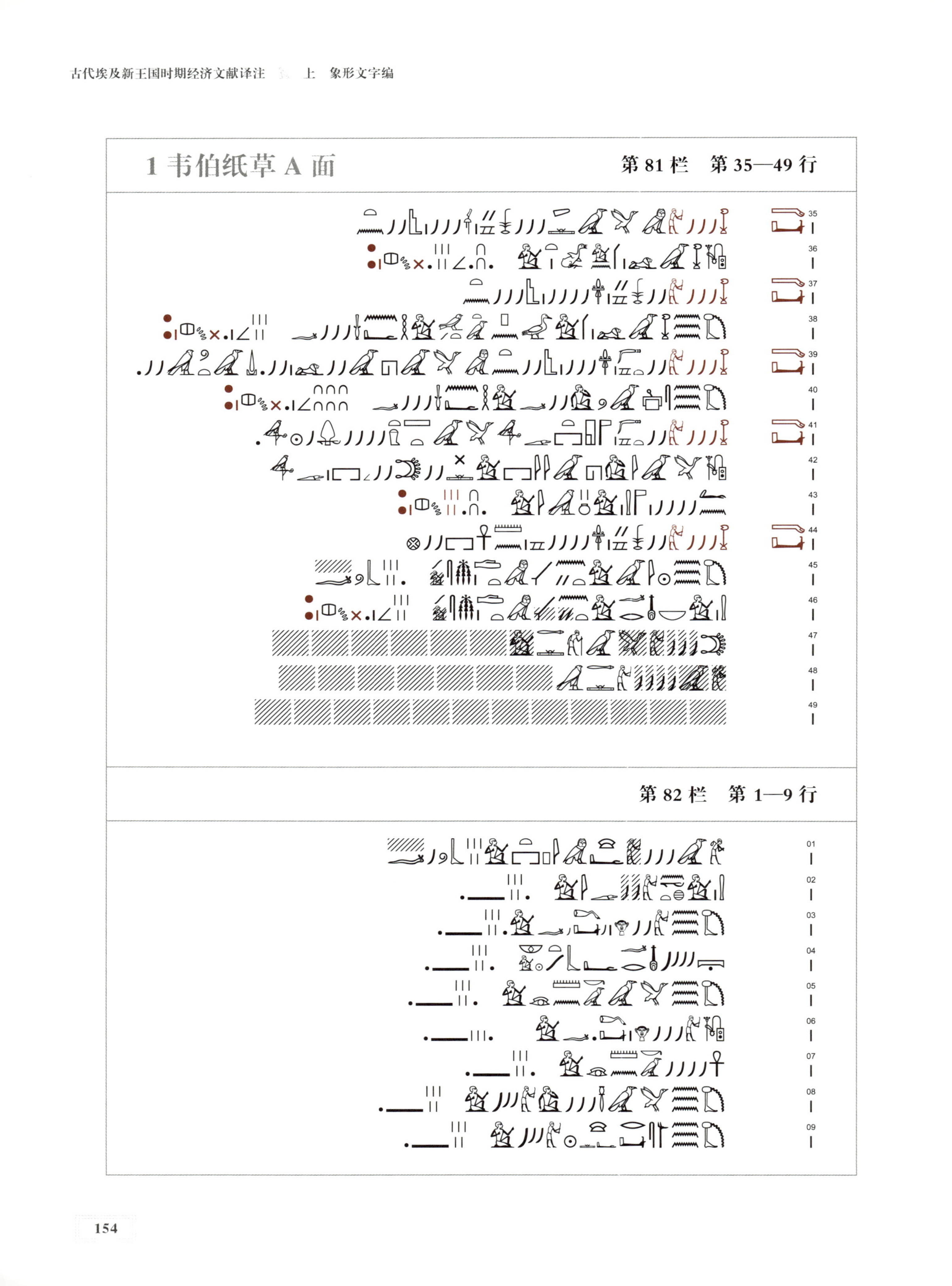

1 韦伯纸草 A 面

第 81 栏　第 35—49 行

35

36

37

38

39

40

41

42

43

44

45

46

47

48

49

第 82 栏　第 1—9 行

01

02

03

04

05

06

07

08

09

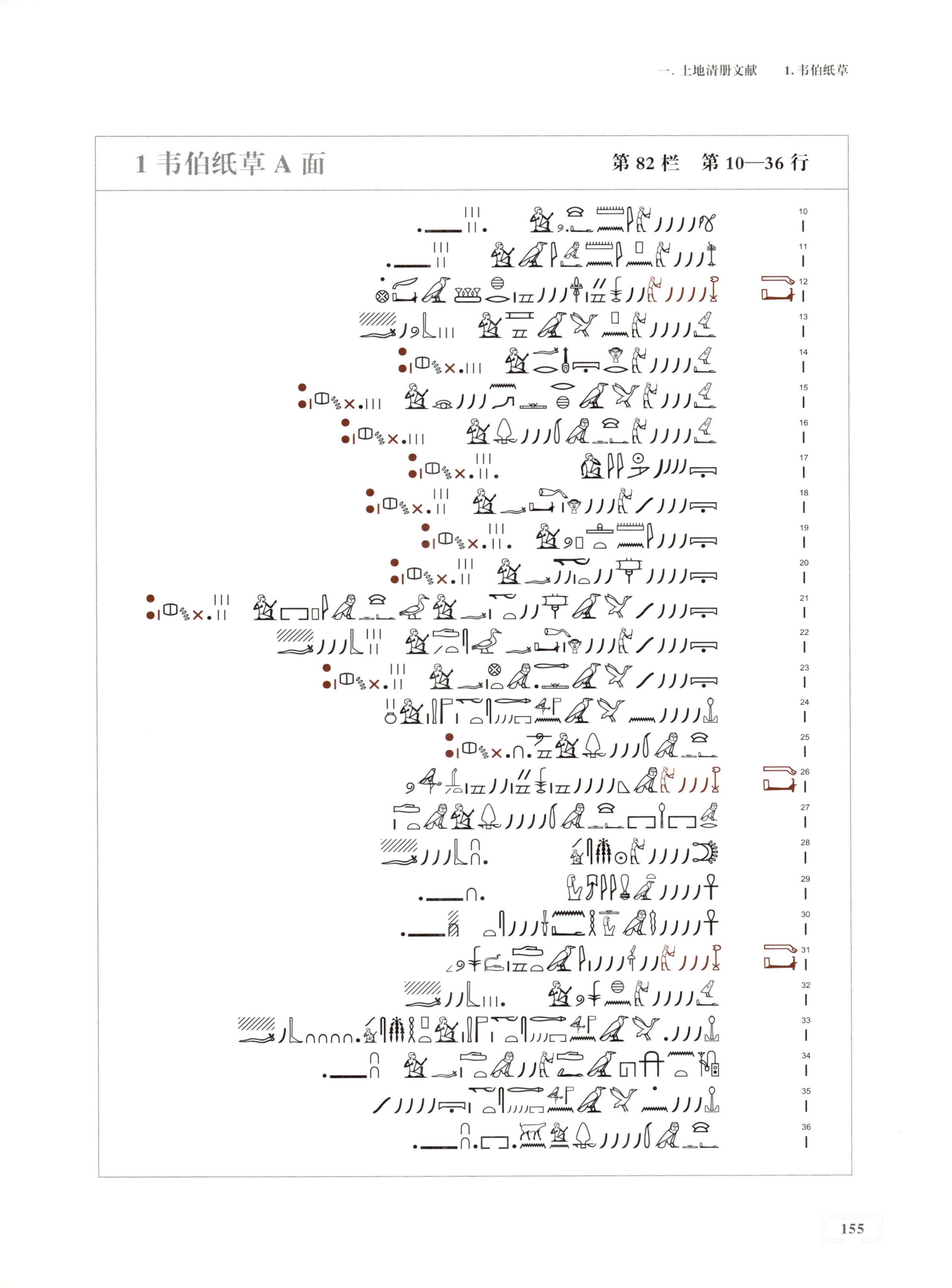

1 韦伯纸草 A 面

第 82 栏　第 10—36 行

10
11
12
13
14
15
16
17
18
19
20
21
22
23
24
25
26
27
28
29
30
31
32
33
34
35
36

1 韦伯纸草 A 面

第 82 栏 第 37—52 行

37 §229

38

39

40 §230

41

42

43

44 §231

45

46

47

48

49

50

51

52

第 83 栏 第 1—8 行

01

02

03

04

05

06

07 §232

08

1 韦伯纸草 A 面

第 83 栏　第 9—35 行

09
10
11
12
13 §233
14
15
16
17
18
19
20
21
22
23 §234
24
25
26 §235
27
28
29
30 §236
31
32
33
34
35

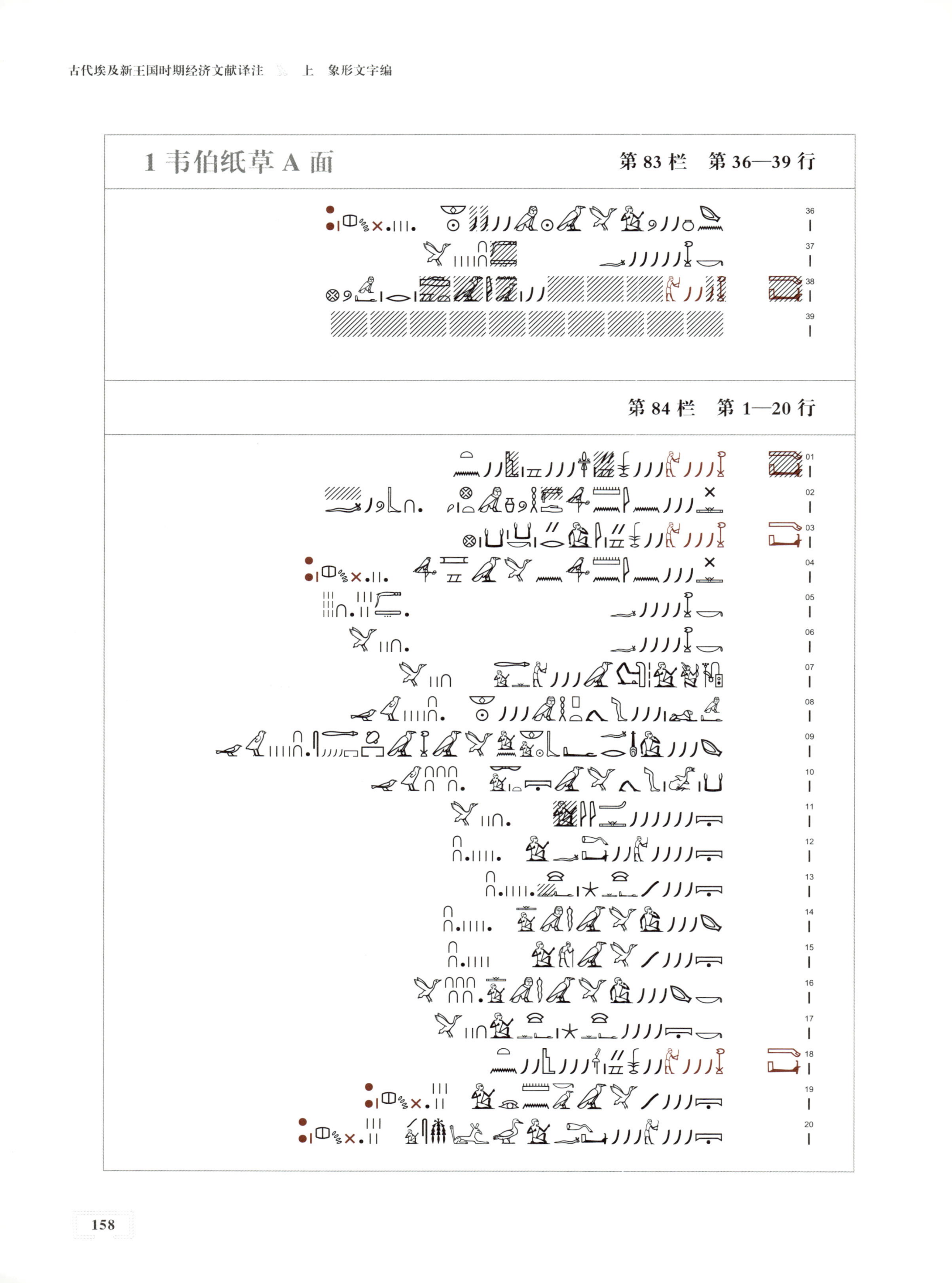

1 韦伯纸草 A 面

第 83 栏 第 36—39 行

36

37

38

39

第 84 栏 第 1—20 行

01

02

03

04

05

06

07

08

09

10

11

12

13

14

15

16

17

18

19

20

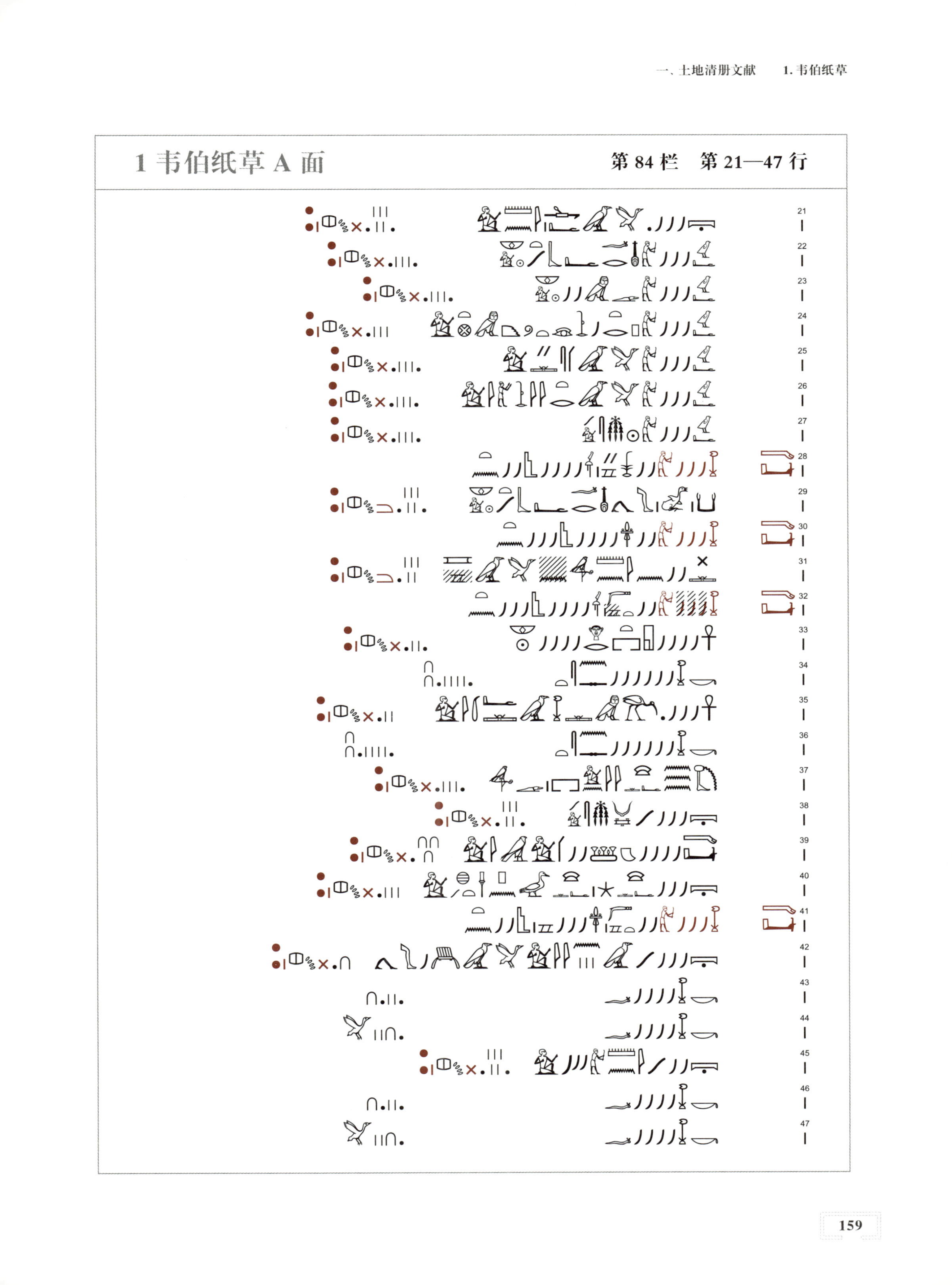

1 韦伯纸草 A 面　　第 84 栏　第 21—47 行

21
22
23
24
25
26
27
28
29
30
31
32
33
34
35
36
37
38
39
40
41
42
43
44
45
46
47

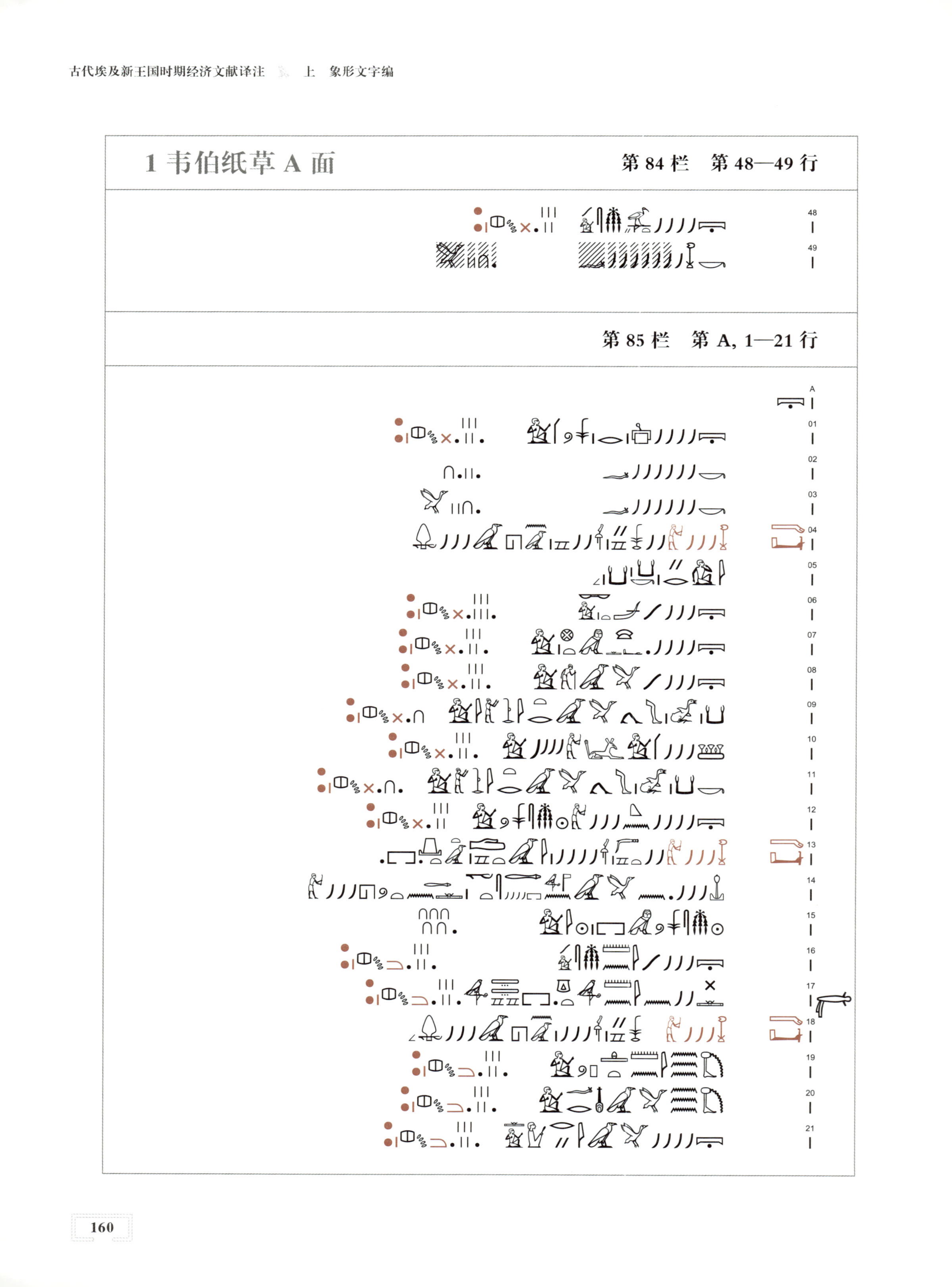

1 韦伯纸草 A 面

第 84 栏 第 48—49 行

48

49

第 85 栏 第 A, 1—21 行

A

01

02

03

04

05

06

07

08

09

10

11

12

13

14

15

16

17

18

19

20

21

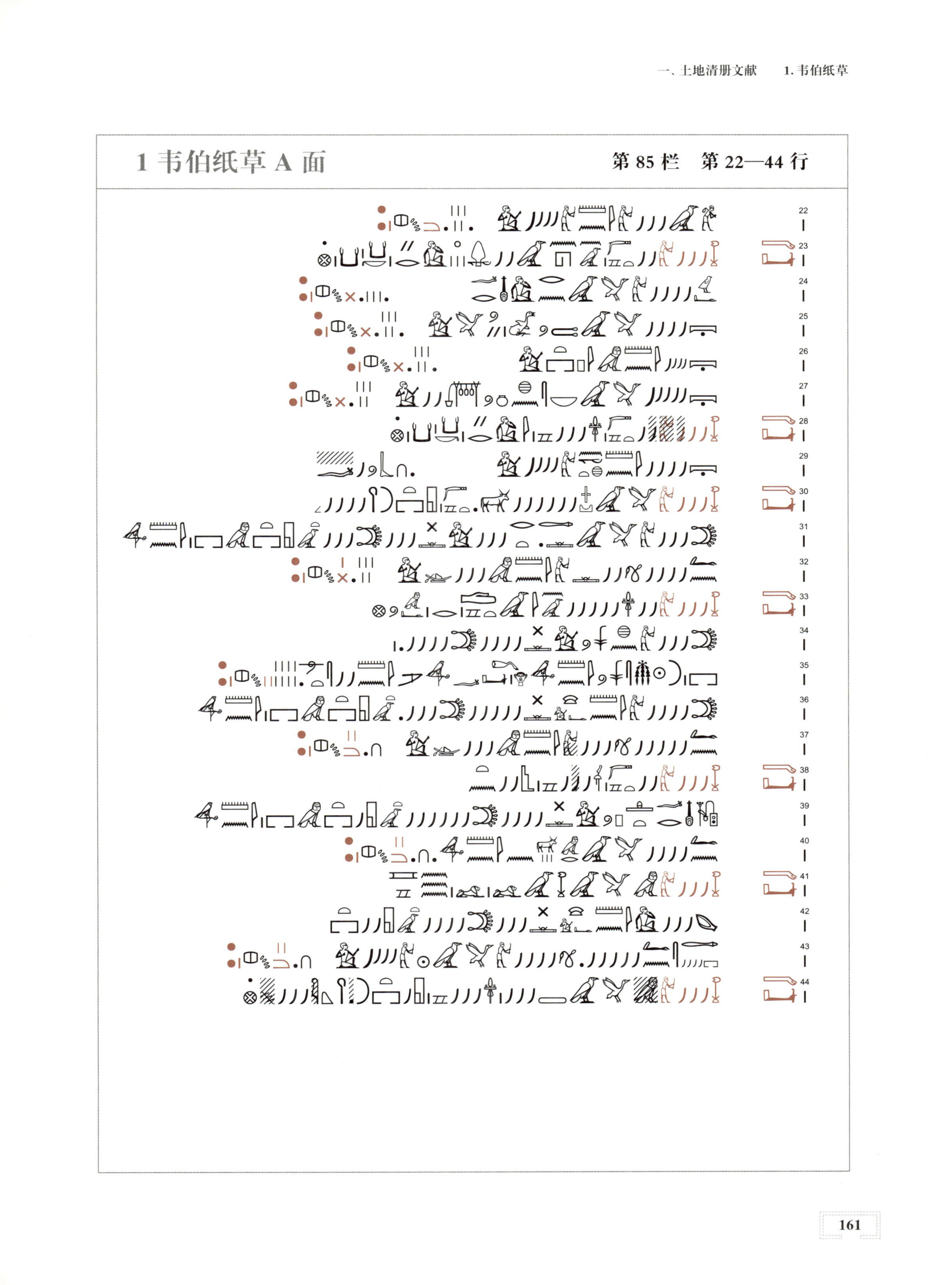

1 韦伯纸草 A 面

第 85 栏　第 22—44 行

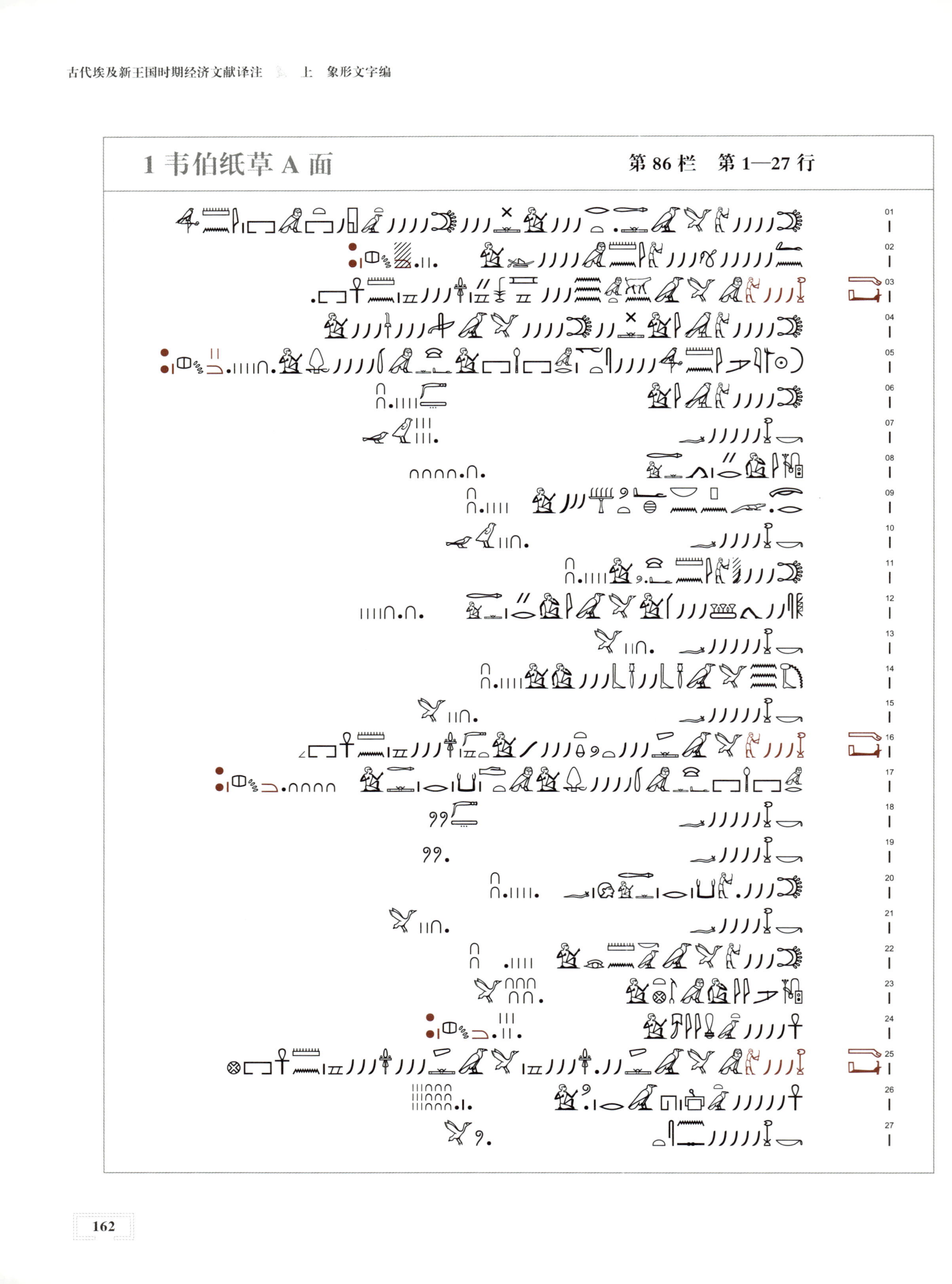

1 韦伯纸草A面　　第86栏　第1—27行

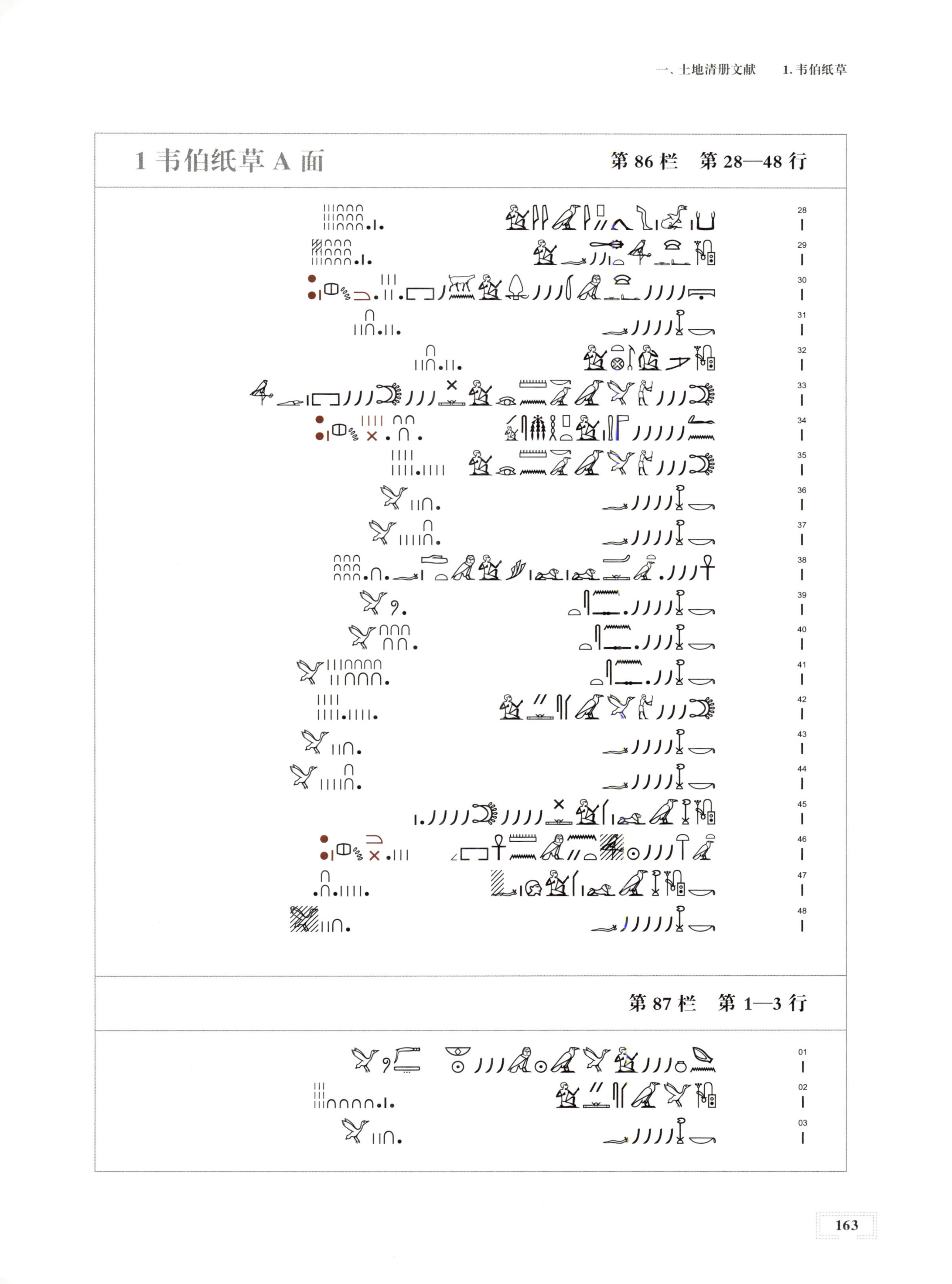

1 韦伯纸草 A 面

第 86 栏　第 28—48 行

28

29

30

31

32

33

34

35

36

37

38

39

40

41

42

43

44

45

46

47

48

第 87 栏　第 1—3 行

01

02

03

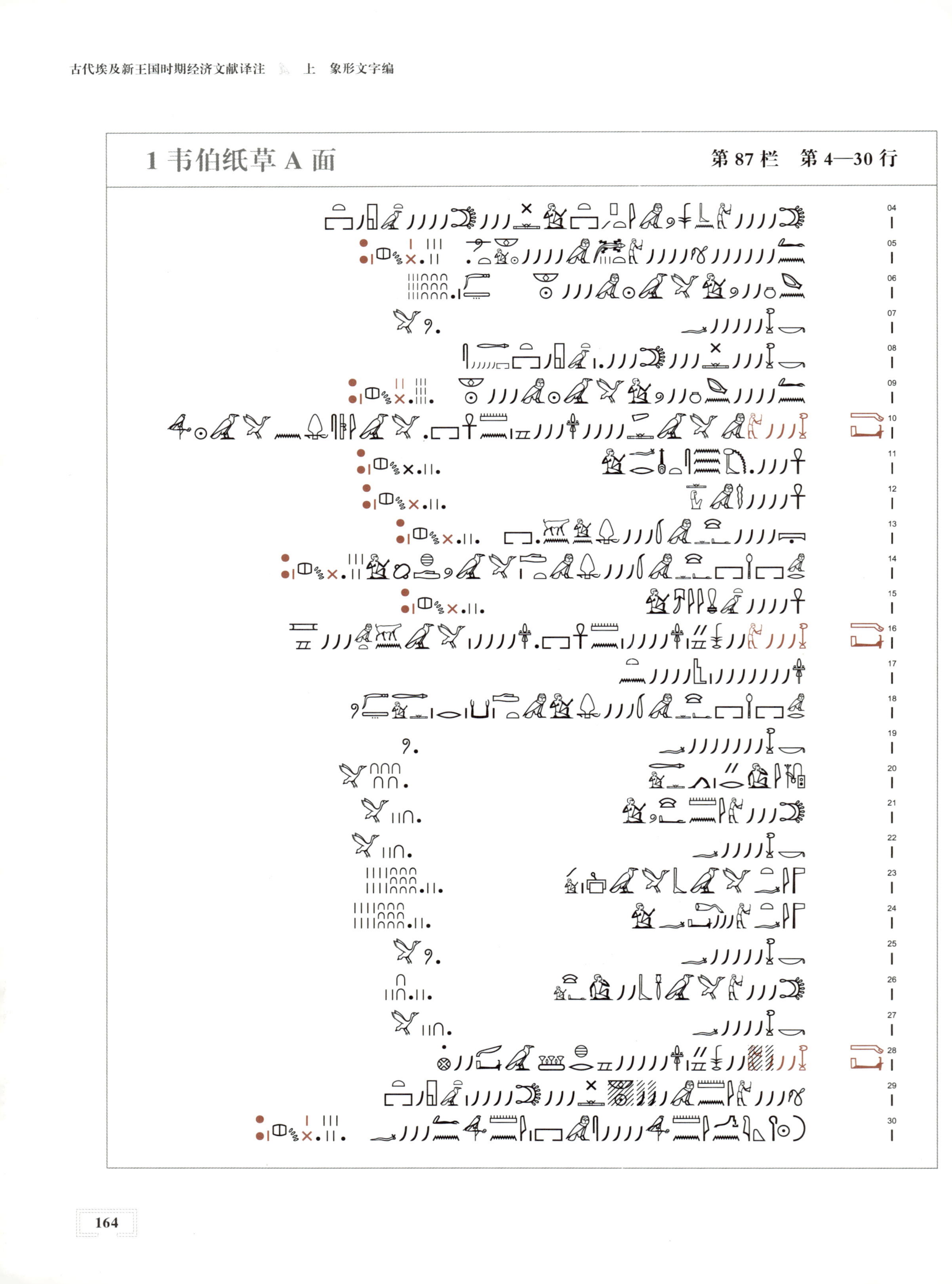

1 韦伯纸草 A 面

第 87 栏 第 4—30 行

1 韦伯纸草 A 面

第 87 栏　第 31—43 行

§237

第 88 栏　第 1—11 行

§238

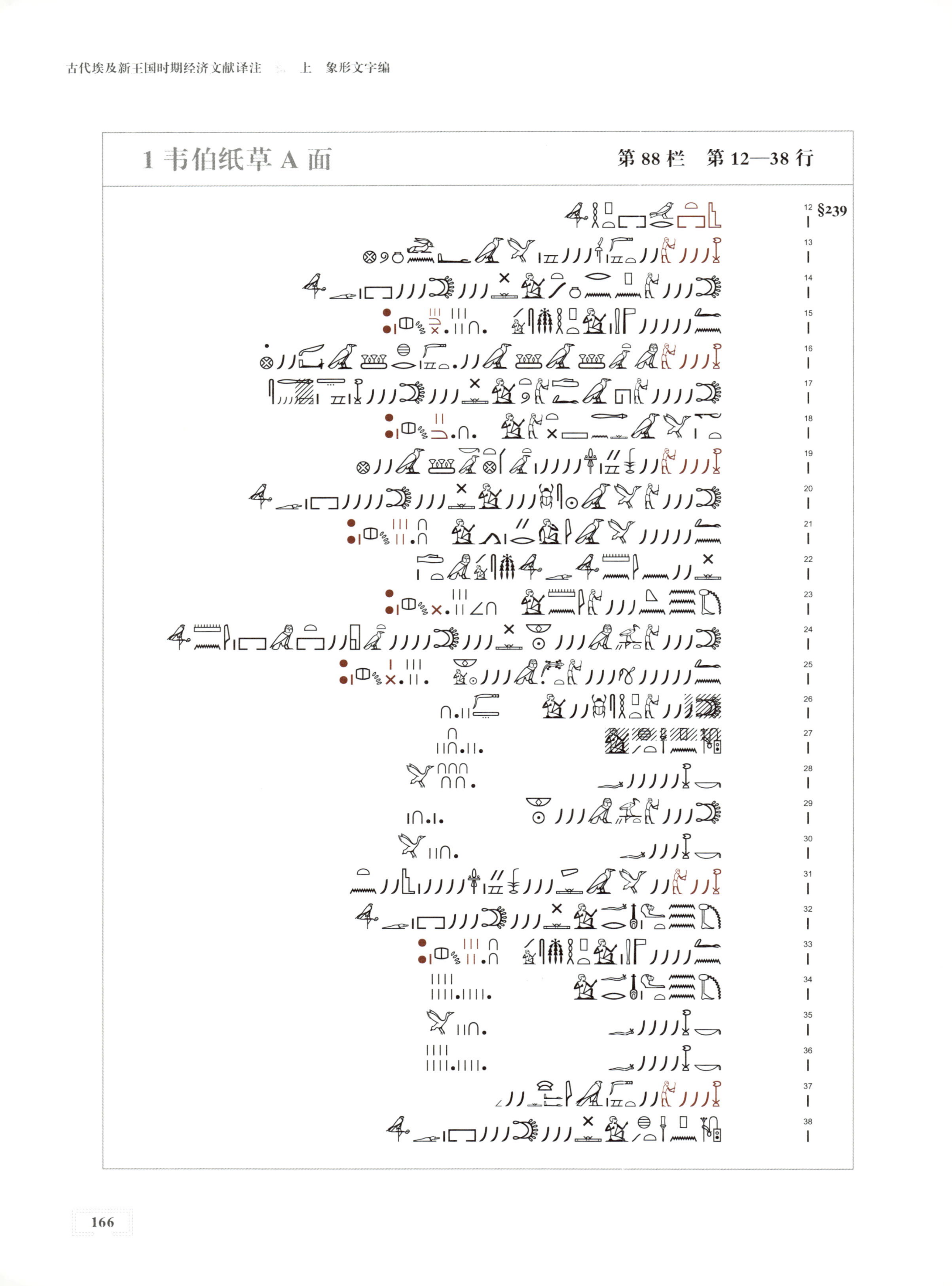

1 韦伯纸草 A 面

第 88 栏 第 12—38 行

12 §239

13

14

15

16

17

18

19

20

21

22

23

24

25

26

27

28

29

30

31

32

33

34

35

36

37

38

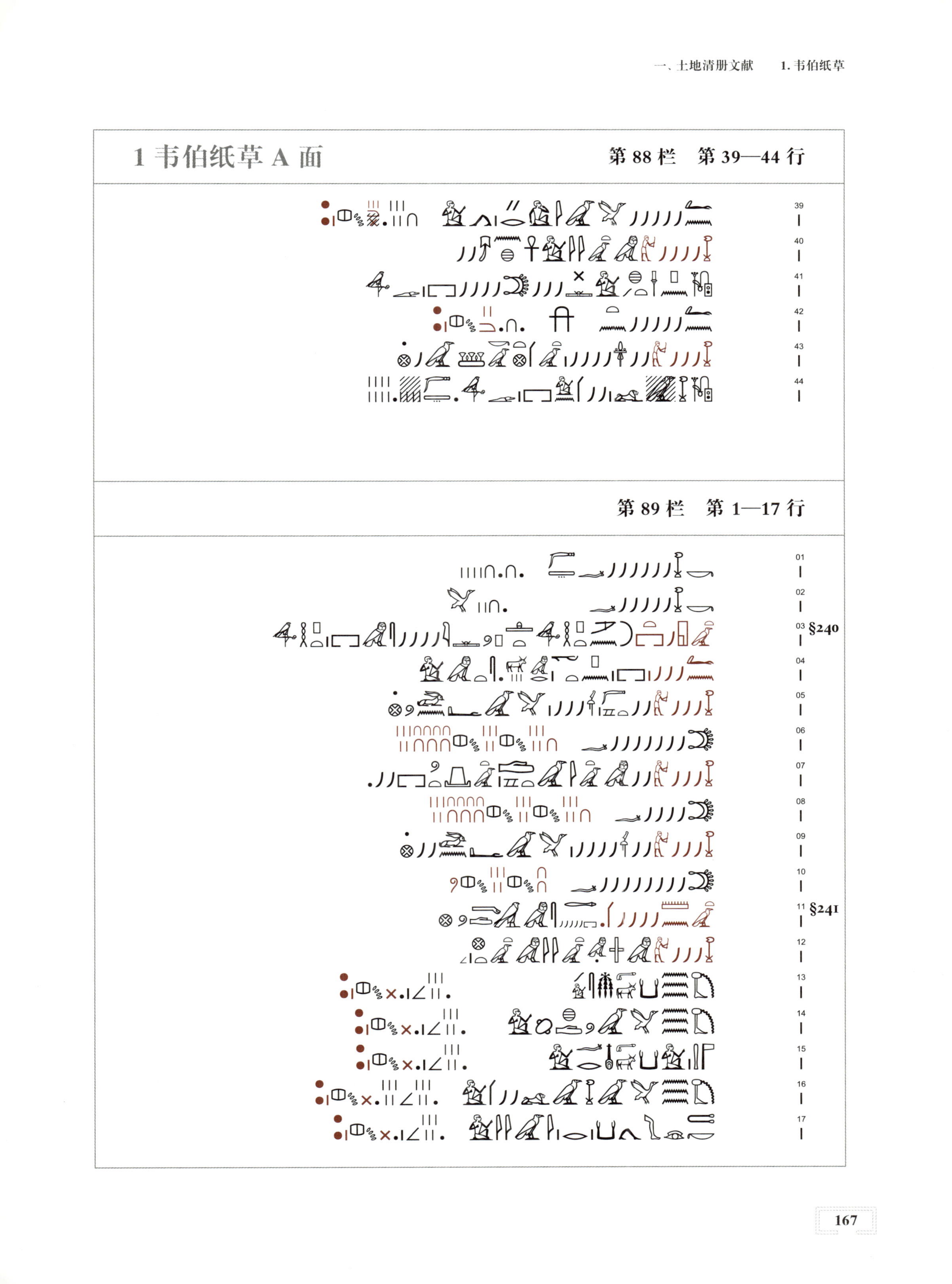

1 韦伯纸草 A 面

第 88 栏　第 39—44 行

39
40
41
42
43
44

第 89 栏　第 1—17 行

01
02
03 §240
04
05
06
07
08
09
10
11 §241
12
13
14
15
16
17

1 韦伯纸草 A 面

第 89 栏 第 18—44 行

18
19
20
21
22
23
24
25
26
27
28
29
30
31
32
33
34
35
36
37
38
39
40
41
42
43
44

1 韦伯纸草 A 面

第 90 栏　第 1—25 行

01
02
03 §242
04
05
06
07
08
09
10
11
12
13
14
15
16
17
18 §243
19
20
21
22
23
24
25

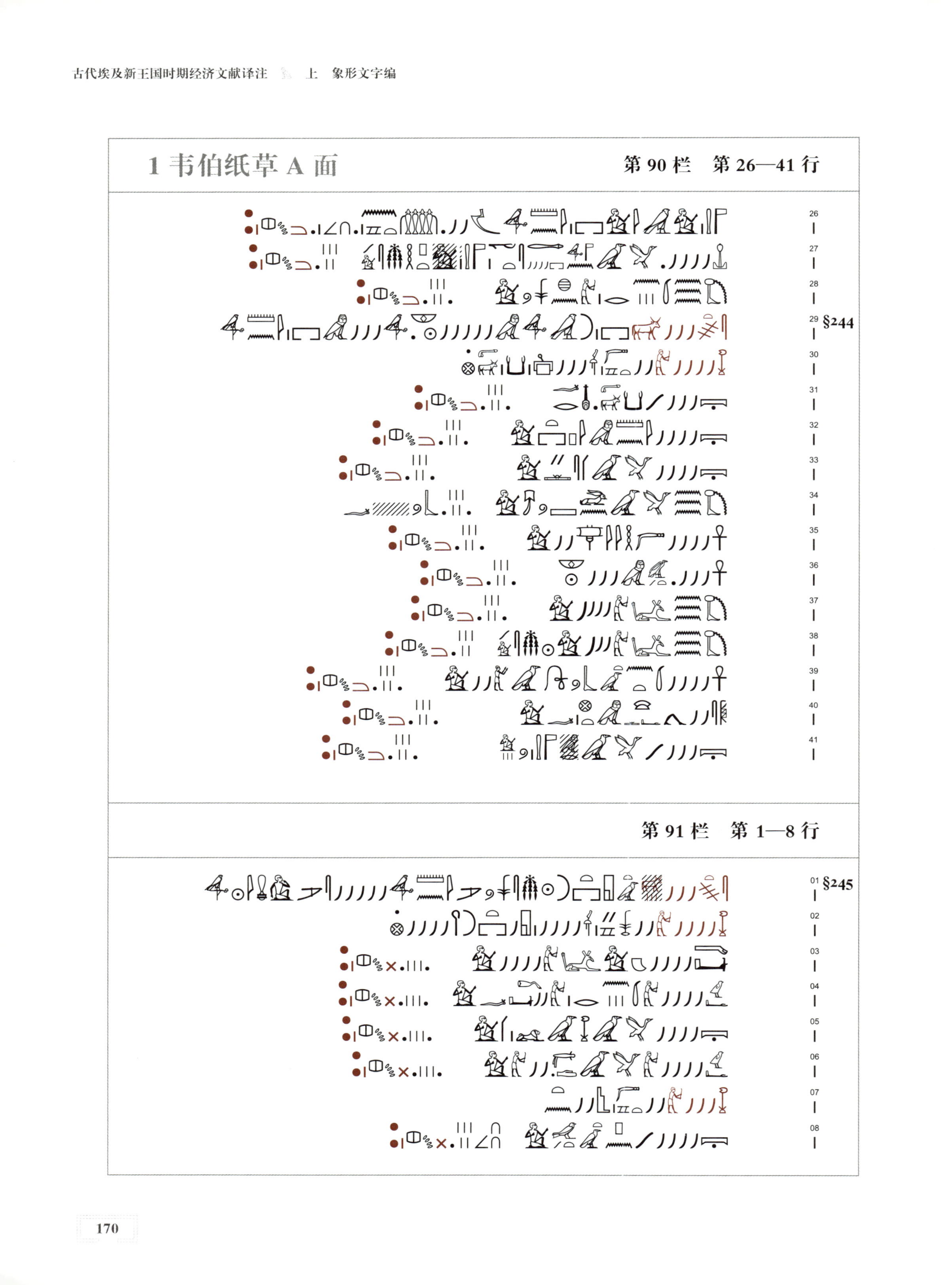

1 韦伯纸草 A 面

第 90 栏 第 26—41 行

26

27

28

29 §244

30

31

32

33

34

35

36

37

38

39

40

41

第 91 栏 第 1—8 行

01 §245

02

03

04

05

06

07

08

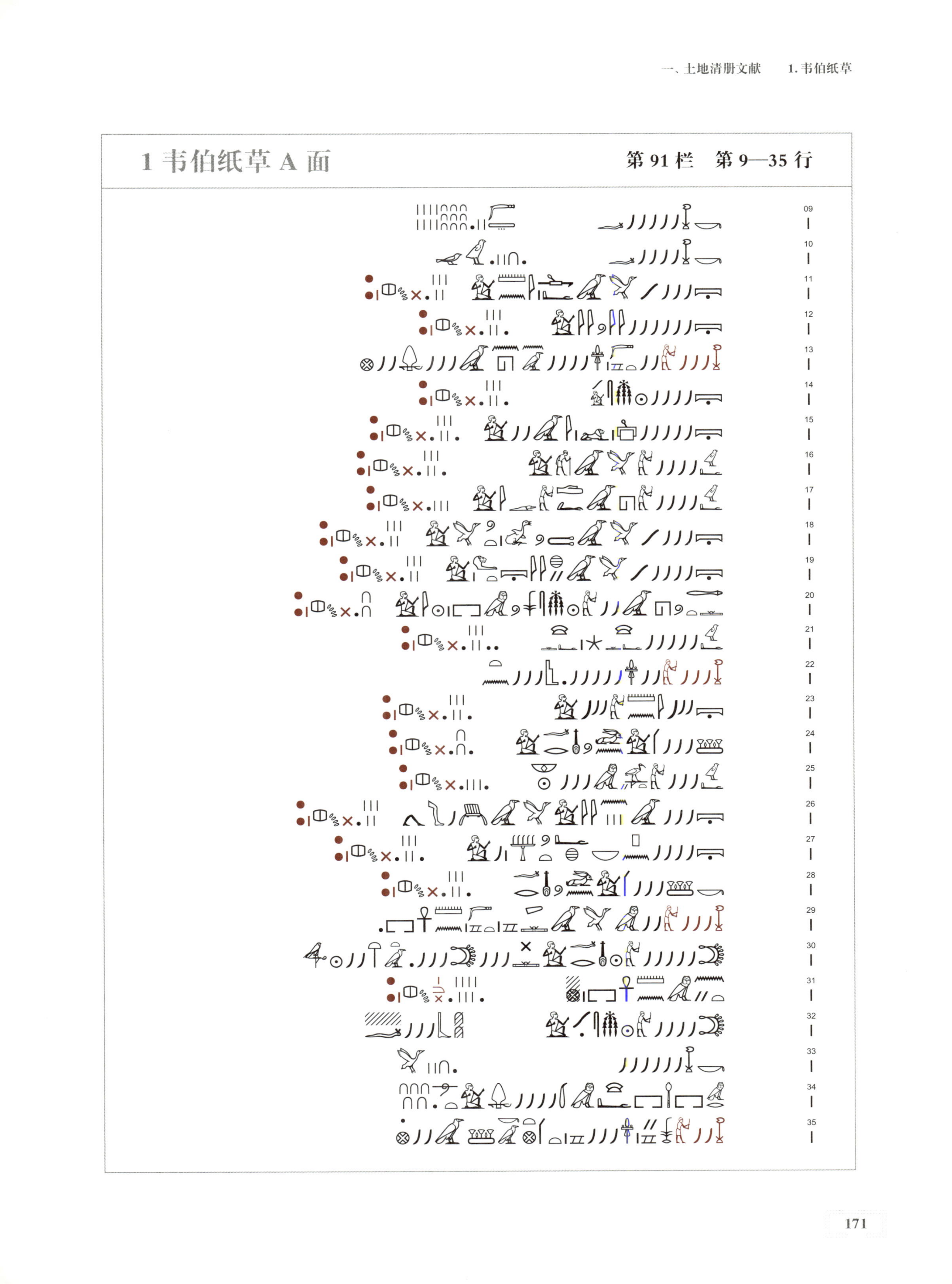

1 韦伯纸草 A 面　　第 91 栏　第 9—35 行

09
10
11
12
13
14
15
16
17
18
19
20
21
22
23
24
25
26
27
28
29
30
31
32
33
34
35

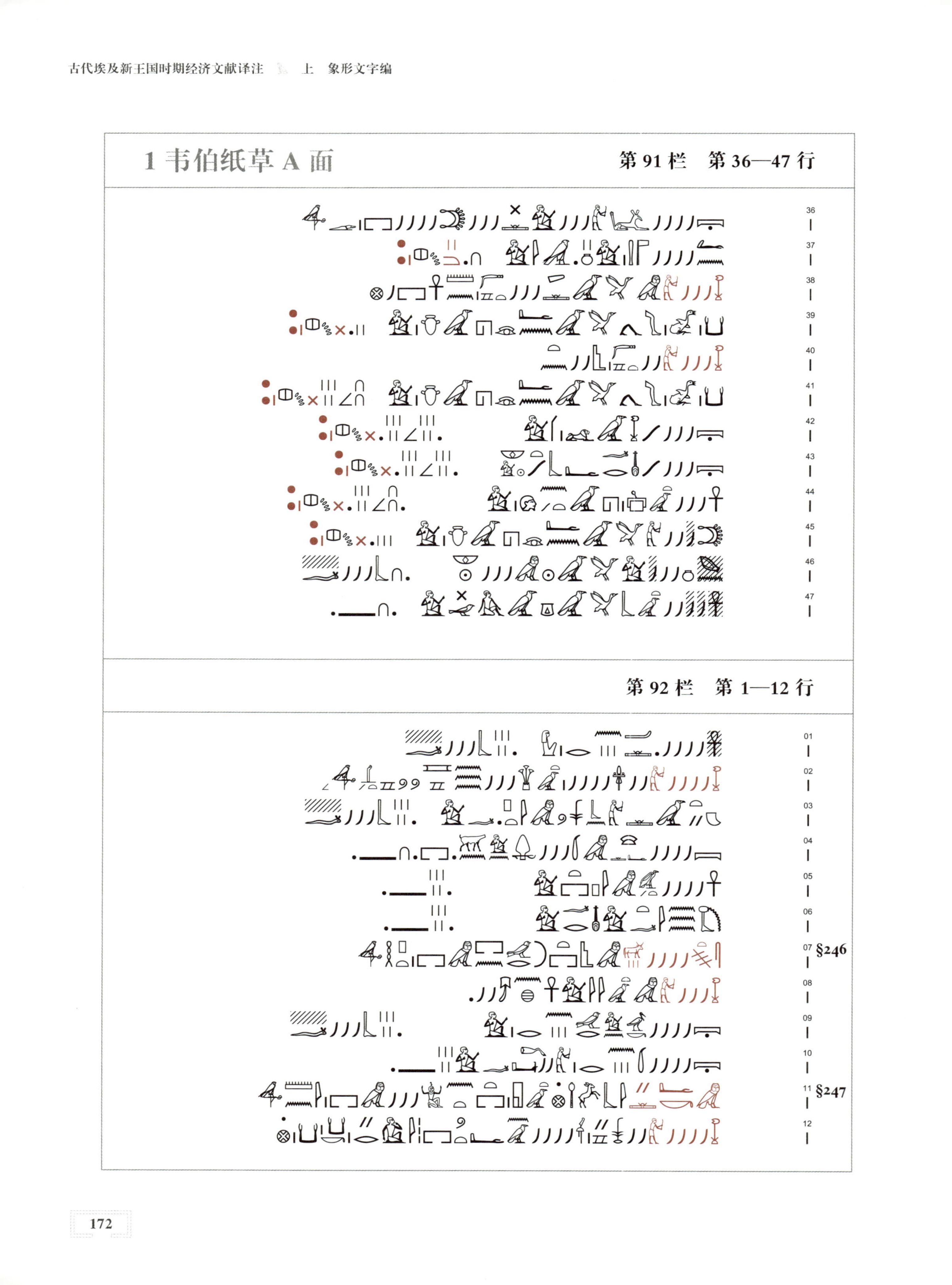

1 韦伯纸草 A 面

第 91 栏 第 36—47 行

第 92 栏 第 1—12 行

§246

§247

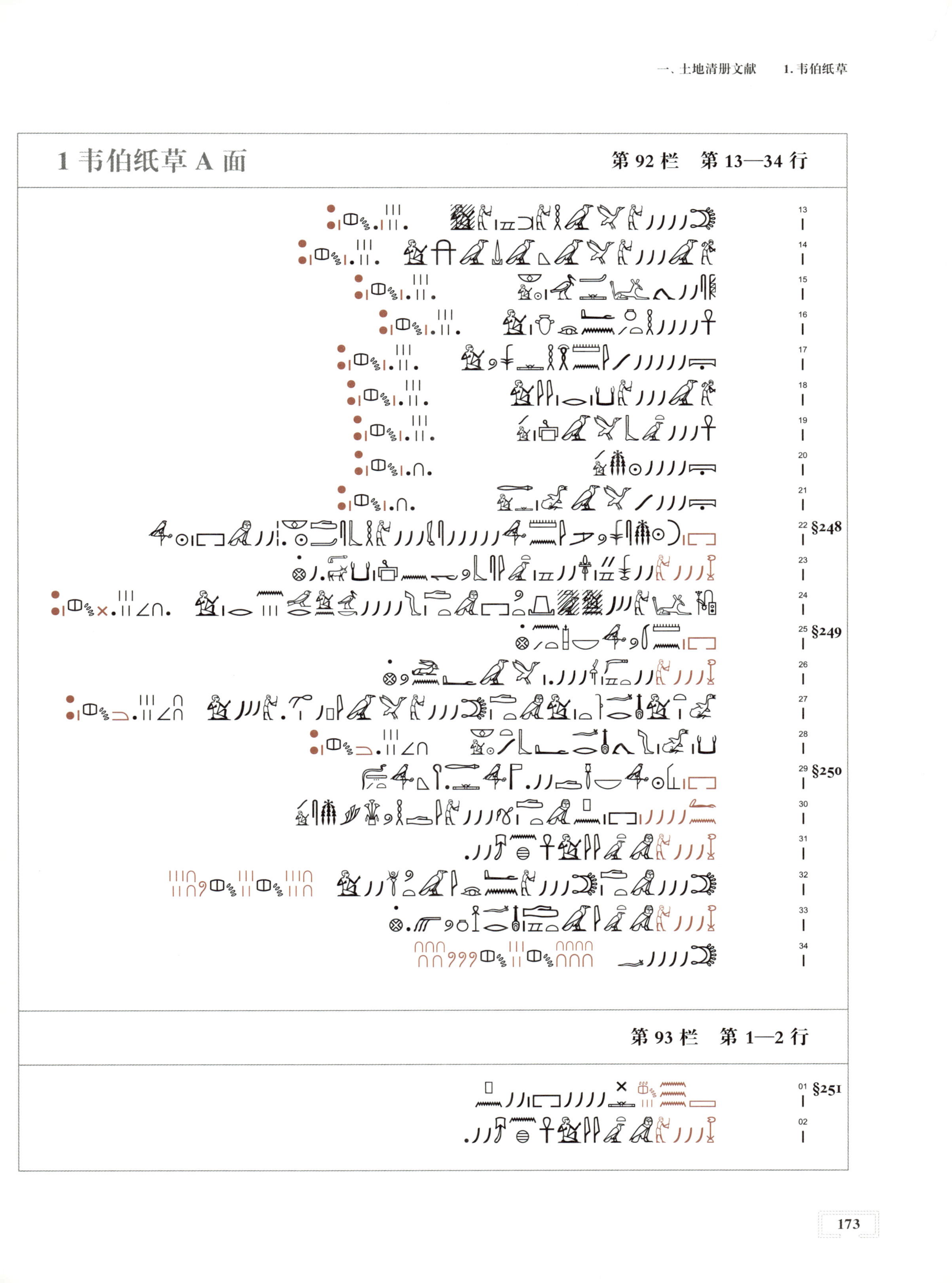

1 韦伯纸草 A 面

第 92 栏　第 13—34 行

13
14
15
16
17
18
19
20
21
22 §248
23
24
25 §249
26
27
28
29 §250
30
31
32
33
34

第 93 栏　第 1—2 行

01 §251
02

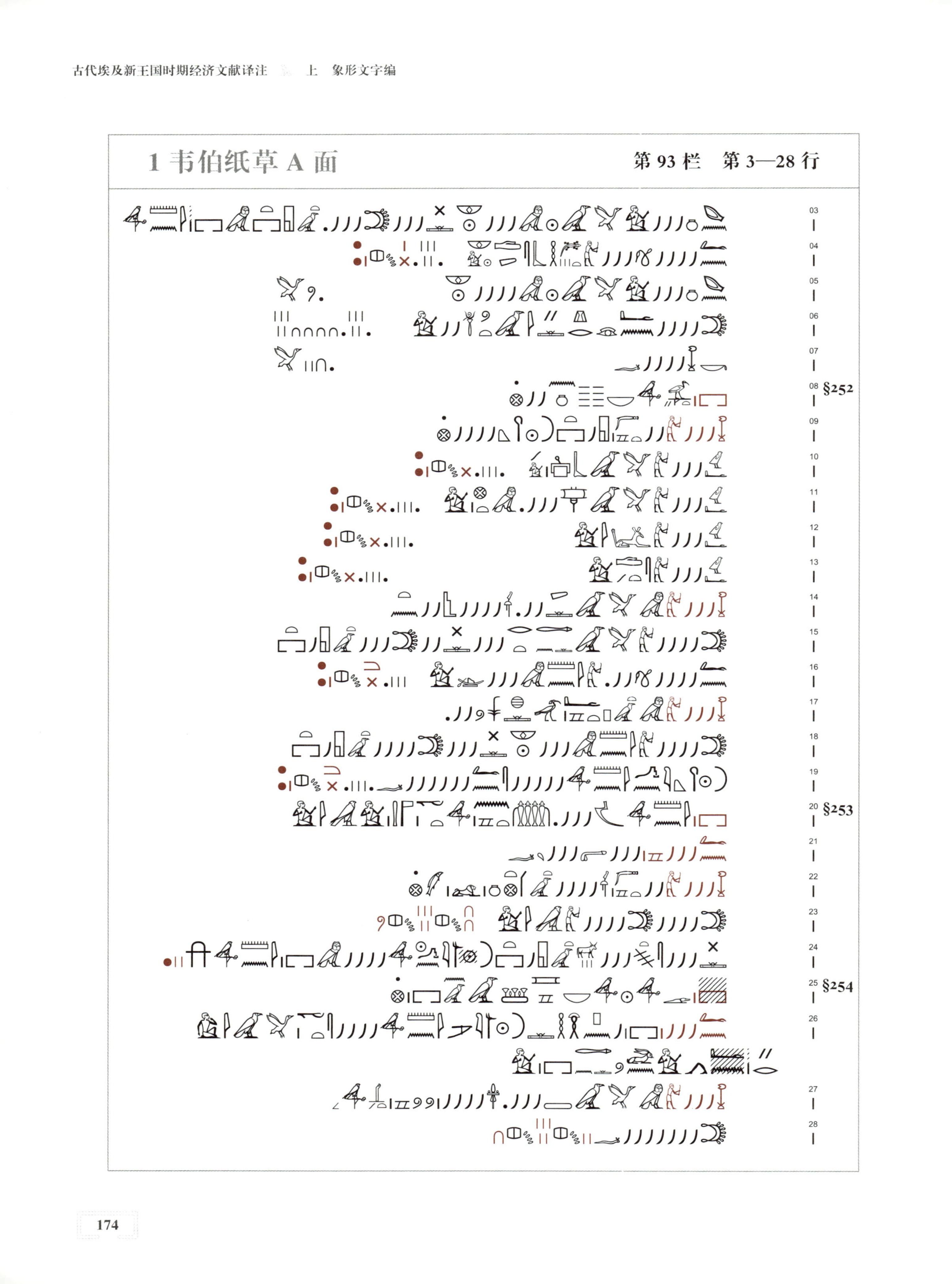

1 韦伯纸草 A 面 第 93 栏 第 3—28 行

03

04

05

06

07

08 §252

09

10

11

12

13

14

15

16

17

18

19

20 §253

21

22

23

24

25 §254

26

27

28

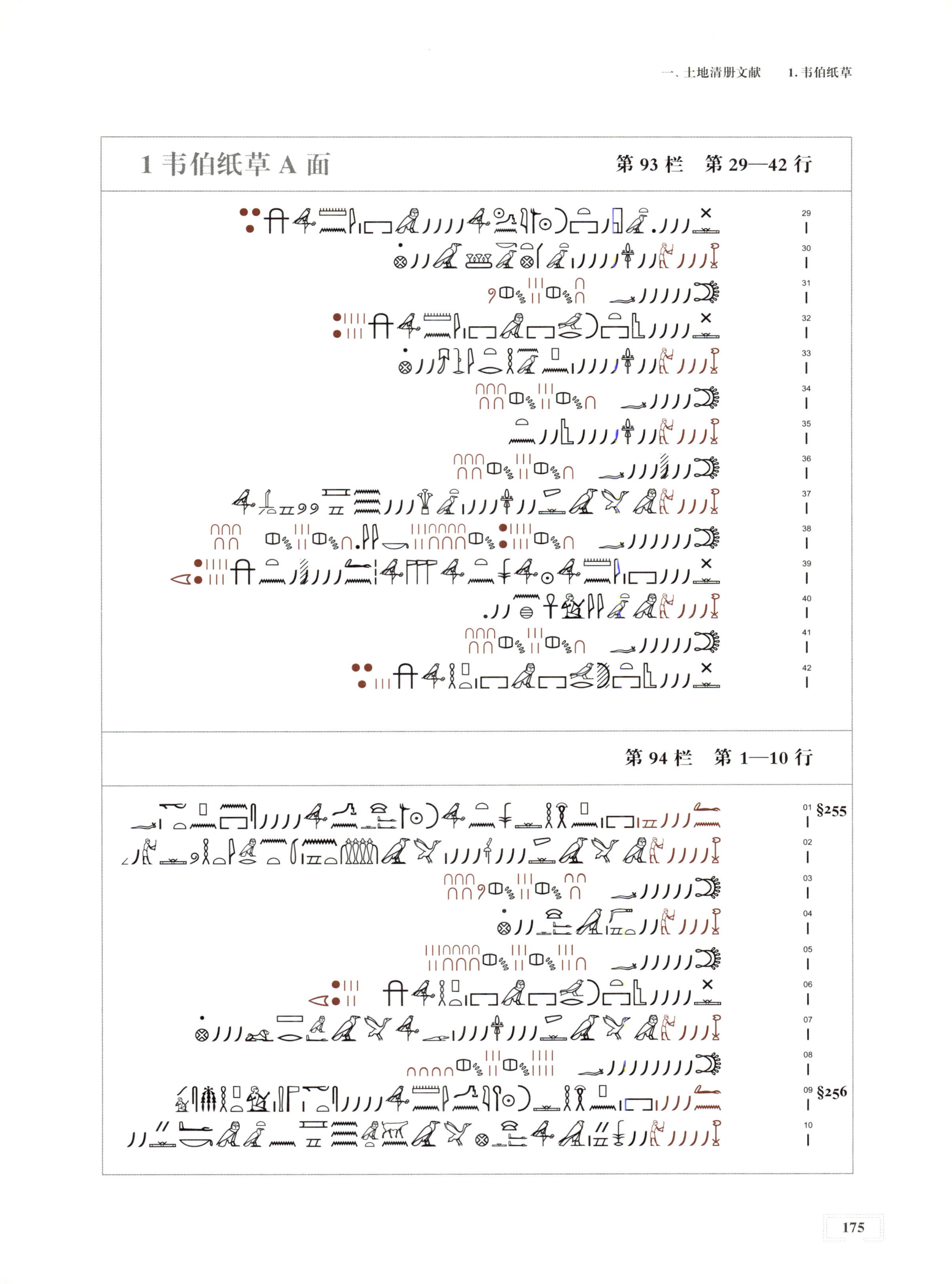

1 韦伯纸草 A 面

第 93 栏　第 29—42 行

29
30
31
32
33
34
35
36
37
38
39
40
41
42

第 94 栏　第 1—10 行

01 §255
02
03
04
05
06
07
08
09 §256
10

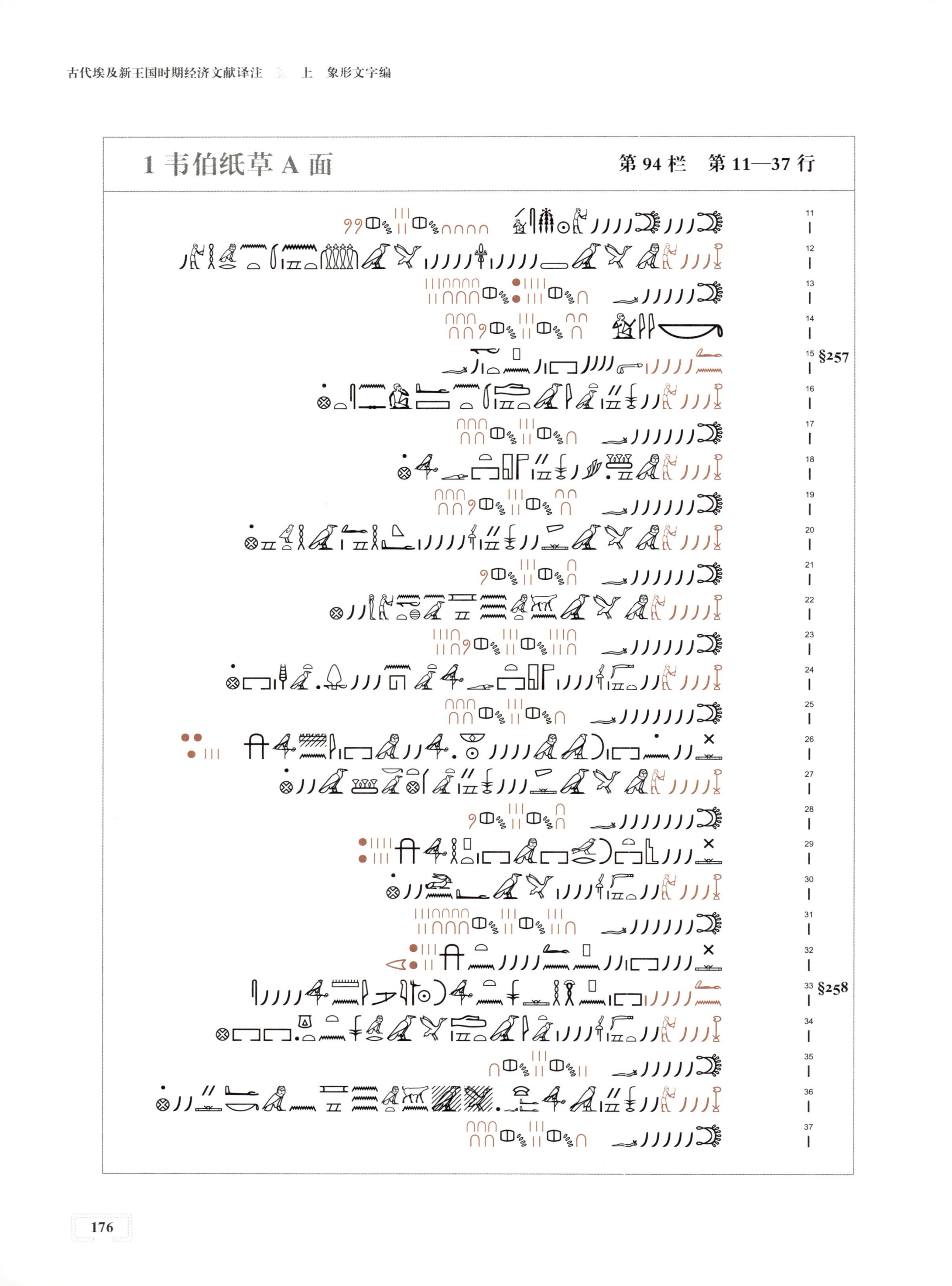

1 韦伯纸草 A 面

第 94 栏 第 11—37 行

11

12

13

14

15 §257

16

17

18

19

20

21

22

23

24

25

26

27

28

29

30

31

32

33 §258

34

35

36

37

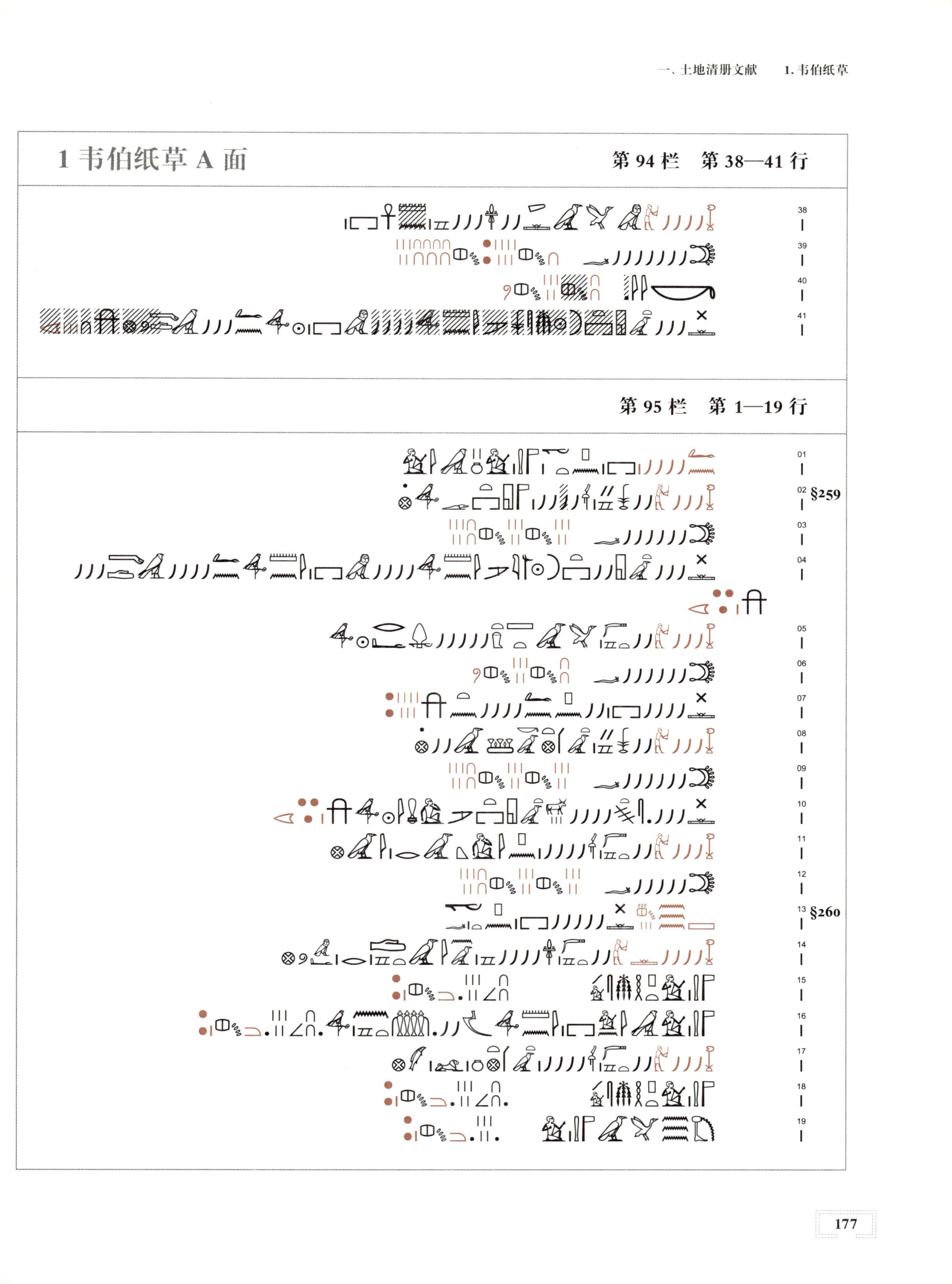

1 韦伯纸草 A 面

第 94 栏　第 38—41 行

38

39

40

41

第 95 栏　第 1—19 行

01

02 §259

03

04

05

06

07

08

09

10

11

12

13 §260

14

15

16

17

18

19

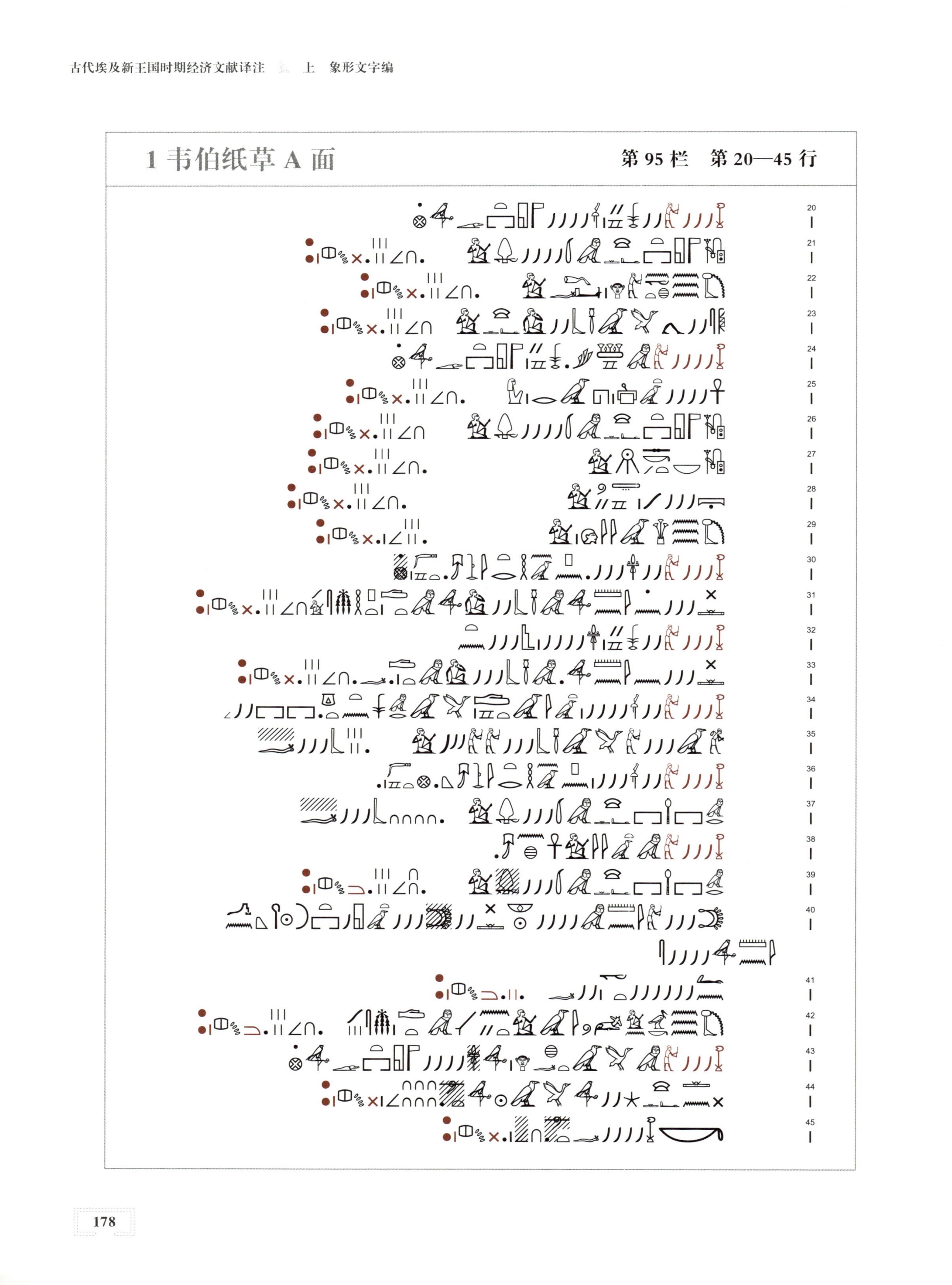

1 韦伯纸草 A 面

第 95 栏 第 20—45 行

20

21

22

23

24

25

26

27

28

29

30

31

32

33

34

35

36

37

38

39

40

41

42

43

44

45

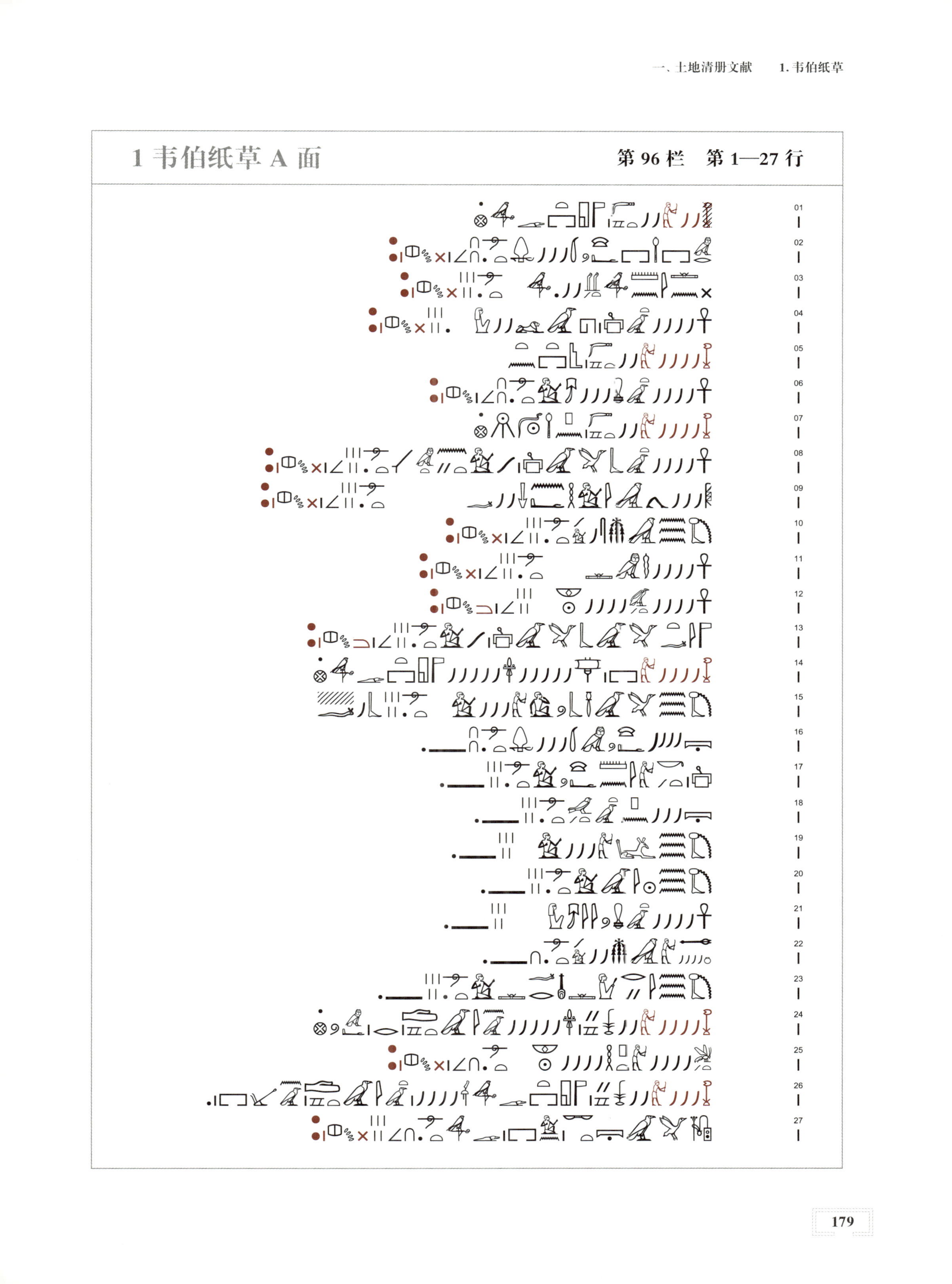

1 韦伯纸草 A 面　　第 96 栏　第 1—27 行

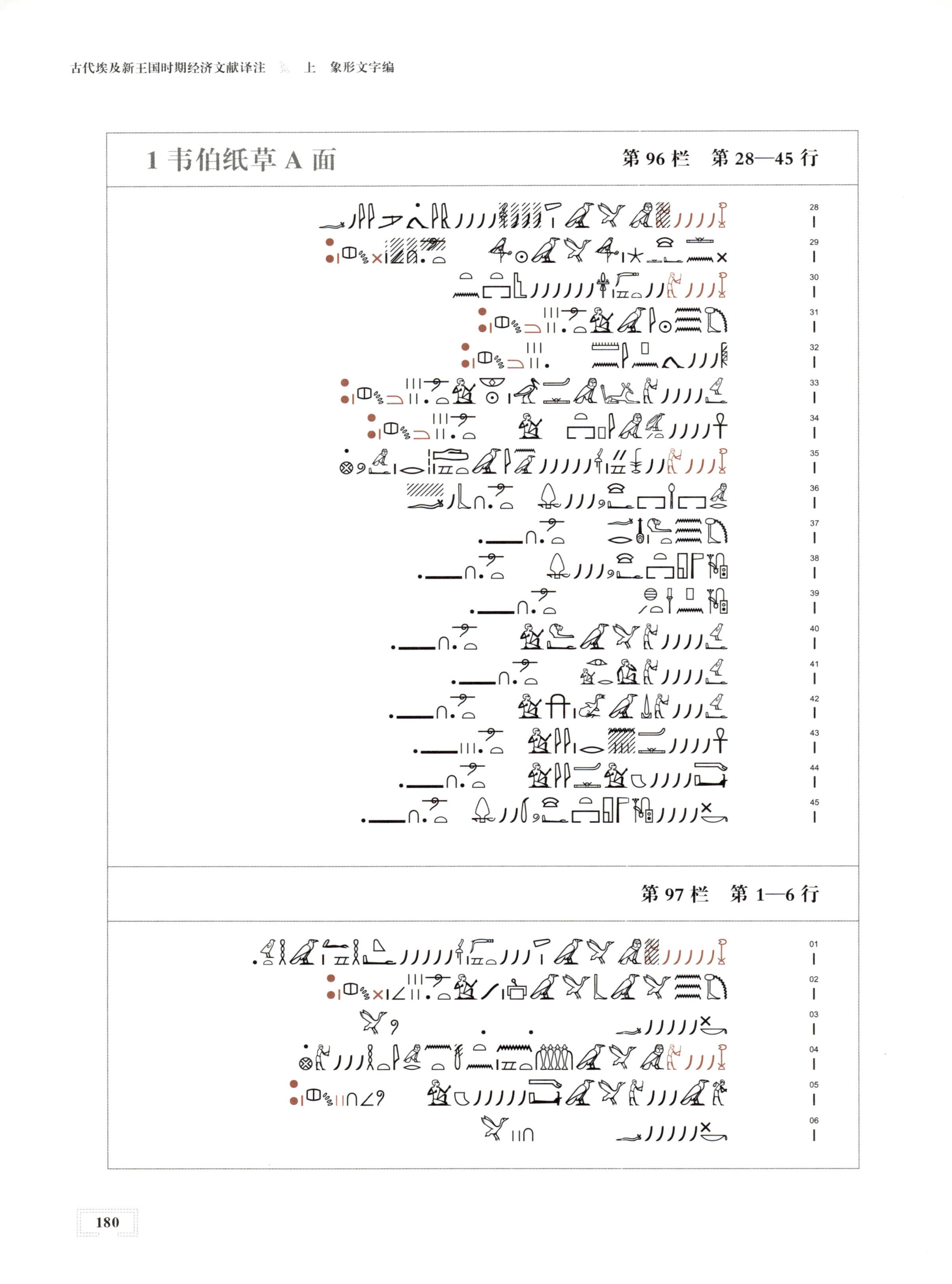

1 韦伯纸草 A 面

第 96 栏 第 28—45 行

28
29
30
31
32
33
34
35
36
37
38
39
40
41
42
43
44
45

第 97 栏 第 1—6 行

01
02
03
04
05
06

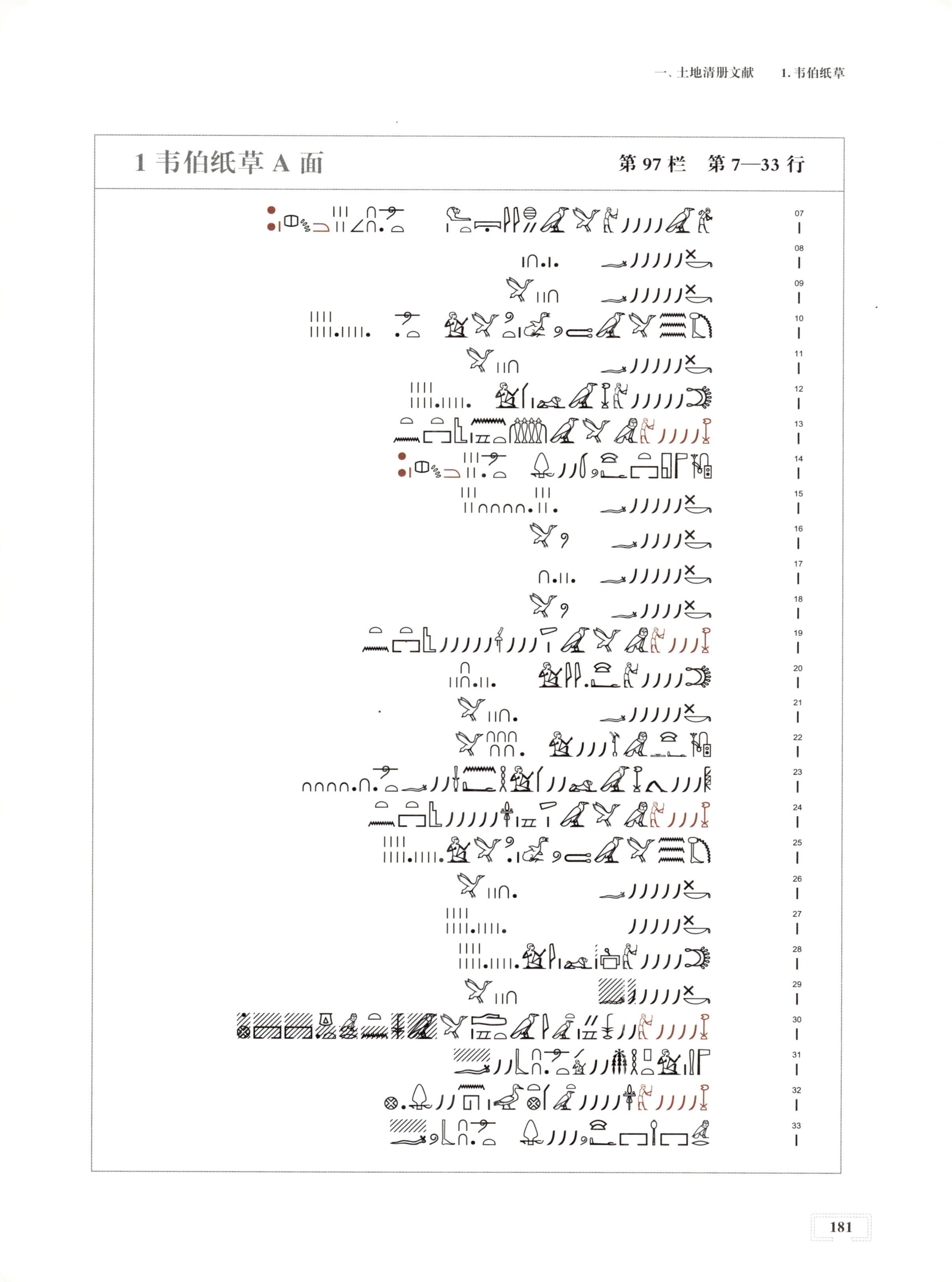

1 韦伯纸草 A 面

第 97 栏　第 7—33 行

07
08
09
10
11
12
13
14
15
16
17
18
19
20
21
22
23
24
25
26
27
28
29
30
31
32
33

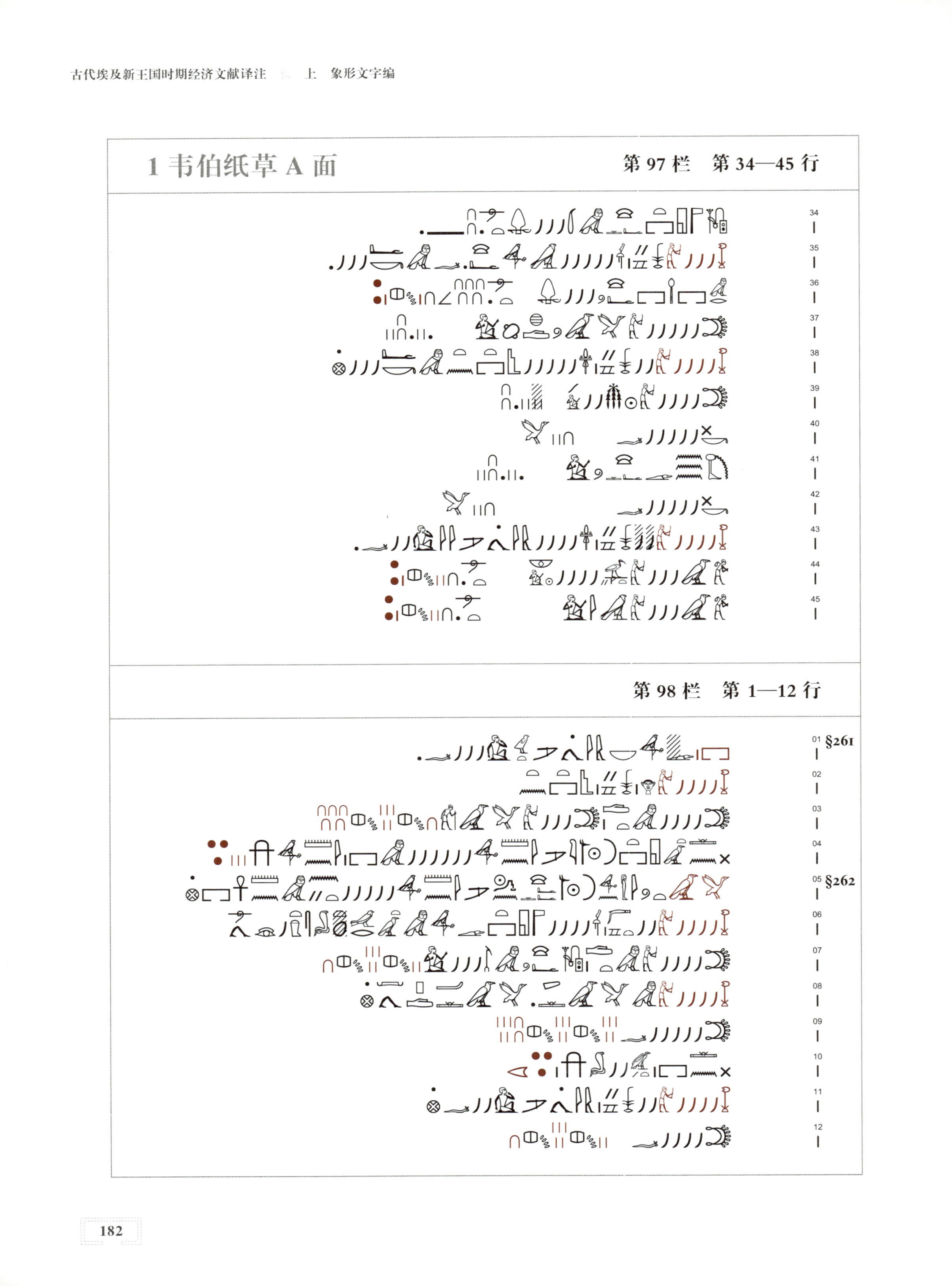

1 韦伯纸草 A 面

第 97 栏 第 34—45 行

34

35

36

37

38

39

40

41

42

43

44

45

第 98 栏 第 1—12 行

01 §261

02

03

04

05 §262

06

07

08

09

10

11

12

1 韦伯纸草 A 面　　第 98 栏　第 13—37 行

§263

§264

§265

§266

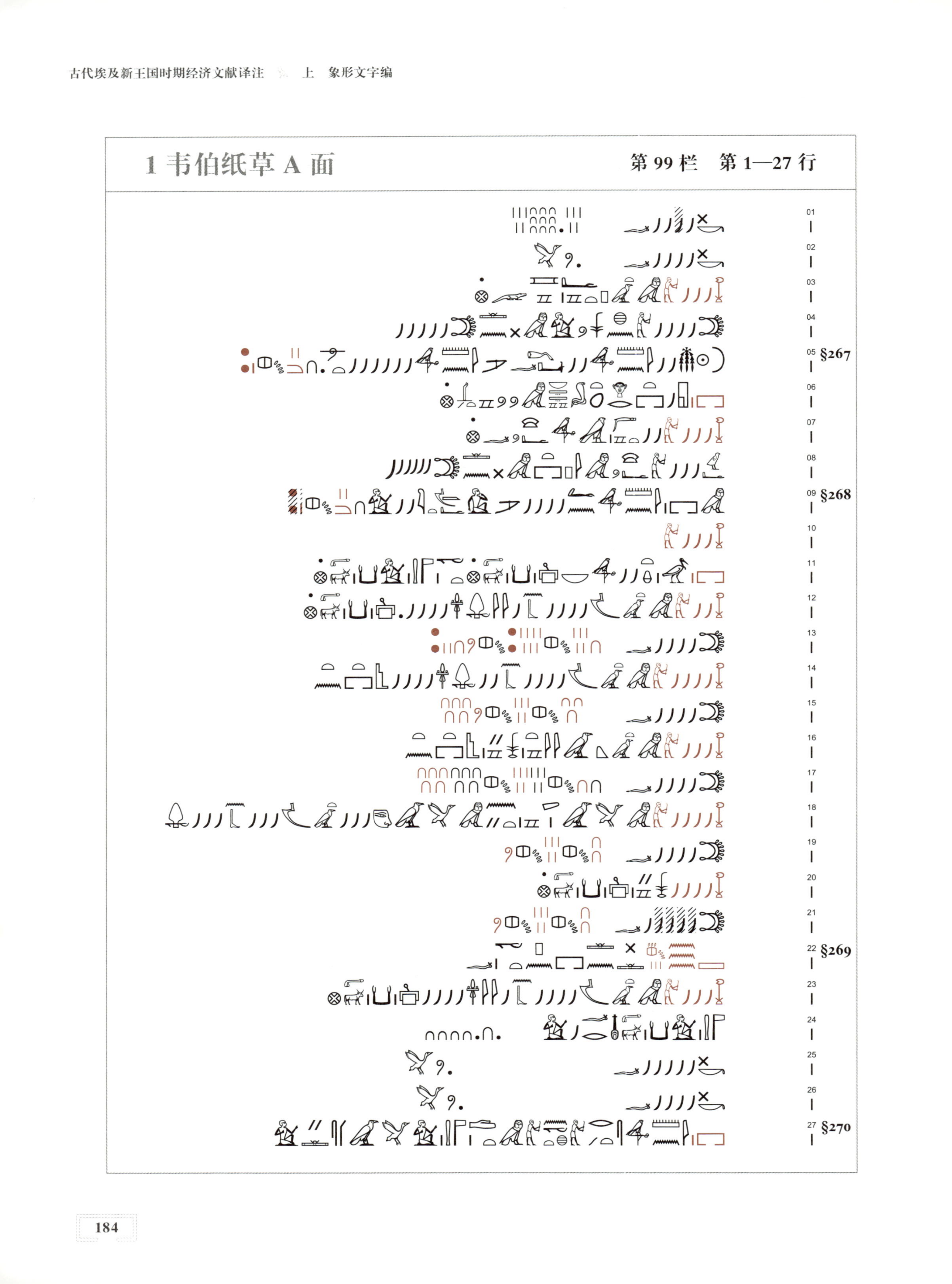

1 韦伯纸草A面

第99栏 第1—27行

01

02

03

04

05 §267

06

07

08

09 §268

10

11

12

13

14

15

16

17

18

19

20

21

22 §269

23

24

25

26

27 §270

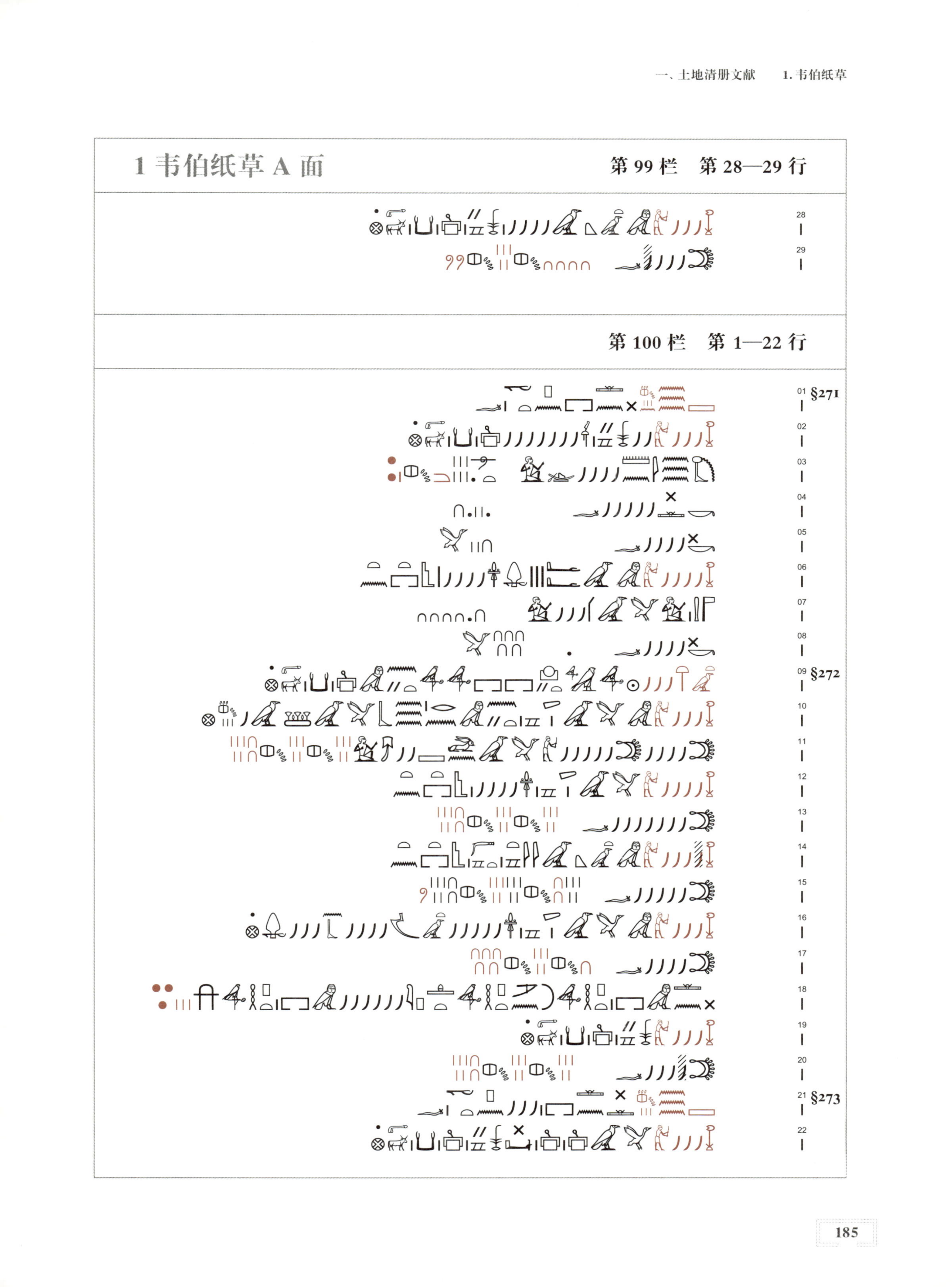

1 韦伯纸草 A 面

第 99 栏　第 28—29 行

28

29

第 100 栏　第 1—22 行

01 §271

02

03

04

05

06

07

08

09 §272

10

11

12

13

14

15

16

17

18

19

20

21 §273

22

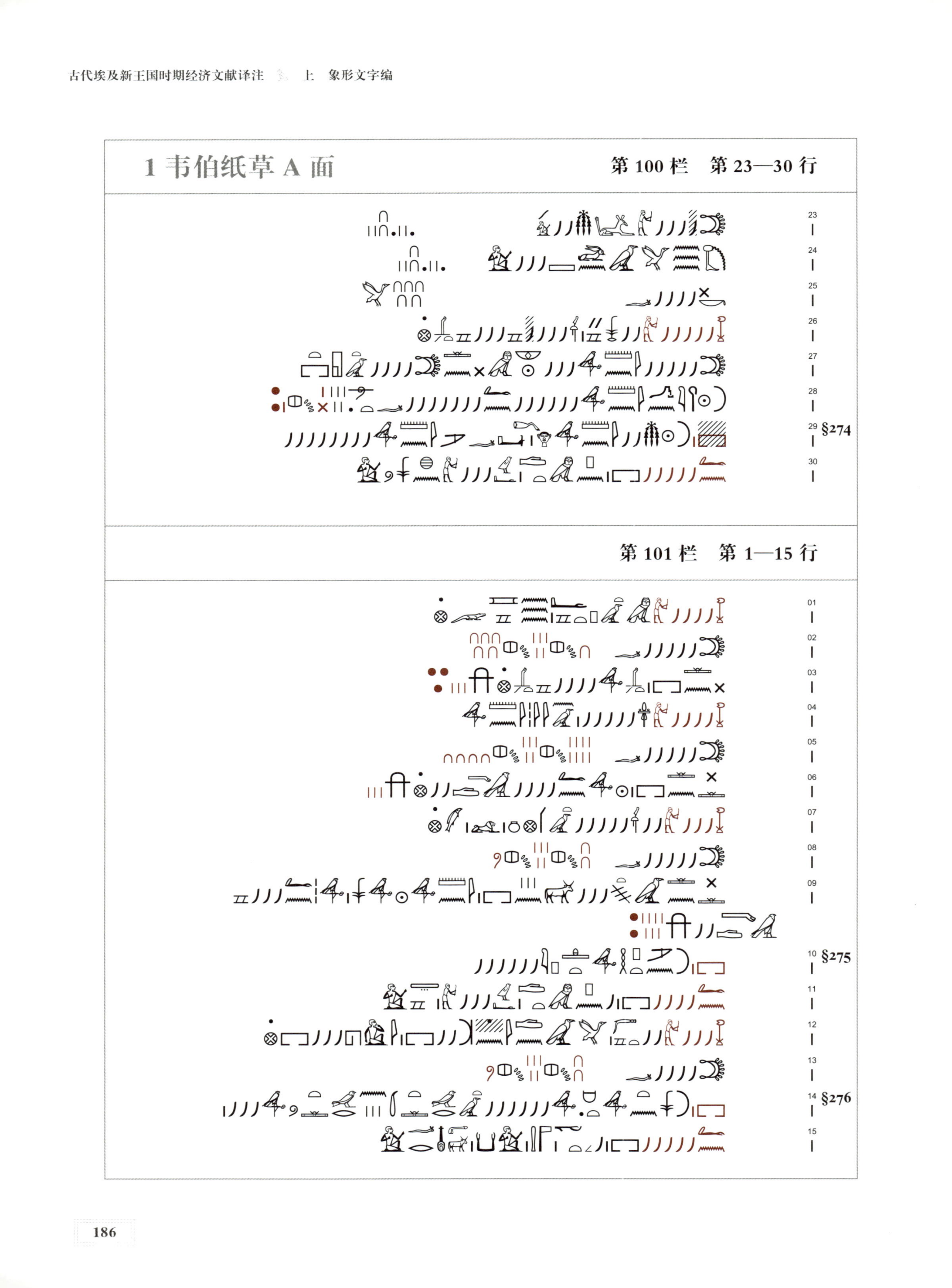

1 韦伯纸草 A 面

第 100 栏 第 23—30 行

23

24

25

26

27

28

29 §274

30

第 101 栏 第 1—15 行

01

02

03

04

05

06

07

08

09

10 §275

11

12

13

14 §276

15

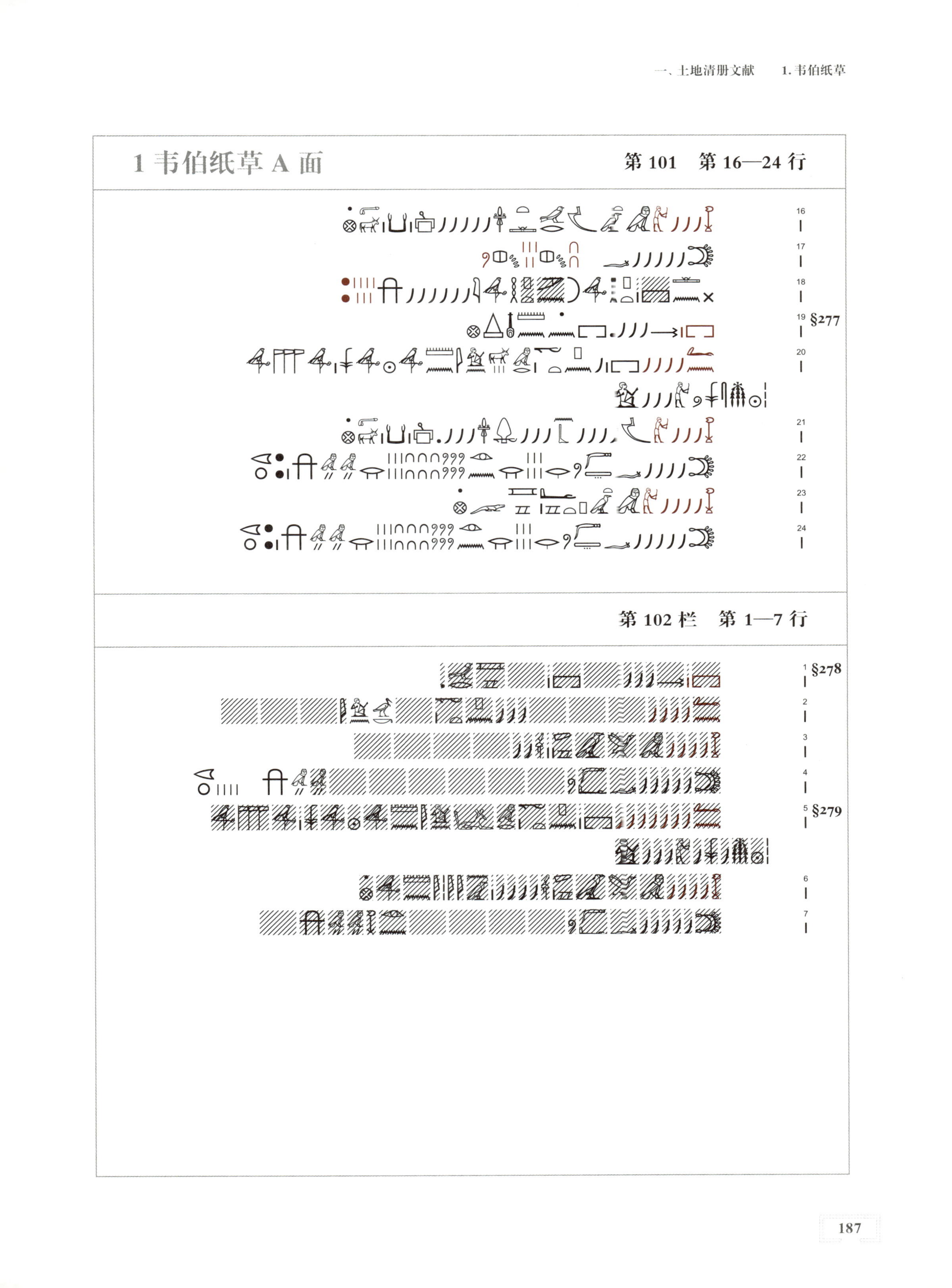

1 韦伯纸草 A 面

第 101　第 16—24 行

§277

第 102 栏　第 1—7 行

§278

§279

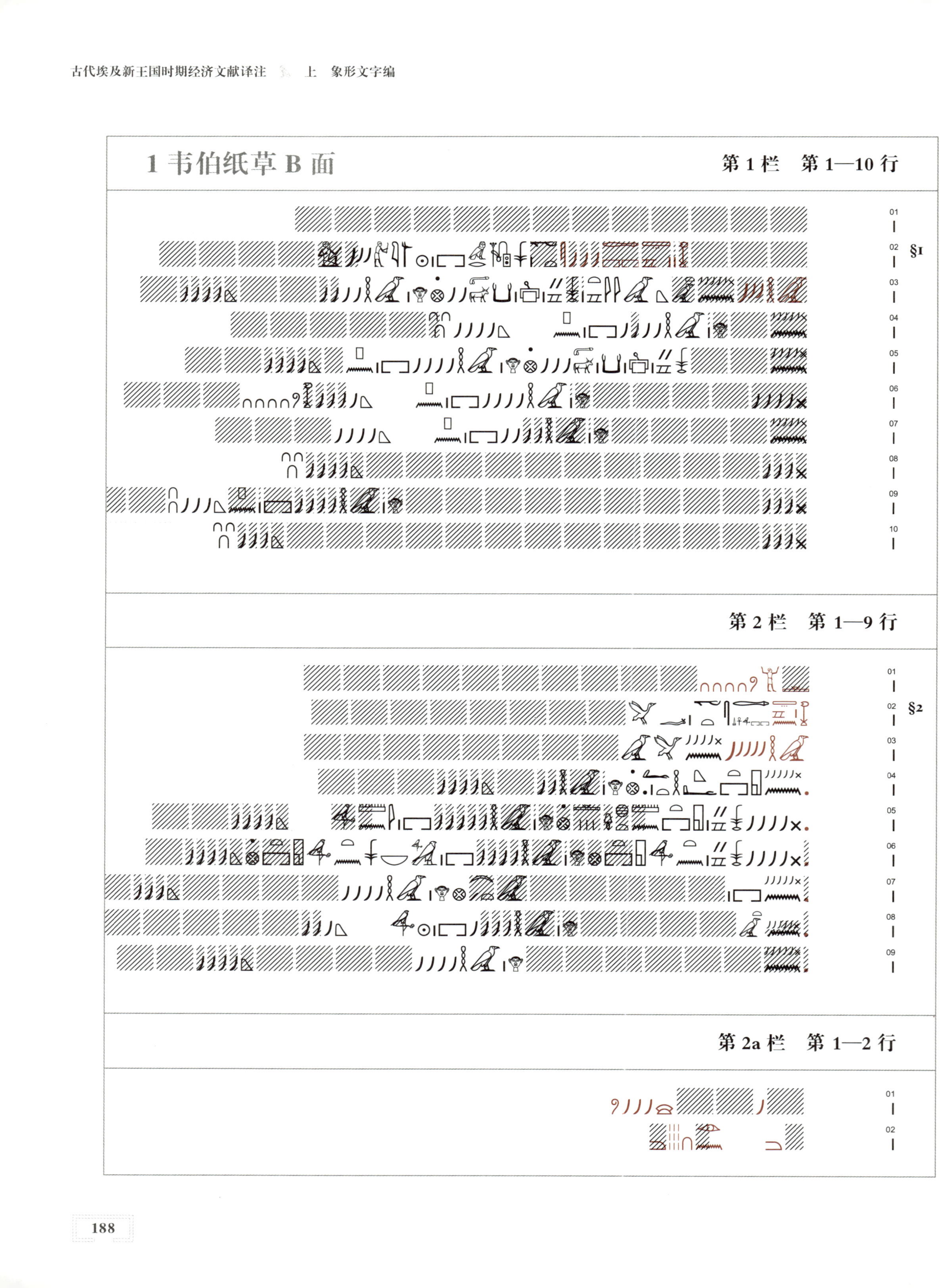

1 韦伯纸草 B 面

第 1 栏 第 1—10 行

01

02 §1

03

04

05

06

07

08

09

10

第 2 栏 第 1—9 行

01

02 §2

03

04

05

06

07

08

09

第 2a 栏 第 1—2 行

01

02

1 韦伯纸草 B 面

第 2a 栏　第 3—5, x+1—7 行

03

04

05

x+01

x+02

x+03

x+04

x+05

x+06

x+07

第 3 栏　第 1—9 行

01

02

03

04

05

06

07

08

09

1 韦伯纸草 B 面

第 3 栏 第 10—24 行

10

11

12

13

14

15

16

17

18

19

20

21

22

23

24

1 韦伯纸草 B 面

第 3 栏 第 25—30 行

25

26

27

28

29

30

第 4 栏 第 1—12 行

01

02

03

04

05

06

07

08

09

10

11

12

1 韦伯纸草 B 面

第 4 栏 第 13—28 行

13

14

15

16

17

18

19

20

21

22

23

24

25

26

27

28

第 5 栏 第 1—6 行

01

02

03

04

05

06

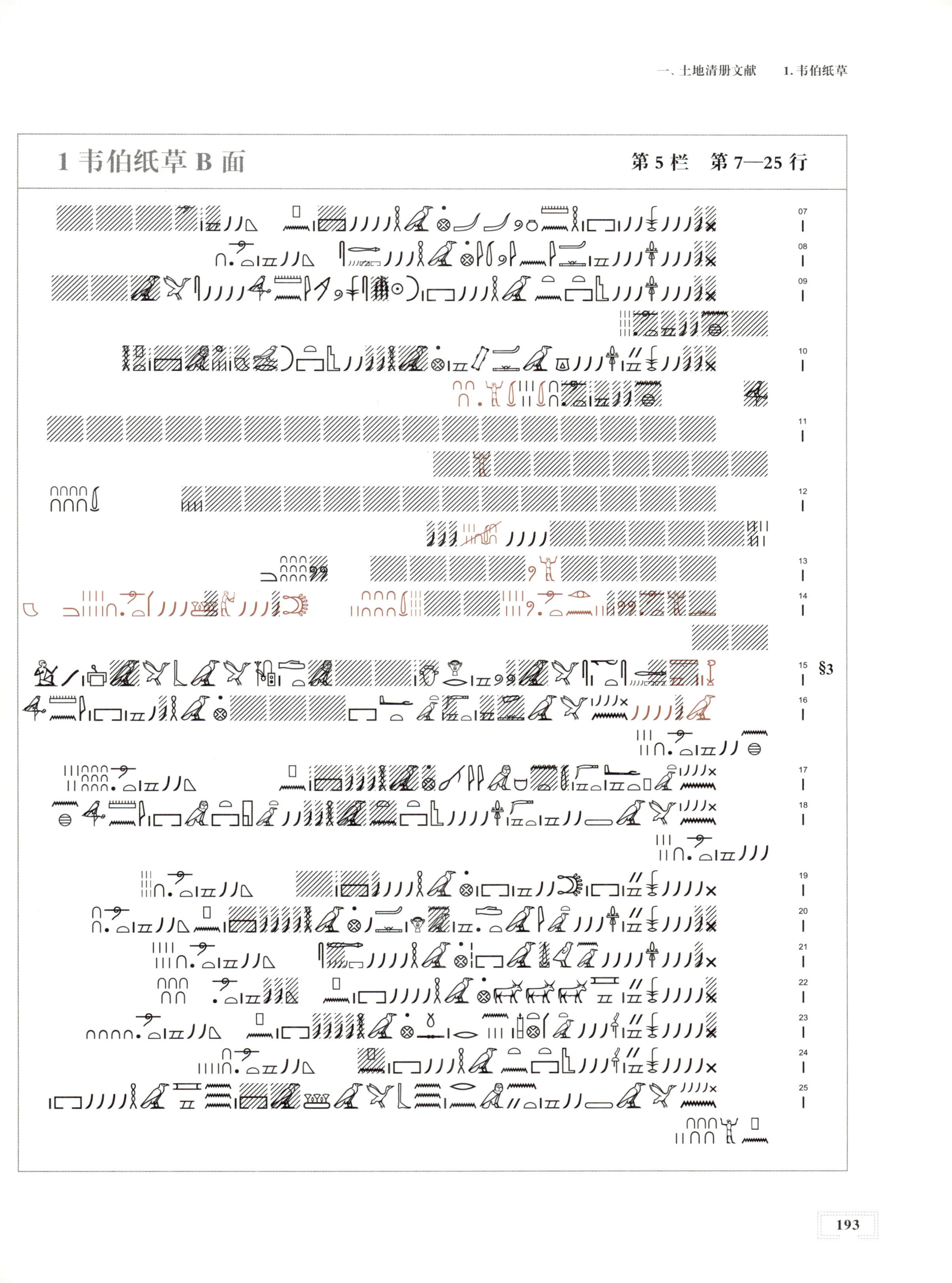

1 韦伯纸草 B 面

第 5 栏　第 7—25 行

07

08

09

10

11

12

13

14

15 §3

16

17

18

19

20

21

22

23

24

25

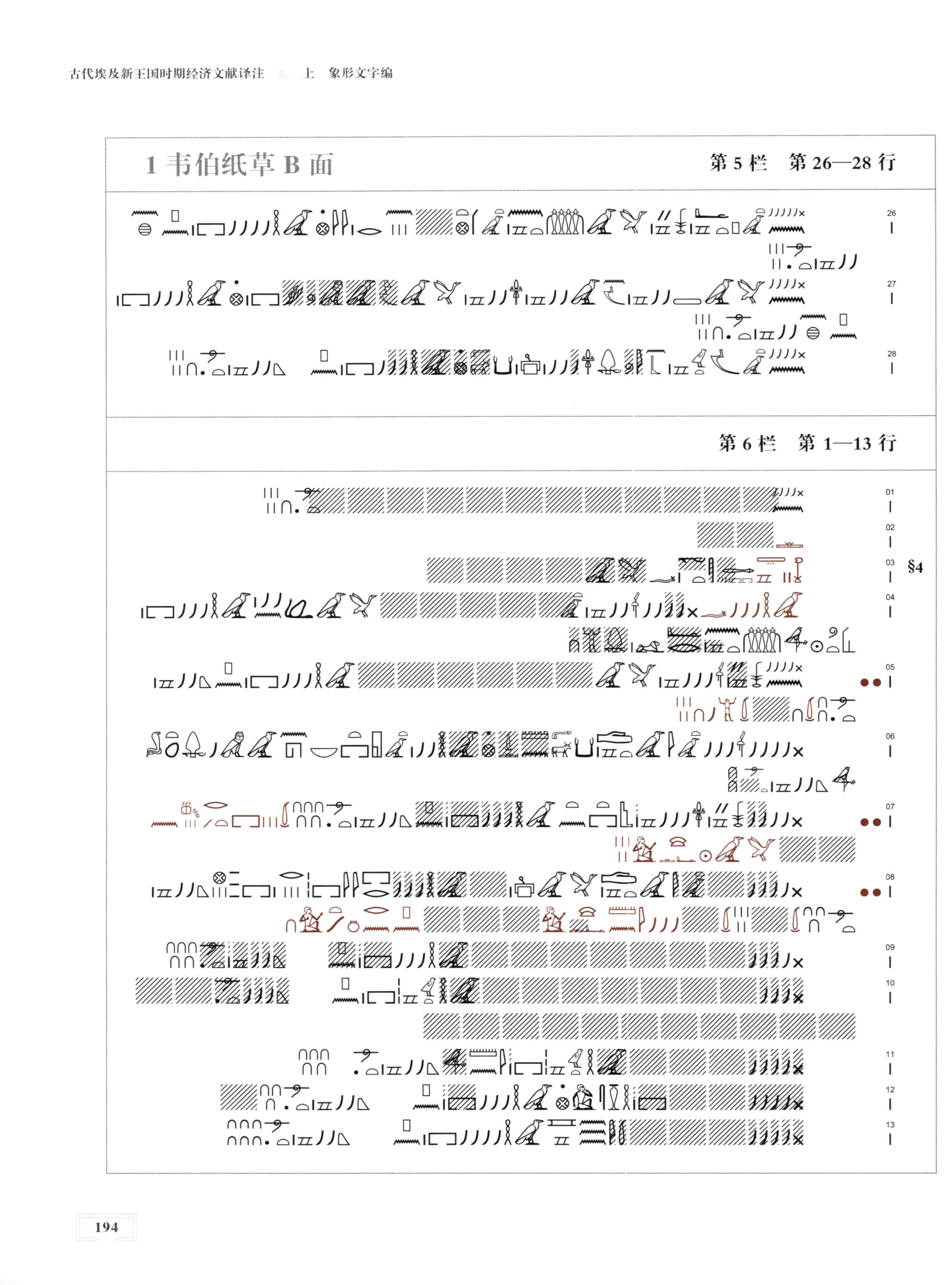

1 韦伯纸草 B 面

第 5 栏 第 26—28 行

26

27

28

第 6 栏 第 1—13 行

01

02

03 §4

04

05

06

07

08

09

10

11

12

13

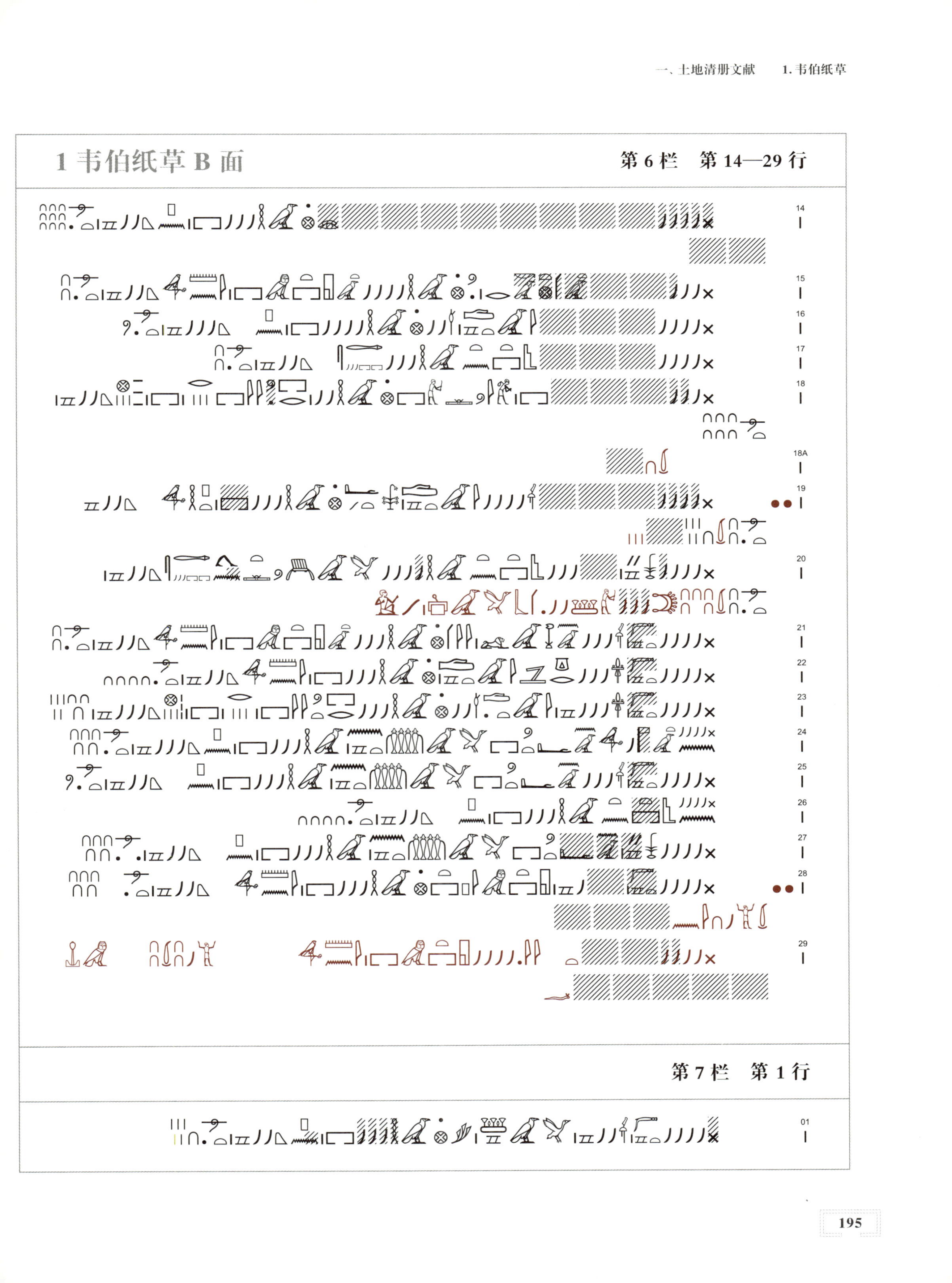

1 韦伯纸草 B 面

第 6 栏　第 14—29 行

14

15

16

17

18

18A

19

20

21

22

23

24

25

26

27

28

29

第 7 栏　第 1 行

01

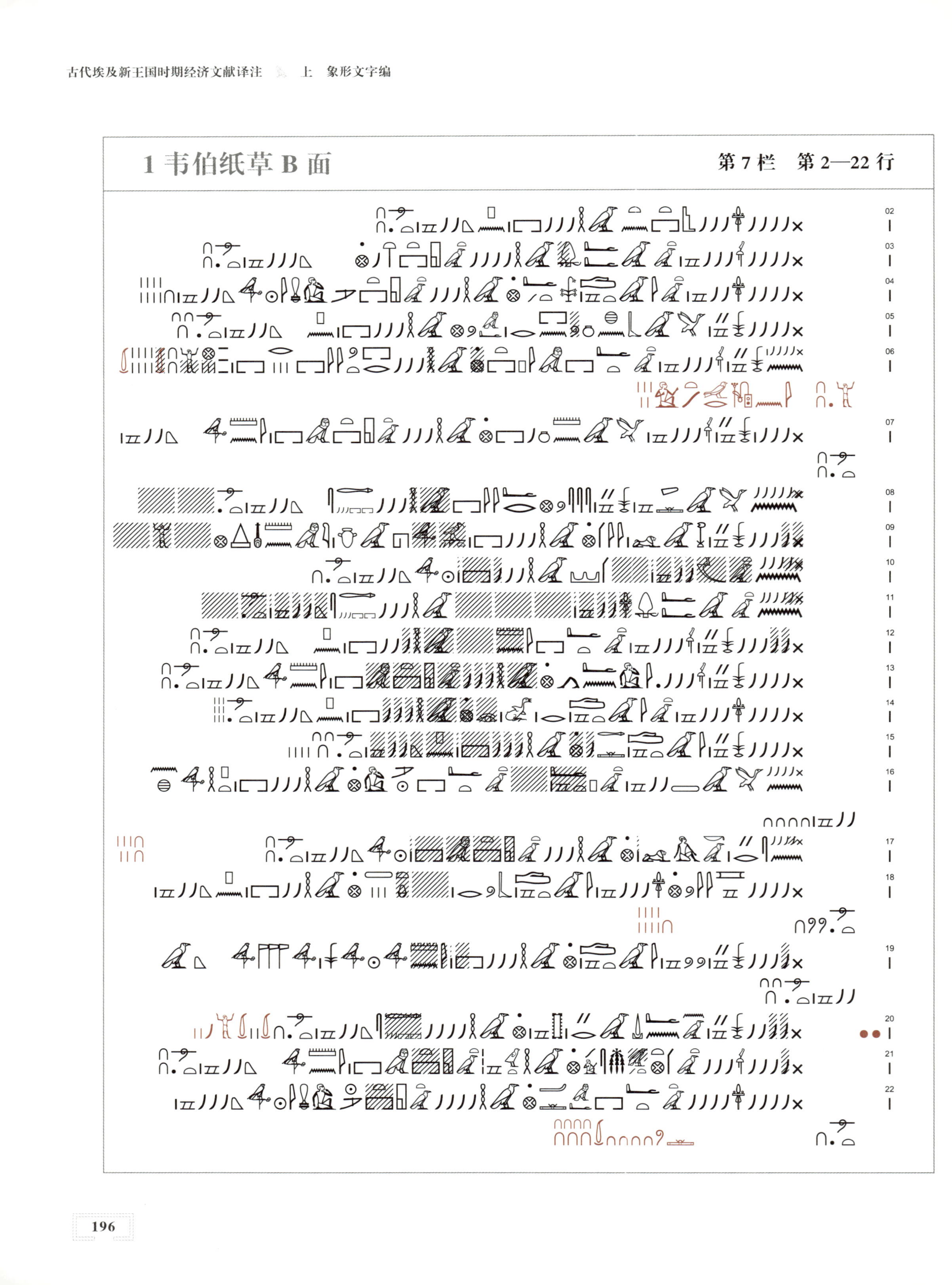

1 韦伯纸草 B 面

第 7 栏　第 2—22 行

02

03

04

05

06

07

08

09

10

11

12

13

14

15

16

17

18

19

20

21

22

1 韦伯纸草 B 面

第 7 栏　第 22A—27 行

22A

23

24 §5

25

26

27

第 8 栏　第 1—10 行

01

02

03

04

05

5A

06

07

08

09

10

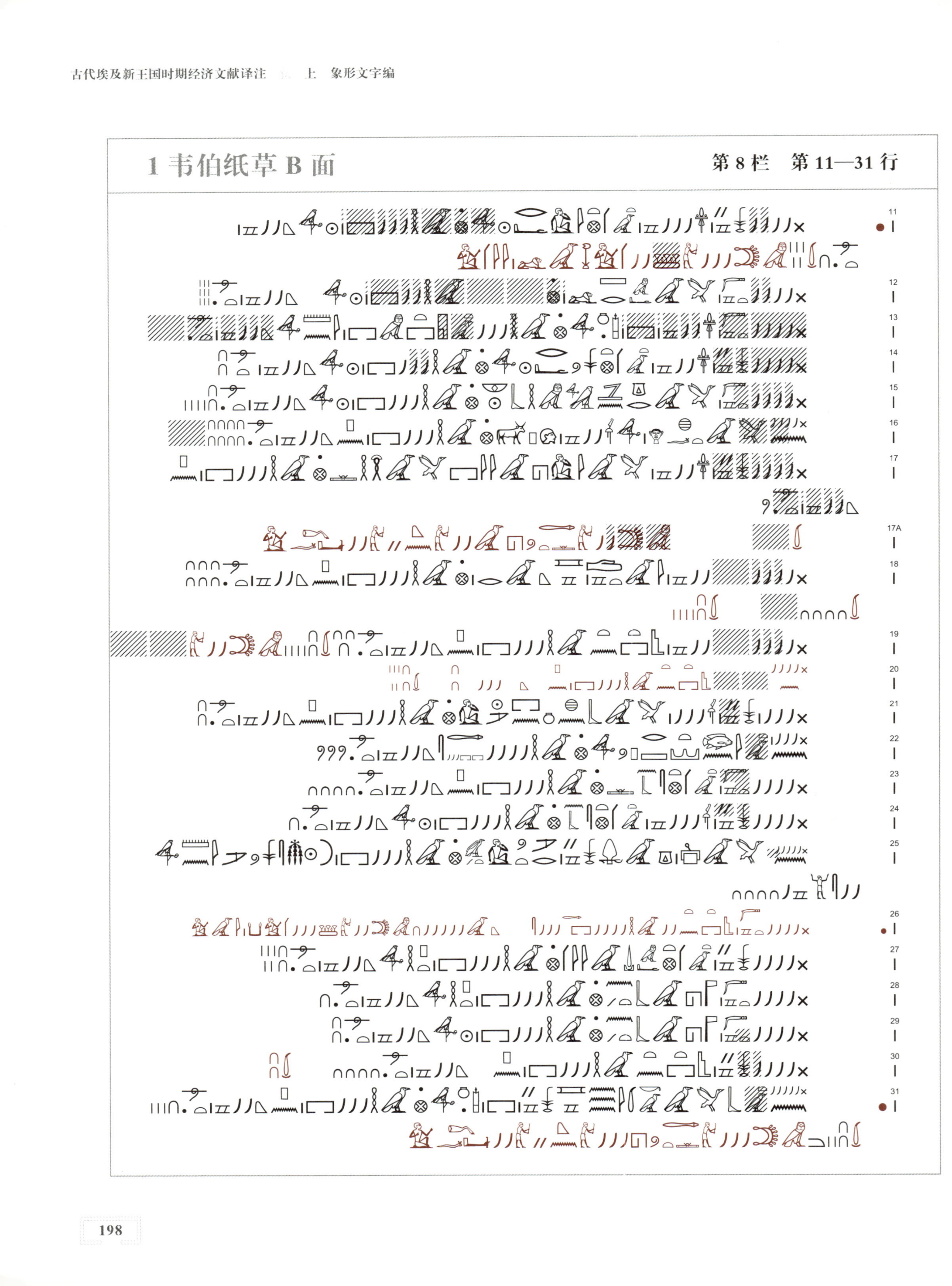

1 韦伯纸草 B 面

第 8 栏 第 11—31 行

11
12
13
14
15
16
17
17A
18
19
20
21
22
23
24
25
26
27
28
29
30
31

1 韦伯纸草 B 面

第 8 栏　第 32—35 行

32

33

34

35

第 9 栏　第 1—13 行

01

02

03

04

05

06

07

08

09

10

11 §6

12

13

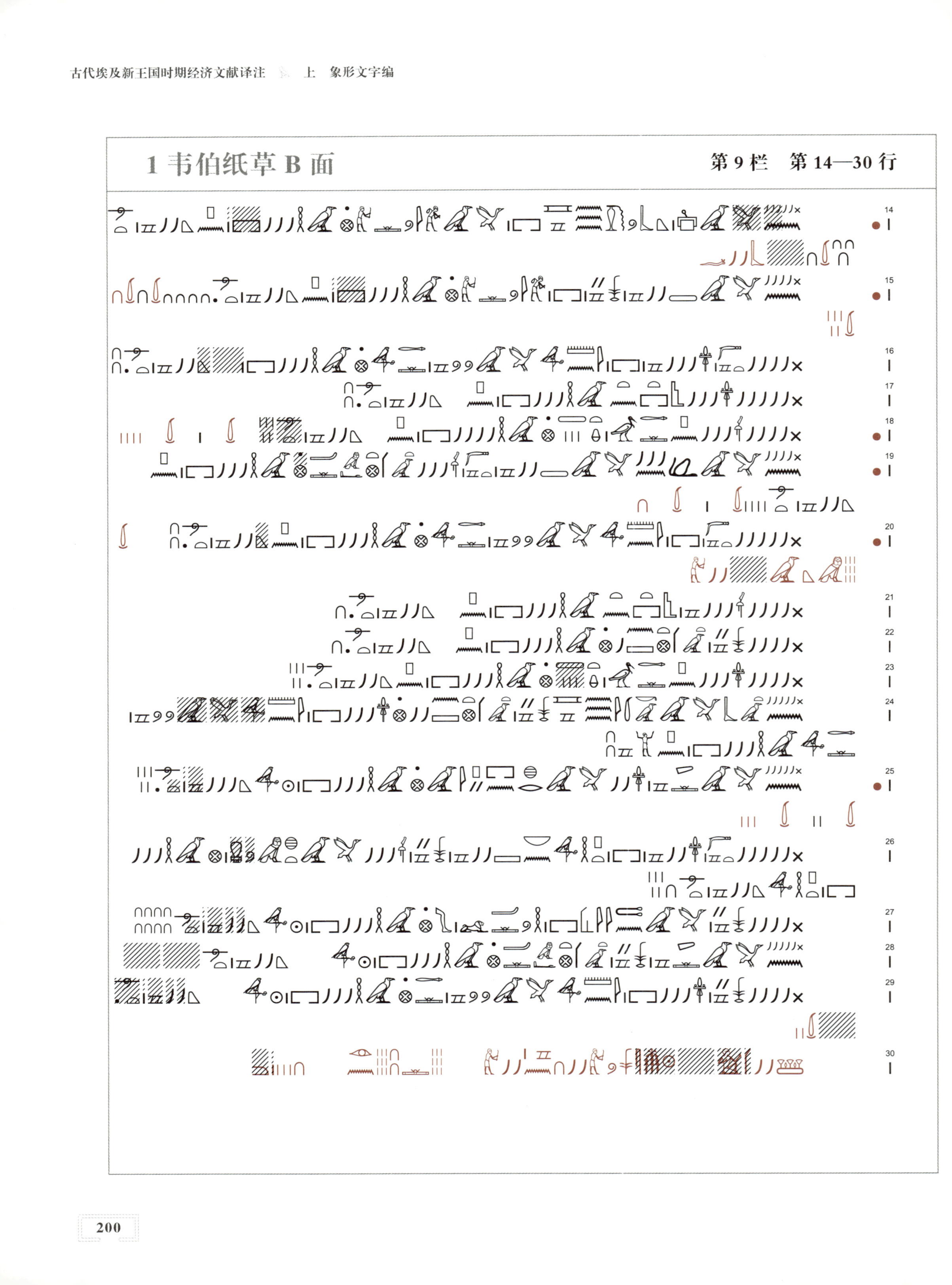

1 韦伯纸草 B 面

第 9 栏 第 14—30 行

14

15

16

17

18

19

20

21

22

23

24

25

26

27

28

29

30

1 韦伯纸草 B 面

第 10 栏　第 0—13 行

00

0A

01

1A

02 §7

03

3A

04

4A

05

06

07

08

09

10

11

12

13

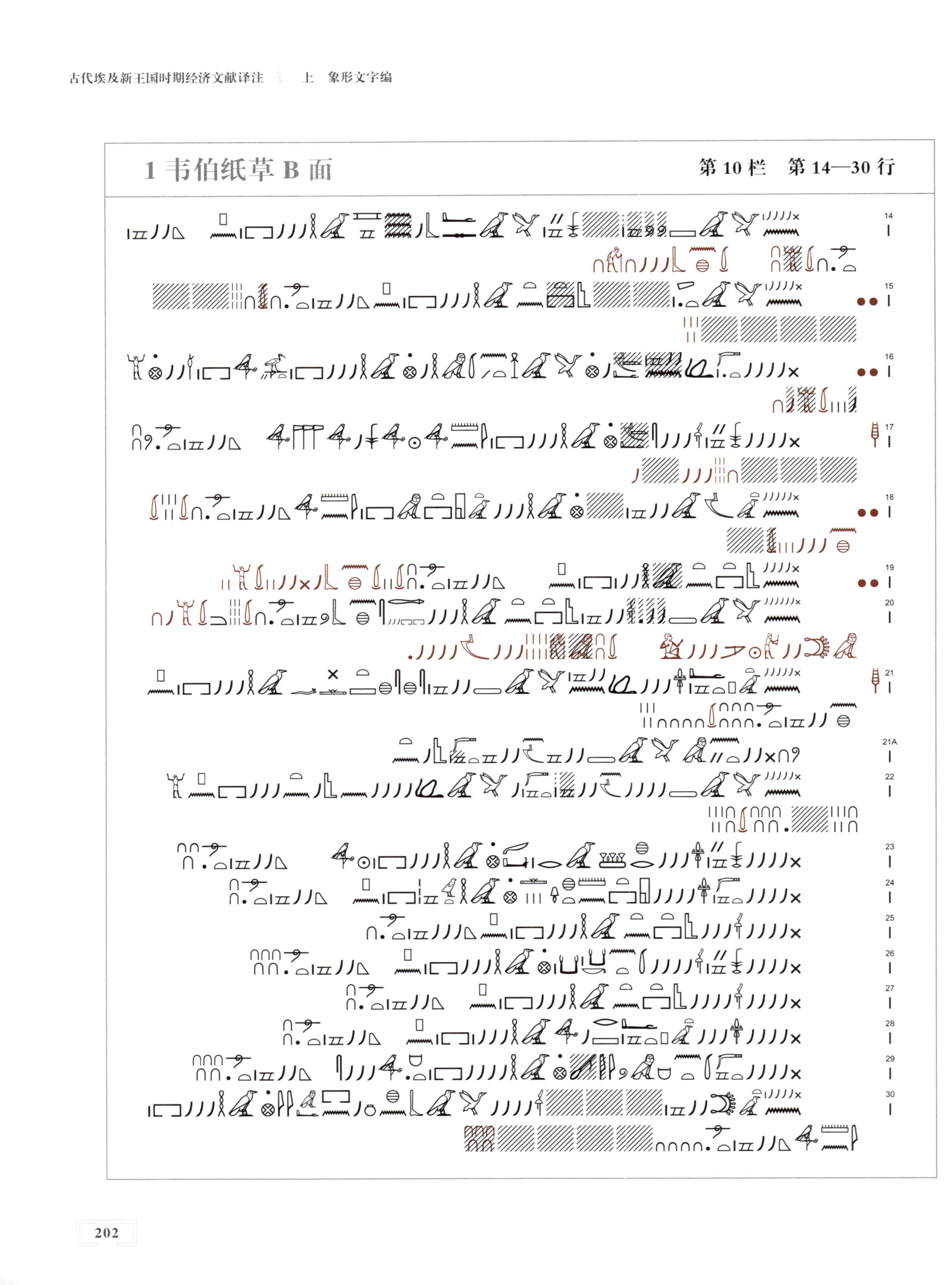

1 韦伯纸草 B 面

第 10 栏 第 14—30 行

14

15

16

17

18

19

20

21

21A

22

23

24

25

26

27

28

29

30

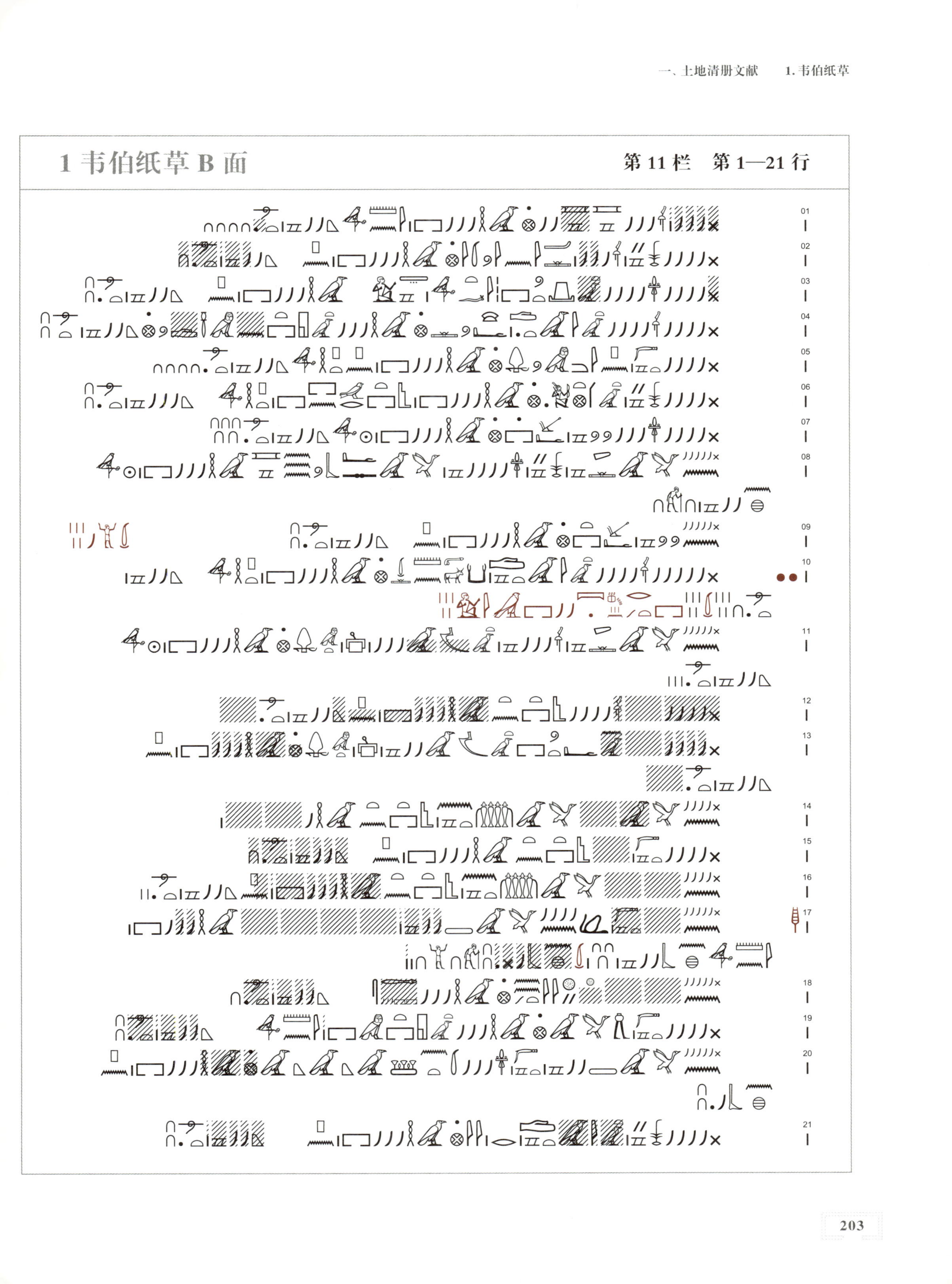

1 韦伯纸草 B 面

第 11 栏　第 1—21 行

01
02
03
04
05
06
07
08
09
10
11
12
13
14
15
16
17
18
19
20
21

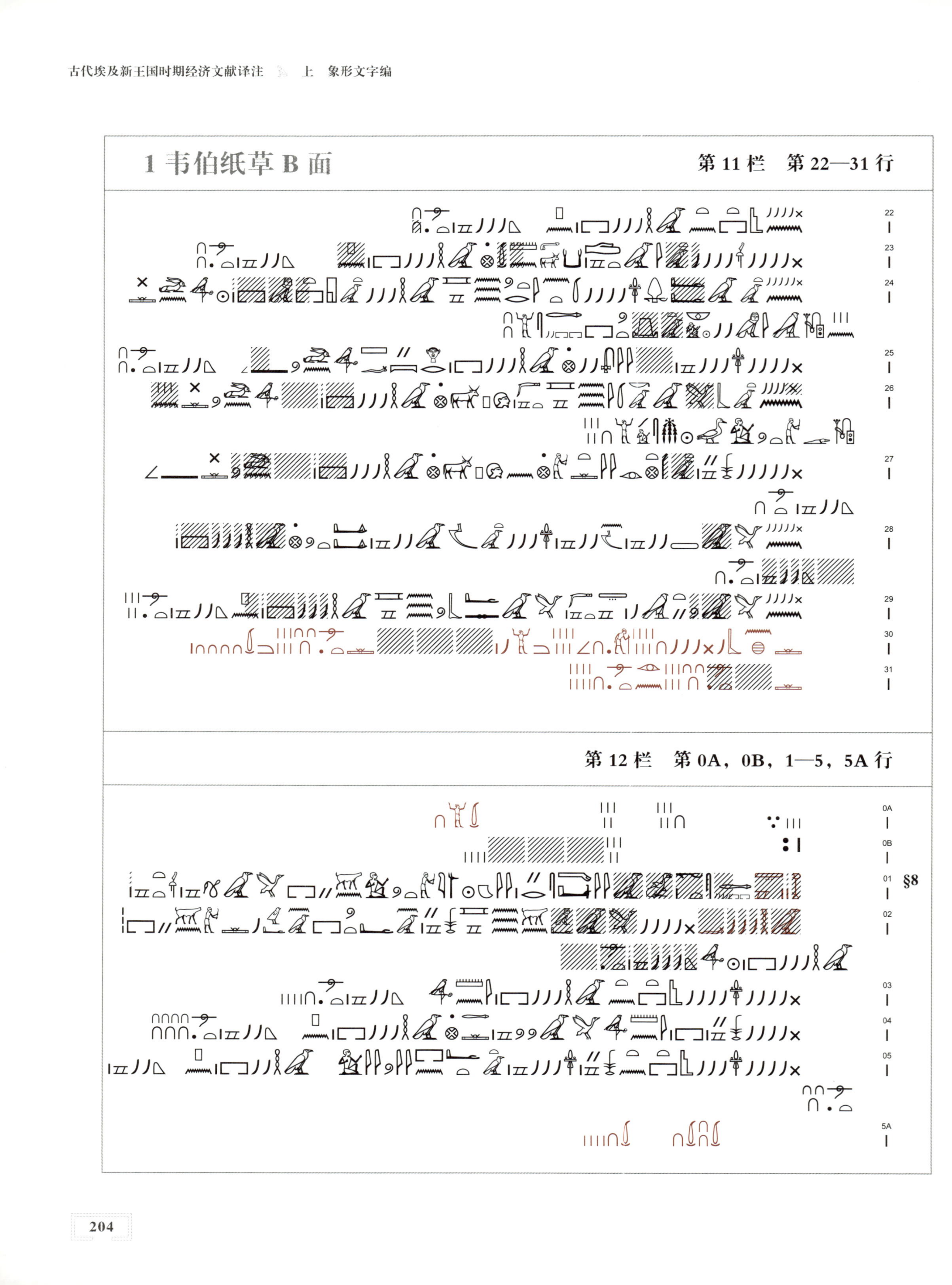

1 韦伯纸草 B 面

第 11 栏 第 22—31 行

22

23

24

25

26

27

28

29

30

31

第 12 栏 第 0A，0B，1—5，5A 行

0A

0B

01 §8

02

03

04

05

5A

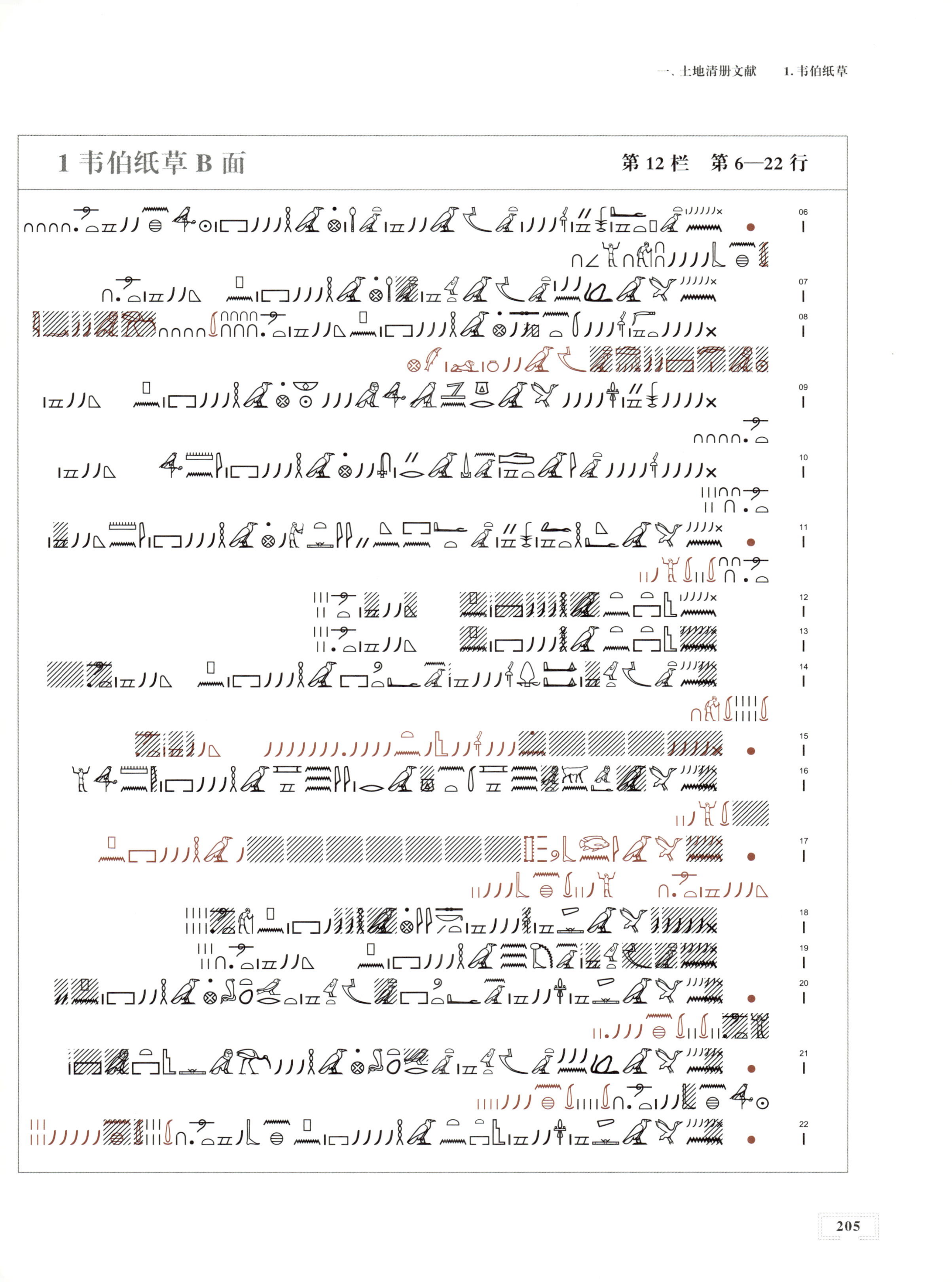

1 韦伯纸草 B 面

第 12 栏　第 6—22 行

06

07

08

09

10

11

12

13

14

15

16

17

18

19

20

21

22

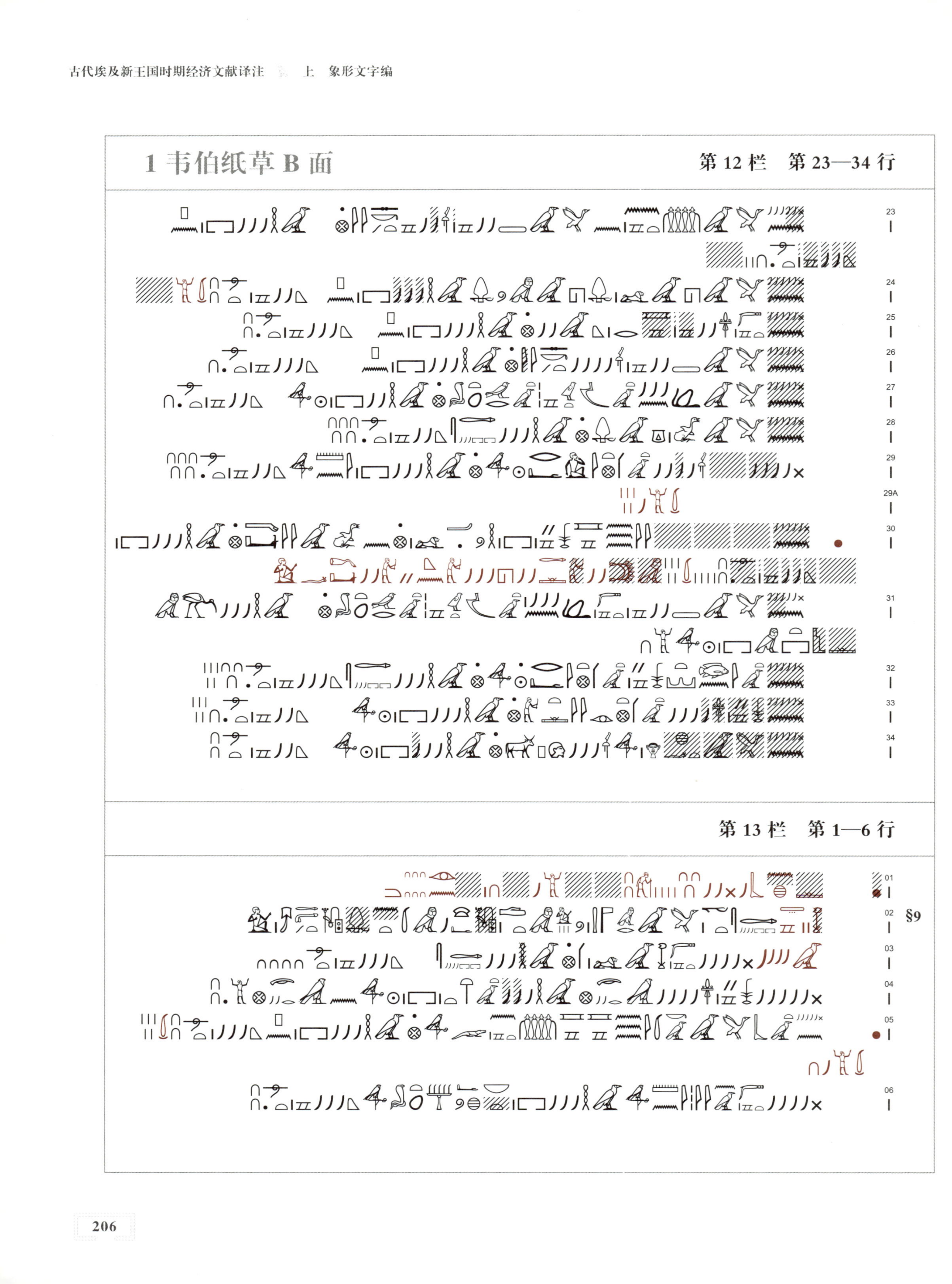

1 韦伯纸草 B 面

第 12 栏 第 23—34 行

23

24

25

26

27

28

29

29A

30

31

32

33

34

第 13 栏 第 1—6 行

01

02 §9

03

04

05

06

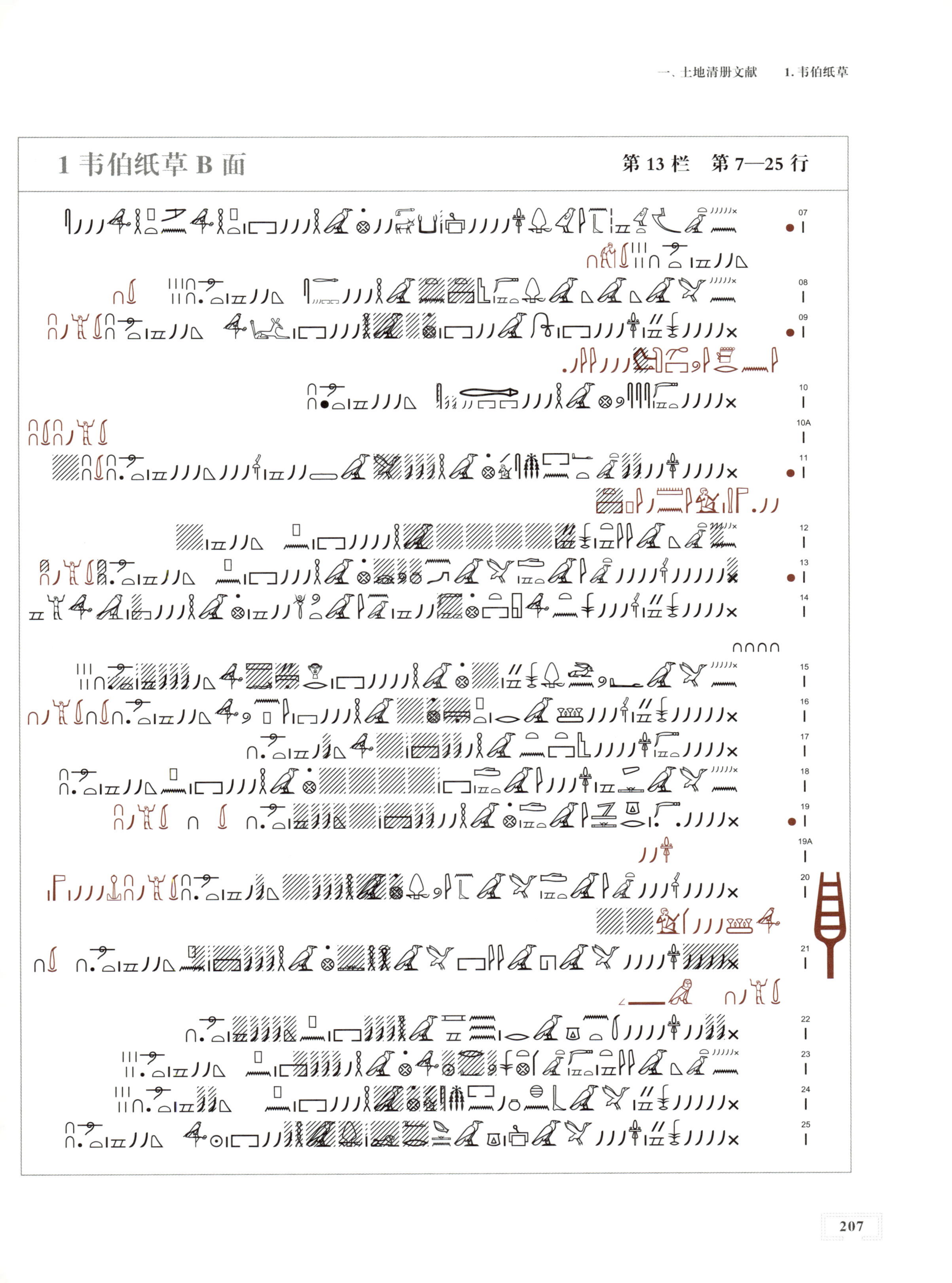

1 韦伯纸草 B 面

第 13 栏　第 7—25 行

07

08

09

10

10A

11

12

13

14

15

16

17

18

19

19A

20

21

22

23

24

25

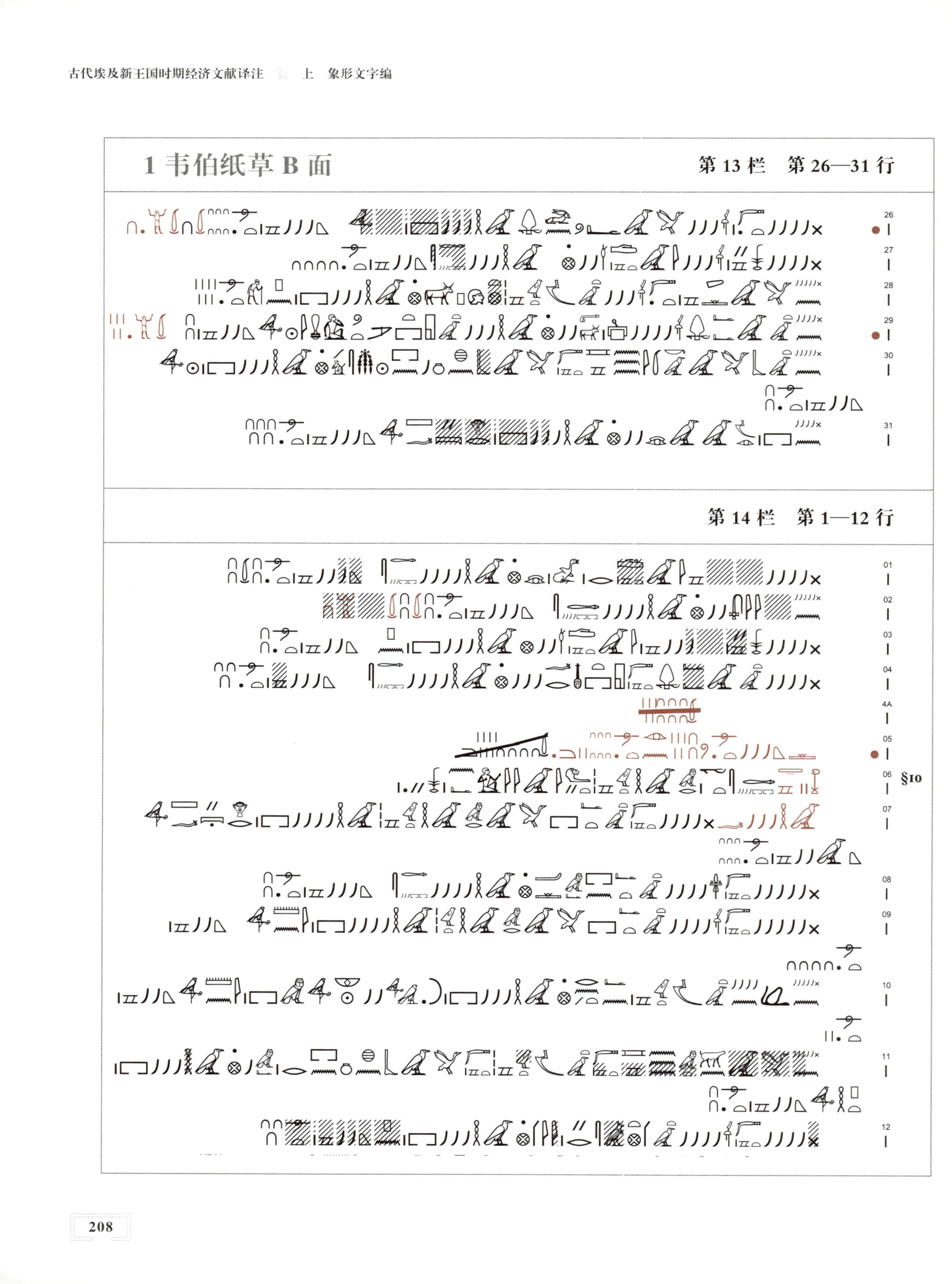

1 韦伯纸草 B 面

第 13 栏 第 26—31 行

26

27

28

29

30

31

第 14 栏 第 1—12 行

01

02

03

04

4A

05

06 §10

07

08

09

10

11

12

1 韦伯纸草 B 面

第 14 栏　第 13—31 行

13

14

15

16

17

18

19

20

21

22

23

24

25

26

27 §11

28

29

30

31

第 15 栏　第 1 行

01

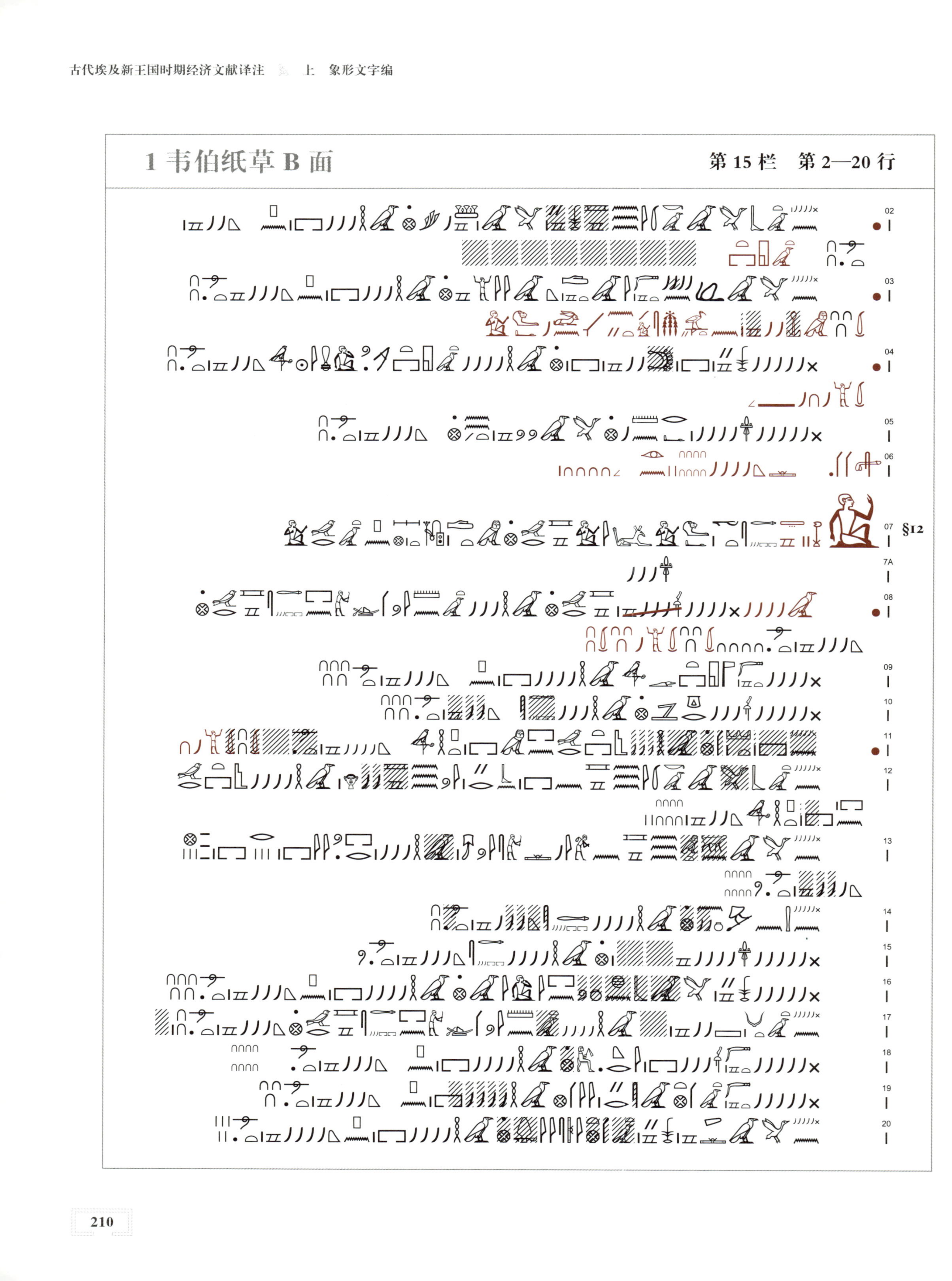

1 韦伯纸草 B 面

第 15 栏 第 2—20 行

02

03

04

05

06

07 §12

7A

08

09

10

11

12

13

14

15

16

17

18

19

20

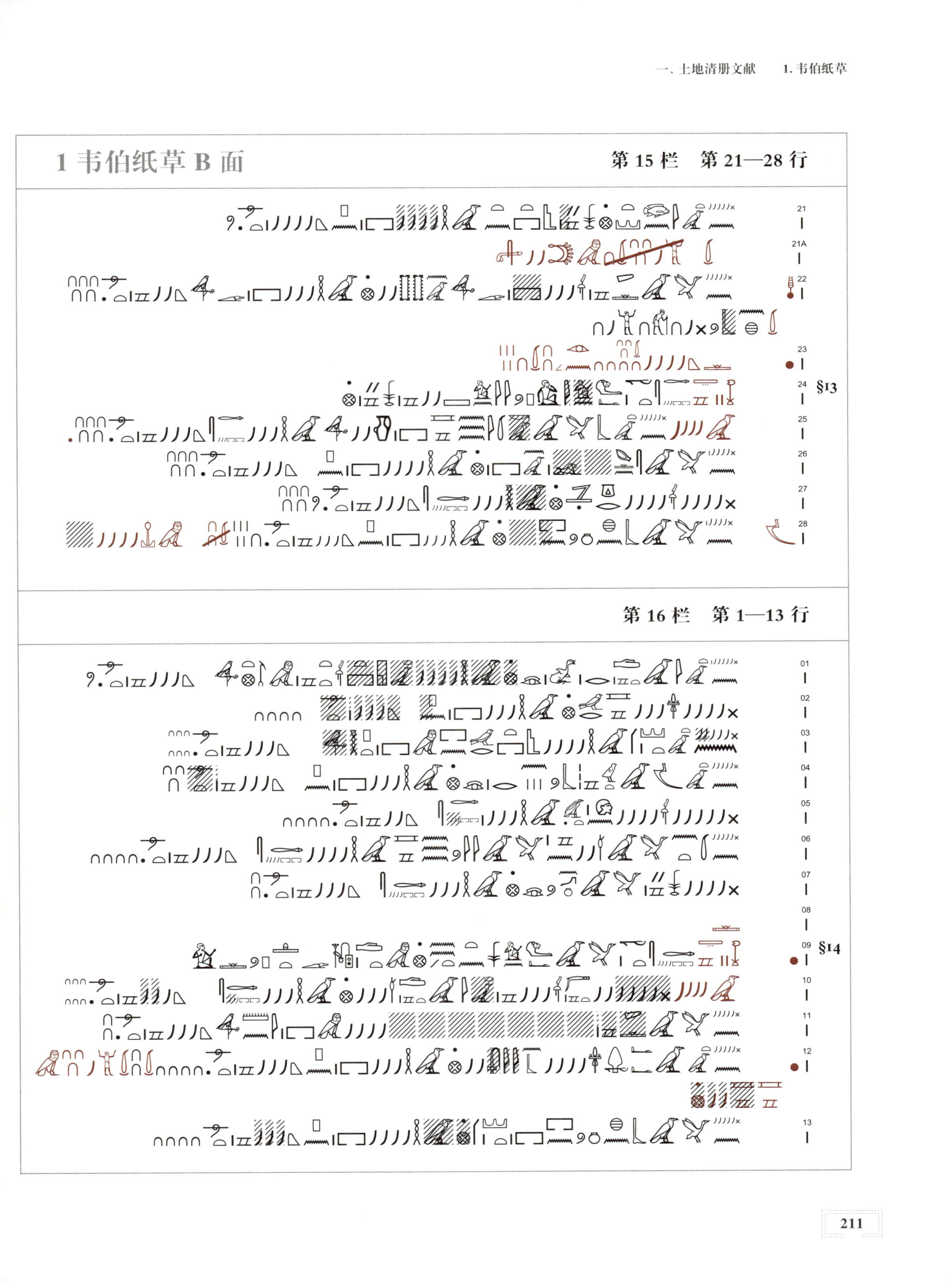

1 韦伯纸草 B 面

第 15 栏　第 21—28 行

21

21A

22

23

24 §13

25

26

27

28

第 16 栏　第 1—13 行

01

02

03

04

05

06

07

08

09 §14

10

11

12

13

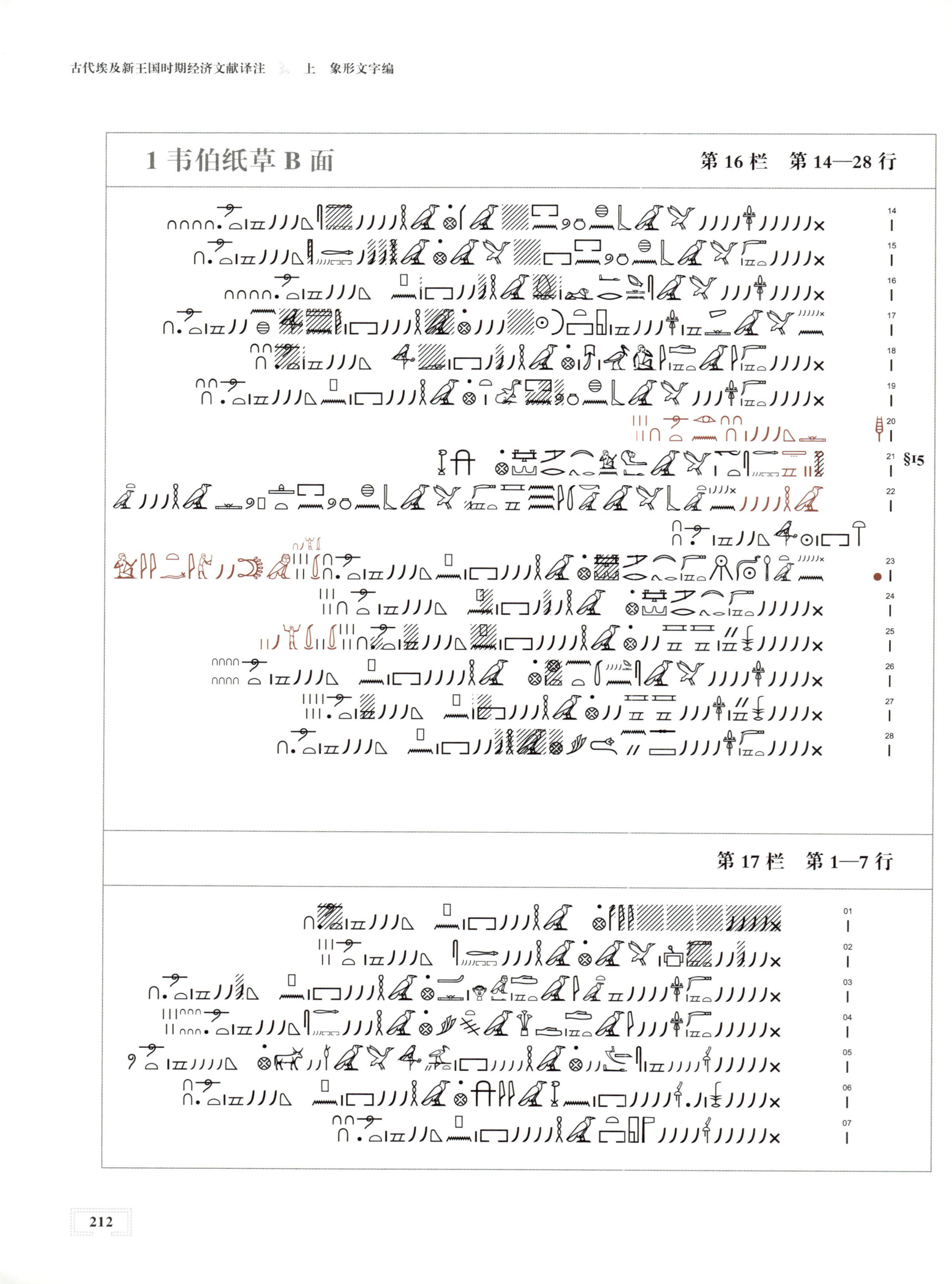

1 韦伯纸草 B 面

第 16 栏　第 14—28 行

14

15

16

17

18

19

20

21 §15

22

23

24

25

26

27

28

第 17 栏　第 1—7 行

01

02

03

04

05

06

07

1 韦伯纸草 B 面

第 17 栏　第 8—27A 行

08

09

10

10A

11

12

13 §16

14

15

16

17

18

19

20

21

22

23

24

25

26 §17

26A

27

27A

1 韦伯纸草 B 面

第 17 栏 第 25—33 行

28

28A

29

30

31

32

33

第 18 栏 第 1—8 行

01

1A

02

03

04

05 §18

06

07

08

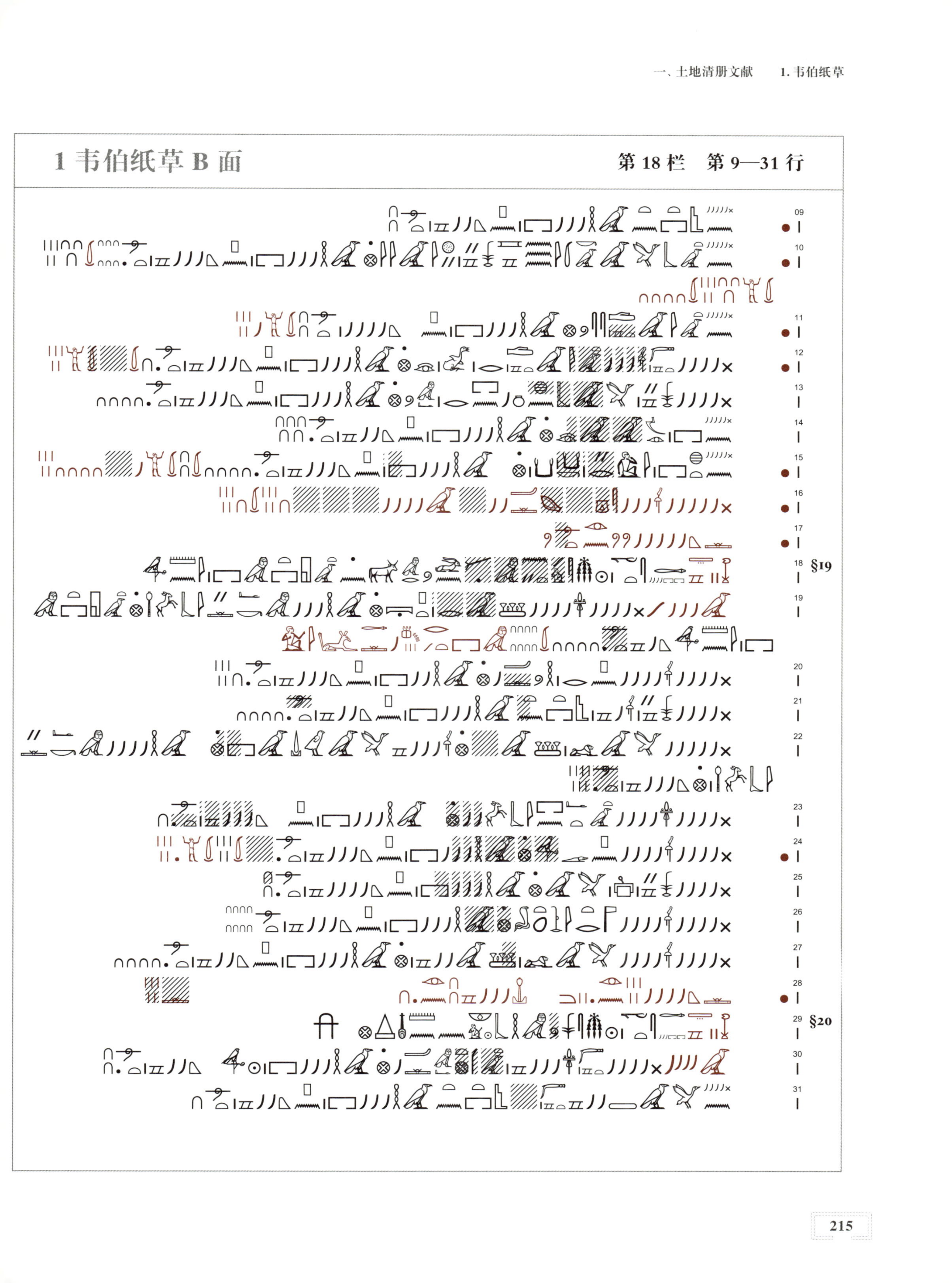

1 韦伯纸草 B 面

第 18 栏　第 9—31 行

09

10

11

12

13

14

15

16

17

18 §19

19

20

21

22

23

24

25

26

27

28

29 §20

30

31

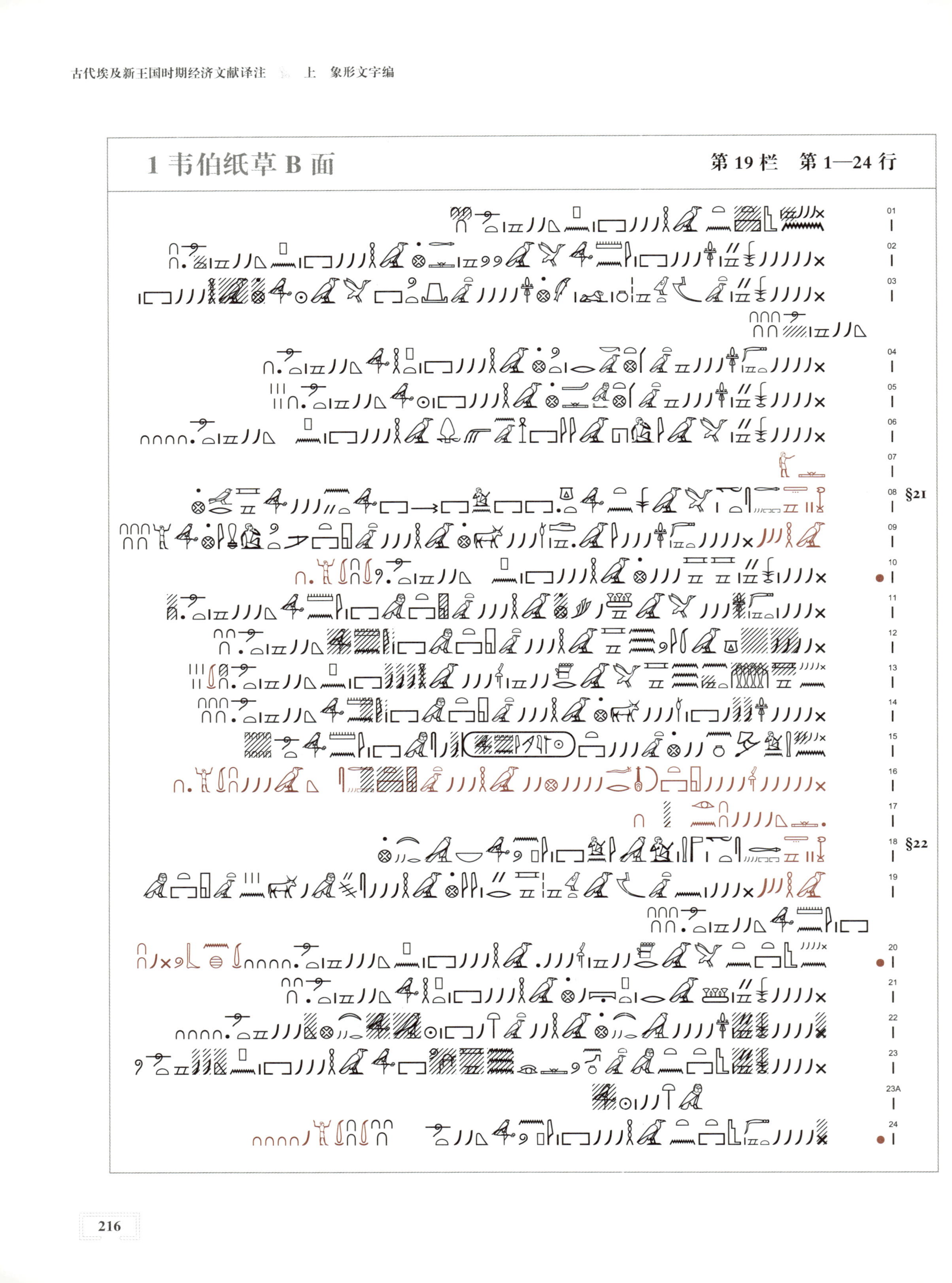

1 韦伯纸草 B 面

第 19 栏　第 1—24 行

01

02

03

04

05

06

07

08 §21

09

10

11

12

13

14

15

16

17

18 §22

19

20

21

22

23

23A

24

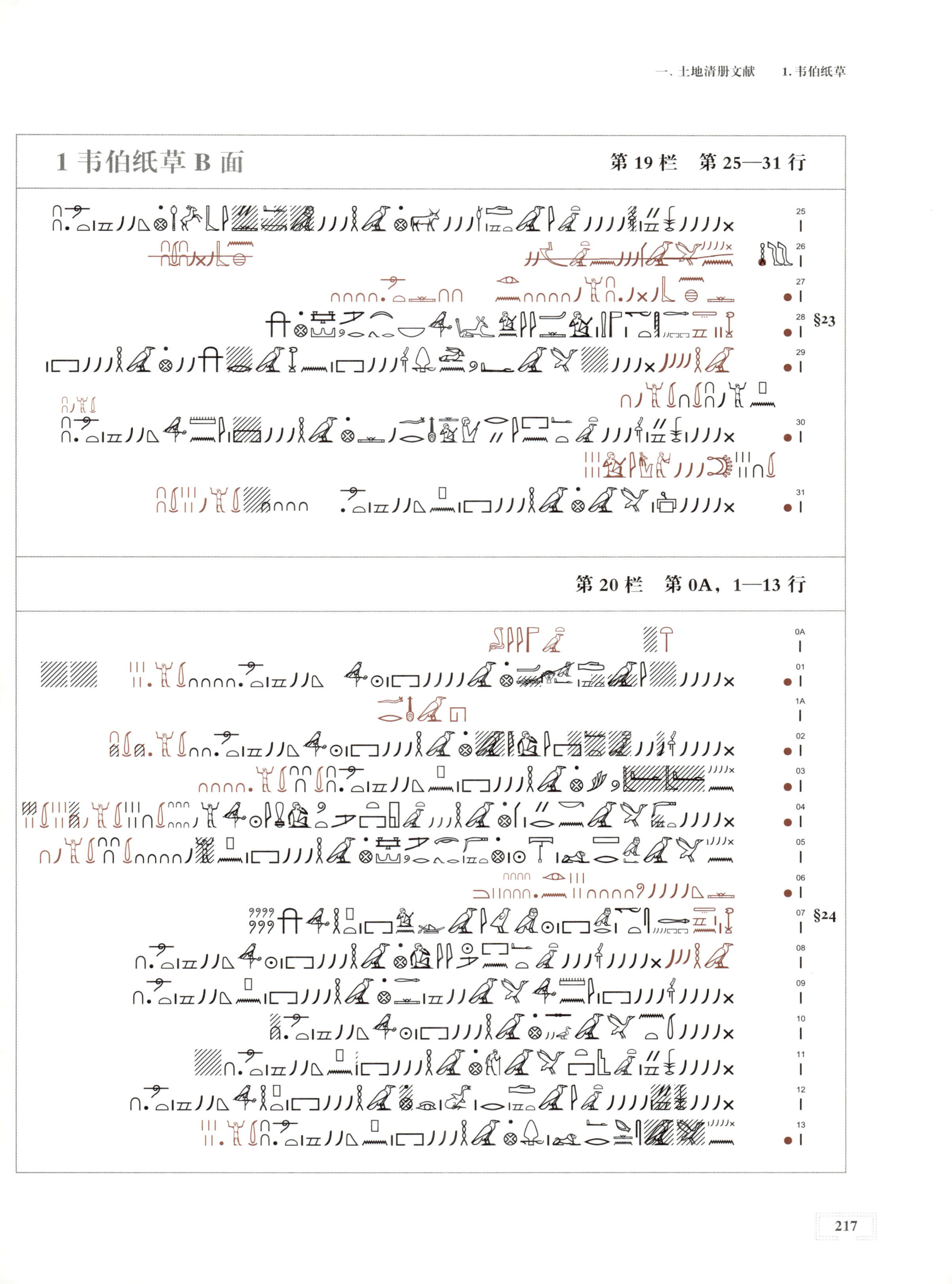

1 韦伯纸草 B 面

第 19 栏　第 25—31 行

25

26

27

28 §23

29

30

31

第 20 栏　第 0A，1—13 行

0A

01

1A

02

03

04

05

06

07 §24

08

09

10

11

12

13

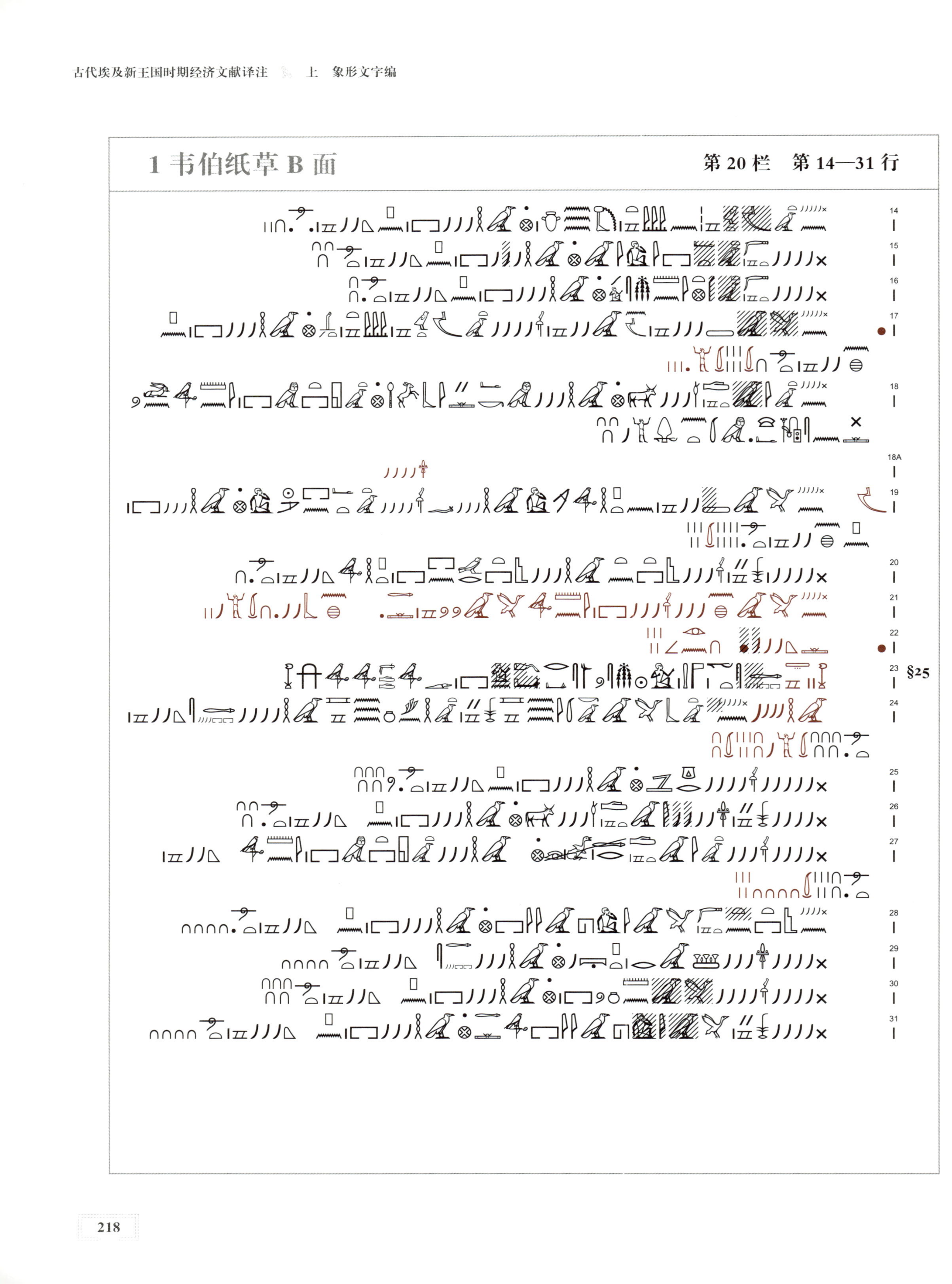

1 韦伯纸草 B 面

第 20 栏 第 14—31 行

14

15

16

17

18

18A

19

20

21

22

23 §25

24

25

26

27

28

29

30

31

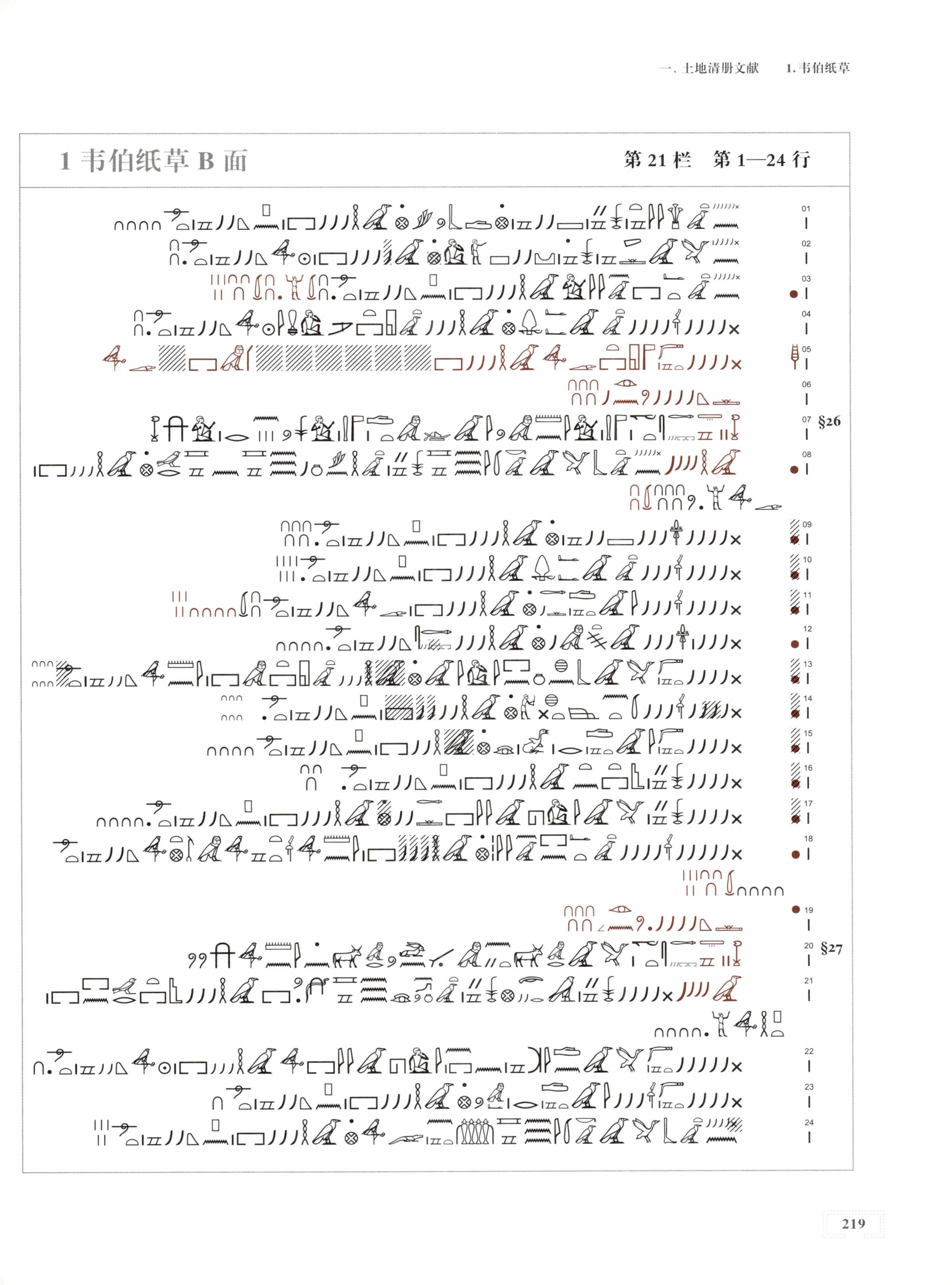

1 韦伯纸草 B 面　　第 21 栏　第 1—24 行

01
02
03
04
05
06
07 §26
08
09
10
11
12
13
14
15
16
17
18
19
20 §27
21
22
23
24

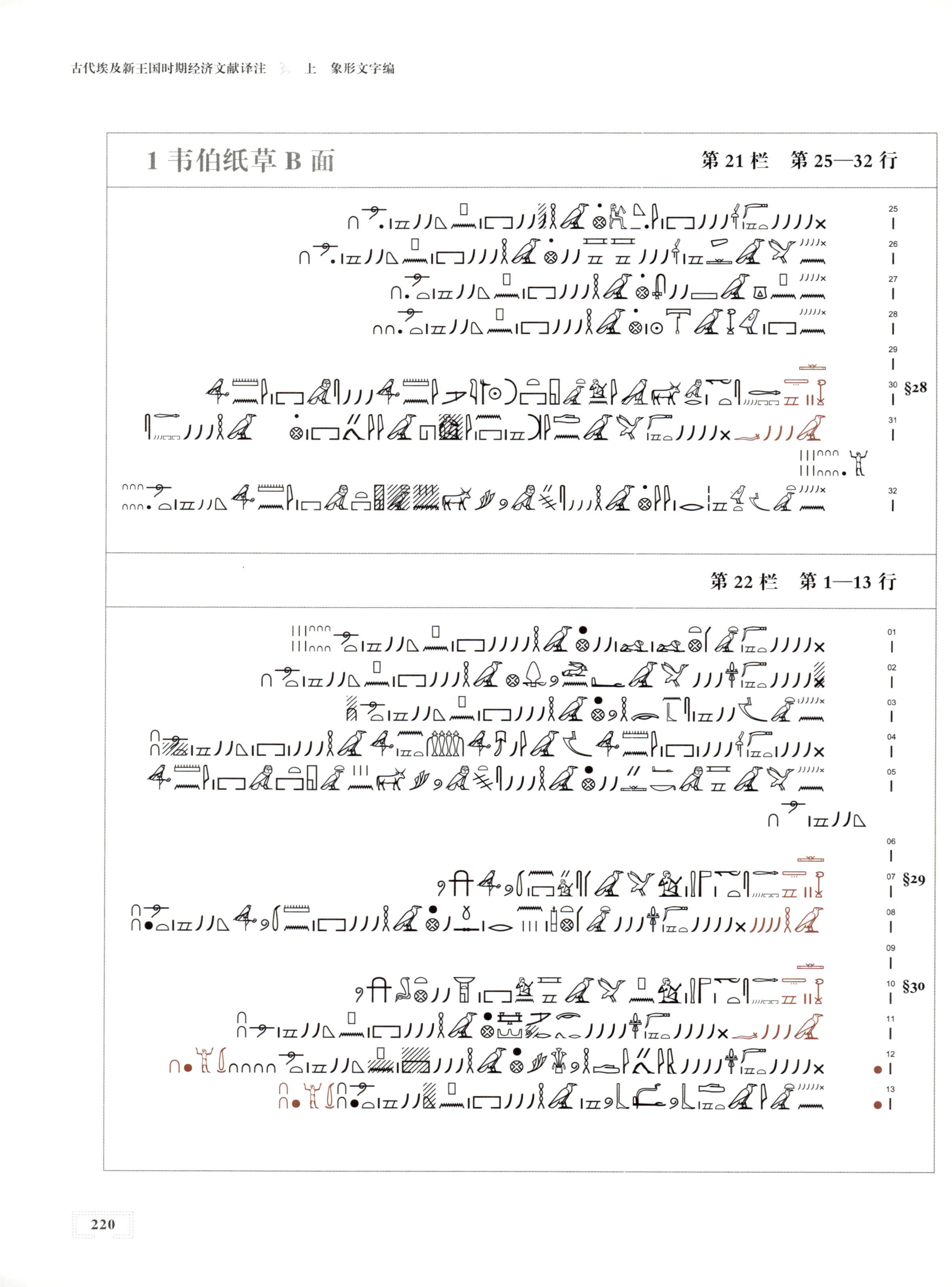

1 韦伯纸草B面

第21栏 第25—32行

25

26

27

28

29

30 §28

31

32

第22栏 第1—13行

01

02

03

04

05

06

07 §29

08

09

10 §30

11

12

13

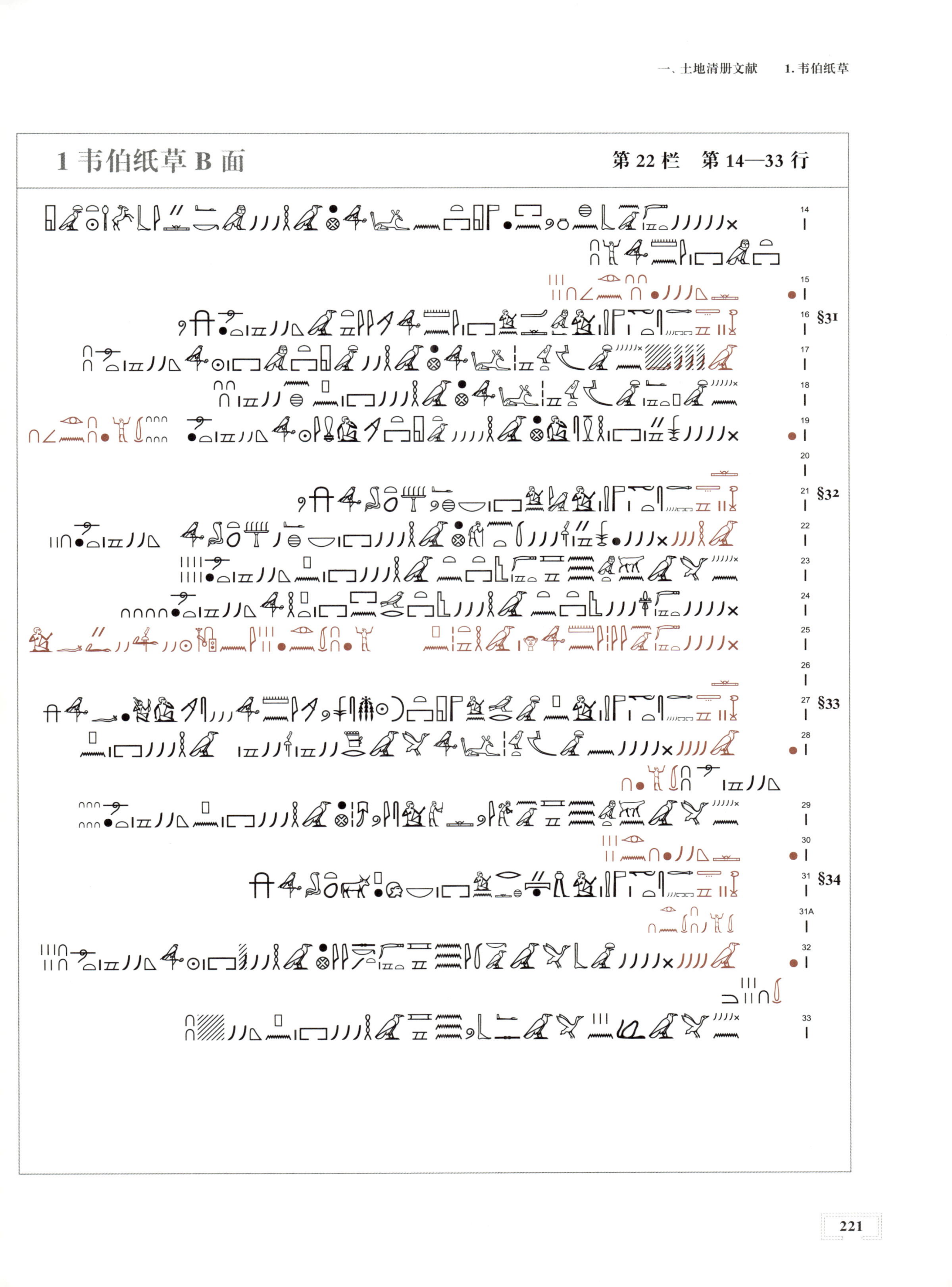

1 韦伯纸草 B 面

第 22 栏　第 14—33 行

14

15

16 §31

17

18

19

20

21 §32

22

23

24

25

26

27 §33

28

29

30

31 §34

31A

32

33

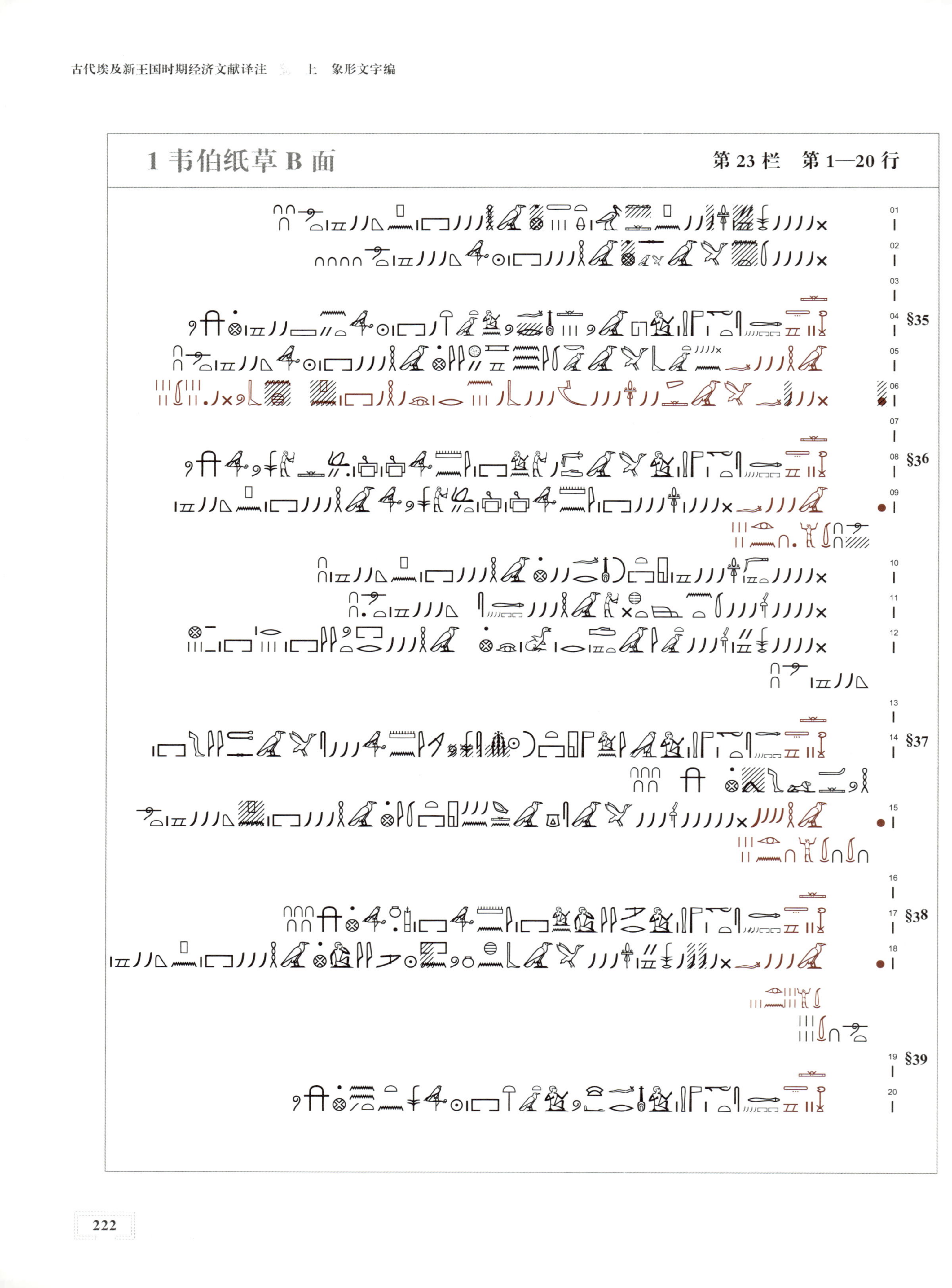

1 韦伯纸草 B 面

第 23 栏 第 1—20 行

01

02

03

04 §35

05

06

07

08 §36

09

10

11

12

13

14 §37

15

16

17 §38

18

19 §39

20

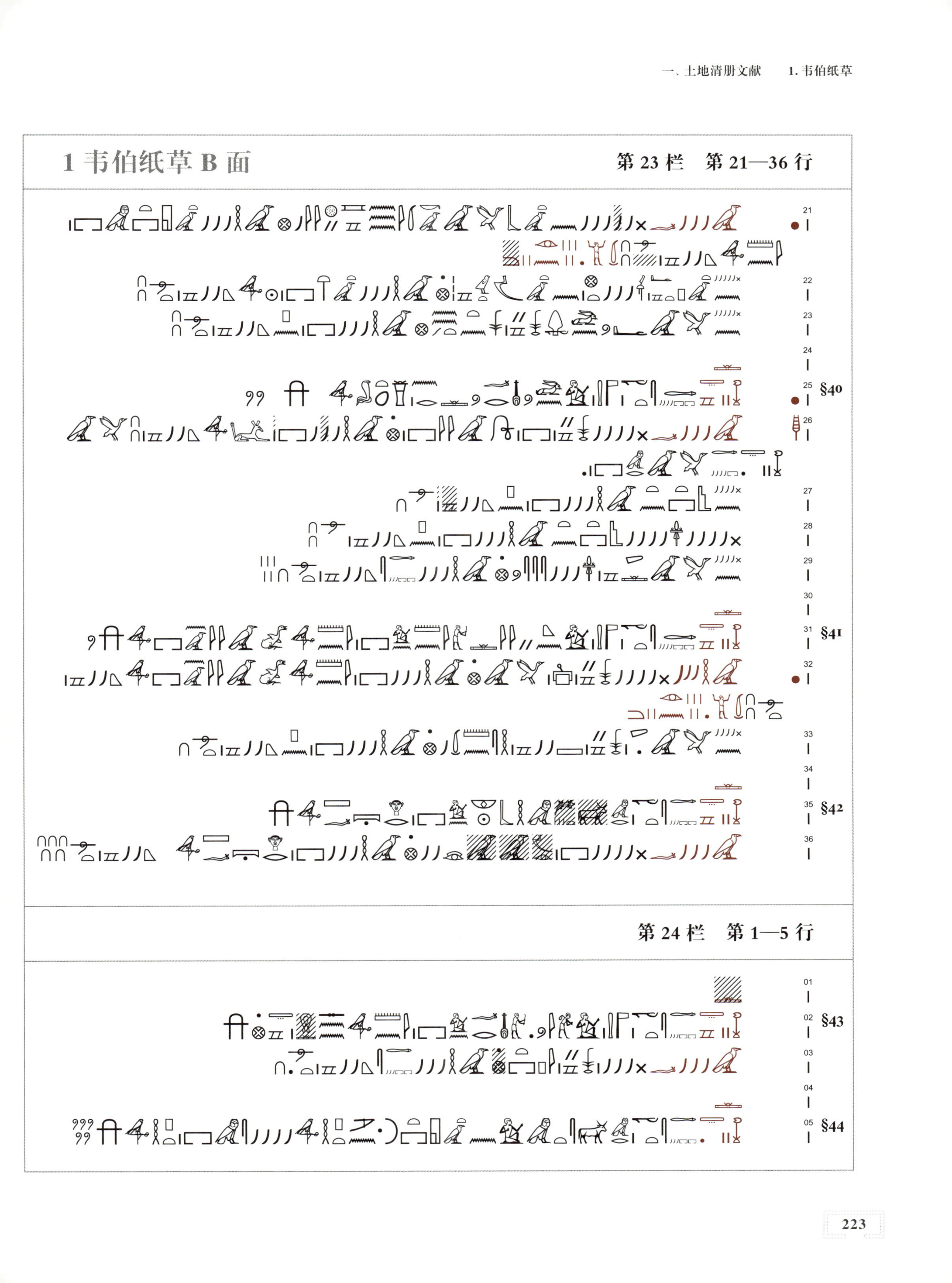

1 韦伯纸草 B 面

第 23 栏　第 21—36 行

21
22
23
24
25 §40
26
27
28
29
30
31 §41
32
33
34
35 §42
36

第 24 栏　第 1—5 行

01
02 §43
03
04
05 §44

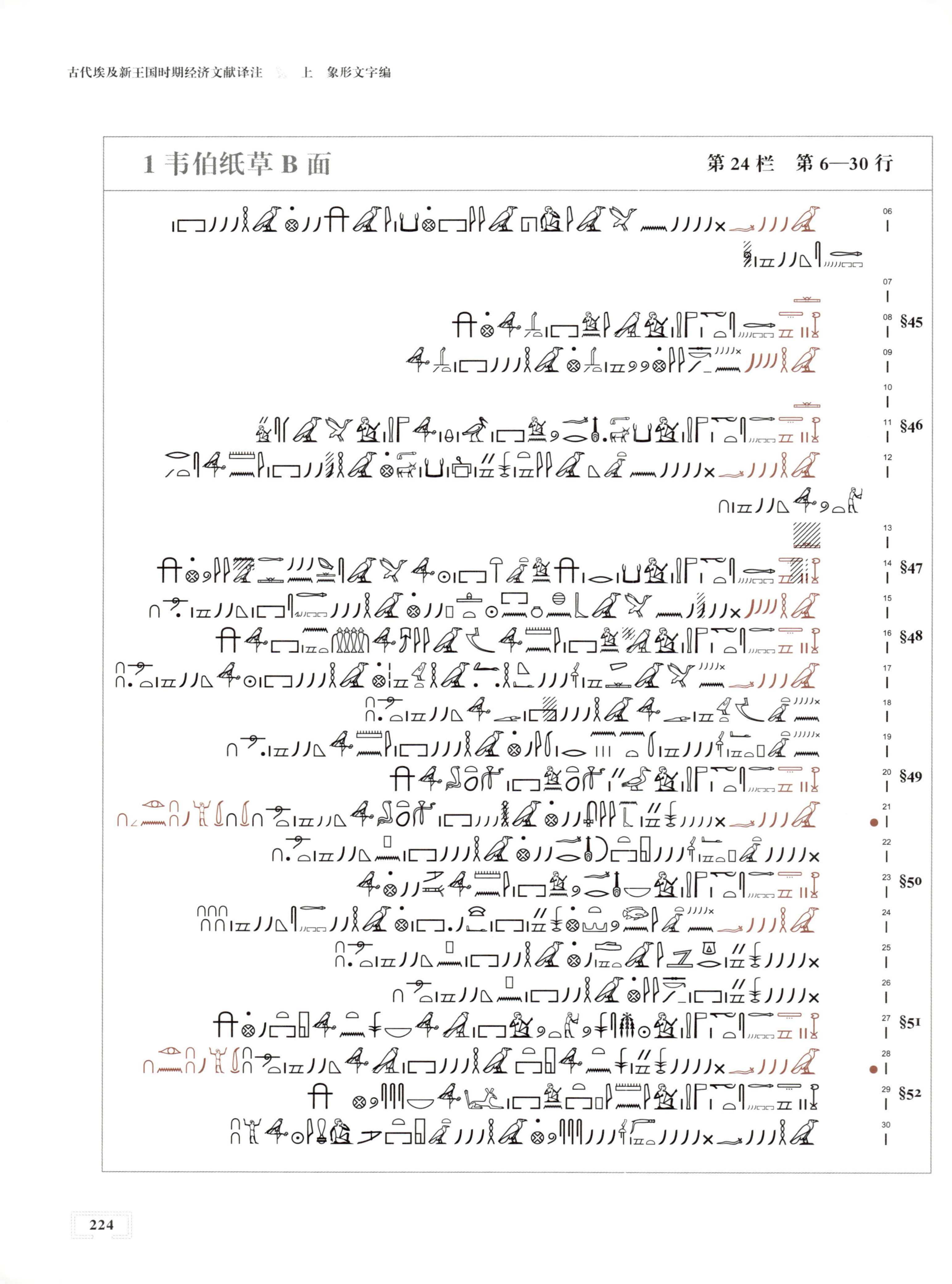

1 韦伯纸草 B 面

第 24 栏 第 6—30 行

08 §45

11 §46

14 §47

16 §48

20 §49

23 §50

27 §51

29 §52

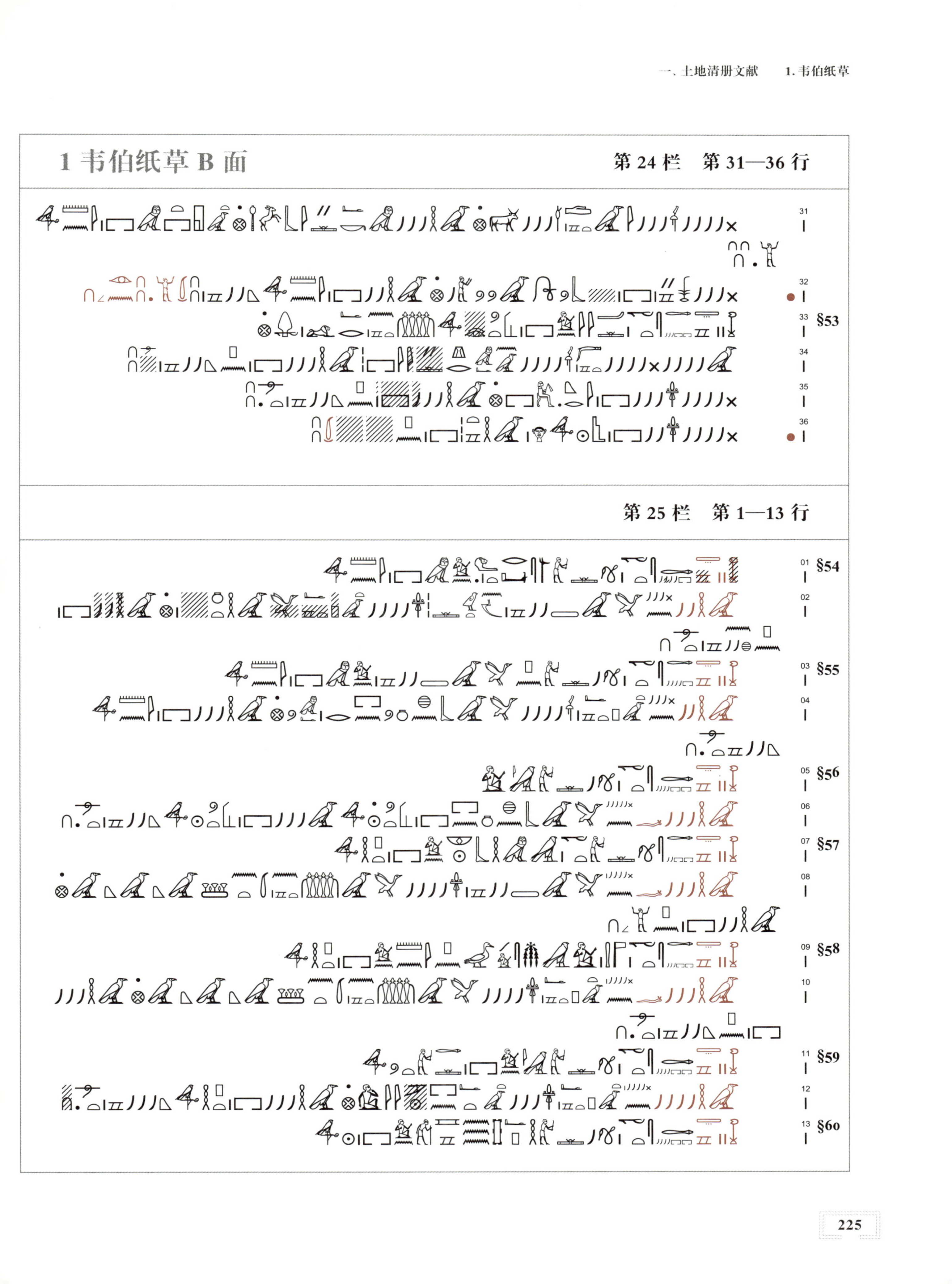

1 韦伯纸草 B 面

第 24 栏　第 31—36 行

31

32

33 §53

34

35

36

第 25 栏　第 1—13 行

01 §54

02

03 §55

04

05 §56

06

07 §57

08

09 §58

10

11 §59

12

13 §60

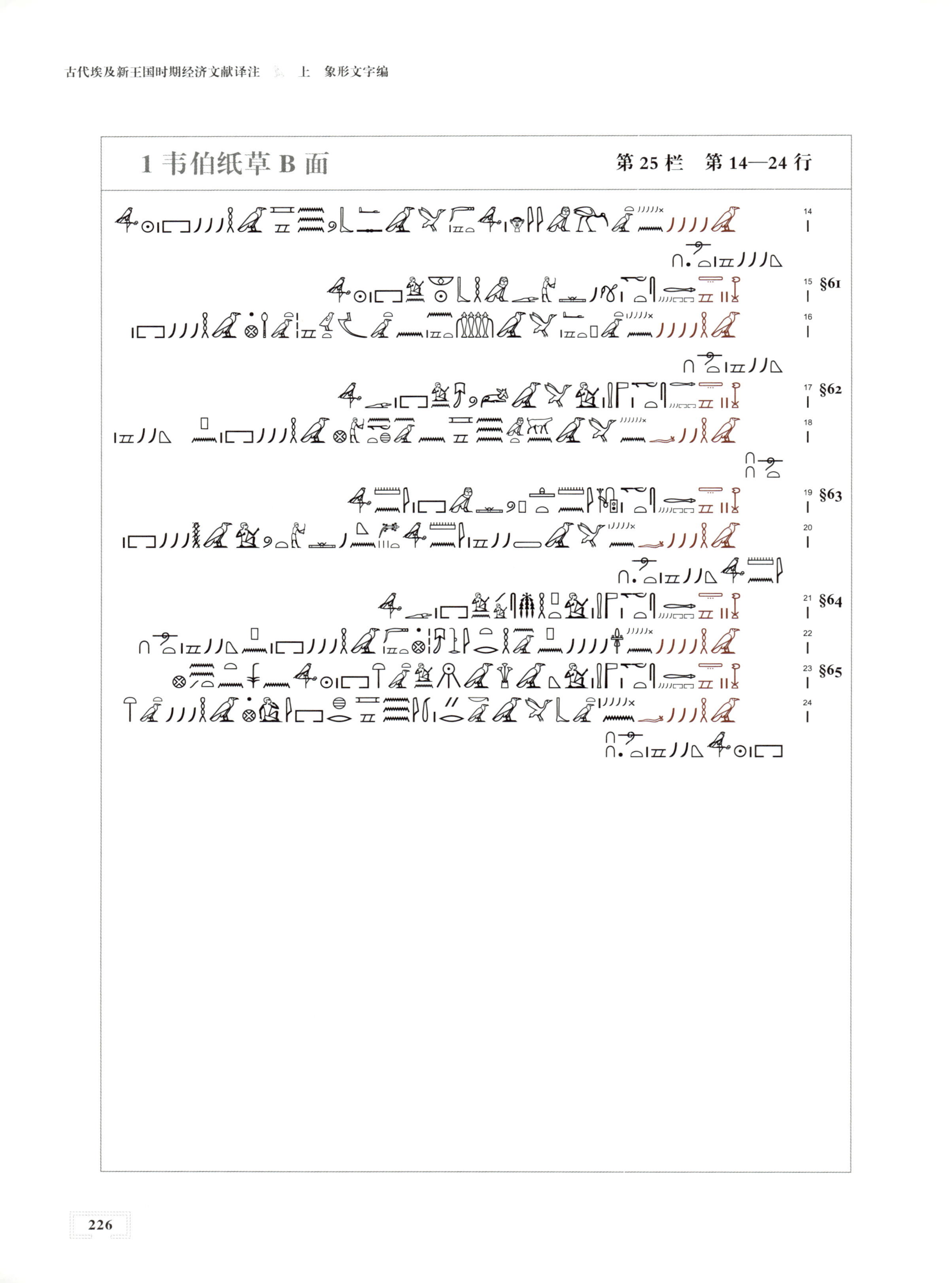

1 韦伯纸草 B 面

第 25 栏 第 14—24 行

14

15 §61

16

17 §62

18

19 §63

20

21 §64

22

23 §65

24

二

税收文献

根据土地清册文献韦伯纸草记载，新王国时期的埃及社会有为数众多的小土地所有者。尽管他们的职业各异，但却有着一个共同的特点，就是他们都是纳税人，需要每年上缴一定额度的赋税。古往今来，赋税都是一个国家得以正常运转的前提。由于古代埃及没有真正意义上的货币，因此赋税征收的形式主要是粮食、牲畜或其他商品，而施姆税（*šmw*）、沙伊特税（*šˁyt*）和巴库税（*bˁkw*）等是古代埃及的主要税收类型。并且在古代埃及历史上的某些时期，州长、法官、神庙不需缴税或只需缴纳一部分税。古王国时期埃及的赋税征收两年一度进行，新王国时期，埃及赋税征收每年一度。随着货币的出现，到后期埃及时期，赋税开始以银子等货币的形式进行征收，但是直到托勒密埃及和罗马埃及时期，赋税才开始全面货币化。

新王国时期，埃及国力强盛，经济繁荣，这主要得益于其完备而又运转良好的税收体系。为此我们收集了哈里斯纸草等13篇税收文献，并按照时间顺序排列。

2. 加德纳 86 号陶石片

英语名：*Ostracon Gardiner 86*

圣书体：*KRI*, Vol. III, pp.138–140

英译本：D. Warburton, *State and Economy in Ancient Egypt*, pp.143–145

加德纳 86 号陶石片书写于拉美西斯二世统治时期，是王室书吏帕奈赫西写给阿蒙神祭司赫瑞的书信。帕奈赫西是否为这封信的书写者，学界仍存疑，不过，一个无可争辩的事实是，该文献确实记录了当时埃及的税收状况。

2. 加德纳 86 号陶石片

正面 第 1—9 行

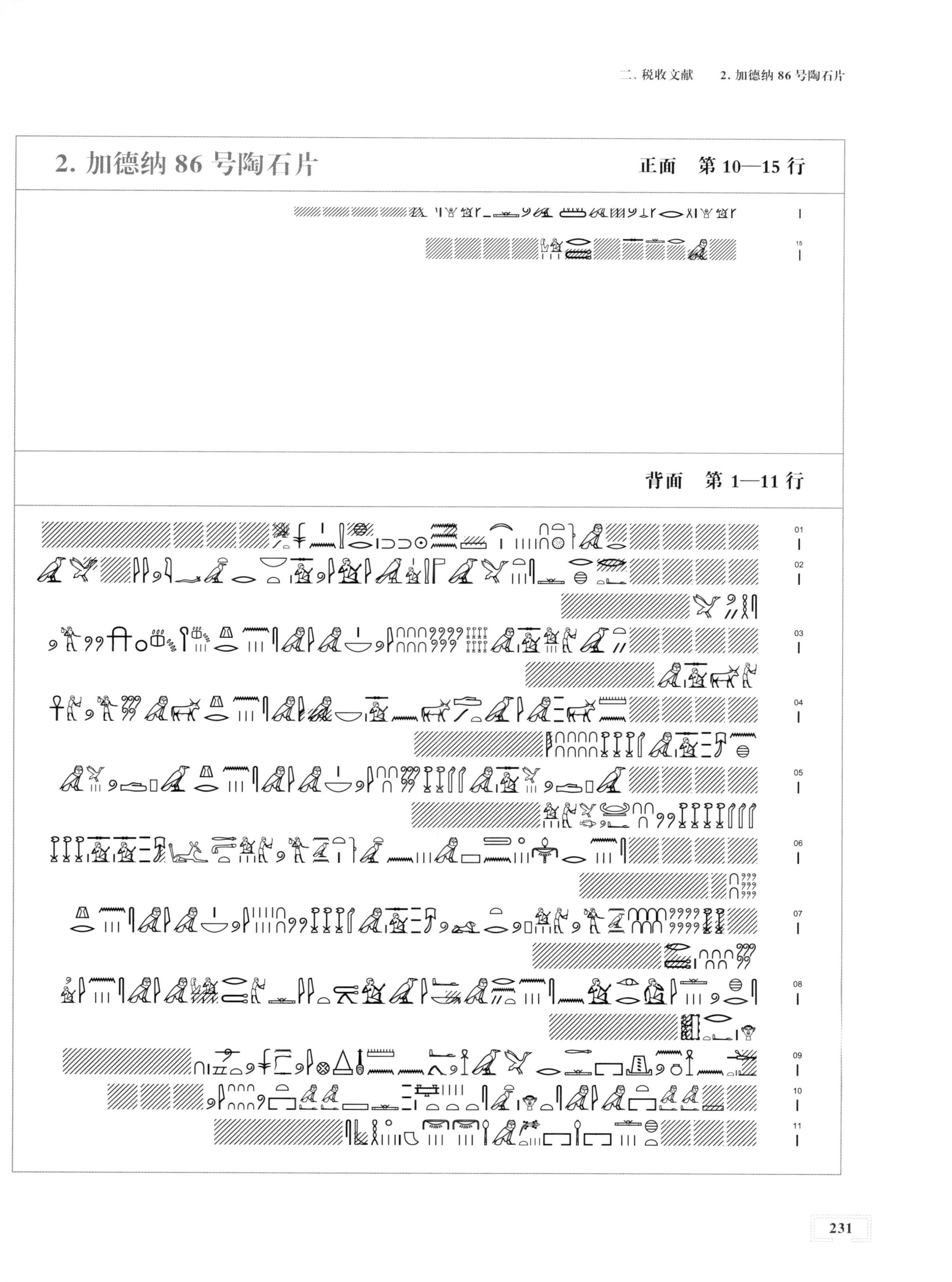

2. 加德纳 86 号陶石片

正面　第 10—15 行

15

背面　第 1—11 行

01

02

03

04

05

06

07

08

09

10

11

3. 大英博物馆 10447 号纸草

英语名：*Papyrus British Museum 10447*

圣书体：A. H. Gardiner, *Ramesside Administrative Documents*, p. 59

英译本：A. H. Gardiner, "Ramesside Texts Relating to the Taxation and Transport of Corn," *JEA* 27 (1941), pp. 58–60

该文献实际由大英博物馆所藏 10447 号纸草和一件法国集美博物馆所藏纸草残片拼合而成，书写于拉美西斯二世时期，记录了古埃及政府对个体耕种者的征税情况。文献的缀合与释读首先由格兰威勒整理发表（S.R.K. Glanville, 1929），后由加德纳继续完善。

3. 大英博物馆 10447 号纸草

正面　第 1—5 行

01

02

03

04

05

背面　第 1 行

01

4. 古拉布纸草残片

英语名：*Papyrus Gurob*

圣书体：A. H. Gardiner, *Ramesside Administrative Documents*, pp. 14–18

英译本：D. Warburton, *State and Economy in Ancient Egypt*, pp. 146–148

该纸草书写于第十九王朝国王塞提二世统治的第二年，得名于出土地古拉布（埃及新王国时期后宫所在，即韦伯纸草中的麦尔乌尔），其内容是某女士致古拉布市长的函，记录了古拉布后宫的鱼税账目。

4. 古拉布纸草残片　　**正面　第1—9行**

4. 古拉布纸草残片

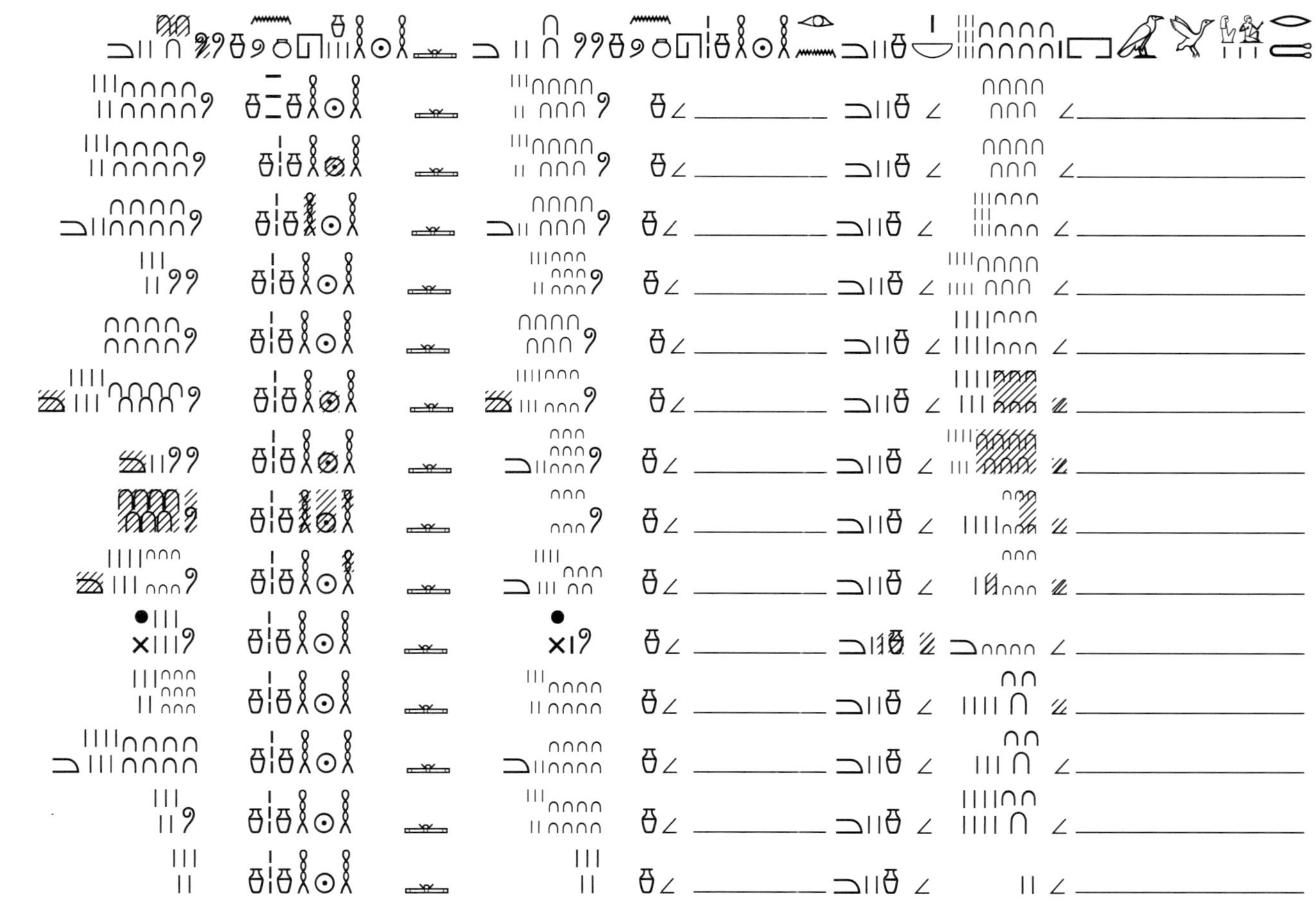

正面　第 10—13 行

10

11

12

13

背面·上　第 0—18 行

00

01

02

03

04

05

06

07

08

09

10

11

12

13

14

15

16

17

18

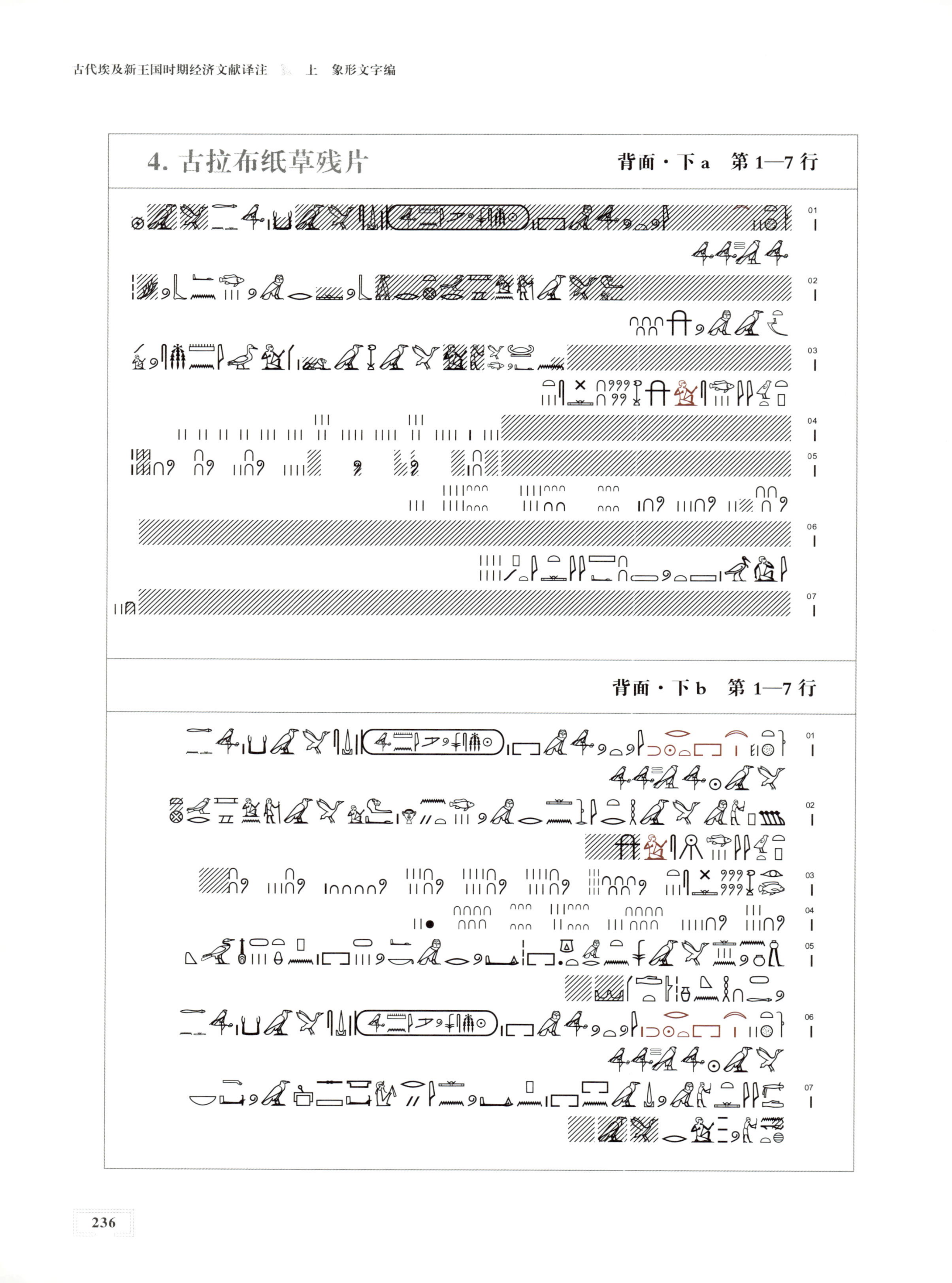

4. 古拉布纸草残片

背面·下a 第1—7行

01

02

03

04

05

06

07

背面·下b 第1—7行

01

02

03

04

05

06

07

5. 古拉布 G 号纸草残片

英语名：*Papyrus Gurob Fragment G*

圣书体：A. H. Gardiner, *Ramesside Administrative Documents*, pp. 20–21

英译本：D. Warburton, *State and Economy in Ancient Egypt*, pp. 149–151

5. 古拉布 G 号纸草残片　　正面　第 1—16，x+1—3 行

01

02

03

04

05

06

07

08

09

10

11

12

13

14

15

16

x+01

x+02

x+03

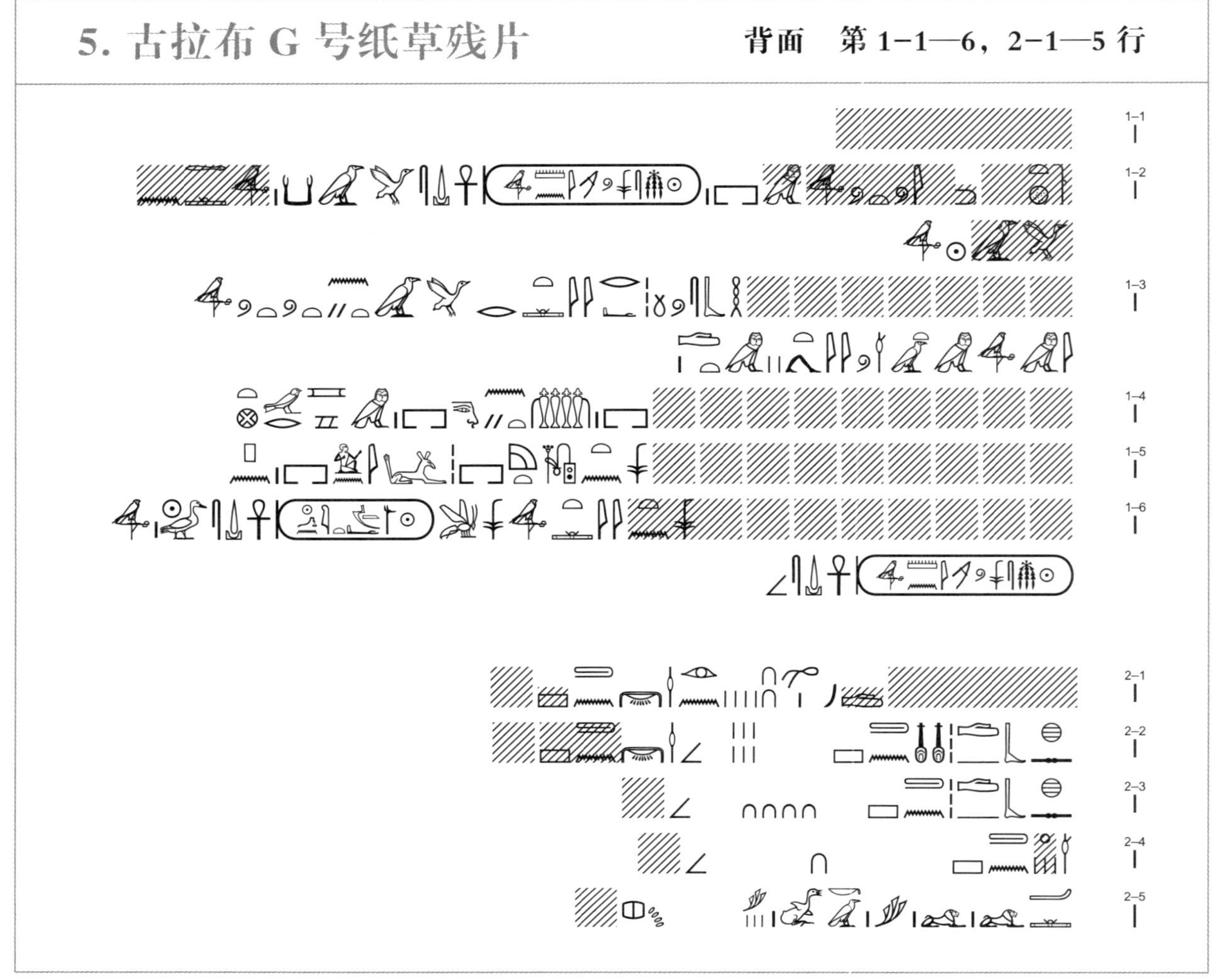

6. 毕尔盖石碑

英语名：*The Bilgai Stele*

圣书体：*KRI*, Vol IV, pp. 341–343

英译本：D. Warburton, *State and Economy in Ancient Egypt*, pp. 182–185

该石碑刻写于第十九王朝，且很可能是女王塔沃斯瑞特执政时期。尽管这块石碑上的确呈现出某些王室文献的特征，但它却是一件私人作品，其内容是一位海防员向某位供职于阿蒙地产祭庙中的膳食管理员吹嘘自己的经济贡献。

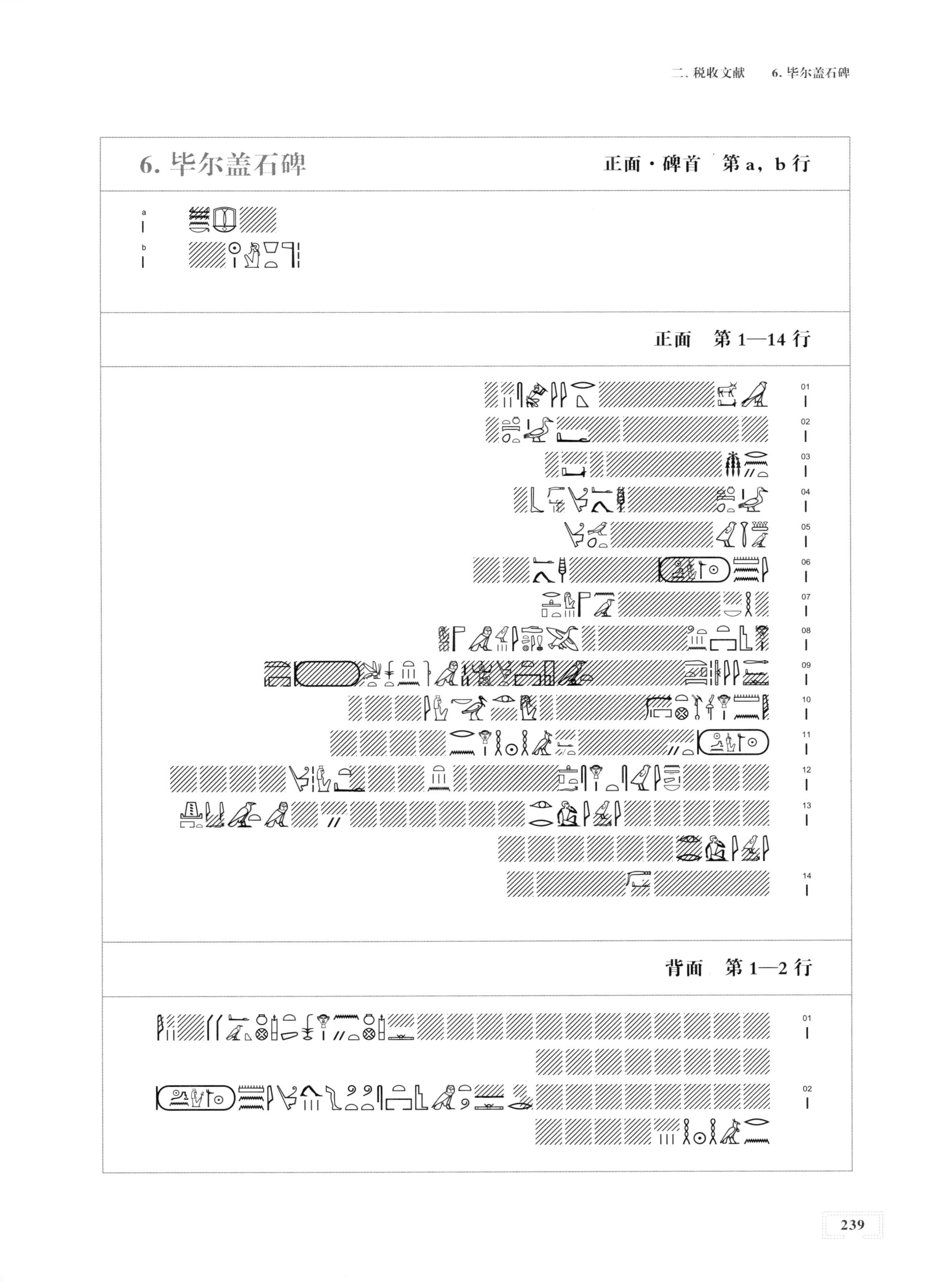

6. 毕尔盖石碑

正面·碑首　第a，b行

a

b

正面　第1—14行

01

02

03

04

05

06

07

08

09

10

11

12

13

14

背面　第1—2行

01

02

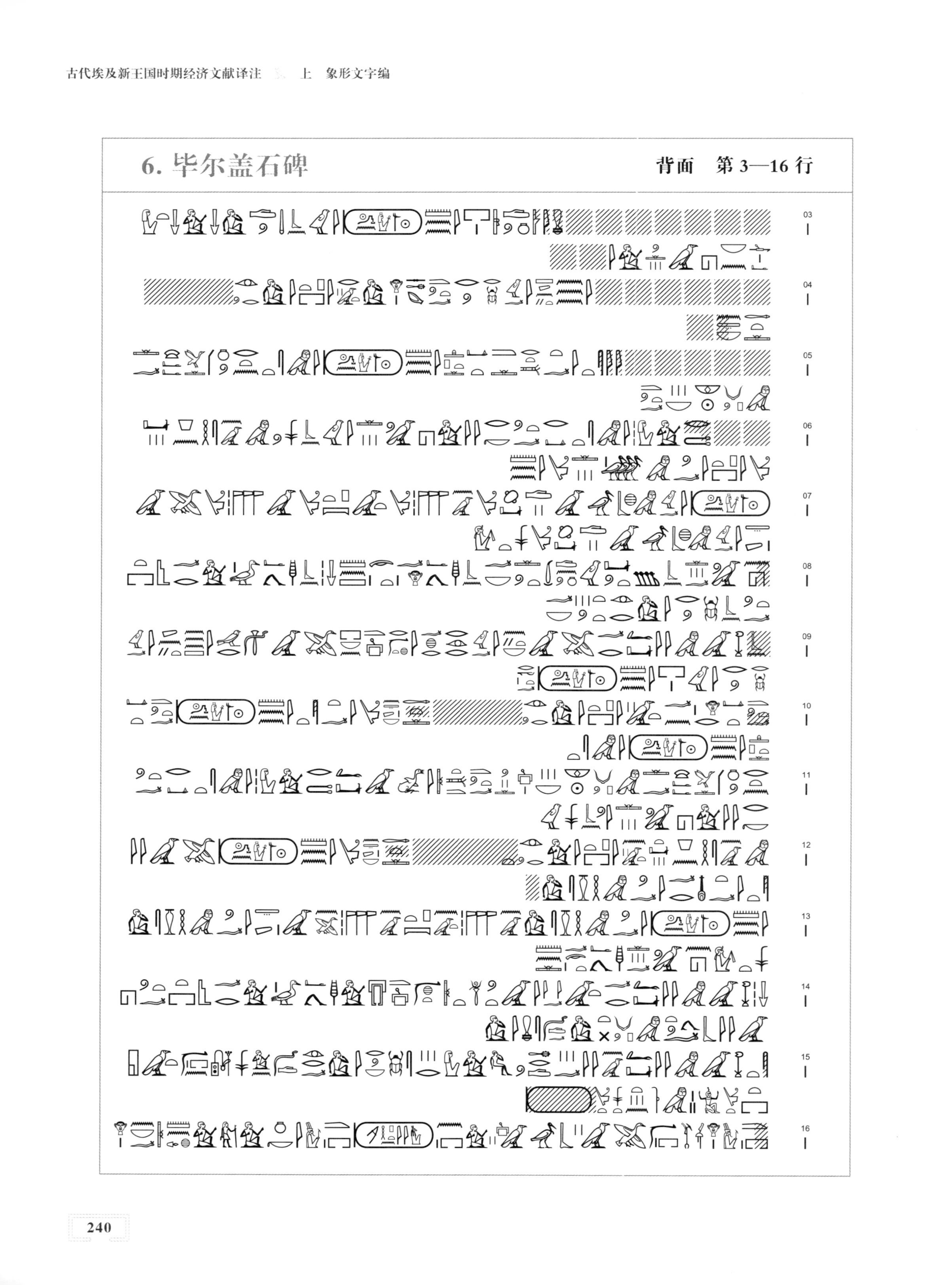

6. 毕尔盖石碑

背面 第3—16行

03

04

05

06

07

08

09

10

11

12

13

14

15

16

6. 毕尔盖石碑　　**背面　第 17—22 行**

17

18

19

20

21

22

7. 卢浮宫皮革残片（节选）

英语名：*The Louvre Leather Fragment*

圣书体：A. H. Gardiner, *Ramesside Administrative Documents*, pp. 60–61

英译本：A. H. Gardiner, "Ramesside Texts Relating to the Taxation and Transport of Corn," *JEA* 27 (1941), pp. 70–71

卢浮宫皮革残片大约书写于第十九王朝时期，因收藏于法国卢浮宫而得名。该文献现存残片中残片 A 和残片 B 可能是并列的两栏，而它们最上面一行则是连续的。本文所选为残片 A 上的第 1—7 行，其中第 1 行内容具有标题的性质。

7. 卢浮宫皮革残片（节选）

残片 A 第 1—7 行

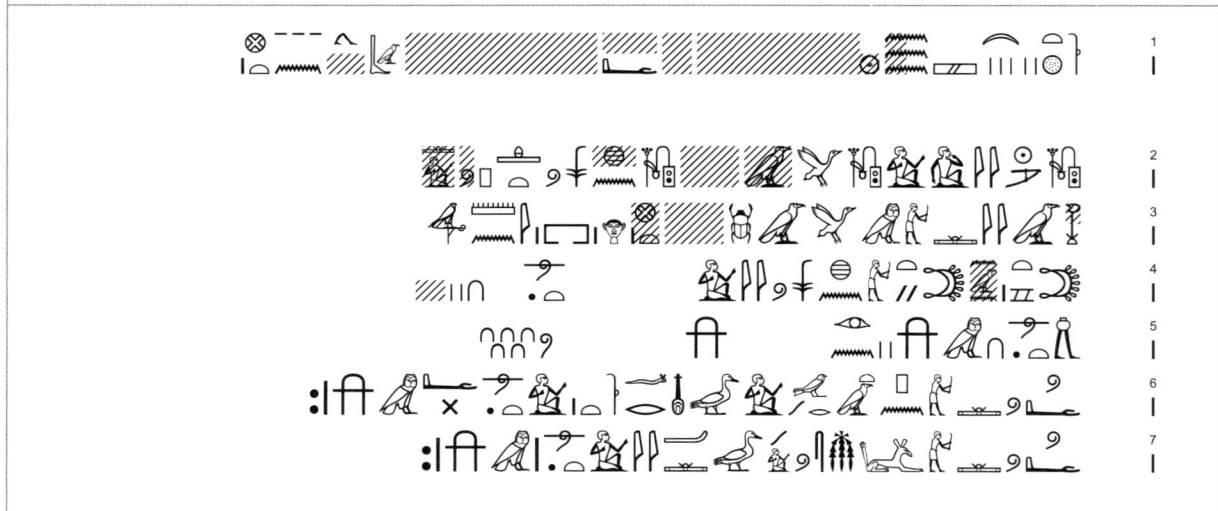

8. 哈里斯 1 号纸草（节选）

英语名：*Papyrus Harris I (The Great Harris Papyrus)*

圣书体：W. Erichsen, *Papyrus Harris I Hieroglyphische Transkription*, pp. 1–97

英译本：D. Warburton, *State and Economy in Ancient Egypt*, pp. 194–197

J. H. Breasted, *Ancient Records of Egypt*, Vol. IV, pp. 110–206

哈里斯 1 号纸草又称“哈里斯大纸草（*The Great Harris Papyrus*）”，简称“哈里斯纸草”，发现于底比斯近郊墓穴中。1855 年，英国人安东尼·查尔斯·哈里斯（Anthony Charles Harris, 1790—1869）购得此纸草，故名。纸草所书内容丰富，共分七个主要部分，主要记述了拉美西斯三世对神庙的捐赠，揭示了埃及当时的税收状况。根据该文献所记简言之，拉美西斯三世的主捐神庙有三个（底比斯神庙、赫利奥坡里斯神庙和孟菲斯神庙），所捐物品不仅数量众多（仅各神庙所占土地总数便将近有 1,070,419 阿鲁拉之多）；而且品种繁杂，除了平日捐赠的牛群、花园、森林、土地、船只、木材、庄园、贵金属和珍贵石头、亚麻布、油膏、啤酒、动物和劳动力之外，还有节日献祭的蛋糕、面包、枣、花和香料，以及牛群、家禽和鱼等。

哈里斯纸草现藏于大英博物馆，该馆曾于 1876 年首次刊发纸草英译文及 79 幅图版。为方便读者使用本书与核对原始文献，以下简要介绍哈里斯纸草七大部分内容。各级标题后括号内，为本书所节选内容的图版号与行号，方便读者与大英博物馆图版号实物图片相对照（图版号以 § 加数字标示，栏号以小写英文字母 a、b 等附于图版号之后，行号以 L 加数字并以红色字体标示）。如标题后无括注者，即表示本书未选入。

一、序言（§1**L1–8**）

拉美西斯三世宣布，他想记录在他统治期间由他安排的为众神所接受的贡品。

二、底比斯神庙

1. 介绍（§4**L3–5**，§7**L4**，§9**L2–3**）

法老祈求众神照管他的灵魂，提请众神记得他为众神做过的所有伟大之事，从气势恢宏的建筑、谷物满溢的粮仓，到琳琅满目的饰品。[1]

2. 物品列表（§10**L1–2**，§11**L1–11**）

牛群、花园、森林、土地、船只、木材和法老献给神庙的庄园。

3. 物品列表（§12a**L1–15**，§12b**L1–13**）

来自采矿、农业和制造业等的沙伊特（*šʿyt*）税、巴库—瑞迈特（*bʿkw-rmś*）税等。[2]

4. 物品列表（§13a**L1–14**，§13b**L1–16**，§14a**L1–17**，§14b**L1–16**，§15a**L1–16**，§15b**L1–16**，§16a**L1–15**，§16b**L1–12**）

贵金属和珍贵石料、亚麻布、油膏、啤酒和动物等，作为伊努（*ỉnw*）税的实物，是法老在其统治时期间亲自呈献给神庙的。

5. 谷物贡品

在其统治时期共计：2981674 袋。

6. 物品列表（§17a**L1–15**，§17b**L1–15**，§18a**L1–15**，§18b**L1–16**，§19a**L1–16**，§19b**L1–16**，§20a**L1–17**，§20b**L1–15**，§21a**L1–15**，§21b**L1–10**）

节日献祭物品包括蛋糕、面包、枣、花和香料等，还有牛群、家禽和鱼等，均由国王亲自提供。

---

〔1〕 本节中，还提到了神庙所接受的两种税收名目：赫特瑞（*ḥtri*）和巴库（*bʿkw*）。

〔2〕 这些神庙依附民的年度赫特瑞（*ḥtri*）税是法老在其统治期间每年敬献神庙的。

7. 物品列表

神圣的雕像，由金属和木材制造。

8. 最后的祈祷词

三、赫利奥坡里斯神庙

1. 介绍（§27L12，§28L1–5）

内容与底比斯神庙的介绍部分相似。

2. 物品列表

主要包括神庙依附民、牛群、园林、森林、土地、船只、木材，以及法老送给神庙的庄园等。

3. 物品列表（§32aL7–10，§32bL1–14）

内容包括来自矿产、农业和制造业等的“沙伊特”“巴库–瑞迈特”等税。这些是神庙依附民的年度“赫特瑞”税。

4. 物品列表

内容包括贵金属和珍贵石料、亚麻布、油膏、啤酒和动物等，作为伊努税实物，由法老在统治期间亲自呈献给神庙。

5. 谷物贡品

在法老拉美西斯三世统治期间，共计 1097624 袋。

6. 物品列表

节日献祭包括蛋糕、面包、枣、花和香料等，还有牛群、家禽和鱼等，均由法老亲自提供。

7. 尼罗河神的贡品

内容主要包括贵金属和珍贵石料，还有面包、啤酒、油膏、香料、绿色蔬菜（植物）和蜂蜜等，由法老敬献给在赫利奥坡里斯神庙的尼罗河神。

8. 最后的祈祷词

四、孟菲斯神庙

1. 介绍（§48L2–11）

内容与底比斯神庙的介绍部分相似。

2. 物品列表

主要包括神庙依附民、牛群、园林、森林、土地、船只、木材，以及法老送给神庙的庄园等。

3. 物品列表（§51bL3–13，§52aL1–3）

内容包括来自矿产、农业和制造业等的“沙伊特”“巴库 – 瑞迈特”等税。这些是神庙依附民的年度“赫特瑞”税。

4. 物品列表

包括贵金属和珍贵石料、亚麻布、油膏、啤酒和动物等，作为伊努税实物，由法老亲自呈献给神庙。

5. 谷物贡品

在其统治期间共计 947688 袋。

6. 尼罗河神的贡品

主要包括贵金属、珍贵石料、面包、啤酒、油膏、香料、绿色蔬菜（植物）和蜂蜜等。均由法老敬献给在孟菲斯神庙的尼罗河神。

7. 最后的祈祷词

五、小神庙

1. 介绍

法老向一些不是很重要的圣堂提供贡品。[1]

2. 物品列表

主要包括神庙依附民、牛群、土地、花园和造船厂，以及法老献给神庙的物品。

3. 物品列表

主要包括谷物、绿色蔬菜（植物）和亚麻。[2]

4. 物品列表

王室贡品：珍稀金属和石料、亚麻布、香料、蜂蜜、油膏、家禽、牛群、木材、皮毛、花园和土地等。[3]

---

〔1〕总的来说，这段文献没有出现诸如赫特瑞税、沙伊特税和巴库 – 瑞迈特税这样的词汇，但却出现了带有“征税”“税款”等含义的词。这与之前那些描写向底比斯、赫利奥坡里斯以及孟菲斯等地神庙献祭的文献形成了非常鲜明的对比。

〔2〕这些虽然相当于神庙依附民的年度赫特瑞，不过在文中并没有明确说明。

〔3〕这些与之前出现的伊努税相似。

5. 物品列表

将谷物作为圣洁的献礼。

6. 最后的祈祷词

与之前相似，作为祈愿形式的一部分。[1]

六、合计

1. 小结

法老献给神庙的物品。

2. 物品列表（§68bL4–12，§69L1–13，§70aL1–2）

法老献给神庙的作为年度赫特瑞税的沙伊特税和巴库 – 瑞迈特税。

3. 物品列表

王室贡品。

4. 物品列表

节日贡品中奉献的谷物，共计 5279552 袋。

七、历史概述（§76L8–9，§77L8–9，§78L1–2,6–7）

法老的讲解。[2]

〔1〕伊努税亦被提及。

〔2〕本段和其他的段落明显不同，不仅是因为条款列在了每段段首的下面，也主要是因为段首本身的不同。同样类型的条目出现于两个不同的段首。法老献给一些神庙和圣所的依附民和贡品来自他自己的储备。他因为将神庙依附民上交给神庙的物品作为年度赫特瑞而得到赞许。小神庙却没有接受任何来自依附民的诸如沙伊特税，巴库 – 瑞迈特税或赫特瑞税等物品。法老也仅负责将伊努税送给神庙，因为神庙没有属于自己的伊努税。

8. 哈里斯1号纸草（节选）

图版1　第1—8行

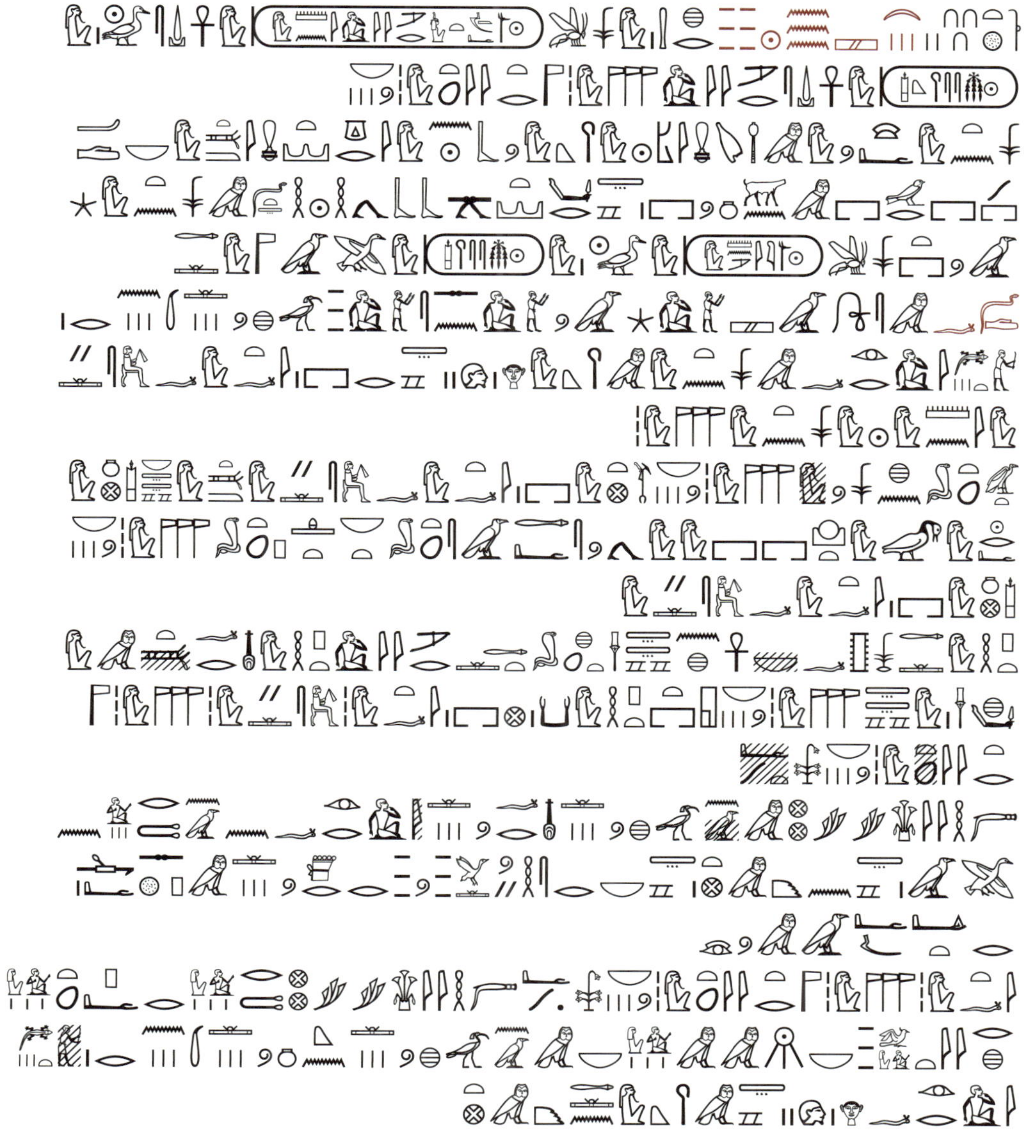

01 §1

02

03

04

05

06

07

08

图版4　第3—4行

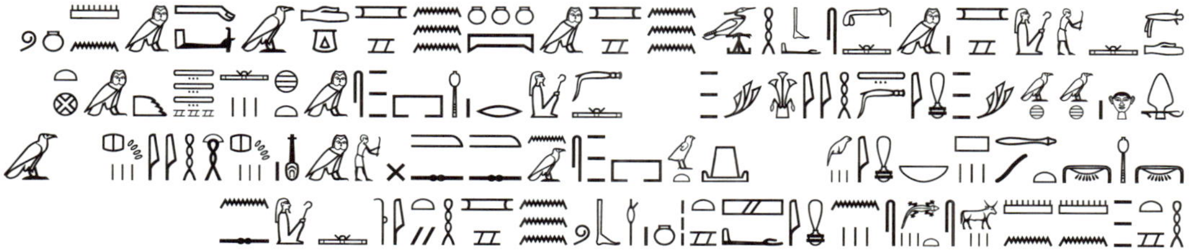

03 §4

04

8. 哈里斯1号纸草（节选）

图版4　第5行

05

图版7　第4行

04 §7

图版9　第2—3行

02 §9

03

图版10　第1—2行

01 §10

02

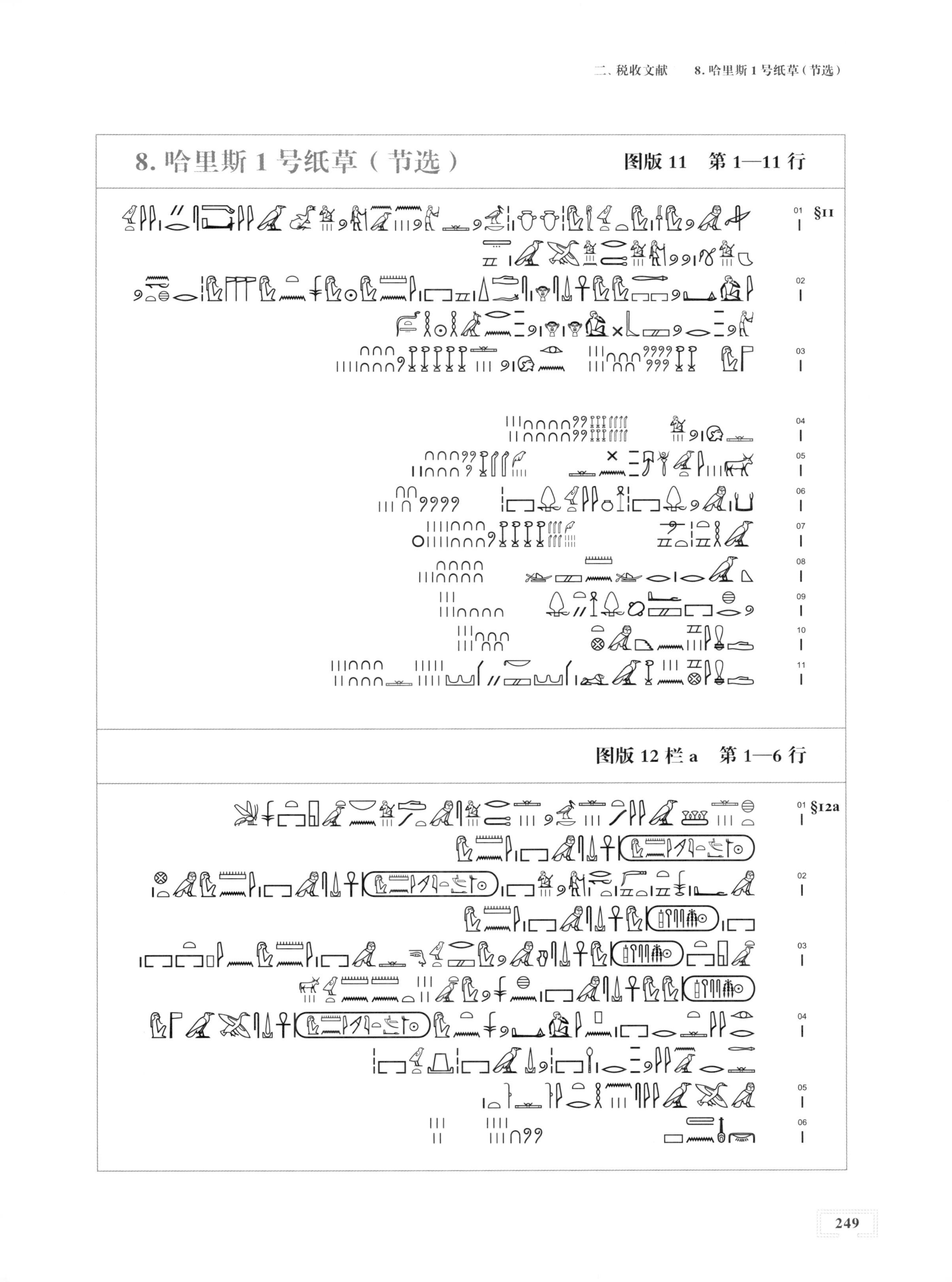

8. 哈里斯1号纸草（节选）

图版11　第1—11行

01 §11

02

03

04

05

06

07

08

09

10

11

图版12栏a　第1—6行

01 §12a

02

03

04

05

06

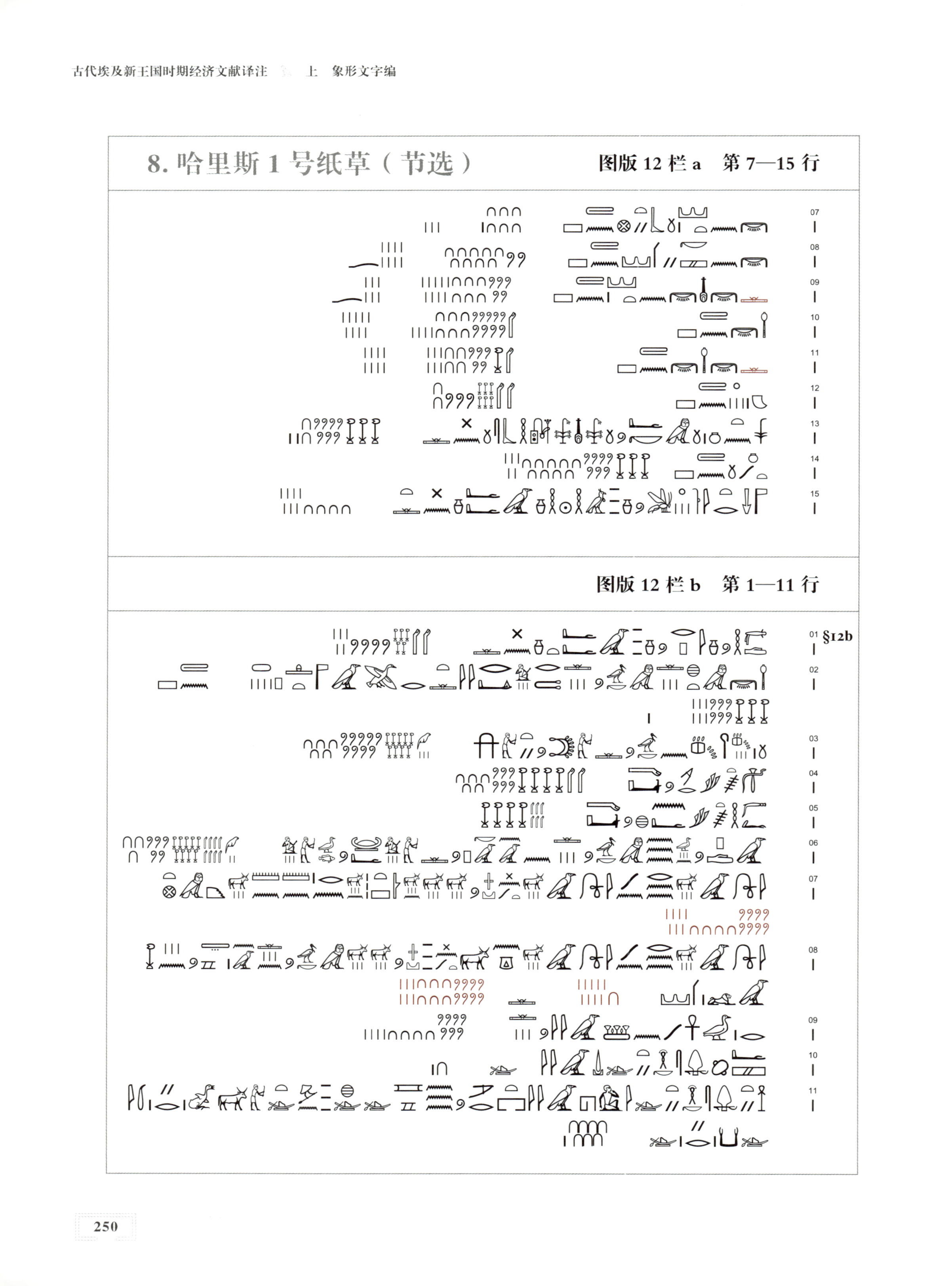

8. 哈里斯 1 号纸草（节选）

图版 12 栏 a 第 7—15 行

07
08
09
10
11
12
13
14
15

图版 12 栏 b 第 1—11 行

01 §12b
02
03
04
05
06
07
08
09
10
11

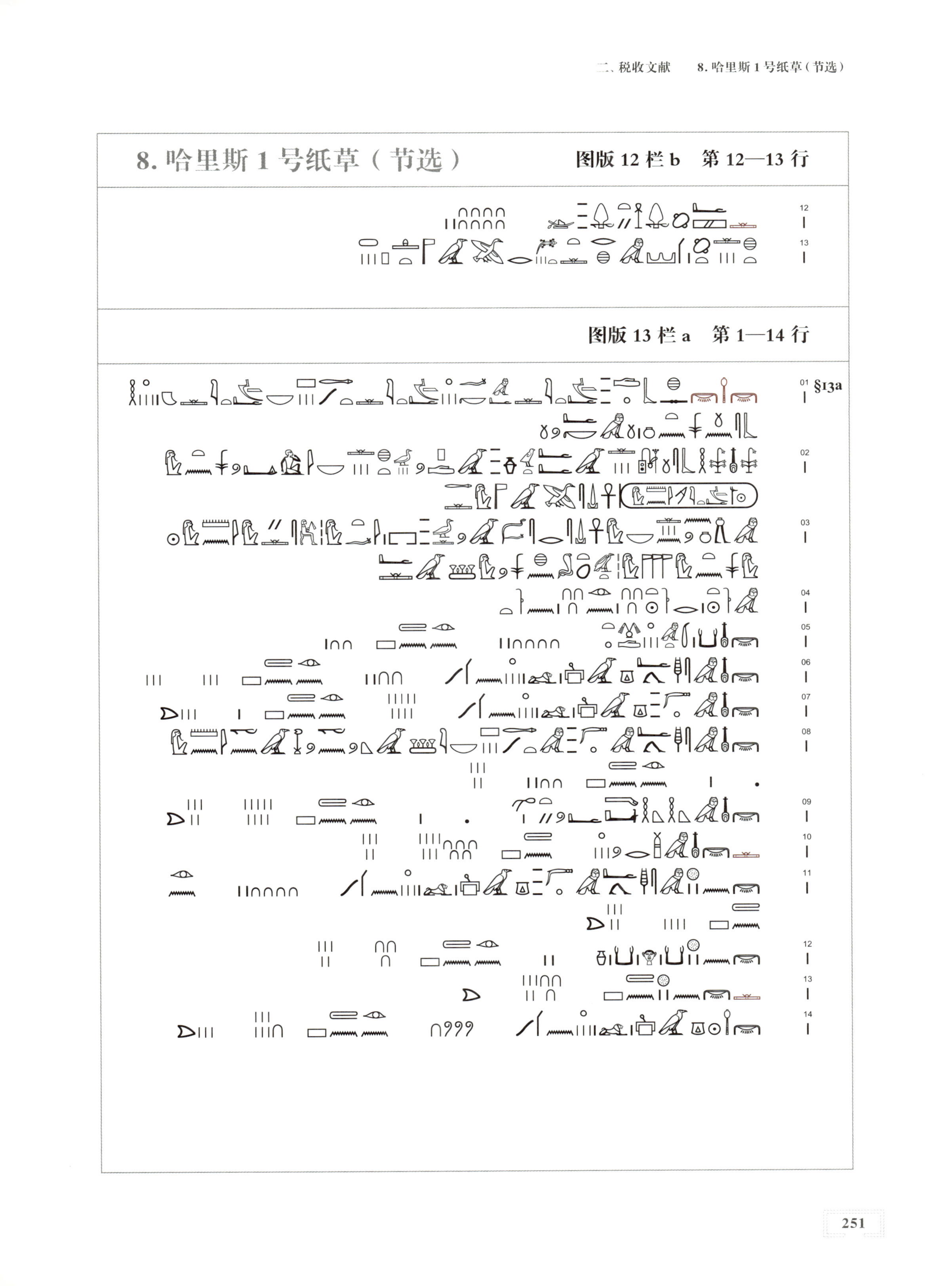

8. 哈里斯 1 号纸草（节选）

图版 12 栏 b　第 12—13 行

12

13

图版 13 栏 a　第 1—14 行

01 §13a

02

03

04

05

06

07

08

09

10

11

12

13

14

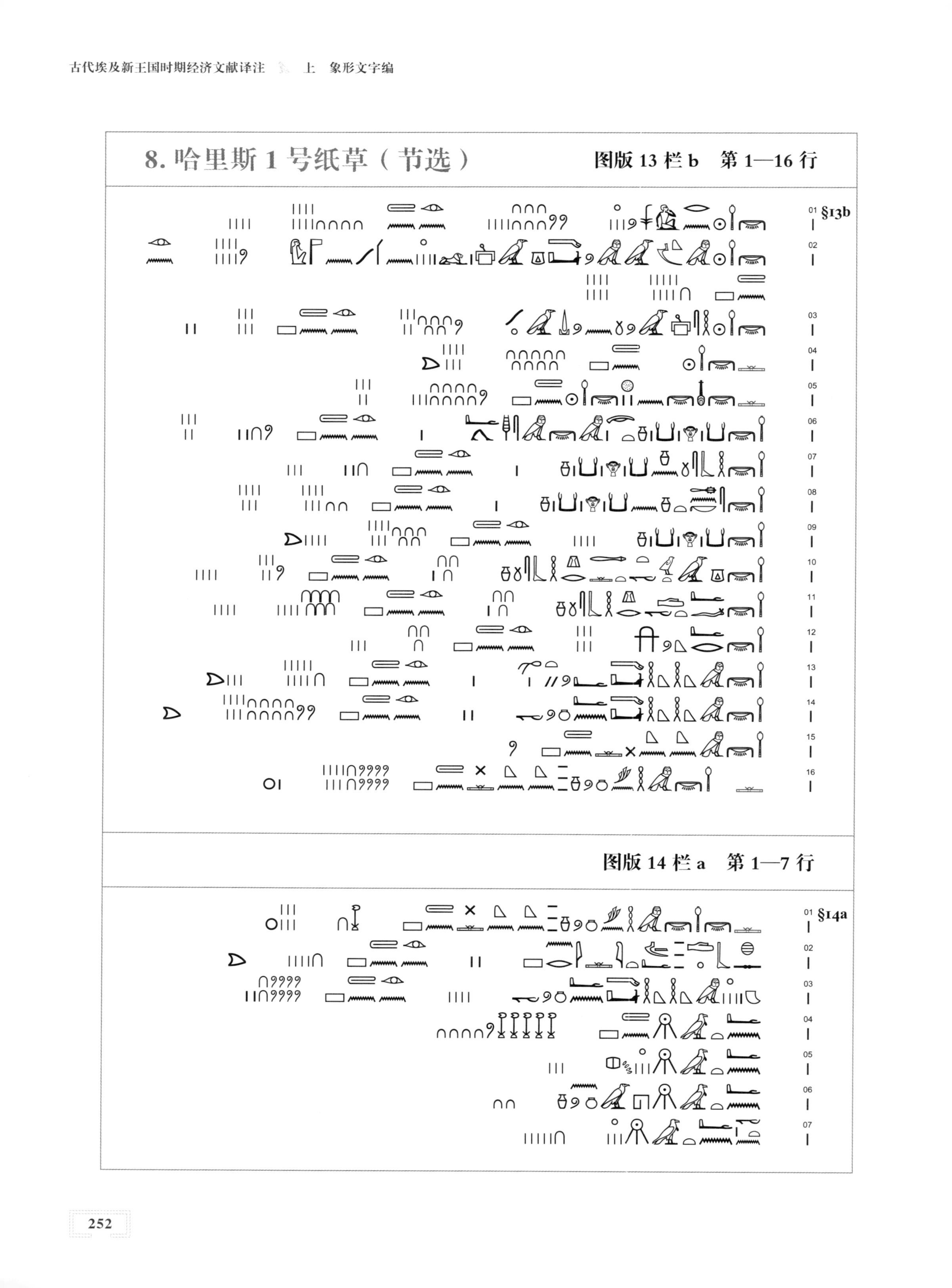

8. 哈里斯1号纸草（节选）

图版13栏b 第1—16行

§13b

01

02

03

04

05

06

07

08

09

10

11

12

13

14

15

16

图版14栏a 第1—7行

§14a

01

02

03

04

05

06

07

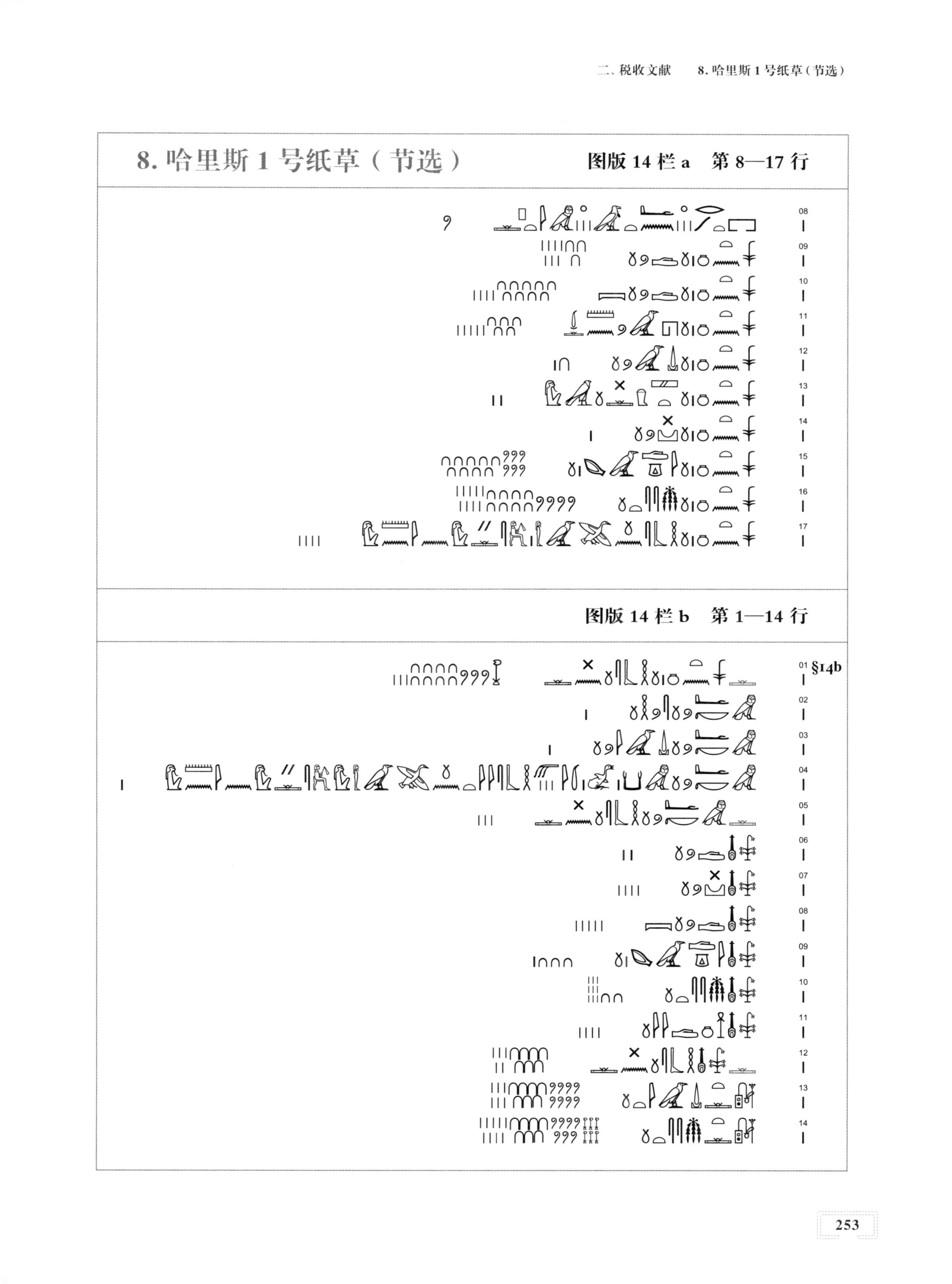

8. 哈里斯 1 号纸草（节选）

图版 14 栏 a　第 8—17 行

08

09

10

11

12

13

14

15

16

17

图版 14 栏 b　第 1—14 行

01 §14b

02

03

04

05

06

07

08

09

10

11

12

13

14

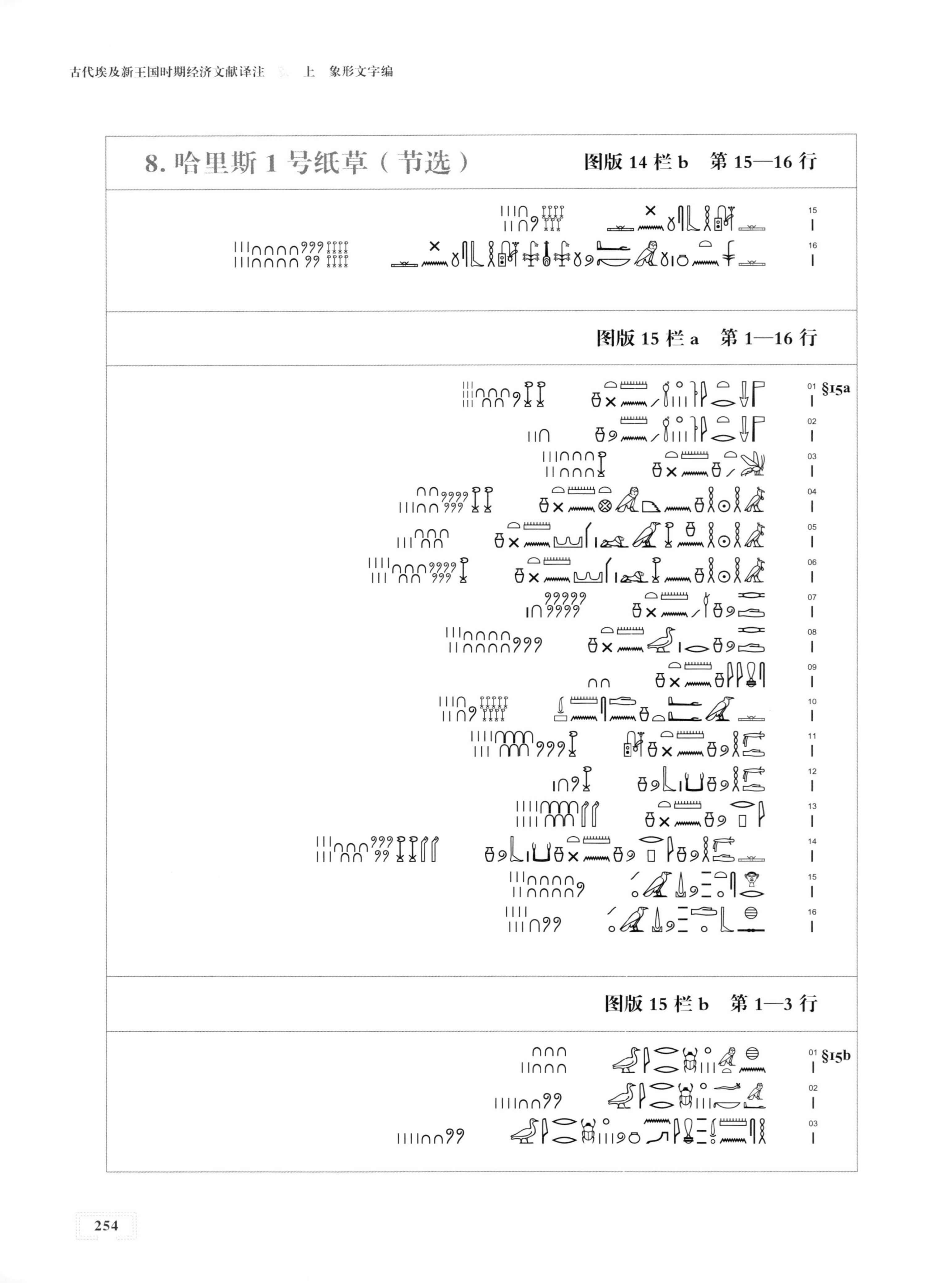

8. 哈里斯1号纸草（节选）

图版14栏b 第15—16行

15

16

图版15栏a 第1—16行

01 §15a

02

03

04

05

06

07

08

09

10

11

12

13

14

15

16

图版15栏b 第1—3行

01 §15b

02

03

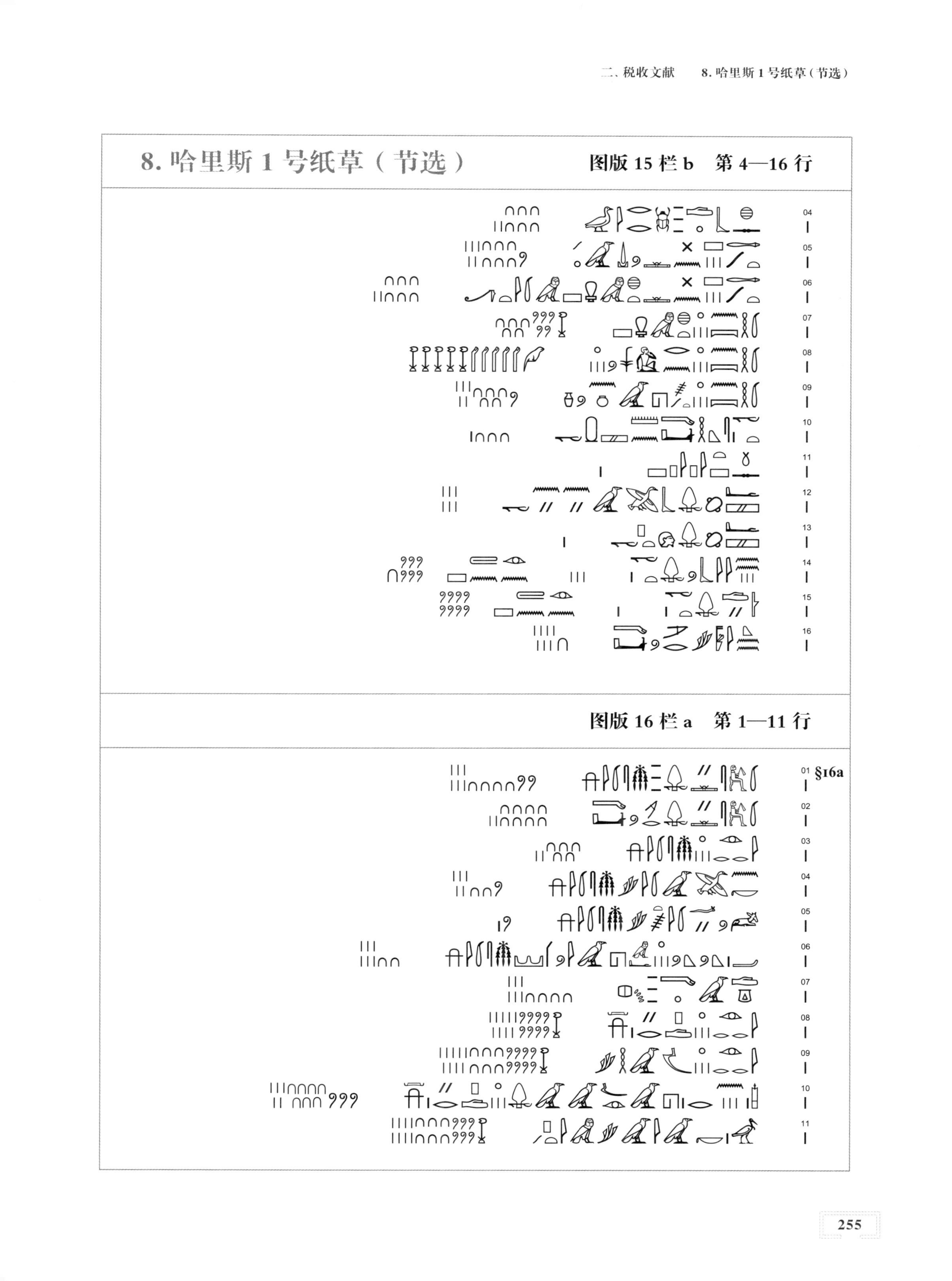

8. 哈里斯 1 号纸草（节选）

图版 15 栏 b　第 4—16 行

04

05

06

07

08

09

10

11

12

13

14

15

16

图版 16 栏 a　第 1—11 行

01 **§16a**

02

03

04

05

06

07

08

09

10

11

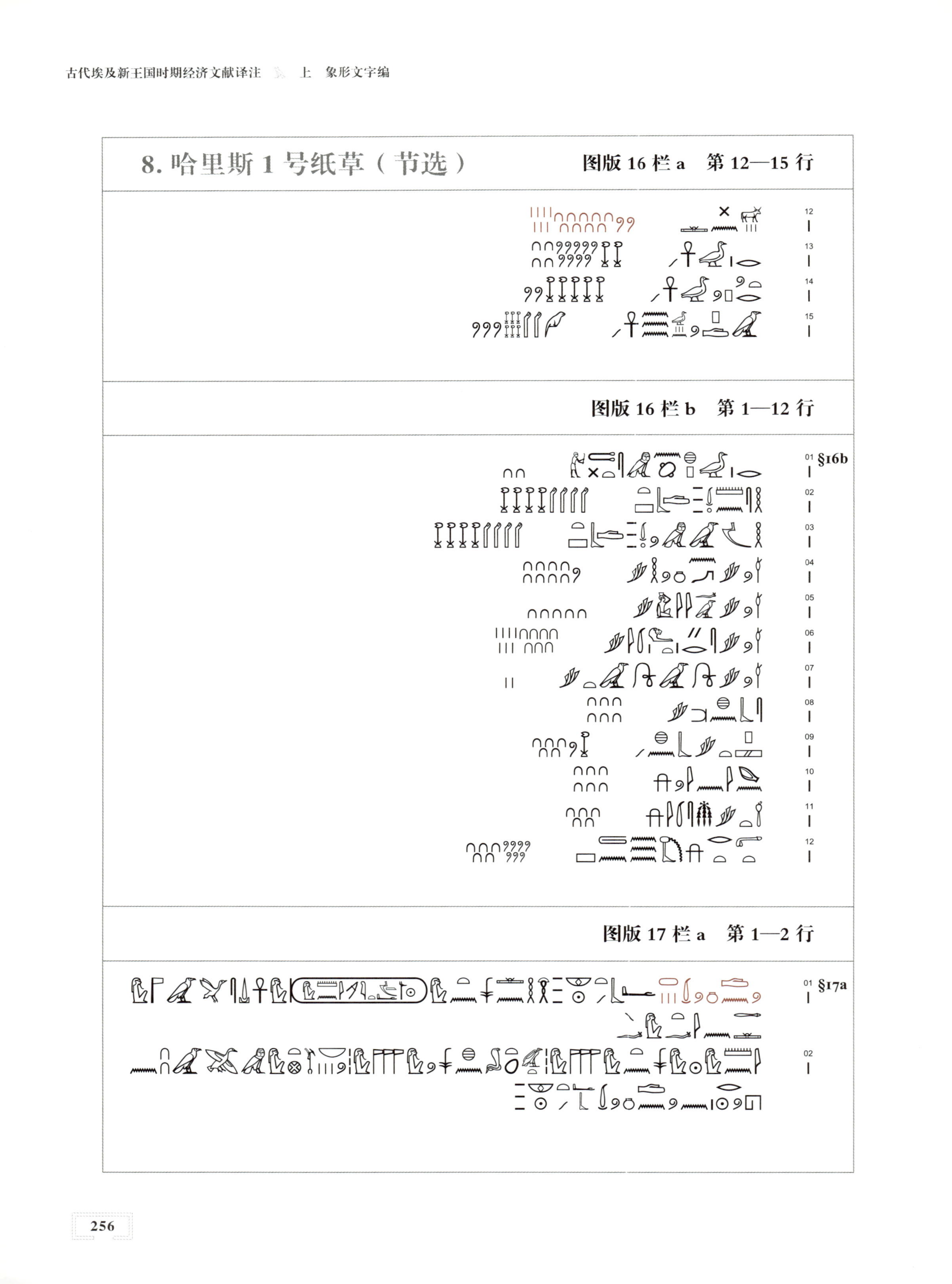

8. 哈里斯 1 号纸草（节选）

图版 16 栏 a 第 12—15 行

12

13

14

15

图版 16 栏 b 第 1—12 行

01 §16b

02

03

04

05

06

07

08

09

10

11

12

图版 17 栏 a 第 1—2 行

01 §17a

02

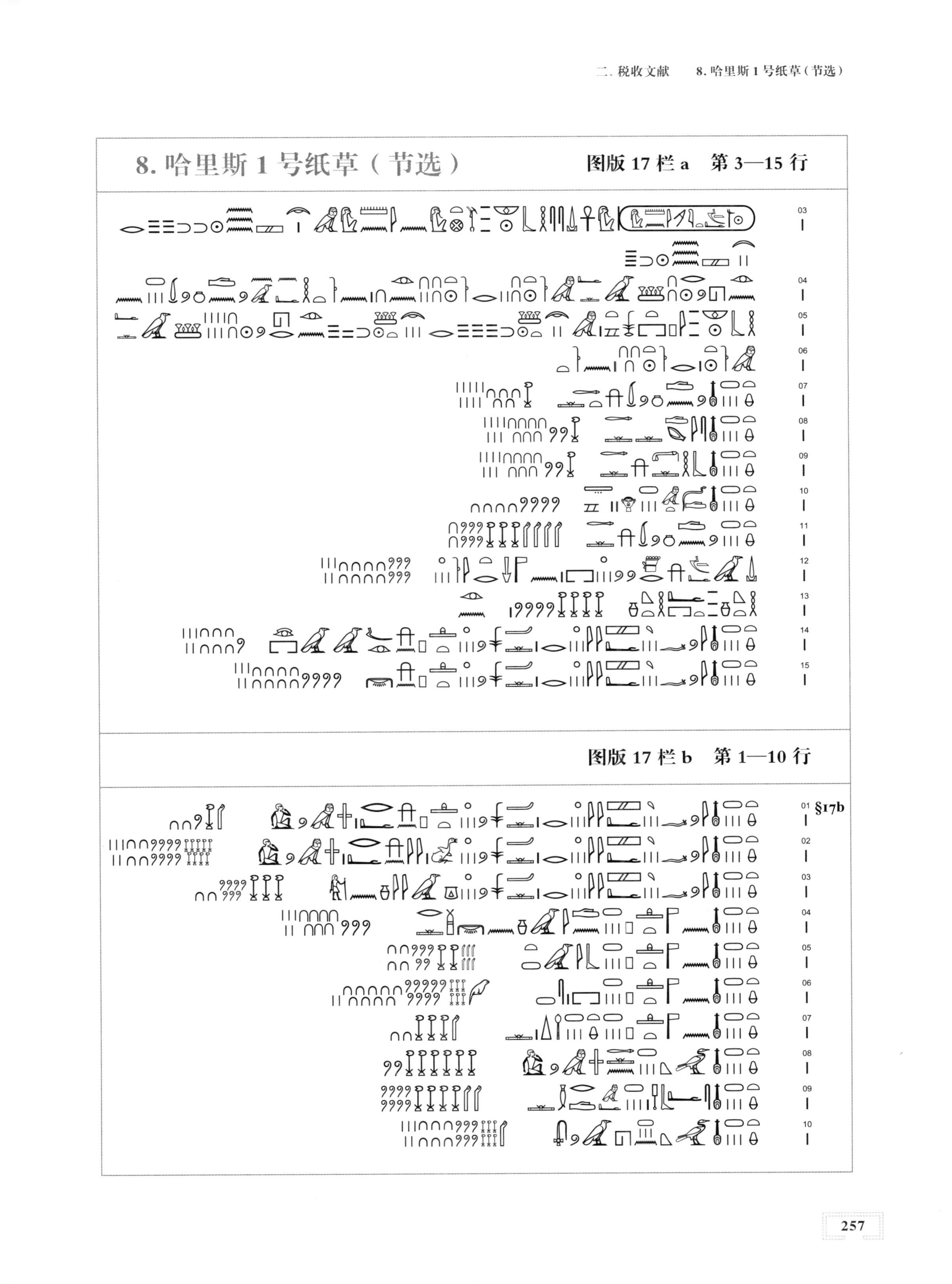

8. 哈里斯1号纸草(节选)

图版17栏a　第3—15行

03

04

05

06

07

08

09

10

11

12

13

14

15

图版17栏b　第1—10行

01 §17b

02

03

04

05

06

07

08

09

10

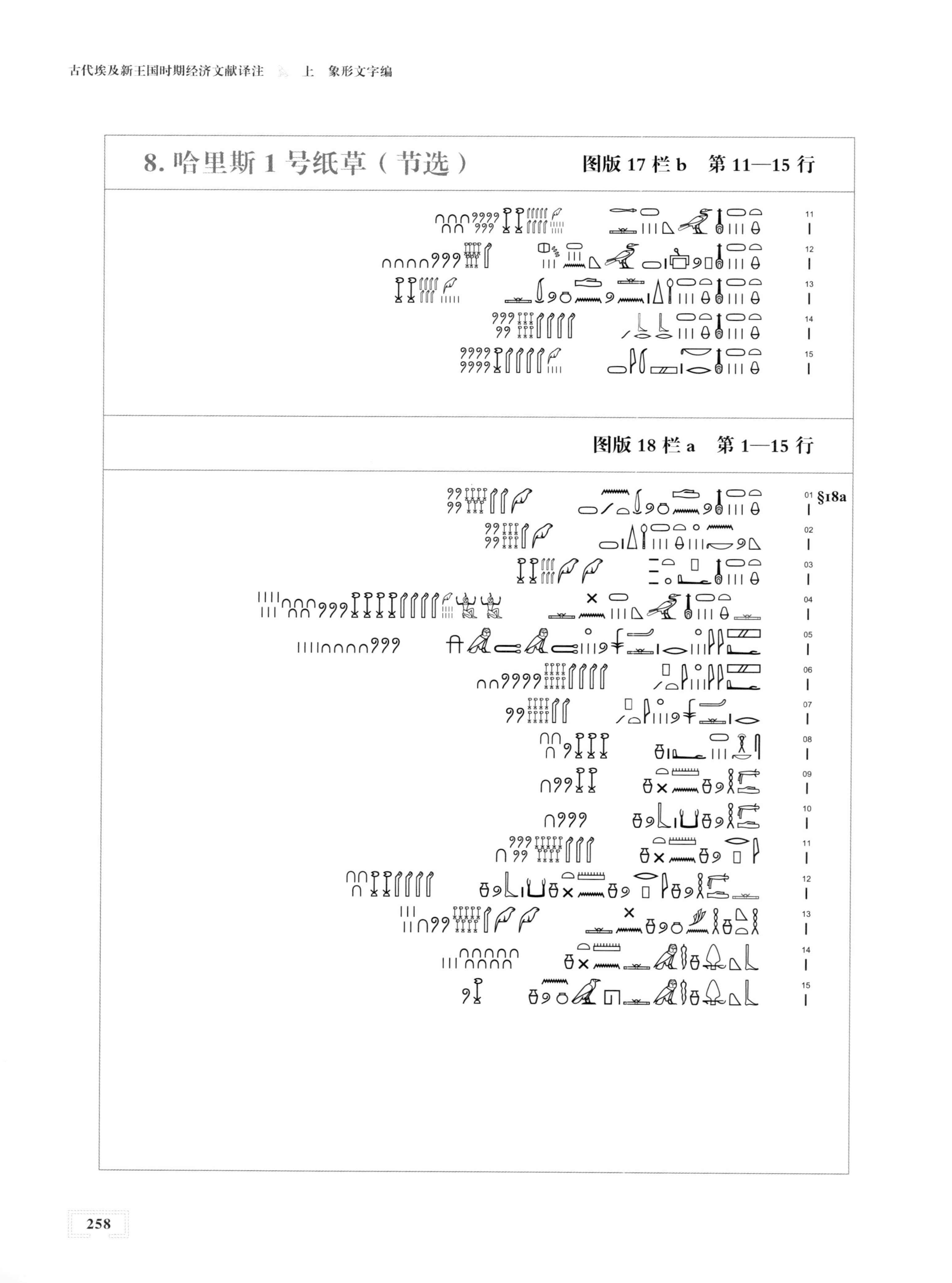

8. 哈里斯1号纸草（节选）

图版17栏b 第11—15行

11

12

13

14

15

图版18栏a 第1—15行

01 §18a

02

03

04

05

06

07

08

09

10

11

12

13

14

15

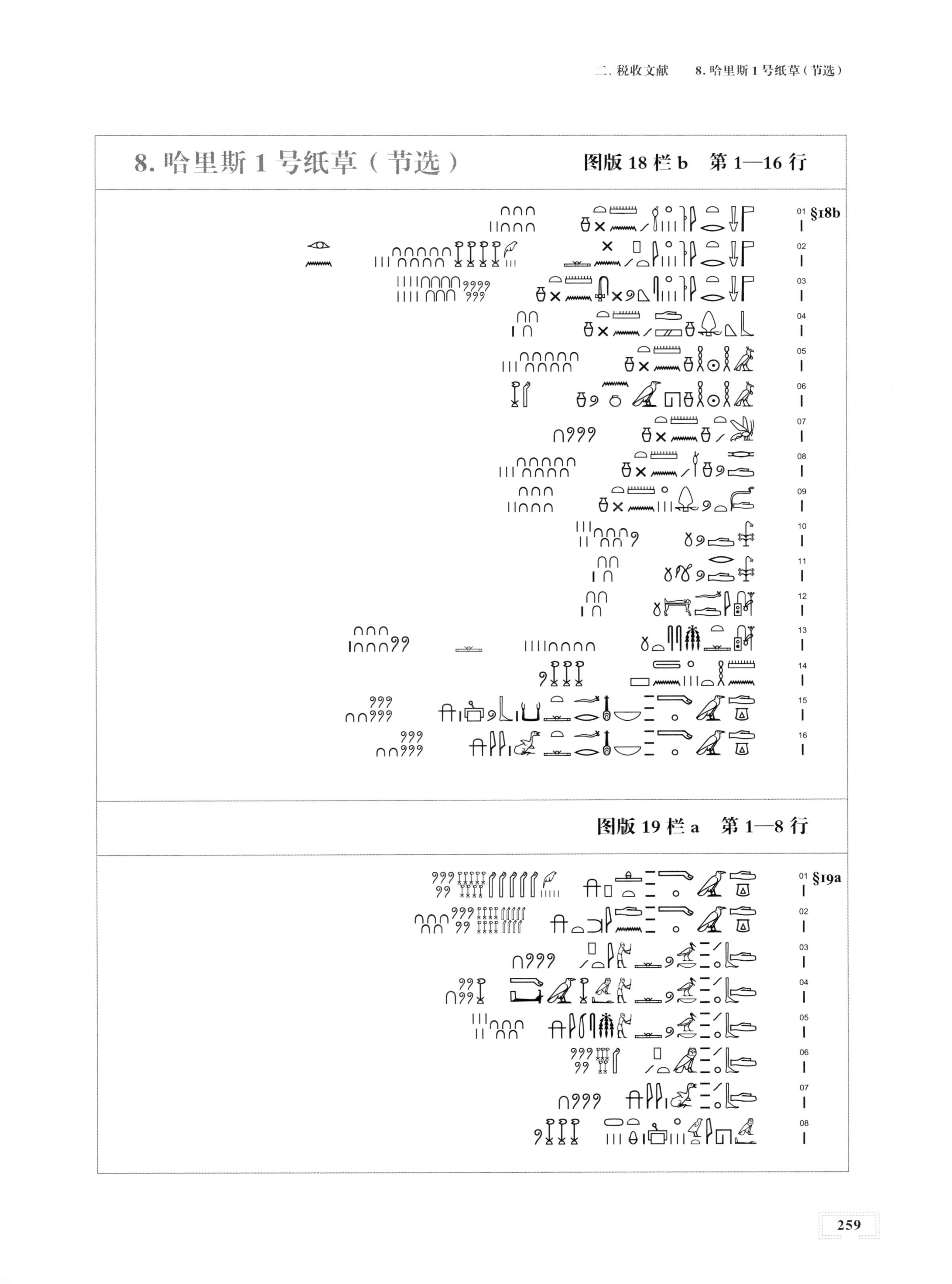

8. 哈里斯 1 号纸草（节选）

图版 18 栏 b　第 1—16 行

§18b

01
02
03
04
05
06
07
08
09
10
11
12
13
14
15
16

图版 19 栏 a　第 1—8 行

§19a

01
02
03
04
05
06
07
08

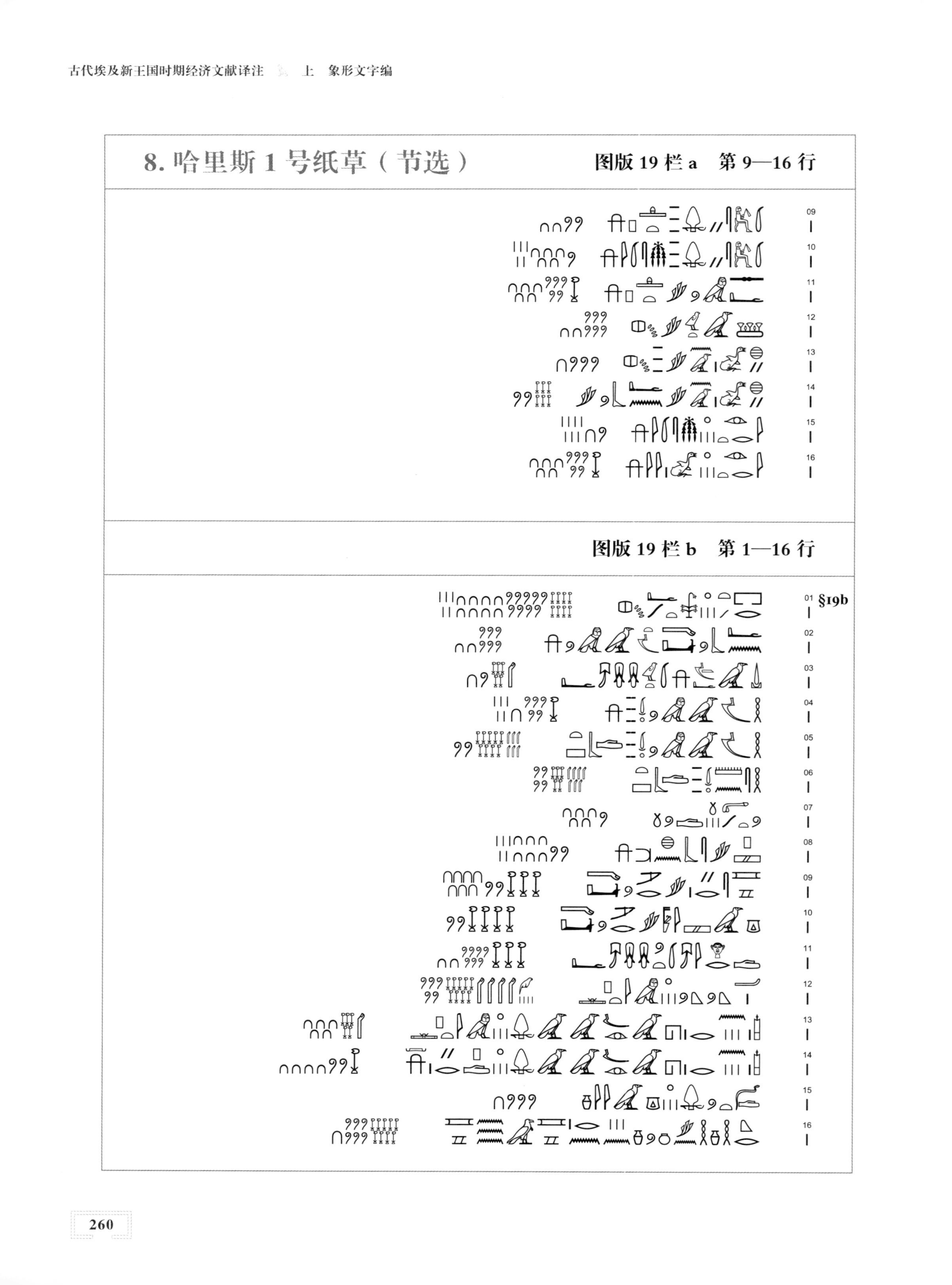

8. 哈里斯1号纸草（节选）

图版19栏a 第9—16行

09

10

11

12

13

14

15

16

图版19栏b 第1—16行

01 §19b

02

03

04

05

06

07

08

09

10

11

12

13

14

15

16

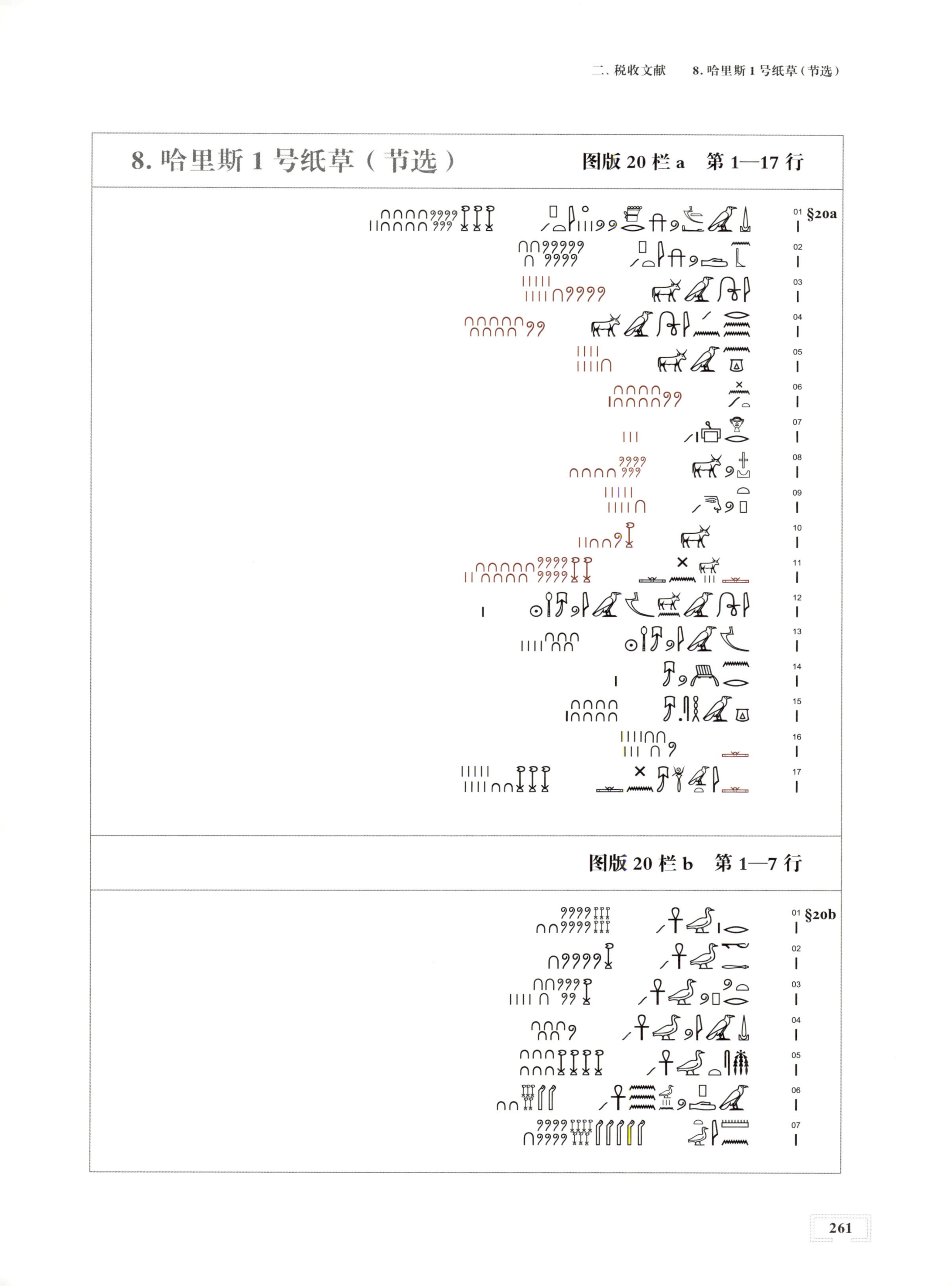

8. 哈里斯 1 号纸草（节选）

图版 20 栏 a　第 1—17 行

01 §20a

02

03

04

05

06

07

08

09

10

11

12

13

14

15

16

17

图版 20 栏 b　第 1—7 行

01 §20b

02

03

04

05

06

07

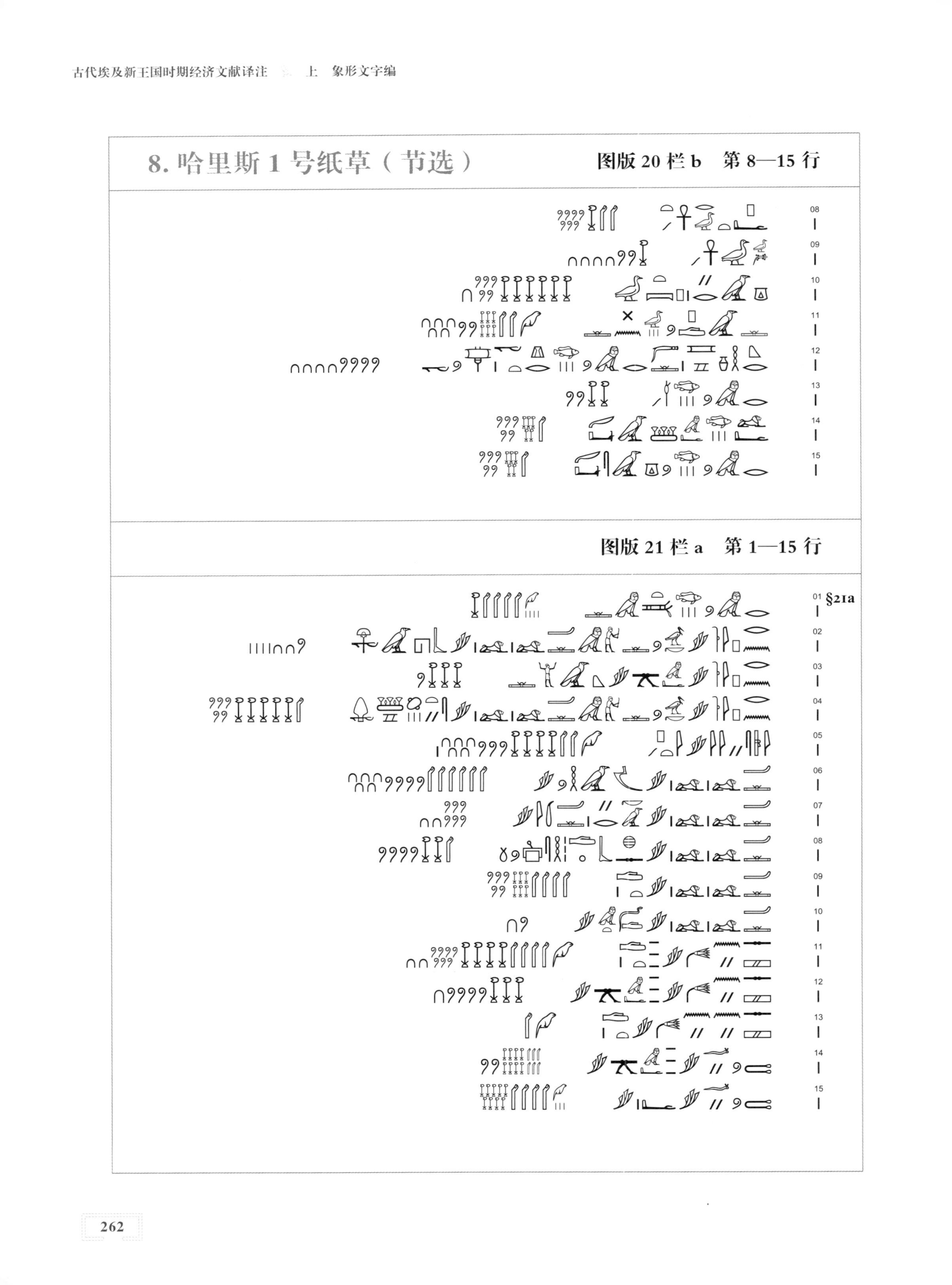

8. 哈里斯1号纸草（节选）

图版20栏b 第8—15行

08
09
10
11
12
13
14
15

图版21栏a 第1—15行

01 §21a
02
03
04
05
06
07
08
09
10
11
12
13
14
15

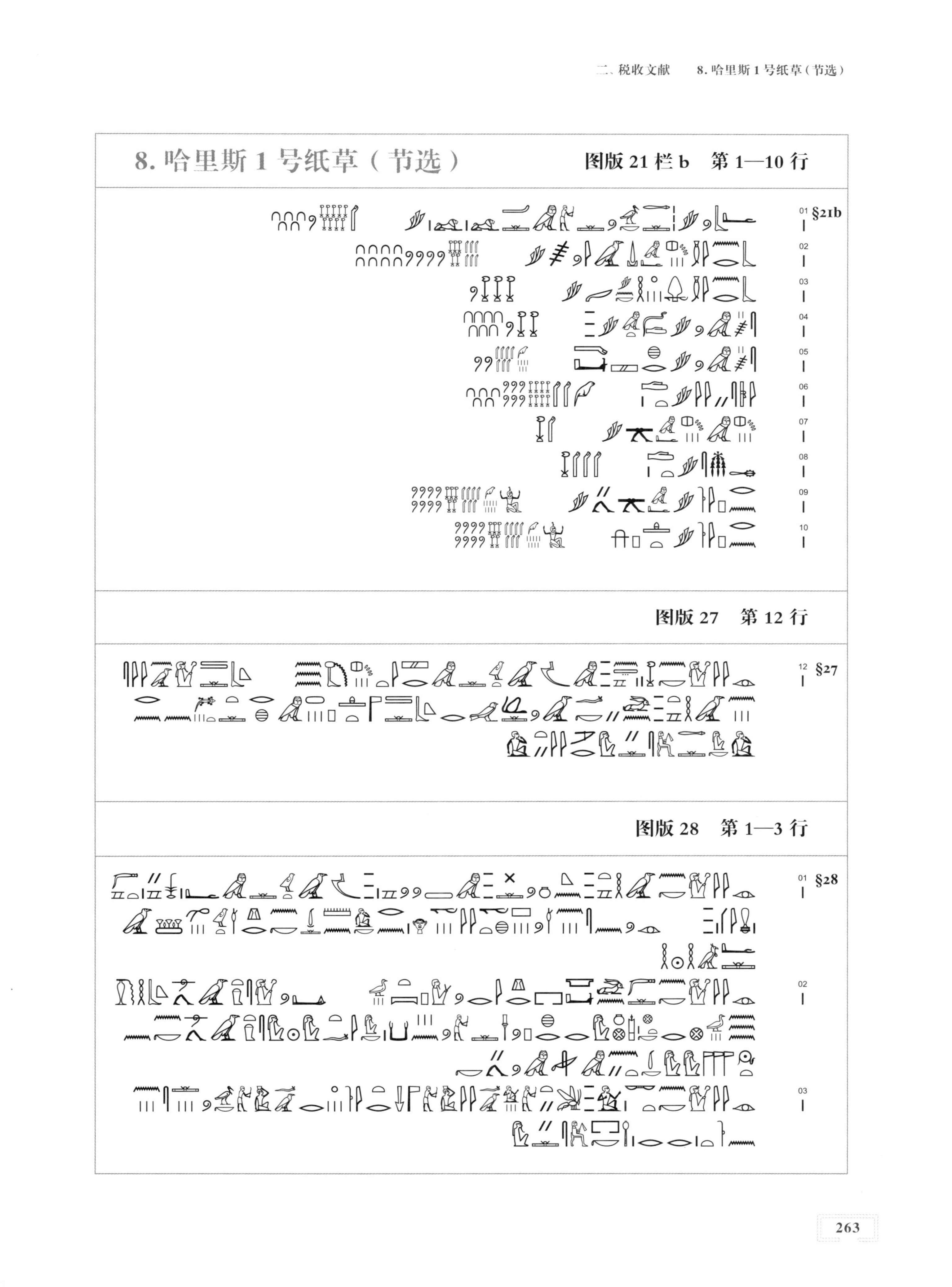

8. 哈里斯 1 号纸草（节选）

图版 21 栏 b　第 1—10 行

01 §21b

02

03

04

05

06

07

08

09

10

图版 27　第 12 行

12 §27

图版 28　第 1—3 行

01 §28

02

03

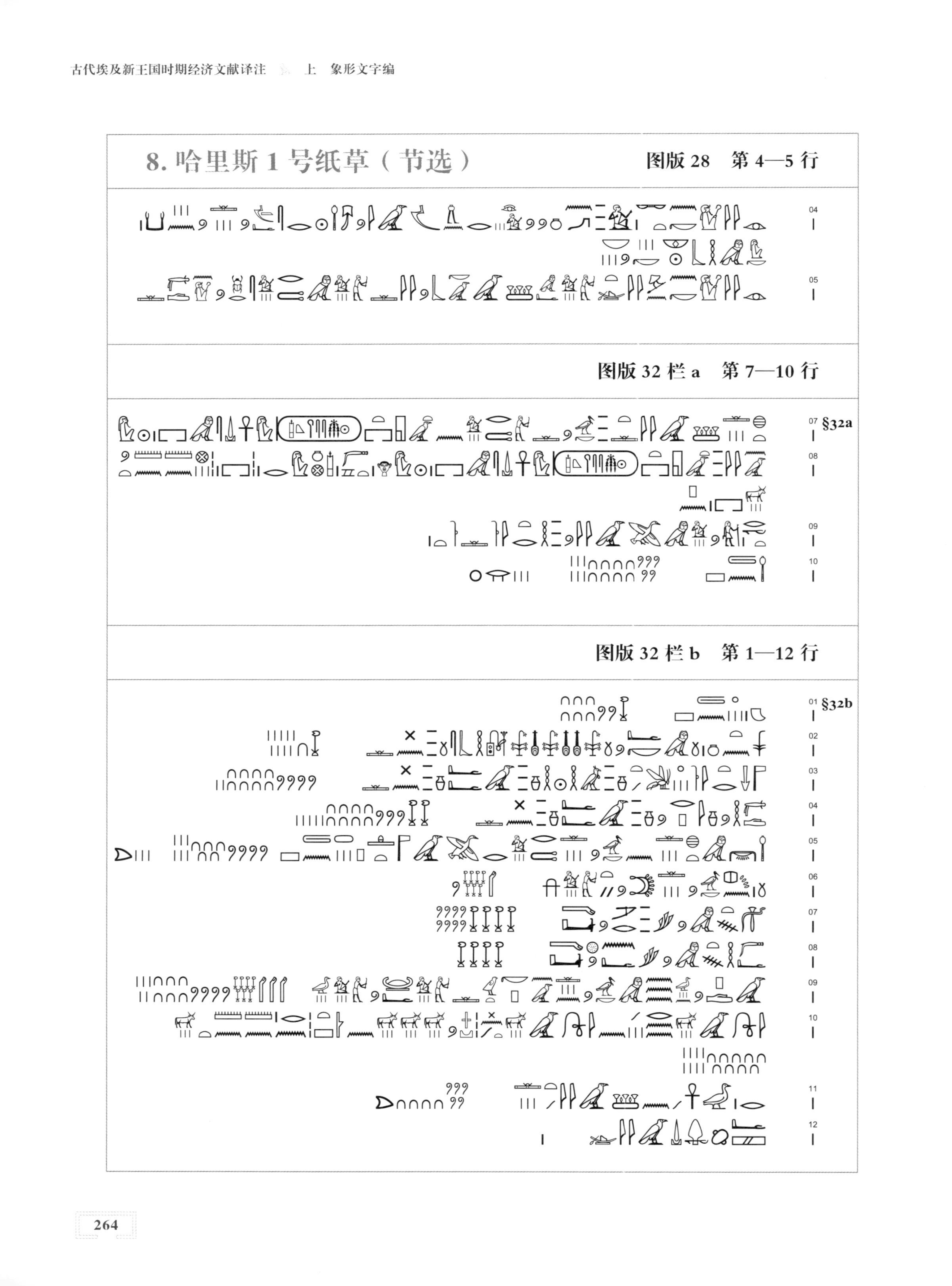

8. 哈里斯1号纸草（节选）

图版28 第4—5行

04

05

图版32栏a 第7—10行

07 §32a

08

09

10

图版32栏b 第1—12行

01 §32b

02

03

04

05

06

07

08

09

10

11

12

8. 哈里斯 1 号纸草（节选）

图版 32 栏 b　第 13—14 行

13

14

图版 48　第 2—9 行

02 §48

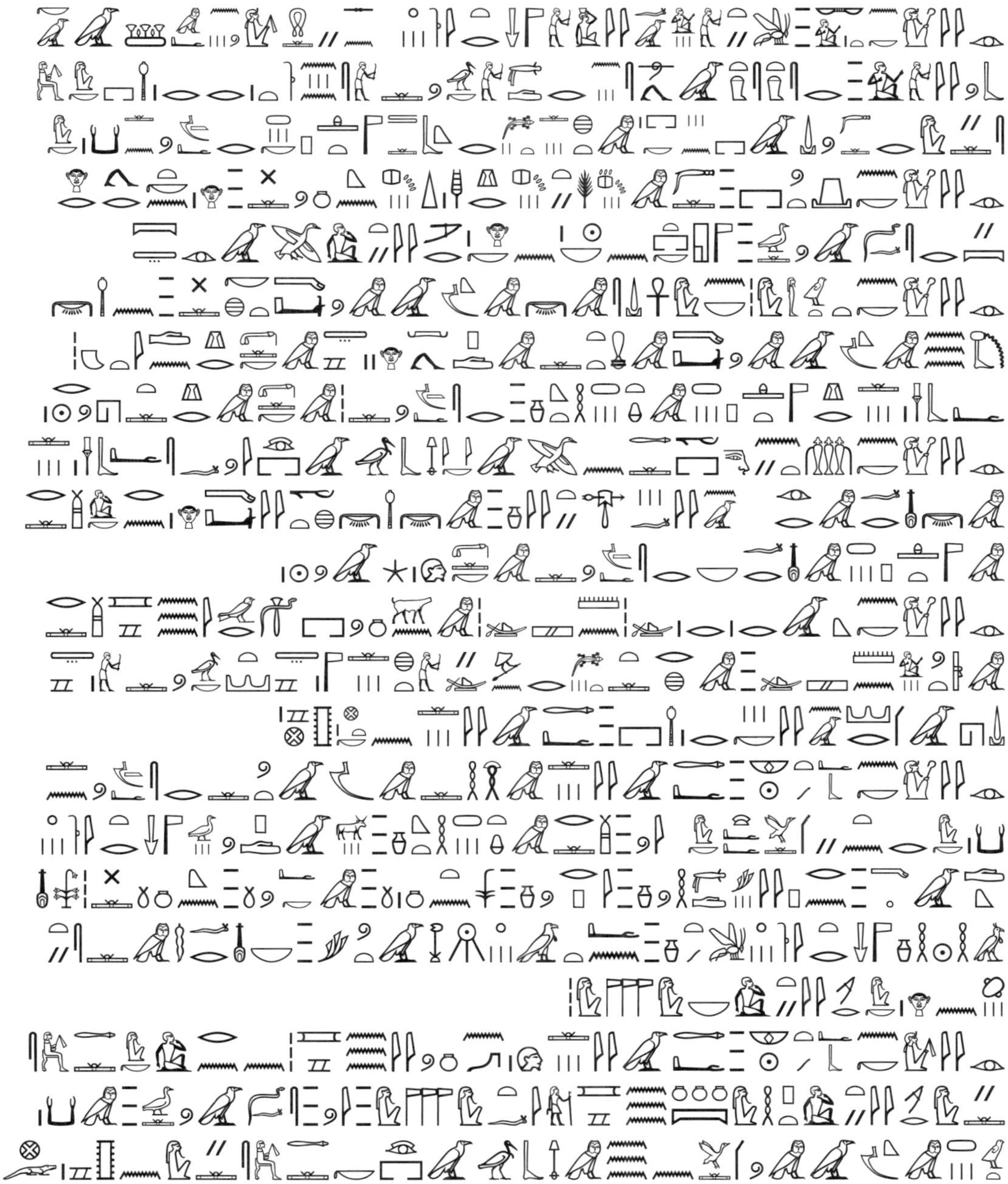

03

04

05

06

07

08

09

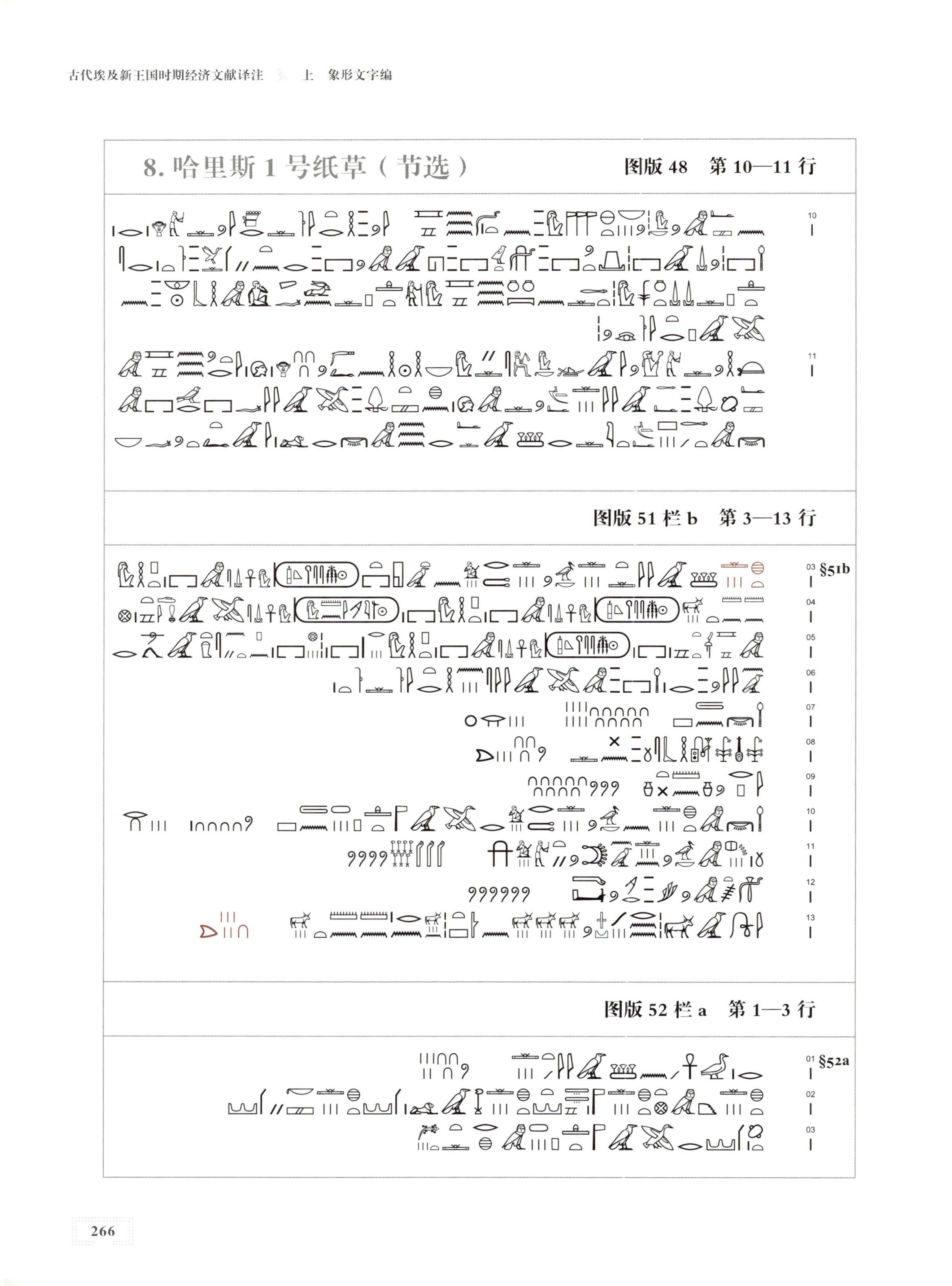

8. 哈里斯 1 号纸草（节选）

图版 48 第 10—11 行

10

11

图版 51 栏 b 第 3—13 行

03 §51b

04

05

06

07

08

09

10

11

12

13

图版 52 栏 a 第 1—3 行

01 §52a

02

03

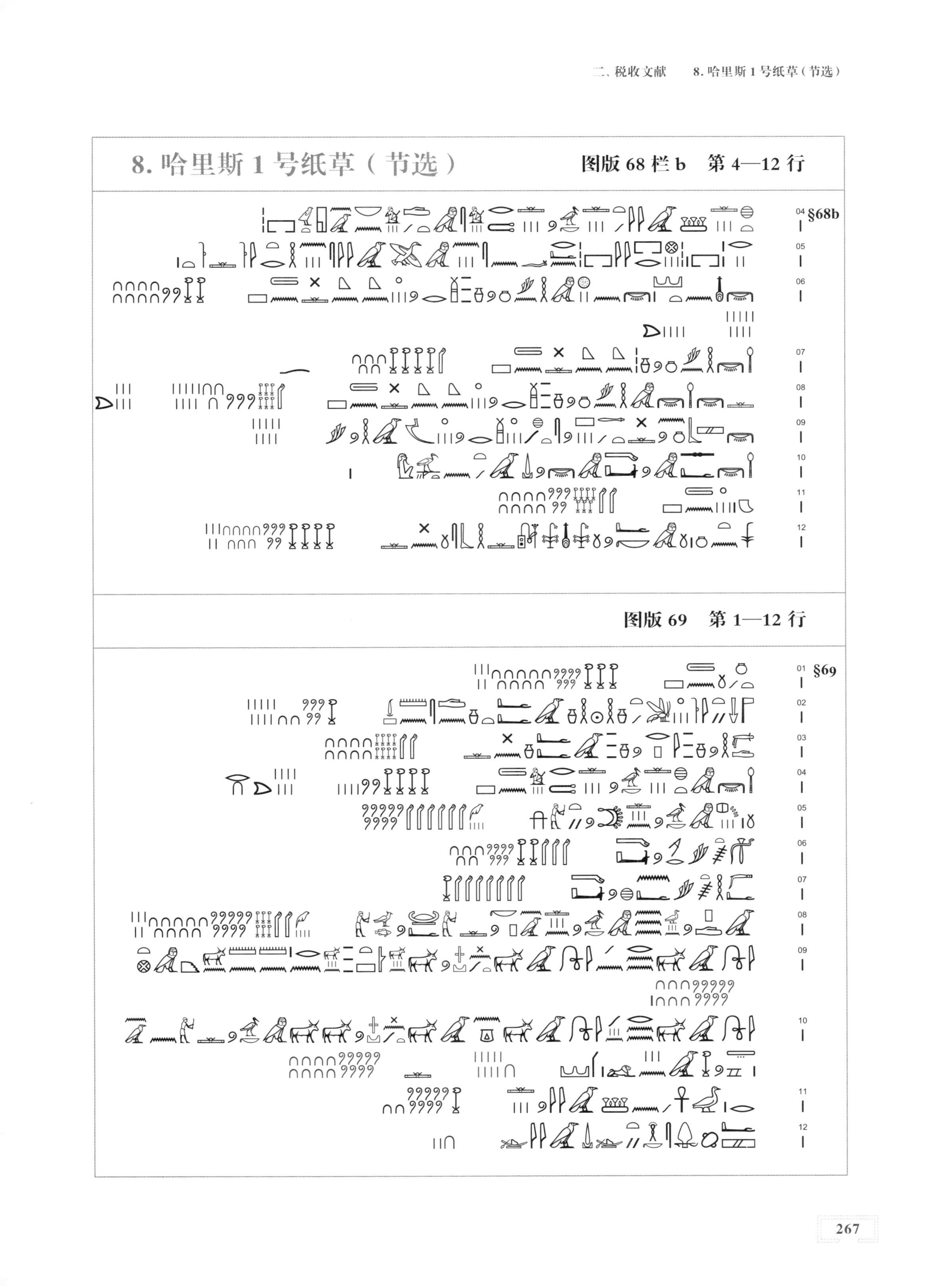

8. 哈里斯 1 号纸草（节选）

图版 68 栏 b　第 4—12 行

§68b

04

05

06

07

08

09

10

11

12

图版 69　第 1—12 行

§69

01

02

03

04

05

06

07

08

09

10

11

12

8. 哈里斯 1 号纸草（节选）

图版 69 第 13 行

13

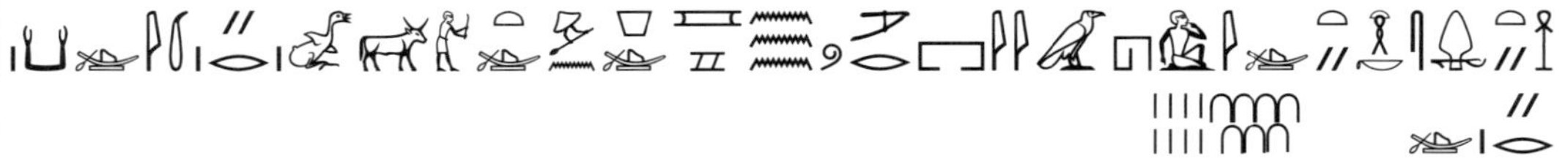

图版 70 栏 a 第 1—2 行

01 §70a

02

图版 76 第 8—9 行

08 §76

09

图版 77 第 8—9 行

08 §77

09

8. 哈里斯 1 号纸草（节选）

图版 77　第 10 行

10

图版 78　第 1—2 行

01 §78

02

图版 78　第 6—7 行

06

07

9. 卢浮宫 27151 号纸草

英语名：*Papyrus Louvre E 27151*

圣书体：P. Psener-Krieger, “A letter to the Governor of Elephantine,” *JEA* 64 (1978), pp. 84–87

英译本：B. Porten, et al, *The Elephantine Papyri in English: Three Millennia of Cross-Cultural Continuity and Change*, pp. 43–44

该纸草书写于第二十王朝拉美西斯三世至五世统治时期，记录了地方政府向神庙缴纳物品的事件。具体缴纳物品是蜂蜜，但由于质量问题，神庙责令退换。

该文献表明，当纳税人在履行纳税义务过程中出现纰漏后，国家与纳税人之间权利与义务的平衡关系由此被打破。

9. 卢浮宫 27151 号纸草

正面 第 1—11 行

01 §1

02

03

04

05

06

07

08

09

10

11

背面 第 1—2 行

01 §2

02

背面 第 3 行（署名行）

03 §3

10. 阿蒙最高祭司阿蒙霍特普的报酬（节选）

英语名：*The Rewards of High Preist of Amun, Imn-htp*

圣书体：*KRI*, Vol. VI, pp. 455–456

英译本：D. Warburton, *State and Economy in Ancient Egypt*, pp. 186-187

该文献是刻写于卡纳克神庙第十二根和第十三根石柱之间的墙壁之上的铭文，记录了第二十王朝国王拉美西斯九世命令朝臣向阿蒙神庙最高祭司——阿蒙霍特普致以敬意的内容。文中特别提到了他安排阿蒙－拉索奈泰尔神庙支付的丰收税和沙伊特税，以及巴库－瑞迈特税，还有同样属于神庙的因努税和泰普－宅瑞特税。

本篇铭文中出现的大量经济术语，详细说明了神庙所承担的经济责任。

10. 阿蒙最高祭司阿蒙霍特普的报酬（节选）　第 1 部分　第 1—6 行

§1

第 2 部分　第 1—6 行

§2

10. 阿蒙最高祭司阿蒙霍特普的报酬（节选） 第 2 部分 第 7—14 行

07

08

09

10

11

12

13

14

11. 都灵 2009+1999 号纸草（节选）

英语名：*Giornale: Papyrus Turin 2009+1999*

圣书体：*KRI*, Vol. VI, pp. 560–563

英译本：D. Warburton, *State and Economy in Ancient Egypt*, pp. 175–177

该纸草书写于拉美西斯九世统治第 13 至 14 年间。由于内容残缺，该纸草的书写原因不得而知。从残存内容分析，该纸草中出现的大量物品同样也在哈里斯 1 号纸草中出现过，据此，该纸草性质当类似于哈里斯纸草而一并归入税收纸草之中。

11. 都灵 2009+1999 号纸草（节选） 第 1 栏 第 1—3 行

01 §1

02

03

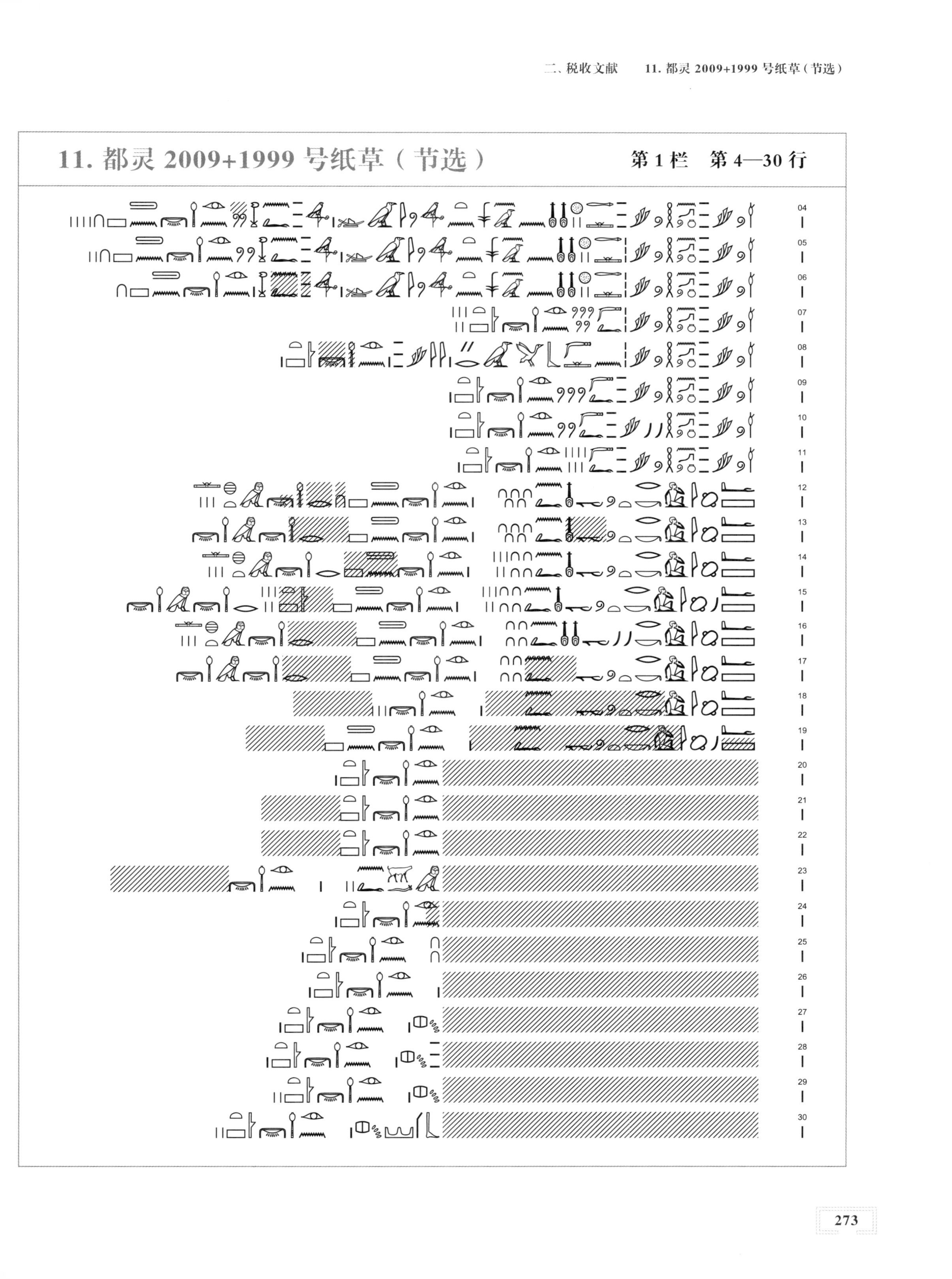

11. 都灵 2009+1999 号纸草（节选）

第 1 栏　第 4—30 行

04
05
06
07
08
09
10
11
12
13
14
15
16
17
18
19
20
21
22
23
24
25
26
27
28
29
30

11. 都灵 2009+1999 号纸草（节选）

第 2 栏 第 1—19 行

01 §2
02
03
04
05
06
07
08
09
10
11
12
13
14
15
16
17
18
19

第 3 栏 第 1—5 行

01 §3
02
03
04
05

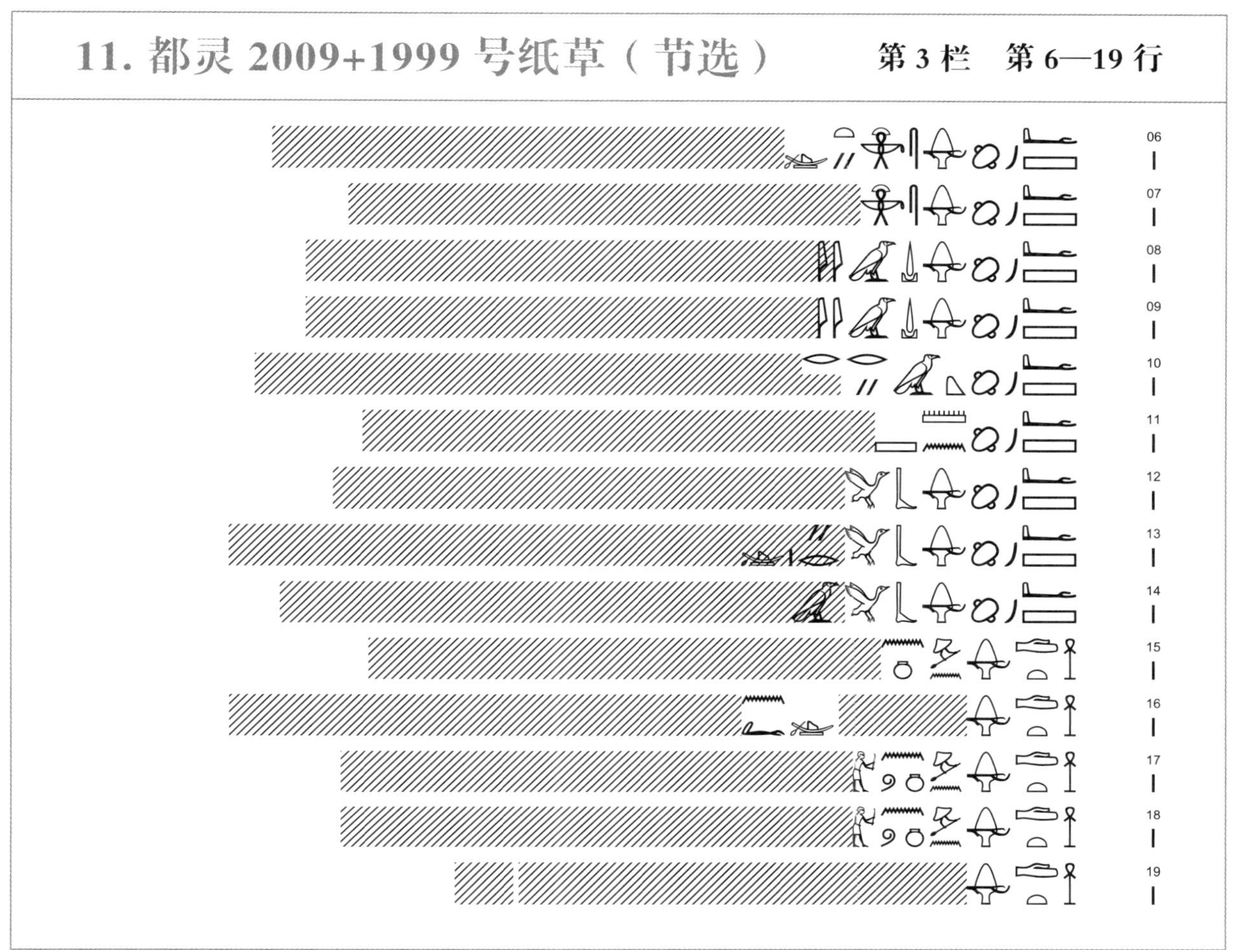

12. 都灵税表

英语名：*The Tax Lists of Royal Canon of Turin*

圣书体：A. H. Gardiner, *The Royal Canon of Turin*, plates V–VIII

英译本：D. Warburton, *State and Economy in Ancient Egypt*, pp. 159–164

都灵税表是都灵系列纸草中保存最为完整的非王室文献，书写于拉美西斯十一世统治第 12 年。纸草发现之初，商博良误以为是曼涅托的古埃及王表，故名之“canon”，后人因此而沿用下来。该纸草的另一面就是著名的都灵王表。

都灵税表记录了绿洲和法尤姆地区的财政支出情况和多种不同职业的税收状况。此外，它还记录了酒类、木炭、鱼、牛群、黄金等一系列需缴税物品。

该文献中红色墨水书写的词语具有特殊的意义，这些词语包括“泰普－宅瑞特（税）”“沙伊乌（税）”“巴库（税）”“沙迪特（税）”。其中沙伊乌税和巴库税不仅用红墨水书写，而且还用来表示一系列的估算：巴库税用来估算鱼和白银，沙伊乌税用来估算牛群。文中带下划线的词语是表示和财政相关的内容。

12. 都灵税表

第 1 栏 第 1—21 行

§1

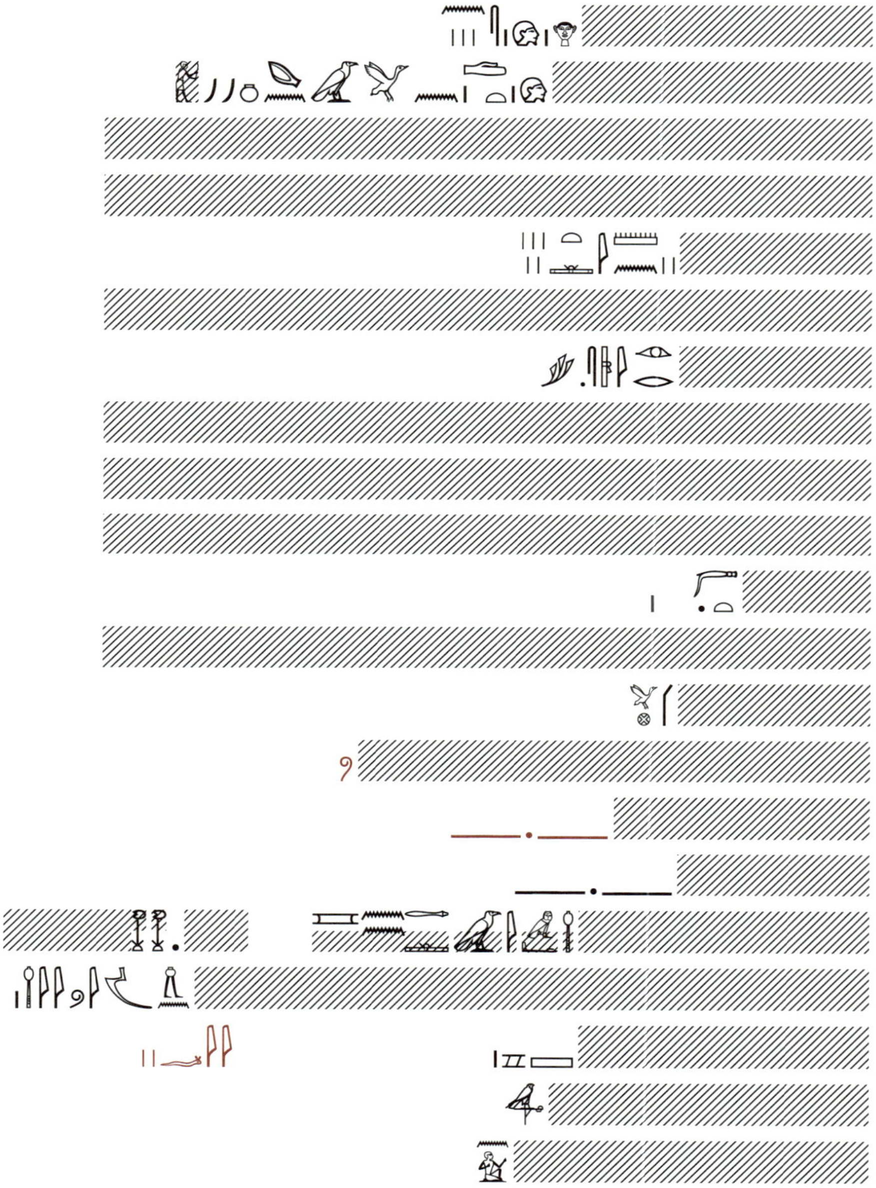

01
02
03
04
05
06
07
08
09
10
11
12
13
14
15
16
17
18
19
20
21

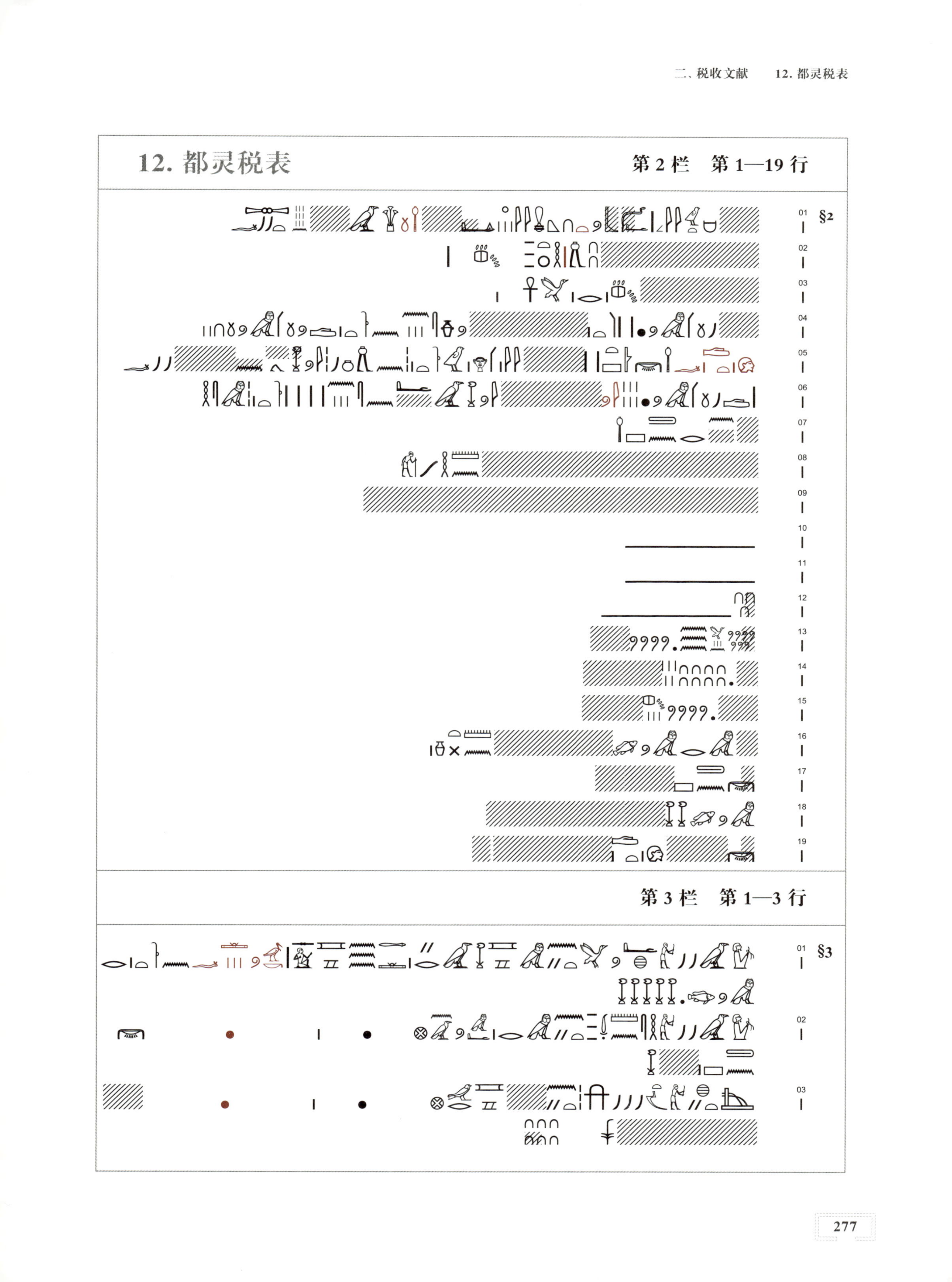

12. 都灵税表

第 2 栏　第 1—19 行

§2

01
02
03
04
05
06
07
08
09
10
11
12
13
14
15
16
17
18
19

第 3 栏　第 1—3 行

§3

01
02
03

12. 都灵税表

第 3 栏 第 4—20 行

04

05

06

07

08

8a

8b

09

10

11

12

13

14

15

16

17

18

19

20

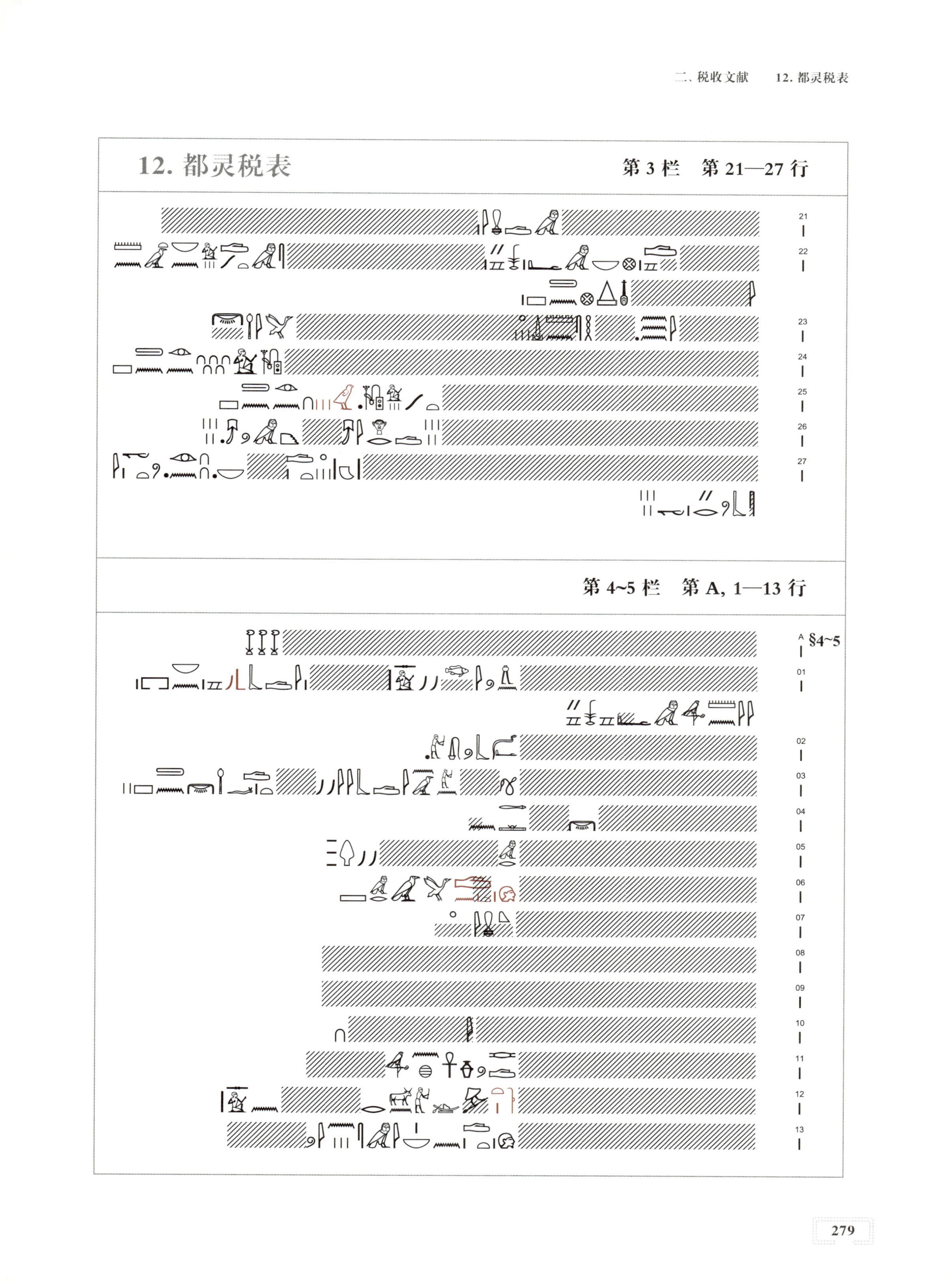

12. 都灵税表

第 3 栏　第 21—27 行

21

22

23

24

25

26

27

第 4~5 栏　第 A, 1—13 行

A §4~5

01

02

03

04

05

06

07

08

09

10

11

12

13

12. 都灵税表

第 4-5 栏 第 14—29 行

14

15

16

17

18

19

20

21

22

23

24

25

26

27

28

29

12. 都灵税表

第6栏　第x+1—20行

§6

x+01

x+02

x+03

x+04

x+05

x+06

x+07

x+08

x+09

x+10

x+11

x+12

x+13

x+14

x+15

x+16

x+17

x+18

x+19

x+20

第7栏　第1—4行

§7

01

02

03

04

12. 都灵税表

第7栏 第5—26行

05
06
07
08
09
10
11
12
13
14
15
16
17
18
19
20
21
22
23
24
25
26

第8栏 第x+1—2行

x+01 §8
x+02

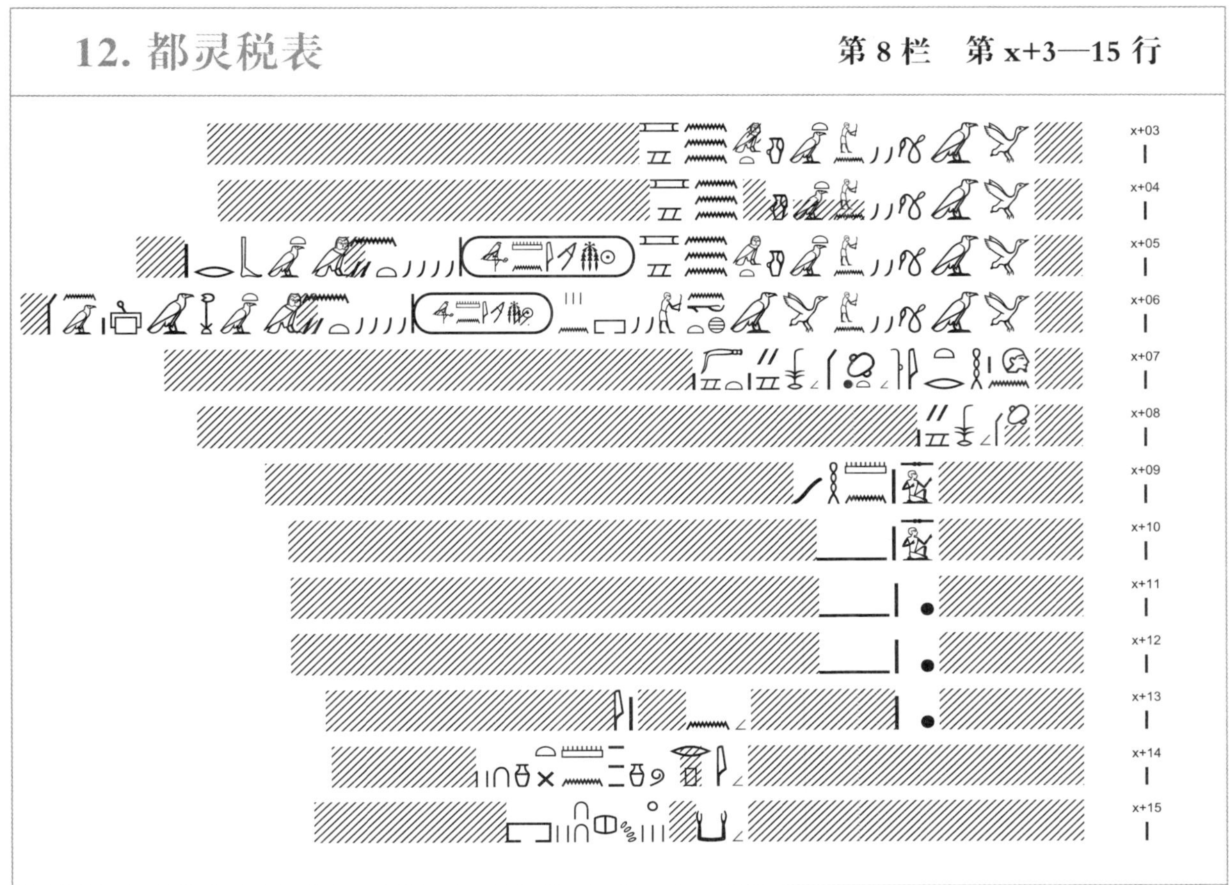

13. 都灵税收纸草

英语名：*The Turin Taxation Papyrus (Papyrus Turin 1895+2006)*

圣书体：A. H. Gardiner, *Ramesside Administrative Documents*, pp. 36–44

英译本：A. H. Gardiner, “Ramesside Texts Relating to the Taxation and Transport of Corn,” *JEA* 27 (1941), pp. 22–37

都灵税收纸草，即都灵 1895+2006 号纸草，现藏于意大利都灵博物馆。该纸草发现于今埃及卢克索附近的麦地那工匠村，出土时间无考。纸草由加德纳命名。

该纸草写于第二十王朝末期拉美西斯十一世统治时期，书写者宅胡提摩斯是大墓地书吏。纸草正面，除了记述拉美西斯十一世统治第 12 年，书吏宅胡提摩斯受命于库什总督帕奈赫西，多次前往底比斯南部若干小城征收谷物并将其运回底比斯储藏一事外，还记载了将部分谷物分发给工人的情况。纸草背面所含信息较少，主要是拉美西斯十一世统治第14年书吏征收谷物的情况。整份纸草详细记录了拉美西斯十一世统治时期的税收流程、储粮经过、缴税者身份以及上缴谷物的具体数目，是我们研究新王国后期埃及社会经济生活的主要文献资料，具有很高的学术价值。

13. 都灵税收纸草

正面 第1栏 第1—8行

01 §1

02

03

04

05

06

07

08

正面 第2栏 第1—5行

01 §2

02

03

04

05

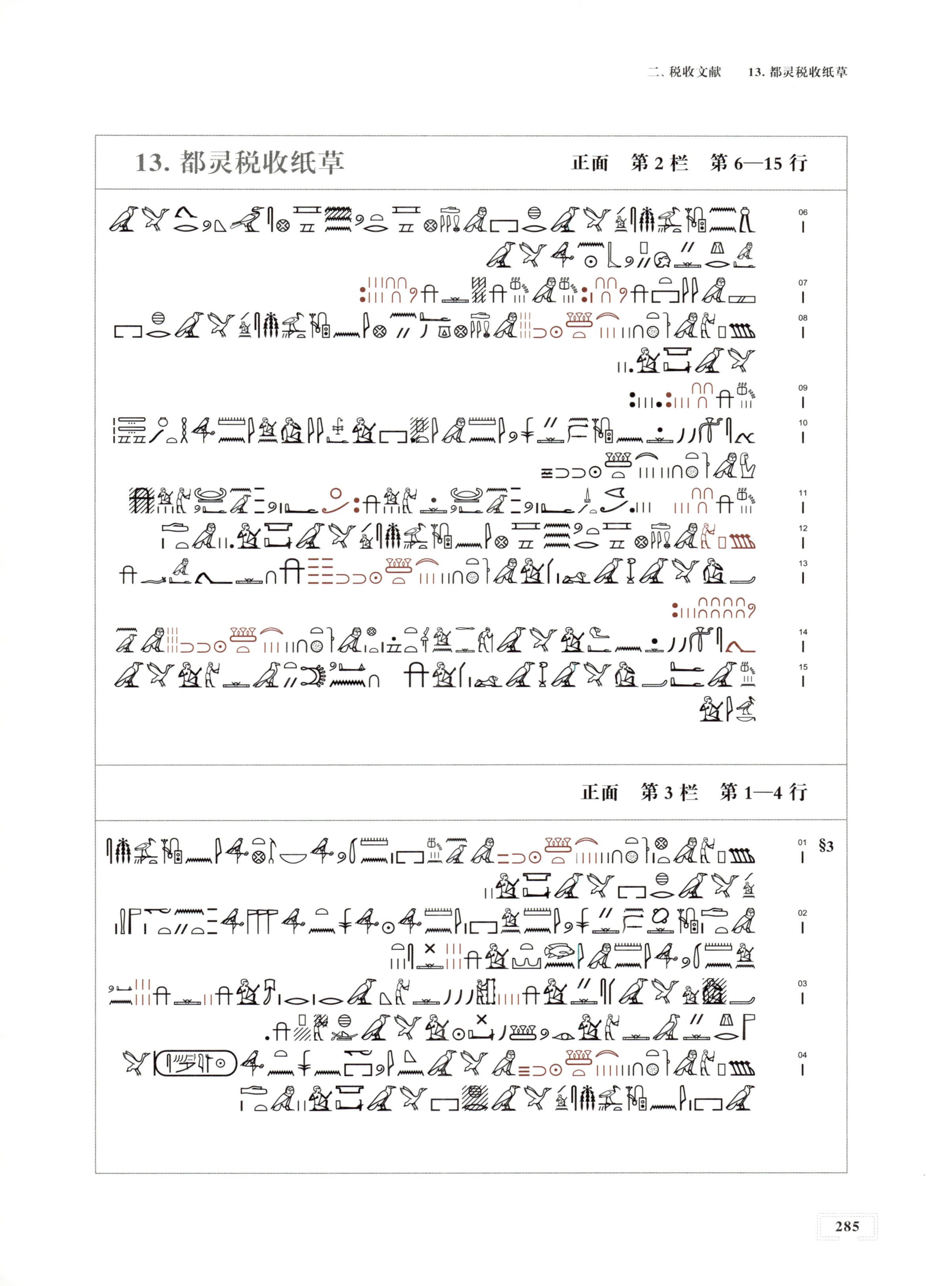

13. 都灵税收纸草

正面　第2栏　第6—15行

06

07

08

09

10

11

12

13

14

15

正面　第3栏　第1—4行

01 §3

02

03

04

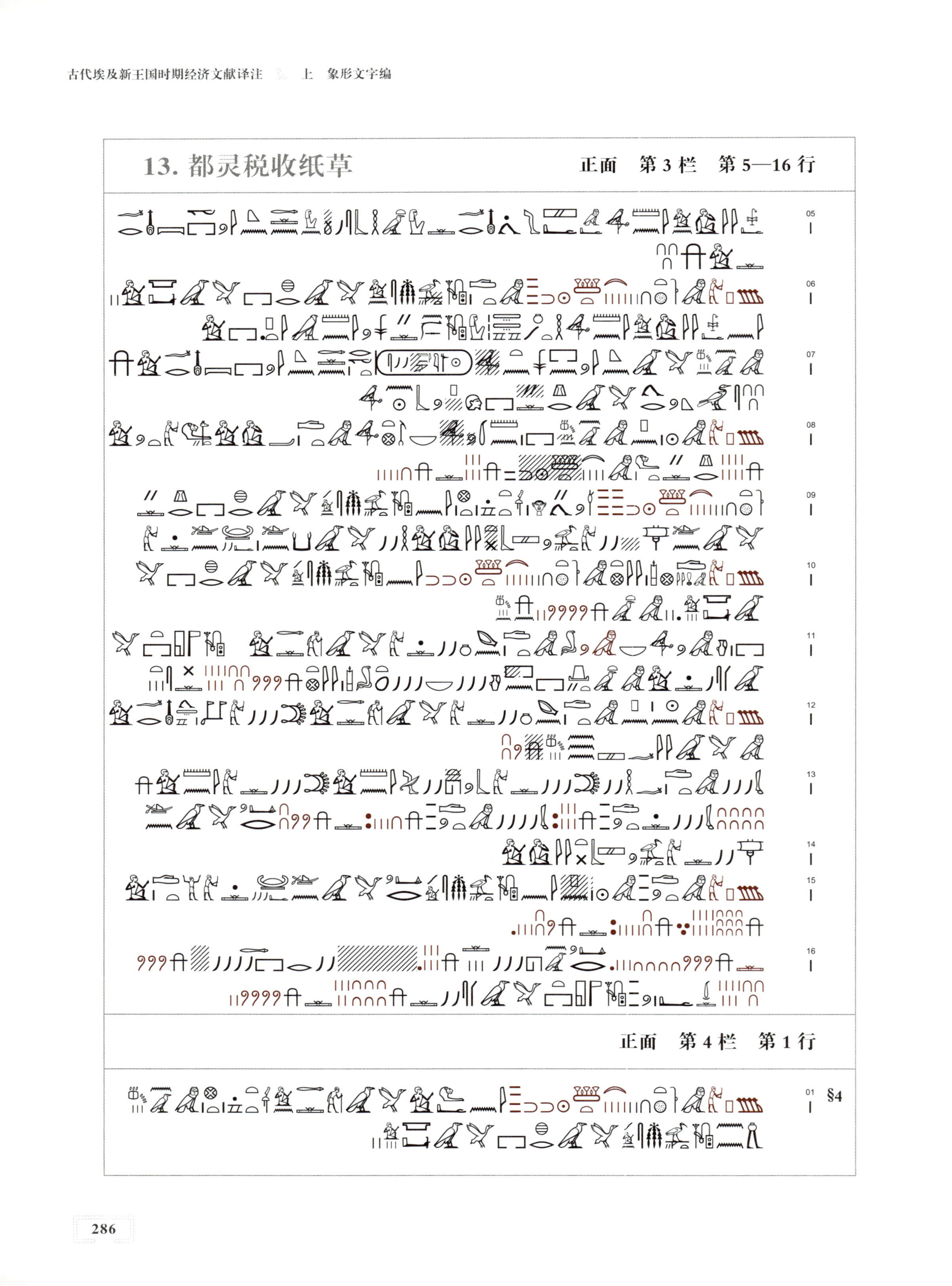

13. 都灵税收纸草

正面 第3栏 第5—16行

05

06

07

08

09

10

11

12

13

14

15

16

正面 第4栏 第1行

01 §4

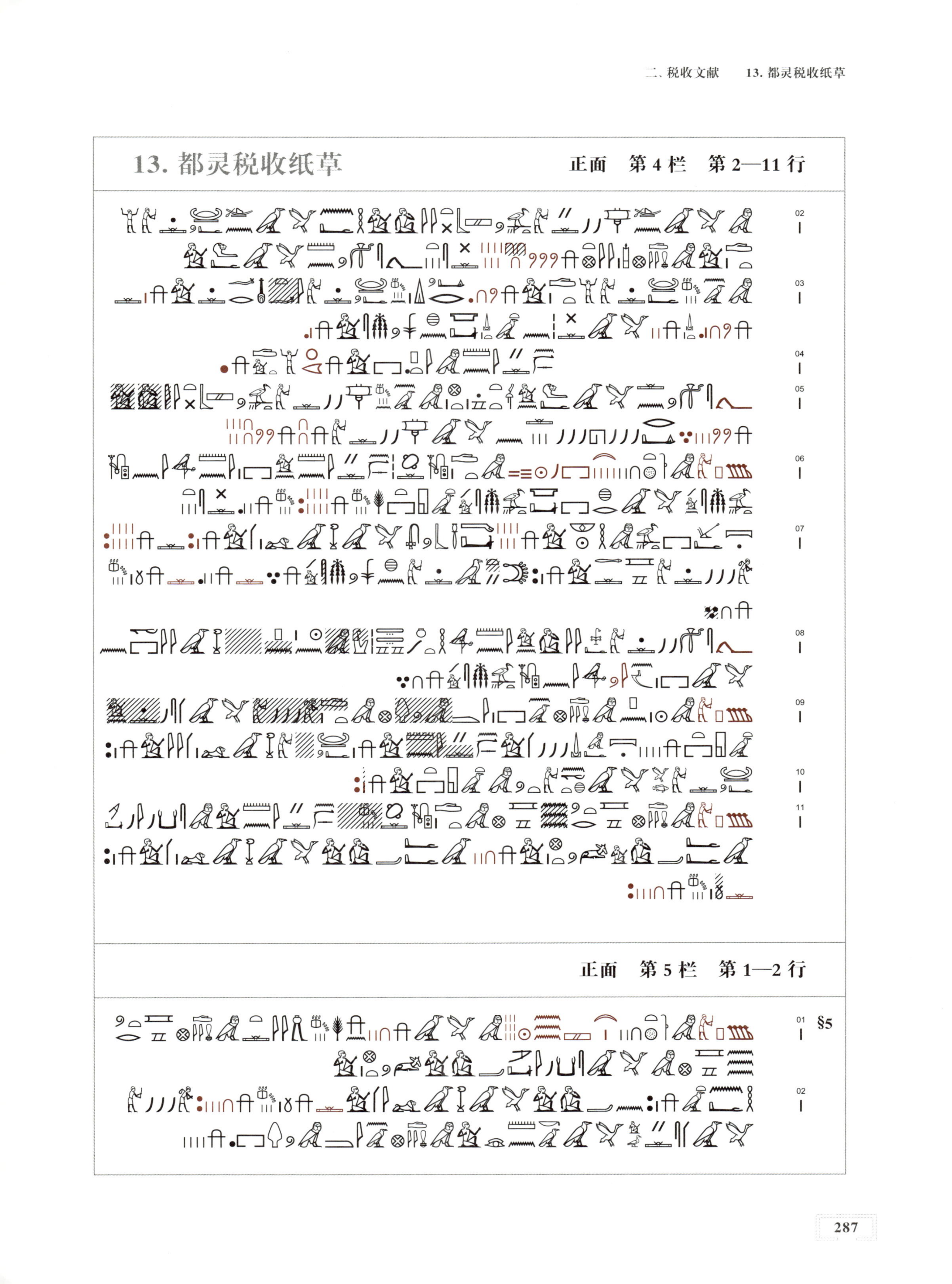

13. 都灵税收纸草

正面　第4栏　第2—11行

02

03

04

05

06

07

08

09

10

11

正面　第5栏　第1—2行

01 §5

02

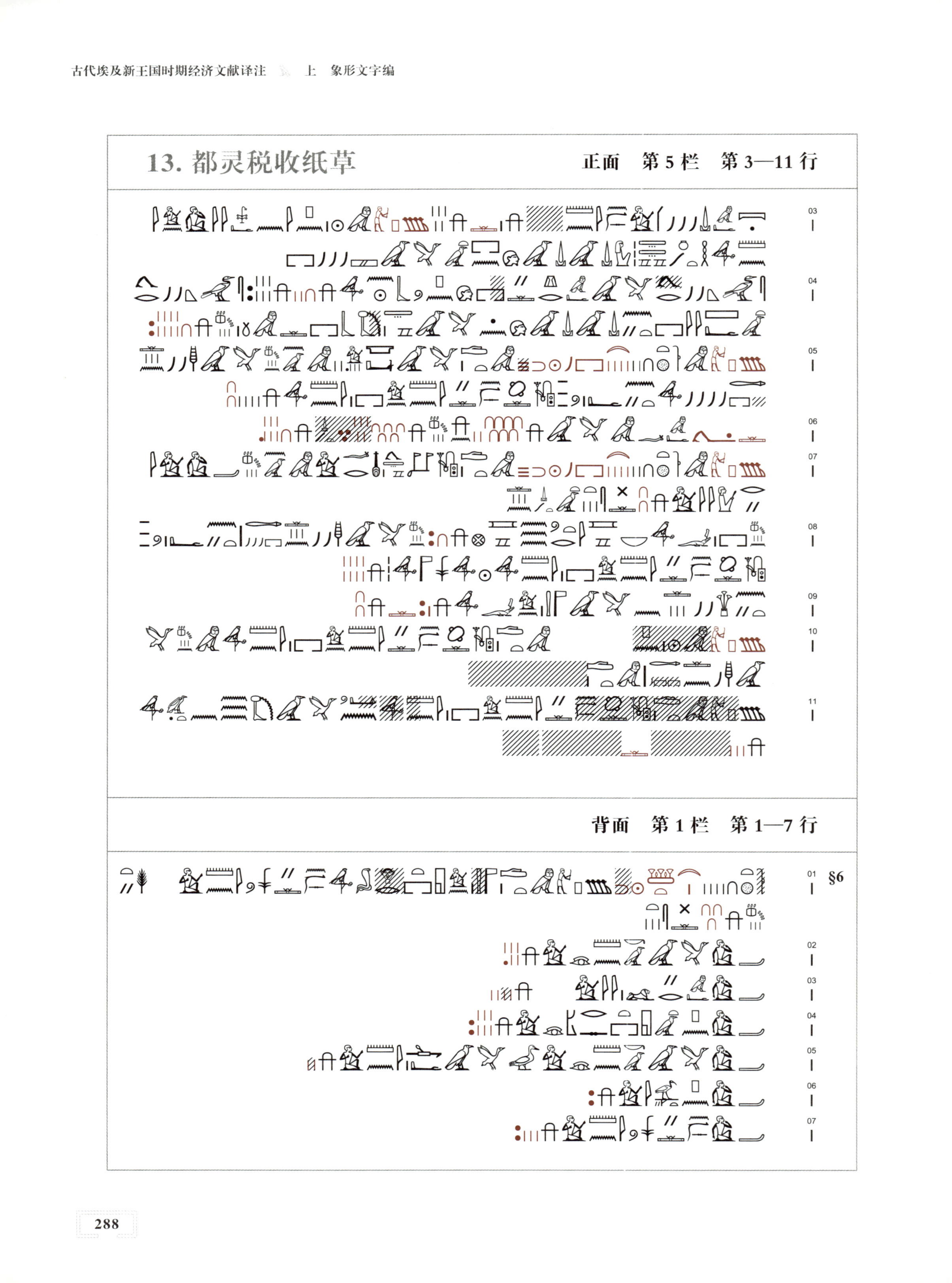

13. 都灵税收纸草

正面 第5栏 第3—11行

03

04

05

06

07

08

09

10

11

背面 第1栏 第1—7行

01 §6

02

03

04

05

06

07

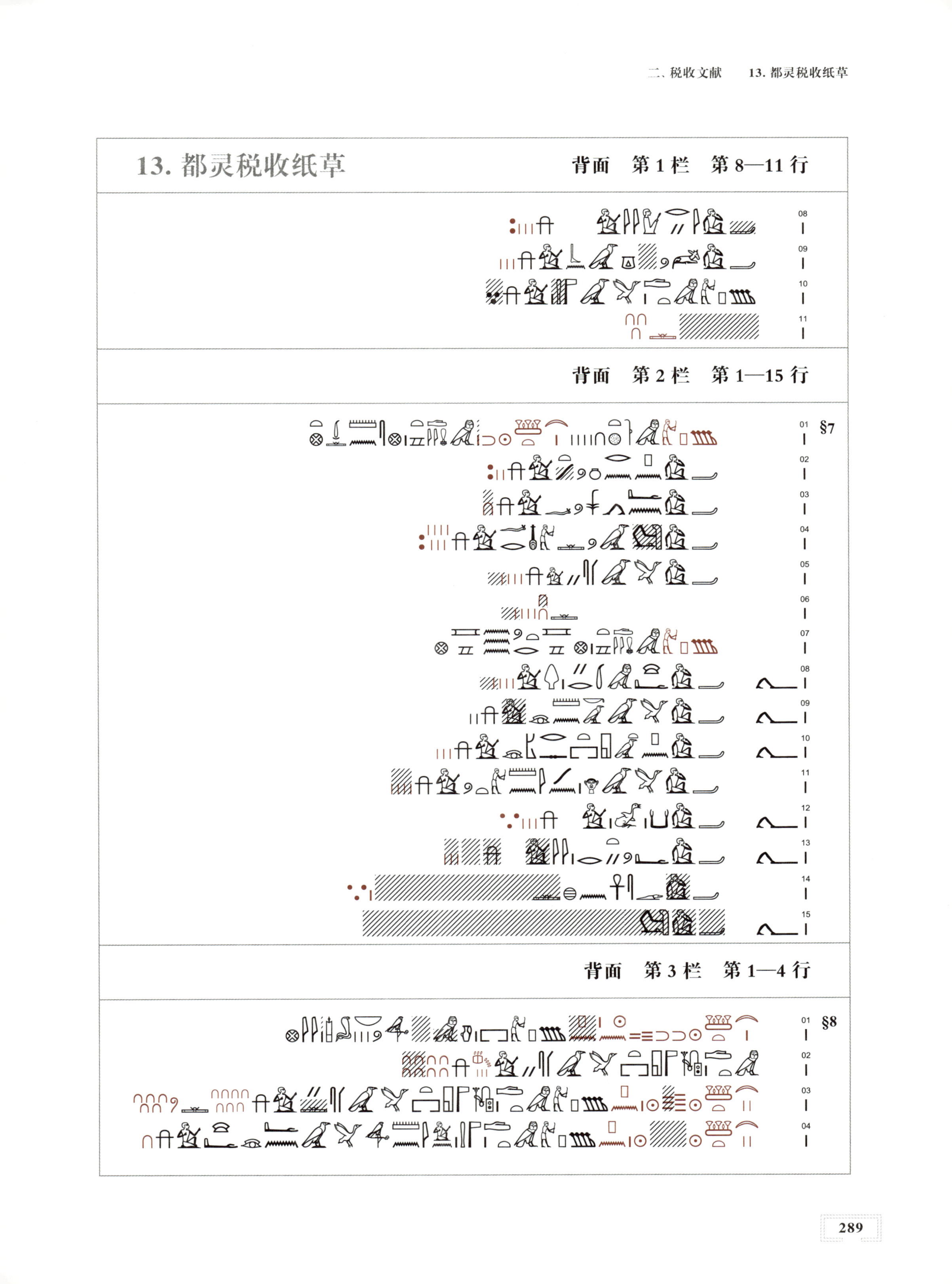

13. 都灵税收纸草

背面　第 1 栏　第 8—11 行

08
09
10
11

背面　第 2 栏　第 1—15 行

01 §7
02
03
04
05
06
07
08
09
10
11
12
13
14
15

背面　第 3 栏　第 1—4 行

01 §8
02
03
04

14. 格里菲斯纸草残片（节选）

英语名：*The Griffith Gragments*

圣书体：A. H. Gardiner, *Ramesside Administrative Documents*, pp. 68–71

英译本：A. H. Gardiner, "Ramesside Texts Relating to the Taxation and Transport of Corn," *JEA* 27 (1941), pp. 64–70

该纸草得名于其收藏者格里菲斯，现藏于英国牛津格里菲斯研究所。纸草书写年代不早于第二十王朝末期，主要记录了上埃及第十州的税收状况。纸草正反两面都有文字，但在内容上两者并不互相接续。该纸草残缺严重，本书仅选取正面相对完整部分。

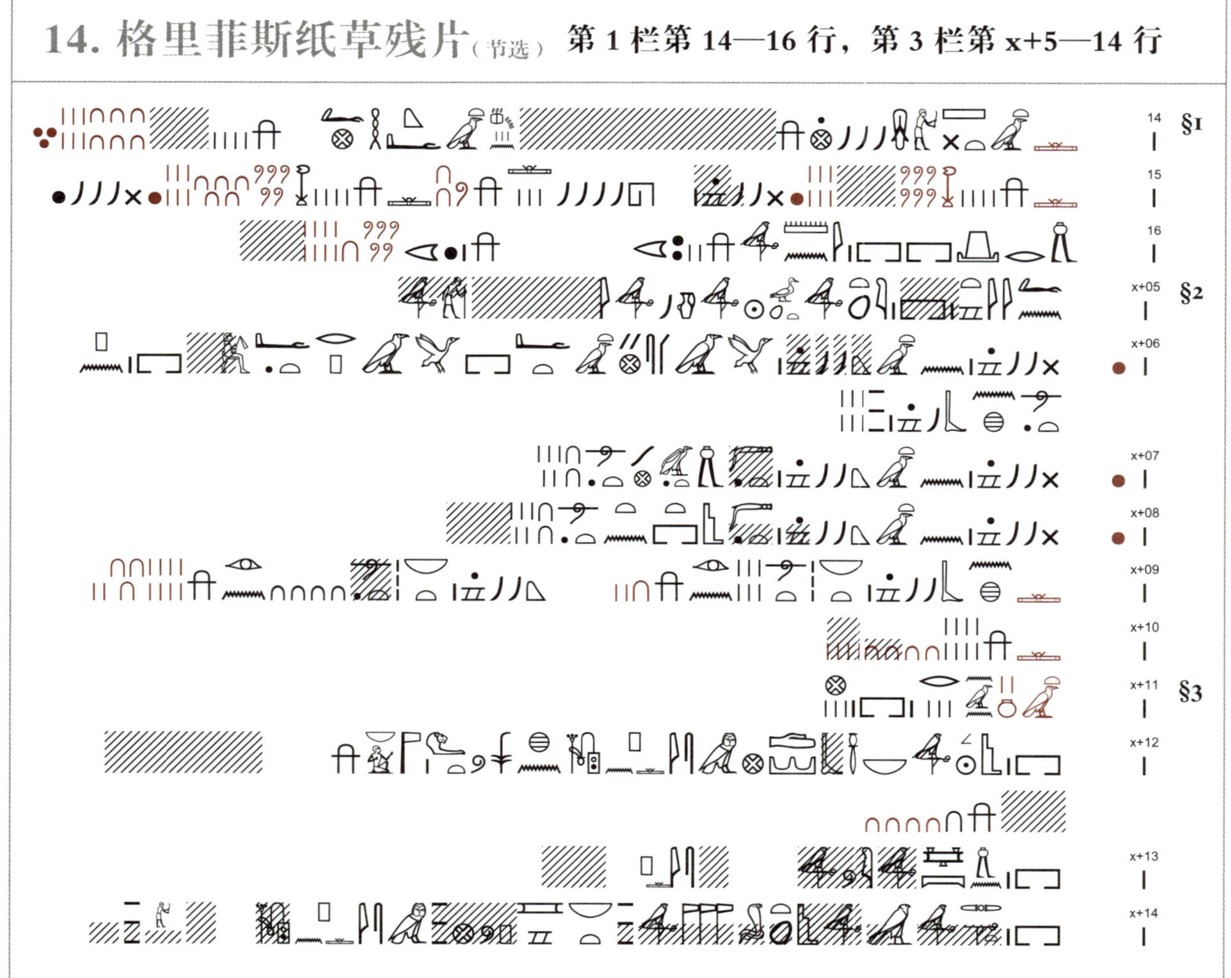

三

财产交易文献

既然埃及存在着土地等财产的私有化现象，那么财产买卖、出借和租赁等交易活动便在所难免了。现存最早的关于土地等财产买卖的文献是成文于第三王朝末期到第四王朝早期的梅腾自传体铭文，其上记载梅腾曾从一群被称为 *nswtyw*[1] 的人手中购买了200 阿鲁拉的土地。第十二王朝时期海卡纳赫特信件中出现的 *ʿdb*（“承租”）一词，说明土地可以出租，而土地承租者则须缴纳一定量物品或收成（如铜、布匹、大麦等）来作为承租的费用。

至于财产交易文件，埃及人使用 *ỉmyt-pr*（“房屋里的东西”，即买卖契约）一词来表示经公证的财产交易文件，其中通常包含标的物的自然状况和买卖价格的描述。[2] 第三王朝末期，所有的财产交易活动由政府记录存档。[3] 诸如土地买卖这样的大型不动产交易文件将被送交维吉尔（相当于古代中国宰相），然后由维吉尔颁发给受让人新的土地占有权文件。简言之，为取得土地等不动产买卖凭证，双方当事人须在政府部门填写文

〔1〕 *nswtyw*：属于国王的人，也即自耕农。参见王亮、郭丹彤《梅腾自传体铭文译注》，《古代文明》2012 年第 1 期。

〔2〕 A. Theodorides, “The Concept of Law in Ancient Egypt, ” in *The Legacy of Egypt*, ed. by J. R. Harris, Oxford: Clarendon Press,1971, pp. 291–292.

〔3〕 参见 J. Breasted, *Ancient Records of Egypt*, Vol. I, Chicago: The University of Chicago Press, 1906, pp. 76–79.

件，而这些文件即成为赋税的依据。

新王国时期是埃及财产交易的鼎盛期，因而有大量的财产交易文献传世，其中大多是契约文书，简单记录了交易时间、双方姓名以及交易的形式、内容和结果。从这些交易文献中可以看出，虽然新王国时期仍停留在物物交换上，但已经出现了充当一般等价物的德本铜和凯特银，而主要交易对象则是古代埃及人的主要交通运输工具——驴。

根据交易形式，本书将此类文献分为买卖契约、租赁契约以及两者兼有型三类，共收 37 篇，按其成文时间先后顺序依次排列。

（一）买卖契约

15. 麦地那 432 号陶石片

英语名：*Ostracon Deir el-Medina (ODM) 432*

圣书体：*KRI*, Vol. V, pp. 455–456

英译本：*KRIT*, Vol. V, pp. 371–372

该文献书写于第二十王朝国王拉美西斯三世统治期间，记录了驴子的买卖。

15. 麦地那 432 号陶石片

正面　第 1—3 行

01 §1

02

03

背面　第 1—2 行

01 §2

02

16. 都灵 57173 号陶石片

英语名：*Ostracon Turin 57173*

圣书体：*KRI*, Vol. V, pp. 457–458

英译本：*KRIT*, Vol. V, p. 372

该文献书写于第二十王朝国王拉美西斯三世统治期间，记录了出卖人将驴子卖给买受人的同时，立誓永远不会再去争夺驴子的所有权，否则将双倍赔偿。

16. 都灵 57173 号陶石片 第 1—5 行

17. 麦地那 410 号陶石片

英语名：*Ostracon Deir el-Medina (ODM) 410*

圣书体：*KRI*, Vol. V, p. 507

英译本：*KRIT*, Vol. V, p. 402

该文献书写于第二十王朝国王拉美西斯三世统治期间，记录了支付工匠的事情。

17. 麦地那 410 号陶石片 第 1—6 行

18. 皮特里 14 号陶石片

英语名：*Ostracon Petrie 14*

圣书体：*KRI*, Vol. V, p. 524

英译本：*KRIT*, Vol. V, p. 413

该文献书写于第二十王朝国王拉美西斯三世统治期间，记录了驴子买卖中的争执。

18. 皮特里 14 号陶石片

正面　第 1—7 行

§1

背面　第 1—8 行

§2

19. 加德纳 6814 号陶石片

英语名：*Ostracon Gardiner 6814*

圣书体：*KRI*, Vol. V, pp. 555–556

英译本：*KRIT*, Vol. V, p. 434

该文献书写于第二十王朝国王拉美西斯三世统治期间，记录了支付雕刻匠的事情。

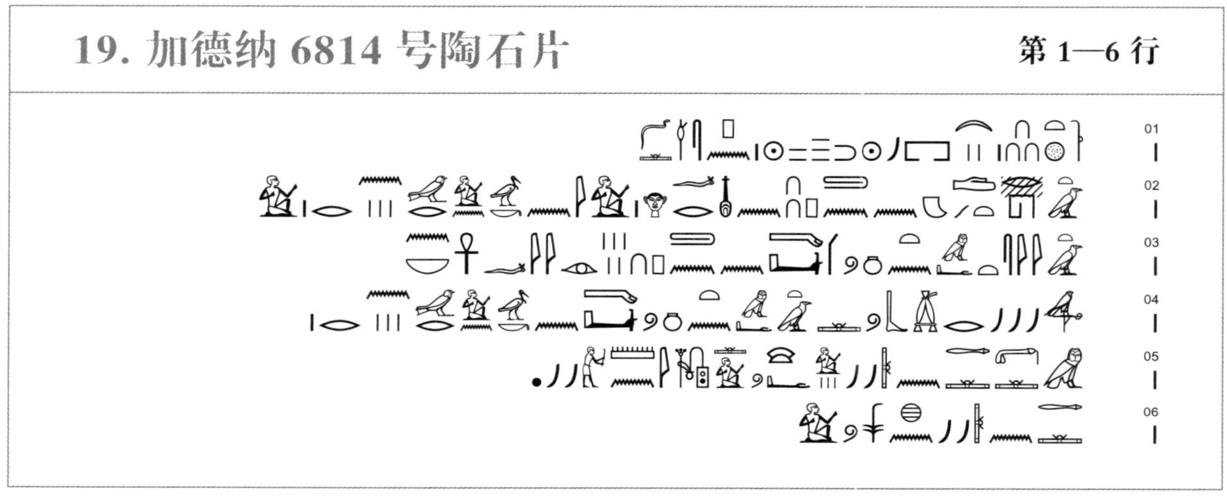

20. 开罗 65739 号纸草

英语名：*Papyrus Cairo 65739*

圣书体：*KRI*, Vol. II, pp. 800–802

英译本：*KRIT*, Vol. V, p. 526–528

该纸草书写于第十九王朝国王拉美西斯二世统治期间，记录了某件关于女奴买卖的案件。一名女市民被诉上法庭，因为她用另外一名女市民的财产换钱后购买了叙利亚女奴。纸草上记载，士兵传唤了 6 名证人为该案作证。文献结尾部分残缺不全，因此无法得知最终的审判结果如何。

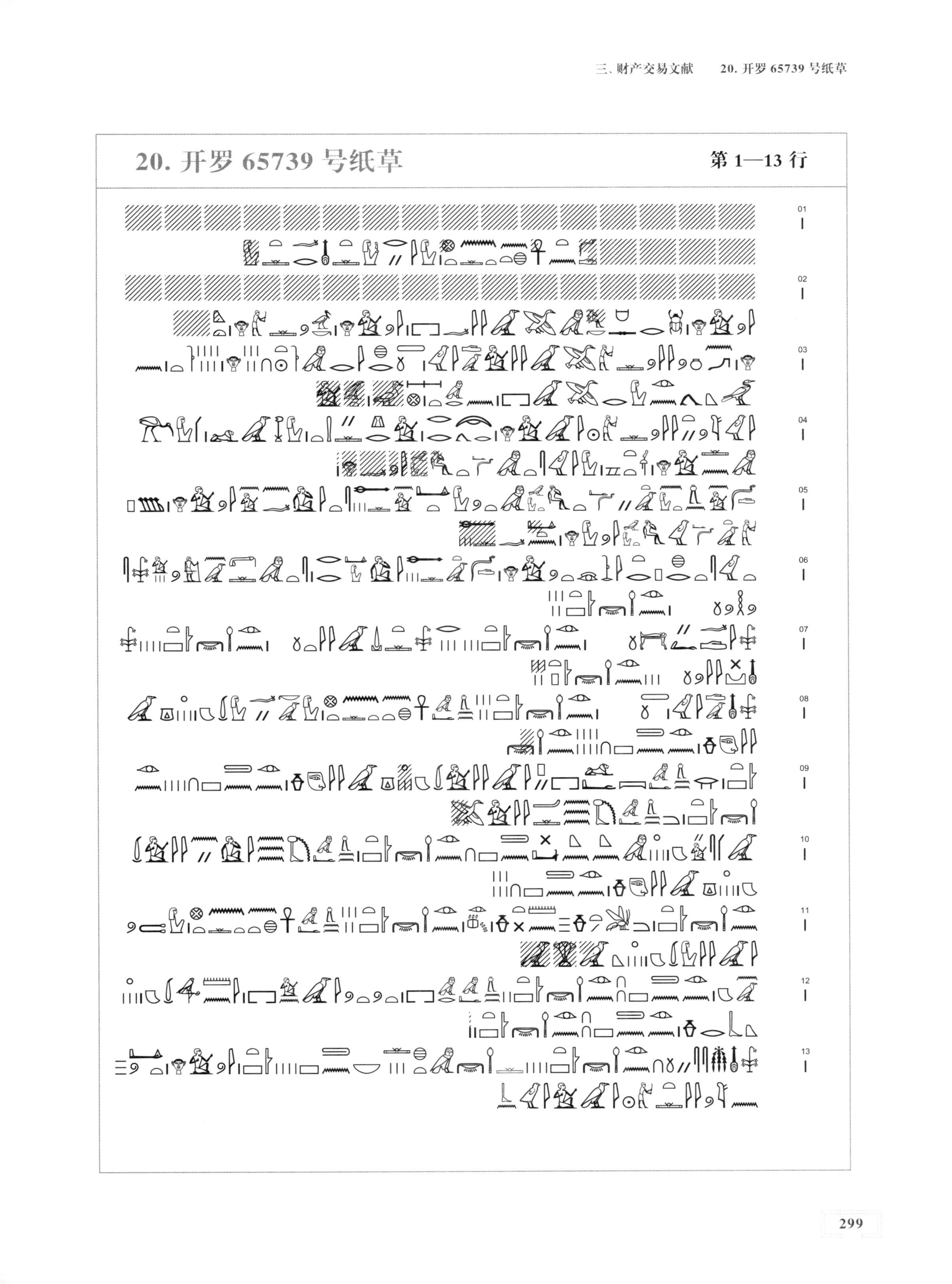

20. 开罗 65739 号纸草

第 1—13 行

01

02

03

04

05

06

07

08

09

10

11

12

13

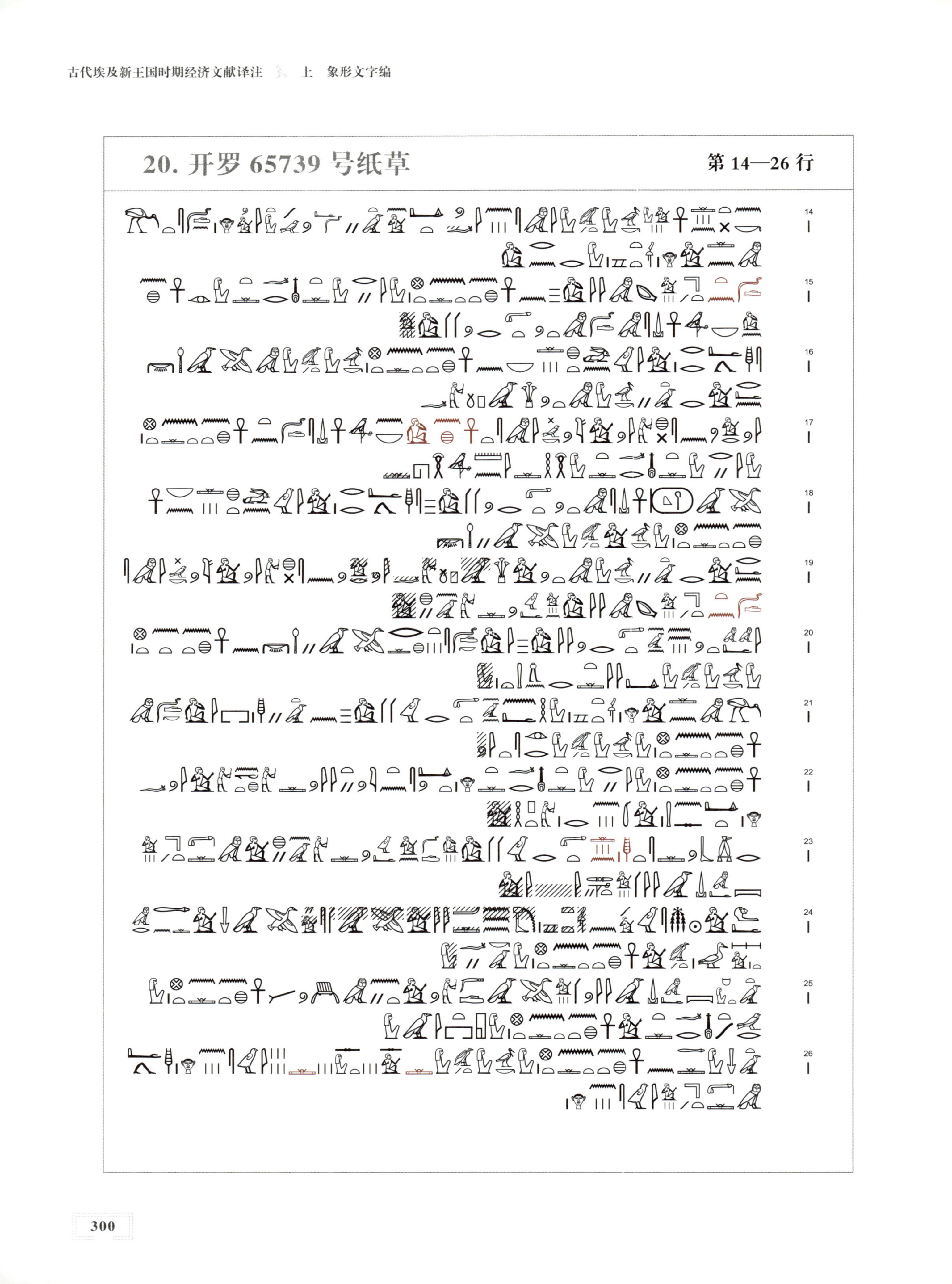

20. 开罗 65739 号纸草

第 14—26 行

14

15

16

17

18

19

20

21

22

23

24

25

26

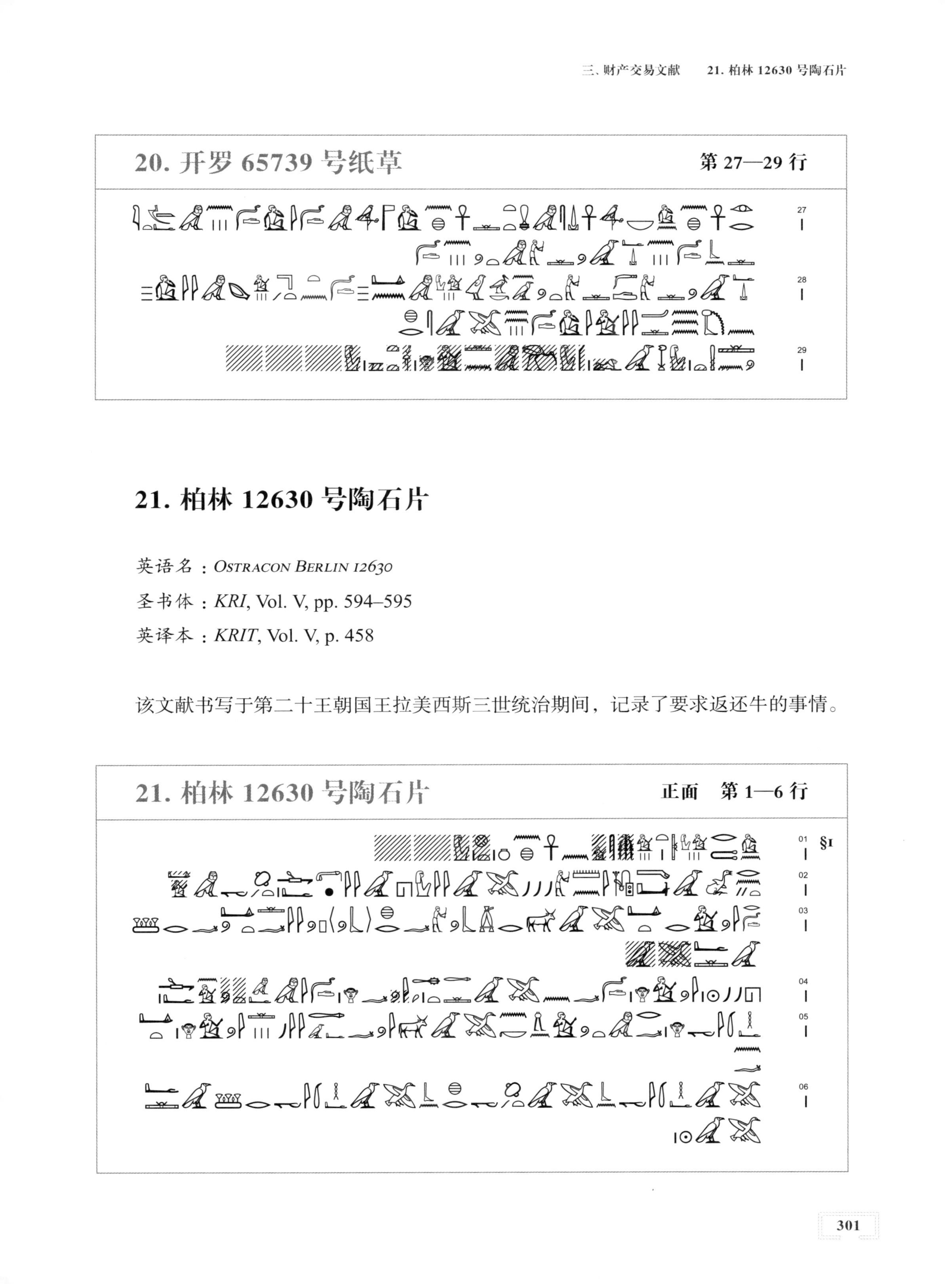

20. 开罗 65739 号纸草　　第 27—29 行

27

28

29

21. 柏林 12630 号陶石片

英语名：*Ostracon Berlin 12630*

圣书体：*KRI*, Vol. V, pp. 594–595

英译本：*KRIT*, Vol. V, p. 458

该文献书写于第二十王朝国王拉美西斯三世统治期间，记录了要求返还牛的事情。

21. 柏林 12630 号陶石片　　正面　第 1—6 行

01 §1

02

03

04

05

06

21. 柏林 12630 号陶石片　　背面　第 1—2 行

§2

22. 开罗 25553 号陶石片

英语名：*Ostracon Cairo 25553*

圣书体：*KRI*, Vol. V, p. 454

英译本：*KRIT*, Vol. V, p. 371

该文献书写于第二十王朝国王拉美西斯三世统治期间，记录了关于一名工匠是否支付了面包等食物账单的事情。

22. 开罗 25553 号陶石片　　正面　第 1—8 行

§1

背面　第 1 行

§2

22. 开罗 25553 号陶石片　　背面　第 2—3 行

02
03

23. 麦地那 225 号陶石片

英语名：*Ostracon Deir el-Medina (ODM) 225*

圣书体：*KRI*, Vol. VI, pp. 157–158

英译本：*KRIT*, Vol. V, p. 127

该文献书写于第二十王朝国王拉美西斯四世统治期间，其上记录的案件与一名妻子为丈夫置办后事有关。

23. 麦地那 225 号陶石片　　第 1—11 行

01
02
03
04
05
06
07
08
09
10
11

24. 加德纳 181 号陶石片

英语名：*Ostracon Gardiner 181*

圣书体：*KRI*, Vol. VI, p. 148

英译本：*KRIT*, Vol. V, p. 127

该文献书写于第二十王朝国王拉美西斯四世统治期间，记录了牛和驴子的价格。

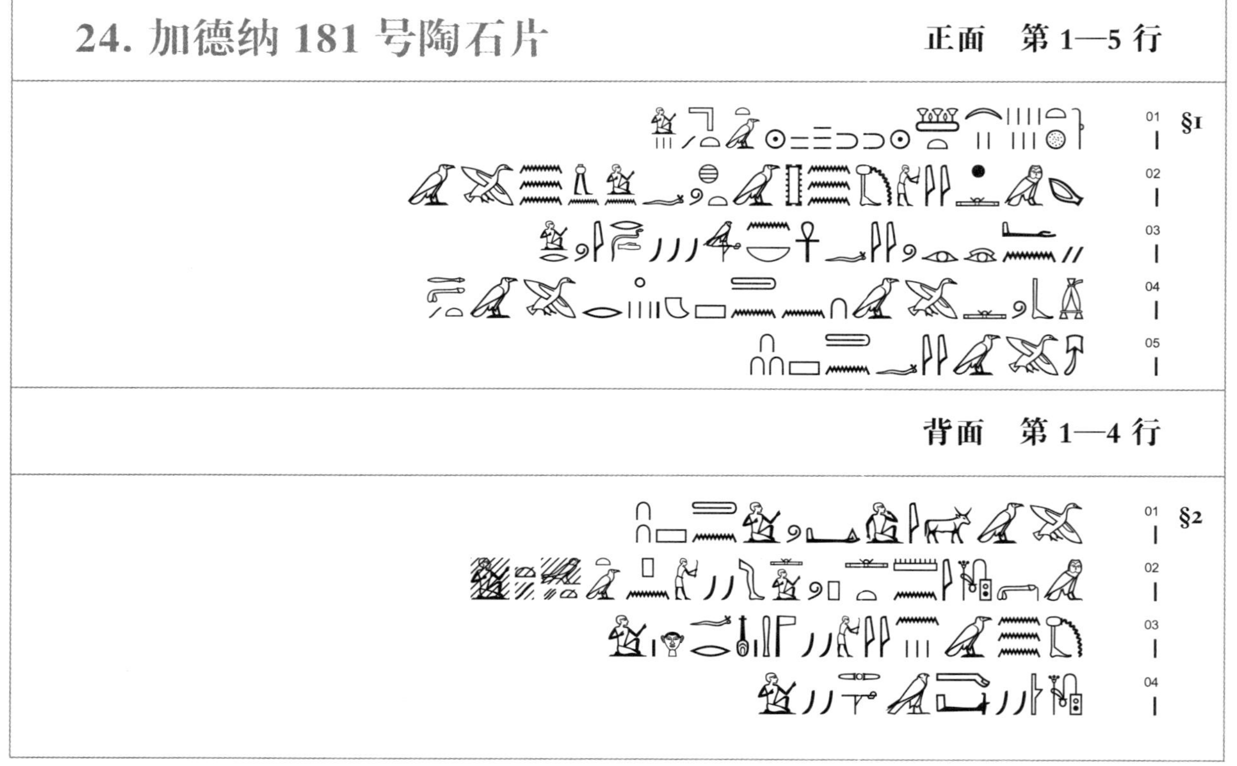

25. 都灵 167+2087 号纸草（节选）

英语名：*Papyrus Turin 167+2087*

圣书体：*KRI*, Vol. VI, pp. 639–640

英译本：*KRIT*, Vol. V, p. 457–458

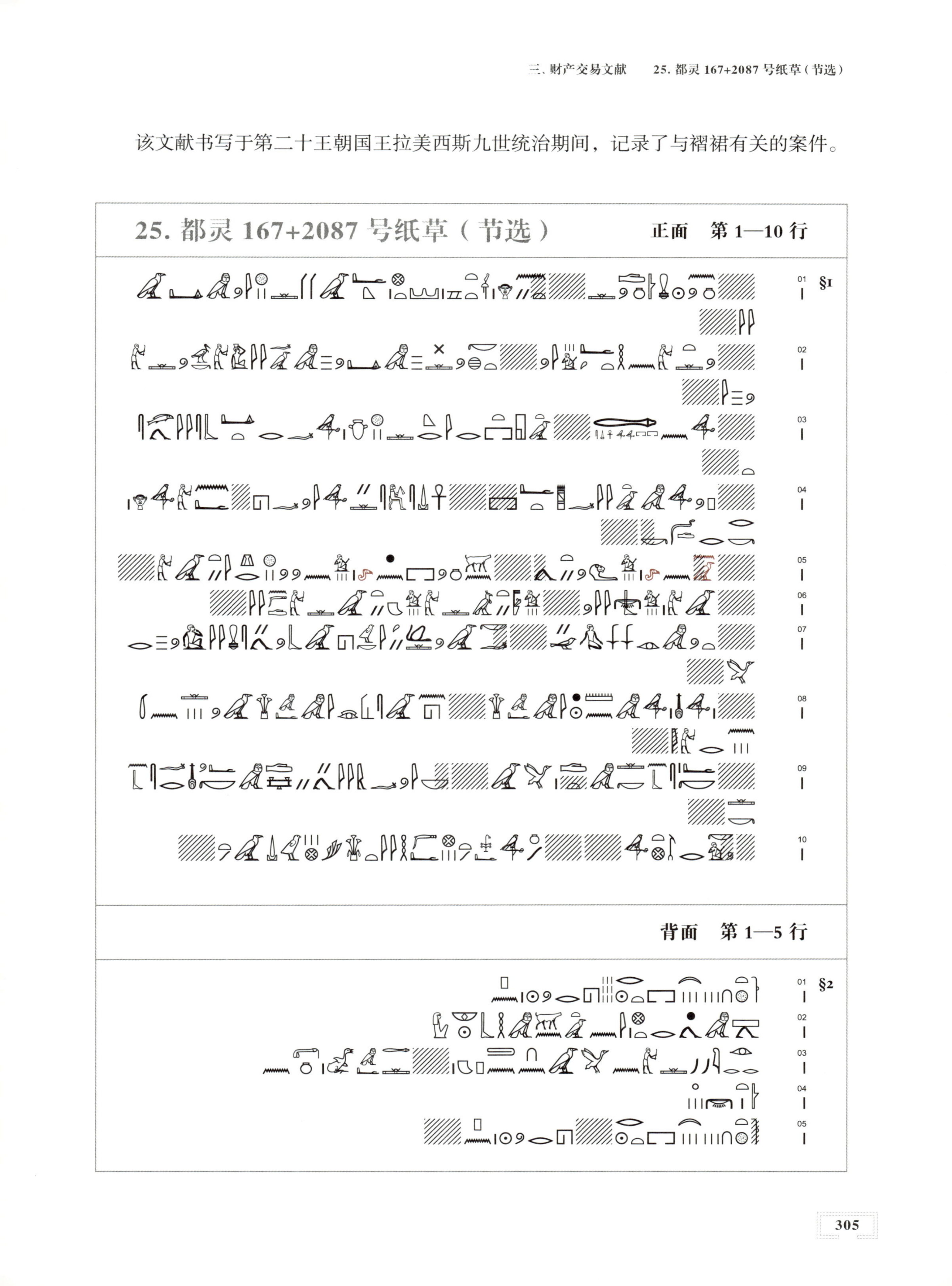

该文献书写于第二十王朝国王拉美西斯九世统治期间，记录了与褶裙有关的案件。

25. 都灵 167+2087 号纸草（节选）

正面　第 1—10 行

§1

01

02

03

04

05

06

07

08

09

10

背面　第 1—5 行

§2

01

02

03

04

05

25. 都灵 167+2087 号纸草（节选） 背面 第 6—9 行

06
07
08
09

26. 柏林 10460 号纸草

英语名：*Papyrus Berlin 10460*

圣书体：*KRI*, Vol. VI, pp. 863–864

英译本：*KRIT*, Vol. V, pp. 589–590

该文献书写于第二十王朝国王拉美西斯十一世统治期间，其上记录的案件与一名商人有关。

26. 柏林 10460 号纸草 正面 第 1—7 行

01 §1
02
03
04
05
06
07

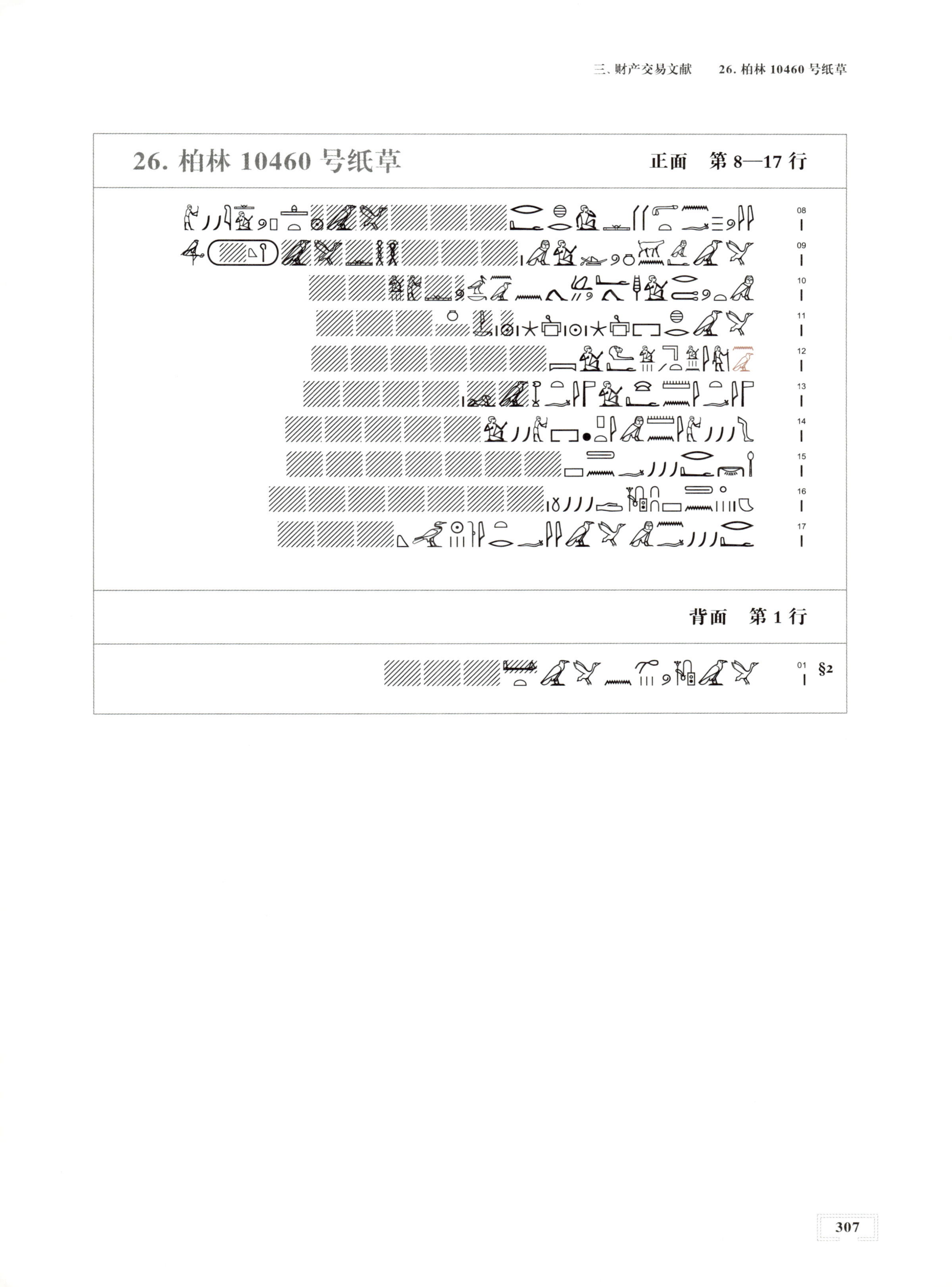

26. 柏林 10460 号纸草

正面　第 8—17 行

08

09

10

11

12

13

14

15

16

17

背面　第 1 行

01 §2

（二）租赁契约

27. 塞尔尼 16 号陶石片

英语名：*Ostracon Černý 16*

圣书体：*KRI*, Vol. V, p. 467

英译本：*KRIT*, Vol. V, p. 377

该文献书写于第二十王朝国王拉美西斯三世统治期间，记录了出租人同意将牛交给承租人使用，同时要求承租人用劳动作为租金支付。

27. 塞尔尼 16 号陶石片 第 1—7 行

28. 麦地那 67 号陶石片

英语名：*Ostracon Deir el-Medina (ODM) 67*

圣书体：*KRI*, Vol. V, p. 536

英译本：*KRIT*, Vol. V, p. 420–421

该文献书写于第二十王朝国王拉美西斯三世统治期间，记录了出租人将驴交付承租人，承租人按期将驴还回，但租金未付。

28. 麦地那 67 号陶石片　第 1—5 行

29. 米克利德斯 5 号陶石片

英语名：*Ostracon Michaelides 5*

圣书体：*KRI*, Vol. V, p. 509

英译本：*KRIT*, Vol. V, p. 403

该文献书写于第二十王朝国王拉美西斯三世统治期间，记录了出租人将驴交付承租人的情况。

29. 米克利德斯 5 号陶石片　正面　第 1—6 行

§1

29. 米克利德斯 5 号陶石片	正面 第 7—8 行
	07
	08
	背面 第 1—2 行
	01 §2
	02

30. 麦地那 62 号陶石片

英语名：*Ostracon Deir el-Medina (ODM) 62*

圣书体：*KRI*, Vol. V, p. 527

英译本：*KRIT*, Vol. V, p. 415

该文献书写于第二十王朝国王拉美西斯三世统治期间，记录了驴子租赁的事情。

30. 麦地那 62 号陶石片	第 1—7 行
	01
	02
	03
	04
	05
	06
	07

31. 加德纳 140 号陶石片

英语名：*Ostracon Gardiner 140*

圣书体：*KRI*, Vol. V, pp. 490–491

英译本：*KRIT*, Vol. V, p. 391

该文献书写于第二十王朝国王拉美西斯三世统治期间，记录了驴子租赁的情况。

31. 加德纳 140 号陶石片

背面　第 1—5 行

§1

正面　第 1—5 行

§2

32. 麦地那 557 号陶石片

英语名：*Ostracon Deir el-Medina (ODM) 557*

圣书体：*KRI*, Vol. V, p. 570

英译本：*KRIT*, Vol. V, pp. 442–443

该文献书写于第二十王朝国王拉美西斯三世统治期间，记录了驴子租赁的情况。

32. 麦地那 557 号陶石片

正面 第 1—10 行

§1

背面 第 1 行

§2

33. 麦地那 424 号陶石片

英语名：*Ostracon Deir el-Medina (ODM) 424*

圣书体：*KRI*, Vol. V, p. 470–471

英译本：*KRIT*, Vol. V, p. 380

该文献书写于第二十王朝国王拉美西斯三世统治期间，陶石片上的文字残缺较多，记录内容与驴子、面包、凉鞋等有关。

33. 麦地那 424 号陶石片　第 1—6 行

01
02
03
04
05
06

34. 麦地那 65 号陶石片

英语名：*Ostracon Deir el-Medina (ODM) 65*

圣书体：*KRI*, Vol. V, p. 516

英译本：*KRIT*, Vol. V, p. 407

该文献书写于第二十王朝国王拉美西斯三世统治期间，记录了出租人将驴交付承租人使用。虽然陶石片上仅有两行文字，内容只涉及驴子的交付而未提到租金，但整体上看，该陶石片与本书前文第 28 篇《麦地那 67 号陶石片》内容十分相似，因而同样归入租赁契约类文献。

34. 麦地那 65 号陶石片　第 1—2 行

01
02

（三）租赁、借用或买卖文献

35. 皮特里 4 号陶石片

英语名：*Ostracon Petrie 4*

圣书体：*KRI*, Vol. V, p. 485

英译本：*KRIT*, Vol. V, p. 388

该文献书写于第二十王朝国王拉美西斯三世统治期间。陶石片正面记录了出租人（或出借人）将驴子交付承租人（或借用人）迈扎警察阿蒙哈乌使用，其后，承租人（或借用人）阿蒙哈乌按期将驴返还。陶石片背面的记录则显示，该名迈扎伊警察阿蒙哈乌被书吏处以一定数量（20 德本铜）的罚金。

35. 皮特里 4 号陶石片 **正面 第 1—4 行**

01 §1

02

03

04

背面 第 1—2 行

01 §2

02

36. 麦地那 64 号陶石片

英语名：*Ostracon Deir el-Medina (ODM) 64*

圣书体：*KRI*, Vol. V, p. 536

英译本：*KRIT*, Vol. V, p. 421

该文献书写于第二十王朝国王拉美西斯三世统治期间，记录了驴子租或借的情况。

36. 麦地那 64 号陶石片　　**第 1—3 行**

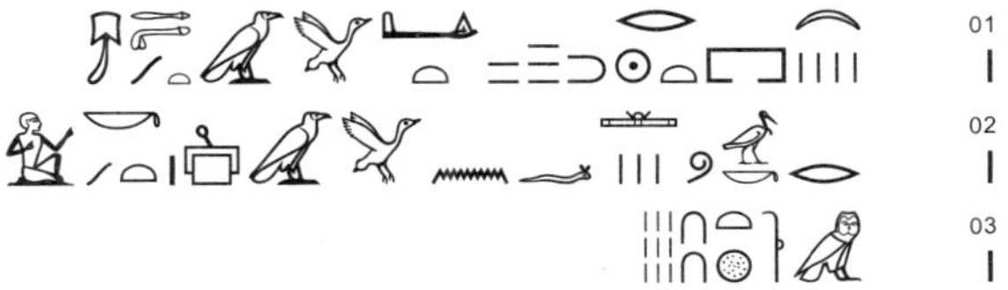

37. 皮特里 78 号陶石片

英语名：*Ostracon Petrie 78*

圣书体：*KRI*, Vol. V, p. 540

英译本：*KRIT*, Vol. V, p. 424

该文献书写于第二十王朝国王拉美西斯三世统治期间，记录了驴子租或借的情况。

37. 皮特里 78 号陶石片　　**正面　第 1—2 行**

§1

37. 皮特里 78 号陶石片 正面 第 3—4 行

03

04

背面 第 1—4 行

01 §2

02

03

04

38. 开罗 25557 号陶石片

英语名：*Ostracon Cairo 25557*

圣书体：*KRI*, Vol. V, p. 569

英译本：*KRIT*, Vol. V, p. 442

该文献书写于第二十王朝国王拉美西斯三世统治期间，记录了驴子租或借的情况。

38. 开罗 25557 号陶石片 第 1—3 行

01

02

03

39. 麦地那 425 号陶石片

英语名：*Ostracon Deir el-Medina (ODM) 425*

圣书体：*KRI*, Vol. V, p. 569

英译本：*KRIT*, Vol. V, p. 442

该文献书写于第二十王朝国王拉美西斯三世统治期间，记录了驴子租或借的情况。

39. 麦地那 425 号陶石片　　**第 1—2 行**

01

02

40. 麦地那 648 号陶石片

英语名：*Ostracon Deir el-Medina (ODM) 648*

圣书体：*KRI*, Vol. V, pp. 569–570

英译本：*KRIT*, Vol. V, p. 442

该文献书写于第二十王朝国王拉美西斯三世统治期间，记录了驴子租或借的情况。

40. 麦地那 648 号陶石片　　**第 1—3 行**

01

02

03

40. 麦地那 648 号陶石片　　第 4—5 行

04

05

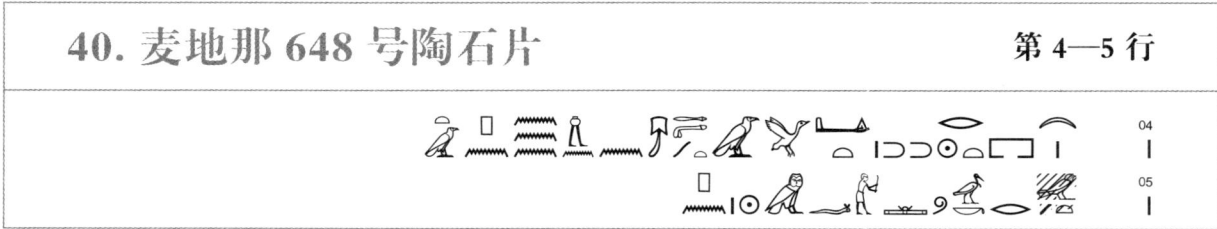

41. 米克利德斯 2 号陶石片

英语名：*Ostracon Michaelides 2*

圣书体：*KRI*, Vol. V, p. 461

英译本：*KRIT*, Vol. V, p. 375

该文献书写于第二十王朝国王拉美西斯三世统治期间，记录了驴子租或借的情况。

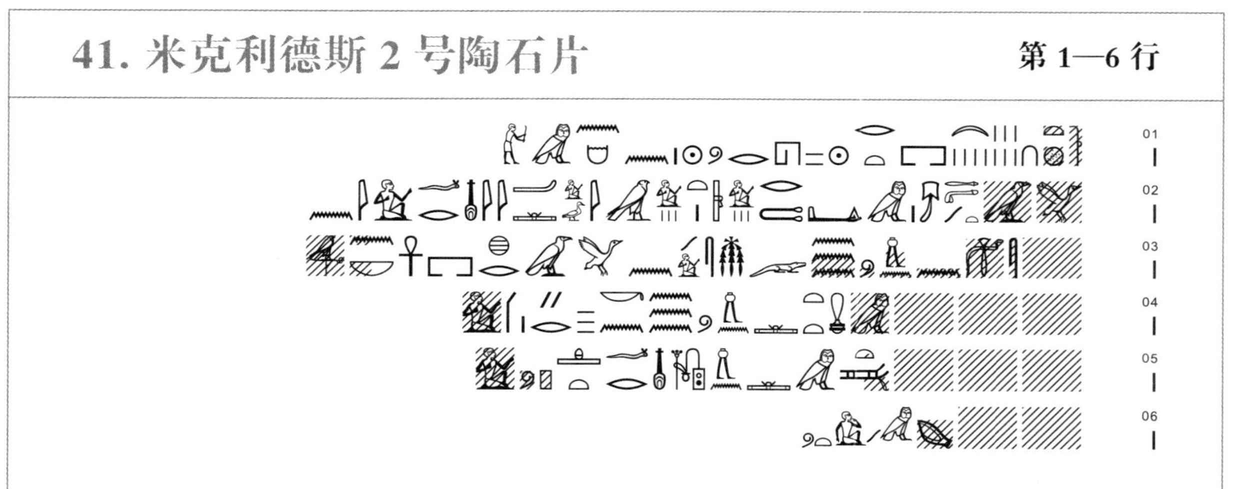

42. 麦地那 72 号陶石片

英语名：*Ostracon Deir el-Medina (ODM) 72*

圣书体：*KRI*, Vol. V, p. 468

英译本：*KRIT*, Vol. V, p. 378

该文献书写于第二十王朝国王拉美西斯三世统治期间，记录了驴子租或借的情况。

42. 麦地那 72 号陶石片　**第 1—2 行**

01

02

43. 米克利德斯 84 号陶石片

英语名：*Ostracon Michaelides 84*

圣书体：*KRI*, Vol. V, p. 487

英译本：*KRIT*, Vol. V, p. 388

该文献书写于第二十王朝国王拉美西斯三世统治期间，记录了驴子租或借的情况。

43. 米克利德斯 84 号陶石片　**第 1—3 行**

01

02

03

44. 麦地那 451 号陶石片

英语名：*Ostracon Deir el-Medina (ODM) 451*

圣书体：*KRI*, Vol. V, p. 495

英译本：*KRIT*, Vol. V, p. 394

该文献书写于第二十王朝国王拉美西斯三世统治期间，记录了驴子租或借的情况。

44. 麦地那 451 号陶石片 第 1—8 行

45. 开罗 25604 号陶石片

英语名：*Ostracon Cairo 25604*

圣书体：*KRI*, Vol. V, p. 526

英译本：*KRIT*, Vol. V, p. 414

该文献书写于第二十王朝国王拉美西斯三世统治期间，记录了驴子租或借的情况。

45. 开罗 25604 号陶石片 第 1—2 行

46. 麦地那 305 号陶石片

英语名：*Ostracon Deir el-Medina (ODM) 305*

圣书体：*KRI*, Vol. V, p. 556

英译本：*KRIT*, Vol. V, p. 434

该文献书写于第二十王朝国王拉美西斯三世统治期间，记录了驴子在租用或借用的过程中死亡的情况。

46. 麦地那 305 号陶石片　第 1—3 行

01

02

03

47. 阿什摩莱 1933.810 号陶石片（节选）

英语名：*Ostracon Ashmolean 1933.810*

圣书体：*KRI*, Vol. V, p. 554

英译本：*KRIT*, Vol. V, p. 432

所选文字书写于第二十王朝国王拉美西斯三世统治期间，记录了驴子租借的情况。

47. 阿什摩莱 1933.810 号陶石片（节选）　背面　第 6 行

06

47. 阿什摩莱 1933.810 号陶石片（节选） 背面 第 7—8 行

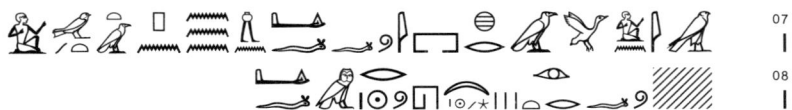

07

08

48. 麦地那 400 号陶石片

英语名：*Ostracon Deir el-Medina (ODM) 400*

圣书体：*KRI*, Vol. V, p. 554

英译本：*KRIT*, Vol. V, p. 433

该文献书写于第二十王朝国王拉美西斯三世统治期间，记录了驴子租或借的情况。

48. 麦地那 400 号陶石片 第 1—3 行

01

02

03

49. 麦地那 68 号陶石片

英语名：*Ostracon Deir el-Medina (ODM) 68*

圣书体：*KRI*, Vol. V, p. 460

英译本：*KRIT*, Vol. V, p. 374

该文献书写于第二十王朝国王拉美西斯三世统治期间，记录了驴子租或借的情况。

49. 麦地那 68 号陶石片　　第 1—3 行

50. 佛罗伦萨 2620 号陶石片

英语名：*Ostracon Florence 2620*

圣书体：*KRI*, Vol. V, p. 467

英译本：*KRIT*, Vol. V, pp. 377–378

该文献书写于第二十王朝国王拉美西斯三世统治期间，记录了工匠阿蒙奈摩普将仓库租赁或出借给了另一名工匠奈菲尔霍尔，在房屋的租赁或借用期间，宅基地（土地）也随之发生转移，所以屋主立誓，其间不会收回土地，否则就丧失对该土地的所有权。

50. 佛罗伦萨 2620 号陶石片　　第 1—6 行

51. 麦地那 364 号陶石片

英语名：*Ostracon Deir el-Medina (ODM) 364*

圣书体：*KRI*, Vol. V, p. 475

英译本：*KRIT*, Vol. V, p. 382

该文献书写于第二十王朝国王拉美西斯三世统治期间，记录了驴子或卖、或租、或借的情况。

51. 麦地那 364 号陶石片	第 1—3 行
	01
	02
	03

四

财产继承和转让文献

财产在交易的同时，也可以被继承和转让。通常情况下的财产继承有两种方式，一种是遗嘱继承，另一种是惯例继承。所谓遗嘱继承，顾名思义，就是指按照遗嘱来进行财产分割的继承方式。立遗嘱时，遗嘱人（遗嘱权利人）依自己意愿确定继承人，包括家人在内的任何人都可以成为继承人，而遗嘱人确定继承人的一个重要标准就是他们是否对遗嘱权利人尽到了赡养义务。例如第二十王朝国王拉美西斯五世统治时期一份遗嘱（《瑙纳赫特遗嘱》）显示，遗嘱权利人瑙纳赫特妇女有 8 名子女，但是其中 4 名并没有尽到赡养她的义务，所以她便在遗嘱中剥夺了这 4 名子女的遗产继承权。另一个案例发生在拉美西斯七世统治期间（皮特里 18 号陶石片），继承人是遗嘱权利人的孙子，遗嘱权利人把全部财产都转让给了他的这名孙子，原因与前例相同，即只有他的孙子尽到了赡养他的义务。当然，也有一些遗嘱并没有直接确立财产继承人，如第十八王朝国王图特摩斯三世统治期间（开罗 27815 号石碑），就有遗嘱权利人将他的所有财产全部托付给他的妻子代为保管，而只有在他的妻子去世后，他的子女才能真正得到他的财产。

以下所收 23 篇文献都与财产继承和转让相关，文献编号顺延自“财产交易文献”中最后一篇，而前后排列顺序则按照各自书写时间的先后为准。

52. 开罗 27815 号石碑（节选）

英语名：*Stele of Senmose*

圣书体：K. Sethe, *Urkunden der 18 Dynastie*, Bd. IV, pp. 1065–1070

英译本：Aristide Théodorides, *Le Testament dans l'Egypte Ancienne* (essentiellement d'après le Papyrus Kahoun VII, 1, la Stèle de Sénimosé et le Papyrus Turin 2021), pp. 117–121

该石碑又称“森摩斯石碑”，因该石碑由第十八王朝国王图特摩斯三世统治期间的官员森摩斯所立而得名。其上碑文虽然破损严重，但仍能从中勾勒出当事人对遗产的安排：由其妻子代管家产，待其妻去世之后，其子女们将平分遗产，而其妻子不得以任何形式变更遗产的产权。同时碑文还提到，这次对遗产的处置得到了国王本人的同意，并经过了政府部门的公证和存档。

52. 开罗 27815 号石碑（节选）

B 部分　第 1—6 行

§1

C 部分　第 1—2 行

§2

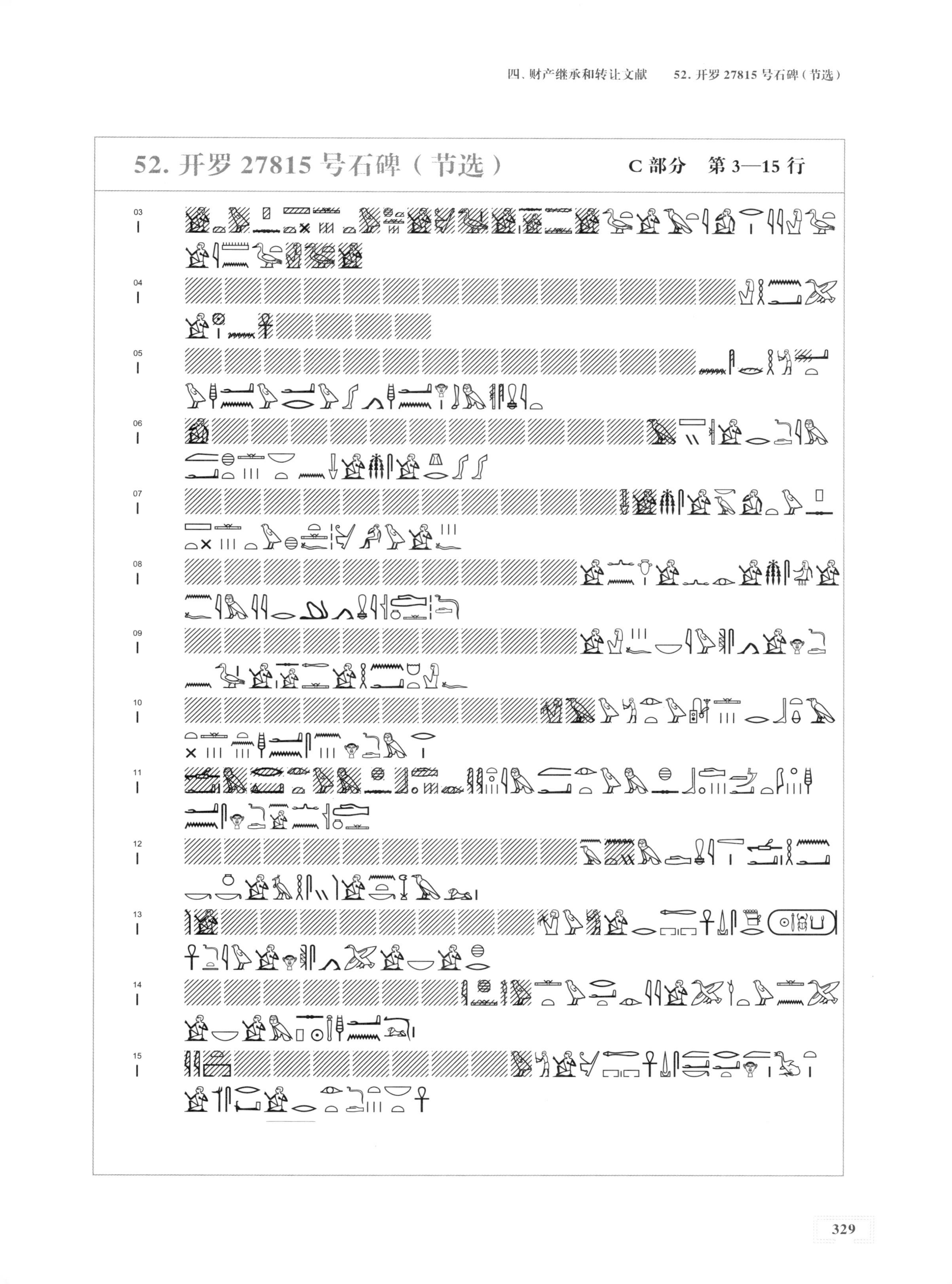

52. 开罗 27815 号石碑（节选）

C 部分　第 3—15 行

03

04

05

06

07

08

09

10

11

12

13

14

15

52. 开罗 27815 号石碑（节选） **C 部分 第 16—20 行**

16

17

18

19

20

53. 麦地那 663 号陶石片

英语名：*Ostracon Deir el-Medina (ODM) 663*

圣书体：*KRI*, Vol. IV, pp. 160–161

英译本：*KRIT*, Vol. V, pp. 119–120

该文献书写于第十九王朝国王美楞普塔统治期间，记录了与财产继承相关的事情。

53. 麦地那 663 号陶石片 **第 1—4 行**

01

02

03

04

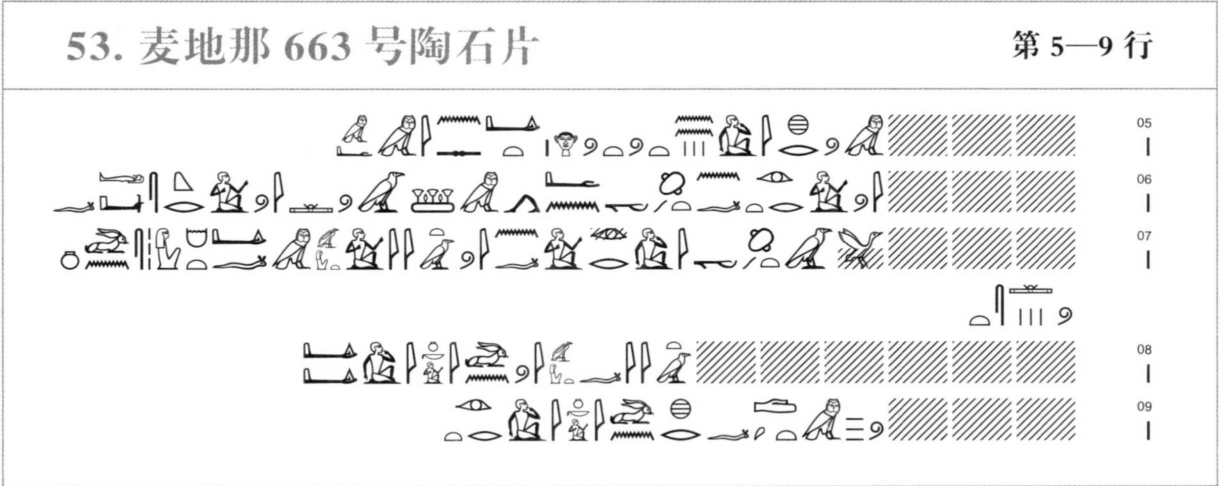

54. 布鲁塞尔 6311 号陶石片

英语名：*Ostracon Brussels 6311*

圣书体：*KRI*, Vol. IV, pp. 230–231

英译本：*KRIT*, Vol. V, p. 162

该文献书写于第十九王朝国王阿蒙美尼斯统治期间，一面详细记录了当事人对自己遗产的安排：除了将他的财产用于祭祀神与分给继承人之外，还将其余一些财产用于清偿债务；另一面则记录了当事人继承父亲全部的遗产后，拥有并处置了该遗产。

54. 布鲁塞尔 6311 号陶石片　　正面　第 1—6 行

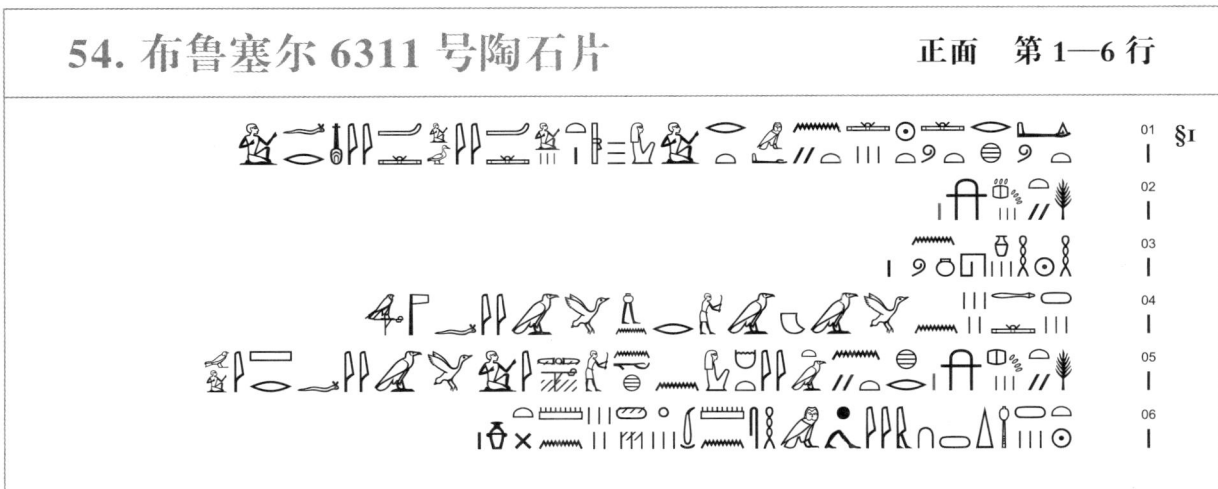

01 §1

02

03

04

05

06

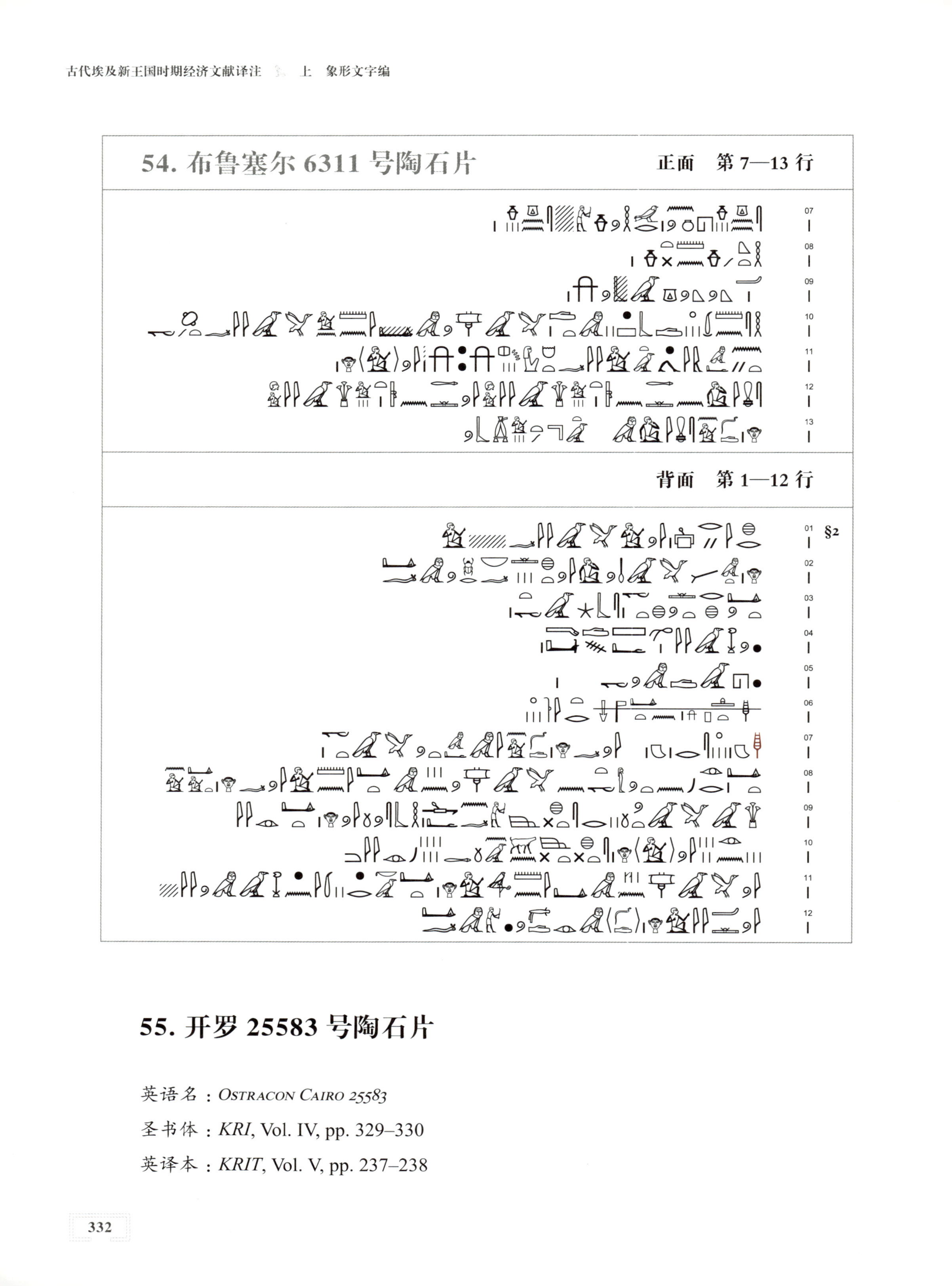

54. 布鲁塞尔 6311 号陶石片

正面 第 7—13 行

07
08
09
10
11
12
13

背面 第 1—12 行

01 §2
02
03
04
05
06
07
08
09
10
11
12

55. 开罗 25583 号陶石片

英语名：*Ostracon Cairo 25583*

圣书体：*KRI*, Vol. IV, pp. 329–330

英译本：*KRIT*, Vol. V, pp. 237–238

该文献书写于第十九王朝国王塞提二世统治期间，记录了安排遗产的事情。

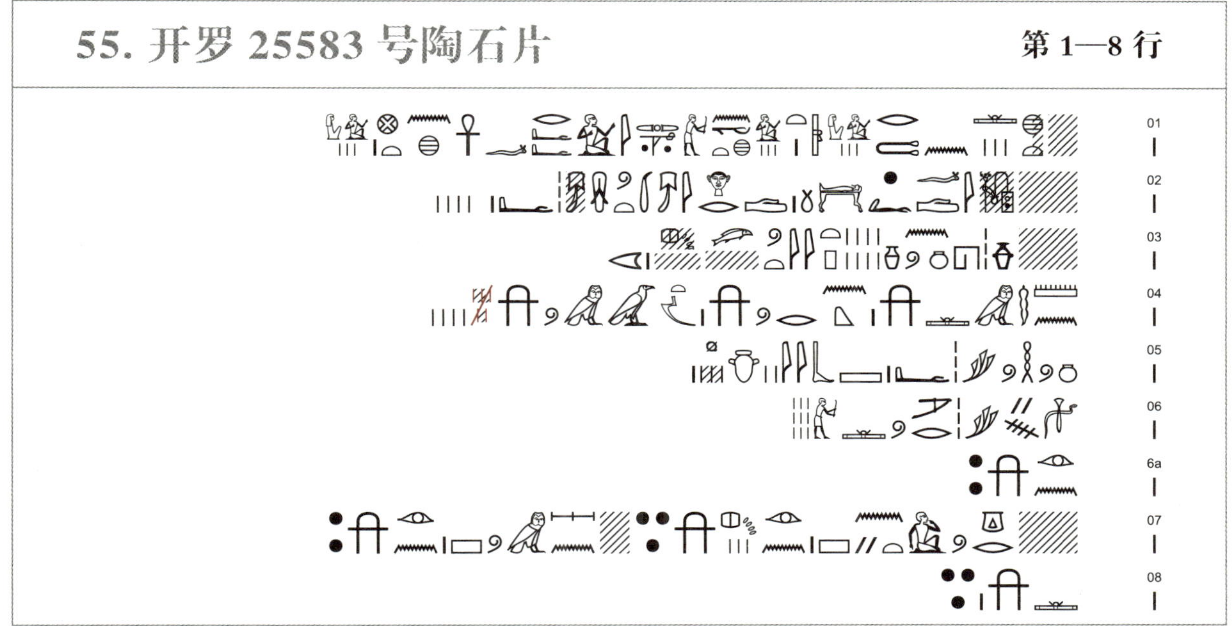

56. 麦地那 108 号陶石片

英语名：*Ostracon Deir el-Medina (ODM) 108*

圣书体：*KRI*, Vol. I, p. 409

英译本：*KRIT*, Vol. I, p. 337–338

该文献书写于第二十王朝国王拉美西斯三世统治期间，详细记录了当事人在证人面前对遗产的安排，即将他的所有财产全部分给他的子女。

56. 麦地那 108 号陶石片　　正面　第 1—3 行

§1

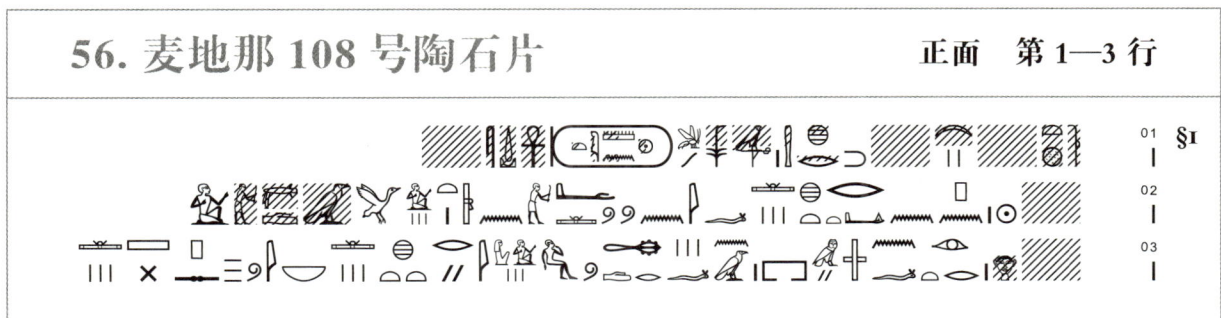

56. 麦地那 108 号陶石片

正面 第 4—8 行

04

05

06

07

08

背面 第 1—4 行

01 §2

02

03

04

57. 麦地那 671 号陶石片

英语名：*Ostracon Deir el-Medina (ODM) 671*

圣书体：*KRI*, Vol. V, p. 581

英译本：*KRIT*, Vol. V, p. 449

该文献书写于第二十王朝国王拉美西斯三世统治期间，记录了安排遗产的情况。

57. 麦地那 671 号陶石片

第 1—3 行

01

02

03

58. 加德纳 90 号陶石片

英语名：*OSTRACON GARDINER 90*

圣书体：*KRI*, Vol. III, p. 683

英译本：*KRIT*, Vol. III, p. 460

该文献书写于第二十王朝国王拉美西斯三世统治期间，记录了安排奴仆的情况。

58. 加德纳 90 号陶石片　　正面 I　第 1—9 行

01 §1
02
03
04
05
06
07
08
09

正面 II　第 1—4 行

01 §2
02
03
04

背面　第 1 行

01 §3

58. 加德纳 90 号陶石片　　背面　第 2—8 行

02
03
04
05
06
07
08

59. 加德纳 89 号陶石片

英语名：*Ostracon Gardiner 89*

圣书体：*KRI*, Vol. III, p. 724

英译本：*KRIT*, Vol. III, pp. 486–487

该文献书写于第二十王朝国王拉美西斯三世统治期间，记录了安排兽皮的情况。

59. 加德纳 89 号陶石片　　正面　第 1—7 行

01 §1
02
03
04
05
06
07

59. 加德纳 89 号陶石片　　**正面　第 8—10 行**

08

09

10

背面　第 1—6 行

01 §2

02

03

04

05

06

60. 麦地那 112 号陶石片

英语名：*Ostracon Deir el-Medina (ODM) 112*

圣书体：*KRI*, Vol. III, pp. 546–547

英译本：*KRIT*, Vol. III, p. 379

该文献书写于第二十王朝国王拉美西斯三世统治期间，记录了安排遗产的情况。

60. 麦地那 112 号陶石片　　**正面　第 1—2 行**

01 §1

02

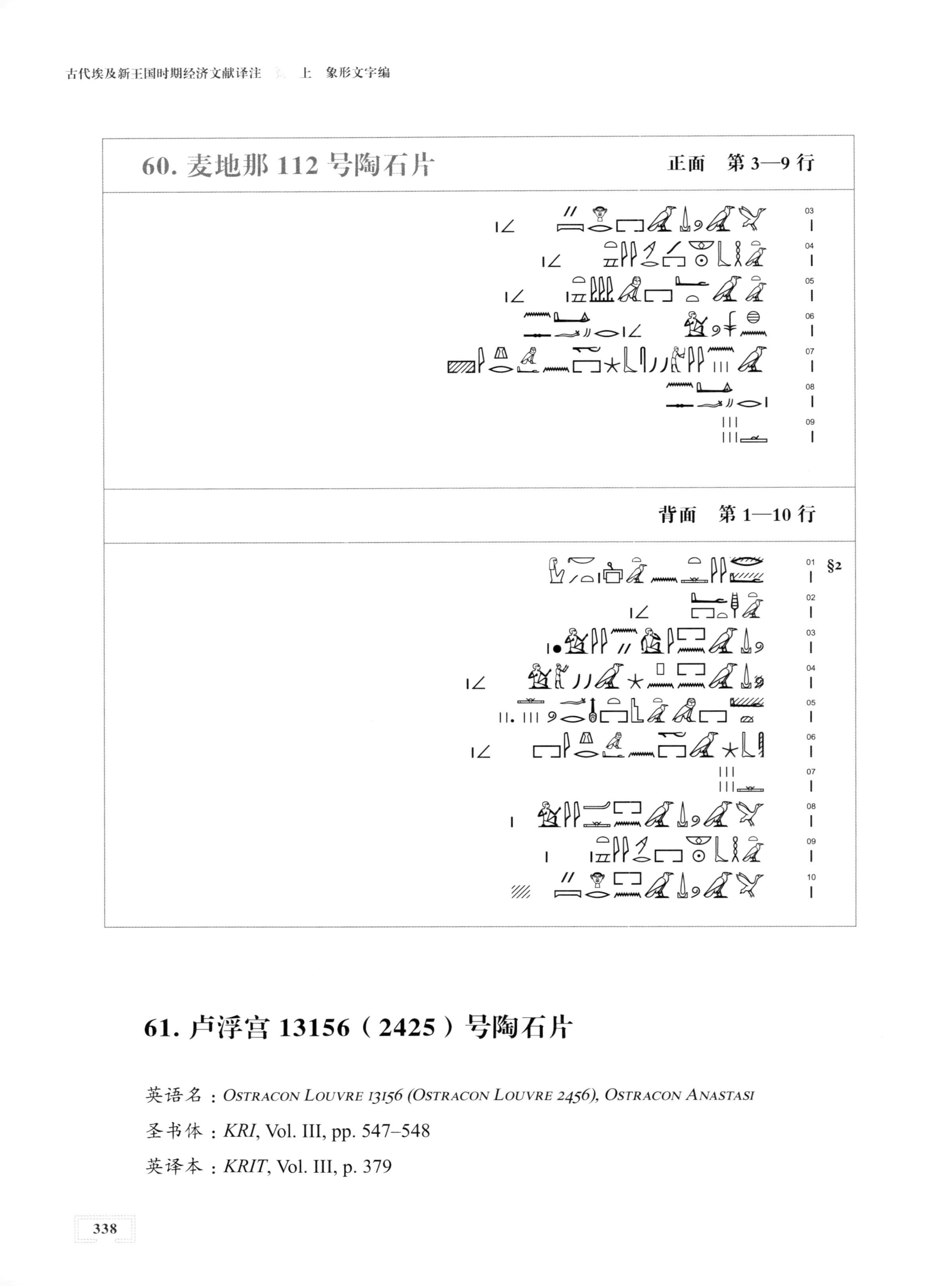

60. 麦地那 112 号陶石片

正面　第 3—9 行

03

04

05

06

07

08

09

背面　第 1—10 行

01 §2

02

03

04

05

06

07

08

09

10

61. 卢浮宫 13156（2425）号陶石片

英语名：*Ostracon Louvre 13156 (Ostracon Louvre 2456), Ostracon Anastasi*

圣书体：*KRI*, Vol. III, pp. 547–548

英译本：*KRIT*, Vol. III, p. 379

该文献书写于第二十王朝国王拉美西斯三世统治期间，记录了安排遗产的情况。

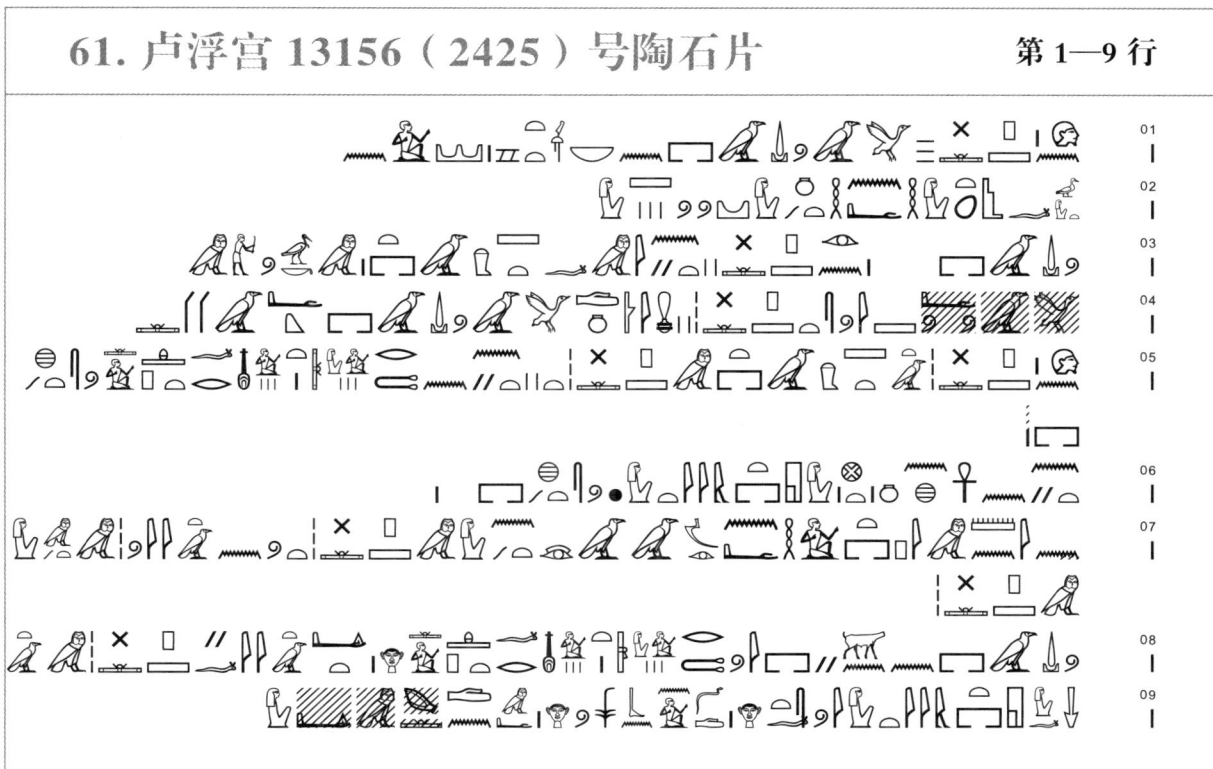

61. 卢浮宫 13156（2425）号陶石片　　**第 1—9 行**

01
02
03
04
05
06
07
08
09

62. 麦地那 586 号陶石片

英语名：*Ostracon Deir el-Medina (ODM) 586*

圣书体：*KRI*, Vol. V, p. 583

英译本：*KRIT*, Vol. V, p. 450

该文献书写于第二十王朝国王拉美西斯三世统治期间，记录了安排遗产的情况。

62. 麦地那 586 号陶石片　　**第 1 行**

01

62. 麦地那 586 号陶石片　　第 2—9 行

02
03
04
05
06
07
08
09

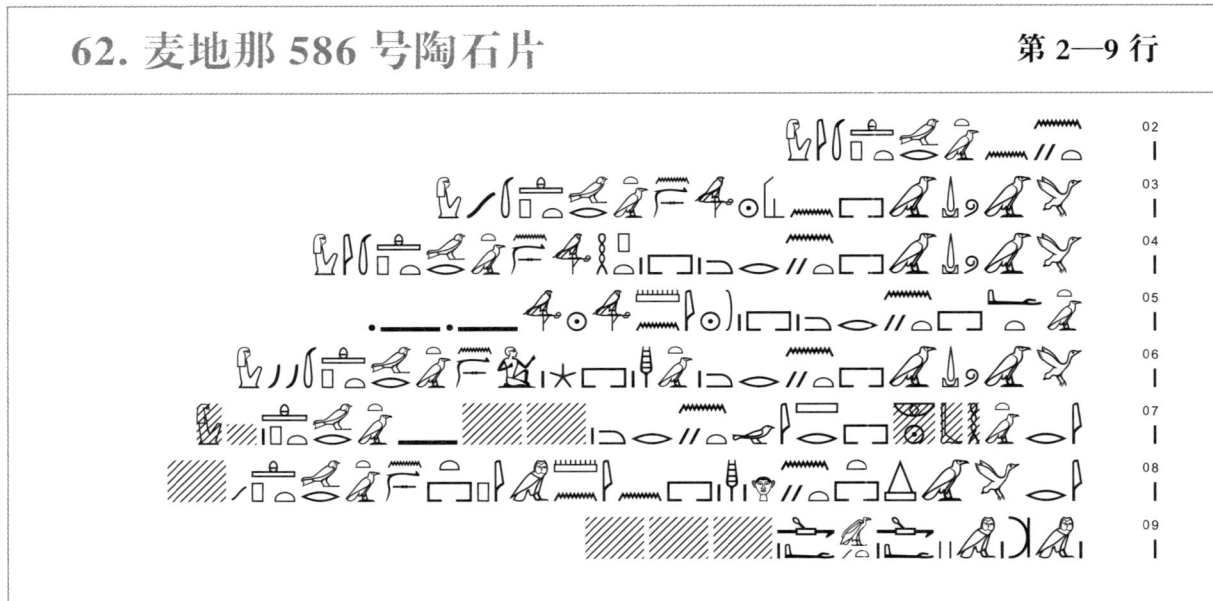

63. 瑙奈赫特的遗嘱

英语名：*The Will of Naunakhte*

圣书体：*KRI*, Vol. VI, pp. 236–243

英译本：J. Černý, "The Will of Naunakhte and the Related Documents," *JEA* 31 (1945), pp. 29–53

该文献书写于第二十王朝国王拉美西斯五世统治期间，主要由妇女瑙奈赫特订立的遗嘱、遗嘱名单（两份）以及其夫赫哈姆努恩的证词组成（共四件），全文清晰展现了古埃及遗嘱分配比例、法庭的遗嘱公证效力、妇女地位等内容，具有极高的学术价值。

63. 瑙奈赫特的遗嘱　　文件 I 正面　第 1 栏　第 1—3 行

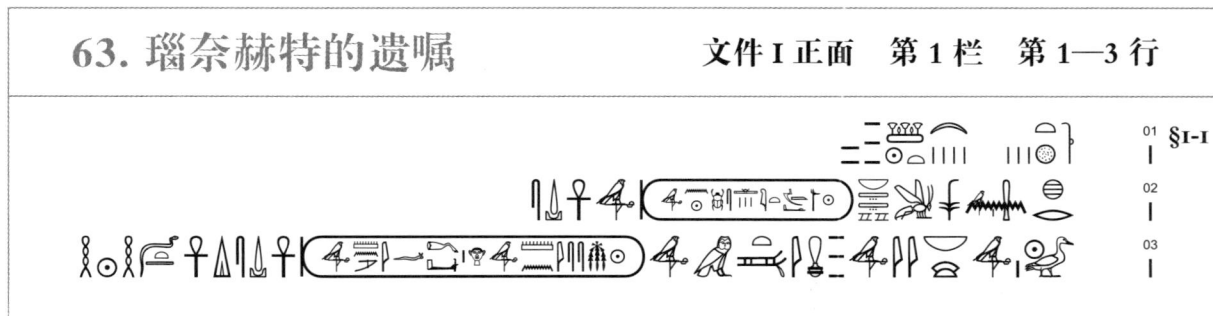

01 §I-1
02
03

63. 瑙奈赫特的遗嘱

文件Ⅰ正面 第1栏 第4—19行

文件Ⅰ正面 第2栏 第1—7行

§I-2

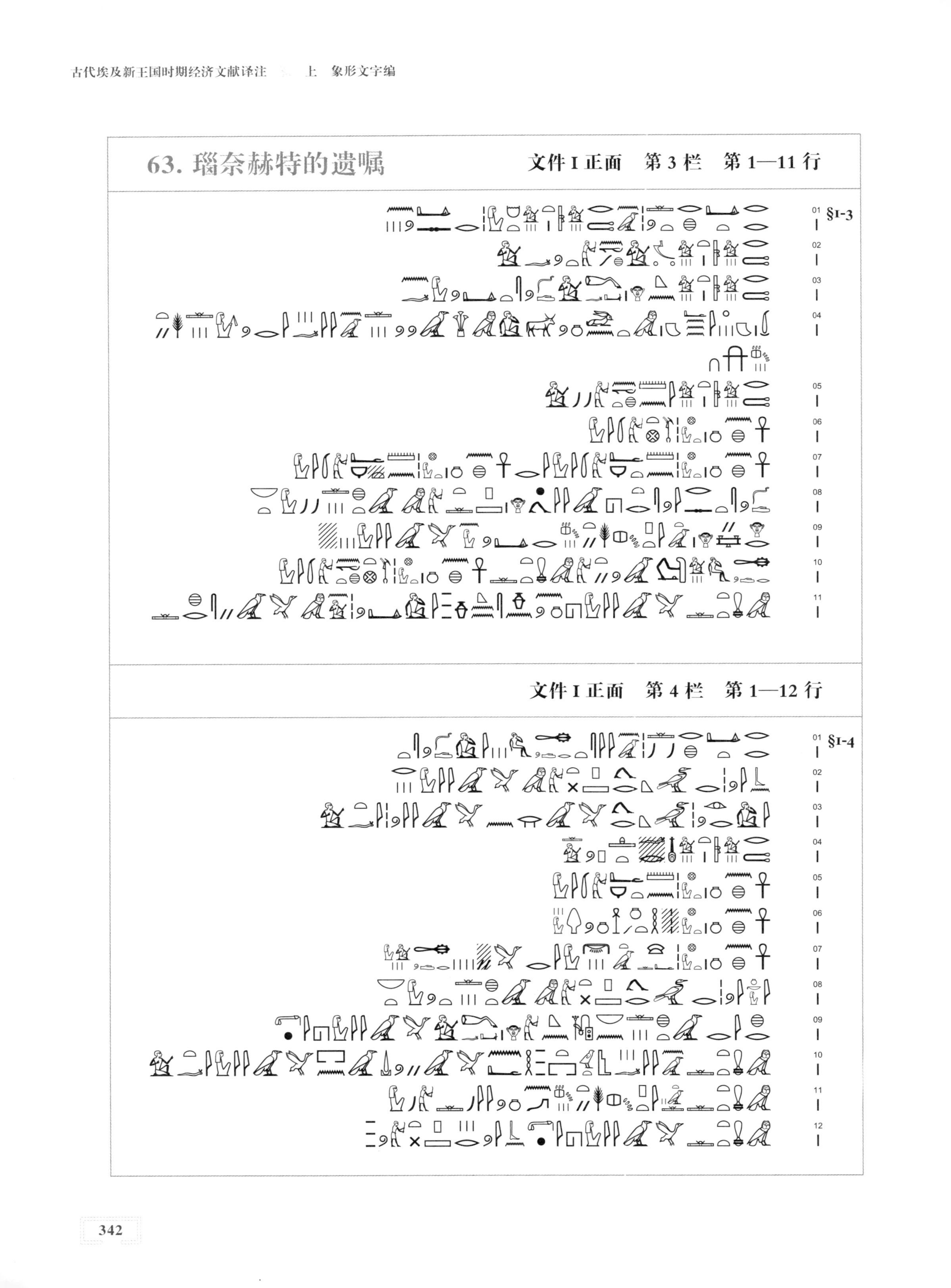

63. 瑙奈赫特的遗嘱

文件 I 正面 第 3 栏 第 1—11 行

§I-3

01

02

03

04

05

06

07

08

09

10

11

文件 I 正面 第 4 栏 第 1—12 行

§I-4

01

02

03

04

05

06

07

08

09

10

11

12

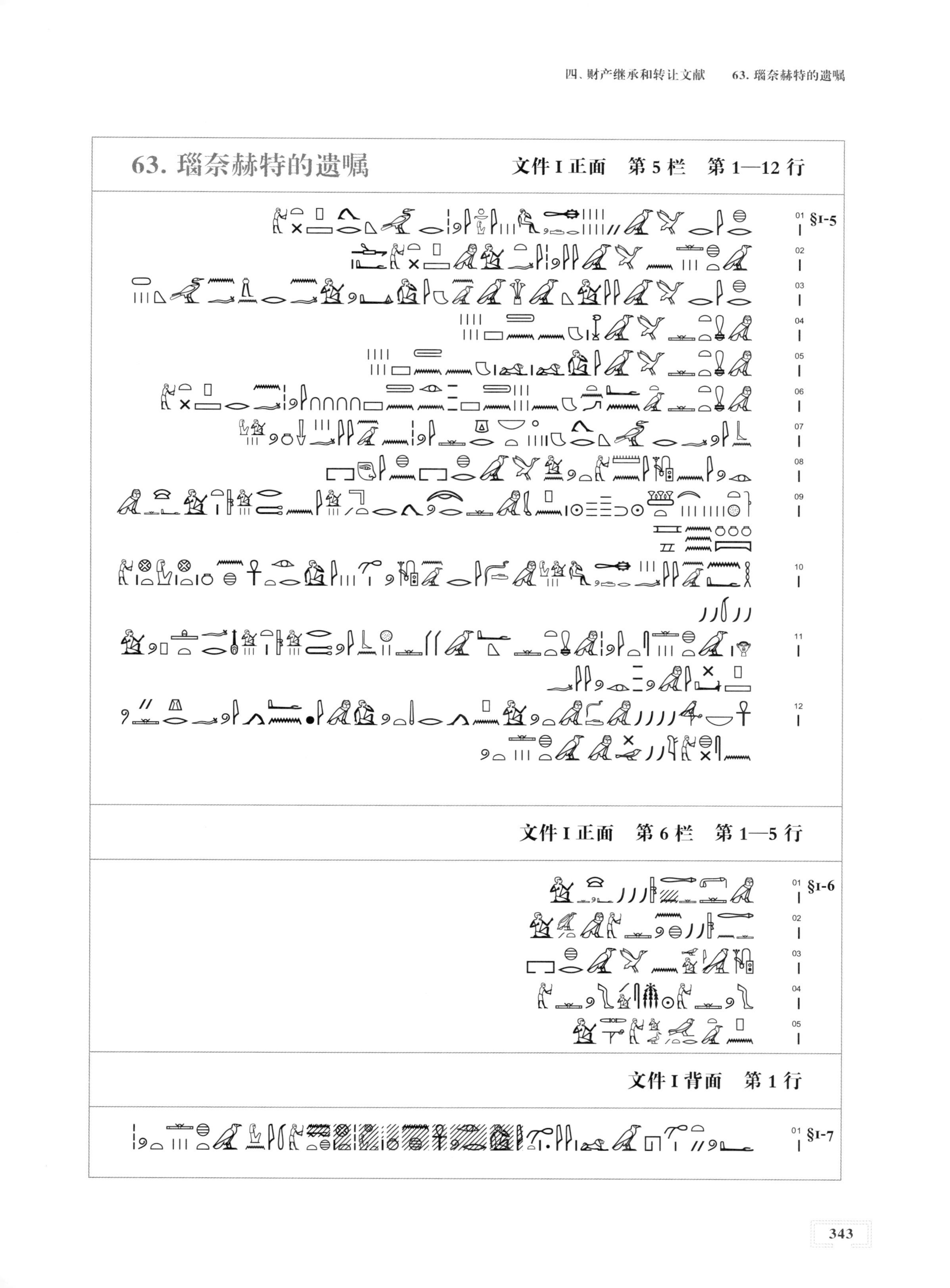

63. 瑙奈赫特的遗嘱

文件 I 正面　第 5 栏　第 1—12 行

01 §I-5

02

03

04

05

06

07

08

09

10

11

12

文件 I 正面　第 6 栏　第 1—5 行

01 §I-6

02

03

04

05

文件 I 背面　第 1 行

01 §I-7

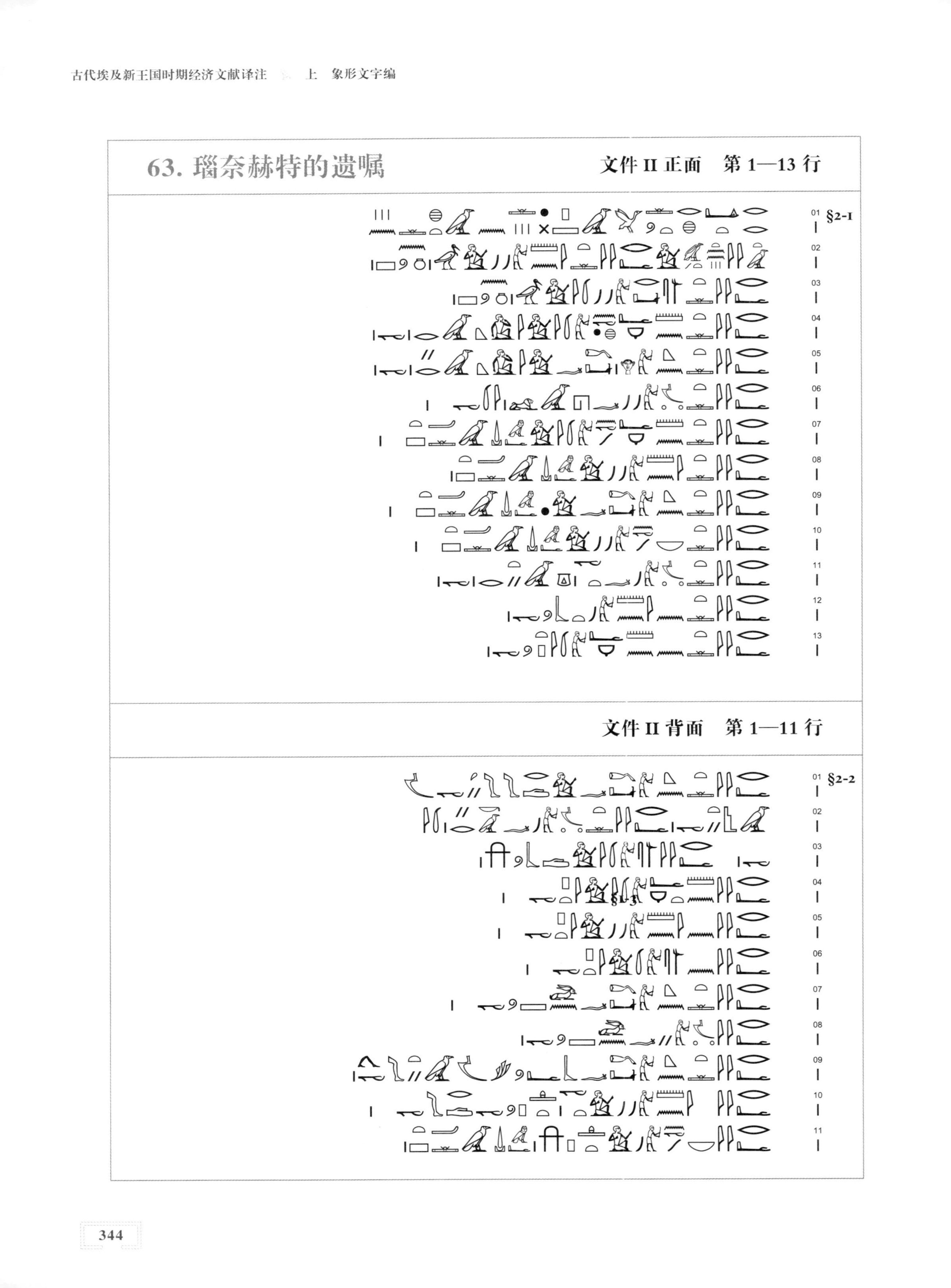

63. 瑙奈赫特的遗嘱

文件 II 正面 第 1—13 行

§2-1

文件 II 背面 第 1—11 行

§2-2

§1-3

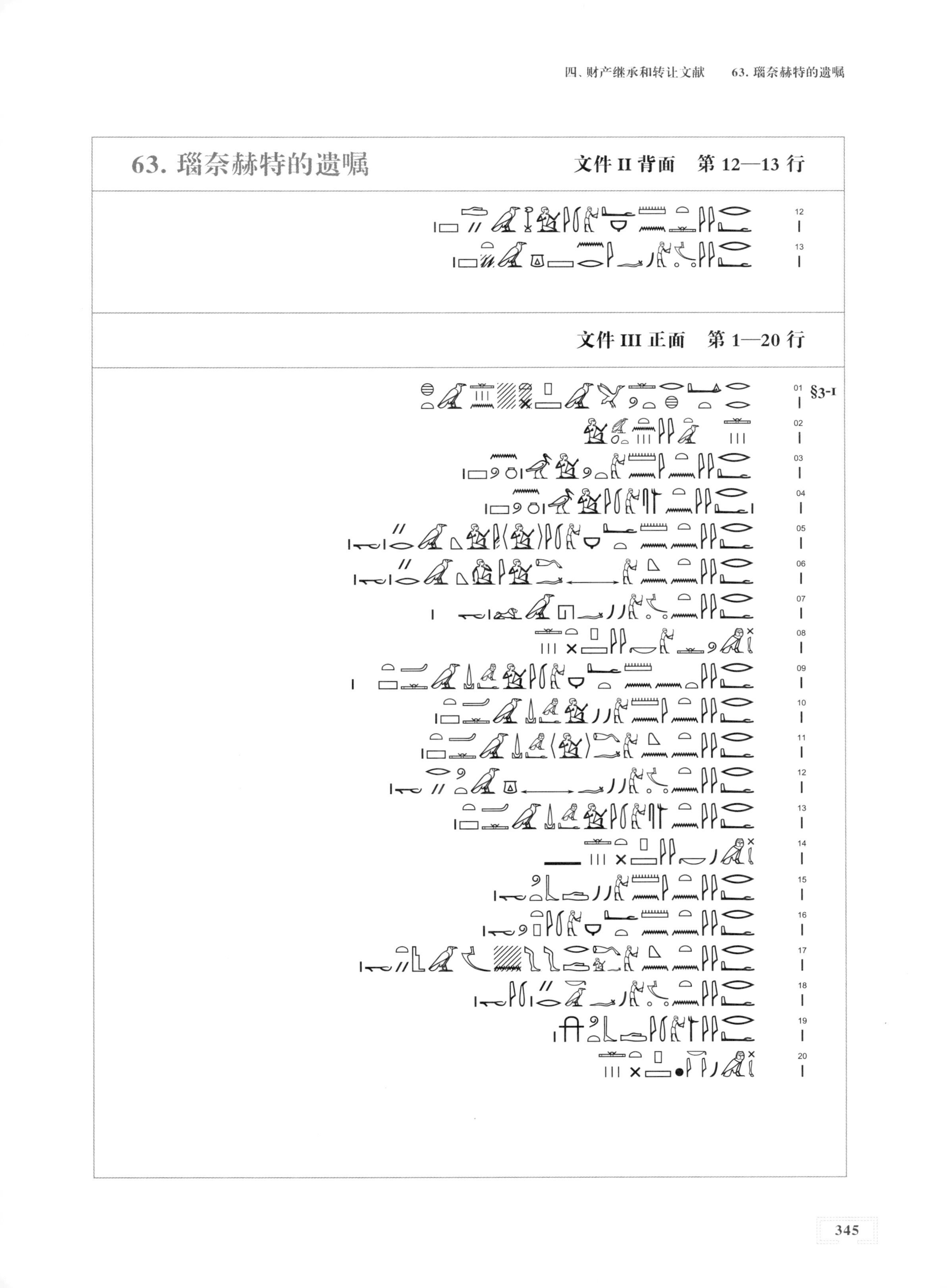

63. 瑙奈赫特的遗嘱

文件 II 背面　第 12—13 行

12

13

文件 III 正面　第 1—20 行

01 §3-I

02

03

04

05

06

07

08

09

10

11

12

13

14

15

16

17

18

19

20

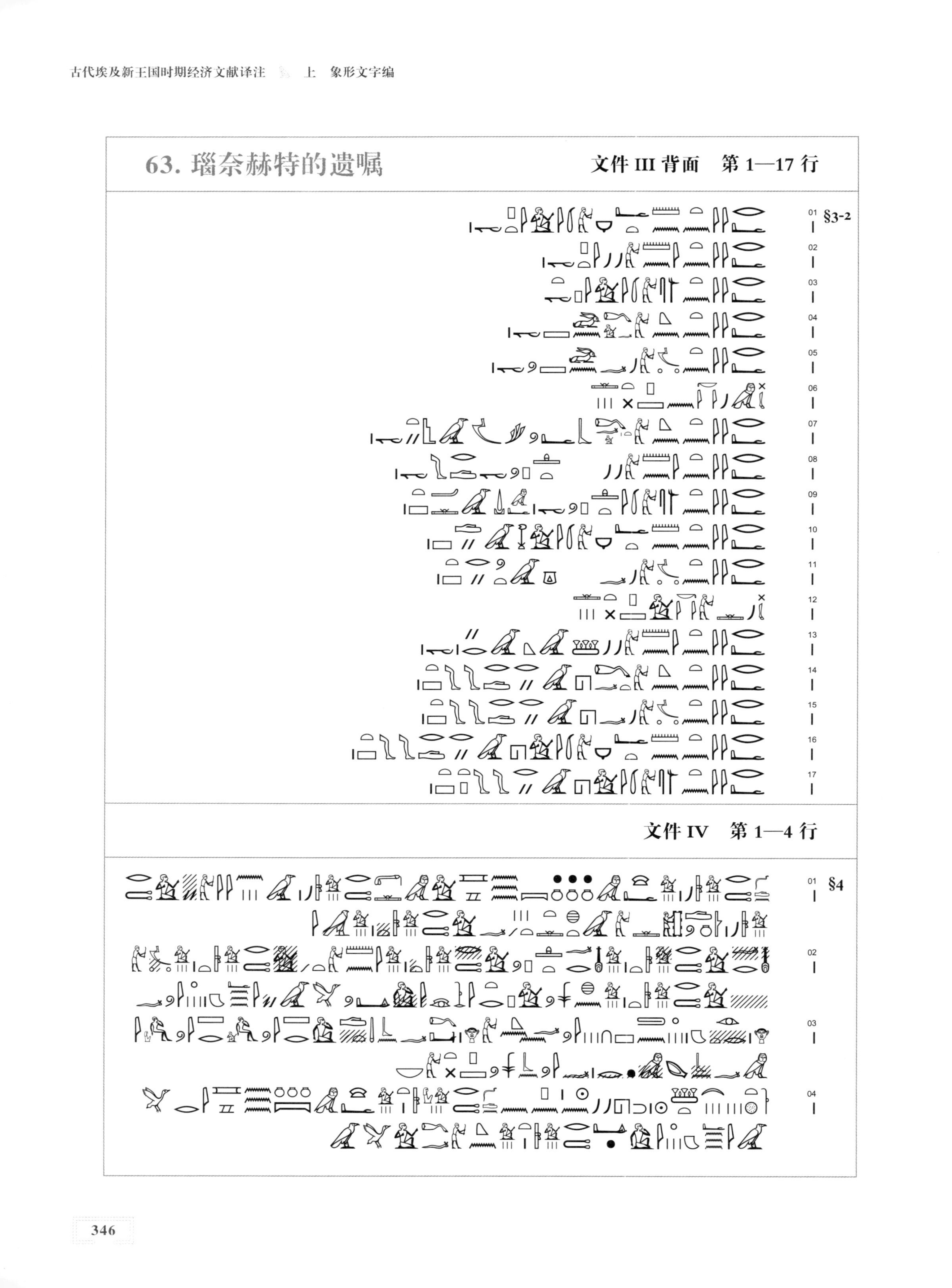

63. 瑙奈赫特的遗嘱

文件 III 背面 第 1—17 行

01 §3-2

02

03

04

05

06

07

08

09

10

11

12

13

14

15

16

17

文件 IV 第 1—4 行

01 §4

02

03

04

63. 瑙奈赫特的遗嘱　　**文件 IV　第 5—9 行**

64. 都灵 2021 号纸草

英语名：*Papyrus Turin 2021*

圣书体：*KRI*, Vol. VI, pp. 738–742

英译本：A. David, *The Legal Register of Ramesside Private Law Instruments*, pp. 144–159; J. Černý and T. Eric Peet, "A Marriage Settlement of the Twentieth Dynasty," *JEA* 13 (1927), pp. 30–39

该文献书写于第二十王朝国王拉美西斯三世统治期间。虽然纸草有部分破损较为严重，但从残存的内容中仍能了解到当事人阿蒙哈乌如何安排财产。阿蒙哈乌在结束了第一段婚姻后（具体原由不明），与第一任妻子塔特哈瑞进行财产分割。阿蒙哈乌获得⅔的财产份额，塔特哈瑞获取⅓。在第二段婚姻中，阿蒙哈乌把他与第一段婚姻中获得的⅔财产份额连同其子女外祖父留下来的房子一同分给了他的子女（第一任妻子所生）。而后阿蒙哈乌又把他与第二任妻子婚后拥有的共同财产以及她的嫁妆全部分给了第二任妻子。最后，当所有人表示没有异议后，政府机关进行了公证与存档。

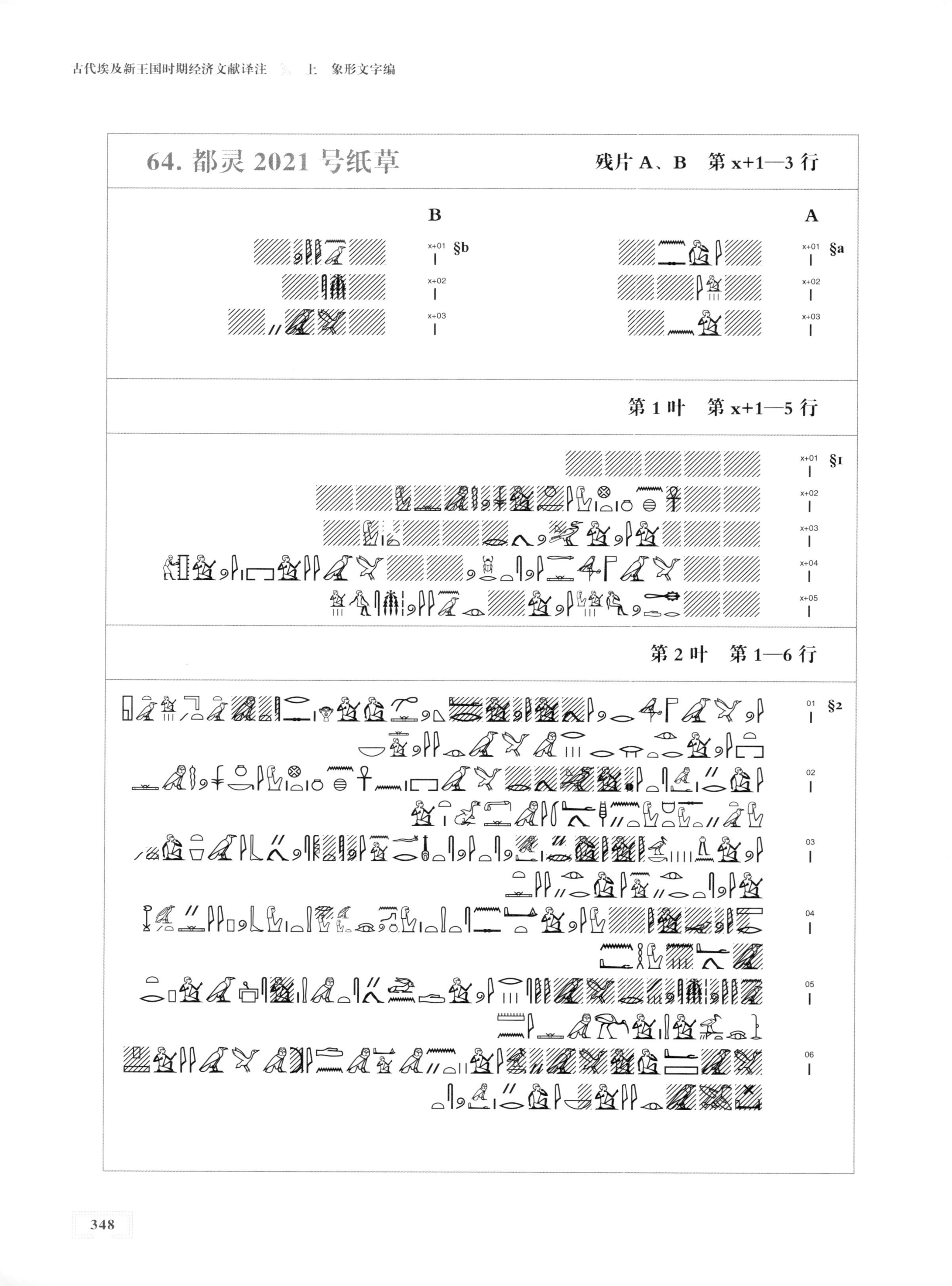

64. 都灵 2021 号纸草

残片 A、B 第 x+1—3 行

B

x+01 §b

x+02

x+03

A

x+01 §a

x+02

x+03

第 1 叶 第 x+1—5 行

x+01 §1

x+02

x+03

x+04

x+05

第 2 叶 第 1—6 行

01 §2

02

03

04

05

06

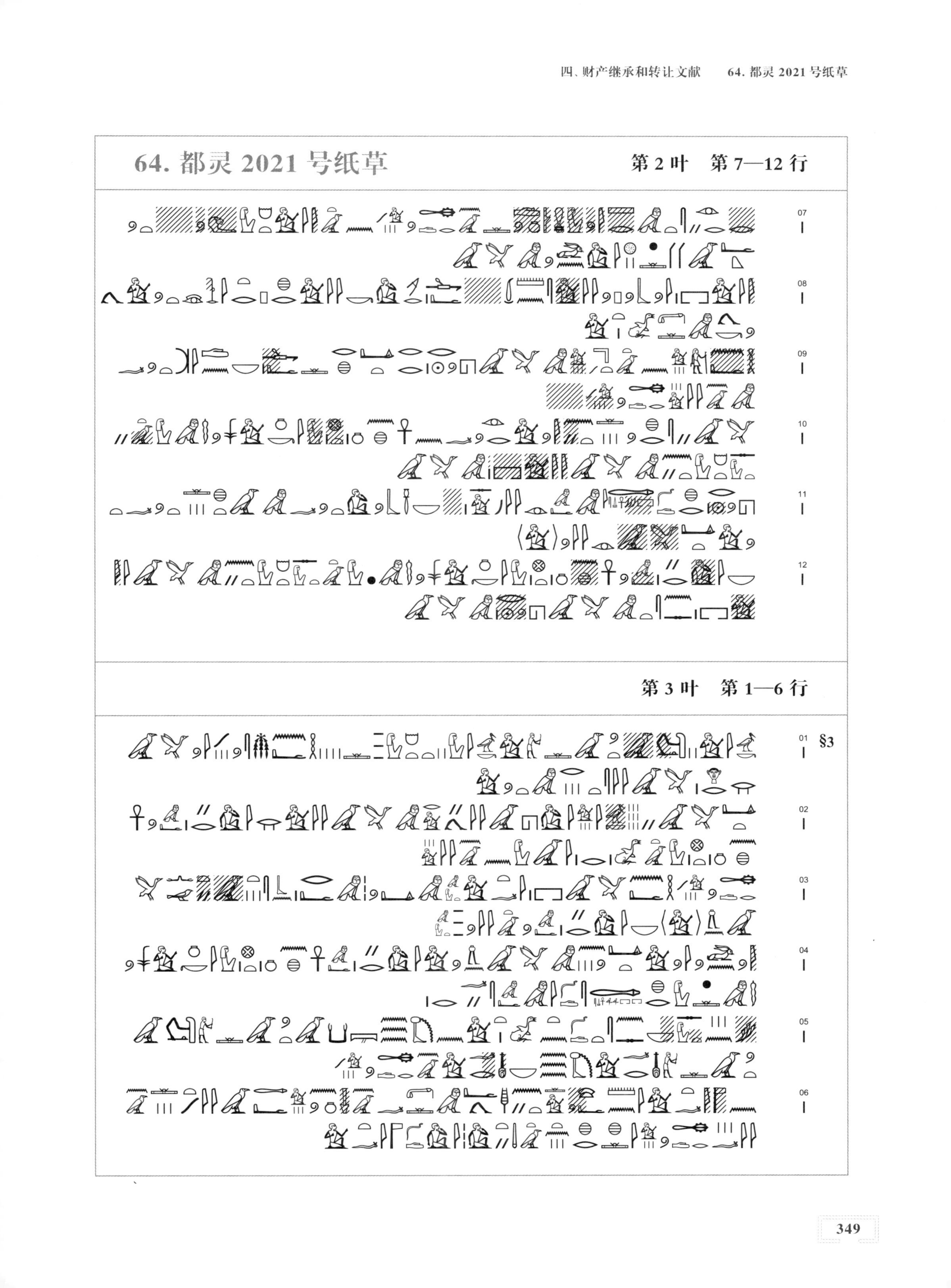

64. 都灵 2021 号纸草

第 2 叶　第 7—12 行

07

08

09

10

11

12

第 3 叶　第 1—6 行

01 §3

02

03

04

05

06

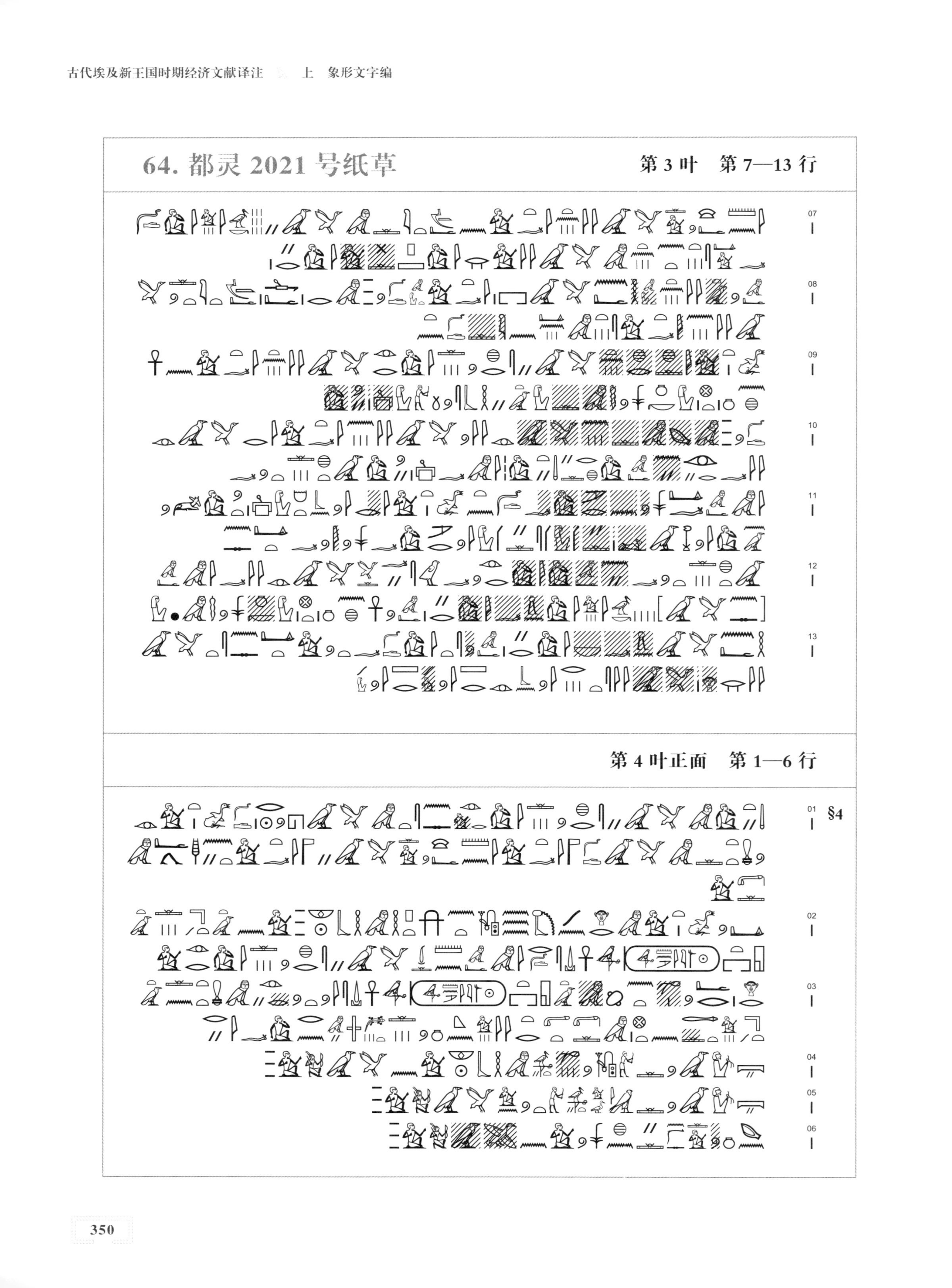

64. 都灵 2021 号纸草

第 3 叶 第 7—13 行

07

08

09

10

11

12

13

第 4 叶正面 第 1—6 行

01 §4

02

03

04

05

06

64. 都灵 2021 号纸草　　**第 4 叶正面　第 7—21 行**

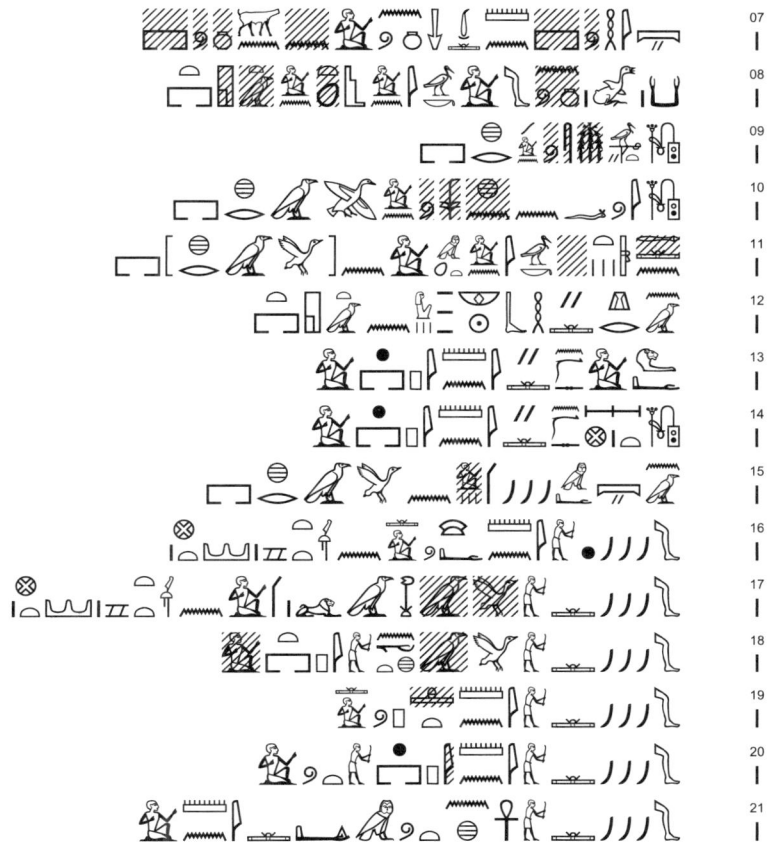

65. 柏林 12636 号纸草

英语名：*PAPYRUS BERLIN 12636*

圣书体：*KRI*, Vol. VII, p. 288

英译本：A. David, *The Legal Register of Ramesside Private Law Instruments*, pp. 207–209

该文献书写于第二十王朝国王拉美西斯三世统治期间，疑似记录了当事人（一名工匠）对财产的安排。

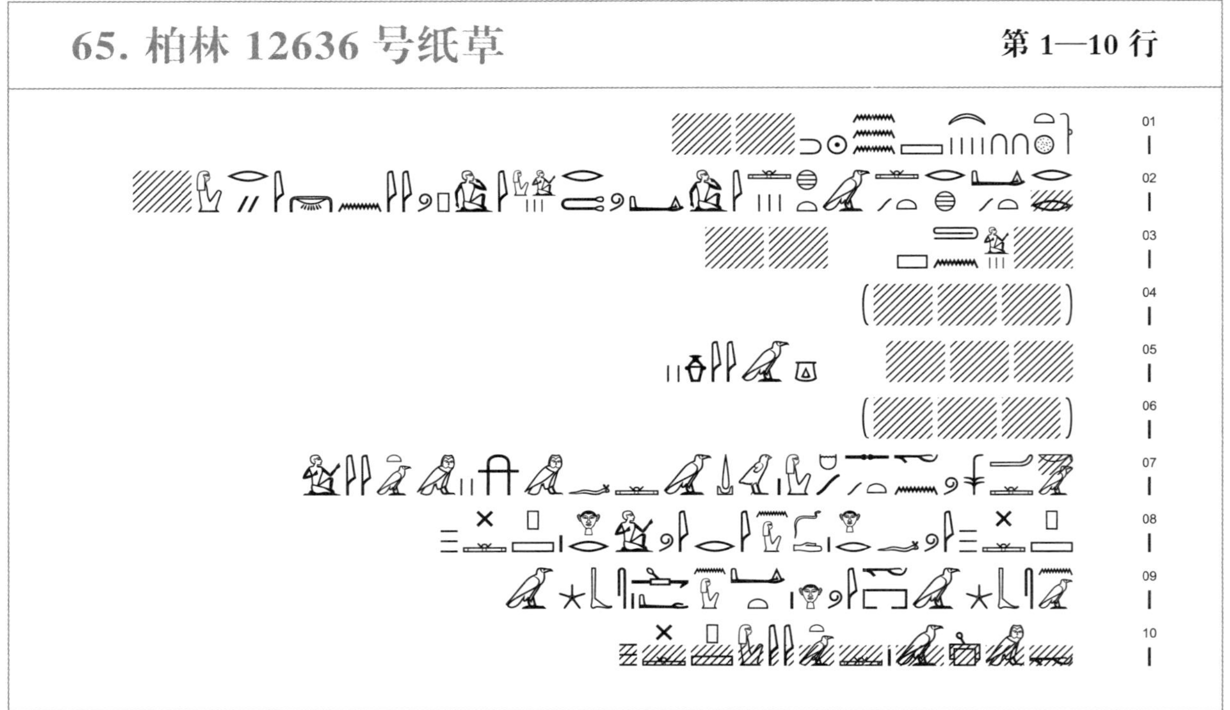

66. 加德纳 272 号陶石片

英语名：*Ostracon Gardiner 272*

圣书体：*KRI*, Vol. VII, pp. 283–284

英译本：A. David, *The Legal Register of Ramesside Private Law Instruments*, pp. 56–58

该文献书写于第二十王朝国王拉美西斯三世统治期间，记录了当事人将财产分给了自己子女，而他的一个儿子分到的财产比其他兄弟姐妹分到的总和还要多。

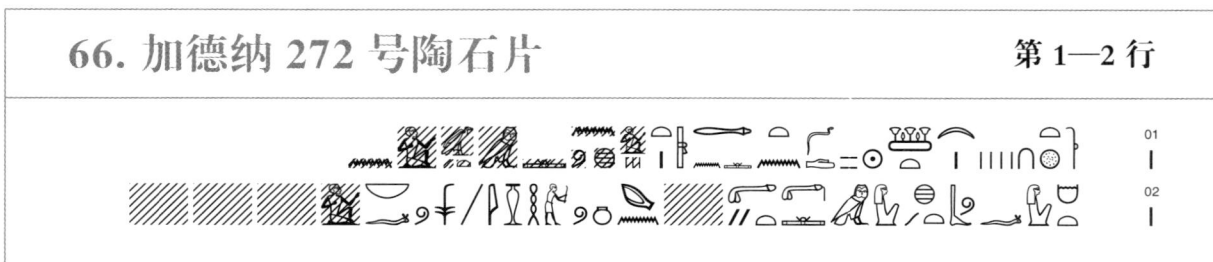

66. 加德纳 272 号陶石片　　第 1—2 行

66. 加德纳 272 号陶石片　　第 3—7 行

67. 皮特里 18 号陶石片

英语名：*Ostracon Petrie 18*

圣书体：*KRI*, Vol. VI, pp. 430–431

英译本：A. David, *The Legal Register of Ramesside Private Law Instruments*, pp. 111–117

该文献书写于第二十王朝国王拉美西斯三世统治期间，记录了当事人分割财产的情况。

67. 皮特里 18 号陶石片　　正面　第 1—4 行

67. 皮特里 18 号陶石片

正面 第 5—10 行

05

06

07

08

09

10

背面 第 1—8 行

01 §2

02

03

04

05

06

07

08

68. 都灵 1885 号纸草

英语名：*Papyrus Turin 1885*

圣书体：*KRI*, Vol. VI, p. 371

英译本：A. David, *The Legal Register of Ramesside Private Law Instruments*, pp. 218–220

该文献书写于第二十王朝国王拉美西斯三世统治期间，详细记录了书吏代被继承人在证人面前宣布了遗产安排：将被继承人的遗产全部分给他的子女。

68. 都灵 1885 号纸草　　**第 1—14 行**

69. 都灵 2070 号纸草（节选）

英语名：*Papyrus Turin 2070*

圣书体：*KRI*, Vol. VI, pp. 427–428

英译本：A. David, *The Legal Register of Ramesside Private Law Instruments*, pp. 214–217

该文献书写于第二十王朝国王拉美西斯三世统治期间，详细记录了当事人将不动产分给自己子女。

69. 都灵 2070 号纸草（节选）　　第 2 部分背面　第 1—11 行

70. 麦地那 1086 号陶石片

英语名：*Ostracon Deir el-Medina (ODM) 1086*

圣书体：*KRI*, Vol. V, p. 582

英译本：*KRIT*, Vol. V, pp. 449–450

该文献书写于第二十王朝国王拉美西斯三世统治期间，记录了财产分配的事情。

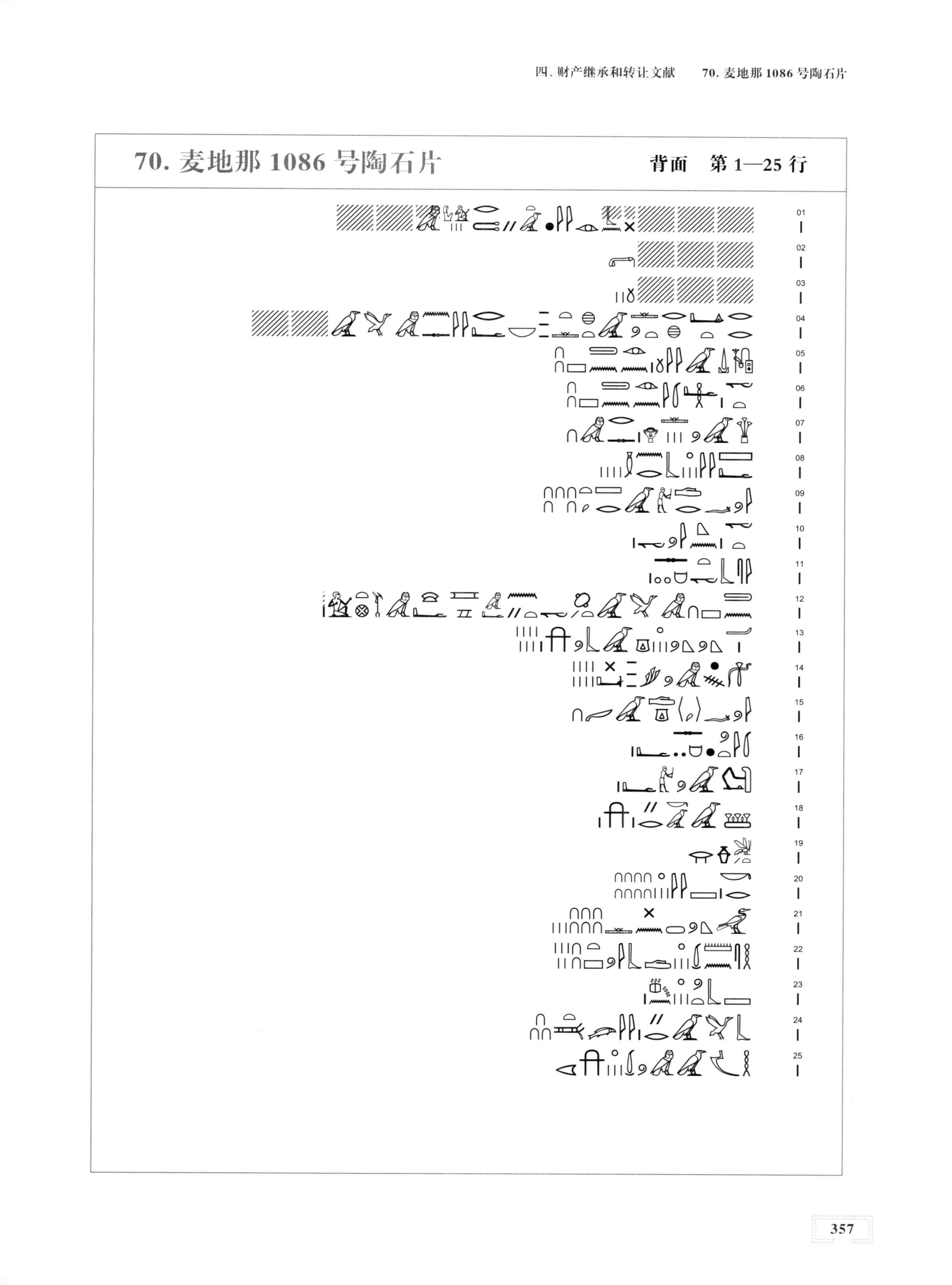

70. 麦地那 1086 号陶石片

背面　第 1—25 行

71. 都灵 57024 号陶石片

英语名：*Ostracon Turin 57024*

圣书体：*KRI*, Vol. V, p. 458

英译本：*KRIT*, Vol. V, p. 373

该文献书写于第二十王朝国王拉美西斯三世统治期间，记录了财产分配的事情。

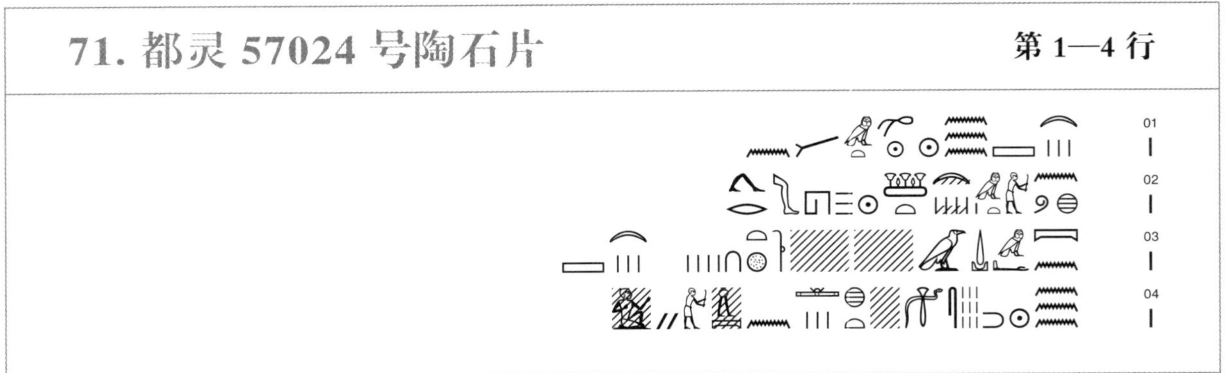

72. 麦地那 673 号陶石片

英语名：*Ostracon Deir el-Medina 673*

圣书体：*KRI*, Vol. V, pp. 581–582

英译本：*KRIT*, Vol. V, p. 449

该文献书写于第二十王朝国王拉美西斯三世统治期间，记录了财产分配的事情。

72. 麦地那 673 号陶石片 正面 第 1 行

01 §1

72. 麦地那 673 号陶石片

正面　第 2—8 行

§1

背面　第 1—5 行

§2

73. 收养纸草

英语名：*The Adoption Papyrus*

圣书体：*KRI*, Vol. VI, pp. 735–738

英译本：A. Gardiner, "Adoption Extraordinary," *JEA* 26 (1941), pp. 23–29

该文献书写于第二十王朝国王拉美西斯三世统治期间。该纸草被分为两部分，第一部分主要记录了奈布努弗签署协议收养一名女子那奈弗尔，并在其后不久娶她为妻，他在证人面前立下遗嘱将所有财产分给她；第二部分主要记录当事人购买了 3 名奴隶，抚养他们长大成人后，把其中一名女奴嫁给了法老土地上的自由人，从而也解除了这名女孩身上的奴隶枷锁，使她成为自由人。

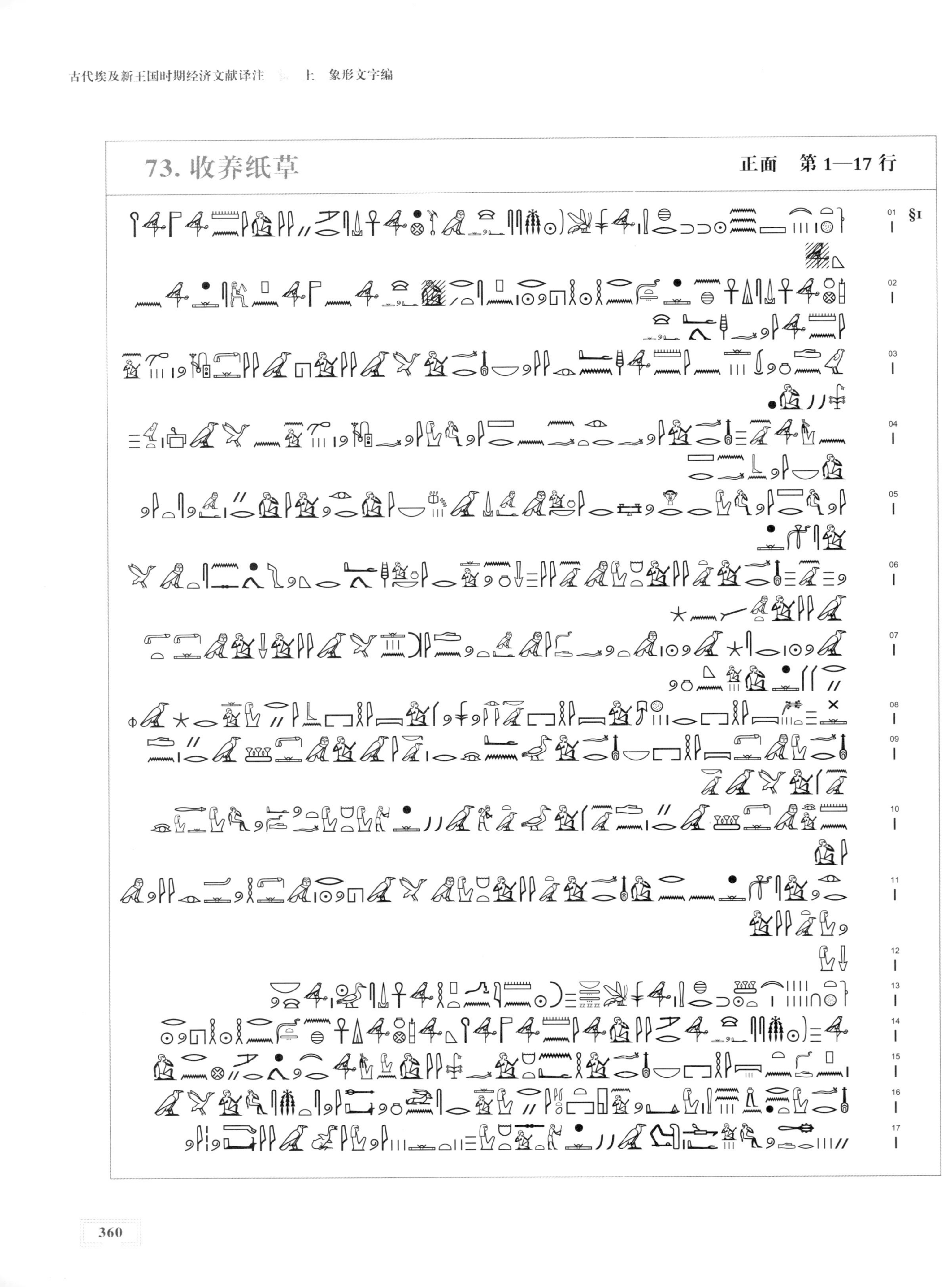

73. 收养纸草

正面 第1—17行

01 §1

02

03

04

05

06

07

08

09

10

11

12

13

14

15

16

17

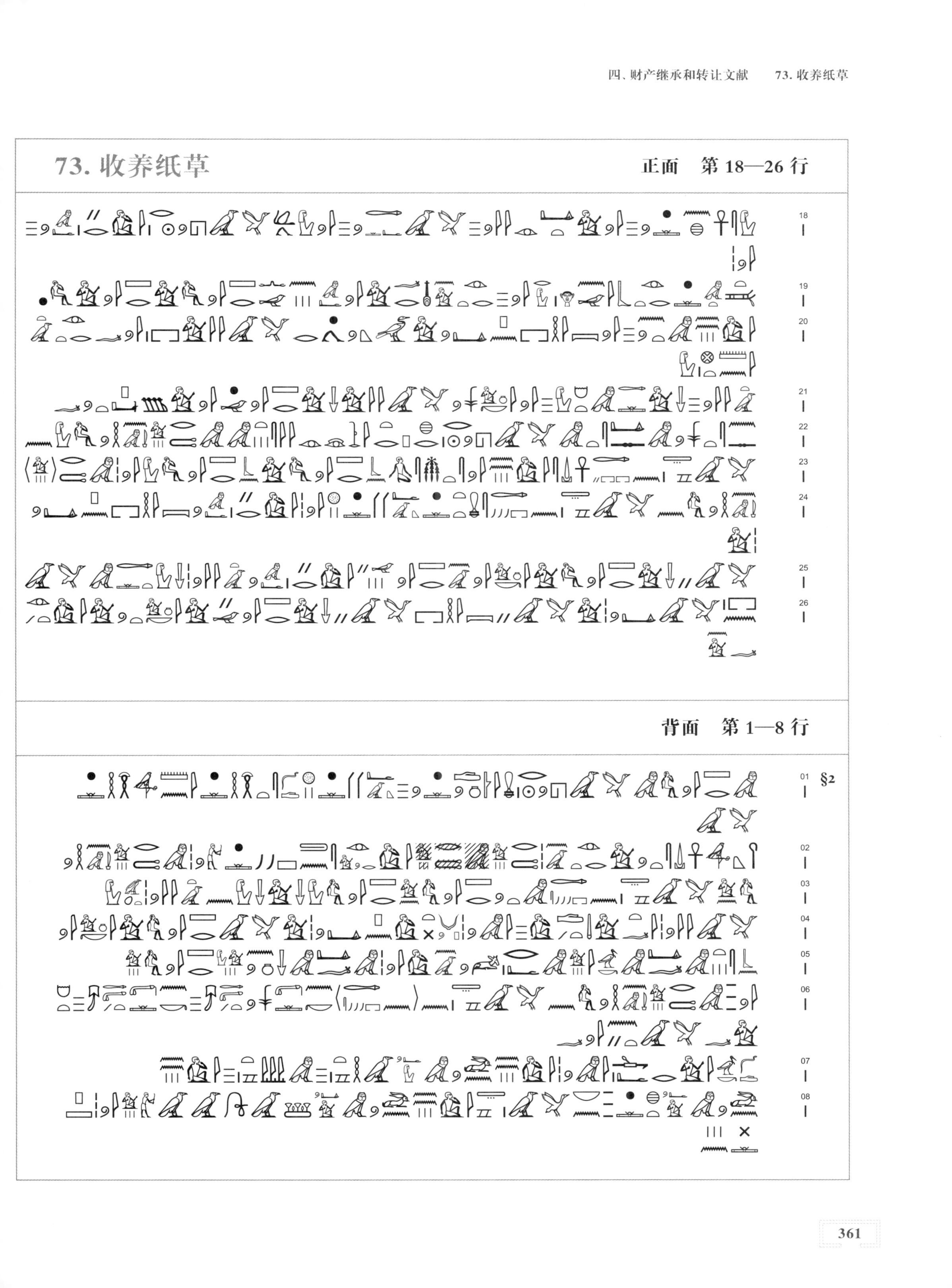

73. 收养纸草

正面　第18—26行

18

19

20

21

22

23

24

25

26

背面　第1—8行

01 §2

02

03

04

05

06

07

08

73. 收养纸草 **背面 第 9—17 行**

09

10

11

12

13

74. 皮特里 16 号陶石片

英语名：*Ostracon Petrie 16*

圣书体：J. Janssen and P. Pestman, "Burial and Inheritance in the Community of the Necropolis Workmen at Thebes," *JESHO* 11 (1968), pp. 137–170

英译本：同上

该文献书写于新王国期间（国王尚无法勘定），详细记录了遗产分配的事情。

74. 皮特里 16 号陶石片 **正面 第 1—4 行**

01 §1

02

03

04

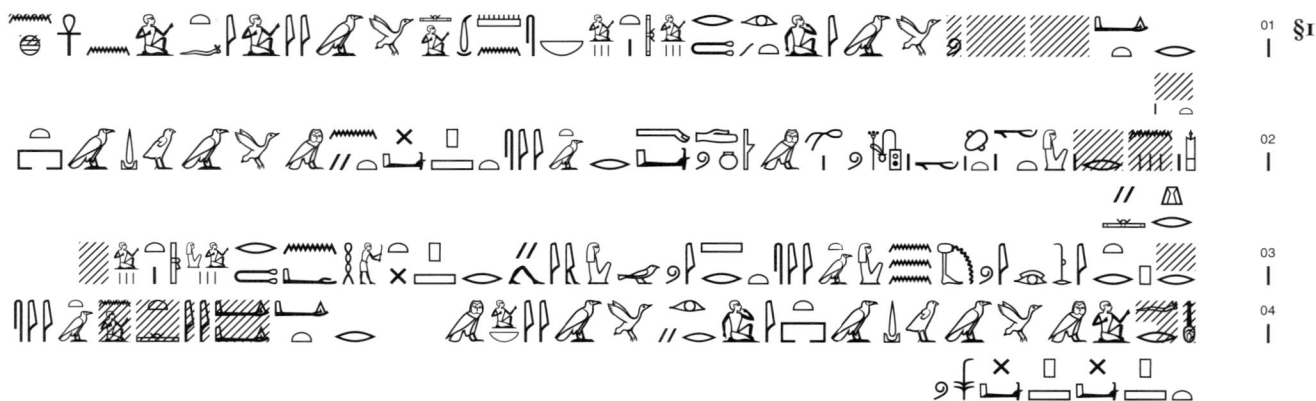

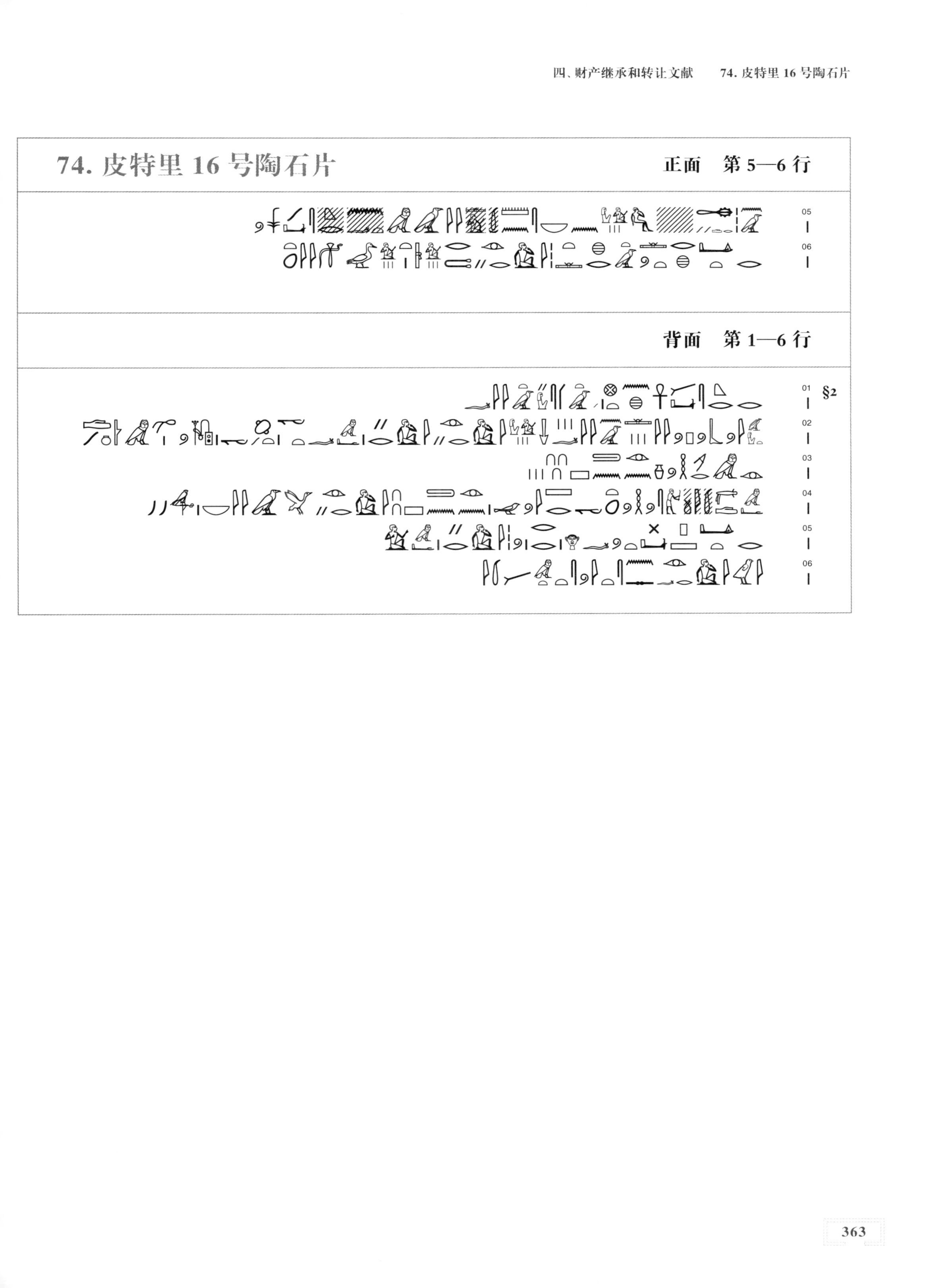

74. 皮特里 16 号陶石片

正面　第 5—6 行

05

06

背面　第 1—6 行

01 §2

02

03

04

05

06

五

社会经济状况文献

土地清册和税收文献揭示了古代埃及新王国时期的土地丈量、估税和征税情况，那么征收来的税物又是如何运送、储藏和分配的呢？本书整理翻译的卢浮宫 3171 号纸草、撒利尔纸草第四卷和亚眠纸草将给出答案。此外，瓦朗赛纸草反映了埃及人对征税不公而进行的抗税，都灵罢工纸草则记述了第二十王朝末期麦地那工匠村工人因工资拖欠而进行的罢工行动，揭示了新王国末期由税收体系崩溃而导致的经济衰退和社会动荡。这些事件或许也是新王国乃至古代埃及的文明逐渐走向消亡的诱因之一。

上述 5 篇文献都或多或少反映出了当时社会经济的整体状况，因而专为一编，文献编号顺延自“财产继承和转让文献”中最后一篇，而前后排列顺序则按照各自书写时间的先后为准。

75. 卢浮宫 3171 号纸草（节选）

英语名：*Papyrus Louvre 3171*

圣书体：A. H. Gardiner, “Ramesside Texts Relating to the Taxation and Transport of Corn,” *JEA* 27 (1941), pp. 56–58

英译本：同上

该文献书写于第十八王朝，是一篇税收处置和运输文献。

75. 卢浮宫 3171 号纸草（节选） 第 2 栏 第 1—9 行

§1

第 3 栏 第 1—5 行

§2

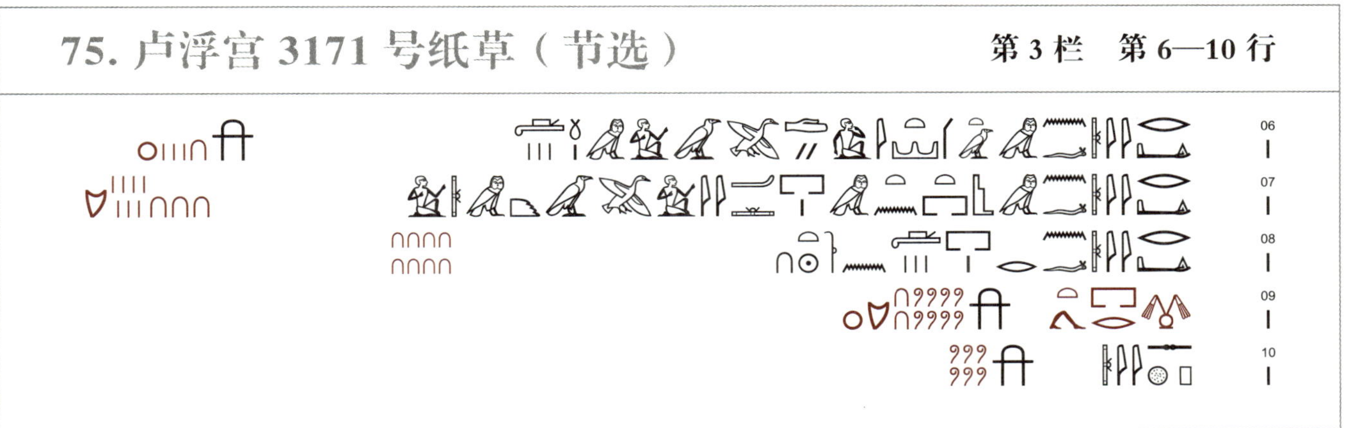

76. 撒利尔纸草（第四卷）背面

英语名：*Papyrus Sallier IV, verso*

圣书体：A. Gardiner, *Late-Egyptian Miscellanies*, pp. 93–95

英译本：*KRIT*, Vol. V, p. 373

该文献书写于第十九王朝国王美楞普塔统治时期，记录了税收处置的情况。文献正面是著名的《吉日和凶日》。

76. 撒利尔纸草（第四卷）背面　　**第 9 部分　第 1—3 行**

01 §I

02

03

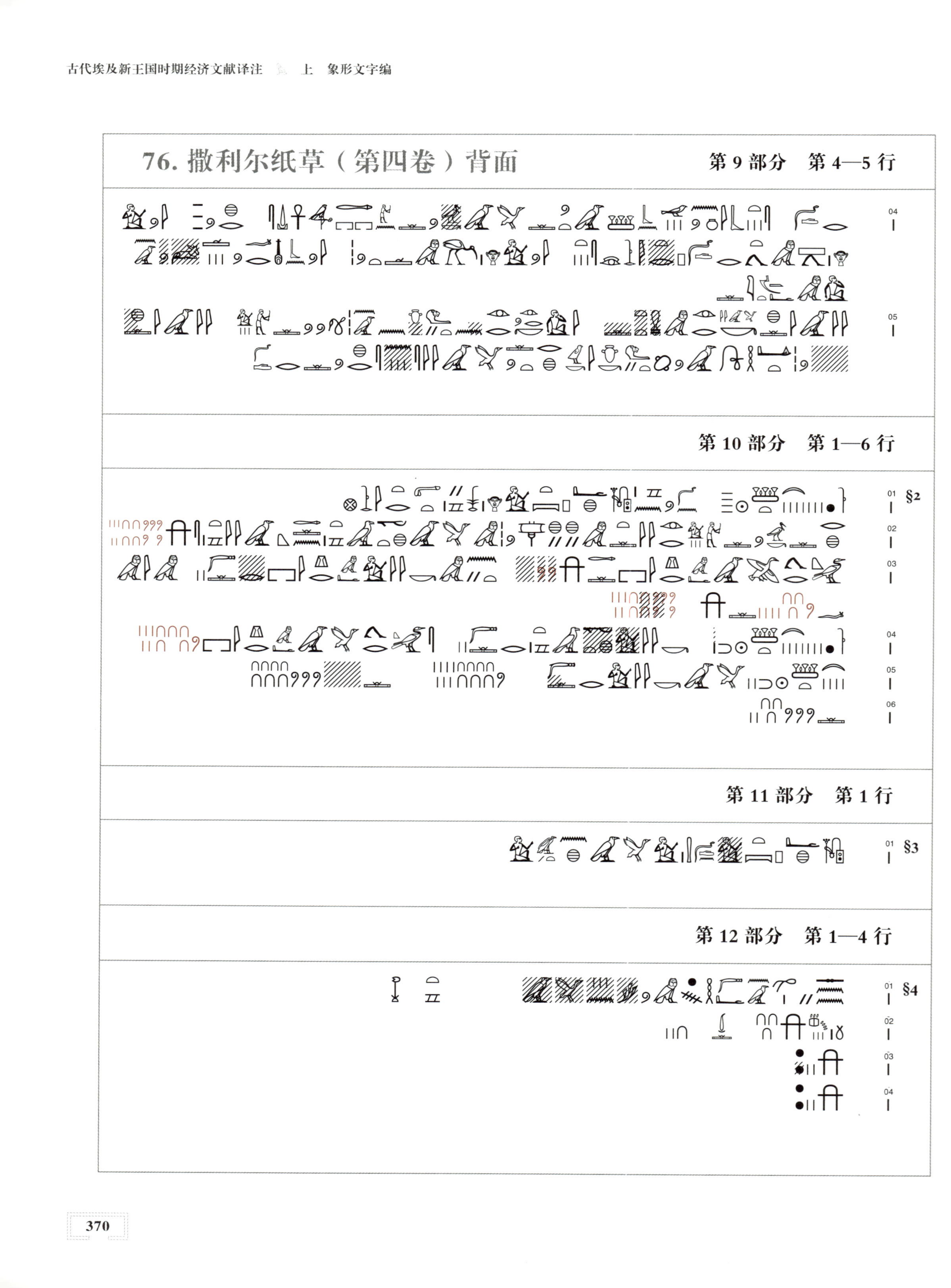

76. 撒利尔纸草（第四卷）背面

第 9 部分　第 4—5 行

04

05

第 10 部分　第 1—6 行

01 §2

02

03

04

05

06

第 11 部分　第 1 行

01 §3

第 12 部分　第 1—4 行

01 §4

02

03

04

77. 亚眠纸草

英语名：*The Amiens Papyrus*

圣书体：A. H. Gardiner, *Ramesside Administrative Documents*, pp. 1–13

英译本：A. H. Gardiner, "Ramesside Texts on Taxation and Transport of Corn," *JEA* 27 (1941) pp. 37–56

该文献书写时间是在第二十王朝拉美西斯三世之后的某位国王统治时期（具体王名无考），详细记录了拉美西斯时代的谷物运输状况。手稿全长约 2.5 米，正反两面均由同一书吏以熟练的祭司体埃及语书写。现存纸草缺失严重，开头部分丢失一叶或数叶。同时期同类纸草高度一般在 37~42 厘米之间，但现存纸草高度仅 17~18 厘米，每叶纸草正面下端至少丢失 12 行文字内容。

77. 亚眠纸草　　正面　第 1 栏　第 1—7 行

§1

01

02

03

04

05

06

07

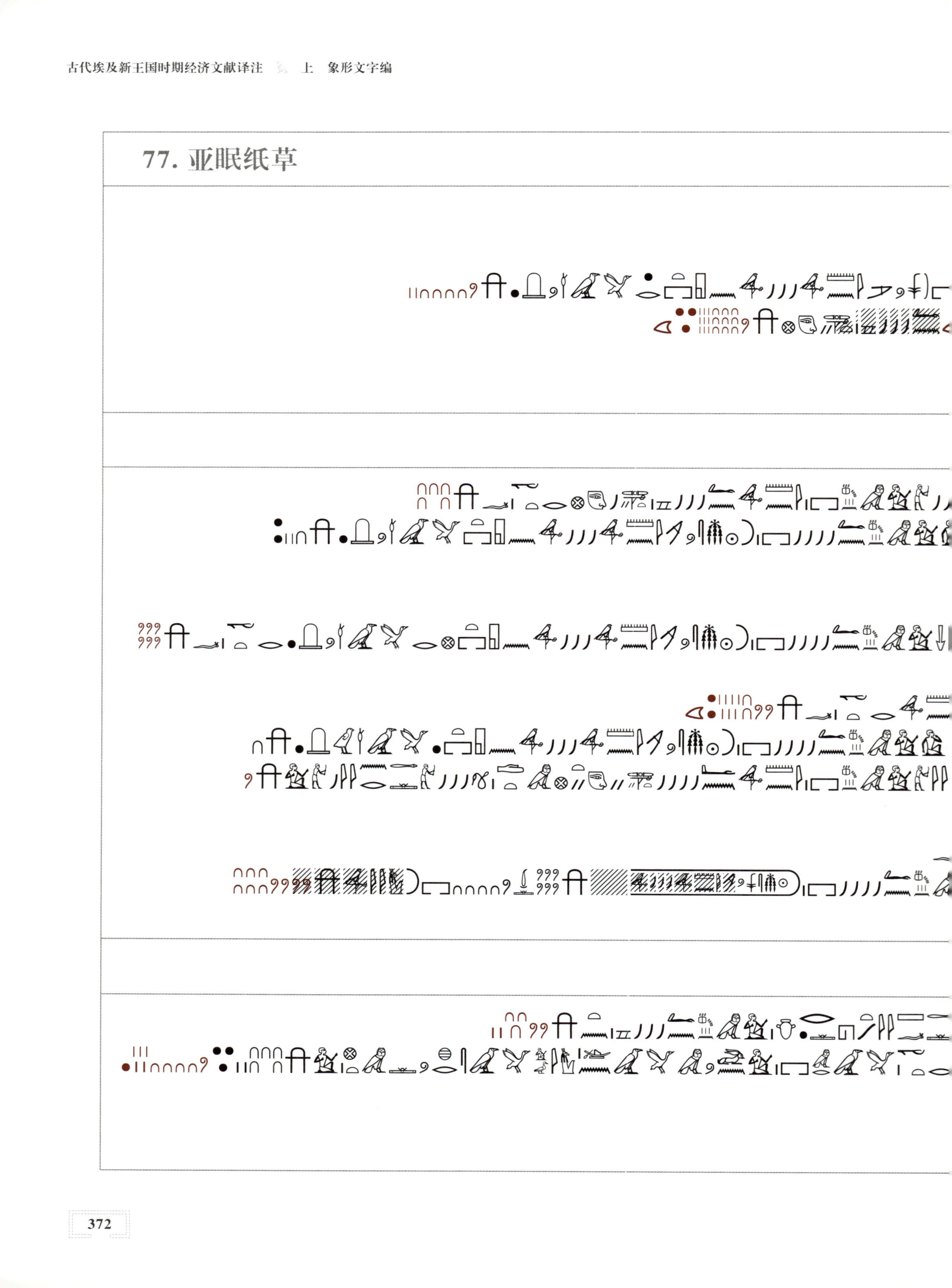

77. 亚眠纸草

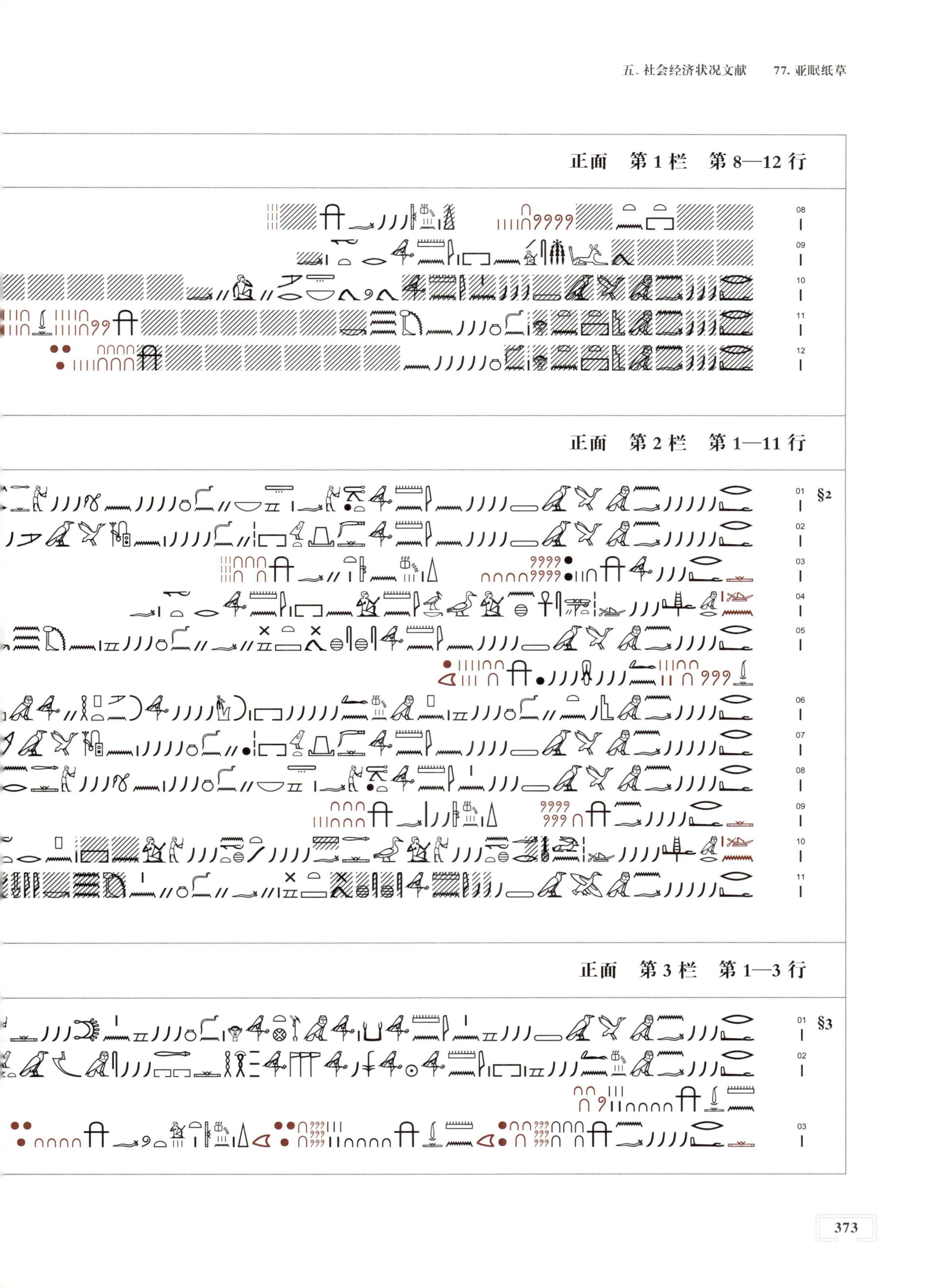

正面　第 1 栏　第 8—12 行

08
09
10
11
12

正面　第 2 栏　第 1—11 行

01 §2
02
03
04
05
06
07
08
09
10
11

正面　第 3 栏　第 1—3 行

01 §3
02
03

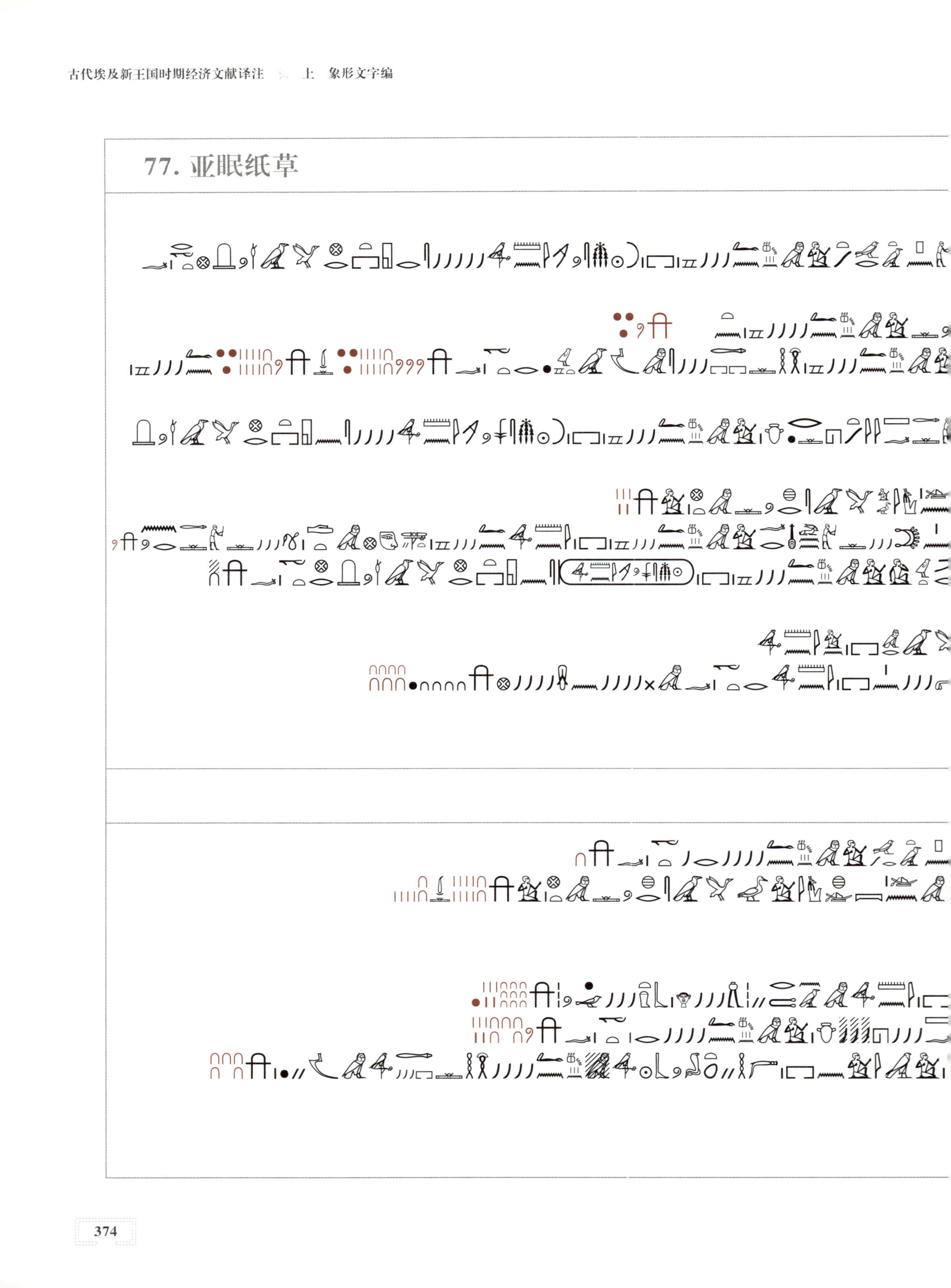

77. 亚眠纸草

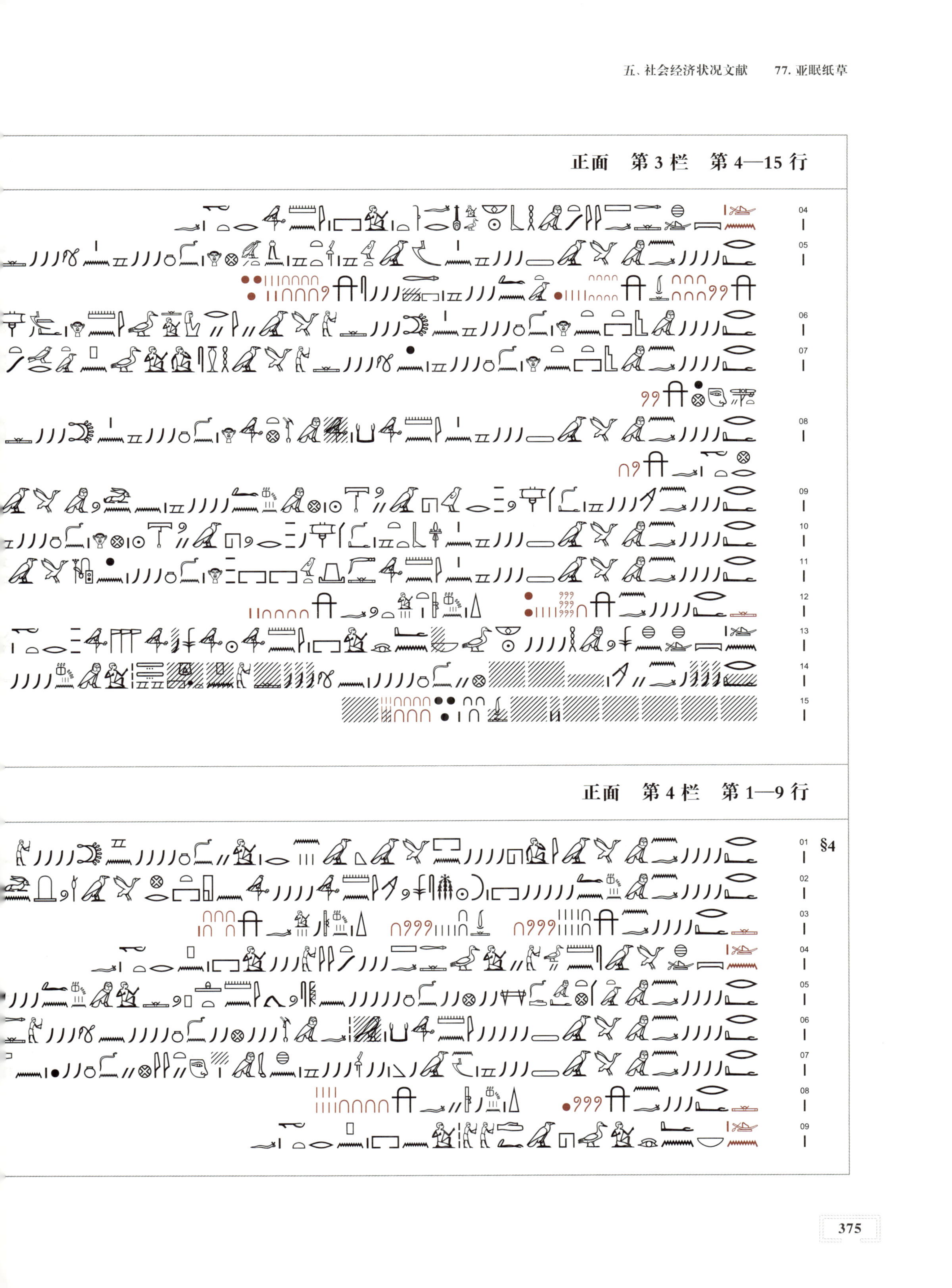

正面　第 3 栏　第 4—15 行

04

05

06

07

08

09

10

11

12

13

14

15

正面　第 4 栏　第 1—9 行

01 §4

02

03

04

05

06

07

08

09

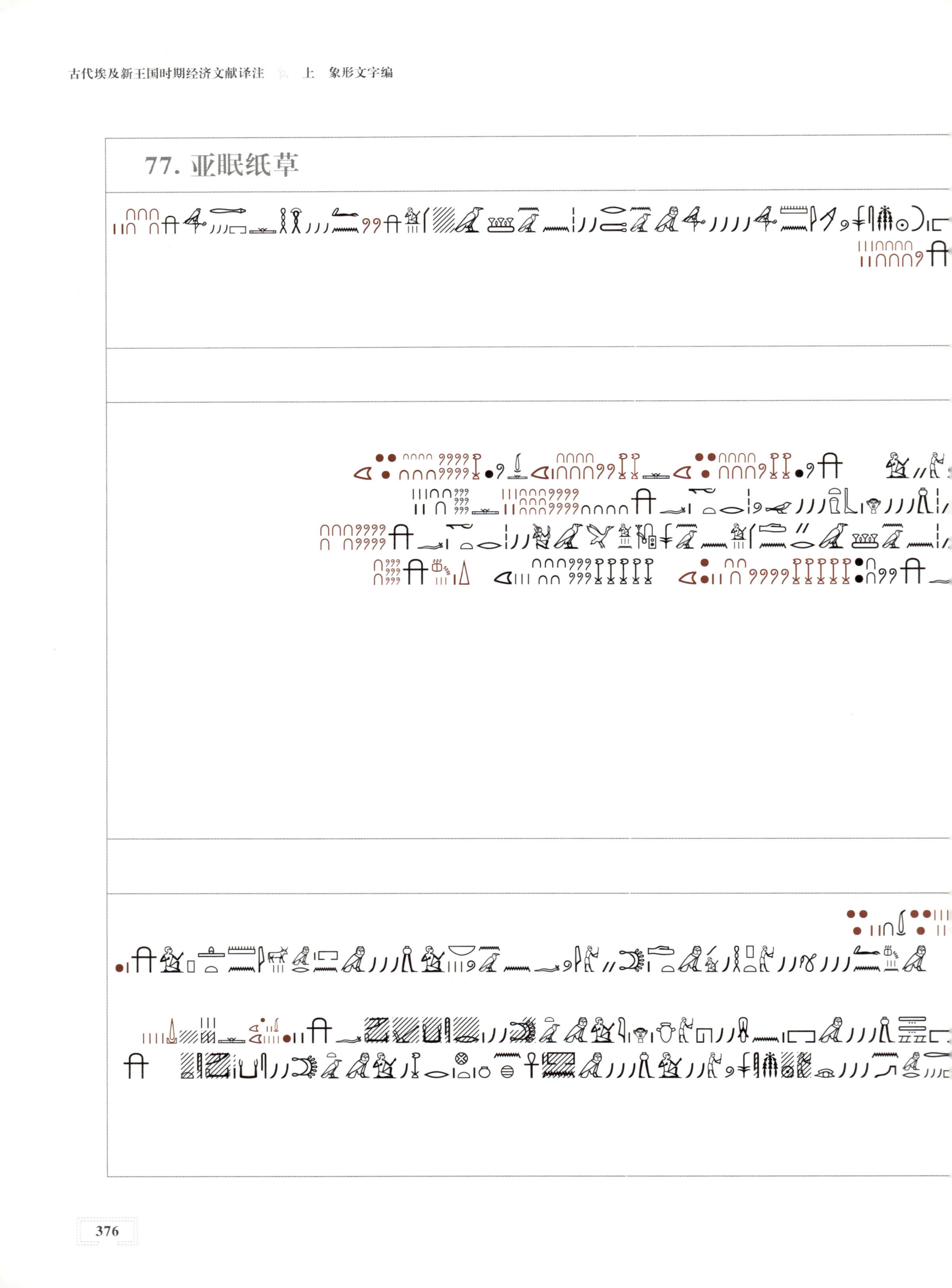

77. 亚眠纸草

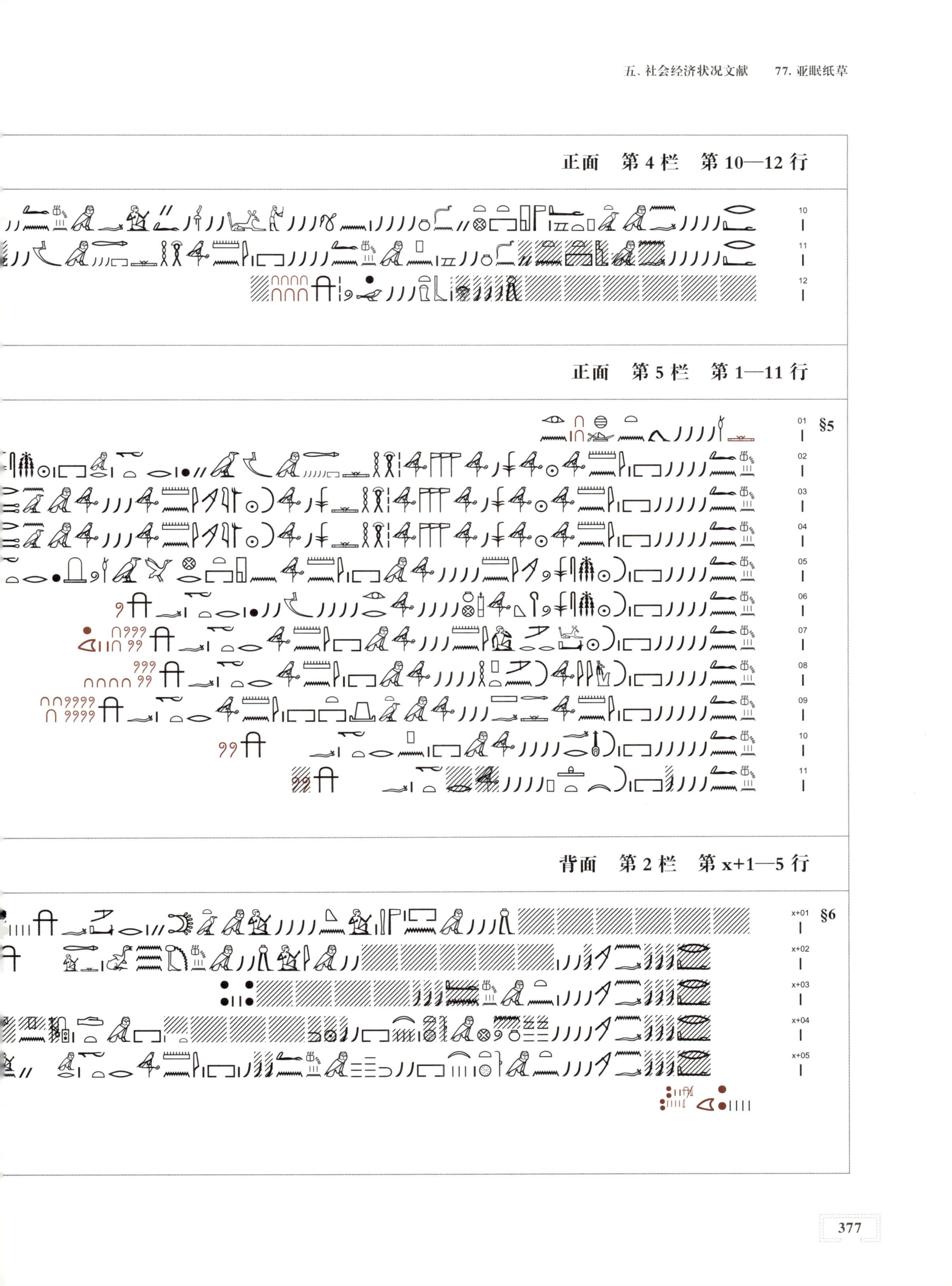

正面　第4栏　第10—12行

10

11

12

正面　第5栏　第1—11行

01 §5

02

03

04

05

06

07

08

09

10

11

背面　第2栏　第x+1—5行

x+01 §6

x+02

x+03

x+04

x+05

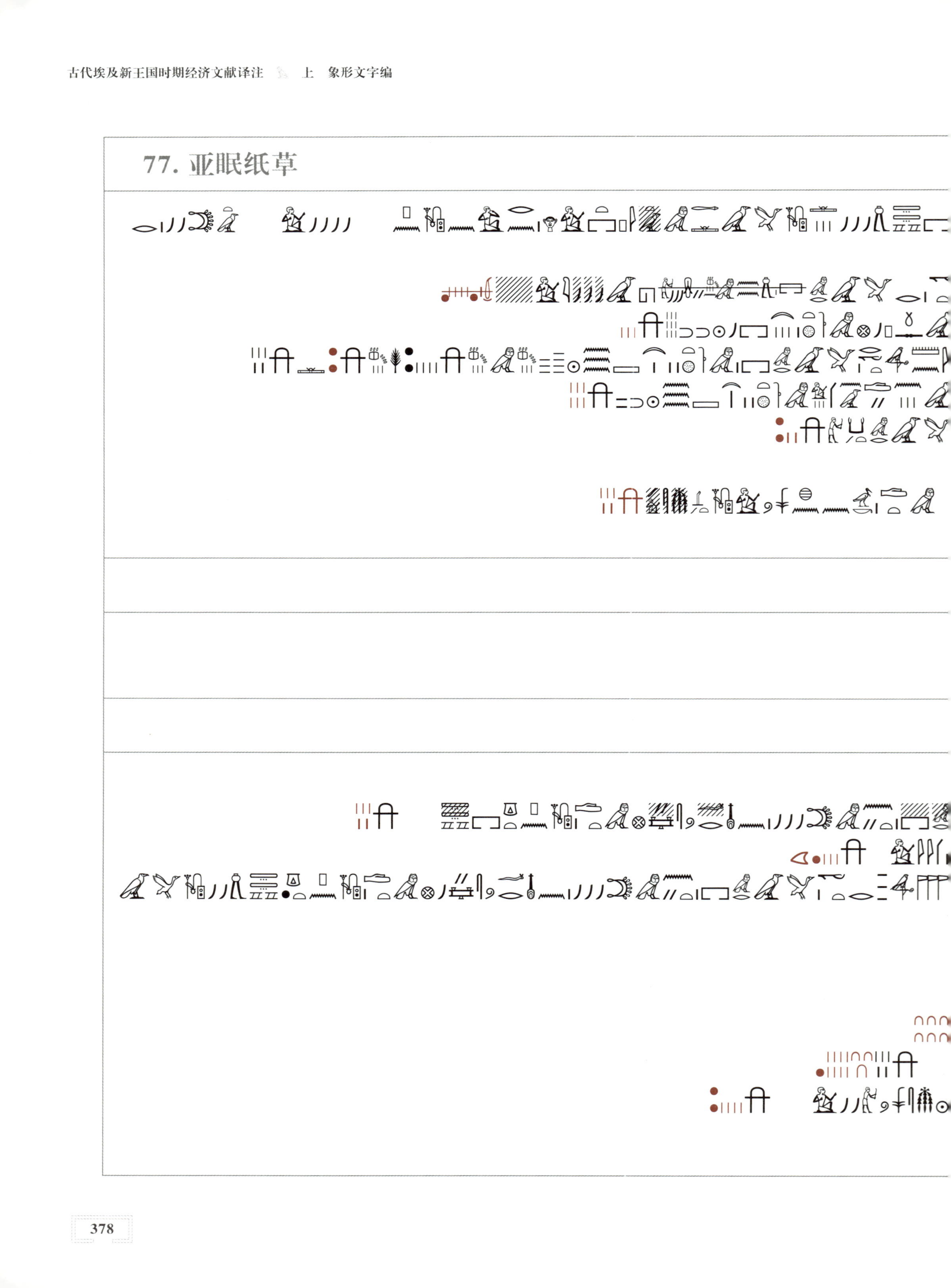

77. 亚眠纸草

背面　第 2 栏　第 x+6—14 行

x+06 §6

x+07

x+08

x+09

x+10

x+11

x+12

x+13

x+14

背面　第 3 栏　第 x+1 行

x+01 §7

背面　第 4 栏　第 x+1—10 行

x+01 §8

x+02

x+03

x+04

x+05

x+06

x+07

x+08

x+09

x+10

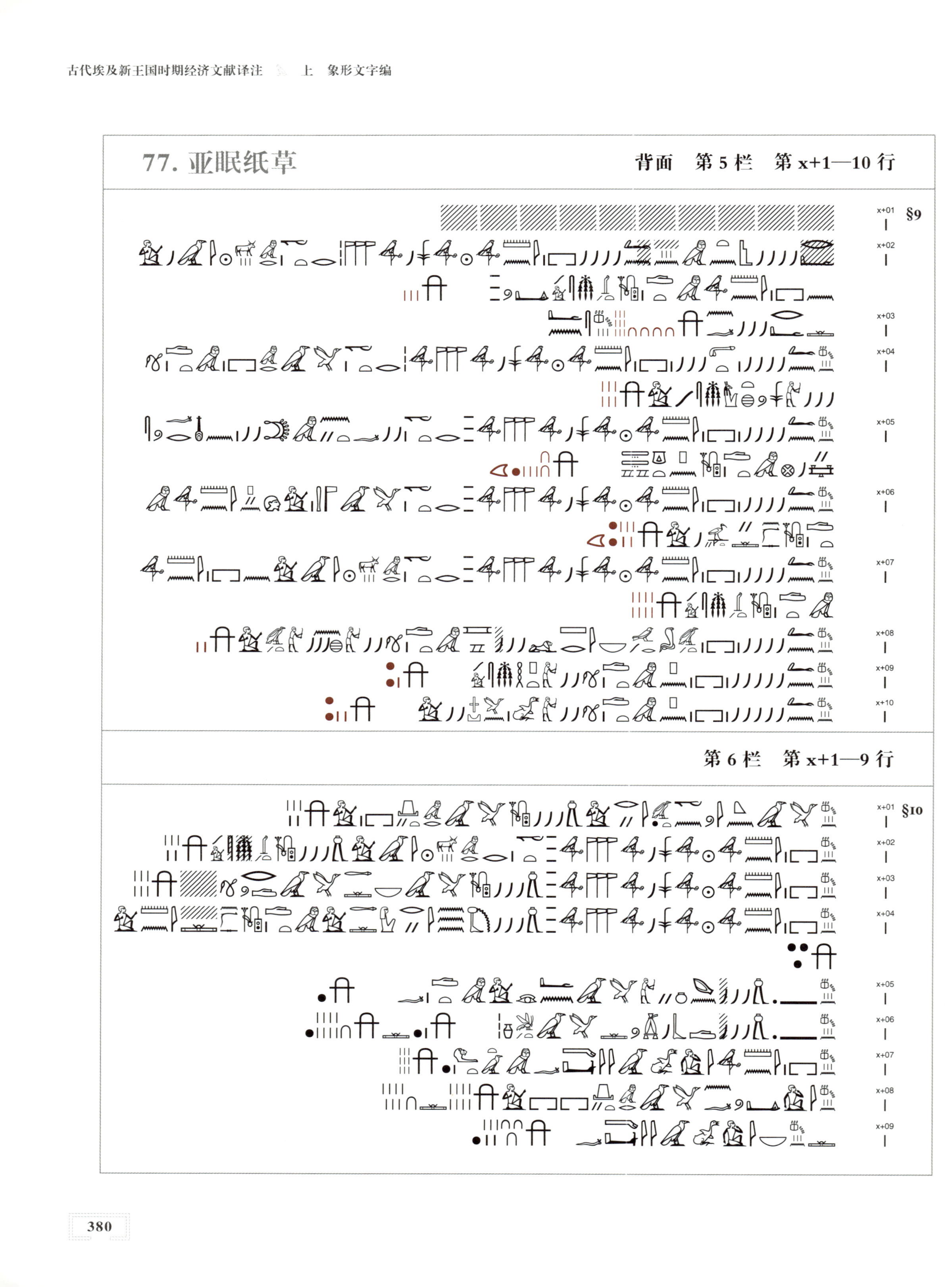

77. 亚眠纸草

背面 第5栏 第x+1—10行

§9

x+01

x+02

x+03

x+04

x+05

x+06

x+07

x+08

x+09

x+10

第6栏 第x+1—9行

§10

x+01

x+02

x+03

x+04

x+05

x+06

x+07

x+08

x+09

78. 瓦朗赛 1 号纸草

英语名：*Papyrus Valençay I*

圣书体：A. H. Gardiner, *Ramesside Administrative Documents*, pp. 72–73

英译本：B. Porten, et al, *The Elephantine Papyri in English: Three Millennia of Cross-Cultural Continuity and Change*, pp. 57–59

该文献书写于第二十王朝国王拉美西斯十一世统治期间，由埃利芬提尼市长写给税收主管，抗议书吏的违规收税。其中奥姆博斯岛上的某块土地，市长声称自己并没有耕种，而且实际耕种者已经缴税。另一块埃德福地区的土地则几乎没有开垦，产出的所有谷物也已经全部上交书吏。

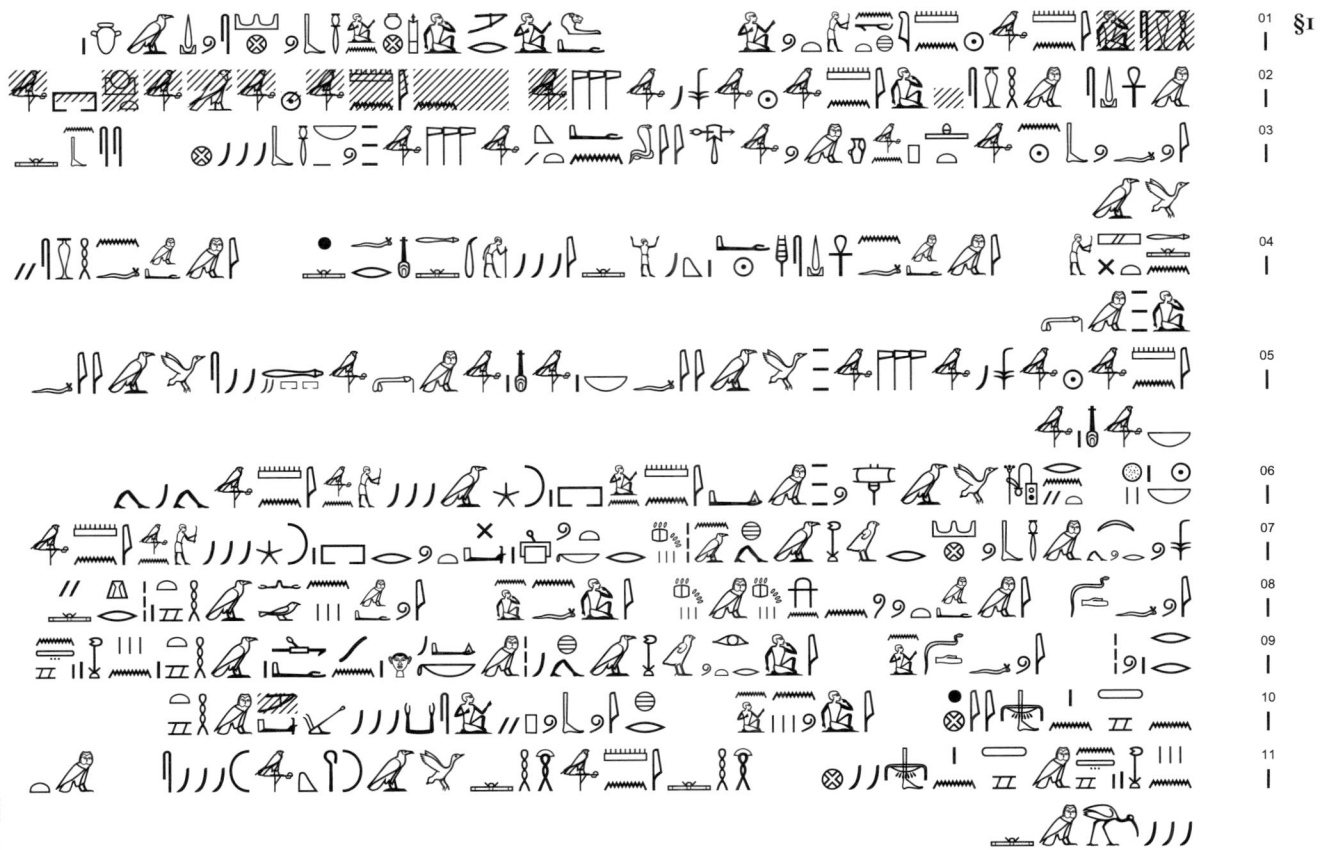

78. 瓦朗赛 1 号纸草　　**正面　第 1—11 行**

01 §1
02
03
04
05
06
07
08
09
10
11

78. 瓦朗赛 1 号纸草

背面 第 1—11 行

79. 都灵罢工纸草（节选）

英语名：*The Turin Strike Papyrus (Papyrus Turin 1880)*

圣书体：A. Gardiner, *Ramesside Administrative Documents*, pp. 45–58

英译本：Paul J. Frandsen, *Editing Reality: The Turin Strike Papyrus, Studies in Egyptology*, Vol.1, ed. by Sarah Israelit-Groll, pp. 166–199

该文献又名"都灵 1880 号纸草"，由麦地那工匠村书吏阿蒙奈赫特书写于第二十王朝国王拉美西斯三世统治期间，记录了发生在工匠村内，因工资拖欠而导致的一系列工匠罢工事情。

79. 都灵罢工纸草（节选）

正面　第 1 栏　第 1—11 行

01 §1-1

02

03

04

05

06

07

08

09

10

11

正面　第 1 栏　第 x+12—17 行

x+12 §1-2

x+13

x+14

x+15

x+16

x+17

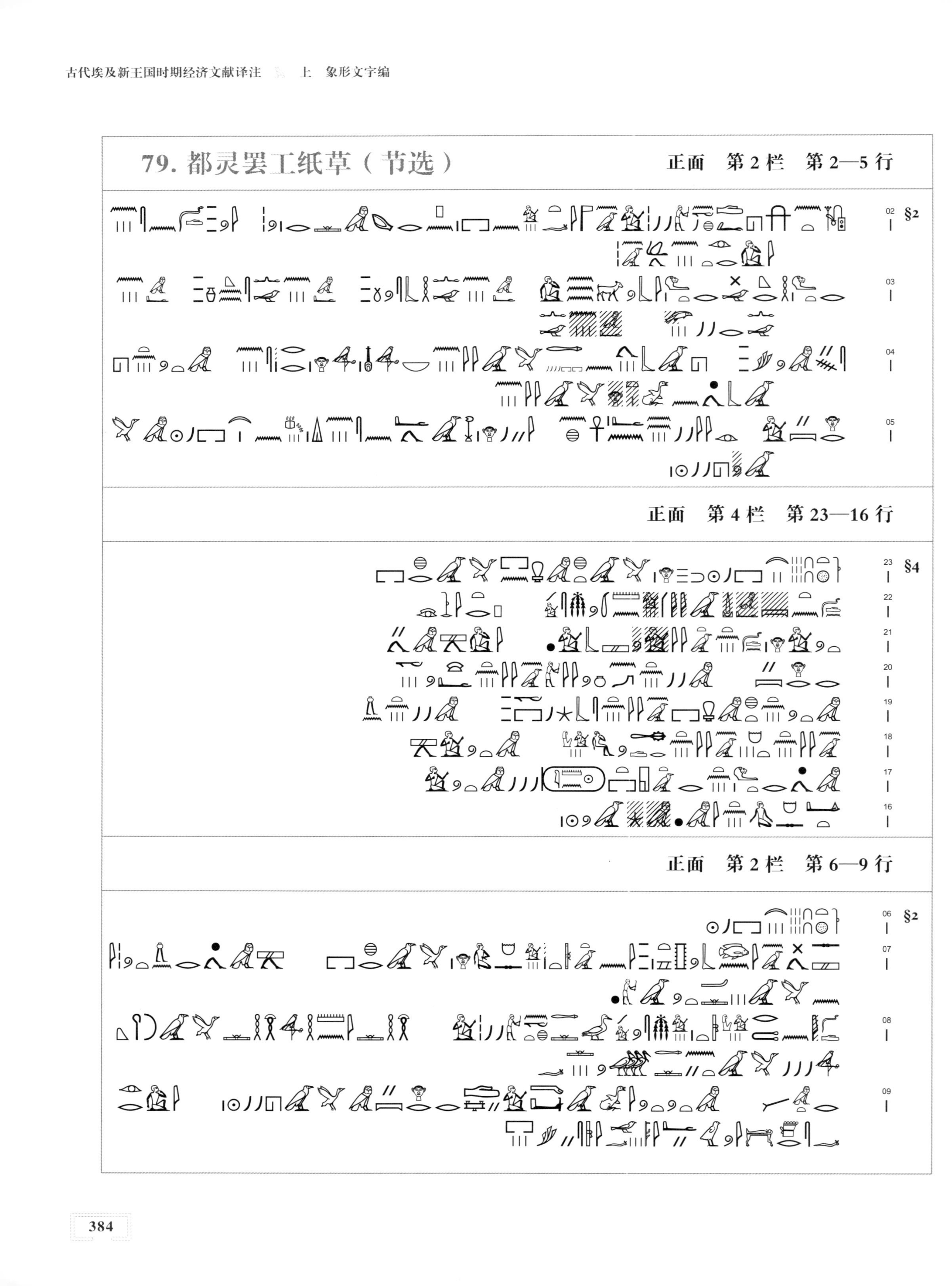

79. 都灵罢工纸草（节选）

正面　第 2 栏　第 2—5 行

02 §2

03

04

05

正面　第 4 栏　第 23—16 行

23 §4

22

21

20

19

18

17

16

正面　第 2 栏　第 6—9 行

06 §2

07

08

09

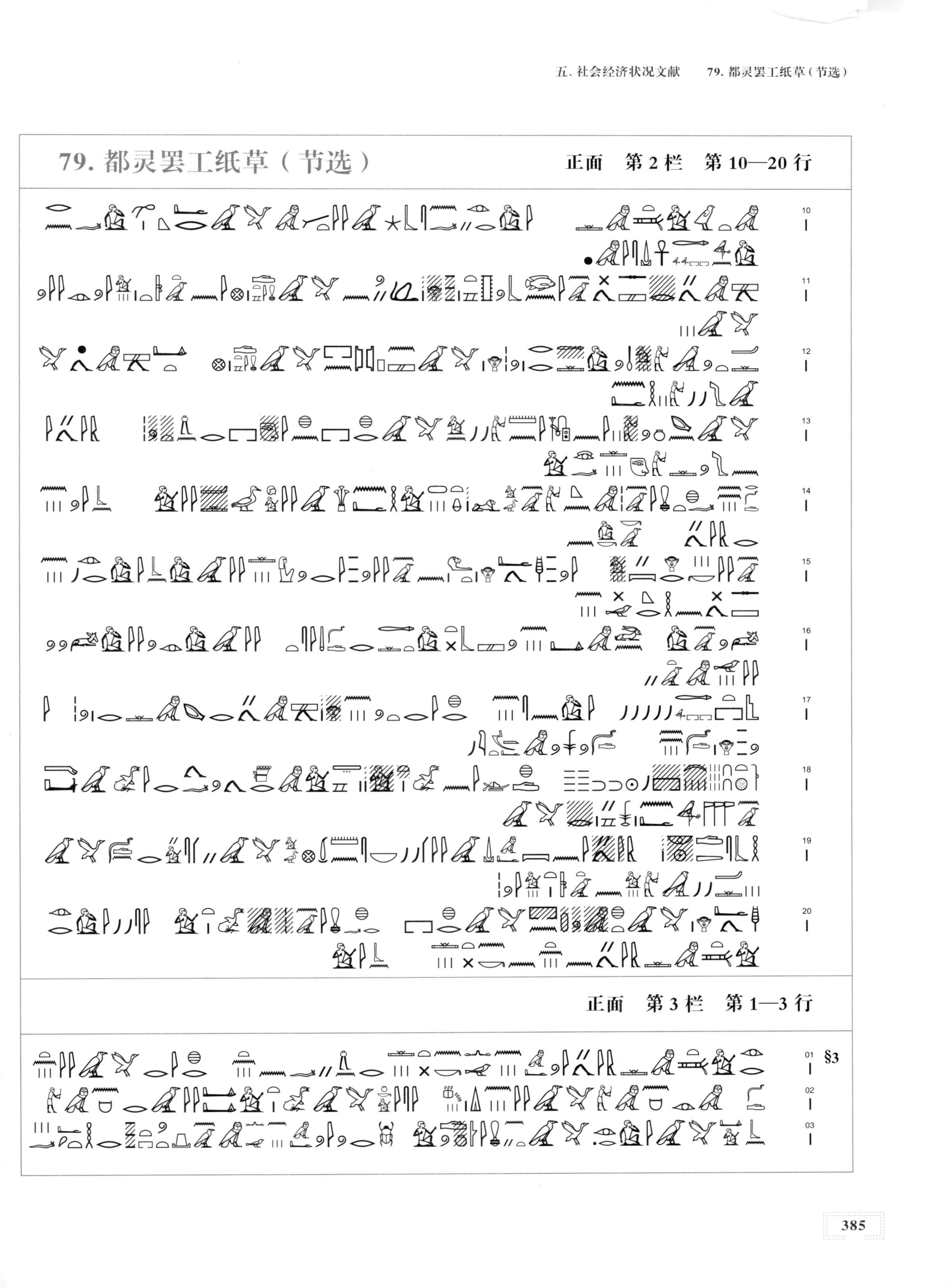

79. 都灵罢工纸草（节选）

正面　第 2 栏　第 10—20 行

10

11

12

13

14

15

16

17

18

19

20

正面　第 3 栏　第 1—3 行

01 §3

02

03

79. 都灵罢工纸草（节选）

正面 第3栏 第4—5行

04

05

正面 第4栏 第1—16a行

01 §4

02

03

04

05

06

07

08

09

10

11

12

13

14

15

16a

埃及学系列·卷I

EGYPTOLOGY VOLUME I

古代埃及新王国时期经济文献译注

BUSINESS RECORDS OF NEW KINGDOM WITH TRANSLITERATIONS, CHINESE TRANSLATIONS AND ANNOTATIONS

郭丹彤　主编

郭丹彤　杨熹　梁姗　译著

转写与译注

中西書局

图书在版编目（CIP）数据

古代埃及新王国时期经济文献译注 / 郭丹彤主编；郭丹彤，杨熹，梁姗译著．— 上海：中西书局，2021
ISBN 978-7-5475-1787-1

Ⅰ．①古… Ⅱ．①郭…②杨…③梁… Ⅲ．①经济—文献—埃及—古代 Ⅳ．① F094.11

中国版本图书馆 CIP 数据核字 (2020) 第 235881 号

一

土地清册文献

1. 韦伯纸草

英语名：WILBOUR PAYRUS

圣书体：A. H. Gardiner, *The Wilbour Papyrus*, Vol. I, plates 1–73

英译本：A. H. Gardiner, *The Wilbour Papyrus*, Vol. IV, pp. 1–133

（一）

A面　第1栏

§1 Lx+0 [...]
Lx+1 ⸢ḫꜣy⸣ [...]wḫ
Lx+2 [...] ⸢10⸣ ỉpt 5 ỉpt 50
Lx+3 ⸢pš⸣ ⸢dỉ⸣ n[...] ⸢rmnyt⸣ tn ⸢ẖꜣr⸣ ⸢3⸣¾
§2 Lx+4 ⸢rmnyt⸣ n pr ⸢pn⸣ [...] stẖỉ sꜣ ⸢sbk-ḥtpw⸣
Lx+5 ḫꜣy ḥr mḥtỉ tꜣ ⸢wḥyt pꜣ-ꜣbw⸣
Lx+6 ỉḥt n=f 41 ỉpt ⸢5⸣ ỉpt 205
§3 Lx+7 rmnyt pš ⸢pr pn⸣ [...]
Lx+8 ḫꜣy mḥtỉ ỉmny [...]
Lx+9 wꜥb ḥꜥpỉ-⸢ꜥꜣ⸣ [...]
Lx+10 ỉḥwty pn-tp-⸢ỉḥw⸣ [...]
Lx+11 ky ḫꜣy n=f [...]
Lx+12 ky ḫꜣy n=f [...]
Lx+13 ỉḥwty pꜣ-ḫꜣrw [...]
Lx+14 ⸢ḥm-nṯr pꜣ-⸣ꜥꜣ-n-pr [...]
Lx+15 [...]
Lx+16 [...]
Lx+17 [...]
Lx+18 [...]

A面　第2栏

Lx+0 [...][...][...]
Lx+1 ⸢ḫꜣy⸣ [...] ⸢ỉꜣbt⸣ n ⸢st⸣ tn
Lx+2 [...] ⸢ḥw⸣-n-rỉ .10 m šwt
Lx+3 [...] ⸢wꜥb⸣ sbk-ms .10____.
Lx+4 ⸢ḫꜣy m tꜣ brkt⸣ pr bꜥ-rỉyt
Lx+5 [...] ⸢pš⸣ n ỉḥt ḫꜣ-tꜣ pr-ꜥꜣ snb
Lx+6 ⸢ḫt pꜣ ḥꜣty-ꜥ n mr⸣-wr .10 .2½ ỉpt 1¼
Lx+7 [...] ⸢2⸣ m wšr
Lx+8 [...] .⸢2⸣___.
Lx+9 [...] .⸢2⸣___.
Lx+10 [...] .⸢2⸣___.
Lx+11 ⸢ḫꜣy m pr-ḫꜣst⸣
Lx+12 ⸢ỉḥwty ḥrwỉ⸣ pš ỉḥt n mỉnt pr-ꜥꜣ snb
Lx+13 ⸢ḫt pꜣ ḥꜣty-ꜥ n mr⸣-wr 20.5 ỉpt 1¼
Lx+14 ⸢ky ḫꜣy pš ḫꜣ-tꜣ pr-ꜥꜣ snb ḫt=f 25.6¼ ỉpt 1¼
Lx+15 ⸢ky ḫꜣy pš tꜣ mnỉw n pr-ꜥꜣ⸣ snb ḫt=f 10.2½ ỉpt 1¼

A面　第3栏

Lx+0 [...]
Lx+1 [...]10 5.½ ỉpt 1¼
Lx+2 ⸢ḫꜣy m⸣ [...] ỉmny kꜣmỉ [...]
Lx+3 [...] .12 ½ ỉpt 1¼
Lx+4 ḫꜣy [...]ỉmny n ỉꜣdt kꜣt
Lx+5 wꜥb[...] wšr
Lx+6 ḫꜣy [...] ỉmny n pꜣỉḥw
Lx+7 wꜥb ḥrw[...]3 .¼ ỉpt 1¼
Lx+8 ḫꜣy [...] tꜣ ꜥt pꜣ-ꜣw-⸢nꜣ⸣ [...]
Lx+9 wꜥb ḥrw[...] ¼ ỉpt 1¼
Lx+10 ḫꜣy ỉmny [...]
Lx+11 wꜥb pꜣ-ḫꜣrw [...] wšr
Lx+12 ḫꜣy rsy [...]
Lx+13 ḥry ỉḥ ỉ⸢mn⸣ [...]
Lx+14 ḫꜣy [...]
Lx+15 ꜥnḫ n nỉwt [...]
Lx+16 ḫꜣy [...]
Lx+17 šrdn[...]

A面 第4栏

Lx+0 [...]
Lx+1 [...] ⸢ỉpt⸣ ⸢1⸣ 2/4
Lx+2 [...] ⸢ỉpt⸣ 1 2/4
Lx+3 [...]
Lx+4 [...] 8
§4 Ly+1 ⸢pr ḥrỉ-š=f⸣ ⸢nswt⸣ tꜣwy ẖt ḥm-nṯr [...]
Ly+2 ⸢rmnyt⸣ ⸢mt⸣ n pr pn ẖt=f
Ly+3 ⸢ḫꜣy⸣ [...] ỉy-⸢ḥs⸣
Ly+4 ⸢ỉḥwty⸣ pn-nst-tꜣwy 30 ỉpt 5 ỉpt 150
Ly+5 ⸢ḫꜣy⸣ [...] ỉmny [...]rỉ-šꜣtỉ
Ly+6 ⸢ỉḥt=f 10⸣ ỉpt 5 ỉpt 50
Ly+7 ⸢ḫꜣy⸣ [...]ỉmny ⸢st⸣ tn
Ly+8 ⸢ỉḥt n=f 21 ỉpt 5⸣ ỉpt 105
Ly+9 ⸢ḫꜣy⸣ ỉmny p⸢ꜣ⸣ ỉdb ỉmny ⸢st⸣ tn
Ly+10 ⸢ỉḥt n=f 6 ỉpt⸣ 5 ỉpt 30
Ly+11 ⸢ḫꜣy⸣ mswt dḥr-ṯꜣy-f ỉmny nn-nsw
Ly+12 ⸢ỉḥt n=f 20 ỉpt⸣ 10 ỉpt 200
Ly+13 ⸢ky⸣ 10 ỉpt ⸢7⸣ 2/4 ỉpt 75
Ly+14 ⸢ky⸣ 12 ỉpt 5 ỉpt 60

A面 第5栏

L1 ⸢ỉḥt n=f⸣ [... ỉpt ...] ⸢ỉpt⸣ 100[...]
L2 ⸢ḫꜣy ...⸣ ỉmny st ⸢t⸣n
L3 ỉḥt n=f ⸢30⸣ ỉpt ⸢10⸣ ỉpt 300
L4 ⸢ky 10 ỉpt⸣ 7 2/4 ỉpt 75
L5 k⸢y 10⸣ ỉpt 5 ỉpt 50
L6 ḫꜣy [...] ⸢pꜣ⸣ ẖnt st tn
L7 ỉḥt n=⸢f⸣ [...] ⸢ỉpt⸣ [...] ⸢ỉpt⸣ 100
L8 k⸢y 10⸣ ỉpt 7 2/4 ⸢ỉpt⸣ 75
L9 k⸢y 5⸣ ỉpt 5 ỉpt 25
L10 ḫꜣy [...] pꜣ ẖnt st tn
L11 ỉḥt n=⸢f 5 ỉpt 5 ỉpt⸣ 25
L12 ḫꜣy [...]tꜣ pꜥt nty pꜣ ẖnt st tn
L13 ỉḥt n=⸢f 7 ỉpt 5 ỉp⸣t 35
L14 ḫꜣy [...tꜣ mꜣwt⸣ dḥr-ṯꜣy-f⌟
L15 ⸢ỉḥt n=f 10 ỉpt 10 ỉpt⸣ 100
L16 ⸢ky 10 ỉpt⸣ ⸢7⸣ 2/4 ỉpt 75
L17 ⸢ky ... ỉpt 5⸣ ỉpt 100[...]
L18 ⸢ḫꜣy⸣ [...]pꜣ ẖnt tꜣ mꜣwt tꜣ-gm⸢y⸣
L19 ⸢ỉḥt n=f 10 ỉpt 10 ỉpt⸣ 100
L20 ⸢ky 6⸣ ỉpt 7 2/4 ỉpt 45
L21 ⸢ḫꜣy⸣ [...] ⸢pꜣ⸣ ⸢ẖnt⸣ st tn
L22 ⸢ỉḥt n=f 5 ỉpt 7 2/4⸣ ỉpt 37 2/4
Lx+1 [...]
Lx+2 [...] ⸢7⸣
Lx+3 [...rsy⸣ [...] mḥtỉ pꜣ ꜥ⸢wn⸣
Lx+4 [...] 10 ỉpt 5 ỉpt 50
Lx+5 ⸢ḫꜣy tꜣ⸣ wḫrt mnt-nt-ḥḥ [...]
Lx+6 [...] 6 ỉpt 5 ỉpt 30
Lx+7 ⸢ỉḥwty⸣ gm m šwt 29
Lx+8 ḫꜣy m pꜣ ỉdb ỉꜣbt pꜣ ỉhy ꜥꜣ
Lx+9 [...] 2 ỉpt 5 ⸢ỉpt 10⸣
§5 Lx+10 ⸢rmnyt pr⸣ pn ẖt ỉmy-r ỉḥw ꜥšꜣ-⸢m-ḥbs⸣
Lx+11 [...]y[...]
Lx+12 ⸢rmnyt⸣ [...]
Lx+13 ḫꜣ⸢y m tꜣ mꜣwt⸣ [...]
Lx+14 ỉḥ⸢t n=f⸣ [...]
Lx+15 ⸢ḫꜣy⸣ [...]
Lx+16 ỉḥ⸢t n=f ⸣ [...]

A面 第6栏

L1 ḫꜣy m p⸢ꜣ⸣ [...]
L2 ỉḥt n=f 10[...]
L3 ḫꜣy m pn[...]
L4 ỉḥt n=f ⸢10...⸣
L5 ḫꜣy m pꜣ[...]
L6 ỉḥt n=f ⸢10 ỉpt⸣ 5 ỉpt 50
§6 L7 šmw p⸢š n pr⸣ pn ẖt ḥm-nṯr nfr
L8 ⸢ḫꜣ⸣y rsy tꜣ ꜥt ptḥ-ms
L9 ⸢wꜥb⸣ pꜣ-fꜣy ⸢pš⸣ n ỉḥt .pr sbk
L10 rmnyt ḥm- nṯr ⸢ḥrwỉ⸣ 20.5 ỉpt 1 2/4
L11 ḫꜣy m tꜣ b⸢rkt⸣ ḫr ỉ-ỉꜣ
L12 ⸢ỉḥwty⸣ [...]pš n ỉḥt ḫꜣ-tꜣ pr-ꜥꜣ snb
L13 ⸢ḥm⸣-nṯr nfr ꜥꜣ [...] ⸢30⸣ 7½ ỉpt 1 2/4
L14 ⸢ḫꜣy⸣ mḥtỉ ỉꜣdt nḥḥ ⌟
L15 ⸢ỉḥwty⸣ p⸢ꜣ ... pš n⸣ ỉḥwty pr pn[...]
L16 ⸢ḫꜣy⸣ m ḫr ⸢k⸣
L17 ⸢ỉḥwty⸣ pꜣ-⸢šdw⸣
L18 ⸢ḫꜣy⸣ m pꜣ ꜥ⸢wn⸣ ⸢ỉꜣb⸣t rsy nn-nsw
L19 ỉḥwty ⸢pꜣ⸣ [...] pš n ỉḥwty pr pn ỉpt 1 2/4
L20 ⸢ḫꜣ⸣y m pꜣ[...] ⸢tꜣ p⸣ꜥt nty pꜣ ẖn⸢t tꜣ mꜣwt ...⸣
L21 wꜥb pn-ỉry mḥ-tꜣ 10.40
L22 ky ḫꜣy n=f .50 wsf
L23 ky ḫꜣy n=⸢f⸣ .12 wsf

L24 wꜥb ỉmn-ḥꜥ .10[…]
L25 […]-ỉry […]
L26 [ky ḫꜣy n]=f […]
L27 [ḫꜣy m tꜣ] pꜥt ỉꜣbt tꜣ mꜣwt
L28 [ỉḥwty] šd-dwꜣ
L29 [wꜥb ḥꜥ]-m-ỉpt […]
L30 […]ỉ […] fỉ […]
Lx+0 […]
Lx+1 [ḥr]-ṯꜣy=f
Lx+2 ky wꜥb[…]rỉtỉ .36 wsf
Lx+3 wꜥb ḥrwỉ sꜣ ꜥꜣ .20.80
Lx+4 wꜥb ỉ-sn .2.48
Lx+5 wꜥb tꜣ sꜣ ḥrwỉ .2.34
Lx+6 ky ỉḥwty šd-dwꜣ 12 wsf
Lx+7 wꜥb bꜣk-n-ỉmn .20.80
Lx+8 ḥm-nṯr sbk-ḥtp .100 wsf
Lx+9 [… pꜣ-nfr] .100 wsf
Lx+10 ky wꜥb ỉ-sn [.]24 wsf
Lx+11 ky ḥm-nṯr sbk-ḥtpw .50 wsf
Lx+12 ky wꜥb ḥꜥ-m-ỉpt 24 wšr
Lx+13 ỉḥwty ꜥn-ỉrỉ-ḥꜥ .10.40
Lx+14 ḫꜣy m pꜣ ỉw ỉmny [nn]-nsw
Lx+15 ỉmy-r ỉḥw ꜥšꜣ-m-ḥbs m wꜣḏ-smw
Lx+16 ky ḫꜣy n=f .12 [wsf]
Lx+17 ky ḫꜣy n=f m mḥt .10.40
Lx+18 ky ḫꜣy =f .20.80

A面　第7栏

L1 [ky ḫꜣy n=f] .60.140
L2 [ky ḫꜣy n]=f .100 wsf
L3 [ky ḫꜣy n]=f .60.180
L4 [ky ḫꜣy n]=f .20.180
L5 [ky ḫꜣy n]=f .200 wsf
L6 [ky ḫꜣy n]=f .75 wsf
L7 [ỉḥwty] ỉmn-ḥꜥ .2.10
L8 [ỉḥwty] pꜣ-ꜥꜣ-nn-nsw 2.10
L9 [ḫꜣy] m mꜣwt-dḥrỉ-ṯꜣy-f ỉmny nn-nsw
L10 [wꜥb] ḥrw-ỉ sꜣ nfr-ḥꜥ .4.20
L11 [ky ḫꜣy n=]f .6 wsf
L12 [ky ḫꜣy n=]f .2.10
L13 [ky ḫꜣy] n=f .4.20
L14 [ky ḫꜣy] n=f .5.45
L15 [ỉḥwty] pn-tꜣ-wr 10.40
L16 [ỉḥwty] ỉ-ỉb 10.40
L17 […]nfr-ḥꜥ .5.95
L18 [wꜥb] ḥrwỉ .10.90
L19 [ky ḫꜣy n=]f .10.90
L20 [ky] ḫꜣy n=f .100 wsf
L21 ꜥnḫ n nỉwt ḥwt-ḥrt 5.¼ ỉpt 1¾
L22 ky ḫꜣy n=st .20.80
L23 ky ḫꜣy n=st 100 wsf
L24 ky wꜥb ḥrwỉ .5.9[5]
L25 ky ḫꜣy n=f .50 wsf
L26 [ky ḫꜣ]y n=f .24 wsf
L27 [ḫꜣ]y m pꜣ ỉdb ỉmny pꜣ ỉw
L28 […]
L29 […]
L30 […]
L31 […]
L32 […]
L33 […]
L34 […]
L35 […]
L36 […]
L37 […]
L38 […]
L39 […]
L40 [ỉḥw]ty ỉmn-ḥꜥ […]
L41 ḫꜣy [m] tꜣ mꜣwt[…] [st tn]
L42 ỉḥwty ỉn-nꜣ […] 50
L43 mḥt n pr[…] 2+ wsf
L44 ky ḫꜣy[…] 20
L45 ỉḥwty […] [20.] 80
L46 wꜥb ḏḥwty-m-ḥb[…] 100
L47 ky ḫꜣy n=f […] .50
L48 mḥt […] [100] wsf
L49 ky ḫꜣy=[f] […]
L50 ky ḫꜣy=[f] […] 100
L51 ḫꜣy[…] [st tn]
L52 […]
L53 […] [2].[4]8
L54 […] [20.] [8]0
L55 […]
L56 [ḫꜣy] […] st [tn]
L57 […] [3.] 20
L58 […] [1]2 wsf

A面 第8栏

L1 [...]
L2 [ỉḥwty ỉ-ỉb] [...]
L3 [ky ḫꜣ]y n=f [...]
L4 mḥt ḥrỉ-š[=f] [...]
L5 [ky ỉḥ]wty pꜣ-ḫꜣrw m ḫmt-[st]
L6 [ky ỉḥ]wty ỉ-ỉb m ḫmt-st [...]
L7 [ḫꜣ]y m pꜣ ỉdb nty pꜣ ḫnt [st tn]
L8 [sš] sbk-ḥtpw mḥ-tꜣ 24 wsf
L9 ky ḫꜣy n=f .50 wsf
L10 ky ḫꜣy n=f .12 wsf
L11 ḫꜣy m tꜣ pꜥt ỉꜣbt st tn
L12 wꜥb pꜣy-rỉ mḥ-tꜣ 2.[40]
L13 ky ḫꜣy n=f m 3 m st .75 wsf
L14 ḫꜣy m pꜣ ỉw rsy st tn
L15 wꜥb [pꜣy]-rỉ .2.7[3]
L16 ky ḫꜣ[y n=f] .24[...]
L17 ky [ḫꜣy n=f] 50 wsf
L18 ky [ḫꜣy n=f] .12 wsf
L19 [ḫꜣy m pꜣ ỉdb] ỉmny [pꜣ ... ỉr] šꜣtỉ
L20 ỉmy-r ỉḥw ꜥšꜣ-m-ḥbs mḥ-tꜣ [...]
L21 ky ḫꜣy n=f .200 wsf
L22 ky ḫꜣy n=f .10.190
L23 ky ḫꜣy n=f .200 wsf
L24 wꜥb ỉn-nꜣ .5.45
L25 ky ḫꜣy n=f .12 wšr(?)
L26 ky ḫꜣy n=f [.] 5[...]
L27 ky ḫꜣ[y n=f] [...]
L28 ḫꜣ[y] [...]
L29 wꜥb [...]
L30 ky ḫꜣ[y n=f] [...]
L31 ky ḫꜣ[y n=f] [...]
L32 ḫꜣ[y] [...]
L33 wꜥb [ỉn-nꜣ] [...]
L34 [ỉmy-r ỉḥw] [...]
L35 [...]
L36 [ḫꜣy] m tꜣ mꜣwt [...]
L37 ỉḥwty pn-nst-tꜣwy mḥ-tꜣ [...]14
L38 ỉḥwty ḥrỉ-š=f-nḫt [...]14
L39 ky ỉḥwty pn-nst-tꜣwy .[...]wsf
L40 ky ỉḥwty ḥrỉ-š=f-nḫt [...]wsf
L41 ḫꜣy m tꜣ pꜥt mḥtỉ ỉmny tꜣ nw-ḥš
L42 wꜥb ỉḫ-m-ntf mḥ-tꜣ 20[...]
L43 ky ḫꜣy n=f .50 wsf
L44 ky ḫꜣy n=f .24 wsf
L45 ky ḫꜣy n=f .100 wsf
L46 ky ḫꜣy n=f .50 wsf
L47 wꜥb wꜥb-[st] [.]20.80
L48 ky ḫꜣy n=f .50 wsf
L49 ky ḫꜣy n=f .24 wsf
L50 ky ḫꜣy n=f .100 wsf
L51 ky ḫꜣy n=f .50 wsf
L52 ḥm hꜣn .2.10
L53 ḥm-nṯr pꜣ-ꜥꜣ-n-pr m ḏrt wꜥb ỉḫ-m-ntf

A面 第9栏

§7 L1 [tꜣ šwt pr] [rꜥ]-ḥrw-ꜣḫty nty m nn-nsw
L2 [ḫꜣy] m tꜣ brkt ḥr ỉ-ỉꜣ
L3 [ỉḫt] ỉḥwty rꜥ-ms 10 ỉpt 5 ỉpt 50
L4 [ḫꜣy] m pꜣ ꜥwn rsy nn-nsw
L5 [ỉḫt] n=f 5 ỉpt 5 ỉpt 25
§8 L6 [tꜣ] ḥwt rꜥ-ms-sw-mr-ỉmn snb sḏm nḥbt m pr ḥrỉ-š=f
L7 ḫꜣy m pꜣ š pr-rꜥ
L8 ỉḫt n=f 10 ỉpt 5 ỉpt 50
§9 L9 tꜣ ḥwt rꜥ-ms-sw-mr-ỉmn snb m pr ḥrỉ-š=f
L10 ḫꜣy rsy ỉꜣbt tnt-ỉtwr
L11 ỉḫt n ỉḥwty rꜥ-ms 5 5 ỉpt 5 5 ỉpt 25 25
L12 ḫꜣy m tꜣ mꜣwt tꜣ-gmy
L13 ỉḫt n=f 10 ỉpt 10 ỉpt 100
L14 ky 10 ỉpt 7¾ ỉpt [7]5
L15 ky 20 ỉpt 5 ỉpt 100
L16 ḫꜣy m pꜣ ỉw ỉmny [...]nw-ḥš
L17 ỉḫt n=f 10 ỉpt 7¾ ỉpt 7[5]
§10 L18 pꜣ mꜣwḏ n ṯꜣtỉ rꜥ-ḥtpw nty mt
L19 ḫꜣy rsy ỉꜣbt pꜣ bḫn n ṯꜣtỉ
L20 ỉḫt m ḏrt wꜥb pꜣ-ỉry 60 ỉpt 5 ỉpt 300
L21 [pš] tꜣ ḥwt pr-ꜥꜣ snb rmnyt pꜣ w ḫꜣr 22¾
L22 [ḫꜣy] mḥtỉ [ỉmny] st tn
L23 [ỉḫt n=f] [20] ỉpt 5 ỉpt 100
L24 [...]
L25 [...]
L26 [...]
L27 [...] [100]
L28 [...]
L29 [...]

L30 [...]

L31 ⸢ḫꜣy⸣ [...]

L32 ỉḥt n ỉḥwty ⸢pꜣ⸣ [...]

L33 ⸢ḫꜣy⸣ rsy ỉꜣbt [...]

L34 ỉḥt n=f 20 ỉpt ⸢5 ỉpt⸣ 100

L35 ḫꜣy ḫr r-⸢ꜥꜣ⸣

L36 ỉḥt n=f 10 ⸢ỉpt⸣ [...]

L37 ḫꜣy pꜣ ỉdb [...] ⸢pr ỉmn⸣ nb ꜥn

L38 ỉḥt n=f 5 ⸢ỉpt 7¾ ỉpt⸣ ⸢3⸣7¾

L39 ky[...]

L40 ḫꜣy mḥtỉ ỉꜣbt [...]

L41 ỉḥt n=f 10 ỉpt [...]

L42 ḫꜣy rsy ỉꜣbt [...]

L43 ỉḥt n=f 15 [...]

L44 ⸢ḫꜣy⸣ [...] pr ỉmn nb ꜥn

L45 [...]

§11 L46 [...]

L47 [...]

L48 [...]

L49 [...]

L50 [...]

L51 [...]

A面　第10栏

L1 [...][...][...]

L2 [...][...]⸢100⸣

L3 ⸢ḫꜣy rsy⸣ ỉꜣbt [...]

L4 ḥm-nṯr ḥwy [...]1 ỉpt 1¾

L5 ḥry ỉḥ mry-rꜥ [...]1 ỉpt 1¾

L6 ꜣḥt n ḥry ḥwy [...]1 ỉpt 1¾

L7 wꜥb kꜥ-r ḥꜣr pš n ⸢ỉḥt⸣ ḥꜣ-tꜣ pr-ꜥꜣ snb

L8 ḥt pꜣ ỉmy-r ḥmw-nṯr 20 [...] ỉpt 1¾

L9 ꜥnḫ n nỉwt sꜣ-kt. [...]1 ỉpt 1¾

L10 ḫꜣy m mḥtỉ ỉꜣbt st ⸢tn⸣

L11 ḥm-nṯr ḥwy .20⸢⌴ ...⸣ ỉpt 1¾

L12 ḫꜣy m pꜣ ỉdb rsy ⸢pr ỉmn⸣ nb ꜥn

L13 ḥm-nṯr ḥwy mḥ-tꜣ ⸢5.⸣45

L14 ky ḫꜣy n=f [...]wšr

L15 ky ḫꜣy n=f [... 100⸣ wšr

L16 ky ḫꜣy n=f [... 100⸣ wšr

L17 ỉḥwty pꜣ-⸢ḥry-pḏt⸣[...] mḥ-tꜣ ⸢4⸣.20

§12 L18 pr sbk-šdd [...]

L19 rmnyt pr pn ⸢wꜣḥ pr-ꜥꜣ⸣ snb ḥt ⸢ḥm⸣-nṯr ḥrwỉ

L20 ḫꜣy ỉꜣbt [...]

L21 ỉḥt n ỉḥwty ḥꜥ ⸢1⸣5 ỉpt 5 ⸢ỉpt⸣ 75

L22 ḫꜣy m ⸢ỉꜣbt⸣ [...]

L23 ỉḥt n=f ⸢5 ỉpt 5 ỉpt⸣ 25

L24 ⸢ḫꜣy m ỉꜣbt⸣ [...]

L25 ⸢ỉḥt n=f 25 ỉpt 5 ỉpt⸣ 125

L26 [...]

L27 [...]100

L28 [...]

L29 [...]

L30 ỉḥt n=f 12 ⸢ỉpt 5⸣ ỉpt ⸢6⸣0

L31 ḫꜣy rsy ỉmny st tn

L32 ỉḥt n=f 15 ⸢ỉpt⸣ 5 ỉpt ⸢7⸣5

L33 ḫꜣy m mḥtỉ st tn

L34 ỉḥt n=f 6 ỉpt ⸢5⸣ ỉpt 30

L35 ḫꜣy mḥtỉ st tn pꜣ-mtr-š

L36 ỉḥt n=f 6 ỉpt ⸢5⸣ ỉpt 30

L37 ḫꜣy m mḥtỉ st ⸢tn⸣

L38 ỉḥt n=f 4 ỉpt 5 ⸢ỉpt⸣ 20

L39 ḫꜣy mḥtỉ ỉmny ⸢st⸣ tn

L40 ỉḥt n=f 8 ỉpt 5 ỉpt 40

L41 ḫꜣy m mḥtỉ ỉmn⸢y st tn⸣

L42 ỉḥt n=f 8 ỉpt ⸢5 ỉpt 40⸣

L43 ḫꜣy m mḥtỉ [...]

L44 ỉḥt n=f [...]

L45 ḫꜣy [...]

L46 ỉḥt n=f 11[...]

L47 ḫꜣy m ⸢mḥtỉ ...⸣

L48 ỉḥt n=f 42 ⸢ỉpt ...⸣

A面　第11栏

L1 ḫꜣy ỉmny st tn mḥtỉ ỉꜣdt mtr

L2 ỉḥt n=f 10 ỉpt 5 ỉpt 50

L3 ḫꜣy ỉmny st tn

L4 ỉḥt n=f 5 ỉpt 5 ỉpt 25

L5 ḫꜣy ỉꜣbt st tn ỉmny tꜣ ỉꜣdt ỉmn nỉwt

L6 ỉḥt n=f 3 ỉpt 5 ỉpt 15

§13 L7 rmnyt pr pn wꜣḥ nswt ḥkꜣ-mꜣꜥt-rꜥ stp-n-ỉmn m mꜣwt ḥt=f

L8 ḫꜣy rsy ỉmny ḥwt-nṯr sbk

L9 ỉḥt n ỉḥwty sbk-nḫt 10 ỉpt 5 ỉpt 50

L10 ḫꜣy m ỉmny st tn

L11 ỉḥt n=f 20 ỉpt 5 ỉpt 100

l.12 *ḫꜣy mḥti st tn*

l.13 *iḥt n=f* 5 *ipt* ⸢5⸣ *ipt* 25

l.14 *ḫꜣy mḥti st tn*

l.15 *iḥt n=f* 15 ⸢*ipt*⸣ 5 *ipt* 75

l.16 *ḫꜣy mḥti st tn*

l.17 *iḥt n=f* 15 ⸢*ipt*⸣ 5 *ipt* 75

l.18 *ḫꜣy rsy* ⸢*iꜣbt*⸣ *st tn*

l.19 *iḥt n=f* 20 *ipt* 5 *ipt* 100

l.20 *ḫꜣy mḥti iꜣbt mr-wr*

l.21 *iḥt n=f* 10 *ipt* 5 *ipt* 50

l.22 *ḫꜣy mḥti iꜣbt st tn*

l.23 *iḥt n=f* 10 *ipt* 5 *ipt* 50

l.24 *ḫꜣy m pꜣ idb rsy iꜣbt ḏw*

l.25 *iḥt n=f* 15 *ipt* 5 *ipt* 75

l.26 ⸢*ḫꜣy*⸣ *m pꜣ iw rsy st tn*

l.27 ⸢*iḥt*⸣ *n=f* 20 *ipt* ⸢10⸣ *ipt* 200

l.28 *ky* ⸢10⸣ *ipt* 7$\frac{2}{4}$ *ipt* 75

l.29 *ky* ⸢1⸣7 *ipt* 5 *ipt* 85

l.30 *ḫꜣy m iꜣbt* ⸢*mr*⸣*-wr*

l.31 *iḥt n=f* ⸢5 *ipt* 5⸣ *ipt* 25

l.32 [...]⸢y⸣[...]

l.33 ⸢*ḫꜣy m tꜣ brkt*⸣ *ḥr n i-iꜣ*

l.34 ⸢*iḥt n iḥwty ꜥꜣ*⸣ 45 *ipt* 5 *ipt* 225

l.35 ⸢*ḫꜣy*⸣ [...]*n pꜣ-my*

l.36 ⸢*iḥt n=f* 10 *ipt*⸣ 5 *ipt* 50

l.37 ⸢*ḫꜣy m tꜣ ḥꜣyt*⸣ *iꜣbt š*

l.38 ⸢*iḥt n=f* 20 *ipt*⸣ 5 *ipt* 100

l.39 ⸢*ḫꜣy m tꜣ-ꜥꜣ*⸣*-bꜣy m pꜣ-my*

l.40 ⸢*iḥt n=f* 10 *ipt*⸣ 5 *ipt* 50

l.41 ⸢*ḫꜣy*⸣ [...]*iꜣbt pr-iḳr*

l.42 ⸢*iḥt n=f* 12 *ipt*⸣ 5 *ipt* 60

l.43 ⸢*ḫꜣy m tꜣ*⸣ ⸢*iꜣ*⸣*dt imny tꜣ wpw š*

l.44 ⸢*iḥt n=f* 10 *ipt*⸣ 5 *ipt* 50

l.45 ⸢*ḫꜣy m rsy*⸣ *ḥwt-nṯr sbk mḥti pꜣ-dmi*

l.46 ⸢*iḥt n=f*⸣ 20 *ipt* 5 *ipt* 100

l.47 ⸢*ḫꜣy m*⸣ *ḥr r-ꜥꜣ*

l.48 ⸢*iḥt n=f*⸣ 5 *ipt* 5 *ipt* 25

l.49 ⸢*pš tꜣ ḥwt*⸣ *pr-ꜥꜣ snb rmnyt pꜣ w ḫꜣr* 1⸢¾⸣⸢⅛⸣

A面 第12栏

l.1 *ḫꜣy* [...] ⸢*tꜣ ꜥt*⸣ *ptḥ-ms*

l.2 *iḥt n=f*[...] ⸢100⸣

l.3 *pš n ḥri-š=f* [...] *ḫꜣr* 7$\frac{2}{4}$

l.4 *ḫꜣy m tnt-*⸢*wḏ*⸣ *m pꜣ-my*

l.5 *iḥt n=f* 20 ⸢*ipt* 5 *ipt*⸣ 100

l.6 *ḫꜣy m* ⸢*pꜣ idb*⸣ *imny tꜣ ḥꜣyt*

l.7 ⸢*iḥt*⸣ *n=f* 7 ⸢*ipt*⸣ ⸢7⸣$\frac{2}{4}$ *ipt* 52$\frac{2}{4}$

l.8 *ḫꜣy m p*⸢*ꜣ*⸣ ⸢*idb*⸣ *iꜣbt pꜣ ḫr pr-nṯr*

l.9 *iḥt n=f* 5 ⸢*ipt*⸣ 5 *ipt* 25

l.10 *ḫꜣy m* ⸢*pꜣ idb*⸣ *iꜣbt st tn*

l.11 *iḥt n=f* 3 ⸢*ipt*⸣ 5 *ipt* 15

l.12 *ḫꜣy mꜣwt mḥti tꜣ wḥyt is*

l.13 *iḥt n=f* 1⸢6⸣ ⸢*ipt*⸣ 7$\frac{2}{4}$ *ipt* 120

l.14 *ḫꜣy mḥti imny pr-pꜣ-mꜣw*

l.15 *iḥt n=f* 2 ⸢*ipt*⸣ 5 *ipt* 10

l.16 *ḫꜣy m p*⸢*ꜣ*⸣ ⸢*iw*⸣ *n mꜣwt imny nn-nsw*

l.17 *iḥt n=f* ⸢2 *ipt*⸣ 5 *ipt* 10

l.18 ⸢*ḫꜣy*⸣ [...] *mr-wr*

l.19 *iḥt* ⸢*n=f* 10 *ipt*⸣ 5 *ipt* 50

§14 l.20 *rmnyt* ⸢*pr pn*⸣ *wꜣḥ pr-ꜥꜣ snb mꜣwt ḥt ḥm-nṯr swn-ri*

l.21 *ḫꜣy* [...] *mr-wr*

l.22 *iḥt n* ⸢*iḥwty sbk*⸣*-nḫt* 15 *ipt* 5 *ipt* 75

l.23 *ḫꜣy* [...]

l.24 ⸢*iḥt*⸣ [...] ⸢33⸣5

l.25 ⸢*pš*⸣ [...]

l.26 [...] ⸢*ḫꜣr*⸣ 25

l.27 ⸢*ḫꜣy*⸣ [...] ⸢*ḥr*⸣ ⸢*iw*⸣*-kꜣk*

l.28 ⸢*iḥt n=f*⸣ [...]

l.29 ⸢*ḫꜣy*⸣ [...] ⸢*st tn*⸣

l.30 ⸢*iḥt n=f*⸣ [...]

l.31 ⸢*ḫꜣy*⸣ [...]

l.32 ⸢*iḥt n=f*⸣ [...]

l.33 ⸢*ḫꜣy*⸣ [...]*n pꜣ*[...]

l.34 *iḥ*⸢*t* ⸢*n=f* 6 *ipt* 5 *ipt* 30⸣

l.35 *ḫꜣy*....⸢*st*⸣ *tn*

l.36 ⸢*iḥt n=f* 42⸣ *ipt* 5 *ipt* 210

l.37 *ḫꜣy m iꜣbt ꜣt*

l.38 *iḥt n=f* 20 *ipt* 5 *ipt* 100

l.39 *ḫꜣy m mḥti imny ḥr iw-*⸢*kꜣk*⸣

l.40 *iḥt*⸢ *n=f*⸣ 15 *ipt* 5 *ipt* ⸢75⸣

l.41 *ḫꜣy m imny* ⸢*st tn*⸣

l.42 *iḥt* ⸢*n=f*⸣ 12 *ipt* 5 *ipt* ⸢60⸣

l.43 *ḫꜣy* [... *iꜣbt st tn*⸣

l.44 ⸢*iḥt n=f*⸣ [...]

l.45 *ḫꜣ*⸢*y*⸣ [...]

l.46 *iḥ*⸢*t n=f*⸣ [...]

L47 ḫꜣ[y] [...]
L48 ỉḥ[t n=f] [...]
L49 ḫꜣ[y] [...]
L50 ỉḥ[t n=f] [...]
L51 ḫꜣ[y] [...]
L52 ỉḥ[t n=f] [...]

A面　第13栏

L1 ḫꜣy rsy ỉmny st tn
L2 ỉḥt n=f 8 ỉpt 5 ỉpt 40
§15 L3 rmnyt pr pn wꜣḥ nswt ḥḳ-mꜣʿt-rʿ stp-n-ỉmn snb mꜣwt ḥt=f
L4 ḫꜣy rsy ỉmny ḥwt-nṯr sbk
L5 ỉḥt n ỉḥwty sbk-nḫt 10 ỉpt 5 ỉpt 50
L6 ḫꜣy m ỉmny st tn
L7 ỉḥt n=f 20 ỉpt 5 ỉpt 100
L8 ḫꜣy m mḥtỉ st tn
L9 ỉḥt n=f 5 ỉpt 5 ỉpt 25
L10 ḫꜣy m mḥtỉ st tn
L11 ỉḥt n=f 15 ỉpt 5 ỉpt 75
L12 ḫꜣy m mḥtỉ st tn
L13 ỉḥt n=f 15 ỉpt 5 ỉpt 75
L14 ḫꜣy rsy ỉꜣbt st tn
L15 ỉḥt n=f 10 ỉpt 5 ỉpt 50
L16 ḫꜣy rsy ỉꜣbt st tn
L17 ỉḥt n=f 20 ỉpt 5 ỉpt 100
L18 ḫꜣy mḥtỉ ỉꜣbt st tn
L19 [ỉḥ]t n=f 10 ỉpt 5 ỉpt 50
L20 [ḫꜣ]y ỉꜣbt mr-wr
L21 ỉḥt n=f 5 ỉpt 5 ỉpt 25
§16 L22 rmnyt mt pr pn ḥt=f
L23 ḫꜣy m tꜣ pʿt ỉmny [...]
L24 ỉḥt n ỉḥwty ʿn-ḫʿ 2 ỉpt 5 ỉpt [10]
L25 ḫꜣy m ḫr r-ʿꜣ
L26 ỉḥt n=f 5 ỉpt 5 ỉpt 25
L27 pš n tꜣ ḥwt pꜣ-ʿꜣ rmnyt pꜣ [w ẖꜣr 1¾⅛]
L28 ḫꜣy m tꜣ ḥꜣyt ỉꜣbt š
L29 [ỉḥ]t n=f 20 ỉpt 5 ỉpt [100]
L30 [ḫꜣ]y m ỉꜣbt pr-[ỉḳr]
L31 [ỉḥ]t n=f 12 ỉpt 5 ỉpt [60]
L32 [ḫꜣ]y m mḥtỉ ỉmny [st tn]
L33 ỉḥt n=f 20 ỉpt [5 ỉpt 100]
L34 [ḫꜣy] [...]
L35 ỉḥt n=f 20 [ỉpt] 5 ỉpt [100]
L36 ḫꜣy m tꜣ pʿt ỉꜣbt pꜣ ḫr n pr-nṯr
L37 ỉḥt n=f 5 ỉpt 5 ỉpt 25
L38 ḫꜣy m pꜣ ỉdb ỉꜣbt st tn
L39 ỉḥt n=f 2 ỉpt 5 ỉpt 10
L40 ḫꜣy m tꜣ-ʿꜣ-bꜣy m pꜣ-my
L41 ỉḥt n=f 10 ỉpt 5 ỉpt 50
L42 ḫꜣy m pn-nỉwt m pꜣ-my
L43 ỉḥt n=f 10 ỉpt 5 ỉpt 50
L44 ḫꜣy m tꜣ pʿt ỉmny tꜣ wpw š
L45 ỉḥt n=f 10 ỉpt 5 ỉpt 50
L46 ḫꜣy m tnt-[wḏ] m pꜣ-my
L47 ỉḥt n=f 20 ỉpt 5 ỉpt 100
L48 [ḫꜣ]y m pꜣ ỉdb ỉmny tꜣ ḥꜣyt
L49 [ỉḥ]t n=f 7 ỉpt 7²⁄₄ ỉpt 52²⁄₄
L50 ḫꜣy m tꜣ pʿt ỉmny bꜣ-rỉ-nꜣ
L51 ỉḥt n=f 10 ỉpt 5 ỉpt 50

A面　第14栏

L1 ḫꜣy ỉꜣbt tꜣ wḥyt pꜣ-ʿf
L2 ỉḥt n=f 15 ỉpt 5 ỉpt 75
L3 ḫꜣy mḥtỉ ỉꜣbt mr-wr
L4 ỉḥt n=f 10 ỉpt 5 ỉpt 50
§17 L5 šmw n pš n pr pn ḥt=f
L6 ḫꜣy m pꜣ ỉdb rsy pr ỉmn nb ʿn
L7 ỉḥwty sbk-nḫt　mḥ-tꜣ 10.40
L8 ỉḥwty hd　10.40
L9 ḥm-nṯr rʿ-ms-sw-wsr-ḥr-ḫpš=f　20.80
L10 ky ḫꜣy n=f　100 wšr
L11 ky ḫꜣy n=f　200 wšr
L12 ḫꜣy m ỉꜣbt pr-ỉ[ḳr]
L13 wʿb ḥrw-m-ḥb　[mḥ-tꜣ] 10.40
L14 ḫꜣy m pꜣ ỉdb ỉmny pr sbk nb ḏdw
L15 ʿnḫ n nỉwt ṯꜣ-ʿꜣ　[mḥ-tꜣ] 5.95
L16 ky ḫꜣy n=st　100 wsf
L17 ky ḫꜣy n=st　50 wšr
L18 ḥry ỉḥ ḥrwỉ n ḥnw pr　mḥ-tꜣ 2.98
L19 ky ḫꜣy n=f　50 wšr
L20 ỉḥwty ỉrỉ　.4.8
L21 ḫꜣy m tꜣ pʿt ỉmny tꜣ wpw š
L22 ḥm-nṯr ḥrwỉ　.10.40
L23 ky ḫꜣy n=f　.24 wšr
L24 ỉḥwty mꜣỉw-nhꜣ　4.20

L.25 ḫꜣy m pꜣ ỉdb ỉꜣbt pꜣ ḫr n pr-nṯr

L.26 wꜥb sbk-nḫt .4.20

L.27 ky wꜥb sbk-nḫt .4.20

L.28 ḫꜣy m pꜣ ỉdb [...] pꜣ ỉdb ỉꜣbt st tn

L.29 ⸢wꜥb⸣ [...] .10.90

L.30 ky ḫꜣ⸢y n=f⸣ [...] .5

L.31 ky ḫꜣ⸢y n=f⸣ [...] .24 wsf

L.32 ky ḫꜣ⸢y n=f⸣ [...] .12 wsf

L.33 ⸢wꜥb⸣ [...] .10.90

L.34 ky ḫꜣ⸢y n=f⸣ [...] .50 wsf

L.35 ⸢ky ḫꜣy n=f⸣ [...] .12 wsf

L.36 ky ⸢ḫꜣy n=f⸣ .24 wsf

L.37 ⸢ḫꜣy⸣ [...] ỉꜣbt tꜣ pꜥt

L.38 [...] ⸢pꜣ ḫr n⸣ pr-nṯr

L.39 [...] [.]10.40

L.40 [...] [.]10.90

L.41 [...] [.]10.40

L.42 ⸢ḫꜣy⸣ [...] pꜣ ḫr n pr-nṯr

L.43 [...] .5.95

L.44 [...] 12 wsf

L.45 ⸢ḫꜣy⸣ [...]š ꜥn-bw

L.46 [...] 20 wšr(?)

L.47 [...]tnt ḥtrt .20_____.

L.48 [...] .20_____.

L.49 [...] .40_____.

L.50 [...] .20_____.

A面 第15栏

L.1 ⸢ḫꜣ⸣y rsy grg

L.2 [...]sꜣḥ-tꜣ-nfr 10 bw=f

L.3 mnỉw sꜣ-rỉ-rw .10_____.

L.4 mnỉw kn-ỉry .10_____.

L.5 ḥm-nṯr ḥrwỉ sꜣ mry-rꜥ .20_____.

L.6 šrdn sbk-nḫt .10_____.

L.7 ḥry ỉḥ ḥrwỉ n ẖnw .10_____.

L.8 sš ꜥꜣ-tẖỉ .10_____.

L.9 ḥm-nṯr sbk-ms .10_____.

L.10 ḫꜣy m pꜣ š nbw

L.11 ḥry ỉḥ ḥrwỉ n ẖnw .40 bw=f

L.12 šmsw pꜣ-nḥsy nꜣ šrdn .20_____.

L.13 wḥꜥ kꜣ-rỉy .10_____.

L.14 mnỉw swt-pꜣ-ꜥnḫ 10_____.

L.15 ḫꜣy m tꜣ ỉnt mḥtỉ bꜣ-rỉ-nꜣ

L.16 ỉt-nṯr sbk-ms .10 bw=f

§18 L.17 rmnyt pr pn ḫt ỉmy-r ỉḥw ꜥn-ḫꜥ

L.18 ḫꜣy ỉmny nḫw-rwrw

L.19 ỉḥt n=f 10 ỉpt 5 ỉpt 50

L.20 ḫꜣy rsy ỉmny mr-wr

L.21 ỉḥt n=f 10 ỉpt 5 ỉpt 50

§19 L.22 pr ꜣst wr mwt

L.23 ḫꜣy m mḥtỉ ḥwt-nṯr sbk

L.24 ỉḥt n=f 20 ỉpt 5 ỉpt 100

§20 L.25 pr sbk nb šdd nty m r-n-ḥnw

L.26 ḫꜣy pꜣ ỉdb ỉmny pr sbk nb šdd

L.27 ỉḥt n ⸢ỉḥwty⸣ [...] ⸢8⸣ ỉpt 5 ỉpt 40

L.28 ḫꜣy m tꜣ pꜥt [...] ⸢st tn⸣

L.29 ỉḥt n=f 2

§21 L.30 pr sbk nb ⸢šdd⸣ ⸢ḫt ḥm-nṯr⸣ pꜣ-ꜥꜣ-n-pr

L.31 ḫꜣy m pꜣ[...]

L.32 ỉḥt n=f 5 ỉpt ⸢5 ỉpt⸣ ⸢2⸣5

L.33 ḫꜣy m pꜣ ỉdb ⸢ỉꜣbt⸣ ⸢st⸣ tn

L.34 ỉḥt n=f 5 ỉpt 5 ỉpt 25

§22 L.35 šmw n pš n pr pn ḫt=f

L.36 ḫꜣy m pꜣ-mr-sbk

L.37 ḥm-nṯr pꜣ-ꜥꜣ-n-pr mḥ-tꜣ [...] wsf

L.38 ky ḫꜣy n=f 100 wsf

§23 L.39 pr ỉmn-sḏm-wꜣ

L.40 ḫꜣy rsy ỉmny tꜣ wḥyt ỉs

L.41 ỉḥt n ỉḥwty ỉ[...] 20 ỉpt 5 ỉpt 10

L.42 pš pr ỉmn ⸢rm⸣nyt pꜣ w ẖꜣr 7¾

A面 第16栏

§24 L.1 pr ỉmn nst tꜣwy ḥry-ỉb š [...]

L.2 ḫꜣy m ỉdb ỉmny pr sbk nb ⸢šd⸣d

L.3 ỉḥt n ỉḥwty sbk-nḫt 10 ỉpt 10 ⸢ỉpt⸣ ⸢100⸣

§25 L.4 pr psḏt m bꜣ-rỉ-nꜣ ḫt ḥm-nṯr[...]

L.5 ḫꜣy m ỉmny pr bꜥ-ryt⸣

L.6 ỉḥt n=f 9 ỉpt 5 ỉpt 45

L.7 ḫꜣy m tꜣ ḥꜣyt rsy mr-ṯ(?)nmw

L.8 ỉḥt n=f 1 ỉpt 5 ỉpt 5

§26 L.9 tꜣ šwt pr rꜥ-ḥrw-ꜣḫty nty m š ḫt ḥm-nṯr ỉmn-ḫꜥ

L.10 ḫꜣy mꜣwt bwn-rỉ

L.11 ỉḥt n ỉḥwty pꜣ-ỉry 10 ỉpt 5 ỉpt 50

L.12 ḫꜣy m tꜣ brkt pꜣ ḫr n pr-nṯr

L.13 ỉḥt n=f 5 ỉpt 5 ỉpt 25

§27 L.14 šmw n pš n pr pn ḫt=f

L15 ḫꜣy m pꜣ ỉdb ỉmny tꜣ mꜣwt bwn-ri

L16 ỉḥwty wr-ỉḥw-nḫt pš n ỉḥt mint pr-ꜥꜣ snb

L17 ḥt pꜣ ỉmy-r ỉpt nsw 40 10 ỉpt 1 2/4

L18 sš ꜥꜣ-sṯḥ n st-šꜣt n pr-ꜥꜣ snb　mḥ-tꜣ 5.95

L19 ỉdnw mry-rꜥ　⸢.10.⸣40

L20 ỉḥwty wr-ỉḥw-nḫt　⸢.4.⸣20

L21 ỉḥwty pw-riy　⸢...⸣

L22 sš ḏḥ-pḥ-sw　⸢...⸣ wsf

L23 ky ḫꜣy n=f　⸢...⸣ wsf

L24 rwḏw pꜣ-nḥsy　⸢.20.1⸣80

L25 ḥm-nṯr ỉmn-ḫꜥ　⸢.10.⸣90

L26 ky ḫꜣy n=f　⸢.20.⸣80

L27 ky ḫꜣy n=f　⸢...⸣

L28 ky ḫꜣy n=f　⸢...⸣

L29 ⸢wꜥb⸣ ⸢pꜣ⸣-ỉry　⸢.⸣2.8

L30 ḫꜣy m tꜣ br⸢k⸣t pꜣ ḫr n ⸢pr-nṯr⸣

L31 ỉdnw mry-rꜥ pš iht pr-ḥnr mr-wr⸢...⸣

L32 rmnyt pꜣ-nḥsy .10.2½ ỉpt 1 2/4

L33 ḥry ỉḥ ṯw-ri .10⌋5.1 ỉpt 1 2/4

§28 L34 pr nbt-ḥwt n rꜥ-ms-sw mr-ỉmn snb nty m pr sṯḥ

L35 ḫꜣy m mḥti ỉmny ỉꜣdt kꜣ

L36 ỉḥt n ỉḥwty ḥrwỉ 15 ỉpt 5 ỉpt 75

L37 pš n pꜣ ḫnt bꜣ-n-<rꜥ> mr-ỉmn snb m pr ptḥ ḫꜣr 5 2/4 1/8

§29 L38 tꜣ šwt pr rꜥ-ḥrw-ꜣḫty nty m pr pn

L39 ḫꜣy m mḥti ỉꜣbt s⸢...⸣w

L40 ỉḥt n ỉḥwty ḥrwỉ 8 ỉpt 5 ỉpt 40

L41 pš n tꜣ ḥwt mri mỉ rꜥ ḫꜣr 3

L42 ḫꜣy m mḥti ỉw-bw-riy

L43 ỉḥt n=f 12 ỉpt ⸢5 ỉpt⸣ 60

L44 pš n tꜣ ḥwt wsr-mꜣꜥt-rꜥ stp-n-⸢rꜥ⸣ ⸢snb⸣ ⸢rmnyt⸣ pꜣ w ḫꜣr 4 2/4

A面　第17栏

§30 L1 pr ỉmn nst tꜣwỉ pꜣ pḥwy

L2 rmnyt pr pn wꜣḥ pr-ꜥꜣ snb m mꜣw ḥt ḥm-nṯr ḥrwỉ

L3 ḫꜣy m tꜣ pꜥt ỉmny tꜣ mꜣwt swt

L4 ỉḥt n ỉḥwty pꜣ-ỉry 20 ỉpt 10 ỉpt 200

L5 ky ỉpt ỉpt

L6 pš pr rꜥ rmnyt tꜣ wꜣt ỉmny ḫꜣr 15

§31 L7 smw ỉḥw pr ỉmn-rꜥ nṯrw

L8 ḫꜣy m mḥti ỉꜣbt pr-ỉḳr

L9 pš tꜣ mꜣwt ỉmn m ḏrt wꜥb ỉmn-m-wỉꜣ 5 ¼ ỉpt 1 2/4

L10 mniw ỉḥw ỉmn-m-wỉꜣ .3.¼ ỉpt 1 2/4

L11 ḥnk n nṯrw pr-ꜥꜣ snb ḥt ỉdnw ꜣny tnt-ḥtrt .20⌋5.¼ ỉpt 1 2/4

L12 ꜥnḫ-n-niwt ḥwt-ḥry 10⌋5.¼ ỉpt 1 2/4

L13 ky mniw ỉḥw ỉmn-m-wỉꜣ 3.¼ ỉpt 1 2/4

L14 šmsw ỉmn-nḫt nꜣ šrdn 3.¼ ỉpt 1 2/4

L15 wꜥw pn-sḫmt .3.¼ ỉpt 1 2/4

L16 ꜥnḫ-n-niwt tꜣ-ḥw-rwrw 3.¼ ỉpt 1 2/4

L17 ḳrꜥw pr-ꜥꜣ snb ḥrwỉ .5.¼ ỉpt 1 2/4

§32 L18 smw ỉḥw tꜣ ḥwt wsr-mꜣꜥt-rꜥ stp-n-rꜥ snb m pr ỉmn

L19 ḫꜣy m mḥti pꜣ ihꜣy ꜥꜣ

L20 wꜥb ỉmn-ḥꜥ m ḏrt kṯn ꜥꜣ 10⌋5.1 ỉpt 1⸢2/4⸣

L21 kṯn ꜥꜣ tp=f　.20⌋5.1 ⸢ỉpt 1 2/4⸣

L22 ky ḫꜣy n=f　.5.95

L23 ky ḫꜣy n=f　.10.40

L24 ky ḫꜣy n=f　50 wsf

L25 wꜥb pꜣ-wꜥ-n-ỉmn sꜣ tꜣwỉ 5.½ ỉpt 1 2/4

L26 ky ḫꜣy n=f　.10.40

L27 ky ḫꜣy n=f　.12 wsf

L28 ⸢wꜥb⸣ ⸢pꜣ-wꜥ-n⸣-ỉmn sꜣ ⸢tꜣwỉ⸣ ⸢...⸣

L29 ⸢ky ḫꜣ⸣y n=f　.10.40

L30 ⸢ky ḫꜣ⸣y n=f　.12 wsf

L31 ⸢mrỉ⸣ ỉmn-nḫt .5.½ ỉpt 1 2/4

L32 ⸢ky ḫꜣ⸣y n=f　.10.40

L33 k⸢y ḫ⸣ꜣy n=f　.12 wsf

L34 ⸢...⸣ ḳn .3.½ ỉpt 1 2/4

L35 k⸢y⸣ ⸢ḫꜣ⸣y n=f　mḥ-tꜣ 6 wsf

L36 ⸢ḥry ỉḥ⸣ pn-ḥt.6.½ ỉpt 1 2/4

L37 ky ḫꜣy n=f　.4.8

L38 sš ntw(?) ḫꜣr sṯḥ-(ḥrỉ)-wnm=f sṯꜣt 3.½ ỉpt 1 2/4

L39 ky ⸢ḫꜣ⸣y n=f　.12 wsf

L40 šrdn ṯꜣ-ri-bw .10⌋5.½ ỉpt 1 2/4

L41 ky ⸢ḫꜣ⸣y n=f　mḥ-tꜣ 5.45

L42 ky ḫꜣy n=f　5.45

L43 ky ḫꜣy n=f　50 wsf

L44 wꜥw sbk-nḫt .3.½ ỉpt 1 2/4

L45 ky ⸢ḫꜣ⸣y n=f　.6 wsf

L46 ꜥnḫ-n-niwt mry-mwt　.mḥ-tꜣ 10.40

L47 ꜥnḫ-n-niwt mwt-m-ipt　.4.8

A面 第18栏

L.1 [...] [ỉry-ꜥꜣ] mḥ-tꜣ 4.8
L.2 [...] .3.8
L.3 [šrdn] ḳny .3.8
L.4 [...]ỉmn-ḫꜥ sꜣ stẖ-ḥw-bꜣ-ḥb .4.8
L.5 [ḫꜣy] m rsy ỉꜣbt pr-ỉḳr
L.6 [šr]dn ꜥꜣ ḥnꜥ snw=f .20 m šwt
L.7 ḥnk nꜣ nṯrw n pr-ꜥꜣ snb ḫt sš ỉpt-nsw nst š-sbk
20_____.
L.8 ḫꜣy m tꜣ brkt pr bꜥ-rỉ-yt
L.9 ḥm-nṯr ḥrwỉ n pr sbk .20 bw=f
L.10 ỉt-nṯr sbk-ms .20_____.
L.11 wꜥb ꜥꜣ .10_____.
L.12 ḥm-[nṯr] pꜣ-srw .10_____.
L.13 [wꜥb] pꜣ-ḥꜣrw .10_____.
L.14 ꜥnḫ-n-nỉwt ḥnw-mḥy .10_____.
L.15 wꜥb sbk-ḥtpw .10_____.
L.16 wꜥb ỉmn-ḥtpw .10_____.
L.17 wꜥb pꜣ-ḥm-nṯr .10_____.
L.18 ꜥnḫ-n-nỉwt rꜥ-ỉꜣ .10_____.
L.19 wꜥb stẖ-nḫt .10_____.
L.20 ḫꜣy m pꜣ ỉdb rsy tꜣ ḥnw
L.21 mnỉw sỉwt pꜣ-ꜥꜣ-n-nn-nsw 200 bw=f
L.22 ḫꜣy m tꜣ smw rsy pꜣ ỉdb n pꜣ-my
L.23 mnỉw pꜣ-rꜥ-ḫꜥ .50 bw=f
L.24 mnỉw sbk[...] .50_____.
L.25 mnỉw pꜣ-nb-ṯꜣw .50_____.
L.26 mnỉw pꜣ-rỉ-wꜣṯꜣ .50_____.
§33 L.27 smw ỉḥw tꜣ ḥwt rꜥ-ms-sw mr-ỉmn snb mrỉ mỉ rꜥ
L.28 [ḫꜣ]y [mḥtỉ sꜣsꜣ]
L.29 wꜥb sdty n pr rswt-r [...]b[w=f]
L.30 ḥry ỉḥ pꜣ-šd .5[_____.]
L.31 wꜥb ꜥꜣ .5_____[.]
L.32 šrdn ṯꜣ-rỉ-bw .5_____[.]
§34 L.33 pr ꜣst n rꜥ-ms-sw mr-ỉmn snb nty tꜣ wḥyt rn
L.34 ḫꜣy m pꜣ ỉdb mḥtỉ [ỉꜣbt] pꜣ-ṯsy-ḥwrw
L.35 ỉḥt m ḏrt ỉḥwty ḥn-sw 5 ỉpt 10 ỉpt 50
L.36 pš n pr rꜥ rmnyt tꜣ wꜣt ỉmny ẖꜣr 3¾
§35 L.37 tꜣ šwt rꜥ-ḥrw-ꜣḫty nty m šꜣtỉ-nꜣ
L.38 ḫꜣy rsy šꜣ-tw-tỉ-nꜣ
L.39 ỉḥt m ḏrt ỉḥwty [ns-tꜣ]wr 5 ỉpt 5 ỉpt 25
L.40 [...]

A面 第19栏

§36 L.1 pr ḫꜥ-kꜣ-rꜥ snb nty [...]
L.2 ḫꜣy m tꜣ m ẖnm ỉꜣbt [...]
L.3 ỉḥt n ỉḥwty ns-tꜣ-wr [6 ỉpt ... ỉpt ...]
L.4 ḫꜣy m tꜣ m ẖnm ỉꜣbt [st tn]
L.5 ỉḥt n=f 4.ỉpt 5 ỉpt 20
§37 L.6 tꜣ mnỉwt n pr-ꜥꜣ snb m mr-wr
L.7 ḫꜣy m pr-ḫꜣst
L.8 ỉḥt m ḏrt ỉḥwty ḥrwỉ 10 ỉpt 5 ỉpt [50]
L.9 pš st wr pr m ptḥ ẖꜣr [3]¾
§38 L.10 pr ẖnr n mn-nfr
L.11 rmnyt pr pn ḫt pꜣ ḥꜣty-ꜥ n t[pt]-ỉḥw
L.12 ḫꜣy mḥtỉ tꜣ wḥyt pꜣ-ꜣbw
L.13 ỉḥt n ỉḥwyt sdty mḥ-tꜣ 50.⅓.6 ⅔ ỉr-n 333⅔
mimi ẖꜣr ¾ ¼ 1/32
§39 L.14 pr ẖnr mr-wr
L.15 rmnyt pr pn m ḏrt rwḏw p[ꜣ]-n[ḥ]sy
L.16 ḫꜣy tꜣ mꜣwt ỉꜣbt š
L.17 ỉḥt n ỉḥwty ỉmn-hꜣ-ỉb [10] ỉpt 5 ỉpt 50
L.18 pš pr ỉmn-rꜥ nswt nṯrw ẖꜣr 3¾
L.19 ḫꜣy m mꜣwt mḥtỉ ỉꜣbt [st tn]
L.20 ỉḥt n=f 20 ỉpt 5 ỉpt [100]
L.21 pš n pr ỉmn-rꜥ nswt nṯrw [ẖꜣr] 7¾
L.22 ḫꜣy m mr-ḥnw [n pꜣ ḏrw] ỉmny
L.23 ỉḥt n=f 10 ỉpt 5 ỉpt [50]
L.24 pš n tꜣ ḥwt wsr-mꜣꜥt-rꜥ mr-ỉmn snb [rmnyt] pꜣ
w nn-nsw ẖꜣr [3]¾
L.25 ḫꜣy m tꜣ brk[t] pꜣ ḥr n pr-nṯr
L.26 ỉḥt n=f 10 ỉpt 5 ỉpt [50]
L.27 pš n tꜣ šwty-rꜥ nty m š [ẖꜣr] 3¾
L.28 ḫꜣy rsy ỉꜣbt mr-yrỉ [...] bꜣ-dn⌋
L.29 ỉḥt n=[f] 20 [ỉpt 5 ỉpt] 100
L.30 [pš] [...] [rmnyt] pꜣ [w] ẖꜣr 7 2/4
§40 L.31 mint pr-ꜥꜣ snb ḫt pꜣ ỉmy-r ḥmw-nṯr
L.32 ḫꜣy mḥtỉ ỉꜣbt ỉw-bwry
L.33 ỉḥt m ḏrt ḥm-nṯr ḥrwỉ 15 ỉpt 5 ỉpt 75
L.34 pš tꜣ ḥwt mrỉ mỉ rꜥ ẖꜣr 5 2/4 1/16
L.35 ḫꜣy rsy ỉꜣbt pr rswt-r
L.36 ỉḥt n=f 20 ỉpt 5 ỉpt 100
L.37 pš n pr rswt-r ẖntꜥrw ẖꜣr 7 2/4
§41 L.38 mint pr-ꜥꜣ snb ḫt pꜣ ỉmy-r ỉpt nsw
L.39 ḫꜣy m tꜣ mꜣwt bw-n-rỉ
L.40 ỉḥt n ỉḥwty wr-ỉḥw-nḫt 40 ỉpt 5 ỉpt 200

L41 *pš tꜣ šwty-rꜥ nty m š ḫꜣr* 15

§42 L42 *mint pr-ꜥꜣ snb ḫt pꜣ ḥꜣty-ꜥ n mr-wr*

L43 *ḫꜣy m pr-ḫꜣst*

L44 *iḥt n iḥwty ḥrwi* 20 ⸢*ipt* 5 *ipt* 100⸣

L45 *pš st wr m pr ptḥ*⸢…⸣ ⸢*ḫꜣr* $7\frac{2}{4}$⸣

A面　第20栏

§43 L1 *mint pr-ꜥꜣ snb ḫt pꜣ ḥꜣty-ꜥ n š rsy*

L2 *ḫꜣy m tꜣ mꜣwt bw-n-ri*

L3 *iḥt n iḥwty ḥrwi* 10 *ipt* 5 *ipt* 50

L4 *pš n ḥwt pr-ꜥꜣ ḫꜣr* 3¾

§44 L5 *ḫꜣ-tꜣ pr-ꜥꜣ snb ḫt ṯꜣy-sryt mr-n-ptḥ n ḫnm*

L6 *ḫꜣy m pꜣ idb mḥti tꜣ inb pr-ṯsy*

L7 *iḥt n iḥwty ḏḥwty* 3 *ipt* 5 *ipt* 15

L8 *pš n pr rꜥ rmnyt tꜣ wꜣt imny ḫꜣr* $1\frac{1}{16}$

L9 *ḫꜣy m kꜣ-pw*

L10 *iḥt n=f* 5 *ipt* 5 *ipt* 25

L11 *pš pr rꜥ rmnyt tn ḫꜣr* 1¾$\frac{1}{16}$

L12 *ḫꜣy m pꜣ idb imny pꜣ ḫnt tn*

L13 *tꜣ n mꜣwt sꜣmr*

L14 *iḥt n=f* 2 *ipt* 5 *ipt* 10

L15 *pš pr rꜥ rmnyt tꜣ wꜣt imny ḫꜣr* ¾

§45 L16 *ḫꜣ-tꜣ pr-ꜥꜣ snb ḫt pꜣ ḥꜣty-ꜥ n mr-wr*

L17 *ḫꜣy iꜣbt mr-wr*

L18 *iḥt n iḥwty ḥrwi* 30 *ipt* 5 *ipt* 150

L19 *ḫꜣy iꜣbt st tn*

L20 *iḥt n=f* 20 *ipt* 5 *ipt* 100

L21 *ḫꜣy m pr-ḫꜣst*

L22 *iḥt n=f* 25 *ipt* 5 *ipt* 125

L23 *pš n st wr m pr ptḥ ḫꜣr* 9¼$\frac{1}{16}$

L24 *ḫꜣy imny grg*

L25 *iḥt n=f* 30 *ipt* 5 *ipt* 150

L26 ⸢*ḫꜣy*⸣ *m p*⸢*ꜣ*⸣ *ḫnm n mniw-siwt*

L27 *iḥt n=f* 80 *ipt* 5 *ipt* 400

L28 *ḫꜣy rsy tꜣ wḥyt is*

L29 *iḥt n=f* 10 *ipt* 5 *ipt* 50

L30 *pš tꜣ ḥwt wsr-mꜣꜥt-rꜥ* ⸢*mr*⸣*-imn snb rmnyt pꜣ w ḫꜣr* 3¾

L31 *ḫꜣy m tꜣ brkt pr bꜥ-ri-yt*

L32 *iḥt n=*⸢*f*⸣ 10 *ipt* 5 *ipt* 50

L33 ⸢*pš n st wr pr n m ptḥ*⸣ *ḫꜣr* 3⸢¾⸣

§46 L34 *ḫꜣ-tꜣ pr-ꜥꜣ snb ḫt pꜣ ḥꜣty-ꜥ n š rsy*

L35 *ḫꜣy m tnt-wḏ m pꜣ-my*

L36 *iḥt n iḥwty sbk-nḫt* 60 *ipt* 5 *ipt* 300

§47 L37 *ḫꜣ-tꜣ pr-ꜥꜣ snb ḫt ḥm-nṯr nfr n pr ḥri-š=f*

L38 *ḫꜣy m pꜣ ꜥwn rsy nn-nsw*

L39 *iḥt n iḥwty ḥri-š=f-nḫt* 20 *ipt* 5 *ipt* 100

L40 *pš ḥri-š=f ḫꜣr* $7\frac{2}{4}$

L41 *ḫꜣy m tꜣ brkt ḥr i-iꜣ*

L42 *iḥt n=f* 30 *ipt* 5 *ipt* 150

L43 *pš pr pn ḫꜣr* 11¼

L44 *ḫꜣy m mḥti* ⸢*i*⸣*ꜣdt nḥḥ*

L45 *iḥt n=f* 10 *ipt* 5 *ipt* 50

L46 *pš n pr pn ḫꜣr* 3¾

A面　第21栏

L1 *ḫꜣy m ḥr* ⸢*i-iꜣ*⸣

L2 *iḥt n=*⸢*f* 10 *ipt* 5 *ipt*⸣ 100

L3 *pš pr* ⸢*pn*⸣ *ḫꜣr* $7\frac{2}{4}$

§48 L4 *ḫꜣ-tꜣ pr-ꜥꜣ* ⸢*snb ḫt*⸣ *pꜣ* <*imy-r*> *ipt nsw*

L5 *ḫꜣy m mr-ḫnw pꜣ ḏrw imny*

L6 *iḥt n idnw mry-rꜥ* 20 *ipt* 5 *ipt* 100

L7 *pš tꜣ ḥwt wsr-mꜣꜥt-rꜥ mr-imn m pr imn ḫꜣr* $7\frac{2}{4}$

§49 L8 *ḫꜣ-tꜣ pr-ꜥꜣ snb ḫt ḥm-nṯr ḥrwi n pr sbk*

L9 *ḫꜣy rsy tꜣ iꜣdt bꜣ-wꜣy*

L10 *iḥt n iḥwty pꜣ-nḏm* 40 *ipt* 5 *ipt* 200

L11 *pš tꜣ ḥwt* ⸢*pr-ꜥꜣ snb*⸣ *ḫꜣr* 15

§50 L12 *ḫꜣ-tꜣ pr-ꜥꜣ snb ḫt ḥm-nṯr sw-n-ri*

L13 *ḫꜣ*⸢*y*⸣ ⸢*mḥti tꜣ*⸣ ⸢*i*⸣*ꜣdt bꜣ-wꜣy*

L14 *iḥ*⸢*t n iḥwty*⸣ *pꜣ-nḏm* 40 *ipt* 5 *ipt* 200

L15 *pš* ⸢*tꜣ ḥwt*⸣ ⸢*pr*⸣*-ꜥꜣ snb ḫꜣr* 15

A面　第1栏

§1 Lx+0 ……

Lx+1 丈量于……

			耕地（阿鲁拉）[1]	产率（每阿鲁拉）	产量
	Lx+2	……	10	5 袋[2]	50 袋[3]
	Lx+3	分配给位于该领地的……3¾（袋）。			
§2	Lx+4	该神庙领地……，索白克霍特普之子塞提。			
	Lx+5	丈量帕布[4]村庄北部：			
	Lx+6	其耕地	41	5 袋	205 袋
§3	Lx+7	分配该神庙领地……			
	Lx+8	丈量……西北部的……：			
	Lx+9	瓦布祭司[5]阿哈皮……			
	Lx+10	耕种者[6]帕特普……			
	Lx+11	又丈量……			
	Lx+12	又丈量……			
	Lx+13	耕种者帕赫如……			
	Lx+14	先知[7]帕阿奈派尔。			
	Lx+15	……			
	Lx+16	……			
	Lx+17	……			
	Lx+18	……			

〔1〕阿鲁拉：古埃及土地面积单位，1 阿鲁拉约等于 2 735 平方米。

〔2〕新王国时期，一袋谷物的重量约为 76.88 升，该重量是指晒干后的谷物重量。

〔3〕该句意为耕种者耕种 10 阿鲁拉土地，单位阿鲁拉土地产量为 5 袋，二者相乘，估算出一共出产 50 袋谷物。需要说明的是，文中所记录的谷物产量和需缴纳的税额都是预估产量。这类土地属于非分摊耕地，其所产谷物须全部上缴。

〔4〕帕布：地名，具体位置待考。

〔5〕瓦布祭司：古埃及祭司中的一种。加德纳（A. H. Gardiner）直译作“祭司”，本书为更直接地表明祭司级别，故译作“瓦布祭司”。祭司的等级中，瓦布祭司的级别最低。

〔6〕耕种者：该词的释义，学界目前尚无定论。若将其直译为“农民”，则不足以表达它的全部含义。本书译作“耕种者”，因为“耕种者”既包括田间劳作者，又包括监管人。本文献中的含义更倾向于“监管人”，因为单纯的田间劳作者——农民是不可能独自完成如此大面积的土地耕种的。同时，耕种者又受政府官员、神庙祭司和书吏的监管。

〔7〕先知：高级祭司。底比斯阿蒙神庙有四名先知，其中“阿蒙第一先知”地位最高（仅次于维吉尔），其主要职责是管理阿蒙神庙的祭祀活动和财产收支。第二十王朝末期，阿蒙第一先知手握实权，是埃及南部底比斯地区的实际统治者。

A面　第2栏

			耕地（阿鲁拉）	税赋地（阿鲁拉）	税率（每阿鲁拉）
Lx+0	……				
Lx+1	丈量……此地东部：				
Lx+2	……胡奈瑞	10旱地[1]			
Lx+3	……瓦布祭司索白克摩斯	10 ____[2]			
Lx+4	丈量于巴瑞伊特[3]神庙所属池塘：				
Lx+5	……分配得耕种卡塔法老地[4]，				
Lx+6	麦尔乌尔市长[5]管理，		10	2½	1¾袋
Lx+7	……	2半旱地[6]			
Lx+8	……	2 ______			
Lx+9	……	2 ______			
Lx+10	……	2 ______			
Lx+11	丈量于派尔卡塞特[7]：				
Lx+12	耕种者赫瑞分配得耕种米奈特法老地，				
Lx+13	管理者麦尔乌尔市长		20	5	1¾袋
Lx+14	又丈量其分配得卡塔法老地		25	6¼	1¾袋
Lx+15	又丈量其分配得塔姆纽法老地		10	2½	1¾袋

---

〔1〕10旱地：此处数字加单词（或词组）的形式表示未被估税的土地数量与类型。土地数量单位一般为平方肘尺，1平方肘尺=1/100阿鲁拉。该组合的完整句意为："10平方肘尺土地没有被估税，是旱地。""旱地"，指因缺水灌溉而不能耕种的土地。

〔2〕10 ____：其中下划线"____"遵照原文献格式保留，意指上行中相同位置相同内容的略写。

〔3〕巴瑞伊特：迦南女神，意为"比布罗斯女主人"。她作为负责保护古埃及与黎巴嫩之间雪松贸易的女神最早可追溯至古王国第四王朝法老斯尼弗鲁的统治时期。

〔4〕卡塔法老地：*ḫꜣ-tꜣ pr-ʿꜣ*，该土地由法老划拨给神庙，名义上属于法老，实际使用权归于当地神庙。《韦伯纸草》中，卡塔法老地通常由当地总督、神庙先知或是高级别官员管理。土地所产谷物的一部分以税收的形式上缴给法老。卡塔瑞（Katary）则认为这种土地产出的谷物是专门供养工匠村中的工人的。拉美西斯时代以后，这种土地类型已不复存在。

〔5〕市长：*ḥꜣty-ʿ*，古王国时期文献中一般被译作"地方州长"。拥有这一头衔的人具有较强的独立于中央政府之外的权力。本书译作"市长"，因为新王国时期拥有这一头衔的人居于中央政府管理之下，其独立性已丧失。

〔6〕半旱地：*wšr*，古埃及土地类型之一，具体所指待考。

〔7〕派尔卡塞特：地名，具体位置待考。

A面 第3栏

		耕地（阿鲁拉）	税赋地（阿鲁拉）	税率（每阿鲁拉）
Lx+0	[······]			
Lx+1	[······]	10⌟[1] 5	½	1⅔ 袋
Lx+2	[丈量]（于）[······] 卡密[······] 西部[······]：			
Lx+3	[······]	12	½	1⅔ 袋
Lx+4	[丈量]（于）[······] 卡特山地[2] 西部：			
Lx+5	瓦布祭司[······]	[······] 半旱地		
Lx+6	丈[量于······] 马厩西部：			
Lx+7	瓦布祭司赫[瑞······]	3	¼	1⅔ 袋
Lx+8	丈量（于）[······] 帕阿乌那[3] [······] 神庙：			
Lx+9	瓦布祭司赫瑞[······]	[······]	¼	1⅔ 袋
Lx+10	丈量（于）[······] 西部：			
Lx+11	瓦布祭司帕赫如[······]	[······] 半旱地		
Lx+12	丈量（于）[······] 南部：			
Lx+13	马夫长[4] [阿] 蒙[······]			
Lx+14	丈量（于）[······]			
Lx+15	女市民[5] [······]			
Lx+16	丈量（于）[······]：			

〔1〕“⌟”，该符号在此处第一次出现。加德纳认为该符号令人费解。卡塔瑞指出，该符号前面的数字表示土地持有者总共持有的土地数，而符号后面的数字则表示需要缴税的土地数。本书即采用卡塔瑞的观点。值得注意的是，所谓“需要缴税的土地数”当区别于“税赋地”，后者指用来计算缴税数额的土地数量，一般少于“需要缴税的土地数”，两者之间的具体划分依据待考。

〔2〕卡特山地：具体位置待考。

〔3〕帕阿乌那：地名，具体位置待考。

〔4〕马夫长：属军衔之一，起初主要负责喂养法老的马匹。新王国时期战争频仍，随着马匹和战车在战场上的作用越来越重要，拥有这一头衔的人遂成为军官。马夫长作为小土地持有者，在《韦伯纸草》中出现频率很高。

〔5〕女市民：*ʿnḫ n niwt*，直译为“居住在小镇的妇女”。有的学者译作“女公民”或“夫人”，可能会产生歧义，本书中统一作“女市民”。该头衔最早出现于中王国时期，广泛使用至新王国十八王朝前。一说专指已婚妇女，但尚无证据。杨森（Janssen）认为该词在新王国时期指成年女子，其地位较低。

Lx+17 舍尔登人[1]……

A面　第4栏

Lx+0 ……

		耕地（阿鲁拉）	税赋地（阿鲁拉）	税率（每阿鲁拉）
Lx+1	……	……	……	1 2/4 袋
Lx+2	……	……	……	1 2/4 袋
Lx+3	……			
Lx+4	……8。			

§4 Ly+1 两土地之主赫瑞沙弗[2]的神庙，由先知……负责。

Ly+2 神庙领地……由他负责。

		耕地（阿鲁拉）	产率（每阿鲁拉）	产量
Ly+3	丈量（于）伊赫斯……：			
Ly+4	耕种者派恩奈塞特塔威	30	5袋	150袋
Ly+5	丈量（于）……西部……瑞沙提：			
Ly+6	其耕地	10	5袋	50袋
Ly+7	丈量（于）……此地西部：			
Ly+8	其耕地	21	5袋	105袋
Ly+9	丈量（于）此地西部的河沿地[3]西部：			
Ly+10	其耕地	6	5袋	30袋
Ly+11	丈量（于）尼苏[4]西部的德赫尔查伊弗[5]初耕地[6]：			
Ly+12	其耕地	20	10袋	200袋

〔1〕舍尔登人：一般认为是海上民族的一支。该词始见于拉美西斯二世统治时期的文献记录中。拉美西斯二世统治第二年，舍尔登人入侵埃及北部沿海地区，拉美西斯二世将其驱逐出境。

〔2〕赫瑞沙弗：古埃及的公羊神，又称作“阿沙非”，其崇拜地在赫拉克利奥坡里斯。希腊人称之为“阿撒非斯”或“哈撒非斯”。

〔3〕河沿地：*idb*，古埃及土地类型之一，指毗邻河水或者沟渠的长带状土地。

〔4〕尼苏：古埃及重镇之一，第二十诺姆的首府。

〔5〕德赫尔查伊弗：地名，具体位置待考。

〔6〕初耕地：*tꜣ mꜣwt*，指尼罗河水泛滥后留在河床的淤泥。因其土地肥沃，故称“初耕地”。有的学者认为初耕地指从未被耕种过的、新开垦的土地。加德纳认为，初耕地是由于河流航道更改，原来被河水覆盖的土地从水下露出，继而由人们在其上耕作。

		耕地（阿鲁拉）	产率（每阿鲁拉）	产量
Ly+13	又	10	$7\frac{2}{4}$ 袋	75 袋
Ly+14	又	12	5 袋	60 袋

A 面　第 5 栏

		耕地（阿鲁拉）	产率（每阿鲁拉）	产量
L1	其耕地	……	……袋	100……袋
L2	丈量（于）……此地西部：			
L3	其耕地	30	10 袋	300 袋
L4	又	10	$7\frac{2}{4}$ 袋	75 袋
L5	又	10	5 袋	50 袋
L6	丈量（于）……此地前方：			
L7	其耕地	……	…… 袋	100 袋
L8	又	10	$7\frac{2}{4}$ 袋	75 袋
L9	又	5	5 袋	25 袋
L10	丈量（于）……此地前方：			
L11	其耕地	5	5 袋	25 袋
L12	丈量（于）……此地前方的帕特地[1]：			
L13	其耕地	7	5 袋	35 袋
L14	丈量（于）德赫尔查伊弗：			
L15	其耕地	10	10 袋	100 袋
L16	又（耕地）	10	$7\frac{2}{4}$ 袋	75 袋
L17	又（耕地）	……	5 袋	100 袋
L18	丈量……塔盖米[2]初耕地前方：			
L19	其耕地	10	10 袋	100 袋
L20	又（耕地）	6	$7\frac{2}{4}$ 袋	45 袋
L21	丈量（于）……此地前方：			
L22	又（耕地）	5	$7\frac{2}{4}$ 袋	$37\frac{2}{4}$ 袋

〔1〕帕特地：古埃及土地类型之一，具体意义待考。

〔2〕塔盖米：地名，具体位置待考。

			耕地（阿鲁拉）	产率（每阿鲁拉）	产量
	Lx+1	……			
	Lx+2	……	……	……袋	7袋
	Lx+3	……南部……果园北部……			
	Lx+4	……	10	5袋	50袋
	Lx+5	丈量（于）永生之蒙图赫赫[1]的神庙的造船厂：			
	Lx+6	其耕地	6	5袋	30袋
	Lx+7	耕地，已成旱地，　29			
	Lx+8	丈量于大牛棚东部河沿地：			
	Lx+9	……	2	5袋	10袋
§5	Lx+10	神庙领地由牛群总管[2]阿沙姆海布斯负责。			
	Lx+11	……			
	Lx+12	领地……			
	Lx+13	丈量于……初耕地……：			
	Lx+14	其耕地……			
	Lx+15	丈量……：			
	Lx+16	其耕地……			

第6栏

		耕地（阿鲁拉）	产率（每阿鲁拉）	产量
L1	丈量于……：			
L2	其耕地	10		
L3	丈量于派恩……：			
L4	其耕地	10		
L5	丈量于……：			
L6	其耕地	10	5袋	50袋

〔1〕蒙图赫赫：战神蒙图，一般形象为鹰首（或牛头）人身，头戴太阳圆盘和两根羽毛。蒙图在古埃及第十一王朝有着重要地位，该王朝四位法老的出生名都与蒙图相关。新王国时期，与阿蒙神一样，蒙图神也与拉神合二为一，成为蒙图–拉。

〔2〕牛群总管：该头衔产生于古王国时期，一般与王室和中央政府相关联，在一些大型神庙中，有的官员也可以拥有这一头衔。在《哈里斯大纸草》中，持有这一头衔的人本身还拥有牛群。

			耕地（阿鲁拉）	税赋地（阿鲁拉）	税率（每阿鲁拉）
§6	L7	丰收税[1]：分配给由先知奈弗尔负责的该神庙。			
	L8	丈量（于）普塔摩斯神庙南部：			
	L9	瓦布祭司帕非分配得索白克[2]神庙耕地			
	L10	先知赫瑞	20	5	1¾ 袋
	L11	丈量于伊阿墓地池塘[3]：			
	L12	耕种者……分配得卡塔法老地内耕地			
	L13	先知奈弗尔……	30	7½	1¾ 袋
	L14	丈量（于）赫赫山地⌋北部：			
	L15	耕种者……分配得神庙领地内耕地……			
	L16	丈量于……墓地……：			
	L17	耕种者帕晒德……			
	L18	丈量于尼苏东南部的果园：			
	L19	耕种者帕……分配得神庙领地内耕地	……	……	1¾ 袋
	L20	丈量于……初耕地前的帕特地：			
	L21	瓦布祭司派奈伊瑞，平方肘尺　10.40[4]			
	L22	又丈量　50 休耕地[5]			
	L23	又丈量　12 休耕地			
	L24	瓦布祭司阿蒙卡　10……			
	L25	……伊瑞……			
	L26	又丈量……			
	L27	丈量于初耕地东部的帕特地：			
	L28	耕种者晒德都阿，			

〔1〕丰收税：*šmw*，新王国时期最重要的税收之一，每年征收一次，被神庙和王室机构用来供养祭司、侍从人员、耕种者、渔夫和王室墓地建造者等。其缴纳形式以谷物为主，在《韦伯纸草》中，王室机构和神庙的税率与个人缴纳的税率是不同的。

〔2〕索白克：鳄鱼神，其崇拜地为法尤姆，一般形象为鳄鱼首人身。

〔3〕池塘：在古代埃及通常用来蓄水或灌溉，多位于村庄周围。在今埃及村庄附近仍能发现。

〔4〕“10.40”：该组数据的具体含义尚待深入考查。卡塔瑞认为，虽然其中并未出现与税收有关的记载，但是这两个数字仍可能是出于征税目的才被分开加以记录的。

〔5〕休耕地：*wsf*，古埃及土地类型之一，一般不用于耕种。

L29 瓦布祭司卡姆伊派特……

L30 ……

Lx+0 ……

Lx+1 ……赫尔查伊弗……

Lx+2 又（有）瓦布祭司……如提　36 休耕地

Lx+3 阿之子瓦布祭司赫瑞　20.80

Lx+4 瓦布祭司伊森　.2.48

Lx+5 赫瑞之子瓦布祭司塔　2.34

Lx+6 又（有）耕种者晒德都阿　12 休耕地

Lx+7 瓦布祭司巴克恩阿蒙　20.80

Lx+8 先知索白克霍特普　100 休耕地

Lx+9 ……帕奈弗尔　100 休耕地

Lx+10 又（有）瓦布祭司伊森　24 休耕地

Lx+11 又（有）先知索白克霍特普　50 休耕地

Lx+12 又（有）瓦布祭司卡姆伊派特　24 半旱地

Lx+13 耕种者阿恩赫　.10.40

Lx+14 丈量于尼苏西部：

Lx+15 牛群总管阿沙姆海布斯在蔬菜地……

Lx+16 又丈量　12 休耕地

Lx+17 又丈量于其亚麻地　.10.40

Lx+18 又丈量　.20.80

A 面　第 7 栏

L1 又丈量　.60.140

L2 又丈量　100 休耕地

L3 又丈量　.60.180

L4 又丈量　.20.180

L5 又丈量　200 休耕地

L6 又丈量　73 休耕地

L7 耕种者阿蒙卡　.2.10

L8 [耕种者]帕阿恩尼苏 .2.10

L9 [丈]量（于）尼苏西部的德赫尔查伊弗初耕地：

L10 奈弗尔卡之子[瓦布祭司]赫瑞 4.20

L11 [又丈量] 6 休耕地

L12 [又丈量] .2.10

L13 [又丈量] .4.20

L14 [又丈量] .5.45

L15 [耕种者]帕奈塔乌尔 .10.40

L16 [耕种者]伊布 .10.40

L17 [……]奈弗尔卡 .5.95

L18 [瓦布祭司]赫瑞 .10.90

L19 [又丈量] .10.90

L20 [又丈量] 100 休耕地

	耕地（阿鲁拉）	税赋地（阿鲁拉）	税率（每阿鲁拉）
L21 女市民胡特赫尔特	5	¼	1¾ 袋

L22 又丈量 .20 .80

L23 又丈量 100 休耕地

L24 瓦布祭司赫瑞 .5.9[5]

L25 又丈量 50 休耕地

L26 [又丈]量 24 休耕地

L27 [丈]量于沙洲西部河沿地：

L28 [……]

L29 [……]

L30 [……]

L31 [……]

L32 [……]

L33 [……]

L34 [……]

L35 [……]

L36 [……]

L37 ……

L38 ……

L39 ……

L40 耕种者 阿蒙卡 ……

L41 丈量 于 初耕地 ……：

L42 耕种者伊尼那 …… 50

L43 …… 神庙亚麻 …… 2+ 休耕地

L44 又丈量 …… .20

L45 耕种者 …… 20.80

L46 瓦布祭司宅胡提姆海布 …… 100

L47 又丈量 …… 50

L48 亚麻地 …… 100 休耕地

L49 又丈量 ……

L50 又丈量 …… 100

L51 丈量 此地……：

L52 ……

L53 …… 2.48

L54 …… 20.80

L55 ……

L56 丈量…… 此 地 ……：

L57 …… 3.20

L58 …… 12 休耕地

A面　第8栏

L1 ……

L2 耕种者耶伊布……

L3 又丈 量 ……

L4 阿撒菲斯的亚麻 ……

L5	又……赫姆特塞特[1]耕种者帕赫如……于……3……	
L6	又……赫姆特塞特耕种者耶伊布于……3……	
L7	丈量该地前方河沿地：	
L8	书吏[2]索白克霍特普	平方肘尺 24 休耕地
L9	又丈量	50 休耕地
L10	又丈量	12 休耕地
L11	丈量于此地东部帕特地：	
L12	瓦布祭司帕伊如	平方肘尺 2.40
L13	又丈量于赫姆特塞特	75 休耕地
L14	丈量于此地南部沙洲：	
L15	瓦布祭司帕伊如	.2.73
L16	又丈量	.24……
L17	又丈量	50 休耕地
L18	又丈量	12 休耕地
L19	丈量于……瑞沙提西部河沿地：	
L20	牛群总管阿沙姆海布斯	平方肘尺……
L21	又丈量	200 休耕地
L22	又丈量	.10.190
L23	又丈量	200 休耕地
L24	瓦布祭司伊尼那	.5.45
L25	又丈量	12 半旱地
L26	又丈量	5
L27	又丈量……	
L28	丈量……	
L29	瓦布祭司……	
L30	又丈量……	
L31	又丈量……	

〔1〕赫姆特塞特：加德纳将此处译作“three places”，下同。

〔2〕书吏：该职业是古埃及国家运行的基石，所有的行政部门都离不开书吏。在古埃及，只有经过良好教育和专业书写训练才能成为书吏。

L32 丈量……

L33 瓦布祭司伊尼那……

L34 牛群总管阿沙姆海布塞

L35 ……

L36 丈量于……初耕地……：

L37 耕种者派奈塞特塔威　平方肘尺…….14

L38 耕种者赫瑞沙弗　…….14

L39 又（有）耕种者派奈塞特塔威　……休耕地

L40 又（有）耕种者赫瑞沙弗　……休耕地

L41 丈量于……努赫什西北的帕特地：

L42 瓦布祭司伊赫姆奈特弗　平方肘尺 20.……

L43 又丈量　50 休耕地

L44 又丈量　24 休耕地

L45 又丈量　100 休耕地

L46 又丈量　50 休耕地

L47 瓦布祭司瓦布塞特　.20.80

L48 又丈量　50 休耕地

L49 又丈量　24 休耕地

L50 又丈量　100 休耕地

L51 又丈量　50 休耕地

L52 奴隶哈恩　2.10

L53 先知帕阿奈派尔，由瓦布祭司伊赫姆奈特弗负责，

A 面　第 9 栏

§7 L1 尼苏的拉–哈拉凯悌神庙的遮阳棚[1]。

L2 丈量于伊阿墓地池塘：

〔1〕拉–哈拉凯悌神庙的遮阳棚："拉–哈拉凯悌"是太阳神拉的别称。"拉–哈拉凯悌神庙的遮阳棚"指某圣所或圣坛，而法老埃赫那吞之前，以此为名的圣所尚未出现过，因此也可能指坐落于主神庙禁区外部的围柱式小神庙。又，肯姆普（Barry Kemp）认为此处指神庙庭院内的带台石阶，石台顶部用于朗诵太阳赞美诗。

§	行	内容	耕地（阿鲁拉）	产率（每阿鲁拉）	产量
	L.3	耕种者拉摩斯耕地	10	5 袋	50 袋
	L.4	丈量于尼苏南部果园：			
	L.5	其耕地	5	5 袋	25 袋
§8	L.6	聆听祈祷者、阿蒙所爱之拉美西斯[1]的葬祭庙，在赫瑞沙弗神庙中。			
	L.7	丈量于派尔拉湖：			
	L.8	其耕地	10	5 袋	50 袋
§9	L.9	聆听祈祷者、阿蒙所爱之拉美西斯的葬祭庙，在赫瑞沙弗神庙中。			
	L.10	丈量（于）腾特伊特乌尔东南部：			
	L.11	耕种者拉摩斯耕地	5 5	5 5 袋	25 25 袋[2]
	L.12	丈量于塔盖米初耕地：			
	L.13	其耕地	10	10 袋	100 袋
	L.14	又	10	$7\frac{2}{4}$ 袋	75 袋
	L.15	又	20	5 袋	100 袋
	L.16	丈量于……努赫什西部：			
	L.17	其耕地	10	$7\frac{2}{4}$ 袋	75 袋
§10	L.18	已故维吉尔拉霍特普[3]领地。			
	L.19	丈量（于）维吉尔山庄[4]东南部：			
	L.20	其耕地（由）瓦布祭司帕伊瑞负责	60	5 袋	300 袋
	L.21	分给位于该地区法老葬祭庙 $22\frac{2}{4}$ 袋。			
	L.22	丈量（于）此地西北部：			
	L.23	其耕地	20	5 袋	100 袋
	L.24	……			
	L.25	……			
	L.26	……			
	L.27	……	……	……袋	100 袋

〔1〕拉美西斯：法老拉美西斯二世。

〔2〕按，黑色数字代表大麦，红色数字代表双粒麦。

〔3〕按，为了纪念拉美西斯二世统治时期著名的维吉尔——拉霍特普，这片土地便以他的名字命名。

〔4〕山庄：加德纳将此词译作“城堡”，存以备说。

……

……

……

丈量（于）……：

耕种者……耕地

丈量（于）……东南部：

	耕地（阿鲁拉）	产率（每阿鲁拉）	产量
其耕地	20	5 袋	100 袋
丈量（于）如阿墓地：			
其耕地	10	……袋	……袋
丈量（于）重生之主阿蒙[1]神庙河沿地……：			
其耕地	5	$7\frac{2}{4}$ 袋	$37\frac{2}{4}$ 袋
又……			
丈量（于）……东北部：			
其耕地	10	……袋	……
丈量（于）东南部：			
其耕地	15	……	……
丈量（于）重生之主阿蒙神庙的河沿地……：			

……

§11 ……

……

……

……

……

……

〔1〕阿蒙：古埃及最重要的神祇之一。古王国时期，阿蒙已经出现在金字塔文献中。中王国时，阿蒙奈姆海特一世夺取政权后阿蒙的地位上升，并取代之前的蒙图而成为底比斯的主神。自希克索斯人入侵埃及直至整个新王国时期，阿蒙的地位空前提高，并且常与拉神合二为一，称为“阿蒙－拉”，并冠以“众神之王”的称号，赋予其强大而全能的神性，以彰显其无与伦比的宗教地位。

A面 第10栏

L1 ……

L2 …… 100

L3 丈量东南部：

		耕地（阿鲁拉）	税赋地（阿鲁拉）	税率（每阿鲁拉）
L4	先知胡伊	……	1	1¼袋
L5	马夫长迈瑞拉	……	1	1¼袋
L6	马夫长胡伊之地	……	1	1¼袋
L7	瓦布祭司卡尔哈分配得卡塔法老地内耕地			
L8	由先知总管负责	20+	……	1¼袋
L9	女市民撒凯特	……	1	1¼袋
L10	丈量（于）此地东北部：			
L11	先知胡伊	⅃20	……	1¼袋

L12 丈量于重生之主阿蒙神庙南部河沿地：

L13 先知胡伊 平方肘尺5.45

L14 又丈量 …… 半旱地

L15 又丈量 ……100 半旱地

L16 又丈量 ……100 半旱地

L17 耕种者帕赫瑞 派宅特…… 平方肘尺4.20

§12 L18 索白克神庙，晒德……

L19 法老建立的神庙领地由先知赫瑞负责。

L20 丈量（于）……东部：

		耕地（阿鲁拉）	产率（每阿鲁拉）	产量
L21	耕种者卡耕地	15	5袋	75袋
L22	丈量（于）……东部：			
L23	其耕地	5	5袋	25袋
L24	丈量（于）……东部：			
L25	其耕地	25	5袋	125袋
L26	……	……	……	……
L27	……	……	……	100袋

		耕地（阿鲁拉）	产率（每阿鲁拉）	产量
L28	……	……	……	……
L29	……	……	……	……
L30	其耕地	12	5袋	60袋
L31	丈量（于）此地西南部：			
L32	其耕地	15	5袋	75袋
L33	丈量（于）此地北部：			
L34	其耕地	6	5袋	30袋
L35	丈量（于）帕麦特什北部：			
L36	其耕地	6	5袋	30袋
L37	丈量（于）此地北部：			
L38	其耕地	4	5袋	20袋
L39	丈量（于）此地东北部：			
L40	其耕地	8	5袋	40袋
L41	丈量（于）此地西北部：			
L42	其耕地	8	5袋	40袋
L43	丈量（于）北部……：			
L44	其耕地	……	……袋	……袋
L45	丈量（于）……：			
L46	其耕地	11	……袋	……袋
L47	丈量（于）北部……：			
L48	其耕地	42	……袋	……袋

A面　第11栏

L1	丈量此地西部和迈特尔山地北部：			
L2	其耕地	10	5袋	50袋
L3	丈量（于）此地西部：			
L4	其耕地	5	5袋	25袋
L5	丈量（于）此地东部，阿蒙城山地西部：			
L6	其耕地	3	5袋	15袋

§13 L.7 法老阿蒙所选之赫卡玛阿特拉[1]所建神庙领地，在由他[2]负责的初耕地。

L.8 丈量（于）索白克神庙西南部：

		耕地（阿鲁拉）	产率（每阿鲁拉）	产量
L.9	耕种者索白克奈赫特耕地	10	5 袋	50 袋
L.10	丈量（于）此地西部：			
L.11	其耕地	20	5 袋	100 袋
L.12	丈量（于）此地北部：			
L.13	其耕地	5	5 袋	25 袋
L.14	丈量（于）此地北部：			
L.15	其耕地	15	5 袋	75 袋
L.16	丈量（于）此地北部：			
L.17	其耕地	15	5 袋	75 袋
L.18	丈量（于）此地东南部：			
L.19	其耕地	20	5 袋	100 袋
L.20	丈量（于）麦尔乌尔[3]东北部：			
L.21	其耕地	10	5 袋	50 袋
L.22	丈量（于）此地东北部：			
L.23	其耕地	10	5 袋	50 袋
L.24	丈量于杜东南部的河沿地：			
L.25	其耕地	15	5 袋	75 袋
L.26	丈量于此地南部：			
L.27	其耕地	20	10 袋	200 袋
L.28	又	10	7²⁄4 袋	75 袋
L.29	又	17	5 袋	85 袋
L.30	丈量（于）麦尔乌尔东部：			
L.31	其耕地	5	5 袋	25 袋

〔1〕法老阿蒙所选之赫卡玛阿特拉：法老拉美西斯四世。

〔2〕“他”：指法老本人。

〔3〕麦尔乌尔：这一地名出现于新王国时期，即今埃及科姆麦地奈特哈瑞博，位于巴赫尔约瑟夫以西。沿该镇西部北上，可到达法尤姆绿洲。此地又名“古拉布”。

		耕地（阿鲁拉）	产率（每阿鲁拉）	产量
L32	……			
L33	丈量于伊阿墓地池塘：			
L34	耕种者耶阿耕地	45	5袋	225袋
L35	丈量……帕米：			
L36	其耕地	10	5袋	50袋
L37	丈量于湖泊[1]东部泛滥地：			
L38	其耕地	20	5袋	100袋
L39	丈量于帕米的塔阿比：			
L40	其耕地	10	5袋	50袋
L41	丈量（于）派尔伊克尔东部……：			
L42	其耕地	12	5袋	60袋
L43	丈量于湖泊上源[2]西部山地：			
L44	其耕地	10	5袋	50袋
L45	丈量（于）帕戴米北部的索白克神庙南部：			
L46	其耕地	20	5袋	100袋
L47	丈量于如阿墓地：			
L48	其耕地	5	5袋	25袋
L49	分配给位于该地区的法老葬祭庙1¾⅛袋。			

A面　第12栏

L1	丈量（于）……普塔摩斯神庙南部：			
L2	其耕地	20	5袋	100袋
L3	分配给赫瑞沙弗神……7²⁄₄袋。			
L4	丈量于帕米的腾特瓦德：			
L5	其耕地	20	5袋	100袋
L6	丈量于泛滥地西部河沿地：			

〔1〕湖泊：š，音“舍”，字面意义即“湖泊”，本书中采取意译，并作为地名，其地位于麦尔乌尔附近。加德纳音译作“舍”，并认为是“南部之舍”的缩写，也是整个法尤姆地区的别称。

〔2〕湖泊上源：地名，位于拉宏附近。

			耕地（阿鲁拉）	产率（每阿鲁拉）	产量
	L7	其耕地	7	$7\frac{2}{4}$袋	$52\frac{2}{4}$袋
	L8	丈量于派尔奈彻墓地东部河沿地：			
	L9	其耕地	5	5袋	25袋
	L10	丈量于此地东部河沿地：			
	L11	其耕地	3	5袋	15袋
	L12	丈量（于）撑柳村北部初耕地：			
	L13	其耕地	16	$7\frac{2}{4}$袋	120袋
	L14	丈量（于）派尔帕玛乌西北部：			
	L15	其耕地	2	5袋	10袋
	L16	丈量于尼苏西部沙洲初耕地：			
	L17	其耕地	2	5袋	10袋
	L18	丈量……麦尔乌尔：			
	L19	其耕地	10	5袋	50袋
§14	L20	法老所建神庙领地，初耕地，由先知苏奈如负责。			
	L21	丈量……麦尔乌尔：			
	L22	耕种者……奈赫特耕地	15	5袋	75袋
	L23	丈量……：			
	L24	其耕地	……	……	335袋
	L25	分配……			
	L26	……25袋。			
	L27	丈量……伊乌卡克墓地：			
	L28	其耕地	……	……	……
	L29	丈量此地……：			
	L30	其耕地	……	……	……
	L31	丈量……：			
	L32	其耕地	……	……	……
	L33	丈量……：			
	L34	其耕地	6	5袋	30袋
	L35	丈量此地……：			

		耕地（阿鲁拉）	产率（每阿鲁拉）	产量
L36	其耕地	42	5 袋	210 袋
L37	丈量（于）阿特东部：			
L38	其耕地	20	5 袋	100 袋
L39	丈量（于）伊乌卡克墓地西北部：			
L40	其耕地	15	5 袋	75 袋
L41	丈量（于）此地西部：			
L42	其耕地	12	5 袋	60 袋
L43	丈量（于）此地……东部：			
L44	其耕地	……	……	……
L45	丈量（于）……：			
L46	其耕地	……	……	……
L47	丈量（于）……：			
L48	其耕地	……	……	……
L49	丈量（于）……：			
L50	其耕地	……	……	……
L51	丈量（于）……：			
L52	其耕地	……	……	……

A 面　第 13 栏

		耕地（阿鲁拉）	产率（每阿鲁拉）	产量
L1	丈量（于）此地西南部：			
L2	其耕地	8	5 袋	40 袋
§15 L3	法老阿蒙所选之赫卡玛阿特拉所建神庙领地，初耕地，由他本人负责。			
L4	丈量（于）索白克神庙西南部：			
L5	耕种者索白克奈赫特耕地	10	5 袋	50 袋
L6	丈量（于）此地西部：			
L7	其耕地	20	5 袋	100 袋
L8	丈量（于）此地北部：			
L9	其耕地	5	5 袋	25 袋
L10	丈量（于）此地北部：			

	行		耕地（阿鲁拉）	产率（每阿鲁拉）	产量
	L11	其耕地	15	5 袋	75 袋
	L12	丈量（于）此地北部：			
	L13	其耕地	15	5 袋	75 袋
	L14	丈量（于）此地东南部：			
	L15	其耕地	10	5 袋	50 袋
	L16	丈量（于）此地东南部：			
	L17	其耕地	20	5 袋	100 袋
	L18	丈量（于）此地东北部：			
	L19	其 耕地	10	5 袋	50 袋
	L20	丈量（于）麦尔乌尔东部：			
	L21	其耕地	5	5 袋	25 袋
§16	L22	神庙领地[1]，由他负责（管理）。			
	L23	丈量于派尔帕玛…… 西部帕特地：			
	L24	耕种者阿恩哈耕地	2	5 袋	10 袋
	L25	丈量于如阿墓地：			
	L26	其耕地	5	5 袋	25 袋
	L27	分配给该地区神庙领地中属于法老的葬祭庙 1¾⅛ 袋。			
	L28	丈 量于湖泊东部泛滥地：			
	L29	其耕地	20	5 袋	100 袋
	L30	丈 量（于）派尔伊克尔东部：			
	L31	其耕地	12	5 袋	60 袋
	L32	丈 量（于）此 地东北部：			
	L33	其耕地	20	5 袋	100 袋
	L34	丈量（于）……：			
	L35	其耕地	20	5 袋	100 袋
	L36	丈量于派尔奈彻东部帕特地：			
	L37	其耕地	5	5 袋	25 袋

〔1〕 神庙领地：从一开始就专属于神庙，有别于法老捐赠的土地。

丈量于此地东部的河沿地：

	耕地（阿鲁拉）	产率（每阿鲁拉）	产量
其耕地	2	5 袋	10 袋
丈量于帕米的塔阿布伊：			
其耕地	10	5 袋	50 袋
丈量于帕米的派奈尼乌特：			
其耕地	10	5 袋	50 袋
丈量于湖泊上源西部：			
其耕地	10	5 袋	50 袋
丈量于帕米的腾特瓦宅：			
其耕地	20	5 袋	100 袋
[丈]量于泛滥地西部河沿地：			
其耕地	7	$7\frac{2}{4}$ 袋	$52\frac{2}{4}$ 袋
丈量于巴瑞那西部帕特地：			
其耕地	10	5 袋	50 袋

A 面　第 14 栏

丈量（于）帕阿夫村庄[1]东部：

其耕地	15	5 袋	75 袋
丈量（于）麦尔乌尔东北部：			
其耕地	10	5 袋	50 袋

§17 丰收税：分配给由他负责的该神庙。

丈量于重生之主阿蒙神庙南部河沿地：

耕种者索白克奈赫特	平方肘尺 10. 40
耕种者哈德	10. 40
先知拉美西斯乌塞尔赫尔哈派什弗	20.80
又丈量	100 半旱地[2]
又丈量	200 半旱地

〔1〕帕阿夫村庄：指外国人聚集的村庄。

〔2〕半旱地：指缺少水源的土地。加德纳将其翻译成“drying”，意为“正在变旱”。

L12	丈量（于）派尔伊 克尔 东部：	
L13	瓦布祭司赫拉姆海布	平方肘尺 10. 40
L14	丈量于稳固之主索白克神庙西部河沿地：	
L15	女市民查阿	平方肘尺 5.95
L16	又丈量	100 休耕地
L17	又丈量	50 半旱地
L18	马夫长赫瑞的山庄	平方肘尺 2.98
L19	又丈量	50 半旱地
L20	耕种者伊瑞	.4.8
L21	丈量于湖泊上源西部的帕特地：	
L22	先知赫瑞	.10.40
L23	又丈量	24 半旱地
L24	耕种者玛伊乌奈赫	4.20
L25	丈量于派尔奈彻墓地东部河沿地：	
L26	瓦布祭司索白克奈赫特	.4.20
L27	又（有）瓦布祭司索白克奈赫特	.4.20
L28	丈量于河沿地 …… 此地东部河沿地：	
L29	瓦布祭司……	10.90
L30	又丈 量……	.5.……
L31	又丈量 ……	.24 休耕地
L32	又丈量 ……	.12 休耕地
L33	瓦布祭司……	10.90
L34	又丈量 ……	.50 休耕地
L35	又丈量 ……	.12 休耕地
L36	又丈量 ……	.24 休耕地
L37	丈量（于）…… 东部的 …… 帕特地：	
L38	…… 派尔奈彻 墓地 ：	
L39	……	.10.40
L40	……	.10.90
L41	……	.10.40

L42 丈量（于）……派尔奈彻墓地：

L43 …… .5.95

L44 …… 12 休耕地

L45 丈量（于）……阿恩布湖：

L46 …… 20 半旱地

L47 ……战车 .20_____。

L48 …… .20_____。

L49 …… .40_____。

L50 …… .20_____。

A 面　第 15 栏

L1 丈量（于）盖瑞革南部：

L2 ……撒赫奈弗尔 .10 无[1]

L3 牧人撒如如 .10___

L4 牧人克尼瑞 .10___

L5 迈瑞拉之子先知赫瑞 .20___

L6 舍尔登人索白克奈赫特 .10___

L7 驻地马夫长赫瑞 .10___

L8 书吏阿塞提 .10___

L9 先知索白克摩斯 .10___

L10 丈量于金湖：

L11 驻地马夫长赫瑞 .40 无

L12 舍尔登侍从帕奈赫西 .20___

L13 渔民卡瑞 .10___

L14 牧人撒乌特帕阿赫 .10___

L15 丈量于巴瑞那北部河谷地：

L16 神之父[2]索白克摩斯 .10 无

§18 L17 神庙领地，由牛群总管阿恩卡负责。

---

〔1〕 无：指该土地未勘察。

〔2〕 神之父：祭司头衔之一。

			耕地（阿鲁拉）	产率（每阿鲁拉）	产量
	L.18	丈量（于）奈赫如如西部：			
	L.19	其耕地	10	5 袋	50 袋
	L.20	丈量（于）麦尔乌尔西南部：			
	L.21	其耕地	10	5 袋	50 袋
§19	L.22	伟大的神之母伊西斯[1]的神庙，			
	L.23	丈量索白克神庙北部：			
	L.24	其耕地	20	5 袋	100 袋
§20	L.25	晒德之主索白克的神庙，位于瑞恩海努。[2]			
	L.26	丈量（于）晒德之主索白克的神庙西部河沿地：			
	L.27	耕种者……耕地	8	5 袋	40 袋
	L.28	丈量于此地……帕特地：			
	L.29	其耕地	2	……	……
§21	L.30	晒德之主索白克的神庙，由先知帕阿恩派尔负责。			
	L.31	丈量于……：			
	L.32	其耕地	5	5 袋	25 袋
	L.33	丈量于此地东部河沿地：			
	L.34	其耕地	5	5 袋	25 袋
§22	L.35	丰收税：分配给由他负责的该神庙。			
	L.36	丈量于帕迈尔索白克：			
	L.37	先知帕阿恩派尔 平方肘尺……休耕地			
	L.38	又丈量 100 休耕地			
§23	L.39	“聆听远方”阿蒙神庙[3]。			
	L.40	丈量（于）撑柳村西南部：			
	L.41	耕种者……耕地	20	5 袋	100 袋
	L.42	分配给该地区领地的阿蒙神庙 7¾ 袋。			

---

〔1〕伊西斯：奥西里斯的妹妹，亦是其妻子，同时也是荷鲁斯的母亲。古埃及法老皆以人间荷鲁斯自称，所以伊西斯也是法老名义上的母亲。

〔2〕瑞恩海努：拉宏。

〔3〕阿蒙神庙：该处神庙距离湖泊（舍）不远，毗邻科姆麦地奈特哈瑞博。

A面　第16栏

§24 两土地宝座<之主>阿蒙的神庙，位于湖泊……中部，

丈量于晒德之主索白克的神庙西部河沿地：

	耕地（阿鲁拉）	产率（每阿鲁拉）	产量
耕种者索白克奈赫特耕地	10	10袋	100袋

§25 位于巴瑞纳的九神庙[1]，该神庙由先知……负责。

丈量（于）巴瑞伊特」神庙西部：

其耕地	9	5袋	45袋

丈量于麦尔琛姆南部泛滥地：

其耕地	1	5袋	5袋

§26 位于湖泊的拉－哈拉凯悌神庙遮阳棚，由先知阿蒙卡负责。

丈量（于）布奈瑞初耕地：

耕种者帕伊瑞耕种	10	5袋	50袋

丈量于派尔奈彻墓地池塘：

其耕地	5	5袋	25袋

§27 丰收税：分配给由他负责的该神庙。

丈量于布奈瑞初耕地西部河沿地：

耕种者乌尔卡乌奈赫特分配得米奈特法老地内耕地，

	耕地（阿鲁拉）	税赋地（阿鲁拉）	税率（每阿鲁拉）
由法老后宫总管[2]管理	40	10	1¼袋
法老传信书吏[3]阿塞提	平方肘尺 5.95		
代理人[4]迈瑞拉	.10.40		
耕种者乌尔伊胡奈赫特	.4.20		
耕种者普瑞	……		
书吏戴赫派赫提苏	……休耕地		
又丈量	……休耕地		

〔1〕九神庙：具体位置待考。

〔2〕法老后宫总管：头衔之一。

〔3〕法老传信书吏：军事头衔之一。

〔4〕代理人：该头衔有时也被译为“管理者”。

L24 管理者[1]帕奈赫西　.20.180

L25 先知阿蒙卡　.10.90

L26 又丈量　.20.80

L27 又丈量　……

L28 又丈量　……

L29 瓦布祭司帕 伊瑞　.2.8

L30 丈量于派尔奈彻墓地池塘：

L31 代理人迈瑞拉分配得麦尔乌尔后宫地内耕地，

		耕地（阿鲁拉）	税赋地（阿鲁拉）	税率（每阿鲁拉）
L32	帕奈赫西的领地	10	2½	1¾ 袋
L33	马夫长楚瑞	10⅃5	1	1¾ 袋

§28 L34 在塞特[2]神庙中的阿蒙所爱之拉美西斯[3]的奈芙提斯[4]圣坛。

L35 丈量（于）卡特山地西北部：

		耕地（阿鲁拉）	产率（每阿鲁拉）	产量
L36	耕种者赫瑞耕地	15	5 袋	75 袋

L37 分配给普塔[5]神庙中的阿蒙所爱之巴恩拉的前殿 5¾⅛ 袋。

§29 L38 位于该神庙中的拉–哈拉凯悌神庙遮阳棚。

L39 丈量（于）苏…… 东北部：

L40	耕种者赫瑞耕地	8	5 袋	40 袋

L41 分配给“深爱如拉”葬祭庙 3 袋。

L42 丈量（于）伊乌布瑞北部：

L43	其耕地	12	5 袋	60 袋

L44 分配给位于该地区领地内的拉所选之乌塞尔玛阿特拉[6]葬祭庙 4¾ 袋。

---

〔1〕管理者：高级官员的头衔之一，多与王室后宫相关联，托管诸多后宫事宜。与法老寓所总管的隶属关系不明。此外，在一些新王国时期法律文献中，“管理者”还以执法者和法官的身份出现。

〔2〕塞特：古埃及沙漠之神、风暴之神。常以犬首人身的形象出现。

〔3〕阿蒙所爱之拉美西斯：法老拉美西斯二世。

〔4〕奈芙提斯：葬祭女神，曾以奥西里斯助手的身份出现在奥西里斯神话中，是天神努特与地神盖博之女，也是塞特之妻。

〔5〕普塔：工匠守护神，其崇拜中心在孟菲斯。在孟菲斯神学中，普塔神创造了世间万物。圣牛阿匹斯是普塔神的化身，也是埃及最为神圣的动物。

〔6〕拉所选之乌塞尔玛阿特拉：法老美楞普塔。

A 面　第 17 栏

§30 两土地宝座 <之主> 阿蒙的后方神庙。

法老所建该神庙领地，位于由先知赫瑞负责的初耕地。

丈量于撒乌特初耕地西部的帕特地：

	耕地（阿鲁拉）	产率（每阿鲁拉）	产量
耕种者帕伊瑞耕地	20	10 袋	200 袋
又		袋	袋

分配给位于西道领地的拉神庙 15 袋。

§31 众神之 <主> 阿蒙 – 拉之神庙的牧草地。

丈量（于）派尔伊克尔东北部：

	耕地（阿鲁拉）	税赋地（阿鲁拉）	税率（每阿鲁拉）
分配阿蒙初耕地，由瓦布祭司阿蒙姆乌阿负责	5	¼	1 2/4 袋
牧牛人阿蒙姆乌阿	3	¼	1 2/4 袋
献予众神的法老地[1]，战车代理人[2]阿尼负责	20⌋5	¼	1 2/4 袋
女市民胡特赫瑞	10⌋5	¼	1 2/4 袋
又（有）牧牛人阿蒙姆乌阿	3	¼	1 2/4 袋
舍尔登侍从阿蒙奈赫特	3	¼	1 2/4 袋
士兵派奈塞赫姆	3	¼	1 2/4 袋
女市民塔胡如如	3	¼	1 2/4 袋
法老的执盾者[3]赫瑞	5	¼	1 2/4 袋

§32 位于阿蒙神庙的拉所选之乌塞尔玛阿特拉葬祭庙的牧草地。

丈量（于）大牛棚北部：

瓦布祭司阿蒙卡，战车手耶阿	10⌋5	1	1 2/4 袋
战车手耶阿本人	20⌋5	1	1 2/4 袋

又丈量　.5.95

又丈量　.10.40

又丈量　50 休耕地

〔1〕按，加德纳认为土地捐赠者理论上是国王（法老），但实际上是管理土地的高级官员或祭司。

〔2〕战车代理人：军事头衔之一。古埃及的战车由希克索斯人带入，其出现大大提高了军队战斗力。

〔3〕法老的执盾者：军事头衔之一，法老的护卫。

			耕地（阿鲁拉）	税赋地（阿鲁拉）	税率（每阿鲁拉）
L25	塔威之子瓦布祭司帕瓦阿蒙		5	½	1¾ 袋
L26	又丈量	.10.40			
L27	又丈量	12 休耕地			
L28	塔威之子瓦布祭司帕瓦阿蒙		……	……	……
L29	又丈量	.10.40			
L30	又丈量	12 休耕地			
L31	饲养者阿蒙奈赫特		5	½	1¾ 袋
L32	又丈量	.10.40			
L33	又丈量	12 休耕地			
L34	……凯恩		3	½	1¾ 袋
L35	又丈量	平方肘尺 6 休耕地			
L36	马夫长派奈赫特		6	½	1¾ 袋
L37	又丈量	.4.8			
L38	席垫书吏[1]塞提乌奈姆弗		3	½	1¾ 袋
L39	又丈量	12 休耕地			
L40	舍尔登人查尔布		10⌟5	½	1¾ 袋
L41	又丈量	平方肘尺 5.45			
L42	又丈量	5.45			
L43	又丈量	50 休耕地			
L44	士兵索白克奈赫特		3	½	1¾ 袋
L45	又丈量	6 休耕地			
L46	女市民迈瑞穆特	平方肘尺 10.40。			
L47	女市民穆特姆伊派特	.4.8			

A 面　第 18 栏

L1	……伊瑞阿	平方肘尺 .4.8
L2	……	.4.8

〔1〕 席垫书吏：头衔之一，具体含义不明，学界未有精准翻译，此处暂采用加德纳的译法。

L3 舍尔登人肯尼　.3.8

L4 塞提胡巴海布之子……阿蒙卡　4.8

L5 丈量（于）派尔伊克尔东南部：

L6 舍尔登人耶阿及其兄弟　20 旱地

L7 献予众神的法老地，后宫书吏舍索白克负责 20____.

L8 丈量（于）巴瑞伊特神庙池塘：[1]

L9 索白克神庙先知赫瑞　.20 无

L10 神之父索白克摩斯　.20___

L11 瓦布祭司耶阿　.10___

L12 先知帕塞乌　.10___

L13 瓦布祭司帕赫如　.10___

L14 女市民赫努特麦赫伊　.10___

L15 瓦布祭司索白克霍特普　.10___

L16 瓦布祭司阿蒙霍特普　.10___

L17 瓦布祭司帕海姆奈彻　.10___

L18 女市民拉伊阿　.10___

L19 瓦布祭司塞提奈赫特　.10___

L20 丈量于沼泽湖南部的河沿地：

L21 牧羊人帕阿恩尼苏　200 无

L22 丈量于帕米河沿地南部的泛滥地：

L23 牧人帕拉卡　50 无

L24 牧人索白克……　50____

L25 牧人帕奈布帕查乌　50____

L26 牧人帕瑞瓦查　50____

§33 L27 阿蒙所爱之拉美西斯[2]的“深爱如拉”葬祭庙的牧草地。

L28 丈量（于）萨萨北部：

L29 瑞苏特拉神庙的瓦布祭司撒迪　无

---

〔1〕按，古埃及神庙前多有一个人工湖，称为“圣湖”，长方形，有多种宗教含义：既可作为鹅或鳄鱼等带有神圣意义的水生动物之“家”，也可作为神庙中日常祭酒和实行净身礼的主要水源。

〔2〕为阿蒙所爱之拉美西斯：法老拉美西斯二世。

		耕地（阿鲁拉）	产率（每阿鲁拉）	产量
	马夫长帕晒 .5 ____			
	瓦布祭司耶阿 .5 ____			
	舍尔登人查尔布 .5 ____			
§34	瑞恩村庄阿蒙所爱之拉美西斯的伊西斯神庙。			
	丈量于帕查思胡如东北部河沿地：			
	（其）耕地由耕种者宏苏负责	5	10 袋	50 袋
	分配给西道领地的阿蒙神庙 3¾ 袋。			
§35	位于沙提那的拉－哈拉凯悌神庙遮阳棚。			
	丈量（于）沙图提那南部：			
	（其）耕地由耕种者尼苏塔威瑞特负责	5	5 袋	25 袋
	……			

A 面　第 19 栏

§36	赫卡拉神庙[1]，位于……			
	丈量于……东部水滨地：			
	耕种者尼苏塔威瑞特耕地	6	……袋	……袋
	丈量于此地东部水滨地：			
	其耕地	4	5 袋	20 袋
§37	位于麦尔乌尔的王室码头。			
	丈量于派尔卡塞特：			
	（其）耕地由耕种者赫瑞负责	10	5 袋	50 袋
	分配给普塔神庙伟大宝座 3¾ 袋。			
§38	位于孟菲斯的后宫地[2]。			
	该神庙领地由泰普特伊胡市长负责。			
	丈量（于）帕布村庄北部：			

〔1〕 赫卡拉神庙：该神庙由法老塞索斯提斯三世建立。

〔2〕 后宫地：古代埃及后宫拥有自己的地产，可用来耕作、养牛、纺织等。通常情况下，后宫通过王室授权和委托可以生产优质亚麻，并且为王室家庭成员服务。后宫有自己的税收收入，这些税收以食品、衣物和布匹等实物形式上缴。

L13 耕种者撒迪，平方肘尺 50，每肘尺 ⅓，6 ⅔ 袋，共产双粒麦 333⅔ 袋，（分配）¾¼$\frac{1}{32}$ 袋。

§39 L14 位于麦尔乌尔的后宫地：

L15 该神庙领地由管理者帕奈赫西负责。

L16 丈量（于）湖泊东部初耕地：

		耕地（阿鲁拉）	产率（每阿鲁拉）	产量
L17	耕种者阿蒙哈伊博耕地	10	5 袋	50 袋
L18	分配给众神之王阿蒙–拉的神庙 3¾ 袋。			
L19	丈量于 此地 东北部的初耕地：			
L20	其耕地	20	5 袋	100 袋
L21	分配给众神之王阿蒙–拉的神庙 $7\frac{2}{4}$ 袋。			
L22	丈量于 西侧 麦尔柯努：			
L23	其耕地	10	5 袋	50 袋
L24	分配给位于该地区领地内的阿蒙所爱之乌塞尔玛阿特拉的葬祭庙 3¾ 袋。			
L25	丈量于派尔奈彻墓地池塘：			
L26	其耕地	10	5 袋	50 袋
L27	分配给位于湖泊的拉神庙遮阳棚 3¾ 袋。			
L28	丈量（于）迈瑞……巴登⌟东南部：			
L29	其耕地	20	5 袋	100 袋
L30	分配给位于该地区领地内的……$7\frac{2}{4}$ 袋。			
§40 L31	由先知 < 总管 > 负责的米奈特法老地。			
L32	丈量（于）伊乌 布 瑞东北部：			
L33	先知赫瑞耕地	15	5 袋	75 袋
L34	分配给“深爱如拉”葬祭庙 $5\frac{2}{4}\frac{1}{16}$ 袋。			
L35	丈量（于）瑞苏特拉神庙东南部：			
L36	其耕地	20	5 袋	100 袋
L37	分配给阿如芦苇地前方的瑞苏特拉神庙 $7\frac{2}{4}$ 袋。			
§41 L38	由法老后宫总管负责的米奈特法老地。			
L39	丈量于布奈尔的初耕地：			
L40	耕种者乌尔卡奈赫特耕地	40	5 袋	200 袋
L41	分配给位于湖泊的拉神庙遮阳棚 15 袋。			

			耕地（阿鲁拉）	产率（每阿鲁拉）	产量
§42	L.42	由麦尔乌尔市长负责的米奈特法老地。			
	L.43	丈量于派尔卡塞特：			
	L.44	耕种者赫瑞耕地	20	[5]袋	100袋
	L.45	分配给普塔神庙[……]伟大宝座[7 2/4袋]。			

A面　第20栏

			耕地（阿鲁拉）	产率（每阿鲁拉）	产量
§43	L.1	由南部湖泊市长负责的米奈特法老地。			
	L.2	丈量于布奈尔的初耕地：			
	L.3	耕种者胡瑞耕地	10	5袋	50袋
	L.4	分配给法老葬祭庙3¾袋。			
§44	L.5	由宫廷执旗者美楞普塔负责的卡塔法老地。			
	L.6	丈量于帕查细北部河沿地：			
	L.7	耕种者宅胡特赫伊耕地	3	5袋	15袋
	L.8	分配给西道领地的拉神庙1 1/16袋。			
	L.9	丈量于卡普：			
	L.10	其耕地	5	5袋	25袋
	L.11	分配给该领地的拉神庙1¾ 1/16袋。			
	L.12	丈量于萨姆初耕地前方西部河沿地，			
	L.13	撒姆尔初耕地：			
	L.14	其耕地	2	5袋	10袋
	L.15	分配给西道领地的拉神庙¾袋。			
§45	L.16	由麦尔乌尔市长负责的卡塔法老地。			
	L.17	丈量（于）麦尔乌尔东部：			
	L.18	耕种者赫瑞耕地	30	5袋	150袋
	L.19	丈量（于）该地东部：			
	L.20	其耕地	20	5袋	100袋
	L.21	丈量于派尔卡塞特：			
	L.22	其耕地	25	5袋	125袋
	L.23	分给普塔神庙伟大宝座9¼ 1/16袋。			

	耕地（阿鲁拉）	产率（每阿鲁拉）	产量
丈量（于）盖瑞革西部：			
其耕地	30	5 袋	150 袋
[丈]量于牧羊人放牧的水域(?)：			
其耕地	80	5 袋	400 袋
丈量（于）塔玛瑞斯克村庄南部：			
其耕地	10	5 袋	50 袋
分配给该地区领地的阿蒙所爱之乌塞尔玛阿特拉葬祭庙 3¾ 袋。			
丈量于巴瑞伊特神庙池塘：			
其耕地	10	5 袋	50 袋
分给[普塔神庙]伟大宝座 3[¾]袋。			
§46 由南部湖泊市长负责的卡塔法老地。			
丈量于帕米的腾特查乌：			
耕种者索白克奈赫特耕地	60	5 袋	300 袋
§47 由赫瑞沙弗神庙先知奈弗尔负责的卡塔法老地。			
丈量于尼苏南部果园：			
耕种者哈尔沙夫那赫特耕地	20	5 袋	100 袋
分配给赫瑞沙弗神庙 7⅔ 袋。			
丈量于伊雅墓地池塘：			
其耕地	30	5 袋	150 袋
分配给该神庙 11¼ 袋。			
丈量（于）奈赫赫山地北部：			
其耕地	10	5 袋	50 袋
分配给该神庙 3¾ 袋。			

第 21 栏

丈量于伊雅墓地：			
其耕地			100[袋]
分配给该神庙 7⅔ 袋。			
§48 由法老后宫 < 总管 >[负责]的卡塔法老地。			

L5 丈量于西侧麦尔柯努：

L6 代理人迈瑞拉耕地 20 5袋 100袋

L7 分配给（位于）阿蒙神庙的阿蒙所爱之乌塞尔玛阿特拉葬祭庙 7¾ 袋。

§49 L8 由索白克神庙先知赫瑞负责的卡塔法老地。

L9 丈量（于）巴瓦伊山地南部：

L10 耕种者派努迪姆耕地 40 5袋 200袋

L11 分配给法老葬祭庙 15 袋。

§50 L12 由先知苏奈瑞负责的卡塔法老地。

L13 丈[量]（于）巴瓦伊山地[北部]：

L14 耕种者派努迪姆耕地 40 5袋 200袋

L15 分配给法老[葬祭庙]15 袋。

（二）

A面 第21栏

L16 *ḥsbt-sp* 4 ⌜*ȝbd* 2 *ȝḫt*⌝ *sw* 15 *r sw* 20 *ỉri.n rꜥ* 6 *št ỉn*

§51 L17 *pr ỉ*⌜*mn-rꜥ*⌝ *nswt nṯrw ḥt ḥm-nṯr imn rꜥ-ms-sw-nḫt*

L18 *rmnyt* ⌜*pr*⌝ *pn m ḏrt* ⌜*rwḏw*⌝ *ḥrw-nfr*

L19 T *ḥȝ*⌜*y*⌝ ⌜*m*⌝ *ỉȝbt tȝ wḥyt ỉwn-ri-šs*

L20 *ỉḥt n* ⌜*ỉḥwty*⌝ *pȝ-ỉry* ⌜10 *ipt* 10⌝ *ipt* 100

L21 ⌜*ky*⌝ 10 *ipt* 5 *ipt* 50

L22 T *ḥȝ*⌜*y*⌝ ⌜*m tȝ*⌝ *pꜥt ỉȝbt st tn*

L23 *ỉḥt n=*⌜*f*⌝ 15 *ipt* 7¾ *ipt* 112¾

L24 ⌜*ky*⌝ 13 *ipt* 5 *ipt* 65

L25 T ⌜*ḥȝy m pȝ*⌝ *š* ⌜*n*⌝ *ỉmn-sḫwsḫw-tȝš*

L26 *ỉḥt n=f* 8 *ipt* ⌜5 *ipt* 40⌝

L27 T *ḥȝ*⌜*y*⌝ ⌜*m*⌝ *tȝ pꜥt mḥti pȝ pḥwy pȝ ỉw*

L28 *n ỉmn-*⌜*sḫwsḫ*⌝*w-tȝš*

L29 *ỉḥt n=*⌜*f*⌝ 14 *ipt* 5 *ipt* 70

L30 T *ḥȝy* ⌜…⌝ *ỉmny tȝ wḥyt ỉwn-ri-šs*

L31 *ỉḥt n=*⌜*f* 5⌝ *ipt* 5 *ipt* 25

L32 *ḥȝy*

§52 L33 *rmnyt pr pn ḥt pȝ ỉmy-r pr n ỉmn*

L34 *rmnyt pr pn pš nm sḫt n-wꜥb-ib m ḏrt sš*
ỉmn-ḥtpw

L35 T *ḥȝy* ⌜*m*⌝ ⌜*p*⌝*ȝ ỉw n ỉmn-ꜥšȝ-ḳny*

L36 *ỉḥt n* ⌜*ỉḥwty*⌝ *stḫ-ḫꜥ* 10 *ipt* 10 *ipt* 100

L37 T *ḥȝy* ⌜*m*⌝ ⌜*p*⌝*ȝ ỉw mḥti pȝ pḥwy st tn*

L38 *ỉḥt n=f* 8 *ipt* 10 ⌜*ipt*⌝ 80

L39 T *ḥȝy m tȝ ḳȝyt* ⌜*ỉmny tȝ*⌝ ⌜*ỉȝ*⌝*dt n ỉn-nȝ*

L40 *ỉḥt n=f* ⌜…⌝ *ipt* ⌜…⌝ *ipt* ⌜…⌝

L41 T *ḥȝy m p*⌜*ȝ*⌝ ⌜*ỉdb*⌝ ⌜…⌝ ⌜*tȝ ꜥt*⌝ ⌜*ptḥ*⌝*-ms*

L42 *ỉḥt n=f* 5⌜…⌝

A面 第22栏

L1 T *ḥȝy m pȝ ỉdb ỉmny st tn*

L2 *ỉḥt n=f* 2 *ipt* 5 *ipt* 10

L3 T *ḥȝy m pȝ ỉw n mȝwt ỉmny p*⌜*ȝ*⌝ ⌜*ỉw*⌝

L4 *n ỉmn-ꜥšȝ-ḳny*

L5 *ỉḥt n=f* 10 *ipt* 10 *ipt* 100

L6 *ky* 10 *ipt* 5 *ipt* 50

L7 *ḥȝy*

§53 L8 *rmnyt pr pn m ḏrt rwḏw ỉmn-m-wỉȝ*

L9 T *ḥȝy m pȝ ḫnt tȝ wḥyt ỉwn-ri-šs*

L10 *ỉḥt n ỉḥwty ỉmn-m-wỉȝ* 2 *ipt* 5 *ipt* 10

§54 L11 *rmnyt pš pr pn tȝ ḳꜥḥt ḥr-di*

L12 T *ḥȝy m pȝ ỉdb mḥti ipt*

L13 *ỉḥwty nfr-ḥȝwt pš ỉḥt n pr ỉmn*⌜…⌝10.2½ *ipt* 1¾

L14 ʿꜣ thr rʿ-ms-sw-nb-⸢nfr⸣ ⸢mḥ-tꜣ⸣ ⸢10…⸣
L15 sḏm rỉ-sꜣ-sꜣ
L16 T ḫꜣy mḥtỉ ỉꜣbt st tn
L17 ỉḥwty rỉ-sꜣ-sꜣ pš n […]
L18 T ḫꜣy mḥtỉ ỉꜣbt st tn
L19 ỉḥwty rỉ-sꜣ-sꜣ pš n ⸢ỉḫt⸣ n tꜣ ⸢ḥwt⸣
L20 T ḫꜣy rsy ỉꜣbt st tn
L21 ỉḥwty rỉ-sꜣ-sꜣ pš pr ⸢ỉmn⸣
L22 T ḫꜣy tꜣ ḳꜣyt ỉmny
L23 kṯn ʿb-pḏt m ḏrt sš ḥrw⸢ỉ⸣ ⸢ỉpt⸣ 1 2⁄4
L24 sš pꜣ-bpꜣ-sꜣ 10[…]
L25 ḥry ỉḥ stẖ-šdw .5[…]
L26 bỉty pꜣ-rʿ-m-ḥb .3[…]
L27 ỉḥwty ⸢ỉmn-nḫt⸣ […]
L28 ⸢mnỉw⸣ ⸢stẖ⸣-mnw .3.1 ỉpt 1 2⁄4
L29 ʿnḫ-n-nỉwt wr-n-rỉy nty mt m ⸢ms⸣ 3.1 ỉpt 1 2⁄4
L30 ḥry ỉḥ whꜣ-ḏsw .5.1 ỉpt 1 2⁄4
L31 ḥry ỉḥ nḫt-ỉmn .5[.]1 ỉpt 1 2⁄4
L32 ḥpšy kꜣ-ms .3.1 ỉpt 1 2⁄4
L33 ḥry ỉḥ nb-smn .5.1 ỉpt 1 2⁄4
L34 ḥry ỉḥ ḳn-ỉmn 10⌟5.1 ỉpt 1 2⁄4
L35 T ḫꜣy rsy ỉꜣbt pr-ḥnwty⌟
L36 ḥry ỉḥ pꜣ-bpꜣ-sꜣ .5.½ ỉpt 1 2⁄4
L37 sš ḳꜣ-rỉ-rỉ .5.½ ỉpt 1 2⁄4
L38 wʿb pꜣ-wr-ḥb .5.½ ỉpt 1 2⁄4
L39 ʿnḫ-n-nỉwt tꜣ-rỉrỉ <m> ḏrt ḥr-n-srw […]
L40 sš pꜣ-nḥsy .5.½ ⸢ỉpt 1 2⁄4⸣
L41 ḥpšy kꜣ-ms .5.½ ⸢ỉpt 1 2⁄4⸣
L42 ỉḥwyt pꜣ-ṯw-pw-rỉ .5.⸢½ ỉpt 1 2⁄4⸣

A面　第23栏

L1 [T] ⸢ḫꜣy⸣ tꜣ p⸢ʿt⸣ […] ⸢n⸣ tnt-ḥmy
L2 ⸢sḏ⸣my ns-ỉmn　mḥ-tꜣ 2.98
L3 ⸢ky ḫꜣ⸣y n=f　.50 wsf
L4 pꜣ ḥm-nṯr tpy m ḏrt=f　.200 wsf
L5 ky ḫꜣy n=f　[.]100 wsf
L6 ỉḥwty pꜣ-ỉry　.1.23
L7 ỉḥwty pꜣ-wʿ-ỉmn　.1.23
L8 [T] ḫꜣy m pꜣ ỉw mḥtỉ pꜣ pḥwy-tꜣ
L9 n pꜣ ỉw ỉmn-⸢ʿšꜣ⸣-ḳny
L10 sḏmy ns-ỉmn　⸢mḥ-tꜣ⸣ 100 wsf
L11 sš ỉmn-ḥtpw　⸢20⸣.80
L12 ky ḫꜣy h=f　⸢10⸣.140
L13 sš stẖ-ḫʿ　⸢… wšr⸣
L14 sš ḏḥwty-nfr ỉn.n=f sš ỉmn-ḥt⸢pw⸣ .100 wsf
L15 ḥm tꜣy-nḫt-m-nỉwt　.10.14
L16 T ḫꜣy m pꜣ ỉw ⸢n⸣ ⸢ỉ⸣mn ʿšꜣ-ḳny
L17 ḥry ỉḥ rʿ-nfr ỉn.n=f sš ỉmn-ḥtpw .12 wsf
L18 ḥry ỉḥ ḳny-ḥr-ḫpš-f ỉn.n=f 4 wsf
L19 sš ỉmn-ḥtpw　.20.80
L20 ṯꜣy-sryt šrdn p⸢n⸣-rnwt .20.80
L21 ⸢wʿb⸣ stẖ-m-ḥb　.20.80
L22 ỉt-nṯr mry-rʿ　.20.80
L23 sš stẖ-ḫʿ　.20.80
L24 šrdn mʿ-hrjt　.20.80
L25 ⸢ky⸣ wʿb stẖ-m-ḥb　.50 wsf
L26 ⸢ky⸣ sš stẖ-ḫʿ　.50 wsf
L27 ⸢ky⸣ sš ỉ⸢mn-ḥtpw⸣　.100 wsf
L28 […]　.50 wsf
L29 [T] ⸢ḫꜣy⸣ […] ⸢tnt-⸣ḥmy
L30 pš ỉmn nbw-ḏfꜣ m ⸢ḏr⸣t sš ⸢stẖ-nḫt 10⌟5.1 ỉpt⸣ 1 2⁄4
L31 T ḫꜣy m rsy ỉꜣbt pr-mḏwt
L32 ḥry ỉḥ pꜣ-nḥsy .5.1 ỉpt 1 2⁄4
L33 ḥry ỉḥ kꜣ-m-wꜣst .5.1 ⸢ỉpt⸣ 1 2⁄4
L34 ḥry ỉḥ stẖ-ms .5.1 ỉpt 1 2⁄4
L35 T ḫꜣy rsy ỉmny tꜣ wḥyt ỉwn-rỉ-šs
L36 wʿb nfr-ḥr .5.¼ ỉpt 1 2⁄4
L37 T ḫꜣy m pꜣ ỉw n ỉmn-šḥwsḥwtšꜣ pš=f
L38 ỉꜣbt tꜣ wḥyt ỉwn-rỉ-šs
L39 ỉḥwty pꜣ-ỉry　mḥ-tꜣ 2. 10
L40 ky ḫꜣy n=f　.6 wsf
L41 rwḏw ỉmn-ms　.2.48
L42 ky ḫꜣy n=f　.12 wsf
L43 ky ḫꜣy n=f　.50 wsf
L44 ỉḥwty nb-ms　.2.8
L45 ⸢ky ḫꜣy n=⸣f　6 wsf
L46 […] ỉmn-ms　[…] 100 wsf

A面　第24栏

L1 ky ḫꜣy n=f […]
L2 ky ḫꜣy n=f […]
L3 sš kꜣ-m-wꜣst […]
L4 ky ỉḥwty pꜣ-ỉry
L5 T ḫꜣy m tꜣ pʿt ỉꜣbt ⸢st tn⸣
L6 ỉḥwty ḏʿḏʿ-bw ⸢pš n ỉḫt n⸣ tꜣ ḥwt
L7 ḥḳ-mꜣʿt-rʿ stp-n-ỉmn snb ⸢rmnyt⸣

L.8 ḏḥwty-ms 7.⸢1½¼ ipt 1²⁄₄⸣
L.9 bity ptḥ-ms [...] mḥ-tꜣ 20.80
L.10 ky ḫꜣy n=f [...] wsf
L.11 T ḫꜣy m pꜣ iw n mꜣwt mḥti pꜣ ⸢pḥwy st⸣ tn
L.12 šsy pꜣ-ḫꜣḫꜣ [...] in.n=f iḥwty ḥꜥ-m-ipt 10.14

§55 L.13 rmnyt pš ⸢pr pn⸣ pꜣ w nn-nsw
L.14 [T] ḫꜣy tꜣ p⸢ꜥt iꜣbt⸣ tꜣ wḥyt ḏꜣ-sꜣ-sꜣ-ti
L.15 iḥwty imn-p⸢ꜣ-nḫ⸣t pš iḥt n tꜣ ḥwt
L.16 ḥḳ-mꜣꜥt-rꜥ stp-n-imn ⸢snb rmnyt⸣ idnw i-iꜣ 40.6¼ ipt 1²⁄₄
L.17 idnw i-⸢iꜣ⸣ mḥ-tꜣ 5.95
L.18 ⸢ky⸣ ḫꜣy n=f 50 wsf
L.19 ⸢ky⸣ ḫꜣy n=f .5.45
L.20 ky ⸢ḫꜣy⸣ n=⸢f⸣ .100 wsf
L.21 ⸢rwḏw⸣ nb⸢w-dfꜣ⸣ pš n iḥt
L.22 ⸢nꜣy tꜣ ḥwt m pr rꜥ mḥti⸣ iwnw sṯꜣt 110.22½¼ ipt 1²⁄₄
L.23 iḥwty [...] .5.45
L.24 ky ḫꜣy⸢ n=f⸣ .50 wsf
L.25 iḥwty [...] .5 ⸢45⸣
L.26 ky ḫ⸢ꜣy⸣ ⸢n=f⸣ .50 wsf
L.27 iḥwty [...] .5.45
L.28 ky ḫ⸢ꜣy⸣ ⸢n=f⸣ [...] .50 wsf
L.29 rwḏw [...]-ib .5.45
L.30 ky ḫ⸢ꜣy⸣ ⸢n=f⸣
L.31 šr⸢dn⸣ pꜣ-rꜥ-wn⸢m=f⸣ [...]
L.32 iḥwty pn-sḫmt .10.40
L.33 iḥwty pꜣ-imr-mšꜥ .10.14
L.34 T ḫꜣy m pꜣ idb imny tꜣ pꜥt iꜣbt st tn
L.35 iḥwty imn-p⸢ꜣ⸣-nḫt pš iḥt n tꜣ ḥwt
L.36 ḥḳ-mꜣꜥt-rꜥ stp-n-i⸢mn⸣ snb rmnyt idnw i-iꜣ 5.1¼ ipt 1²⁄₄
L.37 T ḫꜣy rsy iꜣbt smꜣꜥ
L.38 ḥry iḥ imn-ḥꜥ .5 m šwt
L.39 ḥry iḥ ḫns .5_____.
L.40 ḥry iḥ imn-ḥtpw .5_____.
L.41 T ḫꜣy rsy iꜣbt st tn
L.42 ḥry iḥ nb-imn .5 m šwt
L.43 ḥry iḥ pꜣ-ḫꜣrw .5_____.
L.44 ḥry iḥ imn-nḫt .5_____.
L.45 T ḫꜣy iꜣbt st tn
L.46 bity nb-⸢ms⸣ .5_____.
L.47 bity wr-ꜥꜣ [...]

A面 第25栏

L.1 T ḫꜣy rsy st tn
L.2 ktn n ḥm=f ꜥnḫ wḏꜣ snb. nḫt-imn .20[...]
L.3 ḥry iḥ imn-ḥtpw .5 šwt
L.4 T ḫꜣy m mḥti ḥwt-sḫnw
L.5 ḥm-nṯr pꜣ-rꜥ-m-ḥb pš n iḥt
L.6 pr imn pꜣ iw .5.1¼ ipt 1²⁄₄
L.7 wꜥb pꜣ-ḥm-nṯr .5 bw=f
L.8 T ḫꜣy rsy pꜣ bḫn n mry-stẖ
L.9 ktn nḫt-imn nty mt .20 bw=f
L.10 ktn bꜣk-n-imn .20_____.

§56 L.11 rmnyt pr pn ḥt srw
L.12 rmnyt pr pn ḥt imy-r šnwt nfr-ḥri
L.13 T ḫꜣy m pꜣ idb mḥti m sḫt-wꜥb-ib
L.14 iḥt m ḏrt sš pꜣ-iw 5 ipt 5 ipt. 25

§57 L.15 pr ti-ꜥꜣ snb m pr imn
L.16 T ḫꜣy iꜣbt pr-ḥnwty
L.17 ḥry iḥ nḫt-imn 5.1 ipt ⸢1²⁄₄⸣
L.18 ḥry iḥ wsr-ḥri-ḫpš=f .5.½ ipt ⸢1²⁄₄⸣
L.19 ꜥnḫ n niwt tꜣ-pwry .5.½ ipt ⸢1²⁄₄⸣
L.20 ḥry iḥ pꜣ-šd .5.½ ipt ⸢1²⁄₄⸣

§58 L.21 tꜣ ḥwt nt ḥḥ m rnpwt nsw bit wsr-mꜣꜥt-rꜥ ⸢ḫpr-n-rꜥ snb m⸣ pr imn
L.22 rmnyt pr pn ḥt pꜣ ḥm-nṯr t⸢py n imn⸣
L.23 rmnyt pr pn m ḏrt rwḏw ⸢pꜣ-rꜥ⸣-nḫt
L.24 T ḫꜣy m mḥti tꜣ wḥyt iwn-riy-šs
L.25 iḥt m ḏrt sš ḥrwi 5 ipt 5 ipt 2⸢5⸣
L.26 pš pr bꜣt nb sꜣ-kꜣ ⸢ḫꜣr 1¾⅟₁₆⸣
L.27 T ḫꜣy m tꜣ pꜥt mḥti iꜣbt [...]
L.28 iḥt n=f sḏm ns-imn ⸢... ipt ... ipt⸣ 100
L.29 ky ⸢30 ipt 5⸣ ipt ⸢150⸣
L.30 ky 20 ⸢ipt⸣ 5 ipt 100
L.31 [T] ḫꜣy m pꜣ idb mḥti tꜣ ꜥt ptḥ-ms
L.32 iḥt n=f 10 ipt 10 ipt 100
L.33 ky 8 ipt 5 ipt 40
L.34 T ḫꜣy m pꜣ iw mḥti rw-rw-y
L.35 iḥt n=f 20 ipt 7²⁄₄ ipt 150
L.36 ky 20 ipt 5 ipt 100
L.37 [T] ḫꜣy m tꜣ pꜥt mḥti iꜣbt tnt-ḥmy
L.38 iḥt n=f 10 ipt 5 ipt 50
L.39 [T] ḫꜣy m pꜣ iw n imn-kꜣw-ḥꜥp
L.40 iꜣbt tꜣ iꜣdt in-nꜣ
L.41 iḥt n=f 5 ipt 5 ipt 25

L42 [T] *ḥȝy m tȝ pꜥt ỉȝbt pr-wȝy-nȝ*
L43 *ỉḥt n=f* 5 *ỉpt* 5 *ỉpt* 25
L44 [T] *ḥȝy m tȝ pꜥt mḥtỉ pȝ pḥwy st tn*
L45 *ỉḥt n=f* 30 *ỉpt* 5 *ỉpt* 150
L46 [T] *ḥȝy m pȝ ỉdb mḥtỉ ỉȝdt dḥȝt*
L47 *ỉḥt n bỉty stḫ-ȝbw* 2 *ỉpt* 5 ⌊*ỉpt* 10⌋

A面　第26栏

§59 L1 ⌊*rmnyt*⌋ *pš pr tȝ ḳꜥḥt ḥr-dỉ*
L2 [T] *ḥȝy m tȝ ỉȝdt rꜥ*
L3 *ỉḥwty n pȝ-nḥsy pš n ỉḥt*
L4 *nȝy tȝ ḥwt m pr rꜥ mḥtỉ ỉnwn*
L5 *rmnyt rwḏw nbw-ḏfȝ* .60 15 *ỉpt* 1¾
L6 [T] *ḥȝy* ⌊*mḥtỉ*⌋ *pȝ bḫn mry-rꜥ*⌋
L7 ⌊*ỉḥwty*⌋ ⌊*pȝ-nḥ*⌋*sy pš ỉḥt n pr pn ḫt=f* 5. 1¼ *ỉpt* 1¾
L8 [T] ⌊*ḥȝy*⌋ *m pȝ hȝrw ỉmny st tn*
L9 *ỉḥwty pȝ-nḥsy pš ỉḥt n pr pn ḫt=f* .3. ½¼ *ỉpt* 1¾
L10 [T] ⌊*ḥȝy*⌋ *mḥtỉ ỉn-mwt rsy tȝ ỉȝdt pȝ-hȝnȝ*
L11 *pš ỉmn ỉn-mwt m drt stḫ-m-ḥb* .20⌋5. ½ *ỉpt* 1¾
L12 *wꜥb stḫ-m-ḥb* .20⌋5. ½ *ỉpt* 1¾
L13 *ꜥnḫ n nỉwt mwt-m-wỉȝ ḥnꜥ snw=st* .⌊20⌋⌋5. ½ *ỉpt* 1¾
L14 [T] *ḥȝy* ⌊*rsy*⌋ *ḥwt-sḥȝw-tȝ*
L15 *ḥry ỉḥ stḫ-ms* .5 *bw=f*
L16 *ḥry ỉḥ mry-rꜥ* .5_____.
L17 *ḥry ỉḥ pn-pȝ-ỉdḥw* .5_____.
L18 *ḥry ỉḥ rꜥ-ỉȝy* .5_____.
L19 *ḥry ỉḥ ḏḥwty-ms* .5_____.
L20 *ḥry ỉḥ pȝ-wbḫt* .5_____.
L21 *ḥry ỉḥ stḫ-ḥtpw* .5_____.
L22 *ḥry ỉḥ ꜥn-ḥrỉ-stḫ* .5_____.
L23 *ḥry ỉḥ ꜥn-ḥꜥ* .5_____.
L24 T *ḥȝy m mḥtỉ ỉȝbt ḳb*
L25 *ḥry ỉḥ mꜥy* .10⌋5 ⌊...⌋ *ỉpt* 1¾
L26 *wꜥw pȝ* ⌊...⌋ .3 ⌊... *ỉpt*⌋ 1¾
L27 *wꜥw pȝ* ⌊...⌋ *mhȝ-ỉry-ḥȝtỉ=f* 3. ¼ *ỉpt* 1¾
L28 T *ḥȝy ỉȝbt ỉȝdt dḥȝt*
L29 *mnỉw stḫ-ms* ⌊20⌋⌋5. 1½ *ỉpt* 1¾
L30 *mnỉw pȝ-ỉwỉw* 20⌋5. 1½ *ỉpt* 1¾
L31 ⌊...⌋*mȝȝ*⌊...⌋ .20⌋5. 1½ *ỉpt* 1¾
L32 *ḥnk* ⌊*n pȝ nṯr n pr-ꜥȝ snb ḥt*⌋ *sš* ⌊*ḥꜥ-stḥỉ* 100⌋ ⌋5. 2 *ỉpt* 1¾
L33 *wꜥb pȝ-nḫw n pr stḫ* .10⌋5. 1 *ỉpt* 1¾
L34 T *ḥȝy ỉmny pȝ ỉhȝy*⌋ *ḥrw*
L35 *ḥm pȝ-nb-ṯȝw* .3. 1 *ỉpt* 1¾
L36 *ꜥnḫ n nỉwt tȝ-bpȝ-sȝ* .3. 1 *ỉpt* 1¾
L37 *šmsw pȝ-ḫȝrw nȝ šrdn* .3. 1 *ỉpt* 1¾
L38 *wꜥb pȝ-rꜥ-nḫt* .5. 1 *ỉpt* 1¾
L39 *šrdn pȝ-ḳȝ-rw-ỉw* .5. 1 *ỉpt* 1¾
L40 *wꜥb ḳn-rỉ-nḫt-stḫ* .5. 1 *ỉpt* 1¾
L41 *ꜥnḫ n nỉwt tȝ-nḫt-tỉ* .5. 1 *ỉpt* 1¾
L42 *mnỉw ꜥnḫ-nḫt-ỉmn* .5. 1 *ỉpt* 1¾
L43 *ꜥnḫ n nỉwt tȝ-ḏȝ-ḫȝr* .5. 1 *ỉpt* 1¾
L44 *ꜥnḫ n nỉwt mry-*⌊*n*⌋*t* .5. 1 *ỉpt* 1¾
L45 *wꜥb pȝ-mḥ-f-pȝ-nbỉw* .5. 1 *ỉpt* 1¾
L46 *ꜥnḫ n nỉwt tȝ-my* .5. 1 *ỉpt* 1¾
L47 T ⌊*ḥȝy*⌋ *mḥtỉ ỉȝbt st tn*
L48 ⌊*ḥry*⌋ *šmsw ỉ-ỉb* .5. 1 *ỉpt* 1¾
L49 ⌊...⌋ ⌊*bȝk*⌋*-n-stḫ* .5. 1 *ỉpt* 1¾
L50 ⌊...⌋ ⌊*ꜥȝ*⌋*-pḥwy=f* 3. ¼ *ỉpt* 1¾

A面　第27栏

L1 T ⌊*ḥȝy*⌋ *rsy ỉmny* ⌊*tȝ wḥyt ỉwn-rỉy-šs*⌋
L2 *ꜥnḫ n nỉwt tȝy-gstỉ* ⌊...⌋ *ỉpt* 1¾
L3 *šrdn stḫ-nḫt* ⌊...⌋ *ỉpt* 1¾
L4 *wꜥrtw ḏḥwty* ⌊...⌋ . 1 *ỉpt* 1¾
L5 *ḥbb ꜥnḫ n nỉwt ḥnwt-ꜥn-*⌊*ỉb*⌋ ⌊...⌋ ¼ *ỉpt* 1¾ *bn sw rdỉ=s sw*
L6 *ꜥnḫ n nỉwt tȝ-wr-šd-*⌊*sw*⌋ 5. 1 *ỉpt* 1¾
L7 *ḥry ỉḥ stḫ-hȝ ỉb* 5. 1 *ỉpt* 1¾
L8 *ỉḥwty ỉḥ-m-ntf pš n ỉḥt n pr mḥt* 3. 20. 5 *ỉpt* 1¾
L9 *šrdn pȝ-ꜥȝ-n-*⌊*nn*⌋*-nsw* ⌊*mḥ-tȝ* 5⌋ ⌊*bw=f*⌋
L10 *ḥry ỉḥ pȝ-r-wȝ-ṯȝ* ⌊.⌋5. 1 *ỉpt* 1¾
L11 *wꜥw hȝw-nfr* ⌊.⌋3. ½ *ỉpt* 1¾
L12 T *ḥȝy m tȝ ỉȝdt* ⌊...⌋ ⌊*nfr*⌋
L13 *mnỉw ỉḥ-m-*⌊*ntf*⌋ 20⌋5. 1 *ỉpt* 1¾
L14 *mnỉw stḫ-*⌊*m*⌋*-ḥ*⌊*b*⌋ 20⌋5. ½ *ỉpt* 1¾
L15 *wꜥb pȝ-ḥm-nṯr* .5. ¼ *ỉpt* 1¾
L16 *ḥry ỉḥ wsḫ-ỉw* .5. ¼ *ỉpt* 1¾
L17 *ḥry ỉḥ ns-ỉmn* .5. ¼ ⌊*ỉpt*⌋ 1¾
L18 *ꜥnḫ n nỉwt tȝ-kȝry* ⌊...⌋⌋5. ¼ ⌊*ỉpt* 1¾⌋
L19 *šmsw pn-tȝ-wr* ⌊*nȝ šrdn*⌋ *nty mt m ḏrt* ⌊*ms*⌋*=f* 5. ¼ *ỉpt* 1¾
L20 *ḥm-nṯr pȝ-rꜥ-m-ḥb* 10⌋5. ¼ *ỉpt* 1¾
L21 T *ḥȝy m mḥtỉ* ⌊...⌋ *ḏḥwty*

L22 mniw wꜥw-rw .10⌟5[.½] ỉpt 1¾

L23 wꜥb pꜣ-nḥsy […] ½ ỉpt 1¾

L24 T ḫꜣy m mḥtỉ ỉꜣbt [st] tn m pꜣ w ḥr-nḫb-ꜥꜣ

L25 mniw pꜣ-kꜣ[mn] .20⌟5.[…ỉpt] 1¾

L26 mniw ỉmn-h[ꜣ]-ỉb .5.½ ỉpt 1¾

L27 šrdn mhꜣ-riy .5.½ ỉpt 1¾

L28 T ḫꜣy m mḥtỉ [ỉꜣbt tꜣ] ꜥt ptḥ-ms

L29 sš ỉmn-ḥtpw .20.2 ỉpt 1¾

L30 ky ḫꜣy n=f p[ꜣ] […] rmnyt 20.3 ỉpt 1¾

L31 sš pꜣ-ỉw [.10⌟5.] […] ỉpt 1¾

L32 [wꜥb ỉmn-hꜣ] .10⌟5.1½ ỉpt 1[¾]

L33 [T] ḫꜣy m mḥtỉ ỉmny sḫt-wꜥb-ỉb

L34 wšꜣ-ỉḫw nb-(n)-ḥḥ .5.¼ ỉpt 1¾

L35 wꜥw stḫ-m-ḥb .3.½ ỉpt 1¾

L36 ḥry ỉḥ ỉmn-niwt-nḫt .5.½ ỉpt 1¾

L37 ṯꜣy sryt stḫ-m-ḥb .6.½ ỉpt 1¾

L38 ḥry ỉḥ rꜥ-nfr .10⌟5.¼ ỉpt 1¾

L39 sš pꜣ-ỉw .10⌟5.¼ ỉpt 1¾

L40 T ḫꜣy m ỉmny st tn

L41 ỉmy-r pr wsr-mꜣꜥt-rꜥ-nḫt m ḏrt ỉḥwty wꜣ-ri-ri 50⌟5.¼ ỉpt 1¾

L42 ꜥꜣ thr rꜥ-ms-sw-nb-nfr .50⌟5.¼ ỉpt 1¾

L43 ṯꜣy sryt šrdn tỉ-n-riy .10⌟5.¼ ỉpt 1¾

L44 ḥnk ḥt pꜣ ḥm-nṯr tpy [n ỉmn] .50

L45 T ḫꜣy m mḥtỉ ỉmny tꜣ ꜥt ptḥ-ms

L46 ꜥnḫ n niwt mwt-mwt=f .10⌟5.½ ỉpt 1¾

L47 ꜥnḫ n niwt tꜣ-kry .20⌟5.[½] ỉpt 1¾

L48 pš ỉmn-ṯꜣy=f m ḏrt ỉḥwty ns-ỉ[mn] 5.1 ỉpt 1¾

L49 mniw pꜣ-wꜥ-n-ỉ[mn] […]

A面 第28栏

L1 T ḫꜣy m pꜣ ỉꜣdt ỉmny st tn

L2 sš stḫ-ḥꜥ sꜣ ỉmn-ḥtpw mḥ-tꜣ 12 wsf

L3 T ḫꜣy m ỉꜣbt ỉpt ỉꜣbt mrwt wꜣḏ-smw

L4 ỉdnw ỉ-ỉꜣ m ḏrt ỉḥwty pꜣ-ỉw 20⌟5.¼ ỉpt 1¾

L5 wꜥw ḥk-nḫt 3.½ ỉpt 1¾

L6 T ḫꜣy m ỉmny pr-mḏw ỉmny pꜣ sgr šꜥ

L7 šrdn ṯꜣ-ꜥꜣ .5.½ ỉpt 1¾

L8 ḥry ỉḥ rꜥ-ms .5.½ ỉpt 1¾

L9 ḥry ỉḥ pꜣ-nḥsy .5.½ ỉpt 1¾

L10 T ḫꜣy m pꜣ ỉw ỉꜣbt pr-pꜣ-mꜣ

L11 rwḏw pr-ḥnw n pš ỉḥt n tꜣ ḥwt mr-n-ptḥ m pr [rꜥ]

L12 rmnyt ḥt=f 10.2½ ỉpt 1¾

L13 rwḏw pꜣ-ḥnw mḥ-tꜣ 200

L14 ky ḫꜣy [n=f] .200

L15 ky ḫꜣy n=f .500

L16 ky ḫꜣy n=f [m šwt] .500

L17 ỉḥwty p[ꜣ-w]r-(m)-ḥb .24 wsf

L18 ỉḥwty pꜣ-bpꜣ-sꜣ mḥ-tꜣ 2.10

L19 ỉdnw stḫ-nḫt .100 wsf

L20 sš ḥrwỉ sꜣ ptḥ-m-ḥb .100 wsf

L21 sš ḫn-sw n pš tꜣ ḥwt m pr ỉmn

L22 rmnyt stḫ-wnmy=f 25.6¼ ỉpt 1¾

L23 ỉdnw ptḥ-m-ḥb m ḏrt=f .mḥ-tꜣ 200 wsf

L24 T ḫꜣy m pꜣ ỉw n ỉmn ḥnm-nḥḥ ỉꜣbt p[ꜣ-knry-mr]

L25 sš pꜣ-bpꜣ-sꜣ pš ỉḥt tꜣ ḥwt m pr ỉmn

L26 rmnyt stḫ-wnmy=f 10.2½ ỉpt 1¾

L27 sš p[ꜣ-bp]ꜣ-sꜣ mḥ-tꜣ 5.195

L28 ky ḫꜣy n=f .200 wsf

L29 šrdn ḥꜣtỉ-nfr m ḏrt=f .mḥ-tꜣ 100 wsf

L30 T ḫꜣy m ỉꜣbt mr-ỉḥw

L31 rwḏw pꜣ-ḥnw .5.¼ ỉpt 1¾

L32 bỉty pꜣ-sꜣ-kt .5.¼ [ỉpt 1¾]

L33 [ꜥnḫ] n niwt tꜣ-wrt-hꜣ-ỉb .5.½ ỉpt 1¾

L34 ḥry ỉḥ ḫn-sw-m-wꜣst .5.½ ỉpt 1¾

L35 ḥry ỉḥ pꜣ-ỉmy-r-šnwt .5.½ ỉpt 1¾

L36 ḥry ỉḥ stḫ-hꜣ-ỉb .5.½ ỉpt 1¾

L37 T ḫꜣy mḥtỉ ỉmny st tn

L38 ꜥnḫ n niwt mḥy .5.½ ỉpt 1¾

L39 ḥry ỉḥ pꜣ-ỉmy-r-šnwt .5.½ ỉpt 1¾

L40 wꜥw pn-bw-wꜣ .3.½ ỉpt 1¾

L41 wꜥw ỉmn-ḥtpw .3.½ ỉpt 1¾

L42 bỉty ỉmn-m-ḥb .3.½ ỉpt 1¾

L43 ḥnk nꜣ nṯrw pr-ꜥꜣ snb m ḏrt sš pr-ḥḏ pn-tꜣ-wr 40⌟5.1 [ỉpt] 1¾

L44 T ḫꜣy m rsy ỉmny st tn

L45 ḥry ỉḥ pn-rnwt .5 m šwt

L46 [ḥry ỉḥ] ỉn-nꜣ .5.¼ ỉpt 1¾

L47 [ḥry] ỉḥ pꜣ-nḥsy .5 m šwt

L48 ḥry ỉḥ ỉmn-ḥtpw .5_____.

L49 bỉtỉ pꜣ-sꜣ-kt .5_____.

L50 ꜥnḫ n niwt ḥnw-wꜥtỉ sꜣt pꜣ-ḫꜣrw .5_____.

A面 第29栏

§60 L1 [tꜣ ḥwt] nswt bỉtỉ ḥk-mꜣꜥt-rꜥ stp-n-ỉmn snb m pr ỉmn

L2 ⸢rmnyt⸣ pr pn ẖt nfr-ꜥb-ḥb nty mt

L3 ⸢rmnyt⸣ pr pn ẖt ỉdnw i-ỉꜣ

L4 T ḫꜣy m tꜣ pꜥt ỉꜣbt tꜣ wḥyt ḏꜣ-sꜣ-sꜣ-tỉ

L5 ỉḥt n ỉḥwty ỉmn-nḫt 20 ỉpt 7 2/4 ỉpt 150

L6 ky 20 ỉpt 5 ỉpt 100

L7 pš pr ỉmn rmnyt pꜣ w ẖꜣr 18¾

L8 T ḫꜣy m pꜣ ỉꜣdt ỉmny st tn

L9 ỉḥt⸢n=f⸣ 5 ỉpt 5 ỉpt 25

L10 ⸢pš pr ỉmn⸣ rmnyt tn (ẖꜣr) 1 3/4 1/16

L11 [T] ⸢ḫꜣy⸣ m mḥtỉ pr-ḫtf

L12 ⸢ỉḥt⸣ n=f 1⸢5⸣ ỉpt 5 ỉpt ⸢7⸣5

§61 L13 rmnyt pr ⸢pn⸣ m ḏrt rwḏw ḏḥwty-ms

L14 [T] ḫꜣy m tꜣ p⸢ꜥt⸣ ⸢…⸣ tꜣ wḥyt ỉwn-rỉy-šs

L15 ỉḥt n bỉty ptḥ-ms 7 ỉpt 5 ỉpt 35

L16 ⸢pr ỉmn⸣ rmnyt ḥr-dỉ ẖꜣr 2 2/4 1/16

§62 L17 ⸢rmnyt pr⸣ pn ḥr sdf tꜣ ḥwt pr-ꜥꜣ snb m pr ỉmn

L18 ⸢…⸣ pꜣ ḫnw mntw nty tꜣ wḥyt ỉwn-rỉy-šs

L19 [T] ⸢ḫꜣy m rsy⸣ ỉꜣbt tꜣ wḥyt ỉwn-rỉy-šs

L20 ⸢ỉḥt m ḏrt⸣ ḥm-nṯr pꜣ-nḥsy 55 ⸢ỉpt⸣ 5 ỉpt 275

L21 [T] ḫꜣy m pꜣ ỉꜣdt rsy pꜣ ḫnt st tn

L22 ỉḥt n=f 10 ỉpt 7 2/4 ỉpt 75

L23 ky 10 ỉpt 5 ỉpt ⸢50⸣

§63 L24 šmw n pš pr pn ẖt=f

L25 [T] ḫꜣy m mḥtỉ ỉꜣbt tꜣ wḥyt ỉwn-rỉy-⸢šs⸣

L26 ꜥnḫ n nỉwt rꜥ-m-wỉꜣ .20⸢⸥5. 1½ sṯꜣt ỉpt 1 2/4

L27 ḥm-⸢nṯr⸣ pꜣ-nḥsy mḥ-tꜣ 10.90

L28 ⸢ky ḫꜣy⸣ n=f 50 wsf

§64 L29 ⸢tꜣ⸣ ⸢ḥ⸣wt nswt bỉtỉ wsr-mꜣꜥt-rꜥ mr-ỉmn snb m pr ỉmn

L30 rmnyt pr pn ẖt pꜣ sš šꜥ n pr-ꜥꜣ snb

L31 rmnyt pr pn m ḏrt rwḏw mry-mꜣꜥt

L32 [T] ḫꜣy m mḥtỉ ỉꜣbt tꜣ wḥyt ỉwn-rỉy-šs

L33 ỉḥt n ỉḥwty bn-nkt 10 ỉpt 5 ỉpt 50

L34 pš pr rswt-rꜥ nb ꜣbdw ẖꜣr 3¾

§65 L35 rmnyt pr pn m ḏrt rwḏw tꜣ

L36 T ḫꜣy m mḥtỉ tꜣ wḥyt wbḫt

L37 ỉḥt n ỉḥwty ꜥn-ḥꜥ 20 ỉpt 5 ỉpt 100

§66 L38 rmnyt pr pn ẖt pꜣ ꜥꜣ n pr

L39 rmnyt pr ⸢pn m⸣ ḏrt rwḏw ⸢stḫ⸣-wnm=f

L40 T ⸢ḫꜣy⸣ m mḥtỉ tnt-ḥmy

L41 ⸢…⸣ pꜣ-bpꜣ-sꜣ ⸢20 ỉpt 5⸣ ỉpt 100

L42 [T] ⸢ḫꜣy rsy⸣ ỉꜣbt pr wꜣy-nꜣ

L43 ⸢ỉḥt n=f⸣ 15 ỉpt 5 ỉpt ⸢75⸣

A面　第30栏

L1 pš tꜣ ḥwt wsr-mꜣꜥt-rꜥ stp-n-rꜥ snb ⸢rmnyt ḥr-dỉ ẖꜣr 5 2/4 1/16⸣

L2 T ḫꜣy m pꜣ ỉw n mꜣwt ⸢ỉꜣbt pr-pꜣ⸣-mꜣ

L3 ỉḥt n=f 25 ỉpt 5 ỉpt ⸢125⸣

L4 pš tꜣ ḥwt pr-ꜥꜣ snb rmnyt ḥr-dỉ ẖꜣr 9 1/4 1/16

L5 T ḫꜣy rsy ỉꜣbt pr-mḏwt

L6 ỉḥt n=f 10 ỉpt 5 ỉpt ⸢50⸣

L7 T ḫꜣy m pꜣ ỉw n ỉmn ⸢ḫnm⸣-nḥḥ ⸢ỉꜣbt⸣ pꜣ-knry

L8 ỉḥt n=f 10 ỉpt 5 ỉpt ⸢50⸣

L9 pš tꜣ ḥwt pr-ꜥꜣ snb rmnyt ⸢ḥr-dỉ⸣ ẖꜣr 3¾

§67 L10 rmnyt pr pn m ḏrt rwḏw ⸢mr-ỉwn⸣

L11 T ḫꜣy m pꜣ-mr-mky

L12 ỉḥt m ḏrt šrdn ptḥ-mnw 5 ỉpt 5 ỉpt ⸢25⸣

L13 pš pr rswt-rꜥ nb ꜣbdw ⸢ẖꜣr⸣ 1 3/4 1/16

L14 T ḫꜣy m rsy ỉꜣbt mr-ỉḥw

L15 ỉḥt n ỉḥwty ḥrwỉ 5 ⸢ỉpt 5⸣ ỉpt 25

§68 L16 rmnyt pš n ⸢tꜣ ḳꜥḥt⸣ ḥr-dỉ

L17 T ḫꜣy rsy ỉꜣbt tꜣ ⸢…⸣

L18 ꜥnḫ n nỉwt tꜣ-kꜣmn

L19 kṯn tpy pꜣ-⸢rꜥ-wnm=f m ḏrt⸣

L20 ỉḥwty ḳꜣ-ḥꜣ ⸢…⸣ ⸢ỉpt⸣ ⸢1⸣2/4

L21 ꜥnḫ n nỉwt pr-mḏw-m-wỉꜣ ⸢…⸣ ½ ỉpt 1 2/4

L22 wꜥb ꜥn-ḥry-stḫ ⸢…⸣ ¾

L23 ꜥnḫ n nỉwt mḏwt-ỉyt ⸢…⸣ ⸢bw=f⸣

L24 ꜥnḫ n nỉwt mḥy ⸢…⸣ ỉpt 1 2/4

L25 ḥnk n nṯrw pr-ꜥꜣ snb ẖt ⸢sš⸣ pr-ḥd pn-tꜣ-wrt 20⸢⸥5. 1 ỉpt 1 2/4

L26 ḥry ỉḥ p⸢ꜣ⸣-nḥsy ⸢…⸣½ ỉpt 1 2/4

L27 ḥry ỉḥ p⸢ꜣ-mw⸣ 5 bw=f

L28 wꜥb stḫ-m⸢…⸣ ⸢5. ½ ỉpt 1 2/4⸣

L29 ⸢bỉty⸣ ⸢pꜣ⸣-rꜥ-m-ḥb .5. ½ ỉpt 1⸢2/4⸣

L30 bỉty pꜣ-rnm .5. ½ ỉpt 1⸢2/4⸣

L31 bỉty pꜣ-nḥsy .5. ½ ỉpt 1 2/4

L32 ꜥnḫ n nỉwt tn-r-mwt-s .3. ½ ỉpt 1 2/4

L33 ꜥnḫ n nỉwt mwt-m-ḥb .3. ½ ỉpt 1 2/4

L34 ḥry ỉḥ ỉmn-ḥtpw .5. ½ ỉpt 1 2/4

L35 ḥry ỉḥ stḫ-sꜥnḫ .5. ½ ỉpt 1 2/4

L36 ḥpšy kꜣ-ms .5. ½ ỉpt 1 2/4

L37 ꜥnḫ n nỉwt ṯꜣ-ꜥꜣ .3. ½ ỉpt 1 2/4

L38 wꜥw stḫ-m-ḥb .3. ½ ỉpt 1 2/4

L39 wꜥw bꜣk-n-bꜣy .3. ½ ỉpt 1 2/4

L40 wꜥw nfr-ꜥbt-b .3. ½ ỉpt 1 2/4

L41 wꜥw ỉmn-nḫt .3.½ ỉpt 1 2/4
L42 ḥry ỉḥ stẖ-ḥr-ḫpš=f .[5].½ ỉpt 1 2/4
L43 T ḫꜣy rsy pꜣ ỉhy n [sn]
L44 ḥry ỉḥ ptḥ-ms [.5.½ ỉpt 1 2/4]
L45 ḥry ỉḥ ptḥ-mnw .5[.½] [ỉpt 1 2/4]
L46 kṯn stẖ-m-ḥb .5[.½] ỉpt [1 2/4]
L47 ḥry ỉḥ ns-ỉmn [.5.½] ỉpt 1 2/4

A面　第31栏

L1 ḥry ỉḥ sw ḫt stẖ-ms .5.¼ ỉpt 1 2/4
L2 ḥry ỉḥ pꜣ-nḥsy .5.¼ ỉpt 1 2/4
L3 ḥry ỉḥ bꜣk-n-ptḥ .5.¼ ỉpt 1 2/4
L4 T ḫꜣy m mḥtỉ st tn
L5 ḥry ỉḥ ỉmn-ms .5.¼ ỉpt 1 2/4
L6 ḥry ỉḥ stẖ-(m)-ḥb .5 bw=f
L7 ḥry ỉḥ ḥꜣtỉ-nfr .5.¼ ỉpt 1 2/4
L8 ḥnk n nṯrw pr-ꜥꜣ snb ḫt ỉdnw pꜣ ḥm nṯr 60⌟5.¼ ỉpt [1 2/4]
L9 ḥry ỉḥ stẖ-nḫt .5.¼ ỉpt 1 2/4
L10 ꜥnḫ n nỉwt mḏwt-m-wỉꜣ.5 bw=f
L11 ꜥnḫ n nỉwt bꜣk-n-stẖ .5.¼ ỉpt 1 2/4
L12 ḥry ỉḥ ptḥ-mnw .5.¼ ỉpt 1 2/4
L13 [T] [ḫꜣ]y m pꜣ ỉdb mḥtỉ st tn
L14 kṯn stẖ-m-ḥb .5.¼ ỉpt 1 2/4
L15 T ḫꜣy mḥtỉ ỉꜣbt mr-ỉḥw
L16 ỉdnw ptḥ-m-ḥb m ḏrt bỉty pꜣ-ꜥꜣ-ḏꜣ-ḏꜣ 10.[¼ ỉpt] [1] 2/4
L17 T ḫꜣy m pꜣ ỉꜣdt rsy st tn
L18 pš sbk m ḏrt pn-rnwt 10⌟5.½ ỉpt 1 2/4
L19 T ḫꜣy mḥtỉ ỉmny st tn mḥtỉ tꜣ ỉꜣdt pr-wn
L20 ḥry ỉḥ mnỉw-nfr 10⌟5.¼ ỉpt 1 2/4
L21 ḥnk n nꜣ nṯrw pr-ꜥꜣ snb ḫt ḳn⌟ pr-ꜥꜣ snb stẖ-ḥr-ḫpš=f 20⌟[…]
L22 ḥry ỉḥ pꜣ-ḥry-pḏt .5.¼ ỉpt 1 2/4
L23 ḥry ỉḥ ỉmn-nḫt .5.¼ ỉpt 1 2/4
L24 ḥry ỉḥ ḏḥwty-ms .5.¼ ỉpt 1 2/4
L25 T ḫꜣy rsy mr-ỉḥw
L26 ḥry ỉḥ ỉn-wꜣ .10⌟5.½ ỉpt 1 2/4
L27 ḥry ỉḥ wn-nfr .10⌟5.½ ỉpt 1 2/4
L28 šmsw pn-[pꜣ]-mr n pꜣ-ỉmy-r mšꜥ .3.½ ỉpt 1 2/4
L29 wꜥw sbk-nḫt .3.½ ỉpt 1 2/4
L30 wꜥw ỉmn-ḥtpw .3.½ ỉpt 1 2/4
L31 wꜥw rs-nḫt .3.½ ỉpt 1 2/4
L32 ꜥnḫ n nỉwt ẖs-ẖs-sw .5.½ ỉpt 1 2/4
L33 ḥry ỉḥ pn-[rn]wt .5.[½] ỉpt 1 2/4
L34 ḥry ỉḥ […] .5.½ ỉpt 1 2/4
L35 ḥry ỉḥ ỉmn-ḥtpw .5.½ ỉpt 1 2/4
L36 bỉty ỉḫ-m-ntf .5.½ ỉpt 1 2/4
L37 ḥry ỉḥ ptḥ-m-ḥb .5.½ ỉpt 1 2/4
L38 T ḫꜣy rsy ỉꜣbt mr-ỉḥw
L39 kṯn tpy n ḥm=f ꜥnḫ wꜣḏ snb ꜥb-pḏt m ḏrt
L40 sš ḥrwỉ .20⌟5.1 ỉpt 1 2/4
L41 T ḫꜣy m mḥtỉ ỉmny tꜣ wḥyt wbḫt tꜣ wꜣt ỉmny
L42 tꜣ-my
L43 rwḏw pꜣ-ḥnw pš ỉḥt n tꜣ ḥwt mr-n-ptḥ m pr rꜥ
L44 rmnyt ḫt=f 25.6¼ ỉpt 1 2/4
L45 T ḫꜣy m mḥtỉ ỉꜣbt st tn tꜣ wꜣt ỉꜣbt
L46 tꜣ-my
L47 rwḏw pꜣ-ḥnw pš pr pn ḫt=f .30.7½ ỉpt 1 2/4
L48 sš ḥrwỉ n pꜣ kṯn .10⌟5.½ ỉpt 1 2/4
L49 ꜥnḫ n nỉwt rꜥ-ỉꜣy .5.½ ỉpt 1 2/4
L50 ḥry ỉḥ pꜣ-ỉw .5.½ ỉpt 1 2/4
L51 ꜥnḫ n nỉwt tꜣ-ḳꜣ-hꜣrw .3.½ ỉpt 1 2/4
L52 ḥry ỉḥ [mr]y-rꜥ .3.½ ỉpt 1 2/4

A面　第32栏

L1 ḥ[ry] [ỉḥ nḫt]-ḥr-ḫpš=f .5.½ ỉpt 1 2/4
L2 ḥ[ry] [ỉḥ] pꜣ-nḥsy .5.½ ỉpt 1 2/4
L3 wꜥw pn-rnwt .3.¼ ỉpt 1 2/4
L4 wꜥw bꜣk-n-ptḥ .3.¼ ỉpt 1 2/4
L5 ꜥnḫ n nỉwt ꜥꜣ-m-nỉwt ḥnꜥ snw=f .3.½ ỉpt 1 2/4
L6 T ḫꜣy ỉmny tꜣ wḥyt ỉwn-rỉy-šs
L7 ỉḥwty ỉmn-m-ỉpt pš ỉḥt n pr mḥ-tꜣ 2.10⌟5.¼ ỉpt 1 2/4
L8 ỉḥwty ỉmn-ḥtpw .3.¼ ỉpt 1 2/4
L9 wꜥb mntw-m-wꜣst .3.¼ ỉpt 1[2/4]
L10 ỉḥwty stẖ-nḫt .3.¼ ỉpt 1[2/4]
L11 ỉḥwty pꜣ-ỉw .3.¼ ỉpt 1 2/4
L12 […] tn-r-ḥr-ḫpš=f .5.¼ ỉpt 1 2/4
L13 […] ẖnm-nḫt .3.¼ ỉpt 1 2/4
L14 [ꜥnḫ n nỉwt] rꜥ-tꜣwỉ .3.¼ ỉpt [1 2/4]
L15 [ꜥnḫ n nỉwt] ḥwt-ḥr-m-ḥb .3.¼ ỉpt [1 2/4]
L16 rwḏw hꜣd-nfr .3.¼ ỉpt [1 2/4]
L17 wꜥw mntw-m-ỉwn .3.¼ ỉpt [1 2/4]
L18 ꜥnḫ n nỉwt tꜣ-ḳꜣrw-ỉꜣ 3.¼ ỉpt [1 2/4]
L19 wꜥw [nḫt]-mntw [3.¼ ỉpt 1 2/4]

L.20 [ḥry iḥ] [p]ꜣ-iry .5 [bw]=f
L.21 [...] 8⌋5.¼ ipt 1²⁄₄
L.22 [...] .1.¼ ipt 1²⁄₄
L.23 [...] [ḥꜣ] ib .5.¼ ipt 1²⁄₄
L.24 [...] [ʿn]-m-ḥwt-nṯr .3.¼ ipt 1²⁄₄
L.25 ʿnḫ n niwt tꜣ-pw-r-sꜣ .3.¼ ipt [1²⁄₄]
L.26 [T] ḫꜣy m tꜣ ḳꜣyt rsy mr-iḥw
L.27 ḥry iḥ pn-[rnw]t .5.½ ipt 1²⁄₄
L.28 ʿnḫ n niwt tꜣ-iry [.5.]½ ipt 1[²⁄₄]
L.29 ḥry iḥ stḫ-(m)-ḥb [.5.]½ ipt 1[²⁄₄]
L.30 mniw stḫ-ḫʿ .5.½ ipt 1²⁄₄
L.31 mniw ḫʿ-mti .5.½ ipt 1²⁄₄
L.32 mniw kꜣ .5.½ ipt 1²⁄₄
L.33 [ḥry iḥ] pꜣ-mr-šnwt .5.½ ipt 1²⁄₄
L.34 ḥry iḥ p[ꜣ]-iw .5.½ ipt 1²⁄₄
L.35 ḥry iḥ pꜣ-iw[iw sꜣ] kꜣ-ri-bw [.5.½] ipt 1²⁄₄

§69 L.36 tꜣ ḥwt nswt biti wsr-mꜣʿt-rʿ stp-n-rʿ snb m pr imn
L.37 rmnyt pš pr pn m tꜣ ḳʿḥt ḥr-di
L.38 T ḫꜣy rsy imny pꜣ ihy n sn
L.39 wʿb ḏꜣ-ḏꜣ-ʿbw pr-stḫ .3.½ ipt 1²⁄₄
L.40 T ḫꜣy rsy iꜣbt st tn
L.41 wʿb stḫ-nḫt ḥnʿ snw=f .10⌋5.½ ipt 1²⁄₄

§70 L.42 pr ḥrw-m-ḥb m pr imn
L.43 [T] ḫꜣy m pꜣ idb iꜣbt tꜣ wḫyt iwn-riy-šs
L.44 iḥwty pꜣ-iry mḥ-tꜣ 12 wsf
L.45 rwḏw imn-ms .2.48
L.46 wʿb mntw-sʿnḫ m ḏrt=f .2.4
L.47 šrdn stḫ-(m)-ḥb in.n=f iḥwty ḫʿ-m-ipt 36 wsf
L.48 ky [ḫꜣ]y n=[f] mḥ-tꜣ 12 wsf
L.49 ky [ḫꜣy n=f ...] st .12 wsf
L.50 [ky] [ḫꜣ]y m [rwḏw] imn-ms 3[6] [wsf]
L.51 [pꜣ] ḥm-nṯr tpy n imn [m] ḏrt iḥwty kn-riy mḥ-tꜣ 500 wsf

A面　第33栏

§71 L.1 pꜣ nṯr n wsr-mꜣʿt-rʿ mr-imn snb ḥt ʿꜣ thr rʿ-ms-sw-nb-nfr
L.2 T ḫꜣy m pꜣ mḥti pꜣ pḥwy s-mꜣʿ
L.3 iḥt n=f 40 ipt 5 ipt 200
L.4 pš n pr ḏḥwty pꜣ-wḏ⌋ ḥꜣr [7²⁄₄]

§72 L.5 pꜣ nṯr n wsr-mꜣʿt-rʿ mr-imn snb ḥt ḥry ḳn pr-ʿꜣ snb n ʿḥꜣwt nfr
L.6 T ḫꜣy rsy iꜣbt ḥwt-sꜣḫ-tꜣ
L.7 iḥt n=f 20 ipt 5 ipt 100

§73 L.8 pꜣ nṯr n wsr-mꜣʿt-rʿ mr-imn ḥt idnw pꜣ ḥm nṯr
L.9 T ḫꜣy m mḥty pꜣ iḫꜣy n sn
L.10 iḥt n=f 20 ipt 5 ipt 100
L.11 pš n tꜣ ḥwt wsr-mꜣʿt-rʿ mr-imn snb m pr imn ḫꜣr 7²⁄₄

§74 L.12 pꜣ nṯr n wsr-mꜣʿt-rʿ mr-imn snb ḥt sš pr-ḥḏ [pn]-tꜣ-wr
L.13 T ḫꜣy rsy iꜣbt tꜣ iꜣdt in-nꜣ
L.14 iḥt n=f 20 ipt 5 ipt 100
L.15 pš tꜣ ḥwt wsr-mꜣʿt-rʿ mr-imn snb m pr imn ḫꜣr 7²⁄₄

§75 L.16 tꜣ ḥwt nswt ʿꜣ-ḫpr-n-rʿ snb m pr imn
L.17 T ḫꜣy m mḥti tꜣ wḫyt iwn-riy-šs
L.18 iḥwyt imn-m-ipt sṯꜣt 3.½ ipt [1]²⁄₄

§76 L.19 tꜣ ḥwt rʿ-ms-sw mr-imn snb m pr rʿ
L.20 rmnyt pš pr pn m tꜣ ḳʿḥt ḥr-di
L.21 T ḫꜣy m rsy tnt-ḥmy [ḥt sš] pꜣ-iw
L.22 kṯn stḫ-ḫʿ 10⌋[...] ipt 1²⁄₄
L.23 ky ḫꜣy n=f .20.[8]0
L.24 T ḫꜣy rsy pr-ḫnw-ʿbwy
L.25 kṯn tpy pꜣ-rʿ-wnm=f m [ḏrt]
L.26 iḥwty ḳꜣ-ḥꜣ .20⌋[...] ipt 1²⁄₄
L.27 ḥry iḥ [pꜣ]-ʿn [...] [ipt] 1²⁄₄
L.28 wʿb stḫ [...]1 ipt 1²⁄₄
L.29 ḥnk n (nꜣ) nṯrw pr-ʿꜣ snb ḥt sš pꜣ-bpꜣ-sꜣ .20.1 ipt 1²⁄₄
L.30 ḥnk n nꜣ nṯrw pr-ʿꜣ snb ḥt pꜣ ḥm-nṯr tpy .60
L.31 T ḫꜣy m mḥti imny pr-mḏwt
L.32 ḥry iḥ rʿ-ms .5.1½ ipt 1²⁄₄
L.33 T ḫꜣy m mḥti pr-ḏꜣ-sꜣ
L.34 ʿnḫ n niwt wr-wꜣḥ-sw 10⌋5.1 ipt 1²⁄₄
L.35 T ḫꜣy mḥti pꜣ sgr wḏꜣ-ms
L.36 šmsw pꜣ-ḫꜣrw nꜣ šrdn 10⌋5.1 ipt 1²⁄₄
L.37 T ḫꜣy m mḥti st tn
L.38 ʿnḫ n niwt mwt-sʿnḫ .10 bw=f
L.39 T ḫꜣy m mḥti imny st tn
L.40 šmsw ḫnsw-m-wꜣst nꜣ šrdn 3.1 ipt 1²⁄₄
L.41 wʿb iry-ʿꜣ .10⌋5.2.ipt 1²⁄₄
L.42 T ḫꜣy iꜣbt st tn
L.43 ʿnḫ n niwt tꜣ-bꜣ-sꜣ .5.1 ipt 1²⁄₄
L.44 T ḫꜣy m mḥti iꜣbt st tn
L.45 wʿb iry-ʿꜣ .10⌋5.1 ipt [1²⁄₄]

A面　第34栏

§77 L1 *nꜣy tꜣ ḥwt rꜥ-ms-sw-ḥḳ-iwn m pr rꜥ mḥti iwn*
L2 *rmnyt pr pn m ḏrt rwḏw nbw-ḏfꜣ*
L3 T *ḫꜣy m tꜣ pꜥt iꜣbt tꜣ wḥyt ḏꜣ-sꜣ-sꜣ-ti*
L4 *iḥt n iḥwty pꜣ-nḥsy* 50 *ipt* 10 *ipt* 500
L5 *ky* 30 *ipt* 7 2/4 *ipt* 225
L6 *ky* 30 *ipt* 5 *ipt* 150
L7 *pš pr imn-rꜥ nswt nṯrw rmnyt pꜣ w ḫꜣr* 62 2/4
L8 T *ḫꜣy m pꜣ iw n imn*
L9 *iḥwty*　　　　　*gm šwt* .10
L10 T *ḫꜣy mꜣwt tꜣ-ḳꜣhꜣ imny*
L11 *iḥt n=f* 10 *ipt* 5 *ipt* 50
L12 T *ḫꜣy mḥti pꜣ bḫn mry-rꜥ*
L13 *iḥt n=f* 5 *ipt* 5 *ipt* 25
L14 *pš tꜣ ḥwt pr-ꜥꜣ snb rmnyt ḥr-di ḫꜣr* 1¾ 1/16
L15 T *ḫꜣy m pꜣ hrw imny st tn*
L16 *iḥt n=⸢f⸣* 3 *ipt* 5 *ipt* 15
L17 *⸢pš⸣ tꜣ ḥwt pr-ꜥꜣ snb m pr imn rmnyt tn* 1 1/16
L18 T *ḫꜣy m tꜣ iꜣdt rꜥ*
L18A *šwt sṯꜣt* 20
L19 *iḥt n=f* 60 *ipt* ⸢5⸣ *ipt* 300
L20 *⸢pš n tꜣ⸣ ḥwt pr-ꜥꜣ snb rmnyt tn* 22 2/4
§78 L21 *pꜣ sšmw n pꜣ rꜥ nty pꜣ bḫn mry-rꜥ*
L22 T *ḫꜣy m tꜣ pꜥt iꜣbt tꜣ wḥyt ḏꜣ-sꜣ-ti*
L23 *iḥt n iḥwty nbw-ḏfꜣ* 10 *ipt* 10 *ipt* 100
L24 *pš pr imn rmnyt pꜣ w ḫꜣr* 7 2/4
L25 T *ḫꜣy m pꜣ š n imn*
L26 *iḥt n=f* 12 *ipt* 5 *⸢ipt⸣* 60
L27 *⸢pš smw⸣ iḥw ⸢pr⸣ ⸢i⸣mn-rꜥ nswt nṯrw ḫꜣr* 4 2/4
§79 L28 *tꜣ ḥwt mr-n-ptḥ-ḥtpw-mꜣꜥt snb m pr rꜥ*
L29 *rmnyt pr pn ⸢m⸣ ḏrt rwḏw pꜣ-ḥnw*
L30 T *ḫꜣy m mḥti tꜣ wḥyt wbḫ tꜣ wꜣt ⸢imn⸣t tꜣ-my*
L31 *iḥt n iḥwty p⸢ꜣ⸣-b⸢pꜣ⸣-sꜣ* 20 *ipt* 5 *ipt* 125
L32 *pš tꜣ ḥwt wsr-mꜣꜥt-rꜥ mr-imn snb m pr imn*
rmnyt ḥr-di ḫꜣr 9¼ 1/16
L33 T *ḫꜣy m iꜣbt st tn tꜣ wꜣt iꜣbt st tn*
L34 *iḥt n=f* 30 *ipt* 5 *ipt* 150
L35 *pš iḥt pr pn rmnyt tn ḫꜣr* 11¼
L36 T *ḫꜣy pꜣ ḫnm rsy st tn*
L37 *iḥt n=f* 20 *ipt* 5 *ipt* 125
L38 T *ḫꜣy m pꜣ iw mḥti iꜣbt pr-pꜣ-mꜣ*
L39 *iḥt n=f* 10 *ipt* 10 *ipt* 100
L40 *pš tꜣ ḥwt pr-ꜥꜣ snb m pr imn rmnyt ḥr-di ḫꜣr* 7 2/4
L41 T *ḫꜣy m pꜣ iw iꜣbt st tn*
L42 *iḥt n=f* 30 *ipt* 5 *ipt* 150
L43 *pš pr pn rmnyt tn ḫꜣr* 11¼
L44 T *ḫꜣy mḥti tꜣ wḥyt wbḫt*
L45 *iḥt n=f* 5 *ipt* 5 *ipt* 25
§80 L46 *pr ptḥ ꜥꜣ rsy inb=⸢f⸣ ⸢nb⸣ ꜥnḫ-tꜣwy*
L47 *rmnyt pš n pr pn tꜣ ḳꜥḥt ḥr-di*
L48 *ḫꜣy ⸢rsy pꜣ⸣ š ḥmn-ib⌟*
L49 *wr mꜣw mry-tm m ḏrt iḥwty pn-iwn* 20.½ *ipt* 1 2/4
L50 *wꜥb pꜣ-iry* .5.½ *ipt* 1 2/4
L51 *wꜥb ⸢stḫ⸣-ḫꜥ nty mt* .5.½ *ipt* 1 2/4

A面　第35栏

§81 L1 *st ⸢wr n⸣ rꜥ-ms-sw mr-imn snb m pr ptḥ*
L2 *ḫꜣy ⸢…⸣tꜣ wḥyt rw-rw*
L3 *wr ⸢mꜣw⸣ m ḏrt iḥwty pn-iwn*　.20 *m šwt*
L4 *ḫꜣy imny pꜣ bḫn mry-stḫ*
L5 *wr ⸢mꜣw⸣ m ḏrt iḥwty pn-iwn*　.20_____.
L6 *ḫꜣy mḥty iꜣbt st tn*
L7 *⸢wr mꜣw⸣ m ḏrt iḥwty pn-iwn* 10⌟⸢5⸣ ½ *ipt* 1 2/4
L8 *⸢ḫꜣy⸣ mḥty ḥwt-sḥnw*
L9 *⸢…⸣iḫ-m-ntf pš iḥt n pr imy-r ⸢…⸣ ⸢i⸣mn-ḥr-*
ḫpš=f 20⌟5.1 *ipt* 1 2/4
L10 *⸢ḫꜣy⸣ rsy iꜣbt st tn*
L11 *iḥwty ḫꜥ-m-wꜣst pš n iḥt n pr imn pꜣ iw*
L12 *nty m ꜥwt p⸢ꜣ⸣ nṯr ḫt ḥm-nṯr pꜣ-rꜥ-m-ḥb* .10.2½
ipt 1 2/4
L13 *ḫꜣy mḥti iꜣbt tnt-ḥmy*
L14 *wꜥw stḫ-m-ḥb* .3.¼ *ipt* 1 2/4
L15 *sš p⸢ꜣ⸣-nḥsy n pr imn*　.3.*bw=f*
L16 *kṯn imn-ḥtpw* .⸢10⸣⌟5.¼ *ipt* 1 2/4
L17 *ḥry iḥ pꜣ-bpꜣ-sꜣ* .10⌟5.¼ *ipt* 1 2/4
L18 *wꜥw stḫ-wnmy=f m ḏrt=f ⸢…⸣ ipt* 1 2/4
L19 *wꜥw ri-riy* 2⸢…⸣ *ipt* 1 2/4
L20 *ḫꜣy imny st tn*
L21 *pš n imn nb ḏfꜣ m ḏrt wꜥb stḫ-nḫt* 10⌟5.1 *ipt* 1 2/4
§82 L22 *tꜣ ḥwt ⸢rꜥ-ms⸣-sw mr-imn snb mri mi ptḥ*
L23 *ḫꜣy iꜣbt tꜣ wḥyt mri-kꜣk*
L24 *ꜣḥt n ⸢ḥtri⸣ ḥry iḥ pꜣ-nḥsy* .5.1 *ipt* 1 2/4
§83 L25 *pr ⸢rꜥ-m⸣s-sw mr-imn sbn wḥm sd ḥb m pr rꜥ*
L26 *ḫꜣy rsy iꜣbt pr mḏwt*
L27 *ḥry iḥ pꜣ-iw* .5.1 *ipt* 1 2/4
L28 *wꜥw bꜣk-n-imn* .3.½ *ipt* 1 2/4

L29 wˁw nb-ˁn-ỉb .3.½ ỉpt 1 2/4
L30 ḥry ỉḥ ỉn-ḥrỉ-rẖ .5.1 ỉpt 1 2/4
§84 L31 tȝ mnỉw n pr-ˁȝ snb m ḥr-dỉ
L32 ẖȝy rsy pȝ-mȝ
L33 [ˁnẖ] n nỉwt ḥwt ḥrỉ ḥnˁ snw=f .3.½ ỉpt 1 2/4
L34 pš sbk n pȝ-mȝ m ḏrt ḥrwỉ 10.2½ ỉpt 1 2/4
L35 kṯn pȝ-rˁ-wnm=f m ḏrt
L36 ỉḥwty ỉmn-ỉpt .20⌟5.½ ỉpt 1 2/4
L37 ˁnẖ n nỉwt tȝ-kȝmn .5.½ ỉpt 1 2/4
L38 ˁnẖ n nỉwt r-dy-sw-stẖ .5.½ ỉpt 1 2/4
L39 mnỉw stẖ-(m)-ḥb .5.½ ỉpt 1 2/4
L40 bỉty pȝ-ẖȝrw .5.½ ỉpt 1 2/4
L41 šmsw ḳn-ḥrỉ-ḫpš=f .5.½ ỉpt 1 2/4
L42 ḥry ỉḥ ḳn-ḥr-ḫpš=f .5.½ ỉpt 1 2/4
L43 bỉty ptḥ-ms .5.½ ỉpt 1 2/4
L44 [ḥm] šd-m-dwȝ .3.½ ỉpt 1 2/4
L45 ẖȝy ỉȝbt tȝ wḥyt nȝ wˁw
L46 ˁnẖ n nỉwt tȝ-ỉw .3.½ ỉpt 1 2/4
L47 ḥry ỉḥ ḳn-ḥr-ḫpš=f .5.½ ỉpt 1 2/4
L48 pš [. . .] pȝ [. . .] .5.½ ỉpt 1 2/4
L49 wˁw ṯwṯȝ .3.½ ỉpt 1 2/4

A面　第36栏

L1 wˁb ỉmn-ḥtpw .3 bw=f
L2 ˁnẖ n nỉwt mwt-m-ỉpt .3.½ ỉpt 1 2/4
L3 ẖȝy rsy ỉȝbt tȝ wḥyt wbḫt
L4 wˁb stẖ-wnmy=f .5.[¼] ỉpt 1 2/4
L5 ḥry ỉḥ y-ḥw-mȝy .5.[¼ ỉpt] 1 2/4
L6 ˁnẖ n nỉwt tȝ-wr-šd-sw 5 bw=f
L7 ˁnẖ n nỉwt tȝ-wr-hȝ-tỉ .3[_____].
L8 ˁnẖ n nỉwt tȝ-ˁȝ-šd-sw .5_____.
L9 ḥry ỉḥ wsr-ḥȝtỉ .5.¼ [ỉpt] 1 2/4
L10 wˁb bn-sw-m-ỉpt .5 m šwt
L11 bỉty pȝ-tw-n-rỉ 5_____.
L12 ẖȝy ỉmny tȝ wḥyt nȝ wˁw
L13 ˁnẖ n nỉwt tȝ-ˁȝ 5 bw=f
L14 ẖȝy ỉȝbt pr-mḏw
L15 ḥry ỉḥ sbk-ḫˁ .5.[1 ỉpt 1 2/4]
L16 ẖȝy m bȝšȝ [. . .] wsf
L17 kṯn pȝ-wˁ-ỉmn [. . .]⌟5.1 ỉpt 1 2/4
L18 ẖȝy m pȝ ẖnm rsy tȝ wḥyt wbn
L19 ˁnẖ n nỉwt ḥwt-ḥrt .1[. . .]½ ỉpt 1 2/4
L20 ḥry ỉḥ pȝ-ỉw .5[.]½ ỉpt 1 2/4
L21 ẖȝy m mḥtỉ tȝ wḥyt ỉwn-rỉy-šs
L22 ḥry mḏwt bn-nk ḥnˁ snw=f .5[.]½ ỉpt 1 2/4
L23 ˁnẖ n nỉwt tȝ-skt ḥnˁ snw=st [.5.]½ ỉpt 1 2/4
L24 ˁnẖ n nỉwt ȝst ḥnˁ snw=st [. . .] ½ ỉpt 1 2/4
L25 ˁnẖ n nỉwt tȝ-ỉdw-rˁ-tȝwy .5.½ ỉpt 1 2/4
L26 wˁw hȝd-nfr [.5].½ ỉpt 1 2/4
§85 L27 tȝ mnỉw n pr-ˁȝ snb pȝ [sg]r ˁȝ-[nȝ]y-nȝ
L28 ẖȝy m mḥtỉ ḥwt-sȝḥ-tȝ
L29 wˁb stẖ-ms .3[. . .] ỉpt 1 2/4
L30 kṯn rỉ-mˁ .10[. . .] ỉpt 1 2/4
L31 ẖȝy m [pȝ] [. . .] n bȝšȝ
L32 ḥm-nṯr [tp]y n ỉmn-rˁ nswt nṯrw rˁ-ms-sw-nḫt
L33 [m ḏrt sš] my .10⌟5.¼ ỉpt 1 2/4
§86 L34 ȝḫt pr-ˁȝ snb rmnyt tn
L35 ẖȝy m rsy ḥwt-sȝḥ-tȝ
L36 pš ỉmn nỉwt m ḏrt ḥm ṯwṯȝ 10⌟5.½ ỉpt 1 2/4
L37 ẖȝy m tȝ brkt n pȝ bḫn n ḥtpw
L38 ˁnẖ n nỉwt mḏwt-m-wỉȝ nty mt .10⌟5.½ ỉpt 1 2/4
L39 ȝḫt n ḥtrt ḥry ỉḥ pȝ-bpȝ-sȝ 10⌟5.½ ỉpt 1 2/4
L40 ẖȝy mḥtỉ ỉmny tȝ wḥyt ḏȝ-sȝ-(sȝ)-tỉ
L41 pš n pȝ sš šˁt n pr-ˁȝ snb m ḏrt ḥm-nṯr pȝ-rˁ-m-ḥb 40 m šwt
L42 ȝḫt n ḥtrt ḥry ỉḥ pȝ-ȝbw-ḫˁ .5_____.
L43 ṯȝy sryt šrdn stẖ-ḫˁ .5_____.
L44 ẖȝy m mḥtỉ pr-wȝy-nȝ
L45 ˁnẖ n nỉwt ḥnw-ỉwn nty mt .[10] m šwt
L46 šrdn ỉmn-ḫˁ .10[. . .].
L47 šmsw rˁ-ms nȝ šrdn [. . .]
L48 mnỉw ỉmn-ḫˁ [. . .]
L49 ḥry ỉḥ ṯwṯw [. . .]

A面　第37栏

L1 mrỉ nbw-nḫt .5 m šwt
L2 ḥm-nṯr ỉmn-mnỉw .5_____.
L3 ẖȝy rsy ỉmny tȝ wḥyt ḏȝ-sȝ-(sȝ)-tỉ
L4 ˁnẖ n nỉwt tȝy-ỉry .5 m šwt
L5 wˁw pn-tȝ-wr .3.¼ ỉpt 1 2/4
L6 ḥry ỉḥ pȝ-ȝbw-ḫˁ 5 m šwt
L7 ḥry ỉḥ pn-ỉmn .5.¼ ỉpt 1 2/4
L8 šmsw sdt nȝ šrdn 5 m šwt
L9 ẖȝy m mḥtỉ pr-ḥft
L10 ḥry ỉḥ ḥˁpy-ˁȝ .5.½ ỉpt 1 2/4
L11 ẖȝy m mḥtỉ pȝ sgr wḏȝ-ms

L.12 ꜥnḫ n niwt k3rw-i3 .5 bw=f
L.13 ḫ3y m p3 idb ꜥn
L.14 nswt b3 rꜥ-ms-s[w-i]mn-ḥr-ḫpš=f
L.15 m [ḏrt] iḥwty stḫ-ḥꜥ .20⌋5.1 ipt 1¾
L.16 iḥwty stḫ-ḥꜥ mḥ-t3 4.20
L.17 sprw msḥ p3-iw 3.1 ipt 1¾
L.18 ṯ3y 3bw stḫ-ms 3.1 ipt 1¾
L.19 ḫ3y rsy [p]3 sgr tnt-niwt
L.20 pš imn m3i niwt=f .10⌋5.1 ipt 1¾
L.21 ꜥnḫ n niwt t3-iw .3.½ ipt 1¾
L.22 ḫ3y mḥti ḏ3-s3-(s3)-ti
L.23 pš stḫ n t3 dnit m ḏrt p3-rꜥ-m-ḥb .20⌋5.¼ ipt 1¾
L.24 ḫ3y imny t3 i3dt ṯ3-mwt
L.25 ḥnk n n3 nṯrw n [pr-ꜥ3] snb ḥt ꜥnḫ n niwt t3-k3ry .20.¼ ipt 1¾
L.26 wꜥw [...] .3.1 ipt 1¾
L.27 ḫ3y m [...] p3 bḫn mry-stḫ
L.28 mniw [stḫ]-(m)-ḥb .10⌋5.¼ ipt 1¾
L.29 mniw iḥ-m-ntf .10⌋5.½ ipt 1¾

§87 L.30 pr rswt-rꜥ nb 3bdw nṯr ꜥ3 ḥḳ ḏt
L.31 ḫ3y m mḥti i3bt [t3 wḥyt] [iwn]-riy-šs
L.32 iḥwty bn-nkt pš iḥt n [t3 ḥwt] m pr imn
L.33 rmnyt rwḏw mry-m3ꜥ 10.2½ ipt 1¾
L.34 ḫ3y m p3-mr-mky
L.35 ṯ3y-sryt šrdn ptḥ-mnw pš iḥt n t3 ḥwt m pr imn
L.36 rmnyt rwḏw mr-iwn sṯ3t 5.1¼ ipt 1¾

§88 L.37 t3 ḥwt nswt mn-m3ꜥt-rꜥ snb m 3bdw
L.38 T ḫ3y m mḥti tnt-ḥmy
L.39 ḥry iḥ p3-iw .5.½ ipt 1¾
L.40 iḥwty nbw-ḏf3 3.½ ipt 1¾
L.41 wꜥw p3-k3mn .3.½ ipt 1¾
L.42 in.nf ḥry iḥ p3-srw .5.½ ipt 1¾
L.43 mniw p3-3bw-nḫt 5.½ ipt 1¾

§89 L.44 [pr] ḏḥwty h3 ib m3ꜥt m n3y wsr-m3ꜥt-rꜥ mr-imn snb
L.45 [ḫ3y] mḥti imny t3 wḥyt iwn-riy-šs
L.46 [...] stm .3 bw=f
L.47 [...] mn-tw m w3st .3_____.
L.48 kṯn p3-rꜥ-wnm=f

A面 第38栏

L.1 m ḏrt iḥwty imn-m-[ipt][.3_____].
L.2 ꜥnḫ n niwt b3k-n-imn [.3]_____.
L.3 wꜥw h3d-nḫt[w] 3_____.
L.4 wꜥw stḫ-ms .3_____.
L.5 wꜥw nsy-i[mn] .3_____.
L.6 wꜥw iḥ-m-nt[f] .3_____.

§90 L.7 pr ḏḥwty p3-wḏ iḥw
L.8 ḫ3y mḥti p3 pḥwy s-m3ꜥ
L.9 wꜥw ḥnw pn-p3-rd pš iḥt n ḥ3-t3 pr-ꜥ3 snb
L.10 ṯ3y sryt mr-n-ptḥ ḥnw .20.5 ipt 1¾
L.11 iḥwty p3-rꜥ-nḫt pš iḥt n t3 ḥwt m pr imn
L.12 rmnyt mr-iwn sṯ3t
L.13 wꜥw p3-ṯ3[y]-ḥw .3.¼ ipt 1¾
L.14 mniw p3-nḫt-m-niwt .10⌋5.¼ ipt 1¾
L.15 mniw p3-rnwt .10⌋5.¼ ipt 1¾
L.16 iḥwty iry-ꜥ3 pš iḥt n pr ḥimt snb
L.17 rmnyt rwḏw p3-nḥsy .10⌋2 ½ ipt 1¾
L.18 iḥwty mr-iwn pš iḥt n pr rꜥ-ms-sw-m3ꜥty-mr-imn snb
L.19 rmnyt ḥt=f .30.7[½] ipt 1¾
L.20 ꜥ3 thr rꜥ-ms-sw-nb-nfr pš [ḥnk]
L.21 p3 nṯr n pr-ꜥ3 snb ḥt=f .20.5 ipt 1¾
L.22 iḥwty b3k-n-[imn] mḥ-t3 10.40
L.23 ky ḫ3y n=f .50 wsf
L.24 iḥwty mr-iwn .10.40
L.25 [iḥwty] p3-nḥsy 10.40
L.26 ky [ḫ3y] n=f .50 wsf
L.27 wꜥw pn-p3-rd 4.[20]
L.28 ḫ3y rsy in-mwt
L.29 ḥry iḥ pn-t3-wr .5.1 ipt 1¾
L.30 ḥry iḥ imn-m-ḥb .5.1 ipt 1¾
L.31 ḥry iḥ msy-imn .5.1 ipt 1[¾]
L.32 ḥry iḥ d[...] stḫi .5.1 ipt 1[¾]
L.33 ḥry iḥ nb-smn [.5.1 ipt 1¾]
L.34 ḥry iḥ stḫ-ms .5.1 ipt 1¾
L.35 ḥry iḥ imn-m-ḥb s3 stḫ-m-wi3 5.1 ipt 1¾

§91 L.36 pr b3t nb s3-k3 ḥt ḥm-nṯr k3-nfr
L.37 ḫ3y mḥti t3 wḥyt iwn-riy-šs
L.38 rwḏw p3-rꜥ-m-ḥb pš n iḥt n t3 ḥwt pr-ꜥ3 snb
L.39 rmnyt=f .5.1¼ ipt 1¾

§92 L.40 pr stḫ nb spr-mrw ḥt ḥm-nṯr ḥwy
L.41 rmnyt pr pn ḥt=f
L.42 ḫ3y m rsy tnt-ḥmy
L.43 iḥt n iḥwty stḫ-ḥꜥ 20 ipt 5 ipt 100
L.44 ḫ3y m p3 idb mḥti sḫt-(n)-wꜥb-ib

L45 ỉḥt n ỉḥwty stẖ-nḫt 5 ỉpt 5 ỉpt 25
L46 ḫꜣy m pꜣ ỉdb ỉꜣbt sšny
L47 ỉḥt ⸢n=f⸣ 20 ỉpt ⸢5 ỉpt 100⸣

A面　第39栏

§93 L1 šmw n pš n pr pn ḥt=f
L2 ḫꜣy m pꜣ ỉdb ỉꜣbt sšny
L3 ḥm-nṯr ḥwy n pr stẖ m ḏrt ỉḥwty
L4 pꜣ-ỉdḥw-mḥ　　mḥ-tꜣ 100 wsf
L5 ỉḥwty pꜣ-ỉdḥw-mḥ　　4.20
§94 L6 pr nbt-ḥwt n rʿ-ms-sw mr-ỉmn snb nty m pr pn
L7 ḫꜣy m rsy ỉꜣbt ỉy-ỉdḥw
L8 ỉḥt m ḏrt wʿb stẖ-ḥʿ 30 ỉpt 5 ỉpt 150
L9 ḫꜣy m pꜣ ỉdb rsy ỉꜣbt st tn
L10 ỉḥt n=f 5 ỉpt 5 ỉpt 25
§95 L11 šmw pš pr pn ḥt=f
L12 ḫꜣy rsy ỉꜣbt ỉy-ỉdḥw
L13 ỉḥwty pꜣ-ḫꜣrw pš n ỉḥt n ḫꜣ-tꜣ pr-ʿꜣ snb
L14 ḥt ḥm-nṯr mry-bꜣ-rỉ-st .20.5 ỉpt 1¾
§96 L15 pr ỉmn snn tꜣ nty m ỉpt
L16 ḫꜣy mḥtỉ ỉꜣbt ỉpt
L17 ỉḥt n ỉḥwty mnỉw-nfr 10 ỉpt 5 ỉpt 50
L18 pš n pr ỉmn rmnyt ḥr-dỉ ẖꜣr 3¾
L19 ḫꜣy m pꜣ ỉdb mḥtỉ st tn
L20 ỉḥt n=f 7 ỉpt 7 2/4 ỉpt 52 2/4
L21 ky 10 ỉpt 5 ỉpt 50
L22 pš pr pn rmnyt ⸢tn⸣ ẖꜣr 7 2/4
L23 ⸢ḫꜣy⸣ rsy st tn
L24 ỉḥt n=f 10 ỉpt 5 ỉpt 50
L25 pš pr pn rmnyt tn ẖꜣr 3¾
L26 ḫꜣy rsy ỉꜣbt ⸢tꜣ⸣ ỉꜣdt ḏʿḏʿ-bw
L27 ỉḥt n=f 10 ỉpt 5 ỉpt 50
L28 pš pr pn rmnyt ẖꜣr 3¾
§97 L29 ⸢pr ỉmn⸣ ṯꜣy=f nty tꜣ wḥyt ṯꜣy=f
L30 ḫꜣy m pꜣ ỉdb rsy š ḥsmn-ỉb
L31 ỉḥt n ỉḥwty ỉmn-nḫt 10 ỉpt 5 ỉpt 50
§98 L32 pr ỉmn pꜣ ỉw nty m nꜣ ʿwt n pꜣ nṯr
L33 ḫꜣy mḥtỉ ḥwt-pꜣ-sḥnw
L34 ỉḥt n ḥm-nṯr pꜣ-rʿ-m-ḥb 5 ỉpt 5 ỉpt ⸢2⸣5
L35 pš pr ỉmn rmnyt pꜣ w ẖꜣr ⸢1⸣¾ 1/16
L36 ḫꜣy m ỉꜣbt st tn
L37 ỉḥt n=f 10 ỉpt 5 ỉpt 50
L38 pš n st wr m pr ptḥ ẖꜣr 3¾
§99 L39 pr stẖ nb pr-wꜣy-nꜣ
L40 ḫꜣy rsy ỉꜣbt pr-wꜣy-nꜣ
L41 ỉḥt n ḥm-nṯr wnw-nfr 20 ỉpt 5 ỉpt 100
L42 ḫꜣy rsy ỉꜣbt st tn
L43 ỉḥt n=f 20 ỉpt 5 ỉpt 100
L44 ḫꜣy mḥtỉ ỉmny st tn
L45 ỉḥt n=f 15 ỉpt 5 ỉpt 75
L46 ḫꜣy mḥtỉ ỉꜣbt st tn
L47 ⸢ỉḥ⸣t n=f 30 ỉpt 5 ỉpt 150
L48 ḫꜣy m mḥtỉ ḥwt-nṯr
L49 ỉḥt n=f 10 ỉpt 5 ỉpt ⸢50⸣

A面　第40栏

L1 ⸢ḫꜣy⸣ mḥtỉ ỉꜣbt pr-wꜣy-nꜣ
L2 ⸢ỉḥt⸣ n=f 10 ỉpt 5 ỉpt 50
L3 ⸢ḫꜣy⸣ m pꜣ ḫnt tꜣ mꜣwt ḳꜣ-ḥꜣ
L4 ⸢ỉḥt⸣ n=f 25 ỉpt 5 ỉpt 125
§100 L5 ⸢šmw⸣ pš n pr pn ḥt=f
L6 ⸢ḫꜣy⸣ m ⸢rsy⸣ pr-wꜣy-nꜣ
L7 ḥm-nṯr wnw-nfr pš ỉḥt n ḫꜣ-tꜣ n pr-ʿꜣ snb
L8 ḥt pꜣ ỉmy-r ḥm-nṯr .20.5 ỉpt 1¾
L9 ḫꜣy m ỉꜣbt ḥwt-nṯr stẖ
L10 ḥm-nṯr wnw-nfr m wꜣḏ-smw　　mḥ-tꜣ 10.14
L11 wʿb nb-nḥḥ n pr stẖ　　.10.14
L12 ky ḫꜣy n=f　　.12 wsf
L13 ḫꜣy rsy sḥt-⸢n⸣-wʿb-ỉb
L14 ꜣḥt n ḥḏd ḥry ỉḥ ḳn-ḥrỉ-ḫpš⸢=f⸣ .5.¼ ỉpt 1¾
L15 ky ḫꜣy n=f　　.12 wsf
L16 ky ḫꜣy n=f
L17 ⸢ʿnḫ n nỉwt⸣ tꜣ-ỉry-sꜣsw .3.¼ ỉpt 1¾
L18 ⸢ʿnḫ n nỉwt⸣ tꜣ-nḥsy 3.¼ ỉpt 1¾
L19 ḥry ỉḥ rʿ-nfr　　.5 bw=f
L20 ḥry ỉḥ ỉmn-ms　　.5______.
§101 L21 tꜣ šwt rʿ-ḥrw-ꜣḫtỉ nty pꜣ sgr
L22 ḫꜣy m pꜣ ỉdb ⸢ỉmny⸣ pꜣ sgr ʿꜣ-nꜣy-nꜣ⸣
L23 ỉḥt m ḏrt šrdn pꜣ-ḥm-nṯr 10 ỉpt 5 ỉpt 50
L24 ⸢ḫꜣy m tꜣ⸣ pʿt ỉꜣbt st ⸢t⸣n
L25 ỉḥt n=f 10 ỉpt 5 ỉpt 50
L26 ⸢ḫꜣ⸣y m tꜣ brkt n pꜣ bḫn ḥtpw
L27 ⸢ỉḥt n=f⸣ 20 ỉpt 5 ỉpt 100
§102 L28 pr tꜣ-wr-ỉs m ḏrt ⸢…⸣ tm
L29 ⸢ḫꜣ⸣y m pꜣ-mr-n-nw ⸢…⸣
L30 ỉḥt n ỉḥwty pn-tꜣ-wr 10 ỉpt 5 ỉpt 50

§103 L31 pr imn ḥnt-nfr m mn-nfr
L32 [ḫ3]y m mḥti i3bt ipt-isy
L33 wꜥb nb-[ḳn]w [...][.] ¼ ipt 1[¾]
L34 mniw ꜥnḫ stḫ-ms .5.¼ ipt 1¾
L35 ḫ3y m i3bt mr-iḥw
L36 ḥry iḥ b3t-m-ḥb .5.½ ipt 1¾
L37 ḥry iḥ stḫ-(m)-ḥb .5.½ ipt 1¾
L38 ḥry iḥ tn-ri-ḥri-ḥpš=f .5.½ ipt 1¾
L39 ḥry iḥ stḫ-m-ḥb .5.½ ipt 1¾
L40 ḥry iḥ stḫ-h3-ib .5.½ ipt 1¾
L41 ḥry iḥ dn-g3-r .5.½ ipt 1¾
§104 L42 smw iḥw pr imn-rꜥ nswt nṯrw
L43 ḫ3y rsy p3 š n imn
L44 iḥwty p3-ḫ3rw pš iḥt n p3 sšmw
L45 n p3 rꜥ n bḫn mry-rꜥ .12.3 ipt 1¾
L46 iḥwty p3-ḫ3rw mḥ-t3 10.[2]6
L47 ky [ḫ3]y n=f .12 wsf
L48 ky [ḫ3]y n=f .12 wsf
L49 [ḫ3]y m m3wt n ḳ3-h3
L50 [šrdn] mntw-ḥri-ḥpš(=f) 10⅃5.1 ipt 1¾
L51 [ḫ3]y m mḥti i3bt [t3] wḥyt ḏ3[-s3s3-ti]
L52 ꜥnḫ n niwt [t]3-iry [.5] [...]

A面 第41栏

L1 wꜥb nb-nḫḫ .10 m šwt
L2 ꜥnḫ n niwt ḥnw-ꜥn-ib .5______.
L3 šrdn mry-stḫ 5______.
L4 wꜥb p3-iry .5______.
L5 ḥry iḥ ršpw .5______.
L6 šmsw nfr-ꜥbt .5______.
L7 šrdn in-w3 .5______.
L8 ꜥnḫ n niwt tnt-p3-nw .10______.
§105 L9 smw iḥw t3 ḥwt pr-ꜥ3 snb m pr imn
L10 ḫ3y imny t3 i3dt ib-st
L11 ḥry iḥ wsr-ḥ3ti .5.¼ ipt [1¾]
L12 ꜥnḫ n niwt t3-ꜥ3-šdw-sw .5.¼ ipt [1¾]
L13 ḥp pn-nst-t3wy .5.¼ ipt [1¾]
L14 ꜥnḫ n niwt t3-k3-mn .5.¼ ipt [1¾]
L15 kṯn p3-wꜥ-imn .5.¼ ipt [1¾]
L16 ꜥnḫ n niwt ḏ3-i3 .5.¼ ipt [1¾]
L17 mri stḫ-ḥꜥ .5.¼ ipt [1¾]
L18 ꜥnḫ n niwt t3-ḫ3rw .5.¼ ipt [1¾]
L19 ꜥnḫ n niwt t3-i-diw-stḫi .5.¼ ipt [1¾]
L20 ḥry iḥ p3-iw .5.¼ ipt [1¾]
L21 ꜥnḫ n niwt t3-wr-šd-sw .5.¼ ipt [1¾]
L22 ḥry iḥ stḫ-ms .5.¼ ipt [1¾]
L23 ḥry iḥ p3-iw s3 [p3]-ḥm-nṯr [5.]¼ ipt 1¾
L24 ḥry iḥ ḳn-n3 [.]5.[¼] [ipt] 1¾
L25 wꜥw p3-wrdw [5.¼ ipt] 1¾
L26 ḫ3y rsy i3bt mr
L27 ḥry iḥ ḥn-sw-m-w3st .[5.¼ ipt] [1]¾
L28 ḥry iḥ p3-mr-šnwt [.5.¼ ipt 1¾]
L29 ḥry iḥ dn-r-g3 .[5.¼ ipt 1¾]
L30 ḥry iḥ stḫ-m-ḥb .[5.¼ ipt 1¾]
L31 ḫ3y mḥti t3 i3dt [ḥwy ...]
L32 p3 [bḫn] n p3-k3-ṯ3 ḥtf ḥri=f
L33 [wꜥw] rḥ-pḥwy=f 10⅃1 sṯ3t ¼ ipt 1¾
§106 L34 smw iḥw t3 ḥwt wsr-m3ꜥt-rꜥ stp-n-rꜥ snb m pr imn
L35 ḫ3y m mḥti p3 pḥwy sm3ꜥ
L36 wꜥw imn-ḥ3ti-p3-mšꜥ .3.¼ ipt 1¾
L37 wꜥw ṯ3-ꜥ3 .3.¼ ipt 1¾
L38 ḫ3y rsy st tn
L39 ṯ3y sryt ḏḥwty-m-ḥb 10⅃5.¼ ipt 1¾
L40 mniw pn-rnwt .5.[¼] ipt 1¾
L41 ḫ3y mḥti i3bt pr w3y-[n3]
L42 mniw imn-ḥꜥ .5 bw=f
L43 .ꜥnḫ n niwt nb-iwn .5[______.]
L44 ꜥnḫ n niwt t3-k3rw-i3 .10______.
L45 .mri nbw-nḫt 5______.
L46 .iḥwty p3-3bw-ḥꜥ .5______.
L47 wꜥb p3-k3mn .5______.
L48 wꜥw pn-t3-wr .3______.
L49 ꜥnḫ n niwt t3-iry .3______.

A面 第42栏

L1 mniw stḫ-ḥꜥ .5______.
L2 mniw pn-rnwt .5______.
L3 ḫ3y rsy i3bt st tn
L4 3ḥt n ḥḏdn ḥry iḥ nḫt-ḥri-ḥpš=f .5 bw=f
L5 wꜥw p3-rꜥ-nḫt .5______.
L6 ꜥnḫ n niwt t3-tnt-p3-nw .5______.
L7 ḥnk n p3 nṯr n pr-ꜥ3 snb ḥt sš rꜥ-ms
L8 n t3 st šꜥt pr-ꜥ3 snb .80______.
L9 wꜥw p3-3bw-nḥw 3______.
L10 mniw ky-iry .5______.

L11 ꜥnḫ n nỉwt ꜥn-m-wỉꜣ .5______.
L12 šmsw nfr nꜣ šrdn .5[______.]
L13 ꜥnḫ n nỉwt [tꜣ]-wr-wꜣḥ-sw [.5______.]
L14 ꜥnḫ n nỉwt rnwt [.5]______.
L15 ꜥnḫ n nỉwt tꜣ-wr-šd-sw 5______.
L16 wꜥb kꜣ-rỉ nty mt .5______.
L17 ꜥnḫ n nỉwt ḥn-ꜥn-ỉb .5______.
L18 ḫꜣy rsy ỉmny sḫt-(n)-wꜥb-ỉb
L19 šmsw ḫnsw nty mt m ḏrt ms=f .5.¼ ỉpt 1 2⁄4
L20 ỉḥwty ꜥꜣ-stẖ .5.¼ ỉpt 1 2⁄4
L21 šrdn ḳn-ḥrỉ-ḫpš=f .[10]⌟5.¼ ỉpt 1 2⁄4
L22 ꜥnḫ n nỉwt tꜣ-wḏꜣ-ḫr .5.¼ ỉpt 1 2⁄4
L23 ỉḥwty mr-ỉwn .5.¼ ỉpt 1 2⁄4
L24 ỉḥwty nfr-ꜥbt .5.¼ ỉpt 1 2⁄4
L25 ꜥnḫ n nỉwt nbt-ḥtpw-sꜥnḫ 5.¼ ỉpt 1 2⁄4
L26 ỉḥwty sr-[stẖỉ] .5 ¼ ỉpt 1 2⁄4
L27 ỉdnw ỉ-ỉꜣ m ḏrt šrdn
L28 nḫt-tỉ-ꜥꜣ .10⌟5.½ ỉpt 1 2⁄4
L29 ḫꜣy [rsy] pr-mḏwt
L30 ꜣḥt n ḥḏdn ḥry ỉḥ stẖ-ms .5.½ ỉpt 1 2⁄4

§107 L31 smw ỉḥw tꜣ ḥwt mrỉ [mỉ] rꜥ
L32 ḫꜣy m mḥtỉ ḥwt-sꜣḥ-tꜣ
L33 wꜥb stẖ-ms ḥnꜥ snw=f .10 bw=f
L34 ṯꜣy sryt ptḥ-(m)-mnw .10______.
L35 ꜥnḫ n nỉwt mḏwt-sꜥnḫ 5______.

§108 L36 pr rꜥ-ms-sw-mꜣꜥt mr-ỉmn snb
L37 ḫꜣy m mḥtỉ pꜣ pḥwy smꜣꜥ
L38 ỉḥt n ỉḥwty mr-ỉwn 30 ỉpt 5 ỉpt 150
L39 pš n pr ḏḥwty pꜣ-wḏ ẖꜣr 11¼

§109 L40 pr ḥmt [snb] wrt ḥnw-wꜥ-tỉ snb
L41 ḫꜣy m mḥtỉ pꜣ pḥwy smꜣꜥ
L42 ỉḥt n ỉḥwty pꜣ-nḥsy 10 ỉpt 5 ỉpt 50
L43 [pš n] pr [ḏḥwty] [pꜣ]-wḏ ẖꜣr 3¾

A面　第43栏

§110 L1 pr ẖnr m mn-nfr
L2 rmnyt pr pn ḫt pꜣ ḥꜣty-ꜥ n ḥrw-[dỉ]
L3 ḫꜣy m pꜣ ỉw mḥtỉ ỉꜣbt [tꜣ wḥyt] ỉwn-rỉy-š[s]
L4 ỉḥt m ḏrt wꜥrtw pn-tꜣ-wr mḥ-tꜣ 300 ⅓ 6 ⅔ ỉr.n ṯꜣy 2000 [mỉmỉ] ẖꜣr 5

§111 L5 pr ẖnr mr-wr
L6 rmnyt pr pn ḫt ỉmy-r ỉḥw n [ỉmn]
L7 ḫꜣy m tꜣ pꜥt ỉꜣbt pr tꜣ-[wr]-ỉs
L8 ỉḥt m ḏrt ỉdnw ỉmy-r ỉḥw ḥrwỉ [mḥ-tꜣ] 50 ỉr.n ṯꜣy 333⅓ mỉmỉ ẖꜣr ¾¼1⁄32

§112 L9 rmnyt pr pn ḫt ỉmy-r ỉḥw p[ꜣ-kꜣ]-ṯꜣ
L10 ḫꜣy m pꜣ ỉw mḥtỉ ỉꜣbt [pr-pꜣ]-mꜣ
L11 ỉḥt n=f mḥ-tꜣ 100 ⅓ 6⅔ ỉr.n ṯꜣy 6[66][⅔] mỉmỉ ẖꜣr 1 2⁄4 1⁄16 ¼

§113 L12 ḫꜣ-tꜣ pr-ꜥꜣ snb ḫt ṯꜣy sryt mr-n-ptḥ n ẖnw
L13 ḫꜣy m mḥtỉ pꜣ pḥwy smꜣꜥ
L14 ỉḥt n ỉḥwty pꜣ-rꜥ-nḫt 20 ỉpt 5 [ỉpt 100]
L15 pš pr ḏḥwty pꜣ-wḏ ẖꜣr 7 2⁄4

§114 L16 ḫꜣ-tꜣ pr-ꜥꜣ snb ḫt [...] [ptḥ]-ḥb
L17 ḫꜣy rsy pr-[wꜣy-nꜣ]
L18 ỉḥt m ḏrt ḥm-nṯr wn[w-nfr] 20 ỉpt 5 ỉpt 100
L19 pš pr stẖ [nb pr]-wꜣy-nꜣ ẖꜣr 7 2⁄4

§115 L20 ḫꜣ-tꜣ pr-ꜥꜣ [snb] ḫt pꜣ ḥꜣty-ꜥ n ḥr-dỉ
L21 ḫꜣy m p[ꜣ] ẖnm rsy tꜣ wḥyt wbn
L22 ỉḥt m ḏrt wꜥrtw pn-tꜣ-wr 8 ỉpt 5 ỉpt 40
L23 ḫꜣy rsy mr-ỉḥw
L24 ỉḥt n=f 12 ỉpt 5 ỉpt 60

§116 L25 ḫꜣ-tꜣ pr-ꜥꜣ snb ḫt ḥm-nṯr mry-bꜣ-rỉ-st
L26 ḫꜣy rsy ỉꜣbt ỉy-ỉdḥw
L27 ỉḥt n=f 30 ỉpt 5 ỉpt 150
L28 pš pr nbt-ḥwt ẖꜣr 11¼

A 面　第 21 栏

L16 第 4 年，泛滥季，第 2 月[1]，第 15 日至 20 日，共 6 天，由……评估。

§51 L17 众神之王阿蒙－拉的神庙，由阿蒙（神庙）先知拉美西斯奈赫特负责，

L18 该神庙领地由管理者赫瑞奈弗尔负责。

L19 T 丈量（于）伊乌努瑞晒斯东……部村庄：

〔1〕泛滥季第 2 月：相当于 8 月。古埃及一年分三季：泛滥季 ꜣḫt，相当于 7—10 月；播种季 prt，相当于 11—12 月以及次年 1—2 月，又称“冬季”；丰收季 šmw，相当于 3—6 月，又称“夏季”。

		耕地（阿鲁拉）	产率（每阿鲁拉）	产量
	耕种者帕伊瑞耕地	10	10 袋	100 袋
	又	10	5 袋	50 袋
T	丈量于此地东部帕特地：			
	其耕地	15	7²⁄₄ 袋	112²⁄₄ 袋
	又	13	5 袋	65 袋
T	丈量于阿蒙撒胡撒胡特舍的沙洲：			
	其耕地	8	5 袋	40 袋
T	丈量于沙洲后方的北部帕特地，			
	在阿蒙撒胡撒胡特舍：			
	其耕地	14	5 袋	70 袋
T	丈量（于）伊乌努瑞晒斯村庄西部……：			
	其耕地	5	5 袋	25 袋
	丈量：			
§52	该神庙诸领地由阿蒙（神庙）总管[1]负责。			
	该神庙领地，位于瓦布伊博沼泽地区域，由书吏阿蒙霍特普负责。			
T	丈量于阿蒙阿沙肯尼沙洲：			
	耕种者塞提卡耕地	10	10 袋	100 袋
T	丈量于此地后方的北部沙洲：			
	其耕地	8	10 袋	80 袋
T	丈量（于）伊尼那山地西部可耕地：			
	其耕地	……	……袋	……袋
T	丈量于普塔摩斯神庙的……河沿地：			
	其耕地	5	……	……

A 面 第 22 栏

T	丈量于此地西部河沿地：			
	其耕地	2	5 袋	10 袋

〔1〕 阿蒙（神庙）总管：官衔之一，拥有该头衔的官吏级别非常高，一般负责监管卡纳克神庙领地。

			耕地（阿鲁拉）	产率（每阿鲁拉）	产量
	L3 T	丈量于沙洲西部初耕地的沙洲地，			
	L4	位于阿蒙阿沙肯尼：			
	L5	其耕地	10	10 袋	100 袋
	L6	又	10	5 袋	50 袋
	L7	丈量：			
§53	L8	该神庙领地由管理者阿蒙姆伊阿负责。			
	L9 T	丈量于伊乌努瑞晒斯村庄前方：			
	L10	耕种者阿蒙姆伊阿耕地	2	5 袋	10 袋
§54	L11	赫迪[1]弯地地区神庙所分配领地。			
	L12 T	丈量于北部河沿地：			

			耕地（阿鲁拉）	税赋地（阿鲁拉）	税率（每阿鲁拉）
	L13	耕种者奈弗尔卡乌特分配得阿蒙神庙所属耕地	10	2½	1¾ 袋
	L14	大勇士[2]拉美西斯奈布 奈弗尔 平方肘尺 10……			
	L15	仆人拉撒撒 ……			
	L16 T	丈量（于）此地东北部：			
	L17	耕种者拉撒撒分配得阿蒙神庙所属耕地			
	L18 T	丈量（于）此地东北部：			
	L19	耕种者拉撒撒分配得阿蒙神庙所属耕地			
	L20 T	丈量（于）此地东南部：			
	L21	耕种者拉撒撒分配得阿蒙神庙所属耕地			
	L22 T	丈量（于）……西部可耕地：			
	L23	战车手阿布派宅德，由书吏赫瑞负责	……	……	1¾ 袋
	L24	书吏帕布帕撒	.10	……	
	L25	马夫长塞提晒德	.5	……	
	L26	养蜂人帕拉姆海布	.3		
	L27	耕种者 阿蒙奈赫特	……		
	L28	牧人 塞提 蒙努	3	1	1¾ 袋

〔1〕 赫迪：上埃及第十七个诺姆，其希腊语名作“塞诺坡里斯”，该地崇拜阿努比斯。

〔2〕 大勇士：军事头衔之一，该头衔拥有者多为利比亚人或叙利亚人。

		耕地（阿鲁拉）	税赋地（阿鲁拉）	税率（每阿鲁拉）
L29	已故女市民乌尔奈瑞之子	3	1	1 2/4 袋
L30	马夫长乌哈宅苏	5	1	1 2/4 袋
L31	马夫长奈[赫特]阿蒙	5	1	1 2/4 袋
L32	执剑者(?)[1]卡摩斯	3	1	1 2/4 袋
L33	马夫长奈布斯蒙	5	1	1 2/4 袋
L34	马夫长凯恩阿蒙	10⌟5	1	1 2/4 袋
L35 T	丈量（于）帕尔赫奈乌提⌟东南部：			
L36	马夫长帕布帕撒	5	½	1 2/4 袋
L37	书吏卡瑞瑞	5	½	1 2/4 袋
L38	瓦布祭司帕威尔海布	5	½	1 2/4 袋
L39	女市民塔瑞，由赫奈乌塞如[……]负责			
L40	书吏帕奈赫西	5	[½]	[1 2/4 袋]
L41	执剑者卡摩斯	5	[½]	[1 2/4 袋]
L42	耕种者帕初普瑞	5	[½]	[1 2/4 袋]

A 面　第 23 栏

L1 [T] [丈量]（于）腾特赫米[……]的帕[特地]：

L2 [仆人]尼苏阿蒙　　平方肘尺 2.98

L3 [又丈量]　　.50 休耕地

L4 第一先知，由他本人负责　　.200 休耕地

L5 [又丈量]　　.100 休耕地

L6 [耕种者]帕伊瑞　　.1.23

L7 [耕种]者帕瓦阿蒙　　.1.23

L8 [T] 丈量于后方北部沙洲地，

L9 阿蒙阿沙肯尼沙洲：

L10 仆人尼苏阿蒙　　[平方肘尺] 100 休耕地

L11 书吏阿蒙霍特普　　[20]. 80

〔1〕执剑者：军事头衔之一。

L12 又丈量　　10.140

L13 书吏塞提卡　　……半旱地

L14 书吏阿蒙霍特普携书吏宅胡提奈弗尔[1]　100 休耕地

L15 奴隶塔伊奈赫特姆尼乌特　　.10.14

L16 T 丈量于阿蒙阿沙肯尼沙洲：

L17 书吏阿蒙霍特普携马夫长拉奈弗尔　　12 休耕地

L18 携马夫长凯恩赫尔赫派什弗　　4 休耕地

L19 书吏阿蒙霍特普　　.20.80

L20 舍尔登执旗者派奈瑞努特　　.20.80

L21 瓦布祭司塞提姆海布　　.20.80

L22 神之父迈瑞拉　　.20.80

L23 书吏塞提卡　　.20.80

L24 舍尔登人玛哈瑞伊特　　.20.80

L25 又（有）瓦布祭司塞提姆海布　　50 休耕地

L26 又（有）书吏塞提卡　　50 休耕地

L27 又（有）书吏阿蒙霍特　　100 休耕地

L28 ……　　50 休耕地

L29 T 丈量于……腾特赫米：

		耕地（阿鲁拉）	税赋地（阿鲁拉）	税率（每阿鲁拉）
L30	分配给阿蒙–奈布乌宅发（的神庙），书吏塞提奈赫特负责10⌞	5	1	$1\frac{2}{4}$袋
L31 T	丈量（于）派尔迈宅特[2]东南部：			
L32	马夫长帕奈赫西	5	1	$1\frac{2}{4}$袋
L33	马夫长卡姆乌塞特	5	1	$1\frac{2}{4}$袋
L34	马夫长塞提卡摩斯(?)	5	1	$1\frac{2}{4}$袋
L35 T	丈量（于）伊乌努瑞晒斯村庄西南部：			
L36	瓦布祭司奈弗尔赫尔	5	$\frac{1}{4}$	$1\frac{2}{4}$袋
L37 T	丈量于阿蒙撒胡撒胡特舍沙洲所辖			
L38	伊乌努瑞晒斯村庄东部：			

〔1〕 按，该句的语法结构尚未能明确辨析。

〔2〕 派尔迈宅特：地名，距离沙漠边缘的拜尼·玛嘎尔 14 千米。

L39 耕种者帕伊瑞　平方肘尺 2.10
L40 又丈量　6 休耕地
L41 管理者阿蒙摩斯　.2. 48
L42 又丈量　12 休耕地
L43 又 丈量　50 休耕地
L44 耕种者奈布摩斯　.2.8
L45 又 丈量　6 休耕地
L46 …… 阿蒙摩斯　100 休耕地

A 面　第 24 栏

L1 又 丈量　……
L2 又 丈量　……
L3 书吏卡姆乌塞特　……
L4 又（有）耕种者帕伊瑞　……
L5 T 丈量于此 地 东部的帕特地：
L6 耕种者扎扎布分配得葬祭庙所属耕地，
L7 阿蒙所选之赫卡玛阿特拉（葬祭庙）领地

	耕地（阿鲁拉）	税赋地（阿鲁拉）	税率（每阿鲁拉）
L8 由宅胡提摩斯负责	7	$1\frac{3}{4}$	$1\frac{2}{4}$ 袋

L9 养蜂人普塔摩斯 ……　平方肘尺 20.80
L10 又丈量　…… 休耕地
L11 T 丈量于此地 后方 北部初耕地的沙洲：
L12 石匠帕卡卡 …… 耕种者赫姆伊派特 10.14
§55 L13 尼苏地区 神庙 所分配领地。
L14 T 丈量（于）扎撒撒提村庄东部 帕特 地：
L15 耕种者阿蒙帕 奈赫特 分得耕地，
L16 阿蒙所选之赫卡玛阿特拉葬祭庙领地，代理人耶阿

	耕地（阿鲁拉）	税赋地（阿鲁拉）	税率（每阿鲁拉）
	40	$6\frac{1}{4}$	$1\frac{2}{4}$ 袋

L17 代理人耶阿　平方肘尺 5. 95
L18 又 丈量　50 休耕地

L19 又 丈量　5.45

L20 又 丈量　100 休耕地

L21 管理者 奈布乌 宅发 分得耕地，

耕地（阿鲁拉）　税赋地（阿鲁拉）　税率（每阿鲁拉）

L22 赫利奥坡里斯[1] 北部拉神庙内葬祭庙，　110　$22\frac{3}{4}$　$1\frac{2}{4}$ 袋

L23 耕种者……　.5.45

L24 又丈量　50 休耕地

L25 耕 种者……　.5.45

L26 又丈量　50 休耕地

L27 耕 种者……　.5.45

L28 又丈量　50 休耕地

L29 管理者……伊博　.5 .45

L30 又 丈量（于）……山庄的派尔　10　……　……

L31 舍尔登人 帕拉乌奈姆弗……

L32 耕种者派尔塞赫姆特　.10.40

L33 耕种者帕伊米瑞玛莎　.10.14

L34 T 丈量于此地东部帕特地西部的河沿地：

L35 耕种者阿蒙帕奈赫特分得耕地，

L36 阿蒙所选之赫卡玛阿特拉葬祭庙领地，代理人耶阿

5　$1\frac{1}{4}$　$1\frac{2}{4}$ 袋

L37 T 丈量（于）塞玛东南部：

L38 马夫长阿蒙卡　5 旱地

L39 马夫长宏苏　.5____.

L40 马夫长阿蒙霍特普　.5____.

L41 T 丈量（于）此地西南部：

L42 马夫长奈布阿蒙　.5 旱地

L43 马夫长帕赫如　.5____.

L44 马夫长阿蒙奈赫特　.5____.

---

〔1〕 赫利奥坡里斯：地名，埃及语表述为 *iwnw*，位于孟菲斯附近，是太阳神拉的崇拜中心。

L45 T 丈量（于）此地东部：

L46 养蜂人奈布[摩斯]　.5____.

L47 养蜂人威尔阿　[……]

A面　第25栏

L1 T 丈量（于）此地南部：

L2 法老的战车手奈赫特阿蒙　.20[……]

L3 马夫长阿蒙霍特普　5 旱地

L4 T 丈量（于）胡特塞赫努北部：

L5 先知帕拉姆海布分得耕地，

	耕地（阿鲁拉）	税赋地（阿鲁拉）	税率（每阿鲁拉）
L6 阿蒙神庙的沙洲	5	1¼	1²⁄₄ 袋

L7 瓦布祭司帕赫姆奈彻　5 无

L8 T 丈量（于）迈瑞塞提山庄南部：

L9 已故战车手奈赫特阿蒙　20 无

L10 战车手巴克恩阿蒙　.20______.

§56 L11 神庙领地，由众官员负责。

L12 神庙领地，由谷仓总管[1]奈弗尔赫尔负责。

L13 T 丈量于瓦布伊博沼泽地北部河沿地：

	耕地（阿鲁拉）	产率（每阿鲁拉）	产量
L14 其耕地由书吏帕如负责	5	5 袋	[25] 袋

§57 L15 阿蒙神庙中的提阿[2]葬祭庙

L16 T 丈量（于）派尔赫奈乌提东部：

	耕地（阿鲁拉）	税赋地（阿鲁拉）	税率（每阿鲁拉）
L17 马夫长奈赫特阿蒙	5	1	1²⁄₄ 袋
L18 马夫长乌塞尔赫尔赫派什弗	5	½	[1²⁄₄ 袋]
L19 女市民塔普瑞	5	½	[1²⁄₄] 袋
L20 马夫长帕晒德	5	½	[1²⁄₄] 袋

〔1〕谷仓总管：官衔级别较高。

〔2〕提阿：法老阿蒙菲斯二世之妻，法老图特摩斯四世之母。

§58

L.21 阿蒙神庙的上下埃及之王、拉所创之乌塞尔玛阿特拉[1]的“万年永在”葬祭庙。

L.22 神庙领地，由阿蒙（神庙）第一先知负责，

L.23 神庙领地，由管理者帕拉奈赫特负责。

行		耕地（阿鲁拉）	产率（每阿鲁拉）	产量
L.24 T	丈量（于）伊乌努瑞晒斯村庄北部：			
L.25	书吏赫瑞耕种	5	5 袋	25 袋
L.26	分给撒卡之主巴塔[2]的神庙 $1\frac{3}{4}\frac{1}{16}$ 袋。			
L.27 T	丈量于……东北部的帕特地：			
L.28	仆人尼苏阿蒙耕地	……	……袋	100 袋
L.29	又（有）耕地	30	5 袋	150 袋
L.30	又（有）耕地	20	5 袋	100 袋
L.31 T	丈量于普塔摩斯北部河沿地：			
L.32	其耕地	10	10 袋	100 袋
L.33	又（有）耕地	8	5 袋	40 袋
L.34 T	丈量于如如伊北部沙洲：			
L.35	其耕地	20	$7\frac{2}{4}$ 袋	150 袋
L.36	又（有）耕地	20	5 袋	100 袋
L.37 T	丈量于腾特赫米东北部帕特地：			
L.38	其耕地	10	5 袋	50 袋
L.39 T	丈量于阿蒙卡乌哈皮沙洲，			
L.40	伊尼那山地东部：			
L.41	其耕地	5	5 袋	25 袋
L.42 T	丈量于派尔瓦伊那东部帕特地：			
L.43	其耕地	5	5 袋	25 袋
L.44 T	丈量（于）此地后方北部帕特地：			
L.45	其耕地	30	5 袋	150 袋
L.46 T	丈量于戴卡特山地北部河沿地：			
L.47	耕种者养蜂人塞提阿布	2	5 袋	10 袋

〔1〕拉所创之乌塞尔玛阿特拉：法老拉美西斯五世。

〔2〕撒卡之主巴塔：上埃及母牛神，一般形象为人身牛耳，雕刻中少见，常被做成珠宝类护身符。

A 面 第 26 栏

				耕地（阿鲁拉）	税赋地（阿鲁拉）	税率（每阿鲁拉）
§59 L1		赫迪弯地神庙所分配领地。				
L2	T	丈量于拉山地：				
L3		耕种者帕奈赫西分得耕地，				
L4		伊恩乌恩北部的拉神庙的葬祭庙，				
L5		领地，管理者奈布乌瓦宅发		60	15	$1\frac{2}{4}$ 袋
L6	T	丈量于迈瑞拉山庄北部：				
L7		耕种者帕奈赫西分得神庙耕地，由本人负责		5	1¼	$1\frac{2}{4}$ 袋
L8	T	丈量于此地西部哈如树林：				
L9		耕种者帕奈赫西分得神庙耕地，由本人负责		3	¾	$1\frac{2}{4}$ 袋
L10	T	丈量（于）帕哈纳山地南部的伊奈穆特山北部：				
L11		分配伊奈穆特，由阿蒙神庙塞提姆海布负责		20⌟5	½	$1\frac{2}{4}$ 袋
L12		瓦布祭司塞提姆海布		20⌟5	½	$1\frac{2}{4}$ 袋
L13		女市民穆特姆威及其兄弟		20⌟5	½	$1\frac{2}{4}$ 袋
L14	T	丈量（于）胡特塞赫塔南部：				
L15		马夫长塞提摩斯	5 无			
L16		马夫长迈瑞拉	.5___.			
L17		马夫长派恩帕伊德胡	.5___.			
L18		马夫长拉伊阿伊	.5___.			
L19		马夫长宅胡提摩斯	.5___.			
L20		马夫长帕乌布赫特	.5___.			
L21		马夫长塞提霍特普	.5___.			
L22		马夫长阿凯瑞塞提	.5___.			
L23		马夫长阿恩卡	.5___.			
L24	T	丈量（于）卡布东北部：				
L25		马夫长玛伊		10⌟5	……	$1\frac{2}{4}$ 袋
L26		士兵帕……		3	……	$1\frac{2}{4}$ 袋
L27		士兵帕玛哈瑞卡提弗		3	¼	$1\frac{2}{4}$ 袋
L28	T	丈量（于）戴卡特山地东部：				

		耕地（阿鲁拉）	税赋地（阿鲁拉）	税率（每阿鲁拉）	
L29	牧人塞提摩斯	20⌋5	$1\frac{1}{2}$	$1\frac{2}{4}$ 袋	
L30	牧人帕伊乌伊乌	20⌋5	$1\frac{1}{2}$	$1\frac{2}{4}$ 袋	
L31	……	20⌋5	$1\frac{1}{2}$	$1\frac{2}{4}$ 袋	
L32	献予神祇的法老地，书吏卡瑞塞提负责	100⌋5	2	$1\frac{2}{4}$ 袋	
L33	塞特神庙的瓦布祭司帕奈赫	10⌋5	1	$1\frac{2}{4}$ 袋	
L34 T	丈量（于）荷鲁斯（神庙）⌋牛棚西部：				
L35	奴隶帕奈布查乌	3	1	$1\frac{2}{4}$ 袋	
L36	女市民塔巴帕撒	3	1	$1\frac{2}{4}$ 袋	
L37	舍尔登侍从帕赫如	3	1	$1\frac{2}{4}$ 袋	
L38	瓦布祭司帕拉奈赫特	5	1	$1\frac{2}{4}$ 袋	
L39	舍尔登人帕哈如伊乌	5	1	$1\frac{2}{4}$ 袋	
L40	瓦布祭司肯尼瑞奈赫特塞提	5	1	$1\frac{2}{4}$ 袋	
L41	女市民塔奈赫特提	5	1	$1\frac{2}{4}$ 袋	
L42	牧羊人奈赫特阿蒙	5	1	$1\frac{2}{4}$ 袋	
L43	女市民塔扎	5	1	$1\frac{2}{4}$ 袋	
L44	女市民迈瑞奈特	5	1	$1\frac{2}{4}$ 袋	
L45	瓦布祭司帕迈赫弗帕奈比乌	5	1	$1\frac{2}{4}$ 袋	
L46	女市民塔米	5	1	$1\frac{2}{4}$ 袋	
L47 T	丈量（于）此地东北部：				
L48	侍从长伊博	5	1	$1\frac{2}{4}$ 袋	
L49	……巴克恩塞提	5	1	$1\frac{2}{4}$ 袋	
L50	……阿派胡提弗	3	$\frac{1}{4}$	$1\frac{2}{4}$ 袋	

A面　第27栏

L1 T	丈量（于）伊乌努瑞晒斯村庄西南部：				
L2	女市民塔伊盖斯提	……	……	$1\frac{2}{4}$ 袋	
L3	舍尔登人塞提奈赫特	……	1	$1\frac{2}{4}$ 袋	
L4	军需官宅胡提	……	1	$1\frac{2}{4}$ 袋	
L5	女市民赫奈乌特阿伊博	……	$\frac{1}{4}$	$1\frac{2}{4}$ 袋	未缴

行			耕地（阿鲁拉）	税赋地（阿鲁拉）	税率（每阿鲁拉）
L.6		女市民塔乌尔晒德苏	5	1	1 2/4 袋
L.7		马夫长塞提哈伊博	5	1	1 2/4 袋
L.8		耕种者阿赫姆奈特弗分得耕地，平方肘尺 3	20	5	1 2/4 袋
L.9		舍尔登人帕阿尼苏 平方肘尺 5 无			
L.10		马夫长帕瑞瓦彻	5	1	1 2/4 袋
L.11		士兵哈奈弗尔	3	½	1 2/4 袋
L.12	T	丈量于……奈弗尔山地：			
L.13		牧人阿赫姆奈特弗	20⌟5	1	1 2/4 袋
L.14		牧人塞提姆海布	20⌟5	½	1 2/4 袋
L.15		瓦布祭司帕赫姆奈彻尔	5	¼	1 2/4 袋
L.16		马夫长乌塞赫伊乌	5	¼	1 2/4 袋
L.17		马夫长尼苏阿蒙	5	¼	1 2/4 袋
L.18		女市民塔卡瑞	……5	¼	1 2/4 袋
L.19		已故舍尔登侍从彭特沃瑞，由其子负责	5	¼	1 2/4 袋
L.20		先知帕拉姆海布	10⌟5	¼	1 2/4 袋
L.21	T	丈量（于）宅胡提……北部：			
L.22		牧人瓦如	10⌟5	½	1 2/4 袋
L.23		瓦布祭司帕奈赫西	……	½	1 2/4 袋
L.24	T	丈量（于）赫尔奈赫布阿地区的此地东北部：			
L.25		牧人帕卡蒙	20⌟5	1	1 2/4 袋
L.26		牧人阿蒙哈伊博	5	½	1 2/4 袋
L.27		舍尔登人玛哈瑞	5	½	1 2/4 袋
L.28	T	丈量（于）普塔摩斯神庙东北部：			
L.29		书吏阿蒙霍特普	20	2	1 2/4 袋
L.30		又丈量……领地	20	3	1 2/4 袋
L.31		书吏帕伊乌	10⌟5	……	1 2/4 袋
L.32		瓦布祭司阿蒙哈伊博	10⌟5	1½	1 2/4 袋
L.33	T	丈量（于）塞赫特恩瓦布伊博沼泽地西北部：			
L.34		牛群饲养者奈布奈赫赫	5	¼	1 2/4 袋

		耕地（阿鲁拉）	税赋地（阿鲁拉）	税率（每阿鲁拉）
L35	士兵塞提姆海布	3	½	1 2/4 袋
L36	马夫长阿蒙尼乌特奈赫特	5	½	1 2/4 袋
L37	执旗者塞提姆海布	6	½	1 2/4 袋
L38	马夫长拉奈弗尔	10⌟5	¼	1 2/4 袋
L39	书吏帕伊乌	10⌟5	¼	1 2/4 袋
L40 T	丈量（于）此地西部：			
L41	管家乌塞尔玛阿特拉奈赫特，由耕种者瓦瑞瑞负责	50⌟5	¼	1 2/4 袋
L42	大勇士拉美西斯奈布奈弗尔	50⌟5	¼	1 2/4 袋
L43	舍尔登执旗者塔奈瑞	10⌟5	¼	1 2/4 袋
L44	献予之地，[阿蒙]（神庙）[第一]先知负责	50		
L45 T	丈量（于）普塔摩斯神庙西北部：			
L46	女市民穆特姆泰弗	10⌟5	½	1 2/4 袋
L47	女市民塔卡瑞	20⌟5	1½	1 2/4 袋
L48	分配给阿蒙查伊弗，由[耕种者尼苏阿蒙负责……]5		1	1 2/4 袋
L49	牧人[帕]瓦恩阿蒙[……]			

A面　第28栏

		耕地（阿鲁拉）	税赋地（阿鲁拉）	税率（每阿鲁拉）
L1 T	丈量于此地西部河沿地：			
L2	阿蒙霍特普之子书吏塞提卡	平方肘尺 12 休耕地		
L3 T	丈量（于）迈瑞乌特蔬菜地东部的伊派特东部：			
L4	代理人耶阿，由耕种者帕伊乌负责	20⌟5	¼	1 2/4 袋
L5	士兵赫卡奈赫特	3	½	1 2/4 袋
L6 T	丈量（于）帕撒革沙西部的派尔迈驻西部：			
L7	舍尔登人查阿	5	½	1 2/4 袋
L8	马夫长拉摩斯	5	½	1 2/4 袋
L9	马夫长帕奈赫西	5	½	1 2/4 袋
L10 T	[丈]量于派尔皮帕玛东部的沙洲：			
L11	管理者帕赫努分得[拉]神庙中"深爱如普塔"葬祭庙（耕地），			
L12	其领地由他本人负责	10	2½	1 2/4 袋

L13 管理者帕赫努 平方肘尺 .200

L14 又丈量 .200

L15 又丈量 .500

L16 又丈量[旱]地 .500

L17 耕种者帕[乌塞尔姆]海布 24 休耕地

L18 耕种者[帕布帕撒] 平方肘尺 2.10

L19 代理人[塞提]奈赫特 100 休耕地

L20 普塔姆海布之子书吏赫瑞 100 休耕地

L21 书吏宏苏分得阿蒙神庙内葬祭庙（耕地），

行	内容	丈量	耕地（阿鲁拉）	税赋地（阿鲁拉）	税率（每阿鲁拉）
L22	其领地，（由）塞特乌奈姆弗（负责）		25	6¼	1¾ 袋
L23	代理人普塔姆海布	平方肘尺 200 休耕地			
L24 T	丈量于帕[凯奈迈瑞]东部的阿蒙克努姆奈赫赫沙洲地：				
L25	书吏帕布帕撒分得阿蒙神庙葬祭庙耕地，				
L26	其领地，（由）塞提乌奈姆弗（负责）		10	2½	1¾ 袋
L27	书吏帕[布帕]撒	平方肘尺 5 .195			
L28	又丈量	200 休耕地			
L29	舍尔登人卡奈弗尔	平方肘尺 100 休耕地			
L30 T	丈量（于）麦尔伊胡东部：				
L31	管理者帕赫努		5	¼	1¾ 袋
L32	养蜂人帕撒克特		5	[¼]	[1¾ 袋]
L33	女市民塔[乌尔哈]伊博		5	[½]	[1¾ 袋]
L34	[马夫长宏苏姆]乌塞特		5	[½]	[1¾ 袋]
L35	马夫长帕伊米瑞施努特		5	½	1¾ 袋
L36	马夫长塞提哈伊博		5	½	1¾ 袋
L37 T	丈量（于）此地西北部：				
L38	女市民迈赫伊		5	½	1¾ 袋
L39	马夫长帕伊米瑞施努特		5	½	1¾ 袋
L40	士兵派奈布瓦		3	½	1¾ 袋
L41	士兵阿蒙霍特普		3	½	1¾ 袋

		耕地（阿鲁拉）	税赋地（阿鲁拉）	税率（每阿鲁拉）
L.42	养蜂人阿蒙姆海布	3	½	1 2/4 袋
L.43	献予神祇的法老地，国库书吏彭特沃瑞	40⌟5	1	1 2/4 袋
L.44 T	丈[量]此地西南部：			
L.45	马夫长派奈瑞努特　5 旱地			
L.46	[马夫长]伊尼那	5	¼	1 2/4 袋
L.47	马夫长帕奈赫西　.5 旱地			
L.48	马夫长阿蒙霍特普　.5_____.			
L.49	养蜂人帕撒克特　.5_____.			
L.50	帕赫如之女女市民赫努[特]瓦提　.5_____.			

A 面　第 29 栏

§60 L.1 位于阿蒙神庙内的[上]下埃及[之王]、阿蒙所选之赫卡玛阿特拉[1]的[葬祭庙]。

L.2 神庙[诸领地]，由已故奈弗尔阿伯特负责，

L.3 神庙[领地]，由耶阿负责。

L.4 T 丈量于扎撒撒提村庄东部帕特地：

		耕地（阿鲁拉）	产率（每阿鲁拉）	产量
L.5	耕种者阿蒙奈赫特耕地	20	7 2/4 袋	150 袋
L.6	又	20	5 袋	100 袋
L.7	分配给在该地区领地内的阿蒙神庙 18¾ 袋。			
L.8 T	丈量于此地西部河沿地：			
L.9	[其]耕地	5	5 袋	25 袋
L.10	[分配给]该领地内的[阿蒙神庙]1¾ 1/16 袋。			
L.11 [T]	[丈量]（于）派尔赫特弗[北]部：			
L.12	其[耕地]	1[5]	5 袋	[7]5 袋
§61 L.13	[该]神庙领地由管理者[宅胡提]摩斯负责。			
L.14 [T]	丈量（于）伊乌努瑞晒斯村庄[……]帕[特]地：			
L.15	养[蜂人]普塔摩斯	7	5 袋	35 袋

〔1〕 阿蒙所选之赫卡玛阿特拉：法老拉美西斯四世。按，后文中拉美西斯四世的葬祭庙位于底比斯。

L16 分给赫迪领地的阿蒙神庙 2 2/4 1/16（袋），

§62 L17 该神庙领地 位于阿蒙神庙的法老葬祭庙，

L18 伊乌努瑞晒斯村庄的……蒙图[1]礼拜堂。

L19 T 丈量（于）伊乌努瑞晒斯村庄东南部：

	耕地（阿鲁拉）	产率（每阿鲁拉）	产量
L20 其耕地，由先知帕奈赫西负责	55	5 袋	275 袋

L21 T 丈量于此地前方南部河沿地：

L22 其耕地	10	7 2/4 袋	75 袋
L23 又	10	5 袋	50 袋

§63 L24 丰收税：分配给由他负责的该神庙。

L25 T 丈量（于）伊乌努瑞晒斯村庄东北部：

	耕地（阿鲁拉）	税赋地（阿鲁拉）	税率（每阿鲁拉）
L26 女市民拉姆威尔	20⌞5	1½	1 2/4 袋
L27 先知帕奈赫西	平方肘尺 10 .90		
L28 又丈量	50 休耕地		

§64 L29 位于阿蒙神庙的上下埃及之王、阿蒙所爱之乌塞尔玛阿特拉的葬祭庙。

L30 该神庙诸领地，由法老传信书吏负责，

L31 该神庙领地，由管理者迈瑞玛阿特负责。

L32 T 丈量（于）伊乌努瑞晒斯村庄东北部：

	耕地（阿鲁拉）	产率（每阿鲁拉）	产量
L33 耕种者巴恩奈克特耕地	10	5 袋	50 袋

L34 分配给阿拜多斯之主瑞苏特拉的神庙 3¾ 袋。

§65 L35 该神庙领地由管理者塔负责。

L36 T 丈量（于）乌伯赫特村庄北部：

L37 耕种者阿恩卡耕地	20	5 袋	100 袋

§66 L38 该神庙诸领地，由帕阿恩派尔负责，

L39 该神庙领地，由管理者塞提乌奈姆弗负责。

〔1〕蒙图：*mnṯw*，古埃及战神，一般形象为人身鹰首（或牛头），头戴太阳圆盘和两根羽毛。蒙图在古埃及第十一王朝地位重要，该王朝四位法老的出生名都与之相关。新王国时期，同阿蒙神一样，蒙图神也与拉神合二为一，成为蒙图－拉。

L.40 T 丈量（于）腾特哈米北部：

		耕地（阿鲁拉）	产率（每阿鲁拉）	产量
L.41	……帕布帕撒	20	5袋	100袋
L.42 T	丈量（于）派尔瓦伊那东南部：			
L.43	其耕地	15	5袋	75袋

A面　第30栏

L.1 分给位于赫迪领地的由拉所选之乌塞尔玛阿特拉的葬祭庙5 2/4 1/16袋。

L.2 T	丈量于派尔帕玛……的初耕地沙洲：			
L.3	其耕地	25	5袋	125袋
L.4	分给位于赫迪的法老葬祭庙9 1/4 1/16袋。			
L.5 T	丈量（于）派尔迈驻特东南部：			
L.6	其耕地	10	5袋	50袋
L.7 T	丈量于帕凯恩瑞东部永恒的阿蒙的土地：			
L.8	其耕地	10	5袋	50袋
L.9	分给位于赫迪的法老葬祭庙3¾袋。			
§67 L.10	该神庙领地由管理者迈瑞伊努负责。			
L.11 T	丈量于帕麦尔麦克：			
L.12	舍尔登人普塔曼努耕地	5	5袋	25袋
L.13	分配给阿拜多斯之主瑞苏特拉的神庙1¾ 1/16袋。			
L.14 T	丈量（于）麦尔伊胡东南部：			
L.15	耕种者赫瑞耕地	5	5袋	25袋
§68 L.16	分给赫迪弯地的领地。			
L.17 T	丈量（于）……东南部：			

		耕地（阿鲁拉）	税赋地（阿鲁拉）	税率（每阿鲁拉）
L.18	女市民塔卡蒙……			
L.19	战车手之首帕拉乌奈姆弗			
L.20	由耕种者卡赫负责	……	……	1 2/4袋
L.21	女市民派尔姆宅特姆威	……	½	1 2/4袋
L.22	瓦布祭司阿赫瑞塞提	……	……	¾袋

L.23 女市民迈驻特伊特　……无

		耕地（阿鲁拉）	税赋地（阿鲁拉）	税率（每阿鲁拉）
L.24	女市民……	……	……	1¾袋
L.25	献予法老众神，由国库书吏彭特沃瑞负责	20⌋5	1	1¾袋
L.26	马夫长帕奈赫西	……	½	1¾袋
L.27	马夫长帕姆	5 无		
L.28	瓦布祭司塞提姆……	5	½	1¾袋
L.29	养蜂人帕拉姆海布	5	½	1¾袋
L.30	养蜂人帕瑞恩姆	5	½	1¾袋
L.31	养蜂人帕奈赫西	5	½	1¾袋
L.32	女市民腾尔穆特斯	3	½	1¾袋
L.33	女市民穆特姆海布	3	½	1¾袋
L.34	马夫长阿蒙霍特普	5	½	1¾袋
L.35	马夫长塞提斯阿赫	5	½	1¾袋
L.36	执剑者卡摩斯	5	½	1¾袋
L.37	女市民查阿	3	½	1¾袋
L.38	士兵塞提姆海布	3	½	1¾袋
L.39	士兵巴肯巴伊	3	½	1¾袋
L.40	士兵奈弗尔阿伯特	3	½	1¾袋
L.41	士兵阿蒙奈赫特	3	½	1¾袋
L.42	马夫长塞提赫尔赫派什弗	5	½	1¾袋
L.43 T	丈量（于）森的牛棚南部：			
L.44	马夫长普塔摩斯	5	½	1¾袋
L.45	马夫长普塔蒙努	5	½	1¾袋
L.46	战车手塞提姆海布	5	½	1¾袋
L.47	马夫长尼苏阿蒙	5	½	1¾袋

A面　第31栏

		耕地（阿鲁拉）	税赋地（阿鲁拉）	税率（每阿鲁拉）
L.1	马夫长苏赫特塞提摩斯	5	¼	1¾袋
L.2	马夫长帕奈赫西	5	¼	1¾袋

		耕地（阿鲁拉）	税赋地（阿鲁拉）	税率（每阿鲁拉）
L3	马夫长巴肯普塔	5	¼	1 2/4 袋
L4 T	丈量（于）此地北部：			
L5	马夫长阿蒙摩斯	5	¼	1 2/4 袋
L6	马夫长塞提姆海布	5 无		
L7	马夫长卡提奈弗尔	5	¼	1 2/4 袋
L8	献予法老众神，由先知代理人负责	60⅃5	¼	1 2/4 袋
L9	马夫长塞提奈赫特	5	¼	1 2/4 袋
L10	女市民迈驻特姆威	.5 无		
L11	女市民巴肯塞提	5	¼	1 2/4 袋
L12	马夫长普塔蒙努	5	¼	1 2/4 袋
L13 T	丈量于此地北部河沿地：			
L14	战车手塞提姆海布	5	¼	1 2/4 袋
L15 T	丈量（于）麦尔伊胡东北部：			
L16	代理人普塔姆海布，由养蜂人帕阿扎扎负责	10	¼	1 2/4 袋
L17 T	丈量于此地南部河沿地：			
L18	分给索白克，由派奈尔努特负责	10⅃5	½	1 2/4 袋
L19 T	丈量（于）派尔乌恩山地北部的此地西北部：			
L20	马夫长曼尼乌奈弗尔	10⅃5	¼	1 2/4 袋
L21	献予法老众神，由法老执盾者塞提赫尔赫派什弗负责 20⅃……			
L22	马夫长帕赫尔派宅特	5	¼	1 2/4 袋
L23	马夫长阿蒙奈赫特	5	¼	1 2/4 袋
L24	马夫长宅胡提摩斯	5	¼	1 2/4 袋
L25 T	丈量（于）麦尔伊胡南部：			
L26	马夫长伊尼瓦	10⅃5	½	1 2/4 袋
L27	马夫长乌恩奈弗尔	10⅃5	½	1 2/4 袋
L28	军队总管派奈帕麦尔的侍从	3	½	1 2/4 袋
L29	士兵索白克奈赫特	3	½	1 2/4 袋
L30	士兵阿蒙霍特普	3	½	1 2/4 袋
L31	士兵瑞斯奈赫特	3	½	1 2/4 袋

		耕地（阿鲁拉）	税赋地（阿鲁拉）	税率（每阿鲁拉）
L32	女市民赫斯赫斯苏	5	½	1 2/4 袋
L33	马夫长派奈［瑞奈特］	5	［½］	1 2/4 袋
L34	马夫长［……］	5	½	1 2/4 袋
L35	马夫长阿蒙霍特普	［5］	½	1 2/4 袋
L36	养蜂人阿赫奈特弗	5	½	1 2/4 袋
L37	马夫长普塔姆海布	5	½	1 2/4 袋
L38 T	丈量（于）麦尔伊胡东南部：			
L39	法老的战车手之首阿伯派宅特，由			
L40	书吏赫瑞负责	20⌟5	1	1 2/4 袋
L41 T	丈量（于）西道的乌伯赫特村庄西北部，			
L42	（位于）塔米：			
L43	管理者帕赫努分得拉神庙领地中美楞普塔葬祭庙的耕地，			
L44	其领地由他本人负责	25	6¼	1 2/4 袋
L45 T	丈量（于）东道的该村庄东北部，			
L46	（位于）塔米：			
L47	管理者帕赫努分得［神庙领地］，由他本人负责	30	7½	1 2/4 袋
L48	战车手、书吏赫瑞耕地	10⌟5	½	1 2/4 袋
L49	女市民拉雅伊	5	½	1 2/4 袋
L50	马夫长帕［伊乌］	5	½	1 2/4 袋
L51	女市民塔卡哈如	3	½	1 2/4 袋
L52	马夫长［迈瑞拉］	3	½	1 2/4 袋

A面 第32栏

		耕地（阿鲁拉）	税赋地（阿鲁拉）	税率（每阿鲁拉）
L1	马夫长［奈赫特］赫尔赫派什弗	5	½	1 2/4 袋
L2	马夫长［帕］奈赫西	5	½	1 2/4 袋
L3	士［兵］派恩瑞努特	3	¼	1 2/4 袋
L4	士［兵］巴肯普塔	3	¼	1 2/4 袋
L5	女市民阿姆尼乌特及其兄弟	3	½	1 2/4 袋
L6 T	丈量（于）伊乌努瑞晒斯村庄西部：			

		耕地（阿鲁拉）	税赋地（阿鲁拉）	税率（每阿鲁拉）
L7	耕种者阿蒙姆伊派特分得神庙耕地，平方肘尺2	10⌟5	¼	1²⁄₄袋
L8	耕种者阿蒙霍特普	3	¼	1²⁄₄袋
L9	瓦布祭司蒙图姆瓦斯特	3	¼	1²⁄₄袋
L10	耕种者塞提奈赫特	3	¼	1²⁄₄袋
L11	耕种者帕伊乌	3	¼	1²⁄₄袋
L12	……泰奈瑞赫尔赫派什弗	5	¼	1²⁄₄袋
L13	……克努奈赫特	3	¼	1²⁄₄袋
L14	女市民拉塔威	3	¼	1²⁄₄袋
L15	女市民胡特赫尔姆海布	3	¼	1²⁄₄袋
L16	管理者哈德奈弗尔	3	¼	1²⁄₄袋
L17	士兵蒙图姆伊努	3	¼	1²⁄₄袋
L18	女市民塔克瑞威	3	¼	1²⁄₄袋
L19	士兵奈海特蒙图姆	3	¼	1²⁄₄袋
L20	马夫长帕伊瑞　5无			
L21	……	8⌟5	¼	1²⁄₄袋
L22	……	1	¼	1²⁄₄袋
L23	……哈伊博	5	¼	1²⁄₄袋
L24	……昂姆户特奈彻尔	3	¼	1²⁄₄袋
L25	……塔布尔撒	3	¼	1²⁄₄袋
L26	T 丈量于麦尔伊胡南部可耕地：			
L27	马夫长派奈瑞奈特	5	½	1²⁄₄袋
L28	女市民塔伊瑞	5	½	1²⁄₄袋
L29	马夫长塞提姆海布	5	½	1²⁄₄袋
L30	牧人塞提卡	5	½	1²⁄₄袋
L31	牧人卡姆提	5	½	1²⁄₄袋
L32	牧人卡	5	½	1²⁄₄袋
L33	马夫长帕伊米瑞施努特	5	½	1²⁄₄袋
L34	马夫长帕伊乌	5	½	1²⁄₄袋
L35	克尔布之子马夫长帕伊乌伊乌	5	½	1²⁄₄袋

§69 L36 位于阿蒙神庙中的上下埃及之王、拉所选之乌塞尔玛阿特拉的葬祭庙。

L37 分配位于赫迪弯地的该神庙领地。

L38 T 丈量（于）森的牛棚西南部：

	耕地（阿鲁拉）	税赋地（阿鲁拉）	税率（每阿鲁拉）
L39 塞特神庙瓦布祭司扎扎布	3	¼	1⅔ 袋
L40 T 丈量（于）此地东南部：			
L41 瓦布祭司塞提奈赫特及其兄弟	10⅃5	½	1⅔ 袋

§70 L42 位于阿蒙神庙中的赫拉姆海布葬祭庙。

L43 T 丈量于伊乌努瑞晒斯村庄东部河沿地：

L44 耕种者帕伊瑞　平方肘尺 12 休耕地

L45 管理者阿蒙摩斯　2.48

L46 瓦布祭司蒙图斯昂，由他本人负责 2.4

L47 耕种者卡姆伊派特携舍尔登人塞提赫姆海布 36 休耕地

L48 又［丈量］　平方肘尺 12 休耕地

L49 又［丈量……］　12 休耕地

L50 又［丈量管理者］阿蒙摩斯　3［6］休耕地

L51 阿蒙（神庙）第［一］先知，由耕［种者］可奈瑞负责 平方肘尺 500 休耕地

A 面　第 33 栏

§71 L1 阿蒙所爱之乌塞尔玛阿特拉的该神庙，由大勇士［拉美西斯］奈布奈弗尔负责。

L2 T 丈量（于）塞玛后方北部：

	耕地（阿鲁拉）	产率（每阿鲁拉）	产量
L3 其耕地	40	5 袋	200 袋

L4 分给位于帕瓦宅伊赫的托特[1]神庙 7［⅔］袋。

§72 L5 阿蒙所爱之乌塞尔玛阿特拉的该神庙，由［法老］的骁勇善战的执盾者之首阿赫阿奈弗尔负责。

L6 T 丈量（于）胡特萨赫塔东南部：

L7 其耕地	20	5 袋	100 袋

〔1〕托特：古埃及的智慧之神、调停之神，一般形象是朱鹭或狒狒，被视为“神圣文字之主”，书吏常自比为“托特的追随者”。

			耕地（阿鲁拉）	产率（每阿鲁拉）	产量
§73	L8	阿蒙所爱之乌塞尔玛阿特拉的该神庙，由先知代理人帕海姆努特尔负责。			
	L9 T	丈量（于）森的牛棚北部：			
	L10	其耕地	20	5 袋	100 袋
	L11	分给位于阿蒙神庙的阿蒙所爱之乌塞尔玛阿特拉的葬祭庙 $7\frac{2}{4}$ 袋。			
§74	L12	阿蒙所爱之乌塞尔玛阿特拉的该神庙，由国库书吏彭特沃瑞负责。			
	L13 T	丈量（于）伊尼那山地东南部：			
	L14	其耕地	20	5 袋	100 袋
	L15	分给位于阿蒙神庙中的阿蒙所爱之乌塞尔玛阿特拉的葬祭庙 $7\frac{2}{4}$ [袋]。			

			耕地（阿鲁拉）	税赋地（阿鲁拉）	税率（每阿鲁拉）
§75	L16	阿蒙神庙的阿哈皮尔恩拉[1]的法老葬祭庙。			
	L17 T	丈量（于）伊乌努瑞晒斯村庄北部：			
	L18	耕种者阿蒙姆伊派特	3	½	$1\frac{2}{4}$ 袋
	L19	位于[拉]神庙的阿蒙所爱之拉美西斯的葬祭庙。			
	L20	分配位于[赫迪]弯地的该神庙领地。			
	L21 T	丈量（于）腾特哈米南部，由书吏帕伊乌[负责]：			
	L22	战车手塞提卡	10⌋[……]	[……]	$1\frac{2}{4}$ 袋
	L23	又丈量　.20.80			
	L24 T	丈量（于）派尔赫努阿布威南部：			
	L25	战车手之首帕拉乌奈姆弗，由			
	L26	耕种者卡哈负责	20⌋[……]	[……]	$1\frac{2}{4}$ 袋
	L27	马夫长[帕阿……]	[……]	[……]	[$1\frac{2}{4}$ 袋]
	L28	瓦布祭司塞提[……]	[……]	[1]	$1\frac{2}{4}$ 袋
	L29	献予法老众神，由书吏帕布帕撒负责	20	1	$1\frac{2}{4}$ 袋
	L30	献予法老众神，由第一先知负责　.60			
	L31 T	丈量（于）派尔迈驻特西北部：			
	L32	马夫长拉摩斯	5	1½	$1\frac{2}{4}$ 袋
	L33 T	丈量（于）派尔扎撒北部：			

〔1〕 阿哈皮尔恩拉：法老图特摩斯二世。

		耕地（阿鲁拉）	税赋地（阿鲁拉）	税率（每阿鲁拉）
L34	女市民乌尔瓦赫苏	10⌋5	1	$1\frac{2}{4}$ 袋
L35 T	丈量（于）瓦宅摩斯草地北部：			
L36	舍尔登侍从帕哈如	10⌋5	1	$1\frac{2}{4}$ 袋
L37 T	丈量（于）此地北部：			
L38	女市民穆特斯阿昂 .10 无 [……]			
L39 T	丈量（于）此地西北部：			
L40	舍尔登侍从赫恩苏姆瓦斯特	3	1	$1\frac{2}{4}$ 袋
L41	瓦布祭司伊瑞拉	10⌋5	2	$1\frac{2}{4}$ 袋
L42 T	丈量（于）此地东部：			
L43	女市民塔巴撒	5	1	$1\frac{2}{4}$ 袋
L44 T	丈量（于）此地东北部：			
L45	瓦布祭司伊瑞阿	10⌋5	1	[$1\frac{2}{4}$] 袋

A 面　第 34 栏

§77 L1 位于伊努[1]北部拉神庙的赫利奥坡里斯之主拉美西斯的葬祭庙[2]。

L2 该神庙领地由管理者奈布乌宅发负责。

L3 T 丈量于扎撒撒提村庄东部帕特地：

		耕地（阿鲁拉）	产率（每阿鲁拉）	产量
L4	耕种者帕奈赫西耕地	50	10 袋	500 袋
L5	又	30	$7\frac{2}{4}$ 袋	225 袋
L6	又	30	5 袋	150 袋

L7 分给位于该地区领地的众神之王阿蒙–拉的神庙 $62\frac{2}{4}$ 袋。

L8 T 丈量于阿蒙沙洲：

L9 耕地，现已成旱地　.10

L10 T 丈量（于）西部塔卡哈的初耕地：

L11	其耕地	10	5 袋	50 袋

L12 T 丈量（于）迈瑞拉山庄北部：

〔1〕伊努：地名，即赫利奥坡里斯城。

〔2〕拉美西斯的葬祭庙：指法老拉美西斯三世的葬祭庙，供侨居于埃及的外国居民祈祷和祭祀之用。

§	行		内容	耕地（阿鲁拉）	产率（每阿鲁拉）	产量
	L13		其耕地	5	5 袋	25 袋
	L14		分给赫迪领地法老葬祭庙 $1\frac{3}{4}\frac{1}{16}$ 袋。			
	L15	T	丈量于此地西部树林：			
	L16		[其] 耕地	3	5 袋	15 袋
	L17		[分给] 该领地阿蒙神庙内的葬祭庙 $1\frac{1}{16}$ 袋。			
	L18	T	[丈] 量于拉山地：			
	L18A		20 阿鲁拉旱地			
	L19		其 [耕地]	60	5 袋	300 袋
	L20		[分给] 该领地阿蒙神庙内的葬祭庙 $22\frac{2}{4}$ 袋。			
§78	L21		迈瑞拉山庄的（属于）拉壁龛[1]。			
	L22	T	丈量于扎萨提村庄东部帕特地：			
	L23		耕种者奈布乌宅发	10	10 袋	100 袋
	L24		分给该领地阿蒙神庙内的葬祭庙 $7\frac{2}{4}$ 袋。			
	L25	T	丈量于阿蒙湖（附近）：			
	L26		其耕地	12	5 袋	60 袋
	L27		[分给] 众神之王 [阿蒙] – 拉神庙的 [牧草地] $4\frac{2}{4}$ 袋。			
§79	L28		拉神庙的美楞普塔 [霍特普] 玛阿特[2] 葬祭庙。			
	L29		该神庙领地由管理者帕 [赫努] 负责。			
	L30	T	丈量（于）[塔米西道] 的乌伯赫特 [村庄] 北部：			
	L31		耕种者 [帕] 布帕撒耕地	20[3]	5 [袋]	125 袋
	L32		分给赫迪领地阿蒙神庙的阿蒙所爱之乌塞尔玛阿特拉的葬祭庙 $9\frac{1}{4}\frac{1}{16}$ 袋。			
	L33	T	丈量（于）此地东道的此地东部：			
	L34		其耕地	30	5 袋	150 袋
	L35		分给该神庙领地内的土地，$11\frac{1}{4}$ 袋。			
	L36	T	[丈量] 于此地南部水滨地：			
	L37		其耕地	20	5 袋	100 袋

〔1〕壁龛：指将神龛围起来，并覆盖上轻便的树皮，以使神像免受外界亵渎。

〔2〕美楞普塔霍特普玛阿特：法老美楞普塔。

〔3〕按，此处“20”似当作“25”，方能得出产量“125 袋”。抑或产量“125”当作“100”。

L38 T 丈量于派尔帕玛东北部：

		耕地（阿鲁拉）	产率（每阿鲁拉）	产量
L39	其耕地	10	10 袋	100 袋

L40 分给赫迪领地阿蒙神庙的法老葬祭庙 7¾ 袋。

L41 T 丈量于此地东部沙洲：

L42	其耕地	30	5 袋	150 袋

L43 分给该神庙领地 11¼ 袋。

L44 T 丈量（于）乌伯赫特村庄北部：

L45	其耕地	5	5 袋	25 袋

§80 L46 孟菲斯南部的安柯塔威[1]之主普塔的神庙。

L47 赫迪弯地 [该] 神庙所分配的领地。

L48 丈量（于）赫麦努伊博湖 [南部]：

		耕地（阿鲁拉）	税赋地（阿鲁拉）	税率（每阿鲁拉）
L49	最伟大先知[2]迈瑞泰姆，由耕种者派恩伊努负责	20	½	1¾ 袋
L50	瓦布祭司帕伊瑞	5	½	1¾ 袋
L51	已故瓦布祭司塞提卡	5	½	1¾ 袋

A 面 第 35 栏

§81 L1 位于普塔神庙的阿蒙所爱之拉美西斯的 [伟大] 宝座。[3]

L2 丈 [量]（于）[……] 如如村庄。

L3 最伟大先知，由耕种者派恩伊努耕种 .20 旱地

L4 丈 [量]（于）迈瑞塞提山庄西部：

L5 最伟大先知，由耕种者派恩伊努耕种 .20._____.

L6 [丈量]（于）此地东北部：

L7	最伟大先知，由耕种者派恩伊努耕种	10 [5]	[½]	1¾ 袋

L8 [丈量]（于）胡特塞赫努北部：

---

〔1〕 安柯塔威：或是孟菲斯的别称，或是孟菲斯城的四分之一，目前尚无定论。

〔2〕 最伟大先知：名衔之一，此处指赫利奥坡里斯的高级祭司。

〔3〕 按，此句指拉美西斯二世位于孟菲斯的土地持有机构。根据这一头衔，加德纳推测在位法老会有一个将王座置于普塔神宝座上的仪式，不过目前尚未发现相关文献证据。

§	行	内容	耕地（阿鲁拉）	税赋地（阿鲁拉）	税率（每阿鲁拉）
	L9	……伊赫姆奈特弗分得神庙耕地，……总管……阿蒙赫尔赫派什弗			
			20⌟5	1	1¾ 袋
	L10	丈量（于）此地东南部：			
	L11	耕种者卡姆瓦斯特分得沙洲的阿蒙神庙耕地，			
	L12	位于神之家，由先知帕拉姆海布负责	10	2½	1¾ 袋
	L13	丈量（于）腾特哈米东北部：			
	L14	士兵塞提姆海布	3	¼	1¾ 袋
	L15	阿蒙神庙书吏帕奈赫西　.3 无			
	L16	战车手阿蒙霍特普	10⌟5	¼	1¾ 袋
	L17	马夫长帕布帕撒	10⌟5	¼	1¾ 袋
	L18	士兵塞提乌奈姆弗，由他本人负责	……	……	1¾ 袋
	L19	士兵瑞瑞	2 ……	……	1¾ 袋
	L20	丈量（于）此地西部：			
	L21	分给永恒之主阿蒙，由瓦布祭司塞特奈赫特负责	10⌟5	1	1¾ 袋
§82	L22	阿蒙所爱之拉美西斯的“深爱如普塔”葬祭庙。			
	L23	丈量（于）迈瑞卡克村庄东部：			
	L24	马夫长帕奈赫西的牧马地[1]	5	1	1¾ 袋
§83	L25	拉神庙中的多次庆祝塞德节[2]者、阿蒙所爱之拉美西斯的葬祭庙。			
	L26	丈量（于）派尔迈驻特东南部：			
	L27	马夫长帕伊乌	5	1	1¾ 袋
	L28	士兵巴克恩阿蒙	3	½	1¾ 袋
	L29	士兵奈布昂伊博	3	½	1¾ 袋
	L30	马夫长伊恩赫瑞阿赫	5	1	1¾ 袋
§84	L31	赫迪的王室码头。			
	L32	丈量（于）帕玛南部：			

---

〔1〕按，*sẖt n ḥtr ḥry iḥ.w ẖ*，加德纳译作“Field for horses which the stable–master X named”，以突出马夫长对于专门饲养马匹的土地的专属权，不过其埃及语原文中似乎并无“命名”，存此备考。

〔2〕塞德节：古埃及法老在其统治满 30 年后就要举行庆祝活动，用以彰显王权和巩固法老的统治地位。该节日一共持续 5 天，通常在尼罗河水结束泛滥后举行。

		耕地（阿鲁拉）	税赋地（阿鲁拉）	税率（每阿鲁拉）
L33	女市民哈托尔及其兄弟	3	½	1¾ 袋
L34	分给帕玛的索白克（神庙），由赫瑞负责	10	2½	1¾ 袋
L35	战车手帕拉乌奈姆弗，由			
L36	耕种者阿蒙姆伊派特负责	20⌋5	½	1¾ 袋
L37	女市民塔卡蒙	5	½	1¾ 袋
L38	女市民瑞迪苏塞提	5	½	1¾ 袋
L39	牧羊人塞提姆海布	5	½	1¾ 袋
L40	养蜂人帕赫如	5	½	1¾ 袋
L41	侍从奈赫特赫尔赫派什弗	5	½	1¾ 袋
L42	马夫长凯恩赫尔赫派什弗	5	½	1¾ 袋
L43	养蜂人普塔摩斯	5	½	1¾ 袋
L44	奴隶晒德姆杜阿	3	½	1¾ 袋
L45	丈量（于）士兵村东部：			
L46	女市民塔伊乌	3	½	1¾ 袋
L47	马夫长凯恩赫尔赫派什弗	5	½	1¾ 袋
L48	分给……	5	½	1¾ 袋
L49	士兵楚查	3	½	1¾ 袋

A 面　第 36 栏

		耕地（阿鲁拉）	税赋地（阿鲁拉）	税率（每阿鲁拉）
L1	士兵阿蒙霍特普	.3 无		
L2	女市民穆特姆伊派特	3	½	1¾ 袋
L3	丈量（于）乌伯赫特村庄东南部：			
L4	瓦布祭司塞提乌奈姆弗	5	¼	1¾ 袋
L5	马夫长伊胡玛伊	5	¼	1¾ 袋
L6	女市民塔乌尔晒德苏	.5 无		
L7	女市民塔乌尔哈提	.3 [　].		
L8	女市民塔阿晒德苏	.5 [　].		
L9	马夫长乌塞尔哈提	5	¼	1¾ 袋
L10	瓦布祭司巴恩苏姆伊派特	.5 旱地		

养蜂人帕图奈尔　5 ……

丈量（于）士兵村西部：

女市民塔阿　5 无

丈量（于）派尔迈驻特东部：

	耕地（阿鲁拉）	税赋地（阿鲁拉）	税率（每阿鲁拉）
马夫长索白克卡	5	1	1 2/4 袋
丈量于……险滩：			
战车手帕瓦阿蒙	……⌟5	1	1 2/4 袋
丈量于乌奔村庄南部水滨地：			
女市民胡特赫尔特	1……	½	1 2/4 袋
马夫长帕伊乌	5	½	1 2/4 袋
丈量（于）伊乌努瑞晒斯村庄北部：			
牛棚管理者巴奈内卡及其兄弟	5	½	1 2/4 袋
女市民塔撒克特及其兄弟	5	½	1 2/4 袋
女市民阿塞特及其兄弟	……	½	1 2/4 袋
女市民塔伊迪乌拉塔威	5	½	1 2/4 袋
士兵哈德奈弗尔	5	½	1 2/4 袋
§85 阿那伊那草地的王室码头。			
丈量（于）胡特塞赫塔北部：			
瓦布祭司塞提摩斯	3	……	1 2/4 袋
战车手瑞玛	10	……	1 2/4 袋
丈量于……险滩：			
众神之王阿蒙-拉的第一先知拉美西斯纳赫特，			
由书吏玛伊负责	10⌟5	¼	1 2/4 袋
§86 该领地内法老地。			
丈量（于）胡特塞赫塔南部：			
分给阿蒙城，由奴隶楚查负责	10⌟5	½	1 2/4 袋
丈量于霍特普山庄的池塘：			
已故女市民迈驻特姆威雅	10⌟5	½	1 2/4 袋
马夫长帕布帕撒的牧马地	10⌟5	½	1 2/4 袋

L40	丈量（于）扎撒撒提村庄西北部：	
L41	分给法老传信书吏，由先知帕拉姆海布负责，40 旱地	
L42	马夫长帕布帕撒的牧马地	.5.______.
L43	舍尔登执旗者塞提卡	.5.______.
L44	丈量（于）派尔瓦伊那北部：	
L45	已故女市民胡努特	[10] 旱地
L46	舍尔登人阿蒙卡	[10……]
L47	舍尔登侍从拉摩斯	[……]
L48	牧羊人阿蒙卡	[……]
L49	马夫长楚楚	[……]

A 面　第 37 栏

行	内容		耕地（阿鲁拉）	税赋地（阿鲁拉）	税率（每阿鲁拉）
L1	饲养者奈布奈赫特	5 旱地			
L2	先知阿蒙曼尼乌	5_____.			
L3	丈量（于）扎撒撒提村庄西南部：				
L4	女市民塔伊瑞	5 旱地			
L5	士兵彭特沃瑞		3	¼	$1\frac{2}{4}$ 袋
L6	马夫长帕布卡	5 旱地			
L7	马夫长派奈阿蒙		5	¼	$1\frac{2}{4}$ 袋
L8	舍尔登侍从撒迪	5 旱地			
L9	丈量（于）派尔赫弗特北部：				
L10	马夫长哈皮阿		5	½	$1\frac{2}{4}$ 袋
L11	丈量（于）瓦宅摩斯草地北部：				
L12	女市民哈如伊阿	5 无			
L13	丈量于阿恩河沿地：				
L14	法老之子拉美西斯[阿]蒙赫尔赫派什弗，				
L15	由耕种者塞提卡负责		20⌟5	1	$1\frac{2}{4}$ 袋
L16	耕种者塞提卡	平方肘尺 .4.20			
L17	鳄鱼饲养者[帕]伊乌		3	1	$1\frac{2}{4}$ 袋

			耕地（阿鲁拉）	税赋地（阿鲁拉）	税率（每阿鲁拉）
	l.18	（牛群）烙印者塞提摩斯	3	1	1$\frac{2}{4}$ 袋
	l.19	丈量（于）腾特尼乌特草地南部：			
	l.20	分给阿蒙 – 玛阿伊的城镇	10⅃5	1	1$\frac{2}{4}$ 袋
	l.21	女市民[塔]伊乌	3	½	1$\frac{2}{4}$ 袋
	l.22	丈量（于）扎撒撒提北部：			
	l.23	分给位于堤坝的塞特，由帕拉姆海布负责	20⅃5	¼	1$\frac{2}{4}$ 袋
	l.24	丈量（于）查穆特山地北部：			
	l.25	献予法老众神，女市民塔卡瑞负责	20	¼	1$\frac{2}{4}$ 袋
	l.26	士兵[……]	3	1	1$\frac{2}{4}$ 袋
	l.27	丈[量]（于）迈瑞塞提山庄南部：			
	l.28	牧人[塞提姆]海布	10⅃5	¼	1$\frac{2}{4}$ 袋
	l.29	牧人阿赫姆奈特弗	10⅃5	½	1$\frac{2}{4}$ 袋
§87	l.30	阿拜多斯之主、伟大的神、永恒之主瑞苏特拉的神庙。			
	l.31	丈量（于）伊乌努瑞晒斯村庄东北部：			
	l.32	耕种者[巴]奈内卡分得阿蒙神庙的葬祭庙耕地，			
	l.33	领地由管理者迈瑞玛阿特负责	10	2½	1$\frac{2}{4}$ 袋
	l.34	丈量于帕麦尔麦克：			
	l.35	舍尔登执旗者普塔曼努分得阿蒙神庙的葬祭庙耕地，			
	l.36	领地由管理者迈瑞伊努负责	5	1¼	1$\frac{2}{4}$ 袋
§88	l.37	位于阿拜多斯的蒙玛阿特拉法老葬祭庙。			
	l.38 T	丈量（于）腾特哈米：			
	l.39	马夫长帕伊乌	5	½	1$\frac{2}{4}$ 袋
	l.40	耕种者奈布乌宅发	3	½	1$\frac{2}{4}$ 袋
	l.41	士兵帕卡蒙	3	½	1$\frac{2}{4}$ 袋
	l.42	马夫长帕乌塞尔	5	½	1$\frac{2}{4}$ 袋
	l.43	牧人帕布奈赫特	5	½	1$\frac{2}{4}$ 袋
§89	l.44	将愉悦带给真理者托特的[神庙]中，阿蒙所爱之乌塞尔玛阿特拉（的葬祭庙）。			
	l.45	[丈量]（于）伊乌努瑞晒斯村庄西北部：			
	l.46	[……]塞提姆　.3 无			

L47 ……蒙图玛斯　.3___.

L48 战车手帕拉乌奈姆弗

A 面　第 38 栏

L1 由耕种者阿蒙伊派特负责　.3___.

L2 女市民巴克恩阿蒙　.3___.

L3 士兵哈德奈赫特　.3___.

L4 士兵塞提摩斯　.3___.

L5 士兵尼西阿蒙　.3___.

L6 士兵阿赫奈特弗　.3___.

§90 L7 帕瓦宅伊胡的托特神庙。

L8 丈量（于）塞玛后方北部：

L9 宫廷侍卫派恩帕瑞德分得卡塔法老地的耕地，

	耕地（阿鲁拉）	税赋地（阿鲁拉）	税率（每阿鲁拉）
L10 美楞普塔的宫廷执旗者	20	5	1¾ 袋
L11 耕种者帕拉奈赫特分得阿蒙神庙的葬祭庙耕地，			
L12 领地，迈瑞伊努	阿鲁拉		
L13 士兵帕查伊胡	3	¼	1¾ 袋
L14 牧人帕奈赫特姆尼乌特	10⌟5	¼	1¾ 袋
L15 牧人派恩瑞努特	10⌟5	¼	1¾ 袋
L16 耕种者伊瑞阿分得王后地的耕地，			
L17 领地，管理者帕奈赫西	10	2½	1¾ 袋
L18 耕种者迈瑞伊努分得阿蒙所爱之拉美西斯玛阿特的耕地，			
L19 领地，由他本人负责	30	7½	1¾ 袋
L20 大勇士拉美西斯奈布奈弗尔分得			
L21 献予法老神庙之地，由他本人负责	20	5	1¾ 袋
L22 耕种者巴克恩阿蒙	平方肘尺 10 .40		
L23 又丈量	50 休耕地		
L24 耕种者迈瑞伊努	10 .40		
L25 耕种者帕奈赫西	10 .40		

L.26	又 丈量	50 休耕地
L.27	士兵派恩 帕 瑞德	4 .20

L.28 丈 量（于）伊奈穆特南部：

		耕地（阿鲁拉）	税赋地（阿鲁拉）	税率（每阿鲁拉）
L.29	马夫长彭特沃瑞	5	1	1⅔ 袋
L.30	马夫长阿蒙姆海布	5	1	1⅔ 袋
L.31	马夫长 尼西阿蒙	5	1	1⅔ 袋
L.32	马夫长 德 …… 塞提	5	1	1⅔ 袋
L.33	马夫长奈布塞蒙	5	1	1⅔ 袋
L.34	马夫长塞提摩斯	5	1	1⅔ 袋
L.35	塞提姆威雅之子马夫长阿蒙姆海布	5	1	1⅔ 袋

§91 L.36 撒卡[1]之主巴塔的神庙，由卡奈弗尔负责。

L.37 丈量（于）伊乌努瑞晒斯村庄北部：

L.38 管理者帕拉姆海布分得法老葬祭庙耕地，

L.39	由他本人负责	5	1¼	1⅔ 袋

§92 L.40 斯派尔迈如[2]之主塞特的神庙，由先知胡伊负责。

L.41 该神庙领地由他本人负责。

L.42 丈量（于）腾特哈米南部：

		耕地（阿鲁拉）	产率（每阿鲁拉）	产量
L.43	耕种者塞提卡耕地	20	5 袋	100 袋
L.44	丈量于塞赫特瓦布伊博北部河沿地：			
L.45	耕种者塞提奈赫特耕地	5	5 袋	25 袋
L.46	丈量于塞什尼东部河沿地：			
L.47	其 耕地	20	5 袋	100 袋

A 面　第 39 栏

§93 L.1 丰收税：分给由他本人负责的该神庙。

L.2 丈量于塞什尼东部河沿地：

---

〔1〕 撒卡：地名，距离现代城市艾尔–卡斯 2 千米左右。

〔2〕 斯派尔迈如：地名，第十九诺姆的重要城镇，也是塞特神的崇拜地。

L3 塞特神庙先知胡伊，由耕种者

L4 帕伊德胡麦赫负责 平方肘尺 100 休耕地

L5 耕种者帕伊德胡麦赫 .4 .20

§94 L6 该神庙内由阿蒙所爱之拉美西斯所建奈芙提斯神庙。

L7 丈量（于）伊德胡东南部：

	耕地（阿鲁拉）	产率（每阿鲁拉）	产量
L8 其耕地由瓦布祭司塞提卡负责	30	5 袋	150 袋
L9 丈量于此地东南部河沿地：			
L10 耕地	5	5 袋	25 袋

§95 L11 丰收税：分给由他本人负责的该神庙。

L12 丈量（于）伊德胡东南部：

L13 耕种者帕赫如分得卡塔法老地的耕地，

	耕地（阿鲁拉）	税赋地（阿鲁拉）	税率（每阿鲁拉）
L14 由先知迈瑞巴瑞塞提负责	20	5	1¼ 袋

§96 L15 大地创建者阿蒙的神庙，位于伊派特。

L16 丈量（于）伊派特东北部：

	耕地（阿鲁拉）	产率（每阿鲁拉）	产量
L17 耕种者曼尼奈弗尔耕地	10	5 袋	50 袋
L18 分给赫迪领地的阿蒙神庙 3¾ 袋。			
L19 丈量于此地北部河沿地：			
L20 其耕地	7	7¾ 袋	52¾ 袋
L21 又	10	5 袋	50 袋
L22 分给该领地神庙 7¾ 袋。			
L23 丈量（于）此地南部：			
L24 其耕地	10	5 袋	50 袋
L25 分给该领地神庙 3¾ 袋。			
L26 丈量（于）扎阿扎阿布山地东南部：			
L27 其耕地	10	5 袋	50 袋
L28 分给该领地神庙 3¾ 袋。			

§97 L29 由查伊弗人修建的阿蒙神庙，位于查伊弗村庄。

			耕地（阿鲁拉）	产率（每阿鲁拉）	产量
	L30	丈量于赫塞蒙伊博湖南部［河沿地］：			
	L31	耕种者阿蒙奈赫特耕地	10	5 袋	50 袋
§98	L32	那阿乌特奈帕奈彻尔沙洲的阿蒙神庙。			
	L33	丈量（于）胡特帕塞赫努北部：			
	L34	先知帕拉姆海布耕地	5	5 袋	[2]5 袋
	L35	分给地区领地的阿蒙神庙 1¾1⁄16 袋。			
	L36	丈量（于）此地东部：			
	L37	其耕地	10	5 袋	50 袋
	L38	分给普塔神庙的伟大宝座 3¾ 袋。			
§99	L39	派尔瓦伊那之主塞特的神庙。			
	L40	丈量（于）派尔瓦伊那东南部：			
	L41	先知乌恩乌奈弗尔耕地	20	5 袋	100 袋
	L42	丈量（于）此地东南部：			
	L43	其耕地	20	5 袋	100 袋
	L44	丈量（于）此地西北部：			
	L45	其耕地	15	5 袋	75 袋
	L46	丈量（于）此地东北部：			
	L47	其耕地	30	5 袋	150 袋
	L48	［丈］量（于）神庙北部：			
	L49	其耕地	10	5 袋	50 袋

A 面　第 40 栏

	L1	［丈量］（于）派尔瓦伊那东北部：			
	L2	其耕地	10	5 袋	50 袋
	L3	［丈量］于卡哈初耕地前方：			
	L4	其［耕地］	25	5 袋	125 袋
§100	L5	丰收税：分给由他本人负责的神庙。			
	L6	［丈］量（于）派尔瓦伊那［南部］：			
	L7	先知乌恩乌奈［弗尔］分得卡塔法老地的耕地，			

				耕地（阿鲁拉）	税赋地（阿鲁拉）	税率（每阿鲁拉）
	L8	由先知总管负责，		20	5	1⅔ 袋
	L9	丈量（于）塞特神庙东部：				
	L10	先知乌恩乌奈弗尔的蔬菜地	平方肘尺 10.14			
	L11	塞特神庙瓦布祭司奈布恩奈赫赫	.10.14			
	L12	又丈量	12 休耕地			
	L13	丈量（于）塞赫特恩瓦布伊博［南部］：				
	L14	马夫长凯恩赫尔赫派什弗的牧马地〔1〕		5	¼	1⅔ 袋
	L15	又丈量	12 休耕地			
	L16	又丈量				
	L17	［女市民］塔伊瑞撒苏		3	¼	1⅔ 袋
	L18	［女市民］塔奈赫西		3	¼	1⅔ 袋
	L19	马夫长拉奈弗尔	.5 无			
	L20	马夫长阿蒙摩斯	.5___.			
§101	L21	草地的拉－哈拉凯悌神庙的遮阳棚。				
	L22	丈量于阿那伊那草地西部河沿地：				

			耕地（阿鲁拉）	产率（每阿鲁拉）	产量
	L23	舍尔登人帕海姆努特耕地	10	5 袋	50 袋
	L24	［丈量于］此地东部帕特地：			
	L25	其［耕地］	10	5 袋	50 袋
	L26	［丈］量于霍特普山庄的池塘：			
	L27	［其耕地］	20	5 袋	100 袋
§102	L28	托瑞斯〔2〕神庙由［……］负责			
	L29	［丈］量于帕麦尔恩努［……］			
	L30	耕种者彭特沃瑞耕地	10	5 袋	50 袋
§103	L31	孟菲斯的阿蒙－海奈特奈弗尔神庙。			

〔1〕牧马地：原文为 *ḥḏd*，加德纳认为即 *ḥtr* 的变体，A 面第 42 栏（第 3、30 行）、第 44 栏（第 41 行）、第 45 栏（第 14—16、19、26 行）等多处"牧马地"均与此同（或作 *ḏdn*），不复出注。

〔2〕托瑞斯：河马女神，埃及语为"塔瓦瑞特"。她是妇女生产时的守护神，常以河马首、鳄鱼尾、人体胸部和狮子四肢的复合形象出现。

		耕地（阿鲁拉）	税赋地（阿鲁拉）	税率（每阿鲁拉）
L32	丈量（于）伊派特伊西东北部：			
L33	瓦布祭司奈布肯努	……	¼	1⅔袋
L34	牧羊人塞提摩斯	5	¼	1⅔袋
L35	丈量（于）麦尔伊胡东部：			
L36	马夫长巴特姆海布	5	½	1⅔袋
L37	马夫长塞提姆海布	5	½	1⅔袋
L38	马夫长腾瑞赫尔赫派什弗	5	½	1⅔袋
L39	马夫长塞提姆海布	5	½	1⅔袋
L40	马夫长塞提哈博	5	½	1⅔袋
L41	马夫长戴恩咖尔	5	½	1⅔袋
§104 L42	众神之王阿蒙–拉的神庙牧草地[1]			
L43	丈量（于）阿蒙湖南部：			
L44	耕种者帕赫如分得拉壁龛的耕地，			
L45	迈瑞拉山庄中	12	3	1⅔袋
L46	耕种者帕赫如	平方肘尺 10 .26		
L47	又丈量	12 休耕地		
L48	又丈量	12 休耕地		
L49	丈量（于）卡哈的初耕地：			
L50	舍尔登人蒙图赫尔赫派什弗	10⌞5	1	1⅔袋
L51	丈量（于）扎撒撒提村庄东北部：			
L52	女市民塔伊瑞	5……		

A面　第41栏

L1	瓦布祭司奈布奈赫赫	10 旱地
L2	女市民赫努特阿伊博	5______.
L3	舍尔登人迈瑞塞提	5______.
L4	瓦布祭司帕伊瑞	5______.

〔1〕 神庙牧草地：这里指属于底比斯西部拉美西斯五世葬祭庙的牧草地，这些草通常用来饲养牛群。

L5	马夫长瑞什普	5______.
L6	侍从[1]奈弗尔阿伯特	5______.
L7	舍尔登人伊尼瓦	5______.
L8	女市民腾特帕努	10_____.

§105 L9 位于阿蒙神庙的法老葬祭庙牧草地[2]。

L10 丈量（于）伊博塞特山地西部：

		耕地（阿鲁拉）	税赋地（阿鲁拉）	税率（每阿鲁拉）
L11	马夫长乌塞尔哈提	5	¼	1 2/4 袋
L12	女市民塔阿晒德苏	5	¼	1 2/4 袋
L13	侦查员派恩奈塞特塔威	5	¼	1 2/4 袋
L14	女市民塔卡蒙	5	¼	1 2/4 袋
L15	战车手帕瓦阿蒙	5	¼	1 2/4 袋
L16	女市民扎耶阿	5	¼	1 2/4 袋
L17	饲养者塞提卡	5	¼	1 2/4 袋
L18	女市民塔卡如	5	¼	1 2/4 袋
L19	女市民塔伊杜塞提	5	¼	1 2/4 袋
L20	马夫长帕伊乌	5	¼	1 2/4 袋
L21	女市民塔乌尔晒德苏	5	¼	1 2/4 袋
L22	马夫长塞提摩斯	5	¼	1 2/4 袋
L23	帕海姆努特之子马夫长帕伊乌	5	¼	1 2/4 袋
L24	马夫长肯那	5	¼	1 2/4 袋
L25	士兵帕乌尔杜	5	¼	1 2/4 袋
L26	丈量（于）麦尔……东南部：			
L27	马夫长赫努苏姆乌塞提	5	¼	1 2/4 袋
L28	马夫长帕迈尔晒努特	5	¼	1 2/4 袋
L29	马夫长德奈尔盖恩	5	¼	1 2/4 袋
L30	马夫长塞提姆海布	5	¼	1 2/4 袋

L31 丈量（于）胡 山地东部……，

〔1〕侍从：头衔之一，一般是贴身保护法老或者要臣的警卫。

〔2〕法老葬祭庙牧草地：此处指属于拉美修姆（法老拉美西斯二世的葬祭庙）的牧草地。

L32 位于[帕]凯宅前方山庄：

		耕地（阿鲁拉）	税赋地（阿鲁拉）	税率（每阿鲁拉）
L33	[士兵]瑞赫派胡特弗	10⅃1	¼	1⅔袋

§106 L34 阿蒙神庙的拉所选之乌塞尔玛阿特拉的葬祭庙牧草地。

L35 丈量（于）塞玛后方北部：

		耕地（阿鲁拉）	税赋地（阿鲁拉）	税率（每阿鲁拉）
L36	士兵阿蒙哈提帕玛沙	3	¼	1⅔袋
L37	士兵查阿	3	¼	1⅔袋

L38 丈量（于）此地南部：

		耕地（阿鲁拉）	税赋地（阿鲁拉）	税率（每阿鲁拉）
L39	执旗者宅胡提姆海布	10⅃5	¼	1⅔袋
L40	牧人派恩瑞努特	5	[¼]	1⅔袋

L41 丈量（于）派尔瓦伊[那]东北部：

L42 牧人阿蒙卡　.5 无

L43 女市民奈布伊努　.5___.

L44 女市民塔哈如耶阿　.10___.

L45 饲养者奈布奈赫特　.5___.

L46 耕种者帕布卡　.5___.

L47 瓦布祭司帕卡蒙　.5___.

L48 士兵彭特沃瑞　.3___.

L49 女市民塔伊瑞　.3___.

A面　第42栏

L1 牧人塞提卡　.5___.

L2 牧人派恩瑞努特　.5___.

L3 丈量（于）此地东南部：

L4 马夫长奈赫特赫尔赫派什弗的牧马地 .5 无

L5 士兵帕拉奈赫特　.5___.

L6 女市民腾特帕努　.5___.

L7 献予法老神祇，由书吏拉摩斯负责，

L8 （他）是法老传信书吏　80___.

L9 士兵帕布奈赫　3___.

L10 牧人凯伊伊瑞 .5___.

L11 女市民阿姆伊乌 .5___.

L12 舍尔登侍从奈弗尔 .5___.

L13 女市民［塔］乌尔瓦赫苏 .［5___］.

L14 女市民瑞恩努特 ［.5___］.

L15 女市民［塔］乌尔晒德苏 .5___.

L16 已故瓦布祭司卡瑞 .5___.

L17 女市民赫努特昂伊博 .5___.

L18 丈量（于）塞赫特恩瓦布伊博西南部：

		耕地（阿鲁拉）	税赋地（阿鲁拉）	税率（每阿鲁拉）
L19	由已故侍从宏苏之子拉摩斯负责	5	¼	$1\frac{2}{4}$ 袋
L20	耕种者阿塞提	5	¼	$1\frac{2}{4}$ 袋
L21	舍尔登人凯恩赫尔赫派什弗	10⌟5	¼	$1\frac{2}{4}$ 袋
L22	女市民塔瓦扎赫尔	5	¼	$1\frac{2}{4}$ 袋
L23	耕种者迈瑞伊努	5	¼	$1\frac{2}{4}$ 袋
L24	耕种者奈弗尔阿伯特	5	¼	$1\frac{2}{4}$ 袋
L25	女市民奈伯特霍特普撒奈赫	5	¼	$1\frac{2}{4}$ 袋
L26	耕种者塞尔［塞提］	5	¼	$1\frac{2}{4}$ 袋
L27	代理人耶阿，由舍尔登人			
L28	奈赫提阿负责	10⌟5	½	$1\frac{2}{4}$ 袋
L29	丈量（于）派尔迈驻特［南部］：			
L30	马夫长塞提摩斯的牧马地	5	½	$1\frac{2}{4}$ 袋

§107 L31 “深爱如拉”葬祭庙[1]牧草地。

L32 丈量（于）胡特塞赫塔北部：

L33 瓦布祭司塞提摩斯及其兄弟 .10 无

L34 执旗者普塔蒙努 .10___.

L35 女市民迈驻特撒昂 .5___.

§108 L36 阿蒙所爱之拉美西斯玛阿特[2]的葬祭庙。

---

〔1〕“深爱如拉”葬祭庙：指拉美西斯二世的葬祭庙，隶属于赫利奥坡里斯。

〔2〕阿蒙所爱之拉美西斯玛阿特：指法老拉美西斯四世。

L37 丈量（于）塞玛后方北部：

	耕地（阿鲁拉）	产率（每阿鲁拉）	产量
L38 耕种者迈瑞伊努	30	5 袋	150 袋

L39 分给位于帕瓦宅的托特神庙 11¼ 袋。

§109 L40 伟大的王后赫努特瓦提[1]的葬祭庙。

L41 丈量（于）塞玛后方土地北部：

	耕地（阿鲁拉）	产率（每阿鲁拉）	产量
L42 耕种者帕奈赫西	10	5 袋	50 袋

L43 [分给] 位于帕瓦宅的托特神庙 3¾ 袋。

A 面　第 43 栏

§110 L1 孟菲斯后宫。

L2 该后宫领地由赫 [迪市长] 负责。

L3 丈量于伊乌努 [瑞哂斯] 村庄东北部：

	耕地（平方肘尺）	税率（每平方肘尺）	税（双粒麦）	使用
L4 其耕地由军需官彭特沃瑞负责	300	⅓，6⅔ 袋	2000 袋	5 袋[2]

§111 L5 麦尔乌尔后宫。

L6 该后宫领地由阿蒙神庙牛群总管负责。

L7 丈量于托瑞斯神庙东部帕塔地：

	耕地（平方肘尺）	税率（每平方肘尺）	税（双粒麦）	使用
L8 牛群总管、代理人赫瑞耕地	50		333⅓ 袋	$\frac{3}{4}\frac{1}{16}\frac{1}{32}$ 袋

§112 L9 该神庙领地由牛群总管 [帕] 克查负责。

L10 丈量于 [派尔帕] 玛东北部：

	耕地（平方肘尺）	税率（每平方肘尺）	税（双粒麦）	使用
L11 其耕地	100	⅓，6⅔ 袋	6[66]⅔ 袋	$1\frac{2}{4}\frac{1}{8}\frac{1}{16}$ 袋

§113 L12 卡塔法老地，由 [美楞] 普塔的宫廷 [执旗者] 负责。

L13 丈量（于）塞玛后方北部：

---

〔1〕赫努特瓦提：法老拉美西斯五世之妻。

〔2〕按，此处各栏文字仅以象形文字为据。关于其中数字的具体含义，加德纳有多种解释，譬如其双粒麦 2000 袋计算方法为：300 乘以 6⅔，6⅔ 与 ⅓ 的关系为 6⅔=10(1–⅓)，其中 10 为每单位土地产量，而 ⅓ 则为可留存部分的比例，因此 6⅔ 即为每单位土地上所需缴纳的袋数。详细内容请参考其书译文部分（*Wilbour Papyrus Translations*）第 45 页上的讨论。有关这些数字的具体含义及其内在逻辑方法，学界尚无定论，有待进一步的研究。下文中，本栏第 8 行、第 11 行中的各项数字，情况与此相同，不复出注。

§	行	内容	耕地（阿鲁拉）	产率（每阿鲁拉）	产量
	L14	耕种者帕［拉奈赫特］耕地	20	5 袋	100 袋
	L15	分给位于帕瓦宅的托特神庙 7¾ 袋。			
§114	L16	卡塔法老地，由［……］负责。			
	L17	丈量（于）派尔［瓦伊那］南部：			
	L18	先知乌恩乌奈弗尔耕地	20	5 袋	100 袋
	L19	分给［派尔］瓦伊那之主塞特的神庙 7¾ 袋。			
§115	L20	卡塔法老地，由赫迪市长负责。			
	L21	丈量于乌奔村庄南部河沿地：			
	L22	其耕地由军需官彭特沃瑞负责	8	5 袋	40 袋
	L23	丈量（于）麦尔伊胡南部：			
	L24	其耕地	12	5 袋	60 袋
§116	L25	卡塔法老地，由先知迈瑞巴瑞塞提负责。			
	L26	丈量（于）伊德胡东南部：			
	L27	其耕地	30	5 袋	150 袋
	L28	分给奈芙提斯神庙 11¼ 袋。			

（三）

A面　第44栏

L A　⸢mḥ⸣-tꜣ 5

L1　hsbt-sp 4 ꜣbd 2 ꜣḫt sw 2⸢1⸣ ⸢r sw⸣ 28 št ỉn⌟

§117 L2　pr ỉmn-rꜥ nswt n nṯrw ḫt pꜣ ḥm-nṯr tpy n ỉmn

L3　rmnyt pr rꜥ-⸢ms-s⸣w mr-ỉmn m pr ỉmn ḫt ỉmy-r pr n ỉmn

L4　m ḏrt rwḏw ỉmn-ḥtp⸢w⸣

L5 T　ḫꜣy m ỉꜣbt ḥwy-ỉn-ỉwtỉ ỉḥt n=f 5 ipt 5 ipt 25

§118 L6　rmnyt pš pr pn tꜣ ḳꜥḥt ḥr-dỉ

L7 T　ḫꜣy m ỉmny ỉwỉw

L8　wꜥw ỉmn-ḥꜣt-pꜣ-mšꜥ .3.½ ipt 1¾

L9 T　ḫꜣy m pꜣ ỉdb ỉꜣbt st tn

L10　mnỉw wsr-(ḥrỉ)-ḫpš=f .10⌟5.1 ipt 1¾

L11 T　ḫꜣy ỉꜣbt st tn

L12　tꜣy sryt šrdn ỉn-ḥr-⸢rḫ⸣ .10⌟5.1 ipt 1¾

L13　ḫꜣy m pꜣ ỉdb mḥtỉ ⸢ỉꜣbt⸣ st tn

L14　šmsw nb-nfr n pr ỉ⸢mn⸣ mḥ-tꜣ 18

L15　ky ḫꜣy n=f　.50 wsf

L16　ỉḥwty sṯḫ-(ḥr) wnmy=f　.4.20

L17　šrdn dỉdỉ　.10⸢.⸣40

L18 T　ḫꜣy mḥtỉ ỉmny ỉꜣdt ḏꜥḏꜥ-bw

L19　wꜥb sṯḫ-ḫꜥ ḥnꜥ snw=f .10⌟5.1 ipt 1¾

L20 T　ḫꜣy ỉꜣbt pn-knrỉy

L21　šmsw ḏḥwty-m-ḥb nꜣ šrdn .3.1 ipt 1¾

L22 T　ḫꜣy rsy pꜣ ⸢dnỉt⸣ spr-mrwt

L23　ꜥnḫ n nỉwt mwt-tf=st .10⌟5.½ ipt 1¾

L24　sš sṯḫ-nḫt m ⸢ḏrt šrdn⸣ sṯḫ-ḫꜥ .10⌟5.1 ipt 1¾

L25　wꜥw sṯḫ-(m)-⸢ḥb⸣ .3.½ ipt 1¾

L26 T　ḫꜣy ỉꜣbt ⸢spr⸣-mrw

L27　sš sṯḫ-nḫt m ḏrt ⸢ꜥnḫ n nỉwt⸣ ḥnwt-ꜥn-ỉb 5.½ ipt 1¾

L28　wꜥw pꜣ-kꜣ-⸢ṯꜣ⸣ .3.½ ipt 1¾

L.29 T *ḫȝy m ỉmny ⸢nȝ⸣ ⸢b⸣ḫn n ḥwt nṯr stẖ*

L.30 *ʿnḫ n nỉwt tȝ-kȝry* .10⌋5.1 *ỉpt* 1 2/4

L.31 T *ḫȝy mḥtỉ ⸢pn-šȝ⸣sw pȝ š ỉrywt*

L.32 *šmsw pȝ-ḳȝ-hȝ nȝ šrdn ḥnʿ snw=f* 10⌋5.2 ⸢*ỉpt*⸣ 1 2/4

L.33 *ky ḫȝy n=f m wȝḏ-smw mḥ-tȝ* 20.80

L.34 *ky ḫȝy n=f* .50 *wsf*

L.35 *wʿw pȝ-ỉw* .3.½ *ỉpt* 1 2/4

L.36 T *ḫȝy m mḥtỉ ỉmny pn-šȝsw*

L.37 *mnỉw sȝ-rʿỉ* .3.1 *ỉpt* 1 2/4

L.38 *wʿw pȝ-mky* .3.½ *ỉpt* 1 2/4

L.39 *wʿw ỉmn-hȝ-ỉb* .3.½ *ỉpt* 1 2/4

L.40 T *ḫȝy mḥtỉ ỉmny pn-ỉty*

L.41 *ȝḥt n ḥḏdn ḥry ỉḥ ḳn-ḥr-ḫpš=f* .5.1 *ỉpt* 1 2/4

L.42 *ḥry ỉḥ stẖ-m-ḥb m pȝ ȝḥt n pȝ ḥȝ-tȝ ḥt rʿ-ms nty mt wn ỉmy-r ỉḥw* 8.2 *ỉpt* 1 2/4

L.43 T *ḫȝy ỉȝbt ḥwy-ỉn-ỉwtỉ*

L.44 *mrỉ stẖ-ms* .3.1 *ỉpt* 1 2/4

L.45 *ḥry ỉḥ pȝ-ỉdḥw* .5.1 *ỉpt* 1 2/4

L.46 *ʿnḫ n nỉwt ywy m ḏrt ms=st* [...] *ỉpt* 1 2/4

L.47 *ḥry ỉḥ nb-nfr* [...] *ỉpt* 1 2/4

L.48 T *ḫȝy rsy ỉȝbt ḥwy-ỉn-ỉwtỉ*

L.49 *ȝḥt n ḥry ỉḥ stẖ-m-ḥb* .5.1 *ỉpt* 1 2/4

L.50 *kṯn n ḥm=f ʿnḫ wȝḏ snbʿb-pḏt m ḏrt sš pȝ-nḏm* 10⌋5.1 *ỉpt* 1 2/4

L.51 *wʿb šdw-sbk⸢ỉ⸣* .3.1 *ỉpt* 1 2/4

A面 第45栏

L.1 *wʿb ḥn-sw* .3.1 ⸢*ỉpt* 1 2/4⸣

L.2 *wʿb sbk-mr-*[...] .3.⸢1 *ỉpt* 1 2/4⸣

L.3 *wʿw stẖ-ḥʿ* .3⸢.1 *ỉpt* 1 2/4⸣

L.4 *ḥry ỉḥ ỉmn-ḥʿ sȝ nb-nfr* [...] ⸢.1 *ỉpt* 1 2/4⸣

L.5 *ḥry ỉḥ ỉmn-m-ḥb sȝ ỉmn-wȝ⸢ḥ-sw⸣* 5.1 *ỉpt* 1 2/4

L.6 *wʿw mry-m-ỉpt*_____. .5.1 *ỉpt* 1 2/4

L.7 T *ḫȝy ỉmny pȝ bḫn n ỉty*

L.8 *ḥry ỉḥ pȝ-wʿ-ỉmn* .5.1 *ỉpt* 1 2/4

§119 L.9 *rmnyt pš pr pn ⸢pȝ⸣ w nn-nsw*

L.10 T *ḫȝy ỉmny tȝ ỉȝdt ⸢nȝ-ḥrỉ⸣-ḥw*

L.11 *ỉḥwty ỉmn-ḥtpw pš ỉḥt n pr stẖ wsr-ḫpš=f* .10.2½ *ỉpt* 1 2/4

L.12 *kṯn n ḥm=f ʿnḫ wȝḏ snb nḫt-⸢ỉ⸣mn m ḏrt=f* .10⌋5.1 *ỉpt* 1 2/4

L.13 T *ḫȝy mḥtỉ ỉmny st tn*

L.14 *ȝḥt n ḏdn ḥry ỉḥ ỉmn-ḥʿ* .5.½ *ỉpt* 1 2/4

L.15 *ȝḥt n ḏdn ḥry ỉḥ pȝ-ȝbw-⸢ḥʿ⸣* .5.½ *ỉpt* 1 2/4

L.16 *ȝḥt n ḏdn ḥry ỉḥ stẖ-m-⸢ḥb⸣* .5.½ *ỉpt* 1 2/4

L.17 T *ḫȝy m mḥtỉ ỉȝbt nṯrt*

L.18 *pš n tȝ šnwt ỉmn m ḏrt ⸢š⸣rdn pȝ-ḫȝrw* 5.1 *ỉpt* 1 2/4

L.19 *ȝḥt n ḏdn ḥry ỉḥ ỉmn-ms* .5.1 *ỉpt* 1 2/4

L.20 *wʿw stẖ-m-ḥb* .3.¼ *ỉpt* 1 2/4

L.21 *wʿw pȝ-wʿ-ỉmn* .3.¼ *ỉpt* 1 2/4

L.22 T *ḫȝy mḥtỉ st tn*

L.23 *wʿw ỉn-nȝ* .3.½ *ỉpt* 1 2/4

L.24 T *ḫȝy rsy ỉmny ⸢pn-nȝ⸣-nḥsy*

L.25 *ʿnḫ n nỉwt tȝ-kȝry*.10⌋5.1 *ỉpt* 1 2/4

L.26 *ȝḥt n ḏdn ḥry ỉḥ stẖ-⸢m⸣-ḥb* .5.1 *ỉpt* 1 2/4

L.27 T *ḫȝy rsy ỉmny ⸢sȝ⸣-pȝ*

L.28 *sš stẖ-m-ḥb pš ỉḥt n ⸢tȝ⸣ ḥwt rmnyt*

L.29 *rʿ-ms wnw ỉmy-r ỉḥw* 18.4½ *ỉpt* 1 2/4

L.30 *ḫȝy*

§120 L.31 *rmnyt ḥtpw nṯr n ỉmn-rʿ nswt nṯrw*

L.32 *rm⸢n⸣yt nty ḥr ỉrỉ wnmw n ỉḥw ḥt ỉmy-r ỉḥw rʿ-ms-sw-nḫt*

L.33 T *ḫȝy m pȝ ỉdb ỉȝbt ỉwỉw*

L.34 *ỉḥt n=f* 10 *ỉpt* 7 2/4 *ỉpt* 75

L.35 *ky* 10 *ỉpt* 5 *ỉpt* 50

L.36 T *ḫȝy ỉȝbt st tn*

L.37 *ỉḥt n=f* 10 *ỉpt* 5 *ỉpt* 50

§121 L.38 *rmnyt pr pn ḥt ḥry ỉḥ pȝ-srw n ḫnw*

L.39 T *ḫȝy m rsy ỉwỉw ỉḥt n=f* 5 *ỉpt* 5 *ỉpt* 25

§122 L.40 *tȝ ḥwt nt ḥḥ m rnpwt n nswt bỉt wsr-mȝʿ-rʿ-sḫpr-n-rʿ snb m pr ỉmn*

L.41 *rmnyt pr pn ḥt ⸢ḥm⸣-nṯr tpy ỉmn rʿ-ms-sw-nḫt*

L.42 T *ḫȝy m mḥtỉ nȝ ʿwt mrỉ*

L.43 *ỉḥt n=f* 10 *ỉpt* ⸢5⸣ *ỉpt* 50

L.44 T *ḫȝy rsy ỉmny ḥw-ỉn-ỉwtỉ mḥtỉ tȝ šnwt ḳmȝ*

L.45 *ỉḥt n ỉḥwty ḥwy-nfr* 20 *ỉpt* 5 *ỉpt* 100

L.46 T *ḫȝy mḥtỉ tȝ šnwt ⸢ḳmȝ⸣*

L.47 *ỉḥt n=f* 40 ⸢*ỉpt* 5 *ỉpt* 200⸣

L.48 T *ḫȝy ỉmny ỉw⸢ỉw⸣*

L.49 *ỉḥt n=f* 20 ⸢*ỉpt* 5⸣ ⸢*ỉpt*⸣ 100

A面 第46栏

§123 L.1 *rmnyt pš pr pn tȝ ḳʿḥ ḥr-dỉ*

L.2 T *ḫȝy m pȝ ḫnmt m šȝ-rỉ-pt pȝ š nhȝ*

L.3 *ỉḥwty sbk-ḥtpw ỉḥt n ḥȝ-tȝ pr-ʿȝ ⸢snb⸣ ḥt pȝ ʿȝ št* 5.1¼ *ỉpt* 1 2/4

L.4 ḥnk n pꜣ nṯr n pr-ꜥꜣ snb ḫt sš rꜥ-ms .[10]⌟5.1 ỉpt 1⅔/4

L.5 wꜥw pꜣ-ỉw .5.1 ỉpt 1¾

L.6 šrdn ḳn-sꜥnḫ .10⌟5.1 ỉpt 1¾

L.7 pš n sbk nb šꜣ-rỉ-pt m ḏrt stḫ-m-ḥb .3.1 ỉpt 1¾

L.8 T ḥꜣy tꜣ brkt ỉꜣbt šꜣ-rỉ-pt

L.9 ḥnk n pꜣ nṯr n pr-ꜥꜣ snb ḫt sš rꜥ-ms .20⌟5.1 ỉpt 1¾

L.10 ḥnk n pꜣ nṯr n pr-ꜥꜣ ḫt rꜥ-ms wnw nswt sš wḏḥw .80⌟5.2 ỉpt 1¾

L.11 ḥnk n pꜣ nṯr n pr-ꜥꜣ snb ḫt sš pꜣ-nḥsy .20⌟5.¼ ỉpt 1¾

L.12 ḥnk n pꜣ nṯr n pr-ꜥꜣ snb ḫt ḳn pr-ꜥꜣ stḫ-ḥrỉ-ḫpš=f .20⌟5.½ ỉpt 1¾

L.13 ỉḥwty ỉn-wꜣ .3.1 ỉpt 1¾

L.14 pš n sbk nb wꜥ m ḏrt pꜣ-ḫꜣrw .5.bw=f

L.15 ꜣḥt n ḏdn ḥry ỉḥ ỉn-nꜣ .5 bw=f

L.16 ꜣḥt ḥry ỉḥ nb-wꜥ .5 bw=f

L.17 ꜣḥt n ḏdn ḥry ỉḥ kꜣm .5.1 ỉpt 1¾

L.18 wꜥw pꜣ-ỉry .3.½ ỉpt 1¾

L.19 ꜥnḫ n nỉwt nỉwt-ḥꜥ-tỉ .3.½ ỉpt 1¾

L.20 ḥm pꜣ-wnšw .3.½ ỉpt 1¾

L.21 ꜥnḫ n nỉwt ỉmn-ỉn-sw .5.½ ỉpt 1¾

L.22 ḥry ỉḥ stḫ-ḥrỉ-ḫpš=f .3.½ ỉpt 1¾

L.23 wꜥw ḳn-ỉmn .3.½ ỉpt 1¾

L.24 wꜥw nsy-ỉmn .3.½ ỉpt 1¾

L.25 wꜥw ỉy-nfr .3.½ ỉpt 1¾

L.26 ꜥnḫ n nỉwt šrỉ-rꜥ .3.½ ỉpt 1¾

L.27 sḫty stḫ-ms .3.½ ỉpt 1¾

L.28 ṯꜣy sryt nb-wꜥ nꜣ ṯk .5 bw=f

L.29 ꜥnḫ n nỉwt tꜣ-wr .3.¼ ỉpt 1¾

L.30 ꜥnḫ n nỉwt tꜣ-wr-hꜣ-ỉb .5.¼ ỉpt 1¾

L.31 ḥry ỉḥ n[ḫt]-ꜥꜣ .3.¼ ỉpt 1¾

L.32 bỉty pꜣ-ỉry .3.¼ ỉpt 1¾

L.33 wꜥb ꜥḏdw .3.¼ ỉpt 1¾

L.34 wꜥw ỉmn-ḥꜥ .3.¼ ỉpt 1¾

L.35 ꜥnḫ n nỉwt ḥnwt-wꜥ-tỉ .3.¼ ỉpt 1¾

L.36 ꜥnḫ n nỉwt wnšy sꜣt ḫꜣry .3.¼ ỉpt 1¾

L.37 T ḥꜣy rsy ỉmny nꜣy-rỉ-tỉ

L.38 ỉḥwty pꜣ-ḫꜣrw pš ỉḥt n ḥꜣ-tꜣ pr-ꜥꜣ snb ḫt pꜣ ꜥꜣ n št .20.5 ỉpt 1¾

L.39 T ḥꜣy rsy pꜣ bḫn n ỉtf nꜣ ỉꜣdt šꜣrỉ

L.40 kṯn n ḥm=f ꜥnḫ wꜣḏ snb mr-n-ptḥ wnw rn wr nꜣ mḏꜣw

L.41 m-ḥwy .20⌟5.1 ỉpt 1¾

L.42 ḥry ỉḥ ỉmn-ḥꜥ sꜣ ỉmn-m-wỉꜣ .5.1 ỉpt 1¾

L.43 ḥry ỉḥ rꜥ-ms .5.1 ỉpt 1¾

L.44 ky ḥꜣy n=f .10⌟5.1 ỉpt 1¾

L.45 sš stḫ-nḫt m ḏrt ḥry ỉḥ stḫ-m-ḥb .[5].1 ỉpt 1¾

L.46 ỉḥwty pꜣ-wꜥ-ỉmn pš ỉḥt n pr-ḥḏ pr-ꜥꜣ snb

L.47 rmnyt wnmt ꜥꜣ wḥꜣt [mḥt] pr pn ḫt=f .5.[2]¼ ỉpt 1¾

L.48 sš pꜣ-ṯꜣy-ḫw pš ỉḥt n pr-ḥḏ pr-ꜥꜣ ḥrỉ [...]

L.49 rmnyt wnmt ꜥꜣ wḥꜣt [mḥt] n pr pn ḫt=f .9.2[¼] ỉpt 1¾

A面　第47栏

L.1 T ḥꜣy mḥtỉ ỉmny st tn ỉmny tꜣ ỉ[ꜣdt]

L.2 pꜣ ḥr⌟

L.3 sš pr-ḥḏ šd-ḫnsw n pꜣ pr-ḥḏ pr-ꜥꜣ snb [.]5.1 ỉpt 1¾

L.4 ꜣḥt ḏdn ḥry ỉḥ ỉmn-ḥꜥ sꜣ stḫ-m-ḥb .5.½ ỉpt 1¾

L.5 ḥry ỉḥ stḫ-(m)-ḥb .5.½ ỉpt 1¾

L.6 wꜥw nb-ꜥn-ỉb .5.½ ỉpt 1¾

L.7 ꜥnḫ n nỉwt tꜣ-ḥw-rwrw .5.½ ỉpt 1¾

L.8 T ḥꜣy mḥtỉ ỉꜣbt tꜣ šnwt ḳmꜣ

L.9 ꜣḥt ḏdn ḥry ỉḥ pn-pꜣ-ỉdḥw .[5].1 ỉpt 1¾

L.10 ꜣḥt ḏdn ḥry ỉḥ pꜣ-ḫꜣrw .[5].1 ỉpt 1¾

L.11 ꜣḥt ḏdn ḥry ỉḥ stḫ-ms .5.1 ỉpt 1¾

L.12 T ḥꜣy mḥtỉ st tn

L.13 ṯꜣy sryt pꜣ-nḏm nꜣ šrdn .[5].1 ỉpt 1¾

L.14 wꜥb ꜥꜣ-stḫỉ .[3].1 ỉpt 1¾

L.15 ḥry ỉḥ bꜣk-n-ptḥ .3.[1] ỉpt 1¾

L.16 ḥry ỉḥ nḫt-ḥrỉ-ḫpš=f .3.1 ỉpt 1¾

L.17 T ḥꜣy mḥtỉ pn-r-ḫw

L.18 ḥry ỉḥ stḫ-nḫt sꜣ wsḫ-ỉw .5.½ ỉpt 1¾

L.19 wꜥw ỉmn-m-ỉpt nꜣ ꜥḥꜥ .ꜥḥꜣ .5.½ ỉpt 1¾

L.20 ḥry ỉḥ tm-nḫt .5.½ ỉpt 1¾

L.21 ḥry ỉḥ pꜣ-nb-dmỉ .5.½ ỉpt 1¾

L.22 ḥry ỉḥ stḫ-sꜥnḫ sꜣ stḫ-ms .5.½ ỉpt 1¾

L.23 wꜥb kꜣ-ms n pr nbt-ḥwt [.]5.½ ỉpt 1¾

L.24 ꜥnḫ n nỉwt ~~ḥwt~~-m-wỉꜣ [.5].½ ỉpt 1¾

L.25 ꜥnḫ n nỉwt tꜣ-wr-šd-sw [.]3.½ ỉpt 1¾

L.26 ḥry ỉḥ stḫ-m-ḥb [.]5.1 ỉpt 1¾

L.27 wꜥb stḫ-m-ḥb [.]5.1 ỉpt 1¾

L.28 wꜥb ꜥḥꜣwt-nfr [.]5.1 ỉpt 1¾

L.29 ỉdnw ꜣny n tnt-ḥtrt wnw rn

L.30 ḥry ỉḥ tm-nḫt .5.1 ỉpt 1¾

L.31 ḥry i͗ḥ stẖ-m-ꜥmw .5.1 i͗pt 1 2/4
L.32 ꜥnḫ n ni͗wt mry-~~ḥwt~~ [.]3.1 i͗pt 1 2/4
L.33 ḥry i͗ḥ stẖ-m-wi͗ꜣ .5.1 i͗pt 1 2/4
L.34 ꜥnḫ n ni͗wt tꜣ-my sꜣt i͗n-i͗w-hꜣrw .5.1 i͗pt 1 2/4
L.35 ḥry i͗ḥ pꜣ-bpꜣ-sꜣ sꜣ i͗mn-m-i͗pt .5.1 i͗pt 1 2/4
L.36 T ḫꜣy mḥti͗ pn-i͗ty
L.37 mni͗w i͗ry-nfr [.]5.1 i͗pt 1 2/4
L.38 wꜥb pꜣ-ḫꜣrw .3.1 i͗pt 1 2/4
L.39 i͗st mnšw hꜣd-nḫt .3.1 i͗pt 1 2/4
L.40 wꜥb stẖ-nḫt ḥnꜥ snw=f .3.1 i͗pt 1 2/4
L.41 wꜥb ḫnsw sꜣ ṯꜣ-ꜥꜣ .3.1 i͗pt 1 2/4
L.42 šmsw wsḫ-i͗w .3.1 i͗pt 1 2/4
L.43 mni͗w pn-tꜣ-wr .3.1 i͗pt 1 2/4
L.44 T ḫꜣy mḥti͗ pn-ri͗-n-i͗b
L.45 i͗dnw stẖ-nḫt sꜣ pꜣ-srw 10⅃5.½ i͗pt 1 2/4
L.46 wꜥb i͗mn-ḥꜣti͗-pꜣ-mšꜥ .5.1 i͗pt 1 2/4
L.47 šrdn ḏḥwty-m-ḥb [.5].1 i͗pt 1 2/4
L.48 šrdn nfr-ꜥbt .[5].1 i͗pt 1 2/4
L.49 [i͗st] mnšw kꜣ-ms .5.1 i͗pt 1 2/4

A面　第48栏

L.1 wꜥb ṯꜣ-ꜥꜣ ḥnꜥ snw=f 5.1 i͗pt 1 2/4
L.2 T ḫꜣy i͗ꜣbt pn šꜣsw
L.3 i͗st mnšw stẖ-ḫꜥ .5.1 i͗pt 1 2/4
L.4 mni͗w bꜣk-n-stẖ .3.1 i͗pt 1 2/4
L.5 wꜥw i͗mn-hꜣ-i͗b .3.¼ i͗pt 1 2/4
L.6 šrdn ꜥꜣ .3.1 i͗pt 1 2/4
L.7 wꜥw pn-tꜣ-wr .3.¼ i͗pt 1 2/4
L.8 T ḫꜣy rsy i͗ꜣbt spr-mrw
L.9 ḥnk n pꜣ nṯr n pr-ꜥꜣ snb ḥt ꜥꜣ thr wsr-mꜣꜥt-rꜥ-
nḫt 20⅃5.1 i͗pt 1 2/4
L.10 kṯn ḥrw-ms m ḏrt ms=<f> .5.1 i͗pt 1 2/4
L.11 wꜥw stẖ-nḫt sꜣ ṯꜣ-ꜥꜣ .5.¼ i͗pt 1 2/4
L.12 ꜥnḫ n ni͗wt ~~ḥwt~~-m-wi͗ꜣ sꜣt bꜣk-n-~~ḥwt~~ 5.1 i͗pt 1 2/4
L.13 wꜥb stẖ-hꜣ-i͗b .3.1 i͗pt 1 2/4
L.14 wꜥw stẖ-ḫꜥ .3.¼ i͗pt 1 2/4
L.15 ꜥꜣ th[r] rꜥ-ms-sw-nb-nfr m ḏrt
L.16 pꜣ-rꜥ-pꜣ-nfw 5.1 i͗pt 1 2/4
L.17 wꜥb pꜣ-ḫꜣrw nty mt m ḏrt ms=<f> .3.1 i͗pt 1 2/4
L.18 T ḫꜣy rsy i͗mny st tn mḥti͗ pn-wḏḥw
L.19 wꜥb i͗mn-ḥꜣti͗-pꜣ-mšꜥ ḥnꜥ snw=f .10⅃2.1 i͗pt 1 2/4
L.20 wꜥb ꜥṯꜣy-tf ḥnꜥ snw=f .2.1 i͗pt 1 2/4
L.21 šmsw ḏḥwty-m-ḥb ḥnꜥ snwt=f .2.1 i͗pt 1 2/4
L.22 mri͗ mry-stẖi͗ .5.1 i͗pt 1 2/4
L.23 šmsw i͗mn-ḥtpw sꜣ r-ḏꜣ-i͗ꜣ 5.1 i͗pt 1 2/4
L.24 šrdn ꜥḏdw .5.1 i͗pt 1 2/4
L.25 T ḫꜣy mḥti͗ i͗ꜣbt spr-mrw
L.26 ꜥnḫ n ni͗wt n[f]r-i͗y-ti͗ .3.½ i͗pt 1 2/4
L.27 šmsw pꜣ-ꜣbw-m-ḥb nꜣ šrdn .3.½ i͗pt 1 2/4
L.28 šrdn nb-ꜥn-i͗b .3.½ i͗pt 1 2/4
L.29 mni͗w [i͗y]-ni͗wt-f ḥnꜥ snw=f .3.[½] i͗pt [1 2/4]
L.30 ꜥnḫ n ni͗wt nḏ-bꜣ-šꜣ nty mt m ḏrt ms=[st] [.]3.½
i͗pt 1 2/4
L.31 wꜥw i͗mn-ḥꜥ sꜣ ḥꜣti͗-nfr .3.½ [i͗pt] [1] 2/4
L.32 ḳny pr-ꜥꜣ snb stẖ-ms sꜣ pꜣ-ḥm-nṯr .3.[½] i͗pt 1 2/4
L.33 T ḫꜣy i͗ꜣbt ḥw-i͗n-i͗wti͗ m pn-wḏḥw
L.34 ꜣḫt ḏdn ḥry i͗ḥ ꜥb-pḏt .5.½ i͗pt 1 2/4
L.35 ꜣḫt ḏdn ḥry i͗ḥ pꜣ-ṯꜣ-r-ꜥꜣ-ḫy .5.½ i͗pt 1 2/4
L.36 wꜥw šd-m-dwꜣ .3.½ i͗pt 1 2/4
L.37 wꜥw pn-sḫmt .3.½ i͗pt 1 2/4
L.38 T ḫꜣy mḥti͗ i͗ꜣbt tꜣ šnwt i͗tf-tꜣ
L.39 wꜥw pꜣ-wrdw .3.½ i͗pt 1 2/4
L.40 wꜥw hꜣd-nḫtw .3.½ i͗pt 1 2/4
L.41 i͗ḥwty pꜣ-nḫt-m-ni͗wt pš i͗ḥt n tꜣ ḥwt m pr i͗mn
L.42 rmnyt stẖ-(ḥri͗)-wnmy=f 10.2½ i͗pt 1 2/4
L.43 T ḫꜣy mḥti͗ i͗mny pn-i͗wn
L.44 kṯn stẖ-(m)-ḥb .10⅃5.1 i͗pt 1 2/4
L.45 kṯn n ḥm=f mr-n-ptḥ m ḏrt
L.46 šrdn sꜣ-ptḥ sṯꜣt 20.1 i͗pt 1 2/4
L.47 ḥry i͗ḥ pt[ḥ]-(ḥr)-ḫꜥ .5.1 i͗pt 1 2/4
L.48 ḥry i͗ḥ ḫnm-nḫt .5.1 i͗pt 1 2/4
L.49 ḥry i͗ḥ šd-stẖ .5.1 i͗pt 1 2/4
L.50 [ḥry] i͗ḥ [stẖ]-ḫꜥ sꜣ stẖ-(m)-ḥb 5.[1] i͗pt 1 2/4

A面　第49栏

L.1 [...] [p]ꜣ-i͗w .5.1 i͗pt 1 2/4
L.2 [...] i͗mn-ḥtpw .5.¼ i͗pt 1 2/4
L.3 [bity] pn-tnt-ḥmy .5.¼ i͗pt 1 2/4
L.4 šrdn pꜣ-i͗wi͗w w mni͗w
L.5 tꜣ ḥwt ḥḳ-mꜣꜥt-rꜥ stp-n-i͗mn snb sṯꜣt 50⅃20.1 i͗pt 1 2/4
L.6 T ḫꜣy mḥti͗ i͗mny ꜥꜣ-rw
L.7 ḥnk n pꜣ nṯr n pr-ꜥꜣ snb ḥt ḥry kn pr-ꜥꜣ snb
L.8 ꜥḥꜣwt-nfr m ḏrt ḥry i͗ḥ ꜥꜣ-pḥty 20⅃5.1 i͗pt 1 2/4
L.9 wꜥw stẖ-m-ḥb .3.¼ i͗pt 1 2/4
L.10 wꜥw pꜣ-ꜥ-n-i͗mn .3.¼ i͗pt 1 2/4
L.11 wꜥw pꜣ-ḫꜣrw .3.¼ i͗pt 1 2/4

L.12 ḥm ỉmn-ms pȝ ȝḥt n pȝ ḫȝ-tȝ pr-ʿȝ snb

L.13 ḥt pȝ ʿȝ n št .5.½ ỉpt 1¾

L.14 T ḫȝy tȝ ḥts mḥtỉ spr-mrw

L.15 [ʿnḫ] n nỉwt tȝ-kȝry .10.½ ỉpt 1¾

L.16 sš pȝ-sȝkt 5.½ ỉpt 1¾

§124 L.17 rmnyt=w pr pn ḥt srw

L.18 rmnyt pr pn ḥt sš sṯḥ-nḫt tȝ šnwt pr-ʿȝ snb

L.19 T ḫȝy ỉȝbt pn-ỉmw

L.20 ỉḥt n=[f] 5 ỉpt 5 ỉpt 25

§125 L.21 rmnyt pr pn ḥt ḥry sȝw sšw ḥḳ-mȝʿt-rʿ-nḫt

L.22 T ḫȝy ỉmny šȝ-rỉ-pt pn-wr

L.23 ỉḥt n ỉḥwty hȝd-nḫtw 1 ỉpt 5 ỉpt 5

L.24 T ḫȝy m rsy sȝ-pȝ

L.25 ỉḥt n=f 2 ỉpt 5 ỉpt 10

§126 L.26 tȝ ḥwt nswt bỉt ḥḳ-mȝʿt-rʿ stp-n-ỉmn snb m pr ỉmn

L.27 rmnyt=w pr pn ḥt pn-pȝ-mr wnw ỉmy-r pr-ḥḏ

L.28 rmnyt pr pn ḥt=f m ḏrt rwḏw [ḏḥwty]-ms

L.29 T ḫȝy ỉmny pȝ štȝ n ỉmn šȝ-rỉ-pt

L.30 ỉḥt n ỉḥwty ḫȝy 30 ỉpt 5 ỉpt 150

L.31 pš n tȝ ḥwt wsr-mȝʿt-rʿ mr-ỉmn snb m pr ỉmn
ḫȝr 11¼

L.32 T ḫȝy rsy ỉmny st tn

L.33 ỉḥt n ỉḥwty sṯḥ-hȝ-ỉb 1 ỉpt 5 ỉpt 5

L.34 pš tȝ ḥwt rʿ-ms-sw mr-ỉmn snb m pr rʿ rmnyt
ḥr-dỉ ḫȝr ¼1⁄16

L.35 T ḫȝy m mḥtỉ ỉȝbt ỉy-ỉdḥw

L.36 ỉḥt n =f 1 ỉpt 5 ỉpt 5

L.37 T ḫȝy m mḥtỉ st tn ỉȝbt nȝ ʿwt nȝ mrỉ

L.38 ỉḥt n=f 1 ỉpt 5 ỉpt 5

L.39 pš tȝ ḥwt rʿ-ms-sw mr-ỉmn snb m pr rʿ rmnyt
ḥr-dỉ ḫȝr ¼1⁄16

§127 L.40 tȝ ḥwt nswt bỉt wsr-mȝʿt-rʿ mr-ỉmn snb m pr ỉmn

L.41 rmnyt pr pn ḥt s[t]m

L.42 rmnyt pr pn m ḏrt rwḏw ḏḥwty-ms

L.43 T ḫȝy mḥtỉ ỉȝbt gȝwt

L.44 ỉḥt n ỉḥwty ḏḥwty-[ms] 10 ỉpt 5 ỉpt 50

L.45 p[š] st wr [m pr ptḥ] ḫȝr 3¾

A面　第50栏

L.1 T ḫȝy rsy [...] nṯr

L.2 ỉḥt n =f [10] ỉpt 5 ỉpt 50

L.3 T ḫȝy ỉȝbt ḥw-ỉn-ỉwtỉ

L.4 ỉḥt n=f 10 ỉpt 5 ỉpt 50

L.5 T ḫȝy m pȝ ʿwn ỉmny pr-ḫȝy

L.6 ỉḥt n=f 20 ỉpt 5 ỉpt 100

L.7 pš pr sṯḥ nb spr-mrw ḫȝr 7¾

L.8 rsy ỉmny ỉpt m tȝ-ỉnnkwt

L.9 ỉḥt n=f 5 ỉpt 5 ỉpt 25

L.10 pš n tȝ ḥwt rʿ-ms-sw mr-ỉmn snb m pr rʿ
rmnyt ḥr-dỉ ḫȝr 1¾1⁄16

§128 L.11 rmnyt pr pn m ḏrt rwḏw ỉmn-ḥtpw

L.12 T ḫȝy ỉmny šȝ-rỉ-pt

L.13 ỉḥt n ỉḥwty ṯȝ-ḳmȝ 20 ỉpt 5 ỉpt 100

L.14 pš tȝ ḥwt m pr rʿ rmnyt ḥr-dỉ⌟ ḫȝr 7¾

L.15 T ḫȝy m pȝ dnỉt mḥtỉ spr-mrw

L.16 ỉḥt n=f 5 ỉpt 5 ỉpt 25

L.17 pš tȝ ḥwt m pr rʿ rmnyt ḥr-dỉ ḫȝr 1¾1⁄16

L.18 T ḫȝy ỉmny pȝ štȝ n ỉmn

L.19 šȝ-rỉ-pt

L.20 ỉḥt n=f 15 ỉpt 5 ỉpt 75

§129 L.21 rmnyt pr pn ḥt ỉmy-r pr ỉmy-r šnwt ḥʿ-m-wȝst

L.22 rmnyt pr pn [ḥt]=f m ḏrt rwḏw bȝk-n-wr-n-rỉ

L.23 T ḫȝy ỉmny šȝ-rỉ-pt

L.24 ỉḥt m ḏrt sš nḫt-ỉmn 3 ỉpt 5 ỉpt 15

L.25 T ḫȝy rsy pȝ-mḏȝy

L.26 ỉḥt n=f 2 ỉpt 5 ỉpt 10

§130 L.27 rmnyt pr pn ḥt=f m ḏrt rwḏw pȝ-nḫt-ỉpr-tỉ

L.28 T ḫȝy ỉȝbt tȝ šnwt ỉtf-tȝ

L.29 ỉḥt n ỉḥwty pȝ-ḫȝrw 7 ỉpt 5 ỉpt 35

L.30 T ḫȝy mḥtỉ ỉȝbt ssny

L.31 ỉḥt n=f 5 ỉpt 5 ỉpt 25

§131 L.32 rmnyt pr pn ḥt ỉmy-r pr wsr-mȝʿt-rʿ-nḫt

L.33 rmnyt pr pn ḥt=f m ḏrt rwḏw sṯḥ-(ḥrỉ)-wnmy=f

L.34 T ḫȝy mḥtỉ tȝ šnwt ḳmȝ

L.35 ỉḥt n m ḏrt sš pȝ-bpȝ-sȝ 10 ỉpt 5 ỉpt 50

L.36 T ḫȝy ỉȝbt pȝ-mḏȝy rsy ỉȝbt pȝ ḫnm

L.37 ỉḥt n=f 3 ỉpt 5 ỉpt 15

L.38 T ḫȝy m mḥtỉ ỉȝbt nȝy-rỉ-tỉ

L.39 ỉḥt n=f 5 ỉpt 5 ỉpt 25

L.40 T ḫȝy m mḥtỉ tȝ šnwt ỉtf-tȝ

L.41 ỉḥt [n=f] 10 ỉpt 5 ỉpt 50

L.42 pš ḥwt pr-ʿȝ snb rmnyt ḥr-dỉ ḫȝr 3¾

L.43 [T] ḫȝy

A面　第51栏

L.1 T ḫȝy mḥtỉ [...] ʿȝ-rw-ỉȝ

L2 ỉḥt n=f ⌊3⌋ ỉpt 5 ỉpt 15

L3 T ḥꜣy mḥtỉ pꜣ bḫn n ỉtf

L4 ỉḥt n=f 5 ỉpt 5 ỉpt 25

L5 1(?)

§132 L6 rmnyt pr pn ḥt=f m ḏrt rwḏw mr-ỉwn

L7 T ḥꜣy m ỉmny tꜣ ʿt wn=w ṯꜣ-wꜣtỉ

L8 ỉḥt n ỉḥwty nfr-ʿbt 10 ỉpt 5 ỉpt 50

L9 T ḥꜣy m ỉmny nṯr

L10 ỉḥt n=f 20 ỉpt 5 ỉpt 100

L11 pš tꜣ ḥwt m pr ptḥ rmnyt ḥr-dỉ ḫꜣr 7¾

L12 T ḥꜣy ỉmny st tn

L13 ỉḥt n=f 10 ỉpt 5 ỉpt 50

L14 T ḥꜣy m rsy ỉmny pn-ỉwn

L15 ỉḥt n=f 10 ỉpt 5 ỉpt 50

L16 T ḥꜣy mḥtỉ tꜣ ʿt ỉb

L17 ỉḥt n=f m ḏrt ḥry ỉḥ my 15 ỉpt 5 ỉpt 75

L18 T ḥꜣy rsy ỉmny st tn

L19 ỉḥt n=f 2 ỉpt 5 ỉpt 10

L20 T ḥꜣy ỉꜣbt tꜣ šnwt ḳmꜣ⌋

L21 ỉḥt n=f 10 ỉpt 5 ỉpt 50

L22 T ḥꜣy rsy ỉꜣbt st tn

L23 ỉḥt n=f 25 ỉpt 5 ỉpt 125

L24 T ḥꜣy mḥtỉ tꜣ wḥyt ỉꜣ-kꜣk

L25 ỉḥt n=f 7 ỉpt 5 ỉpt 35

L26 pš pr ỉnỉ-ḥrt nb tnw ḫꜣr 2¾

L27 T ḥꜣy mḥtỉ st tn m š mr

L28 ỉḥt n=f 15 ỉpt 10 ỉpt 75

L29 T ḥꜣy rsy ỉꜣbt ḥw-ỉn-ỉwtỉ

L30 ỉḥt n=f 25 ỉpt 5 ỉpt 125

L31 T ḥꜣy m ỉmny ʿt wnw ṯꜣ-wꜣtỉ

L32 ỉḥt n=f 15 ỉpt 5 ỉpt 75

L33 T ḥꜣy m mḥtỉ tꜣ wḥyt ỉꜣ-kꜣk

L34 ỉḥt n=f 10 ỉpt ⌊5 ỉpt 50⌋

L35 T ḥꜣy m pꜣ-mr-n-pꜣ-wr

L36 ỉḥt n=f 30 ỉpt 5 ỉpt 150

L37 T ḥꜣy m pꜣ ḳʿḥt pꜣ-dbn

L38 ỉḥt n=f 10 ỉpt 5 ỉpt 50

L39 T ḥꜣy m tꜣ ḥṯ ỉnt-wrt

L40 ỉḥt n=f 15 ỉpt 5 ỉpt 75

L41 pš tꜣ ḥwt rʿ-ms-sw mr-ỉmn m pr rʿ ḫꜣr 5¾

§133 L42 rmnyt pr pn pꜣ-mw pꜣ-rʿ

L43 T ḥꜣy m ỉmny šꜣ-rỉ-pt

L44 ỉḥt n ỉḥwty sbk-ḥtpw 15 ỉpt 5 ỉpt 75

§134 L45 rmnyt pš pr pn tꜣ ḳʿḥt ḥr-dỉ

L46 T ḥꜣy ỉꜣbt ỉwỉw

L47 ḥry ỉḥ pꜣ-sr n ḫnw m ḏrt

L48 m skꜣ šrdn pꜣ-ḥw-rỉ-pw .3.1 ỉpt 1¾

L49 ky ḥꜣy šrdn ptḥ-ms .3.1 ỉpt 1¾

L50 ky ⌊ḥꜣy⌋ m ḏrt ỉwn-ḥwy-ḥy .3.1 ỉpt 1¾

L51 ky ḥꜣy m ḏrt ʿnḫ n nỉwt bꜣk-n-ptḥ .3.1 ỉpt 1¾

A面　第52栏

L1 T ḥꜣy rsy ỉꜣbt ỉwỉw

L2 wʿw pꜣ-tꜣ-ỉsb-stḫ ⌊m skꜣ⌋

L3 mnỉw wsr-ḫpš=f .3.½ ỉpt 1¾

L4 mnỉw wsr-ḥrỉ-ḫpš=f .3.2 ỉpt 1¾

L5 wʿw ỉmn-m-ḥb .3.½ ỉpt 1¾

L6 wʿw ḳn-ỉmn .3.½ ỉpt 1¾

L7 ʿnḫ n nỉwt ḥw-m-šnwt m ḏrt ms=st .3.½ ỉpt 1¾

L8 ʿnḫ n nỉwt tꜣ-ʿꜣ m ḏrt ms=st .3.½ ỉpt 1¾

L9 wʿw pꜣ-ỉry .3.½ ỉpt 1¾

L10 T ḥꜣy m pꜣ ỉdb rsy ỉꜣbt tꜣ ḥꜣyt rsy ỉwỉw

L11 mnỉw wsr-ḥrỉ-ḫpš=f .3.½ ỉpt 1¾

L12 ky ḥꜣy n=f .20.80

L13 ky ḥꜣy n=f .50 wsf

L14 T ḥꜣy mḥtỉ sšny

L15 mnỉw nḫt-sthỉ 10⌋5.½ ỉpt 1¾

L16 T ḥꜣy m mḥtỉ ỉmny st tn tꜣ wꜣt ỉmny mr-n-ptḥ

L17 wʿb stḫ-(m)-ḥb 10⌋5.1½ ỉpt 1¾

L18 T ḥꜣy ỉꜣbt ỉwỉw

L19 wʿw ʿḥꜣwt-ʿꜣ .3.½ ỉpt 1¾

L20 ʿnḫ n nỉwt tꜣ-wr-ḥtpw .3.½ ỉpt 1¾

L21 mnỉw wsr-ḥrỉ-ḫpš=f .10⌋5.1 ỉpt 1¾

L22 sš stḫ-nḫt m ḏrt ʿnḫ n nỉwt ỉꜣ-ḥwtỉ 10⌋5.¼ ỉpt 1¾

L23 ʿnḫ n nỉwt tꜣ-kꜣry .3.½ ỉpt 1¾

L24 šrdn pꜣ-wʿrw 10⌋5.½ ỉpt 1¾

L25 ṯꜣy sryt šrdn tn-rỉy .10⌋5 ½ ỉpt 1¾

L26 ṯꜣy sryt ỉn-ḥry-rḫ .10⌋5.½ ỉpt 1¾

L27 T ḥꜣy rsy ỉmny ⌊ỉw⌋ỉw

L28 wʿb kꜣ-sthỉ .5.1 ỉpt 1¾

L29 T ḥꜣy tꜣ pʿt šrỉw nty pꜣ ḫnt šnt-ꜣpdw

L30 ʿnḫ n nỉwt tꜣ-nḏm .5.½ ỉpt 1¾

L31 T ḥꜣy ỉmny pꜣ štꜣ ỉmn šꜣ-rỉ-pt

L32 ỉḥwty ḥꜣyt pš ỉḥt n tꜣ ḥwt ḥḳ-mꜣʿt-rʿ stp-n-ỉmn snb

L33 rmnyt ḏḥwty-⌊ms⌋ .30.7½ ỉpt 1¾

L34 T ḥꜣy mḥtỉ ỉmny nꜣy-rỉ-tỉ

L.35 ꜣḥt n ḏdn ḥry ỉḥ stẖ-m-ḥb .5.1 ỉpt 1 2/4
L.36 ky ẖꜣy n=f .5.45
L.37 sš nẖt-ỉmn n tꜣ šnwt .5 bw=f
L.38 ỉḥwty pꜣ-ẖꜣrw mḥ-tꜣ 4.20
L.39 wꜥw šꜣw-kꜣ-ṯꜣ .3.½ ỉpt 1 2/4
L.40 wꜥw pꜣ-ẖꜣrw .3.½ ỉpt 1 2/4
L.41 T ẖꜣy m rsy ỉmny st tn
L.42 ḥry ỉḥ tꜣwy sꜣ ḥwy .5.1 ỉpt 1 2/4
L.43 ḥry ỉḥ pn-stẖỉ .5.1 ỉpt 1 2/4
L.44 ḥry ỉḥ ꜥẖꜣwt-ꜥꜣ .5.1 ỉpt 1 2/4
L.45 wꜥw nb-nẖḫ .3.½ ỉpt 1 2/4
L.46 wꜥw bꜣt-m-ḥb .3.½ ỉpt 1 2/4
L.47 wꜥw pꜣ-ḥm-nṯr .3.½ ỉpt 1 2/4
L.48 wꜥw rꜥ-ms-sw-nẖt .3.½ ỉpt 1 2/4
L.49 wꜥw rꜥ-ms-sw-nẖt sꜣ rꜥ-ms .3.½ ỉpt 1 2/4
L.50 T ẖꜣy mḥtỉ ỉmny tꜣ wḥyt pꜣ-wr-ḥtf
L.51 ḥnk n pꜣ nṯr n pr-ꜥꜣ snb ḥt sš rꜥ-ms 20⌟5.1 ỉpt 1 2/4
L.52 wꜥw šdw-stẖỉ .3.¼ ỉpt 1 2/4
L.53 ḥry ỉḥ nẖt-ꜥꜣ sꜣ [pn]-tꜣ-wr .5.¼ ỉpt 1 2/4
L.54 ḥry ỉḥ stẖ-m-ḥb nty mt m ḏrt ms=f .5.¼ ỉpt 1 2/4
L.55 wꜥw nb-mḥy sꜣ stẖ-hꜣ-ỉb 3.¼ ỉpt 1 2/4
L.56 ḥry ỉḥ ḳn-ỉmn sꜣ ꜥẖꜣwt-nfr [5.¼] ỉpt 1 2/4

A面 第53栏

L.1 wꜥw pn-pꜣ-ẖnt .3.¼ ỉpt 1 2/4
L.2 wꜥw wr-ꜥꜣ .3.¼ ỉpt 1 2/4
L.3 wꜥw nb-nfr .3.¼ ỉpt 1 2/4
L.4 wꜥw sbk-m-ḥb nty mt m ḏrt ms=<f> 3.¼ ỉpt 1 2/4
L.5 ḥry ỉḥ sn-nfr .5.¼ ỉpt 1 2/4
L.6 T ẖꜣy ỉꜣbt šꜣ-rỉ-pt
L.7 pꜣ w ḥry
L.8 rwḏw kꜣry n wḥꜣt mḥt .5.½ ỉpt 1 2/4
L.9 sš ỉmn tꜣ šnwt pr-ꜥꜣ snb .3 bw=f
L.10 ḥry ỉḥ stẖ-ḥrỉ-ḫpš=f sꜣ nẖt-ỉmn 5_____.
L.11 ḥry ỉḥ pꜣ-wꜥ-ỉmn .5_____.
L.12 ḥry ỉḥ ỉmn-m-wỉꜣ .5.½ ỉpt 1 2/4
L.13 ḥry ỉḥ mr-m-ỉpt .5.½ ỉpt 1 2/4
L.14 ḥry ỉḥ nẖt-ꜥꜣ .5.½ ỉpt 1 2/4
L.15 [wꜥw] dḥt-ḥꜣst .3.½ ỉpt 1 2/4
L.16 wꜥw ỉmn-ḥꜥ .3.½ ỉpt 1 2/4
L.17 šrdn ḳn-sꜥnḫ .5.½ ỉpt 1 2/4
L.18 wꜥw mr-m-ỉpt .3.½ ỉpt 1 2/4
L.19 ꜥnḫ n nỉwt tꜣ-ꜥꜣ-wꜣ-ww .3.½ ỉpt [1] 2/4

L.20 T ẖꜣy tꜣ pꜥt nty m pꜣ ẖnt
L.21 šꜣ-rỉ-pt
L.22 ḳny pr-ꜥꜣ snb stẖ-ḥrỉ-ḫpš=f .2⌟1.¼ ỉpt 1 2/4
L.23 T ẖꜣy m pꜣ ỉdb ỉꜣbt st tn
L.24 ḥry ỉḥ ỉn-nꜣ .5.1 ỉpt 1 2/4
L.25 ḥry ỉḥ pn-pꜣ-ẖnt .5.1 ỉpt 1 2/4

§135 L.26 rmnyt=w pr pn ḥt srw
L.27 rmnyt pr pn ḥt ḥrwỉ wnw ỉmy-r ỉḥw
L.28 T ẖꜣy m pꜣ ỉdb rsy ỉꜣbt sꜣ-pꜣ
L.29 ỉḥt n ỉḥwty pꜣ-kꜣmn 2 ỉpt 5 ỉpt 10
L.30 T ẖꜣy mḥtỉ tꜣ ꜥt pꜣ-ḥꜣtỉ-ꜥ tꜣ nw pꜣ ẖnm
L.31 ỉḥt m ḏrt ṯꜣy sryt šrdn ꜥẖꜣwt-ꜥꜣ 3 ỉpt 5 ỉpt 15
L.32 T ẖꜣy mḥtỉ ỉmny ~~tꜣ ỉsdt~~ tꜣ šnwt tꜣ wḥyt ỉtf
L.33 ỉḥt n ỉḥwty pꜣ-kꜣmn 7 ỉpt 5 ỉpt 35
L.34 T ẖꜣy rsy ỉmny sꜣ-pꜣ
L.35 ỉḥt n m ḏrt ṯꜣy sryt šrdn stẖ-m-ḥb 8 ỉpt 5 ỉpt 40

§136 L.36 rmnyt pr pn ḥt ỉmy-r ỉḥw rꜥ-ms nty mt
L.37 T ẖꜣy m rsy ỉmny sꜣ-pꜣ
L.38 ỉḥt m ḏrt sš stẖ-nẖt 18 ỉpt 5 ỉpt 90
L.39 pš pr ỉmn-rꜥ nswt nṯrw rmnyt pꜣ w ẖꜣr 6 3/4
L.40 T ẖꜣy ỉmny tꜣ ḳꜥḥt pꜣ-dbn
L.41 ỉḥt n =f 5 ỉpt 5 ỉpt 25
L.42 pš n ḥrw-mỉn ꜣst ẖꜣr 1 3/4 1/16
L.43 T ẖꜣy ỉꜣbt tꜣ ꜥt [ỉb]
L.44 ỉḥt n=f 10 ỉpt 5 ỉpt 50

§137 L.45 tꜣ ḥwt nswt bỉt wsr-mꜣꜥt-rꜥ mr-ỉmn snb m pr ỉmn
L.46 rmnyt pr pn ḥt pꜣ sš šꜥ[wt] pr-ꜥꜣ snb
L.47 m ḏrt ỉdnw ḥrwỉ-m-wỉꜣ

A面 第54栏

L.1 T ẖꜣy mḥtỉ ỉy-ỉdḥw
L.2 ỉḥt m ḏrt ḥry ỉḥ pꜣ-ẖꜣrw 5 ỉpt 5 ỉpt 25

§138 L.3 rmnyt pš pr pn tꜣ ḳꜥḥt ḥr-dỉ
L.4 T ẖꜣy rsy pꜣ bẖn n ỉtf
L.5 ꜣḥt n ḏdn ḥry ỉḥ ỉn-nꜣ .5.1 ỉpt 1 2/4
L.6 wꜥw hꜣ-rỉ-nꜣy. .3.½ ỉpt 1 2/4
L.7 T ẖꜣy rsy ỉmny st tn
L.8 kṯn pꜣ-rꜥ-(ḥrỉ)-wnmy=f m ḏrt
L.9 ỉḥwty ꜥṯꜣy-tf .20⌟10 ½ ỉpt 1 2/4
L.10 ꜥnḫ n nỉwt bꜣk-n-ptḥ .3⌟1.½ ỉpt 1 2/4
L.11 ḳny pr-ꜥꜣ snb my 10⌟5.½ ỉpt 1 2/4
L.12 ḥry ḳn pr-ꜥꜣ [snb] ywy 10⌟5.½ ỉpt 1 2/4
L.13 T ẖꜣy mḥtỉ st tn

L14 kṯn n ḥm=f ꜥnḫ wꜣḏ snb pꜣ-rꜥ-wnmy-f
L15 m ḏrt ỉḥwty ꜥṯꜣy-tf 20⌋5.1 ỉpt 1¾
L16 ꜣḥt n ḏdn ḥry ỉḥ stẖ-m-ḥb .5.1 ỉpt 1¾
L17 wꜥw pꜣ-wḫd .3.½ ỉpt 1¾
L18 T ḫꜣy ỉmny st tn
L19 ḥry ỉḥ ptḥ-(m)-mnw .5.1 ỉpt 1¾
L20 wꜥw nḫt-ḥrỉ-ḫpš=f .3.½ ỉpt 1¾
L21 T ḫꜣy mḥtỉ st tn ỉꜣbt pꜣ-bw-ḥw
L22 ꜣḥt n ḏdn ḥry ỉḥ stẖ-ḫꜥ sꜣ ptḥ-ms 5.1 ỉpt 1¾
L23 wꜥb stẖ-ḫꜥ n pr stẖ .5.1 ỉpt 1¾
L24 sš stẖ-hꜣ-ỉb .5.½ ỉpt 1¾
§139 L25 tꜣ ḥwt nswt ꜥꜣ-ḫpr-(n)-rꜥ snb m pr ỉmn
L26 T ḫꜣy mḥtỉ ỉꜣbt pn-ỉ-ḳꜣy-rỉ-ỉꜣ
L27 pš ỉmn-sḏm-wꜣ .5.½ ỉpt 1¾
L28 šrdn pn-ỉb-nḏm .5.½ ỉpt 1¾
L29 wꜥw pn-tꜣ-wr .3.½ ỉpt 1¾
L30 wꜥw nbw-nḫt .3.½ ỉpt 1¾
L31 wꜥw kꜣ-ms .3.½ ỉpt 1¾
L32 ḥry ỉḥ m-hꜣry-stẖ .3.½ ỉpt 1¾
L33 wꜥw pꜣ-ỉry .3.¼ ỉpt 1¾
L34 wꜥw stẖ-ḫꜥ .3.¼ ỉpt 1¾
L35 wꜥw pn-rnwt .3.¼ ỉpt 1¾
L36 ḥry ỉḥ pꜣ-ꜥꜣ-n-pr .3.¼ ỉpt 1¾
L37 ḥry ỉḥ stẖ-(m)-ḥb .3.¼ ỉpt 1¾
§140 L38 pr ḏḥwty hꜣ ỉb mꜣꜥt nꜣy wsr-mꜣꜥ-rꜥ mr-ỉmn snb
L39 T ḫꜣy rsy pn-mḏꜣy
L40 ꜣḥt n ḏdn ḥry ỉḥ pꜣ-ỉwỉw .5.1 ỉpt 1¾
L41 T ḫꜣy m pꜣ š pr-ꜥꜣ snb
L42 rsy nꜣy-rỉ-tỉ
L43 ỉḥwty sbk-ḥtpw pš n ỉḥt n ḫꜣ-tꜣ pr-ꜥꜣ snb
L44 ḥt pꜣ ꜥꜣ n št 5.1¼ ỉpt 1¾

A面　第55栏

§141 L1 [pꜣ] sšmw wsr-mꜣꜥt-rꜥ mr-ỉmn snb ḥt ḥm-nṯr ḥwy
L2 T ḫꜣy ỉꜣbt spr-mrw
L3 ỉḥt n=f 20 ỉpt 5 ỉpt 100
§142 L4 pꜣ sšmw wsr-mꜣꜥt-rꜥ mr-ỉmn snb ḥt sš ꜥꜣ-stḫỉ
n tꜣ st šꜥt
L5 T ḫꜣy ỉꜣbt pn-rỉ-ḥw
L6 ỉḥt n=f 20 ỉpt 5 ỉpt 100
§143 L7 pꜣ sšmw wsr-mꜣꜥt-rꜥ mr-ỉmn snb ḥt ṯꜣy sryt
šrdn wsr-mꜣꜥ-rꜥ nḫt
L8 T ḫꜣy ỉmny pr-ḫꜣy
L9 ỉḥt n=f 40 ỉpt 5 ỉpt 200
§144 L10 pr rꜥ-ḥrw-ꜣḫty ḥt wr mꜣw
L11 rmnyt pš pr pn tꜣ wꜣt ỉmny tpt-ỉḥw
L12 T ḫꜣy m ỉꜣbt pr-ḳꜣ-šꜣ
L13 mnỉw pꜣ-rꜥ-m-ḥb .5.1 ỉpt 1¾
L14 mnỉw pꜣ-rꜥ-ḥtpw .5.1 ỉpt 1¾
L15 mnỉw ršwt-ḫnw .5.1 ỉpt 1¾
L16 mnỉw ỉ-rỉ-ꜥn .5.1 ỉpt 1¾
L17 mnỉw sbk-ḥtpw .5.1 ỉpt 1¾
L18 mnỉw pꜣ-nḏm .5.1 ỉpt 1¾
L19 mnỉw pꜣ-kꜣmn .5.1 ỉpt 1¾
L20 mnỉw pꜣ-wrdw .5.1 ỉpt 1¾
L21 mnỉw ỉḥw pꜣ-rmnwtỉ .5.1 ỉpt 1¾
L22 mnỉw pꜣ-rmnwtỉ sꜣ ꜥḥꜣwt-nfr 5.1 ỉpt 1¾
L23 ḥry ỉḥ ỉmn-ḫꜥ .5.1 ỉpt 1¾
L24 sš stẖ-nḫt m ḏrt mnỉw pꜣ-kꜣmn 5.¼ ỉpt 1¾
L25 mnỉw pꜣ-nḥsy .5.1 ỉpt 1¾
L26 ꜥnḫ n nỉwt tꜣ-ỉwỉw .5.½ ỉpt 1¾
L27 mnỉw stẖ-ḥrỉ-wnmy-f 5.1 ỉpt 1¾
§145 L28 tꜣ ḥwt rꜥ-ms-sw mr-ỉmn snbm pr rꜥ
L29 rmnyt pš pr pn tꜣ ḳꜥḥk ḥr-dỉ
L30 T ḫꜣy m ỉmny šꜣ-rỉ-pt
L31 ỉḥwty ṯꜣ-ḳmꜣ pš ỉḥt n tꜣ ḥwt
L32 rmnyt rwḏw ỉmn-ḥtpw 20.5 ỉpt 1¾
L33 ỉḥwty stẖ-hꜣ-ỉb pš ỉḥt n tꜣ ḥwt ḥḳ-mꜣꜥt-rꜥ stp-
n-ỉmn snb
L34 rmnyt ḏḥwty-ms 1.¼ ỉpt 1¾
L35 T ḫꜣy m mḥtỉ st tn
L36 ḥry ỉḥ sn-nfr .5.1 ỉpt 1¾
L37 ḥry ỉḥ ꜥḥꜣwt-ꜥꜣ .5.1 ỉpt 1¾
L38 wꜥw pn-ỉmn .3.½ ỉpt 1¾
L39 T ḫꜣy m [ỉmny] st [t]n
L40 ḥry ỉḥ mry-sḫmt .5.1 ỉpt 1¾
L41 ḥry ỉḥ ꜥḥꜣwt-ꜥꜣ <sꜣ>mry-sḫmt 5.1 ỉpt 1¾
L42 ỉst [mnš n ḥry šmsw] n ḥm=f sbk-nḫt 30

A面　第56栏

L1 T ḫꜣy m pꜣ ỉdb ỉꜣbt pr-wnt
L2 ỉḥwty ỉn-wꜣw pš n ỉḥt n ḫꜣ-tꜣ pr-ꜥꜣ snb
L3 [ḥt] pꜣ ỉmy-r nṯr-ḥm sṯꜣt 5.1¼ ỉpt 1¾
L4 ỉḥwty ỉn-wꜣw tp=f ḫꜣ-tꜣ mḥ-tꜣ 4.20
L5 T ḫꜣy rsy tꜣ ꜥt ḥꜥ-m-ỉpt
L6 ꜣḥt n ḏdn ḥry ỉḥ wsy .5.1 ỉpt 1¾

L.7 ꜣḥt n ḏdn ḥry ỉḥ sꜣḥ-tꜣ-nfr .5.1 ỉpt 1¾

L.8 T ḫꜣy m ỉmny pn ḫꜣy-m-šꜣ

L.9 ꜣḥt n ḏdn ḥry ỉḥ ptḥ-m-ḥb .5.1 ỉpt 1¾

L.10 T ḫꜣy m mḥtỉ ỉꜣbt tꜣ wḥyt ỉ-rỉ-kꜣk

L.11 šrdn nḫt-kmt .5.1 ỉpt 1¾

L.12 ky ḫꜣy n=f mḥ-tꜣ 10.40

L.13 ḥry ỉḥ pꜣ-wḥd .5.1 ỉpt 1¾

L.14 ḥry ỉḥ nḫt-ỉmn .5.1 ỉpt 1¾

L.15 wʿw sdty m ḏrt šrdn stḫ-ḥʿ .3.½ ỉpt 1¾

L.16 mnỉw sbk-ḥtpw .3.½ ỉpt 1¾

L.17 ky ḫꜣy n=f mḥ-tꜣ 2.22

L.18 ḥnk n pꜣ nṯr n pr-ʿꜣ snb ḥt ḳn pr-ʿꜣ snb

L.19 stḫ-ḥrỉ-ḫpš=f .20⌟5.½ ỉpt 1¾

L.20 šmsw pn-bw-wꜣ nꜣ šrdn .5.1 ỉpt 1¾

L.21 wʿw wr-ʿꜣ .3.1½ ỉpt 1¾

L.22 T ḫꜣy ỉmny pn-snb

L.23 wʿb stḫ-hꜣ-ib sꜣ ḏḥwty-m-ḥb .5.1 ỉpt 1¾

L.24 ḥry ỉḥ stḫ-m-ḥb sꜣ mr-m-ỉpt .5.1 ỉpt 1¾

L.25 ḥry ỉḥ nḫt-ḥrỉ-ḫpš=f .5.1 ỉpt 1¾

L.26 ḥry ỉḥ ỉmn-ms .5.1 ỉpt 1¾

L.27 ḥry ỉḥ wšbt-m-nỉwt .5.½ ỉpt 1¾

L.28 sš ms n pr stḫ .5.½ ỉpt 1¾

L.29 T ḫꜣy tꜣ ḥt ỉnt-wrt

L.30 [ỉḥwty] pꜣ-ḫꜣrw pš ỉḥt n tꜣ ḥwt m pr ỉmn

L.31 rmnyt rwḏw mr-ỉwn .15.3½ ỉpt 1¾

L.32 ḳny n ḥm=f ʿnḫ wꜣḏ snb p[ꜣ-ḫꜣ]rw 20⌟10.1 [ỉpt] [1]¾

L.33 ky ḫꜣy n=f mḥ-tꜣ 10.40

L.34 ky ḫꜣy n=f .50 wsf

L.35 ỉḥwty ỉḥ-m-ntf .4.20

L.36 T ḫꜣy ỉꜣbt ḥw-ỉn-ỉwtỉ

L.37 ḥry ỉḥ sꜣḥ-tꜣ-nfr .5.1 ỉpt 1¾

L.38 ḥry ỉḥ ỉmn-ḫʿ .5.1 ỉpt 1¾

L.39 T ḫꜣy m mḥtỉ ỉꜣbt nꜣ ʿwt nꜣ mrỉw

L.40 ỉḥwty pꜣ-ḥrỉ-pḏt pš ỉḥt n [tꜣ] ḥwt ḥḳ-mꜣʿt-rʿ stp-n-ỉmn snb

L.41 rmnyt rwḏw ḏḥwty-ms .1¼ ỉpt 1¾

L.42 ḥm nṯr sn-nw ỉmn-m-ỉpt nty mt m ḏrt ms=<f> 10⌟5.1 ỉpt 1¾

L.43 ky ḫꜣy n=f mḥ-tꜣ 4.20

L.44 ḥry ỉḥ pꜣ-ḥrỉ-pḏt sꜣ ỉmn-m-ỉpt .5.½ ỉpt 1¾

L.45 ky ḫꜣy n=f mḥ-tꜣ 2.10

L.46 ḥnk n pꜣ nṯr n pr-ʿꜣ snb ḥt nfr-ʿbt nty mt

L.47 wnw ḥꜣty-ʿ n ḥr-dỉ .20⌟5.½ ỉpt 1¾

L.48 [...] stḫ [...] .5.½ ỉpt 1¾

L.49 ky ḫꜣy n=f .2.10

L.50 wʿb p[ꜣ]-bpꜣ-sꜣ [.]5.1 ỉpt 1¾

L.51 ky ḫꜣ[y] [n=f] [.2].10

A面 第57栏

L.1 ꜣḥt n ḏdn ḥry ỉḥ kꜣ[...]dw ḏḥwty-m-ḥb 5.½ ỉpt 1¾

L.2 ky ḫꜣy n=f mḥ-tꜣ 2.10

L.3 wʿb ḳn-stḫỉ wnw rn n ḥry ỉḥ pꜣ-nḫ-(m)-ḥb 5.½ ỉpt 1¾

L.4 ky ḫꜣy n=f mḥ-tꜣ 2.10

L.5 T ḫꜣy rsy ỉmny ỉpt m tꜣ-ỉnnkwt

L.6 wʿb stḫ-ḥʿ pš n ỉḥt pr nbt-ḥwt .25.6¼ ỉpt 1¾

L.7 ky ḫꜣy n=f mḥ-tꜣ 4.8

L.8 ky ḫꜣy n=f .12 wsf

L.9 ky ḫꜣy n=f .5.19

L.10 rwḏw ḏḥwty-ms pš ỉḥt n tꜣ ḥwt m pr ỉmn

L.11 rmnyt ḥt=f .5.1¼ ỉpt 1¾

L.12 T ḫꜣy rsy tꜣ ỉꜣdt ḏʿḏʿ-bw

L.13 wʿb stḫ-ḥʿ pš ỉḥt n ḥꜣ-tꜣ pr-ʿꜣ snb ḥt

L.14 ḥm nṯr mry-bꜣy-rỉ-st 20.5 ỉpt 1¾

L.15 wʿb stḫ-ḥʿ mḥ-tꜣ 4.20

L.16 ky ḫꜣy n=f .12 wsf

L.17 ky ḫꜣy n=f .24 wsf

L.18 wʿb stḫ-sʿnḫ .4.20

L.19 T ḫꜣy ỉꜣbt st tn

L.20 ʿnḫ n nỉwt ~~ḥwt~~-m-wỉꜣ sꜣt bꜣk-n-~~ḥwt~~ 5.¼ ỉpt 1¾

L.21 ʿnḫ n nỉwt tꜣy-ỉry ____. .5.¼ ỉpt 1¾

L.22 ʿnḫ n nỉwt šḫmt .5.¼ ỉpt 1¾

L.23 wʿb ʿṯꜣy-(t)f ḥnʿ snw=f .5.¼ ỉpt 1¾

L.24 wʿb kꜣw-stḫỉ .2.½ ỉpt 1¾

L.25 wʿb p[ꜣ]-nḫt-tỉ .2.½ ỉpt 1¾

L.26 šrdn [stḫ]-ḥʿ .5.½ ỉpt 1¾

L.27 T ḫꜣy m pꜣ ỉdb ỉꜣbt st tn

L.28 wʿw [pn]-tꜣ-wr mḥ-tꜣ 2.22

L.29 ky ḫꜣy n=f .12 wsf

L.30 T ḫꜣy [ỉmn]y pꜣ-kꜣ-nḫt-bw-ʿꜣ

L.31 wʿb [stḫ-ḥʿ pš] ỉḥt n pr nbt-ḥwt .10.2 ½ ỉpt 1¾

L.32 ꜣḥt n ḏdn ḥry ỉḥ stḫ-(m)-ḥb .5.1 ỉpt 1¾

L.33 wʿw pn-tꜣ-wr .3.½ ỉpt 1¾

L.34 ʿnḫ n nỉwt tꜣ-ḥw-rwrw .5.½ ỉpt 1¾

L.35 ꜣḥt n ḏdn ḥry ỉḥ stḫ-m-ḥb .5.½ ỉpt 1¾

L.36 T ḥꜣy mḥtỉ ỉꜣbt st tn rsy tꜣ ỉꜣdt ḥḏrỉ

L.37 ꜥnḫ n nỉwt [ṯꜣ]-ꜥꜣ nty mt m ḏrt ms=st .5.1 ỉpt 1¾

L.38 T ḥꜣy ỉꜣbt spr-mrw

L.39 sš stḫ-nḫt sꜣ ỉmn-ḥꜥ .5 bw=f

L.40 T ḥꜣy ỉꜣbt pꜣ-kꜣ-nḫt-bw-ꜥꜣ

L.41 wꜥb ky-ỉry m ḏrt ms=<f> .5.1 ỉpt 1¾

L.42 T ḥꜣy [rs]y ỉꜣbt tꜣ ꜥt mry-rꜥ

L.43 šrdn pn-ỉb-nḏm pš ỉḫt n pr ḥmt snb sṯꜣt 20.5 ỉpt 1¾

L.44 T ḥꜣy mḥtỉ tꜣ ỉꜣbt nꜣ-ḥr-ḥw

L.45 šrdn pn-ỉb-nḏm pš n ỉḫt n pr ḥmt snb sṯꜣt 20.5 ỉpt 1¾

L.46 ꜥnḫ n nỉwt tꜣ-ỉry .3.½ ỉpt 1¾

A面　第58栏

§146 L.1 pr ptḥ ꜥꜣ [rsy] [ỉnb]=f nb ꜥnḫ-tꜣwy

L.2 rmnyt pr [pn] ḥt ḥm nṯr ḥꜥ-m-wꜣst

L.3 ḥꜣy ỉꜣbt gꜣ-bw

L.4 ỉḫt n=f 30 ỉpt 5 ỉpt 150

§147 L.5 rmnyt pš pr tꜣ ḳꜥḥt ḥr-dỉ

L.6 ḥꜣy m mḥtỉ ỉmny tꜣ ỉꜣdt nꜣ-ḥr-ḥw

L.7 ꜥnḫ n nỉwt tꜣ-kꜣrwy .10⌟5.½ ỉpt 1¾

L.8 wꜥw stḫỉ .3.½ ỉpt 1¾

L.9 wꜥw ḥn-sw .3.½ ỉpt 1¾

L.10 kṯn bꜣk-n-ỉmn 20⌟5.1 ỉpt 1¾

L.11 ḥꜣy mḥtỉ ššny

L.12 ỉḥwty ꜥḥꜣwt-nfr pš ỉḫt n ḫꜣ-tꜣ pr-ꜥꜣ snb

L.13 ḥt ỉmy-r ỉḥw pꜣ-kꜣ-ṯꜣ .10.2½ ỉpt 1¾

L.14 ꜥnḫ n nỉwt tꜣ-wr-šd-sw .5.¼ ỉpt 1¾

L.15 sš stḫ-nḫt ḥnꜥ snw=[f] .3.¼ ỉpt 1¾

L.16 mnỉw nḫt-stḫỉ .5.½ ỉpt 1¾

L.17 ḥꜣy

§148 L.18 st wr n rꜥ-ms-sw mr-ỉmn snb m pr (ptḥ)

L.19 ḥꜣy ỉꜣbt gꜣ-bw

L.20 ỉḥwty ḏḥwty-ms pš ỉḫt n tꜣ ḥwt m pr ỉmn

L.21 rmnyt ḥt=f 10.2½. ỉpt 1¾

L.22 ḥry ỉḥ wrš-m-gꜣbw 5.1 ỉpt 1¾

L.23 ḥry ỉḥ kꜣ-rỉy .5.1 ỉpt 1¾

L.24 wꜥb stḫ-ḥꜥ .5.1 ỉpt 1¾

§149 L.25 tꜣ ḥwt rꜥ-ms-sw mr-ỉmn snb m pr ptḥ

L.26 rmnyt pr pn ḥt ỉmy-r ỉḥw pꜣ-kꜣ-ṯꜣ

L.27 ḥꜣy [m p]ꜣ mšrw mḥtỉ spr-mrw

L.28 ỉḫt n=f 40 ỉpt 5 ỉpt 200

L.29 ḥꜣy m pꜣ ỉdb ỉꜣbt [pn]-nḥsy

L.30 ỉḫt n=f 3 ỉpt 5 ỉpt [15]

L.31 ḥꜣy rsy pꜣ dnỉt spr-mrw

L.32 ỉḫt n=f 40 ỉpt 5 ỉpt 200

L.33 ḥꜣy m rsy ỉꜣbt pn-rỉ-ḥw

L.34 ỉḫt n=f 20 ỉpt 5 ỉpt 100

L.35 ḥꜣy m ỉꜣbt tꜣ-ḥꜣ-rỉ-wꜣt

L.36 ỉḫt n=f 5 ỉpt 5 ỉpt 25

§150 L.37 rmnyt pš pr pn tꜣ ḳꜥḥt ḥr-dỉ

L.38 ḥꜣy rsy ỉꜣbt pꜣ bḫn n ỉtf

L.39 ꜣḥt n ḏdn ḥry ỉḥ ỉmn-wꜣḥ-sw .5.1 ỉpt 1¾

L.40 ꜣḥt n ḏdn ḥry ỉḥ stḫ-ms .5.1 ỉpt 1¾

L.41 ꜣḥt n ḏdn ḥry ỉḥ ḥw-rỉ-tỉ .5.1 ỉpt 1¾

L.42 wꜥw ỉn-nꜣ .3.½ ỉpt 1¾

L.43 ṯk šꜣw-kꜣ-ṯꜣ .3.½ ỉpt 1¾

L.44 ꜣḥt n ḏdn ḥry ỉḥ nḫt-ḥrỉ-ḥpš=f .5.1 ỉpt 1¾

L.45 wꜥw ỉn-wꜣ 3.½ ỉpt 1¾

A面　第59栏

L.1 ꜣḥt n ḏdn ḥry ỉḥ ỉmn-ḥꜥ .[5].1 ỉpt 1¾

L.2 ḥry ỉḥ pꜣy=f-ỉry .[5].1 ỉpt 1¾

L.3 ꜣḥt n ḏdn ḥry ỉḥ ỉmn-ḥtpw .5.1 ỉpt 1¾

L.4 ꜣḥt n ḏdn ḥry ỉḥ m-tꜣ-ỉntỉ .5.1 ỉpt 1¾

L.5 ꜥnḫ n nỉwt pw-rn-ỉpt m ḏrt ms=st .5.1 ỉpt 1¾

L.6 ḥry ỉḥ ḳn-ỉmn .5.1 ỉpt 1¾

L.7 ḥry ỉḥ pꜣ-bpꜣ-sꜣ nty mt m ḏrt ms=f 5.1 ỉpt 1¾

L.8 ḥꜣy pꜣ mšrw mḥtỉ spr-mrw

L.9 ṯꜣy sryt šrdn ptḥ-m-ḥb nty mt m ḏrt ms=f 10⌟5.1 ỉpt 1¾

L.10 ꜥnḫ n nỉwt tꜣy-ỉry .5.1 ỉpt 1¾

L.11 ỉmy-r ỉḥw pꜣ-kꜣ-ṯꜣ m ḏrt ptḥ-m-ḥb 5.1 ỉpt 1¾

L.12 ꜥnḫ n nỉwt tꜣ-wr-ḥtpw nty mt m ḏrt ms=st 5.1 ỉpt 1¾

L.13 ꜥnḫ n nỉwt šr-rỉ-rꜥ .5.1 ỉpt 1¾

L.14 ky ỉmy-r ỉḥw pꜣ-kꜣ-ṯꜣ m ḏrt wꜥb hꜣd-nḫtw 5.[1] ỉpt 1¾

L.15 ỉḥwty pꜣ-ꜣbw-nḫt pš n ỉḫt n ḫꜣ-tꜣ pr-ꜥꜣ snb

L.16 ḥt ỉmy-r ỉḥw pꜣ-kꜣ-ṯꜣ 10.2½ ỉpt 1¾

L.17 ꜥnḫ n nỉwt tꜣ-wr-mr-st .10⌟5.1 ỉpt 1¾

L.18 ỉḥwty mry-rꜥ pš ỉḫt n ḫꜣ-tꜣ pr-ꜥꜣ snb

L.19 ḥt ḥm nṯr ḥwy n pr stḫ .10.2½ ỉpt 1¾

L.20 ky ḥꜣy pš ỉḫt n mỉnt pr-ꜥꜣ snb ḥt=f .⌟20.5 ỉpt 1¾

L.21 ḥꜣy m rsy ỉꜣbt nṯr

L.22 ꜥnḫ n nỉwt ~~ḥwt~~-sꜥnḫ pš ỉḫt n ḫꜣ-tꜣ pr-ꜥꜣ snb

L.23 ḥt ỉmy-r ỉḥw pꜣ-kꜣ-ṯꜣ 10.2½ ỉpt 1¾

L.24 ꜥnḫ n nỉwt ḥw-m-pr-st nty mt m ḏrt ms=st 10⌊⌋5.1 ỉpt 1¾

L.25 šmsw ms-mn nꜣ šrdn m ḏrt ms=f .10⌋5.1 ỉpt 1¾

L.26 wꜥw ṯꜣ-ꜥꜣ .5.1 ỉpt 1¾

L.27 šrdn stẖỉ .5.1 ỉpt 1¾

L.28 ṯꜣy sryt mr-ỉwn .10⌋5.1 ỉpt 1¾

L.29 sš pꜣ-bpꜣ-sꜣ pš ỉḥt n tꜣ ḥwt m pr ỉmn

L.30 rmnyt rwḏw mr-ỉwn 20 .⌊5 ỉpt 1¾⌋

L.31 ⌊ḥꜣ⌋y ỉꜣbt pn-nꜣ-nḥsy

L.32 šrdn stẖ-nḫt 20⌋5.1 ỉpt 1¾

L.33 ꜥnḫ n nỉwt tꜣ-ꜥꜣ-ỉrỉ .10⌋5.1 ỉpt 1¾

L.34 šmsw pꜣ-rꜥ-m-ḥb .5.1 ỉpt 1¾

L.35 šmsw rꜥ-ms .5.1 ỉpt 1¾

L.36 šmsw pꜣ-kꜣ-rỉw .5.1 ỉpt 1¾

L.37 pš tꜣ-wr-ỉs m ḏrt wꜥb ỉmn-ḥꜥ 5.1 ỉpt 1¾

L.38 ꜥnḫ n nỉwt tꜣ-wr-ḥꜥ-tỉ .5.1 ỉpt 1¾

L.39 wꜥw ḥꜥpỉ-ꜥꜣ .3.1 ỉpt 1¾

L.40 ꜥnḫ n nỉwt tnt-gꜣ-ḥs____. .5.1 ỉpt 1¾

L.41 ky ꜥnḫ n nỉwt tꜣ-ꜥꜣ-ỉrỉ .5.1 ỉpt 1¾

§151 L.42 pr rꜥ-ms-sw mr-ỉmn snb wḥm ḥb sd

L.43 ḥꜣy m mḥtỉ tꜣ wḥyt kꜣk

L.44 šrdn nḫt-kmt .5.1 ỉpt 1¾

L.45 wꜥw stẖ-m-ḥb .3.1 ỉpt 1¾

§152 L.46 pr rꜥ-ms-sw mr-ỉmn snb m ⌊pr ỉmn⌋ ḥt ỉmy-r pr n ỉmn

L.47 ḥꜣy ỉꜣbt pn-rỉ-⌊ḥw⌋

A面　第60栏

L.1 ꜣḥt n ḏdn ḥry ỉḥ mry-rꜥ .5.¼ ⌊ỉpt⌋ 1¾

L.2 pš n ỉmn-nỉwt m ḏrt pꜣ-ḫꜣrw .5.¼ ỉpt 1¾

§153 L.3 pr nswt ḥỉmt snb

L.4 ḥꜣy ỉꜣbt tꜣ šnwt ḳmꜣ

L.5 ḥry ỉḥ nḫt-⟨ḥrỉ⟩-ḫpš=f .5.½ ỉpt 1¾

L.6 ꜥnḫ n nỉwt bꜣk-n-mwt .3.½ ỉpt 1¾

L.7 ḥꜣy rsy ỉꜣbt pn-kn-rỉy

L.8 ḥry ỉḥ ỉn-wꜣ .5.¼ ỉpt 1¾

L.9 ḥry ỉḥ ỉmn-ms .5.¼ ỉpt 1¾

L.10 ḥry ỉḥ pꜣ-wr-⟨m⟩-ḥb .5.¼ ỉpt 1¾

L.11 wꜥw pn-ỉb-nḏm .5⌋5 ¼ ỉpt 1¾

L.12 wꜥw ỉmn-ḥtpw .5.¼ ỉpt 1¾

L.13 wꜥw stẖ-⟨m⟩-ḥb .3.¼ ỉpt 1¾

L.14 wꜥw pn-rnwt .3.¼ ỉpt 1¾

L.15 wꜥw pn-tꜣ-wr .3.¼ ỉpt 1¾

L.16 wꜥw ỉmn-m-wỉꜣ .3.¼ ỉpt 1¾

L.17 wꜥw ỉmn-wnmy=f .3.¼ ỉpt 1¾

L.18 wꜥw stẖ-ḫꜥw .3.¼ ỉpt 1¾

L.19 wꜥw ỉmn-nỉwt-nḫt .3.¼ ỉpt 1¾

L.20 wꜥw wsr-ḥꜣtỉ .3.¼ ỉpt 1¾

L.21 kṯn mry-n-ptḥ 30.

L.22 ḥnk n pꜣ nṯr n pr-ꜥꜣ snb ḥt kṯn

L.23 nḫt-ỉmn sṯꜣt .40⌋10.¼ ỉpt 1¾

§154 L.24 tꜣ mnỉw pr-ꜥꜣ snb m ḥr-dỉ

L.25 ḥꜣy m rsy ỉꜣbt pꜣ bḫn n pꜣ-ỉtf

L.26 ḥry ỉḥ ỉmn-wnmy=f .5.½ ỉpt 1¾

L.27 ḥry ỉḥ stẖ-ms .5.½ ỉpt 1¾

L.28 ḥꜣy m ỉꜣbt pn-ḥꜣy-m-šꜣ

L.29 ḥry ỉḥ rỉ-pꜣy ⌊.⌋5.½ ỉpt 1¾

L.30 ḥry ỉḥ pn-ỉwn .5.½ ỉpt 1¾

L.31 ḥnk n pꜣ nṯr n pr-ꜥꜣ snb ḥt rꜥ-ms nty mt

L.32 sṯꜣt 40⌋10.½ ỉpt 1¾

L.33 ḥꜣy rsy ỉꜣbt ḥw-ỉn-ỉwtỉ

L.34 wꜥb stẖ-ḥrỉ-ḫpš=f .5.½ ỉpt 1¾

L.35 fꜣy nṯr ỉn-wꜣ 5.½ ỉpt 1¾

L.36 wꜥw ỉry-ꜥꜣ .3.½ ỉpt 1¾

L.37 wꜥb pꜣ-ḫꜣrw .5.½ ỉpt 1¾

L.38 ḥry ỉḥ sbk-m-ḥb .5.½ ỉpt 1¾

L.39 ḥꜣy m mḥtỉ ỉꜣbt tꜣ šnwt ḳmꜣ

L.40 ꜣḥt n ḏdn ḥry ỉḥ pn-ỉb-nḏm .5.½ ỉpt 1¾

L.41 ḥꜣy ỉmny ỉy-ỉdḥw

L.42 ḥry ỉḥ stẖ-ḫꜥw ⌊.⌋5.½ ỉpt 1¾

L.43 ḥry ỉḥ stẖ-ḫꜥw sꜣ ptḥ-ms 5.½ ỉpt 1¾

L.44 wꜥb stẖ-ḳn .5.½ ỉpt 1¾

L.45 ḥꜣy m ỉꜣbt šꜣ-rỉ-pt pꜣ w ḥry

L.46 wꜥw stẖ-nḫt sꜣ mr⌊y⌋-rꜥ 3.¼ ỉpt 1¾

L.47 wꜥw mr-m-ỉpt .3.¼ ỉpt 1¾

A面　第61栏

L.1 wꜥw ỉmn-ḥtpw sꜣ stẖ-ḥꜣ-ỉb 3.ỉpt

L.2 ḥnk n pꜣ nṯr n pr-ꜥꜣ snb ḥt ḳny stẖ-ḥrỉ-ḫpš=f .5.½ ỉpt 1¾

§155 L.3 tꜣ mnỉw n pr-ꜥꜣ snb ḥt pꜣ ḥꜣty-ꜥ n pꜣ-sgr ꜥꜣ-nꜣy-nꜣ

L.4 ḥꜣy rsy pn-šꜣ-sw

L.5 wꜥw sbk-nḫt .3.¼ ỉpt 1¾

L.6 wꜥw pꜣ-rꜥ-ḥtpw .3.¼ ỉpt 1¾

L.7 *wꜥw stẖ-⸢m⸣-ḥb .3.¼ ỉpt 1¾*

L.8 *wꜥw nb-smn .3.¼ ỉpt 1¾*

L.9 *pš n ḥwt-ḥrw n šꜣsw .3.¼ ỉpt 1¾*

L.10 *ḥꜣy mḥtỉ sꜣ-pꜣ*

L.11 *wꜥw sbk-m-ḥb .3.¼ ỉpt 1¾*

L.12 *wꜥw mry-stẖỉ .3.¼ ỉpt 1¾*

L.13 *wꜥw sbꜣ-stẖỉ .3.¼ ỉpt 1¾*

L.14 *wꜥw ỉry-nfr .3.¼ ỉpt 1¾*

L.15 *ḥry ỉḥ sbk-m-ḥb .5.¼ ỉpt 1¾*

L.16 *ḥry ỉḥ pꜣ-kṯ .5.¼ ỉpt 1¾*

§156 L.17 *ꜣḥt pr-ꜥꜣ snb rmnyt tn*

L.18 *ḥꜣy ỉmny nꜣy-rỉ-tỉ*

L.19 *ỉdnw ꜣny tnt-ḥtr .10⌟5.½ ỉpt 1¾*

L.20 *mniw stẖ-ḥrỉ-ḫpš=f 10⌟5.½ ỉpt 1¾*

L.21 *ḥꜣy ỉmny pꜣ ỉḥ*

L.22 *ḥry ỉḥ pꜣ-ḫꜣrw-šrỉ .5.½ ỉpt 1¾*

L.23 *ḥry ỉḥ stẖ-m-ḥb .10⌟5.½ ỉpt 1¾*

L.24 *ḥꜣy rsy ỉmny pn-nꜣ-nḥsy*

L.25 *mniw ꜥnḫ pn-tꜣ-wr 20⌟5.½ ỉpt 1¾*

L.26 *ḥry ỉḥ mry-rꜥ .5.½ ỉpt 1¾*

L.27 *ḥry ỉḥ ḫꜣ-n-ỉry .5.½ ỉpt 1¾*

L.28 *wꜥw pn-rnwt .3.¼ ỉpt 1¾*

L.29 *wꜥw ḥn-sw .⸢3⸣.¼ ỉpt 1⸢¾⸣*

L.30 *ṯꜣy ⸢sryt⸣ ⸢pn⸣-mḥy .5.¼ ỉpt 1¾*

§157 L.31 *pr ḥrw-mỉn ꜣst*

L.32 *ḥꜣy m tꜣ ḫꜣyt pꜣ-dbn*

L.33 *ỉḥwty pꜣ-ḫꜣrw pš ỉḥt n ḫꜣ-tꜣ pr-ꜥꜣ snb*

L.34 *ḥt ỉmy-r ỉḥw rꜥ-ms .7.1¾ ỉpt 1¾*

§158 L.35 *tꜣ ḥwt nswt mn-mꜣꜥt-rꜥ snb ỉb hꜣ ỉb m ꜣbdw*

L.36 *rmnyt pš pr pn*

L.37 T *ḥꜣy ỉꜣbt ḥw-in-ỉwtỉ*

L.38 *ḥnk n pꜣ nṯr n pr-ꜥꜣ snb ḥt sš ꜥꜣ stẖỉ n tꜣ st šꜥ n*

L.39 *pr-ꜥꜣ sṯꜣt.20.½ ỉpt 1¾*

L.40 *sš stẖ-wnmy=f nty mt m ḏrt ms=f .5.½ ỉpt 1¾*

L.41 *sš rꜥ-ms n ṯꜣt .5.½ ỉpt 1¾*

L.42 T *ḥꜣy m tꜣ ḥḏ mḥtỉ spr-mrw*

L.43 *ṯꜣy sryt ỉmn-m-ḥb 10⌟5.½ ỉpt 1¾*

L.44 *ṯꜣy sryt šrdn pn-tꜣ-wr 5.½ ỉpt 1¾*

L.45 *wꜥw stẖ-ḫꜥw .3.¼ ỉpt 1¾*

A面　第62栏

§159 L.1 *pr sbk-rꜥ nb ỉw-nꜣ-šꜣ-nꜣ*

L.2 *ḥꜣy mḥtỉ pn-rỉ-ḥw*

L.3 *ḥry ỉḥ pn-bwꜣ-ḥw .5.½ ỉpt 1¾*

L.4 *ḥꜣy mḥtỉ ỉꜣbt ḥw-in-ỉwtỉ*

L.5 *ḥry ỉḥ ḏḥwty-ms .5.½ ỉpt 1¾*

L.6 *ꜥnḫ n nỉwt nfr-ỉy .5.½ ỉpt 1¾*

L.7 *ꜥnḫ n nỉwt ~~ḥwt~~-sꜥnḫ .5.½ ỉpt 1¾*

L.8 *wꜥw mry-pꜣ-rꜥ .3.½ ỉpt 1¾*

L.9 *ḥry ỉḥ sbk-ḫꜥw .5.½ ỉpt 1¾*

L.10 *ḥry ỉḥ twy .5.½ ỉpt 1¾*

L.11 *ḥry ỉḥ pn-nꜣ-bw-wꜣ .5.½ ỉpt 1¾*

L.12 *ḥry ỉḥ ⸢ỉ⸣mn-⸢ḫꜥw⸣ sꜣ sbk-nḫt .5.½ ỉpt 1¾*

L.13 *ḥry ỉḥ pn-⸢nꜣ⸣-bw-wꜣ .5.½ ỉpt 1¾*

L.14 *ḥry ỉḥ nḫt-ḥrỉ-ḫpš=f .5.½ ỉpt 1¾*

L.15 *ḥry ỉḥ wsḫt-ỉwt .5.½ ỉpt 1¾*

L.16 *ḥry ỉḥ pꜣ-ỉm-ḥm-nṯr .5.½ ỉpt 1¾*

L.17 *ḥry ỉḥ ꜥdd .5.½ ỉpt 1¾*

L.18 *ḥry ỉḥ stẖ-hꜣ-ỉb .5.½ ỉpt 1¾*

L.19 *ḥry ỉḥ sny .5.½ ỉpt 1¾*

L.20 *ḥry ỉḥ ḳn-ḥrỉ-ḫpš=f .5.½ ỉpt 1¾*

L.21 *ḥry ỉḥ m-ỉꜣy .5.½ ỉpt 1¾*

L.22 *ḥꜣy m ỉꜣbt pn-ỉty*

L.23 *wꜥb nḫt-stẖỉ pš ỉḥt n pr nbt-ḥwt .11.3¾ ỉpt 1¾*

§160 L.24 *pr ⸢bꜣ⸣t nb sꜣ-kꜣ*

L.25 *ḥꜣy m ỉꜣbt pꜣ bḫn n pꜣ-ỉtf*

L.26 *ḥry ỉḥ ỉmn-ḥtpw sꜣ ỉmn-wꜣḥ-sw 5.½ ỉpt 1¾*

L.27 *ḥry ỉḥ stẖ-⸢m⸣-ḥb .5.½ ỉpt 1¾*

L.28 *ḥry ỉḥ dỉf-pꜣ-ṯw .5.½ ỉpt 1¾*

L.29 *ḥry ỉḥ nḫt-ꜥꜣ .5.½ ỉpt 1¾*

§161 L.30 *pr ỉmn-srt-nḫt nty ⸢m⸣ ⸢sꜣ⸣-kꜣ*

L.31 *ḥꜣy ỉꜣbt pn-twtw*

L.32 *ꜥnḫ n nỉwt mḥy m ḏrt ms=st .10.½ ỉpt 1¾*

§162 L.33 *tꜣ šwty rꜥ-ḥrw-ꜣḫty nty m st tn*

L.34 *ḥꜣy mḥtỉ ỉꜣbt spr-mrw*

L.35 *ꜣḥt n ḏdn kṯn stẖ-⸢m⸣-ḥb .10⌟5.½ ỉpt 1¾*

L.36 *kṯn stẖ-ms .10⌟5.½ ỉpt 1¾*

§163 L.37 *pr stẖ nb spr-mrw*

L.38 *rmnyt mt pr pn ḥt=f*

L.39 *ḥꜣy mḥtỉ tꜣ šnwt ḳmꜣ*

L.40 *ỉḥt n=f 60 ỉpt 5 ỉpt 300*

L.41 *ḥꜣy pꜣ-kꜣ-bꜥr*

L.42 *ỉḥt n=f 40 ỉpt 5 ỉpt 200*

L.43 *ḥꜣy mymy-sꜣsꜣ*

L.44 *ỉḥt n=f 5 ỉpt 5 ỉpt 25*

L.45 *ḥꜣy rsy ỉmny sꜣ-pꜣ*

L.46 *ỉḥt n=f 30 ỉpt 5 ỉpt 150*

A面 第63栏

L.1 ḫꜣy rsy ỉꜣbt st tn

L.2 ỉḥt n=f 20 ipt 5 ipt 100

L.3 ḫꜣy rsy ỉmny ipt m tꜣ-ỉnnkwt

L.4 ỉḥt n=f 50 ipt 5 ipt 250

L.5 ḫꜣy rsy pn-rỉ-ḥw

L.6 ỉḥt n=f 20 ipt 5 ipt 100

L.7 ḫꜣy m ʿʿb

L.8 ỉḥt n=f 20 ipt 5 ipt 100

L.9 ḫꜣy rsy ỉmny pn-šꜣsw

L.10 ỉḥt n=f 30 ipt 5 ipt 150

L.11 ḫꜣy m mḥtỉ iy-ỉdḥw

L.12 ỉḥt n=f 20 ipt 5 ipt 100

L.13 ḫꜣy mḥtỉ nꜣ bḫn n ḥwt nṯr stḫ

L.14 ỉḥt n=f 5 ipt 5 ipt 25

L.15 ḫꜣy ỉmny nṯr

L.16 ỉḥt n=f 30 ipt 5 ipt 150

L.17 ḫꜣy m pꜣ hrw mḥtỉ ḥwt nṯr stḫ

L.18 ỉḥt n=f 20 ipt 5 ipt 100

L.19 ḫꜣy m pꜣ ỉdb mḥtỉ ỉꜣbt sšny

L.20 ỉḥt n=f 15 ipt 5 ipt 75

L.21 ḫꜣy m tꜣ ḥnw ỉꜣbt spr-mrw

L.22 ỉḥt n=f 20 20 ipt 5 5 ipt 100 100

L.23 ḫꜣy m rsy tꜣ ʿt rỉ-ỉꜣ

L.24 ỉḥt n=f 40 ipt 5 ipt 200

L.25 ḫꜣy m mḥtỉ pn-kn-rỉy

L.26 ỉḥt n=f 10 ipt ⸢5⸣ ipt 50

§164 L.27 rmnyt pr pn ḫt ḥm nṯr sn-nw nꜣt

L.28 ḫꜣy mḥtỉ iy-ỉdḥw

L.29 ỉḥt n=f 20 ipt 5 ipt 100

L.30 ḫꜣy ỉꜣbt pn-rỉ-n-ỉb

L.31 ⸢ỉḥt⸣ n=f 10 ipt 5 ipt 50

§165 L.32 rmnyt pr pn ḫt ỉmy-r ỉḥw pꜣ-⸢ʿꜣ⸣-kꜣwt

L.33 ḫꜣy ỉꜣbt pn-rỉ-n-ỉb

L.34 ỉḥt n=f 20 ipt 5 ipt 100

§166 L.35 šmw pš pr pn

L.36 ḫꜣy m ʿʿb

L.37 wʿb stḫ-šd-sw hnʿ snw=f .5.ipt

L.38 ky pš n ỉḥt n ḫꜣ-tꜣ pr-ʿꜣ snb ḫt ḥm nṯr ḥwy .10 .5 ipt 1¾

L.39 ḫꜣy mḥtỉ pn-kn-rỉy

L.40 ỉḥwty ỉmn-nḫt pš ỉḥt n ḫꜣ-tꜣ pr-ʿꜣ snb

L.41 ḫt ḥm nṯr ḥwy 10.2½ ipt 1¾

L.42 ḫꜣy m pꜣ ʿwn ỉmny pr-ḫꜣy

L.43 rwḏw ḏḥwty-ms pš ⸢ỉḥt⸣ n tꜣ ḥwt m pr ỉmn

L.44 rmnyt ḫt=f .20.5 ipt 1¾

L.45 wʿb mnỉn nfr pš n ỉḥt n ḫꜣ-tꜣ pr-ʿꜣ snb ḫt

L.46 ḥm ⸢nṯr⸣ ḥwy .10.2½ ipt 1¾

A面 第64栏

§167 L.1 pr stḫ nb-wsr-ḥrỉ-ḫpš nty m pr pn

L.2 ḫꜣy rsy ỉꜣbt tꜣ ỉꜣdt nꜣ-ḥrỉ-ḥw

L.3 ỉḥt n=f 10 ipt 5 ipt 50

L.4 pš pr ỉmn rmnyt pꜣ w ḫꜣr 3¾

§168 L.5 pr nbt-ḥwt n rʿ-ms-sw mr-ỉmn snb m pr stḫ

L.6 ḫꜣy rsy ỉꜣbt pn-rỉ-ḥw

L.7 ỉḥt n ỉḥwty stḫ-ḫʿw 15 ipt 5 ipt 75

L.8 ḫꜣy rsy imny ipt m tꜣ-ỉnnkwt

L.9 ỉḥt n=f 25 ipt 5 ipt 125

L.10 pš n tꜣ ḥwt m pr rʿ rmnyt ḥr-dỉ ḫꜣr 9¼1⁄16

L.11 ḫꜣy rsy tꜣ ỉꜣdt ḏʿḏʿ-bw

L.12 ỉḥt n=f 18 ipt 5 ipt 90

L.13 ḫꜣy m tꜣ ḥḏ mḥtỉ spr-mrw

L.14 ỉḥt n=f 20 ipt 5 ipt 100

L.15 ḫꜣy mḥtỉ pꜣ-kꜣ-bwʿꜣ

L.16 ỉḥt n=f 18 ipt 5 ipt 90

L.17 ḫꜣy rsy ỉmny pn-ỉty

L.18 ỉḥt n=f 15 ipt 5 ipt 75

L.19 pš sbk-rʿ nb ỉw-šꜣ-nꜣ ḫꜣr 5¾1⁄16

L.20 ḫꜣy mḥtỉ nꜣ bḫn n ḥwt nṯr stḫ

L.21 ỉḥt n=f 20 ipt 5 ipt 100

L.22 ḫꜣy mḥtỉ pꜣ-kꜣ-bwʿꜣ

L.23 ỉḥt n=f 10 ipt 5 ipt 50

L.24 pš ⸢tꜣ⸣ ḥwt m pr rʿ rmnyt ḥr-dỉ ḫꜣr 3¾

L.25 ḫꜣy mḥtỉ ỉꜣbt spr-mrw

L.26 ỉḥt n=f 10 ipt 5 ipt 50

L.27 ḫꜣy m rsy ỉꜣbt tꜣ ỉꜣdt ỉ-rỉ

L.28 ỉḥt n=f 20 ipt 5 ipt 100

§169 L.29 ⸢tꜣ šwty⸣ ⸢rʿ⸣-ḥrw-ꜣḫty nty m pr pn

L.30 ḫꜣy rsy ỉꜣbt ḥw-ỉn-ỉwtỉ

L.31 ỉḥt n=f 20 ipt 5 ipt 100

§170 L.32 pr ỉmn-ṯꜣy<=f> nty tꜣ wḥyt ṯꜣy=f

L.33 ḫꜣy rsy sꜣ-pꜣ

L.34 ỉḥt n=f 20 ipt 5 ipt 100

§171 L.35 šmw pš n pr pn

L.36 ḫꜣy rsy sꜣ-pꜣ

L37 ỉḥwty ns-ỉmn pš ỉḥt n ḥꜣ-tꜣ pr-ꜥꜣ snb ḫt=f
.10.2½ ỉpt 1 2/4

§172 L38 pr nswt ḥỉmt wr tꜣ ḥnwt-wꜥ-tỉ snb

L39 rmnyt pr pn wnw m ⸢pr⸣ mḥ-tꜣ 17

L40 ḫꜣy mḥtỉ ỉmn tꜣ ỉ⸢ꜣdt⸣ nꜣ-ḥrỉ-ḥw

L41 ỉḥt m ḏrt šrdn pn-ỉb-⸢nḏm⸣ 20 ỉpt 5 ỉpt 100

L42 ⸢pš⸣ n tꜣ ḥwt m pr rꜥ rmnyt ḥr-dỉ ḫꜣr 7 2/4

L43 ḫꜣy m mḥtỉ st ⸢t⸣n

L44 ỉḥt n=f 20 ỉpt 5 ỉpt 100

L45 pš ⸢…⸣ rmnyt ⸢ḥr-dỉ ḫꜣr⸣ 7 2/4

A面　第65栏

LA mḥ-tꜣ 7

§173 L1 pr ỉmn nb šꜣ-rỉ-pt

L2 ḫꜣy m ỉmny pꜣ bḫn n pꜣ-ỉtf

L3 ꜣḫt n ḏdn ḥry ỉḥ pꜣ-wꜥ-ỉmn .5.½ ỉpt 1 2/4

L4 ḫꜣy m pꜣ štꜣ n ỉmn šꜣ-rỉ-pt

L5 wꜥb ỉmn-hꜣ-ỉb .5.1 ỉpt 1 2/4

§174 L6 smw ỉḥw pr ỉmn rꜥ nswt nṯrw

L7 ḫꜣy m mḥtỉ ỉmny pꜣ-mḏꜣy

L8 ḥry ỉḥ stẖ-m-ḥb .5.½ ỉpt 1 2/4

L9 ḥry ỉḥ wrš .5.½ ỉpt 1 2/4

L10 ḥry ỉḥ pꜣ-bpꜣ-sꜣ .5.½ ỉpt 1 2/4

L11 ỉmy-r pr wsr-mꜣꜥt-rꜥ-nḫt m ḏrt pꜣ-ḫꜣrw 5.½ ỉpt 1 2/4

L12 ꜥnḫ nỉwt tꜣ-ḥw-rwrw .5.½ ỉpt 1 2/4

L13 ḫꜣy mḥtỉ ỉmny tꜣ ꜥt n wsr

L14 ḥry ỉḥ ỉmn-m-ḥb .5.½ ỉpt 1 2/4

L15 ḥry ỉḥ mr-m-ỉpt .5.½ ỉpt 1 2/4

L16 ḥry ỉḥ stẖ-ḫꜥw .5.½ ỉpt 1 2/4

L17 ḥry ỉḥ ỉmn-m-ḥb sꜣ nḫt-ỉmn 5.½ ỉpt 1 2/4

L18 ḥry ỉḥ wn-ṯꜣ-wꜣ 5 bw=f

L19 ḥry ỉḥ ỉmn-srw .5____.

L20 ḥry ỉḥ ptḥ-m-ḥb .5____.

L21 ḫꜣy mḥtỉ ỉꜣbt tꜣ šnwt ḳmꜣ

L22 ḥry ỉḥ bꜣk-n-ptḥ .5.½ ỉpt 1 2/4

L23 sš mšꜥ pꜣ-ḫꜣrw .5.½ ỉpt 1 2/4

L24 šrdn ṯꜣw-mšꜥ .10.½ ỉpt 1 2/4

L25 ḥry ỉḥ stẖ-ḥrỉ-ḫpš=f .5.½ ỉpt 1 2/4

L26 ḥry ỉḥ stẖ-nḫt sꜣ pꜣ-ḥrỉ-pḏt 5.½ ỉpt 1 2/4

L27 ꜥnḫ n nỉwt ꜥntỉ-ḫꜥ-tỉ m ḏrt=f .3.½ ỉpt 1 2/4

L28 ḥry ỉḥ stẖ-ms .5.½ ỉpt 1 2/4

L29 kṯn n ḥm=f ꜥnḫ wꜣḏ snb pꜣ-rꜥ-wnmy=f

L30 m ḏrt ỉḥwty ꜥṯꜣy-⸢t⸣f ⸢10⌟5.½⸣ ỉpt 1 2/4

L31 ḫꜣy mḥtỉ ỉmny pn-rỉ-ḥw

L32 ḥry ỉḥ pꜣ-srw n ẖnw .5 bw=f

L33 ḥry ỉḥ ỉry-nfr .5.½ ỉpt 1 2/4

L34 ḫꜣy rsy ỉmny st tn

L35 ḥry ỉḥ nḫt-sbkỉ .5.½ ỉpt 1 2/4

L36 ḥry ỉḥ stẖ-m-ḥb .5.½ ỉpt 1 2/4

L37 ḥry ỉḥ bꜣt-m-ḥb .5.½ ỉpt 1 2/4

L38 ḥry ỉḥ pꜣ-nḫt-ḥw-ḥb .5.½ ỉpt 1 2/4

L39 wꜥb wsḫt-ỉwt .3.½ ỉpt 1 2/4

L40 ḫꜣy mḥtỉ pn-rỉ-ḥw

L41 ḥry ỉḥ mry-rꜥ .5.½ ỉpt 1 2/4

L42 ḫꜣy mḥtỉ ỉmny tꜣy-hꜣ-rwt

L43 mnỉw hꜣd-nḫtw 5.½ ỉpt 1 2/4

L44 mnỉw pn-rnwt .5.½ ỉpt 1 2/4

L45 mnỉw sdt .5.½ ỉpt 1 2/4

L46 ḫꜣy m ỉmny pn-ỉwn

L47 ḥry ỉḥ ỉmn-ḫꜥ sꜣ stẖ-(m)-ḥb .5.½ ỉpt 1 2/4

L48 mnỉw ꜥꜣ-mꜣỉ .5.⸢½⸣ ỉpt 1 2/4

A面　第66栏

L1 wꜥw ḳn-ḥrỉ-ḫpš=f .3.½ ỉpt 1 2/4

L2 ḫꜣy rsy ỉꜣbt tꜣ šnwt tꜣ-kꜣ-ỉꜣy

L3 mnỉw stẖ-nḫt .5.¼ ỉpt 1 2/4

L4 ky ḫꜣy n=f mḥ-tꜣ 2.10

L5 pš ỉmn-n-ꜣb m ḏrt nfr-ꜥbt .5.¼ ỉpt 1 2/4

L6 mnỉw stẖ-(ḥrỉ)-wnmy=f .5.¼ ỉpt 1 2/4

L7 ḫꜣy m ỉmny ⸢tꜣ⸣ ꜥt ḥw-n-rỉ

L8 ḥm nṯr ꜥn-ḫꜥw pr ỉmn nst tꜣwy

L9 m ḏrt mnỉw sbk-nḫt 5.1 ỉpt 1 2/4

L10 mnỉw ḫꜥ-mtỉr .5.½ ỉpt 1 2/4

§175 L11 smw ỉḥw tꜣ ḥwt wsr-mꜣꜥt-rꜥ mr-ỉmn snb m pr
ỉmn

L12 ḫꜣy m ỉmny mr-msḥ

L13 mnỉw ḫꜥ-mtỉr .5.¼ ỉpt 1 2/4

L14 mnỉw stẖ-šd-sw .5.¼ ỉpt 1 2/4

L15 mnỉw ỉry-nfr .5.¼ ỉpt 1 2/4

L16 ḥnk n pꜣ nṯr n pr-ꜥꜣ snb ḫt rꜥ-ms 20⌟10.¼ ỉpt 1 2/4

L17 mnỉw wnš sꜣ ꜥꜣ-stẖỉ 10⌟10.¼ ỉpt 1 2/4

L18 wꜥw ṯꜣ-ḳmꜣ sꜣ rꜥ-ms .3.⌟1.¼ ỉpt 1 2/4

L19 ḥry šmsw n ḥm=f ꜥnḫ wꜣḏ snb sbk-nḫt .5.¼ ỉpt
1 2/4

L20 mnỉw mꜣỉw-ꜣḫt=f tꜣ ḥwt pr-ꜥꜣ snb .5⌟5.¼ ỉpt 1 2/4

L21 ḫꜣy ỉꜣbt st tn

L.22 *mniw kꜣ-ri* .5.¼ *ỉpt* 1 2/4
L.23 *mniw nfr-ꜥbt* .5.¼ *ỉpt* 1 2/4
§176 L.24 *smw ỉḥw tꜣ ḥwt wsr-mꜣꜥt-rꜥ stp-n-rꜥ snb m pr ỉmn*
L.25 *ḫꜣy m mḥtỉ ỉmny tꜣ ꜥṯ ỉry-nfr*
L.26 *sš stẖ-m-wỉꜣ nty mt m ḏrt ms=f* .10⌋5.½ *ỉpt* 1 2/4
L.27 *ḫꜣy m ỉꜣbt pn-pꜣ-kn-riy*
L.28 *ḥry ỉḥ bꜥ-ri-stẖ-ẖpš=f* .5.½ *ỉpt* 1 2/4
L.29 *wꜥw ḳn-stẖỉ* .3.¼ *ỉpt* 1 2/4
§177 L.30 *smw ỉḥw m pr ḥrw-m-ḥb snb m pr ỉmn*
L.31 *ḫꜣy m ỉꜣbt ḥw-in-iwti*
L.32 *ḥry ỉḥ mry-sbk* .5.½ *ỉpt* 1 2/4
L.33 *ḥry ỉḥ sbk-nẖt* .5.½ *ỉpt* 1 2/4
L.34 *ḥry ỉḥ pn-stꜣ* .5.½ *ỉpt* 1 2/4
L.35 *mri stẖ-ms* .5.½ *ỉpt* 1 2/4
L.36 *ṯꜣy sryt nẖt-imn* .5.½ *ỉpt* 1 2/4
L.37 *wꜥb sbk-nẖt* .5.½ *ỉpt* 1 2/4
L.38 *ꜥnẖ n niwt tꜣ-wr-ꜣb-st* .3.½ *ỉpt* 1 2/4
§178 L.39 *smw ỉḥw tꜣ ḥwt mn-mꜣꜥt-rꜥ m ꜣbdw*
L.40 *ḫꜣy m rsy tꜣ šnwt ḳmꜣ*
L.41 *ḥry ỉḥ bꜣk-n-ptḥ* .5.½ *ỉpt* 1 2/4
L.42 *kṯn n ḥm=f ꜥnẖ wḏꜣ snb pꜣ-rꜥ-(ḥrỉ)-wnmy=f m ḏrt*
L.43 *ỉḥwty ꜥṯꜣy-tf* .10.½ *ỉpt* 1 2/4
L.44 [*wꜥw*] *ḳꜣ-ḫꜣ*　*mḥ-tꜣ* 10.40
L.45 *ky ḫꜣy n=f*　12 *wsf*

A面　第67栏

L.1 *ḥry ỉḥ mry-rꜥ* .5.½ *ỉpt* 1 2/4
L.2 *ky ḫꜣy n=f*　.1.11
L.3 *ky ḥry ỉḥ bꜣk-n-ptḥ*　*mḥ-tꜣ* 1.11
L.4 *ỉḥwty mry-mꜣꜥt*　.4.20
L.5 *ky ḫꜣy n=f*　.12 *wsf*
L.6 *ḥry ỉḥ mry-rꜥ* .5.½ *ỉpt* 1 2/4
L.7 *ḥry ỉḥ stẖ-(m)-ḥb* .5.½ *ỉpt* 1 2/4
L.8 *sš rꜥ-ms n pr stẖ* .5.½ *ỉpt* 1 2/4
L.9 *ỉḥwty pꜣ-ṯꜣw-m-niwt* .5.½ *ỉpt* 1 2/4
L.10 *ỉḥwty šd-m-niwt* .5.½ *ỉpt* 1 2/4
L.11 *šmsw pꜣ-ỉry* .5.½ *ỉpt* 1 2/4
L.12 *ḥry ỉḥ mry-mꜣꜥt* .5.½ *ỉpt* 1 2/4
L.13 *ḥry ỉḥ pꜣ-wbẖt* .5.½ *ỉpt* 1 2/4
L.14 *ỉḥwty ḥwy-nfr* .5.½ *ỉpt* 1 2/4
L.15 *ꜥnẖ n niwt mwt-(m)-mnwi* .5.½ *ỉpt* 1 2/4
§179 L.16 *wsf smw ỉḥw m pr rꜥ-ḥrw-ꜣḫty*
L.17 *ḫꜣy rsy ỉꜣbt tꜣ ḫꜣyt pꜣ-dbn*
L.18 *mniw ri-wy nꜣ šrdn* 5.½ *ỉpt* 1 2/4
L.19 *ḫꜣy m mḥtỉ ỉꜣbt nꜣ bḫn n ḥwt nṯr stẖ*
L.20 *mniw stẖ-ms* .5.½ *ỉpt* 1 2/4
L.21 *ḥry ỉḥ pꜣ-ỉry* .5.½ *ỉpt* 1 2/4
L.22 *mniw ṯꜣy=f-nẖt* .5.½ *ỉpt* 1 2/4
L.23 *ỉmy-r pr wsr-mꜣꜥt-rꜥ-nẖt m ḏrt sš pꜣ-bpꜣ-sꜣ*
.5.½ *ỉpt* 1 2/4
L.24 *ḫꜣy m tꜣ ḫꜣyt pꜣ-dbn*
L.25 *mniw ḥꜥ-(m)-ḥb* .5.½ *ỉpt* 1 2/4
L.26 *mniw stẖ-ms* .5.½ *ỉpt* 1 2/4
L.27 *ḫꜣy mḥtỉ ỉꜣbt tꜣ ḳꜥḥt pꜣ-dbn*
L.28 *kṯn ꜥb-pḏt m ḏrt ỉḥwty pꜣ-nḏm* 20⌋5.¼ *ỉpt* 1 2/4
L.29 *mniw pn-rnwt* .5.¼ *ỉpt* 1 2/4
L.30 *mniw nb-smn* .5.¼ *ỉpt* 1 2/4
L.31 *mniw pn-rnwt* .5.¼ *ỉpt* 1 2/4
L.32 *mniw pꜣ-kꜣmn* [.5].¼ *ỉpt* 1 2/4
L.33 *mniw stẖ-m-ḥb* .5.¼ *ỉpt* 1 2/4
L.34 *mniw ḥꜥ-mtỉr* .5.¼ *ỉpt* 1 2/4
L.35 *mniw ꜥn-stẖỉ* .5.¼ *ỉpt* 1 2/4
§180 L.36 *smw ỉḥw tꜣ ḥwt rꜥ-ms-sw mr-ỉmn snb m pr rꜥ*
L.37 *ḫꜣy mḥtỉ* [*tꜣ*] *ꜥt mry-rꜥ*
L.38 *ꜥnẖ n niwt ỉmn-sꜥnẖ nty mt* .5.½ *ỉpt* 1 2/4
L.39 *ꜥnẖ n niwt wr-n-riy* .5.½ *ỉpt* 1 2/4
L.40 *ꜥnẖ n niwt wbẖt-~~ḥwt~~* .5.½ *ỉpt* 1 2/4
L.41 *šrdn stẖ-*[*m*]*-wỉꜣ* .5.½ *ỉpt* 1 2/4
§181 L.42 *smw ỉḥw tꜣ ḥwt rꜥ-ms-sw mr-ỉmn snb mri mi rꜥ*
L.43 *ḫꜣy mḥtỉ pꜣ bḫn n pꜣ-itf*
L.44 *ꜣḥt n ḏdn ḥry ỉḥ ỉmn-m-ḥb* .5.½ *ỉpt* 1 2/4
L.45 *ḫꜣy mḥtỉ pn-rn-ib*
L.46 *wꜥb ꜥṯꜣy=f* .10⌋5.½ *ỉpt* 1 2/4
L.47 [*wꜥb*] *stẖ-*[*ḥꜥw*]　.10⌋5.½ *ỉpt* 1 2/4

A面　第68栏

L.1 *wꜥb ỉmn-ḥꜣtỉ-pꜣ-mšꜥ* .10⌋5.½ *ỉpt* 1 2/4
L.2 *sš pꜣ-bpꜣ-sꜣ pš ỉḥt n ḫꜣ-tꜣ pr-ꜥꜣ snb*
L.3 *ḫt pꜣ ꜥꜣ n št* 10.2½ *ỉpt* 1 2/4
L.4 *ḫꜣy ỉꜣbt st tn*
L.5 *wꜥw mry-pꜣ-rꜥ* .3.¼ *ỉpt* 1 2/4
L.6 *mniw ꜥṯꜣy-tf* .5.½ *ỉpt* 1 2/4
L.7 *wꜥb pꜣ-rꜥ-m-ḥb* .5.½ *ỉpt* 1 2/4
L.8 *wꜥb pꜣ-kꜣmn* .5.½ *ỉpt* 1 2/4
L.9 *šrdn stẖ-ḥꜣ-ib* .5.½ *ỉpt* 1 2/4
L.10 *ṯꜣy sryt mḥꜣy-ryt* 5.½ *ỉpt* 1 2/4

L11 wꜥw pꜣ-nḏm .3.¼ ipt 1¾
L12 ḥry iḥ mry-rꜥ .5.½ ipt 1¾
L13 ḫꜣy mḥti nꜣ bḫn n ḥwt nṯr stḫ
L14 šrdn stḫ-ḫꜥ ḥnꜥ snw=f .5.½ ipt 1¾
L15 ḫꜣy mḥti pn-pꜣ-kn-riy
L16 ꜣḥt n ḏdn ḥry iḥ stḫ-m-ḥꜣ .5.½ ipt 1¾
L17 ḥry iḥ pꜣ-nḥsy .5.¼ ipt 1¾
L18 ḥry iḥ sbk-m-ḥb .5.¼ ipt 1¾
L19 pš n imn-mry-iꜣ .5 bw=f
L20 ꜥnḫ n niwt nḏ-bꜣ-šꜣ sṯꜣt 5 ¼ ipt 1¾
L21 ꜥnḫ n niwt in-wꜣ sṯꜣt 5 ¼ ipt 1¾
L22 mniw bꜣk-n-ṯꜣ-ꜥꜣ sṯꜣt 5 ¼ ipt 1¾
L23 ḥry iḥ ḏḥwty-m-ḥb sṯꜣt 5 ¼ ipt 1¾
L24 ḥry iḥ stḫ-sꜥnḫ sṯꜣt.5 ¼ ipt 1¾
L25 ḥry iḥ pꜣ-ḥm-nṯr sṯꜣt 5 ¼ ipt 1¾
L26 ḫꜣy ḥri rsy šꜣ-ḥwrw-šꜣrw
L27 mniw wsr-ḥꜣti sṯꜣt.5 ½ ipt 1¾
L28 mniw ḥꜣti sṯꜣt.5 ½ ipt 1¾
L29 mniw wsr-stḫi 5.½ ipt 1¾
§182 L30 smw iḥw pr ptḥ ꜥꜣ rsy inb=f nb ꜥnḫ-tꜣwy
L31 ḫꜣy rsy iꜣbt ḥw-⌜in-i⌝wti
L32 ḥry iḥ wsr-mꜣꜥt-rꜥ-nḫt sṯꜣt 5 ½ ipt 1¾
L33 ḥry iḥ ḫꜥ-mtir sṯꜣt 5 ½ ipt 1¾
L34 ḥry iḥ imn-ḫꜥ sṯꜣt 5 ½ ipt 1¾
L35 ḥry iḥ kꜣ-mhi sṯꜣt 5 ½ ipt 1¾
L36 ḥry iḥ ršpw sꜣ ḏḥwty-⌜m⌝-ḥb 5 ½ ipt 1¾
L37 ḥry iḥ mnt-ḥri-wnmy=f sṯꜣt 5 ½ ipt 1¾
L38 imy-r pr ⌜wsr⌝-mꜣꜥt-rꜥ-nḫt m ḏrt idnw ḏꜣy-srw 5 ½ ipt 1¾
L39 ḥry iḥ stḫ-nḫt sṯꜣt 5 ½ ipt 1¾
L40 ḫꜣy imny šꜣ-ri-pt
L41 ḥry iḥ mry-sḫmt sṯꜣt 5 ½ ipt 1¾
L42 ḥry iḥ mnt-ḥꜣti=f sṯꜣt 5 ½ ipt 1¾
L43 ḥry iḥ pꜣ-bpꜣ-sꜣ 5 ½ ipt 1¾
L44 ḥry iḥ imn-ḫꜥ 5 ½ ipt 1¾
L45 ḥry iḥ nḫt-⌜ḥri⌝-ḥpš=f sṯꜣt 5 ½ ipt 1¾

A面　第69栏

§183 L1 smw iḥw st wr n rꜥ-ms-sw mr-imn snb m pr ptḥ
L2 ḫꜣy iꜣbt tꜣ šnwt kꜣ-ri-iꜣ
L3 mniw pn-rnwt .5.½ ipt 1¾
L4 mniw stḫ-nḫt .5.½ ipt 1¾
L5 mniw ḳnw .5.½ ipt 1¾
L6 ḫꜣy ḥri mḥti iꜣbt pn-iꜣ-ḳꜣy-ri-iꜣ
L7 wꜥw ḥꜣti-sbꜣ .3.¼ ipt 1¾
L8 wꜥw stḫ-ḥpš=f .3.¼ ipt 1¾
L9 wꜥw pꜣ-iry .3.¼ ipt 1¾
L10 wꜥw šft-nḫt .3.¼ ipt 1¾
L11 wꜥw ḫn-sw-ms .3.¼ ipt 1¾
L12 ḥry iḥ ms .5.¼ ipt 1¾
L13 wꜥw imn-ḫꜥ .3.¼ ipt 1¾
§184 L14 smw iḥw tꜣ ḥwt rꜥ-ms-sw mr-imn snb m pr ptḥ
L15 ḫꜣy mḥti tꜣ šnwt ḳmꜣ
L16 wꜥw sbk-ḥtpw .3.½ ipt 1¾
L17 bity ptḥy.5.½ ipt 1¾
L18 ꜥnḫ n niwt ṯꜣ-ꜥꜣ .5.½ ipt 1¾
L19 wꜥw pn-tꜣ-wr .3.½ ipt 1¾
L20 ḥry iḥ wš<b>-m-niwt .5.½ ipt 1¾
L21 wꜥw stḫ-ḥri-ḥpš=f .3.½ ipt 1¾
L22 bity stḫ-ḥpš=f .5.½ ipt 1¾
L23 ḥry iḥ nb-nfr nty mt .5.½ ipt 1¾
L24 wꜥw stḫ-m-ḥb .3.½ ipt 1¾
L25 ḫꜣy rsy imny tꜣ ꜥt n mniw kꜣ-ms
L26 mniw ptḥ-ḥtpw .5.¼ ipt 1¾
L27 mniw pꜣ-nfr-ꜥḥꜥw .5.¼ ipt 1¾
L28 mniw nḫt-m-wꜣst .5.¼ ipt 1¾
L29 wꜥw mr-iwn .3.¼ ipt 1¾
L30 mḏꜣy mr-imn-mꜣꜥ .5.¼ ipt 1¾
L31 ꜥnḫ n niwt ⌜ꜥ⌝n-~~ḥwt~~ .5.¼ ipt 1¾
L32 ḫꜣy iꜣbt pn-iꜣ-ḳ⌜ꜣ⌝y-ri-i⌜ꜣ⌝
L33 wꜥb stḫ-m-ḥb .5.¼ ipt 1¾
L34 wꜥb stḫ-ḥtpw .5.¼ ipt 1¾
L35 wꜥw pꜣ-ḫꜣrw .5.¼ ipt 1¾
§185 L36 smw iḥw tꜣ ḥwt mn-mꜣꜥt rꜥ snb ib hꜣ ib m ꜣbdw
L37 ḫꜣy rsy pꜣ ḫnm šꜣ-ri-pt
L38 ḥry iḥ ḫꜣy .5.¼ ipt 1¾
L39 ḥry iḥ pꜣ-wr-⌜m⌝-ḥb .5.¼ ipt 1¾
L40 sš nḫt-imn n tꜣ šnwt pr-ꜥꜣ snb .5.¼ ipt 1¾
L41 wꜥw pꜣ-nḥsy .5.¼ ipt 1¾
L42 ḥry iḥ stḫ-nḫt .5.¼ ipt 1¾
L43 wꜥw sbk-m-ḥb .3.¼ ipt 1¾
L44 ḥnk n pꜣ nṯr n pr-ꜥꜣ snb ḥt sš rꜥ-ms .20.¼ ipt 1¾
L45 wꜥb ḏḥwty-m-ḥb .10⌟.5.¼ ipt 1¾
§186 L46 smw iḥw m pr inw-ḥri nb tnw
L47 ḫꜣy iꜣbt tꜣ wḥyt iꜣ-kꜣk
L48 ḥry iḥ pꜣ-kꜣ-riy .5.½ ipt 1¾
L49 ḥry iḥ stḫ-nḫtm .5.½ ipt 1¾

A面 第70栏

L1 *wꜥw pn-rnwt .3.½ ỉpt 1¾*

L2 *ḥry ỉḥ ḏḥwty-m-ḥb .5.½ ỉpt 1¾*

L3 *ḥry ỉḥ pꜣ-rꜥ-m-ḥb .5.½ ỉpt 1¾*

L4 *ṯꜣy sryt šrdn rꜥ-ms-sw-sḫpr 10.½ ỉpt 1¾*

L5 *sš ms n pr stḫ 10.½ ỉpt 1¾*

L6 *ꜥnḫ n niwt mwt-mnw .5.½ ỉpt 1¾*

L7 *ỉḥwty pꜣ-nḥsy pš ỉḥt n tꜣ ḥwt m pr ỉmn*

L8 *rmnyt mr-ỉwn 7.1¾ ỉpt 1¾*

§187 L9 *mk ỉb ḥḏ tꜣ ḥwt nt ḥḥ rꜥ-ms-sw-ỉmn-ḥrỉ-ḫpš=f-ỉwn mr-ỉmn snb*

L10 *ḫꜣy m rsy š dmỉ*

L11 *ṯk pꜣ-kꜣ-ṯꜣ 5.ỉpt*

L12 *mniw wnš .5 bw=f*

L13 *mniw nfr-ꜥbt .5____.*

L14 *mniw pꜣ-ms-kꜣw .5____.*

§188 L15 *mk ỉb ḥḏ tꜣ ḥwt wsr-mꜣꜥt-rꜥ stp-n-rꜥ snb m pr ỉmn*

L16 *ḫꜣy ỉmny šꜣ-rỉ-pt*

L17 *ꜣḥt n ḏdn ḥry ỉḥ stḫ-m-ḥb .5.½ ỉpt 1¾*

L18 *ḥry ỉḥ pḥwy-n-ỉmn .5.½ ỉpt 1¾*

L19 *ỉdb n ḥry šmsw n ḥm=f ꜥnḫ wꜣḏ snb sbk-nḫt 20⅃5.½ ỉpt 1¾*

L20 *ḫꜣy m ỉmny pn-rỉ-ḥw*

L21 *ḥry ỉḥ pꜣ-ỉw .5.¼ ỉpt 1¾*

L22 *ḥry ỉḥ pꜣ-ḫꜣrw .5.¼ ỉpt 1¾*

L23 *ḥry ỉḥ stḫ-hꜣ-ỉb .5.¼ ỉpt 1¾*

L24 *ḥry ỉḥ nꜣ-šwy .5.¼ ỉpt 1¾*

L25 *ḫꜣy rsy tꜣ ḥꜣyt pꜣ-dbn*

L26 *wꜥw pꜣ-ỉry .3.¼ ỉpt 1¾*

L27 *wꜥw stḫ-ḫꜥw .3.¼ ỉpt 1¾*

L28 *wꜥw stḫ-ḫꜥw .3.¼ ỉpt 1¾*

L29 *ḫꜣy m ỉꜣbt mr-msḥ*

L30 *mniw kꜣ-nfr ḥnꜥ snw=f 20⅃5.¼ ỉpt 1¾*

L31 *ḫꜣy mḥtỉ tꜣ ꜥt n pꜣ-srw*

L32 *mniw ity-nꜥy .5.½ ỉpt 1¾*

L33 [ky] *ḫꜣy n=f 10⅃5.½ ỉpt 1¾*

L34 *wꜥw ỉmn-nḫt .3.½ ỉpt 1¾*

L35 *ḫꜣy mḥtỉ tꜣ ꜥt wnw ṯꜣ-wꜣtỉ*

L36 *mniw stḫ-m-ḥb .5.½ ỉpt 1¾*

L37 *mniw stḫ-ḫꜥw 5.½ ỉpt 1¾*

L38 *šrdn pꜣ-ḥꜥpy .5.½ ỉpt 1¾*

L39 *mniw stḫ-*(m)*-ḥb .5.½ ỉpt 1¾*

L40 *ḫꜣy rsy ỉꜣbt pꜣ ỉhꜣy n ỉb*

L41 *mniw ꜣbw-twn .5.½ ỉpt 1¾*

L42 *mniw ỉry .5.½ ỉpt 1¾*

L43 *mniw pꜣ-ḫꜣrw .5.½ ỉpt 1¾*

L44 *mniw stḫ-ḫꜥw .5.½ ỉpt 1¾*

L45 *wꜥw ḳn-ḫpr-stḫỉ .5.½ ỉpt 1¾*

L46 *wꜥw ḥꜥy .3.½ ỉpt 1¾*

L47 *wꜥw hꜣy-kmt 3.½ ỉpt 1¾*

L48 *mniw pꜣ-ꜥꜣ-ḥꜥ .3.½ ỉpt 1¾*

L49 *ḫꜣy ỉꜣbt mniw-mr-ỉwn*

L50 *mniw pꜣ-wꜥ-ỉmn .5.½ ỉpt 1¾*

L51 *šmsw stḫ-nꜥm nꜣ šrdn 5.½ ỉpt 1¾*

L52 *šrdn stḫy .10.½ ỉpt 1¾*

L53 *šmsw pn-pꜣ-ỉdḥw 5.½ ỉpt 1¾*

A面 第71栏

§189 L1 *rmnyt ỉb ḥḏ nꜣ tꜣ ḥwt ḥb*

L2 *ḫꜣy m ỉmny nꜣy-rỉ-tỉ*

L3 *mniw stḫ-wnmy=f 5.¼ ỉpt 1¾*

§190 L4 *mk ỉb ḥḏ st wr m pr ptḥ*

L5 *ḫꜣy m rsy ỉmny š dmỉ*

L6 *mniw stḫ-šd-sw .10⅃5.¼ ỉpt 1¾*

L7 *mniw stḫ-nḫt .5.¼ ỉpt 1¾*

L8 *mḏꜣy pn-tꜣ-ỉꜣdt-tꜣwy ḥnꜥ snw=f 10.½ ỉpt 1¾*

§191 L9 *mk ỉb ḥḏ tꜣ ḥwt rꜥ-ms-sw mr-ỉmn snb m pr ptḥ*

L10 *ḫꜣy ỉmny pn-ỉwn*

L11 *mniw ꜥꜣ-mꜣiw .10⅃5.½ ỉpt 1¾*

L12 *ḫꜣy mḥtỉ ỉmny pn-rỉ-ḥw*

L13 *ꜥnḫ n niwt tꜣ-ḥw-rwrw .5.½ ỉpt 1¾*

L14 *ỉmy-r ỉḥw pꜣ-kꜣ-ṯꜣ .5.½ ỉpt 1¾*

L15 *ỉḥwty pꜣ-ỉw .5.½ ỉpt 1¾*

§192 L16 *mk ỉb ḥḏ n pr-ḥḏ pr-ꜥꜣ snb*

L17 *ḫꜣy m ỉmny pn-mḏꜣ*

L18 *mniw pn-rnwt .5.½ ỉpt 1¾*

L19 *ỉmy-r pr wsr-mꜣꜥt-rꜥ-nḫt m ḏrt šrdn sꜣ-ptḥ 5.½ ỉpt 1¾*

L20 *ḫꜣy m ỉmny tꜣ ꜥt pꜣ-srw*

L21 *mniw tn-rỉy nty mt m ḏrt ms=*<*f*>*.5.½ ỉpt 1¾*

L22 *mniw stḫ-*(ḥrỉ)*-wnmy=f .5.½ ỉpt 1¾*

L23 *mniw stḫ-nḫt .5.½ ỉpt 1¾*

L24 *mniw ꜥꜣ-ỉmn .5.½ ỉpt 1¾*

L25 *mniw bꜣ-rỉy .5.½ ỉpt 1¾*

L26 *mniw pn-tꜣ-wr .5.½ ỉpt 1¾*

L27 *mniw pꜣ-mry-sḫt .5.½ ỉpt 1¾*

L.28 mniw p3-mr-iḥw-mn .5.½ ipt 1 2/4

L.29 mniw stẖ-nḫt .5.½ ipt 1 2/4

L.30 ḥry iḥ p3-ḥm-nṯr .5.½ ipt 1 2/4

L.31 wꜥw stẖ-ḥtpw .3.½ ipt 1 2/4

L.32 ḥry iḥ stẖ-mn-sdt .5.½ ipt 1⸢2/4⸣

L.33 šrdn p3-rw .5.½ ipt 1 2/4

L.34 mniw ptḥ-m-ḥb .5.½ ipt 1 2/4

L.35 ꜥnḫ n niwt t3-b3-s .5.½ ipt 1 2/4

§193 L.36 mk ib ḥḏ ḥimt <pr-ꜥ3> snb

L.37 ḫ3y imny š dmi

L.38 mniw nfr-ꜥbt .5.¼ ipt 1 2/4

L.39 mniw pn-p3-idḥw 5.¼ ipt 1 2/4

§194 L.40 rmnyt ib ḥḏ pr stẖ nb spr-mrw

L.41 ḫ3y m rsy t3 ꜥt n rḫ-pḥwy=f

L.42 mniw rḫ-pḥwy=f .10⌟5.½ ipt 1 2/4

L.43 wꜥw imn-nḫt .3.½ ipt 1 2/4

L.44 imy-r iḥw p3-k3wt .10.½ ipt 1 2/4

L.45 ḫ3y i3bt pn-p3-kn-riy

L.46 mniw šd-m-dw3 5.½ ipt 1 2/4

§195 L.47 rmnyt ib ḥḏ pr stẖ nb pr-w3-n3

L.48 ⸢ḫ3y rsy⸣ t3 ꜥ⸢t⸣ ib

A面　第72栏

L.1 wꜥw ⸢p3⸣-nfr-š3yt 3.½ ipt 1 2/4

L.2 wꜥw sbk-ḥtpw .3.½ ipt 1 2/4

L.3 wꜥw ḳn-ḫpr-stẖi .3.½ ipt 1 2/4

L.4 wꜥw imn-ḫꜥw .3.½ ipt 1 2/4

L.5 imy-r pr wsr-m3ꜥt-rꜥ-nḫt m ḏrt iḥwty imn-m-ipt 5.½ ipt 1 2/4

§196 L.6 pr-ḥḏ n pr-ꜥ3 snb ḫt imy-r pr-ḥḏ mntw-t3wy

L.7 rmnyt pr pn nty ḥri ir wnmt n ꜥ3 n wḥ3t mḥt

L.8 ḫ3y m mḥti p3 bḫn n p3-ity

L.9 iḥt n iḥwty ṯ3y-sryt 21 ipt 5 ipt 105

L.10 ḫ3y rsy i3bt st tn

L.11 iḥt n=f 9 ipt 5 ipt 45

L.12 pš t3 ḥwt pr-ꜥ3 snb rmnyt ḥr-di ẖ3r 3¼⅛

§197 L.13 pr-ḥḏ n pr-ꜥ3 snb ḥri smḥi

L.14 rmnyt pr pn nty ḥri ir wnmt n ꜥ3 n wḥ3t mḥt

L.15 ḫ3y mḥti p3 bḫn n p3-ity

L.16 iḥt n iḥwty ḫn-sw 21 ipt 5 ipt 105

L.17 ḫ3y rsy i3bt st tn

L.18 iḥt n=f 9 ipt 5 ipt 45

L.19 pš n t3 ḥwt pr-ꜥ3 rmnyt ḥr-di ẖ3r 3¼1/16

§198 L.20 mint pr-ꜥ3 snb ḫt imy-r ḥm-nṯr mry-b3-ri-st

L.21 ḫ3y m p3 idb i3bt pr-wn

L.22 iḥt n=f 5 ipt 5 ipt 25

L.23 pš t3 ḥwt m pr rꜥ rmnyt ḥr-di ẖ3r 1¾1/16

§199 L.24 mint pr-ꜥ3 snb ḫt ḥm nṯr ḥwy n pr stẖ

L.25 ḫ3y p3 mšrw mḥti spr-mrw

L.26 iḥt n iḥwty ḥwy 20 ipt 5 ipt 100

L.27 pš t3 ḥwt rꜥ-ms-sw mr-imn snb m pr ptḥ ẖ3r 7 2/4

L.28 ḫ3y imny t3 ꜥt iry-nfr

L.29 iḥt n=f 20 ipt 5 ipt 100

L.30 pš pr pn ẖ3r 7 2/4

§200 L.31 mint pr-ꜥ3 snb ḫt p3 ꜥ3 št

L.32 ḫ3y rsy iy-idḥw

L.33 iḥt n iḥwty stẖ-ms 40 ipt 5 ipt 200

§201 L.34 ḥ3-t3 n pr-ꜥ3 snb ḫt=f

L.35 ḫ3y mḥti imny n3y-ri-ti

L.36 iḥt n iḥwty p3-ḫ3rw 5 ipt 5 ipt 25

L.37 ḫ3y rsy imny st tn rsy t3 ꜥt n rꜥ-ms

L.38 iḥt n=f 20 ipt 5 ipt 100

L.39 pš n t3 ḥwt pr-ꜥ3 snb rmnyt ḥr-di ẖ3r 7 2/4

L.40 ḫ3y m mḥti p3-mḏ3y

L.41 iḥt n=f 10 ipt 5 ipt 50

L.42 ⸢ḫ3y rsy⸣ iy-idḥw

L.43 ⸢iḥt⸣ n=f 60 ipt ⸢5⸣ ipt 300

A面　第73栏

L.1 ḫ3y rsy imny iwiw

L.2 iḥt n=f 3 ipt 5 ipt 15

L.3 ḫ3y rsy p3-mḏ3y

L.4 iḥt n=f 15 ipt 5 ipt 75

L.5 ḫ3y m p3 š n h3rw p3 mḫnmt

L.6 š3-ri-pt

L.7 iḥt n=f 5 ipt 5 ipt 25

L.8 pš n t3 ḥwt pr-ꜥ3 snb rmnyt ḥr-di ẖ3r ¾1/16

L.9 ḫ3y m p3 š n pr-ꜥ3 rsy n3y-ri-ti

L.10 iḥt n=f 5 ipt 5 ipt 25

L.11 pš n pr ḏḥwty h3 ib m3ꜥt n3y-wsr-m3ꜥt-rꜥ mr-imn ẖ3r 1¾1/16

L.12 ḫ3y m p3 idb i3bt š n h3rw

L.13 iḥt n=f 4 ipt 5 ipt 20

L.14 ḫ3y mḥti pn-ri-ḥw

L.15 iḥt n=f 10 ipt 5 ipt 50

L.16 pš n t3 ḥwt pr-ꜥ3 rmnyt ḥr-di ẖ3r 3¾

L.17 ḫꜣy ỉmny st tn
L.18 ỉḥt n=f 10 ỉpt 5 ỉpt 50
L.19 ḫꜣy mḥtỉ pꜣ-mḏꜣy
L.20 ỉḥt n=f 20 ỉpt 5 ỉpt 100
L.21 ḫꜣy ỉmny nꜣy-rỉ-[tỉ]
L.22 ỉḥt n=f 5 ỉpt 5 ỉpt 25
L.23 ḫꜣy ỉꜣbt pn-rnwt
L.24 ỉḥt n=f 10 ỉpt 5 ỉpt 50
L.25 pš n tꜣ ḥwt rꜥ-ms-sw mr-ỉmn mry rꜥ ẖꜣr 3¾
L.26 ḫꜣy mḥtỉ ỉmny spr-mrw
L.27 ỉḥt n=f 10 ỉpt 5 ỉpt 50
L.28 ḫꜣy ỉmny pn-wdḥw
L.29 ỉḥt n=f 5 ỉpt 5 ỉpt 25
§202 L.30 ḥꜣ-tꜣ n pr-ꜥꜣ ḥt pꜣ ḥꜣty-ꜥ n spr-mrw
L.31 ḫꜣy tꜣ ḥḏ mḥtỉ st tn
L.32 ỉḥt n wꜥrtw pꜣ-ỉry 8 ỉpt 5 ỉpt 40
L.33 ḫꜣy ỉꜣbt ssny
L.34 ỉḥt n=f 2 ỉpt 5 ỉpt 10
L.35 ḫꜣy rsy tꜣ ỉꜣdt pꜣ-ỉꜣrỉ
L.36 ỉḥt n=f 10 ỉpt 5 ỉpt 50
§203 L.37 ḥꜣ-tꜣ n pr-ꜥꜣ ḥt ỉmy-r ỉḥw pꜣ-kꜣ-ṯꜣ n pr ptḥ
L.38 ḫꜣy rsy ỉmny nṯr
L.39 ỉḥt n=f 10 ỉpt 5 ỉpt 50
L.40 pš rꜥ-ms-sw mr-ỉmn m pr ptḥ ẖꜣr 3¾
L.41 ḫꜣy m p[ꜣ] mšrw mḥtỉ spr-mrw
L.42 ỉḥt n=f 10 ỉpt 5 ỉpt 50
L.43 pš [tꜣ ḥwt rꜥ-ms-sw-mr-ỉmn m pr] [pt]ḥ ẖꜣr 3¾

A面 第74栏

L.1 ḫꜣy mḥtỉ ỉmny ssny
L.2 ỉḥt n=f 10 ỉpt 5 ỉpt 50
L.3 pš rꜥ-ms-sw mr-ỉmn m pr ptḥ ẖꜣr 3¾
L.4 ḫꜣy
§204 L.5 ḥꜣ-tꜣ n pr-ꜥꜣ ḥt rꜥ-ms wnw ỉmy-r ỉḥw n tꜣ ḥwt
L.6 ḫꜣy ỉmny šꜣ-rỉ-pt
L.7 ỉḥt n=f 12 ỉpt 5 ỉpt 60
L.8 ḫꜣy mḥtỉ ỉmny pn-rỉ-ḥw
L.9 ỉḥt n=f 8 ỉpt 5 ỉpt 40
L.10 ḫꜣy
§205 L.11 ḥꜣ-tꜣ n pr-ꜥꜣ ḥt ḥm nṯr ḥwy n pr stẖ nb spr-mrw
L.12 ḫꜣy pꜣ ꜥwn ỉmny pr-ḫꜣy
L.13 ỉḥt n=f 10 ỉpt 5 ỉpt 50
L.14 pš n pr stẖ nb spr-mrw ẖꜣr 3¾
L.15 ḫꜣy rsy ỉmny tꜣ ꜥt n ỉry-nfr
L.16 ỉḥt n=f 10 ỉpt 5 ỉpt 50
L.17 ḫꜣy ỉmny ỉꜣdt nꜣ-ḥrỉ-ḥw
L.18 ỉḥt n=f 10 ỉpt 5 ỉpt 50
L.19 ḫꜣy mḥtỉ pn-pꜣ-kn-rỉy
L.20 ỉḥt n=f 5 ỉpt 5 ỉpt 25
L.21 pš n pr stẖ rmnyt tn ẖꜣr 1¾1/16
L.22 ḫꜣy m pꜣ mšrw mḥtỉ spr-mrw
L.23 ỉḥt n=f 10 ỉpt 5 ỉpt 50
L.24 pš n pr pn rmnyt tn ẖꜣr 3¾
L.25 ḫꜣy m ꜥbꜥb
L.26 ỉḥt n=f 20 ỉpt 5 ỉpt 100
L.27 pš n pr pn rmnyt tn ẖꜣr 7 2/4
§206 L.28 ḥꜣ-tꜣ n pr-ꜥꜣ ḥt ḥm-nṯr mry-bꜣ-rỉ-st n pr nbt-ḥwt
L.29 ḫꜣy rsy ỉꜣbt ỉy-ỉdḥw
L.30 ỉḥt n=f 30 ỉpt 5 ỉpt 150
L.31 ḫꜣy rsy tꜣ ỉꜣdt ḏꜥḏꜥ
L.32 ỉḥt n=f 20 ỉpt 5 ỉpt 100
L.33 pš n rꜥ-ms-sw mr-ỉmn m pr rꜥ rmnyt ḥr-dỉ ẖꜣr 7 2/4
§207 L.34 ḥꜣ-tꜣ n pr-ꜥꜣ [ḥt] pꜣ ḥm-nṯr n pr ỉmn ṯꜣy=(f) m tꜣ wḥyt ṯꜣy=(f)
L.35 ḫꜣy rsy sꜣ-pꜣ
L.36 ỉḥt n=f 10 ỉpt 5 ỉpt 50
L.37 pš n ỉmn ṯꜣy=(f) [m] tꜣ wḥyt ṯꜣy=(f) ẖꜣr 3¾

A面 第44栏

L.A 平方肘尺 5

L.1 第4年，泛滥季，第2月，第21至28天，由（书吏）记录。

§117 L.2 众神之王阿蒙－拉的神庙，由阿蒙神庙第一先知负责。

L.3 阿蒙所爱之拉美西斯的葬祭庙领地，由阿蒙神庙总管负责，

L.4 由管理者阿蒙霍特普负责。

			耕地（阿鲁拉）	产率（每阿鲁拉）	产量
	L5	T 丈量（于）胡［因］伊乌提东部：其耕地	5	5 袋	25 袋
§118	L6	赫迪弯地神庙所分配领地。			
	L7	T 丈量（于）伊乌伊乌西部：			
			耕地（阿鲁拉）	税赋地（阿鲁拉）	税率（每阿鲁拉）
	L8	士兵阿蒙［哈提］帕玛沙	3	½	$1\frac{2}{4}$ 袋
	L9	T 丈量于［此］地［东］部河沿地：			
	L10	牧人乌塞尔（赫尔）赫派什弗	10⌟5	1	$1\frac{2}{4}$ 袋
	L11	T 丈量（于）此地东部：			
	L12	舍尔登执旗者伊恩［赫瑞阿赫］	10⌟5	1	$1\frac{2}{4}$ 袋
	L13	丈量于此地东北部河沿地：			
	L14	阿［蒙］神庙侍从奈布奈弗尔	平方肘尺 18		
	L15	又丈量	50 休耕地		
	L16	耕种者塞提乌奈姆弗	.4.20		
	L17	舍尔登人迪迪	.10［.］40		
	L18	T 丈量（于）扎阿扎阿布山地西北部：			
	L19	瓦布祭司塞提卡及其兄弟	10⌟5	1	$1\frac{2}{4}$ 袋
	L20	T 丈量（于）派恩凯奈瑞东部：			
	L21	舍尔登侍从宅胡提姆海布	3	1	$1\frac{2}{4}$ 袋
	L22	T 丈量（于）斯派尔迈如［堤坝］南部：			
	L23	女市民穆特泰芙	10⌟5	½	$1\frac{2}{4}$ 袋
	L24	书吏塞提奈赫特，由［舍］尔登人负责	10⌟5	1	$1\frac{2}{4}$ 袋
	L25	士兵塞提姆海布	3	½	$1\frac{2}{4}$ 袋
	L26	T 丈量（于）［斯派尔］迈如东部：			
	L27	书吏塞提奈赫特，由［女市民］赫努特昂伊博负责	5	½	$1\frac{2}{4}$ 袋
	L28	士兵帕［克查］	3	½	$1\frac{2}{4}$ 袋
	L29	T 丈量（于）塞特神庙山庄西部：			
	L30	女市民塔卡瑞	10⌟5	1	$1\frac{2}{4}$ 袋
	L31	T 丈量（于）伊瑞乌特湖旁［派恩沙］苏北部：			
	L32	舍尔登人帕卡哈及其兄弟	10⌟5	2	$1\frac{2}{4}$ 袋

			耕地（阿鲁拉）	税赋地（阿鲁拉）	税率（每阿鲁拉）
L33		又丈量于蔬菜地	20.80		
L34		又丈量	.50 休耕地		
L35		士兵帕伊乌	3	½	1¾ 袋
L36	T	丈量（于）派恩沙苏西北部：			
L37		牧人撒拉伊	3	1	1¾ 袋
L38		士兵帕迈可	3	½	1¾ 袋
L39		士兵阿蒙哈伊博	3	½	1¾ 袋
L40	T	丈量（于）派恩伊提西北部：			
L41		马夫长凯恩赫尔赫派什弗的牧马地	5	1	1¾ 袋
L42		马夫长塞提姆海布，位于已故牛群总管拉摩斯负责的卡塔地，			
			8	2	1¾ 袋
L43	T	丈量（于）胡因伊乌提东部：			
L44		饲养者塞提摩斯	3	1	1¾ 袋
L45		马夫长帕伊德胡	5	1	1¾ 袋
L46		女市民伊乌伊，由其子负责	[……]	[……]	1¾ 袋
L47		马夫长奈布奈弗尔	[……]	[……]	1¾ 袋
L48	T	丈量（于）胡因伊乌提东南部：			
L49		马夫长塞提姆海布的地	5	1	1¾ 袋
L50		法老的战车手阿布派宅德，由书吏帕奈宅姆负责	10⌊5	1	1¾ 袋
L51		瓦布祭司晒德索白克	3	1	1¾ 袋

A 面 第 45 栏

			耕地（阿鲁拉）	税赋地（阿鲁拉）	税率（每阿鲁拉）
L1		瓦布祭司宏苏	3	[1]	[1¾ 袋]
L2		瓦布祭司索白克迈瑞 [……]	3	[1]	[1¾ 袋]
L3		士兵塞提卡	3	[1]	[1¾ 袋]
L4		奈布奈弗尔之子马夫长阿蒙卡	[……]	[1]	[1¾ 袋]
L5		阿蒙 [瓦赫] 苏之子：马夫长阿蒙姆海布	5	1	1¾ 袋
L6		士兵迈瑞姆伊派特	5	1	1¾ 袋
L7	T	丈量（于）伊特山庄西部：			

				耕地（阿鲁拉）	税赋地（阿鲁拉）	税率（每阿鲁拉）
	L8		马夫长帕瓦阿蒙	5	1	$1\frac{2}{4}$ 袋
§119	L9		尼苏地区该神庙所分配的领地。			
	L10	T	丈量（于）那赫尔 山地西部：			
	L11		耕种者阿蒙霍特普分配得塞特–乌塞尔赫派什弗[1]神庙，			
				10	2½	$1\frac{2}{4}$ 袋
	L12		法老的战车手奈赫特 阿 蒙，由他本人负责	10⌋5	1	$1\frac{2}{4}$ 袋
	L13	T	丈量（于）此地西北部：			
	L14		马夫长阿蒙卡的牧马地	5	½	$1\frac{2}{4}$ 袋
	L15		马夫长帕布 卡 的牧马地	5	½	$1\frac{2}{4}$ 袋
	L16		马夫长塞提姆 海布 的牧马地	5	½	$1\frac{2}{4}$ 袋
	L17	T	丈量（于）奈彻尔特东北部：			
	L18		分给阿蒙神庙谷仓，由舍尔登人帕哈如负责	5	1	$1\frac{2}{4}$ 袋
	L19		马夫长阿蒙摩斯的牧马地	5	1	$1\frac{2}{4}$ 袋
	L20		士兵塞提姆海布	3	¼	$1\frac{2}{4}$ 袋
	L21		士兵帕瓦阿蒙	3	¼	$1\frac{2}{4}$ 袋
	L22	T	丈量（于）此地北部：			
	L23		士兵伊尼那	3	½	$1\frac{2}{4}$ 袋
	L24	T	丈量（于）派恩那 奈赫西南部：			
	L25		女市民塔卡瑞	10⌋5	1	$1\frac{2}{4}$ 袋
	L26		马夫长塞提姆海布的牧马地	5	1	$1\frac{2}{4}$ 袋
	L27	T	丈量（于）撒 帕西南部：			
	L28		书吏塞提姆海布分配得葬祭庙领地耕地，			
	L29		由前牛群总管拉摩斯负责	18	4½	$1\frac{2}{4}$ 袋
	L30		丈量			
§120	L31		众神之王 阿蒙–拉的神圣祭品的领地。			
	L32		其领地，用于种植牛群饲料，由牛群总管拉美西斯纳赫特负责。			
	L33	T	丈量于东部河沿地：			

〔1〕乌塞尔赫派什弗：其字面意义为“强壮的臂膀”，此处为塞特神的称谓。

			耕地（阿鲁拉）	产率（每阿鲁拉）	产量
	L.34	其耕地	10	7¾袋	75袋
	L.35	又（有）	10	5袋	50袋
	L.36 T	丈量（于）此地东部：			
	L.37	其耕地	10	5袋	50袋
§121	L.38	该神庙领地由宫廷马夫长帕塞尔负责。			
	L.39 T	丈量（于）南部：其耕地	5	5袋	25袋
§122	L.40	拉所显现之乌塞尔玛阿特拉的“万年永存”葬祭庙[1]，位于阿蒙神庙中。			
	L.41	该神庙领地由阿蒙神庙第一先知拉美西斯纳赫特负责。			
	L.42 T	丈量（于）饲养者居所北部：			
	L.43	其耕地	10	[5]袋	50袋
	L.44 T	丈量（于）芦苇仓北部的胡[因]伊乌提西南部：			
	L.45	耕种者胡伊奈弗尔耕地	20	5袋	100袋
	L.46 T	丈量（于）芦苇仓北部：			
	L.47	其耕地	40	[5袋]	[200袋]
	L.48 T	丈量（于）伊乌伊乌西部：			
	L.49	其耕地	20	[5袋]	100袋

A面　第46栏

§123 L.1 赫迪弯地地区所分配的领地。

L.2 T 丈量于西克莫[2]湖（旁）沙瑞派特水滨地：

L.3 耕种者索白克霍特普分配得卡塔法老地内耕地，由税务长负责

		耕地（阿鲁拉）	税赋地（阿鲁拉）	税率（每阿鲁拉）
		5	1¼	1¾袋
L.4	献予法老之神，由书吏拉摩斯负责	10⌋5	1	1¾袋
L.5	士兵帕伊乌	5	1	1¾袋
L.6	舍尔登人凯恩斯阿赫	10⌋5	1	1¾袋
L.7	分给沙如伊派特之主索白克的神庙，由塞提姆海布负责			

〔1〕拉所显现之乌塞尔玛阿特拉的“万年永存”葬祭庙：法老拉美西斯五世位于底比斯的葬祭庙。

〔2〕西克莫：一种古埃及无花果树。

行	内容	耕地（阿鲁拉）	税赋地（阿鲁拉）	税率（每阿鲁拉）
		3	1	$1\frac{2}{4}$ 袋
L8 T	丈量于沙如伊派特东部池塘：			
L9	献予法老之神，由书吏拉摩斯负责	20⌟5	1	$1\frac{2}{4}$ 袋
L10	献予法老之神，由前法老桌前书吏拉摩斯负责	80⌟5	2	$1\frac{2}{4}$ 袋
L11	献予法老之神，由书吏帕奈赫西负责	20⌟5	¼	$1\frac{2}{4}$ 袋
L12	献予法老之神，由执盾者塞提赫尔赫派什弗负责	20⌟5	½	$1\frac{2}{4}$ 袋
L13	耕种者伊恩瓦	3	1	$1\frac{2}{4}$ 袋
L14	分给索白克－奈布乌阿，由帕哈如负责，5 无			
L15	马夫长伊尼那的牧马地	5 无		
L16	马夫长奈布瓦的牧地	5 无		
L17	马夫长卡玛的牧马地	5	1	$1\frac{2}{4}$ 袋
L18	士兵帕伊瑞	3	½	$1\frac{2}{4}$ 袋
L19	女市民努特卡提	3	½	$1\frac{2}{4}$ 袋
L20	奴隶帕乌奈什	3	½	$1\frac{2}{4}$ 袋
L21	女市民阿蒙尼伊尼苏	5	½	$1\frac{2}{4}$ 袋
L22	马夫长塞提赫尔赫派什弗	3	½	$1\frac{2}{4}$ 袋
L23	士兵凯恩阿蒙	3	½	$1\frac{2}{4}$ 袋
L24	士兵奈西阿蒙	3	½	$1\frac{2}{4}$ 袋
L25	士兵伊奈弗尔	3	½	$1\frac{2}{4}$ 袋
L26	女市民沙瑞瑞恩拉	3	½	$1\frac{2}{4}$ 袋
L27	纺织工塞提摩斯	3	½	$1\frac{2}{4}$ 袋
L28	查克人执旗者奈布瓦	5 无		
L29	[女市民]塔乌尔	3	¼	$1\frac{2}{4}$ 袋
L30	女市民塔乌尔哈伊博	5	¼	$1\frac{2}{4}$ 袋
L31	马夫[长]奈赫特阿	3	¼	$1\frac{2}{4}$ 袋
L32	养蜂人帕伊瑞	3	¼	$1\frac{2}{4}$ 袋
L33	瓦布祭司阿宅德	3	¼	$1\frac{2}{4}$ 袋
L34	士兵阿蒙卡	3	¼	$1\frac{2}{4}$ 袋
L35	女市民赫努特瓦提	3	¼	$1\frac{2}{4}$ 袋

		耕地（阿鲁拉）	税赋地（阿鲁拉）	税率（每阿鲁拉）
L36	哈如伊之女女市民瓦奈什	3	$\frac{1}{4}$	$1\frac{2}{4}$ 袋
L37 T	丈量（于）那伊瑞提西南部：			
L38	耕种者帕赫如分得卡塔法老地内耕地，由税务长负责	20	5	$1\frac{2}{4}$ 袋
L39 T	丈量（于）沙尔山地伊特山庄南部：			
L40	法老的战车手美楞普塔，曾任警察长随从，			
L41	玛胡伊	20⌟5	1	$1\frac{2}{4}$ 袋
L42	阿蒙姆伊乌之子马夫长阿蒙卡	5	1	$1\frac{2}{4}$ 袋
L43	马夫长拉摩斯	5	1	$1\frac{2}{4}$ 袋
L44	又丈量	10⌟5	1	$1\frac{2}{4}$ 袋
L45	书吏塞提奈赫特，由马夫长塞提姆海布负责	5	1	$1\frac{2}{4}$ 袋
L46	耕种者帕瓦阿蒙分得法老国库[1]地内耕地，			
L47	该神庙北部绿洲的驴饲料领地，由他本人负责	5	$2\frac{1}{4}$	$1\frac{2}{4}$ 袋
L48	书吏帕查伊胡分得法老国库地内耕地，			
L49	该神庙北部绿洲的驴饲料领地，由他本人负责	9	$2\frac{1}{4}$	$1\frac{2}{4}$ 袋

A面　第47栏

		耕地	税赋地	税率
L1 T	丈量（于）此地西部的此地西北部，			
L2	墓地：			
L3	法老国库的国库书吏晒德宏苏	5	1	$1\frac{2}{4}$ 袋
L4	塞提姆海布之子马夫长阿蒙卡的牧马地	5	$\frac{1}{2}$	$1\frac{2}{4}$ 袋
L5	马夫长塞提姆海布	5	$\frac{1}{2}$	$1\frac{2}{4}$ 袋
L6	士兵奈布昂伊博	5	$\frac{1}{2}$	$1\frac{2}{4}$ 袋
L7	女市民塔胡如如	5	$\frac{1}{2}$	$1\frac{2}{4}$ 袋
L8 T	丈量（于）芦苇仓东北部：			
L9	马夫长派恩帕伊德胡的牧马地	5	1	$1\frac{2}{4}$ 袋
L10	马夫长帕赫如的牧马地	5	1	$1\frac{2}{4}$ 袋

〔1〕“国库”一词起先译作“白宫”，与“红宫”相对应。白色象征上埃及的王权，红色象征下埃及的王权。一般情况下，“白宫”与法老国库相联，而“红宫”则用来储存产于下埃及的物品。

行			耕地（阿鲁拉）	税赋地（阿鲁拉）	税率（每阿鲁拉）
L11		马夫长塞提摩斯的牧马地	5	1	$1\frac{2}{4}$ 袋
L12	T	丈量（于）此地北部：			
L13		舍尔登执旗者帕奈宅姆	[5]	1	$1\frac{2}{4}$ 袋
L14		瓦布祭司阿塞提	[3]	1	$1\frac{2}{4}$ 袋
L15		马夫长巴克恩普塔	3	1	$1\frac{2}{4}$ 袋
L16		马夫长奈赫特赫尔赫派什弗	3	1	$1\frac{2}{4}$ 袋
L17	T	丈量（于）派恩如胡北部：			
L18		乌塞赫伊乌之子马夫长塞提奈赫特	5	½	$1\frac{2}{4}$ 袋
L19		战船士兵阿蒙姆伊派特	5	½	$1\frac{2}{4}$ 袋
L20		马夫长泰姆奈赫特	5	½	$1\frac{2}{4}$ 袋
L21		马夫长帕奈布代米	5	½	$1\frac{2}{4}$ 袋
L22		塞提摩斯之子马夫长塞提斯昂赫	5	½	$1\frac{2}{4}$ 袋
L23		奈弗提斯神庙的瓦布祭司卡摩斯	5	½	$1\frac{2}{4}$ 袋
L24		女市民哈托尔姆耶阿[1]	[5]	½	$1\frac{2}{4}$ 袋
L25		女市民塔乌尔晒德苏	3	½	$1\frac{2}{4}$ 袋
L26		马夫长塞提姆海布	5	1	$1\frac{2}{4}$ 袋
L27		瓦布祭司塞提姆海布	5	1	$1\frac{2}{4}$ 袋
L28		瓦布祭司阿卡阿乌特奈弗尔	5	1	$1\frac{2}{4}$ 袋
L29		战车副指挥官[2]阿尼，曾任随从，			
L30		马夫长泰姆奈赫特	5	1	$1\frac{2}{4}$ 袋
L31		马夫长塞提姆阿姆	5	1	$1\frac{2}{4}$ 袋
L32		女市民迈瑞哈托尔	5	1	$1\frac{2}{4}$ 袋
L33		马夫长塞提姆威阿	5	1	$1\frac{2}{4}$ 袋
L34		伊恩哈之女女市民塔米	5	1	$1\frac{2}{4}$ 袋
L35		阿蒙姆伊派特之子马夫长帕布帕撒	5	1	$1\frac{2}{4}$ 袋
L36	T	丈量（于）派恩伊提北部：			
L37		牧人伊瑞奈弗尔	5	1	$1\frac{2}{4}$ 袋

〔1〕 哈托尔姆耶阿：此处人名中的“哈托尔”从加德纳的译法，下文第32行中“哈托尔”与此同。

〔2〕 战车副指挥官：军事头衔之一。

		耕地（阿鲁拉）	税赋地（阿鲁拉）	税率（每阿鲁拉）
L38	瓦布祭司帕赫如	3	1	$1\frac{2}{4}$ 袋
L39	船员哈德奈赫图	3	1	$1\frac{2}{4}$ 袋
L40	瓦布祭司塞提奈赫特及其兄弟	3	1	$1\frac{2}{4}$ 袋
L41	查阿之子瓦布祭司宏苏	3	1	$1\frac{2}{4}$ 袋
L42	侍从乌塞赫伊乌	3	1	$1\frac{2}{4}$ 袋
L43	牧人帕塔伊乌	3	1	$1\frac{2}{4}$ 袋
L44 T	丈量（于）派恩瑞伊博北部：			
L45	帕塞尔之子副官塞提奈赫特	10⅃5	½	$1\frac{2}{4}$ 袋
L46	瓦布祭司阿蒙哈提帕玛沙	5	1	$1\frac{2}{4}$ 袋
L47	舍尔登人宅胡提姆海布	5	1	$1\frac{2}{4}$ 袋
L48	舍尔登人奈弗尔阿伯特	[5]	1	$1\frac{2}{4}$ 袋
L49	[船员] 卡摩斯	5	1	$1\frac{2}{4}$ 袋

A面　第48栏

		耕地（阿鲁拉）	税赋地（阿鲁拉）	税率（每阿鲁拉）
L1	瓦布祭司查阿及其兄弟	5	1	$1\frac{2}{4}$ 袋
L2 T	丈量（于）派恩沙苏东部：			
L3	船员塞提卡	5	1	$1\frac{2}{4}$ 袋
L4	牧人巴克恩塞提	3	1	$1\frac{2}{4}$ 袋
L5	士兵阿蒙哈伊博	3	¼	$1\frac{2}{4}$ 袋
L6	舍尔登人阿迈尔	3	1	$1\frac{2}{4}$ 袋
L7	士兵彭特沃瑞	3	¼	$1\frac{2}{4}$ 袋
L8 T	丈量（于）斯派尔迈如东南部：			
L9	献予法老之神，由大勇士乌塞尔玛阿特拉奈赫特负责			
		20⅃5	1	$1\frac{2}{4}$ 袋
L10	战车手赫瑞摩斯，由其子负责	5	1	$1\frac{2}{4}$ 袋
L11	查阿之子士兵塞提奈赫特	5	¼	$1\frac{2}{4}$ 袋
L12	巴克恩胡特之女：女市民哈托尔姆耶阿	5	1	$1\frac{2}{4}$ 袋
L13	瓦布祭司塞提哈伊博	3	1	$1\frac{2}{4}$ 袋
L14	士兵塞提卡	3	¼	$1\frac{2}{4}$ 袋

		耕地（阿鲁拉）	税赋地（阿鲁拉）	税率（每阿鲁拉）
L15	大勇士拉美西斯奈布奈弗尔，由			
L16	帕拉帕奈弗负责	5	1	1 2/4 袋
L17	已故瓦布祭司帕赫如，由其子负责	3	1	1 2/4 袋
L18 T	丈量（于）派恩瓦宅胡北部的此地西南部：			
L19	瓦布祭司阿蒙哈提帕玛沙及其兄弟	10⅃2	1	1 2/4 袋
L20	瓦布祭司阿查耶特弗及其兄弟	2	1	1 2/4 袋
L21	侍从宅胡提姆海布及其兄弟	2	1	1 2/4 袋
L22	饲养者迈瑞塞提	5	1	1 2/4 袋
L23	尔扎耶阿之子侍从阿蒙霍特普	5	1	1 2/4 袋
L24	舍尔登人阿扎布	5	1	1 2/4 袋
L25 T	丈量（于）斯派尔迈如东北部：			
L26	女市民奈弗尔伊提	3	½	1 2/4 袋
L27	舍尔登侍从帕布姆海布	3	½	1 2/4 袋
L28	舍尔登人奈布昂伊博	3	½	1 2/4 袋
L29	牧人伊尼乌特弗及其兄弟	3	½	1 2/4 袋
L30	已故女市民奈宅巴沙，由其子负责	3	½	1 2/4 袋
L31	卡提奈弗尔之子士兵阿蒙卡	3	½	1 2/4 袋
L32	帕赫姆奈彻尔之子法老执盾者塞提摩斯	3	½	1 2/4 袋
L33 T	丈量（于）派恩瓦宅胡的胡因伊乌提东部：			
L34	马夫长阿布派宅德的牧马地	5	½	1 2/4 袋
L35	马夫长帕查尔阿胡伊的牧马地	5	½	1 2/4 袋
L36	士兵晒德姆杜阿	3	½	1 2/4 袋
L37	士兵派恩塞赫姆特	3	½	1 2/4 袋
L38 T	丈量（于）伊泰弗谷仓东北部：			
L39	士兵帕乌尔杜	3	½	1 2/4 袋
L40	士兵哈德奈赫图	3	½	1 2/4 袋
L41	耕种者帕奈赫特姆努特分得阿蒙神庙内葬祭庙耕地，			
L42	领地，塞提乌奈姆弗负责	10	2½	1 2/4 袋
L43 T	丈量（于）派恩伊努西北部：			

	耕地（阿鲁拉）	税赋地（阿鲁拉）	税率（每阿鲁拉）
战车手塞提姆海布	10⌋5	1	$1\frac{2}{4}$袋
法老的战车手美楞普塔，			
舍尔登人撒普塔负责	20	1	$1\frac{2}{4}$袋
马夫长普塔卡	5	1	$1\frac{2}{4}$袋
马夫长海奈姆奈赫特	5	1	$1\frac{2}{4}$袋
马夫长哂德塞提	5	1	$1\frac{2}{4}$袋
塞提姆海布之子马夫长塞提卡	5	1	$1\frac{2}{4}$袋

A面　第49栏

	耕地（阿鲁拉）	税赋地（阿鲁拉）	税率（每阿鲁拉）
……帕伊乌	5	1	$1\frac{2}{4}$袋
……阿蒙霍特普	5	¼	$1\frac{2}{4}$袋
养蜂人派恩腾特赫姆	5	¼	$1\frac{2}{4}$袋
舍尔登牧羊人帕伊乌伊乌			
阿蒙所选之赫卡玛阿特拉[1]的葬祭庙领地。50⌋20		1	$1\frac{2}{4}$袋[2]
丈量（于）阿如西北部：			
献予法老之神，由法老的执盾者之首			
阿卡阿乌特奈弗尔负责，由马夫长阿派胡提负责 20⌋5		1	$1\frac{2}{4}$袋
士兵塞提姆海布	3	¼	$1\frac{2}{4}$袋
士兵派恩阿蒙	3	¼	$1\frac{2}{4}$袋
士兵帕赫如	3	¼	$1\frac{2}{4}$袋
奴隶阿蒙摩斯，卡塔法老地内，			
由税务长负责	5	½	$1\frac{2}{4}$袋
丈量（于）斯派尔迈如北部的塔海彻舍：			
女市民塔卡瑞	10	½	$1\frac{2}{4}$袋
书吏帕撒克特	5	½	$1\frac{2}{4}$袋

§124 该神庙诸多领地由众官员负责。

该神庙领地由法老谷仓书吏塞提奈赫特负责。

---

〔1〕 阿蒙所选之赫卡玛阿特拉：法老拉美西斯四世。

〔2〕 50⌋20　1　$1\frac{2}{4}$袋：此行数字当在上一行，或是书吏书写时错行所致。

L19 T 丈量（于）派恩伊东部：

		耕地（阿鲁拉）	产率（每阿鲁拉）	产量
L20	其耕地	5	5 袋	25 袋

§125 L21 该神庙领地由饲养记录员之首赫卡玛阿特拉奈赫特负责。

L22 T 丈量（于）派恩乌尔的沙如伊派特西部：

L23	耕种者哈德奈赫图耕地	1	5 袋	5 袋

L24 T 丈量（于）撒帕南部：

L25	其耕地	2	5 袋	10 袋

§126 L26 上下埃及之王、阿蒙所选之赫卡玛阿特拉的葬祭庙[1]，位于阿蒙神庙中。

L27 该神庙领地由派恩帕麦尔负责，他（曾是）国库总管。

L28 该神庙领地由他负责，由管理者宅胡提摩斯负责。

L29 T 丈量（于）沙如伊派特阿蒙神庙的灌木丛西部：

L30	耕种者哈伊耕地	30	5 袋	150 袋

L31 分给位于阿蒙神庙内阿蒙所爱之乌塞尔玛阿特拉的葬祭庙 11¼ 袋。

L32 T 丈量（于）此地西南部：

L33	耕种者塞提哈伊博耕地	1	5 袋	5 袋

L34 分给位于赫迪领地拉神庙内阿蒙所爱之拉美西斯的葬祭庙 ¼⅟₁₆ 袋。

L35 T 丈量（于）伊德胡东北部：

L36	其耕地	1	5 袋	5 袋

L37 T 丈量（于）饲养者居所东部的此地北部：

L38	其耕地	1	5 袋	5 袋

L39 分给位于赫迪领地拉神庙内阿蒙所爱之拉美西斯的葬祭庙 ¼⅟₁₆ 袋。

§127 L40 上下埃及之王、阿蒙所爱之乌塞尔玛阿特拉的葬祭庙[2]，位于阿蒙神庙中。

L41 该神庙领地由塞姆祭司[3]负责。

L42 该神庙领地由管理者宅胡提摩斯负责。

L43 T 丈量（于）戛瓦特东北部：

---

〔1〕阿蒙所选之赫卡玛阿特拉的葬祭庙：指法老拉美西斯四世位于底比斯的葬祭庙。

〔2〕阿蒙所爱之乌塞尔玛阿特拉的葬祭庙：指法老拉美西斯三世位于麦地那哈布的神庙。

〔3〕塞姆祭司：又称诵经祭司。古王国时期，塞姆祭司是孟菲斯神庙中位次第二的高级祭司。此后，该头衔拥有者都属于高级祭司。

			耕地（阿鲁拉）	产率（每阿鲁拉）	产量
	L.44	耕种者宅胡提摩斯耕地	10	5 袋	50 袋
	L.45	分给 普塔 的伟大宝座 3¾ 袋。			

A 面　第 50 栏

	L.1 T	丈量（于）…… 奈彻尔东部：			
	L.2	其耕地	10	5 袋	50 袋
	L.3 T	丈量（于）胡因伊乌提东部：			
	L.4	其耕地	10	5 袋	50 袋
	L.5 T	丈量于派尔卡伊西部果园：			
	L.6	（其）耕地	20	5 袋	100 袋
	L.7	分给斯派尔迈如之主塞特的神庙 7⅔ 袋。			
	L.8	（丈量于）塔伊尼恩库特的伊派特西南部：			
	L.9	其耕地	5	5 袋	25 袋
	L.10	分给位于赫迪领地拉神庙内阿蒙所爱之拉美西斯的葬祭庙 1¾⅟₁₆ 袋。			
§128	L.11	该神庙领地由管理者阿蒙霍特普负责。			
	L.12 T	丈量（于）沙如伊派特：			
	L.13	耕种者查卡玛耕地	20	5 袋	100 袋
	L.14	分给位于赫迪领地拉神庙内的葬祭庙 7⅔ 袋。			
	L.15 T	丈量于斯派尔迈如北部堤坝：			
	L.16	其耕地	5	5 袋	25 袋
	L.17	分给位于赫迪领地拉神庙内的葬祭庙 1¾⅟₁₆ 袋。			
	L.18 T	丈量（于）阿蒙（神庙）灌木丛西部，			
	L.19	沙如伊派特：			
	L.20	其耕地	15	5 袋	75 袋
§129	L.21	该神庙领地由神庙总管、谷仓总管卡伊姆乌塞特负责。			
	L.22	该神庙领地由他本人负责，由管理者巴克乌尔奈瑞负责。			
	L.23 T	丈量（于）沙如伊派特西部：			
	L.24	（其）耕地由书吏奈赫特阿蒙负责	3	5 袋	15 袋
	L.25 T	丈量（于）帕迈扎伊南部：			

	行		内容	耕地（阿鲁拉）	产率（每阿鲁拉）	产量
	L26		其耕地	2	5 袋	10 袋
§130	L27		该神庙领地由他本人负责，由管理者帕奈赫特阿派尔提负责。			
	L28	T	丈量（于）伊泰弗塔谷仓东部：			
	L29		耕种者帕卡如耕地	7	5 袋	35 袋
	L30	T	丈量（于）塞什尼东北部：			
	L31		其耕地	5	5 袋	25 袋
§131	L32		该神庙领地由乌塞尔玛阿特拉奈赫特负责。			
	L33		该神庙领地由他本人负责，由管理者塞尔乌奈姆弗负责。			
	L34	T	丈量（于）芦苇仓北部：			
	L35		（其）耕地由书吏帕布帕撒负责	10	5 袋	50 袋
	L36	T	丈量（于）水滨地东南部的帕迈扎伊东部：			
	L37		其耕地	3	5 袋	15 袋
	L38	T	丈量（于）那伊瑞提东北部：			
	L39		其耕地	5	5 袋	25 袋
	L40	T	丈量（于）伊泰弗塔谷仓东部：			
	L41		[其] 耕地	10	5 袋	50 袋
	L42		分给位于赫迪领地拉神庙内的葬祭庙 3¾ 袋。			
	L43	[T]	丈 [量]			

A 面　第 51 栏

	行		内容	耕地（阿鲁拉）	产率（每阿鲁拉）	产量
	L1	T	丈量（于）[……] 阿如伊阿北部：			
	L2		其耕地	[3]	5 袋	15 袋
	L3	T	丈量（于）伊特弗山庄北部：			
	L4		其耕地	5	5 袋	25 袋
	L5		1 (?)			
§132	L6		该神庙领地由他本人[1]负责，由管理者迈瑞伊努负责。			
	L7	T	丈量（于）查阿瓦提神庙故址西部：			

〔1〕 他本人：指第 50 栏第 32 行中的“乌塞尔玛阿特拉奈赫特”。

		耕地（阿鲁拉）	产率（每阿鲁拉）	产量
L.8	耕种者奈弗尔阿伯特耕地	10	5 袋	50 袋
L.9 T	丈量（于）奈彻尔西部：			
L.10	其耕地	20	5 袋	100 袋
L.11	分给位于赫迪领地内普塔神庙的葬祭庙 7¾ 袋。			
L.12 T	丈量（于）此地西部：			
L.13	其耕地	10	5 袋	50 袋
L.14 T	丈量（于）派恩伊努西南部：			
L.15	其耕地	10	5 袋	50 袋
L.16 T	丈量（于）伊博神庙北部：			
L.17	其耕地由马夫长玛伊负责	15	5 袋	75 袋
L.18 T	丈量（于）此地西南部：			
L.19	其耕地	2	5 袋	10 袋
L.20 T	丈量（于）芦苇仓东部：			
L.21	其耕地	10	5 袋	50 袋
L.22 T	丈量（于）此地东南部：			
L.23	其耕地	25	5 袋	125 袋
L.24 T	丈量（于）伊卡克北部：			
L.25	其耕地	7	5 袋	35 袋
L.26	分给塞斯之主乌努瑞斯[1]的神庙 2¾ 袋。			
L.27 T	丈量（于）麦尔湖泊的此地北部：			
L.28	其耕地	15	5 袋[2]	75 袋
L.29 T	丈量（于）胡因伊乌提东南部：			
L.30	其耕地	25	5 袋	125 袋
L.31 T	丈量（于）查阿瓦提神庙故址西部：			
L.32	其耕地	15	5 袋	75 袋
L.33 T	丈量（于）伊卡克村庄北部：			

〔1〕塞斯之主乌努瑞斯：古埃及的勇士之神和猎者之神，其崇拜地在阿拜多斯附近的塞斯。常被描绘为带有胡须，持有长矛且戴着由四支长羽毛组成的王冠的男人形象。

〔2〕5 袋：原作“10 袋”，或是书吏笔误所致，此处从加德纳改正。

		耕地（阿鲁拉）	产率（每阿鲁拉）	产量
	其耕地	10	5 袋	50 袋
	T 丈量于帕迈尔恩帕乌尔：			
	其耕地	30	5 袋	150 袋
	T 丈量于帕德本弯地：			
	其耕地	10	5 袋	50 袋
	T 丈量于伊努特乌瑞特采石场[1]：			
	其耕地	15	5 袋	75 袋
	分给位于拉神庙内阿蒙所爱之拉美西斯的葬祭庙 $5\frac{2}{4}$ 袋。			
§133	帕姆帕拉的该神庙领地。			
	T 丈量（于）沙如伊派特西部：			
	耕种者索白克霍特普耕地	15	5 袋	75 袋
§134	赫迪弯地神庙所分配领地。			
	T 丈量（于）伊乌伊乌东部：			
	宫廷马夫长帕塞尔，由			

	耕地（阿鲁拉）	税赋地（阿鲁拉）	税率（每阿鲁拉）
（作为）耕种者舍尔登人帕胡瑞普负责	3	1	$1\frac{2}{4}$ 袋
又丈量，舍尔登人普塔摩[斯]	3	1	$1\frac{2}{4}$ 袋
又丈量，由[……]伊努胡伊赫伊负责	3	1	$1\frac{2}{4}$ 袋
又丈量，由女市民巴克恩普塔负责	3	1	$1\frac{2}{4}$ 袋

A 面　第 52 栏

	耕地（阿鲁拉）	税赋地（阿鲁拉）	税率（每阿鲁拉）
T 丈量（于）伊乌伊乌东南部：			
士兵帕塔伊塞博塞提，（作为）耕种者			
牧人乌塞尔赫派什弗	3	½	$1\frac{2}{4}$ 袋
牧人乌塞尔赫尔赫派什弗	3	2	$1\frac{2}{4}$ 袋
士兵阿蒙姆海布	3	½	$1\frac{2}{4}$ 袋
士兵凯恩阿蒙	3	½	$1\frac{2}{4}$ 袋

〔1〕采石场：该词的确切含义有待考证，此处取加德纳的译法。

		耕地（阿鲁拉）	税赋地（阿鲁拉）	税率（每阿鲁拉）
L.7	女市民胡姆施努特，由其子负责	3	½	1⅔袋
L.8	女市民塔阿，由其子负责	3	½	1⅔袋
L.9	士兵帕伊瑞	3	½	1⅔袋
L.10 T	丈量于伊乌伊乌南部泛滥地东南部的河沿地：			
L.11	牧人乌塞尔赫尔赫派什弗	3	½	1⅔袋
L.12	又丈量 .20.80			
L.13	又丈量 .50 休耕地			
L.14 T	丈量（于）塞什尼北部：			
L.15	牧人奈赫特塞提	10⌋5	½	1⅔袋
L.16 T	丈量（于）美楞普塔西道的此地西北部：			
L.17	瓦布祭司塞提姆海布	10⌋5	1½	1⅔袋
L.18 T	丈量（于）伊乌伊乌东部：			
L.19	士兵阿卡乌特阿	3	½	1⅔袋
L.20	女市民塔乌尔霍特普	3	½	1⅔袋
L.21	牧人乌塞尔赫尔赫派什弗	10⌋5	1	1⅔袋
L.22	书吏塞提奈赫特，由女市民伊胡提负责	10⌋5	¼	1⅔袋
L.23	女市民塔卡瑞	3	½	1⅔袋
L.24	舍尔登人帕瓦如	10⌋5	½	1⅔袋
L.25	舍尔登执旗者腾瑞	10⌋5	½	1⅔袋
L.26	执旗者伊尼赫尔瑞赫	10⌋5	½	1⅔袋
L.27 T	丈量（于）伊乌伊乌西南部：			
L.28	瓦布祭司卡塞提	5	1	1⅔袋
L.29 T	丈量于晒恩阿派德前方的小块帕塔地：			
L.30	女市民塔奈宅姆	5	½	1⅔袋
L.31 T	丈量（于）沙如伊派特阿蒙（神庙）西部灌木丛：			
L.32	耕种者哈伊特分得阿蒙所选之赫卡玛阿特拉的葬祭庙耕地，			
L.33	领地，宅胡提摩斯（负责）	30	7½	1⅔袋
L.34 T	丈量（于）那伊瑞提西北部：			
L.35	马夫长塞提姆海布的牧马地	5	1	1⅔袋

L36 又丈量 .5.45

L37 谷仓书吏奈赫特阿蒙 5 无

L38 耕种者帕赫如 平方肘尺 .4.20。

行	内容	耕地（阿鲁拉）	税赋地（阿鲁拉）	税率（每阿鲁拉）
L39	士兵沙卡查	3	½	1²⁄₄ 袋
L40	士兵帕赫如	3	½	1²⁄₄ 袋
L41 T	丈量于此地西南部：			
L42	胡伊之子马夫长塔威	5	1	1²⁄₄ 袋
L43	马夫长派恩塞提	5	1	1²⁄₄ 袋
L44	马夫长阿卡乌特阿	5	1	1²⁄₄ 袋
L45	士兵奈布奈赫赫	3	½	1²⁄₄ 袋
L46	士兵巴塔姆海布	3	½	1²⁄₄ 袋
L47	士兵帕海姆奈特	3	½	1²⁄₄ 袋
L48	士兵拉美西斯奈赫特	3	½	1²⁄₄ 袋
L49	拉摩斯之子士兵拉美西斯奈赫特	3	½	1²⁄₄ 袋
L50 T	丈量（于）帕乌尔赫特弗村庄西北部：			
L51	献予法老之神，由书吏拉摩斯负责	20⌋5	1	1²⁄₄ 袋
L52	士兵晒德塞提	3	¼	1²⁄₄ 袋
L53	[派奈] 乌尔之子马夫长奈赫特阿	5	¼	1²⁄₄ 袋
L54	已故马夫长塞提姆海布，由其子负责	5	¼	1²⁄₄ 袋
L55	塞提哈伊博之子士兵奈布迈赫	3	¼	1²⁄₄ 袋
L56	阿卡乌特奈弗尔之子马夫长凯恩阿蒙	[5]	[¼]	1²⁄₄ 袋

A面　第53栏

行	内容	耕地（阿鲁拉）	税赋地（阿鲁拉）	税率（每阿鲁拉）
L1	士兵派奈帕赫奈特	3	¼	1²⁄₄ 袋
L2	士兵乌尔阿	3	¼	1²⁄₄ 袋
L3	士兵奈布奈弗尔	3	¼	1²⁄₄ 袋
L4	已故士兵索白克姆海布，由其子负责	3	¼	1²⁄₄ 袋
L5	马夫长塞恩奈弗尔	5	¼	1²⁄₄ 袋

L6 T 丈量（于）沙如伊派特东部，

L7 赫瑞[1]地区：

	耕地（阿鲁拉）	税赋地（阿鲁拉）	税率（每阿鲁拉）
L8 北部绿洲管理者卡瑞	5	½	$1\frac{2}{4}$ 袋
L9 法老的谷仓书吏奈赫特阿蒙 .3 无			
L10 奈赫特阿蒙之子马夫长塞提赫尔赫派什弗 5_____.			
L11 马夫长帕瓦阿蒙 .5_____.			
L12 马夫长阿蒙姆威雅	5	½	$1\frac{2}{4}$ 袋
L13 马夫长迈瑞姆伊派特	5	½	$1\frac{2}{4}$ 袋
L14 马夫长奈赫特阿	5	½	$1\frac{2}{4}$ 袋
L15 士兵 德赫特哈塞特	3	½	$1\frac{2}{4}$ 袋
L16 士兵阿蒙卡	3	½	$1\frac{2}{4}$ 袋
L17 舍尔登人凯恩斯昂赫	5	½	$1\frac{2}{4}$ 袋
L18 士兵迈瑞姆伊派特	3	½	$1\frac{2}{4}$ 袋
L19 女市民塔阿瓦乌	3	½	$1\frac{2}{4}$ 袋
L20 T 丈量于前方帕特地，			
L21 沙如伊派特：			
L22 法老的执盾者塞提赫尔赫派什弗	2⌟1	¼	$1\frac{2}{4}$ 袋
L23 T 丈量于此地东部河沿地：			
L24 马夫长伊尼那	5	1	$1\frac{2}{4}$ 袋
L25 马夫长派奈帕赫奈特	5	1	$1\frac{2}{4}$ 袋

§135 L26 该神庙诸领地由众官员负责。

L27 该神庙领地由前牛群总管赫瑞负责。

L28 T 丈量于撒帕东南部河沿地：

	耕地（阿鲁拉）	产率（每阿鲁拉）	产量
L29 耕种者帕卡蒙耕地	2	5 袋	10 袋
L30 T 丈量（于）水滨地滩涂上的帕赫提阿神庙北部：			
L31 耕地由舍尔登执旗者阿卡 阿 负责	3	5 袋	15 袋
L32 T 丈量（于）伊提村庄谷仓西北部：			

〔1〕 赫瑞：其字面意义为“在……之下”。

		耕地（阿鲁拉）	产率（每阿鲁拉）	产量
	L.33 耕种者帕卡蒙耕地	7	5 袋	35 袋
	L.34 T 丈量（于）撒帕西南部：			
	L.35 耕地由舍尔登执旗者塞提姆海布负责	8	5 袋	40 袋
§136	L.36 该神庙领地由已故牛群总管拉摩斯负责。			
	L.37 T 丈量（于）撒帕西南部：			
	L.38 耕地由书吏塞提奈赫特负责	18	5 袋	90 袋
	L.39 分给位于该地区众神之王阿蒙–拉的神庙 6¾ 袋。			
	L.40 T 丈量（于）帕德本弯地西部：			
	L.41 其耕地	5	5 袋	25 袋
	L.42 分给赫尔–敏[1]（神庙）和伊西斯[2]（神庙）1¾1/16 袋。			
	L.43 T 丈量（于）伊博神庙东部：			
	L.44 其耕地	10	5 袋	50 袋
§137	L.45 上下埃及之王阿蒙所爱之乌塞尔玛阿特拉[3]的葬祭庙，位于阿蒙神庙中。			
	L.46 该神庙领地由法老的传信书吏赫瑞姆伊乌负责。			
	L.47 由代理人赫瑞姆威雅负责。			

A 面　第 54 栏

		耕地（阿鲁拉）	产率（每阿鲁拉）	产量
	L.1 T 丈量（于）伊德胡北部：			
	L.2 耕地由马夫长帕赫如负责	5	5 袋	25 袋
§138	L.3 赫迪弯地该神庙所分配的领地。			
	L.4 T 丈量（于）伊提山庄南部：			

	耕地（阿鲁拉）	税赋地（阿鲁拉）	税率（每阿鲁拉）
L.5 马夫长伊尼那的牧马地	5	1	1⅔ 袋
L.6 士兵哈尔那伊	3	½	1⅔ 袋
L.7 T 丈量（于）此地西南部：			

〔1〕赫尔–敏：荷鲁斯神和敏神的结合。中王国时期已经出现过敏–荷鲁斯的组合，并且敏–荷鲁斯–奈赫特的组合更为常见。此处只是神祇之间组合顺序的变化。

〔2〕伊西斯：具有强大魔力的女神，奥西里斯神之妹，也是他的妻子，同时还是荷鲁斯神之母。

〔3〕阿蒙所爱之乌塞尔玛阿特拉：法老拉美西斯三世。

		耕地（阿鲁拉）	税赋地（阿鲁拉）	税率（每阿鲁拉）
l.8	战车手帕拉乌奈布弗，由			
l.9	耕种者阿查伊特弗负责	20⌟10	½	$1\frac{2}{4}$ 袋
l.10	女市民巴克恩普塔	3⌟1	½	$1\frac{2}{4}$ 袋
l.11	法老的执盾者玛伊	10⌟5	½	$1\frac{2}{4}$ 袋
l.12	法老的执盾者之首伊乌伊	10⌟5	½	$1\frac{2}{4}$ 袋
l.13 T	丈量（于）此地北部：			
l.14	法老的战车手帕拉乌奈姆弗，			
l.15	由耕种者阿查伊特弗负责	20⌟5	1	$1\frac{2}{4}$ 袋
l.16	马夫长塞提姆海布的牧马地	5	1	$1\frac{2}{4}$ 袋
l.17	士兵帕瓦赫德	3	½	$1\frac{2}{4}$ 袋
l.18 T	丈量（于）此地西部：			
l.19	马夫长普塔蒙努	5	1	$1\frac{2}{4}$ 袋
l.20	士兵奈赫特赫尔赫派什弗	3	½	$1\frac{2}{4}$ 袋
l.21 T	丈量（于）帕布胡东部的此地北部：			
l.22	普塔摩斯之子马夫长塞提卡的牧马地	5	1	$1\frac{2}{4}$ 袋
l.23	塞特神庙的瓦布祭司塞提卡	5	1	$1\frac{2}{4}$ 袋
l.24	书吏塞提哈伊博	5	½	$1\frac{2}{4}$ 袋
§139 l.25	阿哈皮尔恩拉的法老葬祭庙[1]，位于阿蒙神庙中。			
l.26 T	丈量（于）派奈伊卡瑞雅东北部：			
l.27	分给阿蒙－塞宅姆瓦（神庙）	5	½	$1\frac{2}{4}$ 袋
l.28	舍尔登人派奈伊博奈宅姆	5	½	$1\frac{2}{4}$ 袋
l.29	士兵彭特沃瑞	3	½	$1\frac{2}{4}$ 袋
l.30	士兵 奈布 奈赫特	3	½	$1\frac{2}{4}$ 袋
l.31	士兵卡摩斯	3	½	$1\frac{2}{4}$ 袋
l.32	马夫长马哈瑞塞提	3	½	$1\frac{2}{4}$ 袋
l.33	士兵帕伊瑞	3	¼	$1\frac{2}{4}$ 袋
l.34	士兵塞提卡	3	¼	$1\frac{2}{4}$ 袋

〔1〕阿哈皮尔恩拉的法老葬祭庙：指法老图特摩斯二世位于底比斯西岸的葬祭庙。

			耕地（阿鲁拉）	税赋地（阿鲁拉）	税率（每阿鲁拉）
	L.35	士兵派奈瑞努特	3	¼	$1\frac{2}{4}$ 袋
	L.36	马夫长帕阿恩派尔	3	¼	$1\frac{2}{4}$ 袋
	L.37	马夫长塞提胡海布	3	¼	$1\frac{2}{4}$ 袋
§140	L.38	阿蒙所爱之乌塞尔玛阿特拉[1]的托特－哈伊博玛阿特神庙。			
	L.39 T	丈量（于）派奈迈扎伊南部：			
	L.40	马夫长帕伊乌伊乌的牧马地	5	1	$1\frac{2}{4}$ 袋
	L.41 T	丈量于法老之湖，			
	L.42	那伊瑞提南部：			
	L.43	耕种者索白克霍特普分得卡塔法老地内耕地，			
	L.44	由税务长负责	5	1¼	$1\frac{2}{4}$ 袋

A面 第55栏

			耕地（阿鲁拉）	产率（每阿鲁拉）	产量
§141	L.1	阿蒙所爱之乌塞尔玛阿特拉的壁龛，由先知胡伊负责。			
	L.2 T	丈量（于）斯派尔迈如东部：			
	L.3	其耕地	20	5 袋	100 袋
§142	L.4	阿蒙所爱之乌塞尔玛阿特拉的壁龛，由传信书吏阿塞提负责。			
	L.5 T	丈量（于）派奈瑞胡东部：			
	L.6	其耕地	20	5 袋	100 袋
§143	L.7	阿蒙所爱之乌塞尔玛阿特拉的壁龛，由舍尔登执旗者乌塞尔玛阿特拉奈赫特负责。			
	L.8 T	丈量（于）派尔卡伊西部：			
	L.9	其耕地	40	5 袋	200 袋
§144	L.10	拉－哈拉凯悌神庙，由最伟大先知[2]负责。			
	L.11	特派特胡[3]西道神庙所分配的领地。			
	L.12 T	丈量（于）派尔卡沙西部：			

〔1〕 阿蒙所爱之乌塞尔玛阿特拉：法老拉美西斯三世。

〔2〕 最伟大先知：指赫利奥坡里斯神庙中的高级祭司。

〔3〕 特派特胡：上埃及第二十二诺姆，今埃及阿提菲。

			耕地（阿鲁拉）	税赋地（阿鲁拉）	税率（每阿鲁拉）
	L13	牧人帕拉姆海布	5	1	1 2/4 袋
	L14	牧人帕拉霍特普	5	1	1 2/4 袋
	L15	牧人瑞苏特柯努	5	1	1 2/4 袋
	L16	牧人伊瑞昂	5	1	1 2/4 袋
	L17	牧人索白克霍特普	5	1	1 2/4 袋
	L18	牧人帕奈宅姆	5	1	1 2/4 袋
	L19	牧人帕卡蒙	5	1	1 2/4 袋
	L20	牧人帕乌尔杜	5	1	1 2/4 袋
	L21	牧人帕瑞姆努提	5	1	1 2/4 袋
	L22	阿卡乌特奈弗尔之子牧人帕瑞姆努提	5	1	1 2/4 袋
	L23	马夫长阿蒙卡	5	1	1 2/4 袋
	L24	书吏塞提奈赫特，由帕卡蒙负责	5	1/4	1 2/4 袋
	L25	牧人帕奈赫西	5	1	1 2/4 袋
	L26	女市民塔伊乌伊乌	5	1/2	1 2/4 袋
	L27	牧人塞提乌奈姆弗	5	1	1 2/4 袋
§145	L28	阿蒙所爱之拉美西斯的葬祭庙，位于拉神庙中。			
	L29	赫迪弯地神庙所分配的领地。			
	L30 T	丈量（于）沙如伊派特西部：			
	L31	耕种者查卡玛分得葬祭庙耕地，			
	L32	由管理者阿蒙霍特普负责	20	5	1 2/4 袋
	L33	耕种者塞提哈伊博分得阿蒙所选之赫卡玛阿特拉的葬祭庙耕地，			
	L34	由宅胡提摩斯负责	1	1/4	1 2/4 袋
	L35 T	丈量（于）此地北部：			
	L36	马夫长塞恩奈弗尔	5	1	1 2/4 袋
	L37	马夫长阿卡乌特阿	5	1	1 2/4 袋
	L38	士兵派奈阿蒙	3	1/2	1 2/4 袋
	L39 T	丈量（于）此地［西部］：			
	L40	马夫长迈瑞塞赫姆特	5	1	1 2/4 袋
	L41	迈瑞塞赫姆特（之子）马夫长阿卡乌特阿	5	1	1 2/4 袋

L42　法老的船员侍从长索白克奈赫特　30

A面　第56栏

行		内容	耕地（阿鲁拉）	税赋地（阿鲁拉）	税率（每阿鲁拉）
L1	T	丈量于派尔乌恩东部河沿地：			
L2		耕种者伊恩瓦分得法老的卡塔地，			
L3		由先知总管负责	5	1¼	1 2/4 袋
L4		耕种者伊恩瓦土地，他本人（负责）平方肘尺 .4.20			
L5	T	丈量（于）卡姆伊派特神庙南部：			
L6		马夫长瓦西的牧马地	5	1	1 2/4 袋
L7		马夫长撒赫塔奈弗尔的牧马地	5	1	1 2/4 袋
L8	T	丈量（于）派奈卡伊玛沙西部：			
L9		马夫长普塔姆海布的牧马地	5	1	1 2/4 袋
L10	T	丈量（于）伊瑞卡克村庄东北部：			
L11		舍尔登人奈赫特凯迈特	5	1	1 2/4 袋
L12		又丈量　平方肘尺 .10.40			
L13		马夫长帕瓦赫德	5	1	1 2/4 袋
L14		马夫长奈赫特阿蒙	5	1	1 2/4 袋
L15		士兵撒迪，由塞提卡负责	3	½	1 2/4 袋
L16		牧人索白克霍特普	3	½	1 2/4 袋
L17		又丈量　平方肘尺 .2.22			
L18		献予法老之神，由法老的执盾者			
L19		塞提赫尔赫派什弗负责	20⅃5	½	1 2/4 袋
L20		舍尔登侍从派奈布瓦	5	1	1 2/4 袋
L21		士兵乌尔阿	3	1½	1 2/4 袋
L22	T	丈量（于）派奈塞奈布西部：			
L23		宅胡提姆海布之子瓦布祭司塞提哈伊博	5	1	1 2/4 袋
L24		迈瑞姆伊派特之子马夫长塞提姆海布	5	1	1 2/4 袋
L25		马夫长奈赫特赫尔赫派什弗	5	1	1 2/4 袋
L26		马夫长阿蒙摩斯	5	1	1 2/4 袋

行	内容		耕地（阿鲁拉）	税赋地（阿鲁拉）	税率（每阿鲁拉）
L27	马夫长瓦塞伯特姆努特		5	½	1 2/4 袋
L28	塞特神庙书吏摩斯		5	½	1 2/4 袋
L29 T	丈量于伊努特乌瑞特采石场：				
L30	耕种者 帕赫如分得阿蒙神庙内葬祭庙耕地，				
L31	由管理者迈瑞伊努负责		15	3½	1 2/4 袋
L32	法老的执盾者帕 赫如		20⌟10	1	1 2/4 袋
L33	又丈量	平方肘尺 .10.40			
L34	又丈量	50 休耕地			
L35	耕种者伊赫姆奈特弗	.4.20			
L36 T	丈量（于）因伊乌特东部：				
L37	马夫长撒赫奈弗尔		5	1	1 2/4 袋
L38	马夫长阿蒙卡		5	1	1 2/4 袋
L39 T	丈量（于）饲养者居所东北部：				
L40	耕种者帕赫瑞派宅特分得阿蒙所选之赫卡玛阿特拉的葬祭庙耕地，				
L41	其领地，由管理者宅胡提摩斯负责		1	¼	1 2/4 袋
L42	已故第二先知阿蒙姆伊派特，由其子负责		10⌟5	1	1 2/4 袋
L43	又丈量	平方肘尺 4.20			
L44	阿蒙伊派特之子马夫长帕赫瑞派宅特		5	½	1 2/4 袋
L45	又丈量	平方肘尺 2.10			
L46	献予法老之神，已故的奈弗尔阿伯特负责，				
L47	他曾任赫迪市长		20⌟5	½	1 2/4 袋
L48	……		5	½	1 2/4 袋
L49	又丈量	.2. 10			
L50	瓦布祭司帕巴撒		5	1	1 2/4 袋
L51	又丈量	.2. 10			

A 面　第 57 栏

行	内容		耕地（阿鲁拉）	税赋地（阿鲁拉）	税率（每阿鲁拉）
L1	宅胡提姆海布（之子）马夫长 …… 的牧马地		5	½	1 2/4 袋
L2	又丈量	2. 10			

			耕地（阿鲁拉）	税赋地（阿鲁拉）	税率（每阿鲁拉）
L3	瓦布祭司凯尼塞特，曾任马夫长帕奈赫胡海布的随从				
			5	½	$1\frac{2}{4}$ 袋
L4	又丈量	平方肘尺 .2. 10			
L5 T	丈量（于）塔伊尼恩库特的伊派特西部：				
L6	瓦布祭司塞提卡分得奈芙提斯神庙耕地		25	6¼	$1\frac{2}{4}$ 袋
L7	又丈量	平方肘尺 4.8			
L8	又丈量	12 休耕地			
L9	又丈量	.5. 19			
L10	管理者宅胡提摩斯分得阿蒙神庙内葬祭庙耕地，				
L11	由他本人负责		5	1¼	$1\frac{2}{4}$ 袋
L12 T	丈量（于）扎阿扎阿布山地东部：				
L13	瓦布祭司塞提卡分得卡塔法老地耕地，由				
L14	先知迈瑞巴瑞塞特负责（管理）		20	5	$1\frac{2}{4}$ 袋
L15	瓦布祭司塞提卡	平方肘尺 4.20			
L16	又丈量	12 休耕地			
L17	又丈量	24 休耕地			
L18	瓦布祭司塞提斯昂赫	4.20			
L19 T	丈量（于）此地东部：				
L20	巴克恩~~胡特~~之女女市民~~胡特~~荷尔姆耶阿		5	¼	$1\frac{2}{4}$ 袋
L21	女市民塔伊瑞 _____.		5	¼	$1\frac{2}{4}$ 袋
L22	女市民塞赫穆特		5	¼	$1\frac{2}{4}$ 袋
L23	瓦布祭司阿查耶特弗及其兄弟		5	¼	$1\frac{2}{4}$ 袋
L24	瓦布祭司卡乌塞提		2	½	$1\frac{2}{4}$ 袋
L25	瓦布祭司帕奈赫特塔		2	½	$1\frac{2}{4}$ 袋
L26	舍尔登人塞提卡		5	½	$1\frac{2}{4}$ 袋
L27 T	丈量（于）此地东部：				
L28	士兵派奈塔乌尔	平方肘尺 2.22			
L29	又丈量	12 休耕地			
L30 T	丈量（于）帕卡布阿西部：				

		耕地（阿鲁拉）	税赋地（阿鲁拉）	税率（每阿鲁拉）
L31	瓦布祭司［塞提卡］分得奈芙提斯神庙耕地	10	2½	1¾ 袋
L32	马夫长塞提姆海布的牧马地	5	1	1¾ 袋
L33	士兵彭特沃瑞	3	½	1¾ 袋
L34	女市民塔胡如如	5	½	1¾ 袋
L35	马夫长塞提姆海布的牧马地	5	½	1¾ 袋
L36 T	丈量（于）赫宅瑞山地南部的此地东北部：			
L37	已故女市民查阿，由其子负责	5	1	1¾ 袋
L38 T	丈量（于）斯派尔迈如东部：			
L39	阿蒙卡之子书吏塞提奈赫特 .5 无			
L40 T	丈量（于）帕卡奈赫特布阿东部：			
L41	瓦布祭司凯伊伊瑞，由其子负责	5	1	1¾ 袋
L42 T	丈量（于）“拉之所爱”神庙东南部：			
L43	舍尔登人派奈伊博奈宅姆分得王后葬祭庙耕地	20	5	1¾ 袋
L44 T	丈［量］（于）那赫尔胡山地北部：			
L45	舍尔登人派奈伊博奈宅姆分得王后葬祭庙耕地	20	5	1¾ 袋
L46	女市民塔伊瑞	3	½	1¾ 袋

A 面 第 58 栏

§146 L1 两土地之主，伟大［城墙］之南的普塔的神庙。

L2 该神庙领地由先知卡姆瓦塞特负责。

L3 丈量（于）戛布东部：

		耕地（阿鲁拉）	产率（每阿鲁拉）	产量
L4	其耕地	30	5 袋	150 袋

§147 L5 赫迪弯地神庙所分配的领地。

L6 丈量（于）那赫尔胡山地西北部：

		耕地（阿鲁拉）	税赋地（阿鲁拉）	税率（每阿鲁拉）
L7	女市民塔卡瑞	20⌋5	½	1¾ 袋
L8	士兵塞提	3	½	1¾ 袋
L9	士兵宏苏	3	½	1¾ 袋

			耕地（阿鲁拉）	税赋地（阿鲁拉）	税率（每阿鲁拉）
	L10	战车手巴克恩阿蒙	10⌋5	1	$1\frac{2}{4}$ 袋
	L11	丈量（于）塞什尼北部：			
	L12	耕种者阿卡阿乌特奈弗尔分得卡塔法老地内耕地，			
	L13	由牛群总管帕克扎负责	10	2½	$1\frac{2}{4}$ 袋
	L14	女市民塔乌尔晒德苏	5	¼	$1\frac{2}{4}$ 袋
	L15	书吏塞提奈赫特及其兄弟	3	¼	$1\frac{2}{4}$ 袋
	L16	牧人奈赫特塞提	5	½	$1\frac{2}{4}$ 袋
	L17	丈量：			
§148	L18	阿蒙所爱之拉美西斯的伟大宝座，位于普塔神庙中。			
	L19	丈量（于）戛布东部：			
	L20	耕种者宅胡提摩斯分得阿蒙神庙内葬祭庙耕地，			
	L21	其领地由他本人负责	10	2½	$1\frac{2}{4}$ 袋
	L22	马夫长乌尔什姆戛布	5	1	$1\frac{2}{4}$ 袋
	L23	马夫长卡瑞	5	1	$1\frac{2}{4}$ 袋
	L24	瓦布祭司塞提卡	5	1	$1\frac{2}{4}$ 袋
§149	L25	阿蒙所爱之拉美西斯的葬祭庙，位于普塔神庙中。			
	L26	该神庙领地由牛群总管帕克查负责。			
	L27	丈量［于］斯派尔迈如北部玛沙尔如：			

			耕地（阿鲁拉）	产率（每阿鲁拉）	产量
	L28	其耕地	40	5 袋	200 袋
	L29	丈量于［派恩］奈赫西东部河沿地：			
	L30	其耕地	3	5 袋	15 袋
	L31	丈量（于）斯派尔迈如堤坝南部：			
	L32	其耕地	40	5 袋	200 袋
	L33	丈量（于）派恩如胡东南部：			
	L34	（其）耕地	20	5 袋	100 袋
	L35	丈量（于）塔哈瑞瓦特东部：			
	L36	其耕地	5	5 袋	25 袋
§150	L37	赫迪弯地神庙所分配的领地。			

L.38 丈量（于）伊特山庄东南部：

		耕地（阿鲁拉）	税赋地（阿鲁拉）	税率（每阿鲁拉）
L.39	马夫长阿蒙瓦赫苏的牧马地	5	1	1¾ 袋
L.40	马夫长塞提摩斯的牧马地	5	1	1¾ 袋
L.41	马夫长胡瑞提的牧马地	5	1	1¾ 袋
L.42	士兵伊尼那	3	½	1¾ 袋
L.43	查克人沙乌卡查	3	½	1¾ 袋
L.44	马夫长奈赫特赫尔赫派什弗的牧马地	5	1	1¾ 袋
L.45	士兵伊恩瓦	3	½	1¾ 袋

A面　第59栏

L.1	马夫长阿蒙卡的牧马地	5	1	1¾ 袋
L.2	马夫长帕伊弗伊瑞	5	1	1¾ 袋
L.3	马夫长阿蒙霍特普的牧马地	5	1	1¾ 袋
L.4	马夫长蒙塔伊奈提的牧马地	5	1	1¾ 袋
L.5	女市民普瑞尼伊派特，由其子负责	5	1	1¾ 袋
L.6	马夫长凯恩阿蒙	5	1	1¾ 袋
L.7	已故马夫长帕布帕撒，由其子负责	5	1	1¾ 袋
L.8	丈量（于）斯派尔迈如北部迈什如：			
L.9	已故舍尔登执旗者普塔姆海布，由其子负责	10⌟5	1	1¾ 袋
L.10	女市民塔伊瑞	5	1	1¾ 袋
L.11	牛群总管帕卡查，由普塔姆海布负责	5	1	1¾ 袋
L.12	已故女市民塔乌尔霍特普，由其子负责	5	1	1¾ 袋
L.13	女市民沙瑞瑞恩拉	5	1	1¾ 袋
L.14	又（有）牛群总管帕卡查，由瓦布祭司哈德奈赫图负责	5	1	1¾ 袋
L.15	耕种者帕布奈赫特分得卡塔法老地内耕地，			
L.16	由牛群总管帕卡查负责	10	2½	1¾ 袋
L.17	女市民塔乌尔迈瑞塞提	10⌟5	1	1¾ 袋
L.18	耕种者迈瑞拉分得卡塔法老地内耕地，			

			耕地（阿鲁拉）	税赋地（阿鲁拉）	税率（每阿鲁拉）
	L.19	由塞特神庙先知胡伊负责	10	2½	$1\frac{2}{4}$ 袋
	L.20	又丈量所分得米奈特法老地内耕地	20	5	$1\frac{2}{4}$ 袋
	L.21	丈量（于）奈彻尔特西南部：			
	L.22	女市民~~胡特~~斯阿赫分得卡塔法老地内耕地，			
	L.23	由牛群总管帕卡查负责	10	2½	$1\frac{2}{4}$ 袋
	L.24	已故女市民胡姆派尔塞提，由其子负责	10⌟5	1	$1\frac{2}{4}$ 袋
	L.25	舍尔登侍从摩斯蒙尼，由其子负责	10⌟5	1	$1\frac{2}{4}$ 袋
	L.26	士兵查阿	5	1	$1\frac{2}{4}$ 袋
	L.27	舍尔登人塞提	5	1	$1\frac{2}{4}$ 袋
	L.28	执旗者迈瑞伊努	10⌟5	1	$1\frac{2}{4}$ 袋
	L.29	书吏帕布帕撒分得阿蒙神庙内葬祭庙耕地，			
	L.30	该领地由管理者迈瑞伊努负责	20	[5]	[$1\frac{2}{4}$ 袋]
	L.31	[丈]量派奈那奈赫西东部：			
	L.32	舍尔登人塞提奈赫特	20⌟5	1	$1\frac{2}{4}$ 袋
	L.33	女市民塔阿伊瑞	10⌟5	1	$1\frac{2}{4}$ 袋
	L.34	侍从帕拉姆海布	5	1	$1\frac{2}{4}$ 袋
	L.35	侍从拉摩斯	5	1	$1\frac{2}{4}$ 袋
	L.36	侍从帕卡如	5	1	$1\frac{2}{4}$ 袋
	L.37	分给塔乌尔伊斯，由瓦布祭司阿蒙卡负责	5	1	$1\frac{2}{4}$ 袋
	L.38	女市民塔乌尔卡提	5	1	$1\frac{2}{4}$ 袋
	L.39	士兵哈皮阿	3	1	$1\frac{2}{4}$ 袋
	L.40	女市民腾特戛赫斯___.	5	1	$1\frac{2}{4}$ 袋
	L.41	又（有）女市民塔阿伊瑞	5	1	$1\frac{2}{4}$ 袋
§151	L.42	多次庆祝塞德节者阿蒙所爱之拉美西斯的葬祭庙。			
	L.43	丈量（于）卡克村庄北部：			
	L.44	舍尔登人奈赫特凯迈特	5	1	$1\frac{2}{4}$ 袋
	L.45	士兵塞提姆海布	3	1	$1\frac{2}{4}$ 袋
§152	L.46	阿蒙所爱之拉美西斯的葬祭庙，位于阿蒙神庙中，由阿蒙神庙总管负责。			
	L.47	丈量（于）派奈如胡东部：			

A面　第60栏

			耕地（阿鲁拉）	税赋地（阿鲁拉）	税率（每阿鲁拉）
	马夫长迈瑞拉的牧马地		5	¼	1⅔袋
	分给阿蒙城，由帕赫如负责		5	¼	1⅔袋
§153	王后葬祭庙。				
	丈量（于）芦苇仓东部：				
	马夫长奈赫特赫派什弗		5	½	1⅔袋
	女市民巴克恩姆特		3	½	1⅔袋
	丈量（于）派奈凯奈瑞东南部：				
	马夫长伊恩瓦		5	¼	1⅔袋
	马夫长阿蒙摩斯		5	¼	1⅔袋
	马夫长帕乌尔姆海布		5	¼	1⅔袋
	士兵帕伊博奈宅姆		5⅃5	¼	1⅔袋
	士兵阿蒙霍特普		5	¼	1⅔袋
	士兵塞提姆海布		3	¼	1⅔袋
	士兵派奈瑞努特		3	¼	1⅔袋
	士兵彭特沃瑞		3	¼	1⅔袋
	士兵阿蒙姆威雅		3	¼	1⅔袋
	士兵阿蒙乌奈姆弗		3	¼	1⅔袋
	士兵塞提卡		3	¼	1⅔袋
	士兵阿蒙努特奈赫特		3	¼	1⅔袋
	士兵乌塞尔哈提		3	¼	1⅔袋
	战车手美楞普塔	.30			
	献予法老之神，由战车手				
	奈赫特阿蒙负责		40⅃10	¼	1⅔袋
§154	位于赫迪的王室码头。				
	丈量（于）帕伊特山庄东南部：				
	马夫长阿蒙乌奈姆		5	½	1⅔袋
	马夫长塞提摩斯		5	½	1⅔袋

		耕地（阿鲁拉）	税赋地（阿鲁拉）	税率（每阿鲁拉）
L28	丈量（于）派奈卡伊玛沙东部：			
L29	马夫长瑞帕伊	5	½	1 2/4 袋
L30	马夫长派奈伊努	5	½	1 2/4 袋
L31	献予法老之神，由已故拉摩斯负责			
L32		40⌟10	½	1 2/4 袋
L33	丈量（于）胡因伊乌提东南部：			
L34	瓦布祭司塞特赫尔赫派什弗	5	½	1 2/4 袋
L35	神圣祭品搬运工伊恩瓦	5	½	1 2/4 袋
L36	士兵伊瑞阿	3	½	1 2/4 袋
L37	瓦布祭司帕赫如	5	½	1 2/4 袋
L38	马夫长索白克姆海布	5	½	1 2/4 袋
L39	丈量（于）芦苇仓东北部：			
L40	马夫长派奈伊博奈宅姆的牧马地	5	½	1 2/4 袋
L41	丈量（于）伊德胡西部：			
L42	马夫长塞提卡	5	½	1 2/4 袋
L43	普塔摩斯之子马夫长塞提卡	5	½	1 2/4 袋
L44	瓦布祭司塞提凯恩	5	½	1 2/4 袋
L45	丈量（于）赫尔地区沙如伊派特东部：			
L46	迈瑞拉之子士兵塞提奈赫特	3	¼	1 2/4 袋
L47	士兵迈瑞姆伊派特	3	¼	1 2/4 袋

A 面　第 61 栏

L1	塞提哈伊博之子士兵阿蒙霍特普	3		(1 2/4) 袋
L2	献予法老之神，由执盾者塞提赫尔赫派什弗负责	5	½	1 2/4 袋

§155 L3 法老的王室码头，由帕撒革阿那伊那市长负责。

L4	丈量（于）派奈沙苏南部：			
L5	士兵索白克奈赫特	3	¼	1 2/4 袋
L6	士兵帕拉霍特普	3	¼	1 2/4 袋
L7	士兵塞提姆海布	3	¼	1 2/4 袋

			耕地（阿鲁拉）	税赋地（阿鲁拉）	税率（每阿鲁拉）
	L.8	士兵奈布斯蒙	3	1/4	1 2/4 袋
	L.9	分给沙苏的哈托尔[1]（神庙）	3	1/4	1 2/4 袋
	L.10	丈量（于）撒帕北部：			
	L.11	士兵索白克姆海布	3	1/4	1 2/4 袋
	L.12	士兵迈瑞塞提	3	1/4	1 2/4 袋
	L.13	士兵塞巴塞提	3	1/4	1 2/4 袋
	L.14	士兵伊瑞奈弗尔	3	1/4	1 2/4 袋
	L.15	马夫长索白克姆海布	5	1/4	1 2/4 袋
	L.16	马夫长帕卡查	5	1/4	1 2/4 袋
§156	L.17	该领地的法老地。			
	L.18	丈量（于）那伊瑞提西部：			
	L.19	战车副手阿尼	10⌟5	1/2	1 2/4 袋
	L.20	牧人塞提赫尔赫派什弗	10⌟5	1/2	1 2/4 袋
	L.21	丈量（于）马厩西部：			
	L.22	马夫长帕赫如沙瑞	5	1/2	1 2/4 袋
	L.23	马夫长塞特姆海布	10⌟5	1/2	1 2/4 袋
	L.24	丈量（于）派奈那奈赫西南部：			
	L.25	牧人彭特沃瑞	20⌟5	1/2	1 2/4 袋
	L.26	马夫长迈瑞拉	5	1/2	1 2/4 袋
	L.27	马夫长赫恩伊瑞	5	1/2	1 2/4 袋
	L.28	士兵派奈瑞努特	3	1/4	1 2/4 袋
	L.29	士兵赫恩苏	[3]	1/4	1 2/4 袋
	L.30	执旗者[派奈]迈赫伊	5	1/4	1 2/4 袋
§157	L.31	赫尔–敏神庙和伊西斯神庙。			
	L.32	丈量于帕德本的泛滥地：			
	L.33	耕种者帕赫如分得卡塔法老地内耕地，			
	L.34	由牛群总管拉摩斯负责	7	1 3/4	1 2/4 袋

〔1〕哈托尔：古埃及女神，是爱神、富裕之神、舞蹈之神、音乐之神，也是太阳神拉的女儿，一般以牛首人身的女性形象出现。

§158 L35 蒙玛阿特拉的“使心愉悦”葬祭庙[1]，位于阿拜多斯。

L36 该神庙所分配的领地：

L37 T 丈量（于）胡因伊乌提东南部：

L38 献予法老之神，由法老的传信书吏阿塞提

行		耕地（阿鲁拉）	税赋地（阿鲁拉）	税率（每阿鲁拉）
L39	负责	20	½	1 2/4 袋
L40	已故书吏塞特乌奈姆弗，由其子负责	5	½	1 2/4 袋
L41	维吉尔、书吏拉摩斯	5	½	1 2/4 袋
L42 T	丈量于斯派尔迈如北部空地：			
L43	马夫长阿蒙姆海布	10⌟5	½	1 2/4 袋
L44	舍尔登马夫长彭特沃瑞	5	½	1 2/4 袋
L45	士兵塞提卡	3	¼	1 2/4 袋

A面　第62栏

§159 L1 伊乌那沙那[2]之主索白克–拉的神庙[3]。

行		耕地（阿鲁拉）	税赋地（阿鲁拉）	税率（每阿鲁拉）
L2	丈量（于）派奈如胡北部：			
L3	马夫长派奈布瓦	5	½	1 2/4 袋
L4	丈量（于）胡因伊乌提东北部：			
L5	马夫长宅胡提摩斯	5	½	1 2/4 袋
L6	女市民奈弗尔伊	5	½	1 2/4 袋
L7	女市民~~胡特~~斯昂赫	5	½	1 2/4 袋
L8	士兵迈瑞帕拉	3	½	1 2/4 袋
L9	马夫长塞提卡	5	½	1 2/4 袋
L10	马夫长图伊	5	½	1 2/4 袋
L11	马夫长派奈那布瓦	5	½	1 2/4 袋
L12	索白克奈赫特之子马夫长阿蒙卡	5	½	1 2/4 袋
L13	马夫长派奈那布瓦	5	½	1 2/4 袋

〔1〕蒙玛阿特拉的“使心愉悦”葬祭庙：指法老塞索斯一世位于阿拜多斯的著名神庙。

〔2〕伊乌那沙那：位于尼罗河左岸，与提哈那位于同纬度。该地主神即索白克。

〔3〕索白克–拉的神庙：该神庙曾先后由法老塞提奈赫特、拉美西斯三世和拉美西斯四世扩建。

节	行	内容	耕地（阿鲁拉）	税赋地（阿鲁拉）	税率（每阿鲁拉）
	l.14	马夫长奈赫特赫尔赫派什弗	5	½	1 2/4 袋
	l.15	马夫长乌塞赫特伊乌特	5	½	1 2/4 袋
	l.16	马夫长帕伊米瑞赫姆奈彻尔	5	½	1 2/4 袋
	l.17	马夫长阿宅德	5	½	1 2/4 袋
	l.18	马夫长塞提哈伊博	5	½	1 2/4 袋
	l.19	马夫长塞尼	5	½	1 2/4 袋
	l.20	马夫长凯恩赫尔赫派什弗	5	½	1 2/4 袋
	l.21	马夫长玛雅伊	5	½	1 2/4 袋
	l.22	丈量（于）派奈伊提东部：			
	l.23	瓦布祭司奈赫特塞提分得奈芙提斯神庙耕地	11	3 3/4	1 2/4 袋
§160	l.24	撒卡[1]之主巴塔的神庙。			
	l.25	丈量（于）帕伊特山庄东部：			
	l.26	阿蒙瓦赫苏之子马夫长阿蒙霍特普	5	½	1 2/4 袋
	l.27	马夫长塞提姆海布	5	½	1 2/4 袋
	l.28	马夫长迪弗帕查楚	5	½	1 2/4 袋
	l.29	马夫长奈赫特阿	5	½	1 2/4 袋
§161	l.30	撒卡的阿蒙–斯尔特奈赫特[2]神庙。			
	l.31	丈量（于）派奈图图东部：			
	l.32	女市民迈赫伊，其子负责（管理）	10	½	1 2/4 袋
§162	l.33	此地的拉–哈拉凯悌（神庙）遮阳棚。			
	l.34	丈量（于）斯派尔迈如东北部：			
	l.35	战车手塞提姆海布的牧马地	10⌟5	½	1 2/4 袋
	l.36	战车手塞特摩斯	10⌟5	½	1 2/4 袋
§163	l.37	斯派尔迈如之主塞特的神庙。			
	l.38	神庙领地，由他[3]负责。			
	l.39	丈量（于）芦苇仓北部：			

〔1〕撒卡：位于今埃及艾尔凯斯。

〔2〕斯尔特奈赫特：其字面意义为“胜利预言者”。

〔3〕他：此处的“他”具体指代不明，有待详考。

		耕地（阿鲁拉）	产率（每阿鲁拉）	产量
L40	其耕地	60	5袋	300袋
L41	丈量于帕卡巴瑞：			
L42	其耕地	40	5袋	200袋
L43	丈量（于）米米撒撒：			
L44	其耕地	5	5袋	25袋
L45	丈量（于）撒帕西南部：			
L46	其耕地	30	5袋	150袋

A面　第63栏

L1	丈量（于）此地东南部：			
L2	其耕地	20	5袋	100袋
L3	丈量（于）塔伊尼恩库特西南部：			
L4	其耕地	50	5袋	250袋
L5	丈量（于）派奈如胡南部：			
L6	其耕地	20	5袋	100袋
L7	丈量于阿阿布：			
L8	其耕地	20	5袋	100袋
L9	丈量（于）派奈沙苏西南部：			
L10	其耕地	30	5袋	150袋
L11	丈量（于）伊德胡北部：			
L12	其耕地	20	5袋	100袋
L13	丈量（于）塞特神庙山庄北部：			
L14	其耕地	5	5袋	25袋
L15	丈量（于）那特瑞特西部：			
L16	其耕地	30	5袋	150袋
L17	丈量于塞特神庙北部树林：			
L18	其耕地	20	5袋	100袋
L19	丈量于塞什尼东北部河沿地。			
L20	其耕地	15	5袋	75袋

			耕地（阿鲁拉）	产率（每阿鲁拉）	产量
	L.21	丈量于斯派尔迈如东部沼泽地：			
	L.22	其耕地	20 20	5 5 袋	100 100 袋[1]
	L.23	丈量（于）瑞雅神庙南部：			
	L.24	其耕地	40	5 袋	200 袋
	L.25	丈量（于）派奈凯奈瑞北部：			
	L.26	其耕地	10	5 袋	50 袋
§164	L.27	该神庙领地由第二先知那特负责。			
	L.28	丈量（于）伊德胡北部：			
	L.29	其耕地	20	5 袋	100 袋
	L.30	丈量（于）派奈瑞恩伊博东部：			
	L.31	其 耕地	10	5 袋	50 袋
§165	L.32	该神庙领地由牛群总管帕阿卡乌特负责。			
	L.33	丈量（于）派奈瑞恩伊博：			
	L.34	其耕地	20	5 袋	100 袋
§166	L.35	丰收税：分配给该神庙。			
	L.36	丈量于阿阿布：			

			耕地（阿鲁拉）	税赋地（阿鲁拉）	税率（每阿鲁拉）
	L.37	瓦布祭司塞提晒德苏及其兄弟	5		袋
	L.38	又分得卡塔法老地内耕地，由先知胡伊负责	10	5	1¾ 袋
	L.39	丈量（于）派恩凯奈瑞北部：			
	L.40	耕种者阿蒙奈赫特分得卡塔法老地内耕地，			
	L.41	由先知胡伊负责	10	2½	1¾ 袋
	L.42	丈量于派尔卡伊西部果园：			
	L.43	管理者宅胡提摩斯分得阿蒙神庙内葬祭庙耕地，			
	L.44	该领地由他本人负责	20	5	1 袋
	L.45	瓦布祭司曼尼奈弗尔分配得卡塔法老地内的耕地，由			
	L.46	先知胡伊负责	10	2½	1¾ 袋

〔1〕按，本句内红色数字表示为双粒麦相关耕地、产率及产量。

A 面　第 64 栏

§167 该神庙中塞特–奈布乌塞尔赫尔赫派什[1]的神龛。

丈量（于）那赫尔胡山地东南部：

	耕地（阿鲁拉）	产率（每阿鲁拉）	产量
其耕地	10	5 袋	50 袋

分给地区领地内阿蒙神庙 3¾ 袋。

§168 阿蒙所爱之拉美西斯的奈芙提斯神龛，位于塞特神庙中。

丈量（于）派奈如胡东南部：

耕种者塞提卡耕地	15	5 袋	75 袋

丈量（于）塔伊尼恩库克的伊派特西南部：

其耕地	25	5 袋	125 袋

分给赫迪领地内阿蒙神庙葬祭庙 9¼1/16 袋。

丈量（于）扎阿扎阿布东部：

其耕地	18	5 袋	90 袋

丈量于斯派尔迈如北部空地：

其耕地	20	5 袋	100 袋

丈量（于）帕卡布乌阿北部：

其耕地	18	5 袋	90 袋

丈量（于）派奈伊提西南部：

其耕地	15	5 袋	75 袋

分给阿什那之主索白克–拉的神庙 5⅔1/16 袋。

丈量（于）塞特神庙山庄北部：

其耕地	20	5 袋	100 袋

丈量（于）帕卡布乌阿北部：

其耕地	10	5 袋	50 袋

分给赫迪领地内阿蒙–拉神庙葬祭庙 3¾ 袋。

丈量（于）斯派尔迈如东北部：

其耕地	10	5 袋	50 袋

〔1〕奈布乌塞尔赫尔赫派什：其字面意义为“力量与财富之主”。

L27 丈量（于）伊瑞山地东南部：

	耕地（阿鲁拉）	产率（每阿鲁拉）	产量
L28 其耕地	20	5 袋	100 袋

§169 L29 该神庙内拉–哈拉凯悌遮阳棚。

L30 丈量（于）胡因伊乌提东南部：

L31 其耕地	20	5 袋	100 袋

§170 L32 查伊弗村庄的阿蒙–查神庙。[1]

L33 丈量（于）撒帕南部：

L34 其耕地	20	5 袋	100 袋

§171 L35 丰收税：分配给该神庙。

L36 丈量（于）撒帕南部：

L37 耕种者尼苏阿蒙分得卡塔法老地内耕地，由他本人负责

耕地（阿鲁拉）	税赋地（阿鲁拉）	税率（每阿鲁拉）
10	2½	1¾ 袋

§172 L38 法老之妻威尔塔赫努特瓦提的葬祭庙。

L39 该神庙领地，曾位于十七平方肘尺神庙[2]。

L40 丈量（于）那赫尔胡山地西北部：

	耕地（阿鲁拉）	产率（每阿鲁拉）	产量
L41 耕地由舍尔登人派恩伊博［奈宅姆］负责	20	5 袋	100 袋

L42 分给赫迪领地内拉神庙的葬祭庙 7¾ 袋。

L43 丈量（于）此地北部：

L44 其耕地	20	5 袋	100 袋

L45 分给［赫迪］领地内神庙 7¾ 袋。

A 面　第 65 栏

LA 7 平方肘尺[3]

§173 L1 沙如伊派特之主阿蒙的神庙。

〔1〕按，此句具体含义不明，此处转写与译文均参考加德纳之说，存以备考。

〔2〕十七平方肘尺神庙：该词具体含义不明，存以备考。

〔3〕按，此句所属段数与行数不明，存以备考。

		耕地（阿鲁拉）	税赋地（阿鲁拉）	税率（每阿鲁拉）
L2	丈量（于）帕伊特山庄西部：			
L3	马夫长帕瓦阿蒙的牧马地	5	½	1²⁄₄ 袋
L4	丈量于沙如伊派特阿蒙神庙的灌木丛：			
L5	瓦布祭司阿蒙哈伊博	5	1	1²⁄₄ 袋
§174 L6	众神之王阿蒙–拉的神庙牧草地。			
L7	丈量（于）帕迈扎伊西北部：			
L8	马夫长塞提姆海布	5	½	1²⁄₄ 袋
L9	马夫长瓦瑞什	5	½	1²⁄₄ 袋
L10	马夫长帕布帕撒	5	½	1²⁄₄ 袋
L11	神庙总管乌塞尔玛阿特拉奈赫特，由帕赫如负责	5	½	1²⁄₄ 袋
L12	女市民塔胡如如	5	½	1²⁄₄ 袋
L13	丈量（于）乌塞尔神庙西北部：			
L14	马夫长阿蒙姆海布	5	½	1²⁄₄ 袋
L15	马夫长迈瑞姆伊派特	5	½	1²⁄₄ 袋
L16	马夫长塞提卡	5	½	1²⁄₄ 袋
L17	奈赫特阿蒙之子马夫长阿蒙姆海布	5	½	1²⁄₄ 袋
L18	马夫长乌恩查瓦	5 无		
L19	马夫长阿蒙撒乌	5___.		
L20	马夫长普塔姆海布	5___.		
L21	丈量（于）芦苇仓东北部：			
L22	马夫长巴克恩普塔	5	½	1²⁄₄ 袋
L23	军队书吏帕赫如	5	½	1²⁄₄ 袋
L24	舍尔登人查乌玛沙	10	½	1²⁄₄ 袋
L25	马夫长塞提赫尔赫派什弗	5	½	1²⁄₄ 袋
L26	帕赫瑞派宅特之子马夫长塞特奈赫特	5	½	1²⁄₄ 袋
L27	女市民昂提卡提，由她本人负责	3	½	1²⁄₄ 袋
L28	马夫长塞提摩斯	5	½	1²⁄₄ 袋
L29	法老的战车手帕拉乌奈姆弗，			
L30	由阿查伊特弗负责	10⌟5	½	1²⁄₄ 袋

L31 丈量（于）派奈如胡西北部：

L32 宫廷马夫长帕塞尔　　5 无

		耕地（阿鲁拉）	税赋地（河鲁拉）	税率（每阿鲁拉）
L33	马夫长伊瑞奈弗尔	5	1/2	1 2/4 袋
L34	丈量（于）此地西南部：			
L35	马夫长奈赫特索白克	5	1/2	1 2/4 袋
L36	马夫长塞提姆海布	5	1/2	1 2/4 袋
L37	马夫长巴塔姆海布	5	1/2	1 2/4 袋
L38	马夫长帕奈赫胡海布	5	1/2	1 2/4 袋
L39	瓦布祭司乌塞赫伊乌	3	1/2	1 2/4 袋
L40	丈量（于）派奈如胡北部：			
L41	马夫长迈瑞拉	5	1/2	1 2/4 袋
L42	丈量（于）塔伊哈如特西北部：			
L43	牧人哈德奈赫图	5	1/2	1 2/4 袋
L44	牧人派奈瑞努特	5	1/2	1 2/4 袋
L45	牧人塞德特	5	1/2	1 2/4 袋
L46	丈量（于）派奈伊努西部：			
L47	塞提姆海布之子马夫长阿蒙卡	5	1/2	1 2/4 袋
L48	牧人阿玛伊	5	1/2	1 2/4 袋

A 面　第 66 栏

L1	士兵凯恩赫尔赫派什弗	3	1/2	1 2/4 袋
L2	丈量（于）塔卡伊阿伊谷仓东南部：			
L3	牧人塞提奈赫特	5	1/4	1 2/4 袋
L4	又丈量	平方肘尺 2.10		
L5	分给阿蒙-奈阿布（神庙），由奈弗尔阿伯特负责	5	1/4	1 2/4 袋
L6	牧人塞提乌奈姆弗	5	1/4	1 2/4 袋
L7	丈量（于）胡奈瑞神庙西部：			
L8	阿蒙-奈斯特塔威神庙先知阿卡，			
L9	由牧人索白克奈赫特负责	5	1	1 2/4 袋

§		耕地（阿鲁拉）	税赋地（阿鲁拉）	税率（每阿鲁拉）
	牧人卡姆特伊尔	5	½	$1\frac{2}{4}$ 袋
§175	阿蒙神庙内阿蒙所爱之乌塞尔玛阿特拉的葬祭庙牧草地。			
	丈量（于）迈尔迈塞赫西部：			
	牧人卡姆特伊尔	5	¼	$1\frac{2}{4}$ 袋
	牧人塞提晒德苏	5	¼	$1\frac{2}{4}$ 袋
	牧人伊瑞奈弗尔	5	¼	$1\frac{2}{4}$ 袋
	献予法老之神，由拉摩斯负责	20⌟10	¼	$1\frac{2}{4}$ 袋
	阿塞提之子牧人瓦奈什	10⌟10	¼	$1\frac{2}{4}$ 袋
	拉摩斯之子士兵查卡玛	3⌟1	¼	$1\frac{2}{4}$ 袋
	法老的侍从之首索白克奈赫特	5	¼	$1\frac{2}{4}$ 袋
	法老葬祭庙牧人玛伊赫特弗	5⌟5	¼	$1\frac{2}{4}$ 袋
	丈量（于）此地东部：			
	牧人卡瑞	5	¼	$1\frac{2}{4}$ 袋
	牧人奈弗尔阿伯特	5	¼	$1\frac{2}{4}$ 袋
§176	阿蒙神庙内阿蒙所爱之乌塞尔玛阿特拉的葬祭庙牧草地。			
	丈量（于）伊瑞奈弗尔[1]神庙西北部：			
	已故书吏塞提姆威雅，由其子负责	10⌟5	½	$1\frac{2}{4}$ 袋
	丈量（于）派奈帕凯恩瑞东部：			
	马夫长巴瑞塞特赫派什弗	5	½	$1\frac{2}{4}$ 袋
	士兵凯尼塞提	3	¼	$1\frac{2}{4}$ 袋
§177	阿蒙神庙内赫拉姆海布的葬祭庙牧草地。			
	丈量（于）胡因伊乌提东部：			
	马夫长迈瑞索白克	5	½	$1\frac{2}{4}$ 袋
	马夫长索白克奈赫特	5	½	$1\frac{2}{4}$ 袋
	马夫长派奈斯塔	5	½	$1\frac{2}{4}$ 袋
	饲养者塞提摩斯	5	½	$1\frac{2}{4}$ 袋
	执旗者奈赫特阿蒙	5	½	$1\frac{2}{4}$ 袋

〔1〕 伊瑞奈弗尔：该词或是地名，或是神庙之名，本文取作地名，存以备考。

	行	内容		耕地（阿鲁拉）	税赋地（阿鲁拉）	税率（每阿鲁拉）
	L37	瓦布祭司索白克奈赫特		5	½	1¾ 袋
	L38	女市民塔乌尔阿博塞特		3	½	1¾ 袋
§178	L39	阿拜多斯的蒙玛阿特拉的葬祭庙[1]牧草地。				
	L40	丈量（于）芦苇仓南部：				
	L41	马夫长巴克恩普塔		5	½	1¾ 袋
	L42	法老的战车手帕拉乌奈姆弗，由				
	L43	耕种者阿查耶特弗负责		10	½	1¾ 袋
	L44	士兵 卡哈	平方肘尺 10.40			
	L45	又丈量	12 休耕地			

A 面　第 67 栏

	行	内容		耕地（阿鲁拉）	税赋地（阿鲁拉）	税率（每阿鲁拉）
	L1	马夫长迈瑞拉		5	½	1¾ 袋
	L2	又丈量	.1 .11			
	L3	又（有）马夫长巴克恩普塔	平方肘尺 .1.11			
	L4	马夫长迈瑞玛阿特	.4.20			
	L5	又丈量	.12 休耕地			
	L6	马夫长迈瑞拉		5	½	1¾ 袋
	L7	马夫长塞提姆海布		5	½	1¾ 袋
	L8	塞特神庙书吏拉摩斯		5	½	1¾ 袋
	L9	耕种者帕查乌姆尼乌特		5	½	1¾ 袋
	L10	耕种者晒德姆努特		5	½	1¾ 袋
	L11	侍从帕伊瑞		5	½	1¾ 袋
	L12	马夫长迈瑞玛阿特		5	½	1¾ 袋
	L13	马夫长帕瓦布赫特		5	½	1¾ 袋
	L14	耕种者胡伊奈弗尔		5	½	1¾ 袋
	L15	女市民穆特曼努		5	½	1¾ 袋
§179	L16	拉－哈拉凯悌神庙的牧草地。				

〔1〕 阿拜多斯的蒙玛阿特拉的葬祭庙：此处即法老塞索斯一世的著名神庙。

		耕地（阿鲁拉）	税赋地（阿鲁拉）	税率（每阿鲁拉）
L17	丈量（于）帕德本泛滥地东南部：			
L18	舍尔登牧人如	5	½	1 2/4 袋
L19	丈量（于）塞特神庙山庄东北部：			
L20	牧人塞提摩斯	5	½	1 2/4 袋
L21	马夫长帕伊瑞	5	½	1 2/4 袋
L22	牧人查耶弗奈赫特	5	½	1 2/4 袋
L23	神庙总管乌塞尔玛阿特拉奈赫特，由书吏帕布帕撒负责	5	½	1 2/4 袋
L24	丈量于帕德本的泛滥地：			
L25	牧人卡姆海布	5	½	1 2/4 袋
L26	牧人塞提摩斯	5	½	1 2/4 袋
L27	丈量（于）帕德本东北部：			
L28	战车手阿布派宅德，由耕种者帕奈宅姆负责	20⌋5	¼	1 2/4 袋
L29	牧人派奈瑞努特	5	¼	1 2/4 袋
L30	牧人奈布斯蒙	5	¼	1 2/4 袋
L31	牧人派奈瑞努特	5	¼	1 2/4 袋
L32	牧人帕卡蒙	[5]	¼	1 2/4 袋
L33	牧人塞提姆海布	5	¼	1 2/4 袋
L34	牧人卡姆特伊尔	5	¼	1 2/4 袋
L35	牧人昂塞提	5	¼	1 2/4 袋
§180 L36	拉神庙内阿蒙所爱之拉美西斯的葬祭庙牧草地。			
L37	丈量（于）“拉之所爱”神庙北部：			
L38	已故女市民阿蒙斯昂赫	5	½	1 2/4 袋
L39	女市民乌尔奈瑞	5	½	1 2/4 袋
L40	女市民瓦布赫胡特	5	½	1 2/4 袋
L41	舍尔登人塞提[姆]伊乌	5	½	1 2/4 袋
§181 L42	阿蒙所爱之拉美西斯的“深爱如拉”葬祭庙牧草地。			
L43	丈量（于）帕伊特山庄北部：			
L44	马夫长阿蒙姆海布的牧马地	5	½	[1 2/4 袋]

L45 丈量（于）派奈瑞伊博北部：

		耕地（阿鲁拉）	税赋地（阿鲁拉）	税率（每阿鲁拉）
L46	瓦布祭司阿查伊弗	10⌞5	½	1 2/4 袋
L47	[瓦]布祭司塞提卡	10⌞5	½	1 2/4 袋

A面 第68栏

		耕地（阿鲁拉）	税赋地（阿鲁拉）	税率（每阿鲁拉）
L1	瓦布祭司阿蒙哈提帕玛沙	10⌞5	½	1 2/4 袋
L2	书吏帕布帕撒分得卡塔法老地内耕地，			
L3	由税收负责人负责	10	2½	1 2/4 袋
L4	丈量（于）此地东部：			
L5	士兵迈瑞帕拉	3	¼	1 2/4 袋
L6	牧人阿查伊弗	5	½	1 2/4 袋
L7	瓦布祭司帕拉姆海布	5	½	1 2/4 袋
L8	瓦布祭司帕卡蒙	5	½	1 2/4 袋
L9	舍尔登人塞提哈伊博	5	½	1 2/4 袋
L10	执旗者玛哈瑞特	5	½	1 2/4 袋
L11	士兵帕奈宅姆	3	½	1 2/4 袋
L12	马夫长迈瑞拉	5	½	1 2/4 袋
L13	丈量（于）塞特神庙山庄北部：			
L14	舍尔登人塞提卡及其兄弟	5	½	1 2/4 袋
L15	丈量（于）派奈帕凯恩瑞北部：			
L16	马夫长塞提姆赫卡的牧马地	5	½	1 2/4 袋
L17	马夫长帕奈赫西	5	¼	1 2/4 袋
L18	马夫长索白克姆海布	5	¼	1 2/4 袋
L19	分给迈瑞耶阿的阿蒙神庙 5 无			
L20	女市民奈宅巴沙	5	¼	1 2/4 袋
L21	女市民伊恩瓦	5	¼	1 2/4 袋
L22	牧人巴克恩查阿	5	¼	1 2/4 袋
L23	马夫长宅胡提海布	5	¼	1 2/4 袋
L24	马夫长塞提斯阿赫	5	¼	1 2/4 袋

			耕地（阿鲁拉）	税赋地（阿鲁拉）	税率（每阿鲁拉）
	L25	马夫长帕海姆奈特	5	$\frac{1}{4}$	1$\frac{2}{4}$袋
	L26	丈量（于）沙胡如沙如南部：			
	L27	牧人乌塞尔哈提	5	$\frac{1}{2}$	1$\frac{2}{4}$袋
	L28	牧人哈提	5	$\frac{1}{2}$	1$\frac{2}{4}$袋
	L29	牧人乌塞尔塞提	5	$\frac{1}{2}$	1$\frac{2}{4}$袋
§182	L30	阿赫塔威之主，伟大城墙之南的普塔的神庙牧草地。			
	L31	丈量（于）胡[因]伊乌提东南部：			
	L32	马夫长乌塞尔玛阿特拉奈赫特	5	$\frac{1}{2}$	1$\frac{2}{4}$袋
	L33	马夫长卡姆提尔	5	$\frac{1}{2}$	1$\frac{2}{4}$袋
	L34	马夫长阿蒙卡	5	$\frac{1}{2}$	1$\frac{2}{4}$袋
	L35	马夫长卡玛哈瑞	5	$\frac{1}{2}$	1$\frac{2}{4}$袋
	L36	宅胡提姆海布之子马夫长瑞什普	5	$\frac{1}{2}$	1$\frac{2}{4}$袋
	L37	马夫长蒙提赫尔乌奈姆弗	5	$\frac{1}{2}$	1$\frac{2}{4}$袋
	L38	神庙总管乌塞尔玛阿特拉奈赫特，由代理人扎伊塞如(?)负责			
			5	$\frac{1}{2}$	1$\frac{2}{4}$袋
	L39	马夫长塞提奈赫特	5	$\frac{1}{2}$	1$\frac{2}{4}$袋
	L40	丈量（于）沙如伊派特西部：			
	L41	马夫长迈瑞塞赫姆特	5	$\frac{1}{2}$	1$\frac{2}{4}$袋
	L42	马夫长蒙特卡特弗	5	$\frac{1}{2}$	1$\frac{2}{4}$袋
	L43	马夫长帕布帕撒	5	$\frac{1}{2}$	1$\frac{2}{4}$袋
	L44	马夫长阿蒙卡	5	$\frac{1}{2}$	1$\frac{2}{4}$袋
	L45	马夫长奈赫特赫尔赫派什弗	5	$\frac{1}{2}$	1$\frac{2}{4}$袋

A面　第69栏

§183	L1	普塔神庙内阿蒙所爱之拉美西斯的伟大宝座牧草地。			
	L2	丈量（于）卡瑞伊阿谷仓东北部：			
	L3	牧人派奈瑞努	5	$\frac{1}{2}$	1$\frac{2}{4}$袋
	L4	牧人塞提奈赫特	5	$\frac{1}{2}$	1$\frac{2}{4}$袋
	L5	牧人凯恩努	5	$\frac{1}{2}$	1$\frac{2}{4}$袋

		耕地（阿鲁拉）	税赋地（阿鲁拉）	税率（每阿鲁拉）
L6	丈量（于）派奈伊卡瑞伊阿东北部：			
L7	士兵哈提塞巴	3	¼	1$\frac{2}{4}$ 袋
L8	士兵塞提赫派什弗	3	¼	1$\frac{2}{4}$ 袋
L9	士兵帕伊瑞	3	¼	1$\frac{2}{4}$ 袋
L10	士兵晒弗特奈赫特	3	¼	1$\frac{2}{4}$ 袋
L11	士兵宏苏摩斯	3	¼	1$\frac{2}{4}$ 袋
L12	马夫长摩斯	5	¼	1$\frac{2}{4}$ 袋
L13	士兵阿蒙卡			
§184 L14	普塔神庙内阿蒙所爱之拉美西斯的葬祭庙牧草地。			
L15	丈量（于）芦苇仓北部：			
L16	士兵索白克霍特普	3	¼	1$\frac{2}{4}$ 袋
L17	养蜂人普塔赫伊	5	½	1$\frac{2}{4}$ 袋
L18	女市民查阿	5	½	1$\frac{2}{4}$ 袋
L19	士兵彭特沃瑞	3	½	1$\frac{2}{4}$ 袋
L20	马夫长威晒布姆尼乌特	5	½	1$\frac{2}{4}$ 袋
L21	士兵塞提赫尔赫派什弗	3	½	1$\frac{2}{4}$ 袋
L22	养蜂人塞提赫尔赫什弗	5	½	1$\frac{2}{4}$ 袋
L23	已故马夫长奈布奈弗尔	5	½	1$\frac{2}{4}$ 袋
L24	士兵塞提姆海布	3	½	1$\frac{2}{4}$ 袋
L25	丈量（于）牧人卡摩斯居所西南部：			
L26	牧人普塔霍特普	5	¼	1$\frac{2}{4}$ 袋
L27	牧人帕奈弗尔阿卡	5	¼	1$\frac{2}{4}$ 袋
L28	牧人奈赫特姆瓦塞特	5	¼	1$\frac{2}{4}$ 袋
L29	士兵迈瑞伊努	3	¼	1$\frac{2}{4}$ 袋
L30	姆扎伊迈瑞阿蒙玛阿	5	¼	1$\frac{2}{4}$ 袋
L31	女市民昂胡特	5	¼	1$\frac{2}{4}$ 袋
L32	丈量（于）派恩伊卡瑞东部：			
L33	瓦布祭司塞提姆海布	5	¼	1$\frac{2}{4}$ 袋
L34	瓦布祭司塞提霍特普	5	¼	1$\frac{2}{4}$ 袋

	行	内容	耕地（阿鲁拉）	税赋地（阿鲁拉）	税率（每阿鲁拉）
	L35	士兵帕赫如	5	$\frac{1}{4}$	$1\frac{2}{4}$ 袋
§185	L36	位于阿拜多斯的蒙玛阿特拉的“使心愉悦”葬祭庙牧草地。			
	L37	丈量（于）沙如伊派特水滨地南部：			
	L38	马夫长哈伊	5	$\frac{1}{4}$	$1\frac{2}{4}$ 袋
	L39	马夫长帕乌尔姆海布	5	$\frac{1}{4}$	$1\frac{2}{4}$ 袋
	L40	法老的谷仓书吏奈赫特阿蒙	5	$\frac{1}{4}$	$1\frac{2}{4}$ 袋
	L41	士兵帕奈赫西	5	$\frac{1}{4}$	$1\frac{2}{4}$ 袋
	L42	马夫长塞提奈赫特	5	$\frac{1}{4}$	$1\frac{2}{4}$ 袋
	L43	士兵索白克姆海布	3	$\frac{1}{4}$	$1\frac{2}{4}$ 袋
	L44	献予法老的土地，由书吏拉摩斯负责	20	$\frac{1}{4}$	$1\frac{2}{4}$ 袋
	L45	瓦布祭司宅胡提姆海布	10⌞5	$\frac{1}{4}$	$1\frac{2}{4}$ 袋
§186	L46	塞斯之主奥努瑞斯的神庙牧草地。			
	L47	丈量（于）伊卡克村庄东部：			
	L48	马夫长帕卡瑞	5	$\frac{1}{2}$	$1\frac{2}{4}$ 袋
	L49	马夫长塞提奈赫特	5	$\frac{1}{2}$	$1\frac{2}{4}$ 袋

A 面　第 70 栏

	行	内容	耕地（阿鲁拉）	税赋地（阿鲁拉）	税率（每阿鲁拉）
	L1	士兵派奈瑞努特	3	$\frac{1}{2}$	$1\frac{2}{4}$ 袋
	L2	马夫长宅胡提姆海布	5	$\frac{1}{2}$	$1\frac{2}{4}$ 袋
	L3	马夫长帕拉姆海布	5	$\frac{1}{2}$	$1\frac{2}{4}$ 袋
	L4	舍尔登执旗者拉美西斯斯赫派尔	10	$\frac{1}{2}$	$1\frac{2}{4}$ 袋
	L5	塞特神庙书吏摩斯	10	$\frac{1}{2}$	$1\frac{2}{4}$ 袋
	L6	女市民穆特曼努	5	$\frac{1}{2}$	$1\frac{2}{4}$ 袋
	L7	耕种者帕奈赫西分得阿蒙神庙内葬祭庙耕地，			
	L8	其领地，迈瑞伊努	7	$1\frac{3}{4}$	$1\frac{2}{4}$ 袋
§187	L9	阿蒙所爱之拉美西斯阿蒙赫尔赫派什弗的“万年永存”葬祭庙[1]的白山羊饲草地。			
	L10	丈量（于）戴米湖南部：			

〔1〕阿蒙所爱之拉美西斯阿蒙赫尔赫派什弗的“万年永存”葬祭庙：指法老拉美西斯五世位于底比斯的葬祭庙。

			耕地（阿鲁拉）	税赋地（阿鲁拉）	税率（每阿鲁拉）
	L11	查克人帕克宅	5		袋
	L12	牧人乌奈什	.5 无		
	L13	牧人奈弗尔阿伯特	.5___.		
	L14	牧人帕摩斯卡	.5___.		
§188	L15	阿蒙神庙内拉所选之乌塞尔玛阿特拉的葬祭庙的白山羊饲草地。			
	L16	丈量（于）沙如伊派特西部：			
	L17	马夫长塞提姆海布的牧马地	5	½	1 2/4 袋
	L18	马夫长帕赫提恩阿蒙	20⌋5	½	1 2/4 袋
	L19	法老侍从长索白克奈赫特的河沿地	20⌋5	½	1 2/4 袋
	L20	丈量（于）派奈如胡西部：			
	L21	马夫长帕伊乌	5	¼	1 2/4 袋
	L22	马夫长帕赫如	5	¼	1 2/4 袋
	L23	马夫长塞提哈伊博	5	¼	1 2/4 袋
	L24	马夫长那什威	5	¼	1 2/4 袋
	L25	丈量（于）帕德本泛滥地南部：			
	L26	士兵帕伊瑞	3	¼	1 2/4 袋
	L27	士兵塞提卡	3	¼	1 2/4 袋
	L28	士兵塞提卡	3	¼	1 2/4 袋
	L29	丈量（于）迈尔迈塞赫东部：			
	L30	牧人卡奈弗尔及其兄弟	20⌋5	¼	1 2/4 袋
	L31	丈量（于）帕塞尔神庙北部：			
	L32	牧人伊提那伊	5	½	1 2/4 袋
	L33	又 丈量	10⌋5	½	1 2/4 袋
	L34	士兵阿蒙奈赫特	3	½	1 2/4 袋
	L35	丈量（于）查 瓦提前方神庙 故址 北部：			
	L36	牧人塞提姆海布	5	½	1 2/4 袋
	L37	牧人塞提卡	5	½	1 2/4 袋
	L38	舍尔登人帕哈皮	5	½	1 2/4 袋
	L39	牧人塞提姆海布	5	½	1 2/4 袋

L40 丈量（于）伊博牛棚东南部：

		耕地（阿鲁拉）	税赋地（阿鲁拉）	税率（每阿鲁拉）
L41	牧人阿布图恩	5	½	1 2/4袋
L42	牧人伊瑞	5	½	1 2/4袋
L43	牧人帕赫如	5	½	1 2/4袋
L44	牧人塞提卡	5	½	1 2/4袋
L45	士兵凯恩赫派尔塞特	5	½	1 2/4袋
L46	士兵哈伊	3	½	1 2/4袋
L47	士兵哈伊凯迈特	3	½	1 2/4袋
L48	牧人帕阿赫	3	½	1 2/4袋
L49	丈量（于）曼尼乌迈瑞伊努东部：			
L50	牧人帕瓦阿蒙	5	½	1 2/4袋
L51	舍尔登侍从塞提那姆	5	½	1 2/4袋
L52	舍尔登人塞提	10	½	1 2/4袋
L53	侍从派奈帕伊德胡	5	½	1 2/4袋

A面　第71栏

§189 L1 节日庆典葬祭庙白山羊饲草地领地。

L2 丈量（于）那伊瑞提西部：

L3	牧人塞提乌奈姆弗	5	¼	1 2/4袋

§190 L4 普塔神庙伟大宝座的白山羊饲草地。

L5 丈量（于）戴米湖西南部：

L6	牧人塞提晒德苏	10⌟5	¼	1 2/4袋
L7	牧人塞提奈赫特	5	¼	1 2/4袋
L8	侍从帕塔伊阿德特塔威及其兄弟	10	½	1 2/4袋

§191 L9 普塔神庙内阿蒙所爱之拉美西斯的葬祭庙的白山羊饲草地。

L10 丈量（于）派奈伊努西部：

L11	牧人阿玛伊乌	10⌟5	½	1 2/4袋

L12 丈量（于）派奈如胡西北部：

L13	女市民塔胡如如	5	½	1 2/4袋

§	行	内容	耕地（阿鲁拉）	税赋地（阿鲁拉）	税率（每阿鲁拉）
	L.14	牛群总管帕卡查	5	½	1 2/4 袋
	L.15	耕种者帕伊乌	5	½	1 2/4 袋
§192	L.16	法老国库的白山羊饲草地。			
	L.17	丈量（于）派奈迈扎西部：			
	L.18	牧人派奈瑞努特	5	½	1 2/4 袋
	L.19	神庙总管乌塞尔玛阿特拉奈赫特，由舍尔登人撒普塔负责	5	½	1 2/4 袋
	L.20	丈量（于）帕塞尔神庙西部：			
	L.21	已故牧人腾瑞伊，由其子负责	5	½	1 2/4 袋
	L.22	牧人塞提乌奈姆弗	5	½	1 2/4 袋
	L.23	牧人塞提奈赫特	5	½	1 2/4 袋
	L.24	牧人阿阿蒙	5	½	1 2/4 袋
	L.25	牧人巴瑞	5	½	1 2/4 袋
	L.26	牧人彭特沃瑞	5	½	1 2/4 袋
	L.27	牧人帕迈瑞塞赫特	5	½	1 2/4 袋
	L.28	牧人帕伊米尔伊胡蒙	5	½	1 2/4 袋
	L.29	牧人塞提奈赫特	5	½	1 2/4 袋
	L.30	马夫长帕赫姆奈彻尔	5	½	1 2/4 袋
	L.31	士兵塞提霍特普	3	½	1 2/4 袋
	L.32	马夫长塞提蒙塞德	5	½	1 2/4 袋
	L.33	舍尔登人帕伊乌	5	½	1 2/4 袋
	L.34	牧人普塔姆海布	5	½	1 2/4 袋
	L.35	女市民塔巴撒	5	½	1 2/4 袋
§193	L.36	王后葬祭庙的白山羊饲草地。			
	L.37	丈量（于）戴米西部：			
	L.38	牧人奈弗尔阿伯特	5	¼	1 2/4 袋
	L.39	牧人派奈帕伊德胡	5	¼	1 2/4 袋
§194	L.40	斯派尔迈如之主塞特的神庙的白山羊饲草地领地。			
	L.41	丈量（于）瑞赫派胡提弗居所南部：			

	行		耕地（阿鲁拉）	税赋地（阿鲁拉）	税率（每阿鲁拉）
	L.42	牧人瑞赫派胡提弗	10⌟5	½	$1\frac{2}{4}$ 袋
	L.43	士兵阿蒙奈赫特	3	½	$1\frac{2}{4}$ 袋
	L.44	牛群总管帕卡乌特	10	¼	$1\frac{2}{4}$ 袋
	L.45	丈量（于）派奈帕凯恩瑞东部：			
	L.46	牧人晒德姆杜阿	5	½	$1\frac{2}{4}$ 袋
§195	L.47	派尔瓦伊那之主塞特的神庙的白山羊饲草地领地。			
	L.48	[丈量]（于）伊博神[庙]南部：			

A 面　第 72 栏

	行		耕地（阿鲁拉）	税赋地（阿鲁拉）	税率（每阿鲁拉）
	L.1	士兵帕奈弗尔沙伊特	3	½	$1\frac{2}{4}$ 袋
	L.2	士兵索白克霍特普	3	½	$1\frac{2}{4}$ 袋
	L.3	士兵凯恩赫派尔塞提	3	½	$1\frac{2}{4}$ 袋
	L.4	士兵阿蒙卡	3	½	$1\frac{2}{4}$ 袋
	L.5	神庙总管乌塞尔玛阿特拉奈赫特，由耕种者阿蒙姆伊派特负责	5	½	$1\frac{2}{4}$ 袋

§196 L.6 法老国库，由国库总管蒙图塔威负责。

L.7 该国库领地，用作北部绿洲的驴饲料地。

L.8 丈量（于）帕伊特山庄北部：

行		耕地（阿鲁拉）	产率（每阿鲁拉）	产量
L.9	耕种者查伊斯瑞伊特耕地	21	5 袋	105 袋
L.10	丈量（于）此地东南部：			
L.11	其耕地	9	5 袋	45 袋

L.12 分给赫迪领地的法老葬祭庙 $3\frac{1}{4}\frac{1}{16}$ 袋。

§197 L.13 法老国库的左边[1]：

L.14 该国库领地，用作北部绿洲的驴饲料地。

L.15 丈量（于）帕伊特山庄北部：

〔1〕国库的左边：此句释义不明。加德纳认为“左边”一词与底比斯修建王室陵墓的工匠村有着密切的联系：某些文献中，工匠们被均等地分为“左边”和“右边”两组。不过，也有人认为是陵墓的左边和右边。加德纳曾经还认为这是指尼罗河岸的左右之分。

			耕地（阿鲁拉）	产率（每阿鲁拉）	产量
	L.16	耕种者宏苏耕地	21	5 袋	105 袋
	L.17	丈量（于）此地东北部：			
	L.18	其耕地	9	5 袋	45 袋
	L.19	分给赫迪领地的法老葬祭庙 3¼1/16 袋。			
§198	L.20	米奈特法老地，由先知总管迈瑞巴瑞塞特负责。			
	L.21	丈量于派尔乌恩东部河沿地：			
	L.22	其耕地	5	5 袋	25 袋
	L.23	分给赫迪领地的拉神庙内葬祭庙 1¾ 袋。			
§199	L.24	米奈特法老地，由塞特神庙先知胡伊负责。			
	L.25	丈量于斯派尔迈如北部的迈什如：			
	L.26	耕种者胡伊耕地	20	5 袋	100 袋
	L.27	分给普塔神庙内阿蒙所爱之拉美西斯的葬祭庙 7²⁄4 袋。			
	L.28	丈量（于）“伊瑞奈弗尔”神庙西部：			
	L.29	其耕地	20	5 袋	100 袋
	L.30	分给该神庙 7²⁄4 袋。			
§200	L.31	米奈特法老地，由税务长负责。			
	L.32	丈量（于）伊德胡南部：			
	L.33	耕种者塞提摩斯耕地	40	5 袋	200 袋
§201	L.34	卡塔法老地由他本人负责。			
	L.35	丈量（于）那伊瑞提西北部：			
	L.36	耕种者帕赫如耕种	5	5 袋	25 袋
	L.37	丈量（于）此地西南部的拉摩斯神庙南部：			
	L.38	其耕地	20	5 袋	100 袋
	L.39	分给赫迪领地的法老葬祭庙 7²⁄4 袋。			
	L.40	丈量（于）帕迈扎伊北部：			
	L.41	其耕地	10	5 袋	50 袋
	L.42	丈量（于）伊德胡南部：			
	L.43	其耕种	60	5 袋	300 袋

A面　第73栏

		耕地（阿鲁拉）	产率（每阿鲁拉）	产量
L1	丈量（于）伊乌伊乌西南部：			
L2	其耕地	3	5袋	15袋
L3	丈量（于）帕迈扎伊南部：			
L4	其耕地	15	5袋	75袋
L5	丈量于洼地的西克莫湖，			
L6	沙如伊派特：			
L7	其耕地	5	5袋	25袋
L8	分给赫迪领地的法老葬祭庙1¾1⁄16袋。			
L9	丈量于那伊瑞提南部法老湖：			
L10	其耕地	5	5袋	25袋
L11	分给阿蒙所爱之乌塞尔玛阿特拉的“使真理愉悦”托特神庙1¾1⁄16袋。			
L12	丈量于西克莫湖东部河沿地：			
L13	（其）耕地	4	5袋	20袋
L14	丈量（于）派奈如胡北部：			
L15	其耕地	10	5袋	50袋
L16	分给赫迪领地的法老葬祭庙3¾袋。			
L17	丈量（于）此地西部：			
L18	其耕地	10	5袋	50袋
L19	丈量（于）帕迈扎伊北部：			
L20	其耕地	20	5袋	100袋
L21	丈量（于）那伊瑞提西部：			
L22	其耕地	5	5袋	25袋
L23	丈量（于）派奈瑞努特东部：			
L24	其耕地	10	5袋	50袋
L25	分给阿蒙所爱之拉美西斯的“拉之所爱”葬祭庙3¾袋。			
L26	丈量（于）斯派尔迈如西北部：			
L27	其耕地	10	5袋	50袋
L28	丈量（于）派奈瓦宅西部：			

			耕地（阿鲁拉）	产率（每阿鲁拉）	产量
	L29	其耕地	5	5 袋	25 袋
§202	L30	卡塔法老地，由斯派尔迈如市长负责。			
	L31	丈量（于）此地北部空地：			
	L32	军需官帕伊瑞耕地	8	5 袋	40 袋
	L33	丈量（于）塞什尼东部：			
	L34	其耕地	2	5 袋	10 袋
	L35	丈量（于）帕伊瑞山地南部：			
	L36	其耕地	10	5 袋	50 袋
§203	L37	卡塔法老地，由普塔神庙牛群总管帕卡查负责。			
	L38	丈量（于）那彻西南部：			
	L39	其耕地	10	5 袋	50 袋
	L40	分给普塔神庙的阿蒙所爱之拉美西斯的葬祭庙 3¾ 袋。			
	L41	丈量于斯派尔迈如北部的迈什如：			
	L42	其耕地	10	5 袋	50 袋
	L43	分给 普塔神庙的阿蒙所爱之拉美西斯的葬祭庙 3¾ 袋。			

A 面　第 74 栏

	L1	丈量（于）塞什尼西北部：			
	L2	其耕地	10	5 袋	50 袋
	L3	分给普塔神庙的阿蒙所爱之拉美西斯的葬祭庙 3¾ 袋。			
	L4	丈量（于）：			
§204	L5	卡塔法老地，由该葬祭庙的前牛群总管拉摩斯负责。			
	L6	丈量（于）沙如伊派特西部：			
	L7	其耕地	12	5 袋	60 袋
	L8	丈量（于）派奈如胡西北部：			
	L9	其耕地	8	5 袋	40 袋
	L10	丈量（于）：			
§205	L11	卡塔法老地，由斯派尔迈如之主塞特的神庙（先知）胡伊负责。			
	L12	丈量（于）帕赫伊西部果园：			

		耕地（阿鲁拉）	产率（每阿鲁拉）	产量
L13	其耕地	10	5 袋	50 袋
L14	分给斯派尔迈如之主塞特的神庙 3¾ 袋。			
L15	丈量（于）伊瑞奈弗尔神庙西南部：			
L16	其耕地	10	5 袋	50 袋
L17	丈量（于）那赫尔胡山地西部：			
L18	其耕地	10	5 袋	50 袋
L19	丈量（于）派奈帕凯恩瑞北部：			
L20	其耕地	5	5 袋	25 袋
L21	分给该领地的塞特神庙 1¾1/16 袋。			
L22	丈量于斯派尔迈如北部迈什如：			
L23	其耕地	10	5 袋	50 袋
L24	分给该领地的神庙 3¾ 袋。			
L25	丈量于阿布阿布：			
L26	其耕地	20	5 袋	100 袋
L27	分给该领地的神庙 7²⁄₄ 袋。			
§206 L28	卡塔法老地，由奈芙提斯神庙先知迈瑞巴瑞塞特负责。			
L29	丈量（于）伊德胡东南部：			
L30	其耕地	30	5 袋	150 袋
L31	丈量（于）扎阿扎阿东部：			
L32	其耕地	20	5 袋	100 袋
L33	分给赫迪领地拉神庙内阿蒙所爱之拉美西斯的葬祭庙 7²⁄₄ 袋。			
§207 L34	位于查伊弗村庄卡塔法老地，由查伊弗阿蒙神庙先知负责。			
L35	丈量（于）撒帕南部：			
L36	其耕地	10	5 袋	50 袋
L37	分给查伊弗村庄阿蒙神庙 3¾ 袋。			

（四）

A面 第75栏

L.1 ḥsbt-sp 4 ȝbd 2 ȝḫt sw 29 r 3 ȝbd sw 1 št in

§208 L.2 pr ỉmn-rꜥ nswt nṯrw ḫt pȝ ḥm-nṯr tpy n ỉmn

L.3 rmnyt pr pn ḫt ỉmy-r pr n ỉmn

L.4 rmnyt pr pn m ḏrt rwḏw bȝk-n-ỉmn

L.5 T ḫȝy m tȝ mȝwt nby ỉȝbt sȝ-kȝ

L.6 ỉḥt n ỉḥwty bȝk-n-ỉmn 20 ipt 5 ipt 100

§209 L.7 rmnyt pr pn nty ḥrỉ ỉr wnmt ꜥȝ n wḥȝt ḥrỉ mḥtỉ n pr pn ḫt=f

L.8 rmnyt pr pn m ḏrt rwḏw swr-mȝꜥt-ḥȝtỉ

L.9 T ḫȝy m tȝ mȝwt nby ỉȝbt sȝ-kȝ

L.10 ỉḥt n ỉḥwty wsr-ḥȝtỉ 60 ipt 5 ipt 300

§210 L.11 rmnyt pr pn ḫt ỉmy-r ỉḥw n ỉmn-rꜥ nswt nṯrw rꜥ-ms-sw-nḫt

L.12 T ḫȝy mḥtỉ pȝ dnỉt n pr-ỉȝ-hȝỉ

L.13 ỉḥt m ḏrt sš nfr 10 ipt 5 ipt 50

L.14 T ḫȝy pȝ ỉdb ỉȝbt nȝy-ỉmn

L.15 ỉḥt n=f 2 ipt 5 ipt 10

L.16 T ḫȝy m pȝ ỉdb ỉȝbt pȝ pḥwy st tn

L.17 ỉḥt n=f 2 ipt 5 ipt 10

§211 L.18 rmnyt pš pr pn tȝ kꜥḥt ḥr-dỉ

L.19 T ḫȝy m mȝwt nby ỉȝbt sȝ-kȝ

L.20 rwḏw ꜥḥȝwt-ꜥȝ mḥ-tȝ 20.80

L.21 ky ḫȝy n=f .50 wsf

L.22 rwḏw wsr-ḥȝtỉ .2.10

L.23 ỉḥwty nȝy-ỉry .2.10

L.24 ỉḥwty bȝk-n-ỉmn .2.40

L.25 ỉḥwty nȝ-sgȝwt .2.22

L.26 ky ḫȝy n=f .24 wšr

L.27 ḫȝy m mḥtỉ nȝy-ỉmn⌟

L.28 wꜥw ꜥn-ḥr-mtỉr .3. bw=f

L.29 wꜥw ptḥ-ms .3.____.

L.30 wꜥw pȝ-ḫȝrw .3.____.

L.31 wꜥw pȝ-sr .3.____.

L.32 wꜥw šd-m-dwȝ .3.____.

L.33 wꜥw srw-ḏḏw .3.____.

L.34 wꜥw wsr-ḥȝtỉ sȝ nfr-ḥrỉ .3.____.

L.35 wꜥw ḏḥwty-m-ḥb .3.____.

L.36 wꜥw pn-nst-tȝwy .3.____.

L.37 šmsw šrdn ỉb .3.____.

L.38 T ḫȝy m pȝ ỉdb ỉȝbt st tn

L.39 sš nfr-ḥtpw n pr ỉmn mḥ-tȝ 5.95

L.40 wꜥw pȝ-nḥsy .6 wšr

L.41 ꜥnḫ n nỉwt sbk-ỉn-sw .12 wšr

L.42 wꜥw pȝ-smwỉ .24 wšr

L.43 ꜥnḫ n nỉwt tȝ-ḫȝrw .5 bw=f

L.44 ky ḫȝy n=st .24 wšr

L.45 wꜥw ḥꜥy .3 bw=f

L.46 ꜥnḫ n nỉwt ȝst .3.____.

L.47 wꜥw pȝ-nḥsy .3.____.

L.48 ḫȝy ỉȝbt nȝ ꜥwt ỉȝ-rỉ-kȝk

L.49 kṯn pȝ-ḥrỉ-pḏt .60⌟5.1 ipt 1¾

L.50 ky ḫȝy ⌜n=f⌝ ⌜mḥ-tȝ⌝ 2.22

L.51 ⌜ky ḫȝ⌝y ⌜n=f⌝ ⌜…⌝ ⌜5 wšr⌝

L.52 ⌜pš … pr⌝ pn ⌜… ḥwt⌝

A面 第76栏

L.1 T ḫȝy mḥtỉ st tn

L.2 ḥry ỉḥ wpw-wȝ-ms .3.½ ipt 1¾

L.3 T ḫȝy m pȝ ỉdb ỉȝbt tȝ ḥȝyt ww-ꜥnt

L.4 ỉḥwty pȝ-ḏw pš n ỉḥt n pr sbk

L.5 rmnyt pȝ-ỉȝ-rỉ .20.3 ipt 3

L.6 ỉḥwty pȝ-ḏw mḥ-tȝ 1.11

L.7 ky ḫȝy n=f .12 wšr

L.8 sš pȝ-ȝb-nḫt .1.11

L.9 ky ḫȝy n=f .12 wšr

L.10 sš ḫꜥ-m-wȝst .50 wsf

L.11 ky ḫȝy n=f .50 wsf

L.12 T ḫȝy m rsy ỉȝbt ww-ꜥnt

L.13 pš n ṯȝtỉ nfr-rnpt pš n ỉḥwty

L.14 pȝ-ipw-nḫt .20.1 ipt 1¾

§212 L.15 rmnyt pr pn ḫt srw

L.16 rmnyt pr pn ḫt ỉdnw ptḥ-m-ḥb

L.17 T ḫȝy m pȝ ỉw ỉȝbt pȝ ḫnt

L.18 m tȝ mȝwt nby

L.19 ỉḥt n ỉḥwty ḥrwỉ 5 ipt 5 ipt 25

§213 L.20 pr mwt wrt nb mšrw

L.21 T ḫȝy m pȝ ỉdb pn-št

L.22 ḥwty pȝ-ḥy-ḥrỉ-ḥȝtỉ pš n ỉḥt n

L.23 pȝ twt n nswt wsr-ḫꜥw-rꜥ stp-n-rꜥ .5.1¼ ipt 1¾

L.24 ḥnk n pꜣ nṯr n pr-ꜥꜣ snb ḥt ỉmy-r pr-ḥḏ ḥꜥ-(m) tỉr 20⌋10.1 ipt 1¾

L.25 T ḫꜣy rsy ỉmny ḥwt nṯr sbk

L.26 sš ḥwt nṯr ḥꜥ-mtỉr .20⌋5.¼ ipt 1¾

§214 L.27 tꜣ ḥwt nt ḥḥ m rnpwt n rꜥ-ms-sw-ỉmn-ḥrỉ-ḫpš=f mr-ỉmn snb m pr ỉmn

L.28 rmnyt pr pn ḥt ḥm nṯr tpy n ỉmn rꜥ-ms-sw-nḫt

L.29 rmnyt pr pn m ḏrt rwḏw pꜣ-rꜥ-nḫt

L.30 T ḫꜣy m mḥtỉ pꜣ dnỉt n pr-ỉhꜣ

L.31 ỉḥt n ỉḥwty ỉmn-ḫꜥw 20 ipt 5 ipt [100]

L.32 T ḫꜣy m mḥtỉ pn-nꜣ-ḥtrt mḥtỉ

L.33 ỉḥt n=f 20 ipt 5 ipt [100]

L.34 pš pr ḥrw-m-ḥb m pr ỉmn ḫꜣr 7¾

L.35 T ḫꜣy m pꜣ ỉdb ḫꜣrw

L.36 ỉḥt n=f 5 ipt 5 ipt 25

L.37 pš tꜣ ḥwt rꜥ-ms-sw mr-ỉmn snb m pr rꜥ rmnyt ḥr-dỉ 1¾1⁄16

L.38 T ḫꜣy m pꜣ ỉw nty m r n mw bꜣšꜣ

L.39 ỉḥt n=f 10 ipt 5 ipt 50

§215 L.40 rmnyt pr pn ḥt srw

L.41 rmnyt pr pn ỉdnw ptḥ-m-ḥb

L.42 T ḫꜣy m pꜣ ỉdb ỉꜣbt tꜣ mꜣwt ỉmn

L.43 ỉḥt n=f 5 ipt 5 ipt 25

§216 L.44 rmnyt pr pn ḥt ỉdnw pꜣ-rꜥ-m-ḥb

L.45 T ḫꜣy m pꜣ ỉdb ỉꜣbt mn-ꜥnḫ

L.46 ỉḥt n=f 9 ipt 5 ipt 45

L.47 pš tꜣ ḥwt m pr rꜥ rmnyt ḥr-dỉ 3¼1⁄16

§217 L.48 rmnyt pr pn ḥt ḥry sꜣw sšw ḥḳ-mꜣꜥt-rꜥ-nḫt

L.49 T ḫꜣy m tꜣ mꜣwt mḥtỉ ỉꜣbt sꜣ-kꜣ

L.50 ỉḥt m ḏrt sš stḫ-nḫt 2 ipt 5 ipt [10]

L.51 pš n [tꜣ ḥwt mrỉ] mỉ rꜥ rmnyt ḥr-dỉ ḫꜣr ¾

A面　第77栏

§218 L.1 rmnyt pš n pr pn tꜣ ḳꜥḥt ḥr-dỉ

L.2 T ḫꜣy m tꜣ ḳꜣyt ỉmny sꜣ-kꜣ

L.3 mnỉw mry-rꜥ .5.¼ ipt 1¾

L.4 ꜥnḫ n nỉwt mwt-ꜣst .5 bw=f

L.5 ḥry ỉḥ pꜣ-nḥsy .5.¼ ipt 1¾

L.6 bity ḏḥwty-m-ḥb .5.¼ ipt 1¾

L.7 wꜥb ꜥšỉ .5 bw=f

L.8 ꜥnḫ n nỉwt tꜣ-my .5.¼ ipt 1¾

L.9 ky bity ḏḥwty-m-ḥb .5.¼ ipt 1¾

L.10 ḥnk n pꜣ nṯr n pr-ꜥꜣ snb ḥt ḥm nṯr kꜣ-nfr 20⌋5.¼ ipt 1¾

L.11 wtw pꜣ-ỉwỉw .5.¼ ipt 1¾

L.12 ḥry ỉḥ nfr-rnpt .5.¼ ipt 1¾

L.13 mnỉw pꜣ-ḥrỉ-pḏt .3.¼ ipt 1¾

L.14 T ḫꜣy m tꜣ ḳꜣyt mḥtỉ st tn

L.15 sš pr ꜥnḫ swn-rỉ .5.¼ ipt 1¾

L.16 šrdn swn-rỉ .5.¼ ipt 1¾

L.17 ꜥnḫ n nỉwt mwt-ꜣst .5.¼ ipt 1¾

L.18 wꜥb pꜣ-ꜥꜣ-n-rt .5 bw=f

L.19 ꜥnḫ n nỉwt tꜣfy .5.¼ ipt 1¾

L.20 ky ꜥnḫ n nỉwt mwt-st .5 bw=f

L.21 ꜥnḫ n nỉwt ḥnwt-wꜥ-tỉ .5.¼ ipt 1¾

L.22 ꜥnḫ n nỉwt mr-m-ỉmw 5.¼ ipt 1¾

L.23 ꜥnḫ n nỉwt šps-mwt .5.¼ ipt 1¾

L.24 ꜥnḫ n nỉwt my .5.¼ ipt 1¾

L.25 ꜥnḫ n nỉwt ỉꜣ-mr-ḥꜥ-tỉ 5.¼ ipt 1¾

L.26 wꜥb pꜣ-sdt .5.¼ ipt 1¾

L.27 ꜥnḫ n nỉwt mwt-ḫꜥw-tỉ .5.¼ ipt 1¾

L.28 ky ꜥnḫ n nỉwt mwt-ꜣst .5 bw=f

L.29 ꜥnḫ n nỉwt ꜣst-ḥꜥ-tỉ .5.¼ ipt 1¾

L.30 ky ꜥnḫ n nỉwt mwt-ꜣst .5.¼ ipt 1¾

L.31 wꜥb rꜥ-nfr .5.¼ ipt 1¾

L.32 mnỉw ḫn-sw-ms .5.¼ ipt 1¾

L.33 ỉdnw ptḥ-m-ḥb 10 bw=f

L.34 ḥry ỉḥ ỉmn-ḥꜥ .5.¼ ipt 1¾

L.35 wꜥw ꜥḥꜣwt-ḳn 3.¼ ipt 1[¾]

L.36 wꜥw pꜣ-wḥd 3.¼ ipt 1¾

L.37 wꜥw pꜣ-ḫꜣrw 3.¼ ipt 1¾

L.38 šrdn bꜣt-m-ḥb .3.¼ ipt 1¾

L.39 šrdn ḥrwỉ sꜣ ḥrwỉ 3.¼ ipt 1¾

L.40 ḥry ỉḥ pꜣ-mr-ḥm-nṯr 5.¼ ipt 1¾

L.41 ḥry ỉḥ ꜥḥꜣwt-nfr 5.¼ ipt 1¾

L.42 wtw ḥw-bꜣ-rw 5.¼ ipt 1¾

L.43 ỉḥwty ꜥꜣ-n-gꜣwt 5.¼ ipt 1¾

L.44 wꜥw kꜣ-nfr .5.¼ ipt 1¾

L.45 ṯk bꜣt-ḥtpw 5.¼ ipt 1¾

L.46 ṯk pn-mḥy 5.¼ ipt 1¾

L.47 šrdn stḫ-nḫt .5.¼ ipt 1¾

L.48 ky ṯk pn-mḥy 5.¼ ipt 1¾

L.49 ꜥnḫ n nỉwt tꜣ-šꜣ-kꜣ 5.¼ ipt 1¾

L.50 sš stḫ-nḫt tꜣ šnwt m ḏrt ḫn-sw-ms 5 bw=f

L.51 ḥm nṯr kꜣ-nfr n pr bꜣt 5____.

L.52 wꜥw sꜣ-rwy .3.¼ ipt 1¾

L.53 ḥry ỉḥ ỉmn-ḫꜥw .5.¼ ipt 1¾

L.54 wꜥw pꜣ-ḳꜣ-rw-iꜣ .3.¼ ipt 1¾
L.55 ky ꜥnḫ [n niwt ḥn-wꜥ-ti]
L.56 ky [...]

A面　第78栏

L.1 T ḫꜣy m mḥti iꜣdt kꜣ-ri-ti
L.2 imny nꜣ-ꜥwt
L.3 ꜥnḫ n niwt ḥꜣti-šps .5 bw=f
L.4 ꜥnḫ n niwt ḥwt-ḥri-m-ḥb .5.____.
L.5 ꜥnḫ n niwt ḥri-n-srw .5____.
L.6 mniw pꜣ-hꜣd 5____.
L.7 ꜥnḫ n niwt tꜣ-pw-rn-it 5____.
L.8 ꜥnḫ n niwt bꜣk-n-wr .5____.
L.9 bꜣk-n-ḫn-sw nty mt m ḏrt ms=<f> 5____.
L.10 iḥwty pn-idḥw 5____.
L.11 ḥry iḥ in-wꜣ 5____.
L.12 ḥry iḥ pꜣ-wꜥ-imn 5____.
L.13 ꜥnḫ n niwt wꜥb-st-nfr .5____.
L.14 pš n imn-nst-tꜣwy m ḏrt imn-wꜣḥ-sw 5____.
L.15 ḥry iḥ ḫꜥ-sbꜣ-ḫꜥ .5____.
L.16 ḥry iḥ pꜣ-wr .5____.
L.17 ꜥnḫ n niwt bwt-ḫs sꜣ .5____.
L.18 ḥm pꜣy-nḫt-m-niwt 5____.
L.19 mniw pꜣ-ḳꜣḳꜣ-ri 3 ____.
L.20 ḥry iḥ pꜣ-nb-sḫnw 5____.
L.21 ḥry iḥ imn-nḫt .5.____.
L.22 mri ḫꜣrw .5____.
L.23 mri ḥrwi .5____.
L.24 T ḫꜣy rsy imny nꜣ-hꜣ-nꜣ-š
L.25 ḥry iḥ ḥwy ḥnꜥ snw=f .10 bw=f
§219 L.26 tꜣ ḥwt nswt biti ḥḳ-mꜣꜥt-rꜥ stp-n-imn m pr imn
L.27 rmnyt pr pn
L.28 rmnyt⌋ pr pn m ḏrt rwḏw imn-m-ḥb
L.29 T ḫꜣy rsy iꜣbt ḥr-šꜣ
L.30 iḥt n=f 5 ipt 5 ipt 25
L.31 pš [n tꜣ ḥw]t m pr rꜥ rmnyt ḥr-di ḫꜣr 1[¾1⁄16]
L.32 T ḫꜣy m imny ww-ꜥnt
L.33 iḥt n=f 5 ipt 5 ipt 25
L.34 pš tꜣ šwty nty m sꜣ-kꜣ ḫꜣr 1¾1⁄16
L.35 T ḫꜣy imny pꜣ ꜥwn
L.36 iḥt n=f 5 ipt 5 ipt 25
L.37 pš n pr ḥꜥpy itf nṯrw ḫꜣr 1¾1⁄16
L.38 T ḫꜣy m tꜣ pꜥt ꜣḫ-sw
L.39 iḥt n=f 2 ipt 5 ipt 10
L.40 pš pr ḏḥwty nb ḫmnw ḫꜣr ¾
L.41 T ḫꜣy m tꜣy-ꜥnḫ
L.42 iḥt n=f 3 ipt 5 ipt 15
L.43 pš sbk-rꜥ nb iw-šꜣ-nꜣ⌋ ḫꜣr 1
§220 L.44 tꜣ ḥwt nswt biti wsr-mꜣꜥt-rꜥ mr-imn m pr imn
L.45 rmnyt pr pn ḫt stm
L.46 rmnyt pr pn m ḏrt rwḏw mry-rꜥ
L.47 T ḫꜣy m [pꜣ]-sꜣ-rw rsy imny sꜣ-kꜣ
L.48 iḥt n[=f] 4 ipt [5] ipt 20
L.49 [pš pr] [ḥrw]-m-[ḥb] [m pr] imn [ḫꜣr 1¾]

A面　第79栏

L.1 T ḫꜣy mḥti imny pꜣ ꜥwn
L.2 iḥt n=f 20 ipt 5 ipt 100
§221 L.3 rmnyt pr pn m ḏrt rwḏw mry-mꜣꜥ
L.4 T ḫꜣy rsy nꜣy-imn
L.5 iḥt n=f 10 ipt 5 ipt 50
L.6 T ḫꜣy pꜣ idb imny st tn
L.7 iḥt n=f 5 ipt 5 ipt 25
L.8 T ḫꜣy m rsy iꜣbt ḥr-šꜣ
L.9 iḥt n=f 10 ipt 5 ipt 50
L.10 pš pr ḥwt-ḥrw nb tꜣwy ww-ꜥnt ḫꜣr 3¾
§222 L.11 rmnyt pr-pn nty ḥri ir wnmt ꜥꜣ n tꜣ wḥꜣt mḥt n pr ḥt=f
L.12 T ḫꜣy m tꜣ pꜥt ḥꜣm
L.13 iḥt n=f 3 ipt 5 ipt 15
§223 L.14 rmnyt pr pn ḫt imy-r pr wsr-mꜣꜥt-rꜥ-nḫt
L.15 rmnyt pr pn m ḏrt rwḏw imn-m-wiꜣ
L.16 T ḫꜣy mḥti imny tꜣ wḥyt kꜣ-šꜣ
L.17 iꜣbt tꜣ wḥyt sꜣ-<n>-hꜣt
L.18 iḥt n=f 10 ipt 5 ipt 50
L.19 pš tꜣ ḥwt m pr rꜥ rmnyt ḥr-di ḫꜣr 3¾
L.20 T ḫꜣy m pꜣ idb iꜣbt ḥwt ḥḳ-mꜣꜥt-rꜥ stp-n-imn
L.21 iḥt n=f 3 ipt 5 ipt 15
L.22 pš n pr ḏḥwty nb ḫmnw ḫꜣr 1⁄16
L.23 T ḫꜣy rsy iꜣbt nꜣ ꜥwt i-ri-kꜣk
L.24 iḥt n=f 2 ipt 5 ipt 10
L.25 pš pr imn rꜥ nswt nṯrw rmnyt ḥr-di ḫꜣr ¾
L.26 T ḫꜣy m pꜣ wnḏw mḥti ḥwt ḥḳ-mꜣꜥt-rꜥ stp-n-imn
L.27 iḥt n=f 5 ipt 5 ipt 25
L.28 pš tꜣ ḥwt rꜥ-ms-sw-mr-imn m pr rꜥ
L.29 rmnyt ḥr-di ḫꜣr 1¾1⁄16

L30 T ḥȝy m pȝ iw n mȝwt ỉȝbt st tn
L31 ỉḥt n=f 2 ỉpt 5 ỉpt 10
L32 pš tȝ ḥwt rꜥ-ms-sw-mr-ỉmn m pr rꜥ
L33 rmnyt ḥr-dỉ ẖȝr ¾
L34 T ḥȝy m pȝ ẖnm mḥtỉ st tn
L35 ỉḥt n=f 2 ỉpt 5 ỉpt 10
L36 pš n pr pn rmnyt tn ẖȝr ¾
L37 T ḥȝy m pȝ ỉdb ỉȝbt ⸢tȝ⸣ mȝwt ỉmn ỉȝbt sȝ-kȝ
L38 ỉḥt n=f 2 ỉpt 5 ỉpt 10
L39 T ḥȝy m ỉȝbt nȝ ỉȝdt rỉ-mꜥ
L40 ỉḥt n=f 10 ỉpt 5 ỉpt 50
L41 pš n tȝ ḥwt m pr rꜥ rmnyt tn ẖȝr 3¾
§224 L42 rmnyt pr pn m ḏrt rwḏw ꜥšȝ-m-ḥb
L43 T ḥȝy m šȝ rsy ḥwt nṯr sbk
L44 ỉḥt n=f 5 ỉpt 5 ỉpt 25
L45 ⸢T⸣ ⸢ḥȝ⸣y m ỉȝbt ⸢tȝ wḥyt⸣ kȝ-šȝ
L46 ⸢ỉḥt⸣ n=f 5 ỉpt 5 ỉpt ⸢25⸣
L47 ⸢pš n⸣ ⸢s⸣t wr m pr ptḥ ẖȝr 1¾1/16

A面　第80栏

L1 T ḥȝy m tȝy ꜥnḫ
L2 ỉḥt n=f 5 ỉpt 5 ỉpt 25
L3 pš n pr rswt-rꜥ ẖȝr ¾⅛
§225 L4 rmnyt pr pn m ḏrt rwḏw sn-nfr
L5 T ḥȝy ỉȝbt ḥwt nṯr sbk tȝ ỉȝdt nȝy šnꜥ
L6 ỉḥt n ỉḥwty ỉmn-ḥꜥw 5 ỉpt 5 ỉpt 25
L7 T ḥȝy mḥtỉ mn-ꜥnḫ
L8 ỉḥt n=f 5 ỉpt 5 ỉpt 25
§226 L9 rmnyt pr pn ḫt ỉmy-r pr pȝ-ỉ-rỉ
L10 T ḥȝy ỉȝbt pn-nȝ-ḥtrt-mḥtỉ
L11 ỉḥt n ỉḥwty ḏḥwty-m-ḥb 20 ỉpt 5 ỉpt 100
§227 L12 rmnyt pr pn m ḏrt rwḏw ỉn-wȝ
L13 T ḥȝy m tȝ ḳȝyt rsy ỉmny sȝ-kȝ
L14 ỉḥt n=f 30 ỉpt 5 ỉpt 150
L15 T ḥȝy m mḥtỉ ḥrw-ḥꜥꜥ
L16 ỉḥt n=f 2 ỉpt 5 ỉpt 10
L17 T ḥȝy mȝwt nby ỉȝbt sȝ-kȝ
L18 ỉḥt n=f 5 ỉpt 5 ỉpt 25
§228 L19 rmnyt pš n pr pn tȝ ḳꜥḥt ḥr-dỉ
L20 T ḥȝy m mḥtỉ ḥr-šȝ
L21 ḥry ỉḥ rꜥ-nfr .5⌋1.¼ ỉpt 1¾
L22 ḥry ỉḥ pȝ-rꜥ-⸢ḥrỉ⸣-wnmy=f 5⌋1.¼ ỉpt 1¾
L23 ḥry ỉḥ nḫt-ḥrỉ-ḫpš=f 5⌋1.¼ ỉpt 1¾
L24 ḥry ỉḥ ḥrwỉ .5⌋1.¼ ỉpt 1¾
L25 ḥry ỉḥ nḫt-ḥrỉ-ḫpš=f 5⌋1.¼ ỉpt 1¾
L26 T ⸢ḥȝ⸣y ỉmny nȝ ꜥwt ỉ-rỉ-kȝk
L27 ⸢pš⸣ n ỉmn pȝ-srw m ḏrt wꜥb pȝ-nḫt-m-nỉwt
10⌋5.¼ ỉpt 1¾
L28 T ḥȝy mḥtỉ ỉmny pȝ ꜥwn
L29 wꜥw rꜥ-ḥḳ-⸢n⸣-nḥḥ .3⌋1.¼ ỉpt 1¾
L30 skt nḫt-ḥrỉ-ḫpš=f .5⌋1.¼ ỉpt 1¾
L31 ḥry ỉḥ pȝ-ỉs 5⌋1.¼ ỉpt 1¾
L32 wꜥw ỉmn-nḫt .3⌋1.¼ ỉpt 1¾
L33 wꜥw ỉmn-ḥtpw .3⌋1.¼ ỉpt 1¾
L34 wꜥw nb-wꜥỉ .3⌋1.¼ ỉpt 1¾
L35 wꜥw nḫt-ḫpš=f 3⌋1.¼ ỉpt 1¾
L36 wꜥw tȝ-ḫry-rdwỉ=f 3⌋1.¼ ỉpt 1¾
L37 ḥry ỉḥ ḳn-ỉmn sȝ ỉmn-m-ḥb 5⌋1.¼ ỉpt 1¾
L38 wꜥw pȝ-wꜥ-ỉmn 3⌋1.¼ ỉpt 1¾
L39 ḥry ỉḥ ḳn-ḥrỉ-ḫpš=f .5⌋1.¼ ỉpt 1¾
L40 ḥry ỉḥ wȝ-rỉ-m 5⌋1.¼ ỉpt 1¾
L41 ḥry ỉḥ nb-wꜥỉ .5⌋1.¼ ỉpt 1¾
L42 wꜥw ḏḥwty-m-ḥb .3⌋1.¼ ỉpt 1¾
L43 wꜥw ꜥnt-m-ḥb 3⌋1.¼ ỉpt 1¾
L44 ṯȝy sryt pȝ-nḫt-m-nỉwt 5⌋1.¼ ỉpt 1¾
L45 pš n sbk m ḏrt pȝ-sr 10 bw=f
L46 ḥry ỉḥ mry-rꜥ .5⌋1.⸢¼⸣ ỉpt 1¾

A面　第81栏

L1 T ḥȝy ỉmny ⸢ỉ⸣ȝdt tȝ šnwt
L2 ḥry ỉḥ pȝ-sr .5 bw=f
L3 ḥry ỉḥ sbk-ḥtpw .5.¼ ỉpt 1¾
L4 wꜥw pȝ-ꜥȝ-m-nỉwt 3.¼ ỉpt 1¾
L5 T ḥȝy rsy ỉȝbt tȝ ỉsbt sȝ-kȝ
L6 wꜥw mr-m-ỉpt .3.¼ ỉpt 1¾
L7 wꜥw ptḥ-m-ḥb .3.¼ ỉpt 1¾
L8 wꜥw pȝ-wbḫt .3.¼ ỉpt 1¾
L9 wꜥw ỉmn-m-ỉpt .3.¼ ỉpt 1¾
L10 wꜥw pȝ-rꜥ-ḥꜥw 3 .¼ ỉpt 1¾
L11 wꜥw nb-wꜥ .3.¼ ỉpt 1¾
L12 wꜥw ỉmn-ḥtpw .3.¼ ỉpt 1¾
L13 ḥry ỉḥ nfr-ḥrỉ .3.¼ ỉpt 1¾
L14 wꜥw ḫn-sw .3.¼ ỉpt 1¾
L15 wꜥw ꜥȝ sȝ sbk-nḫt 3.¼ ỉpt 1¾
L16 wꜥw mr-m-ỉpt .3.¼ ỉpt 1¾
L17 ḥry ỉḥ ḳn-ỉmn 5.¼ ỉpt 1¾

L18　ḥry iḥ sbk-nḫt 5.¼ ipt 1¾

L19 T　ḫꜣy mḥti pꜣ dnit n pr-iḥꜣ

L20　wʿb pn-pꜣ-iḥꜣy .5.¼ ipt 1¾

L21　ḥry iḥ pn-tꜣ-wr .5.¼ ipt 1¾

L22　ḥnk n pꜣ nṯr n pr-ʿꜣ snb ḫt nṯr itf ḥʿ-mtir 10⌟1.¼ ipt 1¾

L23 T　ḫꜣy mḥti imny tꜣ wḥyt kꜣ-šꜣ

L24　ḥry iḥ ḥʿ-mtir 20⌟5.¼ ipt 1¾

L25 T　ḫꜣy rsy iy-mr-nf

L26　wʿb pꜣ-sr pš iḥt n pr sbk iy-mrwt-nf .10.2½ ipt 1¾

L27 T　ḫꜣy rsy imny ḥwt nṯr sbk

L28　sš pꜣ-iḥꜣy pš iḥt n pr sbk

L29　rmnyt ḥm nṯr sn-nw ḥrwi .5.1¼ ipt 1¾

L30　wʿb sꜣw=f ḥnʿ [sn]w=f 5⌟5.½ ipt 1¾

L31 T　ḫꜣy rsy imny st tn

L32　sprw msḥ šrdn iy-m-niwt 5⌟1.¼ ipt 1¾

L33　ḥnk n pꜣ nṯr n pr-ʿꜣ snb ḫt ḥry iḥ ḥnw ḥʿ-mtir 20⌟5.¼ ipt 1¾

L34　sḏmw pꜣ-nḫ-nḫt 5⌟1.¼ ipt 1¾

L35 T　ḫꜣy m pꜣ idb rsy imny st tn

L36　sš ḫꜣrw n ṯꜣti .20⌟5.¼ ipt 1¾

L37 T　ḫꜣy rsy iꜣbt st tn

L38　wʿb ḫꜣrw sꜣ pn-tꜣ-wr ḥnʿ snw=f 5⌟1.¼ ipt 1¾

L39 T　ḫꜣy mḥti iꜣbt st tn m pꜣ hrw ḏꜣwt

L40　wʿb sꜣw=f ḥnʿ snw=f 60⌟1.¼ ipt 1¾

L41 T　ḫꜣy mḥti ḥwt nṯr sbk pꜣ štꜣ rʿ

L42　sš pꜣ-iḥꜣy pš n iḥt n⌟ pr sbk

L43　rmnyt ḥm nṯr sn-nw ḥrwi .20.5 ipt 1¾

L44 T　ḫꜣy rsy iꜣbt mn-ʿnḫ

L45　wʿb rʿ-iꜣ nty mt m ḏrt ms=<f> .5 bw=f

L46　ḥm nb-nfr nty mt m ḏrt ms=<f> 5⌟1.¼ ipt 1¾

L47　i[ḥwty] pꜣ-wr-ʿꜣ

L48　[mniw] ʿꜣ-ḥrw [...]

L49　[...][...][...]

A面　第82栏

L1　mniw ḥʿ-m-ipt　5 bw=f

L2　ḥm nḫt-sbki　.5____.

L3　wʿb nḫt-ḥri-ḫpš=f　5____.

L4　ḥry iḥ nfr-ʿbt　.5____.

L5　wʿb pꜣ-kꜣmn　.5____.

L6　sš nḫt-ḥri-ḫpš=f　.3____.

L7　ʿnḫ n niwt tꜣ-kꜣmn　.5____.

L8　wʿb pꜣ-ꜣbw-nḫt　5____.

L9　wʿb wsr-ḫʿw-rʿ-nḫt　5____.

L10　rwḏw imn-ḫʿw　.5____.

L11　ḥmww pn-imn <sꜣ> mʿ-iꜣ 5____.

L12 T　ḫꜣy rsy iꜣbt ḥr-šꜣ

L13　wʿw pn-pꜣ-mr　3 bw=f

L14　wʿw ḥri-nfr 3.¼ ipt 1¾

L15　wʿw pꜣ-rḥ-nw 3.¼ ipt 1¾

L16　wʿw ḥʿ-mtir 3.¼ ipt 1¾

L17　ḥry iḥ mry-rʿ .5.¼ ipt 1¾

L18　ḥry iḥ nḫt-ḥri-ḫpš=f 5.¼ ipt 1¾

L19　ḥry iḥ imn-ḥtpw .5.¼ ipt 1¾

L20　ḥry iḥ ṯꜣw-ḥt=f 5.¼ ipt 1¾

L21　ḥry iḥ pꜣ-ṯꜣw-ḥt=f sꜣ ḥʿ-m-ipt 5.¼ ipt 1¾

L22　ḥry iḥ nḫt-ḥri-ḫpš=f sꜣ sdt 5 bw=f

L23　ḥry iḥ pꜣ-ʿꜣ-m-niwt=f 5.¼ ipt 1¾

L24　ḥnk n pꜣ n nṯr pr-ʿꜣ snb ḫt ḥm nṯr sn-nw

L25　ḥʿ-mtir stꜣt 10.¼ ipt 1¾

L26 T　ḫꜣy m kꜣyt rsy ww-ʿnt

L27　imy-r pr-ḥḏ ḥʿ-mtir m ḏrt

L28　iḥwty rʿ-ms　.20 bw=f

L29　ʿnḫ n niwt tꜣ-my　.10____.

L30　ʿnḫ n niwt nḏm ḥnʿ snw=st [10]____.

L31 T　ḫꜣy imny iꜣdt ḏd-sw⌟

L32　wʿw ḥn-sw　.3 bw=f

L33　ḥnk n pꜣ nṯr n pr-ʿꜣ snb ḫt ḥm nṯr ptḥ-ms .40 bw=f

L34　sš nt tmꜣ hꜣd-nḫt m ḏrt=f 20____.

L35　ḥnk n pꜣ nṯr n pr-ʿꜣ snb ḫt ḥry iḥ

L36　ḥʿ-mtir n ḥnm　.20____.

§229 L37　rmnyt pr ḫt imy-r šnwt imn-nḫt

L38 T　ḫꜣy m mḥti pꜣ dnit n pr-<i> hꜣ

L39　iḥt n=f 5 ipt 5 ipt 25

§230 L40　rmnyt pr pn ḫt imy-r iḥw rʿ-ms-sw-nḫt

L41 T　ḫꜣy m mḥti imny nꜣ iꜣdt ri-mʿ

L42　iḥt m ḏrt sš nfr-ḥtpw 10 ipt 5 ipt 50

L43　pš tꜣ ḥwt m pr rʿ ḥꜣr 3¾

§231 L44　tꜣ ḥwt wsr-mꜣʿt-rʿ-stp-n-rʿ snb m pr imn

L45　rmnyt pš n pr pn tꜣ kʿḥt ḥr-di

L46 T　ḫꜣy m rsy imny nꜣy-imn

L47　pš n sbk m ḏrt ʿnḫ n niwt ḥʿ-ti 5 bw=f

L48　wʿw ḥn-sw　.3 ____.

L49　wʿw pꜣ-nḥsy　.3 ____.

L50 wꜥw ḥrw-mn .3 ____.
L51 wꜥw ḫꜥ-mtỉr 3 ____.
L52 wꜥw ꜥn-ḥtp[w] .3 ____.

A面　第83栏

L1 T ḫꜣy m tꜣ-wbdt ỉmny ḥwt nṯr sbk
L2 ỉdnw pꜣ-m-ḥb .10 bw=f
L3 sš nb-snkt .10____.
L4 T ḫꜣy m pꜣ ỉw ỉꜣbt ww-ꜥnt⌋
L5 sš pn-sḫmt pš n ỉḥt n pr sbk
L6 rmnyt pꜣ-ỉ-rỉ 2.½ ỉpt 1 2/4
§232 L7 pr ptḥ mr-n-ptḥ n rꜥ-ms-sw-mr-ỉmn snb
L8 ḫꜣy tꜣ mꜣwt nby m ḏrt rwrw
L9 ỉḥwty pꜣ-ṯwṯꜣ pš n ỉḥt n pr ḥỉmnt snb
L10 rmnyt rwḏw mr-n-ptḥ 20.5 ỉpt 1 2/4
L11 ỉḥwty pꜣ-ṯwṯꜣmḥ-tꜣ 2.22
L12 ky ḫꜣy n=f mḥ-tꜣ 24 wšr
§233 L13 pr ḥrw-m-ḥb m pr ỉmn
L14 T ḫꜣy m tꜣ isbt rsy sꜣ-kꜣ
L15 ỉḥwty stḫ-ms pš ỉḥt n pr ỉmn
L16 rmnyt rwḏw mry-rꜥ .3.1 ỉpt 1 2/4
L17 T ḫꜣy ỉmny ḥwt nṯr sbk tꜣ nhꜣ tꜣ ꜥhꜥ⌋
L18 ỉḥwty pꜣ-bpꜣ-sꜣ pš n ỉḥt n pr sbk
L19 rmnyt ḥm nṯr ptḥ-ms .10.2 ½ ỉpt 1 2/4
L20 T ḫꜣy mḥtỉ pn-nꜣ-ḥtrt-mḥtỉ
L21 ỉḥwty pꜣ-ꜥn-hꜣ-ib pš ỉḥt
L22 tꜣ ḥwt pr-ꜥꜣ snb rmnyt pꜣ-rꜥ-nḫt 20.[5] ỉpt 1 2/4
§234 L23 tꜣ ḥwt nswt [mn]-mꜣꜥt-rꜥ m ꜣbdw
L24 T ḫꜣy [tꜣ] mꜣwt nby ỉꜣbt sꜣ-kꜣ
L25 sš stḫ-nḫt m ḏrt šrdn ṯꜣ-ꜥꜣ .10.¼ ỉpt 1 2/4
§235 L26 pꜣ sšmw pr-ꜥꜣ snb ḥt ỉmy-r pr-ḥḏ ḫꜥ-mtỉr
L27 T ḫꜣy rsy ỉꜣbt mn-ꜥnḫ
L28 ỉḥt m ḏrt ỉḥwty ỉmn-ḫꜥw 14 ỉpt 7 2/4 ỉpt 105
L29 pš n ḥwt rꜥ-ms-sw mr-ỉmn snb m pr rꜥ ḫꜣr
7¼ 1/16
§236 L30 tꜣ ḥwt rꜥ-ms-sw mr-ỉmn snb m pr rꜥ
L31 rmnyt pš pr [pn] ḳꜥht ḥr-di
L32 T ḫꜣy rsy ỉ-rỉ-kꜣk
L33 ḥry ỉḥ pn-tꜣ-wr 10⌋5.¼ ỉpt 1 2/4
L34 ky ḫꜣy n=f mḥ-tꜣ .5.45
L35 ky ḫꜣy n=f .100 wsf
L36 ỉdnw pꜣ-rꜥ-m-ḥb .3.¼ ỉpt 1 2/4
L37 ky ḫꜣy n=f [mḥ-tꜣ] 24 wsf

L38 [T] [ḫꜣy] [...] [nꜣ ỉꜣdt] rỉ-mꜥ
L39 [...][...][...]

A面　第84栏

L1 [T] ḫꜣy rsy ỉꜣbt [st] tn
L2 pš n ỉmn [šd]-ḥw m niwt .10 bw=f
L3 T ḫꜣy rsy ỉ-rỉ-kꜣk
L4 pš n ỉmn n pꜣ mr .2 .¼ ỉpt 1 2/4
L5 ky ḫꜣy n=f .mḥ-tꜣ 5.19
L6 ky ḫꜣy n=f .12 wsf
L7 sš msꜥ ꜥḥꜣwt-ꜥꜣ 12 wsf
L8 mrỉ ptḥ-m-ḥb .24 wšr
L9 sḏmw nfr-ꜥbt n pꜣ ḫꜣ pr-ꜥꜣ snb .24 wšr
L10 kṯn pꜣ-ḥrỉ-pḏt .50 wšr
L11 ḥry ỉḥ ḥwy .12 wsf
L12 ḥry ỉḥ nḫt-ḫpš=f .4.20
L13 ḥry ỉḥ ḫꜥ-sbꜣ-ḫꜥ .4.20
L14 sḏmw pꜣ-nḏm .4.20
L15 ḥry ỉḥ pꜣ-wr 4.20
L16 ky sḏmw pꜣ-nḏm .50 wsf
L17 ky ḥry ỉḥ ḫꜥ-sbꜣ-ḫꜥ 12 wsf
L18 T ḫꜣy rsy ỉmny st tn
L19 ḥry ỉḥ pꜣ-kꜣmn 5.¼ ỉpt 1 2/4
L20 ḥry ỉḥ nḫt-ḫpš=f sꜣ stḫ-ms 5.¼ ỉpt 1 2/4
L21 ḥry ỉḥ pꜣ-wꜥ-ỉmn .5.¼ ỉpt 1 2/4
L22 wꜥw nfr-ꜥbt .3.¼ ỉpt 1 2/4
L23 wꜥw sbk-m-ḥb .3.¼ ỉpt 1 2/4
L24 wꜥw ptr-tw-kmt 3 .¼ ỉpt 1 2/4
L25 wꜥw pꜣ-nḥsy .3.¼ ỉpt 1 2/4
L26 wꜥw pꜣ-try .3.¼ ỉpt 1 2/4
L27 wꜥw rꜥ-ms .3 ¼ ỉpt 1 2/4
L28 T ḫꜣy rsy ỉmny st tn
L29 kṯn nfr-ꜥbt .5.½ ỉpt 1 2/4
L30 T ḫꜣy ỉꜣbt st tn
L31 pš n ỉmn n pꜣ mr 5.½ ỉpt 1 2/4
L32 T ḫꜣy mḥtỉ ỉmny st tn
L33 ꜥnḫ n niwt ḥwt-ḥrw-ḥb .2 .¼ ỉpt 1 2/4
L34 ky ḫꜣy n=st .4.20
L35 ꜥnḫ n niwt gm-ḫꜣꜥ-tỉ 2.¼ ỉpt 1 2/4
L36 ky ḫꜣy n=st .4.20
L37 wꜥb ḫꜣy n pr sbk .3.¼ ỉpt 1 2/4
L38 ḥry ỉḥ wpw-ms .5.¼ ỉpt 1 2/4
L39 ṯꜣy sryt šrdn ḥrwỉ 30.¼ ỉpt 1 2/4

L40 ḥry ỉḥ ḫꜥ-sbꜣ-ḫꜥ sꜣ pn-sḫmt 3 .¼ ỉpt 1¾

L41 T ḫꜣy mḥtỉ ỉꜣbt st tn

L42 ḥry ỉḥ ꜣny-pꜣ-ꜣw 10.¼ ỉpt 1¾

L43 ky ḫꜣy n=f .2.10

L44 ky ḫꜣy n=f .12 wsf

L45 ḥry ỉḥ ỉmn-nḫt .5.¼ ỉpt 1¾

L46 ky ḫꜣy n=f .2.10

L47 ky ḫꜣy n=f .12 wsf

L48 ḥry ỉḥ ḏḥwty-ms 5.¼ ỉpt 1¾

L49 ky ḫꜣy [n=f] [.12 wsf]

A面　第85栏

LA ḥry

L1 ḥry ỉḥ sꜣ-rỉsw .5.¼ ỉpt 1¾

L2 ky ḫꜣy n=f .2.10

L3 ky ḫꜣy n=f .12 wsf

L4 T ḫꜣy rsy ỉmny nhꜣt

L5 ỉꜣ-rỉ-kꜣk

L6 ḥry ỉḥ ꜥb-pḏt .6.¼ ỉpt 1¾

L7 ḥry ỉḥ ḫꜥ-m-nỉwt .5.¼ ỉpt 1¾

L8 ḥry ỉḥ pꜣ-wr .5.¼ ỉpt 1¾

L9 kṯn pꜣ-try 10.¼ ỉpt 1¾

L10 šrdn stḫ-nḫt .5.¼ ỉpt 1¾

L11 ky kṯn pꜣ-try .10.¼ ỉpt 1¾

L12 ḥry ỉḥ ḳn-rꜥ-ms-sw 5.¼ ỉpt 1¾

L13 T ḫꜣy mḥtỉ ỉmny ỉꜣdt tꜣ šnwt

L14 ḥnk n pꜣ nṯr n pr-ꜥꜣ snb ḫt ꜥꜣ n thr

L15 rꜥ-ms-sw-m-pr-rꜥ .50

L16 ḥry ỉḥ ỉmn-ms .5.½ ỉpt 1¾

L17 pš n ỉmn nst-tꜣwy .5.½ ỉpt 1¾

L18 T ḫꜣy rsy ỉmny nhꜣt

L19 wꜥb ỉmn-ḥtpw .5.½ ỉpt 1¾

L20 wꜥb pꜣ-nfr .5.½ ỉpt 1¾

L21 ḥry ỉḥ pꜣ-ỉry .5.½ ỉpt 1¾

L22 mnỉw ỉmn-nḫt .5.½ ỉpt 1¾

L23 T ḫꜣy mḥtỉ nꜣ nhꜣ ỉꜣ-rỉ-kꜣk

L24 wꜥw pꜣ-rn-nfr .3.¼ ỉpt 1¾

L25 ḥry ỉḥ pꜣ-ṯwṯꜣ .5.¼ ỉpt 1¾

L26 ḥry ỉḥ ỉmn-m-ỉpt .5.¼ ỉpt 1¾

L27 ḥry ỉḥ pꜣ-nb-sḫnw 5.¼ ỉpt 1¾

L28 T ḫꜣ[y] mḥtỉ ỉꜣbt ỉꜣ-rỉ-kꜣk

L29 ḥry ỉḥ ỉmn-nḫt .10 bw=f

L30 T ḫꜣy pꜣ wnḏw mḥtỉ ḥwt ḥḳ-(mꜣꜥt-rꜥ) (stp-n-ỉmn)

L31 ỉḥwty pꜣ-ꜥꜣ-rmṯ pš ỉḥt n ḥwt m pr ỉmn

L32 rmnyt rwḏw ỉmn-m-wỉꜣ 5.1¼ ỉpt 1¾

L33 T ḫꜣy m ỉꜣbt nꜣ ỉꜣdt rỉ-mꜥw

L34 ỉḥwty ḫn-sw pš n ỉḥt n

L35 pr rꜥ-ms-sw-ỉmn-ḥrỉ-ḫpš=f mr-ỉmn snb sṯꜣt 8
2.ỉpt 1¾

L36 ỉḥwty ỉmn-ḫꜥ pš ỉḥt tꜣ ḥwt m pr ỉmn

L37 rmnyt rwḏw ỉmn-m-wỉꜣ 10.2½.ỉpt 1¾

L38 T ḫꜣy mḥtỉ ỉmny st tn

L39 sš nfr-ḥtpw pš ỉḥt n tꜣ ḥwt m pr ỉmn

L40 rmnyt pꜣ ỉmy-r ỉḥw n ỉmn .10.2½ .ỉpt 1¾

L41 T ḫꜣy m pꜣ-ḫꜣ-rwrw

L42 sḏmw ỉmn-ḫꜥ pš ỉḥt n tꜣ ḥwt

L43 pr-ꜥꜣ snb rmnyt rwḏw pꜣ-rꜥ-nḫt 10.2½ .ỉpt 1¾

L44 T ḫꜣy [m] pꜣ ỉw ỉꜣbt ḥwt ḥḳ-mꜣꜥt-rꜥ stp-n-ỉmn

A面　第86栏

L1 ỉḥwty pꜣ-ꜥꜣ-rmṯ pš ỉḥt n tꜣ ḥwt m pr ỉmn

L2 rmnyt rwḏw ỉmn-m-wỉꜣ .2.[½] ỉpt 1¾

L3 T ḫꜣy m pꜣ ḫnm rsy ỉꜣbt mn-ꜥnḫ

L4 ỉḥwty ḥrwỉ pš ỉḥt n pꜣ sšmw

L5 wsr-mꜣꜥt-rꜥ mr-ỉmn snb ḫt ỉmy-r pr-ḥḏ ḫꜥ-mtỉr
.14.2½ ỉpt 1¾

L6 ỉḥwty ḥrwỉ mḥ-tꜣ 4.20

L7 ky ḫꜣy n=f .6 wšr

L8 sš ỉ-rỉ-ꜥꜣ .10.40

L9 sprw msḥ pn-nb-n-ꜥḥwt 4.20

L10 ky ḫꜣy n=f .12 wsf

L11 ỉḥwty ỉmn-ḫꜥw 4.20

L12 šmsw šrdn pꜣ-ỉꜣ-rỉ-ꜥꜣ .10.14

L13 ky ḫꜣy n=f .12 wsf

L14 wꜥb pꜣ-ꜣbꜣb 4.20

L15 ky ḫꜣy n=f .12 wsf

L16 T ḫꜣy pꜣ ỉdb twt mḥtỉ ỉꜣbt mn-ꜥnḫ

L17 ỉmy-r pr-ḥḏ ḫꜥ-mtỉr m ḏrt kꜣ-rỉ-ꜥꜣ 40.½ ỉpt 1¾

L18 ky ḫꜣy n=f mḥ-tꜣ 200

L19 ky ḫꜣy n=f .200

L20 ỉḥwty kꜣ-rỉ-ꜥꜣ tp=f .4.20

L21 ky ḫꜣy n=f .12 wsf

L22 ỉḥwty pꜣ-kꜣmn 4.20

L23 sš mry-m-wꜣst .50 wsf

L24 ꜥnḫ n nỉwt tꜣ-my .5.½ ỉpt 1¾

L25 T ḫꜣy m pꜣ ỉdb ỉꜣbt pꜣ ỉdb ỉꜣbt mn-ꜥnḫ

L.26 ʿnḫ n nỉwt tȝ-sȝ-hȝ-riw .1.99

L.27 ky ḫȝy n=st .100 wsf

L.28 kṯn py-ỉȝy 1.99

L.29 sš ḥʿ-ḥt=f .1.99

L.30 ḥry ỉḥ ḥʿ-mtỉr ḫnw .5.½ ipt 1¾

L.31 ky ḫȝy n=f .2.22

L.32 sš mry-(m)-wȝst .2.22

L.33 ỉḥwty pȝ-kȝmn pš ỉḥt n pr sbk

L.34 rmnyt ḥm nṯr ptḥ=ms .30.4¼ ipt 1¾

L.35 ỉḥwty pȝ-kȝmn 4.8

L.36 ky ḫȝy n=f .12 wsf

L.37 ky ḫȝy n=f .24 wsf

L.38 ʿnḫ n nỉwt tȝ-ḥw-rwrw m ḏrt=f .10.90

L.39 ky ḫȝy n=st .100 wsf

L.40 ky ḫȝy n=st .50 wsf

L.41 ky ḫȝy n=st .75 wsf

L.42 ỉḥwty pȝ-nḥsy .4.8

L.43 ky ḫȝy n=st .12 wsf

L.44 ky ḫȝy n=st .24 wsf

L.45 sš ḫȝrw pš ỉḥt

L.46 tȝ šwty rʿ nty m mn-ʿnḫ .3.¾ ipt 1¾

L.47 ky sš ḫȝrw tp=f .4.20

L.48 ky ḫȝy n=f .12 [wsf]

A面 第87栏

L.1 ỉdnw pȝ-rʿ-m-ḥb mḥ-tȝ 100 wsf

L.2 sš pȝ-nḥsy .1 49

L.3 ky ḫȝy n=f .12 wsf

L.4 ỉḥwty bnsw-m-ipt pš ỉḥt n tȝ ḥwt

L.5 rmnyt rwḏw ʿšȝ-m-ḥb sṯȝt .5.1¼ ipt 1¾

L.6 ỉdnw pȝ-rʿ-m-ḥb mḥ-tȝ 1.99

L.7 ky ḫȝy n=f .100 wsf

L.8 ky ḫȝy n pš ỉḥt n tȝ ḥwt pr-ʿȝ snb

L.9 rmnyt ỉdnw pȝ-rʿ-m-ḥb .9.2¼ ipt 1¾

L.10 T ḫȝy m pȝ ỉdb ỉȝbt mn-ʿnḫ pȝ-ỉs-n-pȝ-rʿ

L.11 ʿnḫ n nỉwt wʿb-st-nfr .2.¼ ipt 1¾

L.12 ʿnḫ n nỉwt nḏm .2.¼ ipt 1¾

L.13 ḥry ỉḥ ḥʿ-mtỉr n ḫnw .2.¼ ipt 1¾

L.14 ỉmy-r pr-ḥḏ ḥʿ-mtỉr m ḏrt pȝ-wḥd 5.¼ ipt 1¾

L.15 ʿnḫ n nỉwt tȝ-my .2.¼ ipt 1¾

L.16 T ḫȝy rsy ỉȝbt mn-ʿnḫ ỉȝbt pȝ ḫnm

L.17 ỉȝbt st tn

L.18 ỉmy-r pr-ḥḏ ḥʿ-mtỉr m ḏrt kȝ-ri-ʿȝ mḥ-tȝ 100

L.19 ky ḫȝy n=f .100

L.20 sš i-ri-ʿȝ .50 wsf

L.21 ỉḥwty ỉmn-ḥʿw .12 wsf

L.22 ky ḫȝy n=f .12 wsf

L.23 ity nṯr pȝ-bpȝ-sȝ .2.98

L.24 itf nṯr nḥt-ḥrỉ-ḫpš=f .2.98

L.25 ky ḫȝy n=f .100 wsf

L.26 ỉḥwty pȝ-ȝb-ḥʿ .2.22

L.27 ky ḫȝy n=f .12 wsf

L.28 T ḫȝy rsy ỉȝbt ḥr-šȝ

L.29 rwḏw ỉmn-m-[ḥb] pš n ỉḥt tȝ ḥwt

L.30 ḥḳ-mȝʿt-rʿ stp-m-ỉmn snb m pr ỉmn rmnyt ḥt=f .5.1¼ ipt 1¾

L.31 T ḫȝy mḥti imny tȝ wḥyt kȝ-šȝ ỉȝbt tȝ wḥyt sȝ-<n>-hȝt

L.32 ỉḥwty ḏḥwty-m-ḥb pš ỉḥt n tȝ ḥwt

L.33 rmnyt rwḏw ỉmn-m-wiȝ 10.2[½] ipt 1¾

L.34 T ḫȝy m pȝ ḫnm mḥti ḥwt ḥḳ-mȝʿt-rʿ stp-n-ỉmn⌋

L.35 ỉḥwty pȝ-ʿȝ rt pš ỉḥt tȝ ḥwt m pr ỉmn

L.36 rmnyt rwḏw ỉmn-m-wiȝ 2.½ ipt 1¾

§237 L.37 tȝ ḥwt rʿ-ms-sw mr-ỉmn snb mrỉ mỉ rʿ

L.38 rmnyt pš n pr pn tȝ ḳʿḥt ḥr-di

L.39 T ḫȝy m pȝ-sȝ-sȝ rsy sȝ-kȝ

L.40 ỉḥwty nb-ʿn-ib pš ỉḥt n ḫȝ-tȝ pr-ʿȝ

L.41 ḥt pȝ ʿȝ n št sṯȝt 20.5 ipt 1¾

L.42 T ḫȝy m tȝ ḳȝyt rsy sȝ-kȝ

L.43 ỉḥwty nb-ʿn-ib pš ỉḥt n ḫȝ-tȝ pr-ʿȝ [snb] ḥt=f 20.5 ipt 1¾

A面 第88栏

L.1 T ḫȝy m tȝ mȝwt ỉȝbt st tn

L.2 ỉḥwty ỉmn-ḥʿw pš ỉḥt n tȝ ḥwt pr-ʿȝ snb

L.3 rmnyt ḥry sš šʿt ḥḳ-mȝʿt-rʿ-nḫt 2.½ ipt 1¾

§238 L.4 pr ḥʿpy itf nṯrw

L.5 T ḫȝy ỉmny pȝ ʿwn

L.6 rwḏw ỉmn-m-ḥb pš ỉḥt n tȝ ḥwt

L.7 ḥḳ-mȝʿt-rʿ stp-n-ỉmn snb [rmnyt] ḥt=f .5.1¼ ipt 1¾

L.8 T ḫȝy m tȝy-ʿnḫ m pȝ ḏr ỉmny

L.9 ỉmy-r pr-ḥḏ ḥʿ-mtỉr m ḏrt pȝ-kȝiȝ mḥ-tȝ 100

L.10 ky ḫȝy n=f .100

L.11 ỉḥwty pȝ-[kȝ]iȝ mḥ-tȝ 1.23

§239 L.12 st-wr m pr ptḥ

L.13 ḫꜣy mḥtỉ ỉmny pꜣ ꜥwn

L.14 ỉḥwty pn-rnwt pš ỉḥt n pr sbk

L.15 rmnyt ḥm nṯr ptḥ-ms .15.3¾.ỉpt 1 2/4

L.16 ḫꜣy m tꜣ-šꜣ-šꜣ mḥtỉ ḫr-šꜣ

L.17 ỉḥwty hꜣd-nḫt-tw pš ỉḥt n ḫꜣ-tꜣ pr-ꜥꜣ

L.18 ḫt ꜥꜣ n št .10.2½ ỉpt 1 2/4

L.19 ḫꜣy rsy ỉꜣbt tꜣ wḥyt kꜣ-šꜣ

L.20 ỉḥwty pꜣ-rꜥ-sḫpr pš ỉḥt n pr sbk

L.21 rmnyt pꜣ-ỉ-rỉ 20.5 ỉpt 1 2/4

L.22 pš n ỉmn sbk-ms m ḏrt

L.23 wꜥb ḳny-ỉmn 10⌟5.¼ ỉpt 1 2/4

L.24 ỉḥt n ḏḥwty-m-ḥb pš ỉḥt n tꜣ ḥwt m pr ỉmn

L.25 rmnyt rwḏw ꜥšꜣt-m-ḥb .5.1¼ ỉpt 1 2/4

L.26 [ỉḥwt]y ptḥ-sḫpr mḥ-tꜣ .2.10

L.27 [sš pn-sḫmt] .2.22

L.28 ky ḫꜣy n=f .50 wsf

L.29 ỉḥwty ḏḥwty-m-ḥb .1.11

L.30 ky ḫꜣy n=f .12 wsf

L.31 ḫꜣy pꜣ idb rsy ỉꜣbt st tn

L.32 wꜥb ḥꜣti-nfr pš ỉḥt n pr sbk

L.33 rmnyt ḥm nṯr ptḥ-ms 20.5 ỉpt 1 2/4

L.34 wꜥb ḥꜣti-nfr .4.8

L.35 ky ḫꜣy n=f .12 wsf

L.36 ky ḫꜣy n=f .4.8

L.37 ḫꜣy mḥtỉ ḥrwi-ḥꜥꜥ

L.38 sš pn-sḫmt pš ỉḥt n pr sbk

L.39 rmnyt pꜣ-ỉ-rỉ 15.3¾ ỉpt 1 2/4

L.40 ḫꜣy m tꜣy-ꜥnḫ

L.41 sš pn-sḫmt pš ỉḥt n pr sbk

L.42 rmnyt tn ḫꜣr .10.2½ ỉpt 1 2/4

L.43 ḫꜣy m ỉꜣbt tꜣ wḥyt kꜣ-šꜣ

L.44 sš ḫ[ꜣ]rw n pr sbk .mḥ-tꜣ [4].8

A面 第89栏

L.1 ky ḫꜣy n=f mḥ-tꜣ .10.14

L.2 ky ḫꜣy n=f .12 wsf

§240 L.3 tꜣ ḥwt mr-n-ptḥ ḥtpw-mꜣꜥt snb m pr ptḥ

L.4 rmnyt pr pn ḫt ỉmy-r ỉḥw stm

L.5 ḫꜣy mḥtỉ ỉmny pꜣ ꜥwn

L.6 ỉḥt n=f 15 ỉpt 5 ỉpt 75

L.7 ḫꜣy m tꜣ ỉꜣdt tꜣ šnwt

L.8 ỉḥt n=f 15 ỉpt 5 ỉpt 75

L.9 ḫꜣy ỉmny pꜣ ꜥwn

L.10 ỉḥt n=f 20 ỉpt 5 ỉpt 100

§241 L.11 tꜣ mniw pr-ꜥꜣ snb m ḥr-dỉ

L.12 ḫꜣy m ỉmy-tꜣy-m-tꜣ-niwt

L.13 wꜥb kꜣ-ms .5⌟1.¼ ỉpt 1 2/4

L.14 wꜥb pꜣ-wḫd .5⌟1.¼ ỉpt 1 2/4

L.15 ḥm nṯr kꜣ-nfr .5⌟1.¼ ỉpt 1 2/4

L.16 wꜥb pꜣ-ḫꜣrw .5⌟5.¼ ỉpt 1 2/4

L.17 ṯk kꜣ-rỉ-ỉꜣy .5⌟1.¼ ỉpt 1 2/4

L.18 ỉḳd pꜣ-nḥsy .5⌟1.¼ ỉpt 1 2/4

L.19 wꜥrtw ỉmn-m-ḥb [.5]⌟1.¼ ỉpt 1 2/4

L.20 ky ḫꜣy n=f pš n=f .5.¼ ỉpt 1 2/4

L.21 wꜥb kꜣ-ms .2.¼ ỉpt 1 2/4

L.22 wtw pꜣ-ỉwiw 2.¼ ỉpt 1 2/4

L.23 wꜥb pꜣ-ḫꜣrw sꜣ ꜥḥꜣwt-ꜥꜣ 5⌟1.¼ ỉpt 1 2/4

L.24 wꜥb ỉmn-m-ḥb .5⌟1.¼ ỉpt 1 2/4

L.25 wꜥb pꜣ-ꜥn-bꜣt 5⌟1.¼ ỉpt 1 2/4

L.26 ḫꜣy mḥtỉ sꜣ-kꜣ

L.27 wꜥb stḫ-nḫt .5.¼ ỉpt 1 2/4

L.28 ỉḥwty sr-dmỉ 3.¼ ỉpt 1 2/4

L.29 wꜥb ỉmn-ḥtpw .3.¼ ỉpt 1 2/4

L.30 wꜥb bꜥy-r-mntw .3.¼ ỉpt 1 2/4

L.31 wꜥb kꜣ-ms .3.¼ ỉpt 1 2/4

L.32 wꜥb ỉ-rỉ .3.¼ ỉpt 1 2/4

L.33 ky wꜥb kꜣ-ms .3.¼ ỉpt 1 2/4

L.34 wꜥb nsy-ỉmn .3.¼ ỉpt 1 2/4

L.35 wꜥrtw ỉmn-m-ḥb .3.¼ ỉpt 1 2/4

L.36 wꜥb pꜣ-wnš .3.¼ ỉpt 1 2/4

L.37 ꜥnḫ n niwt mwt-st .3.bw=f

L.38 šrdn m-ḥꜣy-ryt .3.¼ ỉpt 1 2/4

L.39 ḫꜣy m tꜣ ḳꜣty rsy st tn

L.40 wꜥw pꜣ-rꜥ-ḥtpw .3.¼ ỉpt 1 2/4

L.41 wꜥw ptḥ-m-ḥb .3.¼ ỉpt 1 2/4

L.42 ꜥnḫ n niwt tꜣ-wr-m-ḥb .3.¼ ỉpt 1 2/4

L.43 ꜥnḫ n niwt ṯꜣ[ḫỉ] […] .3.¼ ỉpt 1 2/4

L.44 wꜥw [nfr]-ḥrỉ [3].¼ ỉpt [1 2/4]

A面 第90栏

L.1 wꜥw ỉmn-ḫꜥw .3.[¼ ỉpt] 1 2/4

L.2 wꜥrtw wsḫt-ỉwt .3.[¼] ỉpt 1 2/4

§242 L.3 ꜣḫt n pr-ꜥꜣ snb rmnyt tn

L.4 ḫꜣy m tꜣ-wꜥn ỉmny sꜣ-kꜣ

L.5 ḥry ỉḥ wsr-mꜣꜥt-rꜥ-nḫt .10⌟1.¼ ỉpt 1 2/4

L.6 ḫꜣy m pꜣ-sꜣsꜣ-rỉrỉ rsy sꜣ-kꜣ

L.7 *sš stḫ-nḫt n tꜣ šnwt m ḏrt ꜥꜣ thr*

L.8 *rꜥ-ms-sw-m-pr-rꜥ* .10

L.9 *ḫꜣy mḥtì nꜣy-ìmn*

L.10 *ꜥnḫ n niwt st ḥnꜥ snw=st* 5 *bw=f*

L.11 *ꜥnḫ n niwt sbk-ìn-sw* .5____.

L.12 *ḫꜣy rsy ìꜣbt st tn*

L.13 *pš n ṯꜣt nfr-rnpt m ḏrt ìḥwty ḥrw-ḫꜥw* 5____.

L.14 *ḫꜣy ìmny st tn*

L.15 *ḥry ìḥ sbk-ḥtpw* .5 *bw=f*

L.16 *ḫꜣy m tꜣ ìsbw n sꜣ-kꜣ*

L.17 *ḥry ìḥ nfr-ḥrì* .5.½ *ìpt* 1¾

§243 L.18 *smw ìḥw tꜣ ḥwt wsr-mꜣꜥt-rꜥ stp-n-rꜥ m pr ìmn*

L.19 *ꜣḫt m pꜣ ìdb mḥtì ìꜣbt pꜣ ꜥwn*

L.20 *ìḥwty nḫt-ḥpš=f* .3.1 *ìpt* 1¾

L.21 *ky ḫꜣy n=f pš n=f* .2 .1 *ìpt* 1¾

L.22 *ḫꜣy m mḥtì ìmny tꜣ wḥyt nw-rw*

L.23 *ìḥwty bnsw-m-ìpt pš ìḥt n pr ìmn mꜣw ḫnt* .20.2½ *ìpt* 1¾

L.24 *ìḥwty ḥn-sw pš ìḥt n pr rꜥ-ms-sw-ìmn-ḫpš=f mr-ìmn snb*

L.25 *rmnyt=f sṯꜣt* 20.5 *ìpt* 1¾

L.26 *ḥm nṯr ḥrwì pr ìmn mꜣw ḫnt* .10⌋1.½ *ìpt* 1¾

L.27 *ḥnk n pꜣ nṯr n pr-ꜥꜣ snb ḥt ḥm nṯr ptḥ-ms* 5.½ *ìpt* 1¾

L.28 *wꜥb tn-rì-ḫnsw* .5.½ *ìpt* 1¾

§244 L.29 *smw ìḥw pr ḥrw-m-ḥb m pr ìmn*

L.30 *ḫꜣy mḥtì ìmny sꜣ-kꜣ*

L.31 *ḥry ìḥ kꜣ-nfr* .5.½ *ìpt* 1¾

L.32 *ḥry ìḥ ìmn-m-ìpt* .5.½ *ìpt* 1¾

L.33 *ḥry ìḥ pꜣ-nḥsy* .5.½ *ìpt* 1¾

L.34 *wꜥb pꜣ-wnšw* .5.*bw=f*

L.35 *ꜥnḫ n niwt mḥy* .5.½ *ìpt* 1¾

L.36 *ꜥnḫ n niwt mwt-m-ḥb* .5.½ *ìpt* 1¾

L.37 *wꜥb stḫ-nḫt* .5.½ *ìpt* 1¾

L.38 *wꜥb stḫ-nḫt* <*sꜣ*>*rꜥ-ms* 5.½ *ìpt* 1¾

L.39 *ꜥnḫ n niwt tnt-tꜣ-bwꜣ* .5.½ *ìpt* 1¾

L.40 *šmsw ḥꜥ-m-niwt=f* .5.½ *ìpt* 1¾

L.41 *ḥry ìḥ pꜣ-ìmr-ḥm-nṯrw* .5.½ *ìpt* 1¾

A面　第91栏

§245 L.1 *smw* ⌈*ìḥw*⌉ *tꜣ ḥwt rꜥ-ms-sw mr-ìmn snb mrì mì rꜥ*

L.2 *ḫꜣy rsy ìmny* <*tꜣ*> *ḥwt ḥk-(mꜣꜥt-rꜥ) (stp-n-ìmn)*

L.3 *ṯꜣy sryt stḫ-nḫt* .3.¼ *ìpt* 1¾

L.4 *wꜥw tn-rì-ḥpš=f* .3.¼ *ìpt* 1¾

L.5 *ḥry ìḥ pꜣ-ḫꜣrw* .3.¼ *ìpt* 1¾

L.6 *wꜥw pꜣ-šd* .3.¼ *ìpt* 1¾

L.7 *ḫꜣy m mḥtì st tn*

L.8 *ḥry ìḥ pn-tꜣ-wr* 20⌋5.¼ *ìpt* 1¾

L.9 *ky ḫꜣy n=f* *mḥ-tꜣ* 2.98

L.10 *ky ḫꜣy n=f* .12.*wšr*

L.11 *ḥry ìḥ pꜣ-wꜥ-ìmn* 5.¼ *ìpt* 1¾

L.12 *ḥry ìḥ ywy* .5.¼ *ìpt* 1¾

L.13 *ḫꜣy mḥtì ìmny nꜣ nhꜣ*

L.14 *ḥry ìḥ rꜥ-ms* .5.¼ *ìpt* 1¾

L.15 *ḥry ìḥ sꜣ-rw-ìꜣ* .5.¼ *ìpt* 1¾

L.16 *wꜥw pꜣ-wr* .5.¼ *ìpt* 1¾

L.17 *wꜥw hꜣd-sbkì* 3.¼ *ìpt* 1¾

L.18 *ḥry ìḥ pꜣ-ṯwṯꜣwt* 5.¼ *ìpt* 1¾

L.19 *ḥry ìḥ pꜣ-ḥy-ḥꜣtì* 5.¼ *ìpt* 1¾

L.20 *ꜥꜣ thr rꜥ-ms-sw m pr rꜥ* 20.¼ *ìpt* 1¾

L.21 *wꜥw ḫꜥ-sbꜣ-ḫꜥ* ..5.¼ *ìpt* 1¾

L.22 *ḫꜣy ìꜣbt st tn*

L.23 *ḥry ìḥ ìmn-nḫt* .5.¼ *ìpt* 1¾

L.24 *šrdn wnw-nfr* .20.¼ *ìpt* 1¾

L.25 *wꜥw ḏḥwty-m-ḥb* .3.¼ *ìpt* 1¾

L.26 *ḥry ìḥ ꜣny-pꜣ-ꜣw* 5.¼ *ìpt* 1¾

L.27 *ḥry ìḥ pn-nb-ꜥḥwt* .5.¼ *ìpt* 1¾

L.28 *ky šrdn wnw-nfr* .5.¼ *ìpt* 1¾

L.29 *ḫꜣy m pꜣ ìdb mḥtì mn-ꜥnḫ*

L.30 *ìḥwty rꜥ-nfr pš ìḥt n tꜣ šwty rꜥ*

L.31 *nty m mn-ꜥnḫ* .7.1¾ *ìpt* 1¾

L.32 *ìḥwty rꜥ-ms* ⌈20⌉ *bw=f*

L.33 *ky ḫꜣy n=f* .12 *wsf*

L.34 *ìmy-r pr-ḥḏ ḥꜥ-mtìr* *sṯꜣt* 50

L.35 *ḫꜣy rsy ìꜣbt tꜣ wḥyt kꜣ-šꜣ*

L.36 *ḥry ìḥ stḫ-nḫt pš ìḥt n pr sbk*

L.37 *rmnyt ḥm nṯr sn-nw ḥrwì* 10.2½. *ìpt* 1¾

L.38 *ḫꜣy m pꜣ ìdb mḥtì mn-ꜥnḫ*

L.39 *kṯn pꜣ-ꜥn-hꜣ-ìb* 2.¼ *ìpt* 1¾

L.40 *ḫꜣy mḥtì st tn*

L.41 *kṯn pꜣ-ꜥn-hꜣ-ìb* 20⌋5.¼ *ìpt* 1¾

L.42 *ḥry ìḥ ḫꜣrw* .5⌋5.¼ *ìpt* 1¾

L.43 *ḥry ìḥ nfr-ꜥbt* .5⌋5.¼ *ìpt* 1¾

L.44 *ꜥnḫ n niwt tꜣ-sꜣ-hꜣnt* .20⌋5.¼ *ìpt* 1¾

L.45 *ìḥwty pꜣ-ꜥn-hꜣ-ìb* 3.¼ *ìpt* 1¾

L.46 ⌈*ìd*⌉*nw pꜣ-rꜥ-m-ḥb* .10 *bw=f*

L.47 ⌈*ꜥnḫ n*⌉ *niwt tꜣ bꜣ-gꜣ* .10 ____.

A面 第92栏

L1 [ꜥnḫ n] nỉwt ḥw-n-rỉ .5 bw=f
L2 ḫꜣy ỉꜣbt tꜣ ḫꜣyt ww-ꜥnt
L3 ḥmty bn-sw-m-ipt .5 bw=f
L4 ḥry iḥ ḫꜥ-mtỉr n ḫnm .10 ____.
L5 ꜥnḫ n nỉwt mwt-m-ipt .5 ____.
L6 wꜥb ỉt-nfr .5 ____.
§246 L7 smw iḥw m st wr n m pr ptḥ
L8 ḫꜣy m tꜣy-ꜥnḫ
L9 ḥry iḥ bꜣk-n-wr-n-rỉ .5 bw=f
L10 ḥry iḥ tn-rỉ-ḫpš=f 5____.
§247 L11 mk ỉb ḥḏ tꜣ ḥwt nt ḥḥ m pr ỉmn
L12 ḫꜣy rsy ỉmny nꜣ ꜥwt ỉ-rỉ-kꜣk
L13 iḥwty pꜣ-ḫw .5 1 ipt 1¾
L14 mniw pꜣ-ḳꜣḏꜣ .5.1 ipt 1¾
L15 šmsw stḫ-(m)-ḥb .5.1 ipt 1¾
L16 ꜥnḫ n nỉwt ḥnwt-ꜥn-ỉb .5.1 ipt 1¾
L17 ḥry iḥ ỉmn-wꜣḥ-sw .5.1 ipt 1¾
L18 mniw kꜣ-rỉy .5.1 ipt 1¾
L19 ꜥnḫ n nỉwt tꜣ-bꜣ-s .5.1 ipt 1¾
L20 ḥry iḥ rꜥ-ms .10.1 ipt 1¾
L21 ḥry iḥ pꜣ-ṯꜣ-ꜥꜣ .10.1 ipt 1¾
§248 L22 pr rꜥ-ms-sw mr-ỉmn snb wḥm ḥb sd m pr rꜥ
L23 ḫꜣy rsy ỉꜣbt tꜣ isbw n sꜣ-kꜣ
L24 sš stḫ-nḫt [n tꜣ] šnwt m ḏrt wꜥrtw bꜣk-n-wr-n-
rỉ .10⌞5.¼ ipt 1¾
§249 L25 pr mn-tw nb iwnt
L26 ḫꜣy mḥtỉ ỉmny pꜣ ꜥwn
L27 ṯꜣt nfr-rnpt m ḏrt iḥwty pꜣ-ip-nḫt 20⌞5.½ ipt 1¾
L28 kṯn nfr-ꜥbt 10⌞5.½ ipt 1¾
§250 L29 pr rswt-rꜥ nb ꜣbdw nṯr ꜥꜣ ḥḳ ḏt
L30 rmnyt pr pn m ḏrt rwḏw idḥw-ms
L31 ḫꜣy m tꜣy-ꜥnḫ
L32 ỉḥt m ḏrt iḥwty ꜥn-ỉꜣwt 25 ipt 5 ipt 125
L33 ḫꜣy m tꜣ ỉꜣdt nfr-šnw
L34 ỉḥt n=f 70 ipt 5 ipt 350

A面 第93栏

§251 L1 šmw pš pr pn
L2 ḫꜣy m tꜣy-ꜥnḫ
L3 idnw pꜣ-rꜥ-m-ḥb pš ỉḥt n tꜣ ḥwt m pr ỉmn
L4 rmnyt rwḏw ꜥšꜣ-ḥbsd .5.1¼ ipt 1¾
L5 idnw pꜣ-rꜥ-m-ḥb .100 wsf
L6 ỉḥt n ꜥn-ḥry-ỉꜣwt .5.45
L7 ky ḫꜣy n=f .12 wsf
§252 L8 pr ḏḥwty nb ḫmnw
L9 ḫꜣy mḥtỉ ḥwt ḥḳ-mꜣꜥt-rꜥ (stp-n-ỉmn)
L10 wꜥw pꜣ-bpꜣ-sꜣ .3.¼ ipt 1¾
L11 wꜥw pꜣ-ṯꜣw-m-nỉwt .3.¼ ipt 1¾
L12 wꜥw stḫỉ .3.¼ ipt 1¾
L13 wꜥw sdt .3.¼ ipt 1¾
L14 ḫꜣy m pꜣ idb ỉmny st tn
L15 iḥwty pꜣ-ꜥꜣ rt pš ỉḥt n tꜣ ḥwt
L16 rmnyt rwḏw ỉmn-m-wiꜣ 3.¾ ipt 1¾
L17 ḫꜣy m tꜣ pꜥt ꜣḫ-sw
L18 iḥwty ỉmn-m-ḥb pš ỉḥt n tꜣ ḥwt
L19 ḥḳ-mꜣꜥt-rꜥ stp-n-ỉmn rmnyt=f .3.¾ ipt 1¾
§253 L20 pr ỉmn mꜣw ḫnt ḫt ḥm nṯr ḥrwỉ
L21 rmnyt mt ḫt=f
L22 ḫꜣy mḥtỉ ỉmny tꜣ wḥyt nw-rw
L23 ỉḥt n iḥwty ḥrwỉ 20 ipt 5 ipt 100
L24 pš n smw iḥw tꜣ ḥwt wsr-mꜣꜥt-[rꜥ] stp-n-rꜥ m
pr ỉmn ḫꜣr 2¼
§254 L25 [pr] sbk-rꜥ nb iw-šꜣ-nꜣ
L26 rmnyt pr pn wꜣḥ wsr-mꜣꜥt-rꜥ mr-ỉmn snb ḫt
pꜣ-ỉꜣ-rỉ-[ꜥn] wnw-ꜥꜣ n pr
L27 ḫꜣy m pꜣ iw ỉꜣbt ww-ꜥnt
L28 ỉḥt n=f 2 ipt 5 ipt 10
L29 pš tꜣ ḥwt wsr-mꜣꜥt-rꜥ stp-n-rꜥ m pr ỉmn ḫꜣr ¾
L30 ḫꜣy ỉꜣbt tꜣ wḥyt kꜣ-šꜣ
L31 ỉḥt n=f 20 ipt 5 ipt 100
L32 pš st wr m pr ỉmn ḫꜣr 7¾
L33 ḫꜣy ỉꜣbt pn-nꜣ-ḥtr-<mḥtỉ>
L34 ỉḥt n=f 10 ipt 5 ipt 50
L35 ḫꜣy ỉꜣbt st tn
L36 ỉḥt n=f 10 ipt 5 ipt 50
L37 ḫꜣy m pꜣ idb ỉꜣbt tꜣ ḫꜣyt ww-ꜥnt
L38 ỉḥt n=f 10 ipt 7¾ ipt 75 ky .10 ipt 5 ipt 50
L39 pš pr ỉmn-rꜥ nswt nṯrw rmnyt tn ḫꜣr 7¾1/16
L40 ḫꜣy m tꜣy-ꜥnḫ
L41 ỉḥt n=f 10 ipt 5 ipt 50
L42 pš st wr m pr ptḥ ḫꜣr 3¾

A面 第94栏

§255 L1 rmnyt pr pn wꜣḥ nswt wsr-ḫꜥw-rꜥ stp-n-<rꜥ>

snb n pr pn ḫt=f
L2 *ḫꜣy m pꜣ ỉdb ỉmny pꜣ ḫnt tnt-mr-ỉtḥw*
L3 *ỉḥt n=f* 30 *ỉpt* 5 *ỉpt* 150
L4 *ḫꜣy m mḥtỉ ḥrw-ḫꜥꜥ=f*
L5 *ỉḥt n=f* 15 *ỉpt* 5 *ỉpt* 75
L6 *pš st wr m pr ptḥ ḫꜣr* 5 2/4 1/16
L7 *ḫꜣy m pꜣ ỉdb ỉꜣbt sbk pꜣ mšrw*
L8 *ỉḥt n=f* 8 *ỉpt* 5 *ỉpt* 40
§256 L9 *rmnyt pr pn wꜣḥ wsr-mꜣꜥt-rꜥ stp-n-ỉmn snb ḫt*
ḥm nṯr ptḥ-ms
L10 *ḫꜣy rsy ḥrw-ḫꜥꜥ=f pꜣ ḫnm n tꜣ-mky*
L11 *ỉḥt n ỉḥwty rꜥ-ms* 40 *ỉpt* 5 *ỉpt* 200
L12 *ḫꜣy m pꜣ ỉw ỉꜣbt pꜣ ḫnt tnt-mr-<ỉt>ḥw*
L13 *ỉḥt n=f* 10 *ỉpt* 7 2/4 *ỉpt* 75
L14 *ky* 30 *ỉpt* 5 *ỉpt* 150
§257 L15 *rmnyt mt pr pn ḫt=f*
L16 *ḫꜣy rsy tꜣ ỉꜣdt tnt-ꜥš-n-st*
L17 *ỉḥt n=f* 10 *ỉpt* 5 *ỉpt* 50
L18 *ḫꜣy m šꜣ rsy ḥwt nṯr sbk*
L19 *ỉḥt n=f* 30 *ỉpt* 5 *ỉpt* 150
L20 *ḫꜣy m pꜣ ỉdb rsy ỉmny ḳꜥḥt ꜣḥwt*
L21 *ỉḥt n=f* 20 *ỉpt* 5 *ỉpt* 100
L22 *ḫꜣy m pꜣ ḫnm nꜣ nḫt*
L23 *ỉḥt n=f* 25 *ỉpt* 5 *ỉpt* 125
L24 *ḫꜣy m mḥtỉ ỉmny ḥwt nṯr sbk tꜣ nhꜣ tꜣ ꜥḥꜥ*
L25 *ỉḥt n=f* 10 *ỉpt* 5 *ỉpt* 50
L26 *pš n pr ḥrw-m-ḥb m pr ỉmn ḫꜣr* 3¾
L27 *ḫꜣy m pꜣ ỉdb rsy tꜣ wḥyt kꜣ-šꜣ*
L28 *ỉḥt n=f* 20 *ỉpt* 5 *ỉpt* 100
L29 *pš n st wr m pr ptḥ ḫꜣr* 7¾
L30 *ḫꜣy mḥtỉ ỉmny pꜣ ꜥwn*
L31 *ỉḥt n=f* 15 *ỉpt* 5 *ỉpt* 75
L32 *pš n pr pn rmnyt tn ḫꜣr* 5 2/4 1/16
§258 L33 *rmnyt pr pn wꜣḥ nswt wsr-mꜣꜥt-rꜥ mr-ỉmn snb*
L34 *ḫꜣy mḥtỉ ỉmny tꜣ ỉꜣdt ỉmy-r nst nswt*
L35 *ỉḥt n=f* 2 *ỉpt* 5 *ỉpt* 10
L36 *ḫꜣy rsy ḥrw-ḫꜥꜥ=f* ⸢*pꜣ*⸣ *ḫnm n mky*
L37 *ỉḥt n=f* 10 *ỉpt* 5 *ỉpt* 50
L38 *ḫꜣy m pꜣ ỉdb ỉꜣbt* ⸢*mn*⸣*-ꜥnḫ*
L39 *ỉḥt n=f* 10 *ỉpt* 7 2/4 *ỉpt* 75
L40 *ky* ⸢.⸣20 ⸢*ỉpt*⸣ 5 *ỉpt* 100
L41 *pš tꜣ* ⸢*ḥwt rꜥ-ms-sw*⸣ ⸢*mr-ỉmn*⸣ *m pr rꜥ rmnyt*
ḥr-⸢*dỉ*⸣ *ḫꜣr* 13⅛

A面　第95栏

§259 L1 *rmnyt pr pn ḫt ḥm nṯr sn-nw ḥrwỉ*
L2 *ḫꜣy rsy ỉmny ḥwt nṯr sbk*
L3 *ỉḥt n=f* 5 *ỉpt* 5 *ỉpt* 25
L4 *pš tꜣ ḥwt wsr-mꜣꜥt-rꜥ mr-ỉmn m pr ỉmn rmnyt*
ḥr-dỉ ḫꜣr 1¾ 1/16
L5 *ḫꜣy mḥtỉ pꜣ štꜣ rꜥ*
L6 *ỉḥt n=f* 20 *ỉpt* 5 *ỉpt* 100
L7 *pš pr pn rmnyt tn ḫꜣr* 7 2/4
L8 *ḫꜣy rsy tꜣ wḥyt kꜣ-šꜣ*
L9 *ỉḥt n=f* 5 *ỉpt* 5 *ỉpt* 25
L10 *pš m smw ỉḥw tꜣ ḥwt mrỉ mỉ rꜥ ḫꜣr* 1¾ 1/16
L11 *ḫꜣy mḥtỉ ỉmny pn-ỉ-ḳꜣ-rỉ-ỉꜣ*
L12 *ỉḥt n=f* 5 *ỉpt* 5 *ỉpt* 25
§260 L13 *šmw pš pr pn ḫt=f*
L14 *ḫꜣy mḥtỉ ỉꜣbt nꜣ ỉꜣdt rỉ-mꜥ*
L15 *ḥm nṯr ptḥ-ms* 20⌟5.½ *ỉpt* 1 2/4
L16 *ḥm nṯr ḥrwỉ n pr ỉmn mꜣw ḫnt* .20⌟5.½ *ỉpt* 1 2/4
L17 *ḫꜣy mḥtỉ ỉmny tꜣ wḥyt nw-rw*
L18 *ḥm nṯr ptḥ-ms* .20⌟5.½ *ỉpt* 1 2/4
L19 *wꜥb pꜣ-ḥm-nṯr* .5.½ *ỉpt* 1 2/4
L20 *ḫꜣy rsy ỉmny ḥwt nṯr sbk*
L21 *sš ḥwt nṯr ḫꜥ-mtỉr* 10⌟5.¼ *ỉpt* 1 2/4
L22 *wꜥb nḫt-ḥrỉ-ḫpš=f* .10⌟5.¼ *ỉpt* 1 2/4
L23 *šmsw pꜣ-ꜣb-ḫꜥ* 10⌟5.¼ *ỉpt* 1 2/4
L24 *ḫꜣy m šꜣ rsy ḥwt nṯr sbk*
L25 *ꜥnḫ n nỉwt tꜣ-sꜣ-hꜣrỉ* .10⌟5.¼ *ỉpt* 1 2/4
L26 *sš ḥwt nṯr ḫꜥ-mtỉr* .10⌟5.¼ *ỉpt* 1 2/4
L27 *sš nb-skt* .10⌟5.¼ *ỉpt* 1 2/4
L28 *ḥry ỉḥ tꜣwy* .10⌟5.¼ *ỉpt* 1 2/4
L29 *wꜥb ḥꜣy* .5⌟1.¼ *ỉpt* 1 2/4
L30 *ḫꜣy ỉꜣbt pn-nꜣ-ḥtr-mḥtỉ*
L31 *pš n ỉmn-m-ꜣb m ḏrt ptḥ-ms* 10⌟5.¼ *ỉpt* 1 2/4
L32 *ḫꜣy rsy ỉꜣbt st tn*
L33 *pš n ỉmn-m-ꜣb m ḏrt=f* .10⌟5.¼ *ỉpt* 1 2/4
L34 *ḫꜣy ỉmny tꜣ ỉꜣdt pꜣ ỉmy-r nst nswt*
L35 *mnỉw pꜣ-ꜣbw-nḫt* .5 *bw=f*
L36 *ḫꜣy ỉmny pn-nꜣ-ḥtr-mḥtỉ*
L37 *ỉmy-r pr-ḥḏ ḫꜥ-mtỉr* .40 *bw=f*
L38 *ḫꜣy tꜣy-ꜥnḫ*
L39 *ỉmy-r pr-ḥḏ ḫꜥ-mtỉr* .20⌟5.½ *ỉpt* 1 2/4
L40 *ỉḥwty ỉmn-m-ḥb pš n* ⸢*ỉḥt*⸣ *n tꜣ ḥwt ḥḳ-mꜣꜥt-rꜥ*
stp-n-ỉmn snb

L41 rmnyt ẖt=f .2.½ ỉpt 1 2/4

L42 wꜥb bꜣk-n-ỉw-ỉꜣ nty mt m ḏrt ms=<f> .10⌟5.½
ỉpt 1 2/4

L43 ẖꜣy m pꜣ ẖtf ḥrỉ ⸢ỉꜣbt⸣ ḥwt nṯr sbk

L44 pš n ẖꜥ-sbꜣ-pꜣ-rꜥ ⸢sṯꜣt⸣ 60⌟1 ¼ ỉpt 1 2/4

L45 ky ẖꜣy n=f ⸢sṯꜣt⸣ 10⌟1 ¼ ỉpt 1 2/4

A面 第96栏

L1 ⸢ẖꜣy⸣ mḥtỉ ḥwt nṯr sbk

L2 ỉmy-r pr-ḥḏ ẖꜥmtỉr sṯꜣt 20⌟1 ¼ ỉpt 1 2/4

L3 pš n ỉmn ꜥntwy sṯꜣt 5 ¼ ỉpt 1 2/4

L4 ꜥnḫ n nỉwt tꜣ-sꜣ-ḥꜣrw .5 ¼ ỉpt 1 2/4

L5 ẖꜣy mḥtỉ st tn

L6 ꜥnḫ n nỉwt tꜣ-mỉ sṯꜣt 20⌟10 1 ỉpt 1 2/4

L7 ẖꜣy mḥtỉ pn-ḥḏ

L8 ꜥnḫ n nỉwt tꜣ-bꜣ-s nty mt sṯꜣt 5⌟1 ¼ ỉpt 1 2/4

L9 šmsw ḥrwỉ ḥnꜥ snw=f sṯꜣt 5⌟1 ¼ ỉpt 1 2/4

L10 wꜥb ḥrw-ms sṯꜣt 5⌟1 ¼ ỉpt 1 2/4

L11 ꜥnḫ n nỉwt nḏm sṯꜣt 5⌟1 ¼ ỉpt 1 2/4

L12 ꜥnḫ n nỉwt mwt-m-ḥb 5⌟1 ½ ỉpt 1 2/4

L13 ỉty nṯr pꜣ-bpꜣ-sꜣ sṯꜣt 5⌟1 ½ ỉpt 1 2/4

L14 ẖꜣy pr-ṯꜣw ỉꜣbt ḥwt nṯr sbk

L15 wꜥb pꜣ-ꜣbw-nḫt sṯꜣt 5 bw=f

L16 ḥry ỉḥ ẖꜥw-mtỉr sṯꜣt 20 ____.

L17 skt ỉmn-ẖꜥw sṯꜣt 5 ____.

L18 ḥry ỉḥ pn-tꜣ-wr sṯꜣt 5 ____.

L19 wꜥb stḫ-nḫt 5____.

L20 wꜥb rꜥ-ỉꜣ sṯꜣt 5____.

L21 ꜥnḫ n nỉwt tꜣ-mwy 5____.

L22 swnw ḥrw-ms sṯꜣt 10____.

L23 wꜥb ỉr-nfr sṯꜣt 5____.

L24 ẖꜣy rsy ỉꜣbt nꜣ ỉꜣdt rỉ-mꜥ

L25 bỉty ptḥ-m-ḥb sṯꜣt 10⌟1 ¼ ỉpt 1 2/4

L26 ẖꜣy rsy ḥwt nṯr sbk ỉmny tꜣ ỉꜣdt nꜣ šnꜥ

L27 sš pꜣ-ḥrỉ-pḏt n pr sbk sṯꜣt 10⌟5 ¼ ỉpt 1 2/4

L28 ẖꜣy m pꜣ ỉdb ⸢ỉmny⸣ ỉy-mry=f

L29 pš n ẖꜥ-sbꜣ-pꜣ-rꜥ ⸢sṯꜣt⸣ ⸢10⌟⸣1 ¼ ỉpt 1 2/4

L30 ẖꜣy mḥtỉ ỉꜣbt st tn

L31 wꜥb rꜥ-ỉꜣ sṯꜣt 5 ½ ỉpt 1 2/4

L32 šmsw pn-ỉmn.5 ½ ỉpt 1 2/4

L33 wꜥw stḫ-m-ḥb sṯꜣt 5 ½ ỉpt 1 2/4

L34 ꜥnḫ n nỉwt mwt-m-ỉpt sṯꜣt 5 ½ ỉpt 1 2/4

L35 ẖꜣy rsy ỉmny nꜣ ỉꜣdt rỉ-mꜥ

L36 ỉmy-r pr-ḥḏ ẖꜥ-mtỉr sṯꜣt 10 bw=f

L37 wꜥb ḥꜣtỉ-nfr sṯꜣt 10____.

L38 sš ḥwt nṯr ẖꜥ-mtỉr sṯꜣt 10____.

L39 sš pn-sḫmt sṯꜣt 10____.

L40 wꜥw pꜣ-ḥꜣtỉ-ꜥ sṯꜣt 10____.

L41 wꜥw ỉꜣ-ỉr sṯꜣt 10____.

L42 wꜥw ḏꜣ-ṯꜣ sṯꜣt 10____.

L43 ꜥnḫ n nỉwt ḥw-⸢n⸣-rỉy sṯꜣt 3____.

L44 ṯꜣy sryt ḥwy sṯꜣt 10____.

L45 ky pš sš ḥwt nṯr ẖꜥ-mtỉr sṯꜣt 10____.

A面 第97栏

L1 ẖꜣy m pꜣ ỉdb mḥtỉ ỉmny kꜥḥt-ꜣḥwt

L2 wꜥb pꜣ-bpꜣ-sꜣ sṯꜣt 5⌟1 ¼ ỉpt 1 2/4

L3 ky pš n=f 100 wsf

L4 ẖꜣy m pꜣ ḫnt tn tnt-mr-ỉtḥw

L5 mnỉw pꜣ-ṯꜣy-sryt 100⌟10 2 ỉpt 1 2/4

L6 ky pš n=f 12 wsf

L7 mnỉw pꜣ-ḥy-ḥry-ḥꜣtỉ sṯꜣt 20⌟5 ½ ỉpt 1 2/4

L8 ky pš n=f .1.11

L9 ky pš n=f 12 wsf

L10 wꜥb pꜣ-ṯw-ṯꜣwt sṯꜣt .4.8

L11 ky pš n=f 12 wsf

L12 ỉḥwty ḥꜣrwy .4.8

L13 ẖꜣy m pꜣ ḫnt st tn

L14 sš ḥwt nṯr ẖꜥ-mtỉr sṯꜣt 5 ½ ỉpt 1 2/4

L15 ky pš n=f .5.45

L16 ky pš n=f 100 wsf

L17 ky pš n=f .2.10

L18 ky pš n=f 100 wsf

L19 ẖꜣy m pꜣ ỉdb ỉmny st tn

L20 ỉḥwty ẖꜣy .2.22

L21 ky pš n=f .12 wsf

L22 sš ẖꜥ-m-wꜣst .50 wsf

L23 šmsw ḥꜣrw ḥnꜥ snw=f sṯꜣt 10.40

L24 ẖꜣy m pꜣ ỉdb ỉꜣbt st tn

L25 wꜥb pꜣ-ṯw-ṯꜥwt .4.8

L26 ky pš n=f .12 wsf

L27 ky pš n=f 4.8

L28 ỉḥwty sꜣ-rwỉ .4.8

L29 ky pš n=⸢f⸣ 12 wsf

L30 ẖꜣy rsy tꜣ ỉꜣdt p⸢ꜣ⸣ ⸢nsw⸣t ỉmy-r nst

L31 ḥm nṯr ptḥ-ms sṯꜣt 20 bw=f

L.32 ḫꜣy m ỉꜣbt tꜣ wḫyt sꜣ nhꜣ
L.33 ỉmy-r pr-ḥḏ ḫꜥw-mtỉr sṯꜣt 20 bw=f
L.34 sš ḥwt nṯr ḫꜥ-mtỉr sṯꜣt 20____.
L.35 ḫꜣy rsy ỉmny ḥrw-ḫꜥ=f <tꜣ->mky
L.36 ỉmy-r pr-ḥḏ ḫꜥw-mtỉr sṯꜣt 50⌟10 1 ỉpt $1\frac{2}{4}$
L.37 ỉḥwty pꜣ-wḫd .2.22
L.38 ḫꜣy rsy ỉꜣbt st tn <tꜣ->mky
L.39 ỉḥwty rꜥ-ms 4.20
L.40 ky pš n=f 12 wsf
L.41 wꜥb sbk-ḫꜥw .2.22
L.42 ky pš n=f 12 wsf
L.43 ḫꜣy rsy ỉꜣbt ỉy-mry=f
L.44 mnỉw ḏḥwty-m-ḥb sṯꜣt 10 2 ỉpt $1\frac{2}{4}$
L.45 mnỉw ḥrwỉ sṯꜣt 10 2 ỉpt $1\frac{2}{4}$

A面　第98栏

§261 L.1 pr sbk nb ỉy-mrwt=f
L.2 ḫꜣy ḥrỉ rsy st tn
L.3 ỉḥt m ḏrt ỉḥwty pꜣ-wr 10 ỉpt 5 ỉpt 50
L.4 pš n tꜣ ḥwt wsr-mꜣꜥt-rꜥ mr-ỉmn m pr ỉmn ẖꜣr $3\frac{3}{4}$
§262 L.5 pꜣ twt n wsr-ḫꜥw-rꜥ-stp-n-rꜥ mr-ỉmn nty m mn-ꜥnḫ
L.6 ḫꜣy mḥtỉ ỉmny ḥwt nṯr sbk m tꜣ-wr-st
L.7 ỉḥt m ḏrt sš ḫꜥw-m-wꜣst 2 ỉpt 5 ỉpt 10
L.8 ḫꜣy m pꜣ ỉdb pꜣ-ḥw-pd
L.9 ỉḥt n=f 5 ỉpt 5 ỉpt 25
L.10 pš n pr mwt ẖꜣr $1\frac{3}{4}\frac{1}{8}$
L.11 ḫꜣy rsy ỉy-mry=f
L.12 ỉḥt n=f 2 ỉpt 5 ỉpt 10
L.13 ḫꜣy m mḥtỉ mn-ꜥnḫ
L.14 ỉḥt n=f 2 ỉpt 5 ỉpt 10
L.15 ḫꜣy mḥtỉ ỉmny nꜣ nhꜣ
L.16 ỉḥt n=f 8 ỉpt 5 ỉpt 40
§263 L.17 tꜣ šwty rꜥ-ḥrw-ꜣḫty nty m st tn
L.18 ḫꜣy m pꜣ ỉdb mḥtỉ mn-ꜥnḫ
L.19 ỉḥt n=f 7 ỉpt 5 ỉpt 35
L.20 pš n smw ỉḥw tꜣ ḥwt mrwt rꜥ ẖꜣr $2\frac{2}{4}\frac{1}{16}$
L.21 ḫꜣy m pꜣ ỉdb ỉꜣbt st tn
L.22 ỉḥt n=f 3 ỉpt 5 ỉpt 15
L.23 pš n rꜥ-ms-sw mr-ỉmn m pr rꜥ ẖꜣr $1\frac{1}{16}$
§264 L.24 pr ḥwt ḥwt-ḥrw nbt ꜥḫw ḫt ḥm nṯr ḥrwỉ
L.25 ḫꜣ[y] m pꜣ ỉdb ỉmny nꜣy-ỉ[mn]
L.26 ỉḥt n=f 10 ỉpt 5 ỉpt 50

§265 L.27 pr ꜥnt m ww-ꜥnt ḫt ḥm nṯr wnw-nfr
L.28 ḫꜣy m tꜣ-skt-ꜥnt
L.29 ỉḥt n=f 10 ỉpt 5 ỉpt 50
L.30 ḫꜣy m tꜣ pꜥt ỉꜣbt st tn
L.31 ỉḥt n=f 16 ỉpt $7\frac{3}{4}$ ỉpt 120
L.32 ḫꜣy m pꜣ m ḫnm mꜣw ꜥnty
L.33 ỉḥt n=f 4 ỉpt 5 ỉpt 20
§266 L.34 šmw pš n pr pn ḫt=f
L.35 ḫꜣy m tꜣ-skt-ꜥnt
L.36 ḥm nṯr wn-n[f]r sṯꜣt 5.45
L.37 ky pš n=f 100 wsf

A面　第99栏

L.1 ky pš n=f 5.95
L.2 ky pš n=f 100 wsf
L.3 ḫꜣy m tꜣ pꜥt mr-msḥ
L.4 ỉḥwty ḫn-sw pš n ỉḥt n
L.5 rꜥ-ms-sw-ỉmn-ḥrỉ-ḫpš=f mr-ỉmn sṯꜣt 10 $2\frac{1}{2}$ ỉpt $1\frac{2}{4}$
§267 L.6 pr ḥwt ḥwt-ḥrw nb tꜣwy m ww-ꜥnt
L.7 ḫꜣy m mḥtỉ ḥrw-ḫꜥw=f
L.8 wꜥw ḫꜥ-m-ỉpt m pš n ỉḥt n
L.9 m pr ỉmn rmnyt mry-mꜣꜥt 10 $2\frac{1}{2}$ ỉpt $1\frac{2}{4}$
L.10 ḫꜣy
§268 L.11 pr bꜣt nb sꜣ-kꜣ ḥm nṯr kꜣ
L.12 ḫꜣy m tꜣ mꜣw nby ỉꜣbt sꜣ-kꜣ
L.13 ỉḥt n=f 15 ỉpt $7\frac{3}{4}$ ỉpt $112\frac{2}{4}$
L.14 ḫꜣy m tꜣ mꜣw nby ỉꜣbt st tn
L.15 ỉḥt n=f 30 ỉpt 5 ỉpt 150
L.16 ḫꜣy m tꜣ ḳꜣyt rsy st tn
L.17 ỉḥt n=f 10 10 ỉpt 5 5 ỉpt 50 50
L.18 ḫꜣy m pꜣ ỉdb nty m pꜣ ḫnt tꜣ mꜣw nby
L.19 ỉḥt n=f 20 ỉpt 5 ỉpt 100
L.20 ḫꜣy rsy sꜣ-kꜣ
L.21 ỉḥ[t] n=f 20 ỉpt 5 ỉpt 100
§269 L.22 šmw pš n pr pn ḫt=f
L.23 ḫꜣy m mꜣw nby ỉꜣbt sꜣ-kꜣ
L.24 ḥm nṯr kꜣ-nfr .10.40
L.25 ky pš n=f .100 wsf
L.26 ky pš n=f .100 wsf
§270 L.27 pr ỉmn-srt-nḫt m ḏrt ḥm nṯr pꜣ-nḥsy
L.28 ḫꜣy m tꜣ ḳꜣyt rsy sꜣ-kꜣ
L.29 ỉḥt[n]=f 40 ỉpt 5 ỉpt 200

A面 第100栏

§271 L1 šmw n pš n pr pn ḥt=f
L2 ḫ3y rsy ỉmny s3-k3
L3 wꜥb ỉmn-m-wỉ3 sṯ3t 6 ½ ỉpt 1⅔
L4 ky pš n=f .2.10
L5 ky pš n=f 12 wsf
L6 ḫ3y m 3ꜥꜥ ỉ3bt st tn
L7 ḥm nṯr p3-nḥsy 10.40
L8 ky pš n=f 50 wsf
§272 L9 t3 šwty rꜥ-ḥrw-3ḫty nty m s3-k3
L10 ḫ3y m p3 ỉdb nty m r n mw b3š3
L11 ỉḥt n ỉḥwty p3-wnš 5 ỉpt 5 ỉpt 25
L12 ḫ3y m p3 ỉdb ỉ3bt st tn
L13 ỉḥt n=f 5 ỉpt 5 ỉpt 25
L14 ḫ3y m t3 ḳ3yt mḥtỉ st tn
L15 ỉḥt n=f 5 20 ỉpt 5 5 ỉpt 25 100
L16 ḫ3y m p3 ỉdb ỉ3bt t3 m3w nby
L17 ỉḥt n=f 10 ỉpt 5 ỉpt 50
L18 pš n m pr ptḥ mr-n-ptḥ ḥtp-m3ꜥt m pr ptḥ ḫ3r 3¾
L19 ḫ3y rsy s3-k3
L20 ỉḥ⸢t⸣ n=f 5 ỉpt 5 ỉpt 25
§273 L21 šmw pš n pr pn ḥt=f
L22 ḫ3y p3-s3-s3 rsy s3-k3
L23 ỉḥwty stḫ-ms .2.22
L24 wꜥb p3-wnš .2.22
L25 ky pš n=f 50 wsf
L26 ḫ3y rsy ỉmny ww-ꜥnt
L27 ỉḥwty ỉmn-m-ḥb m pš n ỉḥt n t3 ḥwt
L28 ḥḳ-m3ꜥt-rꜥ-stp-n-ỉmn rmnyt=f sṯ3t 5 1¼ ỉpt 1⅔
§274 L29 pr rꜥ-ms-ỉmn-ḥrỉ-ḫpš=f mr-ỉmn
L30 rmnyt pr pn m ḏrt wꜥw ḫn-sw

A面 第101栏

L1 ḫ3y m t3 pꜥt mr-msḥ
L2 ỉḥt n=f 10 ỉpt 5 ỉpt 50
L3 pš n pr ww-ꜥnt n ꜥnt ḫ3r 3¾
L4 ḫ3y ỉ3bt n3y-ỉmn
L5 ỉḥt n=f 8 ỉpt 5 ỉpt 40
L6 pš n pr rꜥ rmnyt ḥr-dỉ ḫ3r 3
L7 ḫ3y ỉmny t3 wḥyt nw-rw
L8 ỉḥt n=f 20 ỉpt 5 ỉpt 100
L9 pš n smw ỉḥw n pr ỉmn-rꜥ nswt nṯrw rmnyt ḥr-dỉ ḫ3r 7¾
§275 L10 pr mr-n-ptḥ ḥtp-m3ꜥt
L11 rmnyt pr pn m ḏrt wꜥw t3
L12 ḫ3y mḥtỉ p3 dnỉt pr-ỉh3
L13 ỉḥt n=f 20 ỉpt 5 ỉpt 100
§276 L14 pr nswt ḥỉmt t3-wrt-tnwrt
L15 rmnyt pr pn ḥt ḥm nṯr k3-nfr
L16 ḫ3y m t3 m3w ỉ3bt s3-k3
L17 ỉḥt n=f 20 ỉpt 5 ỉpt 100
L18 pš n ⸢pr⸣ ptḥ ⸢mr-n-pt⸣ḥ-m3ꜥt ḫ3r 7¾
§277 L19 pr ḫnr n mn-nfr
L20 rmnyt pr pn ḥt ỉmy-r ỉḥw n ỉmn-rꜥ nswt nṯrw rꜥ-ms-sw nḫt
L21 ḫ3y m3w nby ỉ3bt s3-k3
L22 ỉḥt n=f mḥ-t3 100 ⅓ 6⅔ ỉr.n t3y 666⅔ mỉmỉ ḫ3r 1⅔¼1/16
L23 ḫ3y m t3 pꜥt mr-msḥ
L24 ỉḥt n=f mḥ-t3 100 ⅓ 6⅔ ỉr.n t3y 666⅔ mỉmỉ ḫ3r 1⅔¼1/16

A面 第102栏

§278 L1 ⸢pr ḫnr tn pr mr-wr⸣
L2 ⸢rmnyt pr pn ḥt⸣ […] b3k-n-ỉ[…]
L3 ⸢ḫ3y m p3 ỉdb ỉmny⸣
L4 ⸢ỉḥt n=f⸣ mḥ-t3 100[…] ⸢mỉ⸣mỉ ḫ3r 4¼1/16
§279 L5 ⸢rmnyt pr pn ḥt ỉmy-r ỉḥw n ỉmn-rꜥ nswt nṯrw rꜥ-ms-nḫt⸣
L6 ⸢ḫ3y m p3 ỉdb ỉmny n3y-ỉmn⸣
L7 ⸢ỉḥt n=f mḥ-t3 100 … ỉr.n 1000 mỉmỉ ḫ3r …⸣

A面 第75栏

L1 第4年，泛滥季第2月第29日至泛滥季第3月第1日，税务长伊恩。
§208 L2 众神之王阿蒙–拉的神庙，由阿蒙神庙第一先知负责。
L3 该神庙领地由阿蒙神庙总管负责。

			耕地（阿鲁拉）	产率（每阿鲁拉）	产量
	L4	该神庙领地由管理者巴克恩阿蒙负责。			
	L5 T	丈量于撒卡东部奈布初耕地：			
	L6	耕种者巴克恩阿蒙耕地	20	5 袋	100 袋
§209	L7	该神庙领地用作神庙北部绿洲的驴饲料地，由他本人[1]负责。			
	L8	该神庙领地由管理者斯威尔玛阿特哈提负责。			
	L9 T	丈量于撒卡东部奈布初耕地：			
	L10	耕种者乌塞尔哈提耕地	60	5 袋	300 袋
§210	L11	该神庙领地由众神之王阿蒙－拉的神庙的牛群总管拉美西斯奈赫特负责。			
	L12 T	丈量（于）派尔伊哈堤坝北部：			
	L13	耕地，由书吏奈弗尔负责	10	5 袋	50 袋
	L14 T	丈量（于）那伊阿蒙东部河沿地：			
	L15	其耕地	2	5 袋	10 袋
	L16	丈量于此地后方东部河沿地：			
	L17	其耕地	2	5 袋	10 袋

§211	L18	赫迪弯地神庙所分配的领地。	
	L19 T	丈量（于）撒卡东部奈布初耕地：	
	L20	管理者阿卡乌特	平方肘尺 20.80
	L21	又丈量	50 休耕地
	L22	管理者乌塞尔哈提	2.10
	L23	耕种者那伊伊瑞[2]	2.10
	L24	耕种者巴克恩阿蒙	2.40
	L25	耕种者那斯戛乌特	2.22
	L26	又丈量	2.40 半旱地
	L27	丈量（于）那伊阿蒙北部：	
	L28	士兵昂卡姆伊尔	3 无
	L29	士兵普塔摩斯	.3___.

〔1〕他本人：指本栏第 2 行的“阿蒙神庙第一先知”。

〔2〕那伊伊提：原文作 *mʿy*，此处从加德纳译文。

L30 士兵帕赫如 .3___.

L31 士兵帕塞尔 .3___.

L32 士兵晒德姆杜阿 .3___.

L33 士兵塞尔宅德 .3___.

L34 奈弗尔赫之子士兵乌塞尔卡特 .3___.

L35 士兵宅胡提姆海布 .3___.

L36 士兵派奈奈塞特塔威 .3___.

L37 舍尔登侍从伊博 .3___.

L38 T 丈量（于）此地东部河沿地：

L39 阿蒙神庙书吏奈弗尔霍特普 平方肘尺 5.95

L40 士兵帕奈赫西 .6 半旱地

L41 女市民索白克伊尼苏 .12 半旱地

L42 士兵帕塞姆威 .24 半旱地

L43 女市民塔卡如 .5 无

L44 又丈量 .24 半旱地

L45 士兵卡伊 .3 无

L46 女市民伊塞特 .3___.

L47 士兵帕奈赫西 .3___.

L48 丈量（于）伊瑞卡克神庙东部：

	耕地（阿鲁拉）	税赋地（阿鲁拉）	税率（每阿鲁拉）
L49 战车手帕赫瑞派宅特	60⌟5	1	1¾ 袋

L50 又丈量 平方肘尺 2.22

L51 又丈量 5 半旱地

L52 分给……神庙。

A 面　第 76 栏

L1 T 丈量（于）此地北部：

L2 马夫长乌普瓦摩斯	3	½	1¾ 袋

T 丈量于乌阿奈特[1]泛滥地东部河沿地：

耕种者帕驻分得索白克神庙领地内耕地，

		耕地（阿鲁拉）	税赋地（阿鲁拉）	税率（每阿鲁拉）
其领地，帕伊瑞负责		20	3	3袋
耕种者帕驻	平方肘尺 .1.11			
又丈量	.12 半旱地			
书吏帕布奈赫特	.1.11			
又丈量	.12 半旱地			
书吏卡姆乌塞特	.50 休耕地			
又丈量	.50 休耕地			

T 丈量（于）乌阿奈特东南部：

分给维吉尔奈弗尔瑞奈普特，分给耕种者耕地

	耕地（阿鲁拉）	税赋地（阿鲁拉）	税率（每阿鲁拉）
帕伊普奈赫特	20	1	1¾袋

§212 该神庙领地由诸位官员负责。

该神庙领地由代理人普塔姆海布负责。

T 丈量于前方东部沙洲，

位于奈布初耕地：

	耕地（阿鲁拉）	产率（每阿鲁拉）	产量
耕种者赫瑞耕地	5	5袋	25袋

§213 伟大的玛沙如[2]之主穆特[3]的神庙。

T 丈量于派奈晒特河沿地：

耕种者帕赫伊哈提分得耕地，

	耕地（阿鲁拉）	税赋地（阿鲁拉）	税率（每阿鲁拉）
拉所选之乌塞尔卡拉的法老像	5	1¼	1¾袋

---

〔1〕乌阿奈特：古埃及第十八诺姆的主要城镇，位于希诺坡里斯南部。

〔2〕玛沙如：当是书吏笔误，此处地名应为“阿什如”，穆特神庙所在地。穆特神庙至今仍位于卡纳克的阿蒙－拉神庙南部。

〔3〕穆特：古埃及女神，法老象征性的母亲之一，也是阿蒙神之妻。她常以身着亚麻裙的纤美的女人形象出现，亚麻裙上饰以蓝色或者红色的羽毛。头戴秃鹫形状的头巾，在头巾上又戴有上下埃及之王冠。此外，她还持有象征南部王权的百合。

		耕地（阿鲁拉）	税赋地（阿鲁拉）	税率（每阿鲁拉）
L24	献予法老之神，由国库总管卡姆提伊尔负责	20⅃10	1	1$\frac{2}{4}$ 袋
L25 T	丈量（于）索白克神庙西南部：			
L26	神庙书吏卡姆提伊尔	20⅃5	$\frac{1}{4}$	1$\frac{2}{4}$ 袋

§214 L27 阿蒙所爱之拉美西斯阿蒙赫尔赫派什弗[1]的“万年永存”葬祭庙，位于阿蒙神庙中。

L28 该神庙领地由阿蒙第一先知拉美西斯奈赫特负责。

L29 该神庙领地由管理者帕拉奈赫特负责。

L30 T 丈量（于）派尔伊哈堤坝北部：

		耕地（阿鲁拉）	产率（每阿鲁拉）	产量
L31	耕种者阿蒙卡耕地	20	5 袋	[100] 袋
L32 T	丈量（于）[北] 派奈那赫特尔麦赫 [特] 北部：			
L33	其耕地	20	5 袋	[100] 袋
L34	分给位于阿蒙神庙的赫拉姆海布神庙 7$\frac{2}{4}$ 袋。			
L35 T	丈量于卡如河沿地：			
L36	其耕地	5	5 袋	25 袋
L37	分给赫迪领地的阿蒙所爱之拉美西斯的葬祭庙 1$\frac{3}{4}\frac{1}{16}$ 袋。			
L38 T	丈量于急流入口处的沙洲：			
L39	其耕地	10	5 袋	50 袋

§215 L40 该神庙领地由诸位官员负责。

L41 该神庙领地由代理人普塔姆海布负责。

L42 T	丈量于阿蒙（神庙）初耕地东部河沿地：			
L43	其耕地	5	5 袋	25 袋

§216 L44 该神庙领地由代理人帕拉姆海布负责。

L45 T	丈量于蒙阿奈赫东部河沿地：			
L46	其耕地	9	5 袋	45 袋
L47	分给赫迪领地拉神庙内葬祭庙 3$\frac{1}{4}\frac{1}{16}$ 袋。			

§217 L48 该神庙领地由饲养者记录员之首赫卡玛阿特拉奈赫特负责。

L49 T 丈量于撒卡东北部：

---

〔1〕 阿蒙所爱之拉美西斯阿蒙赫尔赫派什弗：法老塞特奈赫特。

		耕地（阿鲁拉）	产率（每阿鲁拉）	产量
L50	耕地，由书吏塞提奈赫特负责	2	5袋	[10]袋

L51 分给赫迪领地的“深爱如拉”葬祭庙¾袋。

A面　第77栏

§218 L1 赫迪弯地该神庙所分配的领地。

L2 丈量（于）撒卡西部可耕地：

			耕地（阿鲁拉）	税赋地（阿鲁拉）	税率（每阿鲁拉）
L3	牧人迈瑞拉		5	¼	$1\frac{2}{4}$袋
L4	女市民穆特塞特	.5 无			
L5	马夫长帕奈赫西		5	¼	$1\frac{2}{4}$袋
L6	养蜂人宅胡提姆海布		5	¼	$1\frac{2}{4}$袋
L7	瓦布祭司阿什	.5 无			
L8	女市民塔米		5	¼	$1\frac{2}{4}$袋
L9	又（有）养蜂人宅胡提姆海布		5	¼	$1\frac{2}{4}$袋
L10	献予法老之神，由先知卡奈弗尔		20⌋5	¼	$1\frac{2}{4}$袋
L11	存尸人帕伊乌伊乌		5	¼	$1\frac{2}{4}$袋
L12	马夫长奈弗尔瑞奈普特		5	¼	$1\frac{2}{4}$袋
L13	牧人帕赫瑞派宅特		3	¼	$1\frac{2}{4}$袋
L14 T	丈量于此地北部可耕地：				
L15	生命之屋书吏苏奈如		5	¼	$1\frac{2}{4}$袋
L16	舍尔登人苏奈尔		5	¼	$1\frac{2}{4}$袋
L17	女市民穆特塞特		5	¼	$1\frac{2}{4}$袋
L18	瓦布祭司帕阿恩尔特	.5 无			
L19	女市民塔菲		5	¼	$1\frac{2}{4}$袋
L20	又（有）女市民穆特塞特	.5 无			
L21	女市民赫努特瓦提		5	¼	$1\frac{2}{4}$袋
L22	女市民迈瑞姆伊姆		5	¼	$1\frac{2}{4}$袋
L23	女市民沙普瑞斯穆特		5	¼	$1\frac{2}{4}$袋
L24	女市民米		5	¼	$1\frac{2}{4}$袋

		耕地（阿鲁拉）	税赋地（阿鲁拉）	税率（每阿鲁拉）
L25	女市民伊迈瑞卡提	5	¼	1 2/4 袋
L26	瓦布祭司帕塞德特	5	¼	1 2/4 袋
L27	女市民穆特卡提	5	¼	1 2/4 袋
L28	又（有）女市民穆特塞特	.5 无		
L29	女市民塞特卡提	5	¼	1 2/4 袋
L30	又（有）女市民穆特塞特	5	¼	1 2/4 袋
L31	瓦布祭司拉奈弗尔	5	¼	1 2/4 袋
L32	牧人宏苏摩斯	5	¼	1 2/4 袋
L33	代理人普塔姆海布	.10 无		
L34	马夫长阿蒙卡	5	¼	1 2/4 袋
L35	士兵阿卡乌特凯尼	3	¼	1 2/4 袋
L36	士兵帕瓦赫德	3	¼	1 2/4 袋
L37	士兵帕赫如	3	¼	1 2/4 袋
L38	舍尔登人巴塔姆海布	3	¼	1 2/4 袋
L39	赫瑞之子舍尔登人赫瑞	3	¼	1 2/4 袋
L40	马夫长帕伊米瑞赫姆奈彻尔	5	¼	1 2/4 袋
L41	马夫长阿卡乌特奈弗尔	5	¼	1 2/4 袋
L42	存尸人胡巴如	5	¼	1 2/4 袋
L43	马夫长阿恩奈戛乌特	5	¼	1 2/4 袋
L44	士兵卡奈弗尔	5	¼	1 2/4 袋
L45	查克人巴塔霍特普	5	¼	1 2/4 袋
L46	查克人派奈迈赫伊	5	¼	1 2/4 袋
L47	舍尔登人塞提奈赫特	5	¼	1 2/4 袋
L48	又（有）查克人派奈迈赫伊	5	¼	1 2/4 袋
L49	女市民塔沙卡	5	¼	1 2/4 袋
L50	谷仓书吏塞提奈赫特，由赫恩苏摩斯麦负责 5 无			
L51	巴塔神庙先知卡奈弗尔	5______.		
L52	士兵撒如伊	3	¼	1 2/4 袋
L53	马夫长阿蒙卡	5	¼	1 2/4 袋

	耕地（阿鲁拉）	税赋地（阿鲁拉）	税率（每阿鲁拉）
士兵帕卡如雅	3	¼	1²⁄₄袋
又（有）女市民 赫努特瓦提……			
又（有）……			

A面　第78栏

T 丈量（于）卡瑞提山地北部、

那阿乌特西部：

女市民哈提晒普斯	.5. 无
女市民胡特赫尔姆海布	.5___.
女市民赫尔恩塞如	.5___.
牧人帕哈德	.5___.
女市民塔普瑞尼特	.5___.
女市民巴克恩乌尔	.5___.
已故巴克恩宏苏，由其子负责	.5___.
耕种者派奈伊德胡	.5___.
马夫长伊恩瓦	.5___.
马夫长帕瓦阿蒙	.5___.
女市民瓦布塞特奈弗尔	.5___.
分给阿蒙–奈斯特塔威（神庙），由阿蒙瓦赫苏负责	.5___.
马夫长卡斯巴卡	.5___.
马夫长帕乌尔	.5___.
女市民布特赫斯撒	.5___.
奴隶帕伊奈赫特姆尼乌特	.5___.
牧人帕卡卡如	.3___.
马夫长帕奈布塞赫努	.5___.
马夫长阿蒙奈赫特	.5___.
饲养者卡如	.5___.
饲养者赫瑞	.5___.

T 丈量（于）那哈那舍西南部：

段	行	内容	耕地（阿鲁拉）	产率（每阿鲁拉）	产量
	L25	马夫长胡伊及其兄弟 .10 无			
§219	L26	上下埃及之王、阿蒙所选之赫卡玛阿特拉的葬祭庙[1]，位于阿蒙神庙中。			
	L27	该神庙领地。			
	L28	该神庙领地由管理者阿蒙姆海布负责。			
	L29 T	丈量（于）赫瑞沙东南部：			
	L30	其耕地	5	5 袋	25 袋
	L31	分给赫迪领地的拉神庙的葬祭庙 1¾1/16 袋。			
	L32 T	丈量（于）乌阿奈特西部：			
	L33	其耕地	5	5 袋	25 袋
	L34	分给撒卡的拉神庙遮阳棚 1¾1/16 袋。			
	L35 T	丈量（于）果园西部：			
	L36	其耕地	5	5 袋	25 袋
	L37	分给众神之父哈皮[2]的神庙 1¾1/16 袋。			
	L38 T	丈量于阿赫苏的帕塔地：			
	L39	其耕地	2	5 袋	10 袋
	L40	分给赫尔摩坡里斯[3]之主托特的神庙 ¾ 袋。			
	L41 T	丈量于塔伊阿奈赫：			
	L42	其耕地	3	5 袋	15 袋
	L43	分给伊乌沙那之主索白克的神庙 1⅛ 袋。			
§220	L44	上下埃及之王、阿蒙所爱之乌塞尔玛阿特拉的葬祭庙[4]，位于阿蒙神庙中。			
	L45	该神庙领地由塞特姆负责。			
	L46	该神庙领地由管理者迈瑞拉负责。			
	L47 T	丈量于撒卡西南部的帕撒如：			
	L48	其耕地	4	5 袋	20 袋
	L49	分给位于阿蒙神庙的赫拉姆海布神庙 1¼ 袋。			

〔1〕阿蒙所选之赫卡玛阿特拉的葬祭庙：此处指法老阿蒙霍特普四世的葬祭庙。

〔2〕哈皮：古埃及尼罗河神。

〔3〕赫尔摩坡里斯：位于上埃及第十五诺姆。

〔4〕阿蒙所爱之乌塞尔玛阿特拉的葬祭庙：指法老拉美西斯三世位于麦地那哈布的神庙。

A面　第79栏

	行	内容	耕地（阿鲁拉）	产率（每阿鲁拉）	产量
	L1 T	丈量（于）果园西北部：			
	L2	其耕地	20	5袋	100袋
§221	L3	该神庙领地由管理者迈瑞玛阿特负责。			
	L4 T	丈量（于）那伊阿蒙南部：			
	L5	其耕地	10	5袋	50袋
	L6 T	丈量于此地西部河沿地：			
	L7	其耕地	5	5袋	25袋
	L8 T	丈量（于）赫瑞沙东南部：			
	L9	其耕地	10	5袋	50袋
	L10	分给乌阿奈特的哈托尔－奈布塔威神庙3¾袋。			
§222	L11	该神庙领地用作北部绿洲的驴饲料地，由他本人[1]负责。			
	L12 T	丈量于哈米的帕特地：			
	L13	其耕地	3	5袋	15袋
§223	L14	该神庙领地由总管乌塞尔玛阿特拉奈赫特负责。			
	L15	该神庙领地由管理者阿蒙姆威雅负责。			
	L16 T	丈量（于）卡沙村庄的西北部、			
	L17	辛努西村庄[2]东部：			
	L18	其耕地	10	5袋	50袋
	L19	分给赫迪领地拉神庙内葬祭庙3¾袋。			
	L20 T	丈量于阿蒙所选之赫卡玛阿特拉的葬祭庙东部河沿地：			
	L21	其耕地	3	5袋	15袋
	L22	分给赫尔摩坡里斯之主托特的神庙$1\frac{1}{16}$袋。			
	L23 T	丈量（于）伊瑞卡克诸多神庙西南部：			
	L24	其耕地	2	5袋	10袋
	L25	分给赫迪领地众神之王阿蒙－拉的神庙¾袋。			
	L26 T	丈量于阿蒙所选之赫卡玛阿特拉的葬祭庙北部山谷：			

〔1〕他本人：指第78栏第45行中的“塞特姆”。

〔2〕辛努西村庄：“辛努西”与中王国时期的著名文学作品《辛努西的故事》中的主人公同名。

			耕地（阿鲁拉）	产率（每阿鲁拉）	产量
	L27		其耕地	5	5 袋	25 袋
	L28		分给拉神庙内阿蒙所爱之拉美西斯的葬祭庙，			
	L29		位于赫迪领地，1¾1⁄16 袋。			
	L30	T	丈量于此地东部初耕地：			
	L31		其耕地	2	5 袋	10 袋
	L32		分给拉神庙内阿蒙所爱之拉美西斯的葬祭庙，			
	L33		位于赫迪领地，¾ 袋。			
	L34	T	丈量于此地北部河沿地：			
	L35		其耕地	2	5 袋	10 袋
	L36		分给该领地神庙 ¾ 袋。			
	L37	T	丈量于撒卡东部阿蒙神庙初耕地东部河沿地：			
	L38		其耕地	2	5 袋	10 袋
	L39	T	丈量（于）瑞玛山地东部：			
	L40		其耕地	10	5 袋	50 袋
	L41		分给该领地拉神庙内葬祭庙 3¾ 袋。			
§224	L42		该神庙领地由管理者阿沙姆海布负责。			
	L43	T	丈量于索白克神庙南部牧场：			
	L44		其耕地	5	5 袋	25 袋
	L45	T	丈 量（于）卡沙村庄东部：			
	L46		其 耕地	5	5 袋	25 袋
	L47		分给普塔神庙的伟大宝座 1¾1⁄16 袋。			

A 面　第 80 栏

			耕地（阿鲁拉）	产率（每阿鲁拉）	产量
	L1	T	丈量于塔伊昂赫：			
	L2		其耕地	5	5 袋	25 袋
	L3		分给瑞苏特神庙 ¾ ⅛ 袋。			
§225	L4		该神庙领地由管理者塞恩奈弗尔负责。			
	L5	T	丈量（于）那伊沙那山地的索白克神庙东部：			
	L6		耕种者阿蒙卡耕地	5	5 袋	25 袋

L7 T 丈量（于）蒙阿奈赫北部：

	耕地（阿鲁拉）	产率（每阿鲁拉）	产量
L8 其耕地	5	5 袋	25 袋

§226 L9 该神庙领地由总管帕伊负责。

L10 T 丈量（于）北派奈那赫特尔东部：

L11 耕种者宅胡提姆海布耕地	20	5 袋	100 袋

§227 L12 该神庙领地由管理者伊恩瓦负责。

L13 T 丈量于撒卡西南部可耕地：

L14 其耕地	30	5 袋	150 袋

L15 T 丈量（于）赫尔卡阿北部：

L16 其耕地	2	5 袋	10 袋

L17 T 丈量（于）撒卡东部奈布初耕地：

L18 其耕地	5	5 袋	25 袋

§228 L19 赫迪弯地神庙所分配的领地。

L20 T 丈量（于）赫尔沙北部：

	耕地（阿鲁拉）	税赋地（阿鲁拉）	税率（每阿鲁拉）
L21 马夫长拉奈弗尔	5⅃1	$\frac{1}{4}$	$1\frac{2}{4}$ 袋
L22 马夫长帕拉乌奈姆弗	5⅃1	$\frac{1}{4}$	$1\frac{2}{4}$ 袋
L23 马夫长奈赫特赫尔赫派什弗	5⅃1	$\frac{1}{4}$	$1\frac{2}{4}$ 袋
L24 马夫长赫瑞	5⅃1	$\frac{1}{4}$	$1\frac{2}{4}$ 袋
L25 马夫长奈赫特赫尔赫派什弗	5⅃1	$\frac{1}{4}$	$1\frac{2}{4}$ 袋

L26 T 丈量（于）伊瑞卡克神庙西部：

L27 分给阿蒙－帕斯尔（神庙），由瓦布祭司帕奈赫特姆尼乌特负责

	10⅃5	$\frac{1}{4}$	$1\frac{2}{4}$ 袋

L28 T 丈量（于）果园西北部：

L29 士兵拉赫卡奈赫赫	3⅃1	$\frac{1}{4}$	$1\frac{2}{4}$ 袋
L30 "撒可特"官员[1]奈赫特赫尔赫派什弗	5⅃1	$\frac{1}{4}$	$1\frac{2}{4}$ 袋
L31 马夫长帕伊斯	5⅃1	$\frac{1}{4}$	$1\frac{2}{4}$ 袋

〔1〕"撒可特"官员：头衔之一，其持有者的职能待考，据加德纳推测，可能与军事相关。

		耕地（阿鲁拉）	税赋地（阿鲁拉）	税率（每阿鲁拉）
L32	士兵阿蒙奈赫特	3⌟1	1/4	1 2/4 袋
L33	士兵阿蒙霍特普	3⌟1	1/4	1 2/4 袋
L34	士兵奈布瓦伊	3⌟1	1/4	1 2/4 袋
L35	士兵奈赫特赫尔赫派什弗	3⌟1	1/4	1 2/4 袋
L36	士兵塔赫瑞瑞德威弗	3⌟1	1/4	1 2/4 袋
L37	阿蒙姆海布之子马夫长凯恩阿蒙	5⌟1	1/4	1 2/4 袋
L38	士兵帕瓦阿蒙	3⌟1	1/4	1 2/4 袋
L39	马夫长凯恩赫尔赫派什弗	5⌟1	1/4	1 2/4 袋
L40	马夫长瓦瑞玛	5⌟1	1/4	1 2/4 袋
L41	马夫长奈布瓦伊	5⌟1	1/4	1 2/4 袋
L42	士兵宅胡提姆海布	3⌟1	1/4	1 2/4 袋
L43	士兵阿奈特姆海布	3⌟1	1/4	1 2/4 袋
L44	执旗者帕奈赫特姆尼乌特	5⌟1	1/4	1 2/4 袋
L45	分给索白克神庙，由帕塞瑞负责 [10] 无			
L46	马夫长迈瑞拉	5⌟[1]	[1/4]	1 2/4 袋

A面 第81栏

L1 T	丈量（于）谷仓山地西部：			
L2	马夫长帕塞尔 .5 无			
L3	马夫长索白克霍特普	5	1/4	1 2/4 袋
L4	士兵帕阿姆尼乌特	3	1/4	1 2/4 袋
L5	丈量（于）撒卡居所东南部：			
L6	士兵迈瑞姆伊派特	3	1/4	1 2/4 袋
L7	士兵普塔姆海布	3	1/4	1 2/4 袋
L8	士兵帕乌拜赫	3	1/4	1 2/4 袋
L9	士兵阿蒙姆伊派特	3	1/4	1 2/4 袋
L10	士兵帕拉卡	3	1/4	1 2/4 袋
L11	士兵奈布瓦	3	1/4	1 2/4 袋
L12	士兵阿蒙霍特普	3	1/4	1 2/4 袋

		耕地（阿鲁拉）	税赋地（阿鲁拉）	税率（每阿鲁拉）
L13	马夫长奈弗尔赫	3	¼	1 2/4 袋
L14	士兵宏苏	3	¼	1 2/4 袋
L15	索白克奈赫特之子士兵阿	3	¼	1 2/4 袋
L16	士兵迈瑞姆伊派特	3	¼	1 2/4 袋
L17	马夫长凯恩阿蒙	5	¼	1 2/4 袋
L18	马夫长索白克奈赫特	5	¼	1 2/4 袋
L19 T	丈量（于）派尔伊哈堤坝的北部：			
L20	瓦布祭司派奈帕伊哈伊	5	¼	1 2/4 袋
L21	马夫长彭特沃瑞	5	¼	1 2/4 袋
L22	献予法老之神，由神之父卡姆提伊尔负责	10⌟1	¼	1 2/4 袋
L23 T	丈量（于）卡沙村庄西北部：			
L24	马夫长卡姆提伊尔	20⌟5	¼	1 2/4 袋
L25 T	丈量（于）伊迈瑞奈弗南部：			
L26	瓦布祭司帕塞尔分得伊迈瑞如特的索白克神庙耕地	10	2½	1 2/4 袋
L27 T	丈量（于）索白克神庙西南部：			
L28	书吏帕伊哈伊分得索白克神庙耕地，			
L29	领地，由第二先知赫瑞负责	5	1¼	1 2/4 袋
L30	瓦布祭司萨弗及其兄弟	5⌟5	½	1 2/4 袋
L31 T	丈量（于）此地西南部：			
L32	舍尔登鳄鱼管理者伊姆尼乌特	5⌟1	¼	1 2/4 袋
L33	献予法老之神，由宫廷马夫长卡姆提伊尔负责	20⌟5	¼	1 2/4 袋
L34	仆人帕奈赫奈赫特	5⌟1	¼	1 2/4 袋
L35 T	丈量于此地西南部河沿地：			
L36	维吉尔的书吏卡如	20⌟5	¼	1 2/4 袋
L37 T	丈量（于）此地东南部：			
L38	彭特沃瑞之子瓦布祭司卡如及其兄弟	5⌟1	¼	1 2/4 袋
L39 T	丈量（于）扎乌特树林东北部：			
L40	瓦布祭司萨弗及其兄弟	60⌟1	¼	1 2/4 袋

行	内容	耕地（阿鲁拉）	税赋地（阿鲁拉）	税率（每阿鲁拉）
L41	丈量（于）拉（神庙）灌木丛的索白克神庙北部：			
L42	书吏帕伊哈伊分得索白克神庙耕地，			
L43	领地，由第二先知赫瑞负责	20	5	1 2/4 袋
L44 T	丈量（于）蒙阿奈赫东南部：			
L45	已故瓦布祭司拉伊阿，由其子负责 5 无			
L46	已故奴隶奈布奈弗尔，由其子负责	5⌋1	1/4	1 2/4 袋
L47	[耕种者] 帕乌尔阿 [……]			
L48	[牧人] 阿赫尔 [……]			
L49	[……]			

A 面　第 82 栏

行	内容		耕地（阿鲁拉）	税赋地（阿鲁拉）	税率（每阿鲁拉）
L1	牧人卡姆伊派特	5 无			
L2	奴隶奈赫特索白克伊	5___.			
L3	瓦布祭司奈赫特赫尔赫派什弗	5___.			
L4	马夫长奈弗尔阿伯特	5___.			
L5	瓦布祭司帕卡蒙	5___.			
L6	书吏奈赫特赫尔赫派什弗	3___.			
L7	女市民塔卡蒙	5___.			
L8	瓦布祭司帕布奈赫特	5___.			
L9	瓦布祭司乌塞尔卡拉奈赫特	5___.			
L10	管理者阿蒙卡	5___.			
L11	玛伊阿之 <子> 木匠派奈阿蒙	5___.			
L12 T	丈量（于）赫尔沙东南部：				
L13	士兵派奈帕迈尔	3 无			
L14	士兵赫瑞奈弗尔		3	1/4	1 2/4 袋
L15	士兵帕瑞赫努		3	1/4	1 2/4 袋
L16	士兵卡姆提伊尔		3	1/4	1 2/4 袋
L17	马夫长迈瑞拉		5	1/4	1 2/4 袋
L18	马夫长奈赫特赫尔赫派什弗		5	1/4	1 2/4 袋

		耕地（阿鲁拉）	税赋地（阿鲁拉）	税率（每阿鲁拉）
L.19	马夫长阿蒙霍特普	5	¼	1⅔ 袋
L.20	马夫长查乌赫特弗	5	¼	1⅔ 袋
L.21	卡姆伊派特之子马夫长帕查乌赫特弗	5	¼	1⅔ 袋
L.22	塞德之子马夫长奈赫特赫尔赫派什弗	5 无		
L.23	马夫长帕阿姆尼乌特弗	5	¼	1⅔ 袋
L.24	献予法老之神，由第二先知			
L.25	卡姆提伊尔负责	10	¼	1⅔ 袋

L.26 T 丈量于乌阿奈特南部可耕地：

L.27 国库总管卡姆提伊尔，由

L.28 耕种者拉摩斯负责 .20 无

L.29 女市民塔米 .10______.

L.30 女市民奈宅姆及其兄弟 10______.

L.31 T 丈量（于）宅德苏山地西部：

L.32 士兵宏苏 .3 无

L.33 献予法老之神，由先知普塔摩斯负责 .40 无

L.34 席垫书吏哈德奈赫图 20______.

L.35 献予法老之神，由宫廷马夫长

L.36 卡姆提伊尔负责 .20______.

§229 L.37 该神庙领地由谷仓总管阿蒙奈赫特负责。

L.38 T 丈量（于）派尔伊哈堤坝北部：

		耕地（阿鲁拉）	产率（每阿鲁拉）	产量
L.39	其耕地	5	5 袋	25 袋

§230 L.40 该神庙领地由牛群总管拉美西斯奈赫特负责。

L.41 T 丈量（于）瑞玛山地西北部：

		耕地（阿鲁拉）	产率（每阿鲁拉）	产量
L.42	耕地，由书吏奈弗尔霍特普负责	10	5 袋	50 袋

L.43 分给拉神庙内葬祭庙 3¾ 袋。

§231 L.44 拉所选之乌塞尔玛阿特拉的葬祭庙，位于阿蒙神庙中。

L.45 赫迪弯地神庙所分配的领地。

L.46 T 丈量（于）那伊阿蒙西南部：

L47 分给索白克神庙，由女市民卡提负责 5 无

L48 士兵宏苏 .3___.

L49 士兵帕奈赫西 .3___.

L50 士兵赫尔敏 .3___.

L51 士兵卡姆提 3___.

L52 士兵阿恩霍特普 .3___.

A 面　第 83 栏

L1 T 丈量于索白克神庙西部塔乌白特：

L2 代理人帕拉姆海布 .10 无

L3 书吏奈布塞恩克特 .10___.

L4 T 丈量于乌阿奈特东部沙洲：

L5 书吏派奈塞赫姆分得索白克神庙耕地，

		耕地（阿鲁拉）	税赋地（阿鲁拉）	税率（每阿鲁拉）
	L6 帕伊瑞领地	2	½	1¾ 袋
§232	L7 美楞普塔献给阿蒙所选之拉美西斯的普塔神庙[1]。			
	L8 丈量（于）奈布初耕地，由如如负责：			
	L9 耕种者帕查提分得王后葬祭庙的耕地，			
	L10 其领地由管理者美楞普塔负责	20	5	1¾ 袋
	L11 耕种者帕楚查 平方肘尺 2.22			
	L12 又丈量其 平方肘尺 24 半旱地			
§233	L13 阿蒙神庙内赫拉姆海布的葬祭庙。			
	L14 T 丈量于撒卡南部居所：			
	L15 耕种者塞提摩斯分得阿蒙神庙的耕地，			
	L16 其领地由管理者迈瑞拉负责	3	1	1¾ 袋
	L17 T 丈量（于）西克莫墓地的索白克神庙西部：			
	L18 耕种者帕布帕撒分得索白克神庙耕地，			
	L19 其领地由先知普塔摩斯负责	10	2½	1¾ 袋

〔1〕 美楞普塔献给阿蒙所选之拉美西斯的普塔神庙：据加德纳，该神庙位于孟菲斯。

T 丈量（于）北派奈那赫特尔北部：

耕种者帕阿哈伊伯分得耕地，

	耕地（阿鲁拉）	税赋地（阿鲁拉）	税率（每阿鲁拉）
法老葬祭庙，其领地由先知帕拉奈赫特负责	20	[5]	$1\frac{2}{4}$ 袋

§234 位于阿拜多斯的蒙玛阿特拉法老葬祭庙[1]。

T 丈量（于）撒卡东部奈布初耕地：

书吏塞提奈赫特，由舍尔登人查阿负责	10	$\frac{1}{4}$	$1\frac{2}{4}$ 袋

§235 法老壁龛，由国库总管卡姆提伊尔负责。

T 丈量（于）蒙阿奈赫东南部：

	耕地（阿鲁拉）	产率（每阿鲁拉）	产量
耕地，由耕种者阿蒙卡负责	14	$7\frac{2}{4}$ 袋	105 袋

分给拉神庙内阿蒙所爱之拉美西斯的葬祭庙 $7\frac{1}{4}\frac{1}{16}$ 袋。

§236 分给拉神庙内阿蒙所爱之拉美西斯的葬祭庙。

赫迪弯地神庙所分配的领地。

T 丈量（于）伊瑞卡克南部：

	耕地（阿鲁拉）	税赋地（阿鲁拉）	税率（每阿鲁拉）
马夫长彭特沃瑞	10⌋5	$\frac{1}{4}$	$1\frac{2}{4}$ 袋
又丈量	平方肘尺 5.45		
又丈量	平方肘尺 .100 休耕地		
代理人帕拉姆海布	3	$\frac{1}{4}$	$1\frac{2}{4}$ 袋
又丈量其	[平方肘尺] 24 休耕地		

[T] [丈] 量（于）[……] 瑞玛 [山地]：

[……]

A面　第84栏

[T] 丈量（于）此地东南部：

分给底比斯葡萄园的阿蒙神庙　10 无

T 丈量（于）伊瑞卡克南部：

---

〔1〕位于阿拜多斯的蒙玛阿特拉法老葬祭庙：指法老塞所斯一世的著名神庙。

行	内容	丈量	耕地（阿鲁拉）	税赋地（阿鲁拉）	税率（每阿鲁拉）
L4	分给位于沟渠的阿蒙神庙		2	¼	1²⁄₄ 袋
L5	又丈量	平方肘尺 5.19			
L6	又丈量	.12 休耕地			
L7	军队书吏阿卡阿	12 休耕地			
L8	饲养者普塔姆海布	.24 半旱地			
L9	法老官员仆人奈弗尔阿伯特	.24 半旱地			
L10	战车手帕赫瑞派宅特	.50 半旱地			
L11	马夫长胡伊	.12 休耕地			
L12	马夫长奈赫特赫派什弗	.4.20			
L13	马夫长卡斯巴卡	.4.20			
L14	仆人帕奈宅姆	.4.20			
L15	马夫长帕乌尔	4.20			
L16	又（有）仆人帕奈宅姆	.50 休耕地			
L17	又（有）马夫长卡斯巴卡	12 休耕地			
L18 T	丈量（于）此地西南部：				
L19	马夫长帕卡蒙		5	¼	1²⁄₄ 袋
L20	塞提摩斯之子马夫长奈赫特赫派什弗		5	¼	1²⁄₄ 袋
L21	马夫长帕瓦阿蒙		5	¼	1²⁄₄ 袋
L22	士兵奈弗尔阿伯特		3	¼	1²⁄₄ 袋
L23	士兵索白克姆海布		3	¼	1²⁄₄ 袋
L24	士兵派特尔图凯迈特		3	¼	1²⁄₄ 袋
L25	士兵帕奈赫西		3	¼	1²⁄₄ 袋
L26	士兵帕特瑞		3	¼	1²⁄₄ 袋
L27	士兵拉摩斯		3	¼	1²⁄₄ 袋
L28 T	丈量（于）此地西南部：				
L29	战车手奈弗尔阿伯特		5	½	1²⁄₄ 袋
L30 T	丈量（于）此地东部：				
L31	分给位于沟渠的阿蒙神庙		5	½	1²⁄₄ 袋
L32 T	丈量（于）此地西北部：				

			耕地（阿鲁拉）	税赋地（阿鲁拉）	税率（每阿鲁拉）
L33	女市民胡特赫尔海布		2	$\frac{1}{4}$	$1\frac{2}{4}$袋
L34	又丈量	.4.20			
L35	女市民盖姆卡阿提		2	$\frac{1}{4}$	$1\frac{2}{4}$袋
L36	又丈量	.4.20			
L37	索白克神庙瓦布祭司卡伊		3	$\frac{1}{4}$	$1\frac{2}{4}$袋
L38	马夫长乌普摩斯		5	$\frac{1}{4}$	$1\frac{2}{4}$袋
L39	舍尔登执旗者赫瑞		30	$\frac{1}{4}$	$1\frac{2}{4}$袋
L40	派奈塞赫姆之子马夫长卡斯巴卡		3	$\frac{1}{4}$	$1\frac{2}{4}$袋
L41 T	丈量（于）此地东北部：				
L42	马夫长阿尼		10	$\frac{1}{4}$	$1\frac{2}{4}$袋
L43	又丈量	.2.10			
L44	又丈量	.12 休耕地			
L45	马夫长阿蒙奈赫特		5	$\frac{1}{4}$	$1\frac{2}{4}$袋
L46	又丈量其	2.10			
L47	又丈量其	.12 休耕地			
L48	马夫长宅胡提摩斯		5	$\frac{1}{4}$	$1\frac{2}{4}$袋
L49	又丈量	.12 休耕地			

A 面　第 85 栏

LA	长官				
L1	马夫长撒瑞苏		5	$\frac{1}{4}$	$1\frac{2}{4}$袋
L2	又丈量	.2.10			
L3	又丈量	.12 休耕地			
L4 T	丈量（于）西克莫西南部，				
L5	伊瑞卡克：				
L6	马夫长阿布派宅德		6	$\frac{1}{4}$	$1\frac{2}{4}$袋
L7	马夫长卡姆尼乌特		5	$\frac{1}{4}$	$1\frac{2}{4}$袋
L8	马夫长帕乌尔		5	$\frac{1}{4}$	$1\frac{2}{4}$袋
L9	战车手帕特瑞		10	$\frac{1}{4}$	$1\frac{2}{4}$袋

行	内容	耕地（阿鲁拉）	税赋地（阿鲁拉）	税率（每阿鲁拉）
L10	舍尔登人塞提奈赫特	5	¼	1 2/4 袋
L11	又（有）战车手帕特瑞	10	¼	1 2/4 袋
L12	马夫长凯恩拉摩斯苏	5	¼	1 2/4 袋
L13	丈量（于）谷仓山地西北部：			
L14	献予法老之神，由大勇士负责，			
L15	拉美西斯姆派尔拉　.50			
L16	马夫长阿蒙摩斯	5	½	1 2/4 袋
L17	分给阿蒙－奈斯特（神庙）	5	½	1 2/4 袋
L18 T	丈量（于）西克莫西南部：			
L19	瓦布祭司阿蒙霍特普	5	½	1 2/4 袋
L20	瓦布祭司帕奈弗尔	5	½	1 2/4 袋
L21	马夫长帕伊瑞	5	½	1 2/4 袋
L22	牧人阿蒙奈赫特	5	½	1 2/4 袋
L23 T	丈量（于）伊瑞卡克的西克莫西南部：			
L24	士兵派奈瑞奈弗尔	3	¼	1 2/4 袋
L25	马夫长帕楚查	5	¼	1 2/4 袋
L26	马夫长阿蒙姆伊派特	5	¼	1 2/4 袋
L27	马夫长帕奈布塞赫努	5	¼	1 2/4 袋
L28 T	丈［量］（于）伊瑞卡克东北部：			
L29	马夫长阿蒙奈赫特　.10 无			
L30 T	丈量（于）阿蒙所选之赫卡玛阿特拉的葬祭庙北部山谷：			
L31	耕种者帕阿瑞特分得阿蒙神庙内法老葬祭庙的耕地，			
L32	其领地由管理者阿蒙姆威雅负责	5	1¼	1 2/4 袋
L33 T	丈量（于）瑞玛山地东部：			
L34	耕种者宏苏分得耕地，			
L35	阿蒙所爱之拉美西斯阿蒙赫尔赫派什弗葬祭庙	8	2	1 2/4 袋
L36	耕种者阿蒙卡分得阿蒙神庙内法老葬祭庙的耕地，			
L37	其领地由管理者阿蒙姆威雅负责	10	2½	1 2/4 袋
L38 T	丈量（于）此地西北部：			

L39 书吏宏苏分得阿蒙神庙内葬祭庙的耕地，

	耕地（阿鲁拉）	税赋地（阿鲁拉）	税率（每阿鲁拉）
L40 其领地由阿蒙神庙牛群总管负责	10	2½	1¾ 袋
L41 T 丈量于帕赫如如：			
L42 仆人阿蒙卡分得法老葬祭庙的耕地，			
L43 其领地由管理者帕拉奈赫特负责	10	2½	1¾ 袋
L44 T 丈量 [于] 赫卡玛阿特拉葬祭庙东部：			

A 面　第 86 栏

L1 耕种者帕阿瑞特分得阿蒙神庙内法老葬祭庙的耕地，			
L2 其领地由管理者阿蒙姆威雅负责	2	½	1¾ 袋
L3 T 丈量于蒙阿奈赫东南部水滨地：			
L4 耕种者赫瑞分得临时驻扎地内的耕地，			
L5 阿蒙所爱之乌塞尔玛阿特拉（葬祭庙），由国库总管卡姆提伊尔负责	14	2½	1¾ 袋

L6 耕种者赫瑞	平方肘尺 4.20
L7 又丈量	.6 半旱地
L8 书吏伊瑞阿	.10.40
L9 鳄鱼管理者派奈奈布恩阿胡特	4.20
L10 又丈量	.12 半旱地
L11 耕种者阿蒙卡	4.20
L12 舍尔登侍从帕伊瑞阿	.10.14
L13 又丈量	.12 休耕地
L14 瓦布祭司帕阿布阿布	4.20
L15 又丈量	.12 休耕地

L16 T 丈量（于）蒙阿奈赫东北部图特河沿地：			
L17 国库总管卡姆提伊尔，由卡瑞负责	40	½	1¾ 袋

L18 又丈量	平方肘尺 200
L19 又丈量	.200
L20 耕种者卡瑞阿，他本人	.4.20

行	内容	丈量	耕地（阿鲁拉）	税赋地（阿鲁拉）	税率（每阿鲁拉）
L21	又丈量	.12 休耕地			
L22	耕种者帕卡蒙	4.20			
L23	书吏迈瑞姆瓦塞特	.50 休耕地			
L24	女市民塔米		5	½	$1\frac{2}{4}$ 袋
L25 T	丈量于蒙阿奈赫东部河沿地东部河沿地[1]：				
L26	女市民塔撒哈如	.1.99			
L27	又丈量	.100 休耕地			
L28	战车手皮伊阿伊	.1.99			
L29	书吏卡柯特弗	.1.99			
L30	宫廷马夫长卡姆提伊尔		5	½	$1\frac{2}{4}$ 袋
L31	又丈量	.2.22			
L32	书吏迈瑞瓦塞特	.2.22			
L33	耕种者帕卡蒙分得索白克神庙耕地，				
L34	其领地由先知普塔摩斯负责		30	¼	$1\frac{2}{4}$ 袋
L35	耕种者帕卡蒙	.4.8			
L36	又丈量	.12 休耕地			
L37	又丈量	.24 休耕地			
L38	女市民塔胡如如，由她本人负责	.10.90			
L39	又丈量	.100 休耕地			
L40	又丈量	.50 休耕地			
L41	又丈量	.75 休耕地			
L42	耕种者帕奈赫西	.4.8			
L43	又丈量	.12 休耕地			
L44	又丈量	.24 休耕地			
L45	耕种者赫如分得耕地，				
L46	位于蒙阿奈赫的拉神庙遮阳棚		3	¾	$1\frac{2}{4}$ 袋
L47	又（有）书吏卡如，他本人	.4.20			

〔1〕 东部河沿地东部河沿地：后一处“东部河沿地”应是书吏抄重所致衍文。

L48　又丈量　12 休耕地

A 面　第 87 栏

行	内容	量	耕地（阿鲁拉）	税赋地（阿鲁拉）	税率（每阿鲁拉）
L1	代理人帕拉姆海布	平方肘尺 100 休耕地			
L2	书吏帕奈赫西	.1.49			
L3	又丈量	.12 休耕地			
L4	耕种者本苏姆伊派特分得葬祭庙的耕地，				
L5	其领土由管理者阿沙姆海布负责		5	¼	1¾ 袋
L6	代理人帕拉姆海布	平方肘尺 .1.99			
L7	又丈量	100 休耕地			
L8	又丈量（其）分得法老耕地，				
L9	由代理人帕拉姆海布负责		9	2¼	1¾ 袋
L10 T	丈量于帕伊斯恩帕拉的蒙阿奈赫东部河沿地：				
L11	女市民瓦布塞特奈弗尔		2	¼	1¾ 袋
L12	女市民奈宅姆		2	¼	1¾ 袋
L13	宫廷马夫长卡姆提伊尔		2	¼	1¾ 袋
L14	国库总管卡姆提伊尔，由帕乌赫德负责		5	¼	1¾ 袋
L15	女市民塔米		2	¼	1¾ 袋
L16 T	丈量（于）水滨地东部的蒙阿奈赫东南部，				
L17	此地东部：				
L18	国库总管卡姆提伊尔，由卡瑞负责	平方肘尺 100			
L19	又丈量	.100			
L20	书吏伊瑞阿	.50 休耕地			
L21	耕种者阿蒙卡	.12 休耕地			
L22	又丈量	.12 休耕地			
L23	神之父帕布帕撒	.2.98			
L24	神之父奈赫特赫派什弗	.2.98			
L25	又丈量	.100 休耕地			
L26	耕种者阿布卡	.2.22			

L27 又丈量　12 休耕地

L28 T 丈[量]（于）赫尔沙东南部：

L29 管理者阿蒙姆[海布]分得葬祭庙耕地，

L30 阿蒙神庙内拉所选之赫卡玛阿特恩拉（葬祭庙），其领地（由）他本人（负责）

	耕地（阿鲁拉）	税赋地（阿鲁拉）	税率（每阿鲁拉）
	5	1¼	1⅔ 袋

L31 T 丈量（于）卡沙村庄西北部和辛努西村庄东部：

L32 耕种者宅胡提姆海布分得葬祭庙的耕地，

L33 其领地由管理者阿蒙姆威雅负责　10　2[½]　1⅔ 袋

L34 T 丈量于阿蒙所选之赫卡玛阿特拉的葬祭庙北部水滨地：

L35 耕种者帕阿瑞特分得阿蒙神庙内葬祭庙的耕地，

L36 其领地由管理者阿蒙姆威雅负责　2　½　1⅔ 袋

§237 L37 阿蒙所爱之拉美西斯的“深爱如拉”葬祭庙[1]。

L38 赫迪弯地神庙所分配的领地。

L39 T 丈量于撒卡南部的帕撒撒：

L40 耕种者奈布昂伊博分得卡塔法老地，

L41 由税务长负责　20　5　1⅔ 袋

L42 T 丈量于撒卡南部的可耕地：

L43 耕种者奈布昂伊博分得卡塔法老地，由他本人负责

20　5　1⅔ 袋

A 面　第 88 栏

L1 T 丈量于此地东部初耕地：

L2 耕种者阿蒙卡分得法老葬祭庙的耕地，

L3 其领地（由）饲养者记录员赫卡玛阿特拉奈赫特（负责）

2　½　1⅔ 袋

§238 L4 众神之父哈皮的神庙。

L5 T 丈量（于）果园西部：

〔1〕阿蒙所爱之拉美西斯的“深爱如拉”葬祭庙：加德纳认为，此处的葬祭庙属于赫利奥坡里斯的拉神庙地产，位于克姆麦地那卡瑞博附近，法尤姆的入口处。

		耕地（阿鲁拉）	税赋地（阿鲁拉）	税率（每阿鲁拉）
L6	管理者阿蒙姆海布分得葬祭庙的耕地，（葬祭庙属于）			
L7	阿蒙所选之赫卡玛阿特恩拉，其领地由他本人负责	5	1¼	1⅔袋
L8 T	丈量于西侧塔伊阿奈赫：			
L9	国库总管卡姆提伊尔，由帕卡伊阿负责 平方肘尺 100			
L10	又丈量 .100			
L11	耕种者帕卡［伊］阿 平方肘尺 1.23			
§239 L12	普塔神庙的伟大宝座。			
L13	丈量（于）果园西北部：			
L14	耕种者派奈瑞努特分得索白克神庙的耕地，			
L15	其领地由先知普塔摩斯负责	15	3¾	1⅔袋
L16	丈量于赫尔沙北部的沙沙：			
L17	耕种者哈德奈赫图分得卡塔法老地，			
L18	由税务长负责	10	2½	1⅔袋
L19	丈量（于）卡沙村庄东南部：			
L20	耕种者帕拉塞赫派如分得索白克神庙的耕地，			
L21	其领地（由）帕伊阿瑞（负责）	20	5	1⅔袋
L22	分给索白克摩斯的阿蒙神庙，由			
L23	瓦布祭司凯恩阿蒙负责	10⌋5	¼	1⅔袋
L24	耕种者宅胡提姆海布分得阿蒙神庙内葬祭庙的耕地，			
L25	其领地由管理者阿沙姆海布负责	5	1¼	1⅔袋
L26	［耕种者］普塔塞赫派尔 平方肘尺 .2.10			
L27	［书吏派奈塞赫姆］ .2.22			
L28	又丈量 50 休耕地			
L29	耕种者宅胡提姆海布 .1.11			
L30	又丈量 12 休耕地			
L31	丈量（于）此地东南部河沿地：			
L32	瓦布祭司卡提奈弗尔分得索白克神庙耕地，			
L33	其领地由先知普塔摩斯负责	20	5	1⅔袋

L34 瓦布祭司卡提奈弗尔 .4.8

L35 又丈量 .12 休耕地

L36 又丈量 .4.8

L37 丈量（于）赫尔卡：

L38 书吏派奈塞赫姆分得索白克神庙耕地，

	耕地（阿鲁拉）	税赋地（阿鲁拉）	税率（每阿鲁拉）
L39 其领地由帕伊瑞负责	15	3¾	1²⁄₄ 袋
L40 丈量于塔伊阿奈赫：			
L41 书吏帕塞赫姆分得索白克神庙耕地，			
L42 其领地，袋[1]	10	2½	1²⁄₄ 袋
L43 丈量（于）卡沙村庄东部：			
L44 索白克神庙书吏赫如	平方肘尺 4.8		

A 面　第 89 栏

L1 又丈量 平方肘尺 .10.14

L2 又丈量 .12 休耕地

§240 L3 普塔神庙内使玛阿特满意之美楞普塔的葬祭庙[2]。

L4 该神庙领地由牛群总管塞特姆负责。

L5 丈量（于）果园西北部：

	耕地（阿鲁拉）	产率（每阿鲁拉）	产量
L6 其耕地	15	5 袋	75 袋
L7 丈量于谷仓山地：			
L8 其耕地	15	5 袋	75 袋
L9 丈量（于）果园西部：			
L10 其耕地	20	5 袋	100 袋

§241 L11 赫迪的王室码头。

L12 丈量于伊米塔伊姆塔尼乌特：

〔1〕 按，此句语义未明，抄手抄写时或有讹脱。

〔2〕 普塔神庙内使玛阿特满意之美楞普塔的葬祭庙：指法老美楞普塔位于孟菲斯的葬祭庙。

		耕地（阿鲁拉）	税赋地（阿鲁拉）	税率（每阿鲁拉）
L13	瓦布祭司卡摩斯	5⌟1	1/4	1 2/4袋
L14	瓦布祭司帕瓦赫德	5⌟1	1/4	1 2/4袋
L15	先知卡奈弗尔	5⌟1	1/4	1 2/4袋
L16	瓦布祭司帕赫如	5⌟5	1/4	1 2/4袋
L17	查克人卡瑞伊阿伊	5⌟1	1/4	1 2/4袋
L18	建筑工帕奈赫西	5⌟1	1/4	1 2/4袋
L19	军需官阿蒙姆海布	5⌟1	1/4	1 2/4袋
L20	又丈量其分配所得	5	1/4	1 2/4袋
L21	瓦布祭司卡摩斯	2	1/4	1 2/4袋
L22	存尸人帕伊乌伊乌	2	1/4	1 2/4袋
L23	阿卡乌特阿之子瓦布祭司帕赫如	5⌟1	1/4	1 2/4袋
L24	瓦布祭司阿蒙姆海布	5⌟1	1/4	1 2/4袋
L25	瓦布祭司帕昂恩巴塔	5⌟1	1/4	1 2/4袋
L26	丈量（于）撒卡北部：			
L27	瓦布祭司塞提奈赫特	5	1/4	1 2/4袋
L28	耕种者塞尔戴米	3	1/4	1 2/4袋
L29	瓦布祭司阿蒙霍特普	3	1/4	1 2/4袋
L30	瓦布祭司巴伊尔蒙图	3	1/4	1 2/4袋
L31	瓦布祭司卡摩斯	3	1/4	1 2/4袋
L32	瓦布祭司伊瑞	3	1/4	1 2/4袋
L33	又（有）瓦布祭司卡摩斯	3	1/4	1 2/4袋
L34	瓦布祭司尼苏阿蒙	3	1/4	1 2/4袋
L35	军需官阿蒙尼姆海布	3	1/4	1 2/4袋
L36	瓦布祭司帕乌奈什	3	1/4	1 2/4袋
L37	女市民穆特塞特	.3. 无		
L38	舍尔登人玛哈瑞特	3	1/4	1 2/4袋
L39	丈量于此地南部可耕地：			
L40	士兵帕拉霍特普	3	1/4	1 2/4袋
L41	士兵普塔姆海布	3	1/4	1 2/4袋

			耕地（阿鲁拉）	税赋地（阿鲁拉）	税率（每阿鲁拉）
	L42	女市民塔乌尔姆海布	3	¼	$1\frac{2}{4}$ 袋
	L43	女市民查[……]	3	¼	$1\frac{2}{4}$ 袋
	L44	士兵[奈]弗尔赫	[3]	[¼]	[$1\frac{2}{4}$] 袋

A 面　第 90 栏

			耕地（阿鲁拉）	税赋地（阿鲁拉）	税率（每阿鲁拉）
	L1	士兵阿蒙卡	[3]	[¼]	$1\frac{2}{4}$ [袋]
	L2	军需官乌塞赫伊乌特	3	[¼]	$1\frac{2}{4}$ 袋
§242	L3	该领地的法老地。			
	L4	丈量于撒卡西部塔瓦恩：			
	L5	马夫长乌塞尔玛阿特拉奈赫特	10⌟1	¼	$1\frac{2}{4}$ 袋
	L6	丈量于撒卡南部帕撒撒瑞瑞：			
	L7	谷仓书吏塞提奈赫特，由大勇士			
	L8	拉美西斯姆派尔拉负责	.10		
	L9	丈量（于）那伊阿蒙北部：			
	L10	女市民塞特及其兄弟	5 无		
	L11	女市民索白克伊尼苏	.5______.		
	L12	丈量（于）此地东南部：			
	L13	分给维吉尔奈弗尔瑞奈普特，由耕种者赫卡负责 5_____.			
	L14	丈量（于）此地西部：			
	L15	马夫长索白克霍特普	.5 无		
	L16	丈量于位于撒卡的居所：			
	L17	马夫长奈弗尔赫尔	5	½	$1\frac{2}{4}$ 袋
§243	L18	阿蒙神庙内拉所选之乌塞尔玛阿特拉的葬祭庙牧草地。			
	L19	丈量于果园东北部河沿地：			
	L20	耕种者奈赫特赫派什弗	3	1	$1\frac{2}{4}$ 袋
	L21	又丈量其分配所得	2	1	$1\frac{2}{4}$ 袋
	L22	丈量（于）努如村庄西北部：			
	L23	耕种者本恩苏姆伊派特分得阿蒙神庙前方初耕地	20	2½	$1\frac{2}{4}$ 袋
	L24	耕种者宏苏分得阿蒙所爱之拉美西斯阿蒙赫尔赫派什弗的葬祭庙耕地，			

		耕地（阿鲁拉）	税赋地（阿鲁拉）	税率（每阿鲁拉）
L25	其领地	20	5	$1\frac{2}{4}$ 袋
L26	前方初耕地的阿蒙神庙的先知赫瑞	10⌟1	½	$1\frac{2}{4}$ 袋
L27	献予法老之神，由先知普塔摩斯负责	5	½	$1\frac{2}{4}$ 袋
L28	瓦布祭司腾瑞宏苏	5	½	$1\frac{2}{4}$ 袋
§244 L29	阿蒙神庙内赫拉姆海布的葬祭庙牧草地。			
L30	丈量（于）撒卡西北部：			
L31	马夫长卡奈弗尔	5	½	$1\frac{2}{4}$ 袋
L32	马夫长阿蒙姆伊派特	5	½	$1\frac{2}{4}$ 袋
L33	马夫长帕奈赫西	5	½	$1\frac{2}{4}$ 袋
L34	瓦布祭司帕温舒	.5. 无		
L35	女市民迈赫伊	5	½	$1\frac{2}{4}$ 袋
L36	女市民穆特姆海布	5	½	$1\frac{2}{4}$ 袋
L37	瓦布祭司塞提奈赫特	5	½	$1\frac{2}{4}$ 袋
L38	拉摩斯之子瓦布祭司塞提奈赫特	5	½	$1\frac{2}{4}$ 袋
L39	女市民腾塔布瓦	5	½	$1\frac{2}{4}$ 袋
L40	侍从卡姆尼乌特弗	5	½	$1\frac{2}{4}$ 袋
L41	马夫长帕 伊米瑞 赫姆奈彻尔	5	½	$1\frac{2}{4}$ 袋

A面　第91栏

§245 L1	阿蒙所爱之拉美西斯的“深爱如拉”葬祭庙的牧草地。			
L2	丈量（于）阿蒙所选之赫卡玛阿特拉的葬祭庙西南部：			
L3	执旗者塞提奈赫特	3	¼	$1\frac{2}{4}$ 袋
L4	士兵泰奈瑞赫派什弗	3	¼	$1\frac{2}{4}$ 袋
L5	马夫长帕赫如	3	¼	$1\frac{2}{4}$ 袋
L6	士兵帕晒德	3	¼	$1\frac{2}{4}$ 袋
L7	丈量（于）此地北部：			
L8	马夫长彭特沃瑞	20⌟5	¼	$1\frac{2}{4}$ 袋
L9	又丈量	平方肘尺 2.98		
L10	又丈量	.12. 半旱地		

			耕地（阿鲁拉）	税赋地（阿鲁拉）	税率（每阿鲁拉）
L11	马夫长帕瓦阿蒙		5	¼	1¾袋
L12	马夫长伊乌伊		5	¼	1¾袋
L13	丈量（于）西克莫西北部：				
L14	马夫长拉摩斯		5	¼	1¾袋
L15	马夫长撒如耶阿		5	¼	1¾袋
L16	士兵帕乌尔		5	¼	1¾袋
L17	士兵哈德索白克		3	¼	1¾袋
L18	马夫长帕楚查乌特		5	¼	1¾袋
L19	马夫长帕赫伊哈提		5	¼	1¾袋
L20	大勇士拉美西斯派尔拉		20	¼	1¾袋
L21	士兵卡斯巴卡		5	¼	1¾袋
L22	丈量（于）此地东部：				
L23	马夫长阿蒙奈赫特		5	¼	1¾袋
L24	舍尔登人温奈弗尔		20	¼	1¾袋
L25	士兵宅胡提姆海布		3	¼	1¾袋
L26	马夫长阿伊帕阿乌		5	¼	1¾袋
L27	马夫长派奈奈布阿赫乌特		5	¼	1¾袋
L28	又（有）舍尔登人温奈弗尔		5	¼	1¾袋
L29	丈量于蒙阿奈赫北部河沿地：				
L30	耕种者拉奈弗尔分得拉神庙遮阳棚的耕地，				
L31	位于蒙阿奈赫		7	1½¼	1¾袋
L32	耕种者拉摩斯	20 无			
L33	又丈量	.12 休耕地			
L34	国库总管卡姆提伊尔	阿鲁拉 50			
L35	丈量（于）卡沙村庄东南部：				
L36	马夫长塞提奈赫特分得索白克神庙耕地，				
L37	其领地由第二先知赫瑞负责		10	2½	1¾袋
L38	丈量于蒙阿奈赫北部河沿地：				
L39	战车手帕昂哈伊博		2	¼	1¾袋

丈量（于）此地北部：

		耕地（阿鲁拉）	税赋地（阿鲁拉）	税率（每阿鲁拉）
战车手帕昂哈伊博		20⅃5	¼	1²⁄₄ 袋
马夫长赫如		5⅃5	¼	1²⁄₄ 袋
马夫长奈弗尔阿伯特		5⅃5	¼	1²⁄₄ 袋
女市民塔撒哈奈特		20⅃5	¼	1²⁄₄ 袋
耕种者帕昂哈伊博		3	¼	1²⁄₄ 袋
代理人帕拉姆海布	.10 无			
女市民 塔巴戛	.10_______.			

A 面　第 92 栏

女市民 胡奈瑞	.5 无

丈量（于）乌阿奈特泛滥地东部：

铜匠本苏姆伊派特	.5 无
宫廷马夫长卡姆提伊尔	.10_______.
女市民穆特姆伊派特	.5______.
瓦布祭司伊提奈弗尔	.5______.

§246 普塔神庙伟大宝座的牧草地。

丈量于塔伊阿奈赫：

马夫长巴克恩乌尔奈瑞	.5 无
马夫长腾瑞赫派什弗	5_____.

§247 拉神庙内“万年永存”葬祭庙的白山羊饲草地。

丈量（于）伊瑞卡克神庙西南部：

	耕地	税赋地	税率
耕种者帕胡	5	1	1²⁄₄ 袋
牧人帕卡扎	5	1	1²⁄₄ 袋
侍从塞提姆海布	5	1	1²⁄₄ 袋
女市民赫努特阿伊博	5	1	1²⁄₄ 袋
马夫长阿蒙瓦赫苏	5	1	1²⁄₄ 袋
牧人卡瑞	5	1	1²⁄₄ 袋
女市民塔巴撒	5	1	1²⁄₄ 袋

		耕地（阿鲁拉）	税赋地（阿鲁拉）	税率（每阿鲁拉）
L20	马夫长拉摩斯	10	1	$1\frac{2}{4}$ 袋
L21	马夫长帕查阿	10	1	$1\frac{2}{4}$ 袋

§248 L22 拉神庙内多次庆祝塞德节者、阿蒙所爱之拉美西斯的葬祭庙。

L23 丈量（于）撒卡居所东南部：

L24	谷仓书吏塞提奈赫特，由军需官巴克乌尔奈瑞负责	10⌋5	¼	$1\frac{2}{4}$ 袋

§249 L25 赫尔摩塞斯之主蒙图的神庙。

L26 丈量（于）果园西北部：

L27	维吉尔奈弗尔瑞奈普特，由耕种者帕伊普奈赫特负责	20⌋5	½	$1\frac{2}{4}$ 袋
L28	战车手奈弗尔阿伯特	10⌋5	½	$1\frac{2}{4}$ 袋

§250 L29 阿拜多斯之主、伟大的神、永恒之统治者瑞苏特拉的神庙。

L30 该神庙领地由管理者伊德胡摩斯负责。

L31 丈量于塔伊阿奈赫：

		耕地（阿鲁拉）	产率（每阿鲁拉）	产量
L32	耕种者阿恩赫尔伊阿乌特耕地	25	5 袋	125 袋
L33	丈量于奈弗尔沙努山地：			
L34	其耕地	70	5 袋	350 袋

A 面　第 93 栏

§251 L1 丰收税：分配给该神庙。

L2 丈量于塔伊阿奈赫：

L3 代理人帕拉姆海布分得阿蒙神庙内葬祭庙的耕地，

		耕地（阿鲁拉）	税赋地（阿鲁拉）	税率（每阿鲁拉）
L4	其领地由管理者阿沙赫拜斯德负责	5	1¼	$1\frac{2}{4}$ 袋

L5 代理人帕拉姆海布　.100 休耕地

L6 耕种者阿恩赫尔伊阿乌特　.5.45

L7 又丈量　.12 休耕地

§252 L8 赫尔摩坡里斯之主托特的神庙。

L9 丈量（于）阿蒙所选之赫卡玛阿特拉的葬祭庙北部：

		耕地（阿鲁拉）	税赋地（阿鲁拉）	税率（每阿鲁拉）
L10	士兵帕布巴撒	3	¼	$1\frac{2}{4}$ 袋
L11	士兵帕查乌姆尼乌特	3	¼	$1\frac{2}{4}$ 袋
L12	士兵塞提	3	¼	$1\frac{2}{4}$ 袋
L13	士兵塞德特	3	¼	$1\frac{2}{4}$ 袋
L14	丈量于此地西部河沿地：			
L15	耕种者帕阿瑞特分得葬祭庙耕地，			
L16	其领地由管理者阿蒙姆威雅负责	3	¾	$1\frac{2}{4}$ 袋
L17	丈量于阿赫苏的帕特地：			
L18	耕种者阿蒙姆海布分得葬祭庙耕地，			
L19	其领地，阿蒙所选之赫卡玛阿特拉	3	¾	$1\frac{2}{4}$ 袋

§253 L20 前方初耕地的阿蒙神庙，由先知赫瑞负责。

L21 其领地由他本人负责。

L22 丈量（于）努如村庄西北部：

		耕地（阿鲁拉）	产率（每阿鲁拉）	产量
L23	耕种者赫瑞耕地	20	5 袋	100 袋

L24 分给阿蒙神庙内拉所选之乌塞尔［玛阿特］拉的葬祭庙牧草地 2¼ 袋。

§254 L25 阿什那之主索白克－拉的神庙。

L26 阿蒙所爱之乌塞尔［玛阿特］拉所建神庙领地，由前大管家帕伊瑞负责。

L27 丈量于乌阿奈特东部沙洲：

		耕地（阿鲁拉）	产率（每阿鲁拉）	产量
L28	其耕地	2	5 袋	10 袋

L29 分给阿蒙神庙内阿蒙所爱之乌塞尔玛阿特拉的葬祭庙 ¾ 袋。

L30 丈量（于）卡沙村庄东部：

		耕地（阿鲁拉）	产率（每阿鲁拉）	产量
L31	其耕地	20	5 袋	100 袋

L32 分给阿蒙神庙的伟大宝座 $7\frac{2}{4}$ 袋。

L33 丈量（于）派奈那赫特尔［麦赫特］东部：

		耕地（阿鲁拉）	产率（每阿鲁拉）	产量
L34	其耕地	10	5 袋	50 袋

L35 丈量（于）此地东部：

		耕地（阿鲁拉）	产率（每阿鲁拉）	产量
L36	其耕地	10	5 袋	50 袋

		耕地（阿鲁拉）	产率（每阿鲁拉）	产量
L37	丈量于乌安提泛滥地东部河沿地：			
L38	其耕地	10	$7\frac{2}{4}$ 袋	75 袋
	又（有）	10	5 袋	50 袋
L39	分给该领地的众神之王阿蒙－拉神的神庙 $7\frac{2}{4}\frac{1}{16}$ 袋。			
L40	丈量于塔伊阿奈赫：			
L41	其耕地	10	5 袋	50 袋
L42	分给普塔神庙的伟大宝座 $3\frac{3}{4}$ 袋。			

A 面 第 94 栏

§255	L1	法老阿蒙所选之乌塞尔卡拉所建神庙领地，由他本人负责。			
	L2	丈量于腾特迈尔伊特胡前方西部的河沿地：			
	L3	其耕地	30	5 袋	150 袋
	L4	丈量（于）赫尔卡弗北部：			
	L5	其耕地	15	5 袋	75 袋
	L6	分给普塔神庙的伟大宝座 $5\frac{2}{4}\frac{1}{16}$ 袋。			
	L7	丈量于迈什如索白克（神庙）东部河沿地：			
	L8	其耕地	8	5 袋	40 袋
§256	L9	法老阿蒙所选之乌塞尔卡拉所建神庙领地，由先知普塔摩斯负责。			
	L10	丈量（于）塔玛克水滨地赫尔卡弗南部：			
	L11	耕种者拉摩斯	40	5 袋	200 袋
	L12	丈量于腾特迈尔伊特胡前方东部：			
	L13	其耕地	10	$7\frac{2}{4}$ 袋	75 袋
	L14	又（有）	30	5 袋	150 袋
§257	L15	该神庙领地，由他本人负责。			
	L16	丈量（于）腾特阿沙奈斯特：			
	L17	其耕地	10	5 袋	50 袋
	L18	丈量于索白克神庙南部牧场：			
	L19	其耕地	30	5 袋	150 袋
	L20	丈量于阿赫特弯地西南部河沿地：			

			耕地（阿鲁拉）	产率（每阿鲁拉）	产量
	L21	其耕地	20	5 袋	100 袋
	L22	丈量于那奈赫特水滨地：			
	L23	其耕地	25	5 袋	125 袋
	L24	丈量（于）西克莫墓地索白克神庙西北部：			
	L25	其耕地	10	5 袋	50 袋
	L26	分给阿蒙神庙内赫拉姆海布神庙 $3\frac{3}{4}$ 袋。			
	L27	丈量于卡沙村庄南部河沿地：			
	L28	其耕地	20	5 袋	100 袋
	L29	分给普塔神庙的伟大宝座 $7\frac{3}{4}$ 袋。			
	L30	丈量（于）果园西北部：			
	L31	其耕地	15	5 袋	75 袋
	L32	分给该领地神庙 $5\frac{2}{4}\frac{1}{16}$ 袋。			
§258	L33	法老阿蒙所选之乌塞尔卡拉所建神庙领地，由 <他负责>。			
	L34	丈量（于）法老后宫总管山地西北部：			
	L35	其耕地	2	5 袋	10 袋
	L36	丈量（于）迈克水滨地的赫尔卡弗南部：			
	L37	其耕地	10	5 袋	50 袋
	L38	丈量于 [蒙阿奈赫] 东部河沿地：			
	L39	其耕地	10	$7\frac{2}{4}$ 袋	75 袋
	L40	又（有）	20	5	100 袋
	L41	分给赫迪领地阿蒙–拉神庙内 [阿蒙所爱之拉美西斯] 神庙 [$13\frac{1}{8}$ 袋]。			

A 面　第 95 栏

§259	L1	该神庙领地由第二先知赫瑞负责。			
	L2	丈量（于）索白克神庙西南部：			
	L3	其耕地	5	5 袋	25 袋
	L4	分给赫迪领地阿蒙–拉神庙内阿蒙所爱之乌塞尔玛阿特拉的葬祭庙 [$1\frac{3}{4}\frac{1}{16}$ 袋]。			
	L5	丈量（于）拉（神庙）灌木丛北部：			
	L6	其耕地	20	5 袋	100 袋

L7 分给该领地神庙 7 2/4 袋。

L8 丈量（于）卡沙村庄南部：

		耕地（阿鲁拉）	产率（每阿鲁拉）	产量
L9	其耕地	5	5 袋	25 袋

L10 分给“深爱如拉”葬祭庙的牧草地 1¾1/16 袋。

L11 丈量（于）派奈伊卡瑞耶西北部：

L12	其耕地	5	5 袋	25 袋

§260 L13 丰收税：分配给由他负责的神庙。

L14 丈量（于）瑞玛山地东北部：

		耕地（阿鲁拉）	税赋地（阿鲁拉）	税率（每阿鲁拉）
L15	先知普塔摩斯	20⌟5	½	1 2/4 袋
L16	前方初耕地的阿蒙神庙的先知赫瑞	20⌟5	½	1 2/4 袋
L17	丈量（于）努如村庄西北部：			
L18	先知普塔摩斯	20⌟5	½	1 2/4 袋
L19	瓦布祭司帕赫姆奈彻尔	5	½	1 2/4 袋
L20	丈量（于）索白克神庙西南部：			
L21	神庙书吏卡姆提伊尔	10⌟5	¼	1 2/4 袋
L22	瓦布祭司奈赫特赫尔派什弗	10⌟5	¼	1 2/4 袋
L23	侍从帕布卡	10⌟5	¼	1 2/4 袋
L24	丈量于索白克神庙南部牧草地：			
L25	女市民塔撒哈尔	10⌟5	¼	1 2/4 袋
L26	神庙书吏卡姆提伊尔	10⌟5	¼	1 2/4 袋
L27	书吏奈布塞提乌尔	10⌟5	¼	1 2/4 袋
L28	马夫长塔威	10⌟5	¼	1 2/4 袋
L29	瓦布祭司哈伊	5⌟1	¼	1 2/4 袋
L30	丈量（于）北派奈那赫特尔东部：			
L31	分给阿蒙－姆阿布神庙，由普塔摩斯负责	10⌟5	¼	1 2/4 袋
L32	丈量（于）此地东南部：			
L33	分给阿蒙－姆阿布神庙，由他本人负责	10⌟5	½	1 2/4 袋

L34 丈量（于）法老后宫总管山地西部：

		耕地（阿鲁拉）	税赋地（阿鲁拉）	税率（每阿鲁拉）
L35	牧羊人帕布奈赫特　5 无			
L36	丈量（于）北派奈那赫特尔西部：			
L37	国库总管卡姆提伊尔　40 无			
L38	丈量于塔伊阿奈赫：			
L39	国库总管卡姆提伊尔	20⌋5	½	$1\frac{2}{4}$ 袋
L40	耕种者阿蒙姆海布分得阿蒙所选之赫卡玛阿特拉的葬祭庙耕地，			
L41	其领土由他本人负责	2	½	$1\frac{2}{4}$ 袋
L42	已故瓦布祭司巴克恩伊乌伊阿，由其子负责	10⌋5	½	$1\frac{2}{4}$ 袋
L43	丈量于索白克神庙东部对面的土地：			
L44	分给卡塞巴帕拉	60⌋1	¼	$1\frac{2}{4}$ 袋
L45	又丈量	10⌋1	¼	$1\frac{2}{4}$ 袋

A 面　第 96 栏

L1	[丈]量（于）索白克神庙北部：			
L2	国库总管卡姆提伊尔	20⌋1	¼	$1\frac{2}{4}$ 袋
L3	分给昂图伊的阿蒙（神庙）	5	¼	$1\frac{2}{4}$ 袋
L4	女市民塔撒哈如	5	¼	$1\frac{2}{4}$ 袋
L5	丈量（于）此地北部：			
L6	女市民塔米	20⌋10	1	$1\frac{2}{4}$ 袋
L7	丈量（于）帕恩赫宅北部：			
L8	已故女市民塔巴撒	5⌋1	¼	$1\frac{2}{4}$ 袋
L9	侍从赫瑞及其兄弟	5⌋1	¼	$1\frac{2}{4}$ 袋
L10	瓦布祭司赫尔摩斯	5⌋1	¼	$1\frac{2}{4}$ 袋
L11	女市民奈宅姆	5⌋1	¼	$1\frac{2}{4}$ 袋
L12	女市民穆特姆海布	5⌋1	½	$1\frac{2}{4}$ 袋
L13	神之父帕布帕撒	5⌋1	½	$1\frac{2}{4}$ 袋
L14	丈量（于）索白克神庙东部派尔查乌：			
L15	瓦布祭司帕布奈赫特　阿鲁拉 5 无			
L16	马夫长卡姆提伊尔　阿鲁拉 20＿＿.			

L17 “撒可特”官员阿蒙卡　阿鲁拉 5_____.

L18 马夫长彭特沃瑞　阿鲁拉 5_____.

L19 瓦布祭司塞提奈赫特　5_____.

L20 瓦布祭司拉雅　阿鲁拉 5_____.

L21 女市民塔米　5_____.

L22 医生赫尔摩斯　阿鲁拉 10_____.

L23 瓦布祭司伊瑞奈弗　阿鲁拉 5_____.

L24 丈量（于）瑞玛山地东北部：

		耕地（阿鲁拉）	税赋地（阿鲁拉）	税率（每阿鲁拉）
L25	养蜂人普塔姆海布	10⌟1	¼	1 2/4 袋
L26	丈量（于）那舍那山地西部的索白克神庙南部：			
L27	索白克神庙书吏帕赫瑞派宅特	10⌟5	¼	1 2/4 袋
L28	丈[量]于伊迈瑞弗西部河沿地：			
L29	分给卡塞巴帕拉	10⌟1	¼	1 2/4 袋
L30	丈量（于）此地东北部：			
L31	瓦布祭司拉雅	5	½	1 2/4 袋
L32	侍从派奈阿蒙	5	½	1 2/4 袋
L33	士兵塞提姆海布	5	½	1 2/4 袋
L34	女市民穆特姆伊派特	5	½	1 2/4 袋

L35 丈量（于）瑞玛山地西南部：

L36 国库总管卡姆提伊尔　阿鲁拉 10 无

L37 瓦布祭司卡提奈弗尔　阿鲁拉 10_____.

L38 神庙书吏卡姆提伊尔　阿鲁拉 10_____.

L39 书吏派奈塞赫姆特　阿鲁拉 10_____.

L40 士兵帕哈提阿　阿鲁拉 10_____.

L41 士兵伊尔　阿鲁拉 10_____.

L42 士兵扎查　阿鲁拉 10____.

L43 女市民胡[奈]瑞　阿鲁拉 3____.

L44 执旗者胡伊　阿鲁拉 10____.

L45 又分给神庙书吏卡姆提伊尔　阿鲁拉 10 无

A面　第97栏

行	内容		耕地（阿鲁拉）	税赋地（阿鲁拉）	税率（每阿鲁拉）
L1	丈［量］于卡哈阿胡特西北部河沿地：				
L2	瓦布祭司帕布帕撒		5⅃1	¼	1⅔袋
L3	又分给	100 休耕地			
L4	丈量于前方腾特迈尔伊特胡：				
L5	牧羊人帕查伊塞瑞伊特		100⅃10	2	1⅔袋
L6	又分给	12 休耕地			
L7	牧人帕赫伊哈提		20⅃5	½	1⅔袋
L8	又分给	.1.11			
L9	又分给	12 休耕地			
L10	瓦布祭司帕楚查乌特	阿鲁拉 .4.8			
L11	又分给	12 休耕地			
L12	耕种者哈如伊	.4.8			
L13	丈量于此地前方的土地：				
L14	神庙书吏卡姆提伊尔耕种		5	½	1⅔袋
L15	又分给	.5.45			
L16	又分给	100 休耕地			
L17	又分给	.2.10			
L18	又分给	100 休耕地			
L19	丈量于此地西部河沿地：				
L20	耕种者卡伊	.2.22			
L21	又分给	12 休耕地			
L22	书吏卡姆瓦塞特	50 休耕地			
L23	侍从卡如及其兄弟	阿鲁拉 .10.40			
L24	丈量于此地东部河沿地：				
L25	士兵帕楚乌特	.4.8			
L26	又分给	12 休耕地			
L27	又分给	.4.8			
L28	耕种者撒如伊	.4.8			

L29 又分给 12 休耕地

L30 丈量（于）法老后宫总管山地南部：

L31 先知普塔摩斯 阿鲁拉 20 无

L32 丈量（于）辛努西村庄东部：

L33 国库总管卡姆提伊尔 阿鲁拉 20 无

L34 神庙书吏卡姆提伊尔 阿鲁拉 20 无

L35 丈量（于）迈克的赫尔卡弗西南部：

		耕地（阿鲁拉）	税赋地（阿鲁拉）	税率（每阿鲁拉）
L36	国库总管卡姆提伊尔	50⌟10	1	$1\frac{2}{4}$ 袋
L37	耕种者帕瓦赫德 .2.22			
L38	丈量（于）迈克的此处东南部：			
L39	耕种者拉摩斯 4.20			
L40	又分给 12 休耕地			
L41	瓦布祭司索白克卡 2.22			
L42	又分给 12 休耕地			
L43	丈量（于）伊迈瑞弗东南部：			
L44	牧人宅胡提姆海布	10	2	$1\frac{2}{4}$ 袋
L45	牧人赫瑞	10	2	$1\frac{2}{4}$ 袋

A 面 第 98 栏

§261 L1 伊迈尔乌特弗之主索白克的神庙。

L2 丈量（于）此地南部：

		耕地（阿鲁拉）	产率（每阿鲁拉）	产量
L3	耕地，由耕种者帕乌尔负责	10	5 袋	50 袋

L4 分给阿蒙神庙内阿蒙所爱之乌塞尔玛阿特拉的葬祭庙 $3\frac{3}{4}$ 袋。

§262 L5 蒙阿奈赫的阿蒙所爱之乌塞尔卡拉塞特普恩拉之像。

L6 丈量（于）塔乌尔塞特的索白克神庙西北部：

L7	耕地，由书吏卡姆瓦塞特负责	2	5 袋	10 袋
L8	丈量于帕胡派德河沿地：			
L9	其耕地	5	5 袋	25 袋

			耕地（阿鲁拉）	产率（每阿鲁拉）	产量
	L10	分给穆特神庙 $1\frac{3}{4}\frac{1}{16}$ 袋。			
	L11	丈量（于）伊迈瑞弗南部：			
	L12	其耕地	2	5 袋	10 袋
	L13	丈量（于）蒙阿奈赫北部：			
	L14	其耕地	2	5 袋	10 袋
	L15	丈量（于）西克莫西北部：			
	L16	其耕地	8	5 袋	40 袋
§263	L17	此地的拉 – 哈拉凯悌神庙遮阳棚。			
	L18	丈量于蒙阿奈赫北部河沿地：			
	L19	其耕地	7	5 袋	35 袋
	L20	分给“深爱如拉”葬祭庙的牧草地 $2\frac{2}{4}\frac{1}{8}$ 袋。			
	L21	丈[量]于此地北部河沿地：			
	L22	其耕地	3	5 袋	15 袋
	L23	分给拉神庙内阿蒙所爱之拉美西斯的葬祭庙 $1\frac{1}{8}$ 袋。			
§264	L24	阿赫威之主哈托尔的神庙，由先知赫瑞负责。			
	L25	丈量于那伊阿蒙西部河沿地：			
	L26	其耕地	10	5 袋	50 袋
§265	L27	乌阿奈特的安提神庙，由先知温奈弗尔负责。			
	L28	丈量于塔塞克尔昂特：			
	L29	其耕地	10	5 袋	50 袋
	L30	丈量于此地东部帕特地：			
	L31	其耕地	16	$7\frac{2}{4}$ 袋	120 袋
	L32	丈量于乌安提初耕地的河沿地：			
	L33	其耕地	4	5 袋	20 袋
§266	L34	丰收税：分给由他负责的该神庙。			
	L35	丈量于塔塞克尔昂提：			
	L36	先知温奈弗尔　.5.45			
	L37	又分给　.100 休耕地			

A面　第99栏

L1 又分给 .5.95

L2 又分给 .100 休耕地

L3 丈量于迈尔迈塞赫的帕特地：

L4 耕种者宏苏分得耕地，

		耕地（阿鲁拉）	税赋地（阿鲁拉）	税率（每阿鲁拉）
§267	L5 阿蒙所爱之拉美西斯阿蒙赫尔赫派什弗	10	2½	1¾袋
	L6 乌阿奈特的两土地之女主人哈托尔的神庙。			
	L7 丈量（于）赫尔卡弗北部：			
	L8 士兵卡姆伊派特分得耕地，			
§268	L9 阿蒙神庙内葬祭庙，其领地由迈瑞玛阿特负责	10	2½	1¾袋
	L10 丈量（于）：			
	L11 撒卡之主巴塔的神庙，由先知卡负责。			
	L12 丈量于撒卡东部奈布初耕地：			

		耕地（阿鲁拉）	产率（每阿鲁拉）	产量
	L13 其耕地	15	7¾袋	112¾袋
	L14 丈量于此地东部奈布初耕地：			
	L15 其耕地	30	5袋	150袋
	L16 丈量于此地南部可耕地：			
	L17 其耕地	10 10	5 5袋	50 50袋
	L18 丈量于奈布初耕地前方的河沿地：			
	L19 其耕地	20	5袋	100袋
	L20 丈量（于）撒卡南部：			
	L21 其耕地	20	5袋	100袋

§269 L22 丰收税：分给由他负责的神庙。

L23 丈量于撒卡东部奈布初耕地：

L24 先知卡奈弗尔 .10.40

L25 又分给 .100 休耕地

L26 又分给 .100 休耕地

§270 L27 胜利之预言者阿蒙的神庙，由先知帕奈赫西负责。

丈量于撒卡南部可耕地：

	耕地（阿鲁拉）	产率（每阿鲁拉）	产量
其耕地	40	5 袋	200 袋

A 面　第 100 栏

§271 丰收税：分给由他负责的神庙。

丈量（于）撒卡西南部：

		耕地（阿鲁拉）	税赋地（阿鲁拉）	税率（每阿鲁拉）
瓦布祭司阿蒙姆威雅		6	½	1¾ 袋
又分给	.2.10			
又分给	.12 休耕地			

丈量于此地东部阿阿树林：

先知帕奈赫西	.10.40
又分给	50 休耕地

§272 撒卡的拉－哈拉凯悌神庙遮阳棚。

丈量于急流入口处的河沿地：

	耕地（阿鲁拉）	产率（每阿鲁拉）	产量
耕种者帕乌奈什	5	5 袋	25 袋
丈量（于）此地东部河沿地：			
其耕地	5	5 袋	25 袋
丈量于此地北部可耕地：			
其耕地	5 20	5 5 袋	25 100 袋
丈量于奈布初耕地东部河沿地：			
其耕地	10	5 袋	50 袋

分给普塔神庙内使玛阿特满意之美楞普塔的普塔神庙 3¾ 袋。

丈量（于）撒卡南部：

	耕地（阿鲁拉）	产率（每阿鲁拉）	产量
其耕地	5	5 袋	25 袋

§273 丰收税：分给由他负责的该神庙。

丈量（于）撒卡南部帕撒撒：

耕种者塞提摩斯	.2.22

L24 瓦布祭司帕乌奈什　.2.22

L25 又分给　50休耕地

L26 丈量（于）乌阿奈特西南部：

L27 耕种者阿蒙姆海布分得葬祭庙耕地，

	耕地（阿鲁拉）	税赋地（阿鲁拉）	税率（每阿鲁拉）
L28 阿蒙所选之赫卡玛阿特拉，其领地由他本人负责	5	1¼	1¼ 袋

§274 L29 阿蒙所选之拉美西斯阿蒙赫尔赫派什弗的［葬祭庙］。

L30 该神庙领地由士兵宏苏负责。

A面　第101栏

L1 丈量于迈尔迈塞赫的帕塔地：

	耕地（阿鲁拉）	产率（每阿鲁拉）	产量
L2 其耕地	10	5 袋	50 袋

L3 分给乌阿奈特的安提神庙 3¾ 袋。

L4 丈量（于）那伊阿蒙东部：

L5 其耕地	8	5 袋	40 袋

L6 分给赫迪领地的拉神庙 3 袋。

L7 丈量（于）努如村庄西部：

L8 其耕地	20	5 袋	100 袋

L9 分给赫迪领地的众神之王阿蒙–拉的神庙的牧草地 7²⁄₄ 袋。

§275 L10 使玛阿特满意之美楞普塔的葬祭庙。

L11 该神庙领地由士兵塔负责。

L12 丈量（于）派尔伊赫堤坝北部：

L13 其耕地	20	5 袋	100 袋

§276 L14 王后塔乌瑞特恩如的葬祭庙。

L15 该神庙领地由先知卡奈弗尔负责。

L16 丈量于撒卡东部的奈布初耕地：

L17 其耕地	20	5 袋	100 袋

L18 分给使玛阿特满意之美楞普塔的普塔神庙 7²⁄₄ 袋。

§277 L19 孟菲斯后宫。

L20 该神庙领地由众神之王阿蒙－拉（神庙）的牛群总管拉美西斯奈赫特负责。

L21 丈量（于）撒卡东部奈布初耕地：

		耕地	税率（每平方肘尺）	双粒麦	使用
L22	其耕地	平方肘尺 100	⅓ 6⅔ 袋	666⅔ 袋	$1\frac{2}{4}\frac{1}{16}\frac{1}{4}$ 袋
L23	丈量于迈尔迈塞赫的帕塔地：				
L24	其耕地	平方肘尺 100	6⅔ 袋	666⅔ 袋	$1\frac{2}{4}\frac{1}{16}\frac{1}{4}$ 袋

A 面　第 102 栏

§278 L1 麦尔乌尔后宫

L2 该领地由巴克恩阿蒙负责。……

L3 丈量于……西部河沿地：

L4 其耕地　平方肘尺 100……　……　……　$4\frac{1}{16}\frac{1}{4}$ 袋

§279 L5 该神庙领地，由众神之王阿蒙－拉的神庙的牛群总管拉美西斯奈赫特负责。

L6 丈量于那伊阿蒙西部河沿地：

L7 其耕地　平方肘尺 100……　……　1000　……袋

（五）

B面　第1栏

L1 [...][...][...]

§1 L2 [...] ⸤*ḫꜣ-tꜣ pr-ʿꜣ ḫt*⸥ *sš nswt ỉmy-r pr wsr-mꜣʿ-rʿ-nḫt* [...]

L3 ⸤*ꜣḥt=f pš n tꜣ*⸥ *ḳꜣyt* ⸤*rsy*⸥ *sꜣ-kꜣ ḥr ꜣḥt* ⸤*... ḳꜣyt ...*⸥

L4 ⸤*pš n ... ḥr*⸥ *ꜣḥt pr pn ḳꜣyt* 30⸤...⸥

L5 ⸤*pš n ...*⸥ *rsy sꜣ-kꜣ m ꜣḥt pr pn* ⸤*ḳꜣyt ...*⸥

L6 ⸤*pš ...*⸥ *ḥr ꜣḥt pr pn ḳꜣyt* ⸤1⸥140⸤...⸥

L7 ⸤*pš ... ḥr*⸥ ⸤*ꜣḥ*⸥*t pr pn* ⸤*ḳꜣyt ...*⸥

L8 ⸤*pš ... ḳꜣyt*⸥ 30

L9 ⸤*pš ... ḥrỉ ꜣḥt pr*⸥ ⸤*p*⸥*n ḳꜣyt* 20

L10 ⸤*pš ... ḳꜣyt*⸥ 30

B面　第2栏

L1 ⸤*dmḏ*⸥ *ḳꜣyt* 140[...]

§2 L2 *ḫꜣ-tꜣ n pr-ʿꜣ ʿnḫ wḏꜣ snb ḫt=f pꜣ* [...]

L3 *ꜣḥt=f pš n pꜣ* [...]

L4 . *pš n ḥwt-kʿḥ ḥr* ⸤*ꜣḥt ... ḳꜣyt ...*⸥

L5 . *pš rsy ḥwt-mn*⸤*ḫt*⸥ ⸤*ḥr ꜣḥt*⸥ *pr ỉmn* ⸤*ḳꜣyt ...*⸥

L6 ⸤.⸥*pš rsy nswt ḥw*⸤*t ḥr ꜣḥt*⸥ *pr ḥrw nb nswt* ⸤*ḥwt ḳꜣyt ...*⸥

L7 *pš pr* ⸤...⸥ *ḥr spr*(?) *ḥr ꜣḥt* ⸤*kꜣyt ...*⸥

L8 ⸤.*pš n*⸥ *tꜣ* ⸤... *ḥr ꜣḥt*⸥ *pr rʿ ḳ*⸤*ꜣyt*⸥ ⸤...⸥

L9 ⸤.*pš n ...*⸥ *ḥr ꜣḥt* ⸤*... ḳꜣyt ...*⸥

B面　第2a栏

L1 ⸤...⸥ *ḥʿ*(?) 100(?)

L2 ⸤...⸥ ½ *ir.n* 19⸤½⸥

L3 ⸤...⸥100

L4 *mn ḳꜣyt* ⸤...⸥

L5 ⸤...⸥

Lx+1 […] mn 10

Lx+2 […] mn ḳꜣyt 5

Lx+3 […] mn ḳꜣyt 5

Lx+4 […] m i̓ḥt(?) šrdn ḫꜣ-rwy

Lx+4A mn 10

Lx+5 […] 50 m prt i̓pt n mniw

Lx+6 […] ḳꜣyt 10

Lx+7 […] 5

B面 第3栏

L1 p⸢š⸣ […] ⸢ḥr ꜣḥt pr pn⸣ ḳꜣyt 100

L2 ⸢pš … ḥr ꜣḥt pr⸣ pn ḳꜣyt 90 mn […]

L3 p⸢š⸣ [… ḥr ꜣḥt pr-ꜥꜣ⸣ ꜥnḫ wḏꜣ snb ḳꜣyt 82[…]

L4 p⸢š⸣ [… ḥr⸣ ⸢ꜣ⸣ḥt pr pn bꜣt ḳꜣyt 40[…]

L5 p⸢š⸣ […]st tn ⸢ḥr ꜣḥt pr … ḳꜣyt⸣ 30

L6 ⸢pš …⸣ pr wꜣy-pr ḥr ꜣḥt pr pn ḳꜣyt 10

L7 ꜥḥꜥ p⸢š⸣ […] ḥky(?) ḥr ꜣ⸢ḥt tꜣ⸣ ḥwt m pr i̓mn ḳꜣyt 80 mn ⸢šrdn⸣ rꜥ-ms

L8 […] p⸢š⸣ st tn ḥr ꜣ⸢ḥt⸣ ⸢pr⸣ dwꜣ nṯr m pr i̓mn ḳꜣyt 60 mn […] mn ḳꜣyt .15

L9 ⸢pš⸣ […] i̓ꜣbt spr-mrwt ḳꜣyt 10 mn ⸢900…⸣ mn ḳꜣyt […] 4

L10 ⸢pš⸣ […]n š[…] ⸢ḥr ꜣḥt pr⸣ rꜥ ḳꜣyt 10 […]

L11 ⸢pš⸣ […]

L12 ⸢pš … ḥr ꜣḥt pr⸣ pn ⸢ḳꜣyt …⸣

L13 ⸢pš …⸣ ⸢ḳꜣ⸣yt 20 […]

L14 ⸢pš … ḳꜣyt⸣ 40 […]

L15 […] mn 5 […]

L16 ⸢pš …⸣ ḥr ꜣḥt […]ḳꜣyt 30 ⸢mn⸣ 5

L17 ⸢pš …⸣ i̓pt ḥr ꜣḥt ⸢pr⸣ pn ḳꜣyt 40

L18 ⸢pš⸣ […]st tn ḥr ꜣḥt […] ḳꜣyt ⸢40⸣

L19 ⸢pš n tnt-mri̓t⸣ ḥw mḥti̓ ⸢pr⸣ ḥnw ḥr ꜣḥt pr […]⸢ḳꜣyt⸣ 40

L20 ⸢pš …⸣ ḥw-i̓niwti̓ ḥr ⸢ꜣḥt pr⸣ rꜥ-ms-sw mr-⸢i̓mn⸣ snb ḳꜣyt [… 21⸣

L21 ⸢pš …⸣ pn-snb ḥr ꜣḥt pr pn ḳ⸢ꜣyt⸣ […] ⸢m i̓ḥt šrdn⸣ stḫ šrdn ṯꜣw mšꜥw ⸢šrdn⸣ mr-m-i̓p⸢t⸣

L22 ⸢pš …⸣ pn-mḏꜣry mḥti̓ nꜣy-ri̓-⸢ti̓⸣ ḥr ꜣḥ⸢t pr⸣ pn ḳꜣyt 40

L23 ⸢pš …⸣ tꜣ ꜥt n i̓-i̓ꜣ ḥr ꜣḥt ⸢tꜣ ḥwt i̓mny⸣ wꜣst ḳꜣyt 18

L24 ⸢pš n …⸣ pꜣ š hꜣrw ḥr ꜣḥt pr ⸢pn⸣ ḳꜣyt 40 mn 10 mn […]

L25 .pš n […] pꜣ i̓db rsy st tn ḥr ꜣḥt pr pn ḳꜣyt 10 mn 10 […]

L26 ⸢pš n …⸣ pꜣ š pr-ꜥꜣ ꜥnḫ wḏꜣ snb rsy nꜣy-ri̓-ti̓ ꜣḥt pr pn ⸢ḳꜣyt … m i̓ḥt šrdn⸣ stḫ-ḥꜥ 9

L27 ⸢pš …⸣ šꜣ-ri̓-pt ḥr ꜣḥt ⸢pr-ꜥꜣ ꜥnḫ wḏꜣ snb ḳꜣyt⸣ 7 […]

L28 ⸢pš n … tꜣ⸣ wḥyt i̓ꜣ-ri̓-kꜣk pꜣ [… ḥr ꜣḥt⸣ […]

L29 […] šrdn(?) pn-mn(?) […]

L30 i̓ꜣy-wt(?) […]

B面 第4栏

L1 ⸢pš …⸣ ḥr ꜣḥt pr pn ḳꜣyt ⸢40⸣

L2 ⸢pš …⸣ pꜣ pr ḥr ꜣḥt pr pn ḳꜣyt 50[…]

L3 …pš […] ḥr ꜣḥt tꜣ ḥwt i̓mny wꜣs ⸢ḳꜣyt …⸣ šs rꜥ-ms-sw-nḫt n tꜣ-st-šꜥ

L4 …pš [… st⸣ tn ḥr ꜣḥt pr i̓mn ḳꜣyt […] mn 10 […]=f

L5 …pš [… st⸣ tn ḥr ꜣḥt pr-ꜥꜣ ꜥnḫ wḏꜣ snb ḳꜣyt 10 mn 2 mn ḳꜣyt .10

L6 pš […] ḥr ꜣḥt pr rꜥ ḳꜣyt 30 […] mn ḳꜣyt 10

L7 pš […] ⸢ḥw-i̓⸣n-i̓wti̓ ḥr ꜣḥt pr ptḥ ḳꜣyt […] 2

L8 pš m⸢ḥti̓⸣ [… st⸣ tn ḥr ꜣḥt pr pn ḳꜣyt 40

L9 pš mḥ⸢ti̓⸣ [… tꜣ šnwt⸣ kmꜣm ḥr ꜣḥt tꜣ mniw n pr-ꜥꜣ ꜥnḫ wḏꜣ snb ḳꜣyt 25

L10 p⸢š⸣ […] ⸢mr⸣-i̓ḥw ⸢ḥr⸣ ⸢ꜣ⸣ḥt pr-ꜥꜣ ꜥnḫ wḏꜣ snb ḳꜣyt 60

L11 ⸢pš …⸣ ḳꜣyt […]

L12 ⸢pš … ḥr⸣ ꜣḥt […]

L13 ⸢pš …⸣ ḥr ꜣḥt pr-ꜥꜣ ꜥnḫ wḏꜣ snb […]

L14 ⸢pš …⸣ ḥr ꜣḥt […]

L15 pš mḥti̓ ⸢ḥw⸣-i̓n-i̓wti̓ ḥr ꜣḥt […]

L16 pš i̓ꜣbt nꜣ ꜥwt nꜣ mri̓ ḥr ꜣḥt pr pn ⸢ḳꜣyt⸣ 10

L17 pš tꜣ i̓ꜣdt i̓n-nꜣ ḥr ꜣḥt pr-ꜥꜣ ꜥnḫ wḏꜣ snb

L18 pš mḥti̓ st tn ḥr ꜣḥt pr pn ḳꜣyt […]

L19 pš mḥti̓ tꜣ ḥwt ⸢ns⸣wt ḥr ꜣḥt pr pn ⸢ḳꜣyt …⸣

L20 pš st tn ḥr ꜣḥt ⸢pr pn⸣ ḳꜣyt […]

L21 pš tꜣ i̓ꜣdt ꜣy ḥr ꜣ⸢ḥt⸣ pr-ꜥꜣ ꜥnḫ wḏꜣ snb ḳꜣyt […]

L22 pš mḥti̓ pꜣ i̓hꜣy n sn ḥr ꜣḥt pr pn ⸢ḳꜣyt⸣ 50

L23 ..pš mḥti̓ i̓ꜣbt pꜣ-mḏꜣy ḥr ꜣḥt pr pn ⸢ḳꜣyt⸣ 20 mn ḳꜣyt 13 mn 5

L24 pš i̓ꜣbt pn-i̓wn pr ḥr ꜣḥt pr pn ⸢ḳꜣyt …⸣

L25 pš rsy i̓pt ḥr ꜣḥt pr pn ḳꜣyt […]

L26 pš rsy i̓mny tꜣ i̓⸢ꜣdt⸣ pꜣ i̓ꜣ-riyw ⸢ḥri̓ ꜣḥt pr⸣ pn ḳꜣyt 21

L27 pš mḥti̓ i̓mny pꜣ ⸢bḫn⸣ n i̓ty ꜣḥt pr pn ⸢ḳꜣyt⸣ 1

L28 pš rsy i̓ꜣbt tꜣ ⸢i̓ꜣdt⸣ nꜣ-ḥr-ḥw ḥr ꜣḥt ⸢pr pn ḳꜣyt⸣ 20

B面 第5栏

L1 ⸢pš⸣ i̓ꜣbt nꜣ wḏꜣ ḥr ꜣḥt […]

L2 ⸢pš⸣ rsy mr-i̓ḥw ḥr ꜣḥt pr […]

L.3 ⸢pš⸣ ỉmny pn-ỉmw ḥr ꜣḥt […]

L.4 ⸢pš⸣ mḥtỉ ỉꜣbt tꜣ šnwt ḳmꜣmw ꜣḥt ⸢pr⸣ ⸢rʿ⸣-ms-sw mr-⸢ỉmn⸣ […] ḳꜣyt 50

L.5 ⸢pš⸣ ỉꜣbt st tn ꜣḥt pr pn ḳꜣyt sṯꜣt 10

L.6 ⸢pš⸣ ỉmny st tn ꜣḥt pr pn ḳꜣyt sṯꜣt 40

L.7 ⸢pš⸣ rsy pr-ḫnwty ꜣḥt pr pn ḳꜣyt ⸢sṯꜣt …⸣

L.8 ⸢pš⸣ ỉꜣbt ḥw-ỉn-ỉwtỉ ꜣḥt pr-ʿꜣ ḳꜣyt sṯꜣt 10

L.9 ⸢pš⸣ ỉꜣbt st tn ꜣḥt pr rʿ-ms-sw-mr-ỉmn p⸢ꜣ⸣ […] ⸢nḫb(?) sṯꜣt⸣ 9

L.10 ⸢pš⸣ rsy ỉꜣbt gꜣḥw ꜣ⸢ḫ⸣t st wr pr m pr ptḥ ⸢nḫb(?) sṯꜣt⸣ 20 mn 5 mn ḳꜣyt 30

L.11 […] ḳꜣyt(?) […]

L.12 […]4 mn 77 […] ~~20 mn 15~~

L.13 […] ḳꜣyt 100 […] 290½

L.14 ⸢dmḏ ḳꜣyt sṯꜣt 214⸣ ỉr.n sṯꜣt 107 […] 9 mn 62 ỉḥt šrdn sṯꜣt 18½ […]

§3 L.15 ḥꜣ-⸢tꜣ⸣ pr-ʿꜣ ḥt=f p⸢ꜣ⸣ ⸢w⸣w ḥr ỉb [… m] ḏrt sš pꜣ-bpꜣ-sꜣ

L.16 ꜣḥt pš n pꜣ ỉdb mḥtỉ tꜣ ʿt […] ꜣḥt pr ỉmn nḫb sṯꜣt 15

L.17 pš n tꜣ pʿt mḥtỉ ⸢tnt⸣-ḥỉmy ⸢ꜣḥt⸣ pr pn ḳꜣyt sṯꜣt 95

L.18 pš n pꜣ ỉw mḥtỉ ỉꜣbt st ⸢tn ꜣḥt⸣ tꜣ ḥwt m pr ỉmn nḫb sṯꜣt 15

L.19 pš rsy pr ỉḥt pr ꜣḥt ⸢pr⸣ ḳꜣyt sṯꜣt 19

L.20 ⸢pš⸣ rsy ỉꜣbt tꜣ ỉꜣdt nꜣ-ḥr-ḥw ⸢ꜣḥt pr⸣ pn ḳꜣyt sṯꜣt 20

L.21 p⸢š⸣ ỉꜣbt nꜣ-wḏꜣ ꜣḥt pr-ʿꜣ ḳꜣyt sṯꜣt 17

L.22 ⸢pš⸣ rsy mr-ỉḥw ꜣḥt pr pn ⸢ḳꜣyt⸣ sṯꜣt 50

L.23 ⸢pš⸣ rsy ỉmny tꜣ wḫyt ỉn-rỉ-šs ꜣ⸢ḫt⸣ pr pn ḳꜣyt sṯꜣt 40

L.24 pš rsy ỉmny st tn ꜣḥt pr ⸢pn⸣ ḳꜣyt sṯꜣt 24

L.25 pš n pꜣ ỉw nty m r n mw bꜣšꜣ ꜣḥt pr pn ḳꜣyt 52

L.26 pš n tꜣ pʿt rsy pꜣ ḫnt tꜣ wḫyt n-rỉy ꜣḥt pr pn nḫb sṯꜣt 5

L.27 pš n ỉw mꜣwt ỉꜣbt pꜣ ⸢ḳmꜣmw⸣ ꜣḥt pr pn nḫb sṯꜣt 15

L.28 pš n tꜣ mꜣwt nbỉw ỉꜣbt sꜣ-kꜣ ⸢ꜣḥt⸣ pr pn ḳꜣyt sṯꜣt 15

B面　第6栏

L.1 pš n […]sṯꜣt 15

L.2 dmḏ […]

§4 L.3 ḥꜣ-tꜣ pr-ʿꜣ ⸢ḥ⸣t=f p⸢ꜣ⸣ […]

L.4 ꜣḥt=f pš ỉmny tꜣ […] pꜣ pḥwy n ꜣḥt rswt-rʿ ḫnt-ʿrw ⸢ḳꜣyt 10⸣

L.5 ..pš rsy ỉmny pꜣ[…]ꜣḥt pr pn ḳꜣyt sṯꜣt 20 mn 10 mn ḳꜣyt 15

L.6 pš ỉmny tꜣ ỉꜣdt kꜣ ⸢mn ꜣḥt⸣ tꜣ ḥwt nb nhꜣt ḳꜣyt sṯꜣt ⸢20…⸣

L.7 ..pš rsy ỉꜣbt st tn ꜣ⸢ḥt pr pn⸣ ḳꜣyt sṯꜣt 50 mn 3 sṯꜣt prt n […] pꜣ-rʿ-ḥʿ 5

L.8 ..pš [… tꜣ] ⸢ỉ⸣ꜣdt pꜣ-sꜣ [… ꜣḥt] rw-pw ḳꜣyt sṯꜣt 30 mn […] 5 mn [… ỉmn-ḥʿ …] pn-rnwt 10

L.9 pš [… tꜣ] ỉꜣd⸢t⸣ p⸢ꜣ⸣ [… ꜣḥt …] pr ⸢pn⸣ ḳꜣyt sṯꜣt 50

L.10 ⸢pš …⸣ ⸢ꜣḥ⸣t pr pn ⸢ḳꜣyt sṯꜣt …⸣

L.11 ⸢pš …⸣ ⸢ꜣ⸣ḥt pr ỉmn ḳꜣyt sṯꜣt 50

L.12 ⸢pš …⸣ ⸢pr⸣-ḥs ꜣḥt ⸢pr⸣ pn ḳꜣyt sṯꜣt 30 […]

L.13 ⸢pš … tỉ⸣ ꜣḥt pr pn ḳꜣyt sṯꜣt 60

L.14 ⸢pš …⸣ ꜣḥt pr pn ḳꜣyt 90 […]

L.15 pš [… tꜣ wḫyt] ⸢k⸣ꜣ-rỉw ꜣḥt tꜣ ḥwt m pr ỉmn ḳꜣyt sṯꜣt 20

L.16 pš […] ỉꜣdt wḏ ꜣḥt pr pn ḳꜣyt sṯꜣt 100

L.17 pš […] st tn ꜣḥt pr-ʿꜣ ḳꜣyt sṯꜣt 20

L.18 pš […] pr-mnỉw pr ꜣḥt rw-pw ḳꜣyt sṯꜣt 60 mn 10 […]

L.19 ..p⸢š⸣ [n …] ỉmny ỉꜣdt šmʿw ꜣḥt ⸢pr⸣ ptḥ ḳꜣyt sṯꜣt 20 mn 15[…]3

L.20 pš rsy […] st tn ꜣḥt pꜣ ꜣw n pr-ʿꜣ ḳꜣyt sṯꜣt 20 mn 50 ỉḥt šrdn bꜣ-s

L.21 pš mḥtỉ ỉmny nꜣ-ḫꜣrwy ꜣḥt tꜣ ḥwt m pr ỉmn ḳꜣyt sṯꜣt 20

L.22 pš mḥtỉ ỉꜣbt gr ỉꜣdt ꜣḥt pr ỉmn ḳꜣyt sṯꜣt 40

L.23 pš mḥtỉ ỉꜣbt ỉꜣdt wḏ ꜣḥt rw-pw ḳꜣyt 35

L.24 pš n tꜣ nṯr nꜣ ʿwt pꜣ ḫnt ꜣḥt pr pn ḳꜣyt sṯꜣt 50

L.25 pš n mḥtỉ ỉmny nꜣ ʿwt pꜣ ḫnt ꜣḥt pr pn ḳꜣyt sṯꜣt 100

L.26 pš s⸢t⸣ tn ꜣḥt pr pn ḳꜣyt sṯꜣt 40

L.27 pš rsy ⸢nꜣ⸣ ʿwt pꜣ ḫnt ꜣḥt pr pn ḳꜣyt sṯꜣt 50

L.28 ..pš ⸢mḥtỉ⸣ ḥwt m ỉpt ꜣḥt pr ỉmn ḳꜣyt sṯꜣt 50 mn ḳꜣyt 10 ỉn[…]

L.29 pš […]t-y[…] tꜣ ḥwt m pr ỉmn ḳꜣyt 20 mn 20 m ḥnk […]=f

B面　第7栏

L.1 ⸢pš⸣ mḥtỉ ỉmny pꜣ šrdn ꜣ⸢ḥt⸣ pr pn ḳꜣyt sṯꜣt 15

L.2 pš ỉꜣbt st tn ꜣḥt pr pn ḳꜣyt sṯꜣt 20

L.3 pš ỉmny tꜣ ꜣʿʿ ꜣḥt tꜣ ḥwt šwt ḳꜣyt sṯꜣt 20

L.4 pš ỉꜣbt tꜣ ỉꜣdt šmʿw ꜣḥt tꜣ ḥwt mrỉ mỉ rʿ ḳꜣyt 18

L.5 pš rsy pꜣ bḫnw pr n rỉ-mw ꜣḥt pr pn ḳꜣyt sṯꜣt 30

L.6 pš n rsy ỉmny tꜣ ʿt m ỉpt ꜣḥt rw-pw 20 mn 8 mn ḳꜣyt 20 ỉn sš wr 5

L.7 ⸢pš⸣ rsy ỉmny pꜣ-mnw ꜣḥt tꜣ ḥwt m pr ỉmn ḳꜣyt sṯꜣt 20 25

L.8 ⸢pš n⸣ pꜣ ỉdb rsy sw-ʿry ꜣḥt pr-ʿꜣ ḳꜣyt sṯꜣt […]

L.9 ⸢pš⸣ rsy ḫꜣrwy ꜣḥt pr ⸢ḏḥwty⸣ hꜣ ỉb mꜣʿ m mn-nfr ⸢ḳꜣyt⸣ […]

L.10 ⸢pš⸣ n ⸢tꜣ⸣ mꜣw […] ꜣḥt ⸢pr⸣ rʿ ḳꜣyt sṯꜣt 10

L11 ⸢pš⸣ n tꜣ ꜥꜥ ỉꜣbt [...] ꜣḥt pr-ꜥꜣ ⸢ḳꜣyt sṯꜣt ...⸣

L12 pš rsy ỉmny tꜣ ꜥt ỉmn [... ꜣḥt] pr pn ḳꜣyt sṯꜣt 20

L13 pš rsy ỉmny ỉꜣ-ꜥn ⸢ꜣḥt tꜣ ḥwt m⸣ pr ỉmn ḳꜣyt sṯꜣt 20

L14 pš ỉꜣbt tꜣ ỉꜣdt r-ṯꜣ ⸢ꜣḥt⸣ pr pn ḳꜣyt sṯꜣt 9

L15 pš rsy ỉꜣdt ꜥꜣ ꜣḥt ⸢pr pn ḳꜣyt⸣ sṯꜣt 34

L16 pš n pꜣ ỉw tꜣ pꜥt [...] tꜣ ꜥt mry-rꜥ ꜣḥt pr ptḥ nḥb 40

L17 pš n sỉ-rỉ-kꜣrw ꜣḥt tꜣ ḥw⸢t m pr⸣ rꜥ ḳꜣyt sṯꜣt 20

L18 pš mryw ỉꜣbt ỉꜣdt bw-rỉ [... tꜣ] ꜣḥt pr pn ḳꜣyt sṯꜣt 210 18

L19 pš rsy ww ỉꜣdt ꜣḥt ⸢pr⸣ ⸢ỉmn⸣-rꜥ nswt nṯr ḳꜣyt sṯꜣt 30

L20 ..pš rsy nꜣ-ꜥn-ḏꜣỉ-rỉ ꜣḥt ⸢pr-ꜥꜣ⸣ ḳꜣyt sṯꜣt 10 mn 2 sṯꜣt mn ḳꜣyt 2 sṯꜣt

L21 pš ỉmny tꜣ wḥyt mwt-ms ꜣḥt tꜣ ⸢ḥwt⸣ m pr ỉmn ḳꜣyt sṯꜣt 20

L22 pš ỉꜣbt tꜣ ꜥt mꜥ-ḥw ꜣḥt tꜣ ḥw⸢t⸣ mrỉ mỉ rꜥ ḳꜣyt sṯꜣt 10 dmḏ 140 mn 70 dꜣdꜣ 25

L23 ..dmḏ ḳꜣyt 90 ỉr.n sṯꜣt 45 ỉḥt šrdn sṯꜣt 115 ỉr.n sṯꜣt 57½

§5 L24 ḥꜣ-tꜣ pr-ꜥꜣ ḥt=f šꜣ pḥwy n nn-nswt m mn-nfr pꜣ rwḏw wbn m ḏrt ỉdnw ḥrwỉ

L25 ꜣḥt=f pš rsy ỉꜣbt pꜣ grg ⸢ḥrw⸣-m-ḥb ꜣḥt pr ỉmn ḳꜣyt sṯꜣt 22

L26 ..pš n tꜣ brkt skry ꜣ⸢ḥt⸣ pr pn ḳꜣyt sṯꜣt 10 mn 3 sṯꜣt mn 5

L27 ..pš n tꜣ brkt ḫnm [...] šꜣ pr rꜥ ḳꜣyt 20 mn 10

B面 第8栏

L1 pš [... pꜣ] gr ḥrw-m-ḥb ꜣḥt pr pn ḳꜣyt sṯꜣt 40

L2 pš mḥ⸢tỉ st⸣ ꜣḥt pr pn ḳꜣyt sṯꜣt 80 mn 2

L3 ..pš n pꜣ ỉdb ỉmny st tn ꜣḥt pr pn ḳꜣyt sṯꜣt 3 mn 2

L4 pš mḥtỉ ỉmny pr-ỉn ꜣḥt tꜣ ḥwt mr-n-ptḥ m pr ptḥ ḳꜣyt sṯꜣt 36

L5 pš ỉmny st tn ꜣḥt pr pn ḳꜣyt sṯꜣt 6

L5A mḥtỉ

L6 ꜥḥꜥ pš rsy ỉꜣbt pꜣ bḫnw n mry-rꜥ ꜣḥt pr pn ḳꜣyt sṯꜣt 20 mn 9 m prt n [...] šrdn pꜣ [...] ḥnꜥ sn=f 19 [...] mn 25 mn 18 mn 20

L7 .pš rsy ỉꜣbt st tn ꜣḥt pr ⸢pn⸣ ḳꜣyt sṯꜣt 80 mn 30 gm ỉḥt ỉn pꜣ ḥm nṯr tpy

L8 pš rsy pꜣ grg n ḥrw-m-ḥb ꜣ⸢ḥt⸣ pr rꜥ ḳꜣyt sṯꜣt 20

L9 .pš n tꜣ brkt mḥtỉ tꜣ wḥyt snb ꜣḥt pr pn ḳꜣyt sṯꜣt 10 mn 20 m ⸢prt⸣ n ꜥꜣ thr ḳny-ḥrỉ-ḫpš=f

L10 pš rsy ỉmny st tn ꜣ⸢ḥ⸣t pr pn ḳꜣyt sṯꜣt 10 mn 5

L10A ỉmny

L11 .pš n rsy ỉꜣbt tꜣ wḥyt ỉꜣ-rꜥ ⸢ꜣḥt pr⸣ rꜥ ḳꜣyt 10 mn 5 m ỉḥt šrdn ḥꜣrwy

L12 pš mḥtỉ pꜣ mšrw [... ꜣḥt pr rꜥ] ḳꜣyt sṯꜣt 9

L13 ⸢pš mḥtỉ⸣ ỉꜣbt pr-ỉwn ꜣ⸢ḥ⸣t ⸢tꜣ ḥw⸣t m pr ỉmn ḳꜣ⸢yt⸣ ⸢sṯꜣt ...⸣

L14 ⸢pš rsy⸣ ỉꜣbt tꜣ wḥyt sw-rꜥ ꜣḥt pr rꜥ ḳꜣyt sṯꜣt 20

L15 p⸢š⸣ ⸢mḥt⸣ỉ pꜣ grg n ḥrw-m-ḥb ꜣḥt pr rꜥ ḳꜣyt sṯꜣt 24

L16 pš ⸢n⸣ pꜣ ḫtf ḥr ỉmny tp-ỉḥw ꜣḥt pr pn ḳꜣyt sṯꜣt 80 [...]

L17 pš ⸢rsy⸣ ỉꜣbt pꜣ ỉhꜣy pꜣ-wꜣḥ ꜣḥt pr pn ḳ⸢ꜣyt⸣ ⸢sṯꜣt⸣ 100

L17A mn ⸢m⸣ ⸢ỉḥ⸣t ꜥꜣwt thr ḳny-ḥrỉ-ḫpš=f

L18 pš ỉꜣdt kꜣ-rỉ ꜣḥt pr pn ḳꜣyt sṯꜣt 60 mn 40[...]

L18A mn 24

L19 pš [...] st tn ꜣḥt pr pn ḳꜣyt sṯꜣt 30 mn 24 m ỉḥt [...]

L20 pš n [...] st tn [...] ḳꜣyt 20 mn 25

L21 pš rsy ỉmny pꜣ bḫn n mry-rꜥ ꜣḥt pr pn ḳꜣyt sṯꜣt 20

L22 pš n ⸢tꜣ⸣ ỉnt ršpw ꜣḥt pr-ꜥꜣ snb ḳꜣyt sṯꜣt 300

L23 pš mḥtỉ tꜣ wḥyt snb ꜣḥt pr pn ḳꜣyt sṯꜣt 40

L24 pš ⸢rsy⸣ ỉmny tꜣ wḥyt snb ꜣḥt pr rꜥ ḳꜣyt sṯꜣt 10

L25 pš n pꜣ sꜣgꜣ rsy mry-mwt ꜣḥt pr rꜥ-ms-sw mr-ỉmn snb ḳꜣyt 40

L26 .pš mḥtỉ st tn ꜣḥt pr-ꜥꜣ snb ḳꜣyt 10 m ỉḥt šrdn kꜣ-ỉꜣ

L27 pš rsy tꜣ wḥyt mḏꜣy ꜣḥt pr ptḥ ḳꜣyt sṯꜣt 25

L28 pš mḥtỉ hꜣbnt-nṯr ꜣḥt pr ptḥ ḳꜣyt sṯꜣt 10

L29 pš mḥtỉ hꜣbnt-nṯr ꜣḥt pr rꜥ ḳꜣyt sṯꜣt 20

L30 pš ⸢rsy⸣ st tn ꜣḥt pr pn ḳꜣyt sṯꜣt 40 mn 20

L31 .pš n ⸢tꜣ⸣ brkt rsy pr-ỉwn ꜣḥt pr pn ḳꜣyt sṯꜣt 13 mn 22½ m ỉḥt ꜥꜣwt thr ḳny-ḥrỉ-ḫpš=f 2(?)

L32 ..pš [...] hꜣbnt-nṯr ꜣḥt pr rꜥ ḳꜣyt sṯꜣt 25 mn 5

L33 ..pš [...]k pr rꜥ ḳꜣyt 10 m ỉḥt [...]p mn 25 dmḏ

L34 ...dmḏ [...] sṯꜣt 67 mn 52

L34A mn 25

L35 ỉḥt šrdn ḳꜣyt 185[...] ḳꜣyt 20 ỉr.n 12½

B面 第9栏

L1 ⸢pš⸣ n tꜣ brkt mḥtỉ tp-ỉḥw ꜣḥwt pr pn ⸢ḳꜣyt sṯꜣt⸣[...] mn 5 mn 5

L2 pš n tꜣ mꜣw ỉmny pꜣ ḫr n sḫmt ꜣḥt pr wsỉr ⸢ḳꜣyt sṯꜣt⸣ [...]

L3 pš mḥtỉ tꜣ ꜥt n ⸢tꜣ⸣-kꜣrw-ỉ ꜣḥwt pr-ꜥꜣ snb ḳꜣyt sṯꜣt 5

L4 pš n tꜣ [...] ḳꜣyt ỉmny pr-ỉwn ꜣḥt pr rꜥ ḳꜣyt 16 mn 25

L5 ..pš tꜣ wḥyt wꜣ-rỉ ꜣḥt pr rꜥ ḳꜣyt sṯꜣt 340 mn 20 m prt ⸢n⸣ šrdn

L6 *.pš mḥtỉ st ⌊t⌋n ꜣḥt pr pn ḳꜣyt* 39 *mn* 25 *m ỉḥt ꜥꜣ thr ḳny-ḥrỉ-ḫpš=f*

L6A *mn* 18

L7 *.pš rsy st tn ꜣḥt pr pn ḳꜣyt sṯꜣt* 20 *mn* 15 *m prt*____

L8 *pš n rsy pr ḥw-rw-ṯꜣy ꜣḥt pr-ꜥꜣ snb ḳꜣyt sṯꜣt* 20

L9 *pš mḥtỉ ỉmny pꜣ mšrw ꜣḥt pr rꜥ* ⌊*ḳꜣyt*⌋ *sṯꜣt* 5

L9A *mn* 300　　*mn* 52

L9B *mn* 108½

L10 *.dmḏ ḳꜣyt* ⌊…⌋ 90⌊…⌋ *ỉr.n* ⌊…⌋ ⌊40…⌋ *ỉḥt šrdn ḥꜣytbỉ* ⌊…⌋ 225 *ỉr.n* 113½

§6 L11 *ḫꜣ-tꜣ pr-ꜥꜣ ḥt=*⌊*f*⌋ *šꜣ pꜣ-ṯsy-*⌊*ḥwrw*⌋ ⌊*mn* …⌋

L12 *ꜣḥt=f pš n rsy ỉꜣbt tꜣ wḥyt mꜥ-ḥw ꜣḥt pr rꜥ ḳꜣ*⌊*yt*⌋ ⌊*sṯꜣt*⌋ 50

L13 *pš n pꜣ ỉdb rsy st tn ꜣḥt pr pn ḳ*⌊*ꜣyt sṯꜣt*⌋ 5 *mn* 5

L13A *mn* 5 *mn* 20

L14 *.pš n* ⌊*pꜣ*⌋*-sḳbw pr-pꜣ-mniw ꜣḥt* ⌊*pr*⌋ *pn ḳꜣyt sṯꜣt* 30 *mn* 10 ⌊…⌋ *bw=f*

L15 *.pš n pꜣ ỉw rsy pr-mniw ꜣḥt pr pn* ⌊*ḳꜣyt*⌋ *sṯꜣt* 40 *mn* 10 *mn* 10 *mn* 5

L16 *pš mḥtỉ ỉꜣbt pr ỉmn pꜣ ww ꜥꜣ ꜣḥt pr* ⌊…⌋ *ḳꜣyt sṯꜣt* 20

L17 *pš ỉꜣbt st tn ꜣḥt pr pn ḳꜣyt sṯꜣt* 20

L18 *.pš ỉmny pn ꜥꜣ bꜣt ꜣḥt pr pn ḳꜣyt sṯꜣt* 5 *mn* 1 *mn* 4

L19 *.pš n pꜣ pḥwy n pꜣ ỉw mḥtỉ ỉmny tꜣ wḥyt mꜥ-ḥw ꜣḥt pr pn ḳꜣyt sṯꜣt* 4 *mn* 1 *mn* 10

L20 *.pš mḥtỉ pr ỉmn pꜣ ww ꜥꜣ ꜣḥt pr pn ḳꜣyt sṯꜣt* 20 *mn* 9 *m ḳꜣyt*

L21 *pš ỉmny st tn ꜣḥt pr pn ḳꜣyt sṯꜣt* 10

L22 *pš rsy tꜣ wḥyt nš ꜣḥt pr pn ḳꜣyt sṯꜣt* 10

L23 *pš ỉꜣbt pn-ꜥꜣ-bꜣt ꜣḥt pr pn ḳꜣyt sṯꜣt* 5

L24 *pš n tꜣ brkt rsy tꜣ wḥyt nš ỉꜣbt pr ỉmn* ⌊*pꜣ*⌋ *ww ꜥꜣ ꜣḥt pr pn ḳꜣyt* 20

L25 *.pš n pꜣ ỉdb ỉꜣbt pꜣ ḫr n py-ỉꜣ ꜣḥt pr rꜥ ḳꜣyt sṯꜣt* 5 *mn* 2 *mn* 3

L26 *pš mḥtỉ ỉꜣbt pr ptḥ nb n š rsy ỉmny pꜣ ḫtmw ꜣḥt pr ptḥ ḳꜣyt sṯꜣt* 15

L27 *pš rsy pꜣ-ṯsy-ḥwrw ꜣḥt pr rꜥ ḳꜣyt sṯꜣt* 80

L28 *pš n pꜣ ỉdb rsy tꜣ wḥyt mꜥ-ḥw ꜣḥt pr rꜥ ḳꜣyt sṯꜣt* ⌊…⌋

L29 *pš rsy ỉꜣbt pr ỉmn pꜣ ww ꜥꜣ ꜣḥt pr rꜥ ḳ*⌊*ꜣyt*⌋ ⌊*sṯꜣt* …⌋ *mn* 2

L30 *šrdn* ⌊…⌋ ⌊*rꜥ-ms*⌋*-sw-nḫt* 10⌊…⌋ 9 *dmḏ* 29 *ỉr.n* 14⌊½⌋

B面　第10栏

L00 200(?) *mn* 261½

L0A *ḳꜣyt* 553 *ỉr.n sṯꜣt* 276½ ⌊… *mn*⌋ 261½ *mn* 276½ *mn* 200⌊…⌋

L1 *dmḏ ḫꜣy m* 65 ⌊… 613⌋ *ỉr.n sṯꜣt* 306½

L1A *ỉḥt šrdn ḳꜣyt* 300⌊…⌋ 11(?) 3½

§7 L2 *ḫꜣ-tꜣ pr-ꜥꜣ snb ḥt ṯꜣy-sy-rỉy mr-n-ptḥ ḫnw n pr*

L3 *ꜣḥt=f pš mḥtỉ* ⌊*tꜣ*⌋ *ỉnt pꜣ-ṯsy-ḥꜣrw ꜣḥt pr rꜥ ḳꜣyt sṯꜣt* 100⌊…⌋

L3A *m ỉḥt šrdn* ⌊…⌋

L4 *.pš n pꜣ ỉdb mḥtỉ st tn ꜣḥt pr pn ḳꜣyt sṯꜣt* 10 *mn* 1

L4A ~~*m ỉḥt šrdn ḥwy* ⌊…⌋9~~

L5 *.pš n pꜣ ỉdb ỉmny pꜣ ḫnt tꜣ mꜣwt smt ꜣḥt pr pn ḳꜣyt sṯꜣt* 2 *sṯꜣt mn* 3 *mn ḳꜣyt* 4

L6 *pš n mḥtỉ pꜣ ḫnt n st tn ꜣḥt pr pn ḳꜣyt sṯꜣt* 2 *mn nḥb* 2 *mn* ⌊…⌋

L7 *pš n tꜣ-kꜣ-rỉ-pw ḥrỉ-ỉb ꜣḥt pr rꜥ ḳꜣyt sṯꜣt* 12 ~~*mn ḳꜣyt* 5~~

L8 *pš n st tn* ⌊*ꜣḥt*⌋ *pr pn ḳꜣyt sṯꜣt* 6

L9 *pš n pꜣ ỉdb* ⌊*ḫꜣ*⌋*rw ꜣḥt pr pn ḳꜣyt sṯꜣt* 10 *mn nḥb* 5 *m ỉḥt n kꜣ-sꜣ*⌊…⌋

L10 *pš n pꜣ ỉdb ỉmny st tn ꜣḥt pr pn* ⌊*ḳꜣyt sṯꜣt*⌋ 10

L11 *p*⌊*š*⌋ ⌊…⌋*tꜣ mꜣwt nbỉ ꜣḥt pr pn ḳꜣyt sṯꜣt* 10

L12 *pš n pꜣ ḫn*⌊*mt*⌋ *mḥtỉ pꜣ-ꜥsbỉ ꜣḥt pr pn ḳꜣyt sṯꜣt* 2 *mn* 5

L13 *pš n pꜣ ḫn*⌊*mt*⌋ *rsy pꜣ-ꜥsbỉ ꜣḥt pr pn ḳꜣyt sṯꜣt* 5

L14 *pš n pꜣ š ww*⌊…⌋*rsy pꜣ-ꜥsbỉ ꜣḥt pr pn ḳꜣyt sṯꜣt* 10 *mn ḳꜣyt* 20

L14A *mn nḥb* 10 *tnỉ* 10

L15 *..pš n pꜣ ỉdb …s*⌊*t*⌋ *tn ꜣḥt pr pn ḳꜣyt sṯꜣt* 10 ⌊*mn*⌋(?) 19 ⌊…⌋ 5

L16 *..pš mḥtỉ pḥ*⌊*tỉ*⌋ *n s*⌊*mꜣꜥ*⌋ *pꜣ-šnt-tmḥw ꜣḥt n pr ḏḥwty pr-wꜣḏ ḳꜣyt* 3 *sṯꜣt mn* ⌊*ḳꜣyt*⌋ 10

L17 *ꜥḥꜥpš rsy ỉmny s*⌊*mꜣꜥ*⌋ *ꜣḥt pr ỉmn-rꜥ nswt nṯrw ḳꜣyt sṯꜣt* 120⌊…⌋ 19(?)

L18 *..pš n tꜣ mꜣwt* ⌊…⌋ *ꜣḥt tꜣ ḥwt m pr ỉmn ḳꜣyt sṯꜣt* 10 *mn* 5 *mn nḥb* ⌊… *mn* …⌋

L19 *..pš n st tn* ⌊*ꜣḥt*⌋ *pr pn ḳꜣyt sṯꜣt* 20 *mn* 2 *mn nḥb* 2 *mn ḳꜣyt* 2

L20 *..pš n pꜣ ỉw ỉmny st tn ꜣḥt pr-ꜥꜣ snb nḥbw sṯꜣt* 10 *mn* 9½ *mn ḳꜣyt* 10 *m ỉḥt mry-rꜥ mn* 20 *m tnỉ* 8 *mꜣwt*

L21 *ꜥḥꜥpš n tꜣ pꜥt ỉꜣbt pḥwy n pꜣ ỉw sḥsḥ-tš=f ꜣḥt pr pn nḥb sṯꜣt* 60 *mn* 45

L21A 110 *pš n nty m pꜣ ỉw n mꜣwt mḥtỉ st tn*

L22 *pš n pꜣ ỉw n mꜣwt mḥtỉ pꜣ pḥwy n st tn pr pn ḳꜣyt* 25 ⌊…⌋ 50 *mn* 25

L23 *pš rsy ỉꜣbt ḥr-šꜣ-rỉ ꜣḥt pr rꜥ ḳꜣyt sṯꜣt* 30

L24 *pš mḥtỉ ỉꜣbt ḥwt mnḫt ꜣḥwt pr pn ḳꜣyt sṯꜣt* 20

L25 *pš ỉmny st tn ꜣḥt pr pn ḳꜣyt sṯꜣt* 10

L26 *pš rsy ỉmny tnt-kꜣk ꜣḥt pr pn ḳꜣyt sṯꜣt* 50

L27 *pš ỉmny st tn ȝḥt pr pn ḳȝyt sṯȝt* 20

L28 *pš ỉȝbt tȝ pꜥt rš ȝḥt pr pn ḳȝyt sṯȝt* 20

L29 *pš mḥtỉ tnt-ḥmwy ȝḥt pr ḥimt snb ḳȝyt sṯȝt* 50

L30 *pš n tȝ ỉḥt* [...]*ỉmny pȝ bḫnw n mꜥy ȝḥt pr ỉmn ḳȝyt sṯȝt* 40 [... 50]

B面 第11栏

L1 [*pš*] *ỉmny ỉw*[*ỉw*] *ȝḥt pr ỉmn ḳȝyt sṯȝt* 40

L2 *pš rsy ỉmny ḥw-in-iwtỉ ȝḥt pr pn ḳȝyt* [*sṯȝt* 10]

L3 [*pš*] *ỉȝbt* [*tȝ*] *šnwt itf-tȝ ȝḥt pr pn ḳȝyt sṯȝt* 20

L4 *pš ỉȝbt tȝ ỉȝdt ḫꜥw ȝḥt tȝ ḥwt* [...] [*n*] *m ȝb*[*d*]*w ḳȝyt sṯȝt* 20

L5 *pš mḥtỉ pn ỉmw ȝḥt pn pr ptḥ ḳȝyt sṯȝt* 40

L6 *pš rsy tȝ wḥyt mšꜥ ȝḥt st wr n pr ptḥ ḳȝyt sṯȝt* 20

L7 *pš ỉȝbt ww-šnꜥ ȝḥt pr rꜥ ḳȝyt sṯȝt* 50

L8 *pš n pȝ ỉdb rsy ỉȝbt pȝ-ꜥsbw ȝḥt pr rꜥ nḥb* 10 *tnỉ* 10

L9 *pš n ww-šnꜥ ȝḥt pr pn ḳȝyt sṯȝt* 20

L9A *mn* 5

L10 ..*pš ỉmny tȝ ỉȝdt kȝ mn ȝḥt pr ptḥ ḳȝyt sṯȝt* 15 *mn* 5 *prt n ḥry iḥ ḥrwỉ* 5

L11 *pš n pȝ ỉdb ỉmny tȝ mȝwt smt ȝḥt pr rꜥ ḳȝyt sṯȝt* 3

L12 [*pš* ...] *ỉmny st tn ȝḥt* [*pr pn*] [*ḳ*]*ȝyt sṯȝt*[...]

L13 *p*[*š*] [... *nȝ*] *ꜥwt tȝ mȝwt smt* [*ȝḥt*] *pr pn ḳȝyt sṯȝt* [...]

L14 *pš n p*[*ȝ*] [...] *pȝ ḫnt st tn ȝḥt* [...]1

L15 *pš mḥtỉ* [...] *st tn ȝḥt pr pn* [*ḳȝyt sṯȝt* 10]

L16 *pš n* [...] *pȝ ḫnt st tn* [*ȝḥt pr pn*] *ḳȝyt sṯȝt* 2

L17 *ꜥḥꜥpš n* [...] [*mḥtỉ*](?) *pḥ n pȝ ỉw* [...] *ȝḥt pr ỉmn nḥb* 31 *mn nḥb* 20 *tnỉ* 10 *ḳȝyt* 12

L18 *pš n* [...] *ḥiḥiy-n-nt ȝḥt* [*pr-ꜥȝ*] *snb ḳ*[*ȝyt*] [*sṯȝt*] 10

L19 *pš n mḥtỉ ỉn-pȝ ȝḥt tȝ ḥwt m pr ỉmn ḳ*[*ȝyt sṯȝt*] 20

L20 *pš n pȝ ỉw mḥtỉ ỉȝbt tnt-šȝ-ḳȝḳȝ* [*ȝḥt*] *pr pn nḥb* .20

L21 *pš rsy* [*tȝ ỉȝ*]*dt riy ȝḥt pr pn* [*ḳȝyt*] *sṯȝt* 20

L22 *pš n st tn ȝḥt pr pn ḳȝyt sṯȝt* 20

L23 *pš ỉmny* [*tȝ*] *ỉȝdt kȝmn ȝḥt pr* [*pn*] *ḳȝyt sṯȝt* 20

L24 *pš n tȝ ȝ*[*ꜥꜥ*] *ỉȝbt tnt-ỉtwr ȝḥt tȝ ḥwt* [*m pr*] *rꜥ wn pš n sš ḥrwi-m-ḥb* [*tȝ šn*]*wt pr-ꜥȝ snb ḳȝyt* 20

L25 *pš ỉȝbt* [...]*y ȝḥt pr ḥry-šf wn.w* [...]⌟ *ḳȝyt sṯȝt* 20

L26 [*pš*] *n tȝ brkt mḥtỉ tp-iḥw ȝḥt* [*pr*][...] *wn.w pš* [*n*] *sš sbk-nḫt sȝ rꜥ-ms ḳȝyt* 15

L27 *pš n rsy* [*tȝ wḥy*]*t ỉryt n tp-iḥw ȝḥt* [*pr* ...] [*wn.w*] *pš*⌟ *ḳȝyt sṯȝt* 10

L28 *pš n p*[*ȝ*] *ỉw n mȝwt ỉȝbt tȝ mȝwt dỉdỉ* [*ȝḥt pr* ... *ḳȝyt*] *sṯȝt* 10

L29 *pš n p*[*ȝ-wtỉ*]*-tȝ mḥtỉ pȝ ꜥsbw ȝḥt* [*pr pn*] *ḳȝyt sṯȝt* 5

L30 *dmḏ nḥb* 17 *tnỉ* 10 <*ỉr.n*> 7½ *ḳȝyt* [...] *dmḏ sṯȝt* 36½ *mn* 41

L31 *dmḏ* [... *sṯȝt*] 36 *ỉr.n sṯȝt* 18

B面 第12栏

L0A 3¾(?) 15 5 *mn ḳȝyt* 10

L0B 1¾ 5 4

§8 L1 [*ḥȝ-tȝ*] *pr-ꜥȝ* [*snb ḥt*] [*ṯȝy*]*-sy-riy wsr-mȝꜥ-rꜥ-nḫt ḫnw pr pȝ rwḏw ỉmnt*

L2 *ȝḥt=f pš n* [*pȝ m*] *ḫnm rsy nȝ ꜥwt nȝ wꜥw ḫnw ȝḥt pr rꜥ ḳ*[*ȝyt*] [*sṯȝt* ...]

L3 *pš ỉȝbt st tn ȝḥt pr ỉmn ḳȝyt sṯȝt* 14

L4 *pš rsy pr ỉmn pȝ-ww-ꜥȝ ȝḥt pr pn ḳȝyt sṯȝt* 70

L5 *pš ỉȝbt st tn rsy ỉȝbt tȝ ꜥt n ywy ȝḥt pr pn ḳȝyt sṯȝt* 30

L5A *mn* 20 *mn* 10 *mn* 14

L6 .*pš n tȝ pꜥt rsy ỉmny tȝ mȝwt tȝ-ḥḏ ȝḥt pr rꜥ nḥb sṯȝt* 40 *mn nḥb* 20 *tnỉ* 10 *ḳȝyt*⌟ 10

L7 *pš n pȝ pḥwy n tȝ mȝwt tȝ-ḥḏ ȝḥt pr pn ḳȝyt sṯȝt* 10

L8 *pš mḥtỉ ỉmny tnt-s*[*p*] *ȝḥt pr pn ḳȝyt sṯȝt* 70 *mn* 40 [*gm=f šw m ȝbd* 1 *prt dmỉ tȝ*] *mȝwt nw-rw*

L9 *pš rsy ỉȝbt pȝ gr n ḥrw-m-ḥb ȝḥt pr pn ḳȝyt sṯȝt* 40

L10 *pš ỉmny tȝ ỉȝdt nȝ-wḏȝ-ri ȝḥt pr ỉmn ḳȝyt sṯȝt* 35

L11 .*pš n pȝ-ḳꜥḥ rsy tȝ ꜥt n ḳniyt ȝḥt pr ỉmn ḳȝyt sṯȝt* 30 *mn* 2 *mn ḳȝyt* 2

L12 *pš n st tn* [*ȝḥt pr pn ḳȝyt*] *sṯȝt* 5

L13 [*pš n*] *st tn ȝ*[*ḥ*]*t pr* [*pn*] *ḳȝyt sṯȝt* 5

L14 [*pš n*] *tȝ mȝwt dỉdỉ ỉmny nȝ ꜥwt ȝḥt pr pn ḳȝyt* [*sṯȝt* ...] *mn* 8 *mn tnỉ* 10

L15 .[*pš n* ...] *n* [...] *ỉmny st tn* [...] *ḳȝyt* [*sṯȝt* ...]

L16 [*pš n*] *p*[*ȝ*] *mḫn*[*m*] *tnt-*[*g*]*ȝ-riy ȝḥt pr* [*ỉ*]*mn ḳȝyt* ..*mn ḳȝyt* 2

L17 .[*pš n*] *pȝ ỉnbw* [...] *ȝḥt pr pn ḳȝyt sṯȝt* 10 *ḳȝyt* 2 *mn nḥb* 2

L18 [*pš*] *pȝ ỉdb* [*ỉmny*] *skry*[*ȝḥt*] *pr pn tnỉ* [*sṯȝt*] 8

L19 [*pš n tȝ*] [*mȝ*]*wt nȝ wꜥb ȝḥt pr pn ḳȝyt sṯȝt* 15

L20 .[*pš n*] *pȝ ỉdb ỉȝbt nȝ ꜥwt* [*tȝ*] *mȝwt tȝ-wr-ȝst ȝḥt pr* [*pn*] [*ḳȝyt sṯȝt*] 2 *mn* 2 *mn nḥb* .2

L21 .[*pš n*] *pȝ pḥwy tȝ mȝwt tȝ-wr-ȝst ȝḥt gm st* [*m pr*] *rꜥ nḥ*[*b*] *sṯȝt* 10 *mn* 4 *mn nḥb* 4

L22 .[*pš n*] *pȝ ỉdb ỉȝbt st tn ȝḥt pr pn nḥb sṯȝt* 10 *mn* 6 [*mn nḥb*] 6

L23 [*pš n*] *pȝ ḫnt n pȝ ỉw ỉmny skry ȝḥt pr pn* [*ḳȝyt*] *sṯȝt*

12 [...]

L.24 p[š n] pꜣ hꜣrw hꜣmw ꜣḥt pr pn ḳꜣyt sṯꜣt 20 mn ḳꜣyt [...]

L.25 [pš n] mḥtỉ ỉꜣbt ỉw-rỉ-ḳꜣ ꜣḥt pr pn ḳꜣyt sṯꜣt 20

L.26 [pš n] pꜣ ỉw ỉmny skry ꜣḥt pr pn ḳꜣyt sṯꜣt 10

L.27 p[š n] pꜣ pḥwy tꜣ mꜣwt tꜣ-wr-ꜣst ꜣḥt pr rꜥ ḳꜣyt sṯꜣt 10

L.28 p[š n] pꜣ-ṯꜣ-gꜣ ꜣḥt pr-ꜥꜣ snb ḳꜣyt sṯꜣt 50

L.29 p[š] [...] ỉmny tꜣ wḥyt ỉꜣ-rꜥ ꜣḥt pr ỉmn ḳꜣyt sṯꜣt 50 mn ḳꜣyt 5

L.30 .p[š] [n] [...]y rsy pr-ḥw-rw-n-ṯꜣy ꜣḥt pr [... ḳꜣyt sṯꜣt] 24 mn 5 [m ỉḥt] ꜥꜣ thr ḳnỉ-ḥrỉ-ḫpš=f

L.31 pš n pꜣ ỉw mḥtỉ pḥwy n tꜣ mꜣwt tꜣ-wr-ꜣst ꜣḥt gm [s]t m pr rꜥ ḳꜣyt 10

L.32 [pš n] tꜣ ỉnt rsy tꜣ wḥyt ỉ-rꜥ ꜣḥt pr-ꜥꜣ snb ḳꜣyt sṯꜣt 35

L.33 [pš n rsy ỉꜣbt] tꜣ wḥyt ỉryt ꜣḥt pr rꜥ ḳꜣyt sṯꜣt 15

L.34 [pš n pꜣ ḫtf] ḥr ỉmny tp-ỉḥw ꜣḥt pr rꜥ ḳꜣyt sṯꜣt 20

B面 第13栏

L.1 [.dmḏ] [mḥ]b 34 tnỉ 20[...] ḳꜣyt [...]11[...] ỉr.n 60½

§9 L.2 [ḥꜣ]-tꜣ pr-ꜥꜣ snb ḥt pꜣ ỉmy-r ḥmw-nṯr m ḏrt [sš] ḥꜥ-mtỉr sš ꜥꜣt

L.3 ꜣḥt pš mḥtỉ ḫꜣrw ꜣḥt pr-ꜥꜣ snb ḳꜣyt sṯꜣt 40

L.4 pš rsy ỉꜣbt ḥrw-spr ꜣḥt tꜣ šwty-rꜥ n ḥrw-spr ḳꜣyt 20

L.5 .pš n tꜣ brkt mr-ḫnt ꜣḥt pr pn ḳꜣyt sṯꜣt 20 mn 5 mn ḳꜣyt 10

L.6 pš mḥtỉ nꜣy-ỉmn ꜣḥt pr nb[t] ꜥḥwt ḳꜣyt sṯꜣt 20

L.7 .pš n tꜣ mꜣwt nbiw ỉꜣbt sꜣ-kꜣ ꜣḥt pr ptḥ mr-n-ptḥ ḳꜣyt sṯꜣt 15 mn tnỉ 10

L.8 pš n pꜣ ḳꜣkꜣ mḥtỉ s[t] [tn] ꜣḥt pr-ꜥꜣ snb ḳꜣyt sṯꜣt 15 mn 10

L.9 .pš n rsy ỉꜣbt pr-wꜣy-pr ꜣḥt pr stḫ ḳꜣyt sṯꜣt 20 mn ḳꜣyt 20 ỉn ḏr-ỉw-ꜥḥꜣy

L.10 pš mḥtỉ sw ꜣḥt pr-ꜥꜣ snb ḳꜣyt sṯꜣt 20 mn ḳꜣyt 20 mn 20

L.11 .pš n ỉꜣbt tꜣ ꜥt n ms=f ꜣḥt [p]ꜣ ỉw ỉmny ḳꜣyt sṯꜣt 20 mn 20 [...] ḥm-nṯr ỉmn ipt

L.12 pš n tꜣ ḳꜣyt rsy [...] [ꜣ]ḥt pr pn ḳꜣyt [...]

L.13 .[pš] ỉmny tꜣ ỉꜣdt pꜣ nsw ꜣḥt pr pn ḳꜣyt sṯꜣt 20 mn ḳꜣyt 20

L.14 pš rsy ỉmny ḥwt-nsw [mḥtỉ] nꜣ-ỉꜣwt ꜣḥt pr ḥrw ḳꜣyt 40

L.15 pš n pꜣ ꜥwn rsy [...] ꜣḥt pr ḥry-šf ḳꜣyt sṯꜣ[t] 15

L.16 pš rsy ỉmny šꜣ-rỉ-pt ꜣḥt pr ỉnpw ḳꜣyt [sṯꜣt] 10 mn 10 mn ḳꜣyt 10

L.17 pš mḥtỉ ỉꜣbt st tn ꜣḥt [pr ...] ḳꜣyt sṯꜣt 10

L.18 pš n pꜣ ỉdb ỉꜣbt ỉꜣdt pr [...] ꜣḥt pr pn ḳꜣyt sṯꜣt 20

L.19 .pš mḥtỉ gr-ỉꜣdt ꜣḥt [pr ... ḳꜣyt] sṯꜣt 10 mn 10 mn ḳꜣyt 20

L.19A ỉꜣbt

L.20 ꜥḥꜥpš ỉmny tꜣ ỉꜣdt pꜣ nbiw [ꜣḥt ...] ḳꜣyt sṯꜣt 20 mn ḳꜣyt 20 ḥnk šrdn nṯr [...]

L.21 [pš] ỉꜣbt pꜣ ỉhꜣy pꜣ-wꜣḥ ꜣḥt [pr pn] ḳꜣyt sṯꜣt 10 mn 10 mn ḳꜣyt 10 m____⌋

L.22 p[š] ỉꜣbt tnt-gꜣ-rỉ ꜣ[ḥt] pr pn [ḳꜣyt] sṯꜣt 10

L.23 pš n tꜣ ḳꜣyt mḥtỉ tꜣ wḥyt sw-[rꜥ] ꜣḥt pr pn ḳꜣyt sṯꜣt 5

L.24 pš rsy pꜣ bḫn n ms=[f] [ꜣ]ḥt pr pn ḳꜣyt sṯꜣt 15

L.25 pš rsy ỉꜣbt pꜣ sꜣgꜣ n [ꜥrw ꜣḥt] pr rꜥ ḳꜣyt sṯꜣt 20

L.26 .pš mḥtỉ ỉmny pꜣ ꜥwn ꜣḥt [pr ...] ḳꜣyt sṯꜣt 60 mn 10 mn ḳꜣyt .10

L.27 pš rsy ỉmny ỉꜣdt wḏ ꜣḥt [pr-ꜥꜣ snb] ḳꜣyt sṯꜣt 40

L.28 pš n pꜣ ỉdb mḥtỉ ỉmny tꜣ mꜣwt tp-ỉḥw ꜣḥt pr pn tnỉ sṯꜣt 7

L.29 .pš n tꜣ ꜣꜥꜥ ỉmny sꜣ-kꜣ ꜣḥt tꜣ ḥwt mrwt mỉ rꜥ ḳꜣyt 20 mn ḳꜣyt 5

L.30 pš n tꜣ brkt mḥtỉ pꜣ [b]ḫn n rꜥ-ms ꜣḥt pr rꜥ ḳꜣyt sṯꜣt 20

L.31 pš n pr-mꜣꜣ ꜣḥt [pr ḥry]-šf ḳꜣyt sṯꜣt 50

B面 第14栏

L.1 pš [...] ỉꜣ[dt] rỉ-ṯꜣ ꜣḥt pr-ꜥꜣ snb [ḳꜣyt] sṯꜣt 20 mn 20

L.2 pš n [...] ꜣḥt pr-ꜥꜣ ḳꜣyt sṯꜣt 20 mn 20 mn [... ḳꜣyt 10]

L.3 pš rsy [...]ỉꜣdt wḏ ꜣḥt pr pn ḳꜣyt sṯꜣt 20

L.4 pš tꜣ ꜣꜥꜥ mḥtỉ ḥwt-nfr ꜣḥt pr-ꜥꜣ snb ḳꜣyt sṯꜣt 30 ~~mn 65~~

L.4A ~~mn 47½~~

L.5 .dmḏ ḳꜣyt sṯꜣt 125 ỉr.n sṯꜣt 62½.

§10 L.6 ḥꜣ-tꜣ pr-ꜥꜣ snb ḥt ỉmy-r ꜣḥwt ḥꜣtỉ-ỉꜥy n ꜥ rsy

L.7 ꜣḥt=f pš mḥtỉ tꜣ ꜥt pꜣ ỉmy-r ꜣḥwt ꜣḥt pr ḥry-šf ḳꜣyt sṯꜣt 60

L.8 pš mḥtỉ ỉꜣbt tꜣ ꜥt n mꜥ-hw ꜣḥt pr-ꜥꜣ snb ḳꜣyt sṯꜣt 20

L.9 pš mḥtỉ ỉmny tꜣ ꜥt pꜣ ỉmy-r ꜣḥwt ꜣḥt pr ỉmn ḳꜣyt sṯꜣt 40

L.10 pš n pḥwy n tꜣ mꜣwt ꜥn-rnt ꜣḥt pr ḥrw-m-ḥb m pr ỉmn ḳꜣyt sṯꜣt 2

L.11 pš n [pꜣ] ḫnmt mḥtỉ tꜣ mꜣwt mḥtỉ pꜣ bḫn n rỉ-mꜥ ꜣ[ḥt] pr ptḥ ḳꜣyt sṯꜣt 20

L.12 pš mḥtỉ ỉmny tꜣ wḥyt [nḥ]sỉ-rỉy ꜣḥt pr [pn ḳꜣyt sṯꜣt] 30

L.13 pš rsy nỉwt-nꜥỉw ꜣḥt tꜣ ḥwt m pr ỉmn ḳꜣyt [sṯꜣt] 40

L.14 pš rsy ỉꜣbt tꜣ ỉꜣdt rỉ-ṯꜣ-tỉ ꜣḥt [pr] pn ḳꜣyt sṯꜣt 20 mn 12

L.15 pš n tꜣ [mꜣwt] mḥtỉ pꜣ bḫn n rỉ-mꜥ ꜣḥt [pr] pn ḳꜣyt sṯꜣt 17 mn 12 m prt n [... ꜥꜣt] thr wsr-mꜣꜥt-rꜥ-nḫt 7

L.16 pš [...] ỉꜣbt pꜣ bḫn n nḥsy ꜣḥt pr pn [ḳꜣyt] sṯꜣt 61

L17 pš rsy ỉꜣbt tꜣ ʿt mry-rʿ ꜣḥt pr-ʿꜣ snb ḳꜣyt sṯꜣt 25

L18 [pš] rsy ỉmny tꜣ ʿt pꜣ ỉmy-r ꜣḥwt ꜣḥt pr pn [ḳꜣyt sṯꜣt] 20

L19 [pš] ỉꜣbt st tn ꜣḥt pr ḥrw-m-ḥb m pr ỉ[mn] [ḳꜣyt sṯꜣt 10]

L20 [pš] mḥtỉ tꜣ ʿt pꜣ ỉmy-r ꜣḥwt ꜣḥt pr pn ḳꜣyt [sṯꜣt …]

L21 [pš pꜣ ỉdb] rsy pꜣ grg n ỉn-ḥrỉ-ms ꜣḥt […] ḳꜣyt sṯꜣt 5

L22 pš ỉmny ỉn-ỉw-wḏꜣy ꜣḥt tꜣ ḥwt mrwt [mỉ rʿ ḳꜣyt] sṯꜣt 20

L23 pš […] tꜣ ʿt pꜣ ỉmy-r ꜣḥwt ꜣḥt tꜣ ḥwt m pr ỉmn [ḳꜣyt] sṯꜣt 10

L24 pš n [pꜣ] sꜣgꜣ n ʿrw ꜣḥt pr ḥry-šf [ḳꜣyt] sṯꜣt 30

L25 pš […] ỉꜣbt nꜣ ʿwt ḥwy ꜣḥt pr rʿ ḳꜣyt [sṯꜣt] 20

L26 [dmḏ] ḳꜣyt [sṯꜣt 12] ỉr.n sṯꜣt 6 ỉḥt ʿꜣ thr wsr-mꜣʿt-rʿ-[nḫt]

§11 L27 [ḥꜣ-tꜣ pr-ʿꜣ] snb ḫt ḥꜣty-ʿ mꜣiw-m-wꜣst (ḫꜣr 3000)

L28 ꜣḥt=f pš n pḥwy n pꜣ ỉw rsy pr-mniw ꜣḥt pr rʿ nḥb 2 mn ḳꜣyt 2

L29 pš ỉmny nꜣ ʿwt nꜣ wʿw ḥnw n pr ꜣḥt pr pn [ḳꜣyt] sṯꜣt 10

L30 pš ỉmny [ỉn]-pꜣ ꜣḥt tꜣ ḥwt mrwt mỉ rʿ ḳꜣyt sṯꜣt […]

L31 pš ỉmny tꜣ wḫyt mwt-ms ꜣḥt pr pn ḳꜣyt sṯꜣt [11]

B面　第15栏

L0A mn […]

L1 .pš n rsy ỉmny [š] ḥsmn-ỉb ꜣḥt pr nb n hꜣrw ḳꜣyt sṯꜣt 20 mn 20 m ḥnk ḥꜣty-ʿ n ḏḥwty-ms

L2 .pš n tꜣ brkt [rsy] pꜣ šꜣ ꜣḥt pr pn ḳꜣyt sṯꜣt 20[…] tꜣ ḥwt […]

L3 .pš n pꜣ pḥwy n mḥtỉ ỉꜣdt ḳꜣyt ꜣḥt pr pn ḳꜣyt sṯꜣt 20 mn 30 m [ḥnk] n ḏḥwty-ms nty mt wn ḥꜣty-ʿ

L4 .pš rsy pr-[ỉḥt] pr ꜣḥt tꜣ ḥwt mrwt mr mỉ rʿ ḳꜣyt sṯꜣt 20 mn ḳꜣyt 10____˩

L5 pš ỉꜣbt rʿ-mn pꜣ-ww-n-ntỉ ḳꜣyt sṯꜣt 20

L6 ntr .dmḏ ḳꜣyt 82 ỉr.n˩ 41

§12 L7 ḥꜣ-tꜣ ḫt ḥꜣty-ʿ stḫỉ n mr-wr m ḏrt sš spꜣt pn-tꜣ-wr

L7A ỉꜣbt

L8 .ꜣḥt(=f) pš n ~~ỉmny~~ mr-wr ꜣḥt tꜣ mniw n pr-ʿꜣ snb mr-wr ḳꜣyt sṯꜣt 40 mn 30 mn ḳꜣyt 30 mn 20

L9 pš mḥtỉ ḥwt ntr sbk ꜣḥt pr pn ḳꜣyt sṯꜣt 50

L10 pš ỉmny grg ꜣḥt [pr-ʿꜣ snb] ḳꜣyt sṯꜣt 50

L11 .[pš n pr ḥꜣst ꜣḥt] st wr n m pr ptḥ ḳꜣyt [sṯꜣt … mn] 20 [mn] ḳꜣyt 10

L12 pš n tꜣ brkt n pr bn-rỉ-ỉw ḥr ꜣḥt st wr n [pr] ptḥ ḳꜣyt 72

L13 pš n pꜣ [ḥnm]t n mniw [ꜣ]ḥt prwy rw-pw ḳꜣyt sṯꜣt 180

L14 pš n ḥm n ḥnw ꜣḥt pr-ʿꜣ [snb] [ḳꜣy]t [sṯꜣt] 20

L15 pš ỉꜣbt […] ꜣḥt pr-ʿꜣ snb ḳꜣyt sṯꜣt 100

L16 pš rsy p[ꜣ bḫn] n ỉ-ỉꜣ ꜣḥt pr pn ḳꜣyt sṯꜣt 50

L17 pš n tꜣ wpwt š […] ꜣḥt [tꜣ] mniw n pr-ʿꜣ snb mr-wr ḳꜣyt sṯꜣt 21 […]

L18 pš mḥtỉ ỉmny pr-ỉḳr ꜣḥt pr pn ḳꜣyt sṯꜣt 80

L19 pš mḥtỉ tꜣ wḫyt nḫ[s]ỉ-rỉy ꜣḥt pr pn ḳꜣyt sṯꜣt 30

L20 pš n pꜣ ỉdb rsy [tꜣ wḫyt] ỉsy ꜣḥt pr pn ḳꜣyt sṯꜣt 5

L21 pš n tꜣ ỉnt rsy st tn ꜣḥt pr pn ḳꜣyt sṯꜣt 100

L21A mn ~~ḳꜣyt 30 mn 10~~ m ỉḥt

L22 ʿḥʿ.pš n pꜣ ỉdb ỉmny [pr]-sbk nꜣ-ỉnbwy ꜣḥt pr sbk ḳꜣyt sṯꜣt 50 mn nḥbw 10 tnỉ 10 ḳꜣyt 10

L22A mn 30

L23 .dmḏ ḳꜣyt 40 ỉr.n z20 mn 15

§13 L24 ḥꜣ-tꜣ pr-ʿꜣ snb ḫt ḥꜣty-ʿ ỉ-pwy n š rsy

L25 ꜣḥt pš n tꜣ br[k]t pr ḫnm ꜣḥt pr-ʿꜣ ḳꜣyt sṯꜣt 50.

L26 pš n pꜣ sgr n […] [rw]-nꜣ ꜣḥt pr pn ḳꜣyt sṯꜣt 50

L27 pš ỉmny gr [ꜣḥ]t pr-ʿꜣ snb ḳꜣyt sṯꜣt 150

L28 mꜣ pš n pꜣ bḫn [n] […] ꜣḥt pr pn ḳꜣyt sṯꜣt 15 ~~mn 20~~ m ḥnk […]

B面　第16栏

L1 pš n tꜣ ỉꜣdt rỉ-tꜣ [ꜣḥt tꜣ ḥwt] ỉmnt m wꜣst ḳꜣyt sṯꜣt 100

L2 pš ỉꜣbt mr-wr ꜣḥt pr pn [ḳꜣyt sṯꜣt] 40

L3 pš n tꜣ ḫꜣst ꜣḥt st wr n m pr ptḥ ḳꜣyt sṯꜣt 60

L4 pš n tꜣ mꜣwt bw-n-rỉ ꜣḥt pr pn ḳꜣyt [sṯꜣt] 30

L5 pš ỉmny tp-n-mwt ꜣḥt pr-ʿꜣ snb ḳꜣyt sṯꜣt 40

L6 pš n tnt-pꜣ-wḏ n pꜣyw ꜣḥt pr-ʿꜣ snb ḳꜣyt sṯꜣt 40

L7 pš rsy pꜣ-nw ꜣḥt pr-ʿꜣ snb ḳꜣyt sṯꜣt 20

L8 dmḏ

§14 L9 .ḥꜣ-tꜣ pr-ʿꜣ snb ḫt pꜣ ḥꜣty-ʿ n n-nsw m ḏrt sš sbk-ḥtpw

L10 ꜣḥt pš mḥtỉ ỉmny tꜣ ỉꜣdt wḏ ꜣḥt pr-ʿꜣ snb ḳꜣyt sṯꜣt 60

L11 pš n pꜣ [ỉdb …] m pr ỉmn ḳꜣyt sṯꜣt 20

L12 .pš n tꜣ ꜣʿʿ ỉꜣbt nb[y] ꜣḥt pr pn ḳꜣyt sṯꜣt 40 mn 20 mn ḳꜣyt 30 m ỉw[ỉw]

L13 pš n pꜣ bḫn n pr-ḥꜣst ꜣḥt pr pn ḳꜣyt sṯꜣt 40

L14 pš ỉꜣbt pꜣ bḫn n […]ꜣḥt [pr-ʿꜣ] snb ḳꜣyt sṯꜣt 40

L15 pš mḥtỉ pꜣ bḫn n pr […] ꜣ[ḥt] pr-ʿꜣ [snb] ḳꜣyt sṯꜣt 10

L16 pš ỉꜣbt pꜣ sgr n ʿrw ꜣḥt pr pn ḳꜣyt sṯꜣt 40

L17 pš n pꜣ ỉdb ỉꜣbt ḥwt rʿ-[…] [ꜣḥ]t pr [ỉmn] nḥb sṯꜣt 10

L18 pš mḥtỉ ỉꜣdt ỉ-bꜣ ꜣḥt pr [sbk] ḳꜣyt [sṯꜣt] 30

L19 pš mḥtỉ ỉꜣbt pꜣ bḫn [n] ṯꜣt ꜣḥt pr pn ḳꜣyt sṯꜣt 30

L20 ʿḥʿdmḏ ḳꜣyt 30 ỉr.n sṯꜣt 15

§15 L21 [ḥꜣ]-tꜣ pr-ʿꜣ snb ḫt pꜣ ḥꜣty-ʿ n spr-mrw ḫꜣr 1000

L22 ꜣḥt pš n tꜣ brkt mḥtỉ pꜣ bḫn n ḥtpw tꜣ šwty-rʿ ḳꜣyt sṯꜣt 20

L22A mn ḳꜣyt 10

L23 .pš n tꜣ ḥḏ mḥtỉ spr-mrw ꜣḥt pr pn ḳꜣyt sṯꜣt 20 mn 5 m ỉḥt ỉtfy

L24 pš mḥtỉ spr-mrw ꜣḥt pr pn ḳꜣyt sṯꜣt 15

L25 pš rsy ỉwỉw ꜣḥt pr ⸤pn⸥ ḳꜣyt sṯꜣt 15 mn 2 mn ḳꜣyt 2

L26 pš ỉꜣbt pꜣ sgr n tnt-⸤nỉwt⸥ ꜣḥt pr pn ḳꜣyt sṯꜣt 80

L27 pš rsy ỉꜣbt ỉwỉw ꜣḥt pr pn ḳꜣyt sṯꜣt 7

L28 pš mḥtỉ ỉꜣbt sšny ⸤ꜣḥ⸥t pr pn ḳꜣyt sṯꜣt 10

B面 第17栏

L1 ⸤pš tꜣ-nḥsỉ-rỉ⸥y ꜣḥt pr pn ḳꜣyt ⸤sṯꜣt⸥ 10

L2 pš ⸤mḥtỉ⸥ sꜣ-pꜣ ꜣḥt pr-ʿꜣ snb ḳꜣyt sṯꜣt 5

L3 pš mḥtỉ ỉꜣbt tꜣ ỉꜣdt mʿ-ḥrỉ-ḥw ꜣḥt pr pn ḳꜣyt sṯꜣt 10

L4 pš mḥtỉ ỉꜣbt ỉꜣdt dḥꜣt ꜣḥt pr-ʿꜣ snb ḳꜣyt sṯꜣt 65

L5 pš ỉmny smʿ ꜣḥt pr ḏḥwty pꜣ-wḏ ỉḥw ḳꜣyt sṯꜣt 100

L6 pš rsy ỉmny pr-n-ḫꜣy ꜣḥt pr pn ḳꜣyt sṯꜣt 20

L7 pš ỉmny ḥwt nṯr ꜣḥt pr pn ḳꜣyt sṯꜣt 30

L8 pš n pꜣ mšrw mḥtỉ spr-mrwt ꜣḥt pr pn ḳꜣyt sṯꜣt 30

L9 pš rsy ỉꜣbt pr-ḥtf ꜣḥt pr-ʿꜣ snb ḳꜣyt sṯꜣt 75

L10 pš n tꜣ wḥyt msʿ ꜣḥt tꜣ mnỉw n pr-ʿꜣ snb pꜣ sgr n ʿꜣ-nꜣy ḳꜣyt sṯꜣt 75

L10A pꜣw

L11 .pš n rsy ỉꜣdt ỉꜣ-rỉ-ỉꜣ-nỉwt ꜣḥt pr pn ḳꜣyt sṯꜣt 20 mn 8 mn ḳꜣyt 10

L12 .dmḏ ḳꜣyt ⸤22 ỉr.n sṯꜣt⸥ 11

§16 L13 ⸤ḥꜣ⸥-tꜣ pr-ʿꜣ snb ḥt ḥꜣty-ʿ nfr-ʿbw-ḥb n ḥrw-spr

L14 .ꜣḥt pš rsy mr-ỉḥw ꜣḥt pr-ʿꜣ ⸤snb⸥ ḳꜣyt sṯꜣt 10 mn ḳꜣyt 5 ỉr.n ⸤sṯꜣt⸥ 2½

L15 pš ỉmny nḥꜣ-ỉ-rỉ-kꜣk ꜣḥt pr pn ḳꜣyt sṯꜣt 40

L16 pš mḥtỉ ⸤pꜣ bḫn⸥ ⸤n⸥ dwꜣ ꜣḥt pr ⸤ỉmn⸥ nḥb ⸤sṯꜣt⸥ 10

L17 pš rsy ỉꜣbt t⸤n⸥t-kꜣk ꜣḥt pr rʿ ḳꜣyt sṯꜣt 20

L18 pš st tn ꜣḥt pr pn ḳꜣyt sṯꜣt 10

L19 pš mḥtỉ pn-rỉ-ḥw ꜣḥt pr rʿ ḳꜣyt sṯꜣt 13

L20 pš n tꜣ pʿt pꜣ-rʿ tꜣ mꜣwt nbỉw ꜣḥt pr pn ḳꜣyt sṯꜣt 20

L21 pš rsy ỉyt-ỉdḥw ꜣḥt pr pn ḳꜣyt sṯꜣt 10

L22 pš ỉmny st tn ꜣḥt pr pn ḳꜣyt sṯꜣt 10

L23 pš ỉmny pꜣ ỉhꜣy tꜣ mꜣỉw-kꜣ-rỉ-ỉꜣtỉ ꜣḥt pr-ʿꜣ snb ḳꜣyt sṯꜣt 20

L24 pš ỉmny nꜣ ʿwt ỉ-rỉ-kꜣỉw ꜣḥt pr ỉmn ḳꜣyt sṯꜣt 50 mn 20 m ỉḥt ʿꜣ thr rʿ-ms-sw m pr rʿ

L25 dmḏ

§17 L26 ḥꜣ-tꜣ pr-ʿꜣ snb ḥt ỉmy-r ỉḥw pꜣ-kꜣ-ṯꜣ-nꜣ tꜣ ḥwt m pr ptḥ ḥꜣr

L26A mn ⸤tnỉ⸥ 15

L27 ꜣḥt pš ỉmny ḥwt nṯr ꜣḥt pr ptḥ ḳꜣyt 40 mn 1⸤5⸥ m ỉḥt šrdn sbk-nḫt ḥnʿ snw=f

L27A mn 40

L28 pš n pꜣ mšrw mḥtỉ spr-mrw ꜣḥt pr pn ḳꜣyt sṯꜣt 60 mn 40 m ỉḥt šrdn ʿḥꜣwt-ʿꜣ

L28A mn ḳꜣyt 10

L29 ⸤pš⸥ ỉmny pꜣ-kꜣmw-<bw>ʿꜣ ꜣḥt pr pn ḳꜣyt sṯꜣt 15 mn 5 m ỉḥt sthỉ

L30 .⸤pš⸥ ỉꜣbt sšny ꜣḥt pr pn ḳꜣyt sṯꜣt 15 ⸤mn⸥ 5 mn ⸤…⸥ ḳꜣyt 5

L31 ⸤pš⸥ rsy pn-rỉ-ḥw ꜣḥt pr pn ḳꜣyt sṯꜣt 36

L32 ⸤pš⸥ ỉmny st tn ꜣḥt mk ỉb ḥḏ tꜣ ḥwt m pr ỉmn ⸤ḳꜣyt⸥ sṯꜣt 20 mn ḳꜣyt 15

L33 ⸤pš⸥ mḥtỉ ỉpt ꜣḥt pr ỉmn ḫnt nfr m mn-nfr ḳꜣyt ⸤sṯꜣt⸥ 20

B面 第18栏

L1 pš ỉmny pꜣ-kꜣm-⸤bw⸥ʿꜣ ꜣḥt pr rʿ ḳꜣyt sṯꜣt 12

L1A rsy mn ḳꜣyt

L2 pš ỉmny ḥwt nṯr ꜣ⸤ḥ⸥t ⸤smw⸥ tꜣ ḥwt m pr ỉmn ḳꜣyt sṯꜣt 60 mn 10 10⸤…⸥

L3 .pš st tn ꜣḥt pr pn ḳꜣyt sṯꜣt 20 mn 4 mn ḳꜣyt 8

L4 dmḏ ḳꜣyt 13 ỉr.n sṯꜣt 6½ ỉḥt šrdn ⸤sṯꜣt⸥ 65 ỉr.n ⸤sṯꜣt⸥ 32½

§18 L5 ḥꜣ-tꜣ pr-ʿꜣ snb ḥt pꜣ ḥm-nṯr n ḥrỉ-šf sỉ 5 ỉr.n ḫꜣr 1000

L6 .ꜣḥt pš n pꜣ ʿwn rsy n-nsw ꜣḥt pr ḥrỉ-šf ḳꜣyt sṯꜣt 40 mn ḳꜣyt .10

L7 .pš mḥtỉ ỉmny pꜣ sgꜣ n ʿrw ꜣḥt pr pn ḳꜣyt sṯꜣt 80 mn 60 mn 80

L8 .pš ỉꜣbt š ʿmʿmt ꜣḥt pr pn ḳꜣyt sṯꜣt 104

L9 .pš n st tn ꜣḥt pr pn ḳꜣyt sṯꜣt 20

L10 .pš n tꜣ brkt rsy ḥy-ỉꜣy ꜣḥt pr pn ḳꜣyt sṯꜣt 60 mn 35 mn ḳꜣyt 35 mn 40

L11 .pš n tꜣ ỉꜣdt ssw ꜣḥt pr pn ḳꜣyt sṯꜣt 20 mn ḳꜣyt 5

L12 .pš n mḥtỉ ⸤ỉmny tꜣ⸥ ỉꜣdt rỉ-ṯꜣ ꜣḥt pr pn ḳꜣyt sṯꜣt 10 mn ⸤… mn⸥ ḳꜣyt 5

L13 pš rsy p⸤ꜣ⸥ ⸤bḫ⸥n n rỉ-mʿw ꜣḥt pr pn ḳꜣyt sṯꜣt 40

L14 pš n pr m⸤ꜣꜣ⸥ ꜣḥt pr pn ḳꜣyt sṯꜣt 50

L15 .pš n ḥt ỉ-rỉ-kꜣk ꜣḥt pr pn ḳꜣyt sṯꜣt 40 mn 20 mn ḳꜣyt ⸤…⸥ 45

L16 .pš ỉmny ⸤sgr …⸥ ḥw ⸤…⸥ ꜣḥt ⸤…⸥15 mn 15

L17 .dmḏ ḳꜣyt 200 ỉr.n sṯꜣt 100

§19 L18 ḥꜣ-tꜣ pr-ʿꜣ snb ḥt rʿ-m⸤s⸥ ⸤nty mt⸥ wn.w ỉmy-r ỉḥw n tꜣ ḥwt m pr ỉmn

L19 ꜣḥt pš ỉꜣbt š[ꜣ]-rỉ-pt ꜣḥt mk ỉb ḥḏ tꜣ ḥwt m pr ỉmn ḳꜣyt [sṯꜣt] 40 mn 80 m prt ʿꜣ-sṯḥỉ

L20 pš ỉmny pn-rỉ-ḥw ꜣḥt pr pn ḳꜣyt sṯꜣt 15

L21 pš rsy ỉmny st tn ꜣḥt pr pn ḳꜣyt [sṯꜣt] 40

L22 pš pꜣ-rw-šꜣ [...] ỉmny pꜣ wḏꜣ ꜣḥt mk ỉb ḥḏ ḳꜣyt [sṯꜣt] 7

L23 pš ỉꜣbt tꜣ ʿt n ỉb ꜣḥt pr pn ḳ[ꜣyt] sṯꜣt 10

L24 .pš ỉmny pn-sbk [ꜣḥt] pr pn ḳꜣyt sṯꜣt [...] mn 5 mn ḳꜣyt .5

L25 pš rsy sꜣ-pꜣ ꜣḥt pr pn ḳꜣyt sṯꜣt 20

L26 pš ỉmny ntr [ꜣ]ḥt pr pn ḳꜣyt sṯꜣt 80

L27 pš ỉmny pꜣ-rw-šꜣ ꜣḥt pr pn ḳꜣyt sṯꜣt 40

L28 .dmḏ ḳꜣyt 5 ỉr.n .2½ ḥnk 20 ỉr.n .10 [dmḏ 5]

§20 L29 ḫꜣ-tꜣ pr-ʿꜣ snb ḥt rʿ-ms-s[w]-m-ḥb n mn-nfr ḫꜣr

L30 ꜣḥt pš mḥtỉ ỉꜣbt [tꜣ] wḥyt mʿ-ḥw ꜣḥt pr rʿ ḳꜣyt sṯꜣt 20

L31 pš n pꜣ ỉw mḥtỉ [...] st tn ꜣḥt pr pn ḳꜣyt sṯꜣt 10

B面 第19栏

L1 pš n s[t] tn ꜣḥt pr pn ḳꜣyt sṯꜣt 30

L2 pš rsy ỉꜣbt pr ỉmn pꜣ-ww-ʿꜣ ꜣḥt pr pn ḳꜣyt sṯꜣt 20

L3 pš rsy tꜣ mꜣwt nw-rw ỉꜣbt tꜣ šnwt pꜣ-rʿ [ꜣḥ]t pr pn ḳꜣyt sṯꜣ[t] 50

L4 pš mḥtỉ ỉꜣbt tꜣ wḥyt kꜣ-rỉwt ꜣḥt pr ptḥ ḳꜣyt sṯꜣt 10

L5 pš rsy ỉꜣbt tꜣ wḥyt mʿ-ḥw ꜣḥt pr rʿ ḳꜣyt sṯꜣt 15

L6 pš rsy pꜣ ỉhꜣy šnꜣ ꜣḥt pr pn ḳꜣyt sṯꜣt 40

L7 dmḏ

§21 L8 ḫꜣ-tꜣ pr-ʿꜣ snb ḥt pꜣ ipt-nsw n ḫnrt nty mr-wr

L9 ꜣḥt pš mḥtỉ ỉꜣbt ỉꜣdt wḏ ꜣḥt tꜣ ḥwt mrwt mỉ rʿ ḳꜣyt 50

L10 .pš rsy ỉwỉw ꜣḥt pr pn ḳꜣyt sṯꜣt 100 mn 20 mn ḳꜣyt .10

L11 pš mḥtỉ ỉmny pꜣ-šꜣ ꜣḥt tꜣ [ḥw]t m pr ỉmn ḳꜣyt sṯꜣt [10]

L12 pš [...] gꜣtỉw ꜣḥt tꜣ ḥwt m pr [ỉmn] ḳꜣyt sṯꜣt 30

L13 pš n mr-ḫnt pꜣ ḏr ỉmny ꜣ[ḥ]t pr pn ḳꜣyt sṯꜣt 20 mn 5

L14 pš ỉꜣbt pr-wḏ ꜣḥt tꜣ ḥwt m pr [ỉ]mn ḳꜣyt sṯꜣt 50

L15 pš n ḥm n ḫnw tꜣ ḥwt wsr-mꜣʿ-rʿ mr-ỉ[mn] snb m pr ỉmn sṯꜣt [80]

L16 pš ỉmny ḥwt-nfr ꜣḥt tꜣ [ḥwt] [pr]-ʿꜣ snb ḳꜣyt 20 mn ḳꜣyt 10

L17 .dmḏ ḳꜣyt 20 ỉr.n z10

§22 L18 ḫꜣ-tꜣ pr-ʿꜣ ḥt ḥm nṯr ḥrwỉ n pr ỉnpw nb ḥrw-spr

L19 ꜣḥt=f pš n tꜣ mꜣwt mr-rỉy ꜣḥt smw ỉḥw n tꜣ ḥwt m pr ỉmn ḳꜣyt sṯꜣt 50

L20 .pš n st tn pꜣ ḏr ỉmny ꜣḥt pr pn ḳꜣyt sṯꜣt 40 mn nḥbw 20

L21 pš rsy šꜣ-rỉ-pt ꜣḥt pr ptḥ ḳꜣyt sṯꜣt 30

L22 [pš rsy] ỉꜣbt ḥrw-spr ꜣḥt tꜣ šwty-rʿ ḥrw-spr [ḳꜣyt] sṯꜣt 40

L23 pš [rsy] st tn m tꜣ [nwy mḏw] ꜣḥt pr pn [ḳꜣyt] sṯꜣt 100

L23A m šwt

L24 .[pš] n mḥtỉ st tn ꜣḥt pr ỉnpw ḳꜣyt sṯꜣt 30 mn 20 mn ḳꜣyt 40

L25 pš [rsy] ỉmny tꜣ ỉꜣdt wḏ ꜣḥt [mk] ỉb ḥḏ ḳꜣyt sṯꜣt 20

L26 gh .pš n pꜣ ʿmn tꜣ mꜣwt nḫb 20 mn 20

L27 .dmḏ nḫb .20 ḳꜣyt 40 ỉr.n 20 dmḏ sṯꜣt 40

§23 L28 .ḫꜣ-tꜣ pr-ʿꜣ [snb] ḥt ḥm nṯr ḥwy n sṯḥ nb spr-mrw ḫꜣr

L29 .ꜣḥt pš pꜣ-ʿwn ỉmny pr-n-ḫꜣ-[r] ꜣḥt pr pn ḳꜣyt 20 mn 10 mn ḳꜣyt 10

L29A mn ḳꜣyt 20

L30 .pš rsy ỉmny tꜣ ʿt n ỉr-nfr ꜣḥt [pr] ỉmn ḳꜣyt sṯꜣt 20 mn 15 ỉḥt sṯḥỉ 6

L31 .pš sꜣ-pꜣ ꜣḥt pr pn ḳꜣyt sṯꜣt 40 [...] mn ḳꜣyt 5 mn 20

B面 第20栏

L0 šw [...] tꜣ-nṯry

L1 .pš n [...] ỉꜣdt ~~mʿ-ḥrỉ-ḥw~~ ꜣḥt pr rʿ ḳꜣyt sṯꜣt 40 mn ḳꜣyt .5 [...]

L1A hꜣ-nfr

L2 .pš n ỉmny [tꜣ ʿt] ỉ-ỉꜣ ꜣḥt pr rʿ ḳꜣyt sṯꜣt 20 mn ḳꜣyt .[10] mn 20

L3 .pš n [ʿbʿb]w ꜣḥt pr pn ḳꜣyt sṯꜣt 20 mn 30 mn ḳꜣyt 40

L4 .pš mḥtỉ pꜣ-kny-rỉ ꜣḥt tꜣ ḥwt mrwt mỉ rʿ ḳꜣyt 60 mn 15 mn ḳꜣyt [1]5 mn 5

L5 pš n mšrw mḥtỉ spr-mrw ꜣḥt pr pn [ḳꜣyt] 40 mn 30 mn ḳꜣyt 10

L6 .dmḏ ḳꜣyt 145 ỉr.n .72½

§24 L7 ḫꜣ-tꜣ n pr-ʿꜣ snb ḥt ỉmy-r pr rʿ-m-wỉꜣ n pr ptḥ ḫꜣr 700

L8 ꜣḥt pš ỉmny tꜣ ʿt n mry-rʿ ꜣḥt pr rʿ ḳꜣyt sṯꜣt 10

L9 pš ỉmny pr ỉmn pꜣ-ww-ʿꜣ ꜣḥt pr pn ḳꜣyt sṯꜣt 10

L10 pš tnt-pꜣ-sꜣ ꜣḥt pr rʿ ḳꜣyt sṯꜣt [10]

L11 pš rsy tꜣ st-pꜣ-wr ꜣḥt pr pn ḳꜣyt sṯꜣt 10[...]

L12 pš [rsy] tꜣ ỉꜣdt rỉ-ṯꜣ ꜣḥt pr ptḥ ḳꜣyt sṯꜣt 10

L13 .pš n [pꜣ] sgr n ʿrw ꜣḥt pr pn ḳꜣyt sṯꜣt 20 mn ḳꜣyt .5

L14 pš n tꜣ [mꜣwt] n sḥrt-wʿb-ỉb ꜣḥt pr pn ḳꜣyt sṯꜣt 12

L15 pš mḥtỉ [tꜣ ʿt] ỉ-ỉꜣ ꜣḥt pr pn ḳꜣyt sṯꜣt 30

L16 pš mḥtỉ [tꜣ wḥyt] ỉmn-ms ꜣḥt pr pn ḳꜣyt sṯꜣt 20

L17 .pš n [pꜣ] ỉw n mꜣwt ỉmny tꜣ mꜣwt sḥrt-ʿntỉ ꜣḥt pr pn nḥb sṯꜣt 10 mn 6 mn ḳꜣyt 3 sṯꜣt

L18 pš n tꜣ ỉ⸢ꜣ⸣dt wḏ ꜣḥt mk ỉb ḥḏ tꜣ ḥwt m pr ỉmn wn.w pš n sš ḥꜥ-mtỉr ḳꜣyt 30

L18A ỉꜣbt

L19 mꜣpš n pꜣ ỉw n mry-ptḥ ꜣḥt=f ỉmny tꜣ ꜥt n mry-rꜥ ꜣḥt pr pn nḫb sṯꜣt 8 mn 5

L20 pš rsy ỉmny st tn ꜣḥt st wr n pr ptḥ ḳꜣyt sṯꜣt 10

L21 pš n pꜣ nḫb ỉmny pr ỉmn pꜣ-ww-ꜥꜣ nḫb .10 mn ḳꜣyt 2

L22 .dmḏ ḳꜣyt .10 ỉr.n z5

§25 L23 ḫꜣ-tꜣ pr-ꜥꜣ snb ḥt ḥm-nṯr rꜥ-ms-sw-wsr-⸢ḫpš⸣ ⸢n⸣ pr sbk šdd ẖꜣr 1000

L24 ꜣḥt pš n tꜣ brkt rsy tꜣ ḥnw ꜣḥt pr-ꜥꜣ snb ḳꜣyt sṯꜣt 50 mn ḳꜣyt 25 mn 20

L25 pš ỉmny grg ꜣḥt pr pn ḳꜣyt sṯꜣt 150

L26 pš rsy ỉꜣbt ⸢tꜣ ỉ⸣ꜣdt wḏ ꜣḥt pr pn ḳꜣyt sṯꜣt 30

L27 pš ỉmny tꜣ ỉꜣdt ꜥꜣ-rỉ-ṯꜣ ỉr ꜣḥt tꜣ ḥwt m pr ỉmn ḳꜣyt sṯꜣt 25 mn 45

L28 pš n st ⸢t⸣n mḥtỉ pꜣ ỉhꜣy ꜣḥt pr pn ḳꜣyt sṯꜣt 40

L29 pš ỉꜣbt šꜣ-rỉ-pt ꜣḥt pr-ꜥꜣ snb ḳꜣyt sṯꜣt 40

L30 pš ỉmny ⸢pꜣ⸣-mnw ꜣḥt pr pn ḳꜣyt sṯꜣt 50

L31 pš n rsy p⸢ꜣ⸣ ⸢ỉ⸣hy ꜥꜣ ꜣḥt pr pn ḳꜣyt sṯꜣt 40

B面　第21栏

L1 pš n tꜣ ḥꜣyt rsy š dbw ꜣḥt pr pn ḳꜣyt sṯꜣt 40

L2 pš n pꜣ ỉdb rsy dw ꜣḥt pr rꜥ ḳꜣyt sṯꜣt 20

L3 .pš n tꜣ ꜥt nꜣy ꜣḥt pr pn ḳꜣyt sṯꜣt 20 mn ḳꜣyt .20 mn 35

L4 pš ỉmny tꜣ ꜣꜥꜥ ꜣḥt tꜣ ḥwt mrỉ mỉ rꜥ ḳꜣyt sṯꜣt 20

L5 ꜥḥꜥ pš mḥtỉ ḥwt nṯr sbk ꜣḥt pr [...] m pr [...] sbk

L6 dmḏ ḳꜣyt 100 ỉr.n 50

§26 L7 ḫꜣ-tꜣ pr-ꜥꜣ snb ḥt ḥm-nṯr ỉmn-m-wỉꜣ m ḏrt ḥm-nṯr sw-n-rỉ ẖꜣr 1000

L8 .ꜣḥt pš n tꜣ brkt rsy tꜣ ḥnw n mr-wr ꜣḥt pr sbk ḳꜣyt .150 mn 20

L9 [.]pš ỉꜣbt š ꜣḥt pr pn ḳꜣyt sṯꜣt 50

L10 [.]pš ỉmny tꜣ ꜣꜥꜥ ꜣḥt pr pn ḳꜣyt sṯꜣt 7

L11 [.]pš ỉmny ỉꜣdt ꜥꜣ ꜣḥt pr sbk ḳꜣyt sṯꜣt 20 mn 45

L12 [.]pš ỉꜣbt ꜣtm ꜣḥt pr-ꜥꜣ snb ḳꜣyt sṯꜣt 40

L13 [.]pš mḥtỉ pꜣ bḫn n pr ỉ-ỉꜣ ⸢ꜣ⸣ḥt tꜣ ḥwt m pr ỉmn ḳꜣyt sṯꜣt 60

L14 [.]pš ỉmny tnt-sḥt ꜣḥt ⸢pr⸣ pn ḳꜣyt sṯꜣt 60

L15 [.]pš mḥtỉ ỉꜣdt rỉ-ṯꜣ ỉr ⸢ꜣ⸣ḥt pr pn ḳꜣyt sṯꜣt 40

L16 [.]pš rsy st tn ꜣḥt pr pn ḳꜣyt sṯꜣt 30

L17 [.]pš rsy pꜣ ỉhꜣy ꜥꜣ ꜣḥt pr pn ḳꜣyt sṯꜣt 40

L18 .pš ỉmny tꜣ ꜥt n nꜣy ꜣ⸢ḥt⸣ pr ỉmn ỉmnt m wꜣst ḳꜣyt sṯꜣt 40 mn 35

L19 .dmḏ ḳꜣyt .100 ỉr.n z50

§27 L20 ḫꜣ-tꜣ pr-ꜥꜣ snb ḥt pꜣ ỉmy-r ỉḥw nty mt wn.w ỉmy-r ỉḥw n ỉmn ẖꜣr 200

L21 ꜣḥt pš rsy ḥrw-spr rsy tꜣ nwy mḏw ꜣḥt st wr n pr ptḥ ḳꜣyt 40

L22 pš mḥtỉ pꜣ dnỉt n pr-ỉhꜣy ꜣḥt pr rꜥ ḳꜣyt sṯꜣt 10

L23 pš mḥtỉ ỉmny ỉꜣdt rỉ-mꜥ ꜣḥt pr pn ḳꜣyt sṯꜣt 10

L24 ⸢pš⸣ n tꜣ brkt ḫnty ꜣḥt pr pn ḳꜣyt sṯꜣt 5

L25 pš mḥtỉ ỉmny pr-ỉḳr ꜣḥt pr pn ḳꜣyt sṯꜣt 10

L26 pš n pꜣ ỉdb ỉmny ỉw-ỉw ꜣḥt pr pn ḳꜣyt sṯꜣt 10

L27 pš n pn-gꜣš ꜣḥt pr pn ḳꜣyt sṯꜣt 10

L28 pš n pr-wḥꜣ ꜣḥt pr pn ḳꜣyt sṯꜣt 20

L29 dmḏ

§28 L30 ḫꜣ-tꜣ pr-ꜥꜣ snb ḥt ỉmy-ỉḥw ḥrwỉ n tꜣ ḥwt wsr-mꜣꜥt-rꜥ mr-ỉmn snb m pr ỉmn

L31 ꜣḥt=f pš mḥtỉ pꜣ dnỉt n pr-ỉhꜣy ꜣḥt pr-ꜥꜣ snb ḳꜣyt .66

L32 pš n tꜣ mꜣwt rỉy ꜣḥt smw ỉḥw ⸢n tꜣ ḥwt⸣ m pr ỉmn ḳꜣyt sṯꜣt 60

B面　第22栏

L1 pš mḥtỉ tꜣ wḥyt rwrw ꜣḥt pr pn ḳꜣyt sṯꜣt 66

L2 ⸢pš⸣ mḥtỉ ỉꜣbt pꜣ ꜥwn ꜣḥt pr pn ḳꜣyt sṯꜣt 10

L3 pš n tꜣ mꜣwt snb-ỉḥw ꜣḥt pr pn ḳꜣyt sṯꜣt ⸢10⸣

L4 pš mḥtỉ ỉmny pr ỉmn mꜣỉ-ḫnt ꜣḥt pr pn ḳꜣyt sṯ⸢ꜣt⸣ 20

L5 pš n pꜣ-mr-mkỉ ꜣḥt smw ỉḥw n tꜣ ḥwt m pr ỉmn ḳꜣyt sṯꜣt 10

L6 dmḏ

§29 L7 ḫꜣ-tꜣ pr-ꜥꜣ snb ḥt ḥm-nṯr pꜣ-nḥsy n pr mntw ẖꜣr 100

L8 ꜣḥt pš mḥtỉ ỉꜣbt tꜣ wḥyt ỉwn-rỉ-šs ꜣḥt pr mntw ḳꜣyt sṯꜣt 20

L9 dmḏ

§30 L10 ḫꜣ-tꜣ pr-ꜥꜣ snb ḥt ḥm-nṯr pn-pꜣ-mr n pr nbt-ḥwt ẖꜣr 100

L11 ꜣḥt=f pš mḥtỉ ỉꜣbt spr-mrw ꜣḥt pr pn ḳꜣyt sṯꜣt 20

L12 .pš mḥtỉ ỉꜣbt ỉy-ỉdḥw ꜣḥt ⸢pr⸣ pn ḳꜣyt sṯꜣt 40 mn ḳꜣyt .10

L13 .pš n tꜣ ỉꜣdt bw-ḏꜥbw ꜣḥt pr pn ⸢ḳ⸣ꜣyt sṯꜣt 20 mn ḳꜣyt .20

L14 pš mḥtỉ nꜣ bḫn n ḥwt-nṯr n stḫ ꜣḥt mk ỉb ḥḏ tꜣ ḥwt m pr ỉmn ḳꜣyt 20

L15 .dmḏ ḳꜣyt .30 ỉr.n z15

§31 L16 ḫꜣ-tꜣ pr-ꜥꜣ snb ḥt ḥm-nṯr mꜥ-ḥw n pr ỉmn mryt ḳꜣyt sṯꜣt ẖꜣr 100

L17 ꜣ⸢ḥt=f⸣ pš n tꜣ mꜣwt stḫ ꜣḥt tꜣ ḥwt m pr rꜥ ḳꜣyt sṯꜣt 20

L18 pš n tꜣ pꜥt tꜣ mꜣwt stḫ ꜣḥt pr pn nḫb 30

L19 .pš rsy pr-ḥs ꜣḥt tꜣ ḥwt mri mi rꜥ ḳꜣyt sṯꜣt 60 mn ḳꜣyt 20 ỉr.n z10

L20 dmḏ

§32 L21 ḫꜣ-tꜣ pr-ꜥꜣ snb ḫt ḥm-nṯr ḥrwi n pr nb ꜥḥwt ḫꜣr 100

L22 ꜣḥt pš rsy ỉmny tnt-wr ꜣḥt pr nb ꜥḥwt ḳꜣyt sṯꜣt 12

L23 pš pꜣ ḫnmt mḥti st tn ꜣḥt pr pn ḳꜣyt sṯꜣt 8

L24 pš mḥti ỉꜣbt st tn ꜣḥt st wr n pr ptḥ ḳꜣyt sṯꜣt 40

L25 pš mḥti nꜣy ỉmn pr pn ḳꜣyt .20 mn 10 ỉr.n .5 ỉn sš rꜥ-ꜥḥi-wnm=f

L26 dmḏ

§33 L27 ḫꜣ-tꜣ pr-ꜥꜣ snb ḫt ḥm-nṯr pn-tꜣ-wr n ḥwt-nṯr rꜥ-ms-sw mr-ỉmn snb mry mšꜥ=f ḫꜣr

L28 .ꜣḥt pš tꜣ mꜣwt stḫ pꜣ ḏr ỉmny ꜣḥt pr pn ḳꜣyt sṯꜣt 20 mn ḳꜣyt .10

L29 pš n pꜣ ḫnm nꜣ mniw ꜣḥt pr pn ḳꜣyt sṯꜣt 60

L30 .dmḏ ḳꜣyt .10 ỉr.n 5

§34 L31 ḫꜣ-tꜣ pr-ꜥꜣ snb ḫt ḥm-nṯr ỉn-ḥri-rḫ n pr nb tp-ỉḥw ḫꜣr

L31A mn ḳꜣyt 20 ỉr.n 10

L32 .ꜣḥt pš tꜣ brkt mḥti skry ꜣḥt pr rꜥ ḳꜣyt sṯꜣt 25 mn 15½

L33 pš n pꜣ pḥwy n pꜣ ꜥsbw ꜣḥt pr pn ḳꜣyt [...]20

B面 第23栏

L1 pš rsy ỉꜣbt pn-ꜥꜣ-bꜣt ꜣḥt pr pn ḳꜣyt sṯꜣt 30

L2 pš tn[t]-pꜣ-spꜣ ꜣḥt pr rꜥ ḳꜣyt sṯꜣt 40

L3 dmḏ

§35 L4 ḫꜣ-tꜣ pr-ꜥꜣ snb ḫt ḥm-nṯr hꜣw-nfrw n tꜣ šwty rꜥ ntyš ḫꜣr 100

L5 ꜣḥt=f pš tꜣ brkt ḫy ꜣḥt pr rꜥ ḳꜣyt sṯꜣt 20

L6 [.]pš=f n pꜣ ỉdb ỉꜣbt mꜣwt bn-ri ꜣḥt pr [pn] [nḫ]bw .5 mn 5

L7 dmḏ

§36 L8 ḫꜣ-tꜣ pr-ꜥꜣ snb ḫt ḥm-nṯr pꜣ-šdw n pr ỉmn sꜣsꜣ pḥwy=sw ḫꜣr 100

L9 .ꜣḥt=f pš ỉꜣbt pr ỉmn sꜣsꜣ pḥwy=sw ꜣḥt pr pn ḳꜣyt sṯꜣ[t] 20 mn ḳꜣyt .10 ỉr.n 5

L10 pš mḥti ỉꜣbt ḥwt-nfr ꜣḥt pr pn ḳꜣyt 20

L11 pš ỉmny tnt-sḫt ꜣḥt pr-ꜥꜣ snb ḳꜣyt sṯꜣt 20

L12 pš rsy ỉmny tꜣ ỉꜣdt ri-ṯꜣ ỉr ꜣḥt rw-pw ḳꜣyt sṯꜣt 20

L13 dmḏ

§37 L14 ḫꜣ-tꜣ pr-ꜥꜣ snb ḫt ḥm-nṯr ḥrwi n ḥwt nṯr rꜥ-ms-sw mr-ỉmn snb pꜣ-ṯsy-ḥwrw ḫꜣr 50

L15 .ꜣḥt pš ỉmny pꜣ sgꜣ n ḥwt-ti ꜣḥt pr [pn] ḳꜣyt sṯꜣt 10 mn 10 mn ḳꜣyt 10 ỉr.n 5

L16 dmḏ

§38 L17 ḫꜣ-tꜣ pr-ꜥꜣ snb ḫt ḥm-nṯr mry pr ỉmn pr ỉwnw ḫꜣr 50

L17A mn ḳꜣyt 6 ỉr.n 3

L18 .ꜣḥt=f pš rsy ỉꜣbt pꜣ bḫnw n mry ꜣḥ pr pn sṯꜣt 10 mn 6

L19 dmḏ

§39 L20 ḫꜣ-tꜣ pr-ꜥꜣ snb ḫt ḥm-nṯr nfr-ḫꜥw tꜣ šwty-rꜥ n-nsw ḫꜣr 100

L21 .ꜣḥt=f pš n tꜣ brkt ḫy ꜣḥt tꜣ ḥwt m pr ỉmn ḳꜣyt sṯꜣt 20 mn ḳꜣyt.5 ỉr.n 2[½]

L22 pš n tꜣ pꜥt ỉmny niwt n tꜣ mꜣwt ꜣḥt tꜣ šwty-rꜥ ḳꜣyt sṯꜣt 20

L23 pš n pꜣ ꜥwn rsy n-nsw ꜣḥt pr pn ḳꜣyt sṯꜣt 20

L24 dmḏ

§40 L25 .ḫꜣ-tꜣ pr-ꜥꜣ snb ḫt ḥm-nṯr wnw-nfrw bꜣst ḫꜣr 200

L26 ꜥḥꜥ ꜣḥt=f pš rsy pr-wꜣy ꜣḥt pr stḫ ḳꜣyt 20 pꜣ ḫꜣ-tꜣ pr-ꜥꜣ pꜣ ỉmy-r pr.

L27 pš n st tn ꜣḥt pr pn ḳꜣyt sṯꜣt 10

L28 pš ỉꜣbt st tn ꜣḥt pr pn ḳꜣyt sṯꜣt 20

L29 pš n pꜣ ỉdb ỉꜣbt sw ꜣḥt pr-ꜥꜣ snb ḳꜣyt sṯꜣt 15

L30 dmḏ

§41 L31 ḫꜣ-tꜣ pr-ꜥꜣ snb ḫt ḥm-nṯr ḳny-ỉmn n pr ỉmn tꜣy-nꜣ ḫꜣr 100

L32 .ꜣḥt pš rsy sꜣ-pꜣ ꜣḥt pr ỉmn ṯꜣy-nꜣ ḳꜣyt sṯꜣt 20 mn ḳꜣyt.5 ỉr.n 2½

L33 pš n pꜣ ỉdb rsy š ḥs-mn-<ỉb> ꜣḥt pr pn ḳꜣyt sṯꜣt 10

L34 dmḏ

§42 L35 ḫꜣ-tꜣ pr-ꜥꜣ snb ḫt ỉmy-r [ỉḥw] [ꜥšꜣ]-m-ḥb n pr ḥri-šf ḫꜣr

L36 ꜣḥt=f pš pr-[mꜣꜣ] ꜣḥt pr ḥri-šf ḳꜣyt sṯꜣt 50

B面 第24栏

L1 [dmḏ]

§43 L2 ḫꜣ-tꜣ pr-ꜥꜣ snb ḫt ḥm-nṯr mniw-nfr n pr ỉmn snn tꜣ ḫꜣr

L3 ꜣḥt=f pš rsy ipt ꜣḥt pr-ꜥꜣ snb ḳꜣyt sṯꜣt 10

L4 dmḏ

§44 L5 ḫꜣ-tꜣ pr-ꜥꜣ ḫt ỉmy-r ỉḥw stm n tꜣ ḥwt mr-n-ptḥ m pr ptḥ ḫꜣr 500

L6 ꜣḥt=f pš n pꜣ-ỉhꜣy kꜣ-ỉꜣ ꜣḥt pr-ꜥꜣ snb ḳꜣyt [100]

L7 dmḏ

§45 L8 ḫꜣ-tꜣ pr-ꜥꜣ snb ḥm-nṯr ḥrwi n pr ꜥnt ḫꜣr

L9 ꜣḥt pš n skry ww-ꜥnt ꜣḥt pr ꜥnt

L10 dmḏ

§46 L11 ḫꜣ-tꜣ pr-ꜥꜣ ḫt ḥm-nṯr kꜣ-nfrw pr n bꜣt ḥm-nṯr pꜣ-nḥsy

L12 ꜣḥt=f pš n tꜣ ḳꜣyt rsy sꜣ-kꜣ ꜣḥt pr ỉmn srt tw ḳꜣyt 10

L13 [dmḏ]

§47 L14 *ḥꜣ-tꜣ pr-ꜥꜣ snb ḥt ḥm-nṯr kꜣ-ri n tꜣ šwty-rꜥ pꜣ sgr n ꜥꜣ-nꜣy-(nꜣ) ḫꜣr*

L15 *ꜣḥt pš n pꜣ bḫn n ḥtp-rꜥ ꜣḥt pr-ꜥꜣ snb ḳꜣyt sṯꜣt* 10

§48 L16 *ḥꜣ-tꜣ pr-ꜥꜣ snb ḥt ḥm-nṯr ḥrwỉ n pr ỉmn mꜣy-ḫnt ḫꜣr*

L17 *ꜣḥt=f pš n pꜣ ỉdb ỉmny ḳꜥḥ ꜣḥwt ꜣḥt pr rꜥ ḳꜣyt sṯꜣt* 20

L18 *pš n tꜣ mꜣwt sbk ꜣḥt pr sbk ḳꜣyt sṯꜣt* 20

L19 *pš n tꜣ pꜥt ỉmny tnt-n-rỉtỉ ꜣḥt pr ỉmn ḳꜣyt sṯꜣt* 10

§49 L20 *ḥꜣ-tꜣ pr-ꜥꜣ snb ḥt ḥm-nṯr sꜣ-wḏ n pr-wḏt ḫꜣr*

L21 *.ꜣḥt=f pš rsy nby ꜣ[ḥ]t pr-wḏt ḳꜣyt sṯꜣt* 10 *mn* 10 *mn ḳꜣyt* 20 *ỉr.n* 10

L22 *pš tꜣ pꜥt ỉmny ḥwt-nfr ꜣḥt pr pn ḳꜣyt sṯꜣt* 10

§50 L23 *ḥꜣ-tꜣ pr-ꜥꜣ snb ḥt ḥm-nṯr nb-nfrw n pr ỉmn mr-tm*

L24 *ꜣḥt=f pš n tꜣ ỉnwt rsy pr-ḥꜥ pr ꜣḥt pr-ꜥꜣ snb ḳꜣyt* 50

L25 *pš rsy grg ỉꜣdt ꜣḥt pr pn ḳꜣyt sṯꜣt* 20

L26 *pš rsy pr skry ꜣḥt pr pn ḳꜣyt sṯꜣt* 10

§51 L27 *ḥꜣ-tꜣ pr-ꜥꜣ snb ḥt ḥm-nṯr rꜥ-ms-sw-nḫtw pr ḥrw nb ḥwt-nswt ḫꜣr*

L28 *.ꜣḥt=f pš rsy ḥwt-nswt ꜣḥt pr ḥrw ḳꜣyt sṯꜣt* 20 *mn ḳꜣyt* 20 *ỉr.n* 10

§52 L29 *ḥꜣ-tꜣ pr-ꜥꜣ snb ḥt ḥm-nṯr ỉmn-ỉpt n pr stḥ nb sw ḫꜣr*

L30 *ꜣḥt=f pš mḥtỉ ỉmny sw ꜣḥt tꜣ ḥwt mrỉ mỉ rꜥ ḳꜣyt* 20

L31 *pš ỉmny ỉꜣdt wḏ ꜣḥt mk ib ḥḏ tꜣ ḥwt m pr ỉmn ḳꜣyt* .30

L32 *.pš rsy pr-bwꜣww ꜣḥt pr ỉwn ḳꜣyt* 20 *mn ḳꜣyt* .20 *ỉr.n* 10

§53 L33 *ḥꜣ-tꜣ pr-ꜥꜣ snb ḥt ḥwy n pr wsir ḫnt ꜥrw*

L34 *ꜣḥt pš mḥtỉ ỉmny nꜣ mḥry ꜣḥt pr pn ḳꜣyt sṯꜣ[t]* 20

L35 *pš ỉꜣbt pr-ỉkr ꜣḥt [pr] pn ḳꜣyt* .20

L36 *.pš ỉꜣbt pr st-rꜥ ḥr [ꜣḥt] pr pn [...] mn* 20

B面　第25栏

§54 L1 *[ḥ]ꜣ-tꜣ pr-ꜥꜣ snb ḥt rwḏw wsr-ḥꜣtỉ n m pr ỉmn*

L2 *ꜣḥt pš n pꜣ ỉw n mꜣwt ỉꜣbt tꜣ pꜥ[t] pꜣ-ḫnw [...] ꜣ[ḥt] pr pn nḫb sṯꜣt* 10

§55 L3 *ḥꜣ-tꜣ pr-ꜥꜣ snb ḥt rwḏw pn-pꜣ-ỉw n m pr ỉmn*

L4 *ꜣḥt pš n tꜣ pꜥt ỉmny pꜣ bḫn n rỉ-mꜥ ꜣḥt pr ỉmn ḳꜣyt sṯꜣt* 10

§56 L5 *ḥꜣ-tꜣ pr-ꜥꜣ snb ḥt rwḏw ḥrwỉ*

L6 *ꜣḥt=f pš n pꜣ bḫn n pr rswt-rꜥ ꜣḥt pr rswt-rꜥ ḳꜣyt sṯꜣt* 10

§57 L7 *ḥꜣ-tꜣ pr-ꜥꜣ snb rwḏw ḥt ḥrw-m-ḥb n pr ptḥ*

L8 *ꜣḥt=f pš n pꜣ ỉw ỉꜣbt pꜣ ḫnt tnt-šꜣḳꜣkꜣ ꜣḥt pr pn ḳꜣyt⌋* 10

§58 L9 *ḥꜣ-tꜣ pr-ꜥꜣ snb ḥt ḥm-nṯr ḥrw-ms sꜣ pn-ỉmn n pr ptḥ*

L10 *ꜣḥt=f pš n tꜣ pꜥt ỉꜣbt pꜣ ḫnt tnt-šꜣ-ḳꜣkꜣ ꜣḥt pr pn ḳꜣyt sṯꜣt* 10

§59 L11 *ḥꜣ-tꜣ pr-ꜥꜣ snb ḥt rwḏw ḥrwỉ n pr ꜥꜣ-nḫtw*

L12 *ꜣḥt=f pš n tꜣ pꜥt ỉꜣbt tꜣ ꜥt n [mry-rꜥ] ꜣḥt pr ptḥ ḳꜣyt sṯꜣt* [10]

§60 L13 *ḥꜣ-tꜣ pr-ꜥꜣ snb ḥt rwḏw ḥꜥpy-wr n pr rꜥ*

L14 *ꜣḥt=f pš n tꜣ-gmy-ḥrỉ mḥtỉ pꜣ ꜥšbw ꜣḥt pr rꜥ ḳꜣyt sṯꜣt* 10

§61 L15 *ḥꜣ-tꜣ pr-ꜥꜣ snb ḥt rwḏw sbk-m-ḥb n pr rꜥ*

L16 *ꜣḥt pš n tꜣ pꜥt pꜣ ḫnt n tꜣ mꜣwt tꜣ-ḥḏ ꜣḥt pr pn ḳꜣyt sṯꜣt* 10

§62 L17 *ḥꜣ-tꜣ pr-ꜥꜣ snb ḥt ḥm-nṯr pꜣ-ỉw n pr sbk*

L18 *ꜣḥt=f pš n pꜣ ḫnmt n nꜣ-nḥt ꜣḥt pr pn ḳꜣyt sṯꜣt* 20

§63 L19 *ḥꜣ-tꜣ pr-ꜥꜣ snb ḥt sš ỉmn-ḥtpw m pr ỉmn*

L20 *ꜣḥt pš n pꜣ ỉw ꜥšꜣt-ḳn-tw-ỉmn ꜣ[ḥ]t pr ỉmn ḳꜣyt sṯꜣt* 10

§64 L21 *ḥꜣ-tꜣ pr-ꜥꜣ snb ḥt ḥm-nṯr ptḥ-ms n pr sbk*

L22 *ꜣḥt pš n ỉꜣbt pn-nꜣ-ḥtrt mḥtỉ ꜣḥt pr pn ḳꜣyt sṯꜣt* 10

§65 L23 *ḥꜣ-tꜣ pr-ꜥꜣ snb ḥt ḥm-nṯr kꜣ-ḥꜣ n tꜣ šwty-rꜥ n n-nsw*

L24 *ꜣḥt=f pš n tꜣ brkt ḥr ỉ-<ỉꜣ> ꜣḥt tꜣ šwty-rꜥ ḳꜣyt sṯꜣt* 20

B面　第1栏

L1 ……

§1 L2 ……卡塔法老地，由王室书吏乌塞尔玛阿特奈赫特负责……

L3 所在区域：撒卡南部山地，在……的土地上，可耕地……

L4 区域：……，在该神庙的土地上，可耕地 30……

L5 区域：撒卡南部……，在该神庙的土地上，可耕地……

L6 区域：……，在该神庙的土地上，可耕地 1140……

L7 区域：……，在该神庙的土地上，可耕地……

L8 区域：……，可耕地 30

L9 区域：……，可耕地 20……

L10 区域：……，可耕地 30……

B 面　第 2 栏

L1 总计：可耕地 140（阿鲁拉）……

§1 L2 卡塔法老地，由他负责……

L3 所在区域：……

L4 区域：胡特卡赫，……的土地上，可耕地……

L5 区域：胡特蒙赫特南部，在阿蒙神庙土地上，可耕地……

L6 区域：奈苏之主胡特（神庙）南部，在国王之屋之主荷鲁斯神庙土地上，可耕地……

L7 区域：霍尔斯皮尔，在……土地上，可耕地……

L8 区域：……，在拉神庙的土地上，可耕地……

L9 区域：……，在……土地上，可耕地……

B 面　第 2a 栏

L1 ……卡(?)100(?)

L2 ……½，使用 19½

L3 ……100

L4 剩余可耕地……

L5 ……

Lx+1 ……剩余(?)10

Lx+2 ……剩余可耕地 5

Lx+3 ……剩余可耕地 5

Lx+4 ……耕种者(?)舍尔登人卡瑞，剩余 10

Lx+4A 剩余 10(?)[1]

Lx+5 ……50，剩余 10，带着牧羊人的种子(?)……

Lx+6 ……可耕地 10

Lx+7 ……5(?)

---

〔1〕剩余 10：原文夹行书写，在第 Lx+5 行“*m prt*”的“*m*”之上。

B面　第3栏

L1 区域：……，在该神庙土地上，可耕地 100

L2 区域：……，在该神庙土地上，可耕地 90，剩余……

L3 区域：……，在法老土地上，可耕地 82

L4 区域：……，在巴塔神庙土地上，可耕地 40……

L5 区域：此地……，在该神庙土地上，可耕地 30

L6 区域：……派尔瓦伊派尔[1]，在该神庙土地上，可耕地 10

L7 区域：……赫卡(?)，在阿蒙神庙葬祭庙土地上，可耕地 80，剩余……；舍尔登人拉摩斯

L8 区域：此地……，在阿蒙神庙"神之音乐师"小礼拜堂土地上，可耕地 60，剩余……，剩余(?)可耕地 15

L9 区域：斯派尔迈如东部(?)……，可耕地 10，剩余 900(?)，可耕地……4

L10 区域：……，在拉神庙土地上，可耕地 10……

L11 区域：……

L12 区域：……，在该神庙土地上，可耕地……

L13 区域：……，可耕地 20……

L14 区域：……，可耕地 40……

L15 ……剩余 5……

L16 区域：……，在……土地上，……可耕地 30，剩余 5(?)

L17 区域：……伊派特，在该神庙土地上，可耕地 40

L18 区域：此地……，在……土地上，可耕地 40(?)

L19 区域：派尔赫奈乌塔伊北部……，在……神庙土地上，可耕地 40

L20 区域：……胡因伊乌提，在……阿蒙所爱之拉美西斯葬祭庙土地上，可耕地……21(?)

L21 ……派恩晒奈布，在该神庙土地上，可耕地……；由耕种者：舍尔登人塞提，舍尔登人查蒙舍，舍尔登人迈瑞摩普

L22 区域：那伊瑞提北部的帕姆扎伊……，在该神庙土地上，可耕地 40

L23 区域：伊阿神庙……，在底比斯西部的葬祭庙土地上，可耕地 18

L24 区域：……西克莫湖，在法老土地上，可耕地 40，剩余 10，剩余……

L25 区域：……此处南部河沿地，在该神庙土地上，可耕地 10，剩余 10……

---

〔1〕派尔瓦伊派尔：据加德纳，此处疑为"派尔瓦伊那城"的讹写。

L26 区域：那伊瑞提南部法老湖，在该神庙土地上，可耕地……；由耕种者：舍尔登人塞提卡 9

L27 区域：……沙瑞普，在法老土地上，可耕地 7……

L28 区域：……伊瑞卡克村庄，在……土地上，……

L29 ……舍尔登人(?)派恩蒙(?)……

L30 伊乌特(?)……

B 面　第 4 栏

L1 区域：……，在该神庙土地上，可耕地 40

L2 区域：……，在该神庙土地上，可耕地 50……

L3 区域：……，在底比斯西部葬祭庙土地上，可耕地，急件遣送使拉美西斯奈赫特

L4 区域：此地……，在阿蒙神庙土地上，可耕地……，剩余可耕地 10，……

L5 区域：此地……，在法老土地上，可耕地 10，剩余 2，剩余可耕地 10

L6 区域：……派恩姆扎伊，在拉神庙土地上，可耕地 30，……剩余可耕地 10

L7 区域：……胡尼乌特，在普塔神庙土地上，可耕地……2

L8 区域：此地……北部，在该神庙土地上，可耕地 40

L9 区域：芦苇谷仓……北部，在法老土地上，可耕地 25

L10 区域：……，在法老土地上，可耕地 60

L11 区域：……，可耕地……

L12 区域：……，在……土地上，……

L13 区域：……，在法老土地上，……

L14 区域：……，在……土地上，……

L15 区域：胡尼乌特……北部，在……土地上，……

L16 区域：饲养者居所东部，在该神庙土地上，可耕地 10

L17 区域：伊尼那山地，在法老土地上。

L18 区域：该神庙北部，在该神庙土地上，可耕地……

L19 区域：该葬祭庙北部，在该神庙土地上，可耕地……

L20 区域：此地，在该神庙土地上，可耕地……

L21 区域：……山地，在法老土地上，可耕地……

L22 区域：晒努牛棚北部，在该神庙土地上，可耕地 50

L23 区域：帕姆扎伊东北部，在该神庙土地上，可耕地 20，剩余可耕地 13；剩余 5

L24 区域：派恩伊努东部，在该神庙土地上，可耕地……

L25 区域：伊派特南部，在该神庙土地上，可耕地……

L26 区域：派艾勒山地西南部，在该神庙土地上，可耕地 21

L27 区域：伊瑞特山庄西南部，（在）该神庙土地（上），可耕地 1

L28 区域：那赫胡山地东、东南部，在该神庙土地上，可耕地 20

B 面　第 5 栏

L1 区域：储仓东部，在……土地上，……

L2 区域：米胡南部，在……神庙土地上，……

L3 区域：派恩雅姆西部，在……土地上，……

L4 区域：芦苇仓东北部，在阿蒙所爱之拉美西斯葬祭庙土地上，……可耕地 50

L5 区域：此地东部，（在）该神庙土地（上），可耕地 10 阿鲁拉

L6 区域：此地西部，（在）该神庙土地（上），可耕地 40 阿鲁拉

L7 区域：派尔赫奈瓦塔伊南部，（在）该神庙土地（上），可耕地……阿鲁拉

L8 区域：胡因伊乌提东部，（在）法老土地（上），可耕地 10 阿鲁拉

L9 区域：此地东部，（在）……阿蒙所爱之拉美西斯葬祭庙土地（上），……，泛滥地(?)9 阿鲁拉

L10 区域：戛胡东南部，（在）普塔神庙伟大宝座土地（上），泛滥地(?)20 阿鲁拉，剩余 5，剩余可耕地 30

L11 ……可耕地(?)……

L12 ……4(?)，剩余 77……，……~~20~~(?)，~~剩余 15~~……

L13 ……可耕地 100……，……290½(?)

L14 总计：可耕地 214 阿鲁拉(?)，总计：107 阿鲁拉……9，剩余 62；耕种者：舍尔登人，18½ 阿鲁拉……

§3 L15 卡塔法老地，由他本人负责，在……城市中部，由书吏帕博斯负责。

L16 所在区域：……神庙北部河沿地，（在）阿蒙神庙土地（上），泛滥地 15 阿鲁拉

L17 区域：腾特赫米北部帕特地，（在）该神庙土地（上），可耕地 95 阿鲁拉

L18 区域：此地东北部，（在）阿蒙神庙中的葬祭庙土地（上），可耕地 15 阿鲁拉

L19 区域：派尔阿雅赫特南部，（在）……神庙土地（上），可耕地 19 阿鲁拉

L20 区域：那赫尔胡山地东南部，在该神庙土地上，可耕地 20 阿鲁拉

L21 区域：那瓦扎南部，（在）法老土地（上），可耕地 17 阿鲁拉

L22 区域：米胡南部，（在）该神庙土地（上），可耕地 50 阿鲁拉

L23 区域：伊瑞晒斯村庄西南部，（在）该神庙土地（上），可耕地 40 阿鲁拉

L.24 区域：此地西南部，（在）该神庙土地（上），可耕地 24 阿鲁拉

L.25 区域：急流入口处，（在）该神庙土地（上），可耕地 52

L.26 区域：……村庄前方南部帕特地，（在）该神庙土地（上），泛滥地 5 阿鲁拉

L.27 区域：芦苇东部初耕地，（在）该神庙土地（上），泛滥地 15 阿鲁拉

L.28 区域：撒卡东部奈布初耕地，（在）该神庙土地（上），可耕地 15 阿鲁拉

B 面　第 6 栏

L.1 区域：……15 阿鲁拉

L.2 总计：……

§4 L.3 卡塔法老地，由他负责，……

L.4 其所在区域：……后方西部，（在）瑞苏特拉神庙土地（上），可耕地 10

L.5 区域：……西南部，（在）该神庙土地（上），可耕地 20 阿鲁拉，剩余 10，……剩余可耕地 15

L.6 区域：已设立的公牛山地西部，（在）西克莫之主的神庙土地（上），可耕地 20 阿鲁拉 (?)

L.7 区域：此地东南部，（在）该神庙土地（上），可耕地 50 阿鲁拉，剩余 3 阿鲁拉……种子，帕拉卡 5

L.8 区域：帕撒山地……，（在）诸神庙土地（上），可耕地 30 阿鲁拉，剩余……5(?)，剩余……，阿蒙卡……派奈努特 10

L.9 区域：……，（在）该神庙土地（上），可耕地 50 阿鲁拉

L.10 区域：……，（在）该神庙土地（上），可耕地…… 阿鲁拉，……

L.11 区域：……，（在）阿蒙神庙土地（上），可耕地 50 阿鲁拉

L.12 区域：派尔赫斯……，（在）该神庙土地（上），可耕地 30 阿鲁拉……

L.13 区域：……，（在）神庙土地（上），可耕地 60 阿鲁拉

L.14 区域：……，（在）该神庙土地（上），可耕地 90 阿鲁拉，……

L.15 区域：卡如威村庄……，（在）阿蒙神庙中的葬祭庙土地（上），可耕地 20 阿鲁拉

L.16 区域：瓦宅山地……，（在）该神庙土地（上），可耕地 100 阿鲁拉

L.17 区域：此地……，（在）法老土地（上），可耕地 20 阿鲁拉

L.18 区域：派尔玛尼乌……，（在）诸神庙土地（上），可耕地 60 阿鲁拉

L.18A 剩余 10……

L.19 区域：上埃及山地西部……，（在）普塔神庙土地（上），可耕地 20 阿鲁拉，剩余 15……3

L.20 区域：此地……南部，（在）法老延展 (?) 地（上），可耕地 20 阿鲁拉，剩余 50；耕种者：舍尔登人拜斯

L.21 区域：奈卡瑞伊西北部，（在）阿蒙神庙中的葬祭庙（土地上），可耕地 20 阿鲁拉

L22 区域：盖瑞革山地东北部，（在）阿蒙神庙土地（上），可耕地 40 阿鲁拉

L23 区域：瓦宅(?)山地东北部，（在）诸神庙土地（上），可耕地 35

L24 区域：前方诸神庙，（在）该神庙土地（上），可耕地 50 阿鲁拉

L25 区域：前方诸神庙西北部，（在）该神庙土地（上），可耕地 100 阿鲁拉

L26 区域：此地，（在）该神庙土地（上），可耕地 40 阿鲁拉

L27 区域：前方诸神庙南部，（在）该神庙土地（上），可耕地 50 阿鲁拉

L28 区域：伊派特神庙……北部，（在）阿蒙神庙土地（上），可耕地 50 阿鲁拉，剩余可耕地 10，由(?)……

L29 区域：……，（在）阿蒙神庙中的葬祭庙土地（上），可耕地 20，剩余 20，作为领地……

B 面　第 7 栏

L1 区域：草场西北部，（在）该神庙土地（上），可耕地 15 阿鲁拉

L2 区域：此地东部，（在）该神庙土地（上），可耕地 20 阿鲁拉

L3 区域：阿阿种植园西部，（在）舒特神庙(?)土地（上），可耕地 20 阿鲁拉

L4 区域：上埃及山地东部，（在）"深爱如拉"葬祭庙土地（上），可耕地 18 阿鲁拉

L5 区域：瑞玛山庄南部，（在）该神庙土地（上），可耕地 30 阿鲁拉

L6 区域：伊派特神庙西南部，（在）诸神庙土地（上），可耕地 20，剩余 8，剩余可耕地 20 由书吏乌尔 5

L7 区域：帕玛伊西南部，（在）阿蒙神庙中的葬祭庙土地（上），可耕地 20 阿鲁拉

L8 区域：苏阿瑞伊南部河沿地，（在）法老土地（上），可耕地……阿鲁拉

L9 区域：卡瑞伊南部，（在）"将愉悦真理带给孟菲斯"的托特的神庙土地（上），……，可耕地……

L10 区域：……初耕地，（在）拉神庙土地（上），可耕地 10 阿鲁拉

L11 区域：……东部阿阿种植园，（在）法老土地（上），可耕地阿鲁拉……

L12 区域：……阿蒙神庙西南部，（在）该神庙土地（上），可耕地 20 阿鲁拉

L13 区域：伊阿西南部，（在）阿蒙神庙中的葬祭庙土地（上），可耕地 20 阿鲁拉

L14 区域：瑞查山地东部，（在）该神庙土地（上），可耕地 9 阿鲁拉

L15 区域：大山地南部，（在）该神庙土地（上），可耕地 34 阿鲁拉

L16 区域：迈瑞拉神庙……帕特地东部，（在）普塔神庙土地（上），泛滥地 40

L17 区域：塞尔卡如，（在）拉神庙中的葬祭庙土地（上），可耕地 20 阿鲁拉　25

L18 区域：……布瑞山地东部的麦尔宇，（在）该神庙土地（上），可耕地 210 阿鲁拉　18

L19 区域：乌伊阿特南部，（在）众神之王阿蒙-拉的神庙土地（上），可耕地 30 阿鲁拉

L20 区域：那阿宅尔南部，（在）法老土地（上），可耕地 10 阿鲁拉，剩余 2 阿鲁拉，剩余可耕地 2 阿鲁拉

L21　区域：穆特摩斯村庄西部，（在）阿蒙神庙中的祭葬庙土地（上），可耕地 20阿鲁拉

L22　区域：玛胡神庙西部，（在）“深爱如拉”葬祭庙土地（上），可耕地 10阿鲁拉；总计 140，剩余 70；阿扎 25

L23　总计：可耕地 90阿鲁拉，使用 45；耕种者：舍尔登人，115阿鲁拉，使用 57½

§5　L24　卡塔法老地，由他负责，起于孟菲斯东岸、赫拉克利奥坡里斯前方，由赫瑞负责。

L25　其所在区域：赫拉姆海布所建之地东南部，（在）阿蒙神庙土地（上），可耕地 22阿鲁拉

L26　区域：塞克瑞池塘，（在）该神庙土地（上），可耕地 10阿鲁拉，剩余 3阿鲁拉，剩余 5

L27　区域：克奈姆池塘……，（在）拉神庙土地（上），可耕地 20，剩余 10

B面　第8栏

L1　区域：赫拉姆海布……，（在）该神庙土地（上），可耕地 40阿鲁拉

L2　区域：此地北部，（在）该神庙土地（上），可耕地 80阿鲁拉，剩余 2

L3　区域：此地西部河沿地，（在）该神庙土地（上），可耕地 3阿鲁拉，剩余 2

L4　区域：派尔伊努西北部，（在）普塔神庙中的美楞普塔葬祭庙土地（上），可耕地 36阿鲁拉

L5　区域：此地西部，（在）该神庙土地（上），可耕地 6阿鲁拉

L5A　北方

L6　区域：迈瑞拉山庄东南部，（在）该神庙土地（上），可耕地 20阿鲁拉，剩余 9，……种子，……舍尔登人……及其兄弟，19……，剩余 25，剩余 18

L7　区域：此地东南部，（在）该神庙土地（上），可耕地 80阿鲁拉，剩余 30；由首席祭司找到的耕地

L8　区域：赫拉姆海布所建之地南部，（在）拉神庙土地（上），可耕地 20阿鲁拉；

L8A　剩余 20

L9　区域：塞奈布村庄北部池塘，（在）该神庙土地（上），可耕地 10阿鲁拉，剩余 20；凯奈赫赫派晒弗的种子，由大勇士，剩余 20

L10　区域：此地西南部，（在）该神庙土地（上），可耕地 10阿鲁拉，剩余 5

L10A　西部

L11　区域：……东南部，（在）拉神庙土地（上），可耕地 10阿鲁拉，剩余 5；由耕种者：舍尔登人赫瑞

L12　区域：……迈什如北部，（在）拉神庙土地（上），可耕地 9阿鲁拉

L13　区域：派尔伊努东北部，（在）阿蒙神庙中的葬祭庙土地（上），可耕地阿鲁拉……

L14　区域：苏拉村庄东北部，（在）拉神庙土地（上），可耕地 20阿鲁拉

L15　区域：赫拉姆海布所建之地北部，（在）拉神庙土地（上），可耕地 24阿鲁拉

L16　区域：泰普胡西部对面，（在）该神庙土地（上），可耕地 80……阿鲁拉，……

L17 区域：帕瓦赫牛棚东南部，（在）该神庙土地（上），可耕地100阿鲁拉

L17A 剩余……，由大勇士凯奈赫赫派晒弗耕种

L18 区域：卡瑞山地……，（在）该神庙土地（上），可耕地60阿鲁拉，剩余40……

L18A 剩余24

L19 区域：此地……，（在）该神庙土地（上），可耕地30阿鲁拉，剩余24，由……耕种

L20 区域：此地……，（在）该神庙土地（上），可耕地20，剩余25

L21 区域：迈瑞拉山庄西南部，（在）该神庙土地（上），可耕地20阿鲁拉

L22 区域：瑞什普河谷，（在）法老土地（上），可耕地300阿鲁拉

L23 区域：塞奈布村庄北部，（在）该神庙土地（上），可耕地40阿鲁拉

L24 区域：塞奈布村庄西南部，（在）拉神庙土地（上），可耕地10阿鲁拉

L25 区域：迈瑞穆特南部果园，（在）阿蒙所爱之拉美西斯葬祭庙土地（上），可耕地40

L26 区域：此地北部，（在）法老土地（上），可耕地10，由舍尔登人伊阿耕种

L27 区域：迈扎伊村庄南部，（在）普塔神庙土地（上），可耕地25阿鲁拉

L28 区域：哈布奈努特北部，（在）普塔神庙土地（上），可耕地10阿鲁拉

L29 区域：哈布奈努特北部，（在）拉神庙土地（上），可耕地20阿鲁拉

L30 区域：此地南部，（在）该神庙土地（上），可耕地40阿鲁拉

L30A 剩余20

L31 区域：派尔伊努南部池塘，（在）该神庙土地（上），可耕地13阿鲁拉，剩余22½；由耕种者大勇士凯奈赫赫派晒弗

L32 区域：哈布奈努特……，（在）拉神庙土地（上），可耕地25阿鲁拉，剩余5

L33 区域：……，（在）……拉神庙土地（上），可耕地10阿鲁拉；耕种者：……，剩余25；总计

L34 总计：……67阿鲁拉，剩余52

L34A 剩余25

L35 耕种者：舍尔登人，可耕地185……可耕地20，使用12½

B面　第9栏

L1 区域：泰派胡北部池塘，（在）该神庙土地（上），可耕地……阿鲁拉，剩余5，剩余5

L2 区域：塞赫麦特墓地西部初耕地，（在）奥西里斯神庙土地（上），可耕地……阿鲁拉

L3 区域：塔哈如伊阿神庙北部，（在）法老土地（上），可耕地5阿鲁拉

L4 区域：派尔伊努西部可耕地，（在）拉神庙土地（上），可耕地16阿鲁拉，剩余25

L5 区域：瓦如村庄，（在）拉神庙土地（上），可耕地340阿鲁拉，剩余20，[……]的种子，舍尔登人

L6 区域：此地北部，（在）该神庙土地（上），可耕地39，剩余25；由耕种者大勇士凯奈赫赫派晒弗，

L6A 剩余18

L7 区域：此地南部，（在）该神庙土地（上），可耕地20阿鲁拉，剩余15；[……]的种子 _____

L8 区域：派尔卡如查伊南部，（在）法老土地（上），可耕地20阿鲁拉

L9 区域：迈什如西北部，（在）拉神庙土地（上），可耕地5阿鲁拉

L9A 剩余[300……]，剩余52[1]

L9B 剩余108½

L10 总计：可耕[地……90……]使用[……40]；耕种者：舍尔登人海特比[……225，使用113½

§6 L11 卡塔法老地，由他负责，起于孟菲斯的帕查斯卡如[……]

L12 其所在区域：玛胡村庄东南部，（在）拉神庙土地（上），可耕[地]50阿鲁拉

L13 区域：此地南部河沿地，（在）该神庙土地（上），可耕地5阿鲁拉，剩余5

L13A 剩余5，剩余20[2]

L14 区域：派尔帕玛尼乌的[帕]撒凯博，（在）该神庙土地（上），可耕地30阿鲁拉，剩余10[……]；泛滥地

L15 区域：派尔玛尼乌南部，（在）拉神庙土地（上），可耕地40阿鲁拉，剩余10，剩余10；剩余5

L16 区域：帕乌阿的阿蒙神庙东北部，（在）[……]神庙土地（上），可耕地20阿鲁拉

L17 区域：此地东部，（在）该神庙土地（上），可耕地20阿鲁拉

L18 区域：派恩阿巴塔西部，（在）该神庙土地（上），可耕地[5阿鲁拉]，剩余1；剩余4

L19 区域：玛胡村庄西北部后方，（在）该神庙土地（上），可耕地4阿鲁拉，剩余1；剩余10

L20 区域：帕乌阿的阿蒙神庙东北部，（在）该神庙土地（上），可耕地20阿鲁拉，剩余9，作为可耕地

L21 区域：此地西部，（在）该神庙土地（上），可耕地10阿鲁拉

L22 区域：奈什村庄南部，（在）该神庙土地（上），可耕地10阿鲁拉

L23 区域：蓬阿阿巴特东部，（在）该神庙土地（上），可耕地5阿鲁拉

L24 区域：奈什村庄南部池塘和帕乌瓦阿的阿蒙神庙东部，（在）该神庙土地（上），可耕地20

L25 区域：帕伊阿墓地东部河沿地，（在）拉神庙土地（上），可耕[地]5阿鲁拉，剩余2；剩余3

L26 区域：湖之主普塔的神庙东北部，要塞西南部，（在）普塔神庙土地（上），可耕地15阿鲁拉

L27 区域：帕查伊卡乌尔南部，（在）拉神庙土地（上），可耕[地]80阿鲁拉

L28 区域：玛胡村庄南部河沿地，（在）拉神庙土地（上），可耕[地阿鲁拉……]

---

〔1〕 剩余[300……]，剩余52：此行及下行（第9B行）原夹行书写，位于第10行“使用113”之上。

〔2〕 剩余5，剩余20：原文夹行书写，位于下句“剩余10”之上。

L29 区域：帕乌阿的阿蒙神庙东南部，（在）拉神庙土地（上），可耕地……阿鲁拉，剩余 2

L30 舍尔登人……拉美西斯……10……9；总计：29，使用 14½

B面　第10栏

L0 200(?)；剩余 261½

L0A 可耕地 553 阿鲁拉，使用 276½……，剩余 261½，剩余 276½，剩余 200……

L1 总计：65……613，使用 306½ 阿鲁拉

L1A 耕种者：舍尔登人，可耕地 300…………113½

§7 L2 卡塔法老地，由美楞普塔的宫廷执旗者负责。

L3 其所在区域：帕查伊哈乌尔壁垒北部，（在）拉神庙土地（上），可耕地 100……阿鲁拉

L3A 由耕种者：舍尔登人……

L4 区域：此地北部河沿地，（在）该神庙土地（上），可耕地 10 阿鲁拉，剩余 1

L4A ~~由耕种者：舍尔登人胡伊……9~~

L5 区域：塞麦特初耕地前方西部河沿地，（在）该神庙土地（上），可耕地 2 阿鲁拉，剩余 3，剩余可耕地 4

L6 区域：此地前方北部，（在）该神庙土地（上），可耕地 2 阿鲁拉，剩余泛滥地 2，剩余……

L7 区域：塔卡瑞普中部，（在）拉神庙土地（上），可耕地 12，~~剩余可耕地 5~~

L8 区域：此地，（在）该神庙土地（上），可耕地 6 阿鲁拉

L9 区域：赫瑞河沿地，（在）该神庙土地（上），可耕地 10 阿鲁拉，剩余泛滥地 5；由耕种者卡撒……

L10 区域：此地西部河沿地，（在）该神庙土地（上），可耕地 10 阿鲁拉

L11 区域：奈布初耕地……，（在）该神庙土地（上），可耕地 10 阿鲁拉

L12 区域：帕阿塞比北部水滨地，（在）该神庙土地（上），可耕地 2 阿鲁拉，剩余 5

L13 区域：帕阿塞比南部水滨地，（在）该神庙土地（上），可耕地 5 阿鲁拉

L14 区域：帕阿塞比南部……湖，（在）该神庙土地（上），可耕地 10 阿鲁拉

L14A 剩余可耕地 20；剩余泛滥地 10，休耕地 10

L15 区域：此地……河沿地，（在）该神庙土地（上），可耕地 10 阿鲁拉，剩余 19……5。

L16 区域：帕什奈特姆胡的塞玛后方北部，（在）派尔瓦宅的托特神庙土地（上），可耕地 3 阿鲁拉，剩余可耕地 10

L17 区域：塞玛西南部，（在）众神之王阿蒙–拉的神庙土地（上），可耕地 120 阿鲁拉……19

L18 区域：……初耕地，（在）阿蒙神庙内葬祭庙土地（上），可耕地 10 阿鲁拉，剩余 5，剩余泛滥地 3 阿鲁拉 剩余(?)……

L19　区域：此地，（在）该神庙土地（上），可耕地 20 阿鲁拉，剩余 2，剩余泛滥地 2，剩余可耕地 2

L20　区域：此地西部，（在）法老土地（上），泛滥地 10 阿鲁拉，剩余 9½，剩余可耕地 10；耕种者迈瑞拉，休耕地剩余 20，初耕地剩余 8(?)

L21　区域：越过其边界的土地后方、东部帕特地，（在）该神庙土地（上），泛滥地 60 阿鲁拉，剩余 45

L21A　110，此地北部初耕地区域。

L22　区域：此地后方、北部初耕地，（在）该神庙土地（上），可耕地 25……50，剩余 25

L23　区域：赫瑞沙如东南部，（在）拉神庙土地（上），可耕地 30 阿鲁拉

L24　区域：卡蒙赫特东北，（在）该神庙土地（上），可耕地 20 阿鲁拉

L25　区域：此地西部，（在）该神庙土地（上），可耕地 10 阿鲁拉

L26　区域：腾特卡克西南部，（在）该神庙土地（上），可耕地 50 阿鲁拉

L27　区域：此地西部，（在）该神庙土地（上），可耕地 20 阿鲁拉

L28　区域：瑞什的帕特地东部，（在）该神庙土地（上），可耕地 20 阿鲁拉

L29　区域：腾特赫米北部，（在）<国王>之妻的葬祭庙土地（上），可耕地 50 阿鲁拉

L30　区域：玛伊山庄西部……耕地，（在）阿蒙神庙土地（上），可耕地 40 阿鲁拉……50(?)

B 面　第 11 栏

L1　区域：雅亚西部，（在）阿蒙神庙土地（上），可耕地 40 阿鲁拉

L2　区域：胡因伊乌提西南部，（在）该神庙土地（上），可耕地 10 阿鲁拉

L3　区域：伊泰弗图谷仓东部，（在）该神庙土地（上），可耕地 20 阿鲁拉

L4　区域：荣誉升起之山地(?)西部，（在）阿拜多斯葬祭庙土地（上），可耕地 20 阿鲁拉

L5　区域：派恩雅姆北部，（在）普塔神庙土地（上），可耕地 40 阿鲁拉

L6　区域：士兵村南部，（在）普塔神庙伟大宝座土地（上），可耕地 20 阿鲁拉

L7　区域：乌舍那东部，（在）拉神庙土地（上），可耕地 50 阿鲁拉

L8　区域：帕阿塞比东南部河沿地，（在）拉神庙土地（上），泛滥地 10，休耕地 10

L9　区域：乌舍那，（在）该神庙土地（上），可耕地 20 阿鲁拉

L9A　剩余可耕地 5〔1〕

L10　区域：已设立的公牛山地西部，（在）普塔神庙土地（上），可耕地 15 阿鲁拉，剩余 5；马夫长赫瑞的种子地 5

---

〔1〕剩余可耕地 5：原文夹行书写，位于下句“剩余 5”之上。

L11 区域：塞玛初耕地西部河沿地，（在）拉神庙土地（上），可耕地 3 阿鲁拉

L12 区域：此地西部……，（在）该神庙土地（上），可耕地……阿鲁拉

L13 区域：塞玛初耕地……神庙，（在）该神庙土地（上），可耕地……阿鲁拉

L14 区域：此地前方，（在）……土地（上），……1

L15 区域：此地……北部，（在）该神庙土地（上），可耕地 10 阿鲁拉

L16 区域：此地前方……，（在）该神庙土地（上），可耕地 2 阿鲁拉

L17 区域：……地后方北部……，（在）阿蒙神庙土地（上），泛滥地 31，剩余泛滥地 20，休耕地 10，可耕地 12

L18 区域：赫赫伊奈……，（在）法老土地（上），可耕地 10 阿鲁拉

L19 区域：伊纳帕北部，（在）阿蒙神庙中的葬祭庙土地（上），可耕地 20 阿鲁拉

L20 区域：腾特沙卡卡东北部，（在）该神庙土地（上），泛滥地 20 阿鲁拉

L21 区域：瑞伊山地南部，（在）该神庙土地（上），可耕地 20 阿鲁拉

L22 区域：此地，（在）该神庙土地（上），可耕地 20 阿鲁拉

L23 区域：已设立的公牛山地西部，（在）该神庙土地（上），可耕地 20 阿鲁拉

L24 区域：腾特伊乌尔东部阿阿草场，（在）拉神庙中的葬祭庙土地（上），以往分给法老谷仓书吏赫拉姆海布，可耕地 20 阿鲁拉

L25 区域：……东部，（在）阿撒菲斯土地（上），以往分给法老谷仓书吏赫拉姆海布，可耕地 20 阿鲁拉

L26 区域：泰派胡北部池塘，（在）……神庙土地（上），以往分给拉莫斯之子书吏索白克奈赫特，可耕地 15

L27 区域：泰派胡的伊瑞特村庄南部，（在）……神庙土地（上），以往分给拉摩斯之子书吏索白克奈赫特，可耕地 10 阿鲁拉

L28 区域：戴德初耕地东部初耕地，在……神庙上，可耕地 10 阿鲁拉

L29 区域：帕阿塞比北部帕乌提托，（在）该神庙土地（上），可耕地 5 阿鲁拉

L30 总计：泛滥地 17，休耕地 10⌟7½，可耕地……；总计：36½ 阿鲁拉，剩余 41

L31 总计：……36 阿鲁拉，使用 18 阿鲁拉

B 面　第 12 栏

L0A 3¾ (?)（袋），15，5，剩余可耕地 10

L0B 1²⁄₄（袋）5……4

§8 L1 卡塔法老地，由在西岸的宫廷执旗者负责。

L2 其所在区域：宫廷侍卫居所南部的水滨地，（在）拉神庙土地（上），可耕 地…… 阿鲁拉

L3 区域：此地东部，（在）阿蒙神庙土地（上），可耕地 14 阿鲁拉

L4 区域：帕乌阿的阿蒙神庙南部，（在）该神庙土地（上），可耕地 70 阿鲁拉

L5 区域：裕雅神庙东南部和此地东部，（在）该神庙土地（上），可耕地 30 阿鲁拉，剩余 20

L5A 剩余 10，剩余 14

L6 区域：塔赫迪初耕地西南部帕特地，（在）拉神庙土地（上），泛滥地 40 阿鲁拉，剩余 泛滥地 20，休耕地 10，可耕地 ⌋10

L7 区域：塔赫迪初耕地后方，（在）该神庙土地（上），可耕地 10 阿鲁拉

L8 区域：腾特塞普西北部，（在）该神庙土地（上），可耕地 70 阿鲁拉，剩余 40。它于冬季第一月照到阳光，努如初耕地的城镇。

L9 区域：赫拉姆海布 (?) 东南部，（在）该神庙土地（上），可耕地 40 阿鲁拉

L10 区域：那宅尔山地西部，（在）阿蒙神庙土地（上），可耕地 35 阿鲁拉

L11 区域：凯尼神庙南部的帕卡赫，（在）阿蒙神庙土地（上），可耕地 30 阿鲁拉，剩余 2，剩余可耕地 2

L12 区域：此地，（在）该神庙 土地（上），可耕地 5 阿鲁拉

L13 区域：此地，（在）该神庙 土地（上），可耕地 5 阿鲁拉

L14 区域：神庙西部戴德初耕地，（在）该神庙土地（上），可耕地 阿鲁拉…… 剩余 8，剩余休耕地 10

L15 区域：此地西部 ……，（在）该神庙土地（上），可耕 地…… 阿鲁拉

L16 区域：腾特 盖瑞 河沿地，（在）阿蒙神庙土地（上），可耕地 ……，剩余可耕地 2

L17 区域：……，（在）该神庙土地（上），可耕地 10 阿鲁拉，可耕地 2，剩余泛滥地 2

L18 区域：塞克瑞西部河沿地，（在）该神庙土地（上），休耕地 8 阿鲁拉

L19 区域：祭司 初耕地，（在）该神庙土地（上），可耕地 15 阿鲁拉

L20 区域：塞瑞斯初耕地的神庙东部的河沿地，（在）该 神庙土地（上），可耕地 2 阿鲁拉，剩余 2，剩余泛滥地 2

L21 区域：塞瑞斯初耕地后方，（在）拉神庙中设立的土地（上），泛滥地 10 阿鲁拉，剩余 4，剩余泛滥地 4

L22 区域：此地东部河沿地，（在）该神庙土地（上），泛滥地 10 阿鲁拉，剩余 6，剩余泛滥地 6

L23 区域：塞可瑞西部土地前方，（在）该神庙土地（上），可耕地 12 阿鲁拉 ……

L24 区域：哈玛的胡如国林，（在）该神庙土地（上），可耕地 20 阿鲁拉，剩余可耕地 ……

L25 区域：阿如卡东北部，（在）该神庙土地（上），可耕地 20 阿鲁拉

L26 区域：塞可瑞西部，（在）该神庙土地（上），可耕地 10 阿鲁拉

L27 区域：塞瑞斯初耕地后方，（在）拉神庙土地（上），可耕地 10 阿鲁拉

L28 [区域]：帕查咖，（在）法老土地（上），可耕地 50 阿鲁拉

L29 区[域]：伊拉村庄西[……]，（在）阿蒙神庙土地（上），可耕地 50 阿鲁拉

L29A 剩余可耕地 5

L30 [区域]：派尔卡乌尔奈查伊南部[……]，（在）[……]神庙土地（上），[可耕地]24[阿鲁拉]，剩余 5；由大勇士凯奈赫赫派晒弗[耕种]

L31 区[域]：塞瑞斯初耕地后方北部，（在）拉神庙新设立土地（上），可耕地 10

L32 [区域]：伊拉村庄南面河谷，（在）法老土地（上），可耕地 35 阿鲁拉

L33 [区域]：伊瑞伊特村庄东[南部]，（在）拉神庙土地（上），可耕地 15 阿鲁拉

L34 [区域]：泰派胡西边对面，（在）拉神庙土地（上），可耕地 20 阿鲁拉

B 面　第 13 栏

L1 总计：泛滥地 34，休耕地 20，[……]可耕地[……]11[……]，使用 60½

§9 L2 [卡]塔法老地由先知总管负责，由[书吏]哈米提尔和书吏雅阿负责。

L3 所在区域：卡尔北部，（在）法老土地（上），可耕地 40 阿鲁拉

L4 区域：卡瑞塞派如东南部，（在）卡瑞塞派如遮阳棚土地（上），可耕地 20

L5 区域：麦尔赫奈提池塘，（在）该神庙土地（上），可耕地 20 阿鲁拉，剩余 5，剩余可耕地 10

L6 区域：那阿蒙北部，（在）阿赫威之女主人神庙土地（上），可耕地 20 阿鲁拉

L7 区域：撒卡东部奈布初耕地，（在）美楞普塔的普塔神庙土地（上），可耕地 15 阿鲁拉，休耕地 10

L8 区域：此地北部卡卡树林，（在）法老土地（上），可耕地 25 阿鲁拉，剩余 10

L9 区域：派尔瓦伊派尔东南部，（在）塞特神庙[土地]（上），可耕地 20 阿鲁拉，剩余可耕地 20，由宅尔伊胡阿卡伊

L10 区域：苏北部，（在）法老土地（上），可耕地 20 阿鲁拉

L10A 剩余可耕地 20，剩余 20

L11 区域：摩斯神庙东部，（在）西部陆地[土地]（上），可耕地 20 阿鲁拉，剩余 20，[……]先知阿蒙伊派特

L12 区域：[……]南部可耕地，（在）该神庙土地（上），可耕地[……]

L13 区[域]：帕那乌(?)山地西部，（在）该神庙土地（上），可耕地 20 阿鲁拉，剩余可耕地 20(?)

L14 区域：奈伊阿薇[……]北部和赫奈苏西南部，（在）荷鲁斯神庙土地（上），可耕地 40

L15 区域：[尼苏]南部阿文果园，（在）阿[撒菲斯]神庙土地（上），可耕地 15 阿鲁拉

L16 区域：沙瑞普西南部，（在）阿努比斯神庙土地（上），可耕地 10 阿鲁拉，剩余 10，剩余可耕地 10

L17 区域：此地东北部，（在）[……神庙]土地（上），可耕地 10 阿鲁拉

L18　区域：派尔……山地东部河沿地，（在）该神庙土地（上），可耕地 20阿鲁拉

L19　区域：盖瑞革伊阿特北部，（在）……神庙土地（上），可耕地 10阿鲁拉，剩余 10，剩余可耕地 20

L19A　东部

L20　区域：派奈比山地西部，（在）……土地（上），可耕地 20阿鲁拉，剩余可耕地 20，献予神祇，舍尔登人……

L21　区域：帕瓦赫牛棚东部，（在）该神庙土地（上），可耕地 10阿鲁拉，剩余 10，剩余可耕地 10____」

L22　区域：腾特盖瑞东部，（在）该神庙土地（上），可耕地10阿鲁拉

L23　区域：苏拉村庄北部可耕地，（在）该神庙土地（上），可耕地 5阿鲁拉

L24　区域：摩斯南部，（在）该神庙土地（上），可耕地 15阿鲁拉

L25　区域：阿如草地东南部，（在）拉神庙土地（上），可耕地 20阿鲁拉

L26　区域：阿文果园西北部，（在）拉神庙土地（上），可耕地 60阿鲁拉，剩余 10，剩余可耕地 10

L27　区域：瓦宅山地西南部，（在）法老土地（上），可耕地 40阿鲁拉

L28　区域：泰普胡初耕地西北部的河沿地，（在）该神庙土地（上），休耕地 7阿鲁拉

L29　区域：撒卡西部阿阿草场，（在）“深爱如拉”葬祭庙土地（上），可耕地 20阿鲁拉，剩余可耕地 5

L30　区域：拉摩斯山庄北部池塘，（在）拉神庙土地（上），可耕地 20阿鲁拉

L31　区域：派尔玛阿，（在）阿撒菲斯神庙土地（上），可耕地 50阿鲁拉

B 面　第 14 栏

L1　区域：瑞查山地……，（在）法老土地（上），可耕地 20阿鲁拉，~~剩余 20~~

L2　区域：……，（在）法老土地（上），可耕地 20阿鲁拉，剩余 20，剩余……可耕地 10

L3　区域：瓦宅山地……南部，（在）该神庙土地（上），可耕地 20阿鲁拉

L4　区域：赫奈弗瑞提瑞北部阿阿草场，（在）法老土地（上），可耕地 30阿鲁拉，~~剩余 65~~(?)

L5　总计：可耕地 125阿鲁拉，剩余 62½，L4A ~~剩余 47½~~

§10　L6　卡塔法老地，由南部省份的土地总管卡提阿伊负责。

L7　其所在区域：土地总管住所北部，（在）阿撒菲斯神庙土地（上），可耕地 60阿鲁拉

L8　区域：玛胡神庙东北部，（在）法老土地（上），可耕地 20阿鲁拉

L9　区域：土地总管住所北部，（在）阿蒙神庙土地（上），可耕地 40阿鲁拉

L10　区域：阿奈瑞奈初耕地后方，（在）在阿蒙神庙中赫拉姆海布葬祭庙土地（上），可耕地 2阿鲁拉

L11　区域：瑞玛山庄北部初耕地北部水滨地，（在）普塔神庙土地（上），可耕地 20阿鲁拉

L12　区域：奈赫塞瑞村庄西北部，（在）该神庙土地（上），可耕地30阿鲁拉

L13　区域：奈那伊乌南部，（在）阿蒙神庙中的葬祭庙土地（上），可耕地 40阿鲁拉

L14 区域：瑞查山地东北部，（在）该神庙土地（上），可耕地 20阿鲁拉，剩余 12

L15 区域：瑞玛山庄北部初耕地，（在）该神庙土地（上），可耕地 17阿鲁拉，剩余 12，作为……大勇士乌塞尔玛阿特拉奈赫特的种子地，7

L16 区域：奈赫西山庄东……部，（在）该神庙土地（上），可耕地 61阿鲁拉

L17 区域：迈瑞拉神庙东南部，（在）法老土地（上），可耕地 25阿鲁拉

L18 区域：土地总管住所西南部，（在）该神庙土地（上），可耕地 20阿鲁拉

L19 区域：此地东部，（在）阿蒙神庙中的赫拉姆海布葬祭庙土地（上），可耕地 10阿鲁拉(?)

L20 区域：土地总管住所西南部，（在）该神庙土地（上），可耕地阿鲁拉

L21 区域：阿奈赫尔摩斯所建之地南部河沿地，（在）……土地（上），可耕地 5阿鲁拉

L22 区域：伊尼乌宅西部，（在）“深爱如拉”葬祭庙土地（上），可耕地 20阿鲁拉

L23 区域：土地总管住所……，（在）阿蒙神庙葬祭庙土地（上），可耕地 10阿鲁拉

L24 区域：阿如牧场，（在）阿撒菲斯神庙土地（上），可耕地 30阿鲁拉

L25 区域：胡伊神庙东部……，（在）拉神庙土地（上），可耕地 20阿鲁拉

L26 总计：可耕地 12阿鲁拉，使用 6阿鲁拉，（由）大勇士乌塞尔玛阿特拉奈赫特耕种。

§11 L27 卡塔法老地，由市长姆伊姆乌塞特负责，3000 袋。

L28 其所在区域：派尔玛尼乌南部土地后方，（在）拉神庙土地（上），泛滥地 2阿鲁拉，剩余可耕地 2

L29 区域：宫廷侍卫居所西部，（在）该神庙土地（上），可耕地 10阿鲁拉

L30 区域：伊奈帕西部，（在）“深爱如拉”葬祭庙土地（上），可耕地……阿鲁拉

L31 区域：穆特摩斯村庄西部，（在）该神庙土地（上），可耕地 11阿鲁拉

B 面　第 15 栏

L0A 剩余……[1]

L1 区域：赫塞蒙耶布湖西南部，（在）西克莫之主的神庙土地（上），可耕地 20阿鲁拉，剩余 20，由宅胡提摩斯进献

L2 区域：草场南部池塘，（在）该神庙土地（上），可耕地 20阿鲁拉，……葬祭庙……

L3 区域：山地北部后方，（在）该神庙土地（上），可耕地 20阿鲁拉，剩余 30，由已故前市长宅胡提摩斯进献

L4 区域：派尔亚赫南部，（在）“深爱如拉”葬祭庙土地（上），可耕地 20阿鲁拉，剩余可耕地 10_____」

L5 区域：阿蒙–拉神庙东部，（在）帕乌乌土地（上），可耕地 20阿鲁拉

〔1〕 剩余 [……]：此处文字为小字，书于第 1 行“剩余 20”之“剩余”上方。

L6 总计：可耕地 82，使用 z41

§12 L7 卡塔法老地，由米乌尔市长塞提负责，由诺姆书吏派奈特乌尔负责。

L7A 东部

L8 其所在区域：麦尔乌尔~~西部~~，（在）法老土地（上），可耕地 40 阿鲁拉，剩余 30，剩余可耕地 30，剩余 20

L9 区域：索白克神庙北部，（在）该神庙土地（上），可耕地 50 阿鲁拉

L10 区域：盖瑞革西部，（在）法老土地（上），可耕地 50 阿鲁拉

L11 区域：派尔卡什，（在）法老神庙伟大宝座土地（上），可耕地……阿鲁拉，剩余 20，剩余可耕地 10

L12 区域：巴阿瑞特神庙池塘，（在）普塔神庙伟大宝座土地（上），可耕地 72

L13 区域：牧羊人的水滨地，（在）诸神庙土地（上），可耕地 180 阿鲁拉

L14 区域：米赫努，（在）法老土地（上），可耕地 20 阿鲁拉

L15 区域：……东部，（在）法老土地（上），可耕地 100 阿鲁拉

L16 区域：伊阿山地南部，（在）该神庙土地（上），可耕地 50 阿鲁拉

L17 区域：湖泊上源，（在）米乌尔法老地（上），可耕地 21 阿鲁拉……

L18 区域：派尔阿克尔西北部，（在）该神庙土地（上），可耕地 80 阿鲁拉

L19 区域：奈赫塞瑞村庄北部，（在）该神庙土地（上），可耕地 30 阿鲁拉

L20 区域：塔玛瑞斯克村庄南部河沿地，（在）该神庙土地（上），可耕地 5 阿鲁拉

L21 区域：此地南部河谷，（在）该神庙土地（上），可耕地 100 阿鲁拉

L21A 剩余可耕地 30，剩余 10〔1〕

L22 区域：奈伊奈布薇的索白克神庙西部河沿地，（在）索白克神庙土地（上），可耕地 50 阿鲁拉，剩余泛滥地 10，休耕地 10，可耕地 10，由耕种者（?）

L22A 剩余 30〔2〕

L23 总计：可耕地 40，使用 20 阿鲁拉，剩余 15

§13 L24 卡塔法老地，由南部舍市长伊普伊负责。

L25 其所在区域：克努姆神庙池塘，（在）法老土地（上），可耕地 50 阿鲁拉

L26 区域：……如那草地，（在）该神庙土地（上），可耕地 50 阿鲁拉

L27 区域：盖瑞革西部，（在）法老的土地（上），可耕地 150 阿鲁拉

L28 区域：……山庄，（在）该神庙土地（上），可耕地 15 阿鲁拉，~~剩余 20~~，由……进献

〔1〕 剩余可耕地 30，剩余 10：此处文字为小字，书于第 22 行“剩余泛滥地 10”上方。

〔2〕 剩余 30：此处文字为小字，书于第 23 行“可耕地 40”之“40”上方。

B 面　第 16 栏

L1 区域：瑞查山地西部，（在）底比斯西部 葬祭庙 土地（上），可耕地 100 阿鲁拉

L2 区域：米乌尔东部，（在）该神庙土地（上），可耕地 40 阿鲁拉

L3 区域：塔卡塞特，（在）普塔神庙伟大宝座土地（上），可耕地 60 阿鲁拉

L4 区域：布奈瑞初耕地，（在）该神庙土地（上），可耕地 30 阿鲁拉

L5 区域：泰普恩姆特西部，（在）法老土地（上），可耕地 40 阿鲁拉

L6 区域：在帕伊 姆 的腾特帕瓦迪，（在）法老土地（上），可耕地 40 阿鲁拉

L7 区域：帕那乌南部，（在）法老土地（上），可耕地 20 阿鲁拉

L8 总计：

§14 L9 卡塔法老地，由市长尼苏负责，由书吏索白克霍特普负责。

L10 其所在区域：瓦宅山地西北部，（在）法老土地（上），可耕地 60 阿鲁拉

L11 区域：…… 河沿地，（在）阿蒙神庙土地（上），可耕地 20 阿鲁拉

L12 区域：奈布东部阿阿种植区，（在）该神庙土地（上），可耕地 40 阿鲁拉，剩余 20，雅亚剩余可耕地 30

L13 区域：派尔卡塞特山庄，（在）该神庙土地（上），可耕地 40 阿鲁拉

L14 区域：…… 山庄东部，（在）法老 土地（上），可耕地 40 阿鲁拉

L15 区域：派尔 …… 帕山庄北部，（在）法老 土地（上），可耕地 10 阿鲁拉

L16 区域：阿如草地东部，（在）该神庙土地（上），可耕地 40 阿鲁拉

L17 区域：赫 …… 拉东部河沿地，（在）阿蒙神庙土地（上），泛滥地 10 阿鲁拉

L18 区域：伊巴山地北部，（在）索白克神庙土地（上），可耕地 30 阿鲁拉

L19 区域：维吉尔山庄东北部，（在）该神庙土地（上），可耕地 30 阿鲁拉

L20 总计：可耕地 30，使用 15 阿鲁拉

§15 L21 卡塔法老地，由斯派尔迈如负责，1000 袋。

L22 所在区域：霍特普北部池塘，（在）遮阳棚土地（上），可耕地 20 阿鲁拉

L22A 剩余可耕地 10[1]

L23 区域：斯派尔迈如北部空地，（在）该神庙土地（上），可耕地 20 阿鲁拉，剩余 5，由伊特菲耕种

L24 区域：斯派尔迈如北部，（在）该神庙土地（上），可耕地 15 阿鲁拉

L25 区域：雅亚南部，（在）该神庙土地（上），可耕地 15 阿鲁拉，剩余 2，剩余可耕地 2

L26 区域：腾特 奈 牧场东部，（在）该神庙土地（上），可耕地 80 阿鲁拉

〔1〕剩余可耕地 10：此处为行间小字，原在第 23 行“剩余 5”之“剩余”上方。

L27 区域：雅亚东南部，（在）该神庙土地（上），可耕地 7 阿鲁拉

L28 区域：索申东北部，（在）该神庙土地（上），可耕地 10 阿鲁拉

B 面 第 17 栏

L1 [区域]：[奈赫塞瑞][1][村庄]，（在）该神庙土地（上），可耕地 10[阿鲁拉]

L2 [区域]：撒帕北部（?），（在）法老土地（上），可耕地 5 阿鲁拉

L3 区域：玛赫胡山地东北部，（在）该神庙土地（上），可耕地 10 阿鲁拉

L4 区域：宅胡山地东北部，（在）法老土地（上），可耕地 65 阿鲁拉

L5 区域：塞玛阿西部，（在）帕瓦宅伊胡的托特神庙土地（上），可耕地 100 阿鲁拉

L6 区域：派尔奈卡伊西南部，（在）该神庙土地（上），可耕地 20 阿鲁拉

L7 区域：神庙西部，（在）该神庙土地（上），可耕地 30 阿鲁拉

L8 区域：斯派尔迈如北部迈什，（在）该神庙土地（上），可耕地 30 阿鲁拉

L9 区域：派尔卡弗特东南部，（在）法老土地（上），可耕地 75 阿鲁拉

L10 区域：士兵村，（在）阿那伊（那）的法老草场土地（上），可耕地 75 阿鲁拉

L10A 帕乌[2]

L11 区域：阿瑞阿奈山地南部，（在）该神庙土地（上），可耕地 20 阿鲁拉，剩余 8，剩余可耕地 10

L12 总计：可耕地 [22]，[使用 11 阿鲁拉]

§16 L13 卡塔法老地，由赫瑞斯派如市长奈弗尔阿布海布负责。

L14 所在区域：麦尔艾胡南部，（在）法老土地（上），可耕地 10 阿鲁拉，剩余可耕地 5，使用 2½[阿鲁拉]

L15 区域：努赫艾瑞卡克，（在）该神庙土地（上），可耕地 40 阿鲁拉

L16 区域：杜阿[山]地北部，（在）[阿]蒙神庙土地（上），泛滥地 10[阿鲁拉]

L17 区域：腾特卡克东南部，（在）拉神庙土地（上），可耕地 20 阿鲁拉

L18 区域：此地，（在）该神庙土地（上），可耕地 10 阿鲁拉

L19 区域：派恩瑞胡北部，（在）拉神庙土地（上），可耕地 13 阿鲁拉

L20 区域：奈布初耕地帕拉的帕特地，（在）该神庙土地（上），可耕地 20 阿鲁拉

L21 区域：伊伊德胡南部，（在）该神庙土地（上），可耕地 10 阿鲁拉

L22 区域：此地西部，（在）该神庙土地（上），可耕地 10 阿鲁拉

L23 区域：泰米特卡瑞提牛棚西部，（在）法老土地（上），可耕地 20 阿鲁拉

---

〔1〕奈赫塞瑞：此处地名为加德纳所添加。

〔2〕帕乌：此处为行间小字，原在第 11 行的“山地”上方。

L24 区域：伊瑞卡伊乌居所西部，（在）阿蒙神庙土地（上），可耕地 50 阿鲁拉，剩余 20，由拉神庙的大勇士拉美西斯耕种

L25 总计：

§17 L26 卡塔法老地，由普塔神庙中的葬祭庙牛群总管帕卡查那负责。

L26A 剩余休耕地 15[1]

L27 所在区域：神庙西部，（在）普塔神庙土地（上），可耕地 40，剩余 15，由［舍尔登］人索白克奈赫特及其兄弟耕种

L27A 剩余 40[2]

L28 区域：斯派尔迈如北部的迈什，（在）该神庙土地（上），可耕地 60 阿鲁拉，剩余 40，由舍尔登人阿赫瓦特阿耕种

L28A 剩余可耕地 10[3]

L29 区域：帕克米布阿西部，（在）该神庙土地（上），可耕［地］15 阿鲁拉，剩余 5，由塞提耕种

L30 区域：塞什东部，（在）该神庙土地（上），可耕地 15 阿鲁拉，［剩余］5，剩余可耕地 5

L31 区域：派恩瑞胡南部，（在）该神庙土地（上），可耕地 36 阿鲁拉

L32 区域：此地西部，（在）阿蒙神庙的葬祭庙的白山羊饲草地（上），［可耕地］20 阿鲁拉，~~剩余可耕地 15~~

L33 ［区域］：伊派特北部，（在）孟菲斯的阿蒙神庙的肥沃前地（上），［可耕地］20 阿鲁拉

B 面　第 18 栏

L1 区域：帕哈米布阿西部，（在）拉神庙土地（上），可耕地 12½ 阿鲁拉

L1A 南部　　　剩余可耕地［……］[4]

L2 区域：神庙西部，（在）阿蒙神庙葬祭庙中的牧场（上），可耕地 60 阿鲁拉，剩余 10 10(?)［……］

L3 区域：此地，（在）该神庙土地（上），可耕地 20 阿鲁拉，剩余 4，剩余可耕地 8

L4 总计：可耕地 13，使用 6½ 阿鲁拉，由舍尔登人耕种 65［阿鲁拉］，使用 32½［阿鲁拉］

§18 L5 卡塔法老地，由五位阿撒菲斯先知负责，1000 袋。

L6 所在区域：尼苏南部阿文果园，（在）阿撒菲斯神庙土地（上），可耕地 40 阿鲁拉，剩余可耕地 10

---

〔1〕剩余休耕地 15：此处为行间小字，原在第 27 行“舍尔登”上方。

〔2〕剩余 40：此处为行间小字，原在第 28 行“剩余 40”上方。

〔3〕剩余可耕地 10：此处为行间小字，原在第 29 行“可耕地 150”之“50”上方。

〔4〕南部　　　剩余可耕地：此处为行间小字，“南部”原在第 2 行“西部”上方，“剩余可耕地”原在第 2 行“剩余”上方。

L7 区域：阿如草场西北部，（在）该神庙土地（上），可耕地 80 阿鲁拉，剩余 60，剩余 80

L8 区域：阿姆阿姆特湖东部，（在）该神庙土地（上），可耕地 104½ 阿鲁拉

L9 区域：此地，（在）该神庙土地（上），可耕地 20 阿鲁拉

L10 区域：卡伊阿伊南部池塘，（在）该神庙土地（上），可耕地 60 阿鲁拉，剩余 35，剩余可耕地 35，剩余 40

L11 区域：苏山地，（在）该神庙土地（上），可耕地 20 阿鲁拉，剩余可耕地 5

L12 区域：瑞查山地西北部，（在）该神庙土地（上），可耕地 10 阿鲁拉，剩余[……剩余]可耕地 5

L13 区域：瑞玛[山]地南部，（在）该神庙土地（上），可耕地 40 阿鲁拉

L14 区域：派尔玛[阿]，（在）该神庙土地（上），可耕地 50 阿鲁拉

L15 区域：伊瑞卡克墓地，（在）该神庙土地（上），可耕地 40 阿鲁拉，剩余 20，剩余可耕地[……]45

L16 区域：胡[……]草场西部，（在）[……]土地（上），[……]15，剩余 15

L17 总计：可耕地 200，使用 100 阿鲁拉

§19 L18 卡塔法老地，由已故前任阿蒙神庙葬祭庙的牛群总管拉摩斯负责。

L19 所在区域：沙瑞普东部，（在）阿蒙神庙葬祭庙的白山羊饲草地（上），可耕地 40[阿鲁拉]，剩余 80，作为阿塞特的种子地

L20 区域：派恩瑞胡西部，（在）该神庙土地（上），可耕地 15 阿鲁拉

L21 区域：此地西南部，（在）该神庙土地（上），可耕地 40[阿鲁拉]

L22 区域：储仓西部的帕如沙，（在）白山羊饲草地（上），可耕地 7[阿鲁拉]

L23 区域：耶布神庙东部，（在）该神庙土地（上），可耕[地]10 阿鲁拉

L24 区域：派恩索白克西部，（在）该神庙[土地]（上），可耕地[……]阿鲁拉，剩余 5，剩余可耕地 5

L25 区域：撒帕南部，（在）该神庙的[土地]上，可耕地 20 阿鲁拉

L26 区域：伊奈特瑞西部，（在）该神庙土地（上），可耕地 80 阿鲁拉

L27 区域：帕如沙西部，（在）该神庙土地（上），可耕地 40 阿鲁拉

L28 总计：可耕地 5，使用 2½，进献 20，使用 10。[总计：5]

§20 L29 卡塔法老地，由孟菲斯的拉美西斯姆海布负责。袋

L30 所在区域：玛胡村庄东北部，（在）拉神庙土地（上），可耕地 20 阿鲁拉

L31 区域：此地北部，（在）该神庙土地（上），可耕地 10 阿鲁拉

B面　第19栏

L1 区域：此地，（在）该神庙土地（上），可耕地 30 阿鲁拉

L2 区域：帕乌阿的阿蒙神庙东南部，（在）该神庙土地（上），可耕地 20 阿鲁拉

L3 区域：帕拉谷仓东部努如初耕地南部，（在）该神庙土地（上），可耕地 50 阿鲁拉

L4 区域：卡如威村庄东北部，（在）普塔神庙土地（上），可耕地 10 阿鲁拉

L5 区域：玛胡村庄东南部，（在）拉神庙土地（上），可耕地 15 阿鲁拉

L6 区域：舍那牛棚南部，（在）该神庙土地（上），可耕地 40 阿鲁拉

L7 总计：

§21 L8 卡塔法老地，由米乌尔的后宫法老 < 寓所总管 > 负责。

L9 所在区域：瓦宅山地东北部，（在）"深爱如拉"葬祭庙土地（上），可耕地 50 阿鲁拉

L10 区域：雅亚南部，（在）该神庙土地（上），可耕地 100 阿鲁拉，剩余 20，剩余可耕地 10

L11 区域：草场西北部，（在）阿蒙神庙中的葬祭庙土地（上），可耕地 10 阿鲁拉

L12 区域：……卡提，（在）阿蒙神庙中的葬祭庙土地（上），可耕地 30 阿鲁拉

L13 区域：在西侧的麦尔卡奈提，（在）该神庙土地（上），可耕地 20(?) 阿鲁拉，剩余 5

L14 区域：派尔瓦宅东部，（在）阿蒙神庙中的葬祭庙土地（上），可耕地 50 阿鲁拉

L15 区域：麦尔柯努，（在）阿蒙神庙中阿蒙所爱之乌塞尔玛阿特拉的葬祭庙土地（上），< 可耕地 > 80 阿鲁拉

L16 区域：赫奈弗尔提瑞西部，（在）法老葬祭庙土地（上），可耕地 20，剩余可耕地 10

L17 总计：可耕地 20，使用 10

§22 L18 卡塔法老地，由赫瑞斯派如之主阿努比斯的神庙先知赫瑞负责。

L19 所在区域：阿瑞初耕地，（在）阿蒙神庙中的葬祭庙的牧草地（上），可耕地 50 阿鲁拉

L20 区域：此地西侧，（在）该神庙土地（上），可耕地 40 阿鲁拉，剩余泛滥地 20

L21 区域：沙如伊派特南部，（在）普塔神庙土地（上），可耕地 30 阿鲁拉

L22 区域：赫瑞斯派如东南部，（在）赫瑞斯派如遮阳棚土地（上），可耕地 40 阿鲁拉

L23 区域：迈驻水滩的此地南部，（在）该神庙土地（上），可耕地 100 阿鲁拉

L23A 在遮阳棚[1]

L24 区域：此地北部，（在）阿努比斯神庙土地（上），可耕地 30 阿鲁拉，剩余 20，剩余可耕地 40

L25 区域：瓦宅山地西南部，（在）白山羊饲草地（上），可耕地 20 阿鲁拉

L26 ~~区域：初耕地，泛滥地 20，剩余 20~~

L27 总计：泛滥地 20，可耕地 40，使用 20，总计：40 阿鲁拉

§23 L28 卡塔法老地，由斯派尔迈如之主塞特的神庙先知胡伊负责，袋。

L29 所在区域：派尔奈卡尔西部阿文果园，（在）该神庙土地（上），可耕地 20，剩余 10，剩余可耕地 10

---

〔1〕 在遮阳棚：此处为行间小字，原在第 24 行的"阿努比斯神庙土地"上方。

L29A 剩余可耕地 20[1]

L30 区域：伊奈弗尔神庙西南部，（在）阿蒙神庙土地（上），可耕地 20 阿鲁拉，剩余 15，塞提耕种 6

L31 区域：撒帕，（在）该神庙土地（上），可耕地 40 阿鲁拉 [……] 剩余可耕地 5，剩余 20

B 面　第 20 栏

L0 苏 [……] 特奈彻瑞[2]

L1 区域：~~玛赫瑞胡~~山地，（在）拉神庙土地（上），可耕地 40 阿鲁拉，剩余可耕地 5[……]

L1A 赫奈弗尔[3]

L2 区域：伊雅 [神庙] (?) 西部，（在）拉神庙土地（上），可耕地 20，剩余可耕地 [10]，剩余 20

L3 区域：[阿布阿布]，（在）该神庙土地（上），可耕地 20 阿鲁拉，剩余 30，剩余可耕地 40

L4 区域：帕克奈瑞北部，（在）“深爱如拉” 葬祭庙土地（上），可耕地 60，剩余 15，剩余可耕地 15，剩余 5

L5 区域：斯派尔迈如北部迈什锦如，（在）该神庙土地（上），可耕地 40，剩余 30，剩余可耕地 10

L6 总计：可耕地 145，使用 72½

§24 L7 卡塔法老地，由普塔神庙总管拉姆伊阿负责，700 袋。

L8 所在区域：迈瑞拉神庙西部，（在）拉神庙土地（上），可耕地 10 阿鲁拉

L9 区域：帕乌乌阿阿的阿蒙神庙西部，（在）该神庙土地（上），可耕地 10 阿鲁拉

L10 区域：腾特帕撒乌 (?) 南部，（在）拉神庙土地（上），可耕地 10 阿鲁拉

L11 区域：帕威尔其地南部，（在）该神庙土地（上），可耕地 10 阿鲁拉 [……]

L12 区域：瑞查山地 [……南部]，（在）普塔神庙土地（上），可耕地 10 阿鲁拉

L13 区域：阿如草场，（在）该神庙土地（上），可耕地 20 阿鲁拉，剩余可耕地 5

L14 区域：塞赫瓦伊博初耕地，（在）该神庙土地（上），可耕地 30 阿鲁拉

L15 区域：伊雅 [神庙] 北部，（在）该神庙土地（上），可耕地 30 阿鲁拉

L16 区域：阿蒙摩斯 [村庄] 北部，（在）该神庙土地（上），可耕地 20 阿鲁拉

L17 区域：塞赫阿提初耕地西部的新开垦地，（在）该神庙土地（上），泛滥地 10 阿鲁拉，剩余 6，剩余可耕地 3

L18 区域：瓦宅山地，（在）阿蒙神庙葬祭庙的白山羊饲草地（上），以往分给书吏卡麦提尔，可耕地 30

L18A 东部[4]

---

〔1〕 剩余可耕地 20：此处为行间小字，原在第 30 行“阿鲁拉”上方。

〔2〕 苏 [……] 特奈彻瑞：此处为行间小字，原在第 1 行“玛赫瑞胡山地”上方。

〔3〕 赫奈弗尔：此处为行间小字，原在第 2 行“拉神庙土地”上方。

〔4〕 东部：此处为行间小字，原在第 19 行“西部”上方。

L19 区域：迈瑞普塔和迈瑞拉神庙西部，(在)该神庙土地(上)，泛滥地 8 阿鲁拉，剩余 5

L20 区域：此地西南部，(在)普塔神庙伟大宝座土地(上)，可耕地 10 阿鲁拉

L21 区域：帕乌乌阿阿的阿蒙神庙西部，泛滥地 10，剩余可耕地 2

L22 总计：可耕地 10，使用 5

§25 L23 卡塔法老地，由晒德提特的索白克神庙先知拉美西斯乌塞尔赫派什负责，1000 袋。

L24 所在区域：沼泽湖南部的池塘，(在)法老土地(上)，可耕地 50 阿鲁拉，剩余可耕地 25，剩余 20

L25 区域：盖瑞革西部，(在)该神庙土地(上)，可耕地 150 阿鲁拉

L26 区域：沼泽湖南部的池塘，(在)该神庙土地(上)，可耕地 30 阿鲁拉

L27 区域：阿阿瑞查雅山地西部，(在)阿蒙神庙葬祭庙土地(上)，可耕地 25 阿鲁拉，剩余 45

L28 区域：牛棚北部的此地，(在)该神庙土地(上)，可耕地 40 阿鲁拉

L29 区域：晒阿瑞普，(在)法老土地(上)，可耕地 40 阿鲁拉

L30 区域：帕 玛伊恩西部，(在)该神庙土地(上)，可耕地 50 阿鲁拉

L31 区域：大牛棚南部，(在)该神庙土地(上)，可耕地 40 阿鲁拉

B 面　第 21 栏

L1 区域：叶湖(?)南部的泛滥地，(在)该神庙土地(上)，可耕地 40 阿鲁拉

L2 区域：杜南部河沿地，(在)拉神庙土地(上)，可耕地 20 阿鲁拉

L3 区域：那伊神庙，(在)该神庙土地(上)，可耕地 20 阿鲁拉，剩余可耕地 20，剩余 35

L4 区域：阿阿草场西部，(在)“深爱如拉”葬祭庙土地(上)，可耕地 20 阿鲁拉

L5 区域：索白克神庙北部，(在)……神庙土地(上)，在……索白克神庙(?)中

L6 总计：可耕地 100，使用 50

§26 L7 卡塔法老地，由先知阿蒙姆伊阿负责，由先知索奈瑞负责，1000 袋。

L8 所在区域：麦尔乌尔沼泽湖南部池塘，(在)索白克神庙土地(上)，可耕地 150 阿鲁拉，剩余 20

L9 区域：舍东部，(在)该神庙土地(上)，可耕地 50 阿鲁拉

L10 区域：阿阿草场西部，(在)该神庙土地(上)，可耕地 7 阿鲁拉

L11 区域：大山地西部，(在)索白克神庙土地(上)，可耕地 20 阿鲁拉，剩余 45

L12 区域：阿特姆(?)东部，(在)法老土地(上)，可耕地 40 阿鲁拉

L13 区域：伊阿山庄北部，(在)阿蒙神庙葬祭庙土地(上)，可耕地 60 阿鲁拉

L14 区域：腾特索赫西部，(在)该神庙土地(上)，可耕地 60 阿鲁拉

L15 区域：阿瑞查雅山地北部，(在)该神庙土地(上)，可耕地 40 阿鲁拉

L16 区域：此地南部，（在）该神庙土地（上），可耕地 30 阿鲁拉

L17 区域：大牛棚南部，（在）该神庙土地（上），可耕地 40 阿鲁拉

L18 区域：那伊神庙西部，（在）底比斯西部阿蒙神庙［土地］上，可耕地 40 阿鲁拉，剩余 35

L19 总计：可耕地 100，使用 50

§27 L20 卡塔法老地，原由牛群总管负责，现由阿蒙神庙牛群总管负责，200 袋。

L21 所在区域：赫尔斯派如南部和迈驻水滩之南，（在）普塔神庙伟大宝座土地（上），可耕地 40

L22 区域：派尔阿赫大坝北部，（在）拉神庙土地（上），可耕地 10 阿鲁拉

L23 区域：瑞玛山地西北部，（在）该神庙土地（上），可耕地 10 阿鲁拉

L24 区域：卡奈提池塘，（在）该神庙土地（上），可耕地 5 阿鲁拉

L25 区域：派尔阿克尔西北部，（在）该神庙的土地（上），可耕地 10 阿鲁拉

L26 区域：雅亚西部河沿地，（在）该神庙土地（上），可耕地 10 阿鲁拉

L27 区域：派恩咖什，（在）该神庙土地（上），可耕地 10 阿鲁拉

L28 区域：派尔薇赫，（在）该神庙土地（上），可耕地 20 阿鲁拉

L29 总计：

§28 L30 卡塔法老地，由阿蒙神庙中的阿蒙所爱之乌塞尔玛阿特拉的葬祭庙之牛群总管赫瑞负责。

L31 所在区域：派阿赫堤坝北部，（在）法老土地（上），可耕地 66

L32 区域：瑞初耕地，（在）阿蒙神庙［葬祭庙］菜地（上），可耕地 60

B 面 第 22 栏

L1 区域：如如村庄北部，（在）该神庙土地（上），可耕地 66 阿鲁拉

L2 区域：阿文果园东北部，（在）该神庙土地（上），可耕地 10 阿鲁拉

L3 区域：塞奈布伊阿赫初耕地，（在）该神庙土地（上），可耕地 10［阿鲁拉］

L4 区域：阿蒙姆伊赫奈特神庙西北部，（在）该神庙土地（上），可耕地 20 阿鲁拉

L5 区域：帕米麦可，（在）阿蒙神庙葬祭庙菜地（上），可耕地 10 阿鲁拉

L6 总计：

§29 L7 卡塔法老地，由蒙图神庙先知帕奈赫西负责，100 袋。

L8 所在区域：伊乌努瑞晒斯村庄东北部，（在）蒙图神庙土地（上），可耕地 20 阿鲁拉

L9 总计：

§30 L10 卡塔法老地，由奈弗塞斯神庙的先知派奈普麦尔负责，100 袋。

L11 所在区域：斯派尔迈如东北部，（在）该神庙土地（上），可耕地 20 阿鲁拉

L12 区域：伊伊德胡东北部，（在）[该]神庙土地（上），可耕地 40阿鲁拉，剩余可耕地 10

L13 区域：布宅阿布山地，（在）该神庙土地（上），可耕地 20阿鲁拉，剩余可耕地 20

L14 区域：塞特神庙北侧山庄北部，（在）阿蒙神庙的葬祭庙的白山羊饲草地（上），可耕地 20

L15 总计：可耕地 30，使用 15

§31 L16 卡塔法老地，由阿蒙神庙先知玛胡负责，可耕地阿鲁拉，100 袋。

L17 [其]所在区域：塞特初耕地，（在）拉神庙葬祭庙土地（上），可耕地 20阿鲁拉

L18 区域：塞特初耕地的帕特地，（在）该神庙土地（上），泛滥地 30

L19 区域：派尔赫斯南部，（在）“深爱如拉”葬祭庙土地（上），可耕地 60阿鲁拉，剩余可耕地 20，使用 10

L20 总计：

§32 L21 卡塔法老地，由阿赫威之主的神庙之先知赫瑞负责，100 袋。

L22 所在区域：腾特乌尔西南部，（在）阿赫威之主的神庙土地（上），可耕地 12阿鲁拉

L23 区域：此地北部河沿地，（在）该神庙土地（上），可耕地 8阿鲁拉

L24 区域：此地东北部，（在）普塔神庙伟大宝座土地（上），可耕地 40阿鲁拉

L25 区域：那阿蒙北部，（在）该神庙土地（上），可耕地 20，剩余 10，由书吏拉赫外奈玛弗使用 5

L26 总计：

§33 L27 卡塔法老地，由为他士兵所爱戴的、阿蒙所爱之拉美西斯的葬祭庙之先知派奈特乌拉负责，袋。

L28 其所在区域：西侧塞特初耕地，（在）该神庙土地（上），可耕地 20阿鲁拉，剩余可耕地 10

L29 区域：牧羊人水滨地，（在）该神庙土地（上），可耕地 60阿鲁拉

L30 总计：可耕地 10，使用 5

§34 L31 卡塔法老地，由泰普胡之女主人的神庙之先知阿奈赫瑞赫负责，袋。

L31A 剩余可耕地 20，使用 10[1]

L32 所在区域：塞可瑞北部池塘，（在）拉神庙土地（上），可耕地 25阿鲁拉，剩余 15½

L33 区域：帕阿撒比后方，（在）该神庙土地（上），可耕地 20[阿鲁拉]

B 面　第 23 栏

L1 区域：派恩阿巴塔东南部，（在）该神庙土地（上），可耕地 30阿鲁拉

L2 区域：腾特帕斯帕，（在）拉神庙土地（上），可耕地 40阿鲁拉

L3 总计：

〔1〕 剩余可耕地 20，使用 10：此处文字为小字，原在第 32 行“剩余 15½”上方。

§35 L4 卡塔法老地，由奈提舍的拉神庙遮阳棚之先知赫奈弗尔负责，100 袋。

L5 其所在区域：赫伊池塘，（在）拉神庙土地（上），可耕地 20 阿鲁拉

L6 其区域：布奈瑞初耕地东部河沿地，（在）该神庙土地（上），泛滥地 5，剩余 5

L7 总计：

§36 L8 卡塔法老地，由敌人驱除者阿蒙的神庙之先知派晒杜负责，100 袋。

L9 其所在区域：敌人驱除者阿蒙的神庙东部，（在）该神庙土地（上），可耕地 20 阿鲁拉，剩余可耕地 10，使用 5

L10 区域：赫奈弗瑞提瑞，（在）该神庙土地（上），可耕地 20

L11 区域：腾特索赫西部，（在）法老土地（上），可耕地 20

L12 区域：瑞查伊胡山地西南部，（在）诸神庙土地（上），可耕地 20 阿鲁拉

L13 总计：

§37 L14 卡塔法老地，由帕查斯卡如的阿蒙所爱之拉美西斯的葬祭庙的先知赫瑞负责。

L15 所在区域：卡提草场西部，（在）该神庙土地（上），可耕地 10 阿鲁拉，剩余 10，剩余可耕地 10，使用 5

L16 总计：

§38 L17 卡塔法老地，由派尔伊乌努的阿蒙神庙先知马瑞负责，50 袋。

L17A 剩余可耕地 6，使用 3〔1〕

L18 其所在区域：迈瑞拉山庄东南部，（在）该神庙土地（上），可耕地 10 阿鲁拉，剩余 6

L19 总计：

§39 L20 卡塔法老地，由尼苏拉神庙遮阳棚先知奈弗尔卡乌负责，100 袋。

L21 其所在区域：卡伊池塘，（在）阿蒙神庙葬祭庙土地（上），可耕地 20 阿鲁拉，剩余可耕地 5，使用 2½

L22 区域：初耕地城市西部帕特地，（在）拉神庙遮阳棚土地（上），可耕地 20 阿鲁拉

L23 区域：尼苏南部阿文果园，（在）该神庙土地（上），可耕地 20 阿鲁拉

L24 总计：

§40 L25 卡塔法老地，由巴斯塔先知万奈弗瑞负责，200 袋。

L26 其所在区域：派尔瓦伊派尔南部，（在）塞特神庙土地（上），可耕地 20，神庙总管的卡塔法老地

L27 区域：此地，（在）该神庙土地（上），可耕地 10 阿鲁拉

L28 区域：此地东部，（在）该神庙土地（上），可耕地 20 阿鲁拉

L29 区域：苏东部河沿地，（在）法老土地（上），可耕地 15 阿鲁拉

---

〔1〕 剩余可耕地 6，使用 3：此处为行间小字，原在第 18 行“剩余 6”上方。

总计：

§41 卡塔法老地，由查伊那的阿蒙神庙先知凯尼阿蒙负责，100 袋。

所在区域：撒帕南部，（在）查伊那的阿蒙神庙土地（上），可耕地 20 阿鲁拉，剩余可耕地 5，使用 2½

区域：赫塞蒙 < 耶布 > 湖南部河沿地，（在）该神庙土地（上），可耕地 10 阿鲁拉

总计：

§42 卡塔法老地，由阿撒菲斯神庙牛群总管阿沙姆海布负责，袋。

其所在区域：派尔玛阿，（在）阿撒菲斯神庙土地（上），可耕地 50 阿鲁拉

B 面　第 24 栏

总计：

§43 卡塔法老地，由大地创建者阿蒙的神庙之先知玛奈奈弗尔负责，袋。

其所在区域：伊派特南部，（在）法老土地（上），可耕地 10 阿鲁拉

总计：

§44 卡塔法老地，由普塔神庙中美楞普塔葬祭庙的牛群总管塞特姆负责，500 袋。

其所在区域：卡伊阿牛棚，（在）法老土地（上），可耕地 100

总计：

§45 卡塔法老地，由安提神庙先知赫瑞负责，袋。

所在区域：乌安提的塞可瑞，（在）安提神庙土地（上）

总计：

§46 卡塔法老地，由巴塔神庙先知卡奈弗和先知帕奈赫西负责。

其所在区域：撒卡南部可耕地，（在）预言胜利者阿蒙的神庙土地（上），可耕地 10

总计：

§47 卡塔法老地，由阿那伊（那）草地的拉神庙遮阳棚之先知卡瑞负责。

所在区域：霍特普拉，（在）法老土地（上），可耕地 10 阿鲁拉

§48 卡塔法老地，由阿蒙姆伊赫奈特神庙先知赫瑞负责。

其所在区域：卡赫伊阿赫薇西部河沿地，（在）拉神庙土地（上），可耕地 20 阿鲁拉

区域：索白克初耕地，（在）索白克神庙土地（上），可耕地 20 阿鲁拉

区域：腾特奈瑞提西部帕特地，（在）阿蒙神庙土地（上），可耕地 10 阿鲁拉

§49 卡塔法老地，由瓦杰特神庙先知斯瓦杰特负责，袋。

其所在区域：奈布南部，（在）瓦杰特神庙土地（上），可耕地 10 阿鲁拉，剩余 10，剩余可耕地 20，使用 10

L.22 区域：赫奈弗瑞提瑞西部帕特地，（在）该神庙土地（上），可耕地 10 阿鲁拉

§50 L.23 卡塔法老地，由迈瑞图姆的阿蒙神庙先知奈布奈弗尔负责。

L.24 其所在区域：派尔卡南部河谷，（在）法老土地（上），可耕地 50

L.25 区域：盖瑞革伊阿特南部，（在）该神庙土地（上），可耕地 20 阿鲁拉

L.26 区域：派尔塞可瑞南部，（在）该神庙土地（上），可耕地 10 阿鲁拉

§51 L.27 卡塔法老地，由赫奈苏之子荷鲁斯的神庙之先知拉美西斯纳赫特负责，袋。

L.28 其所在区域：赫奈苏南部，（在）荷鲁斯神庙土地（上），可耕地 20 阿鲁拉，剩余可耕地 20，使用 10

§52 L.29 卡塔法老地，由苏之主塞特的神庙之先知阿蒙伊派特负责，袋。

L.30 其所在区域：苏西北部，（在）"深爱如拉"葬祭庙土地（上），可耕地 20

L.31 区域：瓦宅山地西部，（在）阿蒙神庙葬祭庙的白山羊饲草地（上），可耕地 30

L.32 区域：派尔布阿乌南部，（在）阿蒙神庙土地（上），可耕地 20，剩余可耕地 20，使用 10

§53 L.33 卡塔法老地，由阿如前地的奥西里斯神庙的 < 先知 > 胡伊负责。

L.34 其所在区域：储仓西北部，（在）该神庙土地（上），可耕地 20 阿鲁拉

L.35 区域：派尔阿克尔东部，（在）该 神庙 土地（上），可耕地 20 阿鲁拉

L.36 区域：派尔塞特拉神庙东部，在该神庙土地上，…… 剩余 (?)20

B 面　第 25 栏

§54 L.1 卡塔法老地，由阿蒙神庙的管理者乌塞尔哈提负责。

L.2 所在区域：派尔赫恩 (?)…… 帕特地东部，（在）该神庙的 土地（上），泛滥地 10 阿鲁拉

§55 L.3 卡塔法老地，由阿蒙神庙管理者派奈皮乌负责。

L.4 所在区域：瑞玛山庄西部帕特地，（在）阿蒙神庙土地（上），可耕地 10 阿鲁拉

§56 L.5 卡塔法老地，由管理者赫瑞负责。

L.6 其所在区域：瑞苏特拉神庙山庄，（在）瑞苏特拉神庙土地（上），可耕地 10 阿鲁拉

§57 L.7 卡塔法老地，由普塔神庙管理者赫拉姆海布负责。

L.8 其所在区域：腾特沙卡卡前方东部，（在）该神庙土地（上），可耕地 10

§58 L.9 卡塔法老地，由派奈阿蒙之子普塔神庙先知赫尔摩斯负责。

L.10 其所在区域：腾特沙卡卡前方东部，（在）该神庙土地（上），可耕地 10 阿鲁拉

§59 L.11 卡塔法老地，由阿奈赫图神庙管理者赫瑞负责。

L.12 所在区域：迈瑞拉神庙东部帕特地，（在）普塔神庙土地（上），可耕地 10 阿鲁拉

§60 L.13 卡塔法老地，由拉神庙管理者哈皮乌尔负责。

L14 其所在区域：帕阿塞比北部的泰盖米赫尔，(在)拉神庙土地(上)，可耕地 10阿鲁拉

§61 L15 卡塔法老地，由拉神庙管理者索白克姆海布负责。

L16 所在区域：泰赫迪初耕地前方帕特地，(在)该神庙土地(上)，可耕地 10阿鲁拉

§62 L17 卡塔法老地，由索白克神庙先知帕伊乌负责。

L18 其所在区域：那奈赫特水滨地，(在)该神庙土地(上)，可耕地 20阿鲁拉

§63 L19 卡塔法老地，由阿蒙神庙书吏阿蒙霍特普负责。

L20 其所在区域：阿沙特肯图阿蒙的土地，(在)阿蒙神庙土地(上)，可耕地 10阿鲁拉

§64 L21 卡塔法老地，由索白克神庙先知普塔摩斯负责。

L22 所在区域：派恩奈或特瑞<城>东部，(在)该神庙土地(上)，可耕地 10阿鲁拉

§65 L23 卡塔法老地，由尼苏的拉神庙遮阳棚的先知卡卡负责。

L24 其所在区域：伊<阿>墓地池塘，(在)拉神庙遮阳棚土地(上)，可耕地 20阿鲁拉

二

税收文献

2. 加德纳 86 号陶石片

英语名：*Ostracon Gardiner 86*

圣书体：*KRI*, Vol. III, pp.138–140

英译本：D. Warburton, *State and Economy in Ancient Egypt*, pp.143–145

正　面

L1　*sš nswt ỉmy-r pr-ḥḏ* ⸢…*pꜣ-nḥsy*⸣ *nty m ꜥ-mḥty* […]

L2　*n ỉmn m nỉwt rsyt ḥrỉ m ꜥnḫ wḏꜣ snb hꜣb pw rdỉt rḫ=kwỉ* ⸢*pꜣ*…⸣

L3　*pr ỉmn nty dy r-ḫt m ꜥ-mḥty m šꜣꜥ m pꜣ sbꜣ* ⸢*n ỉy-m-ḥtp*…⸣

L4　*pḥwy n pꜣ tꜣ-mḥw m pꜣ ḫmt mw m ỉrw ꜥꜣ* […]

L5　*m pꜣ mw n ḥwt-wrt m tꜣ šwyt n rmṯ nbt n pr ỉmn m* […]

L6　*m mnỉw n ỉꜣwt nbt nty m sḫt ỉw ny-sw pr ỉmn m nỉwt rsyt m* […]

L7　*m mnỉw ỉḥw m mnỉw ꜥnḫw m mnỉw sr m mnỉw šꜣ m mnỉw*

L8　*ꜥꜣw m mnỉw ptrw m mnỉw ꜣpdw m wḥꜥw rmw*

L9　*m wḥꜥw ꜣpdw m kꜣmw m mrḥw m ḥsmnw m bṯ*(?) […]

L10　*w nty m pꜣ ṯwf ḥr šꜥ psšt*

L11　⸢*ḥr*⸣ *ỉnỉ pꜣy=sn ỉmy rn=f ỉw sỉ nbt m ỉm=sn* […]

L12　*ḥnꜥ pꜣy=s*⸢*n*⸣ *ms*⸢*w*⸣ *ỉw wn pꜣy=sn ỉmy rn* […]

L13　*n pr ty ꜥnḫ=tỉ m pr ỉmn-bꜣk*⸢*p*⸣*y ỉw=ỉ* ⸢*ḥr*⸣

L14　[…] *ỉw=ỉ ḥr ḥtrỉ m šꜣwt ḥr* ⸢*gm*…⸣

L15　[…] *rm*⸢*ṯ*⸣ […]

L1 王室书吏和两土地之主的国库总管,北方行政区的帕奈赫西。…… L2 底比斯阿蒙的祭司赫瑞:这封信件旨在告知你关于…… L3 阿蒙的神庙就在这里，在我管辖之下的北方行政区内，从伊蒙霍特普的波特[1]开始…… L4（一直到）下埃及尽头,伴有三条河流,即“伟大的河流”[2],“西边的支流”, L5 以及“阿瓦利斯支流”[3]，位于……阿蒙神庙的所有人的官方文件， L6 包括田地里所有动物的放牧者，都属于底比斯阿蒙的神庙——在我的允许之下……—— L7 即牧牛人、山羊群牧人、牧羊人、养猪人、养驴人、 L8 看管像骡子一样的动物的人、养鸟人、渔民、 L9 捕鸟人、葡萄酒商、制盐人和泡碱工人，纸草(?)…… L10 采集者、制绳人、做垫子的人…… L11 ……我已经带来了他们的名单，他们每个人……以及他们的妻子们， L12 还有他们的孩子们。他们的名单…… L13 在阿蒙－巴克皮

〔1〕 波特：地名，位于三角洲东北边缘。

〔2〕 伟大的河流：指尼罗河。在古代，尼罗河有三条支流。

〔3〕 阿瓦利斯：地名，位于三角洲东部，是第十五王朝也即希克索斯王朝的首都。

的神庙中的提（愿您永生！）的房屋 管理处 。我 已经找到了他们…… L.14 我把赫特瑞税作为胡萎(?)，与此同时 找到…… L.15 …… 人 ……。

背 面

L.1 […] *m ḥsbt sp 24 ꜣbd 1 šmw 21 ḫr ḥm n nsw bỉty* […]

L.2 [*r*]*di rḫ=sn pꜣ ḥm nṯr ḥrỉ ỉw sỉ nbt r tꜣ=f šwyt* […] *pꜣ sḥw* […]

L.3 *ỉḥwty sỉ m 8760 ỉw nb m ỉm=sn ḥr ỉt ḥkꜣt 200 mnỉw ỉḥw sỉ m* […]

L.4 *mnmnt m ỉꜣdt n sỉ nb m ỉm=sn ḥr ỉḥw m 500 mnỉw ꜥnḫw sỉ m 13080* […]

L.5 […] *ꜣpdw sỉ m 22530 ỉw nb m ỉm=sn ḥr ꜣpdw m 34230 wḥꜥw* […]

L.6 […]*=sn r ḥḏ dbn m 3 n tꜣ rnpt nꜣ n mnỉw ꜥꜣw sỉ 3920* […]

L.7 […] [2]*0870 nꜣ n mnỉw ptrw sỉ m 13227 ỉw nb m ỉm=sn ḥr 551* [*rmṯ*…]

L.8 *sḫr i ỉr=ỉ n=sn r nty mk ỉ=ỉ ỉṯỉ rmṯ m ỉm=sn ỉw=ỉ ḥr rdit ỉkd* […]

L.9 *wꜥ n šnwt ꜥꜣ r pꜣ šnꜥ n mn-nfr ỉw ny-sw sṯꜣt 10* […]

L.10 […] *šmmt m ỉm=st ḥr tꜣ=st fdw wꜣwt šmmt 160 ỉw* […]

L.11 […] *ḫwt ḥḏ ꜥšꜣ m ḥḏ nbw ḥmt ḥbs* […]

L1 …… 在上下埃及之王 ……[1] 统治第 24 年，丰收季，第 1 月，第 21 天 ……， L2 让先知赫瑞知道他们，根据记录，总计……， L3 农民8760 人，他们中的每一个人都有 200赫尔的税务；牧牛人有 ……人， L4 …… 头牛，他们中的每个人有 500 头牛；13080 名牧羊人， L5 每个人 ……；22530 名饲鸟人，他们中的每个人有 34230 只鸟；渔民 ……， L6 他们每年的税务 3德本银；3920 名养驴人，……和 L7 动物 20870 只[2]；看管像骡子一样的动物的人有 13227 人，每个人管理 551 只动物；人们……， L8 我为他们制定的计划，以便我重新分配他们中的一些人，使他们建立 ……。 L9 为孟菲斯粮仓（建造）一座巨大谷仓，占 地 10阿鲁拉 ……， L10 在谷仓的四个方向上：共有 160 个筒仓，每个方向上有 40 个…… L11 …… 国库里面所有物品都是银或金制作的，青铜制品和衣物 ……

〔1〕 按，此处的“上下埃及之王”当指法老拉美西斯二世。

〔2〕 20870：该数字中“870”清晰可辨，但之前部分残缺，科琛（K. A. Kitchen）认为所残之数或为“2000”，沃伯吞（D. Warburton）则作“20000”。本书象形文字编依科琛转录，此处转写与中文译文则取沃伯吞之说。

3. 大英博物馆 10447 号纸草

英语名：*PAPYRUS BRITISH MUSEUM 10447*

圣书体：A.H. Gardiner, *Ramesside Administrative Documents*, p. 59

英译本：A.H. Gardiner, “Ramesside Texts Relating to the Taxation and Transport of Corn,” *JEA* 27(1941), pp. 58–60

正　面

L1 *sšr n pꜣ twt ꜥꜣ n rꜥ-ms-sw mri imn mry itm m ꜥ-rsy m dmi̓t i̓ꜣt nꜣ-ḥr-ḥw m nfrwsy ẖꜣr* 800 *wp st*

L2 *spyt n ḥsbt-sp* 54 *m-ḏt sš i̓mn-m-i̓nt n pr pn i̓ḥwty* ⌊*ḥw*⌋*y*(?) *sꜣ ptḥ-*⌊*pꜣd*⌋*yt i̓ḥwty nb-wꜥwty sꜣ pth-my ẖꜣr* 400

L3 *ḥsbt-sp* 55 *m-ḏt sš ḥr-mnwi̓ n pr pn m dmi̓t pn ẖꜣr* 400 *wpt st*

L4 *nty m-ꜥ ḥri̓-i̓ḥw ḥꜣti̓ꜣy sꜣ nḫt-mnw n ḥnwn tꜣ i̓ꜣt nꜣ-ḥr-ḥw i̓ḥwty nb-wꜥwty sꜣ ptḥ-my ẖꜣr* 200

L5 *nty m dmi̓t pꜣꜥšpw m pꜣ w ḥry-i̓b n nfr-ws i̓ḥwty* ⌊*ḥwy*⌋ *sꜣ ptḥ-pꜣdyt mwt=f bꜣk-n-bi̓ ẖꜣr* 200 *dmḏ* 800 *i̓pw*

L1 谷物献于阿图姆所爱的阿蒙所爱之拉美西斯[1]的伟大雕像[2]。（谷物）来自南部州[3]奈弗尔斯城[4]的那赫胡山地[5]，800 袋。明细如下：

L2 统治第 54 年的剩余额，由粮仓书吏阿蒙奈摩奈收取：耕种者胡伊(?)——普塔普迪之子，和耕种者奈布沃特——普塔米之子，（两者共缴纳）400 袋。

L3 统治第 55 年，由本城粮仓书吏哈敏收取：400 袋。明细如下：

L4 纳黑胡山地的王室马厩[6]总管哈提阿伊——奈赫特敏之子——所持有（的谷物）：耕种者奈布沃特——普塔姆之子，（缴纳）200 袋。[7]

---

〔1〕阿蒙所爱之拉美西斯：法老拉美西斯二世。

〔2〕按，关于“伟大雕像”所在何处，确址无考。格兰威勒认为（S.R.K. Glanville, 1927），可能是在赫尔摩坡利斯州奈弗如斯城附近的一些小神庙或当地阿蒙神庙中；加德纳则认为（A.H. Gardiner, 1941），该雕像更可能竖立在赫里奥坡里斯的某个神庙中。

〔3〕南部州：原文 *dmi̓t*，“南部州”既可能指“伟大雕像”，也可能指“谷物”，但纸草反面提到“伟大雕像”时并没有同时包含“南部州”，说明该词指称谷物的可能性较大（A.H. Gardiner, 1941）。又，《韦伯纸草》中有多处 *dmi̓*，本书中译作“戴米”，未知两者是否相同，存此备考。

〔4〕奈弗如斯城：位于艾尔 – 阿什姆奈北部不远处。

〔5〕纳黑胡山地：纳黑胡为常用人名，纳黑胡山地的具体位置待考。

〔6〕王室马厩：原文中 夹写于第 3、第 4 行之间。

〔7〕按，对于耕种者奈布沃特所缴纳的税，马厩总管是截留还是转付，仅从字面意义上并不能判断。结合其他一些文献中的情况，加德纳倾向于马厩总管截留谷物的观点，加德纳进一步指出，负责为法老放牧的马厩总管，或许有权得到用于放牧或个人使用所需的土地。

L5 来自奈弗尔如斯城中部地区普阿什普南部州：耕种者胡伊——普塔普迪之子，（胡伊的）母亲是贝肯比——（缴纳）200 袋。总计 800 袋。[1]

背 面

L1 [...] *n twt ꜥꜣ rꜥ-ms-sw mri-imn snb smry itm*

L1 阿图姆所爱的阿蒙所爱之拉美西斯的伟大雕像的……[2]

---

〔1〕就此篇文献而言，加德纳尚有几点补充：

其一，文中出现的两个书吏：阿蒙奈摩奈（第 2 行）和哈敏（第 3 行），他们的职责是管控、登记打谷场上运来的谷物数量，并护送入仓。谷物上缴或许可以延期，如文中所示，第 54 年的部分谷物滞后一年方才上缴。

其二，关于文中出现的耕种者，格兰威勒认为，“租种田地的条件是每人每年必须向神庙上缴 200 袋谷物”。然而必须指出的是，目前尚无法将租金、税收和雇佣者缴纳的小额收入明确区分开，也无法明确这里提到的交付谷物是否可以用埃及语 [hieroglyphs] *šmw*“丰收税”来表示。

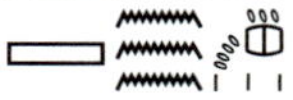

〔2〕此行文字写于大英博物馆 10447 号陶石片的背面，其作用类似于文献的书目：当纸草卷起后，这些文字便外卷，使用者一眼可见。

4. 古拉布纸草残片

英语名：*Papyrus Gurob*

圣书体：A.H. Gardiner, *Ramesside Administrative Documents*, pp.14–18

英译本：D. Warburton, *State and Economy in Ancient Egypt*, pp.146–148

正　面

L1　[…] (*ỉr=ỉ*) *ỉw mỉ-ḳd nꜣy ỉryt n pꜣ rꜥ ꜥḳꜣy sp=sn ỉw=ỉ r dỉt ỉry=tw swhꜣ nt=ỉ ḥr r=w*

L2　*bn ỉw=ỉ dỉt ṯꜣy=tw n=ỉ ꜣḫ=ỉ pꜣ dỉt ỉ ỉrw pꜣy=ỉ nb ꜥnḫ* (*wḏꜣ*) *snb dỉt ỉnỉ=tw n=ỉ*

L3　*rmṯ r sbꜣ=w r mtrw r ỉr tꜣy wpwt ꜥꜣt sbḳ gm pꜣy nb*

L4　*r dỉt ỉry st nty bw ỉryt n pꜣ rꜥ mỉ-ḳd st pꜣ wn nꜣ nty dy m ẖrdw*

L5　*ꜥꜣyw nꜣ rmṯ nty mỉ-ḳd nꜣy rmṯ ỉ dỉw pꜣy nb ꜥnḫ wḏꜣ snb ỉnỉ=tw nꜣ nty ḥr*

L6　*rḫ ỉr nꜣ nty ḥr rḫ ỉṯꜣ mtr ỉw m ḫꜣsty mỉ-ḳd nꜣ wn=tw ḥr ỉnỉ=tw*

L7　*n=n m hꜣw wsr-mꜣꜥt-rꜥ stp-n-rꜥ ꜥnḫ wḏꜣ snb pꜣ nṯr ꜥꜣ pꜣy=k ỉtf nfr mtw=w ḏd n=n wnn=w m ꜥḥꜥw*

L8　*m nꜣ pryw n nꜣ srw mtw=w ỉṯꜣ mtr mtw rḫ ỉr pꜣ ḏd=tw n nb*

L9　*hꜣb pw r rdỉt rḫ=tw ḥsbt-sp* 2 *ꜣbd* 3 *ꜣḫt sw* 20

L10　*mỉtt n sḏm ꜥš nb ỉryt m pr ẖnty mr-wrt šꜣꜥ m ḥsbt-sp* 2 *ꜣbd* 3 *ꜣḫt sw* 14

L11　*ḥsbt-sp* 2 *ꜣbd* 3 [*ꜣḫt*] [17] *ỉw=tw m pr wsr-ḫprw-rꜥ stp-n-rꜥ mry-ỉmn ꜥnḫ wḏꜣ snb m mn-nfr*

L12　*šsp m pꜣ ḥtrỉ n rmw nty ḥr ḥꜣty-ꜥ* […] *n* […] *nỉwt rsy*

L13　*ꜥḏ rmw ms* 300 *tm* 700 *dmḏ* 1000

L1 （我所做的）……就像我为拉所做的，是绝对完美的。我要因之让自己被歌颂。L2 我不允许错误发生在我身上。我的主人让我受益，L3 他赐予我臣民，让我去指导并教育他们去完成这项伟大的任务。幸运的是，我的主人发现 L4 他们应该被派去完成那些没有为拉完成的事情，就像那些被我的主人派去的人一样，因为他们是大孩子。L5 就像那些被我的主人派去的人一样，L6 他们是有能力执行并懂得接受指令的人。他们是外国人[1]，L7 就像阿蒙所爱之拉美西斯执政时赐予我们的那些人，伟大的神，你的好父亲。他们告诉我们：L8 “在政府办公厅，我们是有价值的。”他们主动学习，只要把事情向他们交代清楚，他们就能做到。[2] L9 这是递呈（法老的）文件。统治第 2 年，泛滥季，第 3 月，第 20 天。

L10 抄送每个工作于麦尔乌尔后宫[3]中的仆人，从统治第 2 年，泛滥季，第 3 月，第 14 天起。

L11 统治第 2 年，[泛滥季]，第 3 月，第 [17] 天。（王室）记录存放于孟菲斯的阿蒙所爱、拉所选之

〔1〕按，“他们是外国人”说明当时居住在王室后宫的人中确有异族。

〔2〕这段文献记录了向神庙派遣雇工的情况。

〔3〕麦尔乌尔后宫：原文所指地名 *mr-wrt* 即古拉布，又作 *mr-wr*。

乌塞尔哈皮尔拉[1]葬祭庙中。L12 南部城市……的……市长当职时，收到作为税收的鱼。L13 “阿扎”鱼：去除内脏的 300 条；完整的 700 条，共计 1000 条鱼。

背面 · 上

L0 [...] [...] [...] [...] [...] [100]

L1 [...] [...] [...] [...*ḫrt hrw*] *ỉr n bꜣḳ hnw* 130 *nḥḥ* 130

L2 [...] [...] [...*nḥḥ*] *hnw* 2156

L3 [*bꜣḳ hnw* 130 *nḥḥ hnw*] 2286 *wp st*

L4 [...] *bꜣḳw hnw* 5 *ỉr.n hnw* 10 *nb nḥḥ hnw* 2 *ỉr.n hnw* 10 *rmṯ pꜣ pr* 89 *nb hnw* 2½ *ỉr.n nḥḥ hnw* 222½ *nḥḥ hnw* 232½

L5 [...] *bꜣḳw hnw* 5 *ỉr.n hnw* 10 *nb nḥḥ hnw* 2 *ỉr.n hnw* 10 *rmṯ pꜣ pr* 70 *nb hnw* 2½ *ỉr.n nḥḥ hnw* 175 *nḥḥ hnw* 185

L6 [...] *bꜣḳw hnw* [5] *ỉr.n hnw* 10 *nb nḥḥ hnw* [2] *ỉr.n hnw* 10 *rmṯ pꜣ pr* 70 *nb hnw* 2½ *ỉr.n nḥḥ hnw* 175 *nḥḥ hnw* 185

L7 [...] *bꜣḳw hnw* [...] *ỉr.n hnw* 10 *nb nḥḥ hnw* [2] *ỉr.n hnw* 10 *rmṯ pꜣ pr* 69 *nb hnw* 2½ *ỉr.n nḥḥ hnw* 172½ *nḥḥ hnw* 182½

L8 [...] *bꜣḳw hnw* [...] *ỉr.n hnw* 10 *nb nḥḥ hnw* [2] *ỉr.n hnw* 10 *rmṯ pꜣ pr* 78 *nb hnw* 2½ *ỉr.n nḥḥ hnw* 195 *nḥḥ hnw* 205

L9 [...] *bꜣḳw hnw* [...] *ỉr.n hnw* 10 *nb nḥḥ hnw* [2] *ỉr.n hnw* 10 *rmṯ pꜣ pr* 68 *nb hnw* 2½ *ỉr.n nḥḥ hnw* 170 *nḥḥ hnw* 180

L10 [...] *bꜣḳw hnw* [...] *ỉr.n hnw* 10 *nb nḥḥ hnw* 2 *ỉr.n hnw* 10 *rmṯ pꜣ pr* [6]7 *nb hnw* 2½ *ỉr.n nḥḥ hnw* 167[½] *nḥḥ hnw* 177[½]

L11 [...] *bꜣḳw hnw* [...] *ỉr.n hnw* 10 *nb nḥḥ hnw* 2 *ỉr.n hnw* 10 *rmṯ pꜣ pr* [7]7 *nb hnw* 2½ *ỉr.n nḥḥ hnw* 192½ *nḥḥ hnw* 202[½]

L12 [...] *bꜣḳw hnw* [...] *ỉr.n hnw* 10 *nb nḥḥ hnw* 2 *ỉr.n hnw* 10 *rmṯ pꜣ pr* [6]4 *nb hnw* 2½ *ỉr.n nḥḥ hnw* 160 *nḥḥ hnw* [170]

L13 [...] *bꜣḳw hnw* [...] *ỉr.n hnw* 10 *nb nḥḥ hnw* 2 *ỉr.n hnw* 10 *rmṯ pꜣ pr* 6[3] *nb hnw* 2½ *ỉr.n nḥḥ hnw* 57½ *nḥḥ hnw* 167[½]

L14 [...] *bꜣḳw hnw* [...] *ỉr.n hnw* 10 *nb nḥḥ hnw* 1 *ỉr.n hnw* 10 *rmṯ pꜣ pr* 40½ *nb hnw* 2[½] *ỉr.n nḥḥ hnw* 101¼ *nḥḥ hnw* 106¼

L15 [...] *bꜣḳw hnw* [...] *ỉr.n hnw* 10 *nb nḥḥ hnw* 2 *ỉr.n hnw* 10 *rmṯ pꜣ pr* 34 *nb hnw* 2½ *ỉr.n nḥḥ hnw* 85 *nḥḥ hnw* 95

L16 [...] *bꜣḳw hnw* [5] *ỉr.n hnw* 10 *nb nḥḥ hnw* 1 *ỉr.n hnw* 10 *rmṯ pꜣ pr* 33 *nb hnw* 2½ *ỉr.n nḥḥ hnw* 82½ *nḥḥ hnw* 87[½]

L17 [...] *bꜣḳw hnw* [...] *ỉr.n hnw* 10 *nb nḥḥ hnw* 2 *ỉr.n hnw* 10 *rmṯ pꜣ pr* 38 *nb hnw* 2½ *ỉr.n nḥḥ hnw* 85 *nḥḥ hnw* 105

L18 [...] [...] [...] [...] [...] [...] [...] [...] [...] [...] [...] [...] *rmṯ pꜣ pr* 2 *nb hnw* 2½ *ỉr.n nḥḥ hnw* 5 *nḥḥ hnw* 5

L0 ……100。L1 ……日常的报酬 辣木油 130 赫因；芝麻油 130 赫因。L2 ……芝麻油 2156 赫因。L3 辣木油用量 130 赫因，芝麻油用量 2286 赫因。明细如下：

	辣木油	共分配	每人分配芝麻油	分配	后宫仆人	每人分配	共分配芝麻油	总计芝麻油
	赫因	赫因	赫因	赫因	名	赫因	赫因	赫因
L4	5	10	2	10	89	2½	222½	232½
L5	5	10	2	10	70	2½	175	185
L6	5	10	2	10	70	2½	175	185
L7		10	2	10	69	2½	172½	182½
L8		10	2	10	78	2½	195	205
L9		10	2	10	68	2½	170	180
L10		10	2	10	67	2½	167½	177½
L11		10	2	10	77	2½	192½	202½

〔1〕 阿蒙所爱、拉之所选之乌塞尔哈皮尔拉：法老塞提二世。

	辣木油	共分配	每人分配芝麻油	分配	后宫仆人	每人分配	共分配芝麻油	总计芝麻油
	赫因	赫因	赫因	赫因	名	赫因	赫因	赫因
L12		10	2	10	64	2½	160	170
L13		10	2	10	63	2½	57½	167½
L14		10	1	10	40½	2½	101¼	106¼
L15		10	2	10	34	2½	85	95
L16	5	10	1	10	33	2½	82½	87½
L17		10	2	10	38	2½	85	105
L18					2	2½	5	5

背面・下 a

L1 ⸤*ḥsbt-sp* 2 *ȝbd* … *ỉw=tw m pr rʿ-msỉ-sw mrỉ-ỉmn*⸥ *wḏȝ snb pȝ kȝ ʿȝ n pȝ-rʿ-ḥrw-ȝḫty*

L2 ⸤… *ḥȝty-ʿ*⸥ *pȝ-sr n mr-wrt* ⸤…⸥ *r-ḏbȝ rmw ʿnb tmȝ* 50

L3 ⸤…⸥ *n wḥʿ pȝ-ḫȝrw sȝ ỉmn-ms tpyt* ⸤…⸥ *ḥḳȝt* 1520 *wp=st*

L4 ⸤…⸥ 3 1 4 5 4 4 5 3 3 2 2 2 2

L5 ⸤…21 100 100⸥ 4 122 120 12⸤8⸥ 132⸤+⸥ 113 111 60 57 68 3

L6 ⸤…⸥ *ỉbšt* 20 *šʿyt ỉpt* 8

L7 ⸤…12⸥

L1 统治第 2 年，……，……王室（记录）于拉–哈拉凯悌[1]（神庙中的）阿蒙所爱之拉美西斯的“伟大之卡”[2]葬祭庙，L2 麦尔乌尔市长帕塞尔收到代替鱼的苜蓿垫 50 个，L3 ……阿蒙摩斯之子渔夫帕海如，小鱼……[3] 1520 赫卡特。明细如下：[4]

L4 ……3 1 4 5 4 4 5 3 3 2 2 2 2

L5 ……21 100 100 4 122 120 128 132+[5] 113 111 60 57 68 3

L6 …… 面包 20 个；蛋糕 8 欧普。

L7 ……12

---

〔1〕拉–哈拉凯悌：太阳神“拉”的一个称谓，其字面含义为“拉——地平线上的荷鲁斯”。

〔2〕卡：精神，指人的本生体，古埃及人认为卡是永恒的。

〔3〕小鱼 [……]：原文为（象形文字），“小鱼”后的祭司体埃及语或为书吏手误，本书在转录时即处理为圣书体（象形文字），并以红色标示。因其意不明，在译文中仅以 [……] 表示。

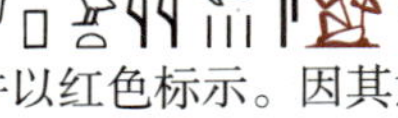

〔4〕按，以下两行数字即账目明细。由于纸草残缺，文献中仅存两串数字，其所代表的物品则已无从知晓。

〔5〕132+：原文在“30”与“2”之间尚有残缺，据之判断，原数可能是 133 或 134。

背面·下 b

L.1 *ḥsbt-sp* ⸢2⸣ *ȝbd* 1 *prt* 10 *ỉw=tw m pr* ⸢*rꜥ-msỉ-sw*⸣ ⸢*mrỉ-ỉmn*⸣ *pȝ kȝ ꜥȝ n pȝ-rꜥ-ḥrw-ȝḫ̮ty*

L.2 *šsp m pȝ ḥtrỉ n rmw nty ḥr ḥȝty-ꜥ pȝ-sr n mr-wrt tpywt šwy* [...]

L.3 *ỉr ỉnt* 1600 *wp=st* 159 127 127 125 141 123 ⸢120+⸣

L.4 116 114 73 65 60 70 2

L.5 *ỉnw n pȝ ỉmy-r nst nswt dỉw r mꜥkw pr pn t nfr ꜥḳw ꜥȝ* 10 *ḥnḳ ḳdt* [...]

L.6 *ḥsbt-sp* 2 *ȝbd* 1 *prt* 11 *ỉw=tw m pr rꜥ-msỉ-sw mrỉ-ỉmn* ⸢*ꜥnḫ*⸣ *wḏȝ snb pȝ kȝ ꜥȝ pȝ-rꜥ-ḥrw-ȝḫ̮ty*

L.7 *šdyt m wḏȝ n pr pn dỉw n ỉry-ꜥȝ sš-sȝw-nb-nḫt r* ⸢*pȝ*...⸣

L.1 统治第 2 年，播种季，第 1 月，第 10 天，王室（记录）于拉－哈拉凯悌（神庙中）阿蒙所爱之拉美西斯的“伟大之卡”葬祭庙。L.2 麦尔乌尔市长帕塞尔收到鱼税：干鱼[……][1]。L.3 制作的鱼 1600 条。明细：159 127 127 125 141 123 [120+][2] L.4 116 114 73 65 60 70 2 L.5 王室宝座总管的因努税：对后宫物质上的支持，质量上乘的面包：大个面包 10 个；叙利亚啤酒[……]。[3]

L.6 统治第 2 年，播种季，第 1 月，第 11 天，王室（记录）于拉－哈拉凯悌（神庙中）阿蒙所爱之拉美西斯的“伟大之卡”葬祭庙。L.7 从这座房子的库房中取出，交给看守人塞什萨乌奈布奈赫特，以便[……]。[4]

---

〔1〕干鱼[……]：原文为，“干鱼”后的祭司体埃及语或为书吏手误，本书在转录时处理为圣书体，并以红色标示。因其意不明，在译文中则与之后若干残缺内容合并，共同以[……]表示。

〔2〕120+：原文中“20”后残缺，残缺部分内容或是“10”或是“1”，原数当在 120~199 之间。

〔3〕按，这段文献揭示出，王室宝座总管的因努税 *inw* 是服务于神庙的。

〔4〕按，这段文献揭示出，从麦尔乌尔市长处收集的鱼，很可能是从其他人手中得到的。这些人与信中受到“指示”的人无关，收到指示的人是外国人。后者很有可能是鱼的最终接受者，但是不能确定的是鱼的两种交付方式是否是相同的。

并且，这段文献中出现了两个税收术语：一个是赫特瑞（*ḥtri*），另一个是蒙恩（*mn*）。如果将两种税收方式结合起来，就是一种互惠的方式。赫特瑞税可以理解为市长对法老应尽的义务，而蒙恩则是作为一种针对某些已尽义务的报酬而支付给受雇者和看管人的。赫特瑞和蒙恩有着本质上的不同，赫特瑞税的形式是一些鱼、面包和垫子，而蒙恩“报酬”则是统一的辣木油和芝麻油，由此可见，两者所包含的支付物品是不同的。

这说明，市长交给后宫的赫特瑞税事实上是市民交付给后宫的。另外，至少有一部分后宫雇工是外国人雇佣者，他们主要负责与帕拉神的祭祀相关的活动。

这些文献告诉我们，后宫收到鱼、芝麻油和辣木油（可能也有面包）后，又重新分配给后宫的依附者和雇工，而赫特瑞税中的一些就有这种用途。

5. 古拉布 G 号纸草残片

英语名：*Papyrus Gurob Fragment G*

圣书体：A.H. Gardiner, *Ramesside Administrative Documents*, pp. 20–21

英译本：D. Warburton, *State and Economy in Ancient Egypt*, pp.149–151

正　面

L1 [...] *ḫrr* [5] *msy* [...]

L2 [... *rd*] *ṯn=f ỉsw*(?) 39

L3 *šdyt m wḏꜣ n pr pn r*

L4 *pꜣ tp n rnpt ḥb*

L5 *sšr nswt m kꜣ-ṯtw ḫrr* 1

L6 *sšr nswt msst* 1

L7 *mk sꜣ-pꜣ* 5

L8 *mk nfꜥ* 10

L9 *šmꜥ nfrwy ỉdg* 6

L10 *šmꜥ nfrwy msst* 3

L11 *šmꜥ ỉdg* 15

L12 *šmꜥ msst* 15

L13 *šmꜥ sꜣtw ṯnfy*

L14 *rdỉ r* [*ỉnw*...]

L15 *m ḏrt sš stḫ n pr pn*

L16 *šmꜥ ỉdg* [6]

Lx+1 [...] *ỉr m* [*kꜣ-ṯtw*...]

Lx+2 [...] *nb n* [*kꜣ-ṯtw*...]

Lx+3 [...] *mꜣ wḏw mrw n ḫsbḏ*

L1 ……捆 5 件，长袍…… L2 ……39 捆纸草， L4 为节日的开幕仪式， L3 从库房中取出： L5 王室亚麻布，作为外套(?)，1 件； L6 王室亚麻布长袍，1 件； L7 “迈克”布，取出 5 件； L8 “迈克”麻布，取出 10 件； L9 双层优良薄裙，6 件； L10 双层优良薄袍，3 件； L11 薄裙，15 件； L12 薄袍子，15 件； L13 薄腰布(?)； L14 袋子(?)……。带来因努税 L15 从这座房子……的书吏塞提的手中： L16 薄裙，6 件……

Lx+1 ……制作成外套(?)……； Lx+2 外套都为……； Lx+3 ……用天青石装饰的木板……

背　面

L1-1| [...]

L1-2| [*ḥsbt-sp* ... 10 ... *ỉw=tw*] *m pr rꜥ-msỉ-sw mrỉ-ỉmn ꜥnḫ wḏꜣ snb pꜣ kꜣ ꜥꜣ n pꜣ-rꜥ-ḥr-ꜣḫty*

L1-3| [...] *ḥbsw rdỉt r pꜣ nty tw ỉm m tꜣ wḏyt m ḏrt*

L1-4| [...] *pr ḫnty m mr-wrt* [...]

L1-5| *sš nswt ỉpt stḫ n pr pn* [...]

L1-6| *nswt nswt-bỉty wsr-mꜣꜥt-rꜥ stp-n-rꜥ ꜥnḫ wḏꜣ snb sꜣ rꜥ rꜥ-ms-sw mrỉ-ỉmn ꜥnḫ wḏꜣ snb*

L2-1| [...] *dꜣỉw* 24 *ỉr n ḥḏ dbn* [...]

L2-2| *ḫsbḏ nfrwy ḏbn* 6 *ḥḏ dbn* [...]

L2-3| *ḫsbḏ dbn* 40 [...]

L2-4| *wꜣḏ dbn* 10 [...]

L2-5| *ḥrrt kṯ* [...]

L1-1 …… L1-2 执政……第10天……，王室（记录）于拉（神庙中）阿蒙所爱之拉美西斯的“伟大之卡”葬祭庙。L1-3 ……将衣物交给远途归来的人，从手中 L1-4 ……在麦尔乌尔后宫。L1-5 ……后宫书吏，这座房子里的塞提。……在上下埃及之王、拉所选之乌塞尔玛阿特拉，拉之子、阿蒙所爱之拉美西斯的执政时期中。

L2-1 ……“斯克特”布24匹，制作成银……德本；L2-2 优质天青石，6德本，（制作成）银……德本；L2-3 天青石40德本，（制作成）……德本银；L2-4 玉石10德本，（制作成）……德本银；L2-5 红花染料……[1]

〔1〕按，此段文献表明，后宫与布料和服装加工等有关。

6. 毕尔盖石碑

英语名：*The Bilgai Stele*

圣书体：*KRI*, Vol IV, pp. 341–343

英译本：D. Warburton, *State and Economy in Ancient Egypt*, pp.182–185

正　面

La　*⸢rdỉ⸣.n=k ḥb-sd* [...]

Lb　[...]*nṯrw*

L1　*ḥr kꜣ nḫt* [...] *rḳyw* [...*stẖ*⸣

L2　*sꜣ nwt* [...]

L3　*r nty* [...]

L4　*sꜣ nwt* [...] *ꜥḥꜥ n mḥ* [...]

L5　*šꜣwḏ* [...] *wrt n*

L6　*ỉmn n wsr-mꜣꜥt-rꜥ* [...] *ꜥḥꜥ* [...]

L7　[...] *nꜣ nṯrw r ḥtp*

L8　*⸢ḥr⸣ st=n* [...] *pꜣ dmy ỉw=w m nṯrw*

L9　*ꜥꜣy m pt* [... *tꜣ ḥwt nt ḥḥ*⸣ *m rnpt n nswt bỉty* [...] *⸢m pr⸣*

L10　*ỉmn ḥr ỉmnt wꜣst ỉmy-r pr* [...] *bꜣk* [...]

L11　*wsr-mꜣꜥt-rꜥ stp-n-rꜥ* [...] *dỉw nḥḥ ḥr rn* [...]

L12　[...] *n tꜣ nb ỉw=st ḥr sḥtp=f* [...]

L13　*ỉw=f ỉ ỉrỉ* [...] *m tꜣy=f šnwt ỉw=f ỉ ỉrỉ* [...]

L14　*mḥ* [...]

La ……我赐 你数不尽的欢乐节日 …… Lb …… 众神。

L1 荷鲁斯，引导者 ……他们的 (?) 敌人们 ……塞特，L2 努特之子 …… L3 ……塞特，L4~6 努特之子 …… 重要的 妻子 (?) 的（属于）拉所选之 乌塞尔玛阿特拉[1]的阿蒙，然后 …… L7 …… 神圣祭品。

L8 在他们的宫殿上 …… 城镇，他们作为 神，L9~10 天空中伟大（的神）…… 上下埃及之王的 “万年永在”葬祭庙…… 位于西底比斯阿蒙（神庙）中。看管 者……，顺从的仆人 使得 (?) …… L11 拉所选之乌塞尔玛阿特拉 ……被赐 予永恒之 名 (?) …… L12 整片土地的 ……，他们对他满意 ……(?)…… 他使 …… 从他的谷仓，他使 …… …… L14 肘尺 ……

背　面

L1　[...] *ỉwnw nty ḥr rsy ỉwnw ꜥḳꜣ* [...]

L2　[...] *r* [...]*tw m st swtwt n ỉmn n wsr-mꜣꜥt-rꜥ stp-n-rꜥ r nḥḥ* [...]

L3　[...] *mỉ-ḳd pr ỉmn n wsr-mꜣꜥt-rꜥ stp-n-rꜥ ỉw-bn mdw sn snt wꜥ nb n hꜣw=ỉ* [...]

L4　[...] *ỉrw nty ỉw=f r ḫprw mtw=f sẖỉ ḥr r tꜣ ỉpt ỉ.ỉrỉ* [...] *ꜥꜣt ⸢n tꜣ nb⸣*

L5　[...] *ỉtf r tm m dỉt ḥtp ỉmn n wsr-mꜣꜥt-rꜥ stp n rꜥ ỉm=st r tnw ḥꜥw=f m wp nb mtw=f*

---

〔1〕 拉所选之乌塞尔玛阿特拉：法老拉美西斯二世。

L6 […] rmṯw ỉm=st rdỉ.tw=f r ky hꜣw ỉw-bn sw m nꜣ sḥ n nḥwt n ỉpt ỉw=f m bꜣkw n ỉmn n

L7 wsr-mꜣꜥt-rꜥ stp n rꜥ ỉw=f m ḫbꜣ n nꜣ nṯrw n tꜣ pt nꜣ nṯrw n pꜣ tꜣ ỉw=f m ḫbꜣ n nswt

L8 n hꜣw=f bn šsp dỉ=tw wdn tw=f nb bn ꜥḥꜥ=f ḥr sprt mn snw bn ꜥḥꜥ sꜣ=f r st=f bn ḫprw ỉrỉ.t=f nb

L9 bn ḫꜣm=f r pꜣ nty nb ỉw=f r ỉrỉ=f ḫr ỉr ỉmy-r ḫt m-sꜣ nb n pꜣ wꜣḏ-wr ỉrw nty ỉw=f r ḫprw ỉw pr ỉmn n wsr-mꜣꜥt-rꜥ stp n rꜥ r ḫt=f

L10 m[tw=f] rdỉt ḥr=f n tꜣ ỉpt ỉ.ỉrỉ […] ꜥꜣ[t] n tꜣ nb n ỉtf=st ỉmn n wsr-mꜣꜥt-rꜥ stp-n-rꜥ mtw=f rdỉt ḥtp ỉmn n wsr-mꜣꜥt-rꜥ stp-n-rꜥ ỉm=st

L11 r tn ḫꜥw=f m wpw nb sꜣwty ỉtf tm ỉṯꜣ rmṯ ỉm=st rdỉ.tw=f r ky hꜣw ỉw-bn sw

L12 m nꜣ sḫnt n tꜣ ỉpt ỉrỉ […] ꜥꜣ[t] n tꜣ nb n ỉmn n wsr-mꜣꜥt-rꜥ stp-n-rꜥ pꜣy=st nfr ỉw=f m ḥsỉ

L13 ỉmn n wsr-mꜣꜥt-rꜥ stp n rꜥ ỉw=f m ḥsỉ nꜣ nṯrw n tꜣ pt nꜣ nṯrw n pꜣ tꜣ ỉw=f m ḥsỉ nsw n hꜣw=f ꜥḥꜥ=f sprt mn

L14 snw ḫꜣw=f r tꜣy=f ỉꜣwt ỉmy-r ḫt m-sꜣ sbꜣ=ỉ ꜥḥꜥ sꜣ=f r st tw=f hꜣb tw=f m wpt ḏd=f smỉ

L15 [s]t ḫꜣm nꜣy=f ẖrdw r sḫpr=w nb ỉrỉ=f ḏd=ỉ n sš nsw ỉmy-r pr n tꜣ ḥwt nt ḥḥ m rnpwt nswt nt […]

L16 m pr ḥr ỉmnt wꜣst ỉmy-r pr pꜣ-bpꜣ-sꜣ n pr stḫ mry-n-ptḥ m pr ỉmn ỉnk sr mnḫ n nb=f ḥr mḥ šmw mḥ šꜣyt ꜥšꜣ p-

L17 ꜣy=ỉ ḥꜣw n šmw šꜣyt m 10 n ḳb r pꜣy=ỉ ḥtrỉ šmw šꜣyt 4632 n mnt n ỉrp

L18 [pꜣy]=ỉ bꜣkw-rmṯ ỉrỉ=ỉ ỉnỉ=tw m 30000 ḥꜣw 25368 bw-pw nḏm wnw m ꜥꜣ n pr

L19 […] n=ỉ m tnr nb ỉ ỉrỉ=ỉ m kfꜣw sp-sn 70 n mnt n bỉt pꜣy=ỉ ḥtrỉ bỉt ỉnỉ.n=ỉ st m 700

L20 […] m 630 70000 ḥḳꜣt pꜣy=ỉ šmw n rnpt ỉnỉ.n=ỉ st m 140000 ḥꜣw m 70000 ỉnk wsỉr m […]

L21 […] pꜣ-ỉ-ỉrỉ-ỉ nb-ḥprw-ỉrỉ-ỉ ỉpt n ỉmn n wsr-mꜣꜥt-rꜥ stp-n-rꜥ ḥr pꜣ sdw […]

L22 tꜣ ḥwt nt ḥḥ m rnpwt nswt bỉtỉ […] m pr ỉmn ḥr ỉmnt wꜣst m ỉpt ḥr sdw

L1 ……南部的赫利奥坡里斯，赫利奥坡里斯固有的…… L2 ……属于拉所选之乌塞尔玛阿特拉的阿蒙领地，为了永恒的……， L3 该神庙属于拉所选之乌塞尔玛阿特拉的阿蒙神庙。

没有源于我的兄弟姐妹或者我的亲属的言论。…… L4 ……至于任何一位已经到达的海防官员，（他们）应该忽视由伟大的女王(?)……为所有土地之主(?)建造的葬祭庙。 L5 ……她的父亲，或者阻止拉所选之乌塞尔玛阿特拉的阿蒙在其所显现的节日中休息， L6 或者应让（在此祭庙附近工作的）人们远离它，让（这些人）去别处工作，超越该祭庙的审判权，他应在 L7 拉所选之乌塞尔玛阿特拉的阿蒙神庙的权威下，他应被天空和大地之众神鄙视，他亦应被他所处时代的国王鄙视。

L8 没有人接受他的祭品，他不应依靠他兄弟们的良好的名声而存在，他的儿子不应继承他的位置，他也没有任何作为。 L9 他不应掌管他所负责的事情。而至于那负责拉所选之乌塞尔玛阿特拉的阿蒙神庙的海防官员， L10~11 致力于服务阿蒙神葬祭庙，（该庙）由所有土地的伟大女王(?)为其父——拉所选之乌塞尔玛阿特拉建造，让拉所选之乌塞尔玛阿特拉的阿蒙居于其中，在他所显现的节日中休息。 L12 不应让（在此葬祭庙附近工作的）人们远离它，并且在别处雇佣他们，（不应）僭越我的葬祭庙的审判权，（该庙）由这片土地上的伟大王后为其强大的父亲——拉所选之乌塞尔玛阿特拉的阿蒙所建。

L13~14 他应被拉所选之乌塞尔玛阿特拉的阿蒙所颂扬，被所有的天空和大地之神所颂扬，亦由他所生活的时代的国王所歌颂。他应建立于他兄弟们的好名声上，他应保留作为要塞将领的职位，他的儿子应接替他的位置。（他被）赋以使命，他应阐述他的汇报。 L15~16 他的子孙应在他所（得到过的）教育下成长。[1]

我对王室书吏、西底比斯阿蒙神庙内“万年永在”法老葬祭庙的神庙总管、阿蒙神庙内普塔所爱之塞提葬祭庙的神庙总管帕布帕撒说：“我是效忠于国王的官员，（我交付了）足够的丰收税和足够的沙伊特税。L17~18 特别是，我还超额（上交了）丰收税和沙伊特税，是我应上缴的赫特瑞税——丰收税加沙伊特税的 10 倍：我的巴库－瑞迈特税是 4632 迈奈特罐酒，但是，我让他们带走了 30000（迈奈特罐）：多出 25368（迈奈特罐）。监管人奈宅姆没有前来协助我做任何事情，L19 所有的事情都是我一人完成。甚至于我的赫特瑞税 70 迈奈特罐蜂蜜，却被带走了 700（迈奈特罐），L20 这意味着多出 630 罐。我一年的谷物税是 70000 赫卡特，我上交了 140000（赫卡特），多出 70000（赫卡特）……”[2]

L21 帕伊瑞和奈布赫普如伊瑞，拉所选之乌塞尔玛阿特拉所建的阿蒙神庙……L22 和位于西底比斯阿蒙神庙的拉所选之乌塞尔玛阿特拉的“万年永在”葬祭庙，在神庙和人工湖……

---

〔1〕按，此段中提及的神庙和属于阿蒙神庙的拉美西斯二世的（三桅船圣坛）小礼拜堂是这位官员在塔沃斯瑞特统治时期在一些人的督办下建造的。所支付的物品将送至第十九王朝的国王斯普塔的祭葬庙，送至祭庙管理员，即该文献的接受者。所支付的物品似乎是神庙依附民的产品，而这些依附民是不能离开神庙的。这就意味着这个经济过程与神庙有关，而政府参与神庙经济的情况则是偶然的。文献中的不知其名的官员是一个海防员，因此他也是个政府官员。他拒绝将土地和三桅船圣坛一起捐赠出去，说明该官员质疑将土地从他私人财产中剥离并另作安置的做法，同时他也不愿意捐赠三桅船圣坛。

三桅船圣坛是他个人主动修建的，这并不是他应承担的义务。如果这个解释是对的，那么他的义务就是他应正常缴纳的税额，这与他的收入多少有关。由于他没有祭司头衔，他向阿蒙神庙所尽的义务则是依据其职权的大小。

〔2〕按，根据文献记载的赋税数量，如果上交的物品不是谷物则被称为“沙伊特税”*šꜣyt*，谷物税则称为“丰收税”*šmw*，它们都可称为“赫特瑞税”*ḥtri*。“赫特瑞”还有一个特殊含义，即蜂蜜，而单独出现的“巴库－瑞迈特”*bꜣkw-rmṯ* 则意为酒。丰收税的计量单位通常是“赫尔”*ẖꜣr*，而在该文献中则是“赫卡特”*ḥḳꜣt*（与“袋”相似，此为文献中的“谷物单位”），一般情况下，1 赫卡特 = ¼ 欧普（*ipt*），而 1 欧普 = ¼ 赫尔。

根据 81/82 号祭司体陶石片和博洛尼亚 1086 号纸草记载，每位农夫每年可上交 200 袋谷物。如果本文中的海防官员一年需上交 140000 袋谷物，那么就应雇佣 700 名农夫。根据韦伯纸草的估算方法，能够拥有 7000 阿鲁拉土地便是大地主，甚至于拥有其 ¼ 就已经是大地主了。因此，文献中海防员管理 700 名农夫和 14000 阿鲁拉土地的情况是不太可能发生的。若以四分之一来估算，即 175 位农夫，并假设他是把一年的丰收税作为几年的来上交，那么，其土地规模就减少了。作为赫特瑞税的 700 迈奈特罐蜂蜜与《哈里斯纸草》中记录的 1370 迈奈特罐（拉美西斯三世在他统治的 30 年里献给阿蒙神庙的税，参见 §15aL3、§18bL7）相比较，这一数量差不多是其一半。而作为巴库－瑞迈特税的 30000 迈奈特罐的葡萄酒也差不多是拉美西斯三世在他统治时期向阿蒙神庙敬献量 62000 罐酒的一半（§15aL14、§18aL11）。

7. 卢浮宫皮革残片（节选）

英语名：*The Louvre Leather Fragment A*

圣书体：A. Gardiner, *Ramesside Administrative Documents*, pp. 60–61

英译本：A. Gardiner, "Ramesside Texts Relating to the Taxation and Transport of Corn," *JEA* 27(1941), pp.70–71

L1 *ḥsbt-sp* 2 *ꜣbd* 3 *šmw* [… *ḫꜣy*(?) … *ḥr pr ỉmn*] [*ḥꜣty*]-*ꜥ* [*hbnfr*] *n nỉwt*
L2 *sš mry-rꜥ sš pꜣ*[…] *sš ḫn-sw-ḥtp* […]
L3 *ḫꜣy m pꜣ ḫpr* […] *nỉwt ḥr pr ỉmn*
L4 *ỉḥt nꜣ n ỉḥwty*(?) *ḫn-sw* […] *sṯꜣṯ* 12
L5 *ỉnỉ sṯꜣt* 10 *m ḫꜣr* 2 *ỉrỉ.n ḫꜣr* 150(?)
L6 *wꜥw pnt-wr sꜣ nfr-rnpt sṯꜣṯ* ½ ¼ *m ḫꜣr*(?) 1¾
L7 *wꜥw stḫ-msw sꜣ ḥwy sṯꜣṯ* 1 *m ḫꜣr*(?) 1¾

L1 国王统治的第 2 年，丰收季，第 3 月。…… 测量 (?)…… 通过阿蒙神庙。市长哈布奈菲尔前往城市 (?)。

L2 书吏迈瑞拉、书吏 ……、书吏宏苏赫泰普，

L3 在帕赫普尔城 (?)…… 测量，通过阿蒙神庙。

L4 耕种者宏苏的耕地，…… 12 阿鲁拉。

L5 带来，10 阿鲁拉在 (?)，2 袋，产出 150 袋 (?)。

L6 军人彭特沃瑞——奈弗尔如尼普之子，（土地）½¼ 阿鲁拉，缴纳 (?)1¾ 袋。

L7 军人塞提努斯——胡伊之子，（土地）1 阿鲁拉，缴纳 (?)1¾ 袋。[1]

〔1〕这些词条通常都具有某种相对固定的形式，譬如"头衔＋名字 A, 名字 B 之子，n 阿鲁拉，1¾ 袋"，其中，无论土地数量是多少阿鲁拉（一般不超过 3 阿鲁拉，即大约 2 英亩的一小块土地），而袋数却都保持在 1¾ 袋不变。本段中所给出的耕作者其职业是军人，类似的其他职业还应该有铜匠、彩陶器制作者(?)、镶嵌者、木材提供者、口粮回收者以及其他职业者，遗憾的是，有关这些职业类型的具体内容现都已缺失。

8. 哈里斯 1 号纸草（节选）

英语名：*Papyrus Harris I (The Great Harris Papyrus)*

圣书体：W. Erichsen, *Papyrus Harris I Hieroglyphische Transkription*, pp. 1–97

英译本：D. Warburton, *State and Economy in Ancient Egypt*, pp.194–197

J. H. Breasted, *Ancient Records of Egypt*, Vol. IV, pp. 110–206.

序　言

§1 L1 *ḥsbt-sp 32 ꜣbd 3 šmw sw 6 ḫr ḥm nswt-bit wsr-mꜣꜥt-rꜥ mri-imn ꜥnḫ wḏꜣ snb sꜣ rꜥ rꜥ-ms-sw ḥḳꜣ-iwnw ꜥnḫ wḏꜣ snb mry nṯrw nṯrwt nbw*

L2 *ḫꜥw nswt m ḥdt mi wsir ḥḳ wbn igrt mi itm nb bḥdw wr m ḫnw tꜣ ḏsrt sb nḥḥ-ḏt m nswt dwꜣ nswt-bity wsr-mꜣꜥt-rꜥ mr-imn sꜣ rꜥ rꜥ-ms-sw-ḥḳ-iwnw pꜣ nṯr ꜥꜣr*

L3 *ḏd=f imy swꜣš dwꜣ sns sꜣw ꜣḫw tnr ꜥšꜣt i ir=f m nswt m ḥḳꜣ ḥr tp tꜣ [r] pr itf=f šps imn-rꜥ nsw nṯrw*

L4 *mwt ḫnsw nṯrw nbw wꜣst pr itf=f šps šsp itm nb tꜣwy iwnw rꜥ-ḥrw-ꜣḫty iw sꜥꜣst nbt-ḥtp nṯrw nbw iwnw pr itf=f šps*

L5 *ptḥ ꜥꜣ rsy inb=f [nb] ꜥnḫ-tꜣwy sḫmt ꜥꜣt mry ptḥ nfr-tm ḫwi tꜣwy nṯrw nbw ḥwt-kꜣ-ptḥ pr itf=f šps nṯrw nṯrwt nbw šmꜥ*

L6 *mḥw m nꜣ ꜣḫw nfrw i.ir=f n nꜣ rmṯ n pꜣ tꜣ n kmt tꜣ nb r sḥwy=w r ḏrw m sp wꜥ rdit ꜥm*

L7 *itf nṯrw nṯrwt nbw šmꜥ mḥw rmṯ rpꜥwt rḫyt nb ḥnmmt nb m nꜣ ꜣḫw ḳnw tnr ꜥšꜣt*

L8 *i ir=f ḥr tp tꜣ m ḥḳꜣ ꜥꜣ n kmt*

§1 L1 统治第 32 年，丰收季，第 3 月，第 6 日，上下埃及之王阿蒙所爱之乌塞尔玛阿特拉，为众神所深爱的拉之子赫利奥坡里斯统治者拉美西斯，L2 戴着白冠的王之显现，就像照耀冥界的奥西里斯，就像法老王冠之主阿图姆[1]，作为冥界之王永恒地行走于红土地上；上下埃及之王阿蒙所爱之乌塞尔玛阿特拉，拉之子赫利奥坡里斯统治者拉美西斯，伟大之神。

L3~6 他以赞扬、崇拜和恭维（的方式）宣告：

（将）众多战利品，作为国王，作为土地统治者，进献给位于底比斯的（以下诸位的）神庙：他威严的父亲，众神之王阿蒙－拉[2]，穆特，宏苏[3]，以及其他众神；进献给位于赫利奥坡里斯的（以下诸位的）神庙：他威严的父亲，赫利奥坡里斯的两土地之主阿图姆，拉－哈拉凯悌[4]，骚西斯，奈伯特霍特

〔1〕 阿图姆：古代埃及创世神话中的创世神，赫利奥坡里斯九神系的首神。

〔2〕 阿蒙－拉：阿蒙神的称谓之一。

〔3〕 穆特，宏苏：古埃及神祇，穆特是阿蒙神之妻，宏苏是阿蒙神之子。

〔4〕 拉－哈拉凯悌：拉神的称谓之一，其字面意义即“拉——地平线上的荷鲁斯神”。

普[1]，以及其他众神；进献给位于孟菲斯的（以下诸位的）神庙：他威严的父亲，两土地生命之主、他的城墙之南、伟大的普塔，普塔所爱之伟大的塞赫迈特[2]，两土地之庇护者奈弗尔图姆[3]，以及其他众神；位于上下埃及的（以下诸位的）神庙：他威严的父亲，神圣的众神。

L7~8 让他们的父亲——上下埃及众神，让人民——所有贵族和普通人，即太阳的子民知晓：他通过为埃及人民和其他土地人民进献上等贡品，使他们团结如一体，作为埃及的伟大统治者在土地上进献的数不尽的战利品。

底比斯神庙

§4 L3 *šdi mr m-bꜣḥ=s bꜥḥ m nwn dgꜣ m mnw ꜣḫꜣḫ mi tꜣ mḥw mḥ=i r ḥḏw=s m ḫt tꜣw kmt*
L4 *nbw ḥḏ ꜥꜣt nb mi ḥfnw šnwt=s nꜣ gsgs m nfr ḥkꜣt wꜣḥ ḥkꜣt ꜣḫt mnmnt=s ꜥšꜣt=sn mi šꜥyt nw wḏb ḥtri=i sn*
L5 *tꜣ šmꜥ mi tꜣ mḥw tꜣ ḫnt ḏꜣhy n=s ḫr bꜣkw=sn ꜥrḳ=ti m ḥꜣḳw i.rdi=k n=i m tꜣ pḏt psḏt* [*ḏꜣmw* …]

§7 L4 *wꜣḥ=i n=k ꜥbt m ḥb tp trw r-mꜣꜥ r ḫft ḥr=k r tnw ḫꜥw=k iw ꜥpr m t ḥnḳt iḥw ꜣpdw irpw snṯr tnw dgꜣ nn rdi=sn iw=sn ḥtri m mꜣwt ḥr srw rwḏw m ḥꜣw ꜣḫw nb i iri=i n kꜣ=k*

§9 L2 *m imi-pr n rn k msy sšmw=k sr ḥtp m ḫnw=f imn n rꜥ-ms-sw ḥk-iwn ꜥnḫ wḏꜣ snb iw.n=f ḫꜣstyw nw rṯnw*
L3 *ḫr inw=sn n ḥr=f mi nṯr=f stꜣ=i tꜣ dmḏ.n=k ḫr bꜣkw=sn r ms=w r wꜣst niwt.k štꜣ*

§10 L1 *sḥwy ḫt iꜣwt kꜣmy ꜣḥt mnšw wḫrwt dmi i rdi=w pr ꜥꜣ ꜥnḫ wḏꜣ snb r pr itf=f šps*
L2 *imn-rꜥ nsw nṯrw mwt ḫnsw nṯrw nbw wꜣst imy-pr=i r nḥḥ ḏt*

§11 L1 *sšmw ḥwt twt ib-ibw bꜣkw n=w nꜣ srw ṯꜣy sryt rwḏw rmṯ pꜣ tꜣ*
L2 *i rdi=w pr ꜥꜣ ꜥnḫ wḏꜣ snb ḫr sdf pr imn-rꜥ nsw nṯrw r nḥwt=w r wšb ḥr ḥr=w r nḥḥ dt*
L3 *nṯrw* 2756 *iri.n tpw dmḏ* 5164
L4 *dmḏ tpw* 86486
L5 *iḥw iꜣwt dḥrw šbn* 421362
L6 *kꜣmw šnyw* 433
L7 *ꜣḥt stꜣt* 864168¼
L8 *krr mnš* 83
L9 *wḫrt ꜥš šnty* 46
L10 *dmi n kmt* 56
L11 *dmi n ḫꜣrw kš* 9 *dmḏ* 65

§12a L1 *ḥt šꜣyt bꜣkw-rmṯ smdt nb n tꜣ ḥwt nswt-bit wsr-mꜣꜥt-rꜥ mri-imn ꜥnḫ wḏꜣ snb m pr imn*
L2 *m ꜥ rst mḥty r ḥt srw pr wsr-mꜣꜥt-rꜥ mri-imn ꜥnḫ wḏꜣ snb m pr imn m niwt pr rꜥ-ms-sw ḥk-iwnw ꜥnḫ wḏꜣ snb m pr imn*

〔1〕骚西斯，奈伯特霍特普：赫利奥坡里斯神，是创世神阿图姆所拥有的一对智慧的概念。后者演化成阿图姆神创世之前握着其阳具的手。

〔2〕塞赫迈特：拉神之女，普塔神之妻，常以母狮的形象出现。

〔3〕奈弗尔泰姆：原初的蓝莲花。

L3 *t3 ḥwt rʿ-ms-sw ḥḳ-iwnw ʿnḫ wḏ3 snb ẖnmw ršwt m pr imn-m-ipt pr rʿ-ms-sw ḥḳ-iwnw ʿnḫ wḏ3 snb m pr ẖnsw t3 5 mnmnt*

L4 *iryt r pr pn i rdi nswt wsr-m3ʿt-rʿ mri-imn ʿnḫ wḏ3 snb p3 ʿ3 nṯr r n3y=w r ḥḏw wḏ3w šnwt*

L5 *m p3y=sn ḥtri rnpt*

L6 *nbw nfr dbn* 217 5

L7 *nbw n ḫ3st gbtyw dbn* 61 3

L8 *nbw n kš dbn* 290 8⅛

L9 *dmḏ nbw nfr nbw n ḫ3st dbn* 569 6⅛

L10 *ḥḏ dbn* 10964 9

L11 *dmḏ nbw ḥḏ dbn* 11546 8

L12 *ḥmt dbn* 26320

L13 *sšr nswt mkw šmʿt nfr šmʿt nʿʿ ḥbs n dmḏ* 3722

L14 *sšr dbn* 3795

L15 *snṯr bit nḥḥ 3ʿʿ šbn* 1047

§12b L1 *sḏḥw irpw 3ʿʿ šbn* 25405

L2 *ḥḏ m ḫt m b3kw-rmṯ rdyt r p3 ḥtpw nṯr dbn* 3606 1

L3 *sšr hḳ3t n b3kw iḥwty* 309950

L4 *w3ḏ-smw mrw* 24650

L5 *mḥyt nʿḫ* 64000

L6 *3pdw n mw b3kw n n3 k3pw wḥʿw* 289530

L7 *iw3 rnn n iw3 šbnt wnḏw n ḳdwt n r n mnmnwt kmt* 847

L8 *iw3 rnn n iw3 ng3 šbnt wnḏw m b3kw n n3 t3w n ḫ3rw* 19 *dmḏ* 866

L9 *rw ʿnḫ n š3yw* 744

L10 *ʿš skty ḏ3i* 11

L11 *šnty skty iḥyt-mrw ḥw ḥn-iḥw ṯrt kr* 71

L12 *dmḏ ʿš šnty kr* 82

L13 *ḫt wḥ3t m rḫt ʿš3t r p3 ḥtpw nṯr*

§13a L1 *nbw ḥḏ ḫsbd m3ʿt mfkt m3ʿt ʿ3t nb m3ʿt ḥmt ḥbs n sšr nsw mkw*

L2 *šmʿt nfr šmʿt ḥbs sš 3ʿʿwt 3pdw ḫt nb i.rdi nswt wsr-m3ʿt-rʿ mri-imn ʿnḫ wḏ3 snb p3 ʿ3 nṯr*

L3 *m inw n nb ʿnḫ wḏ3 snb r sḏf3w pr itf šps imn-rʿ nsw nṯrw mwt ẖnsw š3ʿ*

L4 *m rnpt* 1 *r rnpt* 31 *ir.n* 31 *n rnpt*

L5 *nbw nfr kṯmt dmḏt* 42 *ir.n dbn* 21

L6 *nbw nfr m sʿḥʿ gsr n ʿ3m (?)* 22 *ir.n dbn* 3 3

L7 *nbw nfr m mḥ gsr n ʿ3m (?)* 9 *ir.n dbn* 1 3½

L8 *nbw nfr m sʿḥʿ mḥ m ʿ3t nb m3ʿt š3ḳ n wḥ3 n imn* 1 *ir.n dbn* 22 5

L9 *nbw nfr m ḳhḳh ʿwty* 1 *ir.n dbn* 9 5½

L10 *dmḏ nbw nfr m ʿprwt dbn* 57 5

L11 *nbw n sp-sn m sʿḥʿ m mḥ gsr n ʿ3m* 42 *ir.n dbn* 4 5½

L12 *nbw n sp-sn k3 ḥr k3* 2 *ir.n dbn* 30 5

L13 *dmḏ nbw n sp-sn dbn* 35 ½

L14 *nbw ḥḏ gsr n ʿ3m* 310 *ir.n dbm* 16 3½

§13b L1 *nbw ḥḏ rns 264 ỉr.n dbn 48 4*
L2 *nbw ḥḏ m ḳmꜣ gsr n ʿꜣm n nṯr 108 ỉr.n dbn 19 8*
L3 *nbw ḥḏ ḥsꜣw n wḏꜣ 155 ỉr.n dbn 6 2*
L4 *dmḏ nbw ḥḏ dbn 90 7½*
L5 *dmḏ nbw nfr nbw n sp-sn nbw ḥḏ dbn 183 5*
L6 *ḥḏ kꜣ ḥr kꜣ sprt m nbw m sʿḥʿ 1 ỉr.n dbn 112 5*
L7 *ḥḏ ḥbs kꜣ ḥr kꜣ 1 ỉr.n dbn 12 3*
L8 *ḥḏ sḫnkt n kꜣ ḥr kꜣ 1 ỉr.n dbn 27 7*
L9 *ḥḏ kꜣ ḥr kꜣ 4 ỉr.n dbn57 4½*
L10 *ḥḏ gꜣwt ʿꜣt ḥr ḥbs 31 ỉr.n dbn 105 4*
L11 *ḥḏ ʿfdt ḥr ḥbs 31 ỉr.n dbn 74 4*
L12 *ḥḏ ʿrḳ 6 ỉr.n dbn 30 3*
L13 *ḥḏ m ḳḥḳḥ ʿwty 1 ỉr.n dbn 19 3½*
L14 *ḥḏ m ḳḥḳḥ ʿnw 2 ỉr.n dbn 287 ½*
L15 *ḥḏ m ḳnḳn šbn dbn100*
L16 *dmḏ ḥḏ m ḥnw ḳnḳn šbn dbn 827 1¼*

§14a L1 *dmḏ nbw ḥḏ m ḥnw ḳnḳn šbn dbn 1010 6¼*
L2 *ḫsbd mꜣʿt ỉnr 2 ỉr.n dbn14 ½*
L3 *ḥmt m ḳḥḳḥ ʿnw 4 ỉr.n dbn 822*
L4 *ʿntyw šw dbn 5140*
L5 *ʿntyw šw ḥḳꜣt 3*
L6 *ʿntyw šw hnw 20*
L7 *ḫt n ʿntyw šw 15*
L8 *prt ʿntyw m ỉpt 100*
L9 *sšr nsw dw 37*
L10 *sšr nsw dw ḥrỉ 94*
L11 *sšr nsw hmn 55*
L12 *sšr nsw ḏꜣw 11*
L13 *sšr nsw štꜣ sšr ḥr 2*
L14 *sšr nsw ḏw 1*
L15 *sšr nsw ỉdg 690*
L16 *sšr nsw msst 489*
L17 *sšr nsw ḥbs n pꜣ twt šps n ỉmn 4*

§14b L1 *dmḏ sšr nsw ḥbs šbn 1383*
L2 *mk swḥ 1*
L3 *mk ḏꜣyt 1*
L4 *mk m kṯt ḥbsyt n pꜣ twt šps n ỉmn 1*
L5 *dmḏ mk ḥbs šbn 3*
L6 *šmʿt nfr dw 2*
L7 *šmʿt nfr ḏw 4*
L8 *šmʿt nfr dw ḥrỉ 5*
L9 *šmʿt nfr ỉdg 31*
L10 *šmʿt nfr msst 29*
L11 *šmʿt nfr šnwḏy 4*
L12 *dmḏ šmʿt nfr ḥbs šbn 75*
L13 *nʿʿ ḏꜣiw 876*
L14 *nʿʿ msst 6779*
L15 *dmḏ nʿʿ ḥbs šbn 7125*
L16 *dmḏ sšr nsw mkw šmʿt nfr šmʿt nʿʿ ḥbs šbn 8586*

§15a L1 *snṯr ḥḏ mnt 2159*
L2 *snṯr ḥḏ mnt 12*
L3 *bỉt mnt 1065*
L4 *nḥḥ n kmt mnt 2743*
L5 *nḥḥ n ḫꜣrw msḥ 53*
L6 *nḥḥ n ḫꜣrw mnt 1757*
L7 *ʿḏ ḥḏ mnt 911*
L8 *ʿḏ rꜣ mnt 385*
L9 *smỉ mnt 20*
L10 *dmḏ ꜣʿʿ dns 9125*
L11 *šdḥ mnt nʿʿ 1377*
L12 *šdḥ kb 1111*
L13 *ỉrp mnt 20078*
L14 *dmḏ šdḥ ỉrp mnt kb 22556*
L15 *ḫrst wḏꜣt 185*
L16 *ḫsbd wḏꜣt 217*

§15b L1 *ḫnmt ḫprr 62*
L2 *mfkt ḫprr 224*
L3 *ḥsmn mỉnw ḫprr 224*
L4 *ḫsbd ḫprr 62*
L5 *ʿꜣt šbn wḏꜣt 165*
L6 *ʿꜣt šbn ḫtm m tyt 62*
L7 *ṯḥnt ḫtm 1550*
L8 *ṯḥnt rns 155000*
L9 *ṯḥnt hnw 155*
L10 *ḫt skḥ mnš 31*
L11 *šst ipip 1*
L12 *ʿš bꜣnyny 6*
L13 *ʿš tpt 1*
L14 *nnyb ḫt 3 ỉr.n dbn 610*
L15 *ḳdy ḫt 1 ỉr.n dbn 800*
L16 *ḳnỉ mr 17*

§16a L1 *tỉšps mstỉ 246*
L2 *tỉšps mr 82*

L3 *ỉꜣrrt mstỉ* 52
L4 *nkptỉ mstỉ* 125
L5 *ỉwfyt mstỉ* 101
L6 *ḥḳḳ m hꜣiw mstỉ* 26
L7 *dgꜣ ḥḳꜣt* 46
L8 *ỉꜣrrt pdr* 1809
L9 *ỉꜣrrt mꜣḥ* 1869
L10 *ỉnhrmꜣ pdr* 375
L11 *bkỉ m ỉpt* 1668
L12 *kꜣ šbn* 297
L13 *r ꜥnḫ* 2940
L14 *trp r ꜥnḫ* 5200
L15 *ꜣpdw n mw ꜥnḫ* 126300

§16b L1 *r ḫpn m sṯt* 20
L2 *ḥsmn dbt* 44000
L3 *ḥmꜣt dbt* 44000
L4 *wḏw nwḥ* 180
L5 *wḏw fꜣy* 50
L6 *wḏw srḥꜣt* 77
L7 *wḏw wꜣwꜣt* 2
L8 *sbḫn* 60
L9 *psšt bḫn* 1150
L10 *idnỉnỉw* 60
L11 *ḥḏw mstỉ* 50
L12 *mtrt wꜥb dbn* 750

§17a L1 *wdnw ꜥbt wꜣḥ n nswt wsr-mꜣꜥt-rꜥ mri-ỉmn ꜥnḫ wḏꜣ snb pꜣ ꜥꜣ nṯr n ỉtỉ=f*
L2 *ỉmn-rꜥ nsw nṯrw mwt ḫnsw nṯrw nbw wꜣst m pꜣ* 20 *n hrw n wdnw ꜥbt*
L3 *wsr-mꜣꜥt-rꜥ mri-ỉmn ꜥnḫ wḏꜣ snb sḥb wꜣst n ỉmn m ꜣbd* 1 *šmw* 26 *r ꜣbd* 2 *šmw* 14
L4 *ỉr.n hrw* 20 *šꜣꜥ m ḥsbt-sp* 22 *r ḥsbt-sp* 32 *ỉr.n* 11 *n rnpt ḥnꜥ nꜣ wdnw n*
L5 *ḥb ỉpt rsy m ꜣbd* 2 *ꜣḫt* 19 *r ꜣbd* 3 *ꜣḫt* 15 *ỉr.n hrw* 27 *šꜣꜥ*
L6 *m ḥsbt-sp* 1 *r ḥsbt-sp* 31 *ỉr.n* 31 *n rnpt*
L7 *t nfr wdnw ḫꜣr ꜥꜣt* 1057
L8 *t nfr sid ꜥꜣ* 1277
L9 *nfr bꜣḫ ꜥꜣ* 1277
L10 *t nfr ḏdmt ḥr tꜣ* 440
L11 *t wdnw ḫꜣr ꜥꜣ* 43620
L12 *ḏmꜥ ḏrw pr n snṯr* 685
L13 *ḥnkt ꜥt ḥnkt* 4401 *ỉr.n*
L14 *t nfr ỉwf šꜥyt rḥs ḥtp n mꜣꜣ* 165
L15 *t nfr ỉwf šꜥyt rḥs ḥtp n nbw* 485

§17b L1 *t nfr ỉwf šꜥyt rḥs ḥtp n ỉmw* 11120
L2 *t nfr ỉwf šꜥyt rḥs ṯꜣy n rdỉ ỉmw* 9845
L3 *t nfr ỉwf šꜥyt rḥs gꜣy n sr* 3720
L4 *t nfr n ḥtpw nṯr dnỉt n nbw ꜥpr* 375
L5 *t nfr n ḥtpw nṯr bỉꜣt* 62540
L6 *t nfr n ḥtpw nṯr psn* 106992
L7 *t nfr n ḥtpw nṯr t ḥḏ* 13020
L8 *t nfr ꜥḳw ꜥꜣ ỉmw* 6200
L9 *t nfr sꜥb mꜥr(?)* 24800
L10 *t nfr ꜥḳw n hꜣwt* 16665
L11 *t nfr ꜥḳw ꜥꜣ* 992750
L12 *t nfr ps ꜥḳw ḥꜣt* 17340
L13 *t nfr t ḥḏ n wdnw* 572000
L14 *t nfr t bnbn* 46500
L15 *t nfr kršt* 441800

§18a L1 *t nfr wdnw* 127400
L2 *ḳwnk t ḥḏ* 116400
L3 *t nfr pꜥt* 262000
L4 *dmḏ t nfr ꜥḳw šbn* 2844357
L5 *šꜥyt rḥs ṯmṯm* 344
L6 *šꜥyt ỉpt* 48420
L7 *rḥs ỉpt* 28200
L8 *sk ꜥ* 3130
L9 *šdḥ mnt* 2210
L10 *šdḥ kb* 310
L11 *ỉrp mnt* 39510
L12 *dmḏ šdḥ ỉrp mnt kb* 42030
L13 *ḥnkt ḥnw šbn* 219215
L14 *bḳ nḏw mnw* 93
L15 *bḳ nḏw hnw* 1100

§18b L1 *snṯr ḥḏ mnt* 62
L2 *snṯr ỉpt šbn* 304093 *ỉr.n*
L3 *snṯr sḳw mnt* 778
L4 *bḳ dšr mnt* 31
L5 *nḥḥ mnt* 93
L6 *nḥḥ hnw* 110000
L7 *bỉt mnt* 310
L8 *ꜥḏ ḥḏ mnt* 93
L9 *ḏdtw mnt* 62

L10 *šmꜥt dw* 155
L11 *šmꜥt rwḏ* 31
L12 *sš ifd* 31
L13 *sš msst* 44 *dmḏ* 261
L14 *mnḥ dbn* 3100
L15 *dḳrw nb nfrt kbs* 620
L16 *dḳrw nb nfrt ṯꜣy* 620

§19a L1 *dḳrw ḥtp* 559500
L2 *dkrw dnỉ* 78550
L3 *dꜣbw bꜣkw ỉpt* 310
L4 *dꜣbw bꜣkw mḫꜣ* 1410
L5 *dꜣbw bꜣkw mstỉ* 55
L6 *dꜣbw m ỉpt* 15500
L7 *dꜣbw ṯꜣy* 310
L8 *mhwt sꜣ t* 3100
L9 *tỉšps ḥtp* 220
L10 *ṯỉšps mstỉ* 155
L11 *sꜥm ḥtp* 1550
L12 *šꜣwt ḥḳꜣt* 620
L13 *ḥṯn ḥḳꜣt* 310
L14 *ḥṯn ꜥnbw* 6200
L15 *ỉꜣrrt mstỉ* 117
L16 *ỉꜣrrt ṯꜣy* 1150

§19b L1 *prt šmꜥw ḥḳꜣt* 8985
L2 *ꜥnb tmꜣ* 620
L3 *ḏmꜥ ṯbwt* 15110
L4 *ḥmꜣt ḫꜣr* 1515
L5 *ḥmꜣt dbt* 69200
L6 *ḥsmn dbt* 75400
L7 *wmt dw* 150
L8 *pš sbḫn* 265
L9 *mrsyr mr* 3270
L10 *gꜣš mr* 4200
L11 *dḫr ṯbwt* 3720
L12 *ḥḳḳ m ỉpt* 449500
L13 *ỉnhrmꜣ ỉpt* 15500
L14 *ỉnhrmꜣ pdr* 1240
L15 *ḏdtw gꜣy* 310
L16 *ḳrḥḥ n nw n r n mrtyw* 9610

§20a L1 *ḏmꜥ ḏrww ỉpt* 3782
L2 *nbd ỉpt* 930
L3 *ỉwꜣ* 419
L4 *rnn n ỉwꜣ* 290
L5 *ngꜣ* 18
L6 *šbnt* 281
L7 *ḫr sꜣ* 3
L8 *wnḏw* 740
L9 *tpyw* 19
L10 *ỉwꜣ* 1120
L11 *dmḏ ỉwꜣ šbn* 2892
L12 *ỉwꜣ n mꜣ ḥḏ* 1
L13 *mꜣ ḥḏ* 54
L14 *nrꜣw* 1
L15 *gḥs* 81
L16 *dmḏ* 137
L17 *dmḏ ỉꜣwt šbn* 3029

§20b L1 *r ꜥnḫ* 6820
L2 *ḥt-ꜥꜣ ꜥnḫ* 1410
L3 *trp ꜥnḫ* 1534
L4 *ḏꜣw ꜥnḫ* 150
L5 *mst ꜥnḫ* 4060
L6 *ꜣpdw n mw ꜥnḫ* 25020
L7 *mnỉt* 57810
L8 *pꜥt ꜥnḫ* 21700
L9 *ꜥšꜣ ꜥnḫ* 1240
L10 *grpt* 6510
L11 *dmḏ ꜣpdw šbn* 126250
L12 *ḳrḥ mḥ rmw ḫr ḥt ṯꜣw* 440
L13 *rmw ḥḏ* 2200
L14 *šnꜥ mš* 15500
L15 *rmw wgs* 15500

§21a L1 *rmw tm* 441000
L2 *rnpwt bꜣkw m ḥrrt bhꜣ* 124
L3 *rnpwt ms ḳꜣỉ* 3100
L4 *rnpwt bꜣkw m ḥrrt sty šꜣ* 15500
L5 *ỉsw ỉpt* 124351
L6 *ḥrrt mꜣḫw* 60450
L7 *ḥrrt krḥt* 620
L8 *ḥrrt ḫsbd hꜥs* 12400
L9 *ḥrrt ḏrt* 46500
L10 *ḥrrt ḏdmt* 110
L11 *sšny ḏrt* 144720
L12 *sšny ms* 3410

L13 *sšny ḏrt* 110000
L14 *ṯwf ms* 68200
L15 *ṯwf ꜥ* 349000

§21b L1 *ꜥbw ꜥꜣ bꜣkw ḥrrt* 19150
L2 *bnr mḏꜣỉw* 65480
L3 *bnr ḥnk* 3100
L4 *smw ḏdmt* 2170
L5 *smw ḥrš* 770200
L6 *ỉsw ḏrt* 128650
L7 *ỉt-m-ỉt ms* 11000
L8 *ẖms ḏrt* 31000
L9 *rnpwt ms* 1975800
L10 *rnpwt ḥtp* 1975800

§4 L3 在其面前挖掘沟渠，泛滥于努中，种植树木，使其如下埃及一般茂盛。我用所有国家和埃及的物品填满它的宝库，L4 来自埃及的黄金和珍贵石料，（以及其他）数以万计的宝物。它的谷仓为大丰收的谷物所满溢。［它的］耕地，它的牧群——它们的数量如同沙粒和尼罗河畔的谷物一般数不清。我将赫特瑞税献给它。L5 上下埃及，努比亚人和腓尼基沿岸的人将他们的巴库税奉献给它。满载从异邦敌人那里缴获的战利品［……］

§7 L4［……］我在定期举行的节日典礼上向您进献节日贡品，在您出现前就向您奉献不计其数的面包和啤酒，牛群和牲畜，酒，各种香料。它们是重新分配给各官员和监工的赫特瑞税，超过所有我给您的卡的赠礼。

§9 L2［……］用作名下的财产。官员为之制作雕像，在阿蒙神庙中的赫利奥坡里斯统治者拉美西斯的居所处。叙利亚人来到此处，L3 为它带来他们的因努税，（这些因努税是叙利亚人知晓）它（神庙）的神性（而献给它的合适的贡品）。我曾将整片土地献给您，带着他们的巴库税奉献给底比斯——您的神秘城市。

§10 L1 总计贡品：牧群、园林、田地、“迈奈什”船、造船厂、村庄，由法老献给位于底比斯的（以下诸神的）神庙：他的威严的父亲、众神之王阿蒙–拉、L2 穆特、宏苏以及其他诸神，用作薪金[1]，直到永远。

§11 L1 神圣的壁龛和雕像，作为巴库税分配给官员、执旗者、代理人和这片土地上的人们，L2 由法老以这些物品所有人的身份把它们献给了众神之王阿蒙–拉神庙，直到永远。

L3 神祇	2756（位）	人口	5164（人）
L4 总计：人口	86486（人）		

〔1〕 薪金：*imy-pr* 似乎特指被转移给另一个人的一种与职位相关的薪金。

L5	牛群，羊和山羊	421362（头）	
L6	金合欢树林	433（处）	
L7	田地	864168¼阿鲁拉	
L8	“卡尔”和“迈奈什”船		83（件）
L9	雪松、金合欢木的木匠作坊	46（处）	
L10	埃及村庄	56（处）	
L11	叙利亚、努比亚村庄	9（处）	总计：65（处）

§12a L1 物品：阿蒙神庙内阿蒙所爱之乌塞尔玛阿特拉葬祭庙的所有奴仆与子民的沙伊特税、巴库－瑞迈特税，L2 由位于阿蒙神庙内赫利奥坡里斯统治者拉美西斯葬祭庙（所属）之城的阿蒙所爱之乌塞尔玛阿特拉葬祭庙的南北埃及官员负责。L3 阿蒙神庙内赫利奥坡里斯统治者拉美西斯葬祭庙，愉悦地结合于宏苏神庙内赫利奥坡里斯统治者拉美西斯的伊派特神庙。其五座神庙之物产 L4 将赐予该神庙，由阿蒙所爱之乌塞尔玛阿特拉国王——这位伟大之神进献，装满其宝库、仓库和粮库，L5 作为其年度赫特瑞税。

L6	优质黄金	217德本 5（凯特）	（19.79千克）
L7	科普托斯[1]山上的黄金	61德本 3（凯特）	（5.58千克）
L8	库什[2]黄金	290德本 8⅛（凯特）[3]	（26.46千克）
L9	总计：优质荒漠黄金	569德本 6⅛（凯特）[4]	（51.83千克）
L10	银	10964德本9（凯特）	（997.8千克）
L11	总计：金银	11546德本8（凯特）[5]	（1050.76千克）
L12	铜	26320德本	（2395.12千克）
L13	总计：王室亚麻布，优质纤薄布料，（以）衣物（计）	3722（件）	
L14	亚麻布	3795德本	
L15	香油，蜂蜜，芝麻油，（以）“阿”罐（计）	1047（件）	

〔1〕科普托斯：地名，位于底比斯东北部，上埃及第五州首府。

〔2〕库什：地名，即努比亚。

〔3〕290德本8.125凯特：沃伯吞的释读与此同，布雷斯特德读此数作290.85（J. Breasted 1940, IV, 127）。

〔4〕569德本6.125凯特：沃伯吞的释读与此同，布雷斯特德读此数作569.65（J. Breasted 1940, IV, 127）。

〔5〕11546德本8凯特：布雷斯特德认为上述金银总计的正确数字为11534德本55凯特。沃伯吞虽释读与布雷斯特德不同，但此处总计之数却与布雷斯特德所指相同，存疑待考。

§12b

L1	甜酒（?），酒，（以）“阿”罐（计）	25405（罐）	
L2	银，用作巴库－瑞迈特税和贡品	3606 德本 1（凯特）	（328.2 千克）
L3	谷物：1 赫尔，耕种者的巴库税，袋	309950（件）	
L4	新鲜蔬菜，（以）“迈如”束（计）	24650（件）	
L5	亚麻，（以）“奈库”束（计）	64000（件）	
L6	水禽，渔夫与养殖者的巴库税	289530（只或条）	
L7	公牛，牛犊，短角母牛，埃及造册者	847（头）	
L8	牛：牛犊，短角母牛，叙利亚巴库牧群	19（头）	总计：866（头）
L9	“沙伊乌”活鹅	744（只）	
L10	雪松木（做的）“斯克提”船	11（条）	
L11	金合欢木（做的）“斯克提”船、活动畜舍、“胡赫奈特伊赫”运牛船、“查尔提”小船、“卡尔”船	71（条）	
L12	总计：雪松、金合欢木（做的）船	82（条）	
L13	（其他）物品：来自绿洲及域外的大量贡品木材。		

§13a L1 白银和黄金，纯正青金石、纯正绿松石、所有纯正珍贵石料、矿石，王室亚麻布、其他亚麻布、L2 优质纤薄布料、纤薄布料做成的衣物，带有装饰的服饰，罐子，水禽，以及各种物品，由阿蒙所爱之乌塞尔玛阿特拉国王——这位伟大之神进献，L3 作为王的因努税，献给他的威严的父亲、众神之王阿蒙－拉、穆特以及宏苏的神庙，供奉 L4 于（统治）第 1 年至第 31 年，共 31 年。

L5	优质“卡特姆”黄金，……环	42（件）	21 德本		（1.911 千克）
L6	优质黄金，精工，指环	22（件）	3 德本	3（凯特）	（0.3003 千克）
L7	优质黄金，嵌饰，指环	9（件）	1 德本	3½（凯特）	（0.12285 千克）
L8	优质黄金，精工，镶宝，柱状阿蒙饰品	1（件）	22 德本	5（凯特）	（2.0475 千克）
L9	优质黄金，精锻，牌状饰品	1（件）	9 德本	5½（凯特）	（0.86905 千克）
L10	总计：优质黄金器物		57 德本	5（凯特）[1]	（5.2325 千克）
L11	二手黄金，精工，指环	42（件）	4 德本	5½（凯特）	（0.41405 千克）
L12	二手黄金，瓶	2（件）	30 德本	5（凯特）	（2.7755 千克）
L13	总计：二手黄金（制品）		35 德本	½（凯特）	（3.1895 千克）

〔1〕 57 德本 5 凯特：按，以上黄金器物统计数字合计当为 57 德本 7 凯特。

节	行	物品	数量	德本	凯特	千克
	L14	白黄金，指环	310（件）	16 德本	3½（凯特）	（1.48785 千克）
§13b	L1	白黄金，珠子	264（件）	48 德本	4（凯特）	（4.4044 千克）
	L2	白黄金，打制，供神指环	108（件）	19 德本	8（凯特）	（1.8108 千克）
	L3	白黄金，栓绳护身符	155（件）	6 德本	2（凯特）	（0.56 千克）
	L4	总计： 白黄金（制品）		90 德本	7½（凯特）	（8.26 千克）
	L5	总计： 优质黄金，二手黄金，白黄金		183 德本	5（凯特）	（16.7 千克）
	L6	银，精工，镶金，瓶	1（件）	112 德本	5（凯特）	（10.24 千克）
	L7	银，瓶盖(?)	1（件）	12 德本	3（凯特）	（1.12 千克）
	L8	银，瓶用筛器	1（件）	27 德本	7（凯特）	（2.52 千克）
	L9	银，瓶	4（件）	57 德本	4½（凯特）	（5.23 千克）
	L10	银，带盖大盒	31（件）	105 德本	4（凯特）	（9.59 千克）
	L11	银，带盖棺椁	31（件）	74 德本	4（凯特）	（6.77 千克）
	L12	银，武器箱[1]	6（件）	30 德本	3（凯特）	（2.76 千克）
	L13	银，精锻，牌状饰物	1（件）	19 德本	3½（凯特）	（1.76 千克）
	L14	银，精锻，牌状饰物	2（件）	287 德本	½（凯特）	（26.12 千克）
	L15	银，散件		100 德本		（9.1 千克）
	L16	总计：银，器皿及散件		827 德本	1¼（凯特）[2]	（75.27 千克）
§14a	L1	总计： 金、银，器皿及散件		1010 德本	6¼（凯特）[3]	（91.97 千克）
	L2	纯正天青石	2（件）	14 德本	5（凯特）	
	L3	铜，牌状饰物	4（件）	822 德本		
	L4	没药，干制		5140 德本		
	L5	没药，干制		3 赫卡特		
	L6	没药，干制		20 赫因		
	L7	没药，树		15（件）		

〔1〕 武器箱：布雷斯特德读作“量器”。

〔2〕 827 德本 1.25 凯特：按，上述银器统计数字加总为 826 德本 4.5 凯特。

〔3〕 1010 德本 6.25 凯特：按，上述金银器皿统计数字合计当为 1010 德本 3 凯特。

L8	没药，种子	100德本[1]
L9	王室亚麻布，“杜”衣服	37（件）
L10	王室亚麻布，“杜”上衣	94（件）
L11	王室亚麻布，“何奈姆”衣服	55（件）
L12	王室亚麻布，“扎乌”衣服	11（件）
L13	王室亚麻布，荷鲁斯样式的衣服(?)	2（件）
L14	王室亚麻布，“扎乌”衣服	1（件）
L15	王室头巾	690（件）
L16	王室亚麻布，“迈斯斯”衣服	489（件）
L17	王室亚麻布，威严阿蒙塑像的衣服	4（件）

§14b

L1	总计：王室亚麻布衣物	1383（件）
L2	“迈克”布料，长方形披肩	1（件）
L3	“迈克”布料，斗篷	1（件）
L4	“迈克”布料，威严阿蒙塑像的盖布	1（件）
L5	总计：“迈克”布料衣物	3（件）
L6	纤薄布料，“杜”衣服	2（件）
L7	纤薄布料，“扎乌”衣服	4（件）
L8	纤薄布料，“杜”上衣和下装	5（件）
L9	纤薄布料，头巾	31（件）
L10	纤薄布料，“迈斯斯特”衣服	29（件）
L11	纤薄布料，短裙(?)	4（件）
L12	总计：纤薄布料衣物	75（件）
L13	顺滑布料，“扎伊乌”衣服	876（件）
L14	顺滑布料，“迈斯斯特”衣服	6779（件）
L15	总计：顺滑布料衣物	7125（件）[2]
L16	总计：王室亚麻布，“迈克”、纤薄、顺滑布料，衣物	8586（件）[3]

---

〔1〕100德本：此处单位原作“*ipt*”，或为书吏手误，同样的手误例证又多见于后文（如§16a，L11）。

〔2〕7125件：按，上述顺滑布料统计数字加总得7555。

〔3〕8586件：按，上述各种衣物统计数字合计，当为9116件。

节	行	项目	数量
§15a	L1	白色香油，“迈奈特”罐	2159（件）
	L2	白色香油，“迈奈特”罐 (?)	12（件）
	L3	蜂蜜，“迈奈特”罐 (?)	1065（件）
	L4	芝麻油，埃及（产），“迈奈特”罐	2743（件）
	L5	芝麻油，叙利亚（产），“迈塞赫”罐	53（件）
	L6	芝麻油，叙利亚（产），“迈奈特”罐	1757（件）
	L7	白色油脂，“迈奈特”罐	911（件）
	L8	鹅油，“迈奈特”罐	385（件）
	L9	凝乳，“迈奈特”罐	20（件）
	L10	总计：（以）“阿”整罐（计）	9125（件）〔1〕
	L11	甜酒，“迈奈特”罐	1377（件）
	L12	甜酒，“凯布”罐	1111（件）
	L13	酒，“迈奈特”罐	20078（件）
	L14	总计：甜酒及酒，（以）“迈奈特”和“凯布”罐（计）	22556（件）〔2〕
	L15	玛瑙，“瓦吉特”之眼护身符	185（件）
	L16	天青石，“瓦吉特”之眼护身符	217（件）
§15b	L1	红碧玉，圣甲虫	62（件）
	L2	绿松石，圣甲虫	224（件）
	L3	紫水晶和石英 (?)，圣甲虫	224（件）
	L4	天青石，圣甲虫	62（件）
	L5	珍贵石料，“瓦吉特”之眼护身符	165（件）
	L6	印玺宝石，印玺和“提提”护身符	62（件）
	L7	彩釉，印玺	1550（件）
	L8	彩釉，珠子	155000（件）
	L9	彩釉，“赫因”罐	155（件）
	L10	木质灰泥（制品），王名圈	31（件）
	L11	雪花石膏	1（件）

〔1〕 9125 件：按，上述各种油料等统计数字合计，当为 9105 件。

〔2〕 22556 件：按，上述各种酒类统计数字合计，当为 22566 件。

	L12	雪松，横木	6（件）
	L13	雪松树枝	1（件）
	L14	“奈尼布”木	3（件）　610德本
	L15	“克地”木	1（件）　800德本
	L16	芦苇，“迈如”捆	17（件）
§16a	L1	“提什派斯”植物，“迈斯提”袋	246（件）
	L2	“提什派斯”植物，捆	82（件）
	L3	葡萄，“迈斯提”袋	52（件）
	L4	“奈克派提”植物，“迈斯提”袋	25（件）
	L5	“伊乌弗伊提”植物，“迈斯提”袋	101（件）
	L6	哈伊乌的“海科克”植物，“迈斯提”袋	26（件）
	L7	黄瓜(?)	46赫卡特
	L8	葡萄，“派德尔”袋	1809（件）
	L9	葡萄，束	1869（件）
	L10	石榴，“派德尔”袋	375（件）
	L11	“巴克”（植物），伊派特	1668德本[1]
	L12	多品种的牛	297（头）
	L13	活鹅	2940（只）
	L14	“泰瑞普”鹅	5200（只）
	L15	活水禽	126300（只或条）
§16b	L1	被俘获的肥鹅	20（只）
	L2	石灰碱块	44000（件）
	L3	盐块	44000（件）
	L4	棕榈树叶，捆绑的(?)	180（件）
	L5	棕榈树叶，担	50（件）
	L6	棕榈树叶，嫩芽	77（件）

〔1〕1668德本：此处单位原作“*ipt*”，或为书吏手误，与前文“没药种子”（§14a，L8）相似。

L7 棕榈树叶，纤维　2（件）

L8 垫子　60（件）

L9 小垫子 (?)　1150（件）

L10 “伊德尼尼乌”席子　60（件）

L11 洋葱，“迈斯提”袋　50（件）

L12 整洁的带子　750 德本

§17a L1 节日祭品，由阿蒙所爱之乌塞尔玛阿特拉国王——这位伟大之神进献给他的父亲、L2 众神之
王阿蒙–拉、穆特、宏苏以及所有底比斯神祇，在 20 天的献祭日中。L3 “阿蒙–阿蒙所爱之乌塞尔
玛阿特拉–底比斯节”，于丰收季第 1 月第 26 日至丰收季第 2 月第 14 日，L4 共 20 日；从第 22 年至
第 32 年，共 11 年的祭品。L5 南部欧派特节[1]，于泛滥季第 2 月第 19 日至泛滥季第 3 月第 23 日，共
27 日；进献 L6 于第 1 年至第 31 年。

L7 优质祭祀用面包，（以）大袋（计）　1057（件）

L8 优质面包，（以）大堆（计）　1277（件）

L9 优质面包，（以）大“巴赫”（计）　1277（件）

L10 优质面包，（以放在）地上的堆（计）　440（件）

L11 祭祀用面包，（以）大袋（计）　43620（件）

L12 香屋中未经打磨的粗纸草 (?)　685（件）

L13 啤酒储藏室的啤酒　4401（件）[2]

L14 优质面包，肉，沙伊特税糕，“瑞赫斯”糕，“赫特普”篮，展示用　165（件）

L15 优质面包，肉，沙伊特税糕，“瑞赫斯”糕，金碟　485（件）

§17b L1 优质面包，肉，沙伊特税糕，“瑞赫斯”糕，碟子，食用　11120（件）

L2 优质面包，肉，沙伊特税糕，“瑞赫斯”糕，碟子，“扎伊”篮，食用　9845（件）

L3 优质面包，肉，沙伊特税糕，“瑞赫斯”糕，碟子，“伽伊”皿，官用　3720（件）

L4 优质面包，“达尼特”金边篮，进贡用　375（件）

L5 优质面包，“比阿特”面包条，进贡用　62540（件）

---

〔1〕欧派特节：古代埃及的宗教节日，通常在埃及历法中的第二个月举行，其主要内容是阿蒙神以及他的配偶穆特和他的儿子宏苏从卡尔纳克神庙到卢克索神庙的巡游仪式。

〔2〕按，此行未写完，据上下文惯例，此后或许要写上某组数字，以表示相应的德本价值。

	L6	优质面包，“派斯”面包，进贡用	106992（件）
	L7	优质面包，白面包条，进贡用	13020（件）
	L8	优质面包，大“阿库”糕，食用	6200（件）
	L9	优质面包，“萨布”糕	24800（件）
	L10	优质面包，灰烤（?）“阿库”糕	16665（件）
	L11	优质面包，大“阿库”糕	992750（件）
	L12	优质面包，“派斯”糕，“阿库”糕，“哈特”	17340（件）
	L13	优质面包，祭祀用	572000（件）
	L14	优质面包，“本本”面包条	46500（件）
	L15	优质面包，“凯尔舍提”面包	441800（件）
§18a	L1	优质面包，祭司用	127400（件）
	L2	面粉（?），用于白色面包条	116400（件）
	L3	优质面包，“帕特”面包条	262000（件）
	L4	总计：各类优质面包，“阿库”	2844357（件）[1]
	L5	“沙伊”糕，“瑞赫斯”面包，（以）“柴姆柴姆”（计）	344（件）
	L6	“沙伊”糕，伊派特	48420（件）
	L7	“瑞赫斯”面包	28200（件）
	L8	“塞克”面粉，“阿”罐	3130（件）
	L9	甜酒（?），“迈奈特”罐	2210（件）
	L10	甜酒，罐	310（件）
	L11	酒，“迈奈特”罐	39510（件）
	L12	总计：甜酒和酒，“迈奈特”罐和罐	42030（件）
	L13	各种各样的啤酒，“赫努”器皿	219215（件）
	L14	甜“巴克”酒，“迈奈特”罐	93（件）
	L15	甜“巴克”，“赫因”罐	1100（件）
§18b	L1	白色香油，“迈奈特”罐	62（件）

〔1〕 2844357 件：上述各种面包统计数据合计后未能得出该数。

	L2	各类香油，伊派特	304093（件）[1]	
	L3	香油，“萨库”[2]，“迈奈特”罐	778（件）	
	L4	红巴库税，“迈奈特”罐	31（件）	
	L5	芝麻油，“迈奈特”罐	93（件）	
	L6	芝麻油，“赫因”罐	110000（件）	
	L7	蜂蜜，“迈奈特”罐	310（件）	
	L8	白色油脂，“迈奈特”罐	93（件）	
	L9	橄榄油，“迈奈特”罐	62（件）	
	L10	纤薄“杜”衣服	155（件）	
	L11	纤薄披肩	31（件）	
	L12	饰纹布单	31（件）	
	L13	饰纹“迈斯斯特”衣服	44（件）	总计：261（件）[3]
	L14	蜂蜡	3100德本	
	L15	所有好的水果，“克布斯”篮	620（件）	
	L16	所有好的水果，“扎伊”篮	620（件）	

§19a	L1	水果，碟	559500（件）	
	L2	水果，“德尼”篮	78550（件）	
	L3	无花果，巴库，伊派特	310（件）	
	L4	无花果，巴库，“迈哈”	1410（件）	
	L5	无花果，巴库，“迈斯提”袋	55（件）	
	L6	无花果，伊派特	15500（件）	
	L7	无花果，“扎伊”篮	310（件）	
	L8	“撒”面包，“迈赫乌特”	3100（件）	
	L9	“提什派斯”植物，碟	220（件）	
	L10	“提什派斯”植物，“迈斯提”袋	155（件）	
	L11	萨姆碟	1550（件）	

〔1〕按，此行未写完，据上下文惯例，此后或许要写上某组数字，以表示相应的德本价值。

〔2〕“萨库”：或指某种特定的点燃使用的香油。

〔3〕261件：此处总计所指即以上四项衣物。

	行	物品	数量
	L12	卷心菜 (?)	620 赫卡特
	L13	大蒜	310 赫卡特
	L14	大蒜，“阿奈布”包	6200（件）
	L15	葡萄，“迈斯提”袋	117（件）
	L16	葡萄，“扎伊”袋	1150（件）
§19b	L1	麦种，上埃及	8985 赫卡特
	L2	苜蓿草席	620（件）
	L3	成双的草鞋	15110（件）
	L4	盐	1515 袋
	L5	盐块	69200（件）
	L6	石灰碱块	75400（件）
	L7	薄的，“杜”衣服	150（件）
	L8	亚麻席子 (?)	265（件）
	L9	灯芯草，“迈如”捆	3270（件）
	L10	芦苇，“迈如”捆	4200（件）
	L11	成双的皮革凉鞋	3720（件）
	L12	海科克水果，伊派特	449500（件）
	L13	石榴，伊派特	15500（件）
	L14	石榴，“派德尔”袋	1240（件）
	L15	橄榄，“伽伊”器皿	310（件）
	L16	河流入口处的罐子和壶	9610（件）
§20a	L1	未经打磨的粗纸草，伊派特	3782（件）
	L2	“奈德布”篮子，伊派特	930（件）
	L3	公牛群	419（头）
	L4	小公牛	290（头）
	L5	长角牛	18（头）
	L6	小母牛	281（头）
	L7	阉牛	3（头）

	L8	短角牛	740（头）
	L9	“泰皮乌”牛	19（头）
	L10	牛群	1120（头）
	L11	总计：牛群和小母牛	2892（头）
	L12	公牛 (?)	1（头）
	L13	瞪羚	54（头）
	L14	野生山羊	1（头）
	L15	羚羊	81（头）
	L16	总计：	137（头）
	L17	总计：牲畜	3029（头）
§20b	L1	活的鹅	6820（只）
	L2	活的“赫特阿阿”鸟	1410（只）
	L3	活的“泰瑞普”鹅	1534（只）
	L4	活的鹤	150（只）
	L5	活的刚孵化出的家禽	4060（只）
	L6	活的水禽	25020（只）
	L7	活的“迈尼特”鸟	57810（只）
	L8	活的“帕特”鸟	21700（只）
	L9	活的普通家禽	1240（只）
	L10	空中的鸟	6510（只）
	L11	总计：禽类	126250（只）
	L12	鱼，“卡瑞赫”满缸，无密封盖 (?)	440（件）
	L13	白鱼	2200（条）
	L14	“沙纳”鱼，去肠去内脏	15500（条）
	L15	鱼，去内脏	15500（条）
§21a	L1	鱼，整条全鱼	441000（条）
	L2	用充满芳香的花，作为巴库税	124（件）
	L3	整束花	3100（件）

L4 用充满芳香的花，作为巴库税	15500（件）
L5 纸草花，¼	124351（件）
L6 花环	60450（件）
L7 花，凯瑞赫特束，	620（件）
L8 捆在一起的青金石色的花	12400（件）
L9 多把花束	46500（件）
L10 许多花	110（件）
L11 多把莲花	144720（件）
L12 多束莲花	3140（件）
L13 多把莲花	110000（件）
L14 多束莎草	68200（件）
L15 多块纸草	349000（件）

§21b L1 大“阿布”花，作为巴库税	19150（件）
L2 枣，（以）“玛扎伊乌”（计）	65480（件）
L3 枣，以“赫奈克”（计）	3100（件）
L4 大量的绿叶植物	2170（件）
L5 绿叶植物，“赫瑞什”束	770200（件）
L6 多把花	128650（件）
L7 用作花的多束麦穗	11000（件）
L8 多把麦穗	31000（件）
L9 花，花束	1975800（件）
L10 花，托盘	1975800（件）

赫利奥坡里斯神庙

§27 L12 *ꞽrꞽ=ꞽ n=k ẖȝ n tȝw m mȝwt m šrꞽt wꜥb ḳȝb=ꞽ nȝy=sn ȝḥt wn kfȝ wr ḳȝb ḥtpw nṯr m rẖt ꜥšȝt n rn=k ꜥȝ šps mryty*

§28 L1 *ꞽrꞽ=ꞽ n=k ȝḥt ḳnw m ꞽw mȝwt m ꜥ rsy mḥty mꞽ* 10/1000 *(?) ꞽrꞽ.n.sn wȝḏ ḥtwt ḥr rn=k mn n=k ẖr wḏt šȝꜥ nḥḥ*

L2 *ꞽrꞽ=ꞽ n=k mḥ wn pr ẖr ꞽry pt rdꞽ=ꞽ stȝ ḳbḥ r nꞽwt=k ꞽwnw r ẖr pw sẖm=w n kȝ=k ꞽtf rꜥ stȝ n=k n psḏt=k nty m sšmw=k*

L3 *ꞽrꞽ=ꞽ n=k pḏt bꞽtyw fȝy snṯr r fȝꞽ bȝkw=sn n rnpt r-r ḥḏ=k šps*

L4 *ꞽrꞽ=ꞽ n=k pḏt nw r ꞽnw mȝ ḥd r smȝꜥ=w n kȝ=k m ḥb=k nbw*

L5 *ꞽrꞽ=ꞽ n.k ẖnw mškb m rmṯ sẖpr.n=ꞽ r šd bȝkw tȝwy ḥtrꞽ šȝyt r ẖnw r-r ḥḏ=k m pr rꜥ r kb ḥtp=k nṯr r ḥḥ n sp*

§32a L.7 *ḥt šɜyt bɜkw-rmṯ n tɜ ḥwt rʿ-ms-sw ḥḳɜ-ỉwnw ʿnḫ wḏɜ snb m pr rʿ*

L.8 *nɜy tɜ ḥwt rʿ-ms-sw ḥḳɜ-ỉwnw ʿnḫ wḏɜ snb pr rʿ ḥr mḥty ỉwnw r prw wḥywt mnmnwt pr pn*

L.9 *r ḥt srw m pɜy=w ḥtri rnpt*

L.10 *ḥḏ dbn* 586　3⅔¼

§32b L.1 *ḥmt dbn* 1260

L.2 *sšr nsw mk šmʿt nfr nfr šmʿt nfr šmʿt nʿʿ ḥbs šbn* 1019

L.3 *snṯr bỉt nḥḥ ɜʿʿwt šbn* 482

L.4 *šdḥ ỉrp ɜʿʿwt šbn* 2385

L.5 *ḥḏ m ḥwt n bɜkw-rmṯ r pɜ ḥtpw nṯr dbn* 456 3½

L.6 *sšr bɜkw ỉḥwty* 17100

L.7 *wɜḏ-smw mr* 4800

L.8 *mḥy nʿḥw* 4000

L.9 *ɜpdw n mw m bɜkw n nɜ kpwt wḥʿw* 37465

L.10 *ỉwɜ rnn n ỉwɜ šbnt wnḏw n ḳdt r n mnmnt* 98

L.11 *r ʿnḫ n šɜyt* 540 ½

L.12 *ʿš ḏɜỉ* 1

L.13 *šnty wsḫ kɜr* 7

L.14 *ḥwt wḥɜt m rḫt ʿšɜt r pɜ ḥtpw nṯr*

§27 L12 我向您奉献卡塔地上新长出来的大麦。我向您提供更多的他们的耕地，为了向伟大的和拥有美好名声的您提供更多神圣祭品。

§28 L1 我为您提供（可耕种之地），包括南北地区的土地和初耕地，千分之十(?)，以他们的名义把这些内容附于木质界碑之上，通过法令使您永存。

L2 我为您建造禽舍，在里面装满各种鸟类。我把家禽送到您的城市赫利奥坡里斯，提供给您的卡，您的父亲拉，您和您所追随的九神。

L3 我送您一组蜂蜜采集者和香料看守者，他们将他们的年度巴库税献给您伟大的宝库。

L4 我送您一组狩猎者，他们将会在您的每一个节日里将公牛(?)献给您的卡。

L5 我献给您划桨者和守卫者，我这样做是为了确保两土地的巴库税、赫特瑞税能够送到拉神庙中您的宝库，为了使您的神圣祭品成千上万地增加。

§32a L7 拉神庙内赫利奥坡里斯统治者拉美西斯葬祭庙的沙伊特税和巴库－瑞迈特税， L8 位于赫利奥坡里斯北部的拉神庙内赫利奥坡里斯统治者拉美西斯葬祭庙土地上的诸多圣所、城镇、神庙牛群， L9 由众官员负责，作为其年度赫特瑞税。

L10 银　　86 德本　3⅔¼（凯特）　（53.36 千克）

§32b	L1	铜	1260 德本	（114.66 千克）
	L2	御用亚麻布，特优纤薄、优质纤薄、优质顺滑布料，（以）衣物（计），		总计：1019（件）
	L3	香料、蜂蜜、芝麻油，“阿”器皿		总计：482（件）
	L4	甜酒、酒，“阿”器皿		总计：2385（件）
	L5	银，用作祭品的巴库－瑞迈特税	456 德本 3½（凯特）	（41.528 千克）
	L6	谷物，耕种者的巴库税	17100 袋	
	L7	新鲜绿色植物，“迈如”捆	4800（件）	
	L8	亚麻，“纳胡”包	4000（件）	
	L9	水禽：饲养员和渔民的巴库税	37465（只）	
	L10	多头公牛、小公牛、短角母牛和牧群中被登记的牛群	98（头）	
	L11	活的“沙伊特”鹅	540½（只）	
	L12	雪松渡船	1（条）	
	L13	金合欢木船和“卡尔”船	7（条）	
	L14	献祭用的高质量的贡品，来自国外或者绿洲		

孟菲斯神庙

§48 L2 *ỉrỉ=ỉ n=k pḏt bỉtyw fȝy snṯr snṯ=ỉ n=w mškb r stȝstȝ=sn r šd bȝkw=sn rnpt r-r ḥḏ=k šps r mḥ wḏȝ n pr=k m ḫt ꜥšȝt r ḳȝb ḥtpw=k nṯr r mȝꜥw n kȝ=k*

L3 *ỉrỉ=ỉ n=k šnwt mḥ m ỉt bty ḥr ꜥḥꜥw ḳnw ḥr tkn r ḥry r sḏfȝ ḥwt nṯr=k n rꜥ nb n ḥr=k mry pȝ ỉr tȝ*

L4 *ỉrỉ=ỉ n=k twt n nb ꜥnḫ wḏȝ snb m nbw m ḳmȝ ktḥw n ḥḏ wꜥb m kmȝ m mỉtt m pd ḥr tȝ m bȝḥ=k ẖr dnỉt ꜥbȝ ḥr ḥtpw nṯr m t ḥnḳt r smȝꜥ m bȝḥ=k m ẖrt hrw*

L5 *ỉrỉ=ỉ n=k ḫntỉ ꜥȝ n pȝy=k wbȝ ỉw=f sꜥb m nbw nfr m ỉr nȝy=f stỉ m nbw ḥḏ ḫtỉ ḥr rn=k ꜥpr m ḥtpw nṯr m nfr nb r smȝꜥ m bȝḥ=k tp dwȝyt*

L6 *ỉrỉ=ỉ n=k ḳȝr r-r dpt mnš m ẖnw wȝḏ wr ꜥpr m ỉswt mnš m rḫt ꜥšȝt r ẖnỉ ḫt tȝ nṯr bȝkw tȝ ḏȝhy nȝy=k r ḥḏ ꜥȝy n nỉwt=k ỉnb*

L7 *ỉrỉ=ỉ n=k ꜥbt ꜥȝy m wȝḥ m mȝwt r smȝꜥ n kȝ=k r tnw ḫꜥw=k ỉw ꜥpr m t ḥnḳt ỉḥw ȝpdw snṯr dḳrw rnpy šdḥ ỉrpw sšr nsw mkw ḳnw šmꜥ nfr*

L8 *nḥḥ snṯr bỉt ꜥntyw šw ḫȝw nb nfr nḏm styn ḥr=k mryt nb nṯrw*

L9 *ỉrỉ=ỉ n=k ꜥbt ꜥȝy tp nwy n rn=k ꜥȝ šps mryt ptḥ-nwn ỉtf nṯrw ỉw sḏfȝw m kȝt t m ḳmȝ n mw m wbȝ=k ꜥȝ šps n ỉnb msḥ*

L10 *n ꜥšm=k nbw psḏt n ḏt mw ỉw=w ḥtrỉ ḏrỉw ḥr r ḥḏ wḏȝ šnwt mḏt hȝmw r tnw rnpt r sḥtp ḏȝḏȝt ꜥȝt n nwn ḥtp wnf m ḥb n pȝ ptrw*

L11 *mḏḥ=ỉ wỉȝ=k šps nb-nḥḥ n mḥ 130 ḥr tp-ỉtr m ꜥš ꜥȝ mȝꜥ m tp ḫntš pȝy=f pr-wr m nbw m ꜥȝt mȝꜥt r-šȝꜥ-r mw nbw r rỉt tw=f nb*

§51b L3 *ḫt šȝyt bȝkw-rmṯ n tȝ ḥwt rꜥ-ms-sw ḥḳȝ-ỉwnw ꜥnḫ wḏȝ snb m pr ptḥ*

L4 *mnmnt rꜥ-ms-sw ḥḳȝ-ỉwnw ꜥnḫ wḏȝ snb m pr ptḥ pr wsr-mȝꜥt-rꜥ mrỉ-ỉmn ꜥnḫ wḏȝ snb pȝ dmỉt*

L5　*m mr ỉmnt rʿ-ms-sw ḥḳɜ-ỉwnw ʿnḫ wḏɜ snb m pr ptḥ r-pr pr pn nty stɜ r*

L6　*nɜy=w r ḥḏw m pɜy=sn ḥtrỉ rnpt*

L7　*ḥḏ dbn* 98 3⅔¼

L8　*šmʿ nfr šmʿ nʿʿ ḥbs šbn* 133½

L9　*ỉrp mnw* 390

L10　*ḥḏ m ḫt n bɜkw-rmṯ r pɜ ḥtpw nṯr dbn* 144 3⅒

L11　*sšr m bɜkw n nɜ ỉḥwty* 37400

L12　*wɜḏ-smw mrw* 600

L13　*ỉwɜ rnn wnḏw n ḳdt r n mnmnt* 15½

§52a　L1　*r ʿnḫ n šɜyt* 135

L2　*ḫt kmt ḫt tɜ nṯr ḫt ḫɜrw ḫt kš*

L3　*wḥɜt r pɜ ḥtpw nṯr m rḫt ʿšɜ*

§48　L2 我向您提供一组蜂蜜采集者和香料看守者，将他们聚集到一起是为了确保他们（能够准时）给您的伟大的宝库上交年度巴库税，充盈您数量众多的神庙，增加向您提供的贡品的数量并且将这些贡品献给您的卡。L3 我将能填满您粮库的大麦和小麦献给您——这些谷物堆积成山且高可近天，将您神庙里每日的贡品献给为您——为大家所深爱的面孔，天空之眼[1]。L4 我向您提供塑像，它饰以黄金和纯银，并且在您出现时，“德尼特”器皿多至覆盖了整片大地，作为节日贡品和神圣的祭品的面包和啤酒也会在您出现的日子里向您提供。L5 在您的前厅，我向您提供大量的饰以闪耀黄金的罐子支架，它上面的罐子用金和银雕刻着您的名字，在黎明您现身的时刻，向您献上神圣的贡品和所有好的东西。L6 我为您献上“卡尔”船和能在海中航行的“迈奈什”船，这艘船上堆积了大量的来自神之土地上的贸易品，还有来自巴勒斯坦的巴库税，这些都是献给您用墙围起来的城市的伟大的宝库。L7 我向您献上大量的节日贡品，在您每次出现的时候将这些贡品献给您的卡。这些贡品包括：面包、啤酒、牛群、家禽、香料、水果、绿色植物、甜酒和酒，还有许多质量上乘的纺织品。L8 芝麻油、香料、蜂蜜、干制没药，和一切甜蜜芳香的好东西，献给您——为大家所深爱的面孔，众神之主！L9 我在泛滥季之始向您献上大量的节日贡品，（在）您威严的父亲，为人所深爱的名字普塔－努恩[2]，众神之父（的神庙里），在您鳄鱼围场威严的前厅（我献上）面包和原始瀛水，L10 为您所有的塑像和永恒的水中九神[3]。他们全部的赫特瑞税充盈着您的宝库、粮库、牛舍、鸟巢，每年这样做都是为了让伟大的创世神努恩在巡视节日时满意而高兴。L11 我用“泰普”树林供奉的优质香松为您建造了大三桅船“奈布奈赫赫”号，长达130肘尺，用于泰普伊特尔节日。船上有黄金与珍贵石料做成的伟大王宫，直到水中；还有黄金制成的船舷。

〔1〕天空之眼：指太阳神拉。

〔2〕普塔－努恩：普塔神的称谓之一。

〔3〕九神：古埃及神话中的阿图姆、舒、泰芙努特、努特、盖博、奥西里斯、伊西斯、塞特和奈弗提斯。

§51b L3 物品：普塔神庙内赫利奥坡里斯统治者拉美西斯葬祭庙的沙伊特税、巴库－瑞迈特税， L4 阿蒙所爱之乌塞尔玛阿特拉的葬祭庙（所在）城镇的普塔神庙内赫利奥坡里斯统治者拉美西斯葬祭庙的牛群， L5 位于普塔神庙内赫利奥坡里斯统治者拉美西斯葬祭庙西部土地上，献自该地各圣所及该神庙，将其赐予 L6 国库，作为其年度赫特瑞税。

L7 银	98 德本　3⅔¼（凯特）	（8.95 千克）
L8 亚麻布，优质纤薄、顺滑布料，（以）衣物（计）	133½（件）	
L9 酒，“麦尼”罐	390（件）	
L10 银，作为神圣贡品的巴库－瑞迈特税	144 德本　3⅒（凯特）	（13.132 千克）
L11 耕种者谷物，作为巴库税	37400 袋	
L12 新鲜绿色植物，“迈如”捆	600（件）	
L13 牛、小牛犊、短角母牛和登记过的牛	15½	

§52a L1 活的“沙伊特”鹅	135（只）	

L2 物品：（来自）埃及；物品：（来自）神祇之土；物品：（来自）叙利亚；物品：（来自）库什、 L3 绿洲，用以进贡神灵的丰富物产。

总　计

§68b
L4　*ḫt šꜣyt bꜣkw-rmṯ smdt nb n nꜣ ḥwt*
L5　*r prw nỉwt prw rdỉ.n=f n=sn m pꜣy=sn ḥtrỉ rnpt*
L6　*nbw nfr n ḫꜣst nbw n sp-sn m ḥnw ꜥprw ḳnḳn dbn* 2289 4½
L7　*ḥḏ ḥnw ḳnḳn dbn* 14050 ⅛
L8　*dmḏ nbw ḥḏ m ḥnw ꜥprw ḳnḳn dbn* 16339 6½
L9　*nbw šbn ꜥꜣt wsḫwt ꜥprw mꜣḥw* 9
L10　*ḥḏ sꜥm m nbw wḏꜣt ḏḥwty* 1
L11　*ḥmt dbn* 27580
L12　*sšr nsw mkw šmꜥ nfr šmꜥ nꜥꜥ ḥbs šbn* 4575

§69
L1　*nwt dbn* 3795
L2　*snṯr bỉt nḥḥ ꜣꜥꜥ dns* 1529
L3　*šḏḥ ỉrp ꜣꜥꜥ šbn* 28080
L4　*ḥḏ m ḫt bꜣkw-rmṯ dbn* 4204 7½⅒
L5　*sšr m bꜣkw n ỉḥwty* 460900
L6　*wḏꜣ-smw mr* 32750
L7　*mḥyt nꜥḫ* 71000
L8　*ꜣpdw n mw m bꜣkw n nꜣ kꜣpw wḥꜥ* 426995
L9　*ỉwꜣ rnn n ỉwꜣ šbnt wnḏw n ḳdw ỉḥw n r n mnmnt n kmt* 961

L10 *ỉwꜣ rnn n ỉwꜣ ngꜣ šbnt wndw m bꜣkw n nꜣ ṯꜣw n ḫꜣrw* 19 *dmḏ* 980

L11 *r ꜥnḫ n šꜣyt* 1920

L12 *ꜥš skty ḏꜣy* 12

L13 *šnty skty ỉhy mrw ẖn ỉḥw ṯrt kꜣr* 78

§70a L1 *dmḏ ꜥš šnty kr* 90

L2 *ḫt kmt ḫt tꜣ nṯr ḫt ḫꜣry kš wḥꜣt r pꜣ ḥtpw nṯr m rḫt ꜥšꜣt*

§68b L4 物品：其葬祭庙的全部奴仆与子民的沙伊特税、巴库税，L5 献自所在城镇的诸多圣所和神庙，作为其年度赫特瑞税。

L6 荒漠（产）白色黄金，二手黄金，器皿、饰物及散件	2289 德本 4½（凯特）	（208.299 千克）
L7 银，器皿及散件	14050 德本 ⅛（凯特）	（1278.561 千克）
L8 总计：金和银，器皿、饰物及散件	16339 德本 6½（凯特）[1]	（1486.908 千克）
L9 各种金、宝石、项链、饰物及花环	9（件）	
L10 银饰，托特遗物	1（件）	
L11 铜	27580 德本	（2509.780 千克）
L12 王室亚麻布，"迈克"布料，优质纤薄布料，纤薄布料，（以）衣物（计）	4575（件）	

§69

L1 亚麻布	3795 德本	
L2 香料、蜂蜜、芝麻油，满装"阿"罐	1529（件）	
L3 甜酒、酒，"阿"罐	28080（件）	
L4 银，作为巴库－瑞迈特税	4204 德本 7½⅒（凯特）	（382.633 千克）
L5 耕种者的谷物，作为巴库税	460900 袋	
L6 新鲜绿色植物，"迈如"捆	32750（件）	
L7 亚麻，"纳胡"包	71000（件）	
L8 饲养员和渔民上缴的水禽，巴库税	426995（只）	
L9 公牛及牛犊，短角母牛，埃及造册者	961（头）	
L10 公牛及牛犊，长角牛，短角母牛，作为叙利亚巴库税	19（头）	总计：980（头）
L11 活的"沙伊特"鹅	1920（只）	
L12 雪松木"斯克提"船	12（条）	
L13 金合欢木"斯克提"船、活动畜舍、运牛船、"查尔提"小船、"卡尔"船	78（条）	

〔1〕 16339 德本 6.5 凯特：此数值中德本数与上述两项相加之和相同，而凯特的数值与两项之和略有出入。

§70a L.1 总计：雪松木、金合欢木船　　90（条）

L.2 物品：（来自）埃及；物品：（来自）神祇之土；物品：（来自）叙利亚、库什、绿洲，用以进贡神灵的丰富物产。

历史概述

§76 L.8 *st ỉrw m tm wnw ḥꜣḳ m sp wꜥ ỉnw m ḥꜣḳ r kmt mỉ šꜥ nw wḏb snty=ỉ st m nḫt pr wꜥf ḥr rn=ỉ ꜥšꜣt*

L.9 *nꜣy=sn ḏꜣmw mỉ ḫfnw ḥtri=ỉ st r ḏrw m ḥbs spd ỉt m r ḥḏw šnwt r tnw rnpt ỉry=ỉ sksk sꜣ-ꜥꜣ-ri m mhwt*

§77 L.8 *mḏḥ m ꜥš nꜣy=w ḳri m ḥmt ḥr mꜣꜥyw mḏḥ=ỉ mnš ꜥꜣy bꜣr r ḥꜣt=sn ꜥpr m ỉswt ḳnw šmsw m tnw nꜣy=sn*

L.9 *ḥryw pḏwt n mnš ỉm=sn ḥr rwḏw ḥwtyw r sdbḥ=w ꜣtp m ḫt kmt nn rdỉ=sn ỉw m tnw nb mỉ 10/1000 wḏ m pꜣy=w m mw ꜥꜣ n mw-ḳd st spr r ḫꜣst nt pwnt nn ḫꜥm st ḏw wḏꜣ ḥr ḥr*

L.10 *ꜣtp nꜣ mnšw bꜣr m ḫt tꜣw nṯr*

§78 L.1 *sn tꜣ ḫbrbr n ḫft ḥr=ỉ dỉ=ỉ st n psḏt nbw tꜣ pn r sḥtp ḥꜣwty wḏt=ỉ nꜣy=ỉ wpwty=ỉ*

L.2 *r ḫꜣst ꜥꜣ-tỉ-kꜣ r nꜣ ḫꜣt ḥmt ꜥꜣy nty m st tn ỉw nꜣy=sn mnš ꜣtp ḥr=w ktḫw m ḫrty ḥr nꜣy=w*

L.6 *wḏỉ=ỉ wdpw srw r ḫꜣst mfkt n mwt=ỉ ḥwt-ḥrw ḥnwt mfkt ms.n=s ḥḏ nbw sšr nsw mkw ḫt*

L.7 *ḳnw m bꜣḥ=s mỉtt šꜥyt ỉnw.n=ỉ bỉꜣyt n mfkt mꜣꜥt m ꜥrf ꜥšꜣ ms m-bꜣḥ=ỉ bw ptr=w ꜥn*

§76 L.8 在击败和屠杀海上民族[1]和利比亚人之后，法老命令幸存者定居于三角洲，并且定期从他们那里索取物品。L.9 …… 我，所有他们的赫特瑞税：每年都要向国库和粮仓献上布匹和谷物。我摧毁了希尔及其他部落 ……

§77 L.8 …… 是以雪松制成，它们的螺栓是用铜制成的，带有支架。我在他们面前砍断了大的"迈奈什"船和"卡尔"船。并安置了这些船员和幸存者。他们的 L.9~10 弓箭手之首是船员的负责人，在监管者和首领命令下，（他们）运载着不计其数的埃及物品，然而与总数相比，就像千分之十那样。他们与远征队一起前往河水激流入海的地方，到达蓬特[2]，他们没有受到攻击，（因为他们是有准备之人而免受其害）。他们的船上装满了神祇之地的物品 ……

§78 L.1 …… 降伏之人在我面前亲吻土地。黎明之时，我将一切物品献予这片土地上的众神，以取悦

〔1〕海上民族：来自爱琴海诸岛和小亚地区的七支部族的总称，擅长海战，于公元前十三世纪起不断侵扰东地中海沿岸各国各地区，先后灭亡了赫梯和乌加里特等国。埃及第十九王朝国王美楞普塔和第二十王朝国王拉美西斯三世统治时期向埃及武装移民，尽管被埃及击退，但其中的一些在埃及定居下来。

〔2〕蓬特：位于埃及东南部，具体位置待考，可能在今天的索马里附近。

他们的面容。我派遣了我的信使 L.2 去了阿阿提卡[1]——盛产铜矿之地。他们的“迈奈什”船装满了铜，其他由陆路运输的……

……

L.6 我派遣随从和官员去我母亲绿松石之主哈托尔（负责的）绿松石之山，并且在她出现时向她献上了银、金和王室亚麻、“迈克”亚麻，以及其他的许多 L.7 东西，所献物品之多如同数不清的沙粒。（他们）给我带回了令人惊奇的、许多用袋子装着的纯正绿松石，并呈现在我面前，在此之前从未见过……

〔1〕 阿阿提卡：位于埃及东南部，具体位置待考，可能在今天的索马里附近。

9. 卢浮宫 27151 号纸草

英语名：*Papyrus Louvre E 27151*

圣书体：P. Psener-Krieger, "A letter to the Governor of Elephantine," *JEA* 64 (1978), pp. 84–87

英译本：B. Porten, et al, *The Elephantine Papyri in English: Three Millennia of Cross-Cultural Continuity and Change*, pp. 43–44

正　面

§1 L1 [...] *ḫʿy n pr ḥr-ȝḫty ḥr nḏ ḫrt n ḥȝty-ʿ* [*mn-tw-ḥr*...]
L2 *n ȝbw m ʿnḫ wḏȝ snb m ḥst imn-rʿ nswt nṯrw r nty tw ḥr ḏd.n imn-*
L3 *rʿ-ḥr-ȝḫty iw=f ḥr wbn ḥtpw n ḥr-ȝḫty ḥnʿ psḏt*
L4 *tw=f im m-ʿ sbn=k im m-ʿ ʿnḫ=k im m-ʿ wnn=k m ḥst ḥr-ȝḫty pȝy=k nb*
L5 *r ptr. tw=i ḥnʿ ḏd r nty wn=i nȝ ʿʿw n bit i inw.n=k n pȝ nṯr*
L6 *iw=i ḥr šdi* 10 *n hnw n bit im st r pȝ ḥtpw-nṯr iw=i gm*
L7 *iw st mḥti m gsw ḏbt r-ḏrw st iw=i ḥr ḫtm st ʿn iw=i* [*ḥr*]
L8 *dit ini st n=k r rsy i.n=n mky r di sw n=k im m-ʿ ptr=f sw*
L9 *mtw=k ptr i.n=n iw=k r gm wʿ nfr mtw=k dit ini st n=i ḫr*
L10 *diw pȝ rʿ snb=k ḫr i.n=n mʿ=n n nʿ*(?) *iw=k ḥr dit ini pȝ mnt n*
L11 *snṯr m-ḏrt wʿb nṯr-msw i irw=k gm bit mtw=k dit in.tw*

背　面

§2 L1 *n=i nȝ ḫwt n nhȝ šw ḫr diw imn snb=k ḫr diw ḥr-ȝḫty*
L2 *iry=k ʿḥʿw ḳȝi nfr snb=k m-bȝḥ ḥr-ȝḫty*

§3 L1 [...] *ḫʿy n pr ḥr-ȝḫty n ḥȝty-ʿ mn-tw-ḥr* [...]

§1 L1 哈拉凯悌之屋的哈伊……问候埃利芬提尼市长蒙图赫尔赫派舍弗的身体健康状况：

L2 愿长寿、稳固、安康并备受众神之王阿蒙－拉的恩宠！我向（每日）冉冉升起又慢慢沉落的阿蒙－L3 拉－哈拉凯悌、哈拉凯悌和他的九神祈福说：L4~5 "赐予你健康，赐予你生命，并赐予你成为哈拉凯悌所喜爱之人，（愿）你的君主恩宠于你！"

具体的内容见下：我打开了你献给神的蜜罐，L6 从蜜罐中取出 10 赫因的蜂蜜来做神的祭品，但是我发现 L7 它们并不是蜂蜜，而只是一些固态的伽斯油膏，因此再一次封上密罐，将它 L8~9 退还给你。如果有其他人也这样做了，那么你就把密罐给他瞧一瞧，如果你找到了真正的好蜂蜜，那么请你尽快把它送给我。L10 愿神赐予你健康和吉祥！愿众神赐福于你！愿你得到神的保佑和信任！但是如果你还是没有办法找到好蜂蜜，就请你给我送一罐 L11 瓦布祭司的香过来，但愿你可以尽快找到好的蜂蜜！同时……

§2 L1 ……还能给我送来无花果树的木材！

愿阿蒙神赐予你幸福与安康！L2 愿众神赐予你生命！愿你的身体永远健康强壮！愿你得到神的眷顾，无病无灾，平平安安，幸福安康！愿你成为众神的宠儿，可以尽情地享受天下最美好的一切！

§3 L3 哈拉凯悌之屋的哈伊［……］致［埃利芬提尼］市长蒙图赫尔［赫派舍弗］。

10. 阿蒙最高祭司阿蒙霍特普的报酬（节选）

英语名：*The Rewards of High Preist of Amun, Imn-htp*

圣书体：*KRI*, Vol. VI, pp. 455–456

英译本：D. Warburton, *State and Economy in Ancient Egypt*, pp.186–187

第1部分

§1 L1 *nswt ḏs=f ḏd=f n srw smrw nty r gs=f ỉmỉ ḥswt ḳnw fḳꜣ ꜥšꜣ m nbw nfr ḥḏ*

L2 *ḥḥ m-ẖt nb nfr n ḥm-nṯr tpy n ỉmn-rꜥ nswt-nṯr ỉmn-ḥtp mꜣꜥ-ẖrw ḥr n ꜥšꜣw mnw ꜣḫ ḳnw ỉr=f m pr ỉmn-rꜥ nswt-nṯr ḥr rn wr n nfr nṯr*

L3 *nswt-bỉty nfr-kꜣ-rꜥ stp-n-rꜥ*

L4 *sꜣ rꜥ rꜥ-ms-sw ẖꜥ-m-wꜣst mrr ỉmn*

L5 *dỉ ꜥnḫ wꜣs mỉ rꜥ*

L6 *sꜣ ꜥnḫ ḏd wꜣs snb nb ḥꜣ=f nb rꜥ mỉ ḏt*

第2部分

§2 L1 *ḥsbt-sp* 10 *ꜣbd* 3 *ꜣḫt* 19 *m pr ỉmn-rꜥ nswt nṯr sṯꜣ ḥm-nṯr tpy n ỉmn-rꜥ nswt nṯr ỉmn-ḥtp mꜣꜥ-ẖrw ḥr pꜣ wbꜣ ꜥꜣ n*

L2 *ỉmn ḏd.n=f ẖrw ḥsw. tw=f r swhꜣ=f m mdwt nfrw stpw srw wḏytw r ḥstw=f ỉmy-r pr-ḥḏ n pr-ꜥꜣ*

L3 *wbꜣ nsw ỉmn-ḥtp mꜣꜥ-ẖrw wbꜣ nsw ns-ỉmn pꜣ sš n pr-ꜥꜣ wbꜣ nsw nfr-kꜣ-rꜥ-m-pr-ỉmn*

L4 *pꜣ wḥm n pr-ꜥꜣ ḏdw n=f m ḥsw swh m hrw pn ḥr pꜣ wbn ꜥꜣ n*

L5 *ỉmn-rꜥ nswt nṯr m ḏd ḥstw mnṯw ḥstw kꜣ n ỉmn-rꜥ nswt nṯr pꜣ-rꜥ-ḥr-ꜣḫty*

L6 *ptḥ ꜥꜣ rsy ỉnb=f nb ꜥnḫ-tꜣwy ḏḥwty nb mdw nꜣ nṯrw n tꜣ pt nꜣ nṯrw n pꜣ tꜣ*

L7 *ḥstw kꜣ n nfr-kꜣ-rꜥ-stp-n-rꜥ sꜣ-rꜥ rꜥ-ms-sw ẖꜥ-m-wꜣst mrr ỉmn pꜣ ḥḳꜣ ꜥꜣ n ḳmt pꜣ šrỉw*

L8 *mry nꜣ nṯrw r-ḏr ḥr pꜣ ꜥrꜥr ỉr=k nꜣ šmw šꜣyt bꜣkw*

L9 *rmṯ n pr ỉmn-rꜥ nswt nṯr r-ẖt=k ỉw=k ỉnỉ=w ỉw=w mḥ nꜣ ꜥḥꜥ ỉw dỉ=k*

L10 [*nꜣ*] *ỉrỉw ỉw=k dỉt ỉryw tꜣ rỉt-ẖnw nꜣ prw-ḥḏ wḏꜣw šnwt n pr*

L11 *ỉmn-rꜥ nswt nṯr ẖr m-dy nꜣ ỉnw tpw-ḏrt pꜣ ꜥnḫw ỉmn-rꜥ nswt nṯr*

L12 [*ỉ*] *dỉ=k ỉnw=w r pr-ꜥꜣ pꜣy=k nb pꜣ ỉrrwt n bꜣk nfr ꜣḫ*

L13 [*n*] *pr-ꜥꜣ pꜣy=f nb ỉw=f ṯnr=f r ỉrỉ ꜣḫ ỉmn-rꜥ nswt nṯr*

L14 *pꜣ ꜥꜣ nṯr r ỉrỉ ꜣḫ n pr-ꜥꜣ pꜣy=f nb* [...]*tw=k* [...]

§1 L1 国王对其左右的官员和朝臣说：我将用数不尽的美丽的金银作为我的赞美和奖赏，L2 还有数以百万的好东西，奖赏给众神之王阿蒙－拉的最高祭司——已逝去的阿蒙霍特普，表彰他在众神之王阿蒙－拉的地产上以伟大之神的名义建造了许多纪念碑。

L3 上下埃及之王、拉所选之奈弗尔卡拉，

L.4 拉之子、阿蒙所爱之拉美西斯胡姆瓦塞特。[1]

L.5 赐予如拉一般的生命、权威。

L.6 如拉般永恒的庇佑、生命、稳固、权威、繁荣及其所有。

§2 L.1 统治第 10 年，泛滥季，第 3 月，第 19 天。在众神之王阿蒙－拉的神庙中，众神之王阿蒙－拉的最高祭司——已逝去的阿蒙霍特普。（一些人）在阿蒙神庙伟大前厅（为其举行最后的告别仪式）。

L.2（伟大之人）颂扬他、赞美他，从前来赞美的官员们的优美言语中选取。逝去的法老国库负责人、L.3 王室侍从阿蒙霍特普，王室侍从奈斯阿蒙，法老书吏、王室侍从、法老信使奈弗尔卡拉姆派尔阿蒙。L.4~5 对他说的话由赞美之词和在众神之王阿蒙－拉神庙的伟大前厅（落成）那一天的夸耀之词组成：

赞美蒙图[2]，赞美众神之王阿蒙－拉之卡，拉－哈拉凯悌，L.6 两土地之主、南墙上的伟大普塔，神圣的文字之主托特[3]，天空众神，大地众神。

L.7 拉所选之奈弗尔卡拉之卡，拉之子、阿蒙所爱之拉美西斯卡姆瓦塞特，埃及伟大的统治者被颂扬，其子孙 L.8~9 为诸神所爱。

由于你在负责众神之王阿蒙－拉的神庙时，在众神之王阿蒙－拉神庙地产上（征收）丰收税和沙伊特税、巴库－瑞迈特税中的表现，L.10~11 你带来了它们（税收），你充盈了粮库，充实了金库的内厅和众神之王阿蒙－拉神庙地产的储藏库和粮库。从你那得来的因努税和泰普－宅瑞特税，这些实物支撑了众神之王阿蒙－拉神庙（的正常运转）。L.12~14 你 把这些东西带到 你的主人法老（面前），这是 法老 的高效的仆人为其主人所做的一切。（保持）强壮以替继续高效服务于伟大之神、众神之王阿蒙－拉，继续高效服务于法老，他的主 ……[4]

〔1〕拉所选之奈弗尔卡拉，阿蒙所爱之拉美西斯胡姆瓦塞特：法老拉美西斯九世。

〔2〕蒙图：古埃及宗教、神话中的战神，底比斯地区的主神。

〔3〕托特：古埃及宗教、神话中的书吏之神、审判之神和智慧之神，其崇拜中心是赫尔摩坡里斯。

〔4〕按，从表面上看，该文献中的每一个词汇都是一个具有特殊意义的术语。有趣的是，术语“赫特瑞”并没有被使用，似乎是因为这个术语偶尔会和其他术语通用。通常情况下，实物是直接上缴给神庙的，但在该文献中却是例外。文献中“因努”税和“泰普－宅瑞特”税看上去是属于神庙的，但事实上，两者到最后都上缴给了中央政府。

11. 都灵 2009+1999 号纸草（节选）

英语名：*Giornale: Papyrus Turin 2009+1999*

圣书体：*KRI*, Vol. VI, pp. 560–563

英译本：D. Warburton, *State and Economy in Ancient Egypt*, pp. 175–177

§1
L1 *ỉrṯ nḏs* 300 *ỉrỉ n ḥḏ ḳdt* 1 [...]
L2 [...] *ꜥꜣ rmw* 800 *ỉrỉ n ḥḏ ḳdt* 1
L3 *šnꜥ* 100 *ỉrỉ n ḥḏ ḳdt* 1
L4 *wḏw nwḥ ꜥꜣ sp-sn nfr nfr n nꜣ wỉꜣw nswt mḥ* 1200 [+] *ỉrỉ n ḥḏ dbn* 14
L5 *wḏw nwḥ ꜥꜣ sp-sn nfr nfr n nꜣ wỉꜣw nswt mḥ* 1200 *ỉrỉ n ḥḏ dbn* 12
L6 *wḏw nwḥ ꜥꜣ sp-sn nfr nfr n nꜣ wỉꜣw nswt mḥ* 1001 [+] *ỉrỉ n ḥḏ dbn* 10
L7 *wḏw nwḥ mḥ* 500 *ỉrỉ n ḥḏ ḳdt* 5
L8 *wḏw nwḥ n mḥ bꜣry* 1 *ỉrỉ n ḥḏ ḳdt* 1
L9 *wḏw nwḥ mḥ* 300 *ỉrỉ n ḥḏ ḳdt* 1
L10 *wḏw nwḥ mḥ* 200 *ỉrỉ n ḥḏ ḳdt* 1
L11 *wḏw nwḥ mḥ* 7 *ỉrỉ n ḥḏ ḳdt* 1
L12 *ꜥš ỉrkt nfr n mḥ* 50 1 *ỉrỉ n ḥḏ dbn* 10 [+] [*r*] *ḥḏ m ḫwt*
L13 *ꜥš ỉrkt nfr n mḥ* 50 1 *ỉrỉ n ḥḏ dbn* [*r*] *ḥḏ m ḥḏ*
L14 *ꜥš ỉrkt nfr n mḥ* 45 1 *ỉrỉ n ḥḏ* [*dbn*] *r ḥḏ m ḫwt*
L15 *ꜥš ỉrkt nfr n mḥ* 45 1 *ỉrỉ n ḥḏ dbn* [*ḳdt*] 5 *r ḥḏ m ḥḏ*
L16 *ꜥš ỉrkt nfr nfr n mḥ* 40 1 *ỉrỉ n ḥḏ dbn* [*r*] *ḥḏ m ḫwt*
L17 *ꜥš ỉrkt n mḥ* 40 1 *ỉrỉ n ḥḏ dbn* [*r*] *ḥḏ m ḥḏ*
L18 *ꜥš* [*ỉrkt n mḥ*] 1 *ỉrỉ n ḥḏ* 3 [...]
L19 *ꜥš* [*ỉrkt n mḥ*] 1 *ỉrỉ n ḥḏ dbn* [...]
L20 [...] *ỉrỉ n ḥḏ ḳdt* 1
L21 [...] *ỉrỉ n ḥḏ ḳdt* [...]
L22 [...] *ỉrỉ n ḥḏ ḳdt* [...]
L23 [...] *mḫf n mḥ* 2 1 *ỉrỉ n ḥḏ* [...]
L24 [...] *ỉrỉ n ḥḏ ḳdt* 1
L25 [...] 20 *ỉrỉ n ḥḏ ḳdt* 1
L26 [...] 1 *ỉrỉ n ḥḏ ḳdt* 1
L27 [... *ỉt*] 1 *ỉrỉ n ḥḏ ḳdt* 1
L28 [... *ỉt*] 1 *ỉrỉ n ḥḏ ḳdt*
L29 [... *ỉt*] 1 *ỉrỉ n ḥḏ ḳdt* 2
L30 [...] *ỉt* 1 *ỉrỉ n ḥḏ ḳdt* 2

§2
L1 *ꜥš* [*ỉt*] *nꜣḫt ỉrỉ n ḥḏ* [*ḳdt*] 3
L2 *ꜥš ḏpḥ* 1 *ỉrỉ n ḥḏ ḳdt* 1
L3 *ꜥš ḫt ṯꜣw* [*n mḥ*] 30 *ỉrỉ n ḥḏ dbn* 4
L4 *ꜥš ḫt ṯꜣw nḏs n mḥ* 38 *ỉrỉ n ḥḏ dbn* 3 *ḳdt* 8
L5 *ꜥš ḫt ṯꜣw n mḥ* 35 *ỉrỉ n ḥḏ dbn* 3 *ḳdt* 8
L6 *ꜥš ḫt ṯꜣw n mḥ* 30 *ỉrỉ n ḥḏ dbn* 3[+]
L7 *ꜥš tpt n mḥ* 40 30 [...] 30 1 *ỉrỉ n ḥḏ ḳdt* 5
L8 *ꜥš tpt* [...] *n mḥ* 28 [...] 27 1 [*ỉr n ḥḏ*] *ḳdt* [...]
L9 *ꜥš tpt grg n mḥ* 20 1 *ỉrỉ n ḥḏ ḳdt* 1½
L10 *ꜥš pꜣypt nfr nfr n mḥ* 40 1 *ỉrỉ n ḥḏ dbn* 8
L11 *ꜥš pꜣypt nfr nfr n mḥ* 30 1 *ỉrỉ n ḥḏ dbn* 6
L12 *ꜥš pꜣypt snnw n mḥ* 30 1 *ỉrỉ n ḥḏ dbn* 4 *ḳdt* [...]
L13 *ꜥš ḏꜣrt nfr n mḥ* 30 1 *ỉrỉ n ḥḏ dbn* 6
L14 *ꜥš ḏꜣrt snnw n mḥ* 35 1 *ỉrỉ n ḥḏ dbn* [...] *ḳdt* 5
L15 *ꜥš wgꜣ nfr n mḥ* [...] 1 *ỉrỉ n ḥḏ* [...]
L16 *ꜥš wgꜣ snnw ỉrỉ n ḥḏ* [...]
L17 *ꜥš styw nfr ỉrỉ n ḥḏ* [...]
L18 *ꜥš wgꜣ* [...] 1 *ỉrỉ n ḥḏ* [...]
L19 *ꜥš styw* [...]

§3
L1 [...]
L2 [...]
L3 [...]
L4 *ꜥš skty* [...]
L5 *tꜣy=f ṯꜣ* [...]
L6 *ꜥš skty* [...]
L7 *ꜥš skty* [...]
L8 *ꜥš ḏꜣy* [...]
L9 *ꜥš ḏꜣy* [...]
L10 *ꜥš ḳrr* [...]
L11 *ꜥš mnš* [...]

L12 *ʿš b3r* [...]
L13 *ʿš b3r* [...]
L14 *ʿš b3r* [...]
L15 *šndt ḫn* [...]
L16 *šndt* [...] *ỉmw n mḥ*
L17 *šndt ḫnnw* [...]
L18 *šndt ḫnnw* [...]
L19 *šndt* [...]

§1 L1 300 条小“伊特”鱼，价值 1 凯特银。……

L2 800 条大鱼，价值 1 凯特银。

L3 100 条“什纳”鱼，价值 1 凯特银。

L4 1200+ 肘尺棕绳，质量优良，用于（制作）王室三桅船，价值 14 德本银。

L5 1200 肘尺棕绳，质量优良，用于（制作）王室三桅船，价值 12 德本银。

L6 1001+ 肘尺棕绳，质量优良，用于（制作）王室三桅船，价值 10 德本银。

L7 500 肘尺“巴瑞”棕绳，价值 5 凯特银。

L8 (?) 肘尺棕绳，物品 1 件，价值 1 凯特银。

L9 300 肘尺棕绳，价值 1 凯特银。

L10 200(?) 肘尺棕绳，价值 1 凯特银。

L11 7 肘尺棕绳，价值 1 凯特银。

L12 1 根长 50 肘尺的优质雪松木，价值 10 德本银，作为实物偿付的银。

L13 1 根长 50 肘尺的优质雪松木，价值……德本银，作为实物偿付的银。

L14 1 根长 45 肘尺的优质雪松木，价值……德本银，作为实物偿付的银。

L15 1 根长 45 肘尺的优质雪松木，价值 5 德本银，……凯特银，作为实物偿付的银。

L16 1 根长 40 肘尺的优质雪松木，价值……德本银，作为实物偿付的银。

L17 1 根长 40 肘尺的优质雪松木，价值……德本银，作为实物偿付的银。

L18 1 根长……肘尺的雪松木，价值 3……。

L19 1 根长……肘尺的雪松木，价值……德本银。

L20 ……价值 1 凯特银。

L21 ……价值……凯特银。

L22 ……价值……凯特银。

L23 1 根 2 肘尺长，价值……银。

L24 ……价值 1 凯特银。

L25 ……20，价值 1 凯特银。

L26 ……1，价值 1 凯特银。

L27 ……谷物 (?)，1 赫卡特，价值 1 凯特银。

L28 ……谷物(?)，1 赫卡特，价值 1 凯特银。

L29 ……谷物(?)，1 赫卡特，价值 2 凯特银。

L30 …… 谷物，1 赫卡特，价值 2 凯特银。

§2 L1 1 根（用来做）“阿吞”横木的雪松，价值 3 凯特银。

L2 1 段“戴普赫”雪松，价值 1 凯特银。

L3 1 根长 30(?) 肘尺的雪松桅杆，价值 4 凯特银。

L4 1 根长 38 肘尺的小 (?) 雪松桅杆，价值 3 德本 8 凯特银。

L5 1 根长 35 肘尺的雪松桅杆，价值 3 德本 8 凯特银。

L6 1 根长 30 肘尺的雪松桅杆，价值 3…… 德本银。

L7 1 段长 40 肘尺的雪松木桩，30……30,1 根，价值 5 凯特。

L8 1 段长 28 肘尺的雪松木桩 ……，27，1 根，价值 …… 凯特银。

L9 1 段长 20 肘尺的完成的雪松木桩 精致的……，1 根，价值 1½ 德本银。

L10 1 根长 40 肘尺优质雪松龙 骨，价值 8 德本银。

L11 1 根长 30 肘尺优质雪松龙 骨，价值 6 德本银。

L12 1 根长 30 肘尺次优雪松龙 骨，价值 4 德本 …… 德本银。

L13 1 根长 30 肘尺的优质雪松舷缘，价值 6 德本银。

L14 1 根长 35 肘尺的次优雪松舷缘，价值 …… 德本 5 凯特银。

L15 1 根长 …… 肘尺优质罗纹雪松，价值 …… 银。

L16 1 根次优罗纹 雪松，价 ……值。

L17 1 根优质“斯提乌” 雪松。

L18 1 根罗纹 雪松，价值 …… 银。

L19 1 根“斯 提乌”雪松，……。

§3 L1 ……

L2 ……

L3 ……

L4 1 艘雪松制成的“斯 克提” 船……。

L5 它的提阿 ……。

L6 1 艘雪松制成的“斯克提”船 ……。

L7　1艘雪松制成的“斯克提”船……。

L8　1艘雪松制成的“扎伊”船……。

L9　1艘雪松制成的“扎伊”船……。

L10　1艘雪松制成的“卡尔”船……。

L11　1艘雪松制成的“迈奈什”船……。

L12　1艘雪松制成的“巴尔”货船……。

L13　1艘雪松制成的“巴尔”货船……。

L14　1艘雪松制成的“巴尔”货船……。

L15　1艘……阿拉伯树胶制成的渡船。

L16　阿拉伯树胶……船，肘尺。

L17　1艘……阿拉伯树胶制成的渡船。

L18　1艘……阿拉伯树胶制成的渡船。

L19　阿拉伯树胶，……。

12. 都灵税表

英语名：*The Tax Lists of Royal Canon of Turin*

圣书体：A.H. Gardiner, *The Royal Canon of Turin*, plates V–VIII

英译本：D. Warburton, *State and Economy in Ancient Egypt*, pp. 159–164

§1
L1 [...] *ḥr tp=sn* [...]
L2 [...] *tp-drt n pꜣ idnw*
L3 [...]
L4 [...]
L5 [...] 2 *mnit* (?) 5 [...]
L6 [...]
L7 [...] *iri r is wꜥr*(?) [...]
L8 [...] (?) [...]
L9 [...] (?) [...]
L10 [...] (?) [...]
L11 [...] *mḥt* (?) [...]
L12 [...] (?) [...]
L13 [...] (?) [...]
L14 [...] 100 [...]
L15 [...]
L16 [...]
L17 [...] *ḥḏ m-iꜣꜥ* [...] (?) 2000 [...]
L18 [...] (?)
L19 [...] (?)*=f* 2 [...]
L20 [...] (?)
L21 [...] *n=i* (?) [...]

§2
L1 [...] *ḏꜥbt* (?) 10 *ḳmyt* [???...] 9 *n ṯst=f*
L2 [...] 1 [...] 20 *ini* (?) *ḥwt* [100+2?...]
L3 [...] *r ꜥnḫ* 1
L4 [...] (?) 2 [...] *rnpt=w* [...] *ꜥꜣm dw* 12
L5 [...] *tp-drt=f ḥḏ ḳdt* 2 (?) *rnpt n inw iw ḫꜣꜥ n* 3 [...]*=f* [...]
L6 [...] 1 *ꜥꜣm dꜣiw* 6 [...] *iw* [...] *ḫꜣꜥ n=sn* 4 *rnpt m* [...]
L7 [...] *n* [...] *r dbn n ḥḏ*
L8 [...] *mnḥ* [...]
L9 [...]
L10 ______
L11 ______
L12 30 ______
L13 [...] 7[00] *ꜣpd n mw* 400 [...]
L14 [...] 85 [...]
L15 [...] 400 *ipt* [...]
L16 [...] *m rm* (10000)(?) [...] *mnt* 1
L17 [... *nbw*] *dbn* [...]
L18 [... *rm*] (2000) [...]
L19 [... *nbw* ...] *tp-drt*

§3
L1 *sꜣw ꜥḥw nty m mw-ḫꜣr-ꜥꜣ si* 1 *bꜣkw=f n rnpt rm* 5000
L2 *sꜣw ḥsmn nty m r-mꜥ-nꜣ si* 1 *bꜣkw=f* [...] *nbw dbn* 1 [...] 1000
L3 *sḫty tmꜣ nty mr-wr si* 1 *bꜣkw=f* [...] [6]0
L4 *šꜣyt mty n pꜣ* [...] *ssm tꜣwy ḥḏ* 1 [...] *ḥr* [...] *sn st* [...] *dmi* [...]
L5 *šdy mty nty* [...] *ḥr šdy=st m-ꜥ nꜣ wḥꜥ* [...] *rmw s sbk rmw* 200000 *ḏꜣt*
L6 *tp-drt n pꜣ ḥꜣty-ꜥ n* [*š*] *n sbk* [...] *nbw* [...] 2 *wnḏw iḥw* [...] *ꜥnḫ*
L7 *tp-drt n pꜣ idnw n* [...] 1 [...]
L8 [...] *pꜣ sš* [...] [...]
L8a [...] 1 [...]
L8b [...] *ḳdt m iw ḥd* 40 *ḥr*
L9 [...] *rm* 20000 *ꜣpd.* 30
L10 [...] *ḥtri mty* [...]
L11 [...]
L12 *mḫnt n niwt* [...]
L13 *tp-drt pꜣ ḥꜣty-ꜥ* [...] *ꜥꜣt* 1
L14 *nty ḥr=f r pr-ꜥꜣ* [...] *ꜣbd* 1 *ꜣḫt* 1 [...] *nty ḥr* 10 *ꜥꜣ* 1 *iḥw* 1
L15 *nbw*(?) [...] *rm* [...] (*ḥr*) *tp-drt*
L16 [...]

L17 wrr [...] bꜣ [...] ḳmꜣ [...]

L18 [...]y 10 [...] 3 [...] ḥꜣr 100

L19 [...] ꜣbd 1 prt 1 [...] šꜣyt n smdt [...] 6 1 nb dbn 6

L20 [...] pꜣ ꜣbw [...] (?)

L21 [...] m dmỉ [...]

L22 [...] dmỉ nb m ꜥ-rsy [...] smdt nb n mnỉ[...] mn-nfr dbn 1 [...]

L23 [...] ỉmw [...] ḥsmn [...] pꜣ ḥḏ [...]

L24 [...] sš 50 ỉrỉ.n dbn

L25 [...smdt(?)] sš 10 ỉrỉ.n dbn

L26 [...] 5 dḥr km 5

L27 [...] ḥmt ḏrt [...] nb 20.ỉrỉ n 100 ḫt(?) isbr 5

§4~5 LA [...] 3000

L1 ỉnw(?) sỉ 1 [...] ỉdb nb n pr ỉmn m ꜥ w nb n pr rsy [...] m bỉꜣ bỉꜣ [...]

L2 [...] ḏꜥbt [...]

L3 [...] rwḏw [...] nꜣ ỉdb [...] drt ḥḏ dbn 2

L4 [...] nbw (?) ꜥꜣ n [...]

L5 ỉmy-r [...] (?) [...]

L6 tp-drt n pꜣ ỉmy-r š [...]

L7 [...] ḳmyt [...]

L8 [...]

L9 [...]

L10 [...] 10

L11 [...] ꜥḏ ꜥnḫ [...]

L12 rnpt ḫn ỉḥw n [...] 1 n sỉ 1

L13 tp-drt n nb ỉm=sn ỉw[...]

L14 nw (?) sỉ 1 gs n mnḥ

L15 nw (?) n [...] 2 ỉrỉ [...]

L16 (?) [...] (?) [...] ỉmy-r ḫtmw n [8...]

L17 (?) [...] ỉnw šsy(?) [...] tprw 2 [...] tp-drt (?) [...]

L18 [...] wḥꜥ rm nty m pꜣ mw n [...]

L19 dt ps 10 ỉrỉ n sꜣsꜣḫ (?)[...] 8 šmw=sn n rnpt rm

L20 [...] 550 dmḏ 400 [...] šꜣyt mty [...] ỉmy-r ḫtmw n [...] 3 ỉrt 3 m st n [...]

L21 tp-drt n nb m pꜣy=s [...] šnꜥy ḥḏ ḳdt [2...]

L22 [...]

L23 [...] wḥꜥ mry [...] ỉw ḥtrỉ wnw ḥr=sn

L24 [...] ỉrt r tꜣ rḥ rmṯ n mn m=sn [...] ḏꜥt 3000 [...]

L25 [...]=f n rnpt 1 ỉḥw 1 3 32[...] (?) 10101

L26 50 2 7 59 52

L27 [...] 1 [...] 3 30 27 5[2]30

L28 [...] 1 [...] 4 36 3[3] 6400

L29 [...] 1 [...] [3] 27[...] 4800

§6 Lx+1 [...] (?) [...]

Lx+2 [...] ḥw (?) [...]

Lx+3 [...] (?) [...]

Lx+4 [...] tꜣ šꜣyt [...]

Lx+5 [...] kš [...]

Lx+6 [...] n(?) [...]

Lx+7 [...] šꜣ(?) [...]

Lx+8 [...] nbw(?) [...]

Lx+9 [...] tiy [...]

Lx+10 [...] šmw(?) [...]

Lx+11 [...] m ỉw(?) [...]

Lx+12 ỉmy-r ḥꜣty-ꜥ [(?)...]

Lx+13 [...] n nb m nꜣ ḥꜣty-ꜥ n [...]

Lx+14 [...] tp-drt n nꜣ ỉdnw

Lx+15 [...] mḏꜣw šꜣꜥ [...]

Lx+16 [...] [mḏꜣ]w šꜣꜥ [...]

Lx+17 [...] [mḏꜣ]w [...]

Lx+18 [...] [mḏꜣ]w [...]

Lx+19 [...] tp-drt nꜣ rwḏw [...]

Lx+20 [...] n wsr-mꜣꜥt-rꜥ [...]

§7 L1 [...] šꜣyt n rnpt 1 ỉḥw 1 [...]

L2 ______.

L3 ______.

L4 [...] 1 [...]

L5 ______. 1

L6 ______. 1 4 [...]

L7 ______. 1 6 [...]

L8 ______. 1 2 [...]

L9 ______. 1 6 [...]

L10 ______. 1 5 [...]

L11 [...] ______. 1 3 [...]

L12 ______. 1 2 [...]

L13 ______. 1 10 [...]

L14 ______. 1 [...]

L15 ______.

L16 [...] .

L17 [...] 3[6...]

L18 [...] 20 [...] 10[...]

L19 [...] 67. [...]

L20 [...] 27. [...]

L21 [...] *mn.ỉ* 7300 [...]
L22 [...] *(?)* [...]
L23 [...] *r mt* [...]
L24 [...] *ỉn*[*w(?)*...]
L25 [...] *(?)* [...]
L26 [...] 2 *gꜣwt* 36 *(?)* [...]

§8 Lx+1 [...] *pꜣ rwḏw n tꜣ ẖnm*
Lx+2 [...] *pꜣ rwḏw n pꜣ* [...]
Lx+3 [...] *pꜣ rwḏw n tꜣ ẖnm* [...]
Lx+4 [...] *pꜣ rwḏw tꜣ* [...]
Lx+5 [...] *pꜣ rwḏw n tꜣ ẖnm* ⌈*rꜥ-ms-mrỉ-ỉmn*⌉ *nty m tꜣ br* [...]
Lx+6 [...] *pꜣ* rwDw *n pꜣ nẖt pr n* ⌈*rꜥ-ms mrỉ-ỉmn*⌉ *nty m tꜣ* [...]
Lx+7 *tp n ḥtrỉ wḥꜣt rsy mḥty*
Lx+8 *wḥꜣt rsy*
Lx+9 [...] *sỉ* 1 *mnḥ* 1 [...]
Lx+10 [...] *sỉ* 1 [...]
Lx+11 [...] *sỉ* 1 [...]
Lx+12 [...] *sỉ* 1 [...]
Lx+13 [...] *sỉ* 1 [...]
Lx+14 [...] *ỉrp mnt* 12 [...]
Lx+15 [...] 22

§1 L1 …… 在他们的头上 ……
L2 …… 代理人的泰普－宅瑞特税
L3 ……
L4 ……
L5 ……2 米尼特[1] (?),5……
L6 ……
L7 …… 制作芦苇 (?)……
L8 ……(?) ……
L9 ……(?) ……
L10 ……(?) ……
L11 ……（装满）(?)
L12 ……(?) ……
L13 ……(?) ……
L14 ……100 ……
L15 ……
L16 ……
L17 …… 白色的外套 …… (?)2000……
L18 ……(?)
L19 ……(?) 他的 2……

〔1〕 米尼特：土地类型之一。

……(?)

…… 男人 (?)

§2 …… 木炭 (?)10，树脂 ……9，他的命令 (?)

…… 1 …… 20 带给 (?) 神庙 100+2(?)…… 袋

…… 活鹅 1 只

…… 2 …… 他们的平均 ……亚洲“杜”衣服 12 件

…… 他的泰普－宅瑞特税，2 凯特银 …… 作为年度因努税被上交给 3 …… 他的 ……

……1 亚洲“杜”衣服 6 件 …… 给他们 4 年如同 ……

…… 的 …… 德本银 ……

…… 年轻男子 ……

……

———

———

30_____

…… 7 00 水鸟，400……

……85……

……400 袋 ……

…… 鱼（10000）(?) ……“迈奈特”罐，1

……黄金 德本 ……

……鱼（20000）……

……黄金 …… 泰普－宅瑞特税 ……

§3 姆赫尔阿阿[1]的“阿胡”守卫，1 人，他的年度巴库税：5000 条鱼

拉玛纳[2]的泡碱守卫，1 人，他的年度巴库税：1 德本黄金 ……1000

麦尔乌尔的编席工，1 人，他的年度巴库税：纺织品 60(?)

固定的沙伊特税 …… 两土地主管，银 1，他的巴库税 接近 (?)…… 它的城镇 ……

固定的沙迪税来源于对渔民征收的税款，鱼，（来自）索白克湖的 200000 条鱼，余下的部分 ……

---

〔1〕 姆赫尔阿阿：位于法尤姆地区。

〔2〕 拉玛纳：位于法尤姆地区。

L6 索白克湖市长的泰普－宅瑞特税，…… 黄金 ……2 公牛 …… 活的

L7 …… 的代理人的泰普－宅瑞特税，1 ……

L8 …… 书吏 ……

L8a ……

L8b …… (?) 40 凯特银 ……

L9 …… 鱼 20000+(?)，家禽 30

L10 ……固定 赫特瑞税 ……

L11 ……

L12 …… 城镇的渡船 ……

L13 市长的泰普－宅瑞特税：驴 1 头

L14 供给法老的 ……1，泛滥季，第 1 月，第 1 日，…… 在上面的 ……10，驴 1 头，牛 1 头

L15 黄金 (?)…… 鱼 …… 在泰普－宅瑞特税上

L16 …… (?)

L17 衣领 (?)…… 扬谷者 (?)…… 器皿 (?)

L18 …… 10 …… 3 …… 赫尔 (?)100

L19 …… 播种季，第 1 月，第 1 日，…… 依附民的沙伊特税 ……61，所有的，6 德本

L20 …… 阿拜多斯 神庙…… (?)

L21 …… 在 城镇 里

L22 …… 来自南部地区的所有城镇 ……，孟菲斯 …… 米尼[1] 所有依附民，1 德本 ……

L23 …… 碱 银

L24 …… 德本 书吏，50，价值德本

L25 依附民 (?) 书吏，价值德本

L26 …… 5，黑皮革 5 袋

L27 …… 少量铜，每个，20，制作 100 个。木制的 (?) 鞭子 5

§4~5 LA …… 3000

L1 因努税 (?) 1 人 …… 河沿地，所有南部行政区的阿蒙神庙 …… 用铜，铜 ……

L2 …… 木炭 ……

〔1〕 米尼：可能位于孟菲斯附近。

L.3 ……(?)的河沿地管理者……他的泰普–宅瑞特税，银 2 德本

L.4 ……黄金(?)……

L.5 总管……(?)……

L.6 湖的总管的泰普–宅瑞特税

L.7 ……树胶……

L.8 ……

L.9 ……

L.10 ……10

L.11 ……生命之油……

L.12 每年，运牛船……1 人 1 份

L.13 他们中的每个人的泰普–宅瑞特税

L.14 狩猎者(?)[1]，1 人，半数年轻人。

L.15 狩猎者(?)……2，制作

L.16 (?)……(?)8(?)……要塞总管

L.17 因努税，(?)……“泰皮乌”鱼，2 袋，他的泰普–宅瑞特税(?)……

L.18 每年的……渔民，这些鱼从……的河中捕捞

L.19 ……(?)“派斯”面包 10 制作(?)……8，他们的年度丰收税鱼……

L.20 ……550 总共 400+……固定的沙伊特税……要塞总管……3，价值 3，替代……

L.21 他们中的每个人的泰普–宅瑞特税……，谷仓被给予 2……凯特银

L.22 ……

L.23 ……河边的渡船……赫特瑞税，支付给神庙工人的，在他们上面

L.24 ……制作征收他们剩余产品部分(税)表……总共 3000……

L.25 ……第 1 年，他的沙伊特税……牛 1[2] 3 32(?)……10101

L.26 ……50(?) 2 牛 7 59 52

L.27 ……1 牛 3 30 27 5 230

---

〔1〕按，在该文献中除了用来表示年度，某种分摊比率和用来总结的词语外，只有一个头衔是用红墨水书写的，即“狩猎者”，并且这种情况也仅出现一次。据此推测，该词与官衔没有多大的关联，但是对我们了解这些词语的使用范围，如分摊比率，却是有意义的。

〔2〕他的沙伊特税……牛 1：此处的数值当是税率的含义，即“x（公牛数 / 牛数）”，表示牛群中依据总数所需上缴公牛数的确定比例。下文中的单位“牛”均为此意。

L28 …… 1 牛 4 36 33 6400

L29 …… 1 牛 3 27 …… 4800

§6 Lx+1 …… (?) ……

Lx+2 …… (?) ……

Lx+3 …… (?) ……

Lx+4 …… 沙伊特税 ……

Lx+5 …… 库什 ……

Lx+6 …… (?) ……

Lx+7 …… (?) ……

Lx+8 …… 黄金 (?) ……

Lx+9 …… (?) ……

Lx+10 …… (?) ……

Lx+11 ……迈扎伊[1] ……

Lx+12 …… 总管，市长 (?)……

Lx+13 …… 市长的每个 ……

Lx+14 …… 代理人的泰普－宅瑞特税

Lx+15 来自 …… 的 ……迈扎伊

Lx+16 来自 …… 的 ……迈扎伊

Lx+17 来自 …… 的 ……迈扎伊

Lx+18 来自 …… 的 ……迈扎伊

Lx+19 …… 管理者的泰普－宅瑞特税

Lx+20 …… 乌塞尔玛阿特拉[2]

§7 L1 …… 统治第 1 年，他的沙伊特税 1 牛 ……

L2———.

L3———.

---

〔1〕 迈扎伊：努比亚的一个部落的名称。由于新王国时期他们中的大多数人在埃及的职业是警察，因此这个术语就成为警察的代名词。

〔2〕 乌塞尔玛阿特拉：这里指第十九王朝法老拉美西斯二世。

L4______.1

L5______.1

L6______.1 4

L7______.1 6

L8______.1 2

L9______.1 6

L10……______.1 5

L11…… ______.1 3

L12…… ______.1 2

L13…… ______.1 10

L14…… ______.1 ……

L15______.

L16…… .

L17…… 3 6……

L18…… 20 …… 10……

L19…… 67 ……

L20…… 27 ……

L21…… (?) 7300……

L22……(?) ……

L23……(?) ……

L24…… 因 努 税 (?) ……

L25……(?) ……

L26……2，箱 36(?) ……

§8 Lx+1…… 伟大的管理者，洼地 (?)……

Lx+2…… 米吉 多[1] …… 管理者 ……

Lx+3…… 的管理者 ……

Lx+4…… 伟大的 拉美西斯…… 的审计员 ……

---

〔1〕 米吉多：地名，位于叙利亚地区。

Lx+5 ……在布尔[1]10 的……阿蒙所爱之拉美西斯……的管理者，洼地……

Lx+6 ……阿蒙所爱之拉美西斯……的管理者……

Lx+7 总结南部和北部绿洲的赫特瑞税

Lx+8 绿洲，南部

Lx+9 ……1 人，年轻男子 1 人……

Lx+10 ……1 人，……

Lx+11 ……1 人，……

Lx+12 ……1 人，……

Lx+13 ……1 人，……

Lx+14 ……酒，“门特”器皿 12 件

Lx+15 ……22 袋[2]

---

〔1〕布尔：地名，位于绿洲。

〔2〕按，根据上述文献，巴库税与官员没有任何关联，却与工人有关。泰普 – 宅瑞特和沙伊乌的使用与一群人（§3L19）和诸多机构（§3L4）有关，此外，还与官员和个体（§4L20ff; §6）有关。

相反，行政管理人员（市长、总管、代理人、书吏和监工）的数量多于工人（渔民、饲养员、监护人和纺织工）。他们全部相邻出现，但不管这些术语在何处出现，这些人所承担的职责还是很容易区分的。即使这些匆忙记下的文字并未对各种职业进行分类记述，但是他们还是能够被区分开。

根据现存的文献，虽然鱼和牛群是最重要的物品，但是黄金和白银也具有重要价值。但是银或黄金并未成为可以替代其他物品的固定等价物，据此，该文献中所列物品的价格是估价。

13. 都灵税收纸草

英语名：*The Turin Taxation Papyrus (Papyrus Turin 1895+2006)*

圣书体：A.H. Gardiner, *Ramesside Administrative Documents*, pp. 36–44

英译本：A.H. Gardiner, “Ramesside Texts Relating to the Taxation and Transport of Corn,” *JEA* 27(1941), pp. 22–37

正 面

§1 L1 *ḥsbt-sp* 12 *3bd 2 3ḫt sn 16 ḫr ḥm nswt-bỉtỉ nb t3wy mn-m3ʿt-stp-n-⸢ptḥ⸣ ⸢ʿnḫ wḏ3 snb s3 rʿ nb ḫʿw⸣*

L2 *rʿ-ms-s(w)-ḫʿ-m-w3st mrr-ỉmn nṯr ḥk3 ỉwnw sdỉ ʿnḫ ḏt* [...]

L3 *ʿwty šsp ỉt n ḫ3-t3 pr-ʿ3 snb m-ḏt n3 ḥmw-nṯr* [...]

L4 *ṯ3y ḫw ḥr wnm nswt sš nswt ỉmy-r mšʿ ỉmy-r šnwty n ⸢pr-ʿ3 snb s3 nswt⸣ n*

L5 *⸢kš⸣ ỉmy-r ḫ3st rsy ḥ3wtyw p3-nḥsy n n3 pḏt pr-ʿ3 snb* [...]

L6 *⸢ỉr⸣w ỉn sš ḏḥwty-ms n p3 ḫr ʿ3 špsy n ḥḥ ⸢n rnpwt n pr-ʿ3⸣*

L7 *⸢dỉ⸣ r p3 ḫr ⸢m⸣ n3 ỉt n ḫ3-t3 pr-ʿ3 snb m-ḏt ḥm-nṯr n ⸢sbk p3-ḫnỉ⸣*

L8 *⸢tp n šsp=w⸣*

§2 L1 *šsp m ḥsbt* 12 *3bd 2 3ḫt sw* 16 *m ḏmy mr-trw ỉn sš ḏḥwty-ms p3 ʿ3* 2

L2 *m-ḏt ḥm-nṯr n sbk p3-ḫnnỉ sš s3ḥ-t3-nfr ỉdnw p3-wnš n pr sbk*

L3 *m n3 ỉt n ḫ3-t3 pr-ʿ3 ḫ3r* 54⅔ *t3 ʿmʿmt mḥty m-ḏt mḏ3y ʿn-*

L4 *ḥr-tnt ỉt šmw ḫ3r* 80 *dmḏ* 134⅔

L5 *šsp m ḥsbt-sp* 12 *3bd 2 3ḫt sw* ⸢2⸣1 *ḥr t3 tp ḥwt n p3 šmyt ỉn ḥ3ty-ʿ p3-sr-ʿ3 ỉmnt nỉwt m n3 ỉt*

L6 *ỉnỉ n sš ḏḥwty-ms p3 ḫr m dmy mr-trw sʿḳ r p3 mḫr tpy wbn p3*

L7 *šmyt ḫ3r* 131⅔ *ỉt m ỉt ḫ3r* ⸢5⸣ *dmḏ ḫ3r* 136⅔

L8 *šsp m ḥsbt-sp* 12 *3bd 3 3ḫt sw* 19 *m dmy ʿgny ỉn sš ḏḥwty-ms n p3 ḫr p3 ʿ3* 2

L9 *ỉt ḫ3r* 33⅔ 3⅔

L10 *ỉw sw3ḏ n sš ns-ỉmn-ỉpt smʿyt n ỉmn ḥnwt-t3wy m ḥsbt-sp* 12 *3bd* 3 *3ḫt sw* 23

L11 *ỉt ḫ3r* 33 3¼ 1/16 1/32 *ʿ n3 wḥʿw ḫ3r* ⅔ ¼ 1/32 *ʿ n3 wḥʿw* ⸢*ḫ3r*...⸣

L12 *šsp m dmy mr-trw ỉn sš ḏḥwty-ms p3 ʿ3* 2 *m-ḏt*

L13 *3ʿʿ p3-ḥr m ḥsbt-sp* 12 *3bd 3 3ḫt sw* 28 *ḫ3r* 10 *ỉw m-ʿ=f ḫ3r* 183⅔

L14 *ỉw sw3ḏ n ḥ3ty-ʿ p3-sr -ʿ3 n ỉmnt nỉwt m ḥsbt-sp* 12 *3bd 3 3ḫt sw* 29

L15 *ỉt n 3ʿʿ p3-ḥrw ḫ3r* 10 *dỉw n ỉḥwty p3-b3k*

§3 L1 *šsp m nt ḥsbt-sp* 12 *3bd 4 3ḫt sw* 12 *m n3 ỉt n pr mnṯw nb w3st ỉn sš ḏḥwty-ms n p3 ḫr p3 ʿ3* 2

L2 *m-ḏt sš ḥsbw ns-ỉmn n pr ỉmn-rʿ nswt nṯrw nty ḥt ḥm-nṯr n mnṯw ỉmn-m-ỉnt ḫ3r* 6 *wp st*

L3 *3ʿʿ p3-nḥsy ḫ3r* 4 *ỉḳdw ḳ3rr ḫ3r* 2 *dmḏ ḫ3r* 6 *dỉw n ḥrty-nṯr ỉrw-š3-rʿ p3* [...] *ḫ3r* ¼

L4 *šsp m ḥsbt-sp* 12 *3bd 4 3ḫt sw* 13 *m p3 ḳnỉw nswt wsr-m3ʿt-rʿ mry-ỉmn p3 pr ỉn sš ḏḥwty-ms n p3* ⸢*ḫr*⸣ *p3 ʿ3* 2 *m-ḏt*

L5 *šmʿyt n ỉmn mšʿ-nfr t3 ḥbs n ʿ3 n ḳnỉw ḥry-nfr ḫ3r* 30

L6 *šsp m ḥsbt-sp* 12 *3bd 4 3ḫt sw* 14 *m-ḏt sš ḏḥwty-ms n p3 ḫr p3 ʿ3* 2 *ỉn smʿyt n ỉmn ḥnwt-t3wy sš ny-sw-ỉmn-ỉpt*

L7 m nꜣ ỉt n pꜣ ḳnỉw n nswt wsr-mꜣꜥt rꜥ-mry-ỉmn r-ḫt ꜥꜣ n ḳnỉw ḥry-nfr ẖꜣr 30 sꜥḳ r pꜣ ḫry tpy wbn

L8 šsp m hrw pn m nꜣ ỉt n pr mnṯw nb wꜣst m-ḏt ꜣꜥꜥ wsr-ḥꜣt ẖꜣr 8 ḫry ḥꜣt m ꜣbd 4 [ꜣḫt sw] [1]2 ẖꜣr 6 dmḏ 14

L9 ḥsbt-sp 12 ꜣbd 4 ꜣḫt sw 18 wḏỉ ḥr ỉmnt nỉwt ỉn sš ḏḥwty-ms n pꜣ ḫr ḫry dpt n nfw ḏḥwty-wšby ḥnꜥ pꜣ dpt n wḥꜥ

L10 šsp dmy ỉwnyt m ḥsbt-sp 12 ꜣbd 4 ꜣḫt sw 20 ỉn sš ḏḥwty-ms n pꜣ ḫr pꜣ ꜥꜣ 2 m tꜣ ẖꜣr 402 ẖꜣr n ỉt n

L11 pr ẖnmw nb m-ḏt ỉdnw pꜣ-wr-ꜥꜣ sš ḥwt nṯr pꜣ-nḥsy m tꜣ šnwt n ẖnmw nb ỉwnyt ẖꜣr 337 wp st

L12 šsp m hrw n pn m-ḏt ỉdnw pꜣ-wr-ꜥꜣ ỉḥwty sꜣḥ-tꜣ-nfr m pꜣy=f šmw [ẖꜣr] 120

L13 wḥm m ḏt=f ỉḥwty bwth-ỉmn ỉḥwty (nḫt)-ỉmn ẖꜣr 80 wḥm ḏt=w ẖꜣr 6 2/4 wḥm m ḏt=w ẖꜣr 13 2/4 dmḏ ẖꜣr 220 dỉw r pꜣ dpt n

L14 nfw ḏḥwty-šbty

L15 šsp m ḏt=w m hrw [pn] ỉn sš ḏḥwty-ms dỉ r pꜣ ỉdp n wḥꜥ kꜣ-ḏrt ẖꜣr 98¾ ẖꜣr 24 2/4 dmḏ 123¼

L16 dmḏ ẖꜣr 343¼ dỉ r nꜣ hꜣw ẖꜣr 6¼ [...] r pr-ꜥꜣ [...] ẖꜣr 337 smn ꜥ sš ḥwt nṯr pꜣ-nḥsy ẖꜣr 65 dmḏ 402

§4 L1 šsp m ḥsbt-sp 12 ꜣbd 4 ꜣḫt sw 24 ỉn ḥꜣty-ꜥ pꜣ-wr-ꜥꜣ n ỉmnt nỉwt m nꜣ ỉt ỉnỉ n sš ḏḥwty-ms n pꜣ ḫr pꜣ ꜥꜣ 2

L2 m pꜣ dpt n nfw ḏḥwty-šby ḥnꜥ pꜣ dpt n wḥꜥ ḳꜣỉ-ḏrt dmy ỉwnyt ẖꜣr 337 wp st ỉw swꜣḏ n ḥꜣty-ꜥ

L3 m nꜣ ỉt n wḥꜥ ḳꜣỉ-ḏrt ẖꜣr 110¼ dỉw r ỉt wḥꜥ ỉtf-nfr ẖꜣr 1 dmḏ ẖꜣr 111¼ ḏꜣt ẖꜣr 2 pꜣ wpt=w n tꜣ ḏꜣt ꜥꜣ ẖꜣr ḫn-sw-ms ẖꜣr 1¼

L4 ns-ỉmn-ỉpt ẖꜣr ¼ ⅛ ḳꜣỉ-ḏrt ẖꜣr ¼

L5 ỉw swꜣḏ n pꜣ ḥꜣty-ꜥ n ỉmnt nỉwt m nꜣ ỉt n nfw ḏḥwty-šby ẖꜣr 203¾ r dỉ hwt n pꜣ nfw ẖꜣr 20 dmḏ 225

L6 šsp m ḥsbt-sp 12 ꜣbd 4 prt sw 5 m-ḏt sš ḥsbw n ny-sw-ỉmn n pr ỉmn ỉn sš ḏḥwty-ms n pꜣ ḫr ꜥꜣ ḏḥwty-ms tꜣ ḥwt bty ẖꜣr 8 2/4 ỉt ẖꜣr 2¼ wpt st

L7 ḥry šnꜥ ḏḥwty-m-ḥb ẖꜣr 7 dḳr-ꜣbw pꜣ-ḫrw ẖꜣr 1 2/4 dmḏ ẖꜣr 8 2/4 mnỉw mr-ꜥꜣ ẖꜣr 1 2/4 ỉḥwty ḫn-sw-ms ẖꜣr ¾ dmḏ 2¼ dmḏ sš ẖꜣr 10¾

L8 ỉw swꜣḏ smꜥyt n ỉmn tꜣwy-ḥnwt m hrw n pn [...] ḫꜣy n pꜣ pr mꜣỉw ỉn sš ḏḥwty-ms ẖꜣr 10¾

L9 šsp m hrw pn m dmy nꜣ-pr-ỉmmw m-ḏt mnỉw pꜣ-nḥsy tꜣ ḥwt ẖꜣr 4 ḥry mḏꜣy ns-ỉmn ẖꜣr 1 wḥꜥ ḫry ẖꜣr 1 2/4

L10 wḥꜥ pꜣ-nḫt-m-tꜣy-ḥwt ẖꜣr 1 2/4

L11 šsp m dmy mr-trw m-ḏt sš ḥsbw nysw-ỉmn m skꜣ ꜣꜥꜥ ỉw-nỉwt ẖꜣr 12 ꜣꜥꜥ pꜣ-ḫry ẖꜣr 1 2/4 dmḏ ỉt 13 2/4

§5 L1 šsp m ḥsbt-sp 12 ꜣbd 1 šmw 9 m pꜣ ẖꜣr 12 ẖꜣr n bty ỉnyt m dmy mr-trw m pꜣ skꜣ ꜣꜥꜥ ỉw-nỉwt

L2 ḥnꜥ tꜣ ẖꜣr 1 2/4 n ꜣꜥꜥ pꜣ-ḫrw dmḏ ẖꜣr šs ẖꜣr 13 2/4 mnỉw pꜣ-nḥsy sꜣ pꜣ-kꜣmn m dmy nꜣ-ỉmw ẖꜣr 4

L3 ḥry mḏꜣy n ns-ỉmn [...] ẖꜣr 1 dmḏ 5 šsp m hrw pn ỉn smꜥyt n ỉmn tꜣwy- ḥnwt ḏꜣḏꜣ tpy n tꜣ pꜣ šmw

L4 sꜥḳ r pꜣ mḫr tpy pn wbn ẖꜣr 12 ẖꜣr 6 2/4 sꜥḳ r šꜥyt nty ḏꜣḏꜣ tpy n pꜣ tꜣ wꜥb m šs ỉt ẖꜣr 18 2/4

L5 šsp m ḥsbt-sp 12 ꜣbd 4 prt sw 13 m-ḏt pꜣ ꜥꜣ 2 m nꜣ ỉt n pꜣ ꜥḥꜥw n pr-ꜥꜣ nty ꜥ sš ḥsbw n ny-sw-ỉmn n pr ỉmn ẖꜣr 4 20

L6 dmḏ ỉw mꜥ=f m pꜣ ẖꜣr 72 ẖꜣr n ỉt ẖꜣr 5[5¾] [ḏꜣt] ẖꜣr 16¼

L7 šsp m ḥsbt-sp 12 ꜣbd 4 prt sw 13 m-ḏt sš sꜣḥ-tꜣ-nfr m nꜣ ỉt n ꜣꜥꜥ ỉry ẖꜣr 20 wp st tꜣ ḏꜣt n

L8 ỉt n pr sbk nb mr-trw ẖꜣr 10 2/4 ỉt n pꜣ ꜥḥꜥw n pr-ꜥꜣ nty ꜥ sš ḥsbw n ny-sw-ỉmn n pr ỉmn-rꜥ nsw nṯrw ẖꜣr 8

L9 nty ḥꜣw n pꜣ ḥm-nṯr n sbk ẖꜣr 1 2/4 dmḏ ẖꜣr 20

L10 šsp [m hrw pn] m-ḏt sš ḥsbw ny-sw-ỉmn n pr ỉmn m ỉt n pꜣ ꜥḥꜥ n pr-ꜥꜣ m-ḏt [...]

L11 šs[p] [m-ḏt sš ḥsbw] ny-sw-ỉmn n pr ỉmn dỉw n pꜣ wꜥb n mwt ẖꜣr 3 [...] dmḏ [...]

§1 L1~2 第 12 年，泛滥季[1]，第 2 月，第 16 日，上下埃及之王、两土地之主普塔所选之蒙玛阿特拉，

---

〔1〕泛滥季：古埃及人将一年分为 3 个季节，每季 4 个月，这 3 个季节分别为：“泛滥季” *ꜣḫt*，包括 7 月—10 月，据此，文献中的“泛滥季第 2 月”应为 8 月；“播种季” *prt*，包括当年的 11 月—次年的 2 月；“收获季” *šmw*，包括 3 月—6 月。

拉之子、双王冠之主、赫利奥坡里斯众神的统治者阿蒙所爱之拉美西斯卡姆瓦塞特[1]，被赐予永恒生命……

l.3 来自卡塔法老地[2]的谷物接收文件，从上埃及……神庙先知们[3]的手中收取。

l.4~5 法老之右侧执扇者[4]、王室书吏[5]、将军[6]、法老粮库总管[7]、库什王子[8]、南部外国土地总管[9]、法老弓箭手之首[10]帕奈赫西……

l.6~8 由书吏宅胡提摩斯记载，他（在）法老的高贵而宏伟的"万年永在"大墓地[11]（任职）。由索白克（神庙）先知帕赫尼将卡塔法老地谷物送至大墓地。

总结税单如下：

§2 l.1 第12年，泛滥季，第2月，第16日，在迈尔图如城[12]，由书吏宅胡提摩斯和两个守门人[13]负责在此收税。

---

〔1〕上下埃及之王、两土地之主普塔所选之蒙玛阿特拉，拉之子、双王冠之主、赫利奥坡里斯众神的统治者阿蒙所爱之拉美西斯卡姆瓦塞特：法老拉美西斯十一世。古代埃及国王有五个王衔，它们分别是荷鲁斯名、两夫人名、金荷鲁斯名、上下埃及之王名（即登基名），以及拉之子（或太阳神之子）名（亦即出生名）。这里出现的是拉美西斯十一世的第四、第五王名。赫利奥坡里斯：城市名，位于开罗东北部。该地名的英语形式出自希腊语，其含义为"太阳城"。

〔2〕卡塔法老地：该土地由法老划拨给神庙，名义上属于法老，但是实际使用权归于当地神庙。土地所产谷物的一部分以税收的形式上缴给法老，用以供养工匠村的工人。

〔3〕神庙先知们：高级祭司。底比斯阿蒙神庙有4个先知，其中的"阿蒙第一先知"的地位最高，仅次于维吉尔，他们的主要职责是管理阿蒙神庙的祭祀活动和财产收支。第20王朝末期，"阿蒙第一先知"手握实权，成为埃及南部底比斯地区的实际统治者。

〔4〕法老之右侧执扇者：官衔之一。根据壁画中的描绘，"执扇者"手中拿的是单根扇形长羽毛。阿蒙霍特普二世和图特摩斯四世统治时期，"法老之右侧执扇者"曾由"库什总督"、法老膳食总管和法老的宫廷教师担任。

〔5〕王室书吏：官衔之一。

〔6〕将军：官衔之一，亦可称为"军队总管"。

〔7〕法老粮库总管：官衔之一。

〔8〕库什王子：官衔之一。新王国时期，下努比亚是埃及的属地，埃及派驻该地的最高统治者被称为"库什王子"，即"库什总督"。这里的"王子"并非是国王真正的儿子，之所以这样称呼，是为了凸显这一职位的重要性。此外，"库什王子"还有管理努比亚金矿的职责，所以，有时他也被称为"属于两土地之主的黄金之地总管"。

〔9〕南部外国土地总管：官衔之一，常与"库什王子"一起连用。

〔10〕法老弓箭手之首：官衔之一。

〔11〕"万年永在"大墓地：专指尼罗河西岸底比斯附近的诸多神庙、王室祭葬庙和极少数高级祭司的墓地。

〔12〕迈尔图如城：该小镇位于今埃及盖博林，在底比斯南部40公里处。

〔13〕守门人：官衔之一，其职责主要包括守卫帝王谷、辅助书吏收税等。在工匠村，守门人还可充任信使和村法庭监守。此外，他们还负责向工人传达维吉尔和王室管家的命令。

L.2~4 从索白克（神庙）先知帕赫尼、书吏撒赫奈弗尔、索白克神庙总管帕温奈什的手中收取（神庙上缴的）$54\frac{2}{4}$ 袋[1] 谷物。这些谷物均产于卡塔法老地。（在该城）北部湿地，征收迈扎伊[2] 阿恩赫瑞腾特丰收税[3]：谷物 80 袋。

以上总计：$134\frac{2}{4}$ 袋。

L.5~7 第 12 年，泛滥季，第 2 月，第 21 日，西城[4] 管理者[5] 帕斯尔阿查收于储粮库屋顶，由书吏宅胡提摩斯收取于迈尔图如城，放入第一粮库“谷满仓”：$131\frac{2}{4}$ 袋[6] 谷物，5 袋大麦，总计：$136\frac{2}{4}$ 袋。

L.8~9 第 12 年，泛滥季，第 3 月，第 19 日，在小城阿格尼[7]，大墓地书吏宅胡提摩斯和两个守门人收取 $33\frac{2}{4}$ $3\frac{2}{4}$ 袋[8] 谷物。

L.10~11 第 12 年，泛滥季，第 3 月，第 23 日，运送并交给书吏尼苏阿蒙伊派特和阿蒙神庙女乐师[9] 赫努特塔威[10]。共查收 33 $3\frac{1}{4}$ $\frac{1}{16}$ $\frac{1}{32}$ 袋[11] 谷物。

不足额[12]，共 $\frac{2}{4}$ $\frac{1}{4}$ $\frac{1}{32}$ 袋。[13] 给了渔民[14]。

总计：……

---

〔1〕袋：新王国时期，一袋谷物的重量约为 76.88 公斤，即晒干后的谷物重量。本文中出现的袋数与公斤之间的数值换算皆同此例，故后文不再赘述。

〔2〕迈扎伊：原为努比亚某部族的称谓，新王国时期，这一称谓被用来专门指代“警察”或“沙漠巡视者”。

〔3〕丰收税：是新王国时期最为重要的以实物形式上缴的税收。由指定官员每年收缴一次，所收缴的实物皆为谷物。这些谷物通常被神庙和王室机构用来供养祭司、依附民和修建王室陵墓的工匠们。

〔4〕西城：地名。*niwt* 的基本含义是“城市”，有时也可以专指底比斯城。由此，这里的“西城”实际上指的是底比斯西部地区。

〔5〕管理者：该词在古王国和中王国时期译为“地方州长”。拥有这一头衔的人具有较强的独立于中央政府之外的权力。新王国时期该词多译为“市长”，此时拥有这一头衔的人居于中央政府管理之下，其独立性已丧失。而在这里，由于“西城”意指“底比斯西部地区”，为此，我们将其译为“管理者”。

〔6〕$131\frac{2}{4}$ 袋：前文记录书吏和守门人在小城伊姆伊特如收取谷物 $134\frac{2}{4}$ 袋，可是此处放入粮库的袋数却是 $131\frac{2}{4}$ 袋，至于为何缺少 3 袋谷物，文献并未说明。

〔7〕地名，现今的阿斯弗－埃尔－马塔阿依那。该城位于尼罗河右岸，卢克索（古称底比斯）南部 55 千米处的艾斯纳城的下游。哈托尔是该城的保护神。

〔8〕$33\frac{2}{4}$ $3\frac{2}{4}$ 袋：$33\frac{2}{4}$ 这一数字是用红墨水书写的，代表小麦的袋数；$3\frac{2}{4}$ 这一数字是用黑墨水书写的，代表大麦的袋数。

〔9〕阿蒙神庙女乐师：头衔之一。该头衔最早出现于新王国时期，因为阿蒙神的主要崇拜中心是底比斯，所以能够拥有该头衔的人多为底比斯高级官员的妻子或女儿。

〔10〕赫努特塔威：书吏尼苏阿蒙伊派特和阿蒙神庙女乐师赫努特塔威是夫妻关系。

〔11〕按，即 $36\frac{13}{32}$ 袋。

〔12〕不足额：这里指收上来的谷物不足额，主要是由于一些渔民预支了神庙将要支付给他们的谷物。

〔13〕按，即 $\frac{19}{32}$ 袋。

〔14〕给了渔民：指预支给了渔民，原文中此处并没有标明具体的数目。

L.12~13 第12年，泛滥季，第3月，第28日，在迈尔图如城，书吏宅胡提摩斯和两个守门人收取外国人帕赫如10袋谷物。

宅胡提摩斯共收：183¾袋[1]。

L.14~15 第12年，泛滥季，第3月，第29日，将外国人帕赫如10袋谷物交给西城管理者帕乌尔阿。（又将这10袋谷物）付给田间监管人[2]帕巴克。

§3 L.1~2 第12年，泛滥季，第4月，第12日，在底比斯，宅胡提摩斯和两个守门人收到底比斯之主蒙图[3]的神庙的6袋谷物。由众神之王阿蒙–拉[4]的神庙之高级祭司蒙图阿蒙姆伊奈特的下属、记数书吏尼苏阿蒙代表神庙上缴。

详细说明[5]：L.3 外国人帕奈赫西4袋谷物，建筑工卡如尔2袋谷物。

总计：6袋。支付给矿工伊如沙拉……¼袋。

L.4~5 第12年，泛滥季，第4月，第13日，在"法老阿蒙所爱之乌塞尔玛阿特拉[6]的神龛"（为名的）神庙中，由书吏宅胡提摩斯和两个守门人从阿蒙神庙女乐师玛莎奈弗尔——神龛总管赫瑞奈弗尔之妻——的手中收取30袋谷物。

L.6~7 第12年，泛滥季，第4月，第14日，书吏尼苏阿蒙伊派特和阿蒙神庙女音乐师赫努特塔威接收由书吏宅胡提摩斯和两个守门人在"法老阿蒙所爱之乌塞尔玛阿特拉的神龛"收取的30袋谷物，由（该神庙）主管赫瑞奈弗尔负责。放入第一粮库"谷满仓"中。

L.8 在这一天收到底比斯之主蒙图的神庙的谷物，从外国人乌塞尔哈提提乌手中收取，共计8袋；再加上之前第4月第12日上缴的6袋谷物，共14袋谷物。

L.9 第12年，泛滥季，第4月，第18日，书吏宅胡提摩斯、船长宅胡提乌沙贝特、船员从西城出发。

---

〔1〕按，该数目是由前文出现的放入粮库的136¾袋、在阿格尼收的37袋和在伊姆伊特如收取的10袋谷物相加而得。

〔2〕田间监管人：埃及语形式为 *iḥwty*，该词释义，学界目前尚无定论。该词可直译为"农民"或"耕种者"，此处将其译为"农民"或"耕种者"尚不足以表达其全部含义。这是因为单纯的田间劳作者——农民不可能独自获取10袋谷物的酬劳。而且在后文出现的"田间监管人"上缴的谷物税较多，农民作为小土地持有者是不可能上缴如此多的谷物税的。故此，本文中暂将其译为"田间监管人"。此外，田间监管人又受政府官员、神庙祭司和书吏的监管。

〔3〕蒙图：战神，通常以鹰首或牛头人身的形象出现，其头部戴着太阳圆盘和两根羽毛。新王国时期，他常与拉神合二为一，亦被称为蒙图–拉。

〔4〕众神之王阿蒙–拉：阿蒙神和拉神的合体。阿蒙和拉皆为古埃及太阳神，古埃及人将两位神合二为一，称为阿蒙–拉，并冠以"众神之王"的称号，使其获得更为强大和全能的神性，以彰显其无与伦比的宗教地位。

〔5〕详细说明：埃及语形式为 *wp st*，该词开头的段落是为解释前段提到的由神庙上缴的谷物袋数的来源。

〔6〕阿蒙所爱之乌塞尔玛阿特拉：埃及语形式为 *wsr-mꜣʿt-rʿ mry-imn*，法老拉美西斯三世的上下埃及之王名。

L10~11 第 12 年，泛滥季，第 4 月，第 20 日，在小城伊乌尼特[1]，由书吏宅胡提摩斯和两个守门人负责在此收税。从克努姆[2]–奈布的神庙代理人帕乌尔阿手中收取 402 袋谷物。在伊乌尼特的克努姆–奈布的神庙谷仓，从（该谷仓）书吏帕奈赫西手中收取 337 袋谷物。

L12~14 详细说明[3]：从代理人帕乌尔阿手中收取谷物，从田间监管人撒赫塔奈弗尔手中收取丰收税 120 袋，又从他和田间监管人布塔赫阿蒙、田间监管人 那赫特 阿蒙手中收取谷物 80 袋。又从他们手中收取谷物 6$\frac{2}{4}$ 袋，再从他们手中收取谷物 13¾ 袋。总计：220 袋。放到宅胡提沙贝提的船上。

L15 书吏宅胡提摩斯将这一天收到的 98¾ 袋谷物（和）24¾ 袋谷物装运至渔民卡宅瑞特的船上。总计：123¼ 袋。

L16 共计：343¼ 袋[4]。支付给收税人在收税过程中所需的费用：6¼ 袋。…… 给法老 ……337 袋。结算给书吏帕奈赫西 65 袋谷物。总计：402 袋。

§4 L1~4 第 12 年，泛滥季，第 4 月，第 24 日，底比斯（西城）管理者帕乌尔阿接收由书吏宅胡提摩斯和两个守门人从小城伊乌尼特收取，分别装载在船长宅胡提沙贝提的船上和渔民卡宅瑞特的船上的谷物，337 袋。

详细说明[5]：到达（底比斯后），将渔民卡宅瑞特船上的 110¼ 袋谷物上交给（西城）管理者。给渔民伊提奈弗尔 1 袋谷物，共 111¼ 袋。尚缺 2 袋谷物，（这是由于支付给）守门人宏苏摩斯 1¼ 袋、尼苏阿蒙 ¼ ⅛ 袋、渔民卡宅瑞特 ¼ 袋。

L5 到达（底比斯后），将船长宅胡提沙贝提船上的 203¾ 袋谷物上交给（西城）管理者，支付给船长 20 袋。共计 225 袋。

L6~8 第 12 年，播种季，第 4 月，第 5 日，大墓地书吏宅胡提摩斯和神庙守门人宅胡提摩斯[6]从阿蒙神庙记数书吏尼苏阿蒙手中收取小麦 8$\frac{2}{4}$ 袋；大麦 2¼ 袋。

详细说明[7]：（从）储藏库负责人宅胡提姆海布（手中收取）7 袋，烙印者[8]帕赫如 1$\frac{2}{4}$ 袋，共 8$\frac{2}{4}$ 袋；（收取）牧羊人迈尔阿 1$\frac{2}{4}$ 袋，农民宏苏摩斯 ¾ 袋，共 2¼ 袋。总计：10¾ 袋。

---

〔1〕伊乌尼特：地名，该城市位于底比斯南部 55 千米处，今埃及艾斯纳。

〔2〕克努姆：神名，原为尼罗河源头之神，后来被认为是创造人类之神，亦称“陶工之神”和“造物之神”。他常以公羊首人身的形象出现。

〔3〕详细说明：以下文字为解释前文提到的 402 袋谷物和 337 袋谷物分别从何而来。

〔4〕按，这一数目是由 123¼ 袋谷物和之前装运到船长宅胡提乌沙贝特的船上的 220 袋谷物相加得来。

〔5〕详细说明：以下解释了船长宅胡提乌沙贝特的船上和渔民卡宅瑞特的船上 337 袋谷物的去向。

〔6〕守门人宅胡提摩斯：与大墓地书吏宅胡提摩斯同名。

〔7〕详细说明：以下解释尼苏阿蒙上缴的 10¾ 袋大麦和小麦是从下文列举的人员手中收取的。

〔8〕烙印者：在古埃及，拥有牛的人就意味着他拥有了财富和社会地位。烙印者即为在牛身上做印记的人，以此识别牛的主人。

在这一天，……将书吏宅胡提摩斯（收上来的）10¾ 袋（大麦和小麦）运至（底比斯并交给）在玛伊乌[1]神庙计量处（工作的）阿蒙神庙女音乐师赫努特塔威。

L9~10 同一天，在小城那派尔伊姆，从牧羊人帕奈赫西手中收取 4 袋谷物。（从）警察长尼苏阿蒙手中收取 1 袋谷物，从渔民帕赫如（手中收取）1$\frac{2}{4}$ 袋（谷物），（从）渔民帕赫特特姆赫尔（手中收取）1$\frac{2}{4}$ 袋（谷物）。

L11 在迈尔图如城，记数书吏尼苏阿蒙从外国人伊乌努手中收取谷物 12 袋；（收取）外国人帕赫如 1$\frac{2}{4}$ 袋（谷物）。总计：13$\frac{2}{4}$ 袋谷物。

§5 L1~4 第 12 年，丰收季，第 1 月，第 9 日，从迈尔图如城带来外国人伊乌努（手中）收取的 12 袋大麦，外国人帕赫如 1$\frac{2}{4}$ 袋谷物，共收 13$\frac{2}{4}$ 袋。在那派尔伊姆，收取帕赫曼之子牧羊人帕奈赫西 4 袋谷物，警察长尼苏阿蒙 1 袋谷物，共计 5 袋。均由阿蒙神庙女音乐师赫努特塔威在粮库接收。（并将）12 袋（大麦）和 6$\frac{2}{4}$ 袋[2]谷物放入第一粮库“谷满仓”中，（将）18$\frac{2}{4}$ 袋谷物放入储粮库“净土”中。

L5~6 第 12 年，播种季，第 4 月，第 13 日，两个守门人（从由）阿蒙神庙记数书吏尼苏阿蒙所负责的法老仓库收取 4 袋和 20 袋谷物。（从）尼苏阿蒙（手中本应收取）72 袋谷物，（但是今日加上前几日他所上缴的谷物）一共 55¾ 袋。尚缺 16¼ 袋。

L7~9 第 12 年，播种季，第 4 月，第 13 日，从书吏撒赫奈弗尔手中收取外国人伊瑞 20 袋谷物。

详细说明：迈尔图如城之主索白克的神庙尚欠 10$\frac{2}{4}$ 袋谷物。众神之王阿蒙－拉的神庙记数书吏尼苏阿蒙负责的法老粮库（欠）8 袋谷物。索白克（神庙）高级祭司多交 1$\frac{2}{4}$ 袋。总计：20 袋。

L10~11 在这一天 收取 ……；从阿蒙神庙记数书吏尼苏阿蒙手中收取法老仓库中的谷物；从 …… 从阿蒙神庙记数书吏 尼苏阿蒙手中收取。分给穆特[3]神庙祭司，3…… 袋。总计 ……

背　面

§6

L1 *ḥsbt-sp* 14 *ꜣbd* 1 *ꜣḫt hrw* ⌊10⌋ *šsp m-ḏt* ⌊*ḥm*⌋*-nṯr n ḥwt-*⌊*ḥr*⌋ *ny-sw-ỉmn bty ẖꜣr* 30 *wp st*

L2 *ꜣꜥꜥ pꜣ-kꜣmn ẖꜣr* 5¼

L3 *ꜣꜥꜥ mꜥ-rry ẖꜣr* 4

L4 *ꜣꜥꜥ pn-tꜣ-ḥwt-rs ẖꜣr* 6$\frac{2}{4}$

L5 *ꜣꜥꜥ pꜣ-kꜣmn sꜣ pꜣ-wꜥ-ỉmn ẖꜣr* ⌊2⌋

L6 *ꜣꜥꜥ pn-ḏḥwty ẖꜣr* $\frac{2}{4}$

L7 *ꜣꜥꜥ ny-sw-ỉmn ẖꜣr* 3$\frac{2}{4}$

L8 *ꜣꜥꜥ ỉry ẖꜣr* 3$\frac{2}{4}$

---

〔1〕 玛伊乌：神名，具体职司待考。

〔2〕 6$\frac{2}{4}$ 袋：该数量是由外国人帕赫尔上缴的 1$\frac{2}{4}$ 袋谷物、牧羊人帕那赫西上缴的 4 袋谷物和警察之首尼苏阿蒙上缴的 1 袋谷物相加而得。

〔3〕 穆特：阿蒙神之妻，新王国时期卢克索神庙的主神。她的形象，经常穿着明亮的衣衫，并且用环绕着白王冠或者双王冠的秃鹫形头巾来装饰其头部。

L9 ꜣꜥꜥ ỉw [...] gꜣbn ẖꜣr 3

L10 šsp m-ḏt pꜣ [ḥm]-nṯr ẖꜣr [¾]

L1 [...] dmḏ 30

§7 L1 sšp m ḥsbt-sp 14 ꜣbd 1 ꜣḫt sw 11 m dmy smn

L2 ꜣꜥꜥ pn-r nwt ẖꜣr 2 2/4

L3 ꜣꜥꜥ sw-ꜥn-f ẖꜣr [10]

L4 ꜣꜥꜥ ꜥḥꜣ-ḥrw-nfr ẖꜣr 7 2/4

L5 ꜣꜥꜥ pꜣ-nḥsy ẖꜣr 4

L6 dmḏ 24

L7 šsp m dmy mr-trw

L8 ỉw ꜣꜥꜥ ḫꜥ-m-tỉr ẖꜣr 4

L9 ỉw ꜣꜥꜥ pꜣ-kꜣmn ẖꜣr 2

L10 ỉw ꜣꜥꜥ pn-tꜣ-ḥwt-rs ẖꜣr 3

L11 ꜣꜥꜥ pꜣ-ḥr-ỉmn-nḫt ẖꜣr [4]

L12 ꜣꜥꜥ kꜣ-ṯꜣ ẖꜣr 3¾

L13 ꜣꜥꜥ ꜥwty-ry ẖꜣr [3]

L14 ꜣꜥꜥ sbk-sꜥnḫ [...] 1¾

L15 ꜣꜥꜥ [...]

§8 L1 ꜣbd 1 ꜣḫt sw 25 hrw n [pn] šsp pr ẖnmw nbw ỉwnyt

L2 m-ḏt sš ḥwt-nṯr pꜣ-nḥsy it ẖꜣr 80

L3 ꜣbd 2 ꜣḫt sw 8 hrw pn šsp m-ḏt sš ḥwt-nṯr pꜣ-nḥsy ẖꜣr 70 dmḏ 150

L4 ꜣbd 2 ꜣḫt sw [...] hrw pn šsp m-ḏt ḥm-nṯr n ỉmn pꜣ-ꜥn-ḫꜥ ẖꜣr 10

§6 L1 第 14 年，泛滥季，第 1 月，第 10 日，从哈托尔[1]（神庙）先知尼苏阿蒙手中收取大麦 30 袋。详细说明[2]：

L2 外国人帕克蒙 5¼ 袋。

L3 外国人玛瑞伊 4 袋。

L4 外国人派奈塔胡特瑞西 6 2/4 袋。

L5 帕瓦伊蒙之子外国人帕克蒙 2…… 袋。

L6 外国人帕奈宅胡提 2/4 袋。

L7 外国人尼苏阿蒙 3 2/4 袋。

L8 外国人伊瑞伊 3 2/4 袋。

---

〔1〕 哈托尔：古埃及爱神、舞蹈之神、音乐之神。在不同的神话传说中，她有着不同的身份：她是太阳神拉的女儿、荷鲁斯的妻子或者拉的妻子，以及荷鲁斯的母亲，并以奶牛、牛头人身或长有牛耳的妇女形象出现。她的崇拜中心在旦德拉，希腊人则将其等同于他们的爱神阿弗洛狄忒。

〔2〕 详细说明：以下解释 30 袋谷物是从哪些人员手中收取的。

L.9 外国人伊乌卡本3袋。
L.10 从先知手中收取¾袋。
L.11 ……总计：30袋。

§7 L.1 第14年，泛滥季，第1月，第11日，（在）小城西蒙[1]收税：
L.2 外国人派奈瑞努特$2\frac{2}{4}$袋。
L.3 外国人昂弗苏10袋。
L.4 外国人阿卡乌奈弗尔$7\frac{2}{4}$袋。
L.5 外国人帕奈赫西4袋。
L.6 总计：24袋。
L.7 在迈尔图如城（收税）：
L.8 外国人卡姆提尔3袋。
L.9 外国人帕克蒙2袋。
L.10 外国人派奈塔胡特瑞西3袋。
L.11 外国人帕赫尔阿蒙奈赫特4袋。
L.12 外国人卡查伊3¾袋。
L.13 外国人阿乌提瑞3袋。
L.14 外国人索白克斯昂赫……
L.15 外国人……

§8 L.1~2 泛滥季，第1月，第25日。这一天，在伊乌尼特，从神庙书吏帕奈赫西手中收取克努姆－奈布神庙80袋谷物。
L.3 泛滥季，第2月，第7日。这一天，从神庙书吏帕奈赫西手中收取70袋谷物。总计：150袋。
L.4 泛滥季，第2月，第……日。这一天，从阿蒙先知帕昂卡手中收取10袋谷物。

〔1〕西蒙：地名，位于盖博林附近。

14. 格里菲斯纸草残片（节选）

英语名：*The Griffith Gragments*

圣书体：A.H. Gardiner, *Ramesside Administrative Documents*, pp. 68–71

英译本：A.H. Gardiner, "Ramesside Texts Relating to the Taxation and Transport of Corn," *JEA* 27 (1941), pp. 64–70

§1 L14 *dmḏ tꜣ št ṯb ẖꜣr* [609¾] *ỉt n tꜣ-ḳꜥḥ ẖꜣr* 4 [...] 6 6¾
L15 *dmḏ ẖꜣr* 4 16[7]6¼. *pš hꜣw ẖꜣr* 120 *dmḏ ẖꜣr* 4 1556¼ *pš*
L16 *ỉnỉ r tꜣ šnwt pr ỉmn ẖꜣr* 2 2/4 1/16 *ẖꜣr* 1¼ 1/16 518 [...]

§2 Lx+5 *rmnyt pr mꜣꜥt sꜣt rꜥ ẖnmw ỉꜣw*
Lx+6 *pš n tꜣ ḳꜣyt pn-ḥsy tꜣ ꜥt pꜣ r-pꜥt pr pn sṯꜣt nẖb* 6
Lx+7 *pš n tꜣ ḳꜣyt mḥt ỉn-mwt sṯꜣt* 25
Lx+8 *pš n tꜣ ḳꜣyt mḥt st tn n sṯꜣt* 15
Lx+9 *dmḏ nẖb nbt sṯꜣt* 6 *ỉrỉ.n ẖꜣr* 12　*ḳꜣyt nbt* [*sṯꜣt*] 40 *ỉrỉ.n ẖꜣr* 8 32
Lx+10 *dmḏ ẖꜣr* 8 44

§3 Lx+11 *tꜣ sn-nw nꜣ n r-pr*
Lx+12 *pr wsỉr nb ꜣbw m sỉp n sš ẖn-sw-ḥꜣt-nṯr-nb ẖꜣr* 10 40 [...](?)
Lx+13 *pr ỉn-ḥrt šw* (*sꜣ rꜥ m*) *sỉp*
Lx+14 *pr mnw ḥrw* [*ꜣst*] *nṯrw nbt ỉpw m sỉp* [*sš*] *n* [...]

§1 L14 总计：柴布[1]的纳税人，609¾ 袋。特拉克特[2]的谷物，4 …… 66¾ 袋。
L15 总计：4 1676¼ 袋，地区 (?) 用于消费，120 袋。总计，4 1556¼ 袋，地区 (?)
L16 支付给阿蒙之屋粮仓，2 2/4 1/16 1037¾，结余 1¼ 1/16 518（袋）。

§2 Lx+5 拉神之女，玛阿特之屋[3]的土地，"长者克努姆"[4]
Lx+6 在 (?) 派奈赫斯[5]的王储之屋的可耕地，阿鲁拉，泛滥地，6 阿鲁拉。

〔1〕柴布：地名，位于上埃及第十州。

〔2〕特拉克特：新王国时期，这个术语的含义与"诺姆"或者"州"相近。

〔3〕拉神之女，玛阿特之屋：可能就是"城市中的玛阿特之屋"，正是在这个地方宰相听取了关于底比斯盗墓事件的汇报。

〔4〕地区的名字，而非神庙名字的一部分。

〔5〕派奈赫斯：位于威尔 – 凯毕尔附近，穆特女神是这一城镇的主神。

Lx+7 因姆特北部可耕地，25阿鲁拉。

Lx+8 此地北部可耕地，15阿鲁拉。总计：泛滥地，6阿鲁拉，产出（谷物）12袋。

Lx+9 所有可耕地，40阿鲁拉，产出8 32袋。

Lx+10 总计：8 44袋。[1]

§3 Lx+11 第二，辅设的神庙

Lx+12 阿拜多斯之主，奥西里斯神庙，由书吏宏苏哈特奈彻尔奈布监督，10 40袋……(?)

Lx+13 拉神之子，奥努瑞斯[2]－舒神庙，由同一人监督。

Lx+14 伊西斯[3]、荷鲁斯－敏[4]的神庙，众神和因普[5]女主人，由……监督……[6]

---

〔1〕按，本段文献（§2）描述了属于真理女神玛阿特神庙的三块土地的面积和位置。

〔2〕奥努瑞斯：古代埃及宗教中的战神和狩猎之神，其崇拜中心是提尼斯。

〔3〕伊西斯：古代埃及宗教中王位守护神，九神系之一，是奥西里斯的妻子和荷鲁斯的母亲。

〔4〕敏：古代埃及宗教中的生育之神。

〔5〕因普：地名，即阿赫米姆。

〔6〕按，本段文献（§3）中提及的神庙按照从南向北的顺序排列，依次是阿拜多斯、提尼斯和阿赫米姆等三个城市的主要神庙。

三

财产交易文献

（一）买卖契约

15. 麦地那 432 号陶石片

英语名：*Ostracon Deir el-Medina (ODM) 432*

圣书体：*KRI*, Vol. V, pp. 455–456

英译本：*KRIT*, Vol. V, pp. 371–372

§1 L1 *ḥsbt-sp* 13 *ꜣbd* 4 *ꜣḫt sw* 27 *tmmt dꞽt nw k-n-r*
L2 *ꜣbd* 4 *prt sw* 1 *r ꞽn pꜣ ꜣꜥt r swꜣḏt=f ꞽw=f m ꞽhy* [...]
L3 [...] *bꜣk=f ꞽr.n ꜣbdw* 3 *hrw* 4

§2 L4 [*ḥsbt-sp* 14] *ꜣbd* 1 *ꜣḫt sw* 19 *ṯh pꜣ ꜣꜥt ꞽr.n* [*k-n-r* ...]
L5 *ꞽnt=f r ḥry m ꜣbd* 3 *ꜣḫt ḥrw* 24 *ꞽw=f wbd ꞽw=f mt* [...]

§1 L1 第 13 年，泛滥季，第 4 月，第 27 日，肯若未运水。L2 播种季，第 4 月，第 1 日，牵回驴，并将它转让……在牲畜栏中…… L3 他的工作……3 个月零 4 天。

§2 L1 第 14 年[1]，泛滥季，第 1 月，第 19 日，肯若鞭打(?)驴…… L2 哺育它……。在泛滥季，第 3 月，第 24 日，他发烧病逝……

〔1〕第 14 年：亦有可能是第 13 年。

16. 都灵 57173 号陶石片

英语名：*Ostracon Turin 57173*

圣书体：*KRI*, Vol. V, pp. 457–458

英译本：*KRIT*, Vol. V, p. 372

L1 *ḥsbt-sp* 14 *ꜣbd* 3 *prt sw* 27 *rdỉt rmṯ-ỉst ḥr-m-wỉꜣ n mḏꜣw*
L2 [...] *ty=ỉ r ḏbꜣ pꜣy=f ꜥꜣt sš sḏ ỉr.n ḥmt dbn* 16
L3 *ỉfd ỉr.n ḥmt dbn* 10 *ỉr.n dbn* 26 *ỉry=f ꜥnḫ n nb r ḏd*
L4 *wꜣḥ ỉmn wꜣḥ pꜣ ḥkꜣ bn mdt=ỉ m pꜣy ꜥꜣ bn mdt*
L5 *ky ỉm=f m ỉr=f ỉw=f r=ỉ m-ḳb*

L1 第 14 年，播种季，第 3 月，第 27 日，工匠赫尔姆威尔把……L2 给迈扎伊警察……，……1 条用由上好布料制成的缠腰带兑换铜 16 德本，L3 1 条床单兑换铜 10 德本，总计兑换了 26 德本的铜用以支付他的这头驴。

他以君主的名义发誓：L4 “以阿蒙和统治者永恒（圣洁）的名义担保，我不会去争这头驴，L5 其他任何人也不应该去争夺这头驴，如果某人要是这样做了，那么就罚我双倍赔偿。”

17. 麦地那 410 号陶石片

英语名：*Ostracon Deir el-Medina (ODM) 410*

圣书体：*KRI*, Vol. V, p. 507

英译本：*KRIT*, Vol. V, p. 402

L1 *ḥsbt-sp* 26 *sw* 5 *ḥry rnpt mst nbt nbt-ḫwt*
L2 *rdyt n rmṯ-ỉst ḥꜣy ỉn ỉry-ꜥꜣ pn-pꜣ-mr r*
L3 *ḏbꜣ tꜣy=f ꜣꜥꜥ ꜥḏ*
L4 *ḥsmn ỉꜥ* 1 *ỉr n dbn* 19 *ỉrr* 1 *ỉr.n* 12 *dmḏ dbn* 31
L5 *m-bꜣḥ ỉry pn-mn-nfr ꜥꜣ-nḫtw*
L6 *ỉmn-m-ỉnt-wsr-ḥꜣt*

L1 第 26 年，一年的最后 5 日，奈芙提斯的生日。[1]

L2~6 在护卫彭蒙努弗尔、阿奈赫特、阿蒙姆伊恩特乌塞尔哈特 3 位证人面前，守门人彭帕迈尔将一只价值 19 德本的铜质脸盆和一只价值 12 德本的“伊尔尔”容器，即总计 31 德本支付给工匠哈伊一罐油脂。

〔1〕一年的最后 5 日，奈弗提斯的生日：古代埃及人的历法规定，1 年为 365 天，分为 12 个月，每个月 30 天，多余的 5 天作为节日庆典，用来庆典 5 位神，即奥西里斯、大荷鲁斯、塞特、伊西斯和奈弗提斯。在民间沿用古代太阳历，把天狼星偕日同升与尼罗河开始泛滥同时发生的那一天（相当于现代的 7 月 1 日）作为新年的第一天。

18. 皮特里 14 号陶石片

英语名：*Ostracon Petrie 14*

圣书体：*KRI*, Vol. V, p. 524

英译本：*KRIT*, Vol. V, p. 413

§1 L.1 *ḥsbt-sp* 28 *ꜣbd* 4 *šmw sw* 10
L.2 *ḏd sš ḳd mn-nꜣ ḥnꜥ ỉn mw ṯꜣ-ꜥꜣ m-ḏd dỉ=ỉ n=f* 27
L.3 *dbn n ḥmt m ḥḏ nb r-ḏd ỉn n=ỉ wꜥ ꜥꜣt* [...]
L.4 *šmꜥt ỉdn ỉr.n dbn* 12 *nꜥꜥ-rwḏ* 1 *ỉr.n dbn* 8 [...]
L.5 *ṯbw ṯꜣy ꜥ* 1 *ỉr.n dbn* 2 *bty ẖꜣr* 1 *ỉr.n dbn* 1 *nḏ ẖꜣr* ¼
L.6 *rdỉt n=f ḥmt dbn* 27 *ỉw=f ỉn.n=ỉ wꜥ ꜥꜣt ỉw=ỉ ḫ-*
L.7 *ꜣꜥ=f n=f ꜥn ỉw=f ỉn n=ỉ pꜣy ky ḫr bn nfr ỉwnꜣ*

§2 L.1 *ỉmỉ sw n=f mtw=f*
L.2 *ỉn n=ỉ ꜥꜣt nfr*
L.3 *m r-pw pꜣy=ỉ ḥḏ*
L.4 *sw dy.n=f ỉr=f ꜥnḫ n nb*
L.5 *r-ḏd ỉw=ỉ r dỉ.n=f ꜥꜣ* 1
L.6 *r-pw ḥḏ r šꜣꜥ*
L.7 *ꜣbd* 1 *ꜣḫt sw pꜣ ꜥꜣ n ỉst*⌋ 2
L.8 *pꜣ ꜥꜣ n ỉst pꜣ sš*

§1 L.1~3 第 28 年，丰收季，第 4 月，第 10 日。起草人蒙纳与挑水工查伊阿发生争执，说：

我支付给他相当于 27 德本铜的等价物，说："牵给我一头驴，L.4~5 ……1 条价值 12 德本的由薄布制成的 …… 方巾，1 条价值 8 德本的由上好布料制成的围巾，1 双价值 2 德本的男士凉鞋 (?)，1 袋价值 1 德本的双粒麦和 ¼ 袋面粉。"

L.6~7（我）支付给他 27 德本的铜。他牵给我一头驴，我把它送了回去。[1] 他给我换了另外一头，但（仍然）不是头好驴。

§2 L.1~3（我）把它还给了他。（请）让他给我牵来一头好驴吧，否则就把我支付给他的钱（还给）我！

L.4~8（在）两名工匠总管和书吏（面前），他（以）君主的名义发誓，说："到泛滥季的 1 月 …… 为止，我将牵给他一头（好）驴，否则我将把钱（退回）去。"

〔1〕 按，因为这头驴有问题，所以当事人把它送了回去。

19. 加德纳 6814 号陶石片

英语名：*Ostracon Gardiner 6814*

圣书体：*KRI*, Vol. V, pp. 555–556

英译本：*KRIT*, Vol. V, p. 434

L1 *ḥsbt-sp* 31 *ꜣbd* 2 *prt sw* 15 *pn swḏ*
L2 *tꜣ* ⌞*r*⌟*hdt n dbn* 20 *n nfr-ḥr ỉn bꜣk-n-wr-n-r*
L3 *tꜣy st mtn n dbn* 15 *ỉry=f ꜥnḫ n nb*
L4 *r ḏbw tꜣ mtnw n bꜣk-n-wr-n-r*
L5 *m-bꜣḥ ꜥꜣ n ỉst ḫꜥw sš ỉmn-nḫt*
L6 *ꜥꜣ n ỉst ḫnsw*

L1 第 31 年，播种季，第 2 月，第 15 日，在这一天，L2 巴肯威瑞勒将价值 20 德本的煎锅交给奈弗尔霍特普，L3 雕刻它的费用是 15 德本。L4~6 在工匠总管哈乌、书吏阿蒙奈赫特和工匠总管宏苏的面前，他以君主的（名义）发誓，会支付给巴肯威瑞勒雕刻费。

20. 开罗 65739 号纸草

英语名：*Papyrus Cairo 65739*

圣书体：*KRI*, Vol. II, pp. 800–802

英译本：*KRIT*, Vol. V, p. 526–528

L1 […] *ḏd tn ꜥnḫ n niwt ỉry-nfrt* […]

L2 *iw=ỉ ḥr ḫpr ḥms=k(wỉ) m pꜣy=f pr iw=ỉ ḥr bꜣk ḥr* […]

L3 *ḥr nw(=ỉ) pꜣy=ỉ dꜣiw ḥr ỉr m ḥsbt-sp 15 ḥr 7 rnpt n ꜥḳ <ỉr.n>=ỉ r pꜣ pr n ỉmy-r spꜣt sꜣ-mwt*

L4 *iw šwyty rꜥ-iꜣ ḥr spr r r=ỉ ḫry ḥmt ḫꜣrw gm-ni-ḥr-imntt iw=st m ꜥḏd-šrt* [*iw=f ḥr*]

L5 *ḏd n=ỉ in-nt tꜣy ꜥḏd-šrt m tw=t di n=ỉ swn(t) st ỉ.n=f <ḥr ḏd> n=ỉ iw=ỉ ḥr šsp tꜣ ꜥḏd-šrt iw=ỉ ḥr di n=f swn(t)*

L6 *tw=st* (3) *ḥr ptr tw=ỉ ḥr ḏd tꜣ swn(t) ỉ.di=ỉ r r=st m-bꜣḥ nꜣ srw šmꜥ(t) swḥ 1 ỉr.n ḥḏ ḳdt 5*

L7 *šmꜥ(t) ifd 1 ỉr.n ḥḏ ḳdt 3⅓ šmꜥt ḏꜣyt 1 ỉr.n ḥḏ ḳdt 4 šmꜥ(t) nfr sḏ 3 ỉr.n ḥḏ ḳdt 5*

L8 *šmꜥ(t) nfr dꜣiw 1 ỉr.n ḥḏ ḳdt 5 in n m-ꜥ ꜥnḫ n niwt kꜣ-fy ḥmt gꜣy 1 ỉr.n dbn 18 ỉr.n ḥḏ*

L9 *ḳdt 1⅔ in n m-ꜥ ḥry-šnꜥ piꜣy ḥmt gꜣy 1 ỉr.n dbn 14 ỉr.n ḥḏ ḳdt 1½ in n wꜥb ḥwy-p-*

L10 *ꜣ-nḥsy ḥmt-m-ḳnḳn dbn 10 ỉr.n ḥḏ ḳdt 1 in n m-ꜥ wꜥb iniy ḥmt gꜣy 1 ỉr.n dbn 16*

L11 *ỉr.n ḥḏ ḳdt 1½ bit mnt 1 ỉr 1 ḥḳꜣt ỉr.n ḥḏ ḳdt 5 in n m-ꜥ ꜥnḫ n niwt ṯw-iꜣy ḥmt-ḳḥn*

L12 1 *ỉr.n dbn 20 ỉr.n ḥḏ ḳdt 2 in n m-ꜥ imy-r pr twtw-iꜣ n pr imn ḥmt ḳbr 1 ỉr.n dbn 20 ỉr.n ḥḏ ḳdt* [2]

L13 *šmꜥ(t) nfr mss 10 ỉr.n ḥḏ ḳdt 4 dmḏ ḥḏ m ḫt nb dbn 4 ḳdt 1 iw=ỉ ḥr di tw=w n šwyty rꜥ-iꜣ iw bn*

L14 *nkt n ꜥnḫ n niwt bꜣk-mwt im=sn i*[*w*]*=f di n=ỉ tꜣy ꜥḏd-šrt iw=ỉ ḥr ḏd n=s gm-ni-ḥr-imntt r rn*

L15 *ḏd tn ḳnbt sḏmy n ꜥnḫ n niwt ỉry-nfrt ỉr ꜥnḫ n nb ꜥnḫ wḏꜣ snb m-ḏd mtw mtr*

L16 *sꜥḥꜥ r r=ỉ iw wn ḫt nb n ꜥnḫ n niwt bꜣk-mwt m pꜣy ḥḏ rdi n=ỉ r tꜣy-bꜣk m tw(=ỉ) ḥꜣp=f*

L17 *iw=ỉ r 100 n sḫ iw=ỉ šw ḏd tn im=st ꜥnḫ n nb ꜥnḫ wḏꜣ snb ḏd tn ꜥnḫ n niwt ỉry-nfrt wꜣḥ imn wꜣḥ*

L18 *pꜣ ḥḳꜣ ꜥnḫ wḏꜣ snb mtw mtr sꜥḥꜥ r r=ỉ iw wn ḫt nb n ꜥnḫ n niwt bꜣk-mwt m pꜣy ḥḏ*

L19 *rdi n=ỉ r tꜣy-bꜣk m tw=ỉ ḥꜣp*[*=f*] [*iw=ỉ r*] 100 *n sḫ iw=ỉ šwk im=s ḏd tn ḳnbt sḏmy n wꜥw nꜣḫy*

L20 *imi=tw n=n nꜣ n mtr iḏd=k st rḥ pꜣy ḥḏ n ꜥnḫ n niwt bꜣk-mwt dit r in ḥmt*

L21 *gm-ni-ḥr-imntt ḥnꜥ nꜣ n mtr n tꜣy ꜥḥꜥt i.ḏd=k m ꜥnḫ n niwt bꜣk-mwt ỉr=st i*[*w*]

L22 *ꜥnḫ n niwt ỉry-nfrt ḥr di=st n šwyty nḫt iw=f ḥr di n=s ḥm tnr-ptḥ*

L23 *r ḏbꜣ=st ꜥḥꜥw n mtr ḏd n wꜥw nꜣḫy m-bꜣḥ ḳnbt ỉry mḏꜣw mnwiy*

L24 *ḥꜣty-ꜥ rꜥ-msw n imnt wꜥb ḥwy-pꜣ-nḥsy pꜣ sn ꜥꜣ n ỉmy-r spꜣt sꜣ-mwt ꜥnḫ n niwt kꜣ-fy*

L25 *tꜣ ḥmt ḥry mḏꜣw pꜣ-šd nty m ꜣw ꜥnḫ n niwt wrt-nfrt ꜥnḫ n niwt ḥwt-iꜣ*

L26 *tꜣ sn ꜥꜣ n ꜥnḫ n niwt bꜣk-mwt dmḏ s 3 st 3 dmḏ 6 iw=sn ḥr ꜥḥꜥ m-bꜣḥ ḳnbt iw=sn ḥr*

L27 *ỉr ꜥnḫ n nb ꜥnḫ wḏꜣ snb m mitt ꜥnḫ nṯr m-ḏd iḏd=n m mꜣꜥt bn ḏd=n ꜥḏꜣ mtw=n ḏd*

L28 *ꜥḏꜣ šdi=tw nꜣ bꜣkw m ḏd tn ḳnbt sḏmy n wꜥb ḥwy iḏd n=n pꜣy sḫr*

L29 *n ḥmt ḫꜣ*[*rw*] [*gm-ni-ḥr-imntt*…]

L1~3 ……女市民伊瑞奈弗尔特说："……，我嫁给（他和）他生活在一起，我工作在……，并供我衣服穿。

现在，已经是第 15 个年头了，在我嫁给诺姆总管撒穆特的第 7 年，L4~5 商人拉耶阿带着一名叙利亚女奴格姆尼赫尔阿蒙恩特走近我，而当时她只是一个小女孩。他对我说：‘付给我钱你就可以买下这名小女孩。’我付给他钱买下了这个女孩。

L.6~14 现在，在地方法官的面前，我列出了购买她的价格明细：

1 件上好麻质上衣，兑换 5 凯特白银；

1 条上好麻质床单，兑换 3⅓ 凯特白银；

1 顶上好麻质斗篷，兑换 4 凯特白银；

3 条品质上乘的束带，兑换 5 凯特白银；

1 条品质上乘的短裙，兑换 5 凯特白银；

向女市民卡菲借了 1 只重 18 德本的光亮铜质器皿，兑换 1⅔ 凯特白银；

向店铺老板皮阿伊借了 1 只重 14 德本的光亮铜质器皿，兑换 1½ 凯特白银；

向瓦布祭司胡帕奈赫西借了一些重 10 德本的铜片，兑换 1 凯特白银；

向瓦布祭司因伊借了 1 只重 16 德本的光亮铜质器皿，兑换 1½ 凯特白银；

1 壶重 1 赫卡特的蜂蜜，兑换 5 凯特白银；

向女市民查乌耶阿借了 1 只重 20 德本的铜质大锅，兑换 2 凯特白银；

向阿蒙（神庙）土地管理者图图耶阿借了 1 只重 20 德本的铜质“凯贝特”罐子，兑换 2 凯特白银；

10 件品质上乘的麻质短上衣，兑换 4 凯特白银；

合计：以上所有物品共计，兑换 4 德本 1 凯特白银。

我把钱付给商人拉耶阿，她不再属于女市民巴克穆特，他把女孩交给（我），我给她取名格姆尼赫尔阿蒙恩特。”

L.15~17 法官对女市民伊瑞奈弗尔特说：“向国王发誓，如果有证人控告我以上银两中的一部分是我拿女市民巴克穆特财产兑换的，（随后）我又拿着该钱购买了这名女仆，（那么如果指控）属实，我就会在被剥夺她之后再被鞭笞 100 下。”

L.18~19 女市民伊瑞奈弗尔特向国王发誓说：“以阿蒙和国王永恒（圣洁）的名义担保，如果有证人控告我以上银两中的一部分是我拿女市民巴克穆特财产兑换的，（随后）我又拿着该钱购买了这名女仆。（那么如果指控）属实，我就会在被剥夺她之后再被鞭笞 100 下。”

L.20~22 法官对士兵奈赫伊说：“把证人传唤上来吧，你说他们知道这些银属于女市民巴克穆特。面对着这座墓地的这些证人看着女市民巴克穆特购买了女奴格姆尼赫尔阿蒙恩特，（但是）女市民伊瑞奈弗尔特却把她给了商人奈赫特，作为交换，奈赫特也把男奴腾尔普塔交给了伊瑞奈弗尔特。”

L.23~26 在法庭上，士兵奈赫伊传唤了证人：警长敏威伊、西底比斯市长拉摩斯、诺姆总管撒穆特的长兄瓦布祭司胡帕奈赫西、已故警长帕舍德之妻女市民卡菲、女市民沃瑞奈弗尔特和女市民巴克穆特之姐女市民胡耶阿，3 男 3 女，总计 6 人。

1.27~29 他们站在法庭上，向国王和神发誓，说："我们会说出实情，我们不会说谎，如果我们说的话有半句假话，那么就应该受到予以剥夺仆人的惩罚。"

法官对瓦布祭司胡伊说："告诉我们所有有关女奴格姆尼赫尔阿蒙恩特的事，士兵奈赫伊已经说过……"

21. 柏林 12630 号陶石片

英语名：*Ostracon Berlin 12630*

圣书体：*KRI*, Vol. V, pp. 594–595

英译本：*KRIT*, Vol. V, p. 458

§1 L1 *sḫꜣ n rmṯ-ist ms n ꜥnḫ n* [*niwt*…]
L2 *r nty ṯꜣy sš imn-nḫt pꜣy=i hꜣy wꜥ wt m-ꜥ=i*
L3 *r ḏd iw=i r di pꜣ kꜣ r ḏbꜣ=f ḫr bwpw=f di tw=f r šꜣꜥ* [*pꜣ*]
L4 *hrw iw=i ḥr ḏd=f n pꜣ-ꜥꜣ-ḫt iw=f ḥr ḏd imi=tw n=i wꜥ*
L5 *ḥꜥti ḥr=f mtw=i in n=k pꜣ kꜣ iw=f ꜥꜣ(i) iw=i ḥr di n=f*
L6 *pꜣ ḥꜥti bn pꜣ wt ḫr bn pꜣ ḥꜥti r šꜣꜥ pꜣ hrw*

§2 L1 *inn tw=i ḥr di pꜣ kꜣ imi in tw=f ḫr inn mn* [*kꜣ*]
L2 *imi in tw pꜣ ḥꜥti ḥnꜥ pꜣ wt*

§1 L1 隶属于工匠摩斯(?)的人对女市民……L2~3 如下：

我的丈夫书吏阿蒙奈赫特从我这里拿走了 1 口棺材，说："我会用 1 头牛来支付它。"但是，直至今日他也[未]兑现过。

L4~6 把这件事告诉了帕阿赫特。他说："给我 1 张床，当牛长大了我会把它牵给你。"我给了他 1 张床。(但是)，直至今日(仍就)损失了(1 口)棺材和(1 张)床。

§2 L1~2 要是还牛，那么就把它牵来！要是不还牛，那么就把床和棺材给(我)退回来！

22. 开罗 25553 号陶石片

英语名：*Ostracon Cairo 25553*

圣书体：*KRI*, Vol. V, p. 454

英译本：*KRIT*, Vol. V, p. 371

§1 L1 *ḥsbt-sp* 12 *ꜣbd* 4 *prt sw* 1 *spr* <*ỉr.n*> *ỉmn-m-ỉnt*
L2 *ḥnꜥ rmṯ-ỉst ẖnm-ms r tꜣ ḳnbt pꜣ ḫr m-bꜣḥ ꜥꜣ n ỉst*
L3 *ḥꜣy ꜥꜣ n ỉst nḫ-m-mt sš pꜣ-sr ꜥḥꜥ.n gm*(*=w*)
L4 *rmṯ-ỉst ẖnm-ms ꜥḏꜣ dỉ=tw ỉr=f ꜥnḫ n nb ꜥnḫ wḏꜣ snb r*
L5 *ḏd mtw=ỉ tm ḏbꜣ nꜣ ꜥḳw ỉw=w r=ỉ m ḳb*
L6 *ỉw dỉ=tw wꜥrt ḫꜥ-m-ỉpt m-sꜣ=f pꜥt* 10
L7 *šḥk* 5 *ḫꜣrpw* 4 *t nfr*
L8 *sšpwt* 18 *dmḏ* 4

§2 L1 *dnrg* 10 *ỉrtt*
L2 *ds* 1 *mk br* 1 *mḥ m ks*[*b*]
L3 *ḥḳḳ wḏ* 15

§1 L1~4 第 12 年，播种季，第 4 月，第 1 日，阿蒙姆伊派特和工匠赫努姆摩斯一起来到墓地的法庭上，站在工匠总管哈伊、工匠总管奈赫姆穆特和书吏帕塞尔面前。随后，工匠赫努姆摩斯被发现有罪，(但是)他以君主的名义立下誓言，L5~8 说："如果我没有付面包的账，他们就应该罚我双倍赔偿。"官员哈姆伊派特被派去负责他的案子。10 条面包、5 (份)"沙哈克"面包、4 (份)"哈尔普瑞斯"蛋糕、18 条黄瓜，总计四(种)。

§2 L1~3 10 (只) 甜瓜 (?)，1 罐牛奶，从 1 谷物篮 (?) 中倒出满满一篮"米克"豆，15 (个) 新鲜"海科克"水果。

23. 麦地那 225 号陶石片

英语名：*Ostracon Deir el-Medina (ODM) 225*

圣书体：*KRI*, Vol. VI, pp. 157–158

英译本：*KRIT*, Vol. V, p. 127

L1 *ḏd n rmṯ-ist i͗mn-m-i͗nt* [*n*] *tꜣ ḳnbt sḏmy*
L2 *sš pn-tꜣ-wrt sš pꜣ-sr ḥry mḏꜣw pn-tꜣ-wrt*
L3 *ḥry mḏꜣw mntw-ms ḏd tn rmṯ-ist i͗mn-m-i͗nt*
L4 *ḥnꜥ ꜥnḫ nw ni͗wt i͗y tꜣ ḥmt n ḥwy nty m ꜣw i͗w=st*
L5 *ḥr ḏd i͗w=i͗ i͗r wt n pꜣy=i͗ hꜣy i͗w=i͗ ḳrs=f*
L6 *i͗.n=s i͗w=st ḥr ḏd n sš i͗mn-*[*nḫt*] *i͗r wt n ḥwy mtw=k*
L7 *i͗ṯꜣ.n=k tꜣy=f ꜥt i͗.*[*n=s i͗w=st ḥr ḏd n sš*] *i͗m*[*n*]*-nḫt*
L8 *i͗mi͗ tw pꜣ wt* [...]
L9 *hn mn* [...*ꜥs*]
L10 *i͗w=i͗ ḥr ḏd n=s*
L11 [*ꜥs*] *i͗w=i͗ ḥr* [...]

L1~5 工匠阿蒙姆伊恩特向法官们，即书吏彭特沃瑞、书吏帕塞尔和警长蒙图摩斯说：“工匠阿蒙姆伊恩特和胡伊之妻女市民伊起了纷争，现在胡伊已过世了。”她说：“我应该为我的丈夫定口棺材，安葬了他。” L6~10 她对书吏阿蒙奈赫特说：“（我）要为胡伊定一口棺材，也要为他选一块墓地。”她又对书吏阿蒙奈赫特说：“把棺材的钱付给……”阿蒙姆伊恩特说：“我(?)……同意(?)”没有……。我对她说：“……我……。”

24. 加德纳 181 号陶石片

英语名：*Ostracon Gardiner 181*

圣书体：*KRI*, Vol. VI, p. 148

英译本：*KRIT*, Vol. V, p. 127

§1 L.1 *ḥsbt-sp 7 ꜣbd 2 ꜣḫt sw 25 tꜣ ḳnbt*
L.2 *sḏmy wꜥb ḳd-ꜣḫtf n ỉn mw pꜣy-*
L.3 *ꜥn ỉry=f ꜥnḫ n nb r-ḏd ỉw=ỉ r*
L.4 *ḏbꜣ pꜣ 10 n dbn ḥmt r*
L.5 *pꜣ ꜥꜣt pꜣy=f dbn 30*

§2 L.1 *pꜣ kꜣ ỉ dỉ=ỉ dbn 20*
L.2 *m-bꜣḥ sš ỉmn-ḥtp wꜥrtw pn-tꜣ-*⌊*wrt*⌋
L.3 *wꜥb ꜣny-nḫt ḥm-nṯr nfr-ḥr*
L.4 *sš-ḳd ḥrw-mnw*

§1 L.1~5 第 7 年，泛滥季，第 2 月，第 25 日，法庭上。瓦布祭司克德阿泰弗对着挑水工帕阿特以君主的名义发誓说：“对于价值 30 德本的驴子，我支付 10 德本的铜。”

§2 L.1~4 在书吏阿蒙霍特普、地方官员彭特⌊沃瑞⌋、瓦布祭司阿努伊奈赫特、先知奈弗尔赫尔和起草人赫瑞敏面前。我为这头牛付了 20 德本。

25. 都灵 167+2087 号纸草（节选）

英语名：*Papyrus Turin 167+2087*

圣书体：*KRI*, Vol. VI, pp. 639–640

英译本：*KRIT*, Vol. V, p. 457–458

§1 L1 [...] *nw mi-ḳd* [...] *nty ḥr imnt niwt ꜥḳꜣ sp-sn iw m ꜣy*[...]

L2 [*ꜥs*] *n ḥꜥt=i iw* [...] *kthw m di=w m fꜣy bꜣkw=w i*[...]

L3 [...] *n pr-ꜥꜣ ꜥnḫ wḏꜣ snb* [...] *tꜣ ḥwt r-iḳr sp-sn ib=f r rdit bsi st* [...]

L4 [...] *pw m tꜣy=f ꜥḥ* [...] *ꜥnḫ wḏꜣ snb špsy iw=f h*[...]*n ḥr=k r ḏd=k*

L5 [...] *nꜣ n rmṯ ḥꜣty* [...] *ẖnw n rmṯ n* 200 *sp-sn ḫrty* [...]

L6 [...]*w nby* [...]*w ḳsty ḥmty nšdy* [...]

L7 [...] *tw m iri nni* [...] *kfi iw=k hꜣb smi r pꜣ* [...]

L8 [...] *nfr m-mnt imi ḥ*[*ꜣw*](?) *nḥsi imi ḥꜣw n tnr* [*i*...]

L9 [...] *ꜥ=k snb=k m-ḏr*[*t*] *pꜣ* [...] *nb iw=f ii dy m.k nfr snb=k* [...]

L10 [...].*kwi r wꜣst* [...] *šmꜥw mḥw wḏꜣ*

§2 L1 *ḥsbt-sp* 13 *ꜣbd* 3 *prt sw* 9 *hrw pn*

L2 *šm r niwt in tꜣ-ẖnw-m-ḥb*

L3 *irt šwy n pꜣ* 10 *n dbn ḥmt* [...] *ꜥꜣ-m-ṯ n*

L4 *ḳd nbw*

L5 [*ḥsbt*]*-sp* 13 *ꜣbd* 3 *prt sw hrw pn* [...]

L6 [*wp*]*wt sš ḥꜥ-m-ḥdt n pꜣ ḥr ḥnꜥ tꜣ-ḥꜣrw*

L7 *ḥr n tꜣ mdt n pꜣ dꜣiw iw nꜣy* [*srw* ...] *ḫꜣꜥ=f*

L8 *ḏd mꜣꜥ sš ḥꜥ-m-ḥdt n pꜣ ḥr ꜥḏꜣ tꜣ-ḥꜣrw iw=w* [...]

L9 [...]*ꜣ dꜣiw m-ꜥ=s i*(*w=w*) *di* (*st*) *n ḥꜥ-m-ḥdt iw=w di ḥt ḥr* [...]

§1 L1~6 ……努，全部的雕像……生活在西城，完全正确。……和……我的四肢……。其他的东西在他们的手里，支持(?)他们的工作……在神庙(?)法老的……特别优秀；他应该使它被介绍给…… ……神，在他贵族和伟大之人的宫殿，他同意你的观点，根据你所说的…… ……人们[1]和领导者，住所的(?)……，为了人们，为了 200 确实(?)；石匠…… ……金匠……雕刻师、铜匠、珠宝商…… ……。

L7~10 不要懈怠，要勤奋(?)，每天都要向你(?)伟大君主汇报它们！充分保持警惕，尽可能努力！……

〔1〕人们：此处原文为祭司体，存以备考。

通过你的君主我了解到了你的情况和健康状况。

愿你身体健康……。我前去底比斯……上下埃及……很好……。

§2 I.1~4 第 13 年，播种季，第 3 月，第 9 日。这一日，去了镇上的女市民塔赫努姆海布那里用 10 德本铜交易……1 凯特黄金重的“阿迈提”容器。

I.5~9 第 13 年，播种季，……。这一日，墓地书吏哈姆赫杰特和塔哈如就褶裙一事起了争执。

法庭众贵族驳回起诉，说：“墓地书吏哈姆赫杰特是正确的，塔哈如是错误的！”

他们从她那里拿来了褶裙，把它交给了哈姆赫杰特，他们在它(?)上面贴上了封条。

26. 柏林 10460 号纸草

英语名：*Papyrus Berlin 10460*

圣书体：*KRI*, Vol. VI, pp. 863–864

英译本：*KRIT*, Vol. V, pp. 589–590

§1 L1 *ḥsbt-sp* 14 *ꜣbd* 4 *ꜣḫt sw* 21 *ḫr ḥm n nswt-bỉtỉ nb tꜣwy mn-mꜣꜥt-rꜥ stp-pn-ptḥ sꜣ rꜥ nb ḫꜥ*
L2 *rꜥ-ms-sw ḫꜥ-m-wꜣst mr-ỉmn nṯr-ḥḳꜣ-ỉmn ꜥnḫ wḏꜣ snb dỉ ꜥnḫ ḏt r nḥḥ*
L3 *hrw pn ỉỉ ỉr.n* ⸢*sꜣw*⸣ *ḳꜣ-*⸢*ḏrt*⸣ *n* ⸢*pꜣ ḫr*⸣ *ḥ*⸢*nꜥ*⸣ *šwyty*
L4 *pꜣ-rꜥ-ḥtp šwyty* […] ⸢*pꜣ-ꜥn-ḫꜥ pꜣ šwyty n*⸣
L5 *pr rꜥ r-tp n ḳnbt sḏmy* ⸢*r-ḏd*⸣ ⸢*ỉ*⸣*r ỉnk sꜣw n pꜣ ḫr*
L6 *ỉw pꜣ šwyty n pr rꜥ*
L7 *r-ḏd ỉmỉ pꜣy=f ḥḏ* […]
L8 *y=w n=f mt ḫr r-ꜥ* […] ⸢*pꜣ-rꜥ*⸣*-ḥtp šwyty*
L9 *pꜣ mḫnty m* [… *wꜣḥ pꜣ*] *ḥḳꜣ* […]
L10 *mtw rmṯ ꜥḥꜥ pḥ n nꜣ bꜣkw* […]
L11 *pꜣ ḫr sꜣ dwꜣ sꜣ dwꜣ* ⸢*ỉnk* …⸣
L12 *nꜣ srw n ḳnbt ḥꜣty-ꜥ ḥry* […]
L13 *ỉtf-nṯr ỉmn-ḫꜥ ỉtf-nṯr ḫꜣrw* […]
L14 *wꜥrtw ỉmn-m-ỉp* […]
L15 *ḥḏ rdỉ.f dbn* […]
L16 *ḥmt dbn* 20 *nꜥꜥ dꜣỉw* [… *ꜥs ꜥbꜥšḥ* …]
L17 *rdỉ=w n=f m pꜣy=f tr ꜥḳ* […]

§2 L1 *pꜣ sš n pꜣ* ⸢*dỉ* …⸣

§1 L1~2 第 14 年，泛滥季，第 4 月，第 21 日，两土地之主、上下埃及之主普塔所选之蒙玛阿特拉，拉之子、双王冠之主、赫利奥坡里斯神圣统治者阿蒙所爱之拉美西斯卡姆瓦塞特，祝万寿无疆！

L3~11 这一天，墓地护卫卡迪欧瑞特、商人帕拉霍特普、商人……、拉（神庙）土地上的商人帕安哈乌来到了众法官面前说：我是墓地护卫，拉神土地商人帕安哈乌……

……说："用他的银块付款了吗？"……他们的……给他，确切地说，并且也……帕拉霍特普，商人，船夫……在……"以统治者永恒圣洁的名义担保！"这个人应该站在仆人的后面……墓地，未来。我(?)……。

L12~16 法官：

市长兼底比斯警长……

神之父阿蒙哈乌，神之父胡如 ……；地方官员阿蒙奈摩普；……；他交出了银：……德本，……20德本铜，1 条褶裙 ……。

L17 在他适当时候，交给他：面包 ……。

§2 L1 支付单据 (?) ……

（二）租赁契约

27. 塞尔尼 16 号陶石片

英语名：*Ostracon Černý 16*

圣书体：*KRI*, Vol. V, p. 467

英译本：*KRIT*, Vol. V, p. 377

L1 *ḥsbt-sp* 17 *ꜣbd* 2 *prt sw* 7

L2 *ỉw=ỉ ḥr rdỉ.tw=f n=f m ꜣbd* 2 *prt sw* 8 *r-ḏd*

L3 *ỉmỉ sḳr=f tꜣy=f ỉrṯt ỉw ḥr*

L4 *rdỉt n=f ỉpt* ²⁄₄ *bty r* ꜥ *n mnỉw*

L5 *ỉw=ỉ ḥr ḏd n=f ỉmỉ ỉrỉ=f nꜣ*

L6 *hrw n tꜣ ỉpt* ²⁄₄

L7 *m tw=k ỉn.tw=f n=ỉ*

L1 第 17 年，播种季，第 2 月，第 7 日。L2~3 在播种季，第 2 月，第 8 日，我把它交给了他，说："我提供了它，当然也包括它的牛奶。"L4~7 我（还）给他 ²⁄₄欧普用于畜牧的双粒麦。我对他说："给我干几天活就当支付这 ²⁄₄欧普吧，要不然你就把它还给我。"

28. 麦地那 67 号陶石片

英语名：*Ostracon Deir el-Medina (ODM) 67*

圣书体：*KRI*, Vol. V, p. 536

英译本：*KRIT*, Vol. V, pp. 420–421

L1　*ḥsbt-sp* 29 *ȝbd* 3 *prt sw*10 *rdit pȝ* ⌈*ʿȝt*⌉

L2　*n wsr-mȝʿt-rʿ-nḫt r bȝkw=f*

L3　*in=f n=i ȝbd* 1 *šmw sw* 15

L4　*iw mn ȝḫt* ⌈*nb*⌉

L5　*m-ʿ=f*

L1~5 第29年，播种季，第3月，第10日。因乌塞尔玛阿特拉奈赫特工作的原因，所以将驴牵给了他。在丰收季，第1月，第15日，他把（它）还给了我，（但）未付租金。

29. 米克利德斯 5 号陶石片

英语名：*Ostracon Michaelides 5*

圣书体：*KRI*, Vol. V, p. 509

英译本：*KRIT*, Vol. V, p. 403

§1 L1 *ḥsbt-sp* 26 *ꜣbd* 3 *prt sw* 10 *swḏ pꜣ ꜥꜣt n*
L2 *rmṯ-ỉst pꜣ-rꜥ-ḥtpw n wnw pn-pꜣ-mn*
L3 *r rdỉ=f n ḥmty ptḥ-ꜥpmw r bꜣk*[=f]
L4 *ỉw=f ỉỉ n=ỉ ḏs=f m* 4 *ꜣbd prt sw* 7
L5 *ỉw=f ỉṯꜣ=f n=f ꜥn m* 4 *ꜣbd prt* […]
L6 *st m rdỉ=f r šꜣꜥ pꜣ hrw r rdỉt rḫtw* […]
L7 *wꜣḏ-smw ꜥnb* 1 *ꜥnt* 1 *wdḥ* 1 *ḫt n* [*šmw*]
L8 *hrw* 9

§2 L1 *ḥsbt-sp* 26 *ꜣbd* 1 *šmw sw* 23 *swḏ n=ỉ pꜣ ꜥꜣ ỉrỉ n wnw*
L2 *pn-pꜣ-mr ỉrm ḫt mꜣwḏ* 1

§1 L1~6 第 26 年，播种季，第 3 月，第 10 日。工匠帕拉霍特普把驴交给了搬运工彭帕迈尔，因为铜匠普塔帕哈皮工作的原因，于是把驴又交给了他。在播种季，第 4 月，第 7 日，他走近我。在播种季，第 4 月，……，他再次把它交给了他，并且他们一直在他的身边，直到今日。

L7~8 结账清单：1（捆）蔬菜、1（把）扁斧、1（把）酒壶和 1（堆）木柴。（总计）9 天。

§2 L1~2 第 26 年，丰收季，第 1 月，第 23 日。就搬运工彭帕迈尔而言，他把驴和 1（把）木质标尺还给了我。

30. 麦地那 62 号陶石片

英语名：*Ostracon Deir el-Medina (ODM) 62*

圣书体：*KRI*, Vol. V, p. 527

英译本：*KRIT*, Vol. V, p. 415

L.1 *ḥsbt-sp* 28 ⸢…⸣ ⸢*sw*⸣ 15 *hrw pn*

L.2 ⸢*s*⸣*wḏ pꜣ ꜥꜣt* ⸢*n rmṯ*⸣ *ỉst mnnꜣ*

L.3 ⸢*n ỉnw*⸣ *mw ṯꜣ-ꜥꜣ* ⸢*r bꜣkw*⸣*=f m dbn* 1 *n bỉꜣ r*

L.4 ⸢…⸣ *mn-nꜣ r* ⸢*šꜣꜥ*⸣ *dwꜣt* ⸢…⸣ *ỉrỉ=f*

L.5 ⸢*ꜥnḫ n nb ꜥnḫ wḏꜣ snb*⸣ *r ḏd bn ꜥḥꜥ rmṯ nbt ḥr pḥwy=f m dwꜣt*

L.6 ⸢…⸣ *ḏbꜣ sw ꜥn ỉ.n=f m-bꜣḥ*

L.7 ⸢…⸣

L.1~4 第 28 年，⸢……⸣，第 15 日。在这一日，⸢因为⸣查伊阿⸢工作的原因⸣，工匠蒙纳把驴牵给了他，即 1 德本的铜，为⸢……⸣蒙纳，未来[1]⸢……⸣。

L.5~7 他站在⸢众证人⸣面前，以⸢君主的名义发誓⸣，说：“没有人应该使用它，⸢不然⸣今后⸢我会⸣再次支付它。”⸢……⸣

〔1〕 未来：指到翌日。

31. 加德纳 140 号陶石片

英语名：*Ostracon Gardiner 140*

圣书体：*KRI*, Vol. V, pp. 490–491

英译本：*KRIT*, Vol. V, p. 391

§1
L1 [*ḥsbt*] 24 *ꜣbd* 3 *šmw sw* 3[…] *hrw pn*
L2 *rdỉt tꜣ ꜥꜣt n ḥry mḏꜣw mn-tỉw-ms*
L3 *ỉn ꜥꜣ n ỉst ḫnsw r ḏd ḫꜣꜥ* [*st*] *tp rst*
L4 *ẖr nꜣw wdn n rꜥt-tꜣwy ḫr ỉr*
L5 […] *ỉw=f rdỉt* [*ỉn*]*tw n=ỉ nꜣy=ỉ ḫꜥ ẖꜣr ỉw=ỉ* [….]

§2
L1 *ḥsbt-sp* 2[4] *ꜣbd* 2 *ꜣḫt sw* 20
L2 *ḏd wnw pn pꜣ-mr hꜣb ꜥꜣ n ỉst ḫnsw*
L3 *mḏꜣw mntw-ms m ḏd ỉmỉ dỉ=tw n=ỉ*
L4 [*tꜣy*]*=ỉ ꜥꜣt ỉ dỉ=ỉ n=k ỉw st ỉwr=tỉ* [*ḫr*]
L5 *ptr ỉnỉ st ỉw st ỉwr=tỉ ỉw=k* […]

§1 L1~5 第 24 年，丰收季，第 3 月，第[……]日[1]。在这一天，工匠总管宏苏将驴子牵给迈扎伊警长蒙图摩斯说："把贡品运输到南方给拉特塔威。现在，[……]他给我[……]哈[2]，我[付清](?)了全部的账。"

§2 L1~5 第 24 年，泛滥季，第 2 个月，第 20 日。工匠总管宏苏捎口信给迈扎伊警长蒙图摩斯说："把我给你的驴还给我，因为它是头怀孕的母驴。现在，看吧！它牵(给你)的时候(已经)怀孕了，当你[……]。

〔1〕第 [……] 日：根据象形文字判断，应当是第 5 日或第 6 日。

〔2〕哈：可能为古代埃及的一种植物。

32. 麦地那 557 号陶石片

英语名：*Ostracon Deir el-Medina (ODM) 557*

圣书体：*KRI*, Vol. V, p. 570

英译本：*KRIT*, Vol. V, pp. 442–443

§1 L1 [...] *ỉw=f ỉnỉ n=ỉ ḫty ꜥꜣt*

L2 *ỉrỉ n hrw 12 ỉrỉ n ỉpt 2/4 wꜣḏ-smw sꜣw 1 ḏꜣt* [...]

L3 *ỉw hrw 16 ḏꜣt hrw 19 ỉrỉ n ḫꜣr 1½*

L4 *wḥm ỉṯꜣ ꜥn m 3 ꜣbd šmw sw 6 ỉw=f ḥr ỉrỉ n=ỉ*

L5 *ỉt m ỉpt ¼ ỉrỉ n hrw m bꜣk 10 ỉw=f ỉnỉ n=ỉ*

L6 *nḳꜥ ỉpt 2/4 ꜣbd 3 šmw sw 22 hrw n nḥm*

L7 *pꜣ ꜥꜣt m rdỉt ỉnw mw ỉwfiḫ ỉn rwtỉ*

L8 *ỉr šꜣꜥ 2 ꜣbd šmw ỉw=f ḫrỉ pꜣy=f ỉt*

L9 *ỉw=f ỉnỉ ḏḥꜣ smw ꜥꜣt 2 ỉrỉ n hrw 4*

L10 *ḏꜣt hrw m bꜣk 12*

§2 L1 *ỉw=f ỉṯꜣ ḥḏt 2 ỉw=f ỉṯꜣ ḫns 2*

§1 L1~3 ……他带给我：3(头)驴驮的“赫提”植物，价值 2欧普，充抵 12 个工作日；1(捆)蔬菜；拖欠……；已经交付 16 个工作日（的钱），拖欠 19 个工作日，即欠 1½ 袋。

L4~5 在丰收季，第 3 月，第 6 日，再次把它牵走。事实上，他给了我 ¼欧普的大麦充抵 10 个工作日。他给我 2欧普的齿状西克莫（无花果）。

L6~10 在丰收季，第 3 月，第 22 日，如提从挑水工伊乌弗赫尔（那里牵走了驴），从丰收季第 2 月开始驮运他的粮食。他给了我 2 头驴驮的麦秆和蔬菜，充抵 4 个工作日，欠 12 个工作日（的钱）。

§2 L1 他拿了 2 条白面包，他拿了 2 条“赫奈斯”面包。

33. 麦地那 424 号陶石片

英语名：*Ostracon Deir el-Medina (ODM) 424*

圣书体：*KRI*, Vol. V, pp. 470–471

英译本：*KRIT*, Vol. V, p. 380

L1　[*ḥsbt-sp*] 19 *ꜣbd* 4 *šmw sw* 1 *hrw pn rdỉt ỉrỉ n* [...]
L2　*ỉmn-ḫꜥw tꜣ ꜥꜣt n pꜣy-mw* [...]
L3　*pꜣy=f ꜥꜣt*
L4　[...] *n=f ḥr=f m ꜥꜣkk t*
L5　[...] 1
L6　[*ṯꜣy*] [*tb*]*tỉ ꜥḥꜣwty* 2

L1~6 第 19 年，丰收季，第 4 月，第 1 日。在这一天，阿蒙哈乌……把驴给了帕伊姆，……他的驴；他(?)……为它……和“阿克克”面包，……1……；2 双男式凉鞋。

34. 麦地那 65 号陶石片

英语名：*Ostracon Deir el-Medina 65*

圣书体：*KRI*, Vol. V, p. 516

英译本：*KRIT*, Vol. V, p. 407

L1　*ḥsbt-sp* 27 *ꜣbd* 3 *ꜣḫt sw* 16 *m hrw pn n rḏỉt pꜣ ꜥꜣt r*
L2　*bꜣkw=f n ỉnw mw nb-ỉ-hꜣy-nw*

L1~2 第 27 年，泛滥季，第 3 月，第 16 日。在这一天，因挑水工奈布伊哈伊努工作的原因，（所以）将驴牵给了他。

（三）租赁、借用或买卖文献

35. 皮特里 4 号陶石片

英语名：*Ostracon Petrie 4*

圣书体：*KRI*, Vol. V, p. 485

英译本：*KRIT*, Vol. V, p. 388

§1 L1 *ḥsbt-sp* 23 *ꜣbd* 1 *prt sw* 24 *dỉt pꜣ ꜥꜣt n*
L2 *mḏꜣy ỉmn-ḫꜥw r bꜣkw=f*
L3 *ỉỉ.ẖr=f m ꜣbd* 4 *prt sw* 15 *ỉw*
L4 *ỉn=f ꜥnḫ ỉr.n dbn* 3

§2 L1 *ỉw.tw.h⸢d⸣=f ⸢m⸣ ḥmt* 20
L2 *ỉn sš ⸢ḥrỉ n pꜣ ḫr⸣*

§1 L1~2 第 23 年，播种季，第 1 月，第 24 日。因为工作的原因，（他）把驴牵给了迈扎伊警察阿蒙哈乌。
L3~4 播种季，第 4 月，第 15 日，（他）还回了它。他（又）花了 3 德本牵回了一只山羊。

§2 L1~2 墓地书吏赫瑞对他处以 20（德本）铜的罚金。

36. 麦地那 64 号陶石片

英语名：*Ostracon Deir el-Medina (ODM) 64*

圣书体：*KRI*, Vol. V, p. 536

英译本：*KRIT*, Vol. V, p. 421

L1　*ꜣbd 4 prt sw 15 dỉt pꜣ ꜥꜣt*
L2　*r bꜣkw=f n pꜣ-skt*
L3　*m ḥsbt-sp* 29

L1~3 在第 29 年，播种季，第 4 月，第 15 日。因帕塞克特工作的原因，所以将驴牵给了他。

37. 皮特里 78 号陶石片

英语名：*Ostracon Petrie 78*

圣书体：*KRI*, Vol. V, p. 540

英译本：*KRIT*, Vol. V, p. 424

§1　L1　*ḥsbt* 30 *ꜣbd* 4 *šmw sw* 21 *dỉt pꜣ ꜥꜣt nꜣ*
L2　*šꜥd pn-tꜣ-wrt ỉw=f irt hrw* 8 *m-ꜥ=f ꜣbd* 1 *ꜣẖt sw* 10 *wḥm*
L3　*sw* 4 *ꜣbd* 1 *ꜣẖt hrw* 12 ⸢*dỉ*⸣*t pꜣ ꜥꜣt r bꜣkw=f n šꜥd*
L4　*pn-tꜣ-wrt*

§2　L1　*ꜣbd* 1 *ꜣẖt hrw* 8
L2　*m-ꜥ ỉn-mw*
L3　*pn-tꜣ-wrt ỉr.n*
L4　*hrw* 4

§1　L1~2 第 30 年，丰收季，第 4 月，第 21 日：将驴交给了樵夫彭特沃瑞，租借了 8 日。泛滥季，第 1 月，第 10 日，再次（租借）L3~4 4 日。泛滥季，第 1 月，第 12 日，因樵夫彭特沃瑞工作的原因，所以将驴牵给了他。

§2　L1~4 泛滥季，第 1 月，第 8 日，（把驴租借给）挑水工彭特沃瑞 4 日。

38. 开罗 25557 号陶石片

英语名：*Ostracon Cairo 25557*

圣书体：*KRI*, Vol. V, p. 569

英译本：*KRIT*, Vol. V, p. 442

L1 *ꜣbd* 1 *šmw sw* 21

L2 *hrw pn dit pꜣ ꜥꜣt n ḫnw-ms*

L3 *n sꜥd ḥt pꜣ-ibw r bꜣkw=f*

L1~2 丰收季，第 1 月，第 21 日，在这一天，因帕伊布工作的原因，所以赫努摩斯将驴牵给了他。

39. 麦地那 425 号陶石片

英语名：*Ostracon Deir el-Medina (ODM) 425*

圣书体：*KRI*, Vol. V, p. 569

英译本：*KRIT*, Vol. V, p. 442

L1 *ꜣbd* 4 *ꜣḫt sw* 4[…]

L2 *ỉn tꜣ ꜥꜣt n pn-nỉwt*

L1~2 播种季，第 4 月，第……日[1]。为派奈尼乌特牵来了驴子。

〔1〕第 [……] 日：根据象形文字，此处可能是“第 5 日”。

40. 麦地那 648 号陶石片

英语名：*Ostracon Deir el-Medina (ODM) 648*

圣书体：*KRI*, Vol. V, pp. 569–570

英译本：*KRIT*, Vol. V, p. 442

L1 ⸢*ꜣbd* …⸣ ⸢*p*⸣*rt sw* 25 *dit pꜣ ꜥꜣt*

L2 ⸢*n*⸣ *pꜣ-ꜥnw r*

L3 *bꜣkw=f n rmṯ-ist pꜣ-rꜥ-ḥtp*

L4 *ꜣbd* 1 *prt sw*20 *dit pꜣ ꜥꜣt n in mw pn-tꜣ-*

L5 *wrt r bꜣkw=f m ḫrw pn*

L1~3 播种季，第……月，第 25 日。因帕阿努工作的原因，所以帕拉霍特普把驴牵给了他。

L4~5 播种季，第 1 月，第 21 日。在这一日，因挑水工彭特沃瑞工作的原因，所以把驴牵给了他。

41. 米克利德斯 2 号陶石片

英语名：*Ostracon Michaelides 2*

圣书体：*KRI*, Vol. V, p. 461

英译本：*KRIT*, Vol. V, p. 375

L1 ⸢*ḥsbt-sp*⸣ 16 *ꜣbd* 4 *prt sw* 2 *hrw n nḥm*

L2 ⸢*pꜣ*⸣ *ꜥꜣt m-ꜥ r<m>ṯ-ist ḥri sꜣ ḥwy-nfr in*

L3 […] ⸢*swḏ n*⸣ *in-mw sbk-ms n pꜣ ḫr ꜥnḫ* ⸢*n nb*⸣

L4 […] *mitt in-mw k-n-r*

L5 […] *tm in sš nfr-ḥtp*

L6 […] ⸢*sḏ*⸣*m=tw*

L1~3 第 16 年，播种季，第 4 季，第 2 日，由……从胡伊奈弗尔之子工匠赫瑞把驴牵走交给了墓地挑水工索白克摩斯。……以君主的名义发誓……。L4~6 就像挑水工肯若，……。……书吏奈弗尔霍特普不应该拿……一个人听到……。

42. 麦地那 72 号陶石片

英语名：*Ostracon Deir el-Medina (ODM) 72*

圣书体：*KRI*, Vol. V, p. 468

英译本：*KRIT*, Vol. V, p. 378

L1　*ḥsbt-sp* 18 *ꜣbd* 3 *ꜣḫt sw*

L2　16 *dỉt pꜣ ꜥꜣt n ṯꜣy-ꜥꜣ*

L1~2 第 18 年，泛滥季，第 3 月，第 16 日，把驴牵给了查伊阿。

43. 米克利德斯 84 号陶石片

英语名：*Ostracon Michaelides 84*

圣书体：*KRI*, Vol. V, p. 487

英译本：*KRIT*, Vol. V, p. 388

L1　*ḥsbt-sp* 23 *ꜣbd* 4 *prt sw* 20 *hrw pn*

L2　*rdỉ tꜣ ꜥꜣt n mḏꜣy ỉmn-⸢ḫꜥỉ⸣ ⸢r⸣*

L3　*⸢bꜣkw⸣=f tꜣ šnwt*

L1~3 第 23 年，播种季，第 4 月，第 20 日。在这一天，因为他（在）谷仓［的工作］原因，所以把驴牵给了迈扎伊警察阿蒙哈伊。

44. 麦地那 451 号陶石片

英语名：*Ostracon Deir el-Medina (ODM) 451*

圣书体：*KRI*, Vol. V, p. 495

英译本：*KRIT*, Vol. V, p. 394

L1 *ḥsbt-sp* 24 *ꜣbd* 3 *prt sw* 29 *hrw pn*

L2 *dỉt ỉ.ỉr r<m>ṯ-ỉst*

L3 *<ỉ>mn-ḫꜥw pꜣy=f ꜥꜣt r*

L4 *bꜣkw=f n ỉn-mw pn-nỉwt ỉw=f hrw* 10

L5 *wḥm ꜣbd* 4 *prt hrw* 12 *ỉw=f ỉṯꜣ=f*

L6 *ꜥn ỉw=f ỉn.tw=f m*

L7 *ꜣbd* 1 *šmw sw* 16 *ỉw*

L8 *nḥm* [*wꜥ*]

L1~4 第 24 年，播种季，第 3 月，第 29 日。这一天，因为挑水工派奈尼乌特工作的原因，阿蒙哈乌将驴牵给了他。他（用了）10 天，L5~8 于播种季，第 4 月，第 12 日，又把它牵走了。在丰收季，第 1 月，第 16 日，他把它还了回去。

45. 开罗 25604 号陶石片

英语名：*Ostracon Cairo 25604*

圣书体：*KRI*, Vol. V, p. 526

英译本：*KRIT*, Vol. V, p. 414

L1 *ḥsbt-sp* 28 *ꜣbd* 4 *ꜣḫt sw* 28 *rdỉt tꜣ ꜥꜣt n*

L2 *wn ḫꜥ-m-wꜣst r pꜣy st šꜣꜥꜣr*

L1~2 第 28 年，泛滥季，第 4 月，第 28 日。将驴牵给了搬运工卡姆瓦塞特，实现了曾将它允诺（给他人的诺言）。

46. 麦地那 305 号陶石片

英语名：*Ostracon Deir el-Medina (ODM) 305*

圣书体：*KRI*, Vol. V, p. 556

英译本：*KRIT*, Vol. V, p. 434

L1 *ḥsbt-sp* 31 *ꜣbd* 4 *prt hrw* 1[7] *rdỉt pꜣ ꜥꜣt n ḥrỉ*

L2 *r st ỉtf=ỉ ꜣbd* 4 *prt sw* 27 *ỉn.tw=f r ḥrỉ sḏ*[*r*]

L3 [...]*=f m*(*w*)*t ỉw bn bꜣkw=f*

L1~3 第 31 年，播种季，第 4 月，第 17 日，在我父亲的地方，将驴牵给了赫瑞。播种季，第 4 月，第 27 日，它被喂养，（随后）倒下死了，未做任何工作。

47. 阿什摩莱 1933.810 号陶石片（节选）

英语名：*Ostracon Ashmolean 1933.810*

圣书体：*KRI*, Vol. V, p. 554

英译本：*KRIT*, Vol. V, p. 432

L6 *ḥsbt-sp* 31 *ꜣbd* 2 *šmw sw* 1 *dỉt pꜣ ꜥꜣt n sš*

L7 *ḥrỉ n pꜣ ḫr ỉw=f rdỉ=f ỉn-mw pn-tꜣ-wr*

L8 [...]*=f ỉrt* 3 *ꜣbd hrw m-ꜥ=f*

L6~8 第 31 年，丰收季，第 2 月，第 1 日，墓地书吏赫瑞将驴交给了挑水工彭特沃瑞，他使用了 3 个月。

48. 麦地那 400 号陶石片

英语名：*Ostracon Deir el-Medina (ODM) 400*

圣书体：*KRI*, Vol. V, p. 554

英译本：*KRIT*, Vol. V, p. 433

L1　*ḥsbt-sp* 31 *ȝbd* 2 *šmw sw* 19

L2　*di͗t pȝ ʿȝt n*

L3　*sš ḥr n pȝ ḫr*

L1~3 第 31 年，丰收季，第 2 月，第 19 日，将驴子牵给了墓地书吏赫瑞。

49. 麦地那 68 号陶石片

英语名：*Ostracon Deir el-Medina (ODM) 68*

圣书体：*KRI*, Vol. V, p. 460

英译本：*KRIT*, Vol. V, p. 374

L1　*ḥsbt-sp* 15 *ȝbd* 1 *šmw sw* [……] *hrw n di͗t*

L2　*i͗r.n ḥwy ʿȝt n šʿd*

L3　*ḫt wn-nfr*

L1~3 第 15 年[1]，丰收季，第 1 季，第……日，胡伊把驴借贷给了樵夫温努弗尔。

〔1〕第 15 年：根据象形文字，也有可能是“第 25 年”。

50. 佛罗伦萨 2620 号陶石片

英语名：*Ostracon Florence 2620*

圣书体：*KRI*, Vol. V, p. 467

英译本：*KRIT*, Vol. V, pp. 377–378

L1　*ḥsbt-sp* 17 *ꜣbd* 2 *prt sw* 4 *m hrw pn swḏ pꜣ wḏꜣ n r<m>ṯ-ỉst*

L2　*ỉmn-m-ỉpt n rmṯ-ỉst nfr-ḥr m-bꜣḥ sš ỉmn-nḫt ỉdnw ỉmn-ḫꜥw*

L3　*ỉdnw ỉn-ḥri-ḫꜥw wꜥrtw nfr-ḥtpw m-bꜣḥ sꜣw pn-mn-nfr*

L4　*ỉw=f ỉr ꜥnḫ nb=<k> r-ḏd wꜣḥ ỉmn wꜣḥ pꜣ ḥḳꜣ m tw=ỉ* [...]

L5　*r(m)ṯ tỉ ḏt ḥr pꜣ ỉwtn ỉw ẖry* 100 *šwk m ỉm=f*

L6　*ỉw ⌈ỉr=f m mitt⌉ ꜥḳꜣ sp* 2

L1~3 第 17 年，播种季，第 2 月，第 4 日。在这一天，在书吏阿蒙奈赫特、代理人阿蒙哈乌、代理人伊恩赫瑞卡哈乌、军官奈弗尔霍特普和护卫彭蒙努弗尔面前，工匠阿蒙姆伊派特将仓库转交给工匠奈弗尔赫尔。

L4~6 他[1]立下君主的誓言，说："以阿蒙和统治者永恒（圣洁）的名义担保，（如果）我（或是其他人）要是（再）争夺这块土地，那么（我或是他）就应该被鞭笞 100 下，然后被剥夺对它的所有权。他（其他人）亦是如此。"

51. 麦地那 364 号陶石片

英语名：*Ostracon Deir el-Medina (ODM) 364*

圣书体：*KRI*, Vol. V, p. 475

英译本：*KRIT*, Vol. V, p. 382

L1　*ḥsbt-sp* 21 *ꜣbd* 3 *prt sw* 25

L2　*ꜥnḫ nb ỉn k-n-r rdỉt*

L3　*ꜥꜣt n pn-tꜣ-wrt* [...]

L1~3 第 21 年，播种季，第 3 月，第 25 日，肯若以君主的名义立下了誓言，把驴子牵给彭特沃瑞。

〔1〕即指卖主工匠阿蒙姆伊派特。

四

财产继承和转让文献

52. 开罗 27815 号石碑（节选）

英语名：STELE OF SENMOSE

圣书体：K. Sethe, *Urkunden der 18 Dynastie*, Bd. IV, pp. 1065–1070

英译本：Aristide Théodorides, *Le Testament dans l'Egypte Ancienne* (essentiellement d'après le Papyrus Kahoun VII, 1, la Stèle de Sénimosé et le Papyrus Turin 2021), pp. 117–121

§1 L1 *ḥsbt-sp 21 ꜣbd 3 prt sw 25 ḫr ḥm n nswt-bἰtἰ* ⸢*mn-ḫpr-rꜥ*⸣

L2 *sꜣ rꜥ nfr-ḫpr ḏḥwty-ms ꜥnḫ ḏt r-nḥḥ ἰmyt-pr ἰr.n* ⸢*mnꜥt*⸣*=ἰ*

L3 *n sꜣ nsw wḏꜣ-ms sn-ms n ḥmt=f ẖrd=f ἰmy*

L4 *rnw=f ἰry ḥmt=f ḥwḏꜣr sꜣ=f s-ꜥꜣ*

L5 *sꜣt=f t*⸢*ꜣ*⸣*-ἰry* ⸢*sꜣt=f*⸣ ⸢*sꜣt-ἰmn*⸣

L6 ⸢*sꜣt=f …*⸣

§2 L1 ⸢*…m-ꜥb…*⸣ *ḥmt=ἰ ḥwdꜣr m pꜣ=s rꜥ n ꜥnḫ nn rdt ἰm*

L2 ⸢*…*⸣ ⸢*ḥ*⸣*ẖrb=ἰ ἰr m ḫt ἰꜣwy n ḥmt=ἰ ḥwdꜣr kꜣ=*

L3 *tw psštw ḫwt=ἰ ἰn sꜣ=ἰ s-ꜥꜣ sꜣt=f tꜣ-ἰry sꜣt=ἰ sꜣt-ἰmn sꜣt=ἰ*

L4 ⸢*… ḥmt=ἰ ḥwdꜣr*⸣*(?) ḥnꜥ pꜣ=ἰ rꜥ n* ⸢*ꜥnḫ …*⸣

L5 ⸢*…*⸣ *n=s r ḥwἰ=tw ꜥḥꜥ.n wꜥrw ꜥḥꜥ.n ḥr wḥm=s mἰ=t*

L6 ⸢*ἰ …*⸣ ⸢*ꜣ*⸣*šy=ἰ r ḏd ἰmἰ ḫwt nbt n sn-ms ẖr rdwy*

L7 ⸢*…*⸣ ⸢*sn*⸣*-ms kꜣ=tw psštw tw ḫt=f n ẖrdw=f*

L8 ⸢*…*⸣*ἰ nn ἰb=ἰ nἰ ἰr=ἰ ms=ἰ n=f ἰmy r pḥ mἰ-ḳd ḏd*

L9 ⸢*…*⸣*=f nb ἰw šms=ἰ ḥr ḏd n sꜣ=ἰ s-ꜥꜣ ḥnꜥ ḥmt=f*

L10 ⸢*…s*⸣*ꜣw ἰrt=w sšw r btꜣt=tn ꜥḥꜥ.n=sn ḥr ḏd m r*

L11 ⸢*wꜥ m rdἰ ἰrt=w m ḫsbd*⸣ ⸢*ἰry*⸣*t ἰmἰ ἰrt=w m ḫsbd mꜣꜥt ꜥḥꜥ.n=s ḥr ḏd.n=ἰ nn ḳd*

L12 ⸢*…*⸣ *nꜣ* ⸢*nty*⸣ *m dmἰ wꜥ ḥnꜥ=k ἰnk nḥsy ntk ḫꜣrw*

L13 ⸢*…s*⸣*ꜣw=ἰ r pr-ꜥꜣ ꜥnḫ wḏꜣ snb ḏr ḫpr-ꜥꜣ-kꜣ-rꜥ ꜥnḫ ḏt ἰw=ἰ ḥr šms pꜣ=ἰ nb=ἰ ḫr*

L14 ⸢*… ἰḫ*⸣ ⸢*wḏ*⸣*=tw rdt ἰr=ἰ pꜣ wḏt n pꜣ=ἰ nb=ἰ m sp-tp ꜥḥꜥ.n ἰmy-r*

L15 *rw*⸢*yt*⸣ ⸢*…*⸣ ⸢*sꜣ*⸣*w=ἰ n pr-ꜥꜣ ꜥnḫ wḏꜣ snb m-ꜥ=k rdt gs ḥr ṯꜣty wsr r ἰrt ḏdwt nbt ꜥnḫ*

L16 ⸢*kꜣ nsw*⸣ *mn-ḫpr-rꜥ* ⸢*ꜥnḫ ἰmn-rꜥ ḫnt ἰpt-swt*⸣ *ἰr ἰw sꜣ=ἰ nb sꜣt.ἰ nbt snw nb snwt nbt s nb n*

L17 *hꜣw=ἰ r mdw* ⸢*ḥr*⸣ *tꜣ ἰmyt-pr ἰr.n=ἰ n pꜣ=ἰ ẖrdw 4 m rdἰ sḏm=tw n=sn m*

L18 ⸢*ḫꜣ*⸣ *nb n nsw spr*⸢*=sn*⸣ ⸢*r=f r pḥ*⸣ *tꜣ ἰmyt-pr wdf ἰrt=w ḫft=s m rdἰ ẖnnw*

L19 *ἰn rmṯ nbt r nḥḥ ḫtm ἰn ḫꜣ n ṯꜣty* ⸢*m*⸣ *hrw pn m-bꜣḥ ἰmy-r nἰwt ṯꜣty*

L20 ⸢*…*⸣*t pr* ⸢*…*⸣ *ἰmy-r nἰwt ṯꜣty*⸢*…*⸣*nsw ἰn sš ḥrἰ sꜣ ἰmy-r nἰwt*

§1 L1~3 第 21 年，播种季，第 3 月，第 25 日，上下埃及之王蒙哈皮尔拉，拉之子、伟大显现之宅胡提摩斯，永恒的统治，遗嘱……瓦宅摩斯的守护者森摩斯将（财产）交给了他的妻子和孩子，

L4~6 名单如下：其妻胡迪尔、其子萨、其女塔伊尔伊、其女萨特阿蒙、其女……：

§2　L1~3 依据移交文书(?)，（本人愿意把我所有财产）交给我妻子胡迪尔，直至其去世，但是她不能处置财产，除非（用于）支付宗教祭司。L4 在我妻子胡迪尔百年之后，我会把所有财产分给我的儿子萨、女儿塔伊尔伊、女儿萨特阿蒙和女儿……。在我和我妻子去世后……，他们会（继承）我的所有财产。

L5……被打了一顿，随后跑掉了。再度起诉 L6 我的（财产）移交文书……插话说："把森摩斯的所有财产放在他妻子的脚下 L7~8……在森摩斯的妻子百年之后，他的财产会分给他的孩子……。"

……我没有企图，为了（表明）我没有企图，我不会去当他的孩子。他的所有孩子说 L9……紧接着我对我儿子萨和妻子说：L10"保护……，以免你的罪行被记录在案。"但是他们一起说：L11"不要让人去雕琢假的天青石，而是要让人去雕琢真的天青石！"

随后，她对我说："没有……记得那哈瑞纳，L12……我和你一起生活在村庄里，我是努比亚人，你是叙利亚人……。"

L13~14 自阿哈皮尔卡拉[1]统治期间……守卫着王宫，当我服侍于我的君主时，我向我的君主提出如下请求："愿我的君主所下的命令能在第一时间被执行！"（王宫）政务监管者 L15 下令要依法老侍卫的要求而执行。所有被决定的事情需呈给维吉尔乌塞尔，由其来执行。

L16 愿蒙哈皮尔拉[2]王室的卡永生！愿卡纳克之王阿蒙-拉永生！如果有任何一位儿子、女儿、兄弟、女儿或是亲戚 L17 对我为我的 4 名子女立下的移交文书提出异议，那么在任何一处王室登记处都不要聆听他们的诉求。L18 如果这份移交文书在执行过程中受到阻碍，L19 请永远不要让任何人篡改它。在城市监管者、维吉尔……面前，该文书于今日由 L20 维吉尔的登记处封存……，书吏赫瑞登记(?)……

〔1〕 阿哈皮尔卡拉：法老图特摩斯一世。

〔2〕 蒙哈皮尔拉：法老图特摩斯三世。

53. 麦地那 663 号陶石片

英语名：*Ostracon Deir el-Medina (ODM) 663*

圣书体：*KRI*, Vol. IV, pp. 160–161

英译本：*KRIT*, Vol. V, pp. 119–120

L1 [...] *smỉ.n=ỉ ṯꜣtỉ pꜣ-nḥsy r ḏd ỉr pꜣ*
L2 [...] *ỉw=*[*ỉ*] *ḥr ỉn.tw=f r ḥry ỉw ṯꜣtỉ ḥr dt=f*
L3 [...] *ṯꜣy.n=k pꜣy=k šrỉ smỉw*
L4 [...] *m ḥmt ỉrwy=f ꜣst m ḥmt=f*
L5 [...] (?)*mw ḫr ỉ.n=n twtw ḫr dt.n=s ỉmỉ*
L6 [...] *ỉw=ỉ ỉr.n=f wt ꜥn m šꜣw ỉw=ỉ ḳrs=f*
L7 [...] *pꜣ wt ỉ ỉr=ỉ n=f ỉw tꜣy=ỉ mwt m dỉ=f ḥmt swn st*
L8 [...]*tꜣy=f mwt ỉw wn ỉnk ỉ dd*
L9 [...] *m dt=f ḫr wn ỉnk ỉrt*

L1 [……] 我向维吉尔帕奈赫西控诉说：“至于 L2 [……] 我取回它。维吉尔给它 L3 [……] 你的儿子控告(?)你。一项申诉 L4 [……] 作为妻子。他把伊西斯当成他自己的妻子。L5 [……]。如果把（它）给了她，然后让 L6~7 [……] 我也会为他做 1 口品质上乘的棺材。”

我安葬了他。当我的母亲还是他的妻子的时候，我为他做了 1 口棺材 [……]。她拿 L8 [……] 他的母亲，我给 [……] L9 列入他的财产中。现在我履行了（这一切）(?)。

54. 布鲁塞尔 6311 号陶石片

英语名：*Ostracon Brussels 6311*

圣书体：*KRI*, Vol. IV, pp. 230–231

英译本：*KRIT*, Vol. V, p. 162

§1
L1 *dỉ tw rḫ twt nty m-ꜥ rmṯ ỉswt ḥwy sꜣ=ỉ ḥwy-nfr*
L2 *bty ẖꜣr* 1
L3 *nḥḥ hnw* 1
L4 *t ꜥꜣ* 5 *n pꜣ ḥmty r ỉn pꜣy=f nṯr*
L5 *bty ẖꜣr* 1 *rh nty tꜣy ḥmt n nḫt-mnw pꜣy=f šrỉ*
L6 *t ḥḏt* 10 *ỉy m ḥsmn* 5 *mnt* 1
L7 *sgnn hnw* 1 *wrḥ sgnn* 1
L8 *ḥḳr mnt* 1
L9 *ḥḳḳ gꜣ*[*b*]*w* 1
L10 *ḥsmn dbn* 2 *m-ḏt pꜣ-ṯꜣw-m-dỉ-ỉmn n pꜣy=f wt*
L11 *nty m-ꜥ ỉy tꜣy=f ḥmt sšr <ỉt> ẖꜣr* ²⁄₄ *<bty> ẖꜣr* [1] *ỉw ḥr*
L12 *smỉ n ꜥꜣ n ỉswt ḥꜣy ỉw ꜥꜣ n ỉswt ḥꜣy*
L13 *ḥr ḏd.n=ỉ smỉ m tꜣ ḳnbt ḏbꜣ*

§2
L1 *ḫry sꜣ ỉw=ỉ pꜣy=f* [*ỉt*]
L2 *ḥr mt pꜣ ḫrw ỉw ḫt nb=f hprw m-dỉ=f*
L3 *dỉ tw rḫ tw ḫt sbꜣt* 1
L4 *.wḫꜣ šꜥd* 1
L5 *.hdmw* 1

L6 ~~ꜥḥꜥ htp 1 n dỉt sntr~~
L7 ꜥḥꜥ ḥmt sr(t) 1 ỉw=f ḥr ḏd.n=ỉ ỉmỉ tw pꜣ-ḫt
L8 dỉt ỉr n twt n pꜣ-ṯꜣw-m-dỉ-ỉmn ỉw=f ḥr dỉt.n=ỉ
L9 ḥꜣpwt 2 r sḫt n=f wꜥ ḥbs ỉw ḥr dỉt ỉry 3
L10 ỉr n 5 ỉw=ỉ ḥr sḫt ẖn-nꜣ ꜥꜣ 7 ỉry ½
L11 ỉw pꜣ-ṯꜣw-m-dỉ-ỉmn ḥr dỉt knt ẖꜣm
L12 ỉw ḥwy ḥr ḏd m ỉr šd m-dỉ=f

§1 L1 胡伊奈弗尔之子工匠胡伊的财产声明：L2 1袋的双粒麦；L3 1赫因香油；L4 5条大面包；给了铜匠，让他带给他的神。L5 1袋的双粒麦，给了奈赫特敏的妻子（和）他的儿子。L6 10条白面包、5块碱（和）1（只）“迈奈特”酒壶。L7 1赫因的油膏，很好地涂抹……，1（赫因）；L8 1“迈奈特”壶啤酒；1伽布的“海科克”水果。L10 帕提阿乌埃姆迪（的）2德本碱用于（支付）他的棺材。L11 他的妻子伊拥有¾袋大麦（和）1袋（双粒麦的）谷物。

L12~13 <我>向大工匠哈伊申诉。大工匠哈伊对我说：“他已经赔偿完了。”

§2 L1~2 他的父亲(?)在争端中去世后，他的所有财产都归他所有。L3（它的）声明：1（只）木门、L4 1（根）雕刻的柱子、L5 1（只）脚凳、L6 ~~1香坛、案台~~ L7~8 1（份）“塞尔”[1]铜。

他对我说：“拿来木头为帕提阿乌埃姆迪雕刻1(尊)雕像。”L9 他给了我2(单位纱线)，我为他编织1(件)衣服。<他>让人做了3（件），L10 用了5（单位）(?)。<我>编织了7件大的“赫恩纳”衣服，价值½（单位）。L11 帕提阿乌埃姆迪给了哈米1（件）衣服，L12（但）胡伊<说>：“不会从他那里获得（任何东西）！”

55. 开罗25583号陶石片

英语名：*Ostracon Cairo 25583*

圣书体：*KRI*, Vol. IV, pp. 329–330

英译本：*KRIT*, Vol. V, pp. 237–238

L1 […] ḫt n rmṯ ỉswt nḫt-mnw ỉ r dd=f ꜥnḫ n nỉwt
L2 […] sš ỉfd 1 dḥr tỉwt ꜥ 4
L3 […] nw hnw 8 tpywt […ỉpt] 1/16
L4 mnḏm 1 nḳrw 1 tmꜣ 4
L5 nwḥw-ꜥ 1 šbty 2 ỉb 2
L6 wꜣḏ-smw mrw 9
L6A ỉr n ẖꜣr 2/4
L7 […] grw nty 1 ỉr n ỉt ẖꜣr ¾ […] ḳnm 1 ỉr n ẖꜣr 2/4
L8 dmḏ ẖꜣr 1¾

L1 ……工匠奈赫特敏把财产分给了女市民 L2 ……（明细如下）：1（条）上好的（床）单、4双皮凉鞋、L3 8赫因的油脂(?)、价值1/16欧普“泰普伊特”鱼、L4 1（只）“迈恩迪”篮、1（只）“奈克尔乌”篮、4（张）席子、L5 1（条）绳子、2（条）项链和2（枚）心（形护身符）(?)、L6 9（捆）价值2/4袋的蔬菜、L7 1……价值¾欧普的大麦和价值½袋的“肯姆”，总计1¾袋。

[1] 塞尔：某种铜的名称，存以待考。

56. 麦地那 108 号陶石片

英语名：*Ostracon Deir el-Medina (ODM) 108*

圣书体：*KRI*, Vol. I, p. 409

英译本：*KRIT*, Vol. I, p. 337–338

§1
L1 [ḥsbt-sp … ꜣbd] 2 [… sw] 10 [ḫ]r hm n nswt-bỉtỉ mn-[mꜣꜥt]-rꜥ [ꜥnḫ wḏꜣ snb …]
L2 [… m] hrw pn n rdỉt ḫt=f ỉn wꜥw n ỉst pꜣ[š]dw
L3 [… ḥr] ỉrt n=f ỉmyt-pr (n) nꜣ=f ẖrdw ỉry ḫtt nb ỉw=w psš=w
L4 [n m]sw nb ỉry nꜣy=ỉ ḫꜣrw nꜣy=ỉ ḏnr mstỉ
L5 [ỉw=w] n ỉmn(ms) ḫr ỉry šꜣmḫꜣbwy m-mỉtt nꜣ n šꜣmw n ḏꜣrt
L6 [ỉw]=w n nfr-m-nty-ḥb ḫr ỉr pꜣ wpy n tꜣ ḥnwt ỉw=f (n) nwbt-
L7 mšꜣs ḫr ỉr pꜣ dỉ ỉr n=ỉ st ḥsb
L8 n m-ḫꜣ-ỉb

§2
L1 ḫ[r] mnỉ 2 n ḥḥnḫ [ḫ]r
L2 ꜥnḫ rhdt 1 ḥnꜥ
L3 nb n wꜣḏw ỉw=w
L4 n ꜣst m-bꜣḥ mtrw

§1 L1 第……年,……,第 2 月,第 10 日,上下埃及之王蒙玛阿特拉……(执政)。L2~3 在这一天,在众证人面前,工匠为他的孩子订立了一份财产分割遗嘱,(他的)所有财产将全部分给他的孩子,其(内容如下):L4~8 铜刀和木(?)篮分给阿蒙摩斯;“沙姆哈布”器皿和“木沙姆斯”分给奈弗尔姆奈提海布;女主人的节日用品分给努贝姆沙斯;伊西斯定额分给我的谷物,应该考虑把它分给玛哈伊博;

§2 L1 2 根系船柱分给赫赫奈克胡;L2~4 镜子、煎锅和所有的绿玉器皿分给伊西斯。

57. 麦地那 671 号陶石片

英语名：*Ostracon Deir el-Medina (ODM) 671*

圣书体：*KRI*, Vol. V, p. 581

英译本：*KRIT*, Vol. V, p. 449

L1 dỉt rḫ tw rmṯ ỉswt pn-nỉwt m-dỉ
L2 šmꜥyt n ỉmn mrwt
L3 […] 2

L1~3 工匠派奈尼乌特(的财产)(?)为阿蒙(神庙)女吟唱者迈如特所持有(的)陈述:2……。

58. 加德纳 90 号陶石片

英语名：*Ostracon Gardiner 90*

圣书体：*KRI*, Vol. III, p. 683

英译本：*KRIT*, Vol. III, p. 460

§1
L1 *ḏd n ṯꜣy mḏꜣt ḳn n sꜣ=f pn-dwꜣ-ww*
L2 *m ꜥnḫ wḏꜣ snb ỉr hrw nb n bꜣkw n ꜥnḫ n nỉwt*
L3 *mꜣꜥt-nfrt tꜣy=ỉ mwt nty m nỉwt nty m ḳbw*
L4 *ỉw=w n pn-dwꜣ-[ww] pꜣy=ỉ šrỉ dỉ=ỉ rḫ=[k]*
L5 *rn=sn*
L6 *[ḥm] ꜥn[ḥtp]w*
L7 *[ḥm] nfrs-[ḫrw]*
L8 *ḥm [ḥsy-ḥr-ỉmntt]*
L9 *ḥm ỉr[y=f]*

§2
L1 *ḥm pꜣ-rhny*
L2 *ḥm nꜣḫy*
L3 *ḥmt nḏmt-ḥms [ḥnꜥ]*
L4 3 *ẖrd[w=st(?)]*

§3
L1 *[ỉw] [nꜣy(?)]=sn šrỉ šrỉ [nb(?)] n*
L2 *ṯꜣy (mḏꜣt) pn-dwꜣ-ww pꜣ[y=ỉ]*
L3 *[šrỉ] nty nfrw n=ỉ*
L4 *rdỉt rḫ=kwỉ nꜣ n bꜣkw nty m ḳ[t]b[w]*
L5 *ptrỉ pꜣ tp-rd n(?)*
L6 *wnn n=ỉ psšw 2 ỉw wꜥt nꜣy[=ỉ…] [r]*
L7 *rdỉt rḫ=kwỉ tꜣy=ỉ psšwt wꜥ=[s]*
L8 *wꜥt [ḥr mwt=ỉ(?)] wꜥt ḥr ḳn*

§1 L1 雕刻家凯恩对他的儿子派奈杜阿乌说：

L2~5 欢迎！我的母亲女市民玛阿特奈弗尔特的生活在底比斯的仆人，他们是属于我儿子的，我要告诉你他们的名字：

L6 [奴隶] 安霍特普、L7 [奴隶] 奈弗尔塞赫如、L8 奴隶赫斯赫尔阿蒙奈特、L9 奴隶伊尔瑞、

§2 L1 奴隶帕瑞赫尼、L2 奴隶奈赫伊、L3 女奴隶奈宅姆特海姆斯和 L4 她的 3 个孩子。

§3 L1~3 无论是 [我的] 男（奴）还是女（奴）[……]，他们都不可以领走他们，（因为）只有我的儿子派奈杜阿乌对我是真心好，（所以他才有权利）带走（他们）。

L4~8 我要让你知道村子里的这些仆人。看！忠告 [……]。分给了我 2 份额（财产），1 份属于 [我的……]。我会让你知道我的（财产）份额，1 份 [……]，1 份来自凯恩。

59. 加德纳 89 号陶石片

英语名：*Ostracon Gardiner 89*

圣书体：*KRI*, Vol. III, p. 724

英译本：*KRIT*, Vol. III, pp. 486–487

§1
L1 *sḫꜣ n nꜣ n dḥrw*
L2 [*n tꜣ*] *iwꜥt n ꜥꜣmk*
L3 *ꜥꜣmk iṯt=f nfrwy sw rdi šri*
L4 *ḥꜣy iṯt=f šri sw rdi ḥry-ib*
L5 *twrbꜣy iṯt*[*=f*] [*nfr*(?) *sw rdi ḥry-ib*]
L6 *ipy iṯt*[*=f*] [...]
L7 [*sn-nḏm*] *iṯ*[*t=f*] [...]
L8 *nty m-ḥꜣw m m-ꜥ*
L9 *ꜥꜣmkt*
L10 *dḥr* 1 *ḥry-ib*

§2
L1 [...]
L2 [...] *ḥr tꜣ iwꜥt* [*n*(?)]
L3 *ḳꜣḥꜣ dḥry* 1
L4 [...] *ḥr ꜥꜣfy r pꜣ iṯty*
L5 *tꜣ iwꜥt n ꜥꜣmkt*
L6 [...] 2 *ꜥḥꜥ* [*n* ⅔]

§1 L1~2 阿迈克在遗产中对兽皮（分配的）记录：

L3~10 他拿了（一张）质量上乘的小尺寸（兽皮）给了(?)哈伊；他拿了（1 张）质量较差的中尺寸（兽皮）给了(?)特威巴伊；他拿了（1 张）质量上乘(?)的中尺寸（兽皮）给了(?)阿皮伊；他拿了（1 张）……（兽皮）给了(?)塞努迪埃姆；他拿了（1 张）……的中尺寸（兽皮）给了(?)……；

§2 L1~3 ……来自遗产：……卡哈，1 张兽皮；

L4~6 ……来自阿菲，占有了阿迈克的财产。……2 项(?)，显著(?)，⅔(?)。

60. 麦地那 112 号陶石片

英语名：*Ostracon Deir el-Medina (ODM) 112*

圣书体：*KRI*, Vol. III, pp. 546–547

英译本：*KRIT*, Vol. III, p. 379

§1

L1 *rdyt n tꜣmkw*
L2 *tꜣ štꜣyt mryt sbꜣ* [1]
L3 *pꜣ wḏꜣ ḥry* 1
L4 *tꜣ ḥb mryt* 1
L5 *tꜣ ʿt m sḫt* 1
L6 *ḫnsw* 1 *rdit.n=f n=s*
L7 *ꜣnwy-nḫt sbꜣ n mḫri* 1
L8 *rdit.n=f n=s*
L9 *dmḏ* 6

§2

L1 *[rd]yt n tꜣsꜣkt*
L2 *tꜣ ʿḥʿt* 1
L3 *wḏꜣ n ỉny* 1
L4 *wḏꜣ n pn- dwꜣ* 1
L5 *[ʿt] m tꜣ st-nfrw* 2
L6 *[s]bꜣ n mḫri* 1
L7 *dmḏ* 6
L8 *pꜣ wḏꜣ n ḥwy* 1
L9 *tꜣ ḥb n mryt* 1
L10 *pꜣ wḏꜣ n ḥry* [1]

§1 L1 分给塔迈凯乌的财产如下：

L2 1（间）位于河畔入口的洞穴、L3 1（间）上层仓库、L4 1（座）位于河畔的庭院(?)，L5 1（间）位于土地上[1]的茅舍、L6~7 1 间宏苏（之屋），他（甚至）将阿努伊那哈特的库房入口处划分给了她。L8~9 他总共分给她六（样家产）。

§2 L1 分给塔塞凯特的财产如下：

L2 1（间）墓地礼拜堂、L3 1（间）安伊的仓库、L4 1（间）派奈杜阿的仓库、L5 2（间）王后谷的茅舍和 L6 1（间）库房，L7 总计 6（样家产）。

L8 1（间）胡伊的仓库、L9 1 座位于河畔的庭院(?)和 L10 1（间）上层仓库。

---

〔1〕 土地上：此处指埃及的帝王谷。

61. 卢浮宫 13156（2425）号陶石片

英语名：*Ostracon Louvre 13156 (Ostracon Louvre 2456), Ostracon Anastasi*

圣书体：*KRI*, Vol. III, pp. 547–548

英译本：*KRIT*, Vol. III, p. 379

L1 *tp n pš pꜣ wḏꜣ n nb-ỉmntt n*
L2 *sꜣt=f ꜣst ḥnꜥ ḥnwtḏww*
L3 *wḏꜣ 1 ỉr n pš 2 nty ỉm=f štꜣt 1 m bꜣkw m*
L4 [*pꜣ ḏw*] *ỉw=st pšw 2 mỉ ḳd pꜣ wḏꜣ ꜥḳꜣ*
L5 *tp n pšw tꜣ šꜣt m pšw 2 nty n rmṯ ỉst nfr-ḥtp wsḫt* [1]
L6 *nty n ꜥnḫ-n-nỉwt ḥwtỉyt wsḫt* 1
L7 *n ỉmn-m-ỉpt ḥnꜥ mꜣꜣ-nty m pšwtw n tꜣy=w mwt m pšw*
L8 *wḏꜣ n ẖny ỉw rmṯ ỉst nfr-ḥtp ḥr dỉt tꜣy=f pšw m* (*n*) *tꜣ*
L9 *snt=f ḥwt-ỉyt ỉw=st ḥr ḏd n=ỉ bn sw ḥr mdn mdỉ=ỉ*(?)

L1~2 把奈布伊蒙特的仓库一分为二，分别分给他的女儿伊西斯和赫努特宅乌。L3~6 把山上建造的房屋一分为二，像分配仓库那样精确。房屋分成两份的明细（如下）：一间房间分给工匠奈弗尔霍特普，一间房间分给女市民胡特伊特。L7 把财产中属于他们母亲的一间里侧仓库分别分给阿蒙姆伊派特和玛阿尼特。L8~9 工匠奈弗尔霍特普把他的财产份额让给了他的妹妹胡特伊特，胡特伊特对我说：“没有给我登记上。”

62. 麦地那 586 号陶石片

英语名：*Ostracon Deir el-Medina (ODM) 586*

圣书体：*KRI*, Vol. V, p. 583

英译本：*KRIT*, Vol. V, p. 450

L1 *gs=f ny-sw mwt*
L2 *nty n tꜣ-wr-ḥtp-tỉ*
L3 *pꜣ wḏꜣ n wsỉr ny-sw tꜣ-wr-ḥtp-tỉ*
L4 *pꜣ wḏꜣ nty r-gs pr ptḥ ny-sw tꜣ-wr-ḥtp-tỉ*
L5 *tꜣ ꜥt nty r-gs pr ỉmn-rꜥ* (*ny-sw tꜣ-wr-ḥtp-tỉ*)
L6 *pꜣ wḏꜣ nty r-gs tꜣ ꜥḥꜥ sbꜣ ny-sw tꜣ-wr-ḥtp-tỉ*
L7 *ỉr tꜣ ḥb šrỉ nty r-gs* [...] (*ny-sw*) *tꜣ-wr-ḥtp-tỉ*
L8 *ỉr pꜣ mr nty ḥr ꜥḥꜥ n ỉmn-m-ỉpt ny-sw tꜣ-wr-ḥtp-tỉ*
L9 [?] *m dnỉ 1 m 2 wꜥ mwt wꜥ* [*tꜣ-wr-ḥtp-tỉ*]

L1 1 半（财产）属于（他的）母亲。L2 塔威尔霍特普提的（财产）：L3 奥西里斯（神庙）仓库，L4 临近普塔神庙的仓库，L5 临近阿蒙－拉神庙，L6 临近墓地入口的库房，L7 临近……的小壁龛，L8 阿蒙姆伊派特的神庙金字塔。L9 财产一分为二，1 份（分给）母亲，1 份（分给）女儿(?)。

63. 瑙奈赫特的遗嘱

英语名：*The Will of Naunakhte*

圣书体：*KRI*, Vol. VI, pp. 236–243

英译本：J. Černý, "The Will of Naunakhte and the Related Documents," *JEA* 31 (1945), pp. 29–53

§1-1
L1 *ḥsbt-sp 3 ȝbd 4 ȝḫt sw 5*
L2 *ḥr ḥm n nswt-bỉtỉ nb tȝwy wsr-mȝꜥt-rꜥ spḥr-n-rꜥ ꜥnḫ wḏȝ snb*
L3 *sȝ rꜥ nb ḫꜥw mỉ ỉtm rꜥ-ms-sw ỉmn-ḥr-ḫpš=f mr-ỉmn ꜥnḫ wḏȝ snb dỉ ꜥnḫ ḏt nḥḥ*
L4 *hrw pn ỉrt hrỉ n ȝḥwt ⸢t⸣w=st*
L5 *ỉn ꜥnḫ n nỉwt nỉwt-nḫt-tỉ m-bȝḥ ḳnbt tn*
L6 *ꜥȝ n ỉswt nḫt-m-mwt*
L7 *ꜥȝ n ỉswt ỉn-ḥr-ḫꜥw*
L8 *sš ỉmn-nḫt-tw n pȝ ḫr*
L9 *sš ḥr-šrỉw*
L10 *sš-ḳdw ỉmn-ḥpt*
L11 *rmṯ ỉswt tnr-mnṯw*
L12 *rmṯ ỉswt tȝ*
L13 *sš-ḳdw pn-tȝ-wrt*
L14 *rmṯ ỉswt wsr-ḥȝt*
L15 *rmṯ ỉswt nb-nfr*
L16 *rmṯ ỉswt ỉmn-pȝ-ḥꜥpỉ*
L17 *wꜥrtw ỉmn-nḫt*
L18 *wꜥrtw rꜥ-ms*
L19 *rmṯ ỉswt nb-nfr sȝ ḥnsw*

§1-2
L1 *ḏdw=st ỉr ỉnk ỉnk nmḥw n pȝ tȝ n pr-ꜥȝ*
L2 *ỉrw=ỉ sḫprw pȝy 8 bȝkw=tn my*
L3 *ỉw=ỉ ḥr dỉt n=sn grg pr m ȝḫwt nb nty tw=tw ḥr ỉr=f*
L4 *n nȝ nty mỉ-ḳdw=w ḥr ptr tw=ỉ ỉȝwt=k<wỉ>*
L5 *ḥr ptr bn st ḥr ỉrt ḥrw(.tw)=ỉ gr ỉnk*
L6 *ỉr pȝ wȝḥ nbt ḏrt=f ḥr ḏrt=ỉ ỉm=w ỉw=rỉ dỉ n=f ȝḫwt(.tw)=ỉ*
L7 *ỉr pȝ nty bw-pw=f dỉt n=ỉ bn ỉrw=ỉ r dỉ n=f m ḫt.tw=ỉ*

§1-3
L1 *r rdỉt rḫt nȝ rmṯ ỉswt ḥmwt r dỉ=s n=w*
L2 *rmṯ ỉswt mȝȝ-nỉ-nḫt-w=f*
L3 *rmṯ ỉswt ḳn-ḥr-ḫpš=f ḏdw=st dỉw=ỉ n=f*
L4 *ḥsmn ỉꜥ m twn m ḥȝw nȝy=f ỉrw btỉ ḫȝr 10*
L5 *rmṯ ỉswt ỉmn-nḫt ꜥnḫ n nỉwt wȝst-nḫtỉ*
L6 *ꜥnḫ n nỉwt wȝst-nḫtỉ*
L7 *ꜥnḫ n nỉwt mnꜥt-nḫtỉ ỉr ꜥnḫ n nỉwt mnꜥ⸢t⸣-nḫtỉ*
L8 *ḏdw=st r=s ỉw=st r hȝỉ ḥr pš m ȝḫwt.tw=ỉ nbt*
L9 *ḥrw-ḥr tȝ ỉpt btỉ r dỉ=w n=ỉ pȝy 3*
L10 *ḫrdw ꜥḥȝwtỉ m-mỉtt ꜥnḫw-nw-nwt wȝst-nḫtỉ*
L11 *m-mỉtt pȝy=ỉ hnw n sḳnn ỉ dỉ=w n=ỉ m pȝy sḫr*

§1-4
L1 *r rdỉt rḫt nȝy=st ḫrdw ỉ ḏdw=st*
L2 *bn ỉw=w r ꜥḳ r pš m pȝy=ỉ ⅓*
L3 *ỉ ỉr=w ꜥḳ r pȝ ⅔ n pȝy=w ỉtf*
L4 *rmṯ ỉswt n⸢fr⸣-ḥtpw*
L5 *ꜥnḫ n nỉwt mnꜥt-nḫtỉ*
L6 *ꜥnḫ n nỉwt ḥnt-šnw*
L7 *ꜥnḫ n nỉwt ḫꜥw-tȝ-nbw ỉr pȝ⸢y⸣ 4 ḫrdw*
L8 *ỉnk ỉw <bn> ỉw=w r ꜥḳ r pš m ȝḫwt.tw=ỉ nbt*
L9 *ḥr ỉr ȝḫwt nb n sš ḳn-ḥr-ḫps=f pȝy=ỉ hȝy*
L10 *m-mỉtt nȝy=f st ḥnꜥ pȝy wḏȝ n pȝy=ỉ*
L11 *m-mỉtt tȝy ỉpt btỉ nwỉ=ỉ*
L12 *m-mỉtt pȝy=ỉ hȝy bn ỉw=w r pš=w*

§1-5
L1 *ḥr ỉr pȝy 8 ḫrdw ỉnk ỉw=w r ꜥḳ r pš*
L2 *ȝḫwt n pȝy=w ỉtf m pš wꜥ*
L3 *ḥr ỉr pȝy ḳḥn ỉ dỉw=ỉ n=f r ỉn n=f ꜥḳw*
L4 *m-mỉtt pȝ ḫȝ n dbn 7*
L5 *m-mỉtt pȝy ỉrr n dbn 7*
L6 *m-mỉtt tȝ ꜥnt n 6 dbn ỉr.n dbn 40 ỉw=w n=f r pš*

L7 bn ỉw=f r ꜥḳ r ḥmtỉ nbt gr ỉw=w n nꜣy=f snw

L8 ỉrw ỉn sš ỉmn-nḫt-tw n pꜣ ḫr ḥnỉ

L9 ḥsbt-sp 4 ꜣbd 3 ꜣḫt sw 17 hrw pn wḥm spr r ḳnbt ỉn rmṯ ỉswt ḫꜥw-m-nwn

L10 ḥnꜥ nꜣy=f ḫrdw m ḏd ỉr nꜣ sšw ỉ ỉrt ꜥnḫ n nỉwt nwt-nḫtỉ

L11 ḥr ꜣḫwt=st ỉw=w m-mitt ꜥḳꜣ sp-sn bn ỉw rmṯ ỉswt nfr-ḥtpw pš ỉm=w ỉr=f

L12 ꜥnḫ nb m ḏd mtw=ỉ pn ꜥ r mdt m ỉm ꜥn ỉw=f ḫr 100 n sḫ<t> šw m ꜣḫwt=tw

§1-6 L1 m-bꜣḥ ꜥꜣ n ỉswt <ỉn-ḥr>-ḫꜥw

L2 ꜥꜣ n ỉswt nḫt-m-mwt

L3 sš ḥr-šrỉ n pꜣ ḫr

L4 wꜥrtw rꜥ-ms wꜥrtw

L5 pn-tꜣ-wrt sꜣ nḫt-mnw

§1-7 L1 ꜥrt hrỉ ỉ.[ỉrw ꜥnḫ n nỉwt nwt-nḫ]tỉ n ꜣḫwt tw=w

§2-1 L1 r rdỉt rḫ tw pꜣ pš n ꜣḫt n

L2 tꜣy=tn mwt rdỉt ỉmn-nḫt bnwt 1

L3 rdỉt wsr-nḫtỉ bnwt 1

L4 rdỉt mnꜥt-nḫtỉ ỉḳr 1

L5 rdỉt ḳn-ḥr-ḫpš=f ỉḳr 1

L6 rdỉt mꜣꜣ-nỉ-nḫt-w=f hrỉt 1

L7 rdỉt mnꜥt-nḫtỉ mḏḥt 1

L8 rdỉt ỉmn-nḫtw mḏḥt 1

L9 rdỉt ḳn-<ḥr>-ḫpš=f mḏḥt 1

L10 rdỉt nb-nḫtw mḏḥt 1

L11 rdỉt mꜣꜣ-nỉ-nḫt-w=f ḥt gtr 1

L12 rdỉt n ỉmn-nḫt tb 1

L13 rdỉt n mnꜥt-nḫtỉ tp 1

§2-2 L1 rdỉt ḳn-<ḥr>-ḫps=f rdwy mꜣ-

L2 st 1 rdỉt mꜣꜣ-nỉ-nḫt-w=f krt 1

L3 rdỉt wsr-n ḫtỉ db(t) 1

L4 rdỉt mnꜥt-nḫtỉ ỉpt 1

L5 rdỉt n ỉmn-nḫt ỉpt 1

L6 rdỉ n wsr-nḫtỉ ỉpt 1

L7 rdỉt ḳn-<ḥr>-ḫpš=f wnš 1

L8 rdỉ mꜣꜣ-nỉ-nḫt-w=f wnš 1

L9 rdỉt ḳn-<ḥr>-nḫt-ḫpš=f bꜥỉ mꜣst 1

L10 rdỉ ỉmn-nḫt ḥt ḥtp rd 1

L11 rdỉ nb-nḫtw ḥtp 1 mḏḥt 1

L12 rdỉt mnꜥt-nḫtỉ ḥd 1

L13 rdỉ mꜣꜣ-nỉ-nḫt-w=f ỉnr gꜣt 1

§3-1 L1 r rdỉt pꜣ pš n ꜣḫwt

L2 tꜣy=tn mwt

L3 rdỉt n ỉmn-nḫt bnwt 1

L4 rdỉt n wsr-nḫtỉ bnwt 1

L5 rdỉt n mnꜥt-nḫtỉ ỉḳr 1

L6 rdỉt ḳn-<ḥr>-ḫpš=f ỉḳr 1

L7 rdỉt mꜣꜣ-nỉ-nḫt-w=f hrỉt 1

L8 wḥm ky ps<š>

L9 rdỉt n mnꜥt-nḫtỉ mḏḥt 1

L10 rdỉt ỉmn-nḫtw mḏḥt 1

L11 rdỉt ḳn-<ḥr>-ḫpš=f mḏḥt 1

L12 rdỉt n mꜣꜣ-nỉ-nḫt-w=f ḥt gtr 1

L13 rdỉt n wsr-nḫtỉ mḏḥt 1

L14 wḥm ky pš

L15 rdỉt n ỉmn-nḫt dbt 1

L16 rdỉ n mnꜥt-nḫtỉ tp 1

L17 rdỉt n ḳn-<ḥr>-ḫpš=f rdwy [n] mꜣst 1

L18 rdỉt mꜣꜣ-nỉ-nḫt-w=f krt 1

L19 rdỉ wsr-nḫtỉ dbt 1

L20 wḥm ky pš

§3-2 L1 rdỉt n mnꜥt-nḫtỉ ỉpt 1

L2 rdỉt n ỉmn-nḫt ỉpt 1

L3 rdỉt n wsr-nḫtỉ ỉpt 1

L4 rdỉt n ḳn-<ḥr>-ḫpš=f wnš 1

L5 rdỉt n mꜣꜣ-nỉ-nḫt-w=f wnš 1

L6 wḥm ky pš

L7 rdỉt n ḳn-nḫt-ḫpš=f bꜥỉ mꜣst 1

L8 rdỉt n ỉmn-nḫt ḥt ḥtp rd 1

L9 rdỉt n wsr-nḫtỉ ḥtpw 1 mḏḥt 1

L10 rdỉt n mnꜥt-nḫtỉ ḥd 1

L11 rdỉt n mꜣꜣ-nỉ-nḫt-w=f gtr 1

L12 wḥm ky pš

L13 rdỉt n ỉmn-nḫt šḳr 1

L14 rdỉt n ḳn-<ḥr>-ḫpš=f hr-rdwy 1

L15 rdỉt n mꜣꜣ-nỉ-nḫt-w=f hr-rdwy 1

L16 rdỉt n mnꜥt-nḫtỉ hr-rdwy 1

L17 rdỉt n wsr-nḫtỉ hr-rdwy 1

§4 L1 ḏd.n rmṯ ỉswt ḫꜥw-m-nwn m-bꜣḥ rmṯ ỉswt ꜣnỉ-nḫt rmṯ ỉswt ḳd-ꜣḫwt=f rmṯ ỉswt ḥrỉ-

L2 *nfr rmṯ ỉswt nfr-ḥtpw rmṯ ỉswt ỉmn-nḫtw rmṯ ỉswt m33-nỉ-nḫt-⸢w=f⸣ rmṯ ỉswt ḫnsw ptr ỉ dỉw p3 ỉꜥ ḥsmn ỉw=f*

L3 *ḥr ỉrt ḥmtỉ dbn 13 ỉw=f n ḳn-ḥr-ḫpš=f bn mdt šrỉw šrỉwt ỉm=f bn sḏm r=⸢f⸣ ỉw bn sw pš nb*

L4 *ḥsbt-sp 3 3bd 3 3ḫt sw 10 hrw n pn n ḏd.n rmṯ ỉswt ḫꜥw-m-nwn ỉr ỉꜥ ḥsmn ỉ dỉ=ỉ rmṯ ỉswt ḳn-<ḥr>-ḫpš=f p3-*

L5 *y=f šrỉ ỉw=f n=f bn mdr šrỉw šrỉwt t3 ḥmt ḳn m ỉm=f bn sḏm r=f m dw3t sw3ḏ hrw <p>n bn m-b3ḥ rmṯ ỉswt 3nỉ-nḫt*

L6 *rmṯ ỉswt ḳd-3ḫwt=f rmṯ ỉswt nb-nḫtw rmṯ ỉswt ḫnsw rmṯ ỉswt nfr-ḥtpw rmṯ ỉswt ỉmn-nḫtw rmṯ ỉswt ḫꜥw-m-*

L7 *nwn ḫꜥw=f ỉw ḏd rmṯ ỉswt ḳn-<ḥr>-ḫpš=f ỉw=ỉ rdỉt n=f ḫ3r 2¾ ỉw ỉw=f ỉrt=tw ꜥnḫ n nb snb r ḏd w3ḥ ỉmn w3ḥ p3 ḥḳ3 snb*

L8 *mtw=ỉ nḥm p3y spdw n p3y=ỉ ỉtf r ỉr nḥm p3y mtwn ỉnk ỉw=ỉ ḥr ṯbw ꜥ n rmṯ ỉswt*

L9 *ỉmn-nḫtw ỉw=f ḥr dỉt ꜥfdt 1 rmṯ ỉswt m33-nỉ-nḫt-w=f ḏb3w n3 sšw ỉ ỉr.tw ḥr r p3y=w ỉtf*

§I-1 L1 第3年，泛滥季，第4月，第5日。L2 上下埃及之王、两土地之主：拉所创之乌塞尔玛阿特拉[1]，L3 拉之子、如阿图姆的双王冠之主：阿蒙所爱之拉美西斯阿蒙赫尔赫派什弗，愿万寿无疆。

L4~5 在这一天，女市民瑙奈赫特出庭宣读自己的财产分割情况：

L6 大工匠　奈赫姆穆特，

L7 大工匠　伊恩赫尔哈乌，

L8 国王墓地书吏　阿蒙奈赫特，

L9 书吏　哈尔舍瑞，

L10 起草人　阿蒙霍特普，

L11 工匠　腾尔蒙提乌，

L12 工匠　塔，

L13 起草人　彭特沃瑞，

L14 工匠　乌塞尔斯哈特，

L15 工匠　奈布奈弗尔，

L16 工匠　阿蒙派奈，

L17 行政官员　阿蒙奈赫特，

L18 行政官员　拉摩斯，

L19 工匠宏苏之子　奈布奈弗尔。

§I-2 L1 她说："至于我，我是法老土地上的自由女人。L2 我养育了8个你的仆人[2]，L3~4 并给予其职和其所用的工具。但是现在我已经老了，L5 看！他们不能依照我的意愿轮流照顾我。L6 无论他们中的谁照顾我，我都会把我的财产分给他，L7 但是（如果）他不能照顾我，我将不会把我的财产分给他。"

---

〔1〕拉所创之乌塞尔玛阿特拉：法老拉美西斯五世。

〔2〕仆人：此处指瑙奈赫特的孩子。

§I-3 L1（随后）她出示了一份分给众工匠和众妇女的财产分割名单：

L2 工匠玛阿伊奈赫泰普弗和 L3~4 工匠肯赫尔赫派什弗。她说："作为特殊回报(?)我已将 1 个铜钵分给他，此外又分给他的众随从 10 袋小麦。" L5 工匠阿蒙奈赫特、L6 女市民沃斯奈赫特和 L7 女市民曼恩奈赫特。至于女市民曼恩奈赫特，L8 她说："她可以从我的总财产中获取她的那份财产份额，L9~11（总财产中）不包括我的 3 个儿子和女市民沃斯奈赫特给我的 1 欧普小麦，同时也不包括他们给我的 1 赫因油"。

§I-4 L1 她宣读孩子们的继承名单：

L2 他们不应该参与我的 ⅓ 财产分割，L3 但是他们可以参与他们父亲的 ⅔ 财产分割：[1]

L4 工匠奈弗尔霍特普、L5 女市民曼恩奈赫特、L6 女市民赫恩舍纳和 L7 女市民克哈努布。至于我的这 4 个孩子，L8 他们（不）应该参与分割我财产中的任何一部分。L9 至于我的（前任）丈夫书吏肯赫尔赫派什弗的任何财产、L10 他的地产、我父亲的贮藏室以及 L11~12 我和我丈夫收集的 1 欧普小麦，他们不应该继承它们。

§I-5 L1~2 至于我的这 8 个孩子，他们可以参与其父亲拥有的个人财产分割。

L3 为了使他换取面包，我把我的锅分给他，L4 并将 7 德本"哈"工具、L5 7 德本"伊尔"花瓶和 L6 6 德本的镐中的 40 德本充当财产份额分给了他。L7 他将不再参与属于其兄弟（和姐妹）的铜的分割。

L8（以下）由护卫墓地的墓地书吏阿蒙奈赫特撰写：

L9~10 第 4 年，泛滥季，第 3 月，第 17 日。这一天，工匠科哈姆努恩[2]和他的孩子们再次出庭，说："女市民瑙奈赫特已经将她的财产订立书面遗嘱，L11 他们应该遵照遗嘱正确执行。工匠奈弗尔霍特普不应该继承它。" L12 他对君主发誓，说："如果我违背了我的誓言，以至使其再次争论不休。他将负连带责任遭受鞭笞 100 下并予以剥夺财产。"

§I-6 L1~5 在工匠总管赫乌、工匠总管奈赫姆穆特、墓地书吏赫瑞、行政官员拉摩斯和奈赫特敏之子行政官员彭特沃瑞面前。

§I-7 L1 [女市民尼乌特] 奈赫特提宣读他们的(?)财产 [分割] 事宜。

---

〔1〕 按，古埃及夫妻共有财产中，⅔ 归丈夫（或其继承人），⅓ 归妻子，任何一方无权处理另一方名下财产。

〔2〕 即瑙奈赫特的第二任丈夫。

§2-1 L1~2 我母亲的财产分割名单：

分给 阿蒙奈赫特 1（盘）石磨，

L3 分给 沃斯奈赫特 1（盘）石磨，

L4 分给 曼恩奈赫特 1（件）“伊克尔”家具，

L5 分给 肯赫尔赫派什弗 1（件）“伊克尔”家具，

L6 分给 玛阿伊纳赫泰弗 1（只）箱子，

L7 分给 曼恩奈赫特 1（桶）砂浆，

L8 分给 阿蒙奈赫特 1（桶）砂浆，

L9 分给 肯赫尔赫派什弗 1（桶）砂浆，

L10 分给 奈布奈赫特 1（桶）砂浆，

L11 分给 玛阿伊纳赫泰弗 1（只）木质“噶特尔”箱子

L12 分给 阿蒙奈赫特 1（只）笼子(?)，

L13 分给 曼恩奈赫特 1“泰普”柱子。

§2-2 L1 分给 肯赫尔赫派什弗 1“玛阿斯特”腿，

L2 分给 玛阿伊纳赫泰弗 1“克尔特”，

L3 分给 沃斯奈赫特 1（只）笼子，

L4 分给 曼恩奈赫特 1欧普，

L5 分给 阿蒙奈赫特 1欧普，

L6 分给 沃斯奈赫特 1欧普，

L7 分给 肯赫尔赫派什弗 1（只）雪橇，

L8 分给 玛阿伊纳赫泰弗 1（只）雪橇，

L9 分给 肯赫尔赫派什弗 1（捆）“玛阿斯特”莴苣，

L10 分给 阿蒙奈赫特 1捆木材，

L11 分给 奈布奈赫特 1（只）篮子和1（桶）砂浆，

L12 分给 曼恩奈赫特 1“赫德”，

L13 分给 玛阿伊纳赫泰弗 1（只）石制“噶特尔”箱子。

§3-1 L1~2 我母亲的财产分割名单：

L3 分给 阿蒙奈赫特 1（盘）石磨，

L4 分给　沃斯奈赫特　1（盘）石磨，

L5 分给　曼恩奈赫特　1（件）“伊克尔”家具，

L6 分给　肯赫尔赫派什弗　1（件）“伊克尔”家具，

L7 分给　玛阿伊纳赫泰弗　1（只）箱子。

L8 再次重新分割：

L9 分给　曼恩奈赫特　1（桶）砂浆，

L10 分给　阿蒙奈赫特　1（桶）砂浆，

L11 分给　肯赫尔赫派什弗　1（桶）砂浆，

L12 分给　玛阿伊纳赫泰弗　1（只）“噶特尔”箱子，

L13 分给　沃斯奈赫特　1（桶）砂浆。

L14 再次重新分割：

L15 分给　阿蒙奈赫特　1（只）笼子，

L16 分给　曼恩奈赫特　1“泰普”，

L17 分给　肯赫尔赫派什弗　1“玛阿斯特”腿，

L18 分给　玛阿伊纳赫泰弗　1“克尔特”，

L19 分给　沃斯奈赫特　1（只）笼子。

L20 再次重新分割：

§3-2

L1 分给　曼恩奈赫特　1欧普，

L2 分给　阿蒙奈赫特　1欧普，

L3 分给　沃斯奈赫特　1欧普，

L4 分给　肯赫尔赫派什弗　1（只）雪橇，

L5 分给　玛阿伊纳赫泰弗　1（只）雪橇。

L6 再次重新分割：

L7 分给　肯赫尔赫派什弗　1（捆）“玛阿斯特”莴苣，

L8 分给　阿蒙奈赫特　1篮子腿，

L9 分给　沃斯奈赫特　1（只）篮子和1（桶）砂浆，

L10 分给　曼恩奈赫特　1“赫德”，

L11 分给　玛阿伊纳赫泰弗　1（只）“噶特尔”箱子。

L12 再次重新分割：

L13 分给　阿蒙奈赫特　　1“晒科尔”，
L14 分给　肯赫尔赫派什弗　　1（把）搁脚凳，
L15 分给　玛阿伊纳赫泰弗　　1（把）搁脚凳，
L16 分给　曼恩奈赫特　　1（把）搁脚凳，
L17 分给　沃斯奈赫特　　1（把）搁脚凳。

§4 L1~2 在工匠安伊奈赫特、工匠科德赫泰弗、工匠哈尔奈弗尔、工匠奈弗尔霍特普、工匠阿蒙奈赫特、工匠玛阿伊纳赫泰弗和工匠霍恩斯的面前，工匠科哈姆努恩进行以下陈述：“看，L3 我将重达 13 德本的铜钵赠予肯赫尔赫派什弗，不会有（任何一名）子女对此产生异议，也不会听取他们的证词，它并不（包括在）任何（财产）分割中。”

L4 第 3 年，泛滥季，第 3 月，第 10 日。在这一天，工匠科哈姆努恩说：“我已将钵赠予工匠肯赫尔赫派什弗，L5 他 (?) 的儿子，它将属于他，不会有任何一名子女或是妻子对此产生异议，将来也不会听取他们的证词。”

这一天，L6 在工匠安伊奈赫特、工匠科德赫泰弗、工匠奈布奈赫特、工匠霍恩斯、工匠奈弗尔霍特普、工匠阿蒙奈赫特（和）工匠科哈姆努恩本人面前进行正式交接，L7 工匠肯赫尔赫派什弗宣布：“我将 2¾ 袋（谷物）赠予他。”随后向君主发誓，说：

“像阿蒙一样甘于隐忍，像君主一样甘于隐忍！L8~9 如果我从我父亲那里拿走了谷物收入，那么他们就可以拿走属于我的财产份额 (?)。因他们对他们父亲的证词进行笔录，所以为了偿付酬劳，我将一双凉鞋 赠予 (?) 工匠阿蒙奈赫特，并且我 (?) 将 1 个箱子赠予工匠玛阿伊纳赫泰弗。”

64. 都灵 2021 号纸草

英语名：Papyrus Turin 2021

圣书体：*KRI*, Vol. VI, pp. 738–742

英译本：A. David, *The Legal Register of Ramesside Private Law Instruments*, pp. 144–159; J. Černý and T. Eric Peet, “A Marriage Settlement of the Twentieth Dynasty,” *JEA* 13 (1927), pp. 30–39

§a Lx+1 [...] *ỉ.n=s* [...]
Lx+2 [...] *ỉ* [...]
Lx+3 [...] *ỉ.n* [...]

§b Lx+1 *nꜣy=w* [...]
Lx+2 [*ms* ...]
Lx+3 [...] *pꜣy*

§1 Lx+1 [...]
Lx+2 [...] [ꜥ]*nḫ n nỉwt* [*ỉnk-swn-ḏm* ...]
Lx+3 [...] *ỉw=ỉ ꜥḳw* [*r*] (*pr*) [...]
Lx+4 [...] *pꜣ nṯr ꜥꜣ ỉḥ=st ḫprw* [...] *pꜣy=ỉ pr ỉw=ỉ ḳd* [...]
Lx+5 [...] *ẖrdw ỉw=ỉ* [...*ỉ*]*rt* (*n*) *nꜣy=w msw*

§2 L1 *ỉw pꜣ nṯr rwỉ* [*ỉw=ỉ*] [ꜥ*r*]*ḳ ḥr=*[*st*] [*m*] *tꜣ ḳnbt tꜣ ḥwt ỉw=ỉ ỉrt* ⅔ ⅓ *m pꜣ ỉryw=ỉ nb*
L2 *ỉrm=st ỉ*[*w=ỉ ꜥḳ*] *r pꜣ pr n ꜥnḫ n nỉwt ỉnk-sw-nḏm tꜣy st-ḥmt nty ꜥḥꜥ=tỉ m-bꜣḥ ṯꜣt*
L3 *ỉw=ỉ ỉn* 4 *bꜣk*[*w*] [*ỉr*]*m=st ỉw=st nfr n=ỉ ỉw=st nfr n=ỉ ỉw=st šmsw bỉꜣt=ỉ ỉw=st ỉry n=ỉ ỉ ỉryt*
L4 [*šrỉw*] *ỉw=ỉ dỉt n=st ḥmt nw-mwt-rỉ ḥmt bw-py-mwt-ẖꜣ-ꜥn hnꜥ*
L5 *n*[*ꜣy*]*=w ms*[*w r pꜣy*]*=s* ⅓ *ỉw=ỉ dwny=st m ḥm sꜣ-ptrỉ-ḏḥwty ḥm gm-ỉmn-*
L6 [*pꜣ*]ꜥ*š* [*pꜣy bꜣk*]*ỉ* 2 *nty m-dỉ=ỉ m dnỉ m pꜣy=ỉ p*[*š pꜣ*] *ỉry=ỉ nb ỉrm=st*
L7 [*r*] *ỉry=st m* [*šrỉw*] [*mỉ*]*-ḳd nꜣ ẖrdw n tꜣy=ỉ ḥmt ḥꜣw*[*ty*]*-tw ꜥḳꜣ sp sn ỉwnw m pꜣ-*
L8 [*y*]*=ỉ pr ỉw bw-pwy*[*=ỉ*] *smn* [*r*] *wꜥ mr ky ḥr ptrỉ tw=ỉ ỉw=k*(*wỉ*) *m-bꜣḥ ṯꜣt*
L9 [*ḥnꜥ*] *srw n tꜣ ḳnbt m pꜣ hrw r rdỉt rḫ wꜥ nb dnỉtw=f m nꜣy=ỉ ẖrdw* [*m ꜣḫt=ỉ*(?)]
L10 *pꜣy sḫrw nt*[*y ỉ*]*w=ỉ ỉrw=f n ꜥnḫ n* [*nỉw*]*t ỉnk-sw-nḏm t*[*ꜣ*]*y st-ḥmt nty m pꜣ*[*y=ỉ pr*] *m pꜣ*
L11 *hrw ḥr ḏd pr-ꜥꜣ ꜥnḫ wḏꜣ snb ỉmỉ ỉry s* [...]
L12 *nb ꜣbw.tw=f m ꜣḫt.tw=f tw=ỉ dỉt* [*pꜣ*] *ỉryw*(*=ỉ*) *nb ỉrm ꜥnḫ n nỉwt ỉnk-sw-nḏm tꜣ st-ḥmt nty m pꜣy=ỉ pr n=st m pꜣ h*[*rw*] *m pꜣ*

§3 L1 *bꜣkỉ* 2 ꜥ[*ḥꜣ*]*wtyw bꜣkỉ* 2 *ḥmwt dmḏ* 4 *ḥnꜥ msw=w ỉw pꜣ*(*y=ỉ*) ⅔ *ḥr pꜣy=st* ⅓ *mtw=ỉ*
L2 *dỉt pꜣy* 9 [*bꜣk*]*ỉw ỉhꜣy r=ỉ m pꜣy=ỉ* ⅔ *ỉrm ꜥnḫ n nỉwt tꜣ-ṯꜣ-r-ỉꜣ n nꜣy=ỉ*
L3 *ẖrdw ḥnꜥ pꜣ pr ỉtf=ỉ mwt m-dỉ=w m r-ꜥ bn st* [*ꜣty*] *pꜣ ỉn=ỉ nb ỉrm tꜣy=w mwt*

L4　⸢ỉ⸣w wnw ỉw=ỉ dỉt n=w m pꜣ ỉnw=ỉ ỉrm ꜥnḫ n nỉwt ỉnk-sw-nḏm ḫr pr-ꜥꜣ ꜥnḫ wḏꜣ snb sḏd mỉ sfyrw n

L5　s⸢t⸣ ⸢nb⸣ n=st ḏdt=n ṯꜣt n wꜥb ḥry kꜣwty ꜥḥꜣw-tw-nfr wꜥb nb-nfr nꜣ ẖrdw

L6　n ỉtf-nṯr ỉmnḫꜥw nty ꜥḥꜥ m-bꜣḥ=f nꜣ snw ꜥꜣytw nꜣy=f ẖrdw ỉḫ ḫr=tn tꜣ mḏwytyw ỉḏd ỉtf-nṯr

L7　ỉmnḫꜥw pꜣy=tn ỉtf=ỉn mꜣꜥt m pꜣy 9 bꜣkỉw ỉḏd=f dỉ=ỉ st nt=tn m pꜣy=ỉ ỉ pš=ỉ ỉr-

L8　m ⸢tꜣ⸣y=tn mwt ⸢ḥ⸣nꜥ pꜣ pr ỉtf=ỉ mwt ḏd=w m r wꜥ mꜣꜥt tw pꜣy=n ⸢ỉ⸣tf=st m-dỉ=n n mꜣꜥ ḏdt.n

L9　ṯꜣt ⸢ỉḫ ḫr=tn⸣ pꜣy sḫrw ỉ ỉrw pꜣy=tn ỉtf n ꜥnḫ n nỉwt ỉnk-sw-⸢nḏm⸣ tꜣy ḥbsw sꜣwy

L10　ḏd=w ⸢m⸣ sḏm=n pꜣy ỉryw pꜣy=n ỉtf ỉr pꜣ ỉry=f ỉry nym rḫy mdwty ỉm=f sꜣwy ꜣḫt tw=f

L11　ỉmỉ dỉ=f sw ⸢n mr=f⸣ ḏdt.n ṯꜣt ỉr ỉw bn ḥmt sꜣwt ỉwnꜣ ỉw ḫꜣ⸢rw⸣ nḥsy ỉw mr=f sw ⸢ỉ⸣w=f dỉt n=s

L12　ꜣḫt tw=f ⸢nyw ỉ⸣ ỉrw=f wsfy pꜣ ỉry=f ỉmỉ ⸢n=s pꜣ⸣ 4 bꜣkỉw ỉ ⸢ỉn=f ỉ⸣rm ꜥnḫ n nỉwt ỉnk-sw-nḏm

L13　ḥnꜥ pꜣ ⸢ỉn=f nb⸣ ỉrm=st ỉḏd=f tw=ỉ dỉt n=st pꜣy=ỉ ⅔ ⸢ḥr⸣ ⸢pꜣ⸣y=st ⅓ ỉw bn ỉr šrỉw šrỉwt

§4　L1　mdty m pꜣy sḫrw ỉ ỉr=ỉ n=st m pꜣ hrw ḏd ṯꜣt ỉrw mỉtt m ḏd ỉtf-nṯr ỉmn-ḫꜥw pꜣy ỉtf-nṯr nty ꜥḥꜥ m-bꜣḥ=ỉ

L2　dỉw ṯꜣt m ḥr n wꜥb sš n tmꜣ ptḥ-m-ḥbw n tꜣ ḳnbt tꜣ ḥwt wsr-mꜣꜥt-rꜥ mr-ỉmn ꜥnḫ wḏꜣ snb r-ḏd ỉmỉ mn pꜣy sḫrw ỉ ỉr=ỉ

L3　ḥr ꜥrw nt ḏmꜥ m tꜣ ḥwt wsr-mꜣꜥt-rꜥ mr-ỉmn ꜥnḫ wḏꜣ snb ỉw=tw ỉry m-mỉtt n tꜣ ḳnbt ꜥꜣt n nỉwt m-bꜣḥ mtr ḳnw ꜥšꜣt ỉmy rn=f ỉry

L4　ḥry sꜣw sšw ḏḥwty-m-ḥb n pꜣ mšꜥ

L5　ḥry sꜣw ḥrỉ sꜣ ḏḥwty-nḫtw n pꜣ mšꜥ

L6　ỉdnw nsy-ḫnsw n ⸢pꜣ⸣ mšꜥ

L7　ḥry ỉḥ⸢w⸣ mn-snw ⸢n⸣ ẖn⸢w⸣

L8　kṯn bꜣkỉ-n-ꜣst n ⸢tꜣ⸣ ⸢ḥw⸣t

L9　sš ḏḥwty-ms⸢w⸣ n pꜣ ḫr

L10　sš ỉwf-n-ḫnsw n pꜣ ḫr

L11　⸢ꜥꜣ⸣ n ỉst bꜣkỉ-n-m(w)t n ⸢pꜣ ḫr⸣

L12　nꜣ ẖry-ḥbw n tꜣ ḥwt

L13　ḥꜣty-ꜥ nsy-ỉmn-ỉpt

L14　sš spꜣt nsy-ỉmn-ỉpt

L15　nꜣ ḥry mꜥḏꜣw n pꜣ ḫr

L16　wꜥrtw ỉmn-ḫꜥw n ỉmnt nỉwt

L17　wꜥrtw pꜣ-ḫꜣrw n ỉmnt nỉwt

L18　wꜥrtw pꜣ-nḫt-ỉpt

L19　wꜥrtw ỉmn-⸢ḥ⸣tpw

L20　wꜥrtw ỉmn-⸢ỉ⸣pt-nḫtw

L21　wꜥrtw ꜥnḫ-tw-m-dỉ-ỉmn

§1　Lx+2 女市民因克森奈德杰姆[1]，Lx+3~4 在伟大之神的允许下我去了塔特哈瑞的家，因为她是我的妻子。Lx+5 我为我的孩子们建了……，我……（为）他们的后裔做……。

§2　L1 但是神走了。在神庙法庭上，我发誓说：“我为她将财产划分为⅔：⅓。L2 我进了女市民因克森奈德杰姆家门，（和她生活在一起），也就是现在站在维吉尔面前的这位妇女。L3 我与她共同拥有 4

〔1〕女市民因克森奈德杰姆：她是阿蒙哈乌的第二任妻子。阿蒙哈乌的第一任妻子是塔特哈瑞。

名奴隶，她对我很好，我们相濡以沫，她还为我照顾了儿女。L4~6 我给了她⅓财产份额，即奴隶努穆特和奴隶布普伊穆特哈恩，我还把我所占有的（⅔）财产份额分给了她，包括一些钱、奴隶撒普特尔宅胡提和奴隶盖姆阿蒙帕阿舍，L7 我把她当成我的亲生女儿，就像我第一任妻子生的孩子那样，L8~12 我待每个人都不偏不倚。今天我站在维吉尔和众法官面前向我的孩子们宣读遗嘱，我将遗赠我房中这位女市民因克森奈德杰姆。就如法老所说的那样：'每个人都可以按照自己的意愿自行支配财产。'"

§3 L1 "他和她共同获取……包括两名男奴和两名女奴，总共 4 人，包括孩子，她[1]除了（享有）这⅔[2]（的财产份额外），还（享有）⅓[3]（财产份额）。L2~3 我要把和女市民塔特哈瑞拥有的共同财产在分割后得到的⅔财产——9 名奴隶和他们外祖父[4]的房产——分给我的孩子们。他们不会不知道(?)（我）和他们的母亲所拥有的共有财产的。L4 我愿意把我和女市民因克森奈德杰的共同财产分给他们，但是法老曾说：'应该把每位妇女的嫁妆(?)再还给她们。'"

L5 维吉尔对工匠奈弗尔、瓦布祭司奈布奈弗尔——L6~7 神之父阿蒙哈乌的两个最年长孩子说："关于你们父亲先知阿蒙哈乌的财产分配情况，你们有什么话要说吗？他说，把他和你们母亲所拥有的共同财产中分割出来的⅔部分——9 名奴隶和（你们）外祖父的房产——分给你们，是真的吗？"

L8 他们异口同声地说："我们的父亲说的是真实的，它们确实(?)在我们手中。"

L9 维吉尔说："就你们父亲对他妻子女市民因克森奈德杰姆所做的安排，你们有什么话要说吗？"

L10 他们说："我们已经听说(?)了我们父亲所做的这些事。至于他做的事，谁还能去质疑呢？他的财产是他自己的，就随他的意愿来吧！"

§3/4 L11 维吉尔说："即使（她）不是他的妻子，而是他所爱的一名叙利亚人或是一名努比亚人[5]，他要把财产分给她，难道就能无效了吗？L12~§4L1 他要把他和女市民因克森奈德杰姆拥有的共同财产在分割后得到的 4 名奴隶和他和她所获取的所有财产——我[6]的⅔（财产份额和）她[7]的⅓（财产份额）分给她，在这一天，没有任何儿女质会疑我为她做的安排。"

---

〔1〕她：指阿蒙哈乌的第二任妻子女市民因克森奈德杰姆。

〔2〕⅔：指阿蒙哈乌在第二段婚姻中所拥有的财产份额。

〔3〕⅓：指阿蒙哈乌第二段婚姻中女方所拥有的财产份额。

〔4〕外祖父：指阿蒙哈乌的岳父，先知阿蒙哈乌孩子们称其为"外祖父"。

〔5〕一名叙利亚人或是一名努比亚人：这里通常指代为"奴隶"或是"奴隶的后代"，也可能是指从努比亚或是迦南迁徙而来的自由民。

〔6〕我：先知阿蒙哈乌。

〔7〕她：女市民因克森奈德杰姆。

§4 维吉尔说："就按照先知阿蒙哈乌所说的那样分配吧！"

L2 维吉尔向阿蒙所爱之乌塞尔玛阿特拉葬祭庙的计数书吏、瓦布祭司普塔姆海布下令：L3 "把我做的这个安排记录到阿蒙所爱之乌塞尔玛阿特拉葬祭庙的卷宗上，（便于）底比斯大法庭（将来的执法）工作。"

在众多证人的面前，其名单如下：

L4 军队警卫长兼监狱书吏 宅胡提姆哈布，
L5 宅胡提奈赫特之子军队警卫长 赫瑞，
L6 军队代理人 奈斯宏苏，
L7 居所 马夫长 蒙森，
L8 葬祭庙 战车手 巴克奈塞特，
L9 墓地书吏 宅胡提摩斯，
L10 墓地书吏 宏苏，
L11 大 工匠 巴克姆特，
L12 葬祭庙讲经祭司，L13 市长 奈斯阿蒙伊派特，
L14 营房书吏 奈斯阿蒙伊派特，
L15 墓地长官 玛……，
L16 底比斯西部管理者 阿蒙哈乌，
L17 底比斯西部管理者 帕哈如，
L18 管理者 帕奈赫特伊派特，
L19 管理者 阿蒙霍特普，
L20 管理者 阿蒙伊派特奈赫特图，
L21 管理者 昂图姆迪阿蒙。

65. 柏林 12636 号纸草

英语名：*Papyrus Berlin 12636*

圣书体：*KRI*, Vol. VII, p. 288

英译本：A. David, *The Legal Register of Ramesside Private Law Instruments*, pp. 207–209

L1　*ḥsbt-sp* 20 *ꜣbd* 4 *šmw sw* 10 […]
L2　*r* [*r*]*dỉt rḫ=tw ꜣḫt ỉdỉw rmṯ ỉpwy n nbw-ỉry*
L3　[*ḥmt*(*?*)] *dbn* [6(*?*)…]
L4　[…]
L5　[…] *gꜣy* 2
L6　[…]
L7　*kꜣḥsw n=st ḥmt* 1 *wḏꜣt=f m ẖꜣr* 2 *m tꜣy=ỉ*
L8　*pšw ỉw=f ḥr ḏd n*(*?*) *ỉr ỉw=ỉ ḥr pšw*
L9　*nꜣ sbꜣ ỉw=ỉ ḥr dỉt n*(*?*) *wꜥ sbꜣ*
L10　*m*-[*sꜣ*] *tꜣy pšw*

L1 第 20 年，丰收季，第 4 月，第 10 日 ……， L2 工匠伊普伊分给奈布乌伊瑞的财产明细：L3 6(?) 德本 铜 (?)……；L4 …… L5 2（只）“伽伊”器皿 ……；L6 …… L7~10 分给了这位妇女 1（单位）的“卡赫苏”木。在我应占有的财产份额中他[1]拖欠了我 2 袋（谷物）。他对你[2]说：“除了你应占有的原有份额外，我还会多分给你一扇门。”

〔1〕他：指工匠伊普伊。

〔2〕你：指奈布乌伊瑞。

66. 加德纳 272 号陶石片

英语名：*Ostracon Gardiner 272*

圣书体：*KRI*, Vol. VII, pp. 283–284

英译本：A. David, *The Legal Register of Ramesside Private Law Instruments*, pp. 56–58

L1 *ḥsbt-sp* 14 *ꜣbd* 1 *ꜣḫt sw* 2 *ḏd tn ꜥꜣ n ỉst* [*nḫw-m-mwt n*]
L2 *ḥmt=f wbḫt m-bꜣḥ mtrw* […] *ỉdnw ḥsy-sw-nb-f* […]
L3 *r-nty m=k twnw ỉmn-ḫꜥw* [*pꜣy šrỉ*]
L4 *ỉnk m-ḥꜣw n nꜣy=f snw r-ḏrw=w*
L5 *ḥsmn ỉꜥ* 1 *ỉr n dbn* 11
L6 *ḥsmn wp* 1 *ỉr n dbn* 8 *dmḏ* [19]
L7 *mtw=f ꜥḳ r pšw ỉ*[*rm=w*]

L1~2 第 14 年，泛滥季，第 1 月，第 2 日。在证人——代理人赫斯苏奈布弗……面前，大工匠奈赫乌姆穆特对他的妻子乌布赫特说：L3~4 “看我的儿子阿蒙哈乌分到的财产已超过了分给他兄弟姐妹的总和——L5 1 只价值 11 德本的铜质洗涤碗、L6 1 只价值 8 德本的铜刀，总共 19（德本）。L7 他和他们一起参与了财产分割。”

67. 皮特里 18 号陶石片

英语名：*Ostracon Petrie 18*

圣书体：*KRI*, Vol. VI, pp. 430–431

英译本：A. David, *The Legal Register of Ramesside Private Law Instruments*, pp. 111–117

§1
L1 *[ḥsbt-sp] 7 ꜣbd 4 š(mw) sw 11 hrw pn*
L2 *[sḏm r(?) n ḏdt(?) ỉr.n] rmṯ ỉst ỉmn-pꜣ-ḥꜥpy ḥnꜥ ꜥnḫ-nỉwt tnt-pꜣỉ*
L3 *[ḏd=f] ỉr ỉnk pꜣ mr ỉw n=ỉ [...] ỉw=ỉ ḥr ḏd n tꜣy=ỉ snt [ỉr ...]*
L4 *[...] n ꜣḫt ỉnk ỉw=st šmt n=s r sḫt ỉw=ỉ ỉrt [ꜣbdt] 1 ỉw=ỉ ḥms=k(wỉ) ỉw=ỉ*
L5 *wꜥ šsp sw pꜣ dꜣiw ỉdỉ n=ỉ pꜣ pr-ꜥꜣ snb ỉw=st ỉṯꜣ=f ỉ ỉrw=s wnmw ỉ r*
L6 *[...] ỉw=ỉ ḥms=k(wỉ) bn st ỉnk bw-pwy=sw ỉrt n=ỉ nfr rmṯ ỉst ỉmnwꜥ*
L7 *[pꜣy=ỉ šrỉw ỉw]=f ḥr ỉrt n=ỉ [nfr] ỉw=ỉ gꜣbw=kwỉ pꜣy=f šrỉw pꜣy [nḫt-m-mwt m-rꜥ(?)]*
L8 *[...] ỉr ꜣḫt nb ỉnk ḥnꜥ tꜣ st ḳrs m-mỉtt st nb n pꜣy=ỉ*
L9 *[ỉt ... m-mỉtt] [pꜣ pr(?)] ỉnk ỉw=w n nḫt-m-mwt pꜣy=ỉ*
L10 *[...] ỉrwy=f*

§2
L1 [...]
L2 [...]
L3 [...]
L4 *[...] rmṯ [ỉst...] [ỉrw]y=st ꜥnḫ n nb ꜥnḫ wḏꜣ [snb]*
L5 *r-ḏd bn ỉ[w]=ỉ r ẖnw pꜣ pr mỉtt ꜣḫt [nb rmṯ ỉst(?)]*
L6 *ỉmn-pꜣ-ḥꜥpy mtw=ỉ r ẖnw n [pꜣ pr mỉtt ꜣḫt nb pꜣy=ỉ...]*
L7 *ỉw[=ỉ] ḥr[y] 100 n sḫt šꜣb(d) [šw]=k(wỉ) m ꜣ[ḫ]t nb [n] pꜣy[=ỉ] ỉtf ỉw=f r dỉt*
L8 *ỉr=st ꜥnḫ n nb snb r-ḏd bn ỉw=ỉ r ẖnw n sš-ḳdw ỉmn-ḥtp m r-ꜥ*

§1 L1 第 7 年，丰收季，第 4 月，第 11 日。在这一日，L2 ……大工匠阿蒙帕阿皮和女市民腾特帕伊（的证词）。

L3 他[1]说：“我已恶疾缠身……，我对我妹妹说：……L4~7 为了我的财产。她为了她自己只身去了田里[2]，留下我一个人孤苦伶仃地（在家里），她还拿走了法老赐予我的一件衣服，她占有了它。……她做了它(?)……，我孤苦伶仃地过着清苦的日子，而她却和……在大吃大喝，她与我形同陌路人，她对我很不好。但是我的儿子大工匠阿蒙瓦却不一样，当我生病的时候他对我很好，还有他的儿子奈

〔1〕 他：工匠阿蒙帕阿皮。

〔2〕 田里：指帝王谷。

赫姆穆特亦是如此(?)。L7~8 至于我的所有财产、墓地、我父亲的任何一处不动产和我的房子(?)，它们都是我孙子(?)奈赫姆穆特的。”

L9 他[1]以法老的名义发誓说(?)：“……L10 工匠……。”

§2 L1……L2……L3……L4……工匠……她以法老的名义发誓说：L6“我不会碰工匠阿蒙帕阿皮的房子和任何一件财产，（如果）我要是垂涎占有了……的房子和任何一件财产，那么……我就应该被鞭笞 100 下，并被剥夺我父亲所有的财产。L8 最后，他还让她以君主的名义发誓说：“我是不会多次（滋扰）起草人阿蒙霍特普的。”

68. 都灵 1885 号纸草

英语名：*Papyrus Turin 1885*

圣书体：*KRI*, Vol. VI, p. 371

英译本：A. David, *The Legal Register of Ramesside Private Law Instruments*, pp. 218–220

L2 *ḥsbt-sp* 7 *ꜣbd* 2 *šmw sw* 4 *hrw pn pš* [*n*] *ꜣḫt n sš imn-nḫt*

L3 *n nꜣy=f ẖrdw in sš ḥri n* [*pꜣ*] *ḫr ḥnꜥ ꜥnḫ n niwt tꜣ-wrt-mḥb*

L4 *rdyt n ꜥnḫ n niwt tꜣ-wrt-mḥb m pš m nꜣy=f ḥbsw*

L5 *šmꜥt thꜣ dꜣiw* 1

L6 *šmꜥt thꜣ rwḏw* 5

L7 *šmꜥt ḏꜣy* 1

L8 *šmꜥt rwḏw* 2 *ḥbsw šbnw* 2(?)

L9 *ḫt ṯꜣy ꜣtpw* 1

L10 *tmꜣw* 3 *rdyt* [*m tꜣy=f bit*(?)]

L11 (*sš ḥr n pꜣ ḫr bit hnw*) [...]

L12 *tꜣ-wrt-mḥb bit* (*hnw*) 2

L13 [...] *n pꜣ ḫr bit hnw* 1 *tꜣ-*[*imn*]*-nḫtw hnw* 1 *pꜣ-idnw hnw* 1 *tꜣ* [...] *tꜣ-gr-m-pt* (*hnw*) 1 *pn-tꜣ-wrt hnw* 1

L14 *rdyt* [...] *sft hnw* 4 *ḥnr hnw* ¼ *pꜣ-idnw h*[*nw*] [...] *hnw*

L1 *rdyt n tꜣ r-ḏbꜣw tꜣy=f gꜣw*[*t*] *isy* 1 *ir n dbn* 10

L2~3 第 7 年，丰收季，第 2 月，第 4 日。在这一日，由墓地书吏赫瑞和女市民塔乌尔特姆赫布将书吏阿蒙奈赫特的财产分割给他的孩子们。

---

〔1〕 他：指奈赫姆穆特。

L4 分给女市民塔乌尔特姆赫布的财产份额：

L5 穿过的优质“达伊乌”衣服　1（件）；

L6 穿过的优质“瑞乌杰”衣服　5（件）；

L7 优质“扎伊”衣服　1（件）；

L8 优质“瑞乌杰”衣服　2（件）；

各类衣服　2（件）；

L9 很沉的木箱　1（只）；

L10 草席　3（张）。

（书吏把）他的蜂蜜进行了分割，（细则如下）：

L11（分给）　（墓地书吏赫尔）　……（罐蜂蜜）；

L12（分给）　塔乌尔特姆赫布　2罐蜂蜜；

L13（分给）　墓地……　1罐蜂蜜；

分给　塔阿蒙奈赫特乌　1罐蜂蜜；

分给　帕伊德努　1罐蜂蜜；

分给　塔　……罐（蜂蜜）；

分给　塔伽尔姆普特　1罐（蜂蜜）；

分给　彭塔沃瑞　1罐（蜂蜜）；

L14 分给　……　4罐“塞弗特”；

分给　赫恩尔　¼罐；

分给　帕伊德努　……罐；

分给　……　……罐；

L1 分给　塔　1块价值10德本撑柳木，用于支付他的箱子。

69. 都灵 2070 号纸草（节选）

英语名：PAPYRUS TURIN 2070

圣书体：*KRI*, Vol. VI, pp. 427–428

英译本：A. David, *The Legal Register of Ramesside Private Law Instruments*, pp. 214–217

L1 *r rdỉt rḫ=tw st n nḫt-mnwỉ nty ỉw=w pš=w*

L2 *nty* (n) *ꜥnḫ-n-nỉwt mrwt r-*[*ḏbꜣ*]*w tꜣ st n pꜣy=st ỉtf*

L3 *ỉw=st wnm pꜣy=st* [...] *ỉrm nḫt-mnwỉ*

L4 *ṯꜣ ꜥtt nty r-gs pr ỉꜥḥ<ms> nfr*[*t*]*rỉ ꜥnḫ wḏꜣ <snb> n mnst ỉw pꜣ ky* [...]

L5 *nty n tꜣy=st šrỉwt m pš pꜣ mr nty m tꜣ ꜥḥꜥt* [...]

L6 *nty* (n) *pn-tꜣ-wrt sꜣ nḫt-mnwỉ pꜣ mr nty r-gs tꜣ štꜣyt 2 ḥnꜥ* [...]

L7 *n pn-bwy n*[*ty*] (n) *nb-nḫtw sꜣ nḫt-mnwỉ tꜣ štꜣyt nty r-gs tꜣ ꜥḥ*[*ꜥ*]*t*

L8 *ḥnꜥ pꜣy=st rwyt nt*[y] [*ỉm=st*(?)] *ỉry=w ꜥnḫ n nb ꜥnḫ wḏꜣ snb m-ḏd ỉw ỉw=n* [*pnꜥꜥ*(?)]

L9 *ỉw=w r-ḫry* 100 *n sḫ* [*šꜣ*]*tỉ šw m pš=w*

L10 *ḥsbt-sp* 7 *ꜣbd* 3 [*ꜣḫt*] *sw* 9 [...] *šw* [*ỉrw ỉn*(?)] *sš ḥrỉ n pꜣ ḫr ḥnꜥ* [...]

L11 *wnw wꜥ mꜣꜥyw*(?) [...]

L1 他们开始分割奈赫特蒙乌伊的不动产，（细则如下）：

L2（分给）女市民迈如特[1]补偿他父亲的不动产，L3 因为她花费了她的……和奈赫特蒙乌伊：L4（一间）临近蒙塞特的阿赫摩斯奈菲尔特尔葬祭庙的居所，而另一个……

L5（分给） 她的女儿 （一座）位于……墓地的金字塔；

L6（分给） 奈赫特蒙乌伊之子彭特沃瑞 （一座）临近两座地窖和蓬布威的……金字塔；

L7~9（分给） 奈赫特蒙乌伊之子奈布奈赫特乌 一座临近墓地和（墓室）(?)前庭的地窖；

他们以君主的名义发誓说："如果我们要是违背了誓言，那么就会被鞭笞 100 下，并被予以剥夺财产继承权。"

L10 第 7 年，泛滥季，第 3 月，第 9 日……墓地书吏赫瑞……做……

L11 "乌努"，一个支架(?)……

〔1〕迈如特：奈赫特蒙乌伊的第二任妻子。

70. 麦地那 1086 号陶石片

英语名：*Ostracon Deir el-Medina (ODM) 1086*

圣书体：*KRI*, Vol. V, p. 582

英译本：*KRIT*, Vol. V, pp. 449–450

L1 [… *šbn*] *iꞽrꞽ tꜣ rmṯ m*
L2 […] *bꜣḥ*
L3 […] *sš* 2
L4 *r rdt rḫ=tw ꜣḫwt nb rdy.n=s m pꜣ* […]
L5 *sš dꜣyt* 1 *iꞽr.n dbn* 20
L6 *ḫt ḥʿtꞽ iꞽr.n dbn* 20
L7 *ḥꜣw ḥr=s m* 10
L8 *šʿy bnr* 4
L9 *iꞽwf dr m šrt* 50
L10 *ḫt ḳnꞽw* 1
L11 *iꞽsbt st-ḥmt* 1
L12 *dbn* 10 *m pꜣ wt nty m-ʿ sš ḫʿm -wꜣst* 1
L13 *ḥḳḳ gꜣbw* 7
L14 *wꜣḏ-smw swꜣ* 8
L15 *iꞽwf dgꜣ* 10
L16 *tꞽwt st-ḥm* 1
L17 *ʿḥꜣwʿ* 1
L18 *šꜣkꜣrʿ* 1
L19 *bꞽt* ⅔
L20 *kršt* 80
L21 *ʿḳ šbn* 63
L22 *ḥsmn dbwt* 25
L23 *šbwt ḥḳꜣt* 1
L24 *bry tm*(?) 30
L25 *ḥmꜣt ḫꜣr* 1⁄16

L1~3 [……]这位妇女没有做[……][在][……][之前](?)[……]2（件）[衣服](?)。

L4 在[……]给予她所有财产的陈述：

L5 20 德本优质斗篷　1（件）
L6 20 德本木床　1（张）
L7 数目超过了 10（单位）。
L8 枣泥糕　4（块）
L9 烤牛肉(?)　50（块）
L10 木凳子　1（把）
L11 女式凳子　1（把）
L12 10 德本搬运工哈埃姆瓦塞特的棺材　1（口）
L13 “海科克”水果　7“伽布”容器
L14 蔬菜　8 捆
L15 肉　10 块
L16 女式凉鞋　1 双
L17 男士凉鞋　1 双
L18 袋子　1（只）
L19 蜂蜜　⅔ 罐
L20 “凯伊勒斯提斯”面包　80 条
L21 面包　63 种
L22 泡碱　25 块
L23 “塞布特”　1 欧普
L24 “布尔伊”鱼　30（条）
L25 盐　1⁄16 袋

71. 都灵 57024 号陶石片

英语名：*Ostracon Turin 57024*

圣书体：*KRI*, Vol. V, p. 458

英译本：*KRIT*, Vol. V, p. 373

L1 *ꜣbd 3 šmw ꜥrḳ mt n*
L2 *nḫw-mt ꜣbd 4 ꜣḫt 3 (t)hỉ r*
L3 *hn mḏꜣ* [...] *ḥsbt-sp 14 ꜣbd 3 šmw*
L4 *sw 19 swꜣḏ ḫt n ỉn-ḥrỉ-nḫty*

L1 丰收季，第 3 月，第 30 日，奈赫姆穆特去世。L2 泛滥季，第 4 月，第 3 日，L3 迈扎伊警察长 …… 记录在案。第 14 年，丰收季，第 3 月，L4 第 19 日，财产移交给伊恩赫瑞奈赫特。

72. 麦地那 673 号陶石片

英语名：*Ostracon Deir el-Medina (ODM) 673*

圣书体：*KRI*, Vol. V, pp. 581–582

英译本：*KRIT*, Vol. V, p. 449

§1 L1 *rdỉt rh tw n ꜥꜣ-nḫt nty m* [...]
L2 *bpꜣ-sꜣ n ṯꜣty tꜣ rdỉy* [...]
L3 *škr 4 wḥm m-ḏt=f*
L4 *šmꜥ tmꜣy 3 mnḏt 3 ngꜣrw 3*
L5 *ḫt dnỉ 2 ḫnw 1*
L6 *šmꜥ dnỉ 2 ḏd.n=ỉ dỉ=ỉ* [...] *ḥmt*
L7 *m dỉ=f m* [...] *ḏt ḥr ỉmntt* (?)
L8 [...]

§2 L1 [...] *wḥm*
L2 *šꜣ* [...] *mstỉ 1*
L3 *ḳr-sꜣ 1 kbs 1 tmꜣy 1*
L4 *nty nb sꜣwy nty ỉnk ḥmꜣ*
L5 [...] *ỉḫꜣ 10 ḥḏwt 5 ks*[*t*...]

§1 L1 分给认识阿奈赫特的人，用 …… L2 此地维吉尔 ……帕 布帕撒的遗赠 …… L3 又从他手中拿出 4（只）木箱 (?)、L4 3 袋亚麻、3（只）篮子、3 袋“奈革如”、L5 2（件）“哈特”梭织品、1（件）牛皮 工艺品 (?)、L6 2（件）“舍玛”梭织品、1（件）……。我说：“给我 …… 妇女 ……，L7 从他所分配的东西中 ……（从）手中，在西部 ……。”

§2 L1 …… 又 L2 …… 1（只）皮桶、L3 1（只）“卡尔萨”袋子、1（只）谷篮、1（张）席子。L4~5 上述物品是他的，这些物品是我的：10（单位）“伊哈”、5（条）长面包 ……。

73. 收养纸草

英语名：*The Adoption Papyrus*

圣书体：*KRI*, Vol. VI, pp. 735–738

英译本：A. H. Gardiner, "Adoption Extraordinary," *JEA* 26 (1941), pp. 23–29

§1 L1 *ḥsbt-sp* 1 *ꜣbd* 3 *šmw sw* 20 *ḫr ḥm nswt-bỉtỉ rꜥ-ms-sw ḫꜥw-m-wꜣst ꜥnḫ wḏꜣ snb mry-ỉmn ḥḳꜣ nṯr*
L2 *ỉwnw ꜥnḫ wḏꜣ snb di ꜥnḫ ḏt r nḥḥ hrw pn srt ḫꜥw n nṯr pn šps n ỉmn ỉw=f ꜥḥꜥ ḫꜥw*
L3 *wdnw n ỉmn ꜥḥꜥ.n ỉryw nb-nfr pꜣy=ỉ hꜣy sšw n=ỉ šmꜥyt*
L4 *n stḫ nꜣ-nfr ỉw=f ỉrt(=ỉ) n=f n šrỉwt ỉw=f sšw n=ỉ n pꜣ sꜣwt nb ỉw bn n=f*
L5 *šrỉw šrỉwt r-ḥrw-r ỉnk m mdꜥꜣ nb ỉ ỉrw=ỉ ỉrm=st ỉw=ỉ swꜣḏ=w (n)*
L6 *nꜣ-nfr tꜣy=ỉ ḥmt m nꜣy snw r ỉnk ꜥḥꜥ rḳw n=st m pꜣy=ỉ mt n dw-*
L7 *ꜣw r-s(ꜣ) dwꜣw mtw=f ḏd ỉmỉ tw dnỉw n pꜣy=ỉ sn m-bꜣḥ mtryw ḳnw*
L8 *ꜥšꜣt ḥry ỉḥ ryr ḥry ỉḥ kꜣ-ỉryw-sw ḥry ỉḥ bn-ỉry-rd-wꜣ-*
L9 *nfr m-bꜣḥ ḥry ỉḥ nb-nfr sꜣ ꜥn-r-kꜣỉꜣ m-bꜣḥ šrdn pꜣ-kꜣ-*
L10 *mn m-bꜣḥ šrdn sꜣ-tꜣ-mniw ḥmt tw=f ꜥḏd-ꜥꜣ ỉ*
L11 *ỉrw=ỉ swꜣḏ n rn-nfr tꜣy=ỉ ḥmt m pꜣ hrw m-bꜣḥ ḫw-ỉryw-mw tꜣy=ỉ*
L12 *snt*
L13 *ḥsbt-sp* 18 *ꜣbd* 1 *ꜣḫt sw* 10 *ḫr ḥm nswt-bỉtỉ nb tꜣwy mn-mꜣꜥt-rꜥ stp-n-ptḥ ꜥnḫ wḏꜣ snb sꜣ rꜥ nb ḫꜥw*
L14 *rꜥ-ms-sw-ḫꜥw-m-wꜣst mry-ỉmn ḥḳꜣ nṯr ỉwnw di ꜥnḫ ḏt r nḥḥ hrw*
L15 *pn ḏdt n ḥry ỉḥ nb-nfr ḥnꜥ ḥmt=f šmꜥy n stḫ sprw-mry rn-*
L16 *nfr r nty ỉn.n=n ḥmt dỉw-nỉ-ḥwt-tỉry r swnw ỉw=st ms pꜣ-*
L17 *y* 3 *ḫrdw wꜥ ꜥḥꜣ st-ḥmwt* 2 *dmḏ* 3 *ỉw=ỉ ỉṯꜣy=w ỉw=ỉ*
L18 *sꜥnḫ=w ỉw=ỉ dỉt ỉry=w pꜣ ꜥꜣ=w ỉw=ỉ pḥ pꜣ hrw ỉrm=w ỉw=w*
L19 *tmt ỉrt bỉn ḥr=ỉ ỉw=w ỉrt n=ỉ nfr ỉw mn šrỉw šrỉw*
L20 *ỉnn mntw ỉw ḥry ỉḥ pn-dỉw ꜥḳw r pꜣy=ỉ pr ỉw=f ỉrt tꜣ-ỉmn-nỉwt*
L21 *tꜣy=w sn(t) ꜥꜣ(t) m ḥmwt ỉw ỉnk sw pꜣy=ỉ sn šrỉw (sw) ỉw=ỉ šsp tw=f*
L22 *n st sw m-dỉ=st m pꜣ hrw ḫr ptrỉ ỉry(=ỉ) st m m rmṯ nmḥw n*
L23 *pꜣ tꜣ n pr-ꜥꜣ ꜥnḫ wḏꜣ snb ỉnn ỉw=st ms bn šrỉwt bn šrỉw ỉw=w m rmṯ*
L24 *nmḥw n pꜣ tꜣ n pr-ꜥꜣ ꜥnḫ wḏꜣ snb mỉtt ꜥḳꜣ sp sn ỉw=w ỉrm ḥry ỉḥ pn-dỉw*
L25 *pꜣy sn šrỉw ỉnk ỉw nꜣ šrỉw ỉrm tꜣy=w snt ꜥꜣt m pꜣ pr n pꜣ-dỉw pꜣy ḥry ỉḥ pꜣy sn šrỉw ỉnk tw=ỉ ỉ ỉrỉ=f n=ỉ*

§2 L1 *m šrỉw m pꜣ hrw mỉ-ḳdw ꜥḳꜣ sp sn ḏd=st wꜣḥ ỉmn wꜣḥ pꜣ*
L2 *ḥḳꜣ ꜥnḫ wḏꜣ snb tw=ỉ ỉrt nꜣ rmṯ [m rmṯ] ỉ.ỉrw=ỉ spḫr=w m rmṯ nmḥw*
L3 *n pꜣ tꜣ n pr-ꜥꜣ snb mtw šrỉw n šrỉwt sn snt n tꜣy=w mwt*
L4 *pꜣy=w ỉtf mdwt ỉm=w wpwt pn-dỉw pꜣ(y) šrỉw ỉnk ỉw*
L5 *bn st m-dỉ=f m bꜣkỉw m r-ꜥ ỉwnꜣ ỉw=w m-dỉ=f m snw šrỉw*
L6 *ỉw=w m rmṯ nmḥw n pꜣ tꜣ <n pr-ꜥꜣ snb> nk sw ꜥꜣwt nk ꜥꜣwt ḥmt=f pꜣ nty ỉw=f*
L7 *ḏd bꜣkỉ r wꜥ ỉm=w ỉnn wnw m-dỉw=ỉ ꜣḫwt m sḫt ỉnn*
L8 *wnw m-dỉw=ỉ ḫt nb n pꜣ tꜣ ỉnn wnw m-dỉw=ỉ šwtyw ỉw=w pš=w n*

L9 *pꜣy=ꞽ 4 ẖrdw ꞽw pꜣ-dꞽw m wꜥ ꞽm=w ꞽr nꜣ mdwt i*
L10 *ḏd=ꞽ r-ḏr=w sp sn st swꜣḏ n pꜣ-dꞽw pꜣy šrꞽw ꞽnk ꞽrt n=ꞽ nfr*
L11 *ꞽw=ꞽ m ḫꜣrt ꞽw pꜣy=ꞽ hꜣy mt tw m-bꜣḥ mtr ḳnw*
L12 *ꜥšꜣ ḥry ꞽḥ stḫy-m-ḥb šmꜥy n stḫ tꜣy-wḥry ꞽḥtyw*
L13 *swꜥwy-ꞽmn m-bꜣḥ tꜣy-mwt-nfr šmꜥy n ꜥnty tnt-nbt-ḥwt*

奈布奈弗尔收养那奈弗尔

§1 L1 第1年，丰收季，第3月，第20日，在上下埃及之王、赫利奥坡里斯统治者、阿蒙－奈彻尔之所爱：拉美西斯卡姆瓦塞特[1]的统治下，愿万寿无疆。在这一天，向伟大之神光芒万丈的阿蒙致敬，L3 向冉冉升起、光芒普照大地的阿蒙献祭。

我的丈夫奈布奈弗尔为我—— L4 塞特（神庙）女乐师那奈弗尔签署了协议，将我过继为他的女儿，并立下遗嘱将他所有的财产遗赠于我，L5~7 除了我之外不会有任何儿女继承（他的）遗产。我将所有财产遗赠于她，我愿意遗赠我的妻子那奈弗尔，如果明天或是以后我死了，我的兄弟或姐妹对她提起控告，说："把我的兄弟的（遗产）份额……分割（给我）……。"

在众多证人面前：马夫长瑞、马夫长卡伊瑞苏和马夫长本伊瑞尔瓦奈弗尔；L9 在安尔卡雅之子马夫长奈布奈弗尔面前；在舍尔登人帕卡蒙面前；L10 在舍尔登人萨塔蒙伊乌和他的妻子阿杰铎面前。

L11~12 看！这一天，在我的妹妹塔伊面前[2]，我已经（将财产）遗赠于我的妻子那奈弗尔。

释放奴隶

L13~14 第18年，泛滥季，第1月，第10日，在上下埃及之王、两土地之主：普塔所选之蒙玛阿特拉，拉之子、双王冠之主、赫利奥坡里斯统治者、阿蒙－奈彻尔之所爱：拉美西斯卡姆瓦塞特的统治之下，愿万寿无疆。L15 在这一天，马夫长奈布奈弗尔和他的妻子斯派尔迈如的塞特（神庙）女乐师瑞恩奈弗尔一起宣布：

L16 我们购买了女奴迪尼胡特提伊瑞，L17 她生了3个孩子，1男2女，总计3人。L18~19 我[3]养育他们，将他们抚养成人，他们从未敌视过我，我与他们和睦相处走到了今日，他们（一直）孝顺善待我，除他们外，我再也没有（其他的）儿子或女儿了。L20 马夫长派奈迪走进了我的屋中，将年长的姐姐塔阿蒙尼乌特带走，L21 并纳为妻子。他与我由此结成了亲家，并成为了我最年轻的女婿，因为她[4]的

〔1〕 拉美西斯卡姆瓦塞特：法老拉美西斯十一世，下文第13—14行的"普塔所选之蒙玛阿特拉"亦指他。

〔2〕 在我的妹妹塔伊面前：奈布奈弗尔妹妹以证人的身份见证遗嘱的签署过程，以使遗嘱产生法律效力。

〔3〕 我：马夫长奈布奈弗尔。

〔4〕 她：塔阿蒙尼乌特。

缘故，我接纳了他[1]， L22~23 在这一天，他与她喜结连理。

看！现在我使她成为法老土地上的自由女人，无论她生男生女，都理应成为法老土地上的自由人[2]， L24~25 他们[3]将与我的年轻女婿马夫长派奈迪（生活）在一起。孩子们[4]也应该与他们年长的姐姐一同生活在我的年轻女婿马夫长派奈迪家中，像他们[5]一样我也将他视为自己的儿子。

§2 L1~2 她说：以阿蒙和统治者永恒（圣洁）的名义担保，我会将人们（的名字）誊录在法老土地的自由名册上。 L3 事实上，他们[6]和他[7]已不再是仆人，他们和他已互为兄弟，（他们都是我的）孩子，（都是）法老土地上的自由人。 L4~6 所以，除了我的儿子派奈迪之外，如果父母[8]抚养的任何（一位）儿子、女儿、兄弟或是姐妹对他们的权利提出质疑的话，那么驴就会与他同房，驴也会与他的妻子同房[9]。无论是谁都可以呵斥他们，把他们当奴隶使唤。

L7~8 如果我在国家中拥有土地，或是如果我在这个世界上拥有财产，或是如果我拥有商品(?)，那么这所有的一切都理应分给 L9~11 我的四个孩子，当然派奈迪（也）包括在其中。当我丈夫去世时，我成为了孤苦伶仃的寡妇，然而我的儿子却一直孝顺、善待我，所以我将他们的一切全权委托给了派奈迪。[10]

L12~13 在（以下）众多证人面前：马夫长塞提哈姆哈布、塞特（神庙）音乐师塔伊乌赫尔伊、耕种者苏阿乌阿蒙、塔伊玛诺菲尔、安提（神庙）音乐师腾特胡特奈弗尔。

---

〔1〕他：马夫长派奈迪。

〔2〕成为法老土地上的自由人：在古代埃及，父母的身份地位直接决定他们所生子女的身份地位。本文中，马夫长奈布奈弗尔解除了女奴迪尼胡特提伊瑞的女儿塔阿蒙尼乌特的奴隶身份，使她成为了法老土地上的自由人，因此，她的孩子也将继承其身份而成为自由人。

〔3〕他们：塔阿蒙尼乌特所生的孩子。

〔4〕孩子们：女奴迪尼胡特提伊瑞所生的孩子，也即塔阿蒙尼乌特的弟弟和妹妹。

〔5〕他们：女奴迪尼胡特提伊瑞所生的孩子，也即塔阿蒙尼乌特的弟弟和妹妹。

〔6〕他们：马夫长奈布奈弗尔收养的儿女。

〔7〕他：马夫长奈布奈弗尔的女婿派奈迪。

〔8〕父母：孩子们的养父母马夫长奈布奈弗尔和他的妻子。

〔9〕驴就会与他同房，驴也会与他的妻子同房：此种说法是古埃及诅咒。

〔10〕我将他们的一切全权委托给了派奈迪：马夫长奈布奈弗尔的女婿派奈迪以长兄的身份全权担负起家中的一切事务。

74. 皮特里 16 号陶石片

英语名：*Ostracon Petrie 16*

圣书体：J. Janssen and P. Pestman, "Burial and Inheritance in the Community of the Necropolis Workmen at Thebes," *JESHO* 11 (1968), pp. 137–170

英译本：同上

§1 L1 *rdt* [...]*w pꜣ ỉr rmṯ ỉst nb-smn pꜣy=ỉ ỉtf n ꜥnḫt*
L2 *ỉwnr ḫt wt 1 sš m-ḳd r tꜣy=st pš nty m pꜣ wḏꜣ ẖry*
L3 [...]*r ptr ỉw wꜥb tꜣy=st šrỉt ỉỉ r pšt ḥnꜥ rmṯ ỉswt* [*hwy-*]
L4 [*nfr*] *m pꜣ wḏꜣ ỉr pꜣy=ỉ nb m r dỉt dỉ* [*n=ỉ*] *tꜣy=st pš pš sw*
L5 *nꜣ ẖrd n nb-smn yꜣ m ntf ḳrs sw*
L6 *rdt rḫ=tw tꜣ ḫrt ỉry rmṯ ỉswt sꜣ-wꜣḏyt*

§2 L1 *r ḳrs ꜥnḫt nỉwt tꜣ-nḥsy tꜣy=f*
L2 *mwt ỉw bw-pwy nꜣ=f sn ỉr ỉrm=f ḫt wt 1 sš m-ḳd*
L3 *ỉr m mrḥt ỉr.n dbn 33*
L4 *mšd swḥt ḫt šrỉ 1 ỉr.n dbn 20 ỉr pꜣy nb*
L5 *rdt pš.tw=f ḥr r-r=w ỉrm*
L6 *ỉw=ỉ ỉr=f n=s st ỉw st mt=tỉ*

§1 L1~2 我的父亲工匠奈布斯蒙把 1（口）装饰过的棺材和 1（间）地下贮藏室分给了女市民伊［努尔］。L3~6 但是，他的女儿瓦布要和工匠胡［……］奈弗尔共同分割这间贮藏室。愿我的君主［……］把她的财产份额分给我。（法官）说："因为他[1]安葬了她，所以把它[2]（判给）奈布斯蒙的孩子们。"

§2 他的儿子大工匠瓦宅伊特 L1~4 为安葬母亲女市民塔奈赫西置办物品，但是当时他的兄妹未对他给予帮助。（物品清单如下）

33 德本装饰过并用油处理过的木质棺材 1（口）；

20 德本的内棺 1（口）。

L5~6 愿我的君主能把它判给我，因为在她去世后我[3]为她料理了后事。

---

〔1〕他：奈布斯蒙。

〔2〕它：贮藏室。

〔3〕我：大工匠瓦宅伊特。

五

社会经济状况文献

75. 卢浮宫 3171 号纸草（节选）

英语名：*Papyrus Louvre 3171*

圣书体：A. Gardiner, "Ramesside Texts Relating to the Taxation and Transport of Corn," *JEA* 27 (1941), pp. 56–58

英译本：同上

§1 L1 *ỉḥwty mꜥ-ḥw sꜣ ỉmn-ḥtp m tꜣ wḥt mḥy šmw ẖꜣr* 1000

L2 *hꜣw ỉry ẖnỉ r šnwt mn-nfr*

L3 *wḥꜥ n ỉmn-ḥtp sꜣ nfr-ḥtp ẖꜣr* 400

L4 *wḥꜥ n hrw-nfr ẖꜣr* 314 *dmḏ* 714

L5 *spyt ẖꜣr* 286

L6 *wp st ꜥꜣmyt ỉṯỉ n rdw pꜣ mšꜥ* [...] [*ỉdnw*] *ṯw-nꜣ ẖꜣr* 200

L7 *ḏꜣt* [*n*] *ỉḥwty mꜥ-ḥw* 86

L8 *ỉḥwty nb-nfr n tꜣ wḥt ttỉ šmw ẖꜣr* 50 606½¼ *dmḏ* 656½¼

L9 *hꜣw ỉry ẖnỉ r šnwt mn-nfr ỉn sš pn-ry*

§2 L1 *ỉḥwty ỉmn-ms msyt šmw ẖꜣr* 1420½¼

L2 *hꜣm ỉry ẖnỉ r šnwt mn-nfr ỉn sš pn-ry*

L3 *wḥꜥ n ỉ-kty-sb sꜣ ỉmn-ḥtp ẖꜣr* 514

L4 *wḥꜥ n ḥnt n tꜣ ẖnyt m ꜣtpyt ꜥndy-šꜣ*

L5 *rdy n=f m pꜣ ỉw n ỉby m šs n ỉḥwty ỉmn-ms ẖꜣr* 176

L6 *rdy n=f m tꜣ wḥt ỉdy-pꜣm m šs ẖꜣr* 13¼

L7 *rdy n=f m st tn pr ḥwy pꜣ km* 37½

L8 *rdy n=f r prt n ḥsbt-sp* 10 80

L9 *dmḏ prt ẖꜣr* 820½¼

L10 *spyt ẖꜣr* 600

§1 L1 阿蒙霍特普之子耕作者玛胡，在迈赫乡村，缴纳丰收税 1000 袋。

L2 处置粮食：

通过河运把它们送到孟菲斯的粮仓。L3 奈弗尔霍特普之子阿蒙霍特普的船运送 400 袋。L4 赫如奈弗尔的船运送 314 袋，总计 714 袋。L5 剩余 286 袋。L6 剩余货物的详细情况：由……楚纳[1]军队代理人征用 200 袋。L7 耕种者玛胡还少缴纳 86 袋。

〔1〕楚纳：地名，位于三角洲地区。

L.8 耕种者奈布奈弗尔，在泰提[1]乡村，缴纳丰收税 50 袋和 606½¼ 袋，总计 656½¼ 。

L.9 处置粮食：

由书吏派奈瑞用河运把粮食送到孟菲斯的粮仓。

§2 L.1 迈斯特之子耕种者阿蒙摩斯，缴纳丰收税 1420½¼ 袋。

L.2 处置粮食：

由书吏派奈瑞用河运把粮食送到孟菲斯的粮仓。L.3 阿蒙霍特普之子阿克提塞布的船运送 514 袋。L.4 赫奈塔的船河运，由昂迪沙装载，L.5 分配耕种者阿蒙摩斯在伊毕岛上的谷物 176 袋，L.6 分配在伊迪玛乡村的谷物 13¼ 袋，L.7 分配胡伊帕凯姆之屋的 37½ 袋，L.8 分配租给他[2]作为第 10 年耕种的种子 80 袋。L.9 总计运送出去 820½¼ 袋，L.10 剩余 600 袋。

[1] 泰提：地名，具体位置待考。

[2] 他：指阿蒙摩斯。

76. 撒利尔纸草（第四卷）背面

英语名：*Papyrus Sallier IV, verso*

圣书体：A. Gardiner, *Late-Egyptian Miscellanies*, pp. 93–95

英译本：*KRIT*, Vol. V, p. 373

§1 L1 *sš nswt ỉmy pr ḥr-nḫt n tꜣ ḥwt nt ḥḥ m rnpwt nsw-bỉtỉ bꜣ-n-rꜥ mry-ỉmn ꜥnḫ wḏꜣ snb m pr ỉmn ḏd n ỉdnw mnṯw-ḥr-ḫpš=f r nty ỉnỉ=tw n=k sšw pn n ḏd*

L2 *ỉḫ dỉ=k ḥr=k r ỉr wpwt nb rdyt ⸢m⸣ ḥr=k m sšr ḏrỉ mnḫ m-dyt ṯꜣỉ=tw n=k ḥnꜥ ḏd r nty ỉryw nꜣ ỉmy-r šnwt ṯt* […] *mꜥ=ỉ*

L3 *ḥr nꜣ ỉt ỉ dỉ=k m ꜣtp r pꜣ ḳꜣḳꜣw n tꜣ šnwt pr-ꜥꜣ snb r-ḫt sš nswt ỉmy-r šnwt nfr-rnpt nty r ḥꜣt ỉdnw mnṯw-⸢ḥꜣ⸣t-f ⸢n⸣ pꜣ mšꜥ*

L4 *r ḏd st bỉn bn šꜥw pꜣ ⸢bꜣk⸣w n pr-ꜥꜣ ꜥnḫ wḏꜣ snb ḫr=w ỉw=ỉ ḥr šmt r ḏd p⸢tr⸣ st ỉw=ỉ ḥr gm tw ỉw bn nfrw ỉwnꜣ m mꜣꜥt*

L5 *yꜣ ỉḫ pꜣy=k ỉr ⸢mỉtt⸣ ỉ ỉr=k ỉr n ḥꜣty n nꜣw rwḏw yꜣ ỉḫ* […]*w dỉt ḥwꜣw ḥꜣty=k ỉw=k rḫ tw pꜣy=s⸢n⸣ sḫrw r ḏd* […]

§2 L1 *ḥsbt-sp* 3 *ꜣbd* 4 *ꜣḫt sw* 4 *ḏnw n sš ꜥḫpt ḥr rsy mtrỉ*

L2 *rḫ bꜣkw ỉryt m ḫꜣḫꜣ ṯꜣw m pꜣ ḫtỉw ꜥꜣ n ḳꜣy ḫꜣr* 545

L3 *ꜥḳ r pꜣ mḫr ꜥꜣ ḫꜣr* 200[…] *nty m ky m-ꜥ ḫry ⸢r⸣ mḥ* 2 *m ỉm=f* 134 *dmḏ ḫꜣr* 545

L4 *ḥsbt-sp* 3 *ꜣbd* 4 *ꜣḫt sw* 11 *ky ⸢ḫtỉw⸣ mḥ* 2 *ꜥḳ r pꜣ mḫr* 155

L5 *ꜣbd* 4 *ꜣḫt sw* 12 *pꜣ ky r mḥ* […] 177 *dmḏ* 370

L6 *dmḏ* 332

§3 L1 *sš ꜥḫpt ḏd.n ḥm pꜣ-nḫ-mwt*

§4 L1 *snn nꜣ mꜥḥ* [*…n*] *pꜣ ꜣḥt* 1000

L2 *ỉt ḫꜣr* 30 *ḏꜣt* 12

L3 *ḫꜣr* 2⅔

L4 *ḫꜣr* 2⅔

§1 L1 阿蒙神庙中阿蒙所爱之巴奈拉的“万年永在”法老葬祭庙，（该）神庙总管（兼）王室书吏赫尔奈赫特对代理人蒙提赫尔赫派什弗说：L2“这封信是给你的，你要圆满和有效地完成被赋予的所有任务，（以至于）让我从你身上找不到任何过失。而且，谷仓总管已跟我发生过冲突，L3–5 因为你把谷物[1]放到了法老仓库的船上，这些事情在王室书吏（兼）谷仓总管奈弗尔瑞奈普特的管理下。奈弗尔瑞奈派特的职位(?)高于军队代理人(?)蒙提哈特弗。他们认为你这种做法对法老是有害无益的。他们说：‘我们去视察了，发现这么做确实没有好处。’你为什么这样做呢？你应该按照管理者的意愿办事。但不要让他们怨恨你，因为你知道他们的方式，是……。”

〔1〕谷物：指大麦。

§2

L.1 第 3 年，泛滥季，第 4 月，第 4 天。位于迈特瑞南部，书吏阿赫普[1]的打谷场上：

L.2 在一个高地的大平台上，扬谷 545 袋。

L.3 放入大仓库 200+ 袋。放入第二仓库 134 袋。总计 545 袋。

L.4 第 3 年，泛滥季，第 4 月，第 11 天。另外一个平台上，入库 155 袋。

L.5~6 泛滥季，第 4 月，第 12 天。第三个 (?)177。总计：······370。总计：谷物 (?)332 袋。

§3

L.1 书吏阿赫普塔，先知帕奈赫穆特说。

§4

L.1 亚麻制品 ······ 土地 1000。

L.2 谷物：30 袋。余额：12。

L.3 2¾ 袋。

L.4 2¾ 袋。

〔1〕 书吏阿赫普：打谷场主人。

77. 亚眠纸草

英语名：*The Amiens Papyrus*

圣书体：A. H. Gardiner, *Ramesside Administrative Documents*, pp. 1–13

英译本：A. H. Gardiner, “Ramesside Texts on Taxation and Transport of Corn,” *JEA* 27 (1941), pp. 37–56

§1 L1 *wḥꜥ n ꜥꜣ-šfyt-iw sꜣ n bꜣk-n-ḫnsw n pr imn r ḥt=f*

L2 *rdiw=f m pꜣ iw n ⌊i⌋mn iw tꜣ nb n mrwt=⌊f⌋ ⌊ḥr⌋ dnw n ꜥꜣ n iswt pꜣ-ḥm-nṯr m it n rmnyt pr imn ꜥꜣ-šfy ẖꜣr* 100

L3 *rdiw.n=f m st tn ḥr d⌊n⌋w pn m it n rmnyt pr* [...] *šnwt pr imn r ḥt=f ẖꜣr* 50

L4 *rdiw.n=f m st tn ḥr dnw pn m it n rmnyt ⌊pr rꜥ-ms-sw⌋ ⌊mry⌋-imn m pr imn n ḥwt-pꜣ-wḏ r ḥt=f ẖꜣr* 154¼ *dꜣt ẖꜣr* 54 *ny-sw-imn ẖꜣr* 100

L5 *rdiw.n=⌊f⌋ ⌊ḥr⌋ ⌊mr⌋yt dꜥ-ḥt m it n rmnyt tn r-ḥt=f wnw m ⌊wḥꜥ⌋ n sti ⌊sꜣ⌋ ⌊pꜣ⌋-sḥr-m niwt ẖꜣr* 200

L6 [...]*=n r* [...] *⌊m⌋ it n rmnyt* [...] *⌊tn⌋ m-dt rwdw imn* [...] *ẖꜣr* 32⅔

L7 [...] *pꜣ iw n ⌊mꜣwt imnt⌋ ḫnw ⌊ḥr⌋ dnw n ḥm-nṯr ḥrwi n pr mḥy-wbn-⌊ḥri⌋ m it n rmnyt pr imn-rꜥ nsw-nṯrw wꜣḥ pr-ꜥꜣ m mꜣwt r ḥt=f ẖꜣr* 100

L8 [...] *tn* (*ẖꜣr* 32⅔) 424 [...] *it n iswt=f ẖꜣr* [...] 9

L9 [...] *sti-ms n pr imn r ḥt=⌊f⌋*

L10 *⌊rdiw.n=f m pꜣ iw n imn⌋ iw tꜣ nb mry=f* [...] *pr rꜥ-ms-mry-imn n ḥwt-pꜣ-wḏ ẖꜣr* 142

L11 *⌊rdiw.n=f m st tn nt ḥr⌋ dnw n wꜥb* [...] *ẖꜣr* 228 *dꜣt* 28 1⁄16 [...] *rmnyt ḥn-mnw ẖꜣr* 199¾ 1⁄16 [...]

L12 *⌊rdiw.n=f m st tn ḥr⌋ dnw n* [...] *ẖꜣr* 74¾

§2 L1 *rdiw n=f m pꜣ iw n imn iṯi=f tꜣ nb dnw n rwdw ꜥn-nr m it n pr imn rmnyt ḥn-mnw r ḥt=f ẖꜣr* 50

L2 *rdiw n=f m pꜣ iw n imn mḥ šnwt dnw n sš pꜣ-mri m it n rmnyt rꜥ-ms-sw mry-imn n ḥwt-pꜣ-wḏ ẖꜣr* 12⅔

L3 *dmd rdiw=f ẖꜣr* 12⅔ 840 *di it n iswt=f ẖꜣr* 59

L4 *wḥꜥ n imy-rꜣ ꜥḥꜥw mnw-sꜥnḫ sꜣ bꜣk-imn n pr imn r ḥt=f*

L5 *rdiw n=f m pꜣ iw n imn sḥsḫ tš dnw n wꜥb ky-sn m it n rmnyt pr rꜥ-ms-sw mry-imn n ḥwt-pꜣ-wḏ r ḥt=f ẖꜣr* 600 *dꜣt* 335 *rmnyt ṯbw ẖꜣr* 37¼ 1⁄16

L6 *rdiw n=f m st tn dnw pn m it n rmnyt pr sti-mry-ptḥ m pr imn r ḥt=f ẖꜣr* 227¾ ⅛

L7 *rdiw n=f m pꜣ iw imn mḥ šnwt dnw n sš pꜣ-mri m it n rmnyt pr rꜥ-ms-sw mry-imn n ḥwt-pꜣ-wḏ ẖꜣr* 10

L8 *rdiw n=f m pꜣ iw n imn iṯi=f tꜣ nb dnw n rwdw ꜥꜣ-nr m it n pr imn rmnyt ḥn-mnw m-dt rwdw ꜥꜣ-nr ẖꜣr* 100

L9 *dmd rdiw n=f ẖꜣr* 10 700 *di it n iswt=f ẖꜣr* 63

L10 *wḥꜥ n imy-r ꜥḥꜥw wn-nfr-nḫt sꜣ ꜥꜣ-šf-nḫt ⌊n pr⌋ pn r ḥt=f*

L11 *rdiw n=f m pꜣ iw ⌊imn sḥsḫ⌋ tꜣš=f dnw n ⌊wꜥb ky-sn⌋ m it n rmnyt pr rꜥ-ms-sw ⌊mry-imn⌋* [...] *ẖꜣr* 600 *dꜣt* 140 *pr ⌊stḫy ẖꜣr⌋* 460

§3 L1 *rdiw n=f m pꜣ iw n imn kꜣ m wꜣst ḥr dnw n iḥwty ꜥꜣ-šfyt-ḥr-ib m it n rmnyt tn ẖꜣr* 232

L2 *rdiw n=f m it n rmnyt pr imn-rꜥ nsw-nṯrw wꜣḥ pr-ꜥꜣ snb mꜣwt r ḥt pꜣ imy-r pr wnw m pꜣ wḥꜥ stḫ n sꜣ pꜣ-sḥr-m niwt ẖꜣr* 52¾ 145¼ *mn ẖꜣr* 45 130

L3 *dmḏ rdỉw n=f ẖꜣr* 50 930 2/4 ⅛ *mn ẖꜣr* 45 920¾ ⅛ *dỉ ỉt n ỉswt=f ẖꜣr* 40¾

L4 *wḥꜥ n ḥry wsḫt ꜥꜣ-šfyt-m-ḥb sꜣ nfr-rnpt pr ỉmn r ḫt=f*

L5 *rdỉw n=f m pꜣ ỉw n mꜣwt ỉmnt ỉnỉ-mwt ḥr ḏnw n rwḏw pn-tꜣ-wr m ỉt n rmnyt pr rꜥ-ms-sw mry-ỉmn snb ḥwt-pꜣ-wḏ r ḫt=f ẖꜣr* 260 *ḏꜣt* 84¼ *tꜣ rmnyt pr-ꜥꜣ ẖꜣr* 175¾

L6 *rdỉw n=f m st tn ḥr ḏnw n ỉḥwty pꜣ-ỉry sꜣ ỉmn-ḥr-mꜣꜥw m ỉt n rmnyt tn ẖꜣr* 100¾

L7 *rdỉw n=f m st tn ḥr ḏnw n rwḏw pꜣ-ḥỉs sꜣ pn-tꜣ-wr m ỉt n rmnyt wꜣḥ pr-ꜥꜣ smꜣwy r ḫt=f ẖꜣr* 328¾ *ḏꜣt* 128¾ *rmnyt ḫn-mnw ẖꜣr* 200

L8 *rdỉw n=f m pꜣ ỉw n ỉmn kꜣ m wꜣst ḥr ḏnw n ỉḥwty ꜥꜣ-šfyt-hr-ỉb m ỉt n rmnyt pr rꜥ-ms-sw mry-ỉmn snb n ḥwt-pꜣ-wḏ r ḫt=f ẖꜣr* 110

L9 *rdỉw n=f mryt ḏꜥ-ṯꜣw-rwh m ỉt n rmnyt n wnw m pꜣ wḥꜥ stẖ sꜣ pꜣ-sḫr-m ẖꜣr* 5

L10 *rdỉw n=f m pꜣ ỉw n ỉꜣbt ḏꜥ-ṯꜣw-rwhꜣ ḥr ḏnw n ỉḥwty wnn-nfr m ỉt n rmnyt pr ỉmn rmnyt ḫn-mnw m-ḏt rwḏw ꜥꜣ-nr ẖꜣr* 100

L11 *rdỉw n=f m pꜣ ỉw n ỉmn mḥ šnwt ḥr ḏnw n sš pꜣ-mry m ỉt n rmnyt pr rꜥ-ms-sw mry-ỉmn snb n ḥwt-pꜣ-wḏ r ḫt=f ẖꜣr* 10

L12 *dmḏ rdỉw n=f ẖꜣr* 10 904 2/4 *dỉ ỉswt=f ẖꜣr* 42

L13 *wḥꜥ n ḥry wsḫt ḫn-sw-m-ḥb sꜣ nb-ꜥn pr ỉmn-rꜥ nsw-nṯrw r ḫt pꜣ ỉmy-r pr n ỉmn*

L14 *rdỉw n=f mryt* […] *ḏnw n rwḏw* ⸤*pn-nst*⸥*-tꜣwy m ỉt n rmnyt mty n pr ỉmn r ḫt=f m swꜣw n ṯbw ẖꜣr* 40¼ 70

L15 […] 2 […] *ḏꜣt* 31¾ 79 […]

§4 L1 *rdỉw n=f m pꜣy ỉhy n pꜣ-kꜣ ḏnw n ỉḥwty pn-tꜣ-wr m ỉt n rmnyt r ḫt=f ẖꜣr* 10

L2 *rdỉw n=f m ỉt n rmnyt pr rꜥ-ms-sw mry-ỉmn n ḥwt-pꜣ-wḏ wnw m wḥꜥ n ḥry wsḫt stẖ sꜣ pꜣ-sḫr-m-nỉwt ẖꜣr* 28 *ḏꜣt* 24

L3 *dmḏ rdỉw=f ẖꜣr* 28 310 *ḏꜥt* 24 310 *dỉ ỉt n ỉswt=f ẖꜣr* 51

L4 *wḥꜥ n ḥry wsḫt pꜣ-smn-nḫt sꜣ ꜥꜣ-šfyt-nḫt pr pn r ḫt=f*

L5 *rdỉw n=f m tꜣ wḥt mꜥ-dd ḏnw n šmsw ỉmn-ḥtp m ỉt n rmnyt pr ỉmn m nꜣ rmṯ ỉnỉ ḥr btꜣw* 95¼

L6 *rdỉw n=f m pꜣ ỉw ỉmn kꜣ=f m wꜣst ḏnw n rwḏw ꜥꜣ-šfyt-hr-ỉb m ỉt n rmnyt r ḫt=f ẖꜣr* 155

L7 *rdỉw n=f m pꜣ ỉwn mꜣwt ỉmnt ḫn-nḥmty ḏnw n ḥm-nṯr n pr mḥy-wbn ḥrỉ m ỉt n rmnyt wꜣḥ pr-ꜥꜣ mꜣwt ẖꜣr* 50

L8 *dmḏ rdỉw n=f ẖꜣr* 300¼ *dỉ ỉt n ỉswt=f ẖꜣr* 38

L9 *wḥꜥ n nb-ꜥn sꜣ ẖꜣd-nḫwt n pr pn r ḫt=f*

L10 *rdỉw n=f m tꜣ pꜥt ḥwt-nṯr ḏnw n rwḏw stẖ-wnmy=f m ỉt n rmnyt pr rꜥ-ms-sw mry-ỉmn m nꜣ rmṯ n nꜣ šrdn ẖꜣr* 200 *rmnyt wꜣḥ pr-ꜥꜣ ẖꜣr* 52

L11 *rdỉw* ⸤*n=f*⸥ *m* ⸤*st tn*⸥ *ḏnw pn m ỉt n rmnyt pr ỉmn wꜣḥ pr-ꜥꜣ mꜣwt ẖꜣr* 175

L12 […] *ỉnỉ ḥr btꜣw ẖꜣr* 71[…]

§5 L1 *dmḏ wḏyt tn wsḫ* 21 *ỉrỉ n*

L2 *ỉt n rmnyt pr ỉmn-rꜥ nsw-nṯrw wꜣḥ pr-ꜥꜣ m mꜣwt r ḫt ỉmy-rꜣ pr rꜥ-ms-sw-nḫt ẖꜣr* 100¼ 2170¾ 1/16 *dmḏ* 2271 1/16 *ḏꜣt* 100¼ 1870¾ 1/16

L3 *ỉt n rmnyt pr ỉmn-rꜥ nsw-nṯrw wꜣḥ nsw wsr-mꜣꜥ-rꜥ mrỉ-ỉmn m nꜣ rmṯ ỉnỉ ḥr btꜣw r ḫt=f ẖꜣr* 40 895 *dmḏ* 935

L4 *ỉt n rmnyt pr ỉmn-rꜥ nsw-nṯrw wꜣḥ nsw wsr-mꜣꜥ-rꜥ mrỉ-ỉmn m nꜣ rmṯ nꜣ šrdn n nꜣ nsw sšw n pꜣ mšꜥ r ḫt=f ẖꜣr* 850

L5 *ỉt n rmnyt pr rꜥ-ms-sw mry-ỉmn m ỉmn n ḥwt-pꜣ-wḏ r ḫt=f ẖꜣr* 220 2/4 5432 2/4 1/16 *dmḏ* 5653⅛ *dỉ ỉt ẖꜣr* 920

L6 *ỉt n rmnyt pr rꜥ-ms-sw ḥḳꜣ-ỉwnw ỉrw mꜣwt r ḫt=f ẖꜣr* 100

L7 *ỉt n rmnyt pr stẖ-rꜥ mrr-ỉmn m pr ỉmn r ḫt=f ẖꜣr* 522¼ 1/16

L8 *ỉt n rmnyt pr stẖy mrỉ-n-ptḥ m pr ỉmn r ḫt=f ẖꜣr* 540

L9 *ỉt n rmnyt pr ỉmn ꜥꜣ-šf m tꜣ šnwt pr ỉmn r ḫt=f ẖꜣr* 830

L10 *ỉt n rmnyt pr nfrty-rꜥ m pr pn r ḫt=f ẖꜣr* 200

L11 *ỉt n rmnyt pr ỉꜥḥ-ḥtp* ⸤*r*⸥ *ḫt=f ẖꜣr* ⸤200⸥

§6 Lx+1 [...] *ỉnỉw m pr n ḥm-nṯr ḳn m tꜣ ỉḥwty r skꜣ=f ḫꜣr* 4 2/4 7¾ *ḏꜣt* 12¾

Lx+2 [*rdỉw*]=*f mryt* [...] *ḥrỉ ỉnỉw m ỉt n wꜥb ṯꜣ-ꜥꜣ ḫꜣr* 1[...] *m ỉt n rmnyt rwḏw ptḥ-ms m-ḏt ỉḥwty ỉwf-n-nꜣ-nbw ỉnỉw m pr n ỉmy-r ỉḥw ỉmn-ḥtp ḫꜣr* 1¼

Lx+3 [...] [*rdỉw*]=*f mryt tn m ỉt n rmnyt* [...] 2/4 2 2/4

Lx+4 [*rdỉw*]=*f mryt mryt ḫmnw m ḥsbt-sp* 1 *ꜣbd* 3 *prt* [*sw* 10] [...] *m-ḏt sš pn-pr-tꜣwy ỉnỉw m pr n ṯbw hry-ỉb-ḥr-mꜣꜥ m tꜣ ỉḥt r skꜣ=f ḫꜣr* 2¼ 1/16 4 1/16 *dmḏ* 6 2/4 (?) *ḏꜣt* 4

Lx+5 *rdỉw=f mryt tn m ḥsbt-sp* 1 *ꜣbd* 3 *prt sw* 17 *m ỉt n rmnyt pr ỉmn r ḥt ỉmy-r* [...] *n pr-ꜥꜣ ỉmy-r nww rꜥ-ms-sw-nḫt ỉnỉw m* [*pr n*] *ꜥnḫty nỉwt r-ḫꜣ m tꜣ ỉḥt skꜣ* [*st*] *ḫꜣr* 4 2/4 ⅛ ~~*ḏꜣt*~~ 2 2/4 *ḏꜣt* 4 2/4

Lx+6 [*rdỉw*]=*f mryt tn m* [*ỉt*] *n rmnyt mty* [*pr*] *ỉmn m ỉt n swꜣw* [...] *m-ḏt sš pn-nst-tꜣwy ỉnỉw ḥwt sš pꜣ-ꜥꜣ-m-*[*tꜣ*]*-ỉpt ḥr rn n sš pn* [...] *tꜣ ỉḥt r skꜣ ḫꜣr* 50 2/4

Lx+7 *rdḥ.* ~~*rdỉw=f mryt tn m ỉt n rmnyt n pr ỉmn*~~ [...] *rmnyt pr* ~~*rꜥ-ms-sw mry-m-ỉmn*~~ *r-ḥt pꜣ ỉmy-r* ~~*pr ỉnỉ n m ỉt n ṯbw*~~ *hry-ỉb-ḥr-mꜣꜥ* [...] ~~*ḏꜣt* 1¼ 4¼~~

Lx+8 ..[*rdỉw=f mryt*] *pꜣ ỉw* [...] *m ỉt n sš p*[...] *ỉnt m pꜣ-šs m ḥspt-sp* 1 *ꜣbd* 3 *prt sw* 29 *ḫꜣr* 3

Lx+9 . .[*rdỉw*]=*f mryt dmỉ n m ỉt n rmnyt nfrw-s m-ḏt sš pn-nst-tꜣwy n pr ỉmn r ḥt pꜣ ỉmy-r pr m ḥsbt-sp* 2 *ꜣbd* 1 *šmw sw* 7 *ỉt m ỉt ḫꜣr* 4 2/4 *bty ḫꜣr* 2/4 *dmḏ ḫꜣr* 5

Lx+10 . .[*rdỉw=f mryt*] *st tn m ỉt n rmnyt tn m ḏt=f ỉnỉ.n=f m pꜣ pr nꜣ šrdn m ḥsbt-sp* 2 *ꜣbd* 1 *šmw sw* 12 *ḫꜣr* 6

Lx+11 *rdỉw=f m ỉt n rmnyt* [...] *m-ḏt rwḏw ḥrỉ ỉnỉw m pr sš pꜣ-mr-kꜣ ḫꜣr* 2 2/4

Lx+12 .*rdỉw=f mryt tn m ỉt n rmnyt pr* [*ỉmn*] *m-ḏt rwḏw stḫ-ms ḫꜣr* 6

Lx+13 .*rdỉw=f mryt pꜣ-šꜣ-wꜥb m* [*ỉt n*] [*rmn*]*yt pr ỉmn r ḥt ỉmy-r ỉḥw rꜥ-ỉꜣ m-ḏt bꜣk-nḫn-sw sš ꜥntỉ-*[*ms*] *ḫꜣr* 5

Lx+14 *dmḏ ḫꜣr* 8 [...] 1 2/4 1/16 *dmḏ* 4 2/4 1/16

§7 Lx+1 *dmḏ ḫꜣr* 6 [60] 2/4 1/16 *dmḏ* [6]6 2/4

§8 Lx+1 [...]

Lx+2 *rdỉw=f m* [*tꜣ* ...] *sꜣbw m ỉt rmnyt* [*pr*] *ỉmn-rꜥ nsw-nṯrw r ḥt pꜣ ỉmy-r pr nty m ỉḥt n n*[*f*]*rw-s m-ḏt sš pn-nst-tꜣwy ḫꜣr* 5

Lx+3 *rdỉw=f m st tn m ỉt n rmnyt pr pn r ḥt=f m-ḏt=f ỉnỉw šrdn ḫꜣr* 3¼ 1/16

Lx+4 *rdỉw=f nꜣw-wsr-mꜣꜥ-rꜥ mrỉ-ỉmn ḫmnw m ỉt n rmnyt pr ỉmn-rꜥ nsw-nṯrw r-ḥt pꜣ ỉmy-r pr nty m ỉḥt n nfr-wsy m-ḏt sš pn-nst-tꜣwy ỉnỉw sš pꜣ-ꜥꜣ-m-tꜣ-ỉpt r ỉḥt skꜣ=f ḫꜣr* 9 2/4

Lx+5 *dmḏ rdỉw=f ḫꜣr* 50

Lx+6 *dmḏ wḏyt tn* [*wsḫ*] 2 *ỉrỉ n ỉt n s*[...] *ḫꜣr* 5 105 *dmḏ* 110 55¼

Lx+7 *ỉt n rmnyt pr ỉmn-rꜥ nsw-nṯrw r ḥt pꜣ ỉmy-r pr m-ḏt sš pn-nst-tꜣwy ḫꜣr* 60

Lx+8 *ỉt n rmnyt mty pr ỉmn-rꜥ nsw-nṯrw r ḥt=f m ỉḥt n nfr-wsy ḫꜣr* 5 38¼

Lx+9 *ỉt n rmnyt pr ỉmn-rꜥ nsw-nṯrw ỉr mꜣwt r ḥt sš nsw ỉmy-r šnwt rꜥ-ms-sw-nḫt ḫꜣr* 4 2/4

Lx+10 *ỉt n rmnyt pr mwt m-ḏt sš ptḥ-ms ḫꜣr* 2¼

§9 Lx+1 [...]

Lx+2 [*rdỉw*]=*f st tn m tn rmnyt pr ỉmn-rꜥ nsw-nṯrw r ḥt ỉmy-r ỉḥw rꜥ-ỉꜣ n pr ỉmn m-ḏt sš ꜥnt-ms dỉ=w ḫꜣr* 3

Lx+3 *dmḏ rdỉw=f ḫꜣr* 49 *ỉt* [...]

Lx+4 *ỉt n rmnyt mty pr ỉmn-rꜥ nsw-nṯrw r ḥt pꜣ ỉmy-r pr m-ḏt rwḏw nsw stḫ-ms ḫꜣr* 6

Lx+5 *ỉt n rmnyt pr ỉmn-rꜥ nsw-nṯrw r ḥt=f nty m ỉḥt n nfr-wsy m-ḏt sš pn-nst-tꜣwy ḫꜣr* 23¼ 1/16

Lx+6 *ỉt n rmnyt pr ỉmn-rꜥ nsw-nṯrw r ḥt pꜣ ḥm-nṯr tpy n ỉmn m-ḏt sš n ns-ḏḥwty ḫꜣr* 5 2/4 1/16

Lx+7 *ỉt n rmnyt pr ỉmn-rꜥ nsw-nṯrw r ḥt ỉmy-r ỉḥw rꜥ-ỉꜣ n pr ỉmn m-ḏt sš ꜥnt-ms ḫꜣr* 8

Lx+8 *ỉt n rmnyt pr mwt wrt nb ỉšrw m-ḏt rwḏw nḫt-mwt ḫꜣr* 2

Lx+9 *ỉt n rmnyt pr pn m-ḏt rwḏw ptḥ-ms ẖꜣr* 1⅔

Lx+10 *ỉt n rmnyt pr pn m-ḏt rwḏw ṯꜣ-n-wnḏ ẖꜣr* 2⅔

§10 Lx+1 *ỉt n pꜣ ḳnỉw n ỉw ḫt n mwt-ỉry ỉnỉw sš pꜣ-mr-šnwty ẖꜣr* 5

Lx+2 *ỉt n pr ỉmn-rꜥ nsw-nṯrw ḫt r ỉmy-r ỉḥw rꜥ-ỉꜣ ỉnỉw sš ꜥnt-*[*ms*] [...] *ẖꜣr* 5

Lx+3 *ỉt n pr ỉmn-rꜥ nsw-nṯrw ỉnỉw sš pꜣ-nb-ꜥꜣ-pꜣ-rḏ ẖꜣr* 6

Lx+4 *ỉt n pr ỉmn-rꜥ nsw-nṯrw ỉnỉw wꜥb ỉry-ꜥꜣ m-ḏt sš ns-ỉmn ẖꜣr* ¾

Lx+5 *ỉt n _____. ỉnỉw ỉdnw pꜣ-ꜥn m-ḏt=f ẖꜣr* ¼

Lx+6 *ỉt n _____. ỉnỉw ḏbꜣw pꜣ bỉtw ẖꜣr* 1¼ *dmḏ* 18¼

Lx+7 *ỉt n pr ỉmn ỉ ṯꜣw=f m tꜣ ḥꜣt ẖꜣr* 9

Lx+8 *ỉt n ỉ dỉw.n=f pꜣ-mr-šnwty ẖꜣr* 8 *dmḏ* 17

Lx+9 *dmḏ ỉt n nb ỉ ṯꜣw=f ẖꜣr* 35¼

§1 L1 阿蒙神庙[1]的巴克奈赫恩之子阿舍弗伊乌的船，由他负责。

L2 在被称为“为阿蒙而来的每一块土地”的阿蒙的沙洲上，把首席工匠帕哈姆奈彻尔的打谷场上的、阿蒙神庙的阿舍弗[2]的领地（出产）的谷物交付给他[3] 100 袋。

L3 在阿蒙神庙的谷仓中，……神庙土地出产的谷物，由他负责，在这块打谷场上交付给他 50 袋。

L4 把阿蒙神庙内阿蒙所爱之拉美西斯葬祭庙——胡特帕瓦德[4]的谷物，由他负责。在这块打谷场上交付给他 154¼ 袋。结余 54 袋。尼苏阿蒙 100 袋。

L5 把帕斯赫尔姆尼乌特之子塞提的船上的、（产自）这块土地的谷物，由他负责，在扎阿赫河畔交付给他 20 袋。

L6 通过管理员阿蒙把这块土地（出产）的谷物在……交付给他 32⅔ 袋。

L7 在初耕地上法老建立的众神之王阿蒙–拉神庙领地上的、瓦布祭司赫瑞的打谷场上迈赫伊本–拉神庙的谷物，由他负责，在赫努西部初耕地沙洲上交付给他 100 袋。

L8 总计……此地(?)，32⅔ 424 袋。他的船员的口粮 9 袋。

L9 阿蒙神庙的……塞提摩斯的船，由他负责。

L10 在阿蒙神庙内阿蒙所爱之拉美西斯葬祭庙——胡特帕瓦德的……打谷场上的谷物，在被称之为“为他的爱而来的每一块土地”的阿蒙的沙洲上交付给他 142 袋。

L11 在瓦布祭司克伊森恩的打谷场上，……土地上的谷物交付给他 228 袋。结余 28⅟₁₆ 袋。在罕

〔1〕阿蒙神庙：巨大的卡尔纳克神庙。

〔2〕阿舍弗：圣所名称，由图特摩斯三世建造，属于卡纳克神庙建筑群。阿舍弗本义“尊贵而伟大的人”，是阿蒙神的称谓之一。

〔3〕他：阿舍弗伊乌。

〔4〕胡特帕瓦德：葬祭庙的名字，可以直译为“与石碑相对的房子”，应该就在接下来出现的地名柴布附近。

敏领地[1]上，$199\frac{3}{4}\frac{1}{16}$袋。

L.12 在[……]打谷场上交付给他$74\frac{3}{4}$袋。

§2 L.1 在罕敏领地上阿蒙神庙的管理者阿奈瑞的打谷场上，由他负责，在被称之为“他征服了每一块土地”的阿蒙沙洲上交付给他50袋。

L.2 在阿蒙神庙内阿蒙所爱之拉美西斯葬祭庙——胡特帕瓦德的、书吏帕迈尔的打谷场上的谷物，在被称之为“粮仓填充者”的阿蒙沙洲上交付给他$12\frac{2}{4}$袋。

L.3 总共交付给他$12\frac{2}{4}$ 840袋。船员的口粮59袋。

L.4 阿蒙神庙的巴克卡蒙之子船长敏萨昂赫的船，由他负责。

L.5 在阿蒙神庙内阿蒙所爱之拉美西斯葬祭庙——胡特帕瓦德的、瓦布祭司克伊森恩的打谷场上的谷物，由他负责，在被称之为“凌驾于他的边界”的沙洲上交给他600袋。结余335袋。柴布[2]领地，$37\frac{1}{4}\frac{1}{16}$袋。

L.6 在阿蒙神庙的塞提－美楞普塔葬祭庙领地上的谷物，由他负责，在这个打谷场上交付给他$227\frac{2}{4}\frac{1}{16}$袋。

L.7 在阿蒙神庙内阿蒙所爱之拉美西斯葬祭庙——胡特帕瓦德的、书吏帕迈尔的打谷场上的谷物，在被称之为“凌驾于他的边界”的阿蒙沙洲上交付给他10袋。

L.8 在罕敏领地上阿蒙神庙的管理者阿奈瑞的打谷场上的谷物，由管理者阿奈瑞在被称之为“他征服了每一块土地”的阿蒙沙洲上交付给他100袋。

L.9 总计交付给他10 700袋。他船员的口粮63袋。

L.10 该神庙的阿舍弗奈赫特之子船长温奈弗尔奈赫特的船，由他负责。

L.11 在阿蒙神庙内阿蒙所爱之拉美西斯葬祭庙——胡特帕瓦德的、瓦布祭司克伊森恩的打谷场上的谷物，在被称之为“凌驾于他的边界”的阿蒙沙洲上交付给他600袋，结余140袋，[塞特]神庙460[袋]。

§3 L.1 在该领地上的、耕种者阿舍弗赫瑞伊布的打谷场的谷物，在被称之为“底比斯精神”的阿蒙沙洲上交付给他232袋。

L.2 在初耕地上法老建立的众神之王阿蒙－拉神庙领地上的、帕斯赫尔姆尼乌特之子塞提的船上

---

〔1〕罕敏领地：指那些位于阿赫米姆城中心地带的土地。根据《韦伯纸草》记载，“罕敏领地”也即“正规领地”，是指那些最古老的神庙财产，并且不再受任何王室领地的管制。罕敏，即帕诺坡里斯。

〔2〕柴布：地名，上埃及第十九州的首府安塔奥坡里斯，即现今埃及的卡乌－艾尔－凯毕尔。

的谷物，由前神庙总管负责，交给他 52¾ 145¼ 袋，结余 45 130 袋。

L.3 总计交付给他 50 930 2⁄4 1⁄16 袋。结余 45 920¾ 1⁄16 袋。他船员的口粮 40¾ 袋。

L.4 阿蒙神庙的奈弗尔如尼普之子船长阿舍弗姆哈布的船，由他负责。

L.5 在阿蒙神庙内阿蒙所爱之拉美西斯葬祭庙——胡特帕瓦德的、管理者彭特沃瑞的打谷场上的谷物，由他负责，在因姆特西部初耕地沙洲上交付给他 260 袋，结余 84¼ 袋，法老领地[1] 175¾ 袋。

L.6 在这块土地上的、阿蒙赫尔玛阿特查乌之子耕种者伊瑞的打谷场上的谷物，在这个地区交付给他 100¾ 袋。

L.7 在初耕地上法老所建领地的、彭特沃瑞之子管理者帕赫斯的打谷场上的谷物，由他负责，在这个地区把这些谷物交付给他 328¾ 袋，结余 128¾ 袋，罕敏领地，200 袋。

L.8 在阿蒙神庙内阿蒙所爱之拉美西斯葬祭庙——胡特帕瓦德的、耕种者阿舍弗赫尔伊布的打谷场上的谷物，由他负责，在被称之为“底比斯精神”的阿蒙沙洲上把这些谷物上交给他 110 袋。

L.9 这块领地上的谷物在扎阿如赫河畔被交付给他 5 袋，这些谷物已在帕斯赫尔姆尼乌特之子塞提的船上了。

L.10 在罕敏领地上阿蒙神庙的管理者阿奈瑞的打谷场上的谷物，由管理者阿奈瑞在扎阿如赫东部沙洲上交付给他 100 袋。

L.11 在阿蒙神庙内阿蒙所爱之拉美西斯葬祭庙——胡特帕瓦德的、书吏帕迈尔的打谷场上的谷物，由他负责，在被称之为“粮仓填充者”的阿蒙沙洲上把谷物交付给他 [10] 袋。

L.12 总计交付给他 10 904¾ 袋。他船员的口粮 42 袋。

L.13 众神之主阿蒙－拉神庙的、奈巴恩之子船长塞姆哈布的船，由阿蒙神庙总管负责。

L.14 在阿蒙神庙领地上的、管理者派奈塞特塔威的打谷场上的谷物，由他负责，在柴布地区 [……] 河畔把谷物交付给他 40¼ 70 袋。

L.15 [……] 2[……] 袋，结余 31¾ 79[……]

§4 L.1 在耕种者彭特沃瑞的打谷场上，由他负责，该领地谷物在派尔奈帕克尔被支付给他，10 袋。

L.2 在阿蒙神庙内阿蒙所爱之拉美西斯葬祭庙——胡特帕瓦德的、帕斯赫尔姆尼乌特之子船长塞提的船上的谷物，被交付给他 28 袋，结余 24。

L.3 总计交付给他 28 310 袋，结余 24 310 袋，他船员的口粮 51 袋。

L.4 该神庙的阿舍弗奈赫特之子船长帕斯蒙奈赫特的船，由他负责。

---

〔1〕 法老领地：“法老（新）建立的众神之主阿蒙－拉神庙”的缩写，与“法老（新）建立的田地”的含义相同。

L5 在迈宅德村庄阿蒙神庙领地的、侍从阿蒙霍特普的打谷场上的谷物，为那些因犯罪而被带来的人(?)，支付给他 95¼ 袋谷物。

L6 在这块领地上的、管理者阿舍弗赫尔伊布的打谷场上，由他负责，在被称之为“底比斯精神”的阿蒙沙洲上交付给他 155 袋。

L7 在初耕地上法老所建领地的、迈赫伊本－拉神庙先知赫瑞的打谷场上的谷物，在被称为“底比斯精神”的西部阿蒙沙洲上支付给他 50 袋。

L8 总计支付给他 300¼ 袋，他船员的口粮 38 袋。

L9 该神庙的哈德奈赫特之子船长奈布昂的船，由他负责。

L10 在为舍尔登人设立的、阿蒙神庙内阿蒙所爱之拉美西斯葬祭庙——胡特帕瓦德、管理者塞提威海姆的打谷场上的谷物，在海努特的帕瑞土地上交付给他 200 袋谷物，法老建立的领地，52 袋。

L11 在初耕地上法老所建领地的、阿蒙神庙的领地上的谷物，交付给他 175 袋。

L12 …… 把那些因犯罪而被带来的人，(交付给他) 70…… 袋。

§5 L1 这次航行总计有 21 艘驳船，完成(运输任务)。[1]

L2 在初耕地上法老所建领地的、众神之主阿蒙－拉神庙的谷物，由神庙总管拉美西斯奈赫特负责，交付谷物 100¼ 2170¾1/16 袋。总计 2271⅛ 袋。结余 100¼ 1870¾1/16。

L3 在初耕地上法老所建领地的、众神之主阿蒙－拉神庙的谷物，是国王阿蒙所爱之乌塞尔玛阿特拉为那些因犯罪而被带来的人提供的，40 895 袋，总计 935 袋。

L4 由他负责，在初耕地上法老所建领地的、众神之主阿蒙－拉神庙的谷物，是国王阿蒙所爱之乌塞尔玛阿特拉为舍尔登人和王室军队书吏提供的粮食，850 袋。

L5 由他负责，阿蒙神庙内阿蒙所爱之拉美西斯葬祭庙——胡特帕瓦的谷物，220²⁄₄ 5432²⁄₄1/16 袋，总计 5653 1/16，口粮 920 袋。

L6 由他负责，在赫利奥坡里斯统治者拉美西斯葬祭庙领地上的谷物，100 袋。

L7 由他负责，在阿蒙神庙的阿蒙所爱之塞提奈赫特葬祭庙领地上的谷物，522¼1/16 袋。

L8 由他负责，在阿蒙神庙的塞提－美楞普塔葬祭庙领地上的谷物，540 袋。

L9 由他负责，在阿蒙神庙谷仓的、阿蒙－阿舍弗神庙领地上的谷物，830 袋。

L10 由他负责，在该神庙的奈弗尔葬祭庙领地上的谷物，200 袋。

---

〔1〕 按，此处揭示出运送谷物的任务由 21 艘船组成的船队承担，谷物来自某些州，每艘装载谷物的船虽属于不同机构，但都开往底比斯，并运送到卡尔纳克的阿蒙－拉神庙谷仓，再把它们分配给对谷物有需求的各神庙。由此说明，本文献中提及的所有神庙或圣所都应当在底比斯。

L.11 由他负责，在阿霍特普神庙领地上的谷物 200 袋。

§6

Lx+1 …… 先知 (?) 肯之屋中带回来 …… 从他耕种的土地上，4 7¾ 袋。结余 10 2¾ 袋。

Lx+2 经耕种者伊乌弗奈那奈布之手，把管理者普塔摩斯田地上的谷物，在河畔缴纳 给他…… 从祭司查阿的谷物中拿出 1 袋，从牛群总管阿蒙霍特普家中拿出了 1¼ 袋。

Lx+3 …… 田地上的谷物在该河畔缴纳 给他 2/4 2 2/4 袋。

Lx+4 第 1 年，播种季，第 3 月，第 10 天。…… 经书吏派奈派尔塔威之手，在赫蒙河畔缴纳 给他 2¼ 1/16 4 1/16 袋，总计 6 2/4 (?)，结余 4 袋。这些谷物都是出自鞋匠哈伊博玛阿特耕种的田地。

Lx+5 第 1 年，播种季，第 3 月，第 17 天。在法老 …… 总管的允许下，阿蒙神庙领地的谷物在该河畔缴纳 给他 4 2/4 1/16 袋，结余 4 2/4 袋。（这些谷物）都出自狩猎总管拉美西斯奈赫特从夫人尔哈的房子中她耕种的土地。

Lx+6 …… 地区的谷物和阿蒙神庙领地的谷物，经书吏派奈奈斯塔威之手，在该河畔缴纳给他 50 2/4 袋，这些谷物是书吏阿姆塔伊派特 …… 的捐赠品，是以书吏派奈 ……(?) 的名义捐赠的，这些谷物来自派奈 …… 耕种的田地。

Lx+7 …… 阿蒙神庙的阿蒙所爱之拉美西斯葬祭庙的谷物，由神庙总管负责，在该河畔缴纳 给他，结余 ~~1¼ 4¼~~，这些谷物是由鞋匠哈伊博玛阿特 …… 带来的。

Lx+8 书吏 …… 的谷物在 …… 的河畔缴纳 给他 3 袋，这些谷物是于第 1 年，播种季，第 3 月，第 29 天从普什斯带来的。

Lx+9 奈弗如斯领地的谷物，经由阿蒙神庙书吏派奈奈斯塔威之手，由神庙总管负责，于第 2 年，丰收季，第 1 月，第 7 天在该城镇河畔缴纳 给他，大麦 4 2/4 袋，小麦 2/4 袋，共计 5 袋。

Lx+10 经他之手，把这块田地出产的谷物，在该地河畔缴纳 给他 6 袋，这些谷物是于第 2 年，丰收季，第 1 月，第 12 天从舍尔登人之屋带来的。

Lx+11 经管理者姆伊恩之手，把 …… 田地上的谷物在该河畔缴纳给他 2 2/4 袋，这些谷物是从书吏帕迈尔卡家里带来的。

Lx+12 由管理者塞提摩斯把阿蒙神庙领地的谷物在该河畔缴纳给他 6 袋。

Lx+13 由狩猎总管拉耶阿负责，由巴克奈赫特和书吏安提摩斯把阿蒙神庙领地的 谷物 在瓦布泛滥地缴纳给他 5 袋。

Lx+14 总计，8 …… 1 2/4 1/16 袋。总计，4¾ 1/16。[1]

---

〔1〕 按，本段文献记录的是申报税额和来自私人佃户的税金。税收的地区无疑是在赫尔摩坡里斯。

§7

Lx+1 总计，6 60 2/4 1/16 袋。总计，66 2/4 袋。

§8

Lx+1 [……]

Lx+2 由神庙总管负责，由书吏派奈奈斯塔威把众神之主阿蒙－拉神庙领地的谷物在塔[……]萨布[……]缴纳给他 5 袋，这些谷物来自奈弗如斯的耕地。

Lx+3 该神庙领地的谷物，由他之手于此地缴纳给他 3 1/4 1/16 袋，这些谷物由舍尔登人哈如伊带来。

Lx+4 由神庙总管负责，由书吏派奈奈斯塔威把众神之主阿蒙－拉神庙领地的谷物，在赫蒙河畔缴纳给他 9 2/4 袋，这些谷物来自奈弗如斯的耕地，由书吏帕阿姆伊派特从他耕种的田地上带来。

Lx+5 总计缴纳给他 50 袋。

Lx+6 这次远航征税用了 2 艘船，获得谷物 5 105 袋。总计 10 55 1/4 袋。

Lx+7 由神庙总管负责，书吏派奈奈斯塔威把众神之主阿蒙－拉神庙领地的谷物缴纳 60 袋。

Lx+8 由他负责，把众神之主阿蒙－拉神庙领地的谷物缴纳 5 38 1/4 袋，这些谷物来自奈弗如斯的耕地。

Lx+9 新土地 (?) 创造者、众神之主阿蒙－拉神庙领地的谷物，由谷仓总管兼王室书吏拉美西斯奈赫特负责，缴纳 4 2/4 袋。

Lx+10 由书吏普塔摩斯把穆特神庙领地的谷物缴纳 2 1/4 袋。

§9

Lx+1 [……]

Lx+2 由阿蒙神庙牛群总管拉耶阿负责，由书吏安提摩斯把众神之主阿蒙－拉神庙领地的谷物于此地缴纳给他，他们给 ________3 袋。

Lx+3 总计缴纳给他 49 袋，谷物[……]

Lx+4 由神庙总管负责，由管理者塞提摩斯把众神之主阿蒙－拉神庙领地的谷物缴纳 6 袋。

Lx+5 由他负责，由书吏派奈奈斯塔威把众神之主阿蒙－拉神庙领地的谷物缴纳 23 1/4 1/16 (袋)，这些谷物来自奈弗如斯的耕地。

Lx+6 由阿蒙第一先知负责，由书吏尼西宅胡提把众神之主阿蒙－拉神庙领地的谷物缴纳 5 2/4 1/16 袋。

Lx+7 由阿蒙神庙牛群总管拉耶阿负责，由书吏安提摩斯把众神之主阿蒙－拉神庙领地的谷物缴纳 8 袋。

Lx+8 由管理者奈赫穆特把伊什如夫人、伟大的穆特的神庙领地的谷物缴纳 2 袋。

Lx+9 由管理者普塔摩斯把该神庙领地的谷物缴纳 1 2/4 袋。

Lx+10 由管理者查温德把该神庙领地的谷物缴纳 2 2/4 袋。

§10 Lx+1 穆特伊瑞须缴纳谷物 5 袋，这里的谷物由书吏帕伊米尔什温带来。

Lx+2~3 由狩猎总管拉耶阿负责，众神之主阿蒙–拉神庙需缴纳谷物 5 袋，这里的谷物由书吏安提摩斯带来，众神之主阿蒙–拉神庙缴纳谷物 6 袋，这里的谷物是由书吏帕奈布阿尔德乌带来。

Lx+4 由书吏尼苏阿蒙把阿蒙–拉神庙的谷物缴纳 ¾ 袋，这里的谷物由瓦布祭司伊雅带来。

Lx+5 …… 的谷物 _____ 经他之手缴纳 ¼ 袋，这里的谷物是由代理人帕昂带来的。

Lx+6 …… 的谷物 _____ 带到蜂蜜之地 1¼ 袋；总计 18¼ 袋。

Lx+7 他在开头收取的阿蒙神庙的谷物 9 袋。

Lx+8 帕伊米尔什温给他的谷物 8 袋，总计 17 袋。

Lx+9 他收取的谷物总计 35¼ 袋。

78. 瓦朗赛 1 号纸草

英语名：*Papyrus Valençay I*

圣书体：A. Gardiner, *Ramesside Administrative Documents*, pp. 72–73

英译本：B. Porten, et al, *The Elephantine Papyri in English: Three Millennia of Cross-Cultural Continuity and Change*, pp. 57–59

§1 L1 *[ḥsỉ] ỉmn-mꜣꜥt-rꜥ-nḫt ḥꜣty-ꜥ mr-ỉnw ꜣbw swḏꜣ ỉb*
L2 *m ꜥnḫ wḏꜣ snb m ḥsỉ ỉmn-rꜥ nsw nṯrw [...] [ỉmn]-rꜥ-ḥrw-[ꜣḫty]*
L3 *ỉw=f wbn ḥtp ẖnmw sṯt ꜥnḳt nṯrw nbw ꜣbw ssnb pꜣ*
L4 *ꜥꜣ n št ỉmy n=f ꜥnḫ wḏꜣ snb ꜥḥꜥw ḳꜣỉ ỉꜣw ꜥꜣ nfr ỉmy n=f ḥsy m-bꜣḥ*
L5 *ỉmn-rꜥ nsw-nṯrw pꜣy=f nb nfr m-bꜣḥ pr-ꜥꜣ snb pꜣy=f nb nfr*
L6 *hrw nb sp-sn r nty sš pꜣ-ṯꜣw-mdỉ-ỉmn pr dwꜣ n ỉmn ỉw*
L7 *sw spr m ꜣbw r wḫꜣ nꜣ ỉt r tks tw r pr dwꜣ ỉmn*
L8 *ỉw=f ḏd ỉmy tw* 100 *n ẖꜣr n ỉt m ỉt ỉn=f n=ỉ ỉw mꜥ=n n ꜣḥwt ẖry*
L9 *r=w ỉw=f ḏd n=ỉ ỉ ỉr tw wḫꜣ m dỉ=k ḥr n wꜥ ꜣḥt n ḫꜣ-tꜣ*
L10 *n ỉw n nbyt ỉ.n=w n=ỉ ḫr ỉw bw pwy=ỉ skꜣ m ꜣḥwt*
L11 *n ḫꜣ-tꜣ m ỉw n nbyt wꜣḥ ỉmn wꜣḥ pꜣ ḥkꜣ snb mt gm*

§2 L1 *ꜣḥt ḫꜣ-tꜣ ỉw skỉ=ỉ sw m ỉw n nbyt r šdỉ tw*
L2 *nꜣ ỉt m dỉ=ỉ wꜥ ꜣḥt n nhy nmḥy fꜣỉ nbw r pr-ḥḏ*
L3 *n pr-ꜥꜣ snb pꜣ skꜣ nꜣ nmḥy ỉw=w ꜥḥꜥ swꜣḏ pꜣy=f nbw r*
L4 *pr-ḥḏ n pr-ꜥꜣ ỉw bw-pw=ỉ ẖn ꜣḥwt ỉm ỉw=w ḏd n=ỉ tꜣ mdw n ky*
L5 *ꜣḥwt m ḥbsw bḥdt ỉw bw-pw=f tḫb ỉw sṯꜣt* 4 *ꜣḥwt*
L6 *nꜣ tḫb ỉm=f ỉw dỉw=ỉ wꜥ rmṯ wꜥ ḥtr ḥr=f ỉw=w skꜣ*
L7 *pꜣ nkt n ꜣḥwt r gm=w ỉm=f ḫr ỉr šmw ẖprw ỉw=w ỉnỉ n=ỉ*
L8 40 *n ẖꜣr n ỉt m ỉt ỉm=f ỉw=ỉ sꜣw=w ḏrỉ ỉw bw-pw=ỉ ẖn n wꜥ*
L9 *ỉpt ỉm=w ỉw=ỉ swꜣḏ=w n sš pꜣ-ṯꜣw-mdỉ-ỉmn ỉw=w m ẖꜣr* 40
L10 *ỉw=ỉ ꜥrḳ r=w m ꜥnḫ ḏrỉ r-ḏd bw-pw=ỉ ẖn n wꜥ ỉpt*
L11 *wꜥ ẖꜣr* ½ *ỉm=w ỉw=ỉ hb dỉt ꜥmꜣ pꜣ ꜥꜣ št*

§1 §1L1~2 埃利芬提尼[1]市长迈尔伊努很高兴，愿以生命、繁荣、健康之名；以众神之王阿蒙－拉偏爱之名。每一天（我都向）阿蒙－拉－哈拉凯悌祈祷， L3~7 从他升起到落下；还向克努姆[2]、塞提斯[3]、

〔1〕埃利芬提尼：位于埃及南部，尼罗河第一瀑布附近。

〔2〕克努姆：古埃及神祇，常以公羊形象出现，主要职司为用陶轮造人，埃利芬提尼是他的崇拜中心之一。

〔3〕塞提斯：古代埃及尼罗河洪水之神，其崇拜中心是阿斯旺。

奥努克斯[1]以及埃利芬提尼所有的神明祈祷："请保证税收主管的身体健康，将健康、繁荣、安康给予他们，请保证税收主管生命的美好，请他为法老的长寿、健康、生命美言。"为了能够获得更多的谷物，埃利芬提尼市长迈尔伊努随着阿蒙和书吏帕扎乌姆扎蒙一同前往，出行的目的在于要求阿蒙追随者的神庙上交应缴纳的谷物税收，L8~11 并要求缴纳 100 袋大麦。尽管没有可以生产出粮食的土地，他还是对我这么说了。他对我说："这些定额是因为奥姆博斯[2]岛上的一块哈恩土地[3]。"虽然我没有耕种奥姆博斯岛上的哈恩土地，但是我被要求缴纳奥姆博斯岛上的哈恩土地的谷物税金。"我发誓并保证，如果我耕种了奥姆博斯岛上的哈恩土地，或者 §2L1 发现我耕种了奥姆博斯岛上的哈恩土地，那么拿走我应该上交的谷物吧。"

§2 L2~6 "那是一块需要向国王缴纳谷物的那奈赫姆[4]的土地，是那奈赫姆在那里进行了耕种，我没有对那块土地进行耕种和开垦。"

"他们[5]还向我提出了在埃德福[6]地区还未被洪水波及的 4 阿鲁拉的土地情况，它之前曾经被洪水完全淹没，（洪水退去后）我指派了一个人和一匹（耕牛）耕种他们提到的这片小地。L7~9 当丰收季来临时，他们送来 40 袋从那块地上产出的大麦。我认真地看管它们，从没拿过 1 欧普（的谷物），我将 40 袋大麦完整地交给了书吏帕扎乌姆扎蒙，L10~11 我还坚决地发下誓言看好它们，说："我从没拿走过（哪怕）一个欧普（或）半个欧普。"

"我已经将（这些情况）呈上（以）通知税收主管。"

---

〔1〕奥努克斯：古代埃及宗教神话中最初的尼罗河女神，崇拜中心包括埃利芬提尼等南部边疆城市。

〔2〕奥姆博斯：地名，位于今埃及阿斯旺以北 50 公里处。

〔3〕哈恩土地：专门划归法老所有的小块土地。

〔4〕那奈赫姆：该词具体含义尚未清晰，可能具有"私人"或"私人拥有者"等译项。

〔5〕他们：书吏和他的随从们。

〔6〕埃德福：地名，位于尼罗河西岸，今埃及阿斯旺和伊斯纳之间。

79. 都灵罢工纸草（节选）

英语名：*The Turin Strike Papyrus (Papyrus Turin 1880)*

圣书体：A. H. Gardiner, *Ramesside Administrative Documents*, pp. 45–58

英译本：Paul J. Frandsen, “Editing Reality: The Turin Strike Papyrus,” in *Studies in Egyptology: Presented to Miriam Lichtheim*, Vol. 1, pp. 166–199

§1-1 L1 ⸢ḥsbt-sp⸣ 29 ꜣbd 2 prt ⸢sw⸣ 10 hrw pn sš tꜣ 5 ỉnbt n pꜣ ḫr ỉn tꜣ ỉswt
L2 r ḏd.tw=n ḥḳr=n ⸢ỉw⸣ hrw 18 ꜥḳ m pꜣ ꜣbd ỉw=sn ḥmsỉ ⸢ḥr⸣
L3 pḥwy n tꜣ ḥwt mn-ḫpr-rꜥ ỉỉ ỉn pꜣ sš n pꜣ ḫr ⸢ḫn⸣ỉ pꜣ ꜥꜣ n ỉswt 2 pꜣ ỉdnw 1
L4 pꜣ rdw 2 ꜥš.n=sn ⸢r⸣ ḏd m-ꜥ ỉw=(s)n r ẖnw ỉry=w ꜥnḫ ꜥꜣyw ⸢r⸣
L5 ⸢ḏd⸣ ỉw=tn wn m rdỉ=n mdwt n pꜥ-ꜥꜣ wrš m st tn sḏr m pꜣ ḫr
L6 ḥsbt-sp 29 ꜣbd 2 prt sw 11 sš=w ꜥn pḥ pꜣ sbꜣ n ḏrwt rsy n tꜣ ḥwt ⸢wsr⸣-mꜣꜥt-⸢rꜥ⸣ stp-n-rꜥ
L7 ḥsbt-sp 29 ꜣbd 2 prt sw 12 pḥ ⸢tꜣ⸣ ḥwt wsr-mꜣꜥt stp-n-rꜥ sḏr [...] ⸢dy⸣ m r=st ꜥḳ r ẖnw=st
L8 ⸢ỉ⸣w sš pn-tꜣ-wrt pꜣ ḥry mḏꜣy 2 pꜣ ỉry-ꜥꜣ 2 nꜣ ỉry-ꜥꜣw n pꜣ ḫtm n pꜣ ḫr
L9 [...] ḥry mḏꜣy mnt-ms r nỉwt r ḏd ỉw=ỉ r ỉnỉ.n pꜣ ḥꜣty-ꜥ n nỉwt ⸢ỉ⸣w=f
L10 [...] ḏdw=ỉ n=f nꜣy pꜣ ḫr tꜣ ⸢ḥwt⸣ ⸢wsr-mꜣꜥt-rꜥ⸣ s⸢tp-n-rꜥ⸣ ⸢ỉw=f ḏd⸣ n=ỉ
L11 [...] pr-ḥḏ

§1-2 Lx+12 [...] tw=n
Lx+13 [...] mꜥ=n nty [...]
Lx+14 dỉt.n=tn [...]
Lx+15 ⸢r pꜣ nty ...⸣ ỉm [...]
Lx+16 ⸢pꜣ ḥry⸣ mḏꜣy [...]
Lx+17 ⸢pr-ꜥꜣ⸣ ꜥnḫ wḏꜣ snb

§2 L2 sš nt ẖꜣr hd-nḫt nꜣ ỉtf nṯr n pr pn r sḏm r=w ỉw=w ḏd n=sn ỉrt=n pḥ nꜣw
L3 r ḥꜣt ḥḳr r ḥꜣt ỉbỉ m-ꜥ=n ỉwty ḥbsw m-ꜥ=n ỉwty sḳnn m-ꜥ=n ỉwty r ỉtn ⸢m-ꜥ=n⸣ ỉwty
L4 smw hꜣb n pr-ꜥꜣ pꜣy=n nb nfr ḥr r=sn mtw=tn hꜣb n ṯꜣ⸢ty⸣ ⸢ḥr⸣ pꜣy=n
L5 ḥry ỉry.n=n ꜥ n ꜥnḫ ỉw ḥr ḫꜣ.n=sn ḏỉ ỉt n ꜣbd 1 prt m pꜣ hrw

§4 L23 ḥsbt-sp 29 ꜣbd 2 prt sw 13 ḥr pꜣ ḫtm n pꜣ ḫr
L22 ḏd n tn ⸢ḥry mḏꜣy⸣ mntỉ-ms ptrỉ.
L21 tw=ỉ ḥr ḏd.n=tn tꜣy=ỉ ⸢w⸣šb ỉ.šm
L20 r ḥry mtw=tn nwy nꜣy=tn ḫꜥw
L19 mtw=tn ḫtm nꜣy=tn sbꜣ mtw=tn ỉnỉ n
L18 nꜣy=tn ḥmwt nꜣy=tn ẖrdw mtw=ỉ š-
L17 m r ḥꜣt tn r tꜣ ḥwt mn-mꜣꜥt-rꜥ mtw=ỉ
L16 dỉt ḥms tn ỉm ⸢m⸣ sbꜣ

§2 L6 *ḥsbt-sp 29 ꜣbd 3 prt*
L7 *sš nꜣ inbw in tꜣ iswt ḥms ḥr pꜣ ḥr šm r ini n=tw in pꜣ 3 ḥtyw*
L8 *ḏd* [*i*] *n rmṯ iswt msw sꜣ ꜥꜣ-nḫt wꜣḥ imn wꜣḥ pꜣ ḥḳꜣ pꜣ nty ꜥꜣ bꜣkw=f*
L9 *r mwt mtw=tw iṯꜣ=i dy r ḥry m pꜣ hrw i ir=f sḏr iw ꜥwy=f isw*
L10 *mtw=i tm i ir.n=f sbꜣyt m pꜣ ꜥrḳ=f rn n pr-ꜥꜣ ꜥnḫ wḏꜣ snb im*
L11 *šm r sš nꜣ inbw* [*ḥr*] *pḥwy n pꜣ dmit in tꜣ iswt iw iryw pꜣ 3*
L12 *ḥtyw ḫrw ꜥꜣ r=w ḥr pꜣ nšp n pꜣ ḏmi dit šm pꜣ sbḳ* (?) *2 ḥnꜥ*
L13 *pꜣ idnw 2 in sš imn-nḫt n pꜣ ḫr ḫni r ini n=*[*tw*] *iiy n rdw ršwt irt.f*
L14 *r ḏd n=n ḥft mi nꜣw m ḳn-nꜣ sꜣ rw-tꜣ ḥnꜥ ḥꜣy sꜣ ḥwy bn iw=n r iiy kꜣi=k n*
L15 *nꜣy=k ḥry iw=w ꜥḥꜥ ḥr ḥꜣt n nꜣy=w irw iiꜣ bn i ir=n sš n ḥkr*
L16 *iwnꜣ wn n di=n wšbt ꜥꜣ r ḏd mdw ist iiꜣ ir iw m tꜣy*
L17 *st pr-ꜥꜣ i.n=sn ḫri r=n* [*ḥr*] *šm r sḏm r=w iw=w ḥr ḏd n=n ḏdw sw m mꜣꜥt*
L18 *ḥsbt-sp 29 ꜣbd 4 prt sw 28 ḫdi in ṯꜣty tꜣ m ḏr iw=f r ṯꜣy nꜣ nṯrw n ꜥ-rsy r pꜣ*
L19 *ḥbsd iiy in ḥry mḏꜣy nb-smn sꜣ pꜣ-nhsy r ḏd n pꜣ 3 ḥtyw 3 n tꜣ iswt iw=w*
L20 *ꜥḥꜥ ḥr pꜣ ḫtm n pꜣ ḫr ḥr=f mi nꜣw ṯꜣty is i iri=i tm iiy n=tn n nkt bni*

§3 L1 *ir=i tm iiy m-ꜥ=n iwty nkt r ini=f n=tn ḫri r pꜣy=tn*
L2 *ḏd m ir nḥm pꜣy=n di is ink pꜣ ṯꜣty di r nḥm*
L3 *bn rdi=i pꜣ i ir pꜣ nty mi ḳd ḥprw iw m-ꜥ=n iwty m nꜣ šnwt r ḥꜥt=f*
L4 *iw=i di n=tn pꜣ gm=i iw sš ḫri n pꜣ ḫr ḥr ḏd n=sn di n=tn gs diw*
L5 *ḥr iw=i r dni=f n=tn ḏs=i*

§4 L1 *ḥsbt-sp 29 ꜣbd 1 šmw sw 16 ḏd tn rmṯ iswt pn-ꜥn-ḳ n sš imn-nḫt*
L2 *ꜥꜣ n iswt ḫn-sw mtn=tn nꜣy=i ḥry ḥr mtn=tn nꜣ rwdw ḥrw n pꜣ ḫr*
L3 *diw pr-ꜥꜣ pꜣy=i nb nfr sḏfꜣ tryt r ḏd bn sḏm=i mdw bn*
L4 *ptr=i ṯꜣy m nꜣw st ꜥꜣy mḏwt mtw=i ḥꜣp=f ḥr*
L5 *ir kfꜣw wsr-ḥꜣt ḥnꜥ pn-tꜣ-wrt ꜥꜣ n r rwyt ḥr tbn n*
L6 *pꜣ is n wsir nswt wsr-mꜣꜥt stp-n-rꜥ pꜣ nṯr ꜥꜣ ḥr ini.n=f wꜥ iḥw iw=f*
L7 *ꜣbw m pꜣ ꜣbw n tꜣ ḥwt wsr-mꜣꜥt-stp-n-rꜥ sw ꜥḥꜥ m pꜣy=f ihꜣ*
L8 *ḥr nk=f 3 ḥmwt ṯꜣy ꜥnḫ-nw-niwt mnꜥt iw=st m di ḳn-nꜣ ꜥnḫ-nw-niwt*
L9 *tꜣ-iw-nst iw=st m di nḫt-imn ꜥnḫ-nw-niwt tꜣ-wrt-ḥtp-ti iw=st m-di*
L10 *pn-tꜣ-wrt ḥr ptri=tn tꜣ sr ꜥḥꜥ n ṯꜣty ḫri ḥr tꜣ st ini inr*
L11 *ḏd n=f diw ꜥꜣ n iswt pꜣ-nb pꜣy=i itf=i rmṯ r ini n inr im=s* [...]
L12 [...] *m ꜥḳꜣ ḥr iry sw ḳn-nꜣ sꜣ rw-tꜣ*
L13 *m pꜣy=s ḥrw ꜥḳꜣ ḥr* [*tbn*] *n pꜣ is n nꜣ nswt msw*
L14 *n nswt wsir wsr-mꜣꜥt stp-n-rꜥ pꜣ nṯr imy ptr pꜣ nty iw=tn*
L15 *r ir=f n=sn r pw ḏd smi=n pr-ꜥꜣ ꜥnḫ wḏꜣ snb pꜣy=i nb ꜥnḫ wḏꜣ snb*
L16a *mi*[*tt*] *n* [*ṯꜣ*]*ty pꜣy=i ḥry*

§1-1 L1 第29年，播种季，第2月，第10天[1]。在这一天，5名坟墓守卫处的船员来到这里，L2~5 他们说道：

---

〔1〕 第10天：在工匠村，每个月的第10天是工人的休息日。

"我们饿了，因为这月已经过去 18 天了[1]。"（随后）他们被安排到蒙哈皮尔拉葬祭庙[2]后方（等待）。他们被墓地书吏、1 名代理人、2 名大工匠召唤前来此处陈情，由 2 名船员保护。（官员们）郑重起誓并说道："你们进来吧！我们将代表法老发言。"（他们）在陵墓中度过了一个晚上。

L6 第 29 年，播种季，第 2 月，第 12 天，（他们）再次回到拉所选之乌塞尔玛阿特拉葬祭庙[3]的南门后方。

L7 第 29 年，播种季，第 2 月，第 22 天，（于）拉所选之乌塞尔玛阿特拉葬祭庙后方。在此处……休息（后）进入了此葬祭庙。L8 书吏派奈塔瓦瑞特、2 名警察长、2 名守门人以及墓地大门的守门人 L9……警察长蒙提摩斯（准备）前往底比斯，并说道他要把底比斯市长带来。L10……他们说："拉所选之乌塞尔玛阿特拉葬祭庙的坟墓……"他说 L11……财富。

§1-2 Lx+12~17……你们……此处没有……给你们……给此处的图图神……，……警察长……法老。

§2 L2~5 计数书吏哈德奈赫特，该神之父神庙的管理者接待了他们。他们说："我们来到这里，是受到了饥饿和干渴的驱使：没有衣服、没有'克恩恩'油、没有鱼[4]、没有……蔬菜。"他们写信给在奈布－奈弗尔（神庙）上的法老，他们写信给维吉尔："我们呼求生命的臂膀。"（最后）于播种季，第 1 月，在今日返还给他们谷物[5]。

§4 L23 第 29 年，播种季，第 2 月，第 13 天，在墓地大门。L22~16 警察长蒙提摩斯说道："（我）要来见证你们在交换时所言，走到长官面前来，拿着你们搜集的物品到这个墓地大门来，并带上你们的妻儿。我将在你们的监督下去到蒙玛阿特拉的葬祭庙，我将在此日夜晚把你们安顿于此。"

§2 L6 第 29 年，播种季，第 3 月。L7 坟墓守卫处的船员来到此处，在坟墓（所在地）附近坐下。3 名长官前来传唤他们。L8 阿奈赫特之子工匠摩斯说："以阿蒙神（起誓）！以有伟大声誉的统治者（起誓）！L9~10（劫匪）将会面临死期，我将在今日为长官（抓捕）劫匪[6]，他能做的只有长眠，（我）将亲手把他埋葬

---

〔1〕过去 18 天了：每个月第 21 天是发放工资的日子。但有学者认为每月发放工资的日子应该是第 28 天。

〔2〕蒙哈皮尔拉葬祭庙：法老图特摩斯三世的葬祭庙。

〔3〕拉所选之乌塞尔玛阿特拉葬祭庙：法老拉美西斯二世的葬祭庙。

〔4〕没有鱼：按，鱼是古埃及人蛋白质的重要来源。

〔5〕在今日返还给他们谷物：发口粮的日子大约晚了 21 天。

〔6〕劫匪：指盗墓贼，新王国晚期，盗墓盛行，其中不乏有官员参与。

在墓地。如果我没（这样做），那么他的所作所为（也）将指引（他走向）死亡，（我）以法老之名起誓！”

L11~13（他们）来（此）通过船员前往戴米镇后方 上 的守卫处。3 名长官所做的是在戴米镇的大门处大声地传唤他们。把管理者和 2 名代理人通过墓地大门的书吏阿蒙奈赫特带到这里来。管理者瑞斯特瑞弗也会赶来。L14~17（他）对我们说：“当像如塔之子凯恩那和胡伊之子哈伊（那样），我们也不会再来，如果你向你的长官汇报，然后听从他们的掌管，（我们）便真的不会再因为饥饿前来。（我们）在此用言语郑重回复，（我们）在法老的土地上做了不对的事情。”在我们前来听取他们所言之时，他们说：“所言非虚。”

L18~20 第 29 年，播种季，第 4 月，第 28 天。维吉尔带着南方众神（的神像）向北前去庆祝塞德节，（其） 离去 （前）通过帕奈赫西之子警察长奈布斯蒙对 3 名船员的长官说：“他们站在墓地 大门，就如维吉尔在他面前，你们不是为了财富而来的，不是。”

§3 L1~3（我）没有赶来，（是因为）没有为你们带来财富，正如你们所说：“不要拿走我们的谷物！”我（身为）维吉尔没有被赋予拿走（你们谷物的权力）。也没有被赋予像克德那样占用（你们谷物的权力）。从谷仓到肉都已经逐渐见底[1]。L4~5 你们所要求的会被补偿。墓地书吏赫瑞对他们说：“会由我给你们分配并补偿给你们一半的谷物。”

§4 L1~2 第 29 年，丰收季，第 1 月，第 16 天。工匠派奈阿恩克对书吏阿蒙奈赫特和大工匠宏苏说：“你们是我的长官，是墓地的管理者。” L3~7 向奈布－奈弗尔（神庙）的法老起誓：“在此伟大神圣之地，不会说出（任何）我所听到的东西，不会看到任何邪恶。我将在他的监督下保守他的秘密。”我们的首领，乌塞尔斯哈特和彭特沃瑞前去伟大之神，法老拉所选之乌塞尔玛阿特拉葬祭庙的坟墓门口顶部，他还满心愉悦地从拉所选之乌塞尔玛阿特拉葬祭庙中带走了一匹公牛。它（现在）还站立在他的牛棚里。

L8~10 在他面前对你说：“维吉尔的妻子，女市民蒙阿特，她把胜利(?)给了女市民塔乌恩斯特，她（把胜利）给了奈赫特阿蒙。女市民塔沃霍特普提，她（把胜利）给了彭特沃瑞。”在此处你们的监管下，维吉尔赫瑞（才能）立足于此地，并把石头搬走。

L11~16a 他说：“给大工匠帕奈布伊，人们的父亲，去搬走此地的石头。他精准地 …… 在如塔之子凯恩那的规划下测算了坟墓的顶部。国王奥西里斯之子拉所选之乌塞尔玛阿特拉，（伟大之）神。在你们的监督下，他（身为）维吉尔，（你们的）长官，为你们所做的是去汇报你们想对法老抱怨的所有事情。”

〔1〕 从谷仓到肉都已经逐渐见底：按，造成粮仓没有粮食的原因之一是当时的官员腐败。

附　　录

参考文献

一、专著

Allam, S., *Hieratische Ostraka und Papyri aus der Ramessidenzeit*, Bad. I, Tübingen: Im Selbstuverlag des herausgebers, 1973.

Allen, J. P., *The Heqanakht Papyri*, New York: The Metropolitan Museum of Art, 2002.

Breasted, J. H., *Ancient Records of Egypt*, Vol.s I–V, Chicago: The University of Chicago Press, 1906.

Caminos, R. A., *Late-Egyptian Miscellanies*, London: Oxford University Press, 1954.

Cumming, B., *Egyptian Historical Records of the Later Eighteenth Dynasty*, Fascicles 1–3, Warminster: Aris & Phillips Ltd., 1982–1984.

Černý, J. and Gardiner, A. H., *Hieratic Ostraca*, Vol. I, Oxford: The Griffith Institute at the University Press, 1957.

Davies, N. de G., *The Tomb of Ḳen-Amūn at Thebes*, with plates in color by Norman de Garis Davies, H. R. Hopgood and Nina de Garis Davies, Vol.s I–II, New York: The Metropolitan Museum of Art, 1930.

Davis, N. de G., *The Tomb of Rekh-mir-Rēʿ at Thebes*, Vol.s I–II, New York: The Metropolitan Museum of Art, 1943.

Erichsen, W., *Papyrus Harris I: Hieroglyphische Transkription*, Bruxelles: Édition de la Fondation Égyptologique Reine Élisabeth, 1933.

Frood, E., *Biographical Texts from Ramesside Egypt*, Atlanta: Society of Biblical Literature, 2007.

Gardiner, A. H., *Ramesside Administrative Documents*, Oxford: Griffith Institute, Ashmolean Museum, 1948.

Gardiner, A. H., *The Inscription of Mes: A Contribution to the Study of Egyptian Judicial Procedure*, Leipzig: J. C. Hinrichs'sche Buchhandlung, 1905.

Gardiner, A. H., *Late Egyptian Miscellanies*, Bruxelles: Édition de la Foundation Égyptologique Reine Élisabeth, 1937.

Gardiner, A. H., *The Wilbour Papyrus*, Vol.s I–IV, Oxford: Oxford University Press, 1941–1952.

Gardiner, A. H., *The Royal Canon of Turin*, Oxford: Oxford University Press, 1959.

Grandet, P., *Le Papyrus Harris I*, Vol.s I–II, Cairo: Institut Français d'Archéologie Orientale du Caire, 1994.

Helck, W., *Urkunden der 18. Dynastie*, Bad.s 17–22, Berlin: Akademie Verlag, 1955–1958.

Janssen, J. J., *Commodity Prices from the Ramessid Period*, Leiden: Brill, 1975.

Kitchen, K.A., *Ramesside Inscriptions, Historical and Biographical*, Vol.s I–VIII, Oxford: Blackwell, 1975–1991.

Kitchen, K.A., *Ramesside Inscriptions, Translated and Annotated Translations: Translations*, Vol. I–VII, Oxford: Blackwell, 1993–2014.

Lichtheim, M., *Ancient Egyptian Literature*, Vol.s I–III, Berkeley, Los Angeles, and London: University of California Press, 1973–1976.

Murnane, W., *Texts from the Amarna Period in Egypt*, Atlanta: Society of Biblical Literature,1995.

Peet, T. E., *The Mayer Papyri A & B: Nos. M. 11162 and M. 11186 of the Free Public Museums*, Liverpool, London: The Egypt Exploration Society, 1920.

Peet, T. E., *The Great Tomb-Robberies of the Twentieth Egyptian Dynasty*, Hildesheim and New York: Georg Olms Berlag, 1977.

Pestman, P. W., *Marriage and Matrimonial Property in Ancient Egypt*, Leiden: Brill, 1961.

Porten, Bezalel, ed., *The Elephantine Papyri in English:Three Millennia of Cross-Cultural Continuity and Change*. Documenta et monumenta Orientis antiqui 22. Leiden: Brill, 1996.

Sethe, K., *Urkunden der 18 Dynastie,* Heften 1, Bad.s 1–16, Leipzig: J. C. Hinrichs'sche Buchhandlung, 1905–1909.

Sethe, K., *Urkunden der Alten Reichs*, Bad. I, Leipzig: J. C. Hinrichs'sche Buchhandlung, 1933.

Sethe, K., *Urkunden des ägyptischen Altertums I: Urkunden des Alten Reiches*, Leipzig: J. C. Hinrichs'sche Buchhandlung, 1933.

Spiegelberg, W., *Translation of Hieratic Papyri, Mayer A & B*, Liverpool: J. R. Williams, 1891.

Van De Boom, G. P. F., *The Duties of the Vizier: on the Internal Government of Egypt in the Early New Kingdom*, Leiden: Brill, 1987.

Warburton, D., *State and Economy in Ancient Egypt*, Gőttingen: Vandenhoeck & Ruprecht, 1997.

郭丹彤：《古代埃及象形文字文献译注》，上、中、下卷，长春：东北师范大学出版社，2015 年。

二、学术论文

Baer, K., "An Eleventh Dynasty Farmer's Letters, " *JAOS* 83 (1963), p. 19.

Černý, J. and T. Eric Peet, "A Marriage Settlement of the Twentieth Dynasty: An Unpublished Document from Turin," *JEA* 13 (1927), pp. 30–39.

Černý,J., "The Will of Naunakhte and the Related Documents," *JEA* 31(1945), pp. 29–53.

Condon, V., "Two Account Papyri of the late Eighteenth Dynasty," *RdE* 35 (1984), pp. 57–82.

Faulkner, R. O., "The Installation of the Vizier," *JEA* 41 (1955), pp. 18–29.

Frandsen, Paul J., "Editing Reality: The Turin Strike Papyrus," in *Studies in Egyptology*, Vol. I, ed. By Sarah Israelit-Groll , Jerusalem: Magnes Press, 1990, pp. 166–199.

Gardiner, A. H., "Ramesside Texts Relating to the Taxation and Transport of Corn," *JEA* 27 (1941), pp. 58–60.

Gardiner, A. H., "The Stele of Bilgai," *ZÄS* 50 (1912), pp. 49–57.

Gardiner, A. H., "The Tomb of a Much Travelled Theban Official," *JEA* 4(1917), plate IX.

Gardiner, A. H., "Adoption Extraordinary," *JEA* 26 (1940) , pp. 23–29.

Gardiner, A. H., "Ramesside Texts Relating to the Taxation and Transport of Corn," *JEA* 27 (1941), p. 24.

Gardiner, A. H., "A Protest against Unjustified Tax-demands," *RdE* 6 (1951), pp. 115–124.

Gardiner, A. H., "The Stele of Bilgal," *ZÄS* 50 (1912), pp. 49–57.

Goedicke, H., "Die Laufbahn des Mtn," *MDAIK* 21 (1966), pp. 1–71.

Glanville, S. R., "Aahmose of Peniati," *JEA* 14 (1928), pp. 297–312.

Griffith, F. Ll., "The Abydos Decree of Seti I at Nauri," *JEA* 13 (1927), pp. 193–208.

Gunn, B., "Notes on Egyptian Lexicography," *JEA* 27 (1941), p. 145.

Janseen, J. J. and Pestman, P. W., "Burial and Inheritance in the Community of the Necropolis Workmen at Thebes (Pap. Bulaq X and O. Petrie 16)," *JESHO* 11 (1968), 137–170.

Paule, Psener-Krieger, "A letter to the Governor of Elephantine," *JEA* 64 (1978), pp. 84–87.

Peet, T. E., "The Great Tomb Robberies of the Ramesside Age. Papyri Mayer A and B. II. Papyrus Mayer B," *JEA* 2 (1915), pp. 204–206.

Theodorides, A., "The Concept of Law in Ancient Egypt, " in *The Legacy of Egypt*, ed. by J. R. Harris, Oxford: Clarendon Press, 1971, pp. 291–292.

Théodorides, A., "Le testament dans l'Egypte ancienne (essentiellement d'après le Papyrus Kahoun VII, 1, la Stèle de Sénimosé et le Papyrus Turin 2021)," *RIDA* 17 (1970), pp. 117–216.

Wilson, J. A., "The Theban Tomb (no. 409) of Si-Mut, Called Kiki," *JNES* 29 (1970), pp. 187–192.

王亮、郭丹彤：《梅腾自传体铭文译注》，《古代文明》2012 年第 1 期。

杨熹、郭丹彤：《都灵税收纸草译注》，《古代文明》2016 年第 1 期。

三、学位论文

王亮：《新王国时期古代埃及法律文献整理研究》，长春：东北师范大学博士学位论文，2014 年。

杨熹：《维尔伯纸草研究》，长春：东北师范大学博士学位论文，2016。

四、工具书

Allen, J. P., *Middle Egyptian — An Introduction to the Language and Culture of Hieroglyphs*, Cambridge: Cambridge University Press, 2000.

Erman, A. and Grapow, H. eds., *Wörterbuch der Aegyptischen Sprache*, Vol.s I–V, Berlin: Akademie-Verlag, 1957.

Faulkner, R. O., *A Concise Dictionary of Middle Egyptian*, Oxford: Ashmolean Museum, 1981.

Hart, G., *The Routledge Dictionary of Egyptian Gods and Goddesses*, London and New York: Routledge, 2005.

Helck, W., Otto, E. and Westendorf, W. ed., *Lexikon der Ägyptologie*, Vol. II, Wiesbaden: Harrassowitz, 1972.

Redford, D. B., *The Oxford Encyclopedia of Ancient Egypt*, Vol. II, Oxford: Oxford University Press, 2001.

常见专有名词中英对译表

（以英语首字母为序）

A

阿阿普赫提	Aa-pekhety
阿如	Aaru
阿阿特	Aat
阿巴	Aba
阿布阿布	Aboab
阿布派宅德	Abpide
阿布图	Abtun
阿布	Abu
阿宅德	Adijd
阿扎	Adja
阿杰铎	Adjedo
阿格尼	Agny
阿卡乌奈弗尔	Akaunefer
阿克克	Akek
阿霍特普	Akh otpe
阿赫奈特弗	Akhentof
阿赫姆奈特弗	Akhemntof
阿赫特	Akhet
阿赫米姆	Akhmim
阿赫普	Akhpe
阿赫苏	Akh-su
阿赫托伊	Akhtoy
阿胡	Akhu
阿赫薇	Akhwey
阿克泰苏布	Akitesub
阿库	Aku
阿迈克	Amek
阿蒙姆海布	Amenemkhab
阿蒙奈摩奈	Amenemone
阿蒙姆伊派特	Amenemope
阿蒙奈姆普	Amenemope
阿蒙姆伊阿	Amenemuja
阿蒙哈	Amenha
阿蒙哈伊博	Amenhajb
阿蒙黑玛库	Amen-himaou
阿蒙霍泰普	Amenhotep
阿蒙霍特普	Amenhotpe
阿蒙伊尼苏	Ameninsu
阿蒙卡	Amenkha
阿蒙哈乌	Amenkhau
阿蒙哈提帕玛莎	Amenkhepmeesheo
阿蒙曼尼乌	Amenmaniu
阿蒙迈斯	Amenmes
阿蒙迈苏	Amenmessu
阿蒙摩斯	Amenmose
阿蒙纳赫特	Amennakht
阿蒙奈赫特	Amennakhte
阿蒙奈蒙奈特	Amennemenet
阿蒙诺彭纳赫特	Amenopenakht
阿蒙派哈皮	Amenpehapi
阿蒙帕奈赫特	Amenpnakhte
阿蒙撒乌	Amensau
阿蒙瓦赫苏	Amenwakhsu
阿蒙乌奈姆弗	Amenwenmaf
阿迈提	Amety
阿蒙奈姆普	Amonemop
阿蒙哈乌	Amonkhau
阿纳赫图	Anakhtu
阿那沙那	Anashana
阿纳斯塔西	Anastasi
安提卡提	Anatkhaoti
阿奈布	Anebu
阿姆伊乌	Anemuia
阿纳瑞	Anere
阿奈苏弗	Anesuf
阿恩奈戛乌	Angaw
安赫尔赫乌	Anherkhew
安胡尔哈威	Anhurkhawy
安伊	Aniy
阿恩赫	Ankha
阿卡瑞	Ankhao
安赫 - 恩 - 尼乌特 - 迈尔乌特迈尔乌特	Ankhe-n-niwt mrwt
阿凯瑞塞特	Ankherest
阿恩赫尔伊阿乌特	Ankheriawte
阿恩赫瑞瑞赫	Ankherrekh
阿赫尔塞特	Ankherset
阿珂尔特	Ankhertir
安赫 - 尼乌特 - 提奈特派普	Ankh-niwt tinetepep
安赫 - 恩 - 尼乌乌特 - 塔乌尔特姆赫布	Ankh-n-niwwt tawrtmkheb
阿恩霍特普	Ankhotpe
阿赫塔薇	Ankhtowe
安赫图埃姆迪阿蒙	Ankhtuemdiamun
阿诺克苏诺泽姆 - 伊奈克森奈德杰姆	Anoksunozem-Ineksenedjem
安若凯阿	Anrokaia
安塔奥坡里斯	Antaeopolis
安提	Anti
阿奈特姆海布	Antiemkhab
安提摩斯	Antimose
阿努伊纳赫特	Anui-nakhet
阿努克斯	Anukis
阿努伊那哈特	Anuynakht
阿尼	Any
阿阿伯	Aoab
阿阿蒙	Aoamun
阿姆尼乌特	Aomne
阿姆伊	Aomui
阿那伊那	Aonayna
阿派胡提弗	Aopakhtef
阿塞特	Aoset
阿皮伊	Apiy
阿派胡提	Apkhte
阿拉伯 - 艾尔 - 海森	Arab el-Hisn
阿尔萨菲斯	Arsaphes
阿塞提	Aset
阿沙姆海布	Ashaemkhab
阿沙弗	Ashafe
阿沙弗赫伊布	Ashafeheryeb
阿沙弗姆哈布	Ashafemhab
阿沙弗纳赫特	Ashafenakhte
阿沙弗伊乌	Ashafeyew
阿沙赫拜斯塞德	Ashakhabsed
阿什那	Ashana
阿什	Ashi
阿什摩莱	Ashmolean
阿特	Ate
阿查伊特弗	Atjaytef
阿图姆神	Atum
阿图瑞伊	Aturiy

B

巴克	Bak
巴克姆威尔奈尔	Bakemwerner
巴肯姆特	Bakenmut
巴肯威瑞勒	Bakenwerel
巴克姆特	Bakmut
巴克奈阿蒙	Bakne-Amon
蒙	Bak-n-Imn
巴库 - 瑞迈特	baku-remet
巴瑞塞特赫派什弗	Baoalkhikhopshef
巴尔蒙图	Baoalmont
巴尔	Bar
巴尔纳	Barna
巴瑞	Baroy
巴特姆海布	Bataemkhab
巴塔霍特普	Batakhope
白卡蒙	Bekam ū n
巴肯巴伊	Bekenbay
贝肯比	Bekenbi
贝克奈塞	Bekenese
巴克恩胡特	Bekenkhatkhor
百肯宏	Bekenkhon
贝肯姆特	Bekenmut
巴克恩普塔	Bekenptakh
巴肯塞特	Bekenset
贝克奈乌尔奈瑞	Bekenwernero
巴克恩阿蒙	Beknamun
巴克恩伊乌伊阿	Bekniuia
本本	benben
巴奈内卡	Benenka
本纳瑞杜安努菲尔	Benereeduanufer
巴克恩乌尔	Benkenwere

拜恩苏姆伊派特	Bensuemope
布尔	Ber
比阿	Bia
比阿特	Biat
毕尔盖	Bilgai
毕奈拉 - 米阿蒙	Biner ē omiamun
布鲁塞尔	Brussels
布尔伊	Bry
巴塔姆海布	Btataemkhab
布奈瑞	Bunero
布普伊姆图安	Bupuymwtuan
布特赫斯撒	Butkhesa

C

塞尔尼	Cerny
凯姆米斯	Chemmis

D

达伊乌	Daiw
达尼特	danit
德本	deben
戴恩咖尔	Dengaro
德奈尔盖恩	Denroga
戴普赫	depukh
戴斯	des
杰胡特姆哈布	Dhoutemhab
杰胡特摩斯	Dhoutmose
杰胡特纳赫特	Dhoutnakht
扎乌特	Diauti
迪迪	Didi
迪弗帕查乌	Difptjeu
戴米	Dime
迪尼赫提瑞	Dinihetiri
迪乌	Diu
扎伊阿	Djaia
扎阿 - 赫	Dja-khe
扎扎布	Djaodjaobu
扎阿如赫	Djao-ruhe
扎萨萨提	Djasasati
扎查	Djatja
扎伊	Djay
宅德苏	Djed-su
宅胡提摩斯	Dkhutmose
戴卡	Dokh
杜	Du

E

艾德格吞	Edgerton
埃弗奈尼布	Efenennebu
埃芬宏苏	Efenkhons
伊瑞	El
艾尔 - 阿什姆奈	El-Ashmunen
埃利芬提尼	Elephantine
那特	Entore
埃瑞奥	Ereoo
赫瑞	Ery
艾斯纳	Esna

G

伽布	gab
戛布	Gabu
加德纳	Gardiner
噶特	gat
噶特尔	gatr
伽伊	gay
盖博	Geb
盖博林	Gebelin
格姆尼 - 海尔 - 阿蒙特特	Gemny-her-amentet
盖瑞革	Gerg
伽斯	ges
伽米迈恩帕斯	Gmimen[pa]s
葛芮菲斯	Griffith

H

哈德纳赫特	Hadnakhtu
哈埃姆赫德杰特	Ha-imkheddjet
哈埃姆瓦塞特	Ha-imwa-seth
哈摩派特	Hamopet
哈姆特瑞	Hamutri
哈瑞姆威阿	Haremwia
哈尔赫克努	Har-hekenu
哈尔胡夫	Harkhuf
哈敏	Harmin
哈纳赫特	Harnakhte
哈尔普瑞斯	Harpus
哈尔舍瑞	Harshire
哈特	Hat
哈托尔	Hathor
哈提阿伊	Hatiay
哈特库普塔赫	Hatkuptah
哈伊	Hay
哈伊乌	Hayu
海额普沃伊德	He-e-pwid
赫赫 - 奈克胡	Heh-nekhu
赫麦努伊伯	Hemen-yeb
赫恩舍讷	Henshene
赫努特 - 迪乌	Henut-diuu
海努特	Henute
海科克	Heqeq
赫尔摩坡利斯	Hermopolite
黑玛阿	Heryebhimaoe
赫斯海尔阿蒙泰特	Hesy-hir-amentet
海努弗	Hewnufe
赫因	Hin
黑塔	Hita
霍瑞	Hori
霍瑞敏	Hori-min
荷鲁斯	Horus
霍特努菲尔	Howtenufer
海科克	Hqq
赫塞赫努	H-sahne
胡迪尔	Hudjer
汇瑞姆	Huirimu
胡提伊提	Hutiyti
胡提阿	Hutya
胡伊	Huy
胡伊奈菲尔	Huynefer
胡伊 - 努菲	Huy-nufe
胡伊 - 帕奈赫西伊	Huy-panekhsy

I

阿赫摩斯 - 奈菲尔特拉	iakhms-nfrtri
伊奈穆特	Ian-Mut
伊毕	Ibi
伊迪玛	Idima
伊德尼尼乌	idniniu
伊卡克	Ikak
伊姆伊特如	Imitru
阿蒙纳赫特乌	imn]nutw
阿蒙霍泰普	Imnhotep
阿蒙帕哈皮	Imnpakhapy
阿蒙瓦	Imnwa
伊姆	Imu
伊米塔伊姆塔尼乌特	Imy-tay-m-t-ne
伊尼那	Inena
伊奈尔	Iner
因姆特	Inmut
伊乌努瑞晒斯	Inroyshes
伊努	Inw
伊特	Iot
因普	Ipu
伊普伊	Ipwy
伊克尔	Iqr
伊尔尔	Irr
伊特	Irt
伊尔伊	Iry
伊瑞诺弗瑞特	Irynufert
伊瑞乌特	Iryut
伊哈	Isha
伊西斯	Isis
伊泰弗塔	Itefto
伊琛	Iten
伊乌布瑞	Iuburoy
伊乌菲尔赫	Iuferikh
伊乌弗伊提	Iufyt
伊乌尼特	Iunyt
伊瓦	Iwa
伊伊乌帕伊	Iw-pay
伊	Iy
伊德胡	Iy-idkhu
伊麦瑞奈弗	Iy-marnaf
伊麦瑞弗	Iy-maryaf
伊麦瑞乌特弗	Iy-merwotef

J

扎伊	jay

K

卡	Ka
卡迪欧瑞特	Kadiarit
卡姆乌塞特	Kaemwese
卡菲	Kafy
卡哈	Kaha
卡瑞苏	Kairisu
卡赫苏	Kakhesu
卡玛	Kama
卡玛哈瑞	Kamahre
卡摩斯	Kamose
卡普	Kapu
卡尔布	Karbu
卡纳克	Karnak
卡瑞	Karo
卡瑞伊阿	Karoia
卡瑞伊阿伊	Karoiay
卡瑞提	Karoti
卡若伊	Karoy
哈如伊阿	Karuia
卡萨	Kasa
卡沙	Kasha
卡查伊	Katjay
卡乌 - 艾尔 - 凯毕尔	Kaw el-Kebir
凯布	Keb
凯贝特	Kebet
克布斯	Kebs
克达赫太弗派安	Kedakhtefpean
肯	Ken
肯海克霍普舍弗	Kenhikhopshef
克尼瑞	Kenoy
肯若	Kenro
肯森	Kenson
肯尼	Keny
凯瑞赫特	Kerkhet
克森	Keson
胡特荷尔姆海布	Khatkharemkhab
克努奈赫特	Khemnakhte
哈	Kha
科哈姆努恩	Khaemnun
哈埃姆瓦塞特	Khaemwaset
哈恩	Kha-en
哈米	Khamy
卡奈弗尔	Khanofre
克哈努布	Khanub
卡姆努特弗	Khaoemnetef
卡姆伊派特	Khaoemope
卡姆提	Khaoemtir
卡伊姆乌塞特	Khaoemwese
卡柯特弗	Khaokhetef
哈皮阿	Khaopio
卡斯巴瓦卡	Khaosbawekhao
卡塞特	Khaoset
卡伊	Khaoy
赫迪	khardai
赫尔卡阿	Kharkhaoao
赫尔卡弗	Kharkhaoaoef
赫尔敏	Kharmin
赫瑞奈弗尔	Kharnufe
哈如伊	Kharoy
卡塞巴	Khasibe
胡特荷尔姆伊阿	Khatkharemuia
哈伊	Khay
卡特	Khe
赫白特	Khebet
赫卡玛阿特拉奈赫特	Khekmaorionakhte
赫卡奈赫特	Kheknakhte
赫迈提瑞	Khemetiry
赫奈克	Khenek
赫奈姆	Khenem
赫努特麦赫伊	Khenemkheye
罕奈姆提	Khenemti
赫奈斯	Khenes
赫尼	Kheni
罕敏	Khen-Min
赫努特阿伊博	Khenoanyeb
胡努特	Khenon
罕塞赫努泰尼布	Khensehenutenib
肯塞姆哈布	Khensemhab
赫恩苏姆瓦斯特	Khensemwese
赫恩苏摩斯	Khensmose
罕努	Khenu
克努姆	Khenum
赫努姆摩斯	Khenummose
赫努特瓦提	Khenwote
科海普瑞	Khepri
胡特帕塞赫	Khepsakhne
赫卡特	Kheqat
赫尔	Kher
赫尔	Kherer
赫尔姆威阿	Khermuwia
赫瑞什	Khersh
赫尔沙	Khersha
赫斯赫斯苏	Kheskhesu
赫塞蒙伊博	Khesmen-yeb
赫特塔	Kheteta
赫提	khety/khiy
赫乌	Khew
赫蒙	Khm ū n
赫恩尔	Khnr
克努姆	Khnum
赫努姆摩斯	Khnummose
宏苏	Khons
宏苏赫泰普	Khonsukhetep
卡如	Khore
赫瑞	Khorj
胡特普	Khotpe
赫瑞奈弗尔	Khrainufe
胡特塞赫努	Khsakhne
胡特塞赫塔	Khsakhto
胡巴如	Khubaru
胡姆派尔塞特	Khuempores
胡姆施努特	Khuemshune
胡因伊乌提	Khuiniuti
胡奈瑞	Khunero
胡瑞提	Khuroti
胡伊哈德奈赫特	Khuy
胡伊奈弗尔	Khuynufe
凯德特	Kidet
科琛	Kitchen
肯姆	Knmw
克尔特	Krt
凯斯特	Kst
凯伊伊瑞	Kyeroy
凯伊勒斯提斯	Kyllestis

M

玛阿尼特	Maanit
玛阿特诺菲尔	Maatnofret
玛阿伊纳赫泰普弗	Maaynakhtef
玛扎	Madja
玛哈瑞	Mahary
玛胡	Mahu
玛伊阿	Maia
麦瑞瓦宅特	Maire-woode
玛哈伊 - 伊布	Makhay-ib
玛胡伊	Makhuy
曼恩纳赫特	Manenakhte
曼尼奈弗尔	Manenufe
曼尼乌麦瑞伊努	Maniu-Meron
玛阿特	Maoe
玛瑞伊	Maryi
玛沙如	Mashru
玛阿斯特	Mast
玛伊	May
麦宅特伊	Mediuii
迈宅德	Medjed
穆宅特姆威	Medjuemuia
麦宅特撒奈赫	Medjusoankh
迈赫	Meh
迈赫 - 布瑞格	meh-berig
迈黑外本霍尔	Mehye-weben-hori
迈海特	Mekhet
迈赫乌特	Mekhut
迈库	Meku
孟菲斯	Memphis
蒙奈摩奈	Menemone
迈奈什	Menesh
迈奈特	Menet
蒙玛阿特纳赫特	Menmaatrenakht
蒙玛拉 - 塞泰普恩普塔	Menmare-setep-en-ptah
蒙纳	Menna
蒙阿奈赫	Menonkh
蒙塞努	Mensenu
蒙泰赫泰弗	Mentehetef
蒙图卡特弗	Mentekhetef
蒙图姆伊努	Mentemon
蒙图姆瓦斯特	Mentemwese

蒙提霍普晒弗	Menthikhopshef
蒙图赫尔赫派什弗	Mentkhikhopshf
蒙提赫尔乌奈姆弗	Mentkhiwenmaf
蒙图斯阿柯	Mentsoankh
蒙图塔微	Menttowe
蒙图赫尔赫派舍弗	Mentuherkhepeshef
蒙图摩塞	Mentumesai
迈努	Menu
麦瑞阿蒙姆阿	Meramenmaou
麦瑞克	Merek
麦瑞姆伊姆	Meremimu
麦瑞姆伊派特	Meremope
美楞普塔	Merenptah
麦瑞乌努	Meriunu
麦瑞伊努	Meron
麦如特	Merut
麦尔威尔	Merwer
麦瑞巴瑞塞特	Merybarse
麦瑞姆瓦塞特	Meryemwese
麦瑞玛阿特	Merymaoe
美瑞穆特	Merymut
麦瑞奈特	Meryneith
麦瑞帕拉	Merypreo
麦瑞拉	Meryre
麦瑞塞赫姆特	Merysakhme
麦瑞塞特	Meryset
麦瑞索白克	Merysobk
麦瑞泰姆	Merytum
迈塞赫	Mesekh
迈斯斯	Meses
迈斯提	Mesty
迈斯特	Mesyt
迈特尔	Metr
迈特瑞	Metri
迈赫伊 - 外本赫尔	Meye-weben-Hri
麦尔	Mi
密查埃利德斯	Michaelide
麦尔卡乌	Mi-ekhu
麦尔麦塞赫	Mi-emsakh
美吉多	Migdol
米克	Mik
麦尔柯努	Mi-khenu
米米撒撒	Mimi-sasa
米尼	Mini
敏伊努伊	Min-inuy
米尼特	Minit
敏萨昂赫	Minsoankh
麦尔乌尔	Mi-wer
麦尔琛姆	Mj-tjenmu
迈恩迪乌	Mndiw
迈奈特	Mnt
蒙图摩斯	Montumose
摩斯	Mose
迈尔	Mr
姆哈尔阿阿	Muharaa
玛伊赫特弗	Muiakhtef
玛乌特赫奈特	Mui-khant
穆特曼努	Mutemaini
穆特姆海布	Mutemkhab
穆特姆伊派特	Mutemope
穆特姆威	Mutemuia
穆特塞特	Mutese
穆特伊提斯特	Mutiotes
穆特卡提	Mutkhaoti
穆特姆泰弗	Mutmutef
穆特斯阿柯	Mutsoankh
玛伊乌奈赫	Muynha

N

纳阿蒙	Na-Amen/ Na-Amun
纳哈瑞纳	Naharina
纳黑胡	Nahihu
奈赫姆姆乌特	Nakhemumut
那赫尔胡	Nakhikhu
奈赫特阿蒙	Nakhtamun
奈赫特姆乌塞特	Nakhtemwese
奈赫特凯美特	Nakhtkeme
奈赫特赫尔赫派什弗	Nakhtkhikhopshef
纳赫特敏	Nakhtmin
纳赫特敏米	Nakhtminmi
奈赫托	Nakhto
奈赫特索白克	Nakhtsobk
纳赫伊	Nakhy
那那	Nana
那派尔伊姆	Naperimmu
那斯戛乌特	Nasgawe
那什威	Nashuy
瑙纳赫特	Naunakhte
瑙瑞	Nauri
那伊瑞提	Nayroti
恩布纳赫图	Nbnkhtw
奈布威尔伊	Nbwiry
奈布（恩）奈赫赫	Neb(en)khekh
奈巴蒙特特	Nebamentet
奈布阿蒙	Nebamun
奈比哈伊努	Nebihaynu
奈伯特霍特普撒奈赫	Nebkhetpsoankh
奈布赫赫	Nebkhkh
奈布摩斯	Nebmose
奈布纳赫特	Nebnakht
奈布奈赫赫	Neb-nekhekhe
奈布努弗	Nebnufe
奈布努菲尔	Nebnufer
奈巴恩	Neboan
奈布阿恩伊博	Neboanyeb
奈布肯努	Nebqenu
奈布拉	Nebre
奈布塞特乌尔	Nebsetwe
奈布斯蒙	Nebsmen
奈布奈赫特	Nebunakhte
奈布瓦	Nebwa
奈布瓦宅发	Nebwedifa
奈布沃特	Nebwot
奈百	Neby
奈德布	Nedbu
奈宅巴沙	Nedjbesha
奈菲尔埃姆塞努特	Neferemsenut
奈菲尔霍尔	Neferhor
奈菲尔霍泰普	Neferhotep
奈弗尔卡图	Neferkhewe
奈弗尔赫	Neferkho
奈弗尔阿伯特	Neferoabe
奈弗尔瑞奈普特	Neferronpe
奈菲尔如尼普	Neferronpe
奈菲尔塞赫如	Nefersekheru
奈弗尔沙努	Nefer-shenu
奈菲尔泰姆	Nefertem
奈弗如斯	Nefrusi
努特卡提	Nekhaoti
奈赫姆姆特	Nekhemmut
奈赫姆特	Nekhemut
奈赫特苏	Nekhetsu
奈赫姆姆特	Nekhmmut
奈赫如如	Nekhu-ruru
奈克派提	Nekpty
奈迈黑乌	Nemehiu
纳努弗尔	Nen ū fer
奈尼布	Nenyb
奈菲提斯	Nephthys
尼苏阿蒙欧派	Nesamenope
尼苏阿蒙	Nesamun
斯德霍特	Nesdhowt
奈斯赫迈特	Neshmet
奈斯宏苏	Neskhons
奈提尔摩西	Netjermose
尼苏	Ninsu
尼苏塔威瑞特	Ninsutawret
奈宅姆	Ndjm
那哈那什	N-uhe-n-she
那阿特	N-oawe
奈宅姆	Nodjme
诺迪迈特 - 赫迈斯	Nodjmet-hemsi
弗尔伊提	Nofretiiti
奈菲尔提瑞	Nofretiri
努贝姆沙斯	Nubemshas
奈弗尔	Nufe
努姆特瑞	Numwtre
努如	Nuru

O

阿恩	Oan
欧派	Oipe
奥姆博斯	Ombos
伊努	On
阿那伊那	Onayna
伊奈特瓦瑞特	One-were
奥努瑞斯	Onuris
舒	On ū ris
伊派特	Ope
伊派特伊斯	Ope-isy
欧派特	Opet
奥西里斯	Osiris

P

帕阿哈伊	Paakhay
帕安哈乌	Pa-ankhau
帕欧赫特	Pa-ankhet
帕阿努	Paanu
帕阿布阿布	Pabab
帕巴萨	Pa-ba-sa
帕白斯	Pabes
布赫努	Pabkhenu
帕布	Pabu
帕布卡	Pabukhao
帕布奈赫特	Pabunakhte
帕迪	Padiu
帕宅胡提	Padjehuty
派布	Paibu
帕伊德努	Paidnw
帕伊乌德	Pa-iwd
帕克蒙	Pakemen
帕赫尔恩伊蒙图	Pakher-en-yimentu
帕赫如	Pakheru
帕奈阿蒙	Pane-Amon
帕奈赫西	Panehsy
帕奈塔威尔特	Panetaweret
帕诺坡里斯	Panopolis
帕奈瑞奈特	Pa-n-Rnnt
帕阿恩尼苏尼尼特	Paonninsu
帕拉	Para
帕拉哈拉赫特	Pa-ra-akhety
帕拉赫拉赫特	Paraharakhte
帕瑞	Pare
帕瑞赫尼	Parehni
帕瑞努特	Parynut
帕斯	Pas
帕塞克特	Paseket
帕塞尔	Paser
帕什杜	Pashedu
帕特	Pat
帕扎乌姆扎蒙	Patjauemdiamun
帕提阿乌埃姆迪阿蒙	Patjau-emdi-amun
帕查乌赫特弗	Patjaukhetef
帕图伊阿	Patuia
帕瓦伊蒙	Pawaymen
帕亚姆	Payam
帕伊姆	Paym
帕伊奈赫姆瑞特	Paynekhemne
帕巴撒	Pbes
帕布胡	P-bukhu
帕戴米	P-dime
派德尔	Peder
帕珠	Pedjou
派若伊	Peieroy
派哈勒	Pekhal
普赫珠	Pekhedu
帕伊	Pel
帕伊瑞阿	Pelo
派恩阿蒙	Penamun
派恩布瓦	Penbuwa
彭杜阿	Pendua
派恩麦赫伊	Penemkheye
派恩瑞努特	Penernute
盘哈斯	Penhasi
派恩伊卡瑞伊阿	Pen-Ikarya
派恩伊提	Pen-Ity
派恩凯奈瑞	Pen-Kenroy
帕奈赫西	Penkhasi
派恩卡伊玛莎	Pen-khaymasha
帕恩赫宅	Pen-khedj
派恩卡伊玛沙	Pen-khymasha
派恩麦扎	Pen-media
彭蒙努菲尔	Penmennufer
派恩尼乌特	Penne
派恩奈布恩阿胡特	Penneboakhwe
派恩那布瓦	Pennebuwa
派恩那赫泰尔麦赫特	Pen-ne-khtore-mkhit
派恩奈塞特塔薇	Pennestowe
派恩那奈赫西	Pen-n-Nkhasy
彭努特	Pennut
派恩伊努	Penon
彭帕迈尔	Penpamer
派恩帕赫奈特	Penpekhant
派恩帕伊德胡	Penpidkhu
派恩帕凯恩	Pen-p-Kenroy
派恩帕麦尔	Penpmer
派恩帕伊哈伊	Penpohe
派恩帕如知	Penpred
派恩如胡	Pen-Rokhu
派恩瑞恩伊博	Pen-Ro-n-yeb
盘若伊	Penroy
帕塞赫姆	Pensakhme
派恩塞塔	Penseta
派恩晒特	Pen-Shete
派恩沙苏	Pen-Shos
派恩塞奈博	Pen-Sonbe
彭塔威瑞特	Pentaweret
派恩腾特赫姆	Pententkhemy
帕塔伊阿德特塔微	Pentiattowe
派恩图图	Pen-Tutu
彭特沃瑞	Pentwere
派恩瓦宅胡	Pen-Wdkhu
派恩伊阿姆	Pen-Yamu
派恩伊博奈宅姆	Penyebnudjem
霍拉霍泰普	Perahetep
普瑞斯	Peres
派尔 - 努特	Per-nute
帕伊瑞	Peroy
派斯	Pes
派恩特尔图凯麦特	Petertekeme
帕查伊卡	Petjaikhu
帕查伊塞瑞伊特	Petjaiserye
帕查尔阿胡伊	Petjaroaokhy
帕查提	Petjatj
帕初普瑞	Petjupuro
皮特里	Petrie
帕哈哈	P-haha
帕哈姆努特	Phamnute
帕赫斯	Phesy
帕扎撒	Pi-Djasa
帕伊德胡	Pidkhu
帕伊德胡麦赫	Pidkhumekh
派尔赫弗特	Pi-Khaft
派尔卡塞特	Pi-khase
派尔卡伊	Pi-Khay
派尔赫奈乌提	Pi-khenwotey
派尔姆宅特姆威	Pimediuemuia
派尔麦宅特	Pi-Medjwe
派尔伊哈提	Pi-ohe
派尔伊赫	Pi-ohe
派尔 - 伊卡尔	Pi-oker
帕伊特	Piot
皮帕玛	Pi-p-ma
帕伊普奈赫特	Pipunakhte
帕伊斯恩帕拉	P-isy-n-P-re
培塔户特瑞西	Pitahuteris
帕查乌	Pi-tjeu
帕伊乌	Piu
帕伊乌伊乌	Piuiu
派尔瓦伊那	Pi-Wayna
派尔乌恩	Pi-Won
帕卡哈	Pkaha
帕卡卡如	Pkakaro
普卡尔比瑞	Pkal-byre
帕卡蒙	Pkamen
帕哈如伊乌	Pkaruiu
帕克宅	Pkatja
帕凯奈瑞	Pkenroy
帕卡卡	Pkhakha
帕海姆努特	Pkhamnute
帕哈提阿	Pkhatioa
帕赫努	Pkhenu
帕赫伊哈提	Pkhikhe
帕赫如	Pkhore
帕赫瑞派宅特	Pkhripide
帕胡	Pkhu
帕胡瑞普	Pkhuropu
帕哈米布阿	P-kme-Buo
帕玛	P-ma
帕玛哈瑞卡提弗	Pmaherkhetef
帕麦扎伊	P-medjay
帕麦赫弗帕奈比乌	Pmekhefpnebiu
帕麦可	Pmeki
帕伊米瑞伊胡蒙	Pmerekhumen
普迈瑞特	Pmerit
普迈尔卡	Pmerka
帕伊米瑞赫姆奈彻尔	Pmerkhemunute
帕伊米瑞玛莎	Pmermeeshe
普迈尔什温	Pmershewne
帕伊米瑞施努特	Pmershune
帕麦瑞撒赫特	Pmerysokhe
帕迈特尔什	P-metr-She
帕美麦克 / 帕麦尔麦克	P-mi-meki
帕米恩帕乌尔	P-mi-n-p-wer
派尔麦尔索白克	P-mi-sobk
帕姆	Pmu
帕米	P-My
帕奈赫特姆奈	Pnakhtemne

帕奈赫特塔	Pnakhtta
彭布威	Pnbwy
帕奈布代米	Pnebdime
普奈布阿普瑞德	Pneboapred
帕奈布塞赫努	Pnebsekhnu
帕奈布查乌	Pnebtjeu
帕奈弗尔阿卡	Pneferoakhe
帕奈赫胡海布	Pnekhemkhab
	Pnekhemne
帕奈赫奈赫特	Pnekhnakhte
派奈赫托派	Pnekhtope
帕奈赫	Pnekhu
彭塔沃尔特	Pntawrt
帕奈宅姆	Pnudjem
帕阿扎扎	Poadjodj
帕姆托普	Poaemtope
帕阿卡乌特	Poakawty
帕安	Poan
帕阿恩巴塔	Poanbata
帕阿哈伊伯	Poanhaib
普阿什普	Poashpu
帕阿姆努特	Poemne
帕阿姆努特弗	Poemnetef
帕伊哈伊	Pohe
帕阿赫	Pokha
帕阿尼苏奈奈特	Ponninsunnt
帕阿瑞特	Ponrome
波特	Porte
坡藤	Porten
坡塞纳 - 科瑞格	Posener-Krieger
帕拉（赫尔）乌奈姆弗	Pra(Hr)wenmaf
普拉霍泰普	Prahotep
帕拉卡	Prakha
帕拉卡	Prakhao
帕拉姆海布	Praoemkhab
帕拉霍特普	Praokhotpe
帕拉奈赫特	Praonakhte
帕拉塞赫派如	Praoskheperu
帕拉乌奈姆弗	Praowenmaf
帕拉弗姆宅特	Prawenmaf
帕瑞赫努	Prekhnau
帕瑞姆努提	Premnuti
帕瑞恩姆特	Prenme
派恩瑞奈弗尔	Prennufe
派尔努特	Pr-nute
帕瑞瓦彻	Prowatja
帕塞德特	Psad
帕撒如	P-saru
帕撒撒	Psasa
帕撒撒瑞瑞	P-sasa-rir
普塞赫姆尼	Psekhem ē
普沙瓦布	P-sha-wab
帕晒德	Pshedu
普什斯	Pshesh
帕撒克特	Psike
帕塞尔	Psiur
普塞蒙纳赫特	Psmennakhte
普塔赫姆哈布	Ptahemhab
普塔姆威阿	Ptahmuwia
普塔米	Ptahmy
普塔帕哈皮	Ptahpahapi
普塔普迪	Ptahpdi
普塔 - 索卡尔	Ptah-Sokar
普塔 - 索卡尔 - 奥西里斯	Ptah-Sokar-Osiris
普塔姆海布	Ptakhemkhab
普塔蒙努	Ptakhmaini
普塔摩斯	Ptakhmose
普塔塞赫派尔	Ptakhskheperu
普塔伊	Ptakhy
帕特瑞	Ptery
普塔姆威阿	Pth-m-wia
帕查阿	Ptiao
帕查思胡如	Ptiesykhaur
帕塔伊塞博塞特	Ptisbset
帕查乌姆奈	Ptjauemne
帕查斯	P-tjesy
普塔霍特普	Ptkhkhotpe
帕图奈尔	Ptunero
帕赫尔奈赫布阿	Pukhernekheboa
普瑞尼乌特	Pureniot
帕瓦宅	P-Wadjoi
帕瓦赫德	Pwakhd
帕瓦阿蒙	Pwaoamun
帕乌拜赫	Pwebekh
帕瓦布赫特	Pwebekh
帕乌尔	Pwer
帕乌尔杜	Pwerd
帕乌尔海布	Pwerkhab
帕乌尔赫特弗	P-wer-khaft
帕乌塞尔姆海布	Pwermkhab
帕乌奈什	Pwonesh
皮伊阿伊	Pyiay

Q

卡哈	Qaha
卡赫	Qakha
卡哈阿胡特	Qaokh-jakhwe
卡瑞瑞特	Qareret
卡瑞	Qaro
卡瑞瑞	Qaroro
卡塞特	Qaset
克地	Qedy
凯恩	Qen
凯恩阿蒙	Qenamun
凯恩赫派尔塞特	Qenkhepreset
肯赫尔赫普什弗	Qen-kher-Khepeshef
凯恩赫尔赫派什弗	Qenkhikhopshef
凯恩拉摩斯苏	Qenraomesse
凯奈尔塞特	Qenrset
凯尼塞特	Qenset
凯恩斯阿赫	Qensoankh
凯恩努	Qenu
卡瑞赫	Qerkh
卡姆特伊尔	Qhaoemtir
凯伊伊瑞	Qyeroy

R

拉美阿蒙	Raemuia
拉玛纳	Ramana
拉美西斯 - 阿蒙海克霍普舍弗 - 米阿蒙	Ramesse-Amen-hikhopshef-miamun
拉美西斯 - 哈埃姆威塞 - 米阿姆	Ramesse-khae-mw ē se-miamun
拉摩斯	Ramose
拉伊阿	Raoia
拉伊阿	Raoja
拉伊阿伊 Raojay	
拉赫卡奈赫赫	Raokheknekhekhe
拉美西斯海肯	Raomesse-Hek-On
拉美西斯派尔拉	Raomessempireo
拉美西斯纳赫特	Raomessenakhte
拉美西斯奈布奈弗尔	Raomessenebnufre
拉美西斯 - 乌塞尔 - 赫尔 - 赫特普弗	Raomesuser-hikhopshef
拉奈弗尔	Raonufe
拉塔威	Ratowe
拉特塔威	Rat-tawy
拉伊阿	Rayia
瑞迪苏塞提	Redysuset
拉 - 哈拉赫提 - 阿图姆	Re-Harakhti-Atum
瑞赫米拉	Rekhmire
瑞赫派胡特弗	Rekhpakhtef
瑞恩努弗	Rennufe
瑞什柯努	Reshkhine
瑞什普	Reshpu
瑞斯奈赫特	Resnakhte
瑞特努	Retenu
瑞尔	Rir
瑞赫苏	Rkhesu
瑞玛	Rma
瑞恩	Rn
拉扎伊阿	Ro(me)djaia
瑞玛	Roma
拉阿	Rooo
瑞帕伊	Ropay
拉萨萨	Rosasa
如	Rowey
如如	Ruru
如如伊	Ruruy
如提	Ruti
瑞乌杰	Rwdje

S

萨	Sa
萨布	Sab
撒迪	Sady
塞赫穆特	Sakhme
撒赫奈弗尔	Sakhtnufe

撒卡	Sako
萨姆	Sam
撒帕	Sapa
撒派特瑞杰乌提	Saptrijewty
萨库	Saqu
撒如如	Saroru
撒如伊	Sarui
撒如伊阿	Saruia
撒如伊	Saruy
萨萨	Sasa
塔蒙宇	Satameniu
萨特 - 阿蒙	Sat-Amon
塞提斯	Satis
萨瓦扎特	Sawadjyt
塞巴塞特	Sbaset
撒迪	Sdy
塞巴	Seba
索白克霍特普	Sebkhotpe
索白克尼苏	Sebkinsu
索白克摩斯	Sebkmose
塞德	Sed
塞克	Sek
塞赫迈特	Sekhmet
森摩斯	Senmose
塞恩奈弗尔	Sennufe
塞努迪埃姆	Senudiem
塞尼	Seny
塞尔	Ser
塞尔戴米	Serdime
塞尔宅德宅德	Serdjedi
塞尔塞提	Serset
塞什萨乌奈布奈赫特	Sesh-sau-neb-nekhet
塞特哈	Setekh
塞特哈姆哈布	Setekhemhab
塞特摩斯	Setekhmose
塞特姆	Setem
塞特姆海布	Setemkhab
塞特姆赫卡	Setemkheka
塞特姆薇阿	Setemuia
塞特那姆	Setenoamu
塞特哈	Setha
塞提温玛弗	Sethiwenmaf
塞提 - 美楞普塔	Seti-merenptah
塞特卡	Setkhao
塞特赫尔赫派什弗	Setkhikhopshef
塞特霍特普	Setkhotpe
塞特蒙努	Setmaynu
塞特蒙塞得	Setmensad
塞特摩斯	Setmose
塞特奈赫特	Setnakhte
塞特纳赫特迈瑞尔阿蒙	Setnakhte-merer-Amon
塞特努斯	Setrnose
塞特斯阿赫	Setsankh
塞特晒德	Setshed
塞特晒德苏	Setshedsu
塞特乌奈姆弗	Setwenmaf
塞提	Sety

塞弗特	Sft
沙	Sha
沙巴	Shaba
沙迪	Shady
沙哈克	Shahate
沙卡	Shaka
沙胡如沙如	Shakhurusharu
沙姆哈布	Shamkhab
木沙姆斯	Shams
沙纳	Shana
沙如伊派特	Sharopet
沙提那	Shatina
沙凯宅	Shaukatja
沙伊特	Shayt
舍	She
什德	Shed
晒德姆杜阿	Shedemdei
晒德姆努特	Shedemne
晒德宏苏	Shedkhons
晒德塞特	Shedset
晒德索白克	Shedsobk
施姆	Shemu
晒恩阿派德	Shen-opd
沙普瑞斯穆特	Shepsemut
舍尔登	Sherden
沙瑞瑞恩拉	Sherereo
舍索白克	Shesobk
舍塔耶特	Shetayet -
什纳	Shna
沙苏	Shos
西蒙	Simon
西姆特	Simut
辛努海	Sinuhe
撒普塔	Siptakh
撒拉	Sireo
斯瓦迪伊	Siwadiy
塞赫特恩瓦布伊博	Skht-en-Wab-yeb
斯克提	Skty
塞玛	Smaoa
索白克	Sobek
索白克摩斯	Sobekmose
索白克斯阿奈赫	Sobeks-anekh
索卡尔 - 奥西里斯	Sokar-Osiris
塞什尼	Soshen
塞派尔迈如	Spermeru
塞特赫伊 - 美楞普塔	Stkhy Mry-n-Pth
斯提乌	Styu
苏阿外阿姆	Suaweamun
苏奈如	Sunero
撒乌特	Swo

T

查如	Ta-rw
塔	Ta
塔阿蒙奈	Taamenne
塔伊迪乌拉塔薇	Taderaotowe
塔杜塞提	Tadeset

塔伽尔姆普特	Tagrmpt
塔胡如	Tahuru
塔 - 伊尔伊	Ta-iry
塔赫瑞瑞德弗	Takherredwef
塔赫努特	Takhnut
塔阿瓦瓦	Taowauwau
塔瑞	Taro
塔撒哈奈特	Tasahane
塔撒哈尔	Tasaharo
塔撒哈如	Tasaharu
塔塞凯特	Taseket
塔特哈瑞	Tathari
塔威瑞特赫特普提	Tawerethetepti
塔沃斯瑞特	Tawosret
塔伊盖斯提	Taygesti
塔伊哈如	Tay-harowe
塔伊玛诺菲尔	Taymaunofre
塔伊奈赫特姆尼乌特	Taynakhtemne
塔伊阿奈赫	Tay-oankhe
塔巴戛	Tbaga
塔巴帕撒	Tbes
塔扎	Tedja
特勒蒙特	Telmont
泰姆奈赫特	Temnakhte
塔姆	Temou
特恩哈斯	Tenhasy
泰奈瑞赫尔赫派什弗	Tenrokhikhopshef
特奈瑞宏苏	Tenrokhons
特奈尔姆特斯	Tenromutes
塔奈瑞	Tenroy
腾特戛赫斯	Tentgakhse
腾特赫米	Tent-khemy
腾特麦尔伊特胡	Tent-mer-itekhu
腾特尼乌特	Tentne
特恩特奈布特霍	Tentnebth
腾特阿沙奈斯	Tent-oash-nas
腾特帕努	Tentpnau
泰奈特塔布	Tenttbua
腾特瓦宅	Tent-Woid
泰普 - 宅瑞特	tep-djeret
泰派特	tepet
泰皮乌	Tepyu
泰提	Teti
特赫尔艾	Teuhrai
塔菲	Tfy
塔哈如	Tharowe
底比斯	Thebes
提尼斯	Thinis
图特摩斯	Thutmose
塔伊尼恩库特	T-inenkut
提什派斯	Tisheps
塔伊乌	Tiu
提尤阿伊	Tiuay
查卡玛	Tjakam
查温德	Tjanwend
查阿	Tjao
查尔布	Tjarobu
查楚	Tjatj
查乌赫特弗	Tjaukhetef

查乌玛沙	Tjaumeesheo
查瓦提	Tjawati
查伊	Tjay
查伊弗	Tjayef
查耶弗奈赫特	Tjayefnakhte
柴布	Tjebu
查穆特	Tjeme
柴姆柴姆	Tjemtjem
特吉欧	Tjio
楚纳	Tjuna
楚瑞	Tjuro
塔卡蒙	Tkamen
塔卡瑞	Tkary
塔卡哈如	Tkhaharu
塔卡拉	Tkhore
塔胡如如	Tkhrere
塔玛克	T-meki
塔米	Tmy
塔奈赫特提	Tnakhte
塔奈宅姆	Tnodjme
图	To
塔阿晒德苏	Toshedsu
塔薇	Towe
特派特胡	Tpekhu
塔帕瑞尼特	Tpureniot
泰普伊特	Tpyt
塔卡哈	T-Qaha
特拉克特	Tract
塔塞克尔阿提	T-seker-OAnti
塔撒克特	Tsike
塔瓦扎赫尔	Tudiakher
图若巴伊	Turobay
图他	Tuta
图图伊阿	Tutuyia
图图	tutu
图伊	Tuy
塔乌白特	T-webde
塔乌尔阿博塞特	Twerabse
塔乌尔	Twere
塔乌尔姆海布	Tweremkhab
塔乌尔哈	Twerha
塔乌尔哈伊博	Twerhaib
塔乌尔哈提	Twerhati
塔乌尔卡提	Twerkhaoti
塔乌尔霍特普	Twerkhotpe
塔乌尔晒德苏	Twershedsu
塔乌尔瓦赫苏	Twerwakhsu
塔阿	Tyo
提提	Tyt

U

乌阿奈特	U-Anti
赫德	Ud
赫恩纳	unna
哈姆特瑞	Uo-m-tri
乌塞尔	User
乌斯哈特	Usihat
乌斯赫	Usihe
乌塞尔哈提	Usikhe
乌塞尔卡拉奈赫特	Usikhaoreonakhte
乌塞尔玛阿特拉奈赫特	Usimaorenakhte
乌塞尔玛拉米阿蒙	Usimaoreomiamun
乌斯玛瑞纳赫特	Usimarenakht
乌斯玛拉 - 迈阿蒙	Usimare Miamun
乌塞玛瑞 - 塞克海普派尔恩瑞	Usimare-skheperenre

V

瓦伦萨	Valency

W

瓦布	Wab
瓦杰特	wadjat
瓦宅摩斯	Wadjmose
瓦瑞玛	Waroma
瓦如	Waru
瓦瑞瑞	Waroro
瓦布赫胡特	Webekhkhatkhor
乌奔	Weben
乌伯赫特	Webkhe
乌哈宅斯苏	Wehadjesu
温朱	wendju
温奈菲尔	Wennofre
温奈菲尔纳赫特	Wennofrenakhte
温努菲尔	Wennufer
乌恩查瓦	Wentjawa
乌普瓦摩斯	Wepwawmose
乌尔伊胡奈赫特	Werehunakhte
乌尔卡乌奈赫特	Werkaunakhte
乌尔奈瑞	Werneroy
乌尔阿	Wero
瓦瑞什	Wersh
乌瑞什姆夏布	Wershemgabu
乌塞赫伊乌	Wesekhiu
瓦塞伯特姆努特	Weshebemne
瓦西	Wesy
瓦布塞特奈弗尔	Woabsenufe
乌奈什	Wonesh
瓦奈什	Wonshe
乌塞尔赫尔赫派什弗	Woserkhikhopshef
乌塞尔塞特	Woserset
沃森纳赫特	Wosnakhte
乌塞尔 - 玛阿特 - 拉	Wser-maat-ra
乌塞尔 - 玛阿特拉 - 迈瑞阿蒙	Wser-maat-ra-mery-Amon
乌尔特乌	wrtw

Y

伊海姆玛伊	Yakhmay
伊博	Yeb
伊博斯	Yebes
伊瑞	Yiry
耶阿	Yoo
伊乌咖本	Yugaben
伊乌伊	Yuy
伊伊	yy

索　引

（共设 I. 人名、II. 王名、III. 神名、IV. 地名、V. 头衔 / 职官 / 身份、VI. 其他等六组，每组各以汉语拼音为序）

I. 人名

II. 王名

III. 神名

IV. 地名（地型▲，地点●）

V. 头衔 / 职官 / 身份

VI. 其他

后　记

对古代埃及经济文献进行整理研究缘于我对古代埃及原始文献的整理归类。我从1989年大学三年级进入东北师范大学世界古典文明史研究所后便开始了埃及学的学习，后来又继续在古典所读硕士、读博士。八年的埃及学学习让我深感掌握古代埃及语，释读古代埃及语文献对埃及学研究的重要性。但是在国内，能够有机会系统学习古代埃及语的学生和学者毕竟是少数，而中国文明与世界古代诸文明的比较研究又是近年来国内学界的热点问题，于是将古代埃及语文献翻译成中文，为中国学生和学者学习和研究古代埃及文明提供可靠的一手资料便成为我埃及学研究的主攻方向。

2015年，多年收集整理古代埃及原始文献的一项重要成果——1120页共计145万字的三卷本《古代埃及象形文字文献译注》由东北师范大学出版社出版发行。这套书将古代埃及原始文献分为王室文献、自传体铭文、宗教文献、科技文献、教谕文献、诗歌和故事等七大类，其中的前四类被归于实用性文献，后三类则被归于非实用性文献，也即文学作品；而实用性文献中的前两类则被归于历史文献。尽管这套书对古代埃及原始文献的收录较为全面，但是它却有一个遗漏，或者说是遗憾，那就是没有将历史文献中最重要的一类行政文献收录其中，这是因为行政文献过于庞杂而零散，不适合与其他文献一起被收录到一套书中。为了弥补这一缺憾，对行政文献，尤其是经济文献进行专项整理便成为我近年来的主要工作。幸运的是，我的经济文献整理工作相继得到了国家社会科学基金一般项目和重大项目的立项，这不仅为我继续从事这项工作提供了资金的支持，而且也坚定了我在古代埃及原始文献整理研究这条学术道路上继续走下去的信心。

在这套上下两卷共计850多页的《古代埃及新王国时期经济文献译注》即将付梓之际，我要对为这套书的编撰出版付出了智慧和汗水的老师和学生致以最诚挚的谢意。古代埃及经济文献的收集、整理、归类、翻译和注释是一项十分繁杂的系统工程，没有他们的配合和付出，这套书就不会这么完整地呈现在大家面前。

首先我要将特别的感谢给予中西书局的王宇海编辑。宇海编辑勤勉敬业，为了做好这套书，不仅深入调查埃及学的国内外研究现状，而且还自学古代埃及语。这套书从体例到象形文字录入，再到拉丁化转写、中文翻译和注释的排版布局，无不留下他的智慧。将古埃及语的象形文字原文全部录入电脑最先由他提出。对于计算机排版来说，象形文字的输入方法一直是极大的挑战，虽然国外出版物中偶而会有类似的应用，但是像本套书中这样，原原本本地还原每一篇文档的全部象形文字，其规模之大、体例之复杂，都可以说是超乎想象，而从倡议、探索、试验到实践，再到实施，整个过程之曲折也不是三言两语可以说清楚的。待书稿大体完成之后，宇海编辑又提出为本套书系编制索引的想法。对于学者而言，索引的好处毋庸讳言，但考虑到文中大量的人名、地名、职官、身份，其编纂难度可想而知。正是在一个共同学习、摸索、创新的过程中，本书的诸多体例才逐渐成熟，象形文字的转录工作基本达到了预期的效果；各种人名、地名等专有名词数经校雠，逐渐自成体系，并以不同的专名线标示；索引部分几乎囊括了79种文献中各种关键词，相信对于使用者而言大有裨益。我们知道，虽然这其中肯定还有许多不完备乃至讹误的地方留待后来者改善，但是我们殷切地希望在古代埃及原始文献的整理工作上，这些尝试与付出能为中文读者提供些许方便，为中国埃及学界提供一种可商讨的范例。简而言之，本书在出版形态各方面的诸多构思、创意与实现，都与宇海编辑的锐意求进分不开。

我还要感谢的就是我的学生们了。早在10年前看到长达5200余行的韦伯纸草时，我就萌生了整理古代埃及经济文献的想法。2013年，我把这份研究古代埃及经济和法律体系都无法绕过的文献整理工作作为博士论文题目交给了当年入学的博士生杨熹。勤奋的杨熹没有辜负我的希望，用了三年时间基本完成了韦伯纸草的中文译文和注释，而郭小瑞博士则利用赴德学习的机会对韦伯纸草全文进行了拉丁化转写。梁姗博士也贡献良多，她承担了都灵税表和都灵罢工纸草等文献的中文翻译和拉丁化工作；而契约文献的中文译文则部分来自王亮博士的博士论文。此外，孔繁倩博士以及在读博士生曲婷旋、曾秦、宋慧聪、赵艺和朱益民等都参与了文献拉丁化的工作，他们的辛苦付出是这套书得以顺利完成的保障。

我特别要感谢我的两位硕士生李阳和潘佳熙，正是她们承担了将79篇文献长短各异的象形文字原文全部录入电脑的工作。这份枯燥而繁琐的工作需要极大的耐心和细心，因此把这份工作交给这两位1997年出生的丫头之初我还担心她们是否能顺利完成。可是她们却用实际行动打消了我的顾虑：仅仅用了一个多月的时间她们就完成了这项工作，不仅有速度，而且所录入的文献几乎没有错误。不仅如此，此后连续三周的从早晨九点到晚上九点的书稿校对工作也是由她们配合完成的。而在校稿期间，郭小瑞博士恰好来上海办事，她挤出整整一天的时间，也满腔热情地投入到紧张的校稿工作中。遇到她们，是我的运气。

一切过往都是序章。这套书只是我们对古代埃及原始文献进行分类整理研究的开始。接下来，我们还将对法律文献、外交文献和战争文献进行整理、归纳、翻译和注释。我们希望通过这一系列古埃及文献的出版，让古老的象形文字重生在新世纪的出版物中的同时，更能够拉近国内读者与学者接触、了解、研究古代埃及文明的距离，也欢迎更多的同道者、同好者能加入其中。

而对我而言，古代埃及原始文献的整理研究将是毕生的事业。

郭丹彤

2021年8月于上海大学文学院